山东企业年鉴

SHANDONG ENTERPRISE YEARBOOK

2012

山东省经济和信息化委员会
国家统计局山东调查总队 编

图书在版编目（CIP）数据

山东企业年鉴. 2012 / 山东省经济和信息化委员会, 国家统计局山东调查总队编. -- 北京 : 中国统计出版社, 2012.9
ISBN 978-7-5037-6662-6

Ⅰ. ①山… Ⅱ. ①山… ②国… Ⅲ. ①企业经济－山东省－2012－年鉴 Ⅳ. ①F279.275.2-54

中国版本图书馆 CIP 数据核字(2012)第 202435 号

山东企业年鉴-2012

作　　者/山东省经济和信息化委员会　国家统计局山东调查总队
责任编辑/余竞雄
封面设计/宗京宁
出版发行/中国统计出版社
通信地址/北京市西城区月坛南街 75 号　邮政编码/100826
办公地址/北京市丰台区西三环南路甲 6 号　邮政编码/100073
电　　话/邮购（010）63376909　书店（010）68783171
网　　址/http://csp.stats.gov.cn
印　　刷/东港股份有限公司
开　　本/880mm×1230mm　1/16
字　　数/910 千字
印　　张/56.125
版　　别/2012 年 9 月第 1 版
版　　次/2012 年 9 月第 1 次印刷
书　　号/ISBN 978-7-5037-6662-6
定　　价/280.00 元

如有印装差错，由本社发行部调换。

《山东企业年鉴2012》编辑委员会

编 辑 说 明

《山东企业年鉴2012》由山东省经济和信息化委员会、国家统计局山东调查总队联合编辑。《山东企业年鉴2012》全面反映全省各市、有关行业经贸和信息工作概况及企业改革发展状况，充分展示山东企业风采，是一部了解、反映、研究全省经济和信息化以及企业的大型资料性、工具性统计资料图书。其内容以国家统计局山东调查总队的年度企业调查资料和政府有关部门关于企业方面的政策文件为主，并广泛吸收企业管理部门和行业主管部门及企业的有关资料编辑而成。

一、《山东企业年鉴2012》的主要内容，包括企业政策文件、企业景气调查、国家重点企业监测、专项调查报告、主要行业的发展情况、各市经贸和信息化概况及不同类型企业介绍等。

二、《山东企业年鉴2012》相关统计数据系2011年企业调查资料，如果本资料数据与以往数据有出入，以本资料为准。

三、由于时间仓促和编者水平有限，难免存有不足之处，欢迎读者指正。

编 者

二〇一二年九月

山东新巨龙能源有限责任公司

山东新巨龙能源有限责任公司是山东能源新矿集团投资开发建设的设计生产能力600万吨/年的全省最大矿井。配套建有入洗能力1000万吨/年的特大型选煤厂。煤种以肥煤和1/3焦煤为主，属低灰、低硫、低磷、高发热量、强粘结性的优质炼焦煤。新巨龙公司坚持“大投入、大产出、大效益”理念，创出穿越表土层厚度、钻井法和冻结法施工井筒深度、井壁强度等四项世界领先技术，填补多项建井技术空白，实现用最短工期建成世界上最深软土层矿井的突破，创出长距离大断面强地压托顶煤沿空送巷等一系列新技术、新工艺，形成厚土层深立井千万吨成套技术，达到国际先进水平。

2011年完成煤炭产量598.7万吨，上缴税费17亿元。先后荣获鲁班奖、全国文明煤矿、全国煤炭系统企业文化建设杰出贡献单位、煤炭行业信用AAA级企业、煤炭系统企业文化建设杰出贡献单位、富民兴鲁劳动奖状、山东省文明单位、省思想政治工作优秀企业、省管理创新十佳企业、省企业文化先进单位、省级工业旅游示范点等荣誉称号。

新巨龙公司全面贯彻落实科学发展观，紧紧围绕安全高产高效中心和“一井两面一千万吨”长远战略构想，推动装备再升级、技术再创新、素质再提高、面貌再提升，着力创建“安全高效、创新提升、稳定和谐、基业长青”的一流矿井，为新矿集团建设“千亿新矿、亿吨集团”国际化新型能源企业、山东能源集团打造具有国际竞争力的世界500强企业，为建设经济文化强省做出积极贡献。

日产能力可达3万吨的综放工作面

硬岩综掘“奥钢联军团”

创塑精工利润倍增——选煤厂

井下“公交”以车代步构建“半小时运输圈”

龙卧鲁西南　山东第一矿

地址：山东·菏泽·巨野　　邮编：274918
电话：0530-8488147　传真：0530-8488105

山东省烟草专卖局(公司)

党组书记、局长、总经理　孙公准

山东省烟草专卖局、中国烟草总公司山东省公司分别组建于 1983 年和 1982 年，二者合署办公，简称“山东省烟草专卖局（公司）”，主要负责全省烟草专卖执法、卷烟经营、烟叶生产经营工作，承担国有资产保值增值责任。下辖 17 个市级烟草专卖局（有限公司）、1 所烟草中专学校、1 家进出口公司、1 家报社有限公司、1 家投资公司、1 家烟叶复烤公司、1 家烟草研究院，共有职工 1.9 万人。

近年来，省烟草专卖局（公司）在省委、省政府和国家烟草专卖局的坚强领导下，在各级党委、政府和有关部门的大力支持下，坚持以邓小平理论和“三个代表”重要思想为指导，深入实践科学发展观，自觉践行“国家利益至上、消费者利益至上”的行业共同价值观，牢固树立以人为本、与烟农和零售户共同发展的理念，不断解放思想，创新思维，探索实施烟叶生产生态村富民工程、品牌培育工程和卷烟零售户致富工程“三大工程”，加快转方式、调结构步伐，改革发展稳定各项工作都取得了新的显著成绩。“十一五”期间，全省烟叶生产得到恢复性发展，烟叶收购量由 78.2 万担恢复到最高 175 万担；卷烟销量由 245 万箱增长到 345 万箱，净增 100 万箱；实现利税由 26.8 亿元增长到 112.2 亿元，净增 85.4 亿元。2011 年，实现利税 151.56 亿元，增长 34.43%，上交税收连续多年居全省服务业第一位。2012 年上半年，实现利税 103.17 亿元，同比增长 17.37%，继续保持良好发展态势。干部职工精神面貌焕然一新，全系统上下一心，政通人和，形成了想干事、能干事、

积极参与社会公益事业，捐建希望小学

机械化喷药

加强烟叶生产基础设

干成事、不惹事，昂扬向上，争创一流的良好局面。先后被中组部、人事部授予“全国老干部工作先进集体”荣誉称号，被中组部确定为老干部工作联系点；被中央文明办、民政部、中国残联命名为“全国志愿助残示范基地”；被中国三农问题高峰论坛组委会授予2010年度中国三农领域“社会责任贡献单位”荣誉称号；被省委、省政府授予“改革开放三十年山东省优秀企业”、“山东慈善奖”荣誉称号；连续多年被省委、省政府评为“平安山东”建设先进单位，被国家烟草专卖局、公安部授予“全国卷烟打假工作特殊贡献奖”荣誉称号；被省政府残疾人工作委员会授予“扶残助残贡献奖”荣誉称号；被省直文明委评为省直文明单位；被省老龄事业发展基金会评为“山东省十佳敬老企业”。

庆祝中国共产党成立90周年暨第三届“老年文化节”大型红歌演唱会

资助困难零售户子女学业

地址：济南市高新技术开发区新泺大街中段南侧

邮编：250101

电话：0531-81218038　81218361

传真：0531-81218361

网址：sd.tobacco.com.cn

指导零售户做好品牌培育工作

设（风力提灌项目）

大力实施烟叶生产生态村富民工程

现代化卷烟仓储

兖矿集团有限公司

YANKUANG GROUP CO.,LTD.

兖矿集团董事长、党委书记　王信

兖矿集团总经理　李位民

兖矿集团是以煤炭、煤化工、煤电铝及机电成套装备制造为“三大主业”的省属国有重点企业，是山东省两大能源集团之一。矿区开发始于上世纪 60 年代中期，1976 年成立兖州矿务局，1996 年整体改制为国有独资公司，1999 年成立兖矿集团，是国家上世纪 90 年代末首批确定的 100 家现代企业制度和 120 家大型企业集团试点之一。经过 30 多年开发建设，现已形成省内煤化工鲁南、邹城、兖州“三个园区”和外部贵州、陕西榆林、新疆、内蒙古鄂尔多斯、澳大利亚、加拿大“六个基地”发展格局。在册职工 9.66 万人，总资产 1315 亿元。2011 年，兖矿集团年产煤炭 7025 万吨，营业收入突破 800 亿元，名列 2011 年中国企业效益 200 佳第 31 位、2010 年中国能源集团 500 强第 27 位、2011 年中国煤炭企业利润总额第 4 位。

近年来，企业先后荣获全国优秀企业金马奖、全国先进基层党组织、中国质量效益型先进企业特别奖、第二届中国工业大奖等荣誉，被大公国际评估公司评为“AAA”级信用企业。控股子公司——兖州煤业股份有限公司 1998 年在香港、纽约和上海上市，是我国煤炭行业第一家同时境内外发行股票并实现三地上市的企业，是全行业唯一一家两次获得全国质量管理奖和中国质量鼎的企业，是煤炭系统唯一获得亚太国际质量大奖的企业，被美国标准普尔指数推为全球最具投资价值的 30 支股票之一，入选英国《金融时报》2011 年全球 500 强。党和国家领导人吴邦国、贺国强、张德江等先后视察兖矿，对整体工作给予肯定。

2012 年以来，兖矿集团明确 2012 年工作思路和“双亿”经营目标，制定安全工作“一个决定、三个办法”，实施经营管理“十个严控、十个一律”超常规举措，建立经营目标责任“三位一体”考核新模式，完善 10 多项配套管理办法，通过一系列举措，形成了抓开局起步、实现“双亿”经营目标的浓厚氛围。

兖矿集团综采放顶煤工作面

兖矿制造的综放设备

铝合金

——高效跨越发展的兖矿集团

兖矿总部

可持续发展能力和后劲显著增强。一是国际化建设取得重大进展。收购澳大利亚新泰克公司、普力马煤矿公司、加拿大钾矿资源项目，获得海外煤炭资源 22.67 亿吨，钾矿估算潜在资源 397 亿吨。发布兖煤澳洲公司与格罗斯特煤炭公司提议合并的公告，交易完成后将新增控制海外煤炭资源 18.64 亿吨，年增产能超过 1000 万吨。兖煤澳洲公司成为我国最大的海外煤炭企业，具备年产 5000 万吨生产能力。澳大利亚铝土矿资源项目勘探获得资源 4100 万吨。国际化建设开始由资源优势向经济优势转变，由主要依靠自主建设扩大规模向自主建设与兼并重组并重转变，由主要依靠投融资向投融资与人才、技术、管理资本化并重转变的“三个转变”。二是省外资源开发高效推进。集中筹建四对特大型矿井，榆林金鸡滩矿井主副井筒明槽开挖 250 米，鄂尔多斯转龙湾矿井主副井筒和风井冻结孔开工，石拉乌素、营盘壕矿井具备冻结钻施工条件。收购重组内蒙古、贵州 6 对矿井，年增产能 700 万吨。安源煤矿、文玉煤矿预计实现利润 3.91 亿元，建立了收购即收益的经营管理示范模式。集团公司累计占有和控制煤炭资源 400 亿吨，为建设亿吨级煤炭集团奠定了坚实基础。

企业发展活力和内生动力有新提升。一是产业产品结构调整加快实施。理清煤化工、煤电铝增盈减亏工作思路，优化产业布局、产品结构和市场定位，停缓建一批初级加工项目，加快发展深加工、精细化工和高端产品。二是技术研发创新成果丰硕。获得省部级以上奖励 71 项次，获奖数量和等级居全国煤炭企业首位。1 项课题列入国家“973”计划，2 项课题列入国家“863”计划，2 项课题列入国家科技支撑计划。完成科研成果 132 项，47 项成果通过上级技术鉴定，其中 33 项达到国际先进水平；取得专利授权 55 项。“气化烧嘴在线投料方法”获得美国和南非发明专利。实现技术转让收入 1.14 亿元。兖矿被确定为“十二五”国家科技计划预备项目推荐主体，被评为国家创新型企业，获得“十一五”国家科技计划执行优秀团队奖，企业技术创新及核心竞争能力进一步提升。

重点带动和整体工作迈上新台阶。围绕年度目标任务落实，坚持重点带动，促进整体发展。注重安全预控体系建设，针对安全周期长和事故苗头倾向，强化超前预防、隐患治理、监督检查和责任追究，安全生产创出新水平。注重提升风险防控能力，结合内外部拓展实际，加强风险评估和预案防控，各类风险做到可控、能控、在控。注重营造良好内外部发展环境，加大与科研院所、大专院校和属地政府联系、沟通与合作。积极履行社会责任，企业社会贡献总额预计 307.5 亿元。注重品牌建设，荣获第二届中国工业大奖。煤业公司再获全国质量奖，荣获我国上市公司治理领域最高荣誉“中国公司治理专项奖—董事会奖”。

工生产线

煤化工项目

兖矿集团兴隆庄煤矿在采空区上建起的公园

目 录

第一篇 企业政策

第二篇 重点调查企业基本情况

第三篇 企业景气指数

第四篇 行业发展

第五篇 全省经信

第六篇 附 录

第一篇

企业政策

1－1 国务院关于印发进一步鼓励软件产业和集成电路产业发展若干政策的通知

国发〔2011〕4号

各省、自治区、直辖市人民政府，国务院各部委、各直属机构：

现将《进一步鼓励软件产业和集成电路产业发展的若干政策》印发给你们，请认真贯彻执行。

软件产业和集成电路产业是国家战略性新兴产业，是国民经济和社会信息化的重要基础。近年来，在国家一系列政策措施的扶持下，经过各方面共同努力，我国软件产业和集成电路产业获得较快发展。制定实施《进一步鼓励软件产业和集成电路产业发展的若干政策》，继续完善激励措施，明确政策导向，对于优化产业发展环境，增强科技创新能力，提高产业发展质量和水平，具有重要意义。各地区、各有关部门要高度重视，加强组织领导和协调配合，抓紧制定实施细则和配套措施，切实抓好落实工作。发展改革委要会同有关部门及时跟踪了解政策执行情况，加强督促指导，确保取得实效。

二〇一一年一月二十八日

进一步鼓励软件产业和集成电路产业发展的若干政策

《国务院关于印发鼓励软件产业和集成电路产业发展若干政策的通知》（国发〔2000〕18号，以下简称国发18号文件）印发以来，我国软件产业和集成电路产业快速发展，产业规模迅速扩大，技术水平显著提升，有力推动了国家信息化建设。但与国际先进水平相比，我国软件产业和集成电路产业还存在发展基础较为薄弱，企业科技创新和自我发展能力不强，应用开发水平急待提高，产业链有待完善等问题。为进一步优化软件产业和集成电路产业发展环境，提高产业发展质量和水平，培育一批有实力和影响力的行业领先企业，制定以下政策。

一、财税政策

（一）继续实施软件增值税优惠政策。

（二）进一步落实和完善相关营业税优惠政策，对符合条件的软件企业和集成电路设计企业从事软件开发与测试，信息系统集成、咨询和运营维护，集成电路设计等业务，免征营业税，并简化相关程序。具体办法由财政部、税务总局会同有关部门制定。

（三）对集成电路线宽小于0.8微米（含）的集成电路生产企业，经认定后，自获利年度起，第一年至第二年免征企业所得税，第三年至第五年按照25%的法定税率减半征收企业所得税（以下简称企业所得税“两免三减半”优惠政策）。

（四）对集成电路线宽小于0.25微米或投资额超过80亿元的集成电路生产企业，经认定后，减按15%的税率征收企业所得税，其中经营期在15年以上的，自获利年度起，第一年至第五年免征企业所得税，第六年至第十年按照25%的法定税率减半征收企业所得税（以下简称企业所得税“五免五减半”优惠政策）。

（五）对国家批准的集成电路重大项目，

因集中采购产生短期内难以抵扣的增值税进项税额占用资金问题，采取专项措施予以妥善解决。具体办法由财政部会同有关部门制定。

（六）对我国境内新办集成电路设计企业和符合条件的软件企业，经认定后，自获利年度起，享受企业所得税“两免三减半”优惠政策。经认定的集成电路设计企业和符合条件的软件企业的进口料件，符合现行法律法规规定的，可享受保税政策。

（七）国家规划布局内的集成电路设计企业符合相关条件的，可比照国发18号文件享受国家规划布局内重点软件企业所得税优惠政策。具体办法由发展改革委会同有关部门制定。

（八）为完善集成电路产业链，对符合条件的集成电路封装、测试、关键专用材料企业以及集成电路专用设备相关企业给予企业所得税优惠。具体办法由财政部、税务总局会同有关部门制定。

（九）国家对集成电路企业实施的所得税优惠政策，根据产业技术进步情况实行动态调整。符合条件的软件企业和集成电路企业享受企业所得税“两免三减半”、“五免五减半”优惠政策，在2017年12月31日前自获利年度起计算优惠期，并享受至期满为止。符合条件的软件企业和集成电路企业所得税优惠政策与企业所得税其他优惠政策存在交叉的，由企业选择一项最优惠政策执行，不叠加享受。

二、投融资政策

（十）国家大力支持重要的软件和集成电路项目建设。对符合条件的集成电路企业技术进步和技术改造项目，中央预算内投资给予适当支持。鼓励软件企业加强技术开发综合能力建设。

（十一）国家鼓励、支持软件企业和集成电路企业加强产业资源整合。对软件企业和集成电路企业为实现资源整合和做大做强进行的跨地区重组并购，国务院有关部门和地方各级人民政府要积极支持引导，防止设置各种形式的障碍。

（十二）通过现有的创业投资引导基金等资金和政策渠道，引导社会资本设立创业投资基金，支持中小软件企业和集成电路企业创业。有条件的地方政府可按照国家有关规定设立主要支持软件企业和集成电路企业发展的股权投资基金或创业投资基金，引导社会资金投资软件产业和集成电路产业。积极支持符合条件的软件企业和集成电路企业采取发行股票、债券等多种方式筹集资金，拓宽直接融资渠道。

（十三）支持和引导地方政府建立贷款风险补偿机制，健全知识产权质押登记制度，积极推动软件企业和集成电路企业利用知识产权等无形资产进行质押贷款。充分发挥融资性担保机构和融资担保补助资金的作用，积极为中小软件企业和集成电路企业提供各种形式的贷款担保服务。

（十四）政策性金融机构在批准的业务范围内，可对符合国家重大科技项目范围、条件的软件和集成电路项目给予重点支持。

（十五）商业性金融机构应进一步改善金融服务，积极创新适合软件产业和集成电路产业发展的信贷品种，为符合条件的软件企业和集成电路企业提供融资支持。

三、研究开发政策

（十六）充分利用多种资金渠道，进一步加大对科技创新的支持力度。发挥国家科技重大专项的引导作用，大力支持软件和集成电路重大关键技术的研发，努力实现关键技术的整体突破，加快具有自主知识产权技术的产业化和推广应用。紧紧围绕培育战略性新兴产业的目标，重点支持基础软件、面向新一代信息网络的高端软件、工业软件、数字内容相关软件、高端芯片、集成电路装备和工艺技术、集成电路关键材料、关键应用系统的研发以及重要技术标准的制订。科技部、发展改革委、财政部、工业和信息化部等部门要做好有关专项的组织实施工作。

（十七）在基础软件、高性能计算和通用计算平台、集成电路工艺研发、关键材料、关键应用软件和芯片设计等领域，推动国家重点实验室、国家工程实验室、国家工程中心和企业技术中心建设，有关部门要优先安排研发项目。鼓励软件企业和集成电路企业建立产学研用结合的产业技术创新战略联盟，促进产业链协同发展。

（十八）鼓励软件企业大力开发软件测试和评价技术，完善相关标准，提升软件研发能力，提高软件质量，加强品牌建设，增强产品竞争力。

四、进出口政策

（十九）对软件企业和集成电路设计企业需要临时进口的自用设备(包括开发测试设备、软硬件环境、样机及部件、元器件等)，经地市级商务主管部门确认，可以向海关申请按暂时进境货物监管，其进口税收按照现行法规执行。对符合条件的软件企业和集成电路企业，质检部门可提供提前预约报检服务，海关根据企业要求提供提前预约通关服务。

（二十）对软件企业与国外资信等级较高的企业签订的软件出口合同，政策性金融机构可按照独立审贷和风险可控的原则，在批准的业务范围内提供融资和保险支持。

（二十一）支持企业“走出去”建立境外营销网络和研发中心，推动集成电路、软件和信息服务出口。大力发展国际服务外包业务。商务部要会同有关部门与重点国家和地区建立长效合作机制，采取综合措施为企业拓展新兴市场创造条件。

五、人才政策

（二十二）加快完善期权、技术入股、股权、分红权等多种形式的激励机制，充分发挥研发人员和管理人员的积极性和创造性。各级人民政府可对有突出贡献的软件和集成电路高级人才给予重奖。对国家有关部门批准建立的产业基地（园区）、高校软件学院和微电子学院引进的软件、集成电路人才，优先安排本人及其配偶、未成年子女在所在地落户。加强人才市场管理，积极为软件企业和集成电路企业招聘人才提供服务。

（二十三）高校要进一步深化改革，加强软件工程和微电子专业建设，紧密结合产业发展需求及时调整课程设置、教学计划和教学方式，努力培养国际化、复合型、实用性人才。加强软件工程和微电子专业师资队伍、教学实验室和实习实训基地建设。教育部要会同有关部门加强督促和指导。

（二十四）鼓励有条件的高校采取与集成电路企业联合办学等方式建立微电子学院，经批准设立的示范性微电子学院可以享受示范性软件学院相关政策。支持建立校企结合的人才综合培训和实践基地，支持示范性软件学院和微电子学院与国际知名大学、跨国公司合作，引进国外师资和优质资源，联合培养软件和集成电路人才。

（二十五）按照引进海外高层次人才的有关要求，加快软件与集成电路海外高层次人才的引进，落实好相关政策。制定落实软件与集成电路人才引进和出国培训年度计划，办好国家软件和集成电路人才国际培训基地，积极开辟国外培训渠道。

六、知识产权政策

（二十六）鼓励软件企业进行著作权登记。支持软件和集成电路企业依法到国外申请知识产权，对符合有关规定的，可申请财政资金支持。加大政策扶持力度，大力发展知识产权服务业。

（二十七）严格落实软件和集成电路知识产权保护制度，依法打击各类侵权行为。加大对网络环境下软件著作权、集成电路布图设计专有权的保护力度，积极开发和应用正版软件网络版权保护技术，有效保护软件和集成电路知识产权。

（二十八）进一步推进软件正版化工作，

探索建立长效机制。凡在我国境内销售的计算机（大型计算机、服务器、微型计算机和笔记本电脑）所预装软件必须为正版软件，禁止预装非正版软件的计算机上市销售。全面落实政府机关使用正版软件的政策措施，将软件购置经费纳入财政预算，对通用软件实行政府集中采购，加强对软件资产的管理。大力引导企业和社会公众使用正版软件。

七、市场政策

（二十九）积极引导企业将信息技术研发应用业务外包给专业企业。鼓励政府部门通过购买服务的方式将电子政务建设和数据处理工作中的一般性业务发包给专业软件和信息服务企业，有关部门要抓紧建立和完善相应的安全审查和保密管理规定。

鼓励大中型企业将其信息技术研发应用业务机构剥离，成立专业软件和信息服务企业，为全行业和全社会提供服务。

（三十）进一步规范软件和集成电路市场秩序，加强反垄断工作，依法打击各种滥用知识产权排除、限制竞争以及滥用市场支配地位进行不正当竞争的行为，充分发挥行业协会的作用，创造良好的产业发展环境。加快制订相关技术和服务标准，促进软件市场公平竞争，维护消费者合法权益。

（三十一）完善网络环境下消费者隐私及企业秘密保护制度，促进软件和信息服务网络化发展。逐步在各级政府机关和事业单位推广符合安全要求的软件产品。

八、政策落实

（三十二）凡在我国境内设立的符合条件的软件企业和集成电路企业，不分所有制性质，均可享受本政策。

（三十三）继续实施国发 18 号文件明确的政策，相关政策与本政策不一致的，以本政策为准。本政策由发展改革委会同财政部、税务总局、工业和信息化部、商务部、海关总署等部门负责解释。

（三十四）本政策自发布之日起实施。

1－2　国务院关于促进稀土行业持续健康发展的若干意见

国发〔2011〕12号

各省、自治区、直辖市人民政府，国务院各部委、各直属机构：

稀土是不可再生的重要战略资源，在新能源、新材料、节能环保、航空航天、电子信息等领域的应用日益广泛。有效保护和合理利用稀土资源，对于保护环境，加快培育发展战略性新兴产业，改造提升传统产业，促进稀土行业持续健康发展，具有十分重要的意义。经过多年发展，我国稀土开采、冶炼分离和应用技术研发取得较大进步，产业规模不断扩大。但稀土行业发展中仍存在非法开采屡禁不止，冶炼分离产能扩张过快，生态环境破坏和资源浪费严重，高端应用研发滞后，出口秩序较为混乱等问题，严重影响行业健康发展。要进一步提高对有效保护和合理利用稀土资源重要性的认识，采取有效措施，切实加强稀土行业管理，加快转变稀土行业发展方式，促进稀土行业持续健康发展。现提出以下意见：

一、明确指导思想、基本原则和发展目标

（一）指导思想。以邓小平理论和“三个代表”重要思想为指导，深入贯彻落实科学发展观，加快转变稀土行业发展方式，促进稀土产业结构调整，严格控制开采和冶炼分离能力，大力发展稀土新材料及应用产业，进一步巩固和发挥稀土战略性基础产业的重要作用，确保稀土行业持续健康发展。

（二）基本原则。坚持保护环境和节约资源，对稀土资源实施更为严格的保护性开采政策和生态环境保护标准，尽快完善稀土管理法律法规，依法打击各类违法违规行为；坚持控制总量和优化存量，加快实施大企业大集团战略，积极推进技术创新，提升开采、冶炼和应用技术水平，淘汰落后产能，进一步提高稀土行业集中度；坚持统筹国内国际两个市场、两种资源，积极开展国际合作；坚持与地方经济社会发展相协调，正确处理局部与整体、当前与长远的关系。

（三）发展目标。用1—2年时间，建立起规范有序的稀土资源开发、冶炼分离和市场流通秩序，资源无序开采、生态环境恶化、生产盲目扩张和出口走私猖獗的状况得到有效遏制；基本形成以大型企业为主导的稀土行业格局，南方离子型稀土行业排名前三位的企业集团产业集中度达到80%以上；新产品开发和新技术推广应用步伐加快，稀土新材料对下游产业的支撑和保障作用得到明显发挥；初步建立统一、规范、高效的稀土行业管理体系，有关政策和法律法规进一步完善。再用3年左右时间，进一步完善体制机制，形成合理开发、有序生产、高效利用、技术先进、集约发展的稀土行业持续健康发展格局。

二、建立健全行业监管体系，加强和改善行业管理

（四）严格稀土行业准入管理。对稀土资源实施更为严格的保护性开采政策和生态环境保护标准，严把行业和环境准入关。加快制定和完善稀土开采及生产标准，明确稀土矿山和冶炼分离企业的产品质量、工艺装备、生产规模、能源消耗、资源综合利用、环境保护、清洁生产、安全生产和社会责任等方面的准入要求。实施严格的环境准入制度，严格执行《稀土工业污染物排放标准》，制定稀土行业环境风险评估制度。

（五）完善稀土指令性生产计划管理。实施严格的稀土指令性生产计划编制、下达和监管制度。加强稀土开采、冶炼分离、出口等计划间的相互衔接。对稀土冶炼分离企业实行生产许可。建立稀土开采、冶炼分离和产品流通台账和专用发票管理制度。采用信息技术实现稀土开采、冶炼分离、出口企业联网，实行在线监控。

（六）提高稀土出口企业资质门槛。稀土出口企业必须符合行业规划、产业政策、行业准入、环保标准等要求。进一步提高稀土出口企业资质标准。加强对出口企业的监督管理，强化行业自律，对存在从非法渠道采购产品出口及其他严重扰乱出口经营秩序等违法行为的企业，依法追究相应法律责任。

（七）加强稀土出口管理。按照限制“两高一资”产品出口的有关政策，在严格控制稀土开采和生产总量的同时，严格控制稀土金属、氧化物、盐类和稀土铁合金等初级产品出口，有关开采、生产、消费及出口的限制措施应同步实施。统筹考虑国内资源和生产、消费以及国际市场情况，合理确定年度稀土出口配额总量。完善出口配额分配方式，严惩倒卖稀土出口配额行为。细化稀土产品税号和海关商品编码，并将稀土产品列入法定检验目录。严格海关监管，规范企业申报管理，完善海关检测方法和手段，加强对海关一线查验、检测设备投入，建立稀土开采、生产与出口企业间票据联动制度。加强对稀土行业准入后企业生产经营的监督管理，防止变相出口稀土产品。

（八）健全税收、价格等调控措施。大幅提高稀土资源税征收标准，抑制资源开采暴利。改革稀土产品价格形成机制，加大政策调控力度，逐步实现稀土价值和价格的统一。落实矿山生态环境治理和生态恢复保证金制度，严格企业生态环境保护与恢复的经济责任。

（九）认真执行有关法律法规和制度。严

格执行矿产资源法、海关法等有关法律法规的规定，依法加强对稀土的勘查开采、冶炼加工、产品流通、推广应用、战略储备、进出口等环节的管理。抓紧研究制定或修改完善稀土等稀有金属管理的有关法律法规。

三、依法开展稀土专项整治，切实维护良好的行业秩序

（十）坚决打击非法开采和超控制指标开采。国土资源部要进一步巩固稀土矿产开发秩序专项整治成果，加大稀土勘查开采监管力度，严格稀土开采总量控制指标管理，加强对重点稀土产区的联合监管。坚决取缔非法开采，严格禁止超控制指标开采，对重大非法开采案件要挂牌督办，依法追究企业和相关人员责任。重新审核已颁发的勘查许可证和开采许可证，向社会公布合法采矿企业名单。加快建立规范稀土开采秩序和监管的长效机制。

（十一）坚决打击违法生产和超计划生产。工业和信息化部要会同有关部门立即开展稀土生产专项整治行动，向社会公布合法生产企业名单，加强对国家稀土指令性生产计划执行情况的监督检查。对无计划、超计划生产企业要责令停止国家指令性计划管理产品的生产，追查矿产品来源，对违法收购和销售的企业依法予以处罚，取消生产许可和销售资质，并由工商行政管理部门限期办理变更登记、注销登记或者依法吊销营业执照。

（十二）坚决打击破坏生态和污染环境行为。环境保护部要立即对稀土开采及冶炼分离企业开展环境保护专项整治行动，严格执行国家和地方污染物排放标准。对未经环评审批的建设项目，一律停止建设和生产；对没有污染防治设施及污染防治设施运行不正常、超标排放或超过重点污染物排放总量控制指标的企业，依法责令立即停产，限期治理，逾期未完成治理任务的，依法注（吊）销相关证照。

（十三）坚决打击稀土非法出口和走私行为。海关总署要会同商务部等有关部门立即开展稀土出口秩序专项整治行动，加大审单、查验力度，依法严惩伪报、瞒报品名，以及分批次、多口岸以“货样广告品”、“快件”等方式非法出口和走私稀土行为。

四、加快稀土行业整合，调整优化产业结构

（十四）深入推进稀土资源开发整合。国土资源部要会同有关部门，按照全国矿产资源开发整合工作的整体部署，挂牌督办所有稀土开发整合矿区，深入推进稀土资源开发整合。严格稀土矿业权管理，原则上继续暂停受理新的稀土勘查、开采登记申请，禁止现有开采矿山扩大产能。

（十五）严格控制稀土冶炼分离总量。“十二五”期间，除国家批准的兼并重组、优化布局项目外，停止核准新建稀土冶炼分离项目，禁止现有稀土冶炼分离项目扩大生产规模。坚决制止违规项目建设，对越权审批、违规建设的，要严肃追究相关单位和负责人责任。

（十六）积极推进稀土行业兼并重组。支持大企业以资本为纽带，通过联合、兼并、重组等方式，大力推进资源整合，大幅度减少稀土开采和冶炼分离企业数量，提高产业集中度。推进稀土行业兼并重组要坚持统筹规划、政策引导、市场化运作，兼顾中央、地方和企业利益，妥善处理好不同区域和上下游产业的关系。工业和信息化部要会同有关部门尽快制定推进稀土行业兼并重组的实施方案。

（十七）加快推进企业技术改造。鼓励企业利用原地浸矿、无氨氮冶炼分离、联动萃取分离等先进技术进行技术改造。加快淘汰池浸开采、氨皂化分离等落后生产工艺和生产线。发展循环经济，加强尾矿资源和稀土产品的回收再利用，提高稀土资源采收率和综合利用水平，降低能耗物耗，减少环境污染。支持企业将技术改造与兼并重组、淘汰落后产能相结合，加快推进技术进步。

五、加强稀土资源储备，大力发展稀土应

用产业

（十八）建立稀土战略储备体系。按照国家储备与企业（商业）储备、实物储备和资源（地）储备相结合的方式，建立稀土战略储备。统筹规划南方离子型稀土和北方轻稀土资源的开采，划定一批国家规划矿区作为战略资源储备地。对列入国家储备的资源地，由当地政府负责监管和保护，未经国家批准不得开采。中央财政对实施资源、产品储备的地区和企业给予补贴。

（十九）加快稀土关键应用技术研发和产业化。按照发展战略性新兴产业总体要求，引导和组织稀土生产应用企业、研发机构和高等院校，大力开发深加工和综合利用技术，推动具有自主知识产权的科技成果产业化，为发展战略性新兴产业提供支撑。

六、加强组织领导，营造良好的发展环境

（二十）建立完善协调机制。要进一步发挥稀有金属部际协调机制的作用，统筹研究国家稀土发展战略、规划、计划和政策等重大问题。在工业和信息化部设立稀土办公室，统筹做好稀土行业管理工作；负责协调制定稀土开采、生产、储备、进出口计划等，纳入国家国民经济和社会发展年度计划，牵头做好年度计划实施、行业准入和稀土新材料开发推广等工作。

（二十一）明确责任和分工。国务院有关部门按职能分工，做好相应管理工作，承担相应的责任，并严格实行问责制。坚决改变重计划、轻落实，重审批、轻监管的现状。工业和信息化部负总责，并负责稀土行业管理，制定指令性生产计划，维护稀土生产秩序，指导组建稀土行业协会。工业和信息化部、商务部、新闻办牵头做好我稀土政策的对外宣传和释疑工作。发展改革委牵头做好稀土投资规模和出口总量控制工作。发展改革委、财政部、国土资源部共同牵头研究建立稀土战略储备。财政部牵头研究制定财税支持政策。国土资源部负责稀土资源勘查开采和总量控制管理、矿业秩序整顿和资源地储备。环境保护部负责环保专项整治，严格环境准入，加强污染防治。商务部负责出口配额管理，妥善协调与各国贸易关系。海关总署负责严格出口监管和打击走私。质检总局负责严格出口检验监管和打击逃漏检行为。监察部负责对地方政府和有关部门落实稀土政策情况进行监督检查，对工作不力，影响稀土行业持续健康发展的，要严肃追究责任。有关地方政府对本地区稀土行业的管理负总责，要层层落实责任制，督促稀土企业依法经营，严格按照国家计划组织生产经营，严格履行社会责任，切实保护资源和环境。

（二十二）正确引导舆论。加强稀土行业管理是保护生态环境和资源、促进稀土行业持续健康发展的需要，是转变稀土行业发展方式、发展战略性新兴产业的需要，是提高稀土行业整体效益、维护人民群众长远利益的需要。要正确引导舆论，积极宣传加强稀土行业管理的重要意义和积极作用，争取国内外的理解和支持。

国务院各有关部门和有关地方政府要进一步统一思想，增强大局意识、责任意识，加强组织领导和协调配合，抓好督促检查，落实责任制，确保各项政策措施落到实处，切实加强稀土资源的有效保护和合理利用，促进稀土行业持续健康发展。

二〇一一年五月十日

1－3 国务院批转发展改革委关于2011年深化经济体制改革重点工作意见的通知

国发〔2011〕15号

各省、自治区、直辖市人民政府，国务院各部委、各直属机构：

国务院同意发展改革委《关于2011年深化经济体制改革重点工作的意见》，现转发给你们，请认真贯彻执行。

二〇一一年五月二十八日

关于2011年深化经济体制改革重点工作的意见

发展改革委

2011年是“十二五”开局之年，积极适应国内外形势新变化，进一步加大改革攻坚力度，加快破除制约科学发展的体制机制障碍，对顺利启动实施“十二五”规划、促进经济发展方式转变，具有十分重要的意义。现就2011年深化经济体制改革重点工作提出以下意见：

一、指导思想和总体要求

（一）指导思想。高举中国特色社会主义伟大旗帜，以邓小平理论和“三个代表”重要思想为指导，深入贯彻落实科学发展观，全面贯彻党的十七大、十七届三中、四中、五中全会和中央经济工作会议精神，坚持社会主义市场经济改革方向，按照“十二五”规划总体部署，以科学发展为主题，以加快转变经济发展方式为主线，以更大决心和勇气推进重点领域改革，着力解决深层次矛盾和化解潜在风险，促进“十二五”开好局、起好步。

（二）总体要求。要处理好应对当前挑战和建立长效机制的关系，更好发挥改革创新对保持年度经济平稳较快增长和长远经济发展方式转变的促进作用；处理好政府和市场的关系，提高资源配置效率和政府宏观调控水平；处理好发展社会事业和创新社会体制的关系，更加重视从制度上保障和改善民生、促进社会公平正义；处理好改革创新和依法行政的关系，有效运用法制手段规范改革程序、深化改革实践、巩固改革成果；处理好深化改革和保持稳定的关系，统筹各项改革措施出台的时机、力度和节奏。

二、围绕加快转变经济发展方式深化改革

（三）推进资源性产品价格改革。积极推进成品油价格市场化改革。加快输配电价改革，推进竞争性电力市场建设和大用户直接交易试点，完善水电、核电、可再生能源发电价格形成机制，调整销售电价分类结构，择机实施居民用电阶梯电价。建立反映资源稀缺程度和市场供求关系的天然气价格形成机制，进一步理顺天然气与可替代能源的比价关系。（发展改革委牵头）

（四）改革和完善税收制度。在总结试点经验的基础上，扩大资源税改革实施范围。在部分生产性服务业领域推行增值税改革试点。合理调整消费税范围和税率结构，研究将部分大量消耗资源、严重污染环境的商品纳入消费税征收范围。完善房地产相关税收政策。（财

政部、税务总局、住房城乡建设部、法制办负责）

（五）推进电力体制改革。深入推进电网企业主辅、主多分离，稳步开展电力输配分开试点，探索输配分开的有效实现形式。从实际出发，因地制宜，稳步推进农村电力体制改革，制定实施改革指导意见。（发展改革委、电监会、国资委、能源局、财政部、水利部等负责）

（六）完善食品安全监管体制，建立健全地方政府食品安全综合协调机制，加强监管基础能力建设和基层执法队伍建设，加大行政执法和责任追究力度，完善应对食品安全事故的快速反应机制和程序。深化流通体制改革，开展农产品现代流通综合试点，稳步推进肉类、蔬菜流通追溯体系试点。（食品安全办、公安部、农业部、卫生部、质检总局、工商总局、商务部、中央编办等负责）

（七）推进场外交易市场建设，研究建立国际板市场，进一步完善多层次资本市场体系。深入推进跨境贸易人民币结算试点，扩大人民币在跨境贸易和投资中的使用。推进利率市场化改革。加快推出存款保险制度。（证监会、人民银行、银监会等负责）

（八）加快完善境外投资法律法规制度，深化以投资便利化为核心的管理体制改革，完善跨部门协调机制，健全支持“走出去”的相关政策和服务体系。建立健全境外投资风险防控机制，完善风险预警体系和突发事件应急处理机制。（发展改革委、商务部等负责）

三、围绕保障和改善民生深化改革

（九）围绕“保基本、强基层、建机制”，统筹推进医药卫生体制五项重点改革，不断取得新突破。进一步提高基本医疗保障和基本公共卫生服务水平。在政府举办的基层医疗卫生机构全面实施基本药物制度，推进基层医疗卫生机构综合改革。加快推进公立医院改革试点。鼓励和引导社会资本举办医疗机构。（发展改革委、卫生部、财政部、人力资源社会保障部、中央编办负责）

（十）全面落实国家中长期教育改革和发展规划纲要，积极推进国家教育体制改革试点，加快推进义务教育均等化。深化科技管理体制改革，加快科技成果转化，完善科研经费管理和评价奖励制度，促进科技资源高效配置和开放共享。（教育部、科技部等负责）

（十一）深化文化体制改革，全面推进国有文艺院团体制改革和非时政类报刊转企改制，深入推进公益性文化事业单位内部机制改革，创新公共文化服务运行机制。（文化部、广电总局、新闻出版总署负责）

（十二）深化收入分配和社会保障制度改革。提高个人所得税工薪所得费用扣除标准，合理调整税率结构，降低中低收入者税负，加大对高收入的调节。以非公有制企业、中小企业密集的区域和行业为重点，稳步推行工资集体协商制度。开展城镇居民养老保险试点，扩大新型农村社会养老保险试点范围，出台职业年金试行办法。（财政部、税务总局、人力资源社会保障部等负责）

（十三）推进公共服务体制改革。强化政府提供基本公共服务的责任，明确基本公共服务的范围、标准及各级政府的事权和支出责任，建立评价指标体系。改革基本公共服务提供方式，扩大政府购买服务范围，推动提供主体和提供方式多样化。积极推进非基本公共服务市场化改革。（发展改革委、财政部、中央编办等负责）

四、围绕加强政府自身建设深化改革

（十四）深入推进行政审批制度改革，进一步减少审批事项，规范审批程序，健全制约监督机制，促进行政审批规范有序、高效便民、公开透明。建立政府绩效管理制度，加强行政问责制度建设，着力提高政府执行力和公信力。（监察部牵头）

（十五）制定出台分类推进事业单位改革的指导意见及相关配套文件，分类指导、分业推进、分级组织、分步实施。（中央编办、财

政部、人力资源社会保障部等负责）

（十六）完善政府预算公开机制，进一步细化公开中央财政总预算和总决算，继续推进中央部门预算和决算公开，加快因公出国（境）、公务用车购置及运行、公务接待等"三公"经费和行政经费支出情况公开，推进中央对地方转移支付资金管理办法公开和地方财政预算、决算公开，保障公民知情权、参与权和监督权。研究推进公务用车制度、机关后勤服务社会化等政府机关事务管理体制改革，提高机关后勤服务运行效率，降低成本。（财政部、发展改革委、国管局、中央编办等负责）

（十七）在有条件的地方开展省直管县（市）改革试点，扩大县级政府经济社会管理权限，进一步理顺省、市、县（市）政府间财政分配关系，积极探索省直接管理县（市）的途径和方式。（中央编办、发展改革委、民政部、财政部负责）

五、围绕完善农村发展体制机制深化改革

（十八）完善土地管理制度。完善农村土地承包关系长久不变的政策和实施办法，赋予农民更加充分而有保障的土地承包经营权。开展耕地保护补偿试点，探索建立激励性补偿机制。以征地制度改革为核心，研究修订土地管理法等相关法律法规。完善城乡平等的要素交换关系，促进土地增值收益主要用于农业农村。（农业部、国土资源部、法制办负责）

（十九）推进国有林场和国有林区改革，研究提出改革指导意见，选择部分基础好、有代表性的地区开展国有林场改革试点。全面深化集体林权制度改革，加快明晰产权、承包到户。推进国有农场改革，分离企业办社会职能。做好新形势下农村改革试验区工作。（发展改革委、林业局、农业部、财政部、人力资源社会保障部负责）

（二十）创新水利发展体制机制。完善水资源管理体制，促进水资源优化配置。加快水利工程建设和管理体制改革，区分水利工程性质，分类推进改革，健全良性运行机制。健全基层水利服务体系。积极推进水价改革，合理制定水资源费征收标准和水利工程供水价格。（水利部、财政部、发展改革委负责）

（二十一）积极稳妥推进户籍管理制度改革，充分考虑当地经济社会发展水平和城市综合承载能力，把有稳定劳动关系并在城镇居住一定年限的农民工及其家属逐步转为城镇居民。切实保护农民承包地、宅基地等合法权益，充分尊重农民在进城和留乡问题上的自主选择权。（公安部、人力资源社会保障部、发展改革委、农业部、国土资源部等负责）

六、积极推进综合配套改革试点

（二十二）围绕贯彻落实科学发展观，突出主题、特色和重点，积极开展各类综合配套改革试点。上海浦东新区、天津滨海新区、深圳经济特区要加快转变经济发展方式，创新开发开放体制，力争率先建成完善的社会主义市场经济体制。认真总结成都市、重庆市统筹城乡综合配套改革试点经验，积极探索解决农业、农村、农民问题新途径。武汉城市圈和长株潭城市群要深入推进"两型"社会建设改革试点，尽快形成经验，为全国提供示范和借鉴。山西省和沈阳经济区要分别围绕资源型经济转型和新型工业化改革主题，针对重点难点问题，大胆探索创新。支持和指导各地区、各有关部门开展多层次、多形式的改革试点。（发展改革委牵头）

各地区、各有关部门要加强组织领导和统筹协调，狠抓贯彻落实，确保2011年各项重点改革取得实质性突破。对"十二五"规划提出的深化铁路石油等行业改革、理顺各级政府间财力事权关系、调整国民收入分配格局、推进基础养老金全国统筹等中长期重大改革任务，要抓紧制订方案，尽快启动实施。对国有经济战略性调整、促进非公有制经济发展、金融机构改革和农村新型金融机构发展、住房保障体系建设等需要继续深化的改革任务，要按

照国务院的部署积极推进。牵头负责部门要切实负起责任，明确部门分工和工作任务，相关部门要根据职能积极配合。发展改革委要进一步完善统筹协调推进改革的工作机制，切实加强对年度重点改革工作的协调指导、督促推进和检查评估，及时将各项改革进展情况和重大问题报告国务院。

1－4　国务院办公厅关于促进物流业健康发展政策措施的意见

国办发〔2011〕38号

各省、自治区、直辖市人民政府，国务院各部委、各直属机构：

为进一步贯彻落实《国务院关于印发物流业调整和振兴规划的通知》(国发〔2009〕8号)精神，制定和完善相关配套政策措施，促进物流业健康发展，经国务院同意，现提出以下意见：

一、切实减轻物流企业税收负担

根据物流业的产业特点和物流企业一体化、社会化、网络化、规模化发展要求，统筹完善有关税收支持政策。有关部门要抓紧完善物流企业营业税差额纳税试点办法，进一步扩大试点范围，并在总结试点经验、完善相关配套措施的基础上全面推广。要结合增值税改革试点，尽快研究解决仓储、配送和货运代理等环节与运输环节营业税税率不统一的问题。研究完善大宗商品仓储设施用地的土地使用税政策，既要促进物流企业集约使用土地，又要满足大宗商品实际物流需要。

二、加大对物流业的土地政策支持力度

仓储设施、配送中心、转运中心以及物流园区等物流基础设施占地面积大、资金投入多、投资回收期长，要在加强和改善管理、切实节约土地的基础上，加大土地政策支持力度。科学制定全国物流园区发展专项规划，提高土地集约利用水平，对纳入规划的物流园区用地给予重点保障。对各地区物流业发展规划确定的重点物流项目用地，应在土地利用总体规划修编时纳入规划统筹安排，涉及农用地转用的，可在土地利用年度计划中优先安排。对政府供应的物流用地，应纳入年度建设用地供应计划，依法采取招标、拍卖或挂牌等方式出让。积极支持利用工业企业旧厂房、仓库和存量土地资源建设物流设施或提供物流服务，涉及原划拨土地使用权转让或租赁的，应按规定办理土地有偿使用手续，经批准可采取协议方式出让。土地出让收入依法实行“收支两条线”管理。

三、促进物流车辆便利通行

进一步降低过路过桥收费，按照规定逐步有序取消政府还贷二级公路收费，减少普通公路收费站点数量，控制收费公路规模，优化收费公路结构。加大对高速公路收费的监管力度，撤并不合理的收费站点，逐步降低偏高的高速公路收费标准，对已出让经营权的繁忙路段，应根据政府财力状况逐步回购经营权。尽快研究修订《收费公路管理条例》，统筹发展以普通公路为主的体现政府普遍服务的非收费公路和以高速公路为主的收费公路。大力推行不停车收费系统，提高车辆通行效率。抓紧修订完善道路大型物件运输管理办法和超限运输车辆行驶公路规定，规范道路交通管理和超限治理行为。按照依法、高效、环保的原则，研究制定城市配送管理办法，确定城市配送车辆的标准环保车型，全面禁止将客运车辆改装为货运

车辆，有效解决城市中转配送难、配送货车停靠难等问题，促进符合条件的物流企业加快规模化发展。研究调整挂车交强险征收政策，促进甩挂运输发展。

四、加快物流管理体制改革

加快推进物流管理体制改革，打破物流管理的条块分割。加强依法行政，完善政府监管，强化行业自律。结合制（修）订相关法律、行政法规，在规范管理的前提下适当放宽对物流企业资质的行政许可和审批条件，改进资质审批管理方式。认真清理针对物流企业的资质审批项目，逐步减少行政审批。要破除地区封锁和体制、机制障碍，积极为物流企业设立法人、非法人分支机构提供便利，鼓励物流企业开展跨区域网络化经营。进一步规范交通、公安、环保、质检、消防等方面的审批手续，缩短审批时间，提高审批效率。对于法律未规定或国务院未批准必须由法人机构申请的资质，物流企业总部统一申请获得后，其非法人分支机构可向所在地有关部门备案获得。物流企业总部统一办理工商登记注册和经营审批手续后，其非法人分支机构可持总部出具的文件，直接到所在地工商行政管理机关申请登记注册，免予办理工商登记核转手续。合理规划口岸布局，改善口岸通关管理，提高通关效率，促进国际物流和保税物流发展。加强物流业政策及法规体系建设，从国民经济行业分类、产业统计、工商注册、土地使用及税目设立等方面明确物流业类别，进一步确定物流业的产业地位。尽快完善物流调查统计和信息管理制度。

五、鼓励整合物流设施资源

支持大型优势物流企业通过兼并重组等方式，对分散的物流设施资源进行整合；鼓励中小物流企业加强联盟合作，创新合作方式和服务模式，优化资源配置，提高服务水平，积极推进物流业发展方式转变。目前只为本行业本系统提供服务的仓储和运输设施，要积极创造条件向社会开放，开展社会化物流服务。支持商贸流通企业发展共同配送，降低配送成本，提高配送效率。支持物流企业加强与制造企业合作，全面参与制造企业的供应链管理，或与制造企业共同组建第三方物流企业。制造企业剥离物流资产和业务，可根据《财政部国家税务总局关于企业重组业务企业所得税处理若干问题的通知》（财税〔2009〕59号）、《财政部国家税务总局关于企业改制重组若干契税政策的通知》（财税〔2008〕175号）和《财政部关于企业重组有关职工安置费用财务管理问题的通知》（财企〔2009〕117号）等文件规定，享受税收、资产处置、人员安置等相关扶持政策。统筹规划和发展工业园区、经济开发区、海关特殊监管区域、高新技术产业园区等制造业集聚区的物流服务体系，积极引导区内企业将物流业务外包，扩大物流需求，推动区域内物流基础设施和信息平台等共享共用。

六、推进物流技术创新和应用

加强物流新技术的自主研发，重点支持货物跟踪定位、无线射频识别、物流信息平台、智能交通、物流管理软件、移动物流信息服务等关键技术攻关。适时启动物联网在物流领域的应用示范。加快先进物流设备的研制，提高物流装备的现代化水平。加强物流标准的制定和推广，促进物流标准的贯彻实施。鼓励物流企业应用供应链管理技术和信息技术，地方各级人民政府对物流企业的物流信息平台建设要积极给予扶持。推动有关部门、重点制造企业和商贸企业、物流企业不断提高物流信息资源的开发利用水平，促进物流信息的科学采集、安全管理、有效利用、深度开发、有序交换和集成应用。调整完善物流企业申请高新技术企业的认定标准，具备条件的物流企业可以享受高新技术企业的相关政策。推进物流信息资源开放共享，处理好安全与协同的关系，鼓励采取多种方式实现物流信息的互通交换，促进信息流、物流和资金流的协同和联动，提高物流服务效率和经营管理水平。

七、加大对物流业的投入

各级人民政府要加大对物流基础设施投资的扶持力度，对符合条件的重点物流企业的运输、仓储、配送、信息设施和物流园区的基础设施建设给予必要的资金扶持。积极引导银行业金融机构加大对物流企业的信贷支持力度，加快推动适合物流企业特点的金融产品和服务方式创新，积极探索抵押或质押等多种贷款担保方式，进一步提高对物流企业的金融服务水平。完善融资机制，进一步拓宽融资渠道，积极支持符合条件的物流企业上市和发行企业债券。

八、优先发展农产品物流业

要把农产品物流业发展放在优先位置，加大政策扶持力度，加快建立畅通高效、安全便利的农产品物流体系，着力解决农产品物流经营规模小、环节多、成本高、损耗大的问题。大力发展“农超对接”、“农校对接”、“农企对接”等产地到销地的直接配送方式，支持发展农民专业合作组织，加强主产区大型农产品集散中心建设，促进大型连锁超市、学校、酒店、大企业等最终用户与农民专业合作社、生产基地建立长期稳定的产销关系。发挥供销社和邮政等物流体系在农村的网络优势，积极开展“农资下乡”配送和农产品进城配送服务。抓紧开展农产品增值税抵扣政策调整试点，妥善解决农产品进项税抵扣中存在的问题，鼓励大型企业从事农产品物流业，提高农产品物流业的规模效益。加大农产品冷链物流基础设施建设投入，加快建立主要品种和重点地区的冷链物流体系，对开展鲜活农产品业务的冷库用电实行与工业同价。推动农产品包装和标识的标准化，完善农产品质量安全可追溯制度。提高对农产品批发市场和农贸市场（含社区菜市场）公益性的认识，加大政府投入和政策扶持力度。加强农产品批发市场、农贸市场的规划和建设，新建城市居住区要严格按照相关规定，配套建设社区菜市场或相应的商业设施，不得随意改变用途。农产品批发市场用地作为经营性商业用地，应严格按照规划合理布局，土地招拍挂出让前，所在区域有工业用地交易地价的，可以参照市场地价水平、所在区域基准地价和工业用地最低价标准等确定出让底价，土地出让后严禁擅自改变用途从事商业性房地产开发，确需改变用途、性质或者进行转让的，应当符合土地利用总体规划并经依法批准。研究农产品批发市场相关房产税政策，农产品批发市场和农贸市场的用水、用电、用气、用热价格实行与工业同价。规范和降低农产品批发市场、农贸市场的摊位费等相关收费，必要时按法定程序将摊位费纳入地方政府定价目录管理，清理超市向供应商收取的违反国家相关法律法规的通道费。继续严格执行并完善鲜活农产品“绿色通道”政策，进一步加强管理，完善技术手段，提高车辆检测水平和通行效率。进一步落实鲜活农产品配送车辆24小时进城通行和便利停靠政策。提高粮食物流现代化水平，推进粮食储、运、装、卸的“四散化”，加强东北产区散粮收纳和发放设施及南方销区的铁路、港口散粮接卸设施建设，推动东北地区散粮火车入关，加快发展散粮铁水联运。进一步推进棉花质检体制改革，提高棉花包装质量和物流技术装备水平与标准化程度，在全国范围推行棉花的机械快速装卸作业法，组织好新疆棉外运工作。

九、加强组织协调

各地区、各有关部门要充分认识物流业的重要性，加快政府职能转变和管理创新，积极推动物流业又好又快发展。国务院有关部门要按照职能分工，加强对物流业发展的协调指导，抓紧细化政策措施，认真组织贯彻实施，切实规范物流服务，提升物流业经营水平。发展改革委要会同有关部门加强对各项政策措施落实情况的督促检查，及时研究新情况、解决新问题，为物流业进一步健康发展创造良好的政策和体制环境。

二〇一一年八月二日

1－5　国务院关于印发“十二五”节能减排综合性工作方案的通知

国发〔2011〕26号

各省、自治区、直辖市人民政府，国务院各部委、各直属机构：

现将《“十二五”节能减排综合性工作方案》印发给你们，请结合本地区、本部门实际，认真贯彻执行。

一、“十一五”时期，各地区、各部门认真贯彻落实党中央、国务院的决策部署，把节能减排作为调整经济结构、转变经济发展方式、推动科学发展的重要抓手和突破口，取得了显著成效。全国单位国内生产总值能耗降低19.1%，二氧化硫、化学需氧量排放总量分别下降14.29%和12.45%，基本实现了“十一五”规划纲要确定的约束性目标，扭转了“十五”后期单位国内生产总值能耗和主要污染物排放总量大幅上升的趋势，为保持经济平稳较快发展提供了有力支撑，为应对全球气候变化作出了重要贡献，也为实现“十二五”节能减排目标奠定了坚实基础。

二、充分认识做好“十二五”节能减排工作的重要性、紧迫性和艰巨性。“十二五”时期，我国发展仍处于可以大有作为的重要战略机遇期。随着工业化、城镇化进程加快和消费结构持续升级，我国能源需求呈刚性增长，受国内资源保障能力和环境容量制约以及全球性能源安全和应对气候变化影响，资源环境约束日趋强化，“十二五”时期节能减排形势仍然十分严峻，任务十分艰巨。特别是我国节能减排工作还存在责任落实不到位、推进难度增大、激励约束机制不健全、基础工作薄弱、能力建设滞后、监管不力等问题。这种状况如不及时改变，不但“十二五”节能减排目标难以实现，还将严重影响经济结构调整和经济发展方式转变。

各地区、各部门要真正把思想和行动统一到中央的决策部署上来，切实增强全局意识、危机意识和责任意识，树立绿色、低碳发展理念，进一步把节能减排作为落实科学发展观、加快转变经济发展方式的重要抓手，作为检验经济是否实现又好又快发展的重要标准，下更大决心，用更大气力，采取更加有力的政策措施，大力推进节能减排，加快形成资源节约、环境友好的生产方式和消费模式，增强可持续发展能力。

三、严格落实节能减排目标责任，进一步形成政府为主导、企业为主体、市场有效驱动、全社会共同参与的推进节能减排工作格局。要切实发挥政府主导作用，综合运用经济、法律、技术和必要的行政手段，加强节能减排统计、监测和考核体系建设，着力健全激励和约束机制，进一步落实地方各级人民政府对本行政区域节能减排负总责、政府主要领导是第一责任人的工作要求。要进一步明确企业的节能减排主体责任，严格执行节能环保法律法规和标准，细化和完善管理措施，落实目标任务。要进一步发挥市场机制作用，加大节能减排市场化机制推广力度，真正把节能减排转化为企业和各类社会主体的内在要求。要进一步增强全体公民的资源节约和环境保护意识，深入推进节能减排全民行动，形成全社会共同参与、共同促进节能减排的良好氛围。

四、要全面加强对节能减排工作的组织领导，狠抓监督检查，严格考核问责。发展改革委负责承担国务院节能减排工作领导小组的具体工作，切实加强节能减排工作的综合协调，组织推动节能降耗工作；环境保护部为主承担污染减排方面的工作；统计局负责加强能源统计和监测工作；其他各有关部门要切实履行职责，密切协调配合。各省级人民政府要立即部署本地区“十二五”节能减排工作，进一步明确相关部门责任、分工和进度要求。

各地区、各部门和中央企业要按照本通知的要求，结合实际抓紧制定具体实施方案，明确目标责任，狠抓贯彻落实，坚决防止出现节能减排工作前松后紧的问题，确保实现“十二五”节能减排目标。

二〇一一年八月三十一日

“十二五”节能减排综合性工作方案

一、节能减排总体要求和主要目标

（一）总体要求。以邓小平理论和“三个代表”重要思想为指导，深入贯彻落实科学发展观，坚持降低能源消耗强度、减少主要污染物排放总量、合理控制能源消费总量相结合，形成加快转变经济发展方式的倒逼机制；坚持强化责任、健全法制、完善政策、加强监管相结合，建立健全激励和约束机制；坚持优化产业结构、推动技术进步、强化工程措施、加强管理引导相结合，大幅度提高能源利用效率，显著减少污染物排放；进一步形成政府为主导、企业为主体、市场有效驱动、全社会共同参与的推进节能减排工作格局，确保实现“十二五”节能减排约束性目标，加快建设资源节约型、环境友好型社会。

（二）主要目标。到2015年，全国万元国内生产总值能耗下降到0.869吨标准煤（按2005年价格计算），比2010年的1.034吨标准煤下降16%，比2005年的1.276吨标准煤下降32%；“十二五”期间，实现节约能源6.7亿吨标准煤。2015年，全国化学需氧量和二氧化硫排放总量分别控制在2347.6万吨、2086.4万吨，比2010年的2551.7万吨、2267.8万吨分别下降8%；全国氨氮和氮氧化物排放总量分别控制在238.0万吨、2046.2万吨，比2010年的264.4万吨、2273.6万吨分别下降10%。

二、强化节能减排目标责任

（三）合理分解节能减排指标。综合考虑经济发展水平、产业结构、节能潜力、环境容量及国家产业布局等因素，将全国节能减排目标合理分解到各地区、各行业。各地区要将国家下达的节能减排指标层层分解落实，明确下一级政府、有关部门、重点用能单位和重点排污单位的责任。

（四）健全节能减排统计、监测和考核体系。加强能源生产、流通、消费统计，建立和完善建筑、交通运输、公共机构能耗统计制度以及分地区单位国内生产总值能耗指标季度统计制度，完善统计核算与监测方法，提高能源统计的准确性和及时性。修订完善减排统计监测和核查核算办法，统一标准和分析方法，实现监测数据共享。加强氨氮、氮氧化物排放统计监测，建立农业源和机动车排放统计监测指标体系。完善节能减排考核办法，继续做好全国和各地区单位国内生产总值能耗、主要污染物排放指标公报工作。

（五）加强目标责任评价考核。把地区目标考核与行业目标评价相结合，把落实五年目标与完成年度目标相结合，把年度目标考核与进度跟踪相结合。省级人民政府每年要向国务院报告节能减排目标完成情况。有关部门每年要向国务院报告节能减排措施落实情况。国务院每年组织开展省级人民政府节能减排目标责任评价考核，考核结果向社会公告。强化考核结果运用，将节能减排目标完成情况和政策措施落实情况作为领导班子和领导干部综合考核评价的重要内容，纳入政府绩效和国有企业业绩管理，实行问责制和“一票否决”制，并对成绩突出的地区、单位和个人给予表彰奖励。

三、调整优化产业结构

（六）抑制高耗能、高排放行业过快增长。严格控制高耗能、高排放和产能过剩行业新上项目，进一步提高行业准入门槛，强化节能、环保、土地、安全等指标约束，依法严格节能评估审查、环境影响评价、建设用地审查，严格贷款审批。建立健全项目审批、核准、备案责任制，严肃查处越权审批、分拆审批、未批先建、边批边建等行为，依法追究有关人员责任。严格控制高耗能、高排放产品出口。中西部地区承接产业转移必须坚持高标准，严禁污染产业和落后生产能力转入。

（七）加快淘汰落后产能。抓紧制定重点行业“十二五”淘汰落后产能实施方案，将任务按年度分解落实到各地区。完善落后产能退出机制，指导、督促淘汰落后产能企业做好职工安置工作。地方各级人民政府要积极安排资金，支持淘汰落后产能工作。中央财政统筹支持各地区淘汰落后产能工作，对经济欠发达地区通过增加转移支付加大支持和奖励力度。完善淘汰落后产能公告制度，对未按期完成淘汰任务的地区，严格控制国家安排的投资项目，暂停对该地区重点行业建设项目办理核准、审批和备案手续；对未按期淘汰的企业，依法吊销排污许可证、生产许可证和安全生产许可证；对虚假淘汰行为，依法追究企业负责人和地方政府有关人员的责任。

（八）推动传统产业改造升级。严格落实《产业结构调整指导目录》。加快运用高新技术和先进适用技术改造提升传统产业，促进信息化和工业化深度融合，重点支持对产业升级带动作用大的重点项目和重污染企业搬迁改造。调整《加工贸易禁止类商品目录》，提高加工贸易准入门槛，促进加工贸易转型升级。合理引导企业兼并重组，提高产业集中度。

（九）调整能源结构。在做好生态保护和移民安置的基础上发展水电，在确保安全的基础上发展核电，加快发展天然气，因地制宜大力发展风能、太阳能、生物质能、地热能等可再生能源。到2015年，非化石能源占一次能源消费总量比重达到11.4%。

（十）提高服务业和战略性新兴产业在国民经济中的比重。到2015年，服务业增加值和战略性新兴产业增加值占国内生产总值比重分别达到47%和8%左右。

四、实施节能减排重点工程

（十一）实施节能重点工程。实施锅炉窑炉改造、电机系统节能、能量系统优化、余热余压利用、节约替代石油、建筑节能、绿色照明等节能改造工程，以及节能技术产业化示范工程、节能产品惠民工程、合同能源管理推广工程和节能能力建设工程。到2015年，工业锅炉、窑炉平均运行效率比2010年分别提高5个和2个百分点，电机系统运行效率提高2–3个百分点，新增余热余压发电能力2000万千瓦，北方采暖地区既有居住建筑供热计量和节能改造4亿平方米以上，夏热冬冷地区既有居住建筑节能改造5000万平方米，公共建筑节能改造6000万平方米，高效节能产品市场份额大幅度提高。“十二五”时期，形成3亿吨标准煤的节能能力。

（十二）实施污染物减排重点工程。推进城镇污水处理设施及配套管网建设，改造提升现有设施，强化脱氮除磷，大力推进污泥处理处置，加强重点流域区域污染综合治理。到2015年，基本实现所有县和重点建制镇具备污水处理能力，全国新增污水日处理能力4200万吨，新建配套管网约16万公里，城市污水处理率达到85%，形成化学需氧量和氨氮削减能力280万吨、30万吨。实施规模化畜禽养殖场污染治理工程，形成化学需氧量和氨氮削减能力140万吨、10万吨。实施脱硫脱硝工程，推动燃煤电厂、钢铁行业烧结机脱硫，形成二氧化硫削减能力277万吨；推动燃煤电厂、水泥等行业脱硝，形成氮氧化物削减能力358万吨。

（十三）实施循环经济重点工程。实施资源综合利用、废旧商品回收体系、“城市矿产”示范基地、再制造产业化、餐厨废弃物资源化、产业园区循环化改造、资源循环利用技术示范推广等循环经济重点工程，建设100个资源综合利用示范基地、80个废旧商品回收体系示范城市、50个“城市矿产”示范基地、5个再制造产业集聚区、100个城市餐厨废弃物资源化利用和无害化处理示范工程。

（十四）多渠道筹措节能减排资金。节能减排重点工程所需资金主要由项目实施主体通过自有资金、金融机构贷款、社会资金解决，各级人民政府应安排一定的资金予以支持和引导。地方各级人民政府要切实承担城镇污水处理设施和配套管网建设的主体责任，严格城镇污水处理费征收和管理，国家对重点建设项目给予适当支持。

五、加强节能减排管理

（十五）合理控制能源消费总量。建立能源消费总量控制目标分解落实机制，制定实施方案，把总量控制目标分解落实到地方政府，实行目标责任管理，加大考核和监督力度。将固定资产投资项目节能评估审查作为控制地区能源消费增量和总量的重要措施。建立能源消费总量预测预警机制，跟踪监测各地区能源消费总量和高耗能行业用电量等指标，对能源消费总量增长过快的地区及时预警调控。在工业、建筑、交通运输、公共机构以及城乡建设和消费领域全面加强用能管理，切实改变敞开口子供应能源、无节制使用能源的现象。在大气联防联控重点区域开展煤炭消费总量控制试点。

（十六）强化重点用能单位节能管理。依法加强年耗能万吨标准煤以上用能单位节能管理，开展万家企业节能低碳行动，实现节能2.5亿吨标准煤。落实目标责任，实行能源审计制度，开展能效水平对标活动，建立健全企业能源管理体系，扩大能源管理师试点；实行能源利用状况报告制度，加快实施节能改造，提高能源管理水平。地方节能主管部门每年组织对进入万家企业节能低碳行动的企业节能目标完成情况进行考核，公告考核结果。对未完成年度节能任务的企业，强制进行能源审计，限期整改。中央企业要接受所在地区节能主管部门的监管，争当行业节能减排的排头兵。

（十七）加强工业节能减排。重点推进电力、煤炭、钢铁、有色金属、石油石化、化工、建材、造纸、纺织、印染、食品加工等行业节能减排，明确目标任务，加强行业指导，推动技术进步，强化监督管理。发展热电联产，推广分布式能源。开展智能电网试点。推广煤炭清洁利用，提高原煤入洗比例，加快煤层气开发利用。实施工业和信息产业能效提升计划。推动信息数据中心、通信机房和基站节能改造。实行电力、钢铁、造纸、印染等行业主要污染物排放总量控制。新建燃煤机组全部安装脱硫脱硝设施，现役燃煤机组必须安装脱硫设施，不能稳定达标排放的要进行更新改造，烟气脱硫设施要按照规定取消烟气旁路。单机容量30万千瓦及以上燃煤机组全部加装脱硝设施。钢铁行业全面实施烧结机烟气脱硫，新建烧结机配套安装脱硫脱硝设施。石油石化、有色金属、建材等重点行业实施脱硫改造。新型干法水泥窑实施低氮燃烧技术改造，配套建设脱硝设施。加强重点区域、重点行业和重点企业重金属污染防治，以湘江流域为重点开展重金属污染治理与修复试点示范。

（十八）推动建筑节能。制定并实施绿色建筑行动方案，从规划、法规、技术、标准、设计等方面全面推进建筑节能。新建建筑严格执行建筑节能标准，提高标准执行率。推进北方采暖地区既有建筑供热计量和节能改造，实施“节能暖房”工程，改造供热老旧管网，实行供热计量收费和能耗定额管理。做好夏热冬冷地区建筑节能改造。推动可再生能源与建筑一体化应用，推广使用新型节能建材和再生建材，继续推广散装水泥。加强公共建筑节能监管体系建设，完善能源审计、能效公示，推动节能改造与运行管理。研究建立建筑使用全寿命周期管理制度，严格建筑拆除管理。加强城市照明管理,严格防止和纠正过度装饰和亮化。

（十九）推进交通运输节能减排。加快构建综合交通运输体系，优化交通运输结构。积极发展城市公共交通，科学合理配置城市各种交通资源，有序推进城市轨道交通建设。提高铁路电气化比重。实施低碳交通运输体系建设城市试点，深入开展“车船路港”千家企业低碳交通运输专项行动，推广公路甩挂运输，全面推行不停车收费系统,实施内河船型标准化,优化航路航线，推进航空、远洋运输业节能减排。开展机场、码头、车站节能改造。加速淘汰老旧汽车、机车、船舶，基本淘汰2005年以前注册运营的“黄标车”，加快提升车用燃油品质。实施第四阶段机动车排放标准，在有条件的重点城市和地区逐步实施第五阶段排放标准。全面推行机动车环保标志管理，探索城市调控机动车保有总量，积极推广节能与新能源汽车。

（二十）促进农业和农村节能减排。加快淘汰老旧农用机具，推广农用节能机械、设备和渔船。推进节能型住宅建设，推动省柴节煤灶更新换代，开展农村水电增效扩容改造。发展户用沼气和大中型沼气，加强运行管理和维护服务。治理农业面源污染，加强农村环境综合整治，实施农村清洁工程，规模化养殖场和养殖小区配套建设废弃物处理设施的比例达到50%以上，鼓励污染物统一收集、集中处理。因地制宜推进农村分布式、低成本、易维护的污水处理设施建设。推广测土配方施肥，鼓励使用高效、安全、低毒农药,推动有机农业发展。

（二十一）推动商业和民用节能。在零售业等商贸服务和旅游业开展节能减排行动，加快设施节能改造，严格用能管理，引导消费行为。宾馆、商厦、写字楼、机场、车站等要严格执行夏季、冬季空调温度设置标准。在居民中推广使用高效节能家电、照明产品，鼓励购买节能环保型汽车，支持乘用公共交通，提倡绿色出行。减少一次性用品使用，限制过度包装，抑制不合理消费。

（二十二）加强公共机构节能减排。公共机构新建建筑实行更加严格的建筑节能标准。加快公共机构办公区节能改造，完成办公建筑节能改造6000万平方米。国家机关供热实行按热量收费。开展节约型公共机构示范单位创建活动，创建2000家示范单位。推进公务用车制度改革，严格用车油耗定额管理，提高节能与新能源汽车比例。建立完善公共机构能源审计、能效公示和能耗定额管理制度，加强能耗监测平台和节能监管体系建设。支持军队重点用能设施设备节能改造。

六、大力发展循环经济

（二十三）加强对发展循环经济的宏观指导。研究提出进一步加快发展循环经济的意见。编制全国循环经济发展规划和重点领域专项规划，指导各地做好规划编制和实施工作。研究制定循环经济发展的指导目录。制定循环经济专项资金使用管理办法及实施方案。深化循环经济示范试点，推广循环经济典型模式。建立完善循环经济统计评价制度。

（二十四）全面推行清洁生产。编制清洁生产推行规划，制（修）订清洁生产评价指标体系，发布重点行业清洁生产推行方案。重点围绕主要污染物减排和重金属污染治理，全面推进农业、工业、建筑、商贸服务等领域清洁生产示范，从源头和全过程控制污染物产生和排放,降低资源消耗。发布清洁生产审核方案，公布清洁生产强制审核企业名单。实施清洁生产示范工程，推广应用清洁生产技术。

（二十五）推进资源综合利用。加强共伴

生矿产资源及尾矿综合利用，建设绿色矿山。推动煤矸石、粉煤灰、工业副产石膏、冶炼和化工废渣、建筑和道路废弃物以及农作物秸秆综合利用、农林废物资源化利用，大力发展利废新型建筑材料。废弃物实现就地消化，减少转移。到 2015 年，工业固体废物综合利用率达到 72% 以上。

（二十六）加快资源再生利用产业化。加快“城市矿产”示范基地建设，推进再生资源规模化利用。培育一批汽车零部件、工程机械、矿山机械、办公用品等再制造示范企业，发布再制造产品目录，完善再制造旧件回收体系和再制造产品标准体系，推动再制造的规模化、产业化发展。加快建设城市社区和乡村回收站点、分拣中心、集散市场“三位一体”的再生资源回收体系。

（二十七）促进垃圾资源化利用。健全城市生活垃圾分类回收制度，完善分类回收、密闭运输、集中处理体系。鼓励开展垃圾焚烧发电和供热、填埋气体发电、餐厨废弃物资源化利用。鼓励在工业生产过程中协同处理城市生活垃圾和污泥。

（二十八）推进节水型社会建设。确立用水效率控制红线，实施用水总量控制和定额管理，制定区域、行业和产品用水效率指标体系。推广普及高效节水灌溉技术。加快重点用水行业节水技术改造，提高工业用水循环利用率。加强城乡生活节水，推广应用节水器具。推进再生水、矿井水、海水等非传统水资源利用。建设海水淡化及综合利用示范工程，创建示范城市。到 2015 年，实现单位工业增加值用水量下降 30%。

七、加快节能减排技术开发和推广应用

（二十九）加快节能减排共性和关键技术研发。在国家、部门和地方相关科技计划和专项中，加大对节能减排科技研发的支持力度，完善技术创新体系。继续推进节能减排科技专项行动，组织高效节能、废物资源化以及小型分散污水处理、农业面源污染治理等共性、关键和前沿技术攻关。组建一批国家级节能减排工程实验室及专家队伍。推动组建节能减排技术与装备产业联盟，继续通过国家工程（技术）研究中心加大节能减排科技研发力度。加强资源环境高技术领域创新团队和研发基地建设。

（三十）加大节能减排技术产业化示范。实施节能减排重大技术与装备产业化工程，重点支持稀土永磁无铁芯电机、半导体照明、低品位余热利用、地热和浅层地温能应用、生物脱氮除磷、烧结机烟气脱硫脱硝一体化、高浓度有机废水处理、污泥和垃圾渗滤液处理处置、废弃电器电子产品资源化、金属无害化处理等关键技术与设备产业化，加快产业化基地建设。

（三十一）加快节能减排技术推广应用。编制节能减排技术政策大纲。继续发布国家重点节能技术推广目录、国家鼓励发展的重大环保技术装备目录，建立节能减排技术遴选、评定及推广机制。重点推广能量梯级利用、低温余热发电、先进煤气化、高压变频调速、干熄焦、蓄热式加热炉、吸收式热泵供暖、冰蓄冷、高效换热器，以及干法和半干法烟气脱硫、膜生物反应器、选择性催化还原氮氧化物控制等节能减排技术。加强与有关国际组织、政府在节能环保领域的交流与合作，积极引进、消化、吸收国外先进节能环保技术，加大推广力度。

八、完善节能减排经济政策

（三十二）推进价格和环保收费改革。深化资源性产品价格改革，理顺煤、电、油、气、水、矿产等资源性产品价格关系。推行居民用电、用水阶梯价格。完善电力峰谷分时电价政策。深化供热体制改革，全面推行供热计量收费。对能源消耗超过国家和地区规定的单位产品能耗（电耗）限额标准的企业和产品，实行惩罚性电价。各地可在国家规定基础上，按程序加大差别电价、惩罚性电价实施力度。严格落实脱硫电价，研究制定燃煤电厂烟气脱硝电价政策。进一步完善污水处理费政策，研究将

污泥处理费用逐步纳入污水处理成本问题。改革垃圾处理收费方式，加大征收力度，降低征收成本。

（三十三）完善财政激励政策。加大中央预算内投资和中央财政节能减排专项资金的投入力度，加快节能减排重点工程实施和能力建设。深化“以奖代补”、“以奖促治”以及采用财政补贴方式推广高效节能家用电器、照明产品、节能汽车、高效电机产品等支持机制，强化财政资金的引导作用。国有资本经营预算要继续支持企业实施节能减排项目。地方各级人民政府要加大对节能减排的投入。推行政府绿色采购，完善强制采购和优先采购制度，逐步提高节能环保产品比重，研究实行节能环保服务政府采购。

（三十四）健全税收支持政策。落实国家支持节能减排所得税、增值税等优惠政策。积极推进资源税费改革，将原油、天然气和煤炭资源税计征办法由从量征收改为从价征收并适当提高税负水平，依法清理取消涉及矿产资源的不合理收费基金项目。积极推进环境税费改革，选择防治任务重、技术标准成熟的税目开征环境保护税，逐步扩大征收范围。完善和落实资源综合利用和可再生能源发展的税收优惠政策。调整进出口税收政策，遏制高耗能、高排放产品出口。对用于制造大型环保及资源综合利用设备确有必要进口的关键零部件及原材料，抓紧研究制定税收优惠政策。

（三十五）强化金融支持力度。加大各类金融机构对节能减排项目的信贷支持力度，鼓励金融机构创新适合节能减排项目特点的信贷管理模式。引导各类创业投资企业、股权投资企业、社会捐赠资金和国际援助资金增加对节能减排领域的投入。提高高耗能、高排放行业贷款门槛，将企业环境违法信息纳入人民银行企业征信系统和银监会信息披露系统，与企业信用等级评定、贷款及证券融资联动。推行环境污染责任保险，重点区域涉重金属企业应当购买环境污染责任保险。建立银行绿色评级制度，将绿色信贷成效与银行机构高管人员履职评价、机构准入、业务发展相挂钩。

九、强化节能减排监督检查

（三十六）健全节能环保法律法规。推进环境保护法、大气污染防治法、清洁生产促进法、建设项目环境保护管理条例的修订工作，加快制定城镇排水与污水处理条例、排污许可证管理条例、畜禽养殖污染防治条例、机动车污染防治条例等行政法规。修订重点用能单位节能管理办法、能效标识管理办法、节能产品认证管理办法等部门规章。

（三十七）严格节能评估审查和环境影响评价制度。把污染物排放总量指标作为环评审批的前置条件，对年度减排目标未完成、重点减排项目未按目标责任书落实的地区和企业，实行阶段性环评限批。对未通过能评、环评审查的投资项目，有关部门不得审批、核准、批准开工建设，不得发放生产许可证、安全生产许可证、排污许可证，金融机构不得发放贷款，有关单位不得供水、供电。加强能评和环评审查的监督管理，严肃查处各种违规审批行为。能评费用由节能审查机关同级财政部门安排。

（三十八）加强重点污染源和治理设施运行监管。严格排污许可证管理。强化重点流域、重点地区、重点行业污染源监管，适时发布主要污染物超标严重的国家重点环境监控企业名单。列入国家重点环境监控范围的电力、钢铁、造纸、印染等重点行业的企业，要安装运行管理监控平台和污染物排放自动监控系统，定期报告运行情况及污染物排放信息，推动污染源自动监控数据联网共享。加强城市污水处理厂监控平台建设，提高污水收集率，做好运行和污染物削减评估考核，考核结果作为核拨污水处理费的重要依据。对城市污水处理设施建设严重滞后、收费政策不落实、污水处理厂建成后一年内实际处理水量达不到设计能力60%，以及已建成污水处理设施但无故不运行的地区，暂缓审批该城市项目环评，暂缓下达有关项目的国家建设资金。

（三十九）加强节能减排执法监督。各级人民政府要组织开展节能减排专项检查，督促各项措施落实，严肃查处违法违规行为。加大对重点用能单位和重点污染源的执法检查力度，加大对高耗能特种设备节能标准和建筑施工阶段标准执行情况、国家机关办公建筑和大型公共建筑节能监管体系建设情况，以及节能环保产品质量和能效标识的监督检查力度。对严重违反节能环保法律法规，未按要求淘汰落后产能、违规使用明令淘汰用能设备、虚标产品能效标识、减排设施未按要求运行等行为，公开通报或挂牌督办，限期整改，对有关责任人进行严肃处理。实行节能减排执法责任制，对行政不作为、执法不严等行为，严肃追究有关主管部门和执法机构负责人的责任。

十、推广节能减排市场化机制

（四十）加大能效标识和节能环保产品认证实施力度。扩大终端用能产品能效标识实施范围，加强宣传和政策激励，引导消费者购买高效节能产品。继续推进节能产品、环境标志产品、环保装备认证，规范认证行为，扩展认证范围，建立有效的国际协调互认机制。加强标识、认证质量的监管。

（四十一）建立"领跑者"标准制度。研究确定高耗能产品和终端用能产品的能效先进水平，制定"领跑者"能效标准，明确实施时限。将"领跑者"能效标准与新上项目能评审查、节能产品推广应用相结合，推动企业技术进步，加快标准的更新换代，促进能效水平快速提升。

（四十二）加强节能发电调度和电力需求侧管理。改革发电调度方式，电网企业要按照节能、经济的原则，优先调度水电、风电、太阳能发电、核电以及余热余压、煤层气、填埋气、煤矸石和垃圾等发电上网，优先安排节能、环保、高效火电机组发电上网。研究推行发电权交易。电网企业要及时、真实、准确、完整地公布节能发电调度信息，电力监管部门要加强对节能发电调度工作的监督。落实电力需求侧管理办法，制定配套政策，规范有序用电。以建设技术支撑平台为基础，开展城市综合试点，推广能效电厂。

（四十三）加快推行合同能源管理。落实财政、税收和金融等扶持政策，引导专业化节能服务公司采用合同能源管理方式为用能单位实施节能改造，扶持壮大节能服务产业。研究建立合同能源管理项目节能量审核和交易制度，培育第三方审核评估机构。鼓励大型重点用能单位利用自身技术优势和管理经验，组建专业化节能服务公司。引导和支持各类融资担保机构提供风险分担服务。

（四十四）推进排污权和碳排放权交易试点。完善主要污染物排污权有偿使用和交易试点，建立健全排污权交易市场，研究制定排污权有偿使用和交易试点的指导意见。开展碳排放交易试点，建立自愿减排机制，推进碳排放权交易市场建设。

（四十五）推行污染治理设施建设运行特许经营。总结燃煤电厂烟气脱硫特许经营试点经验，完善相关政策措施。鼓励采用多种建设运营模式开展城镇污水垃圾处理、工业园区污染物集中治理，确保处理设施稳定高效运行。实行环保设施运营资质许可制度，推进环保设施的专业化、社会化运营服务。完善市场准入机制，规范市场行为，打破地方保护，为企业创造公平竞争的市场环境。

十一、加强节能减排基础工作和能力建设

（四十六）加快节能环保标准体系建设。加快制（修）订重点行业单位产品能耗限额、产品能效和污染物排放等强制性国家标准，以及建筑节能标准和设计规范，提高准入门槛。制定和完善环保产品及装备标准。完善机动车燃油消耗量限值标准、低速汽车排放标准。制（修）订轻型汽车第五阶段排放标准，颁布实

施第四、第五阶段车用燃油国家标准。建立满足氨氮、氮氧化物控制目标要求的排放标准。鼓励地方依法制定更加严格的节能环保地方标准。

（四十七）强化节能减排管理能力建设。建立健全节能管理、监察、服务“三位一体”的节能管理体系，加强政府节能管理能力建设，完善机构，充实人员。加强节能监察机构能力建设，配备监测和检测设备，加强人员培训，提高执法能力，完善覆盖全国的省、市、县三级节能监察体系。继续推进能源统计能力建设。推动重点用能单位按要求配备计量器具，推行能源计量数据在线采集、实时监测。开展城市能源计量建设示范。加强减排监管能力建设，推进环境监管机构标准化，提高污染源监测、机动车污染监控、农业源污染检测和减排管理能力，建立健全国家、省、市三级减排监控体系，加强人员培训和队伍建设。

十二、动员全社会参与节能减排

（四十八）加强节能减排宣传教育。把节能减排纳入社会主义核心价值观宣传教育体系以及基础教育、高等教育、职业教育体系。组织好全国节能宣传周、世界环境日等主题宣传活动，加强日常性节能减排宣传教育。新闻媒体要积极宣传节能减排的重要性、紧迫性以及国家采取的政策措施和取得的成效，宣传先进典型，普及节能减排知识和方法，加强舆论监督和对外宣传，积极为节能减排营造良好的国内和国际环境。

（四十九）深入开展节能减排全民行动。抓好家庭社区、青少年、企业、学校、军营、农村、政府机构、科技、科普和媒体等十个节能减排专项行动，通过典型示范、专题活动、展览展示、岗位创建、合理化建议等多种形式，广泛动员全社会参与节能减排，发挥职工节能减排义务监督员队伍作用，倡导文明、节约、绿色、低碳的生产方式、消费模式和生活习惯。

（五十）政府机关带头节能减排。各级人民政府机关要将节能减排作为机关工作的一项重要任务来抓，健全规章制度，落实岗位责任，细化管理措施，树立节约意识，践行节约行动，作节能减排的表率。

附件：1、“十二五”各地区节能目标

2、“十二五”各地区化学需氧量排放总量控制计划

3、“十二五”各地区氨氮排放总量控制计划

4、“十二五”各地区二氧化硫排放总量控制计划

5、“十二五”各地区氮氧化物排放总量控制计划

附件 1：

“十二五”各地区节能目标

地区	单位国内生产总值能耗降低率（%）		
	“十一五”时期	“十二五”时期	2006-2015 年累计
全国	19.06	16	32.01
北京	26.59	17	39.07
天津	21.00	18	35.22
河北	20.11	17	33.69
山西	22.66	16	35.03
内蒙古	22.62	15	34.23
辽宁	20.01	17	33.61
吉林	22.04	16	34.51
黑龙江	20.79	16	33.46
上海	20.00	18	34.40
江苏	20.45	18	34.77
浙江	20.01	18	34.41
安徽	20.36	16	33.10
福建	16.45	16	29.82
江西	20.04	16	32.83
山东	22.09	17	35.33
河南	20.12	16	32.90
湖北	21.67	16	34.20
湖南	20.43	16	33.16
广东	16.42	18	31.46
广西	15.22	15	27.94
海南	12.14	10	20.93
重庆	20.95	16	33.60
四川	20.31	16	33.06
贵州	20.06	15	32.05
云南	17.41	15	29.80
西藏	12.00	10	20.80
陕西	20.25	16	33.01

甘肃	20.26	15	32.22
青海	17.04	10	25.34
宁夏	20.09	15	32.08
新疆	8.91	10	18.02

备注："十一五"各地区单位国内生产总值能耗降低率除新疆外均为国家统计局最终公布数据，新疆为初步核实数据。

附件2：

"十二五"各地区化学需氧量排放总量控制计划

单位：万吨

地区	2010年		2015年		2015年比2010年（%）	
	排放量	其中：工业和生活	控制量	其中：工业和生活	增加或减少	其中：工业和生活
北京	20.0	10.9	18.3	9.8	-8.7	-9.8
天津	23.8	12.3	21.8	11.2	-8.6	-9.2
河北	142.2	45.6	128.3	40.7	-9.8	-10.8
山西	50.7	31.2	45.8	27.9	-9.6	-10.6
内蒙古	92.1	27.5	85.9	25.4	-6.7	-7.5
辽宁	137.3	47.0	124.7	42.1	-9.2	-10.4
吉林	83.4	28.8	76.1	26.1	-8.8	-9.4
黑龙江	161.2	47.8	147.3	43.4	-8.6	-9.3
上海	26.6	22.5	23.9	20.1	-10.0	-10.5
江苏	128.0	86.3	112.8	75.3	-11.9	-12.8
浙江	84.2	61.4	74.6	53.7	-11.4	-12.5
安徽	97.3	55.6	90.3	52.0	-7.2	-6.5
福建	69.6	45.8	65.2	43.1	-6.3	-6.0
江西	77.7	51.9	73.2	48.3	-5.8	-7.0
山东	201.6	62.7	177.4	54.6	-12.0	-12.9
河南	148.2	62.0	133.5	55.8	-9.9	-10.0
湖北	112.4	62.1	104.1	59.0	-7.4	-5.0
湖南	134.1	71.8	124.4	66.8	-7.2	-7.0
广东	193.3	130.6	170.1	113.8	-12.0	-12.9

广西	80.7	58.1	74.6	53.6	-7.6	-7.8
海南	20.4	9.2	20.4	9.2	0	0
重庆	42.6	29.4	39.5	27.5	-7.2	-6.5
四川	132.4	75.0	123.1	71.3	-7.0	-5.0
贵州	34.8	28.1	32.7	26.4	-6.0	-6.1
云南	56.4	48.0	52.9	45.0	-6.2	-6.2
西藏	2.7	2.3	2.7	2.3	0	0
陕西	57.0	36.4	52.7	33.5	-7.6	-7.9
甘肃	40.2	25.5	37.6	23.7	-6.4	-6.9
青海	10.4	8.1	12.3	9.6	18.0	18.0
宁夏	24.0	13.3	22.6	12.5	-6.0	-6.3
新疆	56.9	26.2	56.9	26.2	0	0
新疆生产建设兵团	9.5	4.7	9.5	4.7	0	0
合计	2551.7	1328.1	2335.2	1214.6	-8.5	-8.5

备注：全国化学需氧量排放量削减8%的总量控制目标为2347.6万吨（其中工业和生活1221.9万吨），实际分配给各地区2335.2万吨（其中工业和生活1214.6万吨），国家预留12.4万吨，用于化学需氧量排污权有偿分配和交易试点工作。

附件3：

“十二五”各地区氨氮排放总量控制计划

单位：万吨

地区	2010年		2015年		2015年比2010年（%）	
	排放量	其中：工业和生活	控制量	其中：工业和生活	增加或减少	其中：工业和生活
北京	2.20	1.64	1.98	1.47	-10.1	-10.2
天津	2.79	2.18	2.50	1.95	-10.5	-10.4
河北	11.61	6.98	10.14	6.10	-12.7	-12.6
山西	5.93	4.66	5.21	4.08	-12.2	-12.4
内蒙古	5.45	4.19	4.92	3.79	-9.7	-9.5
辽宁	11.25	7.56	10.01	6.69	-11.0	-11.5
吉林	5.87	3.92	5.25	3.49	-10.5	-10.9
黑龙江	9.45	6.14	8.47	5.49	-10.4	-10.6

上海	5.21	4.83	4.54	4.21	-12.9	-12.9
江苏	16.12	11.98	14.04	10.40	-12.9	-13.2
浙江	11.84	8.96	10.36	7.84	-12.5	-12.5
安徽	11.20	7.07	10.09	6.38	-9.9	-9.8
福建	9.72	6.16	8.90	5.67	-8.4	-8.0
江西	9.45	6.18	8.52	5.57	-9.8	-9.8
山东	17.64	10.06	15.29	8.70	-13.3	-13.5
河南	15.57	8.80	13.61	7.66	-12.6	-12.9
湖北	13.29	8.25	12.00	7.43	-9.7	-9.9
湖南	16.95	10.15	15.29	9.16	-9.8	-9.8
广东	23.52	17.53	20.39	15.16	-13.3	-13.5
广西	8.45	5.63	7.71	5.13	-8.7	-8.9
海南	2.29	1.36	2.29	1.37	0	1.0
重庆	5.59	4.19	5.10	3.81	-8.8	-9.0
四川	14.56	8.50	13.31	7.78	-8.6	-8.5
贵州	4.03	3.19	3.72	2.94	-7.7	-7.8
云南	6.00	4.66	5.51	4.29	-8.1	-8.0
西藏	0.33	0.28	0.33	0.28	0	0
陕西	6.44	4.80	5.81	4.34	-9.8	-9.6
甘肃	4.33	3.70	3.94	3.38	-8.9	-8.7
青海	0.96	0.87	1.10	1.00	15.0	15.0
宁夏	1.82	1.60	1.67	1.47	-8.0	-8.0
新疆	4.06	3.08	4.06	3.08	0	0
新疆生产建设兵团	0.51	0.25	0.51	0.25	0	0
合计	264.4	179.4	236.6	160.4	-10.5	-10.6

备注：全国氨氮排放量削减10%的总量控制目标为238.0万吨（其中工业和生活161.5万吨），实际分配给各地区236.6万吨（其中工业和生活160.4万吨），国家预留1.4万吨，用于氨氮排污权有偿分配和交易试点工作。

附件 4：

“十二五”各地区二氧化硫排放总量控制计划

单位：万吨

地区	2010 年排放量	2015 年控制量	2015 年比 2010 年（%）
北京	10.4	9.0	–13.4
天津	23.8	21.6	–9.4
河北	143.8	125.5	–12.7
山西	143.8	127.6	–11.3
内蒙古	139.7	134.4	–3.8
辽宁	117.2	104.7	–10.7
吉林	41.7	40.6	–2.7
黑龙江	51.3	50.3	–2.0
上海	25.5	22.0	–13.7
江苏	108.6	92.5	–14.8
浙江	68.4	59.3	–13.3
安徽	53.8	50.5	–6.1
福建	39.3	36.5	–7.0
江西	59.4	54.9	–7.5
山东	188.1	160.1	–14.9
河南	144.0	126.9	–11.9
湖北	69.5	63.7	–8.3
湖南	71.0	65.1	–8.3
广东	83.9	71.5	–14.8
广西	57.2	52.7	–7.9
海南	3.1	4.2	34.9
重庆	60.9	56.6	–7.1
四川	92.7	84.4	–9.0
贵州	116.2	106.2	–8.6
云南	70.4	67.6	–4.0
西藏	0.4	0.4	0
陕西	94.8	87.3	–7.9
甘肃	62.2	63.4	2.0

青海	15.7	18.3	16.7
宁夏	38.3	36.9	-3.6
新疆	63.1	63.1	0
新疆生产建设兵团	9.6	9.6	0
合计	2267.8	2067.4	-8.8

备注：全国二氧化硫排放量削减8%的总量控制目标为2086.4万吨，实际分配给各地区2067.4万吨，国家预留19.0万吨，用于二氧化硫排污权有偿分配和交易试点工作。

附件5：

“十二五”各地区氮氧化物排放总量控制计划

单位：万吨

地区	2010年排放量	2015年控制量	2015年比2010年（%）
北京	19.8	17.4	-12.3
天津	34.0	28.8	-15.2
河北	171.3	147.5	-13.9
山西	124.1	106.9	-13.9
内蒙古	131.4	123.8	-5.8
辽宁	102.0	88.0	-13.7
吉林	58.2	54.2	-6.9
黑龙江	75.3	73.0	-3.1
上海	44.3	36.5	-17.5
江苏	147.2	121.4	-17.5
浙江	85.3	69.9	-18.0
安徽	90.9	82.0	-9.8
福建	44.8	40.9	-8.6
江西	58.2	54.2	-6.9
山东	174.0	146.0	-16.1
河南	159.0	135.6	-14.7
湖北	63.1	58.6	-7.2
湖南	60.4	55.0	-9.0
广东	132.3	109.9	-16.9
广西	45.1	41.1	-8.8

海南	8.0	9.8	22.3
重庆	38.2	35.6	-6.9
四川	62.0	57.7	-6.9
贵州	49.3	44.5	-9.8
云南	52.0	49.0	-5.8
西藏	3.8	3.8	0
陕西	76.6	69.0	-9.9
甘肃	42.0	40.7	-3.1
青海	11.6	13.4	15.3
宁夏	41.8	39.8	-4.9
新疆	58.8	58.8	0
新疆生产建设兵团	8.8	8.8	0
合计	2273.6	2021.6	-11.1

备注：全国氮氧化物排放量削减10%的总量控制目标为2046.2万吨，实际分配给各地区2021.6万吨，国家预留24.6万吨，用于氮氧化物排污权有偿分配和交易试点工作

1－6　国务院办公厅关于加快发展高技术服务业的指导意见

国办发〔2011〕58号

各省、自治区、直辖市人民政府，国务院各部委、各直属机构：

为落实“十二五”规划纲要、《国务院关于加快培育和发展战略性新兴产业的决定》（国发〔2010〕32号）和《国务院关于加快发展服务业的若干意见》（国发〔2007〕7号）相关部署，经国务院同意，现就加快发展高技术服务业提出如下意见：

一、充分认识加快发展高技术服务业的重要性和紧迫性

高技术服务业是现代服务业的重要内容和高端环节，技术含量和附加值高，创新性强，发展潜力大，辐射带动作用突出。加快发展高技术服务业对于扩大内需、吸纳就业、培育壮大战略性新兴产业、促进产业结构优化升级具有重要意义。当前，国民经济各行业对高技术服务的需求日益增长，科技创新对经济社会发展的支撑作用日益体现在服务上，基于高技术和支撑科技创新的新兴服务业态不断涌现，高技术服务业呈现出良好发展势头。但我国高技术服务业尚处于发展初期，存在体制机制不健全、政策体系不完善、创新能力不足、服务品牌匮乏、国际化程度不高、高端人才短缺等突出问题，不能适应经济结构战略性调整的需要。各地区、各部门要从加快转变经济发展方式出发，把发展高技术服务业放在突出位置，加强组织领导，创新工作思路，完善体制机制，营造良好环境，推进高技术服务业快速健康发展。

二、指导思想、基本原则和发展目标

（一）指导思想。以邓小平理论和“三个

代表”重要思想为指导，深入贯彻落实科学发展观，按照服务业发展改革的总体要求，重点发展高技术的延伸服务和相关科技支撑服务，加强政府引导，推动体制机制创新，培育市场需求，拓展服务领域，不断提升高技术服务业的比重和水平，推动高技术服务业做强做大。

（二）基本原则。发展高技术服务业要坚持“分类指导、市场驱动、创新发展、开放合作”的原则。

分类指导。根据不同领域、不同发展阶段高技术服务业实际情况，区分公共服务和市场化服务，有针对性地采取改革试点、政策扶持、规范管理等措施，着力培育服务企业，实现高技术服务业市场化发展。

市场驱动。完善体制机制，进一步发挥市场配置资源的基础性作用，加强专业化分工，培育新兴业态，拓展市场空间，优化发展环境，促进产业集聚，实现高技术服务业规模化发展。

创新发展。营造有利于新技术、新业务开发和推广应用的外部条件，加强技术创新、服务模式创新和管理创新，引导高技术服务业专业化发展。

开放合作。引导高技术服务企业加强对外交流与合作，积极承接全球高端服务转移，整合利用全球创新资源，培育具有国际影响力的服务品牌，推动高技术服务业国际化发展。

（三）发展目标。“十二五”期间，高技术服务业营业收入年均增长18%以上，到2015年，发展成为国民经济的重要增长点，对经济结构调整、发展方式转变的支撑能力明显增强；培育一批创新能力较强、服务水平较高、具有一定国际影响力的骨干企业；形成若干产业特色鲜明、比较优势突出的产业基地和创新集聚区；基本建立高技术服务产业体系、标准体系、统计体系和政策体系。到2020年，形成较为完善的高技术服务产业体系，成为服务业发展的主导力量，基本满足建设创新型国家和全面建设小康社会的需要，为经济社会可持续发展提供强有力的支撑。

三、重点任务

当前，要重点推进以下八个领域的高技术服务加快发展：

（一）研发设计服务。突出研发设计服务对提升产业创新能力的关键作用，建立支撑产业结构调整的研发设计服务体系，壮大专业研发设计服务企业。支持高校和科研院所面向市场提高研发服务能力，创建特色服务平台。加强科研资源整合，发展研发服务企业，鼓励企业将可外包的研发设计业务发包给研发设计企业。引导跨国公司和海外高端人才在华设立研发服务机构。鼓励有条件的地区成立工业设计服务中心和实施示范工程，完善工业设计知识产权交易和中介服务体系，建设研发设计交易市场，打造一批具有国际竞争力的研发设计企业和知名品牌。

（二）知识产权服务。积极发展知识产权创造、运用、保护和管理等环节的服务，加强规范管理。培育知识产权服务市场，构建服务主体多元化的知识产权服务体系。扩大知识产权基础信息资源共享范围，使各类知识产权服务主体可低成本地获得基础信息资源。创新知识产权服务模式，发展咨询、检索、分析、数据加工等基础服务，培育评估、交易、转化、托管、投融资等增值服务。提升知识产权服务机构涉外事务处理能力，打造具有国际影响力的知识产权服务企业和品牌。加强标准信息分析和相关技术咨询等标准化服务能力。

（三）检验检测服务。推进检验检测机构市场化运营，提升专业化服务水平。充分利用现有资源，加强测试方法、测试技术等基础能力建设，发展面向设计开发、生产制造、售后服务全过程的分析、测试、检验、计量等服务，培育第三方的质量和安全检验、检测、检疫、计量、认证技术服务。加强战略性新兴产业和农业等重点行业产品质量检验检测体系建设。鼓励检验检测技术服务机构由提供单一认证型服务向提供综合检测服务延伸。

（四）科技成果转化服务。完善科技中介体系，大力发展专业化、市场化的科技成果转化服务。发展技术交易市场，鼓励建立具备技术咨询评估、成果推介、融资担保等多种功能的技术转移服务机构。鼓励社会资本投资设立新型转化实体，发展包括创业投资、创业辅导、市场开拓等多种业务的综合性科技成果转化服务。提升科技企业孵化器、生产力促进中心和大学科技园等机构的服务能力，推动市场化运营。

（五）信息技术服务。充分发挥现有信息网络基础设施的作用，依托宽带光纤、新一代移动通信网、下一代互联网、数字电视网等信息基础设施建设，大力发展网络信息服务和三网融合业务，着力推进网络技术和业务创新，培育基于移动互联网、云计算、物联网等新技术、新模式、新业态的信息服务。加强软件工具开发和知识库建设，提高信息系统咨询设计、集成实施、运营维护、测试评估和信息安全服务水平，面向行业应用提供系统解决方案。推动电子信息产品制造企业由单纯提供产品向提供综合解决方案和信息服务转变，完善电子信息产品售后服务。进一步增强承接软件和信息服务外包能力，着力培育有国际影响力的服务外包品牌。

（六）数字内容服务。加强数字文化教育产品开发和公共信息资源深化利用，构建便捷、安全、低成本的数字内容服务体系。促进数字内容和信息网络技术融合创新，拓展数字影音、数字动漫、健康游戏、网络文学、数字学习等服务，大力推动数字虚拟等技术在生产经营领域的应用。进一步推进人口、地理、医疗、社保等信息资源深度开发和社会化服务。

（七）电子商务服务。重点完善面向中小企业的电子商务服务体系，鼓励相关机构建立可信交易服务平台。加快促进集交易、电子认证、在线支付、物流、信用评估等服务于一体的第三方电子商务综合服务平台建设，培育一批骨干电子商务服务企业。

（八）生物技术服务。大力完善生物技术服务体系，加快培育和发展新业态。重点发展创新药物及产品的临床前研究和评价服务，形成具有特色的研发外包服务体系。积极发展胚胎工程、细胞工程、分子育种等现代生物农业技术服务，加速生物技术成果在农业领域的应用。加快发展生物环保技术服务。以国家生物信息共享体系为载体，开展生物信息技术服务和国际合作。

四、政策措施

国务院各有关部门和地方各级人民政府要在协调落实好国家支持科技创新、高技术产业和服务业发展有关政策的同时，进一步完善高技术服务业发展环境，加强政策创新和试点示范，针对高技术服务业发展的重点领域和重点任务，制定和完善相关政策措施。

（一）加大财税支持。积极发挥财政资金的杠杆作用，利用创业投资引导基金、科技型中小企业创新基金等资金渠道加大对高技术服务企业的支持力度，引导社会资金投向高技术服务业。鼓励有条件的地区设立高技术服务业发展专项资金。发展改革委会同有关部门组织实施高技术服务产业化专项。进一步统筹在岸和离岸高技术服务业发展。针对高技术服务业发展重点，研究完善高新技术企业认定范围，符合条件的高技术服务企业可享受相关税收优惠政策。检验检测、知识产权等高技术服务领域事业单位转制为企业的，可按规定享受有关税收优惠政策。按照增值税扩大征收范围改革总体安排，完善相关制度，解决高技术服务业发展存在的税收问题。

（二）拓展融资渠道。完善知识产权价值评估制度和管理规定，积极推行知识产权质押等融资方式。继续推动高技术服务产业基地发行中小企业集合债和集合票据。推动各类融资担保机构按照商业原则加大对高技术服务企业提供融资担保的力度。引导社会资本设立创业投资企业，支持符合条件的高技术服务企业在境内外特别是境内创业板上市，加快推进全国性证券场外交易市场建设，拓展高技术服务企业直接融资渠道。

（三）完善市场环境。有序开放高技术服务业市场,构建各类企业公平竞争的市场环境。在知识产权、检验检测、信息服务等领域进一步放开市场准入，对能够实行市场经营的服务要动员社会力量增加市场供给，充分发挥非公有制企业的作用。按照营利性机构与非营利性机构分开的原则，引导和推进知识产权、检验检测等领域体制机制改革，加强市场化服务。建立和完善高技术服务业技术体系、服务标准体系和职称评价体系，促进规范化发展。加快制定高技术服务业统计分类标准，完善统计方法和统计目录，加强统计调查和运行分析。加大高技术服务领域知识产权保护力度。完善价格政策，实现高技术服务企业用水、用电、用气与工业企业同质同量同价。实行有利于高技术服务业发展的土地管理政策。健全个人信息和商业数据保护规定，推广电子签名与认证应用，构建网络信任环境，保障信息安全。加强诚信体系建设，推进服务业务社会化。进一步完善高技术服务业市场法规和监管体制，规范市场秩序。

（四）培育市场需求。在信息技术服务、生物技术服务、知识产权服务等领域开展应用示范，培育高技术服务市场需求。切实落实并完善居民小区光纤接入建设等方面技术规范和管理规定，以基础设施升级促进信息服务业务发展。加大政府采购高技术服务的力度，拓展政府采购高技术服务的领域，鼓励政府部门将可外包的信息技术服务、检验检测服务、知识产权服务等业务发包给专业服务企业，实现服务提供主体和提供方式多元化。

（五）增强创新能力。促进服务模式创新，推动高技术服务相关业务融合发展，探索适合新型服务业态发展的市场管理方式。促进高技术服务企业技术中心建设，鼓励集成创新。推动建立各具特色的高技术服务产业创新联盟，完善以企业为主体、产学研用相结合的创新体系。加强关键共性技术和支撑工具研发，完善成果转化中试条件，整合和完善现有公共服务平台，加强必要的软件平台、仿真环境、资源信息库、公共测试平台建设。支持高技术服务企业在国内外积极获取专利权和注册商标，实施标准战略，构建专利联盟。

（六）加强人才培养。鼓励采用合作办学、定向培养、继续教育等多种形式，创新高技术服务人才培养模式。完善高技术服务学科设置，允许部分地区高校根据产业需求自行设置高技术服务相关二级学科。鼓励高技术服务企业加大职工培训投入力度，提高职工培训费用计入企业成本的比例。加强创新型人才的引进和使用。完善技术入股、股票期权等知识资本化激励机制。健全高技术服务业人才评价体系，完善职业资格制度，加强人才科学管理。加快发展人力资源服务业，促进高技术服务业人才资源优化配置和合理流动。

（七）深化对外合作。扩大高技术服务领域对外开放，支持承接境外高端服务业转移，完善外商投资管理制度，引导外商投资我国高技术服务业。支持高技术服务企业“走出去”，通过海外并购、联合经营、设立分支机构等方式积极开拓国际及港澳台市场，鼓励在境外设立研发机构。推动政府间投资保护协定谈判，保护高技术服务企业海外投资利益。进一步完善外汇、出入境等方面管理，提升出入境检验检疫能力，促进高技术服务贸易发展。鼓励国内企业和协会参与制定国际标准，支持高技术服务自主标准国际化。

（八）引导集聚发展。依托优势地区，着力培育一批创新能力强、创业环境好、特色突出的高技术服务业集聚区。完善创新创业服务体系建设，促进创新资源向高技术服务业集聚区汇集。引导形成以龙头企业为核心、中小企业协同发展的高技术服务企业集群。支持建设一批高技术服务产业基地，鼓励在政策扶持、体制创新等方面积极探索、先行先试。引导和支持高技术服务企业与制造企业互动发展，依托优势产业集群，完善配套服务。

五、加强组织落实

发展高技术服务业是培育发展战略性新兴产业和服务业的重要任务，各地区、各部门要高度重视，切实加强组织领导，根据本指导意见的要求抓紧制定具体实施方案和落实措施，加大工作力度，确保各项任务措施落到实处。国务院有关部门要按照职能分工，加强对高技术服务业发展的协调指导，细化政策措施，创新体制机制，加强监督检查，推动我国高技术服务业又好又快发展。

二〇一一年十二月十二日

1－7　商务部等十部门关于促进战略性新兴产业国际化发展的指导意见

商产发〔2011〕310号

各省、自治区、直辖市、计划单列市及新疆生产建设兵团商务、发展改革、科技、工业和信息、财政、环境保护、税务、质量技术监督、知识产权主管部门，海关广东分署，各直属海关，各直属检验检疫局：

加快培育和发展战略性新兴产业是党中央、国务院面向未来，为推动我国经济发展方式转变和产业结构升级作出的重大战略决策，国际化是培育和发展战略性新兴产业的必然选择。根据《国务院关于加快培育和发展战略性新兴产业的决定》（国发〔2010〕32号），现就促进战略性新兴产业国际化发展提出如下指导意见：

一、突出产业特点，明确发展方向

促进战略性新兴产业国际化发展就是要把握经济全球化的新特点，逐步深化国际合作，积极探索合作新模式，在更高层次上参与国际合作，从而提升战略性新兴产业自主发展能力与核心竞争力。促进我国战略性新兴产业国际化发展应准确定位，明确方向。一是提高战略性新兴产业研发、制造、营销等各环节的国际化发展水平，提升全产业链竞争力；二是提高战略性新兴产业人才、企业、产业联盟、创新基地的国际化发展能力，提升市场主体竞争力；三是营造有利于战略性新兴产业国际化发展的良好环境，完善支撑保障体系；四是处理好两个市场的相互关系，夯实战略性新兴产业国际化发展的国内基础。

（一）指导思想。

以邓小平理论和“三个代表”重要思想为指导，深入贯彻落实科学发展观，准确把握战略性新兴产业的国际发展趋势，按照加快培育和发展战略性新兴产业的总体要求，把国际化作为推动战略性新兴产业发展的重要途径，增强自主创新能力，加大政策扶持力度，夯实国内市场基础，着力营造良好环境，鼓励和引导企业积极开拓国际市场，在更宽领域、更大范围利用全球创新资源，努力提升战略性新兴产业总体发展水平。

（二）基本原则。

——坚持市场导向原则。根据当前国际竞争态势和发展趋势，充分发挥市场机制的基础性作用，切实调动市场主体的积极性，引导产业发展方向和发展重点，明确产业优先发展次序和关键环节。

——坚持提升优势原则。在积极促进战略性新兴产业贸易和投资发展的同时，着重提升发展质量和国际分工地位，形成我国参与国际竞争新的比较优势。

——坚持重点推进原则。在积极提升战略性新兴产业国际化总体水平的同时，集中力量加大对重点环节、重点企业、重点市场的扶持，形成重点带动、整体推进。

——坚持统筹发展原则。统筹国内、国际两个市场、两种资源，促进贸易、投资协调发展，实现国际化与产业化的良性互动。

（三）工作目标。

通过政府引导、上下联动等方式，力争到“十二五”末期，战略性新兴产业国际分工地位明显提升，国际化主体的竞争实力显著增强，贸易和投资规模稳步增长，全方位、多层次的国际化发展体系初步形成。

——建设国际化示范基地。结合科技兴贸创新基地建设，在战略性新兴产业的重点门类集中力量建设一批国际化发展示范基地，形成集群效应。

——培育国际化领军企业。重点支持一批具有较强创新能力和国际竞争力的领军企业，发挥带动作用。

——促进对外贸易快速增长。积极支持具有知识产权、品牌、营销渠道和良好市场前景的战略性新兴产业开拓国际市场，促进我国战略性新兴产业对外贸易快速增长。

（四）国际化推进重点。

1、节能环保产业

培育节能环保产业国际化基地，鼓励节能环保产品开拓国际市场，提高出口产品附加值，推动出口产品由以单机出口为主向以成套供货为主转变；建立进口再生资源监管区，鼓励有条件的再生资源回收利用企业实施“走出去”战略，开展对外工程承包和劳务输出，促进国际大循环；鼓励符合条件的企业到境外为我国投资项目和技术援助项目提供配套的环境技术服务；加强节能环保领域国际合作，推动国际环境合作项目国内配套资金的落实，加强国际环境技术转让，加大对我国参与环境服务贸易领域国际谈判的支持力度。

2、新能源产业

鼓励新能源产业关键技术的研发及引进消化吸收再创新，提升核心技术竞争力和新能源开发能力；加强太阳能产业的国际合作与交流，支持新型太阳能热利用项目和产品开拓国际市场，优化出口产品结构，鼓励企业海外承建电厂工程；鼓励有生物质能研发优势的境外企业和机构以技术投资参股，促进国内商业模式创新。

3、新一代信息技术产业

开展下一代信息网络、物联网等领域的国际科技合作与交流，推动与具有核心技术的国外高端研究机构合作；鼓励新一代信息技术领域参与国际标准制定；鼓励物联网、高端软件等领域的海外留学人员回国创业；加大对重要设备进口的支持力度，支持外商投资企业建立三网融合研发机构；鼓励外商投资设立高性能集成电路企业；充分利用国内资源优势发展高端软件服务外包，促进高端软件及相关信息服务开拓国际市场。

4、生物产业

鼓励开展全方位国际合作，充分利用全球创新资源，提升创新能力；支持生物医药、生物育种等国内企业兼并重组，培育大型跨国经营集团；鼓励企业承接国际医药研发和生产外包；支持有条件的生物医药企业“走出去”，开展对外投资和合作；通过对外援助等多种方式，带动生物育种企业开展跨国经营。

5、高端装备制造产业

鼓励高端装备制造业充分利用全球创新资源，开展多种形式的研发合作，提升创新能力；支持国产飞机（包括干线飞机、支线飞机、通用飞机）、海洋工程装备、先进轨道交通装备开拓国际市场；鼓励航空产业关键零部件及机载系统进口；鼓励转包生产，支持境内外企业开展高水平的合资合作；支持航空、海洋工程装备、高端智能装备等产业在海外投资建厂，开展零部件生产和装备组装活动；鼓励海洋工程装备类中外企业开展高水平的合资合作。

6、新材料产业

支持国内企业并购国外新材料企业和研发机构，加强国际化经营；鼓励生产高附加值产品的国外企业来华投资建厂；优化进出口商品结构，完善进出口管理措施，加大对新材料产品和技术进口的支持力度，鼓励高附加值新材料产品开拓国际市场；鼓励新材料企业兼并重组，提高企业国际竞争力。

7、新能源汽车产业

推动传统汽车制造企业向新能源汽车领域发展，培育本土龙头企业和新能源汽车跨国公司；鼓励境外申请专利；鼓励参与国际标准制定，逐步与国际标准接轨；建立产业联盟和行业中介组织，规范市场秩序；鼓励新能源汽车零部件企业“走出去”，在海外投资建厂。

二、利用全球创新资源，提升产业创新能力

在全球范围内，加强技术交流与合作，有效利用全球创新资源，不断提升我国战略性新兴产业的原始创新能力、集成创新能力和引进消化吸收再创新能力。

（五）鼓励技术引进和合作研发。修订《中国鼓励引进技术目录》和《鼓励进口技术和产品目录》，大力支持战略性新兴产业先进技术设备、关键零部件进口。支持国内企业与境外企业联合研发共性关键技术、开发新产品以及科技成果向现实生产力转化。

（六）鼓励引进消化吸收与再创新。鼓励引进项目的前期研发、再创新成果的产业化、消化吸收与再创新产品开拓国际市场、消化吸收与再创新的技术或者产品申请国内外专利。

（七）鼓励参与国际标准制定和推动国际互认。积极参与战略性新兴产业领域国际标准的制定，在基础较好、产业和技术优势明显的领域，积极探索推广使用中国标准的新途径。支持企业采用国际标准，取得相关认证，推动签署政府间产品标准和认证认可结果的相互认可协议，促进国外政府和相关机构对我国检测认证机构测试认证结果的采信。

（八）促进知识产权创造、运用、保护和管理。支持企业在境外申请专利、注册商标；加强科技成果、专利等无形资产的评估，促进技术创新和技术转让健康发展；逐步完善国际贸易领域知识产权相关法律法规；妥善处理知识产权纠纷；加大对知识产权侵权行为的打击力度，防范知识产权滥用行为。

（九）加大高端人才引进力度。加快高端人才的培养开发。畅通吸纳高端领军人才的绿色通道，按照国家规定在居留、入出境、物品通关、工作生活条件等方面，为海外高层次人才来内地工作创业提供便利。采取持股、技术入股、提供创业基金等灵活方式，积极吸引各类高端人才，营造有利于战略性新兴产业领军人才跨境流动的良好环境。

三、开拓和利用国际市场，转变贸易发展方式

支持企业开拓和利用国际市场，提升企业适应国际市场的能力，增强企业国际竞争力，不断拓展战略性新兴产业的国际化发展空间。

（十）加强对重点市场分类指导。根据战略性新兴产业的发展水平，结合不同市场需求，支持新能源汽车、光伏等产业开拓发达国家市场，推动节能环保、生物育种、生物医药等产业开拓亚洲、非洲、拉美等新兴市场，支持风电产业开拓发达国家市场和新兴市场。研究推动与20个重点国家的双边产业合作规划，确定合作重点领域，明确合作具体形式，制定有针对性的贸易投资指南，支持各类经营主体开展多种形式的国际化经营活动。

（十一）充分发挥双多边机制作用。将促

进战略性新兴产业的国际交流与合作纳入双多边合作机制框架。建立战略性新兴产业专项合作协议，充分发挥中英航空等专项合作协议作用。有效运用对外投资、对外援助、对外工程承包等多种方式，提升双多边合作的质量和水平。继续通过中美、中欧、中日高技术战略合作机制，加大政府间高技术领域磋商力度，推动发达国家放宽对华出口限制，扩大高技术产品贸易。

（十二）加大对鼓励类商品对外贸易的支持力度。制订战略性新兴产业进出口产品目录，对列入目录且符合条件的产品在通关、检验检疫等方面给予支持。加强资源综合利用，通过政策引导，鼓励外商把终端产品生产转移到国内来，提高出口产品技术含量。

（十三）大力支持不同贸易方式优化发展。在大力支持战略性新兴产业一般贸易发展的同时，推动航空航天产业扩大转包生产规模，促进平板显示和高性能集成电路等产业加工贸易转型升级，支持在高附加值环节开展国际合作，提升参与国际分工能力。

（十四）积极承接服务外包。在生物医药、工业设计、软件和信息服务等与战略性新兴产业相关的领域积极承接服务外包，充分发挥国内人才、设备与成本等优势，开展生物制药研发及试验检测、传感网相关数据处理、金融后台服务、信息及软件技术研发类外包等服务外包业务，发挥服务贸易高附加值优势，提高货物贸易技术含量和附加值，延长货物贸易价值链。

（十五）加强出口促进体系建设。发挥驻外机构、行业组织等相关中介机构作用，为企业提供国际市场信息服务。有针对性地鼓励和扶持各类专业展会和重要出口商品宣传活动，促进中外企业信息交流和项目对接。在生物医药、新能源、新材料等领域规范出口秩序。

四、创新利用外资方式，促进对外投资发展

“引进来”与“走出去”相结合，切实提高国际投融资合作的质量和水平，促进战略性新兴产业在国际分工新格局中占据有利地位。

（十六）积极引导投资方向。修订《当前优先发展的高技术产业化指南》等，补充和完善战略性新兴产业相关内容，鼓励外商投资战略性新兴产业。制订国别产业导向目录，为企业开展跨国投资提供指导。积极探索在海外建设科技型产业园区。

（十七）拓宽利用外资渠道。鼓励外商投资设立创业投资企业，完善退出机制。支持企业根据国家发展战略及自身发展需要到境外上市，创新利用外资手段。

（十八）鼓励研发合作。继续积极鼓励外商设立研发中心，支持中外企业联合研发，申请重大项目。

（十九）扩大企业境外投资自主权。简化企业境外投资审批程序。进一步加大对企业境外投资的外汇支持。鼓励有条件的企业在境外以发行股票和债券等多种方式融资。

（二十）鼓励建立海外生产体系。鼓励新能源、航空航天、新能源汽车、高端装备制造等行业符合条件的企业在国外投资建厂。鼓励生物育种业在海外设立生产示范园区，加强海外推广。支持符合条件的环保企业加强国际合作。

（二十一）鼓励设立海外研发中心。鼓励符合条件的企业通过并购、合资、合作、参股等多种方式在海外设立研发中心，重点扶持风能、太阳能、新型平板显示和高性能集成电路、新能源汽车、生物育种等行业与国外研究机构、产业集群建立战略合作关系。

（二十二）鼓励建立海外营销网络体系。针对不同国际市场，支持符合条件的企业采取自建、与渠道商合作等方式建立境外营销中心、维修服务网点等海外营销体系。支持企业通过境外注册商标、境外收购等方式，培育国际化品牌。

五、推动创新基地建设，发挥国际化发展示范带动作用

大力支持科技兴贸创新基地建设，促进国内外行业领军企业集聚发展，充分发挥科技兴贸创新基地对促进战略性新兴产业国际化发展的示范带动作用。

（二十三）发挥国际化发展示范带动作用。引导科技兴贸创新基地结合各自优势，加大对特色产业支持力度，培育若干具备行业领军优势的基地或基地企业。在积极利用好国家各项扶持政策的同时，鼓励对基地内企业给予配套政策支持，并在适当条件下，扩大至与基地相关联的企业或区域。

（二十四）推动国际合作。依托科技兴贸创新基地，结合产业特点，分行业领域深化国际合作。推动科技兴贸创新基地与国外研发机构和相关高技术产业园区建立战略伙伴关系。适时建设战略性新兴产业国际化发展示范基地，充分激发其引领、示范和促进作用。

（二十五）加强公共服务平台建设。促进共性、关键技术研发，加快国际孵化器、检验检测、信息服务、人才培训等公共服务平台建设，建设以科技兴贸创新基地为载体的国际化发展促进体系。

六、加大扶持促进力度，完善支撑保障体系

促进战略性新兴产业国际化发展，必须加大财税金融政策支持力度，完善便利化措施，加强产业预警体系建设，积极应对国际贸易保护主义。

（二十六）积极利用财税支持政策。充分利用好现行促进战略性新兴产业国际化发展的有关财税政策。结合战略性新兴产业发展特点，积极落实《国务院关于加快培育和发展战略性新兴产业的决定》确定的各项财税支持政策。

（二十七）用好出口信贷和出口信用保险。利用出口信贷和出口信用保险，积极支持战略性新兴产业领域的重点产品、技术和服务开拓国际市场，对航空航天、高端装备制造等金额较大或能带动国内专利技术和标准出口的战略性新兴产业产品，在出口信贷和出口信用保险方面给予重点支持。

（二十八）完善便利化措施。落实海关企业分类管理措施，大力推进分类通关改革，鼓励战略性新兴产业重点培育企业申请成为海关高资信管理企业，享受相关通关便利措施。战略性新兴产业领域海外科技专家来华工作，按有关规定给予通关便利。推进进出口检验检疫企业分类管理，对获得生态原产地标记保护的产品给予检验检疫便利。

（二十九）加强产业预警体系建设。重点对生物育种、生物医药等外资加速进入的产业，加强国内、国外产业发展动态监测与研究，尽快完善产业预警体系。

（三十）加强海外信用风险防范。引导企业增强风险意识，防范国际贸易和投资活动中的各类风险。积极利用保险工具，对战略性新兴产业的海外市场拓展及对外投资提供全面的风险保障和风险信息管理咨询服务。

（三十一）积极应对贸易保护主义。鼓励企业做好反倾销、反补贴、保障措施应对工作，指导企业积极利用世界贸易组织通报咨询机制等方式应对国外各种非关税壁垒。重点在生物医药等重要领域加强多双边磋商，减少国际贸易摩擦。

（三十二）完善和推进知识产权海外维权机制。继续完善和推进以政府为主导，企业、行业中介组织、研究机构和驻外经商机构共同参加的海外知识产权保护服务网络，通过培训、信息支持和服务、宣传等手段，提高企业的知识产权保护意识和海外维权能力。

（三十三）充分发挥行业组织的作用。引导和鼓励各类商协会、产业联盟、技术联盟等行业组织，在企业开拓国际市场、应对国际知识产权纠纷、防止恶性竞争、促进国内国际标准制定等方面充分发挥协调指导作用。

七、夯实国内市场基础，营造良好发展环境

夯实国内市场基础，培育国内市场需求，创造有利于国内外企业公平竞争的良好环境，为有效促进战略性新兴产业国际化发展奠定良好基础。

（三十四）促进商业模式创新。支持借鉴和引进国际先进商业模式，鼓励合同能源管理、专业化环保服务等商业模式的创新和发展。

（三十五）加强市场准入和价格管理。完善生物医药行业准入管理，进一步健全药品注册管理的体制机制，完善药品集中采购制度，完善新能源产品价格形成机制，完善生物育种行业准入管理及转基因农产品管理，完善并严格执行节能环保法规标准，推动形成与国际接轨的市场准入制度和价格形成机制。

（三十六）加强质量诚信体系建设。大力推进以质取胜战略，培育一批具有自主知识产权和知名品牌、国际竞争力强的优势企业，建设一批具有国际水平和带动能力的现代产业集群，积极推进质量诚信体系建设。加大质量失信行为的惩戒力度，提高战略性新兴产业产品的质量水平和国际信誉。

二〇一一年九月八日

1－8　商务部关于“十二五”期间石油流通行业发展的指导意见

商运发〔2011〕413号

各省、自治区、直辖市、计划单列市及新疆生产建设兵团商务主管部门，中国石油天然气集团公司、中国石油化工集团公司、中国海洋石油总公司、中国中化集团公司、中国航空油料集团公司、陕西延长集团公司：

石油流通行业是石油产业链和价值链的重要环节，与人民生产生活息息相关，关系国民经济运行质量与经济安全。“十一五”期间，石油流通行业对内、对外开放力度进一步加大，长效监管机制建设积极推进，行业立法与标准体系框架基本形成，市场监测预警机制初步建立，成品油市场供应得到有效保障，加油站和油库建设布局更趋合理，石油流通行业组织化、现代化、规范化水平显著提高。同时，石油市场仍然存在相关制度有待完善、市场秩序尚需进一步规范等问题。为促进“十二五”期间石油流通行业科学、全面、协调、可持续发展，制定本指导意见。

一、指导思想、基本原则和发展目标

（一）指导思想。

深入贯彻落实科学发展观，以加快转变石油流通行业发展方式为主线，以保障能源安全、维护国内石油市场稳定供应为根本目的，以公平市场准入、优化市场主体结构为重要手段，进一步加强石油流通行业法制化、规范化、现代化建设，加快推进石油市场有序开放、健康发展，提高石油流通行业市场竞争和服务质量，为我国经济平稳较快发展提供坚实的石油保障。

（二）基本原则。

坚持改革开放的原则。把深化改革、扩大开放作为推进石油流通行业发展的根本动力，进一步完善管理体制机制，促进多种所有制主体共同发展，建设统一开放、竞争有序的现代石油流通市场体系。

坚持服务生产和消费的原则。以满足生产

生活需求为根本出发点，统筹城乡网点布局，加强成品油供应薄弱地区分销网络建设，提高石油流通企业服务质量和服务水平，进一步拓展终端网络服务功能。

坚持规范发展的原则。公平市场准入、完善退出机制，加大行业监管力度，会同有关部门严厉打击石油市场违法违规行为，营造公平竞争的市场环境。

坚持绿色环保的原则。将绿色、环保、低碳作为石油流通行业加快转变发展方式的重要方向，妥善处理好资源环境承载能力与行业发展的关系，实现石油流通行业的可持续发展。

（三）发展目标。

——石油分销体系进一步完善，布局更加合理，零售终端服务功能更加完备，石油流通企业规模明显扩大，企业实力显著增强，多种所有制主体共同参与竞争的市场格局基本形成。

——石油市场供应保障能力进一步增强，应急保供机制更加健全，商业储备体系初步建立。到 2015 年，国内原油和成品油销售量分别达到 5.3 亿吨和 2.9 亿吨，基本满足国内不断增长的生产与消费需求；成品油批发企业常备库存量不小于上年度平均 15 天销售量。

——石油流通效率及现代化水平进一步提高，流通环节连锁率、配送率不断提升，第三方专业物流、共同配送稳步发展，电子商务与信息技术得到广泛应用。

——绿色节能发展取得重大突破，节能减排工作积极开展,加油站和油库实现达标排放，油品质量升级步伐加快，能源消耗强度和二氧化碳排放强度大幅下降。

——石油市场监管体系更趋完善，法规、标准和信用体系进一步健全，行业管理体制和管理方式更趋科学合理，市场主体诚信意识明显提升，市场秩序更加规范有序。

二、主要任务

（四）完善石油市场分销体系。

培育多元化的石油市场投资与经营主体，鼓励中小企业做大做强，吸引多种经济成分共同参与市场竞争。进一步完善原油和成品油经营资格审批制度，以合理布局、满足消费为原则，公平石油流通行业市场准入，完善企业退出机制，形成以大型国有石油企业为主体，多种所有制主体共同参与竞争的市场格局。

（五）提高石油市场供应保障能力。

密切关注石油市场动态，全面掌握市场供应、销售、库存等运行与变化趋势，畅通信息渠道，及时发布、提前预警。抓好油源组织，完善重点石油企业联系制度，建立省际间的资源合作机制，切实做好产地与销地资源的有效衔接。采取有效措施，科学合理地调配资源，加强重点地区、重点行业、重点加油站（点）的供应保障能力建设，确保重要季节、重要节日以及重大活动期间的油品供应。逐步探索建立全国联网的成品油库存监测网络，指导石油流通企业建立成品油商业储备体系，各地可结合本地区实际，探索建立柴油地方储备。

（六）提升石油流通行业现代化水平。

进一步提升成品油流通环节的连锁化水平，引导大型骨干企业加大直营连锁经营网络的建设，有序开展加油站特许连锁。继续推广普及自动液位计量监测系统、车载卫星定位系统等自动化管理的先进技术，支持加油站开展自助式加油、综合服务区、手机及银行卡支付等现代零售模式。鼓励石油流通企业应用现代物流技术，提升物流信息化水平，按照资源的合理流向，统筹优化运输途径、方式和工具，探索发展第三方专业物流、共同配送，实现物流整合、资源共享，提高成品油储运设施的利用效率，逐步建立符合市场需要、高效便捷的新型物流配送体系。

（七）进一步加强石油流通行业监管。

加强石油流通企业的动态管理与过程监管，做好企业变更、年检、整改及日常监管等项工作。会同并支持有关部门，加强对当地石油市场的日常监管与检查，严厉查处石油市场的价格违法、掺杂使假、短斤少两、无照经营、走私、侵犯他人注册商标专用权等违法违规行为，强化行业安全管理，标本兼治，依法维护国内石油市场经营秩序。大力推行政务公开，完善石油市场管理信息化建设，及时为社会提供真实、准确的政策信息。

（八）提升石油流通行业服务水平。

加快石油经营企业信用体系建设，建立违规企业“黑名单”制度，并将企业信用与企业年检、换证及退出机制相结合。鼓励加油站开展以保证油品计量、质量和规范服务为重点的营销服务活动，促进加油站全面提升整体形象和服务质量，为消费者提供安全、便捷、舒适和保质保量的油品服务。在保障安全的前提下，支持加油站利用网点布局优势、地理位置优势、企业品牌优势和客户资源优势，实现一网多用，在加油站开展便利店等非油品业务服务，进一步拓展零售终端服务功能、提升行业服务水平。

（九）推广实施绿色低碳节能发展方式。

指导石油流通企业做好自身节能减排，进一步推动石油分销体系中油库、配送设施及加油站建设的技术创新。石油流通企业应严格按照国家关于大气污染物排放的标准要求，完成加油站、油库、油罐车油气回收的治理工作，新建加油站及油库更要注重环境风险防范，实现达标排放。加快车用燃油低硫化步伐，全面推动清洁汽柴油在全国范围内使用，切实降低机动车尾气污染。积极研究制订生物柴油、乙醇汽油等替代能源的市场流通政策，构建高效、清洁、低碳的能源供应体系。

三、保障措施

（十）加强组织领导。

积极协调地方人民政府，健全石油流通行业管理机构，完善工作机制，明确工作职责，强化部门分工协作，着力营造良好的市场环境、法制环境和政策环境。加强对石油流通行业协会和中介机构的引导，完善行业自律。

（十一）加快推进法律法规与标准建设。

根据“十二五”期间石油流通行业中出现的新情况、新问题、新特点，积极推动《石油市场管理条例》出台，修订完善相关部门规章及管理制度，加快推进农村和水上加油站点管理、加油站非油品业务等技术规范的研究起草工作，进一步建立、健全石油流通行业的法规规章和标准体系。各地商务主管部门要认真贯彻执行国家石油市场管理的法规规章及相关政策，结合各地实际情况制订具体实施细则，同时加大石油流通行业标准的宣传贯彻实施力度，充分发挥标准在规范行业发展中的基础性作用，提升企业经营管理和服务规范化水平。

（十二）制订行业发展规划。

各地商务主管部门要科学编制发布本地区成品油流通行业“十二五”发展规划，依法实施成品油油库和加油站建设审批，严格市场准入，合理布局油库和加油站，避免重复投资、重复建设。有序规划城区加油站建设，保障城区居民加油便利；积极引导大型骨干企业，按照当地加油站行业发展规划，在农村、少数民族集聚区及偏远地区新建加油站、改造加油网点，加大对成品油供应薄弱地区零售及配送网络建设的投入，切实保障农业生产和人民生活用油需求。

（十三）落实石油流通领域的相关政策。

贯彻《国务院办公厅关于搞活流通扩大消费的意见》（国办发〔2008〕134号）和《国务院办公厅关于促进物流业健康发展政策措施的意见》（国办发〔2011〕38号）精神，在石油流通行业落实相关优惠政策，加大财政对石油流通行业重点领域、重点项目的支持。各地商务主管部门要积极争取地方石油市场管理行政经费，研究落实对农村、少数民族地区及偏远地区石油流通网络建设的土地和财政优惠政策。

（十四）加强石油流通行业人才队伍建设。

有计划地组织有关人员进行石油市场学习与培训，提升石油市场管理队伍的整体素质，通过培训交流等多种方式，加强对基层管理人员的能力培养，建设一支政治合格、业务精通、结构合理、廉洁高效的石油市场管理队伍。加强石油流通行业专家队伍建设，组织石油流通行业方面的专家学者，定期开展学术交流活动。指导石油经营企业多渠道吸纳、着力培养专业技术和管理人才，提高石油流通人才队伍整体水平。

二〇一一年十一月八日

1－9 商务部关于“十二五”期间促进拍卖业发展的指导意见

商流通发〔2011〕480号

为加快转变拍卖业发展方式，促进拍卖业持续健康发展，根据《中华人民共和国国民经济和社会发展第十二个五年规划纲要》、《商务发展“十二五”规划纲要》、《国内贸易发展规划（2011-2015）》，现提出如下指导意见：

一、“十一五”期间我国拍卖业发展情况

“十一五”期间，我国拍卖业稳步发展，拍卖已逐渐成为重要的商品流通渠道，在国民经济发展中发挥日益重要的作用。一是拍卖行业和市场规模不断扩大。2010年末，全国有拍卖企业5222家，注册拍卖师9075人；2010年拍卖业成交额6565.45亿元，比“十一五”初期增长136.37%。二是价格发现、公平交易等作用进一步显现。拍卖成为政府部门公平、公正出让土地使用权、处理罚没资产和涉诉资产的主要交易方式，2010年，政府部门及法院委托的拍卖成交额为4720亿元，比“十一五”初期增长200.85%。三是市场化程度逐步提高。除法院、政府部门、金融机构、破产清算组等传统委托来源外，其他机构委托、个人委托等民间委托的私有财产拍卖业务稳步增长，我国已经成为世界最重要的文物艺术品拍卖交易市场之一。四是专业化分工不断加强。一些拍卖企业在各类拍卖业务的细分市场上各有专长，主营业务不断明晰，形成了艺术品拍卖、资产拍卖等专业分工。五是拍卖方式逐步丰富。一些地方拍卖协会及企业在开展传统拍卖业务的同时，建立了网络拍卖平台，积极开拓网上拍卖业务，取得初步成效。

“十一五”期间，拍卖业虽然取得了长足进步，但仍存在一些亟待解决的问题，如法律法规和管理制度有待进一步修改完善，企业创新意识不强，一些企业行为和行业秩序有待规范，诚信体系尚不健全等，影响了行业的健康可持续发展，应在“十二五”期间加以解决。

二、指导思想和总体目标

（一）指导思想。坚持科学发展观，以推动拍卖业转变发展方式为中心，以完善行业法律法规为基础，引导行业创新管理方式，走市场化、专业化、规范化、信息化的发展道路，提高管理和服务水平，推动行业自律和诚信体系建设，促进拍卖业持续健康发展。

（二）总体目标。完善拍卖业法律法规和制度体系；培育专业化市场，全面提升拍卖企业经营管理水平，形成一批适应市场经济和行业发展要求、具有市场竞争力的骨干拍卖企业；加强诚信体系建设和行业宣传工作，行业的社会公信力和社会认知度、拍卖交易在商品流通中的重要性大幅提升。“十二五”期间，行业成交总额年均增长18%，达到社会消费品零售总额的6%。

三、工作任务

（一）拓展业务领域。以市场化和专业化为目标，引导拍卖企业开拓新市场，调整业务结构，大力开拓社会委托资源，积极培育机动车拍卖、无形资产拍卖等创新项目，采取相关配套和保障措施，推动拍卖业务领域的拓展。积极探索农产品拍卖，制定相应的鼓励发展政策，选择具备条件的地区，有计划地建立农产品拍卖市场，选择适合拍卖交易的农产品品种探索进行拍卖交易，逐步推动拍卖成为大宗农产品流通的重要交易方式。

（二）形成区域特色。结合不同区域市场发展情况，推动各地拍卖业发展，支持北京等有基础和条件的地区重点发展文物艺术品拍卖，逐步形成世界文物艺术品交易中心；支持和引导东部拍卖企业探索新业务领域，推动传统业务和新兴业务协调发展；鼓励中西部地区发展粮食、蔬菜、花卉、辣椒等特色农产品拍卖。

（三）规范行业秩序。积极推动企业及拍卖行业协会参与诚信体系建设，引导拍卖企业规范运作，逐步建立良好的并得到社会公认的拍卖业诚信体系。加强对经营性拍卖活动的监督管理，依法治理各类违规经营，打击各种违法拍卖活动，开展艺术品拍假、假拍治理整顿专项活动，规范各种名义的竞价、网络竞拍、电子竞买等变相经营性拍卖活动，治理扰乱拍卖市场正常秩序的违法行为，倡导拍卖企业间的良性竞争，形成规范的行业经营秩序。

（四）提高经营管理水平。引导拍卖企业学习国外先进经营管理经验，不断提高经营管理水平和核心竞争力，推动企业运用互联网等现代信息技术，提高企业管理信息化水平，降低服务成本。鼓励具有竞争力的拍卖企业打造品牌、走向国际市场。

（五）发展电子化、信息化的拍卖方式。推动网络拍卖平台建设，建立适合网络拍卖活动的交易规则和流程，充分运用信息化技术提高拍卖业运营效率、降低运营成本、整合信息资源、建立公开透明的信息发布机制和监督机制。将信息化成果应用到工商报备、统计报送、诚信建设等领域。切实维护网络拍卖活动参与各方的权益，推动网络拍卖健康发展。

（六）完善行业准入和退出机制。建议进一步健全和完善拍卖企业准入及退出的标准和机制。将符合行业发展规划作为行业准入的重要依据，严把拍卖企业设立审批关；根据经济发展程度和市场培育情况，适当提高准入门槛。加强日常监督和考核，建立和完善拍卖企业退出机制，对违法违规和不遵守各项管理制度的企业要限期整改，对于严重违法违规及丧失继续经营条件的拍卖企业要坚决收回《拍卖经营批准证书》，取消其拍卖经营资质。

（七）提高从业人员素质。把发展拍卖师队伍和提高拍卖师综合素质结合起来，规范各类拍卖执业资格认定，改革拍卖师执业资格制度，推进拍卖师资格考试面向社会开展，拍卖师考试制度要与行业发展需要相适应。开展拍卖师继续教育工作，建立考核标准，实行执业与非执业拍卖师分类管理。规范从业人员执业资格制度，提高从业人员执业水平。

四、保障措施

（一）完善法律法规。推动修订《拍卖法》，起草《拍卖法实施细则》等配套法规，根据经济和社会发展需要，对全国拍卖企业的发展和布局实行规划管理，保障并促进拍卖业健康有序发展。

（二）制订标准规范。加快制订各类拍卖业务标准，建立完善拍卖业标准体系，引导拍卖企业规范运作、科学发展。根据实际需要制订企业标准、行业标准、国家标准。加大标准规范的宣传和贯彻力度，不断提高全行业标准化水平。

（三）建立部门协调机制。建立多部门联系协调机制，加强与公安、财政、国土、文化、国资、海关、税务、工商、文物等部门的合作，解决拍卖行业发展中的困难和问题，加强政策协调，争取包括国有产权拍卖、司法委托拍卖、文物进出境和税收等方面的扶持政策。

（四）发挥行业协会作用。指导并支持行业协会为企业发展提供服务，并在加强行业自律、建设诚信体系、沟通行业信息、推广先进经验、认证企业资质、标准制订和宣传贯彻、国际交流与合作等方面开展工作。发挥行业协会作为企业和政府主管部门之间的桥梁作用，加强行业自律，规范企业行为。

（五）营造良好发展环境。加大宣传力度，利用电视、报纸、杂志、互联网等各种媒体，提升拍卖业社会形象，加强拍卖业务知识的宣传普及，加快相关学科建设，扩大拍卖业的社会影响力，为行业发展营造良好的舆论环境。

二〇一一年十二月十五日

1－10　商务部关于“十二五”期间促进典当业发展的指导意见

商流通发〔2011〕481号

为进一步发挥典当业在满足中小微企业融资需求和居民应急需要、促进经济社会发展等方面的积极作用，贯彻落实《中华人民共和国国民经济和社会发展第十二个五年规划纲要》、《商务发展“十二五”规划纲要》、《国内贸易发展规划（2011-2015）》，促进我国典当业健康有序发展，现提出如下指导意见：

一、“十一五”期间我国典当业发展情况

“十一五”期间，我国典当业实现了健康、快速发展，服务领域涵盖动产典当、房产典当、财产权利典当等方面，以其小额、短期、简便、灵活等特点，在满足中小微企业融资需求和居民应急需要、促进经济社会发展等方面发挥了积极作用。一是行业规模稳步扩大。截至2010年底，全国共有4433家典当企业，全行业注册资本584亿元，从业人员3.9万人。与“十一五”初期相比，企业数增长了2.3倍，注册资本总额增长了5.1倍，从业人员增加了1.2倍。二是典当行业务全面增长。“十一五”期间，全行业累计发放当金近6000亿元，2010年典当总额达1801亿元，中小微企业的融资占典当业务总额的80%以上，典当业在缓解中小微企业融资难、促进中小微企业发展等方面发挥了积极作用。三是经营管理水平逐步提升。典当企业经营实力不断增强，加强经营风险防控，全行业不良贷款率长期保持在1%以下。四是行业监督管理力度不断加强。2005年，商务部、公安部出台《典当管理办法》，建立行业信息系统，采取现场检查和非现场核查相结合的方法加强日常监管，实行年审制度，典当业管理逐步规范。

“十一五”期间，我国典当业发展总体良好，但还存在法律法规建设相对滞后，标准化体系不完善，行业组织化程度较低，一些企业经营行为有待规范等问题，应在“十二五”期间积极予以解决。

二、指导思想、基本原则和总体目标

（一）指导思想。

深入贯彻落实科学发展观，树立为中小微企业和居民融资服务的宗旨，提高行业发展质量，创新行业管理制度和方式，推动法规建设，加强科学规划、合理布局，推进典当企业现代化、规范化、品牌化、连锁化发展，加强行业自律和诚信建设，促进典当业健康稳定发展，更好地发挥典当业作为金融体系补充融资渠道的积极作用。

（二）基本原则。

促进发展与加强规范相结合。加强部门协调，加大政策扶持力度，创造良好环境，推动行业发展。同时，推动出台相关法律法规，完善标准规范体系，提高行业规范水平。

市场主导和政府引导相结合。坚持市场化运作，充分发挥市场主体作用，政府部门要为企业发展创造良好环境，对行业发展进行科学引导，并依法实施监管，促进行业稳步发展。

总体规划和区域布局相结合。加强行业发展总体规划，制订科学的发展目标，保持与经济发展需求同步。优化区域布局，考虑在市场需求旺盛的地区重点布局。

行业自律和政府监管相结合。一方面推动企业和社团组织加强行业自律，充分发挥行业协会在行业自律方面的作用，另一方面加强政府监督工作，建立健全监管机制。

（三）总体目标。

到2015年，典当业法规体系初步形成，协调联动、科学有效的行业监管体系基本建立，标准规范体系基本形成，服务体系日益完善，行业自律逐步加强，企业经营管理信息化、现代化水平大幅提高，资产质量、风险控制水平明显提升。行业发展规模与国民经济发展相适应，进一步满足中小微企业和居民融资需求。

三、主要任务

（一）加强品牌化连锁化建设。推动企业建立现代化经营理念，加强管理，提升企业的综合素质和市场竞争力，按照现代企业制度的管理要求，完善内控机制，促进企业规范化、品牌化经营。提高企业管理信息化水平，降低服务成本。鼓励有条件的企业做大做强，开展品牌建设，发展连锁经营，培育一批信用良好、品牌知名度高、创新能力强、管理理念先进、服务意识强的龙头企业。

（二）提高服务水平。树立服务第一的服务理念，结合市场需求不断创新服务模式。学习其他现代服务行业的先进服务理念和经营方式，针对客户不同需要，开发创新典当业务经营方式，不断丰富当物品种，拓展绝当物品销售方式和渠道。发挥典当企业应急融资服务的特点，推动开展一条龙服务，进一步发挥对中小微企业的融资服务功能。

（三）加强制度建设。指导企业加强公司治理、业务规则、人才培育、内部控制、安全防范和风险管理等方面的制度建设，制订业务操作流程和合同范本，完善信息报告制度，大力开展诚信经营活动，加强从业人员诚实信用、守法遵规的职业道德教育，通过建立规范化管理、标准化操作、优质化服务的经营模式，提升行业的整体素质和可持续发展能力。

（四）建设风险防范体系。建立企业、地市、省、国家四级风险防范体系。指导企业建立内部风险控制制度，注意防范典当业务过于集中于单一类当物的风险。建立健全典当业市场监测、风险防范和预警机制，及时发布典当业防范风险相关指引。加大防范和查处违规经营的力度，严格执行典当行从银行贷款的比例限制，严禁违规吸收公众资金甚至从事非法集资活动，严禁发放信用贷款。落实专人，充分利用全国典当行业监督管理信息系统，加强信息实施录入上传，加强系统数据实时监控，深入分析行业动向，及时发布分析报告，与公安等部门信息共享。密切关注重点地区、重点企业的业务运行经营情况，防范和处置可能出现的重大违规和系统性、区域性风险。

（五）健全行业监管机制。进一步加强对典当行的监管，建立并落实现场检查与非现场核查、定期检查与不定期抽查、行业日常统计与重大事项报告等行业管理制度。完善典当监督核查工作方案，加强地方监管力量，严格落实监管职责。制订有效的监管配套措施，建立扶优限劣和考核奖惩制度。

（六）建立科学完善的准入退出机制。研究建立并不断完善典当企业的准入和退出制度，按照科学发展、合理布局、从严把关、公开透明的原则开展典当业准入工作。及时对新设典当行进行行业准入教育，促使其掌握相关法律法规和政策要求，遵守经营规则，严格操作程序，规范化运营。通过年审机制，对违法违规企业限期整改，对严重违法违规的企业依法取消其典当经营资质。

（七）加强人才培养，研究建立从业人员资格认证。统筹规划典当业培训工作， 分层次、有针对性地开展行业人员培养工作，发挥和利用好高校教学资源及典当研究机构的科研优势。鼓励典当行业协会开展专业性、基础性业务培训。建立典当从业人员进入教育和继续教育机制，制订业务培训教育大纲，研究设立典当行高级管理人员任职资格、典当从业人员等资格认证制度，逐步形成与现代典当业发展相适应的初、中、高级专业人才队伍。

四、保障措施

（一）加快制定法规规划。加快典当业立法步伐，推动《典当行管理条例》尽早出台，各地可根据实际情况制订地区性法规。编制全国典当业发展和布局规划，典当业发展要与经济社会发展需要相适应。各地要立足本地实际，科学规划，合理布局，重视推动县域和西部地区典当业发展，推动东、中、西部地区和大、中、小城市典当业的协调发展。

（二）建立和完善标准规范体系。加快各类典当业务的标准制订工作，针对典当业各项业务流程和主要环节，加快研究制订相关标准，逐步形成行业标准体系。加大标准宣传和贯彻力度，充分发挥各项标准在规范典当业发展中的基础性作用，引导典当企业规范运作，提高经营管理水平。

（三）加强政策指导，优化发展环境。积极宣传典当业在解决中小微企业融资难和居民应急融资需要方面发挥的积极作用，提高典当业社会认知度。加大部门协调力度，争取出台促进典当业发展的政策，研究解决典当业发展与监管中遇到的困难与问题。帮助典当企业拓宽融资渠道，推动建立典当企业之间、典当企业与银行、担保公司等其他社会融资机构之间的合作机制，并强化对擅自从事典当经营行为的整治。

（四）建立和完善部门合作协调机制。各级商务主管部门要加强与公安、工商、人民银行等有关部门的联系与合作，加强部门间信息交流与共享，建立和完善日常沟通机制，密切部门协作，共同促进行业稳步健康发展。

（五）积极发挥行业协会的作用。积极推动成立中国典当业协会，充分发挥行业协会在规范经营、加强自律、制定规范、教育培训、诚信建设、行业宣传等方面的作用。各地商务主管部门要加强对本地区典当行业协会的指导，鼓励典当行业协会建立健全行业自律性管理制度，制订职业道德准则，大力推动诚信建设，维护市场公平交易秩序。

二〇一一年十二月十五日

1－11 商务部关于“十二五”电子商务信用体系建设的指导意见

商电发〔2011〕478号

各省、自治区、直辖市、计划单列市及新疆生产建设兵团商务主管部门：

党中央、国务院高度重视社会信用体系建设，党的十七届六中全会提出，要把诚信建设摆在突出位置，大力推进政务诚信、商务诚信、社会诚信和司法诚信建设，抓紧建立覆盖全社会的征信系统。建立健全电子商务信用体系，不仅是实现电子商务行业健康持续发展的关键，也是社会信用体系建设的重要举措。"十一五"期间，随着我国电子商务快速发展，电子商务信用体系建设稳步推进，信用服务较快发展，信用环境日益改善，但信用法规标准建设滞后、信用统计监测体系尚未建立，经营主体信用意识不强、失信投诉居高不下等问题仍然突出。为加快"十二五"期间电子商务信用体系建设，现提出以下意见。

一、总体要求

（一）指导思想。

以科学发展观为指导，认真贯彻落实党的十七届六中全会精神和国务院关于加强社会信用体系建设的总体部署，以建立健全电子商务信用制度、完善电子商务行业标准为基础，以建设信用统计监测体系、发展电子商务服务行业为抓手，加快电子商务信用体系建设步伐，形成电子商务领域诚实、自律、守信、互信的良好信用环境。

（二）基本原则。

坚持政府引导和企业自律相结合。在政府加强指导和积极推动的基础上，明确电子商务经营主体的信用管理责任，强化企业自律。

坚持法规建设与社会监督相结合。在加强电子商务信用领域法规和标准建设的基础上，充分发挥社会舆论和消费者对电子商务经营主体的监督作用。

坚持专业服务和信息共享相结合。在大力发展电子商务第三方信用评估服务机构的基础上，积极推动电子商务信用信息共享。

坚持诚信褒奖与失信惩戒相结合。通过对诚信经营的电子商务企业给予支持，对失信企业和失信个人给予警示或惩戒，鼓励和引导企业重视和培育诚信形象。

（三）主要目标。

力争到2015年，电子商务信用法规基本健全，管理制度和相关标准逐步完善，政策支撑体系基本形成；电子商务信用统计监测体系和电子商务统计监测指标体系初步建立，建成覆盖全国的电子商务信用信息基础数据库，形成电子商务信用评估机构利用电子商务信用信息基础数据库的畅通机制；电子商务信用环境明显改善，形成政府引导和监管、第三方信用评估服务机构客观评估、消费者广泛参与和监督的多元化、互动式电子商务信用体系建设与维护机制；电子商务经营主体信用意识、自律意识普遍增强，电子商务信用评估服务机构健康发展，行业经营主体准入和退出机制得到规范。

二、主要任务

（一）健全电子商务信用法规标准体系。

分阶段、分步骤研究确定电子商务信用法制建设的整体思路和框架结构。建立健全电子商务信用管理制度，制订电子商务经营主体、交易行为和交易信息管理规范,以及信用保护、失信惩戒与诚信褒奖等实施细则。推动相关部门制订第三方信用评估服务机构的相关行业标准、从业人员标准，着力提高信用评估服务的规范性和可信度。

（二）建立电子商务信用统计监测体系。

加快建立覆盖重点电子商务经营主体和信用评估服务机构的信用统计监测体系，科学设计信用评价指标，逐步建立先进适用的指标体系。建立电子商务信用信息发布制度，逐步拓展发布渠道，及时准确反映电子商务领域的信用建设水平。在信用统计监测体系的基础上、探索建立电子商务信用监管模式。

（三）建设电子商务信用评估认证体系。

大力发展第三方信用评估服务机构，开展电子商务信用咨询、资讯、法律、安全技术、人力资源等专业服务。鼓励符合条件的第三方信用评估服务机构建设数据库，收录电子商务经营主体的银行信贷、合同履约、产品质量、售后服务等方面信用信息。鼓励电子商务经营主体开发采购商信用信息数据库，鼓励经营主体信用信息数据库实现共享和互认。鼓励电子商务协会汇总整理行业内企业信息，实现电子商务企业的上下游间信用信息共享。加快推进跨部门、跨行业和跨地区的电子商务信用信息系统的互联互通，结合全国电子商务信用信息基础数据库建设，推动与全国征信系统的互联互通。

（四）开展电子商务信用建设示范。

选择符合条件的、有参与积极性的城市、经济开发区和企业，开展电子商务信用建设示范工程。引导地方商务主管部门优选电子商务经营主体和信用评估服务机构,探索经营主体、服务主体参与电子商务信用信息行业基础数据库建设，实现资源共享的有效模式。

（五）引导电子商务经营主体完善内部信用管理制度。

鼓励国内电子商务企业建立企业内部信用管理、评价、改进体系，完善内部信用管理制度，设立信用风险管理机构，加强企业自我监管和自我评估，强化企业自律意识。引导电子商务企业建立矛盾纠纷预警机制，通过对客户资信、销售合同、应收款项、员工信用档案的管理，降低虚拟平台的交易风险。鼓励中小电子商务企业积极参与政府信用监测体系建设，参照全国信用评价指标体系，建立符合企业自身特点的评价指标，提升企业自身的信用建设水平。

三、保障措施

（一）加强组织领导。

各级商务主管部门要进一步提高认识，制订详细工作计划，明确专人负责，全面督促落实，积极予以推进；加强与社会信用体系建设主管部门的沟通合作与协调，把开展电子商务信用体系建设作为电子商务管理的重要抓手。

（二）加强政策支持。

加强大对电子商务信用体系建设的财政支持力度，重点支持信用监测体系、人才培养体系、技术创新体系等具有公益性的项目。加强电子商务企业在信用建设方面的融资支持，拓宽融资渠道,引导企业加大内部信用管理投入。

（三）强化制度建设。

积极推动电子商务信用管理、信息统计等法规体系建设。研究制订涉及电子商务经营主体、从业人员资质、信用服务规范、第三方评估等标准体系和市场准入规范。

（四）提供技术保障。

加大对电子商务信用管理基础性研究和关键共性技术的开发，发挥信用技术引领社会信用体系建设的作用。鼓励科研院所、技术服务机构和电子商务企业开展针对电子商务信用信息采集和信息保护的关键技术研发和应用示范推广，积极开展成果转化、咨询培训等工作，支持电子商务企业创新发展。

（五）加快人才培养。

积极推动教育及培训机构开展电子商务信用管理人才培养，鼓励电子商务信用评估服务机构加强征信人才培训。调动全社会参与和推进电子商务信用体系建设的积极性、主动性和创造性，吸引更多电子商务企业和个人参与电子商务信用体系建设。

（六）正确引导舆论。

及时通过电视、报纸、网络等媒体发布电子商务信用体系政策措施、评价指标、示范经验等信息，加强舆论引导，扩大信用信息在商贸流通和电子商务领域的影响力。及时公布电子商务信用体系建设和电子商务信用评估信息，加大对"诚信光荣、失信可耻"、"以德经商"理念的宣传力度，充分调动广大消费者"识假、防假、打假"的积极性，逐步形成社会监督的良好氛围。

二〇一一年十二月十五日

1－12　国家发展改革委等五部门关于开展国家电子商务示范城市创建工作的指导意见

发改高技〔2011〕463号

各省、自治区、直辖市及计划单列市、副省级省会城市发展改革委、商务主管部门、人民银行分支机构、国家税务局、地方税务局、工商局（市场监督管理局）：

国务院办公厅《关于加快电子商务发展的若干意见》（国办发〔2005〕2号）发布后，我国电子商务快速发展，在增强经济发展活力、提高资源配置效率、促进中小企业发展和带动就业等方面发挥了重要作用。为进一步促进电子商务健康快速发展，充分发挥电子商务在经济和社会发展中的战略性作用，国家发展改革委、商务部、人民银行、国家税务总局、国家工商总局决定联合开展“国家电子商务示范城市”创建活动。现就相关工作提出如下意见：

一、深刻认识创建电子商务示范城市的重要意义

（一）创建国家电子商务示范城市是增强城市竞争优势的新选择

创建电子商务示范城市有利于促进区域电子商务的快速发展，加大服务业比重，优化产业结构；有利于突破城市的地理空间和自然资源限制，提高经济影响力和辐射力，增强在全球经济格局中的竞争优势；有利于降低物质资源和能源的消耗，减少环境污染，发展绿色经济；有利于方便百姓生活、改善民生、提高政府管理和服务能力。

（二）创建国家电子商务示范城市是促进战略性新兴产业发展的新举措

创建电子商务示范城市将加快推进资源整合，深化“三网融合”、“两化融合”等试点工作，促进第三代移动通信网络、物联网、云计算、移动互联网、下一代互联网等高新技术的应用；进一步改善电子商务发展环境，壮大电子商务服务业，形成新的经济增长点；有效支撑节能环保、高端制造等战略性新兴产业充分利用“两个市场、两种资源”创新发展，占据国际竞争中的有利地位，掌握发展主动权。

（三）创建国家电子商务示范城市是推进现代市场体系现代化建设的新抓手

创建电子商务示范城市是加速传统商贸服务业转型升级的重要举措，通过鼓励商贸业态和模式的不断创新，加快内贸和外贸的融合联动，促进制造业和服务业的有机结合，助推货物贸易与服务贸易的同步发展，带动形成现代物流业，推动贸易发展方式转变。通过推动全国统一市场的建立和完善，促进商品和各种要素的流动，消除妨碍公平竞争的制约因素，降低交易成本，更好地实现市场对资源的基础性配置作用，整体提高国民经济运行质量和效率。

（四）创建国家电子商务示范城市是促进电子商务健康快速发展的新途径

当前，我国电子商务发展既存在前所未有的重大机遇，也面临规范引导的严峻挑战。城市作为经济社会发展相对发达的行政区域，是各类新兴产业的集聚地，也是电子商务发展的核心地区。开展电子商务示范城市创建工作，将为解决当前制约电子商务发展的关键问题提供实践依据。同时，也可以更好地发挥电子商务的辐射带动作用，在局部取得突破性进展的基础上，开创我国电子商务发展的新局面。

二、指导思想和基本原则

（一）指导思想

以科学发展观为指导，围绕促进电子商务健康快速发展这一核心目标，充分发挥中央和

地方的两个积极性，通过创建国家电子商务示范城市，着力解决电子商务发展中的突出矛盾和问题，努力营造电子商务发展良好环境，切实推动电子商务在重点区域和特色领域的创新应用，推广典型经验，形成示范效应，带动电子商务的健康快速发展，促进经济和社会又好又快发展。

（二）基本原则

1、因地制宜、突出特色。结合城市自身的经济结构和人文环境等特点，探索适合的电子商务发展道路，形成各具特色的电子商务应用与服务模式。

2、重点突破、以点带面。集中力量，下大力气解决电子商务发展中的突出矛盾和问题，务求实效；总结经验，不断提炼提升试点成果，形成示范推广机制。

3、统筹资源、协同推进。建立有关部门统筹规划政策环境、支撑体系和公共设施建设的电子商务协调管理机制，充分调动政府、行业、企业等各方积极性，形成共同推进电子商务健康发展的合力。

4、鼓励创新、加强规范。鼓励电子商务的创新发展，不断探索解决新业态、新模式发展带来的新秩序、新规范问题，使电子商务的规制和政策环境适应不断创新发展的需要。

三、总体目标和主要任务

（一）总体目标

创建一批具有典型带动作用的国家电子商务示范城市，推动电子商务的规制与政策在局部地区取得突破性进展；网上信用、电子认证、在线支付和物流配送等支撑体系及相关基础设施基本满足电子商务的发展需求；电子商务在拓展国际国内两个市场、促进经济发展方式转变、方便百姓生活、改善民生、提高政府管理与服务能力等方面取得明显成效。

（二）主要任务

1、完善电子商务政策环境

根据电子商务发展的实际情况与需求，研究制定符合地方特点、有利于电子商务健康发展的法规制度和政策，先行先试为国家制定和完善相关法规政策提供实践基础。积极推进网络消费者权益保护、网络个人隐私和企业商业秘密保护、网络信用评价等方面的制度建设。鼓励开展电子商务交易主体、交易客体及交易行为等方面的标准规范试用与推广，探索建立电子凭证应用的基础与环境。研究制定各类优惠政策，鼓励中小企业、农民专业合作组织、农村居民和残障人士的电子商务应用，扶持电子商务服务企业发展，改善电子商务支撑环境和基础设施条件。建立城市电子商务统计制度。

2、健全电子商务支撑体系

整合利用各种资源，建立适应城市电子商务发展需要的支撑服务体系。大力推进数字证书在电子商务全过程及各环节的深化应用，探索电子认证服务机制和认证模式，突破电子认证应用推广难点。规范发展网上银行、网上支付平台等在线支付资源，满足电子商务对在线支付服务通用、安全、便捷的要求。针对城市特点，优化物流配送布局，发展与电子认证、网络交易、在线支付协同运作的物流配送服务。鼓励电子商务服务企业建立交易诚信档案，加快诚信信息共享机制的形成；发展在线信用服务，逐步改善电子商务的信用环境。

3、加强电子商务基础设施和交易保障设施建设

统筹规划城市电子商务基础设施建设，在示范城市率先实现通信、物流等基础设施与电子商务公共信息服务平台、网络交易保障服务平台等应用基础设施的同步推进、协调发展。示范城市要积极推动宽带接入，加快实施三网融合，促进信息网络向宽带移动、融合泛在、安全可靠方向发展；大力发展现代物流，支持物流、仓储设施的现代化，搭建面向物流中小企业的公共信息服务平台，为电子商务提供坚实的基础支撑。要着力推进电子商务交易保障基础设施的建设，实现对电子商务交易主体、

交易客体以及交易行为真实性的在线监测，探索有效的建设、管理模式，实现交易保障服务的可持续发展。

4、积极培育电子商务服务

示范城市要把吸引和培育机制强、业务精、守诚信的电子商务服务企业、构建和完善电子商务公共服务体系放在重要位置。大力支持第三方电子商务交易与服务平台的建设，协调解决网络交易与电子认证、在线支付、物流配送等环节的集成应用问题，发展集交易、电子认证、在线支付、物流配送、代理报关、结汇、检验检疫和信用评价于一体的全程电子商务服务。发挥行业组织等社会中介机构在规范电子商务行为和市场秩序中的作用，形成适于网络交易的行业自律和权益保障机制，培育电子商务纠纷处理、争议调解、法律咨询、技术研究、成果转化等公共服务。

5、深化电子商务应用

示范城市应采取有效措施，开拓电子商务应用领域，提高政府、企业和居民的电子商务应用水平，满足不断增长的应用需求。继续支持大型骨干企业以供应链协同为重点发展电子商务，积极引导中小企业利用第三方电子商务服务平台拓展国内外市场并进行在线销售、采购等生产经营活动，加快推动政府采购电子商务平台建设，努力发展移动电子商务、动漫游戏等互联网产业，大力培育远程维护、数据托管等技术服务，积极推进医药卫生、文化旅游等领域的信息化建设，不断拓展和深化电子商务应用领域。组织开展形式多样的电子商务知识宣传和普及活动，支持开发方便老年和残障人士利用电子商务的软硬件产品，鼓励大专院校毕业生通过电子商务创业、就业，促进电子商务普及应用，在改善民生中发挥更大作用。

四、组织实施

（一）建立协调机制

国家发展改革委、商务部、人民银行、国家税务总局、国家工商总局等部门建立国家电子商务示范城市创建工作的协调机制，制定示范城市创建工作规划，研究提出相关政策，督促检查工作落实情况，协调解决创建中的矛盾、问题。同时，及时总结和推广示范城市创建工作经验，进而推动电子商务规制和政策环境的建立、完善。

（二）加强引导支持

国家发展改革委、商务部、人民银行、国家税务总局、国家工商总局等部门对示范城市创建中的应用基础设施、公共服务平台、支撑体系建设，以及专业市场电子商务应用、中小企业电子商务应用、专业化电子商务服务平台等建设将给予政策支持。对认真开展创建工作，示范效应突出的城市授予“国家电子商务示范城市”称号。各有关部门可充分利用电子商务示范城市创建工作形成的有利条件，在促进产业发展、规范行业管理等方面开展试点示范工作。

（三）落实组织保障

示范城市人民政府要设立创建电子商务示范城市工作领导小组，明确示范城市工作的主管领导和牵头部门，负责协调、决策示范城市创建工作中的重大事项。建立部门间协调推进的工作机制和各部门的考核机制，将示范城市工作纳入相关部门年度工作目标考核体系，充分调动相关部门的积极性和创造性，协调推进示范城市工作。

（四）认真组织实施

示范城市要结合地方电子商务发展状况，根据城市发展定位和经济社会发展需要，制定切实可行的电子商务示范城市创建工作方案。方案应重点部署电子商务政策环境、支撑体系及基础设施的建设，强化电子商务应用与服务，明确保障措施和落实机制，充分调动政府及社会资源。

（五）不断总结提高

建立创建工作定期交流研讨的制度，加强创建工作重大问题研究，为示范城市创建工作提供指导。开展创建工作阶段性成果评估，及时发现和解决问题。定期进行工作总结，大力宣传和推广典型经验，提高创建工作的成效。

电子商务示范城市创建工作将根据实际发展需要分批组织实施，具体工作安排将另行通知。

二〇一一年三月七日

1－13　国家发展改革委关于规范煤化工产业有序发展的通知

发改产业〔2011〕635号

各省、自治区、直辖市发展改革委：

我国煤炭资源虽然相对丰富，但人均资源占有量也仅占世界平均水平的60%左右。科学合理开发、高效加工转化和最大限度地利用煤炭资源是一项长期艰巨的任务。2009年，针对一些地区出现的不顾资源和环境承载能力，盲目规划、违规建设、无序发展煤化工问题，国务院及时下发了《国务院批转发展改革委等部门关于抑制部分行业产能过剩和重复建设引导产业健康发展若干意见的通知》（国发〔2009〕38号），加强宏观调控和引导，对抑制煤化工产业的盲目发展发挥了积极作用。大部分地区已严格按照国务院文件要求，严格煤炭资源管理，严格项目审核，科学规范煤化工发展；但有些地方仍存在不顾条件大上煤化工的问题，且引发的不良后果已经开始显现。为了全面贯彻落实国务院通知精神和“十二五”规划纲要的要求，进一步规范煤化工产业有序发展，现就有关问题通知如下：

一、高度重视煤化工盲目发展带来的问题

一是加大产业风险。由于一些地区片面强调煤炭转化比例，部分项目重复引进未经验证的技术，致使建成后不能正常生产，巨额资金投入不能发挥效益；有的项目盲目上马，产品缺乏竞争力，市场开发滞后，目前全国甲醇装置开工率只有50%左右，二甲醚装置也大量闲置，相当一部分企业面临破产倒闭；还有的项目不核算煤炭资源完全成本，不落实节能减排责任，不分析煤炭的全过程转化效率，只强调加工工序的效率和效益；还有的企业以发展煤化工为名，行圈占煤炭资源之实，项目盲目布局，造成大量重复建设。

二是加剧煤炭供需矛盾。据不完全统计，目前全国在建和已批待建煤化工项目新增用煤已超过亿吨，各地规划拟建项目新增用煤总量还有几亿吨。尤其值得关注的是，一些煤炭净调入地区在现有火电厂供煤已十分紧张的情况下，还在积极发展煤化工产业。煤化工盲目建设和过度发展不仅加剧了煤炭供需矛盾，也直接影响到全国合理控制能源消费总量。

三是增加节能减排工作难度。煤化工属高耗能、高排放产业，受技术制约，煤炭在整体产业链中的能源转换效率不高，能源消耗和二氧化碳排放强度均高出全国平均水平的10倍以上。煤化工的无序发展必将直接影响节能减排目标的实现。

四是引发区域水资源供需失衡。我国煤炭资源与水资源呈逆向分布，主要蕴藏在水资源短缺地区。大部分煤化工属高耗水产品，发展规模必须量水而行。但一些地区不顾水资源供给约束发展煤化工；一些企业片面强调经济效益，节水意识淡薄，继续采用高耗水技术装备，严重浪费水资源，这将对区域水资源平衡和生态环境保护造成难以估量的后果。

二、切实加强煤化工产业的调控和引导

各地要进一步贯彻落实国务院国发

〔2009〕38号文件精神，加大对贯彻落实情况的督促检查，加强对煤化工产业发展的宏观调控和引导，现就有关政策重申如下：

（一）严格产业准入政策。在国家相关规划出台之前，暂停审批单纯扩大产能的焦炭、电石项目，禁止建设不符合准入条件的焦炭、电石项目，加快淘汰焦炭、电石落后产能；对合成氨和甲醇实施上大压小、产能置换等方式，提高竞争力。煤化工示范项目要建立科学、严格的准入门槛。

（二）加强项目审批管理。各级发展改革部门要严格遵守国家对建设项目的相关管理规定和审批程序，进一步加强煤化工项目审批管理，不得下放审批权限，严禁化整为零，违规审批。在新的核准目录出台之前，禁止建设以下项目：

年产50万吨及以下煤经甲醇制烯烃项目，年产100万吨及以下煤制甲醇项目，年产100万吨及以下煤制二甲醚项目，年产100万吨及以下煤制油项目，年产20亿立方米及以下煤制天然气项目，年产20万吨及以下煤制乙二醇项目。上述标准以上的大型煤炭加工转化项目，须报经国家发展改革委核准。

（三）强化要素资源配置。进一步加强煤化工生产要素资源配置，要积极推动区域产业规划的环境影响评价和节能评估，严格项目环境评价审核和节能审查，对主要污染物排放总量超标和节能评估审查不合格的地区，暂停审批新增主要污染物的煤化工项目；煤炭供应要优先满足群众生活和发电需要，严禁挤占生活、生态和农业用水发展煤化工，对取水量已达到或超过控制指标的地区，暂停审批煤化工项目新增取水；对不符合产业政策等规定的煤化工项目，一律不批准用地，不得发放贷款，不得通过资本市场融资，严格防止财政性资金流向产能过剩的煤化工项目。

（四）落实行政问责制。各有关部门及金融机构要按照国发〔2009〕38号文相关要求，认真履行职责，依法依规把好土地、节能、环保、信贷、产业政策和项目审批关，坚决遏制煤化工盲目发展的势头。对违反国家土地、节能、环保法律法规和信贷、产业政策规定，工作严重失职或失误造成重大损失或恶劣影响的行为要进行问责，严肃处理。

三、统筹规划，做好试点示范工作

国家发展改革委、国家能源局正在组织编制《煤炭深加工示范项目规划》和《煤化工产业政策》，经批准后将尽快组织实施。其政策取向：

一是贯彻落实科学发展观和党的十七届五中全会精神，按照“十二五”规划纲要的要求，统筹国内外两种资源，在科学发展石油化工的同时，合理开发和利用好宝贵的煤炭资源，走高效率、低排放、清洁加工转化利用的现代煤化工发展之路；按照可持续发展的循环经济理念，统筹规划、合理布局，科学引导产业有序发展，使我国现代煤化工技术走在世界前沿。“十二五”重点组织实施好现代煤化工产业的升级示范项目建设。

二是加强煤化工产业规划与国民经济社会发展总体规划及相关产业规划衔接，认真落实总体规划对产业发展在节能减排等方面的要求，积极推动煤化工与煤炭、电力、石油化工等产业协调发展，努力做好煤炭供需平衡。切实落实中发〔2011〕1号文件精神，加强水资源和水源地保护，严格控制缺水地区高耗水煤化工项目的建设。

三是煤炭净调入地区要严格控制煤化工产业，煤炭净调出地区要科学规划、有序发展，做好总量控制。新上示范项目要与淘汰传统落后的煤化工产能相结合，尽可能不增加新的煤炭消费量。推行煤炭资源分类使用和优化配置政策，炼焦煤（包括气煤、肥煤、焦煤、瘦煤）优先用于煤焦化工业。

四是提高转换效率。新上示范项目必须核算从煤炭开发到终端使用全周期的能源转换效率，并与其他转换加工方式进行科学比选和评估，全周期煤炭转换效率应明显高于行业现有水平，煤炭资源价格必须按市场价格测算，特别是对二氧化碳排放及捕捉要有明确的责任，新上示范项目应具有大幅减少二氧化碳排放的能力。

五是严格产业准入标准，确保项目科学、高效率，高效益。示范项目建设要按照石化产业的布局原则，实现园区化，建在煤炭和水资源条件具备的地区；项目业主应同时具有资本、技术和资源方面的优势，工程建设方案和市场开发方案必须做到资源利用合理、竞争能力强，并经过充分比选论证。

六是示范项目的实施主要为了探索和开发出科学高效的煤化工技术，培育具有知识产权和竞争能力的市场主体。因此，原则上，一个企业承担一个示范项目，有条件发展煤化工的地区在产品和示范项目上也有严格的数量限制。工程建成后要严格考核验收，及时总结。

二〇一一年三月二十三日

1 – 14 国家发展改革委关于印发鼓励和引导民营企业发展战略性新兴产业的实施意见的通知

发改高技〔2011〕1592号

国务院各有关部门、直属机构，各省、自治区、直辖市及计划单列市、副省级省会城市、新疆生产建设兵团发展改革委：

为落实《国务院关于鼓励和引导民间投资健康发展的若干意见》（国发〔2010〕13号）和《国务院关于加快培育和发展战略性新兴产业的决定》（国发〔2010〕32号），引导和鼓励民营企业发展战略性新兴产业，我们商有关部门制定了《关于鼓励和引导民营企业发展战略性新兴产业的实施意见》，现印送你们，请各部门结合当前培育和发展战略性新兴产业相关工作予以落实；请各地发展改革委在推动区域战略性新兴产业发展工作中认真贯彻执行。

二〇一一年七月二十三日

关于鼓励和引导民营企业发展战略性新兴产业的实施意见

民营企业和民间资本是培育和发展战略性新兴产业的重要力量。鼓励和引导民营企业发展战略性新兴产业，对于促进民营企业健康发展，增强战略性新兴产业发展活力具有重要意义。为贯彻落实《国务院关于鼓励和引导民间投资健康发展的若干意见》（国发〔2010〕13号）、《国务院关于加快培育和发展战略性新兴产业的决定》（国发〔2010〕32号）精神，增强社会各界对民营企业培育发展战略性新兴产业重要性的认识，鼓励和引导民营企业在节能环保、新一代信息技术、生物、高端装备制造、新能源、新材料、新能源汽车等战略性新兴产业领域形成一批具有国际竞争力的优势企业，制定本实施意见。

一、清理规范现有针对民营企业和民间资本的准入条件。要结合战略性新兴产业发展要求，加快清理战略性新兴产业相关领域的准入条件，制定和完善项目审批、核准、备案等相关管理办法。除必须达到节能环保要求和按法律法规取得相关资质外，不得针对民营企业和民间资本在注册资本、投资金额、投资强度、产能规模、土地供应、采购投标等方面设置门槛。

二、战略性新兴产业扶持资金等公共资源对民营企业同等对待。各相关部门和各地发展改革委要规范公共资源安排相关办法，在安排战略性新兴产业项目财政预算内投资、专项建设资金、创业投资引导基金等资金以及协调调度其他公共资源时，要对民营企业与其他投资主体同等对待。

三、保障民营企业参与战略性新兴产业相关政策制定。各相关部门和各地发展改革委在制定战略性新兴产业相关配套政策、发展规划时，应建立合理的工作机制，采取有效的方式，保障民营企业和相关协会代表参与，并要充分吸纳民营企业的意见和建议。

四、支持民营企业提升创新能力。要采取有效措施，大力推动公共技术创新平台为民营企业提供服务，探索高等院校、科研院所人才向民营企业流动机制，扶持民营企业引进人才。鼓励、支持民营企业建立健全企业技术中心、研究开发中心等研究机构。支持具备条件的民营企业申报国家和省级企业技术中心，承担或参与国家工程研究中心、国家工程实验室等建设任务。

五、扶持科技成果产业化和市场示范应用。支持民营企业和民间资本参与国家相关科研和产业化计划，开发重大技术和重要新产品。扶持相关企业协同推进产业链整体发展，促进新技术与新产品的工程化、产业化。鼓励有条件的民营企业发起或参与相关标准制定。支持民营企业开展具有重大社会效益新产品的市场示范应用。

六、鼓励发展新型业态。鼓励民营企业与民间资本进行商业模式创新，发展合同能源管理、污染治理特许经营、电动汽车充电服务和车辆租赁等相关专业服务和增值服务，发展信息技术服务、生物技术服务、电子商务、数字内容、研发设计服务、检验检测、知识产权和科技成果转化等高技术服务业。

七、引导民间资本设立创业投资和产业投资基金。根据《国家发展改革委、财政部关于实施新兴产业创投计划、开展产业技术研究与开发资金参股设立创业投资基金试点工作的通知》（发改高技〔2009〕2743号）精神，各地发展改革委在创立新兴产业创业投资引导基金时，要积极鼓励民间资本参与创业投资。规范引导合格合规的民间资本参与设立战略性新兴产业的产业（股权）投资基金。

八、支持民营企业充分利用新型金融工具融资。要积极支持和帮助产权制度明晰、财会制度规范、信用基础良好的符合条件的民营企业发行债券、上市融资、开展新型贷款抵押和担保方式试点等，改进对民营企业投资战略性新兴产业相关项目的融资服务。

九、鼓励开展国际合作。鼓励符合条件的民营企业开拓国际业务、参与国际竞争。支持民营企业通过投资、并购、联合研发等方式，在境内外设立国际化的研发机构。鼓励民营企业在境外申请专利，参与国际标准制定。支持有条件的民营企业开展境外投资，建立国际化的资源配置体系。

十、加强服务和引导。各有关部门和各地发展改革委应加强协调，及时发布战略性新兴产业发展规划、产业政策、项目扶持计划、招商引资、市场需求等信息，引导各类投资主体的投资行为，避免一哄而上、盲目投资和低水平重复建设。积极发挥工商联等相关行业组织作用，帮助民营企业解决在发展战略性新兴产业中遇到的实际问题。各级公益类信息服务、技术研发、投资咨询、人才培训等服务机构，要积极为民营企业与民间资本发展战略性新兴产业提供相关服务。鼓励和支持物流、会展、法律、广告等行业为民营企业发展战略性新兴产业提供商务服务。

1－15　国家发展改革委关于印发“十二五”资源综合利用指导意见和大宗固体废物综合利用实施方案的通知

发改环资〔2011〕2919号

各省、自治区、直辖市及计划单列市、副省级省会城市、新疆生产建设兵团发展改革委、资源综合利用管理部门：

为贯彻《国民经济和社会发展第十二个五年规划纲要》，落实节约资源和保护环境基本国策，深入推进“十二五”时期的资源综合利用工作，促进循环经济发展，我委组织编制了《“十二五”资源综合利用指导意见》和《大宗固体废物综合利用实施方案》，研究提出了“十二五”资源综合利用工作的指导思想、基本原则、主要目标、重点领域以及政策措施，同时提出了在工业、建筑业和农林业等领域选择产生堆存量大、资源化利用潜力大、环境影响广泛的固体废物编制实施方案。现将两份文件印发你们，请认真贯彻执行。

附件：1、《“十二五”资源综合利用指导意见》

2、《大宗固体废物综合利用实施方案》

二〇一一年十二月十日

附件1：

“十二五”资源综合利用指导意见

开展资源综合利用是国民经济和社会发展中一项长远的战略方针，对于贯彻落实节约资源和保护环境基本国策，缓解工业化和城镇化进程中日趋强化的资源环境约束，提高资源利用效率，加快经济发展方式转变，增强可持续发展能力都具有重要意义。根据《国民经济和社会发展第十二个五年规划纲要》关于“提高资源综合利用水平”的总体要求，特提出“十二五”资源综合利用指导意见。

一、资源综合利用现状

“十一五”期间，资源综合利用推进力度不断增强，利用规模日益扩大，技术装备水平不断提升，政策措施逐步完善，实现了经济效益、社会效益和环境效益的有机统一，资源综合利用取得了积极进展。

（一）利用规模不断扩大。全国共伴生金属矿产约70%的品种得到了综合开发，矿产资源总回收率和共伴生矿产综合利用率分别提高到35%和40%，煤层伴生的油母页岩、高岭土等矿产进入大规模利用阶段。工业固体废物综合利用率达69%，超额完成规划目标9个百分点。累计利用粉煤灰超过10亿吨、煤矸石约11亿吨、冶炼渣约5亿吨，回收利用废钢铁、废有色金属、废纸、废塑料等再生资源9亿吨，农作物秸秆综合利用率超过70%，年利用量达5亿吨。

（二）利用水平明显提升。钒钛资源、镍矿伴生资源实现综合开发，稀土等元素得到高效利用，高铝粉煤灰提取氧化铝技术研发成功并逐步产业化，废旧家电的全密闭快速拆解和高效率物料分离等资源化利用技术装备实现国产化，废旧纺织品再生利用技术中试成功。年产5000万平方米全脱硫石膏大型纸面石膏板生产线投产，利用煤矸石、煤泥混烧发电的大型机组装备投入运行，全煤矸石烧结砖技术装备达到国际先进水平。

（三）法规政策日趋完善。《循环经济促进法》、《废弃电器电子产品回收处理管理条例》、《再生资源回收管理办法》等法律法规规章陆续颁布实施。国家发展改革委、国土资源部、财政部等部门发布了《中国资源综合利用技术政策大纲》、《矿产资源节约与综合利用鼓励、限制和淘汰技术目录》、《资源综合利用企业所得税优惠目录（2008年版）》、《关于资源综合利用及其他产品增值税政策的通知》、《新型墙体材料专项基金征收使用管理办法》等政策措施，初步形成了资源综合利用的法规政策体系。

（四）综合效益日益显现。资源综合利用已经成为煤炭、电力、钢铁、建材等资源型行业调整结构、改善环境、创造就业机会的重要途径。2010年，全国煤矸石、煤泥发电装机容量达2100万千瓦，相当于减少原煤开采4000多万吨，综合利用发电企业达400多家，带动就业人数近10万人；从钢渣中提取出约650万吨废钢铁，相当于减少铁矿石开采近2800万吨；通过综合利用各类固体废物累计减少堆存占地约16万亩；资源综合利用产业年产值超过1万亿元，就业人数超过2000万人。

虽然“十一五”期间资源综合利用取得了积极成效，但与加快转变经济发展方式，建设资源节约型、环境友好型社会的要求还有很大差距，存在的问题仍较为突出。一是发展不平衡，资源综合利用往往受到区域经济实力、资源禀赋差异等因素的制约；二是综合利用企业普遍小而散，缺乏具有市场竞争力的大型骨干企业；三是综合利用产品技术含量和应用水平不高，部分共性关键技术亟待突破；四是支撑体系急需完善，资源综合利用管理、培训、标准、信息、技术推广和服务等能力建设有待加强，回收体系亟待规范和完善；五是激励政策有待进一步加强和落实，现有资源综合利用鼓励和扶持政策有待完善。

二、面临的形势

我国自然资源禀赋较差，人均占有量少，45种主要矿产资源中，有19种已出现不同程度的短缺，其中11种国民经济支柱性矿产缺口尤为突出；重要资源自给能力不足，石油、铁矿石、铜等对外依存度逐年提高；主要污染物排放量大大超过环境容量，一些地方生态环境承载能力已近极限。“十二五”时期是我国全面建设小康社会的关键时期，随着人口增加，工业化、城镇化进程加快，经济总量不断扩大，资源环境约束将更加突出，气候变化和能源资源安全等全球性问题加剧。

资源综合利用是解决可持续发展道路中合理利用资源和减轻环境污染两个核心问题的有效途径，既有利于缓解资源匮乏和短缺问题，又有利于减少废物排放。资源综合利用产业作为发展循环经济的重要载体和有效支撑，是战略性新兴产业的重要组成部分，具有广阔的发展前景，有利于加快构建资源节约、环境友好的生产方式和消费模式，增强可持续发展能力。

三、指导思想、基本原则和主要目标

（一）指导思想

以邓小平理论和“三个代表”重要思想为指导，深入贯彻落实科学发展观，坚持节约资源和保护环境基本国策，按照“十二五”规划《纲要》提高资源综合利用水平的总体要求，强化宏观指导，完善政策措施，加快技术创新和制度创新，加强能力建设，以大宗固体废物综合利用为核心，大力实施重点工程，发展资源综合利用产业，大幅度提高资源利用效率，加快资源节约型、环境友好型社会建设。

（二）基本原则

坚持宏观调控与市场机制相结合，发挥市

场配置资源的基础性作用，完善政策体系，建立有利于促进资源综合利用的长效机制；坚持技术创新与高效利用相结合，强化科技创新能力建设，重点研发共性关键技术，推动资源综合利用规模化、清洁化、专业化发展；坚持因地制宜与重点推进相结合，根据资源禀赋和产业构成特点，培育综合利用示范基地和骨干企业，形成资源综合利用产业集群。

（三）主要目标

到2015年，矿产资源总回收率与共伴生矿产综合利用率提高到40%和45%；大宗固体废物综合利用率达到50%；工业固体废物综合利用率达到72%；主要再生资源回收利用率提高到70%，再生铜、铝、铅占当年总产量的比例分别达到40%、30%、40%；农作物秸秆综合利用率力争超过80%。资源综合利用政策措施进一步完善，技术装备水平显著提升，综合利用企业竞争力普遍提高，产品市场份额逐步扩大,产业发展长效机制基本形成。

四、重点领域

（一）矿产资源的综合开发利用

1. 能源矿产

（1）煤炭：推进煤层气、矿井瓦斯、煤系油母页岩以及伴生高岭土、残矿的开发利用。

（2）石油天然气：推进油田伴生气、酸性气体等回收利用；逐步推动油砂、油页岩利用产业化；推动高含硫化氢天然气中硫磺的综合利用；开展页岩气、致密砂岩气等综合开发利用。

2. 金属矿产

（3）黑色金属矿产：继续推进多金属钒钛磁铁矿、含稀土型铁矿的深度开发利用；加大中低品位铁矿、弱磁性铁矿、低品位锰矿、硼镁铁矿、锡铁矿等难选资源的综合利用技术研发力度。

（4）有色金属矿产：综合开发利用铝、铜、镍、铅、锌、锡、锑、钽、钛、钼等有色金属共伴生矿产资源，实现有用组分梯级回收。

（5）贵金属矿产：加强铂系金属矿、金矿和银矿等贵金属共伴生矿产资源的综合开发利用。

（6）稀有、稀土金属矿产：开展复杂难处理稀有金属共生矿在选矿和冶炼过程中的综合回收利用，加强稀土金属矿资源综合利用。

3. 非金属矿产

（7）化工非金属矿产：加强磷矿、硫铁矿和硼铁矿的综合利用。

（8）建材非金属矿产：发展石墨、高岭土、膨润土、滑石、硅灰石、石英、萤石、石灰石、花岗石、瓷土矿、珍珠岩等综合利用和深加工。

（二）产业“三废”综合利用

（9）尾矿：大力推进尾矿伴生有用组分高效分离提取和高附加值利用、低成本生产建材以及胶凝回填利用，开展尾矿在农业领域的利用和生态环境治理。

（10）煤矸石：继续扩大煤矸石发电及生产建材、复垦绿化、井下充填等利用规模；鼓励利用煤矸石提取有用矿物元素制造化工产品和有机矿物肥料等新型利用。

（11）工业副产石膏：继续推广工业副产石膏替代天然石膏的资源化利用，重点发展脱硫石膏、磷石膏生产建材制品和化工原料以及在水泥行业的应用，加快化学法处理磷石膏制备相关产品的研究和应用。

（12）粉煤灰：加强大掺量和高附加值产品技术研发和推广应用，继续推进粉煤灰用于建材生产、建筑和道路工程建设、农业应用、有用组分提取等。

（13）赤泥：加快共性关键技术研发，实现赤泥科学、高效利用，重点发展赤泥提取有用组分、生产建材产品、用作脱硫剂等。

（14）冶炼渣：进一步推广高炉渣和钢渣在生产建材、回收有用组分等综合利用，鼓励有色金属冶炼渣资源化利用以及重金属冶炼渣的无害化处理。

（15）化工废渣：鼓励电石渣生产水泥，

氨碱废渣用于锅炉烟气湿法脱硫，硫铁矿制酸废渣用于钢铁、水泥生产，合成氨造气炉渣热能的回收利用；鼓励化工废渣与下游建材产业结合，提高综合利用水平。

（16）建筑和道路废物：推广建筑和道路废物生产建材制品、筑路材料和回填利用，建立完善建筑和道路废物回收利用体系。

（17）生活垃圾：推进垃圾分类，重点开展废弃包装物、餐厨垃圾、园林垃圾、粪便无害化处理和资源化利用，鼓励生活垃圾焚烧发电和填埋气体提纯制燃气或发电等多途径利用，鼓励利用水泥窑协同处置城市生活垃圾。

（18）污水处理厂污泥：推进污泥无害化、资源化处理处置，鼓励采用污泥好氧堆肥、厌氧消化等技术，推动污泥处理处置技术装备产业化，鼓励利用水泥窑协同处置污泥。

（19）农林废物：建设秸秆收储运体系，推广秸秆肥料化、饲料化、基料化、原料化、燃料化利用；鼓励林业“三剩物”、次小薪材、制糖蔗渣及其他林业废弃物的资源化利用；推进畜禽养殖废弃物的综合利用。

（20）海洋与水产品加工废物：开展甲壳质、甲壳素等海洋与水产品加工废物的综合利用。

（21）废水（液）：进一步提高工业废水循环利用和城镇污水再生利用水平；继续推进矿井水资源化利用；鼓励重点行业开展废旧机油、采油废水、废植物油、废酸、废碱、废液等回收和资源化利用。

（22）废气：基本实现焦炉、高炉、转炉煤气资源化利用；鼓励电力、石油、化工等行业对废气中有用组分进行回收和综合利用；以工业窑炉余热余压发电和低温废水余热开发利用为重点，实现余热余压的梯级利用。

（三）再生资源回收利用

（23）废旧金属：推广采用机械化手段对废旧汽车、废旧船舶、废旧农业和工程机械的拆解、破碎和处理，提高回收利用水平；提高废旧动力电池和废铅酸电池拆解、破碎、分选以及废液的回收处理水平；推进汽车零部件、工程机械机床等再制造。

（24）废旧电器电子产品：继续推进废旧电器电子产品回收、分拣、拆解、高值利用及无害化处理，推动整机拆解和电路板资源化技术的产业化。

（25）废纸：完善废纸回收、分拣、脱墨、加工回收利用体系，鼓励大型废纸制浆技术及成套设备研发。

（26）废塑料：重点开发废塑料回收、分拣、清洗和分离等预处理技术和设备，鼓励废旧塑料瓶、废旧地膜高值利用，推广废塑料再生造粒和改性以及生产木塑制品。

（27）废旧轮胎：规范废旧轮胎回收利用，加快推进废旧轮胎综合利用技术研发和产业升级，提高旧轮胎翻新率，鼓励胶粉生产改性沥青等直接应用，推广环保型再生胶等清洁生产工艺，提升无害化利用水平。

（28）废旧木材：开展废旧木材及木制品回收再利用，加大共性关键技术装备的研发力度。

（29）废旧纺织品：建立废旧纺织品回收体系，开展废旧纺织品综合利用共性关键技术研发，拓展再生纺织品市场，初步形成回收、分类、加工、利用的产业链。

（30）废玻璃：鼓励建立废玻璃回收体系，推广废玻璃作为原料生产平板玻璃等直接应用及生产建筑保温材料等间接利用。

（31）废陶瓷：加强废陶瓷综合利用技术研发和推广应用，鼓励废陶瓷用于生产陶瓷建材产品以及建筑工程等。

五、政策措施

（一）强化宏观引导和政策扶持各地区、各部门、各行业要根据实际情况，认真落实本指导意见，组织编制地区和行业资源综合利用专项规划。国家发展改革委将继续会同有关部门发挥并完善资源综合利用工作机制作用，分工负责，形成合力，引导资金、政策、人才、技术等资源向综合利用薄弱地区倾斜，推动资源综合利用工作全面、协调发展。建立和完善鼓励资源综合利用的投资、价格、财税、信贷、政府采购等激励措施，强化资源综合利用认定管理，落实资源综合利用优惠政策，进一步调动企业综合利用资源的积极性，各级政府要优先采购符合相关要求的综合利用产品，为企业融资拓宽途径，有条件的地区设立资源综合利用专项资金。推进资源税改革，加大自然资源的开发成本，研究对产生量大、难处理的固体废物开征环境税，推动建立资源综合利用的倒逼机制。

（二）加强资源综合利用制度建设以《循环经济促进法》为核心，逐步建立完善资源综合利用法律法规体系，修订和发布粉煤灰、煤矸石等重点产业废物综合利用管理办法，制定和完善再生资源回收管理的相关规定；推行生产者责任延伸制，落实《废弃电器电子产品回收处理管理条例》，适时调整《废弃电器电子产品处理目录》范围。推行资源综合利用认定企业管理信息化，逐步建立起资源综合利用数据收集、整理和统计体系，构建废物排放、贮存及综合利用数据统计平台，为宏观调控和制定政策提供科学决策依据。

加快推进标准化进程，逐步建立完善矿产资源、产业废物和再生资源综合利用标准体系，重点加强技术标准和管理标准的制修订工作，建立涵盖产生、堆存、检测、原料、生产、使用、产品及应用等多领域的各类标准体系，强化标准宣贯、执行和监督。

（三）实施资源综合利用重点工程实施资源综合利用“双百”工程，建设共伴生矿产及尾矿、煤矸石、粉煤灰、工业副产石膏、冶炼渣、建筑垃圾、农作物秸秆、废旧轮胎、包装废弃物、废旧纺织品综合利用等重点工程，增强技术支撑能力，加快构建服务体系，建设示范项目，鼓励产业集聚，培育百个示范基地和百家骨干企业。继续推进共伴生矿产及尾矿资源综合利用示范基地建设；加快培育一批产业废物高附加值综合利用示范基地；开展废旧纺织品、废旧轮胎、包装废弃物等再生资源综合利用试点示范，建设一批废旧商品回收体系示范城市。在煤炭、电力、石油石化、钢铁、有色、化工、建材、轻工等行业中选取利用量大、产值高、技术装备先进、引领示范作用突出的资源综合利用骨干企业，予以重点扶持和培育。

（四）加快技术装备创新和成果转化加快资源综合利用前沿技术的研发与集成，推动科技成果转化为现实生产力，提高资源综合利用技术装备标准化、系列化、成套化和国产化水平。适时修订完善《中国资源综合利用技术政策大纲》，发布和实施《废物资源化科技工程“十二五”专项规划》，引导关键、共性重点综合利用技术的开发，推进高新技术产业示范，推广应用成熟、先进适用的技术与工艺，淘汰落后的生产工艺和装备。加强资源综合利用领域的国际合作，引进国外先进技术，并组织消化吸收和再创新。

（五）营造全社会参与的良好氛围资源综合利用是一项涉及多个领域、多个行业、多个环节的综合性系统工程。“十二五”期间，要大力倡导文明、节约、绿色、低碳理念，充分发挥各相关行业协会、中介机构作用，通过各种渠道开展政策宣贯、人才培训和技术推广，提高资源节约和环境保护意识，鼓励使用资源综合利用产品，减少一次性用品生产和消费，限制商品过度包装，推广可持续的生产方式和绿色生活模式，营造全社会共同参与的良好氛围。

附件 2：

大宗固体废物综合利用实施方案

为贯彻《国民经济和社会发展第十二个五年规划纲要》，提高资源综合利用水平，根据《“十二五”资源综合利用指导意见》，制订本实施方案。

一、充分认识大宗固体废物综合利用的重要意义

大宗固体废物产生量大、资源化利用前景好，对环境影响广泛。实施大宗固体废物综合利用对推动循环经济发展，促进节能减排，加快构建可持续的生产方式，具有重要意义。“十一五”时期，在各项政策措施推动下，大宗固体废物综合利用取得积极进展，利用规模、水平均有较大提升。

大宗固体废物综合利用基本情况

大宗固废种类	2005 年		2010 年	
	产生量（亿吨）	利用率（%）	产生量（亿吨）	利用率（%）
尾矿	7.33	7	12.3	14
煤矸石	3.47	53	5.94	61.4
粉煤灰	3.02	66	4.8	68
工业副产石膏	0.55	–	1.37	42
冶炼渣	1.17	37	3.15	55
建筑废物	4	–	8	–
农作物秸秆	6	–	6.82	70.6
合计	25.54	–	42.38	37.2

（一）有利于节约和替代原生资源

大宗固体废物综合利用，有利于减少原生资源消耗，实现资源可持续利用。我国煤矸石发电机组装机规模已达 2100 万千瓦，年可减少原煤开采 4000 万吨。天然石膏资源虽然丰富，但品质较低且集中在少数几个地区，燃煤电厂排放的脱硫石膏、湿法磷酸中产生的磷石膏如全部得到利用，年可节约天然石膏 1 亿吨。

（二）有利于缓解突出环境问题

大宗固体废物综合利用，是解决固体废物污染环境、造成安全隐患的有效途径。粉煤灰排放量大、占地多，如果得到合理利用将有效减少由于堆存造成对土壤、大气、水质等环境的影响和对人体健康的危害；农作物秸秆综合利用可以有效解决随意焚烧污染环境，造成交通安全隐患等突出问题；城镇化进程中产生的大量建筑废物的综合利用将减轻“垃圾围城”问题。

（三）有利于促进循环经济发展

大宗固体废物既包括粉煤灰、煤矸石等工业废弃物，也包括秸秆等农林废弃物以及建筑废物，大力推动大宗固体废物综合利用，将在电力、煤炭、矿产、冶炼、建筑、农业等多个行业探索形成“资源—产品—废弃物—再生资

源”的发展模式，延伸和拓宽生产链条，促进产业间的共生耦合，推动循环经济形成较大规模。

二、指导思想、基本原则、总体目标

（一）指导思想

深入贯彻科学发展观，认真落实节约资源和保护环境基本国策，以提高综合利用率为核心，以重点工程为着力点，完善政策措施，加强技术研发和推广，推动大宗固体废物由“低效、分散利用”向“高效、规模利用”转变，形成稳定的利废和资源再生能力，发挥资源综合利用对于保障资源安全和防治环境污染的作用，带动资源综合利用水平的全面提升。

（二）基本原则

坚持政府引导原则。发挥政府的宏观引导作用和市场配置资源的基础性作用，使大宗固体废物综合利用成为企业降成本、提效益、持续发展的内生动力。坚持规模发展原则。鼓励大掺量、规模化利用，扶持大型骨干企业，积极拓展综合利用方式，通过多渠道、多途径利用,力争做到“吃干榨尽”。坚持因地制宜原则。充分考虑各地区、各行业资源禀赋和综合利用水平的差异，采用切合实际的技术和模式，分类、有序推进。

坚持技术促进原则。加快先进、适用技术工艺装备的推广应用，提高利用效率，从源头减少废物产生，防止二次污染。

（三）总体目标

到 2015 年，大宗固体废物综合利用率达到 50%，其中工业固体废物综合利用率达到 72%，通过实施本方案中的重点工程，新增 3 亿吨的年利废能力。基本形成技术先进、集约高效、链条衔接、布局合理的大宗固体废物综合利用体系。

大宗固体废物综合利用目标（2015 年）

大宗固废种类	产生量（亿吨）	利用率（%）
尾矿	13	20
煤矸石	7.76	75
粉煤灰	5.8	70
工业副产石膏	1.65	50
冶炼渣	4	70
建筑废物	8	30
农作物秸秆	7	80
合计	47.21	50

三、实施内容

（一）尾矿

现状

尾矿是目前我国产生量最大的固体废物，主要包括黑色金属尾矿、有色金属尾矿、稀贵金属尾矿和非金属尾矿。2010 年，我国尾矿产生量约 12.3 亿吨，其中主要为铁尾矿和铜尾矿，分别占到 40% 和 20% 左右。2010 年，尾矿综合利用量为 1.72 亿吨，利用率约 14%，利用途径主要有再选、生产建筑材料、回填、复垦等。受资源品位低、利用成本高、经济效益差、利用技术缺乏等问题制约，目前尾矿仍以堆存为主，尾矿库安全隐患问题突出。

目标

到 2015 年，尾矿综合利用率提高到 20%，通过实施重点工程新增 3000 万吨的年利用能力。

主要任务

推进绿色矿山建设，提高矿产资源综合利用率。开展铁矿、铜矿、铝土矿、铅锌矿、钨矿、锡矿、锑矿等尾矿再选、生产建材等资源化利用，重点推动有色金属尾矿资源的高效利用技术发展和工程示范。攻克铁尾矿伴生多金属及有色金属尾矿中残余有用组分的高效提取、非金属矿物高值利用、低成本高效胶结填充等一批尾矿综合利用重大共性关键技术，开发成套装备。完善尾矿整体利用技术的系统化、配套化和工程化。在资源枯竭矿区重点鼓励尾矿回填和尾矿库复垦。

重点工程

1．在重点地区建设 10 个技术成熟、工艺装备先进的尾矿提取有价元素示范基地；

2．建设若干尾矿整体开发利用示范基地，支持一批技术创新工程及产业化推广。

（二）煤矸石

现状

煤矸石是煤炭开采和洗选加工过程中产生的固体废弃物，占当年煤炭产量的 18% 左右。2010 年，我国煤矸石产生量约 5.94 亿吨，综合利用率约 61.4%，年利用煤矸石近 3.65 亿吨，主要利用方式为煤矸石发电、生产建材产品、筑基铺路、土地复垦、塌陷区治理和井下充填换煤等，煤矸石井下充填置换煤技术实现了矸石不升井、不占地。目前，受运输、市场环境、发电装机容量限制等因素影响，部分地区煤矸石综合利用率仍不高，相关优惠政策在个别地区难以得到落实。

目标

到 2015 年，煤矸石综合利用率提高到 75%，通过实施重点工程新增 9000 万吨的年利用能力。

主要任务

在大中型矿区，稳步推进煤矸石综合利用发电。扩大煤矸石制砖、水泥等新型建材和筑基铺路的利用规模。探索煤矸石生产增白和超细高岭土、膨润土、聚合氧化铝、陶粒、无机复合肥、特种硅铝铁合金等高附加值利用途径。加大煤矸石用于采空区回填、土地复垦、沉陷区治理力度。鼓励引导大型矿业集团研发适合不同地质条件和矿井开拓方式的井下充填置换煤技术并推广应用。

重点工程

1．在有条件的矿区建设 4–5 个煤矸石生产铝、硅系精细化工产品，增白和超细高岭土、无机复合肥等示范基地；

2．建设 15–20 个煤矸石生产砖、砌块等新型建筑材料示范基地；

3．在稀缺煤种矿区及资源枯竭矿区，扶持建设一批煤矸石井下充填绿色开采示范工程项目。

（三）粉煤灰

现状

近年来，随着我国燃煤电厂快速发展，粉煤灰产生量逐年增加，2010 年产生量达到 4.8 亿吨，利用量达到 3.26 亿吨，综合利用率约 68%，主要利用方式有生产水泥、混凝土及其他建材产品和筑路回填、提取矿物高值化利用等，高铝粉煤灰提取氧化铝技术研发成功并逐步产业化，涌现出一批专业化粉煤灰综合利用企业，粉煤灰“以用为主”的格局基本形成。但从整体看，东西部发展不平衡的问题较为突出，中西部电力输出省份受市场和技术经济条件等因素限制，粉煤灰综合利用水平偏低。

目标

到 2015 年，粉煤灰综合利用率提高到 70%，通过实施重点工程新增 6000 万吨的年利用能力。东部地区继续巩固现有成效，中西部地区扩大利用规模和水平。

主要任务

鼓励电厂完善除灰系统，基本实现粉煤灰干排。推广粉煤灰分选和粉磨等精细加工，提高粉煤灰利用附加值，开发大掺量粉煤灰混凝土技术，提升粉煤灰规模化利用能力。继续推进粉煤灰加气混凝土及其制品、陶粒等利废建材生产应用，大幅提高利用量和利用比例。有序推进高铝粉煤灰提取氧化铝及其配套项目建设。推动煤电基地将粉煤灰用于煤矿井下防治煤自燃、防治水患安全工程，鼓励粉煤灰复垦、回填造地和生态利用。

重点工程

1. 建设5-6个粉煤灰大掺量、高附加值综合利用基地，形成若干煤－电－建材梯级利用产业集群；

2. 支持技术先进、经济实力强的大中型企业，建设一批利用粉煤灰生产加气混凝土制品、轻质墙板、陶粒等新型建材项目；

3. 有序推进内蒙古、山西等地高铝粉煤灰综合利用示范项目建设，重点支持3-4条技术先进、副产物处理能力相配套的生产线；

4. 扶持50家粉煤灰专业化综合利用骨干企业。

（四）工业副产石膏

现状

工业副产石膏包括脱硫石膏、磷石膏、氟石膏、钛石膏、盐石膏等，2010年产生量约1.37亿吨，其中脱硫石膏5200多万吨，磷石膏约6000万吨，综合利用率分别为69%和20%左右，主要利用途径是用作水泥缓凝剂和用于生产纸面石膏板、石膏砌块等石膏建材。随着工业副产石膏产生量的逐年增加，品质不稳定、标准体系不完善、关键技术缺乏、地区差异较大等因素成为影响其利用的主要障碍。

目标

到2015年，工业副产石膏综合利用率提高到50%以上，其中脱硫石膏、磷石膏综合利用率分别达到80%和30%，通过实施重点工程新增2000万吨的年利用能力。

主要任务

大力推进大掺量利用工业副产石膏技术产业化，鼓励水泥企业改造现有给料系统，推广脱硫石膏、磷石膏用作水泥缓凝剂以及生产纸面石膏板、石膏砌块、石膏商品砂浆等新型建筑材料。利用工业副产石膏开发混凝土复合材料，开展化学法处理磷石膏的技术攻关，推进磷石膏制硫酸联产水泥、磷石膏制硫铵、碳酸钙等先进技术产业化。推动工业副产石膏制备高强石膏及相关产品的研发和应用。进一步完善工业副产石膏综合利用标准体系，加快工业副产石膏及相关产品和应用标准的制修订。积极探索农业领域应用，加快利用工业副产石膏改良盐碱地技术研究。

重点工程

1. 在全国建设20-30个脱硫石膏、磷石膏替代天然石膏生产新型建筑材料综合利用基地；

2. 建设一批利用工业副产石膏直接用作水泥缓凝剂示范项目；

3. 在贵州、云南、湖北、四川等磷石膏产生量集中地区建设4-5个磷石膏化学法综合利用基地。

4. 在宁夏、甘肃、云南、吉林等地建设4-5个脱硫石膏、磷石膏改良土壤试点示范项目；

5. 组织工业副产石膏综合利用技术装备研发及产业化示范，形成一批具有自主知识产权的共性关键技术和装备。

（五）冶炼渣

现状

冶炼渣主要包括钢铁冶金渣和有色金属冶金渣两大类。2010年，我国冶炼渣产生量约为3.15亿吨，其中钢渣0.8亿吨、铁渣1.9亿吨、赤泥3000万吨、铜渣850万吨、铅锌渣430万吨。目前，主要利用途径有再选回收有价元素、生产渣粉用于水泥和混凝土、建筑和道路材料等，综合利用率约55%，利用量约为1.74亿吨，由于资金投入和技术装备滞后等问题，利用率仍然偏低。

目标

到 2015 年，冶炼渣综合利用率提高到 70%，通过实施重点工程新增 4000 万吨的年利用能力。

主要任务

鼓励钢厂推广应用钢渣“零排放”技术。推动建立技术创新体系，加大钢渣处理、渣钢提纯磁选等先进技术研发力度，突破制约冶炼渣利用的技术瓶颈，重点解决赤泥综合利用等技术难题。大力发展钢渣余热自解稳定化处理，提高金属回收率，推广生产钢铁渣复合粉作水泥和混凝土掺合料，鼓励有色金属冶炼渣在生产建筑、道路材料方面的利用。加快制定冶炼渣综合利用的技术、产品和应用标准，拓宽综合利用产品市场。

重点工程

1．在重点地区建设 10 个冶炼渣提取有价元素联产新型建材示范基地；

2．建设一批钢渣预处理和“零排放”示范项目；

3．建设 10 个利用高炉渣、钢渣复合粉生产水泥和混凝土掺合料示范项目；

4．建设一批赤泥综合利用示范项目。

（六）建筑废物

现状

我国正处于城镇化加速发展阶段，城镇房屋年竣工面积约 15 亿平方米，城镇改造扩建所产生的建筑废物数量巨大，2010 年，建筑废物产生量约为 8 亿吨。由于技术装备研发推广缓慢、激励政策措施不配套、产品和应用标准缺失等原因，导致资源化利用水平很低，仅有少量用作生产再生建筑骨料制备建材等，基本以填埋和堆放为主，大量占用土地，给周边环境造成很大危害。

目标

到 2015 年，全国大中城市建筑废物利用率提高到 30%，通过实施重点工程新增 4000 万吨的年利用能力。

主要任务

推进建筑废物生产再生骨料并应用于道路基层、建筑基层，生产路面透水砖、再生混凝土、市政设施制品等建材产品。鼓励先进技术装备研发和工程化应用，重点研发再生骨料强化技术、再生骨料系列建材生产关键技术、再生细粉料活化技术、专用添加剂制备工艺技术等以及建筑废物破碎、分选、分类装备，推动建筑废物收集、清运、分拣、利用、市场推广的回收利用一体化及规模化发展。完善建筑废物及其综合利用产品标准和应用技术规范，扩大在工程建设领域的应用规模。

重点工程

1．在全国大中城市建设 5–10 个百万吨以上的建筑废物生产再生骨料及资源化产品示范基地；

2．在有条件的地区建设 5–10 个建筑废物综合利用装备生产线示范项目。

（七）农作物秸秆

现状

我国农作物秸秆数量大、种类多、分布广。2010 年秸秆可收集量约为 7 亿吨，综合利用率 70.6%，其中十三个粮食主产区 13 约为 5 亿吨，约占全国总量的 73%。目前已基本形成了秸秆肥料化、饲料化、基料化、原料化、燃料化多元利用的格局，相关利用技术水平已经达到国际先进水平。但秸秆资源化程度低，综合利用企业规模小，缺乏骨干企业带动，产业化发展缓慢。

目标

到 2015 年，秸秆综合利用率力争超过 80%，通过实施重点工程形成 6000 万吨的年利用能力。

主要任务

进一步扩大机械化秸秆还田和秸秆养畜规模，开展以秸秆综合利用为核心的循环型农业示范，继续推广企业加农户的基料化利用经营模式。科学利用秸秆制浆造纸，积极发展秸秆生产板材、木塑和制作工艺品等代木产品。积极发展秸秆沼气工程、有序发展秸秆固化成型燃料等能源化利用。开发适合农户应用的小型化、简单化装备。加快建立以企业为龙头，专业合作组织为骨干，农户参与，政府推动，市场化运作,多模式互为补充的秸秆收储运体系。

重点工程

1. 在十三个粮食主产省建设千个年利用万吨以上的秸秆循环农业生态工程；

2. 推进秸秆固化成型、秸秆气化等可再生能源发展，加快秸秆纤维乙醇关键技术研发；

3. 建立若干木塑产业示范基地，扶持4-5家秸秆人造板、木塑装备生产企业，100-150家秸秆人造板、木塑生产企业；

4. 在棉花主产区组织开展棉秆综合利用产业化试点建设；

5. 依托现有造纸生产企业，加快推进秸秆清洁制浆项目示范。

四、保障措施

“十二五”期间，国家发展改革委将继续会同有关部门加强宏观指导，从政策、资金、技术、管理等方面多管齐下、多措并举，保障方案的顺利实施。

（一）加强组织实施。各地资源综合利用主管部门要按照《“十二五”资源综合利用指导意见》要求，结合本实施方案的主要任务和重点工程，根据本地区资源禀赋和废物产生情况，选择重点废物，编制专项实施方案，协调有关部门推动落实。

（二）落实激励政策。配合财税部门完善《资源综合利用企业所得税优惠目录》和资源综合利用增值税优惠政策。强化《资源综合利用认定管理办法》和《资源综合利用电厂认定暂行规定》执行，加强认定管理，落实资源综合利用电厂电量上网等相关鼓励政策。鼓励将资源综合利用产品优先纳入政府采购目录。

（三）加大资金支持。国家发展改革委将会同有关部门，结合实施方案，利用中央预算内投资加大对示范基地和骨干企业的支持力度，推动“十二五”期间大宗固体废物综合利用工作。充分利用支持循环经济的投融资政策，积极拓宽资源综合利用融资渠道，鼓励资源综合利用企业上市融资。

（四）推动技术创新。推进粉煤灰提取氧化铝及相关产品，煤矸石制取超细纤维，尾矿、冶炼渣提取有价元素等先进适用技术的研发和产业化；组织对秸秆收储运装备、建筑废物综合利用设备等重大关键共性技术设备进行攻关，增强自主创新能力，提高重大装备的国产化水平。

（五）完善管理体系。适时修订发布《粉煤灰综合利用管理办法》、《煤矸石综合利用管理办法》。探索建立生产者责任延伸制，加快建立相关行业标准和重要产品技术标准体系。积极发挥行业协会和中介组织作用，建立大宗固体废物数据统计平台，及时掌握和分析大宗固体废物综合利用产生和利用趋势。

1－16 工业和信息化部 科学技术部 财政部关于印发《再生有色金属产业发展推进计划》的通知

工信部联节〔2011〕51号

各省、自治区、直辖市及计划单列市、副省级省会城市、新疆生产建设兵团工业和信息化、科技、财政主管部门，有关中央企业：

为规范、引导再生有色金属产业发展，结

合贯彻落实《有色金属产业调整和振兴规划》，工业和信息化部、科学技术部、财政部联合组织编制了《再生有色金属产业发展推进计划》。现印发你们，请遵照实施。

二○一一年一月二十四日

再生有色金属产业发展推进计划

为加快再生有色金属利用步伐，进一步优化再生有色金属产能布局，加快结构调整，实现产业升级，推动产业规范、健康和可持续发展，特制定本推进计划。

一、产业发展现状及面临的形势

有色金属是国民经济的重要基础原材料产业，在经济建设、国防建设和社会发展中发挥着重要作用。有色金属具有良好的循环再生利用性能，有色金属再生利用节能减排效果显著，是有色金属工业发展的重要趋势。发展再生有色金属产业，多次循环利用有色金属，既保护原生矿产资源，又节约能源、减少污染。据测算，与原生金属生产相比，每吨再生铜、再生铝、再生铅分别相当于节能1054千克、3443千克、659千克标煤，节水395立方米、22立方米、235立方米，减少固体废物排放380吨、20吨、128吨，每吨再生铜、再生铅分别相当于少排放二氧化硫0.137吨、0.03吨。

（一）产业发展现状和存在的主要问题

近年来，有色金属再生利用得到快速发展，生产和消费规模不断扩大，产业比重逐步提高，技术装备水平不断提升，再生有色金属产业已成为我国有色金属工业的重要组成部分。

——产业规模快速扩大。本世纪以来，再生有色金属产量连续10年保持快速增长，再生铜、再生铝、再生铅等主要再生有色金属产量年均增长27%，从2000年的72万吨增加到2009年的633万吨。2009年主要再生有色金属产量占当年十种有色金属产量的24.3%，相当于10年前全国十种有色金属总产量，再生有色金属产业已形成一定规模。

——产业集中度逐步提高。已建成一批年产5万吨以上再生有色金属企业，其中最大的再生铝企业产能达65万吨，再生铜企业产能超过40万吨，再生铅企业产能超过20万吨。珠江三角洲、长江三角洲、环渤海经济圈和成渝经济区等逐步形成再生有色金属产业集群，一批进口再生资源加工园区和国内回收交易市场，以及规模化再生有色金属利用工程正在建设。

——技术水平不断提升。再生有色金属技术装备和清洁生产水平持续进步，金属熔炼回收率不断提高，产品结构不断优化。一批原生矿产冶炼龙头企业加快进入再生有色金属领域，快速拉升产业整体发展水平。

——社会效益日益显现。再生有色金属产业是典型的劳动密集型产业，其回收、分类、拆解、冶炼各环节需要大量劳动力资源，目前，行业从业人员达到150万人以上，为缓解就业压力、促进社会稳定发挥了重要作用。

当前，我国再生有色金属产业发展仍然面临突出的矛盾和问题。

——产业集中度低，亟待建立行业准入制度。多数企业生产规模小，全行业产业集中度普遍较低。据不完全统计，全国有300多家再生铅企业，2009年平均产能仅为4100吨；年产量超过10万吨的再生铜企业只有2家，多数企业年产量低于3万吨；大型再生铝企业年产量达到30万吨以上，小企业年产量仅有几百吨。目前，行业缺乏准入管理，发展水平参差不齐，市场竞争无序，亟待加以规范。

——技术装备水平落后，环保形势严峻。综合能耗、污染物排放、资源回收利用率等关键指标与发达国家差距明显。再生铜行业，大部分中小企业仍采用落后的传统固定式阳极炉；再生铅行业，小企业产能占50%，大多采用人工拆解废铅酸蓄电池，废铅酸液随意倾倒，冶炼工艺及设备落后，铅膏、铅栅未实现分类熔炼，带来极大环境污染隐患。

——标准政策体系有待完善，先进产能竞争力弱。我国废旧有色金属回收、拆解及利用环节标准规范较为薄弱，政策法规体系不完善，不利于形成公平的行业竞争环境。规模化、规范化企业节能环保投入大，生产成本相对较高，在废旧有色金属原料采购竞争中处于劣势地位，生产经营困难，产能开工不足。整个行业呈现出 “规模经济不出效益”、“环保科技不出效益”、“先进产能吃不饱” 等不正常状态。

——加工园区和交易市场有待进一步规范。许多地方未充分结合资源条件、环境形势和供需市场，纷纷投资建设进口再生资源加工园区、交易市场或产业集群（以下简称“加工园区”）。加工园区建设缺乏科学规划，造成无序竞争和资源浪费，不利于产业健康发展。加工园区内部尚未形成覆盖回收、拆解和深加工的产业链。

——废旧金属原料供应紧张。我国有色金属消费量居全球领先地位，但由于工业化、城镇化进程较为短暂，废旧有色金属资源蓄积量相对不足，废旧有色金属原料主要依靠国外进口。2009年，我国进口废旧有色金属原料达665万吨（实物量）。随着国际再生资源产业发展，废旧有色金属资源竞争日趋激烈。废旧有色金属原料日益紧缺成为制约我国再生有色金属产业快速发展的重要因素。

（二）面临的形势

——有色金属需求持续增长。我国是近年来全球有色金属需求增长最快的国家，但人均消费量与发达国家相比还有很大增长空间，经济发展对有色金属的需求仍将处于增长阶段。不断增加的社会蓄积量为有色金属循环利用奠定了良好基础。截至2009年底，消费领域蓄积有色金属资源超过2亿吨。

——有色金属原生矿产资源约束不断加剧。我国有色金属矿产资源相对短缺，资源消耗量持续增加，重要资源对外依存度逐年攀升，目前铜原料约65%、铝原料约55%、铅锌原料约30%以上依靠进口，并且还有进一步扩大的趋势。大力发展再生有色金属产业是缓解资源约束的有效途径，有利于解决国内自然矿产资源不足与有色金属需求增长之间的突出矛盾。

——有色金属产业面临的节能环保压力日益加大。有色金属作为传统高耗能行业，节能减排任务艰巨。充分利用废旧有色金属是有色金属工业实现节能减排目标的有效手段。“十一五” 前四年，我国再生有色金属产业与生产等量原生金属相比，相当于节能4650万吨标煤，节水18.8亿立方米，减少固废排放34.5亿吨，减少二氧化硫排放112万吨。

我国仍处于工业化、城镇化加速发展阶段，随着经济社会快速发展，已逐步进入资源循环大周期，大量汽车、家电等机电产品面临淘汰或报废，为加快发展再生有色金属产业提供了基础条件。目前，发达国家再生有色金属产量占有色金属总产量平均超过50%，与之相比，我国差距明显，再生有色金属利用前景广阔，潜力巨大。面对我国不断加剧的资源环境双重约束，不管是从节能减排还是从有色金属产业自身发展需要出发，都要求提升再生有色金属利用的战略地位，大力推进再生有色金属产业加快发展。

二、指导思想、基本原则和目标

（一）指导思想

全面贯彻科学发展观和党的十七大、十七届五中全会精神，落实节约资源和保护环境基本国策，认真实施《有色金属产业调整和振兴规划》，加快推进节能减排，切实加强行业准入，加快淘汰落后产能，强化技术改造，优化产业布局，提高产业集中度，促进结构调整和产业升级，推动再生有色金属产业规范、健康和可持续发展。

（二）基本原则

——强化行业准入，优化产业布局。按照国家产业政策要求，建立健全再生有色金属行业准入条件，遏制再生有色金属低水平产能扩张，加快淘汰不符合产业政策的落后生产能力，优化产业布局，提高行业集中度。

——加快科技创新，推进产业升级。提高企业自主创新能力，鼓励产学研结合，着力突破制约产业转型升级的关键共性技术，加大技术改造力度，提高工艺装备水平，提升产品档次和质量，实现产业调整升级。

——实施示范工程，发挥引导作用。加快行业示范工程和产业集群建设，支持重点再生有色金属企业建设试点示范项目，充分发挥典型示范引领行业发展的作用，逐步提高行业综合竞争力。

——鼓励兼并重组，培育优势企业。推动企业兼并重组，优化资源配置，促进产业集中布局、集约发展。支持产品质量好、市场竞争力强的骨干企业发展壮大。增强具有良好业绩和发展潜质的中小企业抵御风险的能力。

（三）主要目标

到2015年，再生有色金属产业规模和产量比重明显提高，预处理拆解、熔炼、节能环保技术装备水平大幅提升，产业布局和产品结构进一步优化，节能减排和综合利用水平显著提高。

1．产业规模和产量。到2015年，主要再生有色金属产量达到1200万吨，其中再生铜、再生铝、再生铅占当年铜、铝、铅产量的比例分别达到40%、30%、40%左右。

2．产业集中度和布局。到2015年，再生铜、再生铝行业形成一批年产10万吨以上规模化企业，再生铅行业形成一批年产5万吨以上规模化企业。前10位企业产业集中度达到50%以上；培育形成若干产业集聚发展的重点地区，其产能比重超过80%。

3．技术装备水平。到2015年，产业整体技术装备水平明显提高。废旧有色金属机械化拆解预处理技术普遍应用，分级利用水平进一步提升。再生铜新型强化熔炼炉向设施完整化和配套化方向发展。再生铝双室反射炉、铝液搅拌技术、铝液直供、蓄热式燃烧等技术装备广泛应用。再生铅企业采用预处理破碎分选、铅膏铅栅分类熔炼、低温连续熔炼、回转短窑熔炼等先进技术的产能达到80%以上。

4．节能减排及资源综合利用。到2015年，再生铜熔炼（杂铜－阴极铜）能耗低于290千克标煤/吨，再生铜熔炼金属回收率达到96%以上；再生铝熔炼能耗低于140千克标准煤/吨，再生铝熔炼金属回收率达到95%以上；再生铅熔炼能耗低于130千克标准煤/吨，废铅渣100%无害化处置，再生铅熔炼金属回收率达到95%以上。

三、主要任务

（一）优化产业布局，提高产业集中度

根据我国废旧有色金属资源及加工园区分布情况，以现有骨干企业为基础，统筹规划，进一步优化再生有色金属产业布局。重点支持浙江、广东、山东、天津、江西等地区发展再生铜，支持广东、浙江、重庆、上海、河南等地区发展再生铝，支持安徽、河南、山东、江苏、湖北等地区发展再生铅。

在具有产业基础以及资源优势的地区培育形成若干年利用废旧有色金属5万吨以上生产企业，促进规模化和集约化发展。鼓励东部沿海地区充分利用技术、资金、品牌和营销渠道等优势，重点发展技术含量和附加值高的再生有色金属产品；支持中西部地区发挥区位优势，积极承接产业转移。鼓励和支持大型龙头企业建立长期稳定的原料来源渠道，逐步构建上下游紧密联系、跨区域协同发展的产业链。

（二）促进技术进步，实现产业转型升级

加快关键共性技术及新兴先进技术的研

发、推广和产业化步伐，重点突破废旧有色金属预处理、熔炼、节能环保领域技术和装备，加强有毒有害物质生成机理、快速检测和治理技术研究（详见附件）。鼓励企业采用先进检测技术和设备，强化再生有色金属产品质量过程控制。鼓励研发推广在原生金属生产工艺过程中合理利用废旧有色金属的技术装备。积极研究新型电子设备及电子消费品中有色金属、稀贵金属回收利用技术。

（三）支持重点项目，提升整体发展水平

支持再生有色金属优势项目，发挥典型示范作用，引导行业规范发展，逐步提升发展质量水平。在珠江三角洲、长江三角洲、环渤海和成渝经济区等具备一定产业基础的区域支持改扩建20万吨再生铜项目6～8个，20万吨再生铝项目8～10个。在华北、华中、东北、黄河三角洲等地区支持改扩建5～10万吨再生铜项目10个,5～10万吨再生铝项目15个，5万吨以上再生铅项目10个。在西北地区支持改扩建5万吨再生铜项目2个，5万吨再生铝项目3个。支持在具备产业基础的地区培育形成一批锌、钴、镍、锗、铟、贵金属等其它废旧有色金属回收利用项目。

（四）加强统筹规划，完善回收利用体系

以国内再生资源回收体系试点建设为基础，结合我国废旧有色金属资源回收特点，充分利用、规范和整合现有废旧有色金属回收渠道。统一规划、合理布局，选择具有一定规模和实力的企业建设再生有色金属回收示范工程。加快废旧有色金属规范化交易和集中处理，逐步在全国形成覆盖全社会的再生有色金属回收利用体系。支持利用境外可用做原料的废旧有色金属资源，提高我国采购国外高品质资源的市场竞争力。

进一步规范有色金属拆解加工和交易市场建设，合理布局加工园区和交易市场，除适当调整沿海地域分布外，原则上不再新建加工园区。在现有加工园区和交易市场基础上，支持形成5个技术先进、管理规范，年拆解能力达到100万吨的加工园区，10个年拆解能力达50万吨的加工园区。5个年交易量达到60万吨以上的回收交易市场，10个年交易量40万吨的回收交易市场。

四、保障措施

（一）加快建立行业准入制度

研究制定再生铜、再生铝和再生铅等行业准入条件，明确再生有色金属行业企业规模、技术装备、综合能耗、节能环保等准入指标，提高产业准入门槛，促进产业结构优化，规范行业秩序，提升资源综合利用率和节能环保水平，引导生产要素向优势企业集中。严格执行国家产业政策和项目审核管理规定，强化节能评估审查、环境影响评价和用地审查，重点推进现有企业技术改造和产业调整升级，从严控制总量，防止低水平重复建设和盲目扩张。

（二）加大技术研发推广力度

编制再生有色金属技术装备指导目录，支持研发新型再生有色金属预处理、熔炼、节能环保技术装备。鼓励引进和消化吸收国外先进技术，形成具有我国特色的再生有色金属技术体系。加强企业技术研发中心建设，鼓励构建以企业为主体、以市场为导向、产学研相结合的技术创新体系,全面提升企业自主创新能力。支持通过产业技术创新战略联盟等平台，联合攻关制约行业发展的关键共性技术，加快科研成果产业化。

（三）实施试点示范工程建设

依托基础条件好、技术装备先进的重点项目、企业，开展试点示范工程建设，支持建设产业化试点示范基地和产业集群。大力推广示范工程成果及经验，带动产业整体水平提升。充分利用现有资金渠道及政策措施，加大对再生有色金属产业的支持力度。支持产业相对薄弱的西北和东北地区高起点、高标准发展再生有色金属产业。

（四）加快淘汰落后生产能力

严格行业准入条件，对落后产能实行限期治理和整改，仍不达标的应予关停。对未完成淘汰落后产能任务的地区，暂停投资项目核准和审批。加大对限期淘汰装备的监管力度，防止擅自扩容改造和异地转移。

再生铜行业，淘汰无烟气治理设施的焚烧工艺和装备，以及鼓风炉、冲天炉、50吨以下的传统固定式反射炉。

再生铝行业，淘汰直接燃煤的反射炉和4吨以下的其他反射炉，禁止采用坩埚炉熔炼再生铝合金。

再生铅行业，淘汰土烧结盘、简易高炉、烧结锅、烧结盘以及直燃煤式反射炉、冲天炉、坩埚炉熔炼等落后炼铅工艺和设备。

（五）完善政策法规标准体系

充分发挥金融、财政、税收、环保、土地等政策手段作用，落实和完善促进再生有色金属产业发展的财税支持政策。制定鼓励实施并购重组的政策措施，鼓励对符合条件的骨干企业兼并重组给予融资支持，优先支持实施兼并重组企业符合条件的技术改造项目。根据产业发展变化，适时调整和制定促进产业可持续发展的政策措施。制定《再生有色金属回收利用管理办法》，鼓励各地结合实际出台促进再生有色金属回收利用体系建设的规章制度。推行再生有色金属复杂物料预处理拆解、熔炼、加工等关键岗位持证上岗制度。建立健全再生有色金属标准体系，加快制定、修订、宣贯相关技术和产品标准。研究建立再生有色金属回收利用评价指标和监测体系。

（六）加大行业监管指导力度

各级工业和信息化、科技、财政主管部门要加强配合，协调国土、环保、商务、工商、税务、金融等部门共同落实地方支持再生有色金属利用产业发展的具体政策措施，推进节能减排和技术进步，确保环境安全，维护市场竞争秩序，引导和推进再生有色金属产业可持续发展。要结合本地区实际，合理规划布局，严格准入条件，促进产业规范有序发展。

要进一步强化环保监管和治理。禁止采用露天焚烧方法去除废铜、铝芯电线电缆塑料、橡胶皮以及其它杂质。加工园区应建立“三废”实时监测系统，加强安全、劳动保护和环保设施建设，实现污染物集中处理。严格执行国务院《危险废物经营许可证管理办法》、《重金属污染综合防治规划》等政策规定。从事废铅酸蓄电池收集和处置单位，必须依法取得危险废物收集和处置经营许可资质。加强废铅酸蓄电池回收利用各阶段环境监管，严禁人工拆解预处理，回收、储运、拆解、熔炼加工企业“三废”必须达标排放。

（七）充分发挥行业协会作用

要充分发挥行业协会等社会中介组织的桥梁和纽带作用，及时反映行业情况和企业诉求，积极为企业提供信息咨询、培训等服务，引导企业落实国家产业政策。充分发挥行业协会在统计分析、技术装备推广、行业自律及维护市场秩序等方面的作用。鼓励行业协会积极参与有关政策法规、行业标准、发展规划、准入条件等制定工作，共同推动再生有色金属利用行业规范、健康发展。

附件：再生有色金属产业重点研发及推广的技术装备

附件：

再生有色金属产业重点研发及推广的技术装备

领域	研发及推广主要技术、装备
预处理领域	废旧有色金属机械化拆解预处理技术；废铅酸蓄电池无污染破碎分选机械化国产技术；废铝预处理技术；废旧有色金属与其他杂质高效分离预处理技术
熔炼领域	再生铜倾动式阳极炉；竖炉及其它新型强化熔炼炉；废杂铜分级直接利用技术；先进铝熔炼技术装备；蓄热式燃烧技术；废铝罐低烧损还原技术；废铅蓄电池铅膏、铅栅分类熔炼技术；废铅酸蓄电池湿法冶金清洁生产技术；鼓励开发在原生有色金属生产工艺过程中利用废旧有色金属的技术装备
节能环保领域	铝灰渣、铅渣高效无污染处理技术；节能型熔炼炉；节能环保型固废焚烧炉；余热回收利用技术设备；再生有色金属生产污染物治理技术和设备；加强对有毒有害物质生成机理、治理技术和快速监测技术的研究
其它技术	再生有色金属熔炼工艺智能化控制技术；再生有色金属物料自动配比设备；废旧有色金属成份快速检测设备；锌、镍、钴、锗、铟、贵金属等其它废旧有色金属循环利用技术、设备

1－17　工业和信息化部关于加快推进信息化与工业化深度融合的若干意见

工信部联信〔2011〕160号

各省、自治区、直辖市及新疆生产建设兵团工业和信息化、财政、科技、商务、国有资产主管部门，有关单位：

为深入贯彻党的十七大和十七届五中全会精神，大力推进信息化与工业化深度融合，走中国特色新型工业化道路，促进经济发展方式转变和工业转型升级，现提出以下意见：

一、指导思想

以科学发展为主题，以加快转变经济发展方式为主线，坚持信息化带动工业化，工业化促进信息化，重点围绕改造提升传统产业，着力推动制造业信息技术的集成应用，着力用信息技术促进生产性服务业发展，着力提高信息产业支撑融合发展的能力，加快走新型工业化道路步伐，促进工业结构整体优化升级。

二、基本原则

（一）创新发展，塑造转型升级新动力。把增强创新发展能力作为信息化与工业化深度融合的战略基点和改造提升传统制造业的优先目标，以信息化促进研发设计创新、业务流程优化和商业模式创新，构建产业竞争新优势。

（二）绿色发展，构建两型产业体系。把节能减排作为信息化与工业化融合的重要切入点，加快信息技术与环境友好技术、资源综合利用技术和能源资源节约技术的融合发展，促进形成低消耗、可循环、低排放、可持续的产业结构和生产方式。

（三）智能发展，建立现代生产体系。把

智能发展作为信息化与工业化融合长期努力的方向，推动云计算、物联网等新一代信息技术应用，促进工业产品、基础设施、关键装备、流程管理的智能化和制造资源与能力协同共享，推动产业链向高端跃升。

（四）协调发展，统筹推进深度融合。发挥企业主体作用，引导企业将信息化作为企业战略的重要组成部分，调动和发挥各方面积极性，形成推进合力。切实推动信息技术研发、产业发展和应用需求的良性互动，提升产业支撑和服务水平。注重以信息技术应用推动制造业与服务业的协调发展，促进向服务型制造转型。

三、发展目标和主要任务

到 2015 年，信息化与工业化深度融合取得重大突破，信息技术在企业生产经营和管理的主要领域、主要环节得到充分有效应用，业务流程优化再造和产业链协同能力显著增强，重点骨干企业实现向综合集成应用的转变，研发设计创新能力、生产集约化和管理现代化水平大幅度提升；生产性服务业领域信息技术应用进一步深化，信息技术集成应用水平成为领军企业核心竞争优势；支撑“两化”深度融合的信息产业创新发展能力和服务水平明显提高，应用成本显著下降，信息化成为新型工业化的重要特征。

（一）以信息化创新研发设计手段促进产业自主创新能力提升

提高计算机辅助设计应用水平，鼓励从计算机辅助设计（CAD）、计算机辅助制造（CAM）向计算机辅助工程（CAE）、虚拟仿真、数字模型方向发展。推进机械、电子、航空航天等行业研发设计环节计算机辅助技术的集成应用，创新研发设计模式。加快船舶、汽车、飞机等行业研发设计与制造工艺系统的综合集成，完善产业链协同设计体系，加快普及产品全生命周期数字化设计模式。完善服装、家具、玩具等行业个性化设计体系，建立和普及用户广泛参与的协同设计模式。围绕推动能源工业、原材料工业、装备工业、消费品工业、电子信息产业、国防科技工业等行业产品的高端化，逐步深化产品开发和工艺流程的智能感知、知识挖掘、工艺分析、系统仿真、人工智能等技术的集成应用，建立持续改进、及时响应、全流程创新的产品研发体系。提升工业产品的智能化水平，推动信息技术在重点产品的渗透融合，推动产品数字化、智能化、网络化，提高产品信息技术含量和附加值，推动工业产品向价值链高端跨越。

（二）推动生产装备智能化和生产过程自动化加快建立现代生产体系

以研制数字化、智能化、网络化特征的自动化控制系统和装备为重点，提高制造业重大技术装备自动化成套能力。加快机械、船舶、汽车、纺织、电子、能源、国防工业等行业生产设备的数字化、智能化、网络化改造，深化研发设计、工艺流程、生产装备、过程控制、物料管理等环节信息技术的集成应用，推动信息共享、系统整合和业务协同，提高精准制造、高端制造、敏捷制造能力。在钢铁、石化、有色、建材、纺织、造纸、医药等行业加快普及先进过程控制和制造执行系统，实现生产过程的实时监测、故障诊断、质量控制和调度优化，深化生产制造与运营管理、采购销售等核心业务系统的综合集成。推动食品、药品行业建立生产过程状态监视、质量控制、快速检测系统，逐步完善产品质量和安全的全生命周期管理体系。

（三）推进企业管理信息系统的综合集成加快建立现代经营管理体系

继续推进以质量、计划、财务、设备、生产、营销、供应链、人力资源、安全等环节为重点的企业管理信息化，加强系统整合与业务协同。在重点行业骨干企业推进研产供销、经营管理与生产控制、业务与财务全流程的无缝衔接和综合集成，建设统一集成的管理信息平台，实现产品开发、生产制造、经营管理等过程的信息共享和业务协同。提高大型企业集团信息化管控水平，促进企业组织扁平化、决策科学化和运营一体化，增强企业资源共享和业务整合能力。适应产业竞争格局的新变化，以提升产业链协同能力为重点，推动产品全生命周期管理、客户关系管理、供应链管理系统的普及和深化，实现产业链上下游企业的信息共享和业务协作。以支撑企业国际化经营为重点，支持重点行业骨干企业跨国运营平台建设，建立全球协同的研发设计、客户关系和供应链管理体系。

（四）以信息化推动绿色发展提高资源利用和安全生产水平

加快钢铁、石化、有色、建材等行业主要耗能设备和工艺流程的智能化改造，加强对能源资源的实时监测、精确控制和集约利用。在重点行业和地区建立工业主要污染物排放自动连续监测和工业固体废弃物综合利用信息管理体系。引导工业企业建立能源管理中心，加快合同能源管理、节能设备租赁等节能新机制推广。建设一批区域能效中心，完善面向重点用能企业和地区能源消耗的实时监测和监督管理体系。建立危险化学品、民爆器材的生产、储运、经营、使用等环节的实时监控和全生命周期监管体系。围绕危险作业场所的安全风险评估、多层防护、人机隔离、远程遥控、监测报警、灾害预警、应急响应和处置等方面，深化信息技术的集成应用，建立安全生产新模式。

（五）完善中小企业信息化发展环境帮助中小企业降本增效创新发展

完善面向中小企业的研发设计平台，提供工业设计、虚拟仿真、样品分析、检验检测等软件支持和在线服务。提高网络环境下的企业间协作配套能力和产业链专业化协作水平，鼓励中小企业参与以龙头企业为核心的产业链协作。加快研发、推广适合中小企业特点的企业管理系统。推动面向中小企业的信用管理、电子支付、物流配送、身份认证等关键环节的集成化电子商务服务。建立并完善一批面向产业集群的技术推广、管理咨询、融资担保、人才培训、市场拓展等信息化综合服务平台。鼓励开展适合中小企业特点的网络基础设施服务，积极发展设备租赁、数据托管、流程外包等服务。

（六）推动信息化与生产性服务业融合发展加快生产性服务业的现代化

提高工业设计水平。支持工业设计软件的研究开发和推广应用。建立实用、高效的工业设计基础数据库、资源信息库等公共服务平台，加强资源共享。鼓励企业建立工业设计中心，引导和支持专业化的工业设计产业园区发展。支持拥有自主知识产权的工业设计成果产业化，加快工业设计产业发展。

推动电子商务发展。推动大型企业电子商务应用深入发展，在提高网络采购和销售水平、扩大网络营销覆盖率基础上，向网上交易、物流配送、信用支付集成方向升级。支持制造业企业以电子商务为手段提高供应链协同和商务协同水平，带动产业链上下游企业发展。积极推动行业第三方电子商务服务平台诚信发展，支持提高面向产业集群和专业市场的电子商务技术支撑和公共服务水平。深化移动电子商务在工业和生产性服务业领域的应用。

推动现代物流业发展。鼓励制造企业与专业物流企业信息系统对接，推进制造业采购、生产、销售等环节物流业务的有序外包，提高物流业专业化、社会化水平。支持物流企业加快信息化建设，提高综合服务水平。推动行业性、区域性和面向中小企业的物流信息化服务平台发展。加快电子标签、自动识别、自动分拣、可视服务等技术在大宗工业品物流、工业园区和物流企业中的推广应用，提高物品管理的精准化水平。

促进新型业态发展。支持制造企业围绕推动产品的智能化、高端化和服务化，创新商业模式，积极发展在线检测、实时监控、远程诊断、在线维护、位置服务等新业态。围绕提高重点行业骨干企业总集成、总承包服务能力和水平，加强企业项目设计、工程实施、系统集成、设施维护和管理运维等业务的信息化建设。适应制造业营销体系变革的新趋势，以信息化创新融资租赁业务模式，提高融资租赁服务水平提升，加快建立高效、便捷、安全的融资租赁体系。

（七）提升信息产业支撑“两化”深度融合的能力促进信息产业加快发展

大力发展工业电子。围绕汽车、飞机、船舶、机械、家电、电力等行业产品的智能化升级，推进信息技术与传统工业技术间的协同创新，加快汽车电子、航空电子、船舶电子、机床电子、信息家电、电力电子、医疗电子、智能玩具等产品的开发和产业化，不断提升信息技术支撑产品智能化转型的能力和水平。

积极培育工业软件。面向研发设计、生产过程、经营管理、市场流通等环节的数字化、智能化、网络化，加强需求牵引，整合产学研用资源，突破一批关键技术瓶颈，大力发展高档数控系统、制造执行系统、工业控制系统、大型管理软件等工业软件，逐步形成工业软件研发、生产和服务体系，提高国产工业软件、行业应用解决方案的市场竞争力。

加快和规范信息服务业发展。加强行业信息化整体解决方案的推广应用。大力发展信息化咨询、规划、实施、维护和培训等增值服务，提高个性化服务水平。支持有条件的企业开展信息服务业务剥离重组，推动信息技术及相关服务的社会化、专业化、规模化和市场化。积极推动信息系统运行维护服务外包，支持信息化外包服务业发展。重点支持一批信息服务企业，鼓励管理咨询机构从事信息技术服务，规范信息服务业的招投标行为，加强信息安全管理。

积极推动云计算和物联网应用。支持云计算等关键技术研发取得突破，积极发展面向服务、支持制造资源按需使用、制造能力动态协同的云制造服务平台。围绕基础设施、工业控制、现代物流等重大应用领域，开展物联网应用示范。加快网络设备、智能终端、RFID、传感器以及重要应用系统的研发和产业化。加快建立产业发展联盟，培育综合集成服务能力。

（八）提高行业管理现代化水平加强标准化基础工作

加快推动工业、通信业和信息化运行监测系统建设，加强信息共享，推进业务协同。加强行业信息发布。围绕信息技术在重点行业关键环节的深化应用和信息技术成果普及、产业化重大专项、应用示范项目、信息化重大工程等工作，开展相关应用标准的调查、复审、修订，组织开展示范、宣贯和推广工作。抓紧制定和完善云计算、工业电子、物联网应用、移动电子商务等领域相关标准。

四、主要措施

（一）创新“两化”深度融合推进机制

建立和推广实施工业企业“两化”融合评估体系和行业评估规范，加快建立第三方开展企业“两化”融合评估的工作机制，引导企业开展自评估，充分运用评估结果加强对企业信息化的支持。完善中央企业首席信息官制度，健全企业信息化领导机构，建立职责清晰、协调有力、运转高效的企业信息化推进机制。鼓励各地国有企业监管机构建立信息化评级和考核体系，引导各地企业根据自身实际建立首席信息官制度。引导和支持民营企业建立首席信息官制度。研究建立和推广企业信息化规划、项目管理规范、项目后评估方法和考核机制。建立定期沟通、协调行动的部门间协同推进工作机制。探索建立产学研用战略对话机制。

（二）加大财政资金和金融支持力度

发挥技术改造专项资金、电子发展基金、中小企业发展资金等现有各类财政资金的引导和带动作用，整合资源，加大对信息化与工业化融合中共性技术开发、公共服务平台建设、试点示范项目的支持。积极探索更有效的财政支持方式，加大对企业经营管理创新的引导和扶植，支持企业管理信息化建设。有条件的地方可设立信息化与工业化融合专项资金。鼓励银行创新中小企业贷款方式，支持面向中小企业的电子商务信用融资业务发展。鼓励地方政府建立信息技术应用项目融资担保机构，鼓励金融机构对中小企业信息技术应用项目给予支持。

（三）组织广泛开展典型示范工作

在国家新型工业化产业示范基地建设中，围绕改造提升传统产业、发展生产性服务业、促进信息服务产业发展，推进“两化”深度融合典型示范。组织开展以促进“两化”深度融合为主题的巡回推广活动，大力宣传各地区、各行业和典型企业的成功经验和有效做法。积极通过媒体、网上展示和博览会等形式扩大推广范围和深度。做好信息化与工业化融合试验区经验总结和推广工作。鼓励和支持地方树立示范企业、建立信息化与工业化融合试验区。

（四）加快发展和完善行业信息化服务体系

研究组织实施信息化与工业化深度融合服务行动计划，积极培育和发展集信息化规划、咨询设计、项目实施、系统运维和专业培训为一体的信息服务业。建设一批“两化”融合服务产业中心和园区。发展和完善一批面向工业行业的低成本、安全可靠的信息化服务平台。组织实施企业信息技术服务业务剥离重组示范工程，提升行业信息化解决方案提供能力和水平。开展“两化”融合带动国产软硬件发展试点示范工作。依托国家新型工业化产业示范基地，健全信息基础设施，提升产业聚集区和园区智能化发展水平。

（五）加强人才队伍建设和国际交流

组织开展“两化”深度融合工作培训，组织编写培训系列知识读本，依托高校、科研院所和企业培训资源，建立一批培训和实训基地。围绕“两化”深度融合对专业技术人才的需求，加快实施创新人才推进计划、企业经营管理人才素质提升工程、国家中小企业银河培训工程、装备制造和信息领域国家专业技术人才知识更新工程、信息领域高技能领军人才培养工程等，大力培养各领域的骨干专业技术人才。完善高校学科和专业设置，加强信息技术职业教育，培养各级各类信息化专业人才。科学修订信息领域国家职业技能鉴定标准，积极推进行业职业技能鉴定工作和高技能人才选拔工作。鼓励开展信息技术联合创新、应用示范、人才培训和评估认证等领域的国际交流与合作，支持国内相关组织和企业参与相关领域国际标准的制修订。

二〇一一年四月二十日

1－18　工业和信息化部关于公布2011年国家技术创新示范企业名单的通知

工信部联科〔2011〕294号

各省、自治区、直辖市及计划单列市、新疆生产建设兵团工业和信息化主管部门、财政厅（局），有关中央管理企业：

根据工业和信息化部、财政部制定的《技术创新示范企业认定管理办法（试行）》（工信部联科〔2010〕540号）和《关于组织推荐

2011 年技术创新示范企业的通知》（工信厅联科〔2011〕31 号），经审核，工业和信息化部、财政部首批认定的国家技术创新示范企业名单已确定，现予公布。有关事项通知如下：

一、认定“北京江河幕墙股份有限公司”等 55 家企业为国家技术创新示范企业（具体名单见附件）。

二、各地工业和信息化主管部门、财政厅（局）以及中央管理企业要认真总结经验，结合本地区、本单位实际，积极做好技术创新示范企业的认定工作，充分发挥国家技术创新示范企业的带动作用，把企业技术创新工作引向深入。

三、国家技术创新示范企业实行动态管理，每三年复核评价一次，对合格的示范企业予以确认，不合格的予以撤销。各地工业和信息化主管部门、财政厅（局）以及有关中央管理企业按照要求认真做好相应管理工作。

附件：2011 年国家技术创新示范企业名单

二〇一一年六月十七日

附件：

2011 年国家技术创新示范企业

序号	所在地区或所属企业	技术创新示范企业名称
	北京市	
1		北京江河幕墙股份有限公司
	天津市	
2		天津药业集团有限公司
3		天津海鸥表业集团有限公司
	河北省	
4		晶龙实业集团有限公司
	山西省	
5		太原钢铁集团公司
6		太原重型机械集团有限公司
	内蒙古自治区	
7		赤峰天奇制药有限责任公司
	辽宁省	
8		沈阳机床（集团）有限责任公司
9		沈阳鼓风机集团股份有限公司
	吉林省	
10		修正药业集团有限公司
	黑龙江省	
11		哈尔滨华崴焊切股份有限公司
	上海市	

序号	所在地区或所属企业	技术创新示范企业名称
12		光明乳业股份有限公司
13		上海电气电站设备有限公司
	江苏省	
14		徐州工程机械集团公司
	浙江省	
15		浙江海正药业有限公司
16		万向集团公司
	安徽省	
17		奇瑞汽车股份有限公司
	福建省	
18		福建星网锐捷通讯股份有限公司
19		福建新大陆科技集团有限公司
	山东省	
20		烟台万华聚氨酯股份有限公司
21		鲁南制药集团股份有限公司
22		山东如意集团公司
23		山东新北洋信息技术股份有限公司
	河南省	
24		多氟多化工股份有限公司
25		卫华集团有限公司
	湖北省	
26		安琪酵母股份有限公司
	湖南省	
27		长沙中联重工科技发展股份有限公司
	广东省	
28		丽珠医药集团股份有限公司
29		美的集团有限公司
30		TCL 集团股份有限公司
31		广东巨轮模具股份有限公司
	广西自治区	
32		广西玉柴机器股份有限公司
	重庆市	
33		中国四联仪表集团有限公司
	四川省	
34		四川科伦药业股份有限公司
35		四川龙蟒集团有限公司

序号	所在地区或所属企业	技术创新示范企业名称
36		四川长虹电气股份有限公司
	云南省	
37		云天化集团有限责任公司
	陕西省	
38		宝钛集团有限公司
39		西安陕鼓动力股份有限公司
	甘肃省	
40		金川有色金属公司
	宁夏自治区	
41		中色（宁夏）东方集团有限公司
	新疆自治区	
42		特变电工股份有限公司
	新疆生产建设兵团	
43		新疆天业（集团）有限公司
	大连市	
44		大连重工起重集团有限公司
	青岛市	
45		海尔集团公司
46		海信集团有限公司
	深圳市	
47		华为技术有限公司
48		中兴通讯股份有限公司
	中国北车股份有限公司	
49		中国北车长春轨道客车股份有限公司
	北京有色金属研究总院	
50		有研半导体材料股份有限公司
	中国机械工业集团有限公司	
51		中国一拖集团有限公司
	中国中材集团有限公司	
52		中材科技股份有限公司
	中国交通建设集团有限公司	
53		上海振华重工（集团）股份有限公司
	武汉邮电科学研究院	
54		烽火通信科技股份有限公司
	中国电子科技集团公司	
55		安徽四创电子股份有限公司

1－19　工业和信息化部等四部门关于印发中小企业划型标准规定的通知

工信部联企业〔2011〕300号

各省、自治区、直辖市人民政府，国务院各部委、各直属机构及有关单位：

为贯彻落实《中华人民共和国中小企业促进法》和《国务院关于进一步促进中小企业发展的若干意见》（国发〔2009〕36号），工业和信息化部、国家统计局、发展改革委、财政部研究制定了《中小企业划型标准规定》。经国务院同意，现印发给你们，请遵照执行。

二〇一一年六月十八日

中小企业划型标准规定

一、根据《中华人民共和国中小企业促进法》和《国务院关于进一步促进中小企业发展的若干意见》（国发〔2009〕36号），制定本规定。

二、中小企业划分为中型、小型、微型三种类型，具体标准根据企业从业人员、营业收入、资产总额等指标，结合行业特点制定。

三、本规定适用的行业包括：农、林、牧、渔业，工业（包括采矿业，制造业，电力、热力、燃气及水生产和供应业），建筑业，批发业，零售业，交通运输业（不含铁路运输业），仓储业，邮政业，住宿业，餐饮业，信息传输业（包括电信、互联网和相关服务），软件和信息技术服务业，房地产开发经营，物业管理，租赁和商务服务业，其他未列明行业（包括科学研究和技术服务业，水利、环境和公共设施管理业，居民服务、修理和其他服务业，社会工作，文化、体育和娱乐业等）。

四、各行业划型标准为：

（一）农、林、牧、渔业。营业收入20000万元以下的为中小微型企业。其中，营业收入500万元及以上的为中型企业，营业收入50万元及以上的为小型企业，营业收入50万元以下的为微型企业。

（二）工业。从业人员1000人以下或营业收入40000万元以下的为中小微型企业。其中，从业人员300人及以上，且营业收入2000万元及以上的为中型企业；从业人员20人及以上，且营业收入300万元及以上的为小型企业；从业人员20人以下或营业收入300万元以下的为微型企业。

（三）建筑业。营业收入80000万元以下或资产总额80000万元以下的为中小微型企业。其中，营业收入6000万元及以上，且资产总额5000万元及以上的为中型企业；营业收入300万元及以上，且资产总额300万元及以上的为小型企业；营业收入300万元以下或资产总额300万元以下的为微型企业。

（四）批发业。从业人员200人以下或营业收入40000万元以下的为中小微型企业。其中，从业人员20人及以上，且营业收入5000万元及以上的为中型企业；从业人员5人及以上，且营业收入1000万元及以上的为小型企业；从业人员5人以下或营业收入1000万元以下的为微型企业。

（五）零售业。从业人员300人以下或营业收入20000万元以下的为中小微型企业。其中，从业人员50人及以上，且营业收入500万元及以上的为中型企业；从业人员10人及以上，且营业收入100万元及以上的为小型企业；从业人员10人以下或营业收入100万元以下的为微型企业。

（六）交通运输业。从业人员1000人以下或营业收入30000万元以下的为中小微型企业。其中，从业人员300人及以上，且营业收入3000万元及以上的为中型企业；从业人员20人及以上，且营业收入200万元及以上的为小型企业；从业人员20人以下或营业收入200万元以下的为微型企业。

（七）仓储业。从业人员200人以下或营业收入30000万元以下的为中小微型企业。其中，从业人员100人及以上，且营业收入1000万元及以上的为中型企业；从业人员20人及以上，且营业收入100万元及以上的为小型企业；从业人员20人以下或营业收入100万元以下的为微型企业。

（八）邮政业。从业人员1000人以下或营业收入30000万元以下的为中小微型企业。其中，从业人员300人及以上，且营业收入2000万元及以上的为中型企业；从业人员20人及以上，且营业收入100万元及以上的为小型企业；从业人员20人以下或营业收入100万元以下的为微型企业。

（九）住宿业。从业人员300人以下或营业收入10000万元以下的为中小微型企业。其中，从业人员100人及以上，且营业收入2000万元及以上的为中型企业；从业人员10人及以上，且营业收入100万元及以上的为小型企业；从业人员10人以下或营业收入100万元以下的为微型企业。

（十）餐饮业。从业人员300人以下或营业收入10000万元以下的为中小微型企业。其中，从业人员100人及以上，且营业收入2000万元及以上的为中型企业；从业人员10人及以上，且营业收入100万元及以上的为小型企业；从业人员10人以下或营业收入100万元以下的为微型企业。

（十一）信息传输业。从业人员2000人以下或营业收入100000万元以下的为中小微型企业。其中，从业人员100人及以上，且营业收入1000万元及以上的为中型企业；从业人员10人及以上，且营业收入100万元及以上的为小型企业；从业人员10人以下或营业收入100万元以下的为微型企业。

（十二）软件和信息技术服务业。从业人员300人以下或营业收入10000万元以下的为中小微型企业。其中,从业人员100人及以上，且营业收入1000万元及以上的为中型企业；从业人员10人及以上，且营业收入50万元及以上的为小型企业；从业人员10人以下或营业收入50万元以下的为微型企业。

（十三）房地产开发经营。营业收入200000万元以下或资产总额10000万元以下的为中小微型企业。其中，营业收入1000万元及以上，且资产总额5000万元及以上的为中型企业；营业收入100万元及以上，且资产总额2000万元及以上的为小型企业；营业收入100万元以下或资产总额2000万元以下的为微型企业。

（十四）物业管理。从业人员1000人以下或营业收入5000万元以下的为中小微型企业。其中，从业人员300人及以上，且营业收入1000万元及以上的为中型企业；从业人员100人及以上，且营业收入500万元及以上的为小型企业；从业人员100人以下或营业收入500万元以下的为微型企业。

（十五）租赁和商务服务业。从业人员300人以下或资产总额120000万元以下的为中小微型企业。其中,从业人员100人及以上，且资产总额8000万元及以上的为中型企业；从业人员10人及以上，且资产总额100万元及以上的为小型企业；从业人员10人以下或资产总额100万元以下的为微型企业。

（十六）其他未列明行业。从业人员300人以下的为中小微型企业。其中，从业人员

100人及以上的为中型企业；从业人员10人及以上的为小型企业；从业人员10人以下的为微型企业。

五、企业类型的划分以统计部门的统计数据为依据。

六、本规定适用于在中华人民共和国境内依法设立的各类所有制和各种组织形式的企业。个体工商户和本规定以外的行业，参照本规定进行划型。

七、本规定的中型企业标准上限即为大型企业标准的下限，国家统计部门据此制定大中小微型企业的统计分类。国务院有关部门据此进行相关数据分析，不得制定与本规定不一致的企业划型标准。

八、本规定由工业和信息化部、国家统计局会同有关部门根据《国民经济行业分类》修订情况和企业发展变化情况适时修订。

九、本规定由工业和信息化部、国家统计局会同有关部门负责解释。

十、本规定自发布之日起执行，原国家经贸委、原国家计委、财政部和国家统计局2003年颁布的《中小企业标准暂行规定》同时废止。

1－20　工业和信息化部等七部门关于加快我国工业企业品牌建设的指导意见

工信部联科〔2011〕347号

各省、自治区、直辖市及计划单列市、新疆生产建设兵团工业和信息化主管部门、发展改革委、财政厅（局）、商务主管部门、工商行政管理局、质量技术监督局、进出口商品检验检疫局，中国人民银行上海总部、各分行、营业管理部、省会（首府）城市中心支行、副省级城市中心支行，有关行业协会（商会）：

改革开放30年来，我国工业经济实现了跨越式发展，为满足人民需求，促进国民经济发展做出了重要贡献。但与工业经济发展的速度和规模相比较，工业企业品牌建设明显滞后，已经成为我国工业行业进一步提高竞争力，实现发展方式转变的重大障碍。

为落实《中华人民共和国国民经济和社会发展第十二个五年规划纲要》中提出“推动自主品牌建设，提升品牌价值和效应，加快发展拥有国际知名品牌和国际竞争力的大型企业”的要求，特制定本指导意见。

一、加快我国工业企业品牌建设的重要意义

要从国民经济发展全局和实现“十二五”规划任务的战略高度，理解和认识工业企业品牌建设的重要意义。加快我国工业企业品牌建设，是促进经济结构调整、转变发展方式，走中国特色新型工业化道路的必然要求；是坚持扩大内需战略，释放消费潜力，增强国际竞争力的客观需要；是推动工业创新发展，促进科技成果向现实生产力转化的重要抓手；是树立和维护质量信誉，打造“中国制造”的国际形象和影响力的坚实基础。

二、指导思想、总体目标和基本原则

（一）指导思想

以科学发展观为指导，促进转变经济发展方式，推动我国工业企业核心竞争力的提升。坚持以企业为主体，通过促进工业企业提高创新能力和品牌培育意识以及商标注册、运用、管理和保护能力，增强品牌附加价值和影响力。协调各方资源，合力营造有利于工业企业品牌成长的政策和市场环境，加快实现从制造大国向制造强国的转变。

（二）总体目标

到2015年，我国工业企业创新能力和品牌培育能力显著增强，工业企业品牌成长的市场环境明显改善。50%以上大中型工业企业制定并实施品牌战略，品牌产品市场占有率和品牌附加值显著提高。重点培育一批具有国际影响力的自主品牌。

（三）基本原则

坚持以企业为主体，发挥企业在品牌建设中的主体作用；坚持突出质量、技术、创新在品牌建设中的核心作用，加大工业产品知识产权的创造、运用、保护和管理力度，鼓励推广具有自主知识产权的技术标准；坚持以市场为导向，通过市场竞争、优胜劣汰，培育拥有较高知名度和美誉度的工业品牌；坚持政策引导，通过政策扶持、规范市场和加强公共服务体系建设，积极探索我国工业企业品牌发展道路。

三、主要任务和工作内容

（一）引导工业企业增强品牌意识

工业和信息化部门会同有关部门和行业协会，要把品牌培育作为工业产品质量和信誉建设的重要内容，引导企业增强以质量和信誉为核心的品牌意识。各有关部门要通过各种活动和各类媒体形式，大力宣传品牌建设的重要意义，营造有利于品牌成长的社会氛围。工业和信息化、工商、质检等部门，要加大力度总结宣传各地区、行业和企业在品牌建设中的成功经验。发展改革、工业和信息化、商务、财政和人民银行等部门，要发挥政策、资源和市场的导向作用，引导企业加强品牌建设。

（二）加强品牌建设规划

工业和信息化主管部门、行业协会要加强对品牌建设的统筹规划，明确职责目标，落实政策措施。各地区、各行业要在充分调研的基础上，制定本地区、本行业的品牌建设规划，并与“十二五”规划有机结合。有条件的地区和行业要组织实施与规划配套的品牌建设工程，以培育区域性、行业性品牌优势为重点，落实有关的政策、措施和资源，鼓励工业企业建立品牌发展规划,并给予必要的指导和帮助。

（三）促进工业企业提高品牌建设能力

工业和信息化、工商、质检等部门和行业协会，要组织开展品牌培训活动，提高企业品牌培育意识和商标注册、运用、管理和保护能力；要推广先进的营销理论、品牌管理模式和方法，重点增强企业在市场调研、产品定位、营销策划、传播宣传、公关服务等方面的能力和水平。

要鼓励工业企业开发切合实际的品牌管理机制和品牌塑造方法，建立品牌战略，实施品牌经营，培育品牌文化。指导工业企业重视知识产权法律尤其是商标法律制度的运用，从战略、管理、传播和资产管理各个层面推进品牌建设。

要加大技术改造项目对企业在开发品种、提升质量等方面的支持力度，增强企业创新能力，提高产品实物质量水平。财政、人民银行等部门要发挥财税、金融等政策作用，鼓励工业企业加大在技术开发和质量提升等方面的投入。

要加快国家和行业标准建设，组织开展对国际标准和国外先进标准的研究，鼓励工业企业参与国际标准的制修订，提高企业适应市场和技术环境变化的能力。

（四）改善品牌发展外部环境

商务、工商、质检等部门会同行业协会，要协调配合，打破地方保护，消除市场壁垒，减轻企业负担，构建国内统一市场；要加强对“家电下乡”等与市场有关的政策和要求的宣传，提高企业对有关政策的理解和把握水平。商务部门要加强对商业机构的指导和管理，拓宽品牌产品的销售渠道，为国内、外工业企业创造同等品牌市场待遇。

有关部门会同行业协会，加强跨区域工业企业品牌保护工作的分工协调；研究借鉴国外品牌保护的优秀经验，加强对我国工业企业商标境外注册、使用和保护情况的跟踪研究，分阶段建立海外商标纠纷预警机制和危机管理机制。

商务、工商、质检等部门会同有关行业协会，要推动中国制造的品牌形象塑造，在重点市场和新兴市场举办产品展览、推广、广告等活动，促进提升品牌市场竞争力和品牌价值；鼓励工业企业在海外开展营销活动，引导企业积极进行商标国际注册；对企业在境外商标注册、渠道拓展等工作提供相关服务。

发展改革、财政、人民银行等部门要引导金融机构加快推进金融产品和服务方式创新，支持工业企业利用品牌资产依法依规抵押融资，改进和完善有关金融服务；要探索建立企业品牌信用担保制度，积极拓宽企业融资渠道，支持符合条件的工业企业通过上市融资和发行债券；鼓励企业以品牌为纽带进行并购重组。

发展改革、商务、工商、质检等部门，要加强对合资合作过程中工业企业品牌的保护和管理。

工商、质检、工业和信息化等部门，要加强质量监督、市场监管，组织开展专项整治活动，打击侵犯注册商标专用权违法行为，加大对我国工业企业行业商标专用权行政保护力度，保护商标持有企业合法权益。

工业和信息化、质检部门会同行业协会，要在“提高工业产品质量示范”、“质量兴业”和“质量兴企”活动中，以品牌培育为重点内容，通过组织质量攻关和提高供应链质量保证能力等工作，支持品牌建设；要加快工业产品质量控制和技术评价能力建设，大力发展中小企业服务平台，为企业对外交流、信息咨询、技术咨询提供服务，并发挥产品研发设计和品牌推广平台的作用。

（五）加强对品牌建设的指导和服务

工业和信息化主管部门会同商务、工商、质检等部门及行业协会，要加强对品牌建设的具体指导。鼓励各行业根据特点提出行业性品牌建设的指导性文件；指导工业企业建立完善品牌培育管理体系和评估体系，提高品牌培育的科学化水平,实现品牌培育工作的持续改进；支持工业企业积极参与国际优秀品牌管理经验和标杆的交流与分享；鼓励地区和行业规范并推广与品牌培育相关的咨询和培训服务，加强对品牌工作的专业指导。

各级部门、行业协会，可对品牌培育工作成效显著的区域、行业和企业进行重点扶持并给予适当的表彰奖励，以加大对品牌建设成功经验的宣传力度，推动品牌建设深入开展。

四、工作要求

工业和信息化部联合发展改革委、财政部、商务部、人民银行、工商总局、质检总局及有关行业协会，建立推进工业企业品牌建设工作会商机制，不定期召开会议，确定工作重点，协调和指导工业企业品牌建设工作。各部门要按照“统筹协调、明确责任、协同配合、整体推进”的原则，各司其职，加强协调配合。

各地工业和信息化主管部门要综合协调品牌建设工作，会同有关部门，结合本地区实际，认真研究制定具体实施方案并组织实施。要不断总结品牌建设中的问题，积极推广成功经验，及时做好信息搜集和反馈。

二〇一一年七月二十二日

1－21　工业和信息化部关于在工业企业深化推广先进质量管理方法的若干意见

工信部联科〔2011〕337号

各省、自治区、直辖市及计划单列市、新疆生产建设兵团工业和信息化主管部门，发展改革委，财政厅（局），人力资源社会保障（人事、劳动保障）厅局，国资委，国家税务局、地方税务局，质量技术监督局，有关行业协会、质量协会，有关中央企业：

大力提高工业产品质量是推动我国工业企业转变发展方式，培育核心竞争力，更好地满足社会物质和文化需要的战略任务。指导和鼓励工业企业运用先进质量管理方法，提高质量管理能力和水平，是提高工业产品质量的重要途径。

改革开放以来，我国工业产品质量和质量管理水平有了很大提高，为工业经济实现跨越式发展发挥了重要作用。但是，我国工业企业掌握和应用先进质量管理方法的基础仍然比较薄弱，还存在一些影响先进质量管理方法普及应用的问题。主要表现在：部分工业企业对质量管理是增强企业核心竞争力的重要性认识还不充分，针对关键岗位人员的质量培训和要求不足；全社会重视质量管理的良好氛围有待进一步加强；相关技术服务机构缺乏对推广先进质量管理方法的基础性和系统性研究等。

党中央、国务院高度重视产品质量工作，要求把推广先进质量管理方法作为提高工业企业质量管理水平的重要手段，常抓不懈。为解决当前存在的问题，加快提高我国工业企业质量管理水平，现就在工业企业深化推广先进质量管理方法提出以下意见。

一、指导思想和工作目标

学习实践科学发展观，落实“十二五”规划建议的要求，以企业为主体，大力提升企业领导和员工质量素质技能；以“学懂、会用、有效”为原则，全面提高企业质量管理水平；以营造氛围、政策引导、培养人才、研究推广为手段，大幅提升先进质量方法的普及率、成果率，增强企业质量竞争力。

“十二五”期间，规模以上工业企业中80%以上管理人员接受全面质量管理知识和管理体系培训；50%以上一线员工掌握全面质量管理基本知识和技巧；50%以上质量相关岗位的技术人员和管理人员获得国家或行业认可的质量专业技术职业资格；100%的中小企业服务平台具备提供质量管理培训和辅导的能力。

二、主要任务和工作内容

为深化推广先进质量管理方法，实现工作目标，各有关部门和单位要着力落实以下七个方面的工作。

（一）营造关心重视质量管理的良好氛围

要宣传树立“质量是企业的生命”的理念，增强工业企业质量意识，落实企业主要负责人的质量职责。质检部门、工业和信息化主管部门会同有关部门和单位，将宣传推广先进质量管理方法、实施先进质量管理标准作为“十二五”期间质量工作的重要内容。在每年“质量月”期间，集中组织宣传、培训等活动，形成学习和应用先进质量管理方法的热潮。工业和信息化主管部门、质检部门会同有关行业协会、质量协会，通过电视、报刊、网络等形式，宣传和普及先进质量管理方法，尤其是宣传我国企业推广应用先进质量管理方法的成功经验；每年组织质量专家宣讲团活动，巡回宣讲先进质量管理方法；每两年组织一次质量知识竞赛,并表彰优胜者。企业要发挥主体作用,在企业内部及产品供应商等可施加影响的范围内,通过建立标准、纳入考核目标等手段,持之以恒地推动先进质量方法和标准的应用,加大先进质量管理方法的推广力度。

（二）推动各级各层次质量教育培训工作广泛开展

工业和信息化主管部门要组织质量协会等技术服务机构,开展质量管理知识普及和技术方法推广工作,并指导企业与相关的国际标准对接。针对工业行业和企业特点做好课程开发、教材编制、案例研究、教师培训等基础性工作;要落实职工教育经费的企业所得税税前扣除政策,对列入的普及性员工质量管理培训费用,按照法律法规的规定在企业所得税前扣除。工业和信息化主管部门、质检部门会同有关部门加强质量管理技术基础和企业高层领导干部的培训,并支持“全面质量管理知识普及教育”工作;要大力推广QC小组、六西格玛、合理化建议等群众性质量管理活动,切实提高广大员工发现质量问题、解决质量问题的意识和能力。工业和信息化主管部门、人力资源社会保障部门将质量管理知识培训作为“银河工程”和“专业技术人才知识更新工程”的重要内容,为中小企业培养质量技术管理骨干人员。

（三）运用信息技术推广先进质量管理方法

工业和信息化主管部门要组织建设公共质量技术服务网,加强质量管理方法的普及宣传、网上培训及应用指导。工业和信息化主管部门在推动“两化融合”工作中,要将质量管理信息化作为重要内容,提高质量数据采集、分析和质量控制的信息化水平。各有关企业要加强基于自动检测和自动控制技术的质量管理技术应用能力建设。

（四）加强对企业质量管理专业技能的应用要求

人力资源社会保障部门会同有关部门,对重点行业和重点产品的关键岗位人员,提出相应的技能水平和任职资格的要求和规定;对关键职业和岗位建立相应能力水平评价制度和岗位技能评价制度。质检部门会同行业协会要在生产许可、强制认证等市场准入中明确关键岗位人员的质量技能要求。发展改革委、工业和信息化主管部门要在产业政策、行业准入条件中明确关键岗位人员的质量技能要求,强化应用先进质量管理方法的技术基础。国资委要要求中央企业明确关键岗位人员的质量技能要求,并监督检查。

（五）组织质量管理方法和推进方法的研究

工业和信息化主管部门要组织行业协会、高校等专业技术机构对适用不同行业的质量管理方法进行研究,加强对推广工作的专业指导;在具备条件的地区和企业设立质量管理创新基地,树立标杆,加以扶持;研究先进质量管理方法在我国企业应用的有效路径,总结、提炼我国企业的成功经验和案例,探索中国企业质量管理的关键影响因素和客观规律;定期组织召开经验交流会,推动企业参与国内外质量交流和学习活动,提高企业应用先进质量技术的积极性和实践水平。

（六）利用标准化手段积极推行先进质量管理方法

质检部门、工业和信息化主管部门要结合我国质量管理实践,积极借鉴国际标准化与先进质量管理发展趋势,组织开展先进质量管理标准的研制、宣贯与推广,及时将先进质量管理方法进行标准化,利用标准化手段推进先进质量管理方法。

（七）完善激励机制和考核机制

各有关部门支持与推广先进质量管理方法相关的表彰与奖励工作,树立标杆企业。工业和信息化主管部门、质检部门会同行业协会、质量协会要逐步建立激励制度,提高工业企业学习实践先进质量管理方法的积极性;引导企业申报质量奖、质量技术奖等应用质量技术的奖励项目，对获得荣誉的企业和个人给予表彰和奖励。国资委要引导中央企业建立和完善质量考核及奖惩机制，并将质量管理相关目标纳入企业内部考核体系。各有关企业要建立内部的奖励激励机制，营造学习和应用先进质量管理方法的良好氛围。

三、工作要求

各有关部门、单位要按照本意见的要求，积极落实深化推广先进质量管理的工作。

（一）由工业和信息化主管部门牵头，会同有关部门和单位，共同研究和落实各项推进工作。各地区，各单位要在学习和领会《关于制定国民经济和社会发展第十二个五年规划的建议》的基础上，结合实际情况，制定推广先进质量管理方法的五年计划，明确工作目标，确定工作内容，提出有关政策措施。

（二）有关部门和单位要结合各自职能，形成合力，落实各项工作和相关的财税政策。重点支持先进质量管理方法应用过程中的规律总结、共性问题攻关、相关基础教材和资格课程开发、骨干培养等活动，以及先进质量管理方法的重大推广交流活动。

（三）要坚持以企业为主体，发挥质量协会、行业协会等中介组织的作用。要发挥政府在质量管理工作中的指导、协调、服务和监督作用，结合地区、行业和企业特点，选择和推广有效适用的质量管理方法，大力推广、坚持应用，不断创新，务求实效。

（四）工业和信息化主管部门会同有关部门、单位，每年对推广先进质量管理方法的工作情况进行总结，报工业和信息化部并抄报有关部门。

二〇一一年七月二十八日

1－22　工业和信息化部关于加强工业控制系统信息安全管理的通知

工信部协〔2011〕451号

各省、自治区、直辖市人民政府，国务院有关部门，有关国有大型企业：

工业控制系统信息安全事关工业生产运行、国家经济安全和人民生命财产安全，为切实加强工业控制系统信息安全管理，经国务院同意，现就有关事项通知如下：

一、充分认识加强工业控制系统信息安全管理的重要性和紧迫性

数据采集与监控（SCADA）、分布式控制系统（DCS）、过程控制系统（PCS）、可编程逻辑控制器（PLC）等工业控制系统广泛运用于工业、能源、交通、水利以及市政等领域，用于控制生产设备的运行。一旦工业控制系统信息安全出现漏洞，将对工业生产运行和国家经济安全造成重大隐患。随着计算机和网络技术的发展，特别是信息化与工业化深度融合以及物联网的快速发展，工业控制系统产品越来越多地采用通用协议、通用硬件和通用软件，以各种方式与互联网等公共网络连接，病毒、木马等威胁正在向工业控制系统扩散，工业控制系统信息安全问题日益突出。2010年发生的“震网”病毒事件，充分反映出工业控制系统信息安全面临着严峻的形势。与此同时，我国工业控制系统信息安全管理工作中仍存在不少问题，主要是对工业控制系统信息安全问题重视不够，管理制度不健全，相关标准规范缺失，技术防护措施不到位，安全防护能力和应急处置能力不高等，威胁着工业生产安全和社会正常运转。对此，各地区、各部门、各单位务必高度重视，增强风险意识、责任意识和紧迫感，切实加强工业控制系统信息安全管理。

二、明确重点领域工业控制系统信息安全管理要求

加强工业控制系统信息安全管理的重点领域包括核设施、钢铁、有色、化工、石油石化、电力、天然气、先进制造、水利枢纽、环境保护、铁路、城市轨道交通、民航、城市供水供气供热以及其他与国计民生紧密相关的领域。各地区、各部门、各单位要结合实际，明确加强工业控制系统信息安全管理的重点领域和重点环节，切实落实以下要求。

（一）连接管理要求。

1. 断开工业控制系统同公共网络之间的所有不必要连接。

2. 对确实需要的连接，系统运营单位要逐一进行登记，采取设置防火墙、单向隔离等措施加以防护，并定期进行风险评估，不断完善防范措施。

3. 严格控制在工业控制系统和公共网络之间交叉使用移动存储介质以及便携式计算机。

（二）组网管理要求。

1. 工业控制系统组网时要同步规划、同步建设、同步运行安全防护措施。

2. 采取虚拟专用网络（VPN）、线路冗余备份、数据加密等措施，加强对关键工业控制系统远程通信的保护。

3. 对无线组网采取严格的身份认证、安全监测等防护措施，防止经无线网络进行恶意入侵，尤其要防止通过侵入远程终端单元（RTU）进而控制部分或整个工业控制系统。

（三）配置管理要求。

1. 建立控制服务器等工业控制系统关键设备安全配置和审计制度。

2. 严格账户管理，根据工作需要合理分类设置账户权限。

3. 严格口令管理，及时更改产品安装时的预设口令，杜绝弱口令、空口令。

4. 定期对账户、口令、端口、服务等进行检查，及时清理不必要的用户和管理员账户，停止无用的后台程序和进程，关闭无关的端口和服务。

（四）设备选择与升级管理要求。

1. 慎重选择工业控制系统设备，在供货合同中或以其他方式明确供应商应承担的信息安全责任和义务，确保产品安全可控。

2. 加强对技术服务的信息安全管理，在安全得不到保证的情况下禁止采取远程在线服务。

3. 密切关注产品漏洞和补丁发布，严格软件升级、补丁安装管理，严防病毒、木马等恶意代码侵入。关键工业控制系统软件升级、补丁安装前要请专业技术机构进行安全评估和验证。

（五）数据管理要求。

地理、矿产、原材料等国家基础数据以及其他重要敏感数据的采集、传输、存储、利用等，要采取访问权限控制、数据加密、安全审计、灾难备份等措施加以保护，切实维护个人权益、企业利益和国家信息资源安全。

（六）应急管理要求。

制定工业控制系统信息安全应急预案，明确应急处置流程和临机处置权限，落实应急技术支撑队伍，根据实际情况采取必要的备机备件等容灾备份措施。

三、建立工业控制系统安全测评检查和漏洞发布制度

（一）加强重点领域工业控制系统关键设备的信息安全测评工作。全国信息安全标准化技术委员会抓紧制定工业控制系统关键设备信息安全规范和技术标准，明确设备安全技术要求。重点领域的有关单位要请专业技术机构对所使用的工业控制系统关键设备进行安全测评，检测安全漏洞，评估安全风险。工业和信息化部会同有关部门对重点领域使用的工业控制系统关键设备进行抽检。

（二）建立工业控制系统信息安全检查制度。工业控制系统运营单位要从实际出发，定期组织开展信息安全检查，排查安全隐患，堵塞安全漏洞。工业和信息化部适时组织专业技术力量对重点领域工业控制系统信息安全状况进行抽查，及时通报发现的问题。

（三）建立信息安全漏洞信息发布制度。开展工业控制系统信息安全漏洞信息的收集、汇总和分析研判工作，及时发布有关漏洞、风险和预警信息。

四、进一步加强工业控制系统信息安全工作的组织领导

各地区、各部门、各单位要将工业控制系统信息安全管理作为信息安全工作的重要内容，按照谁主管谁负责、谁运营谁负责、谁使用谁负责的原则，建立健全信息安全责任制。各级政府工业和信息化主管部门要加强对工业控制系统信息安全工作的指导和督促检查。有关行业主管或监管部门、国有资产监督管理部门要加强对重点领域工业控制系统信息安全管理工作的指导监督，结合行业实际制定完善相关规章制度，提出具体要求，并加强督促检查确保落到实处。有关部门要加快推动工业控制系统信息安全防护技术研究和产品研制，加大工业控制系统安全检测技术和工具研发力度。国有大型企业要切实加强工业控制系统信息安全管理的领导，健全工作机制，严格落实责任制，将重要工业控制系统信息安全责任逐一落实到具体部门、岗位和人员，确保领导到位、机构到位、人员到位、措施到位、资金到位。

二〇一一年九月二十九日

1 － 23　工业和信息化部关于公布首批两化融合促进节能减排重点推进项目的通知

工信厅信〔2011〕164 号

各省、自治区、直辖市及计划单列市、新疆生产建设兵团工业和信息化主管部门，有关行业协会，有关中央企业：

为贯彻落实国务院关于推进节能减排与信息化和工业化深度融合工作的部署安排，我部组织开展两化融合促进节能减排试点示范工作，对地方工业和信息化主管部门、行业协会和中央企业推荐的项目进行了初评和复评，经研究，确定南京钢铁联合有限公司的南钢能源环境管理系统 EEMS 等 80 个项目为首批两化融合促进节能减排重点推进项目。现予公布。

一、各地方工业和信息化主管部门要加强对重点推进项目的指导，加大支持力度，加强对重点推进项目已有经验的总结交流和推广。各项目承担单位要结合本单位实际，细化在建项目的实施方案，加大实施力度，确保项目按期保质完成；加强绩效评估，强化制度建设，确保已完工项目的稳定运行和安全可靠，持续完善项目功能。有关行业协会要发挥好桥梁纽带作用，做好相关服务和支持工作。

二、各地方工业和信息化主管部门、有关行业协会和项目承担单位要加强信息沟通，定期向我部（信息化推进司、节能与综合利用司）通报项目进展情况和应用效果。我部将适时开展对重点推进项目的调查研究和检查工作。

联系人：

信息化推进司　李颖新 010-68208249
节能与综合利用司　余薇 010-68205368
附件：首批两化融合促进节能减排重点推进项目名单

二〇一一年十月十四日

附件：

首批两化融合促进节能减排重点推进项目名单

序号	项目名称	承担单位
1	南钢能源环境管理系统 EEMS	南京钢铁联合有限公司
2	唐钢能源管理系统	唐山钢铁集团有限责任公司
3	沙钢能源管理系统	江苏沙钢集团有限公司
4	能源管控中心建设项目	中天钢铁集团有限公司
5	工业企业能源管理中心建设示范项目	酒泉钢铁（集团）有限责任公司
6	能源管理中心项目	河北前进钢铁集团有限公司
7	信息化管理系统	河南省西保冶材集团有限公司
8	能源管理系统	青海宜化化工有限责任公司
9	轮胎生产运行管控系统示范应用	赛轮股份有限公司
10	中国石油炼油与化工运行系统（MES）	中国石油天然气集团公司
11	中国石化能源管理系统	中国石油化工集团公司
12	企业节能降耗监控调度中心	天津春天科技发展有限公司
13	生产集中管控及能源管理一体化项目	智胜化工股份有限公司
14	中国化工三废回收再利用监控管理平台	中国化工集团公司
15	数字化矿山企业管控一体化信息集成系统	中国黄金集团内蒙古矿业有限公司
16	基于两化融合的生产管控一体化系统	铜陵有色金属集团股份有限公司
17	南铝铝产业链全维管理信息化系统集成平台	福建省南平铝业有限公司
18	云南铜业股份有限公司 MES 信息化项目	云南铜业股份有限公司
19	DCS-MES-ERP 集成信息管理系统	甘肃祁连山水泥集团股份有限公司
20	大型企业智能化生产管理系统（IPMS）研究与应用	徐州中联水泥有限公司
21	DEH 与 DCS 控制在预热发电系统上的应用	吉林亚泰明城水泥有限公司
22	节能减排信息化综合管理系统	葛洲坝集团股份有限公司水泥分公司
23	建材行业节能减排信息化支撑管理工程项目	中国建筑材料集团有限公司
24	陶瓷生产经营的信息化利用促进节能减排项目	广东新明珠陶瓷集团有限公司
25	民用飞机生产能源综合管理系统	中国商用飞机有限责任公司

26	陕鼓节能减排信息化服务平台	西安陕鼓动力股份有限公司
27	能效管理系统及综合节能项目	广西柳工机械股份有限公司
28	能源密集型生产过程“实时感知”能源管理系统研发及应用	上海重型机器厂有限公司
29	非电空调节能减排信息化监控平台	远大科技集团有限公司
30	企业能源管理系统	大连重工·起重集团有限公司
31	单位用电系统综合评价与分析系统	中国航天系统工程公司
32	年加工 50 万吨甘蔗两化融合节能减排示范工程	广西都安永鑫糖业有限公司
33	甘露醇生产线自动化控制系统	青岛明月海藻集团有限公司
34	造纸企业能源管理与优化信息平台的研发与应用	广州造纸集团有限公司
35	45 万吨铜版纸生产集中管控系统	山东华泰纸业股份有限公司
36	自动化控制系统	沅江纸业有限责任公司
37	制造执行系统（MES）建设项目	青岛啤酒股份有限公司
38	两化融合促进节能减排项目	广州珠江啤酒股份有限公司
39	自动化技术应用废铅酸蓄电池处理项目	浙江天能电源材料有限公司
40	跨供应链包装循环共用系统	中包精力托盘共用系统有限公司
41	能源管理与信息监控系统（MES）	北京华力中电科技发展有限公司
42	建设工艺流程优化与能源管理信息系统促节能减排	淮北维科印染有限公司
43	构建毛巾印染生产运营管理系统（MES）促进节能减排	岳阳湘妃家纺有限公司
44	高档毛巾印染生产线节能减排改造工程	益阳龙源纺织有限公司
45	电能信息管理中心	无锡市第一棉纺织厂
46	能源管理系统	新乡白鹭化纤集团公司
47	废气回收与综合利用	安徽舒美特化纤股份有限公司
48	福建晋江天然气发电有限公司生产集中管控系统	福建晋江天然气发电公司
49	供电网无功电压优化运行集中控制系统	江苏安方电力科技有限公司
50	能效管理数据平台	国家电网公司
51	两化融合促进大尺寸高性能 TFT-LCD 电视面板节能减排	南京中电熊猫液晶显示器科技有限公司
52	多产业多区域型节能减排信息化监控平台	淮北矿业集团有限责任公司
53	瓦斯综合利用	淮南矿业集团
54	智能高效中高压变频供液系统	北京天地玛珂电业控制系统有限公司
55	山西省环保物联网应用示范项目	山西省环境保护厅
56	山西省重点污染源自动监控平台	山西省环境监控中心
57	银川市社会能耗分析预警及调控预案管理系统	银川市工业和信息化局
58	苏州地区能源数字地图服务系统	苏州市节能技术服务中心

59	广西能源监控预警指挥平台	广西壮族自治区节能监察中心
60	北京市工业重点用能企业用能在线监测项目	北京节能环保中心
61	天津市供热系统节能信息管控一体化集成平台	天津力源永春科技发展有限公司
62	大连开发区循环经济信息服务平台建设项目	大连开发区循环经济（生态工业园）促进中心
63	安徽省重点用能企业能源信息监控调度系统	安徽省节能监察中心
64	节能减排综合管理信息系统	中节能咨询有限公司
65	江苏移动节能减排能耗管理系统	中国移动江苏公司
66	能耗管理系统	中国电信集团公司
67	力行能源管理和系统节能服务平台	北京欣正力行系统节能科技发展有限公司
68	能源管理系统	北京六所和瑞科技发展有限公司
69	电能信息化管理公共服务平台	苏州太谷电力有限公司
70	无锡惠山经济开发区节能减排监控平台	航天恒星空间技术应用有限公司
71	重庆市工业企业能耗监测平台	重庆派威能源管理有限责任公司
72	冶金能源管理系统	上海宝信软件股份有限公司
73	轨道板预制装备智能化项目	中铁丰桥桥梁有限公司
74	基于散物料多流程皮带输送系统逆启动技术的电能管理系统	秦皇岛港股份有限公司
75	MES 系统建设项目	银川隆基硅材料有限公司
76	医药园区能源分析决策系统研究与开发	东北制药集团股份有限公司
77	中央空调系统节能减排关键控制技术研究	贵州汇通华城楼宇科技有限公司
78	现代牧业（塞北）牧场信息化粪污处理综合利用工程	张家口塞北现代牧场有限公司
79	高寒牧业区草场移动式太阳能节水灌溉装置开发应用	青海天普太阳能科技有限公司
80	信息化能源管理系统（EMS）构建项目	湖南颐通管业有限公司

1－24　财政部　国家发展改革委关于印发《节能技术改造财政奖励资金管理办法》的通知

财建〔2011〕367 号

各省、自治区、直辖市、计划单列市财政厅（局）、发展改革委（经委、经贸委、经信委、工信委、工信厅），新疆生产建设兵团财务局、发展改革委，有关中央企业：

为加快推广先进节能技术，提高能源利用效率，实现“十二五”期间单位国内生产总值能耗降低 16% 的约束性指标，根据《节约能源法》和《国民经济和社会发展第十二个五年规划纲要》，中央财政将继续安排专项资金，采取“以奖代补”方式，对企业实施节能技术改造给予适当支持和奖励。为加强财政资金管理，提高资金使用效率，我们制定了《节能技术改造财政奖励资金管理办法》，请遵照执行。

二〇一一年六月二十一日

节能技术改造财政奖励资金管理办法

第一章　总　则

第一条　根据《中华人民共和国节约能源法》、《中华人民共和国国民经济和社会发展第十二个五年规划纲要》，为加快推广先进节能技术，提高能源利用效率，“十二五”期间，中央财政继续安排专项资金，采取“以奖代补”方式，对节能技术改造项目给予适当支持和奖励（以下简称奖励资金）。为加强财政资金管理，提高资金使用效率，特制定本办法。

第二条　为了保证节能技术改造项目的实际效果，奖励资金与节能量挂钩，对完成预期目标的项目承担单位给予奖励。

第三条　奖励资金实行公开、透明原则，接受社会各方面监督。

第二章　奖励对象和条件

第四条　奖励资金支持对象是对现有生产工艺和设备实施节能技术改造的项目。

第五条　申请奖励资金支持的节能技术改造项目必须符合下述条件：

（一）按照有关规定完成审批、核准或备案；

（二）改造主体符合国家产业政策，且运行时间3年以上；

（三）节能量在5000吨（含）标准煤以上；

（四）项目单位改造前年综合能源消费量在2万吨标准煤以上；

（五）项目单位具有完善的能源计量、统计和管理措施，项目形成的节能量可监测、可核实。

第三章　奖励标准

第六条　东部地区节能技术改造项目根据项目完工后实现的年节能量按240元/吨标准煤给予一次性奖励，中西部地区按300元/吨标准煤给予一次性奖励。

第七条　省级财政部门要安排一定经费，主要用于支付第三方机构审核费用等。

第四章　奖励资金的申报和下达

第八条　符合条件的节能技术改造项目，由项目单位（包括中央直属企业）提出奖励资金申请报告，并经法人代表签字后，报项目所在地节能主管部门和财政部门。省级节能主管部门、财政部门组织专家对项目资金申请报告进行初审；省级财政部门、节能主管部门委托第三方机构（必须在财政部、国家发展改革委公布的第三方机构名单内）对初审通过的项目进行现场审核，由第三方机构针对项目的节能量、真实性等相关情况出具审核报告。

第九条　省级节能主管部门、财政部门根据第三方机构审核结果，将符合条件的项目资金申请报告和审核报告汇总后上报国家发展改革委、财政部。

第十条　国家发展改革委、财政部组织专家对地方上报的资金申请报告和审核报告进行复审，国家发展改革委根据复审结果下达项目实施计划，财政部根据项目实施计划按照奖励金额的60%下达预算。

第十一条　各级财政部门按照国库管理制度有关规定将资金及时拨付到项目单位。

第十二条　地方节能主管部门会同财政部门加强项目监管，督促项目按时完工。

第十三条　项目完工后，项目单位及时向所在地财政部门和节能主管部门提出清算申请，省级财政部门会同节能主管部门组织第三方机构对项目进行现场审核，并依据第三方机构出具的审核报告，审核汇总后向财政部、国家发展改革委申请清算奖励资金。

第十四条　财政部会同国家发展改革委委托第三方机构对项目实际节能效果进行抽查，根据各地资金清算申请和第三方机构抽查结果与省级财政部门进行清算，由省级财政部门负责拨付或扣回企业奖励资金。

第五章　审核机构管理

第十五条　财政部会同国家发展改革委对第三方机构实行审查备案、动态管理，并向社会公布第三方机构名单。

第十六条　列入财政部、国家发展改革委备案名单的第三方机构接受各地方委托，独立开展现场审查工作，并对现场审查过程和出具的核查报告承担全部责任。同时接受社会各方监督。

第十七条　委托核查费用由地方参考财政性投资评审费用及委托代理业务补助费付费管理等有关规定支付。

第十八条　地方委托第三方机构必须坚持以下原则：

（一）第三方机构及其审核人员近三年内不得为项目单位提供过咨询服务。

（二）项目实施前、后的节能量审核工作原则上委托不同的第三方机构。

（三）优先选用实力强、审核项目经验丰富的第三方机构。

第六章　监督管理

第十九条　地方节能主管部门和财政部门要加大项目申报的初审核查力度，并对项目的真实性负审查责任。对存在项目弄虚作假、重复上报等骗取、套取国家资金的地区，取消项目所在地节能财政奖励申报资格。同时，按照《财政违法行为处罚处分条例》（国务院令第427号）规定，依法追究有关单位和人员责任。

第二十条　地方节能主管部门和财政部门要加强对项目实施的监督检查，对因工作不力造成项目整体实施进度较慢或未实现预期节能效果的地区，国家发展改革、财政部将给予通报批评。

第二十一条　项目申报单位须如实提供项目材料，并按计划建成达产。对有下列情形的项目单位，国家将扣回奖励资金，取消“十二五”期间中央预算内和节能财政奖励申报资格，并将追究相关人员的法律责任。

（一）提供虚假材料，虚报冒领财政奖励资金的；

（二）无特殊原因，未按计划实施项目的；

（三）项目实施完成后，长期不能实现节能效果的；

（四）同一项目多渠道重复申请财政资金的。

第二十二条　财政部会同国家发展改革委对第三方机构的审核工作进行监管，对核查报告失真的第三方机构给予通报批评，情节严重的，取消该机构的审核工作资格，并追究相关人员的法律责任。

第七章　附　则

第二十三条　本办法由财政部会同国家发展改革委负责解释。

第二十四条　本办法自印发之日起实施，原《节能技术改造财政奖励资金管理暂行办法》（财建〔2007〕371号）废止。

1－25　财政部　国家发展改革委　工业和信息化部关于调整节能汽车推广补贴政策的通知

财建〔2011〕754 号

各省、自治区、直辖市、计划单列市财政厅（局）、发展改革委、工业和信息化主管部门，有关企业：

自 2010 年 6 月 1 日财政部、国家发展改革委、工业和信息化部启动节能汽车推广工作以来，我国节能汽车市场占有率大幅提升，节能汽车技术进步明显加快。为继续引导和鼓励汽车生产企业加大节能技术研发投入，促进产品结构优化升级，逐步降低油耗水平，根据行业节能技术进步、油耗标准推进等情况，财政部、国家发展改革委、工业和信息化部报经国务院批准同意，决定对现行节能汽车推广补贴政策进行调整。现将调整有关事项通知如下：

一、现行节能汽车推广补贴政策执行到 2011 年 9 月 30 日。推广企业要认真总结 2010 年 6 月 1 日—2011 年 9 月 30 日推广情况，编制补贴资金清算报告，于 2011 年 10 月 31 日前由省级财政部门会同发展改革委、工业和信息化主管部门审核后上报财政部。财政部、国家发展改革委、工业和信息化部将组织专项核查并根据核查情况对补贴资金进行清算。

二、从 2011 年 10 月 1 日起实施新的节能汽车推广补贴政策。

（一）推广车辆要达到产品综合燃料消耗量标准，具体限值如下：

整车整备质量（CM）Kg	具有两排及以下座椅且装有手动挡变速器的车辆 L/100km	具有三排或三排以上座椅或装有非手动挡变速器的车辆 L/100km
CM ≤ 750	4.8	5.2
750 < CM ≤ 865	5.1	5.4
865 < CM ≤ 980	5.3	5.7
980 < CM ≤ 1090	5.6	6.0
1090 < CM ≤ 1205	6.0	6.3
1205 < CM ≤ 1320	6.3	6.6
CM > 1320	6.7	6.9

（二）推广补贴标准不变，即对消费者购买节能汽车继续给予一次性 3000 元定额补助，由生产企业在销售时兑付给购买者。

（三）其他有关事项按《“节能产品惠民工程”节能汽车（1.6 升及以下乘用车）推广实施细则》（财建〔2010〕219 号）执行。有关核查工作暂按《“节能产品惠民工程”节能汽车（1.6 升及以下乘用车）推广专项核查办法》（工信部联装〔2010〕566 号）执行。

请各地和有关推广企业认真做好节能汽车推广补贴政策调整的宣传、解释和执行工作，确保推广工作顺利进行。

二○一一年九月七日

1－26 科技部关于进一步促进科技型中小企业创新发展的若干意见

国科发政〔2011〕178号

为深入贯彻党的十七届五中全会精神，落实《国民经济和社会发展第十二个五年规划纲要》和《国务院关于进一步促进中小企业发展的若干意见》(国发〔2009〕36号)，进一步支持科技型中小企业增强创新能力，促进创新发展，发挥其在推进经济结构战略性调整、加快转变经济发展方式和建设创新型国家中的重要作用。现提出以下意见：

一、充分认识促进科技型中小企业创新发展的重要意义

科技型中小企业是一支主要从事高新技术产品研发、生产和服务的企业群体，是我国技术创新的主要载体和经济增长的重要推动力量，在促进科技成果转化和产业化、以创新带动就业、建设创新型国家中发挥着重要作用。长期以来，党中央国务院十分重视科技型中小企业发展，各部门、各地方采取多种措施支持科技型中小企业发展。国民经济各个行业的科技型中小企业，为促进先进适用技术应用、高新技术产业化和战略性新兴产业发展，推动科技与经济紧密结合做出了积极贡献。但是，我国科技型中小企业的创新发展仍然面临着融资渠道不畅，创新人才缺乏，支撑创新的公共服务不足，政策环境有待完善以及自身管理水平不高等问题。因此，需要进一步集中各方力量，汇聚创新资源，优化创新环境，激发创新活力，拓展发展空间，培育壮大科技型中小企业群体，带动广大中小企业走创新发展道路，为经济结构的战略性调整提供重要支撑。

二、支持科技型中小企业加强产学研合作，应用高新技术及先进适用技术

（一）推动科技型中小企业开展产学研合作。支持高等学校、科研院所与科技型中小企业共建研发机构、联合开发项目、共同培养人才。在产业技术创新战略联盟构建中根据产业链需要，大力吸纳科技型中小企业参与。继续开展科技人员服务企业行动。通过科技特派员、创业导师等方式组织科技人员帮助科技型中小企业解决技术难题。

（二）推进科技中介机构服务科技型中小企业。继续实施生产力促进中心服务产业集群、服务基层科技专项行动。加快建设技术转移示范机构、科技企业孵化器、创新驿站和技术产权交易市场。继续推进技术转移等专业化联盟建设。支持高等学校、科研院所建立专门的成果转化机构。推进各类技术转移机构专业化、社会化和网络化发展，鼓励科技中介机构开展面向科技型中小企业的服务。

（三）支持科技型中小企业应用高新技术和先进适用技术。鼓励高等学校、科研院所以及各类财政性资金支持形成的科技成果向科技型中小企业转移。结合创新人才推进计划，鼓励拥有科技成果的科技人员自主创业，领办创办科技型中小企业。围绕节能减排、低碳发展等重大任务，通过固定资产加速折旧等方式，鼓励科技型中小企业吸纳和应用高新技术和先进适用技术，实现技术升级。在十城万盏、十城千辆、金太阳等试点示范工程中充分发挥科技型中小企业的作用，鼓励科技型中小企业利用高新技术和先进适用技术生产节能减排和绿色产品。

三、引导科技型中小企业集群发展

（四）发挥科技园区和基地的集聚作用，促进科技型中小企业集群发展。以高新区、农业科技园及大学科技园、高新技术产业化基地、火炬计划特色产业基地、火炬计划软件产业基地等为载体促进科技型中小企业集群发展。在国家高新区开展创新型产业集群建设试点工作，通过火炬计划、科技型中小企业技术创新基金和农业科技成果转化资金等项目实施，吸引科技型中小企业按专业特色、产业链关系向国家高新区集聚。培育集群品牌，形成龙头企业。充分发挥科技企业孵化器的培育功能，引导科技企业孵化器专业化、网络化建设。

（五）围绕培育发展战略性新兴产业，引导科技型中小企业集群发展。根据国家战略性新兴产业发展规划布局，引导各级政府的专项资金向科技型中小企业集群倾斜。构建支撑战略性新兴产业的技术创新服务平台，为科技型中小企业集群发展提供服务。鼓励科技型中小企业结合区域优势、产业基础等条件形成支撑与服务战略性新兴产业发展的企业集群。

四、加强对科技型中小企业技术创新的公共服务

（六）加强技术创新服务平台建设。通过政策引导和试点带动，整合资源，以用为本，推进技术创新服务平台为科技型中小企业服务。开展面向科技型中小企业的专题服务行动，为科技型中小企业技术创新提供设计、信息、研发、试验、检测、新技术推广、技术培训等服务。

（七）鼓励高等学校、科研院所、大型企业开放科技资源。引导高等学校、科研院所的科研基础设施和设备、自然科技资源、科学数据、科技文献等科技资源进一步向科技型中小企业开放。支持社会公益类科研院所为企业提供检测、标准等服务。引导和支持各类基础条件平台为科技型中小企业提供服务。推动国家重点实验室、国家工程（技术）研究中心、大型科学仪器中心、分析测试中心等进一步向科技型中小企业开放。鼓励有条件的大型企业向科技型中小企业开放研究实验条件。

（八）加强知识产权与标准服务。强化对科技型中小企业知识产权的专题培训，提高科技型中小企业的知识产权意识和管理能力，帮助科技型中小企业完善知识产权管理制度，培养专业人才。在知识产权信息查询与分析、专利申请、知识产权保护及纠纷处理等方面为科技型中小企业提供专业化咨询服务。吸纳科技型中小企业参与有关技术标准的制订工作，鼓励科技型中小企业根据产业发展需要联合制订技术标准。

（九）充分发挥各类社会化专业机构的作用。促进从事管理咨询、注册咨询、会计事务、审计事务、法律援助、人才培训、国际技术转移等专业服务的社会化机构为科技型中小企业提供服务。支持建立汇集各类专业机构的信息服务平台，为科技型中小企业的各类服务需求提供网络支撑。鼓励专业化机构通过培训、示范等多种方式在科技型中小企业中推广应用创新方法。探索通过政府购买服务等方式，促进各类专业机构为科技型中小企业提供优质服务。

（十）支持科技型中小企业国际化发展。充分发挥驻外使领馆科技处组、各类国际科技合作基地的信息与中介服务作用,在项目推荐、人才引进、信息收集等方面为科技型中小企业开展多种形式服务。鼓励支持有条件的科技型中小企业到境外拓展业务，开发市场，开展国际合作与交流。

五、拓展科技型中小企业的融资渠道

（十一）深入开展促进科技和金融结合试点。会同有关金融监管部门和金融机构共同组织开展促进科技和金融结合试点工作。通过创新投入方式和金融产品，改进服务模式，搭建科技金融服务平台，加强科技资源与金融资源的有效对接。依托国家自主创新示范区、国家高新区、创新型试点城市和部分省市开展的国家技术创新工程试点，开展促进科技和金融结合试点工作，为科技型中小企业创造良好的投融资环境。

（十二）引导银行业金融机构积极支持科技型中小企业技术创新。对纳入国家及省、自治区、直辖市的各类科技计划的科技型中小企业技术创新项目，按照国家产业政策导向和信贷原则，鼓励商业银行积极提供信贷支持。积极探索支持科技创新的政策性融资方式。利用知识产权和股权质押贷款、科技小额贷款公司和银行科技支行等方式扶持科技型中小企业创新发展。推进科技专家参与科技型中小企业贷款项目评审。组织开展对科技型中小企业的信用评价，加快科技型中小企业信用体系建设。

（十三）建立和完善科技型中小企业融资担保体系。鼓励各级政府科技管理部门、国家高新区设立多层次、专业化的科技担保公司和再担保机构，逐步建立和完善科技型中小企业融资担保体系。通过风险补偿和奖励等政策，积极引导和鼓励各类担保机构为科技型中小企业技术创新项目或自主知识产权产业化项目贷款提供担保服务。进一步深化科技保险试点，鼓励保险机构开发为科技型中小企业服务的保险产品。

（十四）加快科技型中小企业股权投资体系建设。鼓励地方科技管理部门、国家高新区大力发展创业风险投资，为种子期科技型中小企业提供资金支持。进一步加强科技型中小企业创业投资引导基金的实施力度，引导社会资金进入创业投资领域，引导创业投资机构投资于初创期科技型中小企业，对投资于初创期科技型中小企业的创业投资机构给予税收优惠。倡导私募股权基金和各类社会投资机构对科技型中小企业的投资，有效扩大科技型中小企业股权投资的资金供给量。

（十五）利用多层次资本市场支持科技型中小企业发展。充分发挥中小板市场、创业板市场、股权代办系统等对科技型中小企业的培育和促进作用。扩大股权代办转让系统试点范围，支持具备条件的国家高新区内非上市股份公司进入代办系统，支持符合条件的科技型中小企业在创业板及其它板块上市融资。大力推动科技型中小企业的改制上市进程。探索利用债券工具和信托工具为科技型中小企业融资的有效形式和途径。

六、引导科技型中小企业加大技术创新投入

（十六）鼓励科技型中小企业加大研发投入。加强已有政策落实力度，鼓励科技型中小企业加大研发投入，开展研发活动。对于研发投入占企业总收入的比例达到5%以上的科技型中小企业，探索多种形式的鼓励、补贴机制。

（十七）进一步发挥科技型中小企业技术创新基金的引导作用。力争逐年稳定增加中央财政预算支持科技型中小企业技术创新的专项资金规模。创新支持方式，扩大资助范围，加大对战略性新兴产业科技型中小企业的支持力度。鼓励地方加大科技型中小企业技术创新基金规模，带动社会资金支持科技型中小企业创新发展。

（十八）充分利用科技计划资源支持科技型中小企业技术创新。加大国家火炬计划、重点新产品计划、星火计划、科技富民强县专项行动计划对科技型中小企业技术创新活动的支持力度。研究建立国家科技成果转化引导基金。扩大科技型中小企业参与国家863计划、科技支撑计划项目的比例。

七、完善科技型中小企业创新发展的政策环境

（十九）完善促进科技型中小企业发展的政策法规。进一步梳理和评估已经出台的政策法规，针对突出问题补充完善相关政策措施。各地方结合本地情况，制订促进科技型中小企业发展的配套政策。依托国家自主创新示范区、创新型试点城市和部分省市开展的国家技术创新工程试点工作，开展促进科技型中小企业创新发展相关政策的先行先试。

（二十）实施有利于科技型中小企业吸引人才的政策。结合创新人才推进计划、海外高层次人才引进计划、青年英才开发计划和国家高技能人才振兴计划等各项国家人才重大工程的实施，支持科技型中小企业吸引和凝聚创新创业人才。针对科技型中小企业的人才需求，提供信息咨询、专业培训等服务。鼓励科技型中小企业与高等学校、职业院校建立定向、订单式的人才培养机制。探索对符合条件的科技型中小企业聘用人才给予适当补助支持。

（二十一）加大政策落实力度。加强企业研究开发费用税前加计扣除、技术转让以及高新技术企业、软件企业和技术先进型服务企业等税收优惠政策在科技型中小企业群体中落实情况的跟踪检查，及时分析问题、采取措施，保证各项政策的有效落实。继续实施国家大学科技园和科技企业孵化器税收减免政策，为科技型中小企业发展创造良好环境。

促进科技型中小企业创新发展既是一项事关创新型国家建设和全面建设小康社会全局的长期战略任务，也是当前推进经济结构战略性调整和加快转变经济发展方式的迫切需求。各地方科技管理部门要加强与有关部门的沟通协调，结合各地情况，采取有效措施，制定相应落实办法，切实抓好本意见的落实。

二〇一一年五月十二日

1 － 27　国家安全监管总局关于印发安全生产信息化“十二五”规划的通知

安监总规划〔2011〕189号

各省、自治区、直辖市及新疆生产建设兵团安全生产监督管理局，各省级煤矿安全监察局，各直属事业单位、社团组织：

《安全生产信息化“十二五”规划》已经国家安全监管总局局长办公会议审议通过，现印发给你们，请认真贯彻执行。

二〇一一年十二月十二日

安全生产信息化“十二五”规划

本规划依据《安全生产“十二五”规划》的建设目标和内容，并按照《国民经济和社会发展第十二个五年规划纲要》、《2006—2020年国家信息化发展战略》确定的指导方针编制。在全面分析全国安全生产监管、煤矿安全监察、应急管理和煤矿、非煤矿山、危险化学品等高危行业（领域）及冶金等工贸行业安全生产面临的形势与挑战，以及加强新形势下安全生产工作对信息化建设的迫切需求的基础上，提出了“十二五”时期安全生产信息化工作的指导思想、目标、主要任务和重点工程，旨在实现安全生产领域信息资源的深度开发利用和共享，为政府创新安全监管监察方式、企业落实安全生产主体责任提供科学有效的保障手段，促进安全生产状况持续稳定好转。本规划是《安全生产“十二五”规划》配套的专项规划，是“十二五”时期我国安全生产信息化工作的指导性文件，是各级安全监管监察机构和企业开展信息化建设和应用的重要依据。

一、现状和面临的形势

（一）“十一五”时期工作成效。

“十一五”期间，各级安全监管监察机构

切实加强政务信息化建设，国家安全监管总局在进一步完善基于互联网的外网平台和涉密网平台的基础上，通过实施国家安全生产信息系统（“金安”工程）一期、国家安全生产应急平台等一批重大政务信息化工程，初步形成了基于政务外网的专网平台及其数据库(简称“三网”)，为安全监管监察、应急管理和社会公共服务提供了有效的信息技术保障。

同时，引导和推动了煤矿、非煤矿山、危险化学品等重点行业企业实施了安全监测监控、人员定位管理、应急避险和隐患排查治理等一批安全生产信息化工程，不同程度地提升了企业防范事故和安全管理的能力和水平。国家安全监管总局及部分地方安全监管监察机构成立了信息化工作领导机构，进一步加强了信息化工作的组织领导和统筹协调能力。安全生产信息化建设、应用和服务等工作开始步入了规范发展的轨道，信息化为政府实施安全监管监察以及企业加强安全管理的保障能力不断提高。主要成效表现为如下几个方面：

1. 实施了“金安”工程一期项目，初步形成了支撑各级安全监管监察机构开展安全生产基础业务的资源专网及其应用系统。依托国家电子政务外网和多种网络资源建成了覆盖全国各级煤矿安全监察机构、全部省级安全监管机构和大部分市（地）、县级安全监管机构的互联互通的广域网络，实现了各级安全监管监察机构间数据、语音和视频信息的传输和处理。初步建成了面向安全监管监察及行政执法、调度与统计和矿山应急救援等业务信息系统，建立了企业安全生产基本情况、事故和执法统计等基础业务数据库，建成了国家安全监管总局非涉密业务办公、网络舆情分析和电子公文传输等系统，为日常行政办公、安全监管监察和事故应急管理等工作提供了基本的数据支撑，不同程度地提高了信息化对安全监管监察和行政执法的保障能力。

2. 依托互联网推进安全生产政务公开和网上为民服务，进一步提高了面向社会公众和企业的服务水平。全国省级以上安全监管监察机构、80% 的市（地）级和 50% 的县级机构基于互联网络建成了政府网站门户系统，及时发布安全生产政务、政策法规、事故调查处理、为民服务等信息，开展了安全生产信息查询、政府信息公开、安全生产建言献策等公共服务，一些地方安全监管机构开通了“12350”安全生产举报投诉特服系统，进一步加强了面向社会公众和企业的信息服务。国家安全监管总局建设了安全生产网络舆情分析系统，为政府部门及时掌握安全生产舆情民意，正确引导安全生产舆论和科学决策提供了信息支撑。

3. 加强了信息安全和保密工作，涉密信息系统建设和应用得到进一步提升。各级安全监管监察机构按照涉密信息安全保密的要求，进一步加强了涉密计算机系统和应用系统的分级管理和保护工作。国家安全监管总局扩容和升级了机关内部信息平台，进一步完善了机关涉密网办公系统的功能，通过了国家保密局组织的安全保密检查和测评，为国家安全监管总局机关提供了安全的业务信息处理环境。

4. 安全生产应急平台体系框架基本建立。国家安全生产应急平台作为“十一五”期间安全生产信息化的重点工程得到立项并实施。各地区积极开展了安全生产应急平台建设,北京、河北、辽宁、福建、江西、山东、湖北、广东、广西、云南等省级安全生产应急平台已建成并投入使用。各市（地）及部分县级安全生产应急平台建设工作也取得了进展，大连、青岛、南京、沈阳、南昌、南宁、威海、秦皇岛以及北京市房山区等城市安全生产应急平台建成并投入使用。安全生产应急资源数据库逐步扩充完善。全国安全生产应急平台体系框架初步形成，为安全生产应急管理和救援工作提供了有力的信息技术保障。

5. 高危行业（领域）企业安全生产信息化水平明显提高。煤矿、非煤矿山、危险化学品、烟花爆竹等高危行业（领域）企业利用信息化手段加强安全生产工作。国有重点煤矿全部安装了瓦斯监测监控系统和井下通信联络系统，井下人员定位系统以及其他应急避险系统正在全面建设；大型危险化学品企业建设了重大危险源监控系统、危化品车辆运输监控系统等；化工园区建设了安全管理与应急救援信息系统；非煤矿山企业建设了尾矿库安全监测系统；烟花爆竹企业建设了礼花弹流向管理系统。高危行业（领域）企业通过安全生产标准化和安全生产隐患排查治理等信息化手段，进一步加强了安全管理和事故风险防控能力。

6．安全生产信息系统运维保障体系初步形成。各级安全监管监察机构通过加强信息基础设施设备建设，完善了信息系统运行环境和安全保障系统，初步建立了运维保障制度。通过“金安”工程一期项目的实施，建成了国家安全监管总局网控中心、数据中心、培训中心和远程数据备份中心，以及供各级安全监管监察机构使用的综合运维管理平台，提高了信息系统的整体运维保障能力。

（二）存在的主要问题。

目前，我国安全生产信息化建设和应用还不能满足安全生产工作的现实需要，主要存在以下几个方面的问题。

1．信息基础设施仍不完善。依托电子政务外网建设的全国安全生产专网还没有完全覆盖各级安全监管监察机构。信息网络、信息安全、运行环境等信息基础设施和设备尚不能全面保障日益增加的应用需求。

2．安全生产信息化发展不平衡，难以发挥整体效用。安全生产信息化状况在各地区安全监管监察机构、各类型企业之间差异较大，中西部地区、基层安全监管监察机构和中小型企业信息化基础薄弱，安全生产行政执法和企业基础信息难以有效采集。安全生产信息资源尚未进行全面规划，更难以得到有效开发和利用。企业与各级安全监管监察机构之间尚未建立信息互联互通的传输通道，无法实现安全生产信息的交换与共享。信息化在加强政府安全监管监察、应急管理和企业事故预防等方面的整体保障作用不明显。

3．信息化尚未深度融入安全生产的核心业务。信息化驱动安全生产制度创新、管理创新的力度不够，信息化和工业化融合促进安全生产的工作进展缓慢。信息技术尚未全方位融入安全生产的核心业务，安全生产的业务流与信息流尚未达到深度融合与有机关联，在一定程度上影响了安全生产信息化工作的成效。

4．安全生产信息化标准体系仍未建立。安全生产信息技术标准严重滞后，难以实现信息共享和业务协同。安全生产信息化建设项目由各地区、各有关部门和单位自行组织实施，缺少统筹规划和顶层设计，缺少系统之间的互联互通。应用系统和数据库分类不同、库表结构和编码规范不一，严重影响了信息系统的应用推广和功效发挥。

5．安全生产信息技术支撑体系落后。尚未完全建立从规划设计、系统研发、工程实施到运维管理的信息技术支撑体系，没有形成面向安全生产领域的信息产业。基层安全监管监察机构、高危行业企业信息化人才紧缺矛盾突出，专业化、复合型人才不足，安全管理人员的信息化知识和操作技能滞后，影响了信息化的应用推进。

（三）“十二五”时期面临的形势。

“十二五”时期是推动信息化和工业化深度融合、加快经济社会各领域信息化的重要时期，是确保实现国务院确定的“到2020年全国安全生产状况实现根本性好转”目标的关键时期。

1．安全生产工作日趋复杂，提高安全监管监察水平需要信息化手段保障。“十二五”时期，我国安全生产形势依然严峻，基础依然薄弱，高危行业（领域）产业布局和结构不合理，经济增长方式粗放，制约安全生产的深层次问题尚未根本解决,安全生产保障难度加大，城市运行安全风险加大，安全生产工作进入攻坚阶段。加强安全生产信息化建设已成为政府履行安全监管监察职责、提高公共服务和社会管理能力的重要保障。

2. 信息产业快速发展为安全生产信息化提供了机遇。以物联网和云计算为重点的新一轮信息技术革命已成为我国重点发展的战略性新兴产业。推进物联网研发应用,以信息共享、互联互通为重点的国家电子政务建设已列入我国“十二五”时期信息化发展的重要内容。信息产业持续发展，信息网络广泛普及，为安全生产信息化建设和应用提供了难得的机遇。

3. 信息化建设对提高企业安全生产水平的支撑作用进一步增强。随着信息化与工业化的深度融合，信息化将不断渗透到生产经营活动的全过程，融入到安全生产管理的各环节。通过物联网等信息化手段对人的不安全行为、物的不安全状态、环境的不安全条件进行有效监测和预警，实现企业安全生产信息的采集、处理和分析，是提高企业安全生产水平的有效途径。通过企业与行业管理部门和安全监管监察机构之间的互联互通和信息共享，是监督企业落实安全生产主体责任的重要手段。

4. 创新安全监管监察方式方法对信息化手段的需求更加迫切。安全监管监察对象点多面广、过程连续、动态变化，仅仅依靠传统的人工方式难以实现对安全监管监察对象全员、全过程、全方位的安全管理，迫切需要利用信息化手段创新安全监管监察方式方法，加强安全监管监察能力，提高行政执法效能。

二、指导思想、基本原则和规划目标

（一）指导思想。

深入贯彻落实科学发展观，牢固树立以人为本、安全发展的理念，紧扣《安全生产“十二五”规划》目标，全面落实《国务院关于进一步加强企业安全生产工作的通知》(国发〔2010〕23号)、《国务院关于坚持科学发展安全发展促进安全生产形势持续稳定好转的意见》(国发〔2011〕40　号）和国务院第165次常务会议关于信息化工作的要求和部署，推进安全生产信息技术创新，加强信息基础设施和标准体系建设，强化安全生产信息系统开发和信息资源利用，推进安全生产政务信息公开，促进企业与各级安全监管监察机构之间的互联互通和信息共享，为强化企业安全生产主体责任、提升政府安全监管监察和社会公共服务能力提供信息技术支撑和保障。

（二）基本原则。

统筹兼顾，协调发展。从安全生产工作全局出发，认真研究新形势下安全生产对信息化的新需求，综合协调、科学推进各地区、各行业（领域）安全生产信息化的平衡发展。

以用促建，以建保用。以信息化建设保障应用的不断深化，以业务需求促进信息化建设不断推进，实现信息化建设与安全生产业务的深度融合。

统一标准，资源共享。加强安全生产信息化标准体系建设，推动不同业务类型之间、部门之间、地区之间、部门和企业之间的信息共享，充分发挥安全生产信息化的效益。

夯实基础，安全可靠。依托现有多种网络资源，加强信息网络基础设施建设，保障信息系统安全、可靠和高效运行，提高系统的整体安全和使用管理水平。

精选示范，分类推广。在“十一五”时期安全生产信息化的基础上，结合企业安全生产标准化达标、隐患排查治理和应急管理等工作，选择重点地区先行开展煤矿、非煤矿山、危险化学品、烟花爆竹等安全监管监察核心业务的试点工作，逐步形成企业、行业管理部门和各级安全监管监察机构之间信息共享和交换的标准规范体系、典型业务系统及数据库，并在全国进行推广。

（三）规划目标。

到“十二五”末，基本形成覆盖各级安全

监管监察、应急救援机构（基地）和有关单位的基础信息网络和安全保障系统，满足各级安全监管监察机构业务应用的需要；初步建成共用共享的安全生产基础信息资源目录体系，有效支撑安全监管监察和应急管理业务，为安全生产形势分析和决策管理提供服务；通过重点工程建设，基本建成覆盖安全监管监察核心业务的信息系统、数据库和标准规范体系，提高行政执法和公共服务能力；通过煤矿、非煤矿山、危险化学品、烟花爆竹以及冶金等工贸行业信息化示范工程建设，形成各级安全监管监察机构与企业信息共享的标准、互联互通机制以及典型业务系统；通过物联网、云计算等先进技术的应用，创新安全监管监察方式，进一步强化对企业落实安全生产主体责任情况的监督管理，为有效防范和坚决遏制重特大事故、促进全国安全生产状况持续稳定好转提供信息化保障。

——依托国家电子政务网络，基本建成覆盖各级安全监管、煤矿安全监察、应急救援机构（基地）和有关单位互联互通的基础信息网络和安全保障系统，初步实现与国务院安委会各成员单位的信息共享，具备新一代数据、语音、图像和视频等信息传输功能。

——按照国家有关涉密信息安全规定，建成符合涉密信息系统标准的机密级内网及其业务系统。

——煤矿、非煤矿山、危险化学品、烟花爆竹等直管行业安全生产许可证办理，以及中介机构管理等业务实现网上审批。市（地）级以上安全监管监察机构建成政府网站，实现政务信息公开和行政许可业务网上办理。

——煤矿安全监察执法统计和安全生产调度统计等基础业务实现网上办理，基础信息入库率达到100%。

——非煤矿山、危险化学品、烟花爆竹等直管行业基础信息入库率达到90%以上，企业安全生产标准化达标和安全隐患排查治理基础信息入库率达到80%以上。

——基本建立安全生产信息化标准体系，制定安全监管监察和应急业务系统的基础信息采集标准规范以及各级安全监管监察机构与相关部门间、与重点安全监管监察企业间信息共享和传输交换的标准规范。

——建成覆盖国家、省（区、市）、市（地）、重点企业和主要救援队伍的安全生产应急平台体系。

——国家安全监管总局、各省级安全监管监察机构的安全保障和运维服务体系基本满足信息系统运行需要，市（地）和县级安全监管监察机构明显加强。

三、主要任务

（一）安全监管监察业务系统建设。

1. 煤矿安全监察系统：继续完善“金安”工程一期的煤矿安全监察执法业务系统，煤矿安全许可证等行政许可实现网上审批和全国统一配号管理。利用物联网技术建设煤矿企业基础信息采集系统，实现煤矿安全监察机构对井下人员、设备、环境等信息的网络化动态巡查。建立覆盖煤矿职业卫生申报、煤矿瓦斯等级鉴定、安全质量标准化矿井、煤矿安全隐患排查治理和重大事故调查处理等功能的管理系统。

2. 非煤矿山安全监管系统：继续完善“金安”工程一期建设的非煤矿山安全监管系统，建立非煤矿山安全生产基础信息数据库。建设非煤矿山安全生产许可证管理系统，实现非煤矿山安全生产许可证网上审批和全国统一配号发放。建设非煤矿山企业基础信息动态采集、安全生产标准化矿井达标和隐患排查治理等系统，实现对非煤矿山企业的动态化安全管理。

3. 危险化学品安全监管系统：继续完善“金安”工程一期的危险化学品监管系统。利用移动网络和3S等技术，建立基于物联网的危险化学品生产、储存、使用、经营和运输的安全监管系统，建立安全生产标准化达标和隐患排查治理等系统，实现对危险化学品重大危险源和运输车辆的动态监管，掌握危险化学品企业危险装置和关键部位安全状态，为安全监管执法工作提供技术支撑。扩充非药品类易制毒化学品管理信息系统，实现非药品类易制毒化学品生产、经营许可证（备案）网上申报和审批、执法检查信息管理以及与其他系统的信息共享，并实现与公安、工商、商务等部门的数据交换。

4. 烟花爆竹安全监管系统：完善“金安”工程一期的烟花爆竹安全监管系统。利用物联网技术实现烟花爆竹流向网上查询、跟踪、管理等全过程监管功能以及生产经营重点场所（部位）视频监控与报警功能，为各级安全监管机构执法工作提供技术支撑。

5. 冶金等工贸行业安全监管系统：建设冶金等工贸行业安全监管、安全生产标准化达标和隐患排查治理系统，实现对冶金、有色、建材、机械、轻工、纺织、烟草、商贸等行业生产经营单位的安全生产基础信息、大型建设项目安全设施的设计审查和竣工验收的日常管理和动态监管。

6. 职业健康监管系统：建立完善职业危害申报、检测、评价、中介机构管理、专家数据库等信息管理系统，实现对职业危害相关内容的规范化管理。利用物联网技术建设职业危害场所相关信息的采集系统，实现对作业场所职业健康的动态监管。

7. 调度与统计系统：继续完善“金安”工程一期建设的生产安全事故快报、事故统计和行政执法统计系统，扩充建设事故快报跟踪管理、应急管理统计等功能，拓展在工矿商贸等重点行业的职业健康统计功能，进一步扩充和完善全国生产安全事故分析及形势预测预警系统的功能和应用范围。

（二）安全生产应急平台体系建设。

进一步完善全国安全生产应急平台的应急管理与救援核心业务系统，实现国家、省（区、市）、市（地）以及国家和区域矿山救援队、重点企业应急平台之间的互联互通，提高安全生产突发事件信息报送、资源管理、预案管理、协调指挥和应急评估等功能的实效；建设重大危险源监管系统，研制应急演练、预测预警和智能方案等高级应用功能，实现重大危险源信息的接入和综合展现，形成全国性的安全生产应急平台体系，进一步提升安全生产应急管理和应急处置的保障能力。

（三）企业安全生产信息化建设。

加强煤矿、非煤矿山、危险化学品、烟花爆竹等高危行业及冶金等工贸行业企业安全生产物联网信息系统建设，推动企业（集团）级应急平台建设，推进生产作业环境的监测监控、安全管理和应急信息系统的应用。推动企业利用物联网技术对生产作业环境实现超前感知，提高对生产安全事故的预控能力。2011 年，非煤矿山安装完成监测监控系统。到 2012 年，煤矿安装完成井下人员定位系统和通信联络系统；到 2013 年 6 月底，非煤矿山安装完成井下人员定位系统；到 2015 年，三等及以上尾矿库和部分位于敏感区的尾矿库安装完成全过程在线监控系统。积极稳妥地建设重大危险源监控系统；推动危险化学品、烟花爆竹企业安装运输车辆跟踪定位系统。到 2015 年，煤矿、非煤矿山、危险化学品、烟花爆竹等高危行业（领域）及冶金等工贸行业各形成 50 家安全生产物联网信息系统标准化示范企业。

（四）信息化标准规范体系建设。

制定安全生产物联网等信息化的数据、业务、技术和管理标准，指导全国各级安全监管、煤矿安全监察、应急管理机构以及安委会成员单位接口建设和信息共享交换。编制企业安全生产信息接入规范、资源目录规范、业务功能规范、系统建设标准和标准使用指南等。

（五）信息资源规划和数据库建设。

1. 信息资源规划：根据安全监管监察和应急管理业务职能，梳理安全生产信息资源，全面规划信息资源的采集、处理、存储、传输和使用，确定数据存储粒度、更新和交换共享机制。建立健全国家和省级数据中心，提高安全生产信息资源开发利用能力。研究确定企业安全生产信息采集范围和方式，整合各类信息资源，构建全面的安全生产信息资源。

2. 数据库系统建设：扩充完善“金安”工程一期建设的数据库，形成安全监管与执法、煤矿安全监察与执法、安全生产应急三大类数据库，为安全监管监察和应急管理业务系统运行提供数据支撑环境。新建冶金、有色、建材、机械等工贸行业企业基本情况数据库、人才教育培训等业务数据库和综合办公数据库。各级安全监管监察机构根据应用系统建设需求，进一步完善本地数据库建设。

3. 数据共享交换系统建设：分析安全监管监察和应急管理等业务流程，以信息共享和业务协同为目标，建立安全生产整体业务模型和信息服务总线，在全国安全生产信息系统广域网内实现统一的数据交换接口，与安委会成员单位及有关行业（领域）企业共享基础数据，满足全国安全监管监察机构的多级数据集成需要，为应用集成和流程整合提供基础。

（六）政务办公及公共服务系统建设。

1. 非涉密政务办公系统建设：进一步加强电子政务建设，完善各级安全监管监察机构的政务办公、政府信息公开、公文管理、人事管理、档案信息管理等非涉密政务信息系统，提高政务办公效率和公共服务水平。

建设重大事故查处挂牌督办系统，完善基于互联网的全国安全生产信息联网查询、安全生产舆情分析等系统，进一步提升安全生产信息化公开以及媒体和公众对安全生产工作社会监督的广度和深度。运用信息网络技术创新党建工作方法，建设各级安全监管监察机构的党建网站、党员信息库，推进基层党组织工作信息化，提高党建工作效率。建设党风廉政、监察、信访等政务系统，提高纪检监察工作的信息化水平。

2. 涉密政务办公系统建设：按照国家关于涉密信息安全管理的规定，拓展和完善内网办公系统、邮件系统、公文智能收发系统和基于 GIS 的安全生产形势分析系统，扩充完善内网数据库，加强涉密信息安全管理。

3. 政府网站群建设：继续完善以国家安全监管总局政府网站为主站，以国家安全监管总局各业务司局、地方各级安全监管监察机构为子站的政府网站群建设，重点加强政府信息公开、公共信息服务、网上办事和公众参与互动等系统建设。到 2015 年，所有市（地）级安全监管机构建立政府门户网站。建立“一站式”服务窗口，依托专网数据资源实现对安全生产政策法规、许可、科技成果、安全评价资质等 12 类信息网上查询服务。继续深化公众参与网络互动平台建设，推动安全生产社会监督信息化，各级安全监管机构加快开通“12350”安全生产举报投诉特服系统。加强基于互联网的党建工作平台建设。对政府网站进行扩容和系统升级，保障网站安全运行。推进安全生产政府网站绩效评估工作。

（七）基础信息网络建设。

1. 安全生产资源专网建设：依托国家电子政务外网传输通道，完善覆盖各级安全监管监察机构、应急救援机构（基地）和直属单位的安全生产专网，实现与安委会成员单位、煤炭行业管理部门以及相关单位的网络联通。重点加强市（地）和县级安全监管机构的基础网络建设，满足安全监管执法、调度统计等业务系统运行的实际需要。以无线网络、3G 等移动网络和卫星通信网络为补充，实现与重点行业（领域）企业的网络联接。

2. 国家安全监管总局涉密内网改造：按照“涉密最小化”的原则，进一步缩小涉密内网的覆盖范围，加强涉密内网的安全改造，强化用户终端的安全保障。更新密码系统并升级加密传输系统。调整涉密内网的政务信息系统，扩充完善内网数据库。

3．视频会议及 IP 电话系统建设：扩充完善视频会议系统和 IP 电话系统，覆盖到全国各级安全监管监察机构。将现有标清视频会议系统升级为高清视频会议系统，提高视频会议系统和 IP 电话的使用效率。

（八）安全保障与运行服务体系建设。

按照非涉密信息安全等级保护管理办法和定级指南，完善安全生产专网及其应用系统的安全防护体系。进一步强化信息化人才和运维保障队伍建设，完善国家安全监管总局网控中心、数据中心、培训中心和远程数据备份中心的基础设施和运行环境，保障安全生产专网的正常运行。扩充完善专网综合运维管理平台，实现对专网核心节点和骨干节点的基础设施、运行环境、网络设备及广域网传输通道的实时监控管理。制定完善系统运维规章制度和应急处置预案，加强安全管理，提高系统运维保障和应急处置能力。

（九）信息技术保障能力建设。

建设安全生产信息技术和安全保障实验室，开展信息技术产品应用于安全生产领域的专业化检测和验证，加强对业务系统的性能和安全性测试。加强安全生产领域信息技术人才队伍建设，创建良好的人才发展环境。大力开展信息化知识和应用技能培训，提高各级安全监管监察机构领导干部和工作人员的信息化素能。研制安全生产教育培训信息系统，充分利用互联网络、视频系统，开展远程教育培训。

（十）安全生产信息化成果推广应用

积极开展信息化成果转化和推广应用，在煤矿等行业（领域）大力推广先进适用的信息技术装备，重点加强物联网技术在安全生产领域的应用推广。打造安全生产领域信息产业，加强专用信息产品研发。建设安全生产信息化成果转化平台，以应用需求为导向，形成产学研用相结合的信息技术研发、应用示范和成果推广的服务平台。以典型引路、示范带动推进安全生产信息化，建设 10 个安全生产信息化示范城市。

四、重点工程

（一）国家安全生产信息系统（“金安”工程）二期。

依托国家政务信息资源、“金安”工程一期以及各级安全监管监察机构所形成的信息化成果，建设满足各级安全监管监察机构、应急指挥机构以及有关单位业务信息处理的政务信息系统，主要建设内容包括应用系统、数据库、基础信息网络、安全保障系统、运行服务体系和标准规范等六个方面。通过试点应用，形成煤矿、非煤矿山、危险化学品、烟花爆竹、工贸等行业（领域）安全监管监察和应急、职业安全健康、统计分析等领域共用共享的业务系统和数据库，并在全国推广应用。制定适用于安全监管监察业务的建设、管理和技术标准规范。

通过“金安”工程二期项目建设，建成覆盖全国各级安全监管监察机构、应急救援机构（基地）以及有关单位的信息网络平台、安全和运维保障系统，实现各级安全监管监察和应急管理机构系统内、相关部门间、基层安全监管监察机构与企业间相关安全信息资源的共享交换，全面提高安全监管监察及行政执法工作的信息化水平。

（二）安全生产信息化标准体系建设工程。

在已有信息系统标准的基础上，编制安全生产基础信息网络、安全保障、运行环境等基础设施的建设标准和技术规范。编制重点企业安全生产信息化装备标准规范以及安全监管、煤矿安全监察和应急管理业务所需要的信息技术标准，指导地方各级安全监管监察机构与企业的安全生产信息资源规划、应用系统和数据库建设。编制与安委会成员单位的数据接口规范。通过标准建设，规范企业安全生产信息系统以及有关信息采集和分类编码标准，统一各业务系统底层数据格式，实现企业安全生产信息系统标准化，实现各级安全监管监察机构安全生产数据的及时报送和更新。

（三）企业安全生产标准化达标监管工程。

紧密结合《安全生产“十二五”规划》确定的企业安全生产标准化达标工程，建设企业安全生产标准化达标信息化监管工程，实现企业安全生产标准化达标工作的网上申报、业务办理、达标情况考核及评审管理等功能，重点实现煤矿、非煤矿山、危险化学品、烟花爆竹等高危行业（领域）及冶金等工贸行业企业安全生产投入、安全管理制度、安全生产物联网等信息技术应用、生产设备设施运行管理、隐患排查治理等标准化达标内容监督管理工作的信息化，为动态跟踪检查企业安全生产标准化达标进展情况提供信息化支持。

（四）国家安全监管总局内外网改造工程。

根据国家电子政务总体要求，按照“涉密最小化”的原则，调整内外网环境及其应用系统布局，构建机密级内网应用平台，将原有非涉密政务办公系统整合迁移到专网平台，完善机密级内网基础平台和涉密应用系统，健全内网安全保密技术措施和管理制度。扩充专网信息平台，新建非涉密信息办公业务系统，实现信息公开、办公、通知、短信与安全监管监察业务系统的整合。扩容升级外网电子邮件系统。完成国家安全监管总局机关办公相关应用的国产正版软件基础环境的升级改造。健全外网信息安全防护措施和管理制度。

（五）安全生产领域物联网技术应用试点工程。

利用物联网、云计算等技术，选择煤矿、非煤矿山、危险化学品、烟花爆竹等行业（领域）和职业危害严重的企业，建设安全生产物联网应用示范工程，有效感知人员、设备、设施、环境的安全状态信息，实现对生产经营活动中安全要素和职业危害因素的实时监控和智能处置，提升企业事故预防预警和应急处置能力。通过与相关安全监管监察机构建立信息关联，监督企业落实安全生产与职业健康主体责任，创新安全监管监察方式方法，提高行政执法效能。

建立国家安全生产物联网应用工程中心，推进安全生产领域物联网产业发展和技术推广应用，为信息化建设提供物联网专业技术支撑和服务，实现各级安全监管监察机构、企业和相关部门之间的互联互通和信息共享。

五、保障措施和条件

（一）加强组织领导，扎实推进信息化工作

充分发挥国家安全监管总局信息化工作领导小组的统筹协调和议事决策作用，协调有序开展安全生产信息化规划设计、项目实施、标准规范及规章制度建设等工作，解决信息化建设、应用和运维管理中的重大问题。加强国家安全监管总局信息化工作领导小组办公室对全国安全生产信息化建设工作的指导协调和监督检查，统筹规划，统一部署，协调推进信息化建设工作。各级安全监管监察机构要高度重视安全生产信息化建设与应用工作，做到信息化工作有领导、有组织、有计划、有检查、有步骤地开展。

（二）健全项目管理制度，确保项目建设质量。

依据国家电子政务建设项目管理办法，规范安全生产信息化项目建设全过程管理，实行项目法人负责制，严格落实岗位责任。建立健全项目建设管理制度，做好信息化建设项目的前期论证和顶层设计，重视需求分析，加强对建设过程的质量监督和控制，提高进度控制水平，确保工程质量，提高投资效益。

（三）加强信息化培训，强化信息系统的应用效果。

通过专题讲座、业务培训、技术交流等形式，加强对各级安全监管监察机构领导干部和工作人员以及企业安全管理人员的信息化知识和应用技能培训，推进信息系统的广泛应用。逐步建立信息系统应用评价制度，加强对各级安全监管监察机构和有关单位安全生产信息化应用效果的考核监督，将应用推进工作落实到部门和个人，逐步纳入单位和个人的政绩业绩考核体系。

（四）保障资金投入，严格项目资金管控。

加大安全生产信息化建设及系统运维资金投入力度，积极争取各级政府财政支持，将安全生产信息化建设和系统运维资金列入本级财政年度预算或纳入安全生产专项资金。对项目建设进行资源、资金、效益等方面的可行性分析，制定合理的经济控制和评价指标，建立完善的资金管理和使用制度。严格落实资金使用计划、工程付款和资金使用情况审核等管理制度，加强资金的监督管理。

（五）完善运维机制，提高系统安全保障能力。

充分发挥各级信息化专业技术服务机构在信息化建设、应用和系统运维等方面的技术支撑作用，构建覆盖全国的安全生产信息系统运维服务体系，各省级安全监管监察机构要明确信息系统运维机构，市（地）和县级安全监管机构要指定专人负责信息系统运行维护工作，明确岗位职责，保障信息系统的安全运行。按照国家信息安全等级保护和涉密信息系统管理的有关要求，建设完善的信息安全防护系统，保证网络信息安全。

1－28　山东省人民政府关于贯彻国发〔2010〕27号文件促进企业兼并重组的意见

鲁政发〔2011〕9号

各市人民政府，各县（市、区）人民政府，省政府各部门、各直属机构，各大企业，各高等院校：

为深入贯彻落实科学发展观，切实加快转方式、调结构，提高发展质量和效益，现就贯彻落实《国务院关于促进企业兼并重组的意见》（国发〔2010〕27号）精神，结合我省实际提出以下意见。

一、进一步明确企业兼并重组工作的指导思想、主要目标和基本原则

1. 指导思想。以邓小平理论和“三个代表”重要思想为指导，以转方式、调结构为主线，深入贯彻落实科学发展观，以市场为导向，以企业为主体，以实施高端高质高效产业战略为引领，以推进产业结构、产品结构、市场结构、技术结构、组织结构和区域结构调整为目标，以350户省重点工业企业和140个重点产业集群为主，以产业优化升级和企业组织优化整合为重点，大力推进企业兼并重组，加快转变发展方式，提高发展质量和效益，增强抵御国际市场风险的能力，努力实现可持续发展，加快推动山东工业由大到强的转变。

2. 主要目标。通过促进企业兼并重组，加快培育一批适应市场需要、拥有核心技术、重视创新、机制灵活、具有国际竞争力的大型企业集团；充分发挥民营企业和民营资本作用，鼓励和支持民营企业参与竞争性领域国有企业改革、改制和重组，促进非公有制经济和中小企业发展；重点产业链条不断延伸和完善，深加工水平不断提高，形成一批以大企业为龙头、产业产品为链条、中小企业紧密配套的产业集群，产业集中度明显提高；企业体制机制改革不断深化，全省多数企业逐步建立起比较完善的现代企业制度；企业管理的精细化程度和整体水平不断提高，生产要素消耗和成本水平明显降低；企业工艺技术装备水平明显进步，自主创新能力进一步增强，培育一批名牌产品、名牌企业，产品质量和市场竞争力增强，市场占有率进一步提高；企业市场营销模式不断创新，市场开拓能力明显增强；节能减排全面推行，企业信息化加快推进；兼并重组在带动就业、促进经济社会发展方面发挥更大作用。

3. *基本原则*。发挥企业的主体作用，充分尊重企业意愿，充分调动企业积极性，通过完善相关行业规划和政策措施，引导和激励企业自愿、自主参与兼并重组；坚持市场化运作，遵循市场经济规则，充分发挥市场机制的基础性作用，规范行政行为，由企业通过平等协商、依法合规开展兼并重组，防止“拉郎配”；促进市场有效竞争，统筹协调，分类指导，促进提高产业集中度，促进大中小企业协调发展，促进各种所有制企业公平竞争和优胜劣汰，形成结构合理、竞争有效、规范有序的市场格局；维护企业与社会和谐稳定，严格执行相关法律法规和规章制度，妥善解决企业兼并重组中资产债务处置、职工安置等问题，依法维护债权人、债务人以及企业职工等利益主体的合法权益；坚持对外开放，推进企业跨国并购，加快培育源自山东的跨国公司；发挥知名品牌带动辐射作用，以品牌为纽带推进企业兼并重组，努力实现低成本扩张；发挥技术标准引领作用，通过建立严于国家标准和行业标准的地方标准或联盟标准，提高产业准入门槛，促进优势先进企业兼并重组劣势落后企业。

二、准确把握企业兼并重组工作的重点

4. *抓好重点行业企业兼并重组*。围绕进一步贯彻落实国家重点产业调整和振兴规划及全省10大支柱产业调整振兴规划、40个特色产业调整振兴意见、13个新兴产业发展指导意见，以钢铁、石化、纺织、机械制造、汽车、工程机械、有色金属、煤炭、建材、食品等行业为重点，推动优势企业实施强强联合、跨地区兼并重组、境外并购和投资合作，提高产业集中度，促进规模化、集约化经营，加快发展具有自主知识产权和知名品牌的骨干企业，培养一批具有国际竞争力的大型企业集团，推动产业结构优化升级。

5. *搞好能源资源收购和储备*。鼓励重点资源型企业积极对国内、国外矿产资源进行收购、参股；支持资源型产业由东部向西部实现梯度转移。整合省内矿产资源，加快资源型企业重组步伐，积极组建大型企业集团，提高矿产资源开发利用水平和产业集中度。

6. *推动重点工业企业“走出去”发展*。充分利用好国家扶持企业“走出去”的政策，支持重点工业企业通过租赁、合资、股权收购等方式建立生产基地。支持重点工业企业并购国外的研发中心、知名品牌、营销网络，提升企业参与全球化竞争的能力。

7. *支持优势企业兼并重组劣势企业和停产倒闭企业*。通过公开拍卖、股权转让、租赁经营等方式，积极盘活土地、厂房、设备等有效资产，安置失业人员，维护企业和社会稳定。

8. *积极利用资本市场推进企业兼并重组*。研究制定利用资本市场推动企业兼并重组的政策措施。引导支持利用资本市场推动我省产业结构调整和资源整合，提升我省资产证券化水平。推动上市公司战略性兼并重组，支持上市公司通过增发、配股、公司债券等形式进行再融资，采取吸收合并、换股、定向增发、整体上市等方式进行资产优化重组，促进优质资源向优势企业集中。鼓励文化传媒、能源交通等产业龙头企业借壳上市。支持企业赴境外上市融资，提升企业参与全球化竞争的能力。

9. *推动产业集群内企业优化整合、集团化发展*。鼓励产业集群龙头企业利用技术、管理、品牌、资金和订单优势，通过协议合作等方式与集群内其他企业建立联盟，合理分工、协作配套、共同发展，条件成熟时积极组建紧密型企业集团。

10. *大力开展招商引资*。支持企业抓住实

施山东半岛蓝色经济区和黄河三角洲高效生态经济区等重大机遇，围绕发展“四新一海”和装备制造、节能环保、新能源汽车等战略新兴产业的培育，大力开展招商引资。抓住新一轮全球产业结构调整机遇，积极承接国际高端制造业和服务外包转移，积极争取南方制造业向我省转移。鼓励与跨国公司在产业龙头项目、产业链延伸、研发中心、营销网络等方面开展务实合作，围绕传统产业改造与国外先进制造企业合资合作。

11. 推进与中央企业的合资合作。大力扶持中央企业对我省企业进行并购重组，支持我省企业参与中央企业辅业改制，在中央企业主业领域开展多种形式的合资合作，充分利用中央企业的管理、技术、资金、人才等优势，借力发展、互利共赢。

12. 加快商贸流通及物流企业兼并重组。鼓励生产和商贸企业按照分工协作的原则，剥离或外包物流功能，整合物流资源，促进企业内部物流社会化。鼓励中小物流企业加强信息沟通，创新物流服务模式，加强资源整合，满足多样性的物流需要。鼓励商贸流通及物流企业通过参股、控股、兼并、联合、合资、合作等多种形式进行资产重组，培育一批服务水平高、国际竞争力强的大型商贸流通及物流企业。充分利用大型商业连锁企业的商业模式、市场渠道，促进商企联合、供企合作。

13. 大力实施标准化战略。引导企业加快以技术标准、管理标准、工作标准为主要内容的标准体系建设，以国际标准和国外先进标准为基础，在节能、环保、安全方面制定实施一批地方标准，扶优汰劣，促进企业兼并重组。鼓励行业领先企业结成标准联盟，制定实施高于国家标准和行业标准的联盟标准，提高产业准入门槛，推动产业升级。

三、加大政策引导和扶持力度

14. 落实税收优惠政策。研究完善支持企业兼并重组的财税政策。对企业兼并重组涉及的资产评估增值、债务重组收益、土地房屋权属转移等给予税收优惠，具体按照财政部、国家税务总局《关于企业兼并重组业务企业所得税处理若干问题的通知》(财税〔2009〕59号)、《关于企业改制重组若干契税政策的通知》(财税〔2008〕175号)等规定执行。

15. 加强财政资金投入。在省级国有资本经营预算中安排资金，通过职工安置补助等方式，支持省属国有企业兼并重组。对省政府确定的重大兼并重组项目，可通过省级国有资本经营预算安排注资支持。有条件的市可设立企业兼并重组专项资金，或通过国有资本经营预算安排，支持本地区企业兼并重组，优先支持重点产业调整和振兴规划确定的企业兼并重组。

16. 加大金融支持力度。大力推动金融机构开展面向企业兼并重组的金融产品创新，灵活搭配使用并购贷款、银团贷款、股权质押贷款等多种信贷品种，稳步扩大企业兼并重组贷款规模，合理确定贷款期限。鼓励商业银行对兼并重组后的企业实行综合授信。鼓励证券公司、信托公司、资产管理公司、股权投资基金以及产业投资基金等参与企业兼并重组，并向企业提供直接投资、委托贷款等融资支持。积极探索设立专门的并购基金等兼并重组融资新模式，完善股权投资退出机制，吸引社会资金参与企业兼并重组。通过并购贷款、境内外银团贷款、贷款贴息等方式支持企业跨国并购。

17. 支持企业利用各种债券直接融资。积极推动企业利用上市、企业债、短期融资券和中期票据等债务融资工具，拓宽直接融资渠道。鼓励上市公司发行公司债。积极探索资产证券化试点。鼓励金融机构积极创造条件申请发行次级债等资本性债务工具和金融债。推动发行中小企业集合债券和中小企业短期融资券。

18. 支持企业自主创新和技术进步。充分利用省级产业技术研发资金，支持兼并重组企业技术中心建设，提高研发水平和自主创新能力，加快科技成果向现实生产力转化。省工业结构调整资金、新兴产业和重点行业发展专项资金要对符合国家产业政策的兼并重组企业技术改造项目给予优先支持。充分利用中央和省级关闭小企业和淘汰落后产能补助资金，鼓励和引导企业通过兼并重组淘汰落后产能，切实防止以兼并重组为名盲目扩张产能和低水平重复建设。

19. *妥善解决债权债务和职工安置问题。*严格依照有关法律规定和政策妥善分类处置债权债务关系，落实清偿责任，确保债权人、债务人的合法利益。研究债务重组政策措施，支持资产管理公司、创业投资企业、股权投资基金、产业投资基金等机构参与被兼并企业的债务处置。切实落实相关政策规定，积极稳妥解决职工劳动关系、社会保险关系接续、拖欠职工工资等问题。制定完善相关政策措施，推进兼并重组企业退休人员医疗保险关系属地统筹和向社会职能机构移交，继续支持国有企业实施主辅分离、辅业改制和分流安置富余人员。认真落实积极的就业政策，促进下岗失业人员再就业。

20. *完善相关土地管理政策。*兼并重组涉及的划拨土地符合划拨用地条件的，经所在地县级以上人民政府批准可继续以划拨方式使用；不符合划拨用地条件的，依法实行有偿使用，划拨土地使用权价格可依法作为土地使用权人的权益。重点产业调整和振兴规划确定的企业兼并重组项目涉及的原生产经营性划拨土地，经省级以上国土资源部门批准，可以国家作价出资（入股）方式处置。

21. *深化企业体制改革和管理创新。*鼓励兼并重组企业进行公司制、股份制改革，建立健全规范的法人治理结构，转换企业经营机制，创新管理理念、管理机制和管理手段，加强和改善生产经营管理，促进自主创新，提高企业市场竞争力。

四、加强组织领导和协调服务

22. *健全联席会议制度。*省工业调整振兴联席会议负责研究、协调、解决企业兼并重组中的重大问题，省经济和信息化委负责对企业兼并重组工作进行综合协调，各相关部门按照职能分工，细化工作方案，保证各项政策措施落实到位。各市、县（市、区）也要成立相应组织协调机制。

23. *充分发挥行业协会和中介机构作用。*各行业协会要充分发挥自身专业特长和作用，认真研究国际国内行业发展现状，准确把握市场信息，根据行业特点和发展实际，制订好行业企业兼并重组规划，提出前瞻性、指导性、实践性强的政策措施。引导和支持资金实力雄厚、业务水平高的中介机构介入企业兼并重组，加强市场信息、战略咨询、法律顾问、财务顾问、资产评估、产权交易、融资中介、独立审计和企业管理等咨询服务，推动企业兼并重组中介服务专业化、规范化发展。

24. *努力营造跨地区、跨行业、跨所有制企业兼并重组的良好环境。*清理限制跨地区兼并重组的规定，坚决废止各种不利于企业兼并重组和妨碍公平竞争的规定，尤其要坚决取消各地自行出台的限制外地企业对本地企业实施兼并重组的规定。理顺地区间利益分配关系，在不违背国家有关政策规定的前提下，地区间可根据企业资产规模和盈利能力，签订企业兼并重组后的财税利益分成协议，妥善解决企业兼并重组后工业增加值等统计数据的归属问题，实现企业兼并重组成果共享。放宽民营资本的市场准入，切实向民营资本开放法律法规未禁入的行业和领域，并放宽在股权比例等方面的限制。加快垄断行业改革，鼓励民营资本通过兼并重组等方式进入垄断行业的竞争性业务领域，支持民营资本进入基础设施、公共事业、金融服务和社会事业相关领域。

二〇一一年三月八日

1－29　山东省人民政府关于印发山东省国民经济和社会发展第十二个五年规划纲要的通知

鲁政发〔2011〕11号

各市人民政府，各县（市、区）人民政府，省政府各部门、各直属机构，各大企业、各高等院校：

《山东省国民经济和社会发展第十二个五年规划纲要》（以下简称《纲要》）已经省十一届人大四次会议审查批准，现印发给你们，请认真贯彻实施。

《纲要》实事求是地总结了“十一五”时期的工作，明确提出了“十二五”时期国民经济和社会发展的目标任务与工作重点，符合党的十七大、十七届五中全会和省九次党代会、九届十一次全委会精神，反映了全省人民的根本利益和共同愿望，是动员和组织全省人民贯彻落实科学发展观、加快转变经济发展方式、实现富民强省宏伟新跨越，加快全面建设小康社会的行动纲领。

各市、各部门要组织干部群众认真学习和深刻领会《纲要》精神，按照积极作为、科学务实的工作基调，结合本地区、本部门实际，切实抓好《纲要》的贯彻落实，为实现“十二五”时期各项目标而共同努力。

二〇一一年三月十五日

山东省国民经济和社会发展第十二个五年规划纲要

（2011－2015年）

山东省国民经济和社会发展第十二个五年规划纲要（2011－2015年）根据中共中央和中共山东省委《关于制定国民经济和社会发展第十二个五年规划的建议》制定，主要阐明政府战略意图，明确政府工作重点，引导市场主体行为，是未来五年我省经济社会发展的宏伟蓝图，是全省人民共同的行动纲领。

第一篇　发展背景和发展目标

“十二五”时期是我省全面建设小康社会、实现富民强省新跨越的关键时期，是深化改革开放、加快转变经济发展方式的攻坚时期，必须继续抓住和用好重要战略机遇期，进一步推动科学发展、和谐发展、率先发展，加快建设经济文化强省。

第一章　发展成就

“十一五”以来，全省上下坚持以科学发展观为指导，贯彻落实党中央、国务院一系列大政方针和省委、省政府的战略部署，积极作为、科学务实、重点突破、攻坚破难，保持了经济社会平稳较快发展，主要任务目标顺利完成。面向未来，我省的发展站上了更新更高的平台。

综合实力跃上新台阶。2010年地区生产总值达到39416.2亿元，“十一五”年均增长13.1%，人均地区生产总值突破6000美元。地方财政收入达到2749.3亿元，年均增长20.7%。全社会固定资产投资五年累计完成8.1万亿元，年均增长22.5%。实现社会消费品零售总额累计达到5.3万亿元，年均增长

18.9%。

产业结构调整取得新进展。农业连续8年增产，粮食总产达到4335.7万吨。制造业强省建设成效显著，规模以上工业完成增加值2万亿元以上。服务业规模和质量逐步提升，增加值达到14429亿元。三次产业比例调整为9.1:54.3:36.6。可持续发展取得新成效。耕地总量实现动态平衡，保有量超过1亿亩，有效灌溉面积达到7464万亩，工业用水重复利用率达到75%，万元生产总值能耗、二氧化硫和化学需氧量排放累计分别下降22.1%、20%和18%，完成国家下达的“十一五”节能减排任务，以能源资源过度消耗、环境污染为代价的增长方式得到有效遏制。

创新型省份建设取得新突破。拥有中科院3个研究所、26个国家工程技术研究中心、21个国家级重点实验室和工程实验室，29个国家质检中心，国家综合性新药研发技术大平台、海洋科学综合考察船、国家深海基地等重大科学工程落户山东。拥有国家级企业技术中心100家，居全国首位。高新技术产业实现产值年均增长超过30%。

协调发展呈现新亮点。国务院批复实施《黄河三角洲高效生态经济区发展规划》和《山东半岛蓝色经济区发展规划》，胶东半岛高端产业聚集区和日照钢铁精品基地建设扎实推进，省会经济加快发展，突破菏泽成效明显。城乡面貌显著改善，城镇化率达到49%，实现村村通电、通电话、通汽车，通自来水率达到90%。

改革开放形成新局面。多种所有制经济共同发展的格局基本形成，非公有制经济占地区生产总值比重达到54%。资本市场逐步完善，直接融资额五年累计达到2900亿元。工业反哺农业、城市支持农村的机制不断完善，财政对“三农”累计投入4718亿元，年均增长36.1%。政府职能转变的步伐加快，教育、文化、医药卫生、社会保障、收入分配等领域体制改革力度加大。全方位、多层次、宽领域的开放格局基本形成，已与国外建立友好城市168对、友好合作关系城市165对，进出口总额累计7036亿美元，年均增长19.6%，实际利用外商直接投资累计463.9亿美元。

民生建设得到新加强。保障和改善民生力度持续加大，财政对民生投入累计7004.5亿元。各级各类教育发展加快、结构优化，高等教育毛入学率提高6个百分点以上，高中阶段教育职普比达到1:1。城乡医疗卫生条件进一步改善，城市社区卫生服务覆盖率98.7%，新型农村合作医疗参合率99.6%。人均期望寿命达到76岁。五级公共文化服务网络基本形成，成功举办了奥帆赛、残奥帆赛和第十一届全运会。累计新增城镇就业553万人，转移农村劳动力715.9万人，实现城镇家庭就业动态消零。社会保障覆盖面逐步扩大，城镇居民人均可支配收入、农民人均纯收入分别达到19946元和6990元，年均分别增长10.5%和8.7%。

表1：“十一五”规划主要指标完成情况

	指标	2005年	规划目标		实现情况		属性
			2010年	年均增长	2010年	年均增长	
1	地区生产总值（亿元）	18366.9	30000	10%	39416.2	13.1%	预期性
2	人均地区生产总值（美元）	2447	>3900		>6000		预期性
3	三次产业比例	10.7:57:32.3	8:55:37		9.1:54.3:36.6		预期性

4	地方财政收入（亿元）	1073.1	2000	14%	2749.3	20.7%	预期性
5	固定资产投资总额（亿元）	10541.9		18%	23279.1	22.5%	预期性
6	社会消费品零售总额（亿元）	6166.9	11000	13%	14211.6	18.9%	预期性
7	进出口总额（亿美元）	768.9	1500	15%	1889.5	19.6%	预期性
8	外商直接投资（亿美元）	89.7		〔400〕	91.7	〔463.9〕	预期性
9	居民消费价格指数涨幅（%）	1.7		4% 左右	2.9	2.7	预期性
10	单位地区生产总值能耗降低（%）			〔22〕		〔22.1〕	约束性
11	主要污染物排放总量减少（%）　二氧化硫			〔20〕		〔20〕	约束性
	主要污染物排放总量减少（%）　化学需氧量			〔18〕		〔18〕	
12	工业用水重复利用率（%）		75		75		约束性
13	森林覆盖率（%）	20.68（2007 年）	22		22.8		约束性
14	耕地保有量（亿亩）	1.1	1.1		1.1		约束性
15	研究与试验发展经费支出占地区生产总值比重（%）	1	2		1.5		预期性
16	高新技术产业产值占规模以上工业总产值比重（%）	24.1	35		35.2		预期性
17	城镇化率（%）	45	50		49		预期性
18	高等教育毛入学率（%）	19.2	26		26		预期性
19	城镇居民人均可支配收入（元）	10745	15000	7%	19946	10.5%	预期性
20	农民人均纯收入（元）	3931	5500	7%	6990	8.7%	预期性

注：地区生产总值和城乡居民收入绝对数按当年价格计算，速度按可比价格计算，〔 〕表示五年累计数。

我省“十一五”经济社会发展的成功实践，为“十二五”及今后的发展积累了丰富的经验。一是坚持科学务实谋发展，聚精会神搞建设，积极应对国际金融危机挑战，加快转变经济发展方式，抓住机遇推动经济不断迈上新台阶。二是坚持更加关注民生，把改善人民生活作为全面建设小康社会的出发点和落脚点，让人民群众共享改革发展成果。三是坚持全面、协调、可持续发展的要求，着力扩大消费需求，推进节能减排和生态建设，实施区域重点突破，全面提升经济发展的质量和效益。四是坚持深化改革、扩大开放，为经济社会发展不断注入新的活力和动力。五是坚持经济建设与文化建设紧密结合，相互促进，增强经济社会发展的软实力。

面向未来，在前进道路上我省仍然存在一些深层次的矛盾和问题，主要是经济发展方式转变不快，结构性矛盾突出，服务业发展相对滞后，城乡区域发展不协调；经济发展的质量和效益不高，人均经济指标水平偏低；经济增长的资源环境约束强化，节能减排压力较大；科技创新能力不够强，人才支撑能力不足；制约科学发展的体制机制障碍依然较多，对外开放水平不高；保障和改善民生任务繁重，公共服务水平亟待提高。全省必须增强机遇意识和忧患意识，既要珍惜机遇、抓住机遇、用好机遇，又要认清挑战、应对挑战、战胜挑战，更加奋发有为地推动经济社会又好又快发展。

第二章　发展环境

“十二五”期间，我省经济社会发展总体上仍处于重要战略机遇期，有基础有条件继续走在全国前列，但国内外发展环境错综复杂，不确定不稳定因素增多，转变发展方式的外部压力加大、内在要求迫切，加快转方式、调结构，实现由大到强的历史跨越，是经济社会发展的重大战略任务。

从国际环境看，和平、发展、合作仍是时代潮流，世界多极化、经济全球化深入发展，科技创新孕育新突破，国际环境总体上有利于我国和平发展。同时，国际金融危机影响深远，世界经济增长速度减缓，全球需求结构出现明显变化，围绕市场、资源、人才、技术、标准等的竞争更加激烈，气候变化以及能源资源安全、粮食安全等全球性问题更加突出，各种形式的保护主义抬头，我国发展的外部环境更趋复杂，对统筹国内国际两个大局带来新的压力和考验。

从国内环境看，我国发展仍处于可以大有作为的重要战略机遇期，工业化、信息化、城镇化、市场化、国际化深入发展，社会主义市场经济体制更加完善，综合国力大幅提升，政府宏观调控能力明显提高，经济结构转型加快，社会保障体系逐步健全，社会大局保持稳定，加快转变经济发展方式成为未来的主导趋势，完全有条件推动经济社会发展和综合国力再上新台阶。各省市加快发展特色经济区，培育新的经济增长点，区域竞争与合作格局加速调整，区域间产业梯度转移的趋势更加明显。

从山东发展看，“十二五”及今后一个时期，我省经济社会发展将开启以科学发展为主题、向富民强省目标迈进的新征程，具备了加快由经济大省向经济强省、由文化资源大省向文化强省跨越的有利条件。一是具备良好的政策环境。党中央、国务院把加快经济发展方式转变作为深入贯彻落实科学发展观的重要目标和战略举措，省委、省政府制定实施了一系列转方式、调结构、保增长、惠民生的政策措施，为经济社会发展提供了有力的政策保障。二是具备较好的经济基础。我省资源比较丰富，经济已具相当规模，产业体系日益完备，支撑能力不断增强，改革稳步向纵深推进，全方位开放格局已经形成，为转方式、调结构提供了良好的经济条件和体制机制保障。三是具备广阔的发展空间。我省已经进入加快全面建成小康社会的历史新阶段，国内外市场前景广阔，经济发展回旋余地大。山东半岛蓝色经济区和黄河三角洲高效生态经济区建设加快推进，重点区域带动战略深入实施，极大地拓展了发展空间。同时，展望未来也面临诸多挑战，主要是传统增长模式难以持续，结构调整任务繁重，社会建设面临诸多难题，改革攻坚面临深层次矛盾。综合分析，我省经济社会平稳较快发展的态势将持续较长一个时期，有条件加快经济文化强省建设的步伐。

第三章　发展目标

指导思想：高举中国特色社会主义伟大旗帜，以邓小平理论和“三个代表”重要思想为指导，深入贯彻落实科学发展观，紧紧围绕科学发展主题，牢牢把握加快转变经济发展方式主线，坚定不移地以富民强省为目标，深化改革开放，保障和改善民生，努力建设经济文化强省，促进经济长期平稳较快发展和社会和谐稳定，为率先全面建成小康社会打下具有决定性意义的基础。

指导原则：

坚持结构调整。把经济结构战略性调整作为加快转变经济发展方式的主攻方向，构建扩大内需长效机制，放大消费拉动作用，调整优化投资结构，促进经济增长向依靠消费、投资、出口协调拉动转变。提高农业现代化水平，大力发展现代产业体系，推动服务业跨越发展，促进经济增长向依靠第一、第二、第三产业协同带动转变。

坚持创新驱动。把科技进步和创新作为加快转变经济发展方式的重要支撑，深入实施科教兴鲁和人才强省战略，充分发挥科技第一生产力和人才第一资源作用，提高教育现代化水平，增强自主创新能力，打造高端人才聚集地，推动发展向主要依靠科技进步、劳动者素质提高、管理创新转变，加快建设创新型省份。坚持统筹兼顾。把统筹兼顾作为加快转变经济发展方式的根本方法，统筹经济与社会、海洋与陆地、城市与农村、东部与中西部、当前与长远，加快实施重点区域带动战略，积极稳妥推进城镇化，加快推进社会主义新农村建设，促进区域良性互动、协调发展，提高发展的全面性、协调性、可持续性。

坚持民生优先。把保障和改善民生作为加快转变经济发展方式的根本出发点和落脚点，把促进就业放在经济社会发展优先位置，加快发展各项社会事业，推进基本公共服务均等化，加大收入分配调节力度，坚定不移走共同富裕道路，实现富民与强省的有机统一，共建共享和谐社会。

坚持绿色发展。把建设资源节约型和环境友好型社会作为加快转变经济发展方式的重要着力点，加强资源节约和管理，加大节能减排和环境保护力度，加强生态保护和防灾减灾体系建设，发展循环经济，推广低碳技术，加快生态省建设，促进经济社会发展与人口资源环境相协调，提高生态文明水平，增强可持续发展能力，营造美好家园。

坚持改革开放。把改革开放作为加快转变经济发展方式的强大动力，以更大决心和勇气全面推进各领域改革，破除发展障碍，化解发展难题，加快构建有利于科学发展的体制机制。实施互利共赢的开放战略，增强发展的融合性和开放度，更高水平参与国际分工，积极推动国内区域合作，以开放促发展、促改革、促创新。

推动和实现我省经济社会的科学发展，必须坚持“一线三点”的工作思路，在各项工作中体现强省建设的内在要求，在发展中促转变、在转变中谋发展，着力提升经济社会发展质量，逐步提高人民生活水平，不断取得经济文化强省建设的新成就。

发展目标：

综合竞争力显著提升。地区生产总值年均增长9%，到2015年三次产业比例调整为7:48:45，地方财政收入年均增长14%左右，全社会固定资产投资年均增长15%左右，社会消费品零售总额年均增长15%以上，经济结构战略性调整取得重大进展。

城乡区域协调发展。全省城镇化水平达到55%以上，力争新农村建设达到全国先进水平，海陆资源互补、产业互动、布局互联，海洋经济占地区生产总值的比重达到23%，东部率先发展、中部加快崛起、西部实现跨越，形成区域协调发展新格局。

社会建设明显加强。教育质量和结构不断提升，公共文化服务体系基本形成，城乡医疗卫生服务体系健全完善，社会主义核心价值体系深入人心，全社会文明程度大幅度提高。社会管理制度不断完善，平安山东建设深入推进，社会更加和谐稳定。

生态环境优美宜居。确保完成国家下达的节能减排约束性目标，单位地区生产总值能耗和二氧化碳排放大幅下降，主要污染物排放总量显著减少，森林覆盖率达到25%，生态环境质量不断提升，人居环境显著改善，展现生态山东、绿色山东的新形象。

人民生活殷实富裕。城镇居民人均可支配收入和农民人均纯收入年均增长10%，争取农民收入实现更高增幅，尽快扭转收入差距扩大的趋势，城镇登记失业率控制在4%以内，人均期望寿命力争达到77岁，价格总水平保持基本稳定，基本公共服务均等化程度明显提高。

经过全省人民共同努力奋斗，使我省转变经济发展方式取得实质性进展，经济文化强省建设步伐明显加快，综合实力、国际竞争力和可持续发展能力显著增强，人民富裕文明程度普遍提高，全面建成小康社会的基础更加牢固。

表 2："十二五"时期经济社会发展主要指标

类别	指标		2010 年	2015 年	年均增长（%）	属性
经济发展	地区生产总值（亿元）		39416.2	60000	9	预期性
	服务业增加值比重（%）		36.6	>45	>〔8.4〕	预期性
	城镇化率（%）		49	>55	>〔6〕	预期性
科技教育	九年义务教育巩固率（%）		95	97	〔2〕	约束性
	高中阶段教育毛入学率（%）		>95	97	〔2〕	预期性
	研究与试验发展经费支出占地区生产总值比重（%）		1.5	>2.2	>〔0.7〕	预期性
	每万人口发明专利授权数（件）		0.4	0.8	〔0.4〕	预期性
环境资源	耕地保有量（亿亩）		1.1	1.1		约束性
	单位工业增加值用水量降低（%）				完成国家分解任务	约束性
	农业灌溉用水有效利用系数		0.59	0.63	〔0.04〕	预期性
	非化石能源占一次能源消费比重（%）		<1	6		约束性
	单位地区生产总值能源消耗降低（%）				完成国家分解任务	约束性
	单位地区生产总值二氧化碳排放降低（%）					约束性
	主要污染物排放减少（%）					约束性
	森林增长	森林覆盖率（%）	22.8	25	〔2.2〕	约束性
		森林蓄积量（亿立方米）	0.94	1.1	〔0.16〕	
人民生活	城镇居民人均可支配收入（元）		19946	32100	10	预期性
	农民人均纯收入（元）		6990	11300	10	预期性
	城镇登记失业率（%）		3.36	<4		预期性
	城镇净增就业人数（万人）				>〔500〕	预期性
	城镇参加基本养老保险人数（万人）		1770.9	1900	〔129.1〕	约束性
	城乡三项基本医疗保险参保率（%）		97	98	〔1〕	约束性
	城镇保障性安居工程建设（万套）				完成国家分解任务	约束性
	总人口（万人）				<6‰	约束性

注：地区生产总值和城乡居民收入绝对数按 2010 年价格计算，速度按可比价格计算；〔 〕内为五年累计数；主要污染物指化学需氧量、氨氮、二氧化硫、氮氧化物；城乡三项基本医疗保险指城镇职工基本医疗保险、城镇居民基本医疗保险、新型农村合作医疗。

第二篇　区域统筹和发展布局

构建产业布局合理、区域发展协调、人口聚集加快、城镇体系完善的发展格局。突出重点区域带动，推进区域协调发展；突出大城市集聚辐射，推进城乡一体化发展；突出提高国土空间利用效率，推进各具特色的主体功能区优势互补错位发展。

第四章　经济布局

深入实施重点区域带动战略，支持特色经济区加快发展，加快区域一体化进程，促进区域经济相互融合联动发展。

加快打造山东半岛蓝色经济区。全面落实胡锦涛总书记关于打造和建设好山东半岛蓝色经济区的重要指示，精心组织实施国家海洋经济发展试点，加快实施国家批复的《山东半岛蓝色经济区发展规划》，打造具有国际先进水平的海洋经济改革发展示范区和我国东部沿海地区重要的经济增长极。胶东半岛高端产业聚集区是山东半岛蓝色经济区的主体力量，要发挥全省优质资源富集地带的优势，放大青岛龙头带动效应，着力提高自主创新能力，努力建成国内一流、国际先进的技术密集、知识密集、人才密集、金融密集、服务密集的高端产业聚集区。

专栏 1：山东半岛蓝色经济区

以全省 15.95 万平方公里海域和沿海 7 市 51 个县（市、区）所属的 6.4 万平方公里陆域为主体规划区，提升胶东半岛高端海洋产业集聚区核心地位，壮大黄河三角洲高效生态海洋产业集聚区和鲁南临港产业集聚区两个增长极，构筑海岸、近海和远海三条开发保护带，培育青岛—潍坊—日照、烟台— 威海、东营— 滨州三个城镇组团，形成“一核、两极、三带、三组团”的总体开发框架。省内其他地区为联动区，构筑陆海统筹、一体化发展格局。

加快建设黄河三角洲高效生态经济区。积极推进实施国家批复的《黄河三角洲高效生态经济区发展规划》，按照高效、生态、创新的原则，以资源高效利用和改善生态环境为主线，加快构筑现代产业体系和生态保护体系，扩大对内对外开放，提高核心竞争力和综合实力，建设全国重要的高效生态经济示范区、全国重要的特色产业基地、全国重要的后备土地资源开发区和环渤海重要的增长区域。

专栏 2：黄河三角洲高效生态经济区

包括东营市、滨州市，潍坊市的寒亭区、寿光市、昌邑市，德州市的乐陵市、庆云县，淄博市的高青县和烟台市的莱州市，共 19 个县（市、区），陆地面积 2.65 万平方公里，依托东营、滨州、潍坊港和烟台港莱州港区，加快建设东营、滨州、潍坊北部、莱州四大临港产业区，形成西起乐陵、东至莱州的环渤海南岸经济集聚带。

加快建设省会城市群经济圈。以加快省会建设发展为龙头，带动周边地区一体化发展。强化济南核心地位，加快城市扩容，改善城市面貌，提升城市功能，增强辐射带动作用，做大做强省会经济、总部经济和服务经济，培育和发挥教育科研、金融服务、高新技术、商贸物流、文化旅游等综合优势。发挥区域高速公路、铁路和规划建设的城际轨道通达便捷的优势，加强周边中心城市分工协助和优势互补，实现各类资源高效优化配置，建成发展活力充足、产业素质较高、服务功能强大、生态环境优美、社会文明和谐的经济圈。

专栏3：省会城市群经济圈

包括济南、淄博、泰安、莱芜、德州、聊城、滨州7市，行政区划面积5.2万平方公里，依托中心城市和重要交通干线，构建完善以济南城区为中心，以70公里为半径周边区域为节点的紧密圈层，以150公里为半径六市为节点的协作圈层，以济南为核心，提升德济泰高铁产业带和淄济聊交通走廊产业带“十”字形主轴，构建北翼德滨、东翼滨淄莱、西南翼聊泰莱三条环形发展轴线，形成“一核两轴三环”增长格局。

加快建设鲁南经济带。以鲁南临港产业集聚区为龙头，充分发挥港口资源、自然资源、区位等优势，加快日照钢铁精品基地建设，把鲁南建成全国重要的能源和精细化工、优质建材、机械制造、商贸物流、文化旅游、优质农产品生产加工基地，增强区域可持续发展能力，形成山东经济发展的重要增长极。

专栏4：鲁南经济带

包括日照、临沂、枣庄、济宁、菏泽5市，面积5.05万平方公里。以日照、临沂为主体，建设临港经济区；以济宁、枣庄为主体，繁荣发展运河经济；以菏泽为主体，推动欠发达地区跨越式发展，打造鲁苏豫皖四省交界地区科学发展高地。

第五章　城乡布局

积极稳妥推进城镇化，加快建设社会主义新农村，构建以城市群为主体，大中小城市和小城镇科学布局，城乡互促共进，区域协调发展的城镇体系，推动城乡规划一体化、基础设施建设一体化、公共服务一体化，促进公共资源在城乡之间均衡配置、生产要素在城乡之间合理流动。

发展壮大中心城市。适度拓展济南、青岛两大中心城市规模，增强综合承载力和服务功能，更好地发挥集聚和辐射带动作用。合理扩大其他区域中心城市容量，加快要素集聚，增强城市承载能力。积极发展城市群，以区域经济发展布局为基础，以资源整合为重点，加强城市间规划对接、产业合作和发展融合，推进资源共用、设施共建、环境共治、成果共享。到2015年，全省17市建成区人口全部达到50万人以上，其中超100万的城市16个，济南、青岛分别达到400万人和450万人。

大力发展县级市、县城和重点镇。量大面广的中小城镇是落实城乡统筹发展的重要着力点。县级市和县城，要强化城镇规划龙头作用，加快产业集约、要素集聚、人口集中，积极稳妥推进撤乡设镇、乡镇改街办，提高承载能力，向中等城市发展。改革城镇管理体制，实施扩权强镇，强化社会管理和服务功能，支持一批经济强镇、区域重镇和文化旅游名镇加快膨胀规模，向小城市发展。到2015年，全省建成20－50万人的中等城市35个，3－20万人的小城市133个。

规范有序建设农村社区和中心村。推进农村基础设施城镇化、居住管理社区化、生活方式市民化，建设农民幸福生活的美好家园。坚持群众自愿、因地制宜、量力而行、依法推进，在切实保障农民权益的前提下，以城边村、园区周边村、经济强村为重点，建设新型农村社区，改造空心村，建设特色村，积极稳妥引导农民适当集中居住，实行城乡基础设施统一规划布局，积极推进城市公用设施向乡镇和农村社区延伸。到2015年，实现农村社区建设服务全覆盖，完成8000个村庄整体改造。

加快发展县域经济。把发展县域经济作为统筹城乡发展的重要支撑点和着力点，积极调整产业布局和资源配置方式，因地制宜地发展都市辐射型、外向经济型、资源加工型、龙头企业带动型等特色经济。加强城镇建设与产业

布局的配套衔接，推动规模结构合理化、产业发展集群化、土地利用集约化和城镇面貌特色化，促进产业向园区集中、要素向城镇集中、居住向社区集中，增强吸纳人口、带动经济发展、推进城乡一体化进程的能力。积极引导农村人口就近有序转移，对有稳定劳动关系并在城镇居住的农民工特别是新生代农民工，逐步取消暂住证，实行居住证制度，促进转化为城市居民，并享有与当地居民同等权益。完善支持县域经济发展的政策措施，研究制定新一轮县域经济综合考评制度，进一步扩大县级和强镇的自主权、决策权及经济管理权限，加快推进省管县财政体制改革，加大对县域的转移支付，推动县级、乡镇综合改革。

专栏 5：2015 年 17 市建成区人口规模

400 万人以上城市 2 个：青岛（450）、济南（400）。

200 万人以上城市 2 个：淄博（270）、临沂（220）。

100 万人以上城市 12 个：烟台（170）、潍坊（180）、济宁（140）、泰安（110）、枣庄（105）、东营（100）、威海（100）、日照（110）、滨州（100）、聊城（100）、菏泽（100）、德州（100）。

50 万人以上城市 1 个：莱芜（50）。

第六章　空间布局

依据资源环境承载能力、开发密度和发展潜力，调整优化空间结构，提高空间利用效率。全省国土空间按开发内容分为城市、农村和生态三类区域，按开发方式分为优化开发、重点开发、限制开发和禁止开发四类区域。

城市地区。包括城市、建制镇的现有建成区和拓展区、经济集中开发区，是集聚经济和人口的重要区域，面积占全省国土总面积的40%，作为推进工业化、城镇化的国土空间。工业向园区集聚，人口居住向城镇集中，对城市重污染企业限时限点淘汰或改造搬迁。

农村地区。包括农村居住区和农业地区，面积占全省国土总面积的 40%，作为发展农业生产、建设农村居民点和乡村道路及其他基础设施的国土空间。严格保护基本农田，发展现代农业，建设宜居村庄。

生态地区。包括生态经济区和水源涵养区、水土保持区、生物多样性维护区，面积占全省国土总面积的 20%。以海岸带和鲁中南山区为骨架，生态类限制开发区域为主体，点状分布的禁止开发区域为组成部分，作为构筑生态安全屏障的国土空间。适度发展特色生态经济，禁止从事不符合生态功能定位的各类开发建设活动。

推进集约开发和空间均衡。胶东半岛城市群、黄河三角洲高效生态经济区和济南淄博主城区为优化开发区域，建立转变发展方式优先的绩效评价体系，全面优化提升经济社会发展的结构、素质和质量，成为带动全省经济社会发展的龙头、重要的创新区域和规模最大的人口经济密集区。济南都市圈、鲁南经济带、全省重点城镇拓展区和各类经济园区，为重点开发区域，实行工业化和城镇化水平优先的绩效评价，加快形成现代产业体系，健全现代城镇体系，促进人口加速集聚，完善基础设施网络，保护生态环境，成为支撑未来全省经济持续增长的重要增长极。农业地区和生态地区分别实行农业发展优先和生态保护优先的绩效评价，实行点状开发，保护大片耕地和开敞生态空间，引导人口集中布局到中心城镇。世界文化自然遗产以及国家级和省级自然保护区、风景名胜区、森林公园和地质公园等，为禁止开发区域，要依据法律法规和相关规划实施强制性保护，严格控制人为因素对自然生态的干扰，引导人口逐步有序转移。

第三篇　结构调整和转型升级

实施高端高质高效产业发展战略，牢固树

立经济发展的效益导向，促进结构调整与财源建设有机结合，推动三次产业融合发展，加快建设结构优化、技术先进、清洁安全、附加值高、吸纳就业能力强的现代产业体系。

第七章　农业提升

以增加农民收入和农产品有效供给为核心，以优化结构、提升层次为重点，以落实强农惠农政策为保障，进一步增强农业综合生产能力，加快十大产业体系建设，构建高产、优质、高效、生态、安全的农业现代化发展格局。

提升粮食综合生产能力。按照稳定播种面积、优化品种结构、提高单产、增加效益的要求，构建供给稳定、储备充足、调控有力、运转高效的粮食安全保障体系。全面实施千亿斤粮食生产能力规划，加快73个国家级粮食大县产能建设。加大农业综合开发力度，以中低产田改造提升为重点，大力提高耕地质量，支持农田节水排灌、土地整治提升、土壤改良提质、机耕道路完善和旱作农业示范工程，五年建设高产稳产粮田1000万亩。加强粮食储备能力和物流设施建设，五年新增粮食仓储库容500万吨。

提升农业生产综合效益。发展壮大九大特色优势产业，推动专业化分工、规模化生产、集约化经营，加快农业结构调整步伐。放大典型示范带动作用，支持生产要素向种养大户集中、优质品种向生产基地集中、优势产业向优势区域集中，建设一批特色农产品生产基地和优势农产品产业区带。实施新一轮菜篮子工程，加快发展高效设施农业，提升外向型农业发展水平。到2015年，蔬菜、渔业、畜牧、果业、苗木花卉等产业产值占农林牧渔业总产值的比重提高到85%以上，对农民增收贡献1500元以上。

提升农业装备规模和质量。适应农业集约、规模、高效发展的趋势，加快推进农业技术集成化、劳动过程机械化、生产经营信息化。加大农机购置补贴力度，加快实施农机创新示范工程，创新农机服务模式，支持发展一批新型农机服务组织，加快先进适用机械推广应用，促进主要农产品由生产环节机械化向全过程机械化发展。到2015年，全省农机总动力达到1.4亿千瓦，农机化水平达到85%以上。

提升农业生产标准化水平。适应绿色消费、生态环保、安全健康的市场需求，着力扩大优质、生态、安全农副产品供给。加快制定和完善农产品质量标准和安全标准，积极推行农产品原产地标识制度和终端产品认证制度。加强农业投入品监管和产地环境整治，推进标准化生产示范基地和绿色控害技术综合运用示范基地建设，完善动植物疫病防治体系。加快建立和完善与国际接轨的农产品质量检测和检疫体系网络，全面提高农产品质量安全水平和市场竞争力。

提升农业产业化层次。以促进农业生产工厂化、管理企业化、组织规模化为重点，继续实施农业龙头企业带动工程，支持龙头企业提高层次、扩大规模，推进上下游产品加工的联合与协作。突出资源优势和特色品牌导向，引导带动农业生产提高层次、争创名牌、增值增效和节约资源。以农民组织化推进农业产业化，支持农民以生产要素参股龙头企业，鼓励农村经济能人牵头建立各种类型的专业合作组织，建立各类公司、合作组织和广大农户紧密合作机制，形成以产权为纽带、风险共担、利益共享的经济共同体。

第八章　工业优化

以实现工业由大变强为核心，以增强自主创新能力、提高产业集中度和节能减排水平为重点，深入推进产业调整振兴，推动传统产业改造升级、战略性新兴产业加快发展、产业集聚集约发展，构建以高端产业、高端产品、高端技术为主体的现代制造业体系。

第一节　提升发展传统产业

按照创新驱动、优化结构、提升水平、绿色发展的要求，做大做强装备制造业，调整优化原材料产业，改造提升消费品工业，以增量优化带动存量调整，以先进产能取代落后产能，加快实施工业转方式调结构1000个重点技改项目，全面提升产业整体素质。力争2015年，支柱产业和骨干企业的关键技术、装备达到国内先进水平，大中型企业科技活动经费占销售收入的比重普遍提高到3%以上，山东名牌产品和驰名商标分别达到2100个、230件。

推进重点产业结构调整。装备制造行业要坚持发展整机与提高基础配套水平相结合，关键技术创新和系统集成相结合，重点发展汽车和船舶及零部件、海洋工程装备、能源技术装备、行业专用设备、电工电器等产业，提高重点装备自主化水平。冶金行业要控制总量，优化品种结构，研制发展深加工产品和新型材料，提高资源综合利用水平。石化行业要积极探索原料多元化发展新途径，重点发展炼化一体化、临港石化工业和精细化工，严格限制低端污染化工项目建设。建材行业要以节水、节能、节材为方向，发展资源综合利用型、环境友好型新型建材系列产品。轻纺行业要突出绿色环保、质量安全，加快产品和技术更新换代，做强产业链终端，实施品牌战略和差异化战略，拓展国内外细分市场。

提升企业技术装备管理水平。以增强市场竞争能力为重点，大力实施质量强省和品牌带动战略。推动企业技术进步，加快新技术、新材料、新工艺、新装备的推广应用，积极发展工业设计产业，注重终端产品开发生产，加强市场营销体系建设，打造国内外市场知名品牌，推动研发设计、生产流通、企业管理、人力资源开发等环节的信息化改造，加快新信息与先进制造集成技术的深度应用。

专栏6：传统产业改造升级重点工程

装备制造业，建设济南、烟台、青岛、潍坊等整车生产基地，日照汽车发动机生产基地，聊城、临沂、威海、淄博等新能源汽车生产基地，泰安、东营特种车生产基地，青岛、烟台、威海、日照等造修船基地，济宁、临沂、潍坊工程机械生产基地，济南、滕州、德州机床生产基地，济南、烟台、威海、泰安、滨州、德州核电、风电及新能源装备生产基地，济南、淄博等机电装备生产基地，东营石油装备生产基地，泰安、成武输变电设备生产基地。

原材料产业，2015年日照钢铁精品基地形成2000万吨的综合产能，建设聊城有色金属深加工基地。加强与央企的战略合作，把青岛、淄博、东营、滨州、菏泽等建成全国重要的大型石油化工基地，把枣庄、烟台、济宁、菏泽建成现代精细化工产业基地，把潍坊建成海化石化盐化一体化生产基地。建设淄博、枣庄、临沂、泰安、菏泽等新型建材基地。

消费品工业，建设青岛、潍坊、滨州、济宁、淄博、德州、菏泽等纺织服装基地，青岛、烟台等家电生产基地。

第二节 培育发展战略性新兴产业

坚持高端引领，强化政策支持，立足我省优势领域，以重大建设项目为载体，以掌握核心关键技术为突破口，以强化人才培养引进为支撑，重点发展新能源、新材料、新信息、新医药、海洋开发等五大产业，加快形成先导性、支柱性产业。到2015年，战略性新兴产业增加值占生产总值的比重达到10%。

新能源及节能环保产业。重点发展以太阳能、风能、核能、地热能、生物质能等为主的新能源综合利用及装备制造，以电动汽车、混合动力汽车为主的新能源汽车，以节能机电设备、建筑节能为主的节能设备，以化工、造纸、发酵工业为主的清洁生产装备，以水处理及循环利用、固体废弃物处理利用、废气处理为主的环保及资源综合利用装备。

新材料产业。依托创新型龙头企业，以高技术含量、高附加值、资源节约、绿色环保为方向，重点发展高端氟硅材料、高性能特种纤维、高性能新型合成橡胶、新型海洋工程材料和特种高分子材料等产业。推进实施一批重大产业化项目，迅速膨胀产业规模，打造知名品牌，多元化开拓国内外市场。

新一代信息技术产业。支持济南国家信息通信创新园、国家软件基地和青岛国家电子信息产业基地建设，培育一批重点骨干企业和名牌产品。重点发展光电子核心器件、新型平板显示、集成电路、高端软件、高端服务器、超级计算、云计算、物联网、信息安全和信息服务产品，支持发展汽车电子、船舶电子、电力电子、医疗电子、工业控制等应用电子产业。

新医药及生物产业。重点发展以生物技术药、化学创新药、现代中药、海洋药物、生物医药工程为主的新医药产业，以主要农作物、畜禽水产和蔬菜水果花卉育种为主的生物育种产业，以微生物制造、生物基材料为主的生物制造产业，支持德州、青岛生物产业国家高技术产业基地做大做强，建成全国重要的新医药及生物产业集群。

海洋开发及高端装备制造产业。重点发展以海洋油气装备、海上作业及救捞工程、海洋资源调查等为主的海洋资源勘探与开发，以海况预测预报、海底通信及现代海洋观测为主的数字海洋及动态管理，以海水淡化工程和海水提取溴、镁等为主的海水综合利用，以特种船舶、通用飞机、高速动车组、轨道交通、智能制造等为主的高端装备制造。

专栏 7：战略性新兴产业重点项目

新能源及节能环保产业，重点建设海阳、荣成石岛湾两个核电基地，台海玛努尔核电装备，建设鲁北、渤中、莱州湾等大型海上风电场，济南北车集团、文登现代重工、威海银河等风电设备，皇明光热利用、力诺光伏利用、晟朗光伏发电、华瀚光伏发电、巨皇光伏发电、舜亦光伏电池、汉能光伏电池、孚日薄膜太阳能电池、烟台、威海、枣庄、淄博、泰安锂离子电池等新能源利用项目，北汽福田、中通客车、时风集团、威海广泰、五征集团、唐骏欧铃等新能源汽车项目，联电济宁、青岛燎原等 LED 项目，景津压滤机等环保设备制造项目。

新材料产业，重点建设拓展、华溢碳纤维，烟台万华和华鲁恒升聚氨酯、烟台氨纶芳纶产业化、淄博氟硅新材料和异氰酸脂产业化、龙口南山轨道交通新型合金、莱芜粉末冶金产业化、菏泽镁合金产业化、济宁如意嵌入式复合纺纱产业化、枣庄焊宝无铅电子焊料国产化、瑞丰甲基锡热稳定剂产业化等项目。

新一代信息技术产业，重点建设歌尔光电基地、浪潮集团 LED 外延和芯片、高端容错服务器产业化、济南光电子产业园二期、英特力光通信工业园、淄博 IC 卡芯片及 RFID 电子标签、烟台航空航天科技园、睿创红外热像仪、威海北洋光纤传感器及 RFID 产业化、山东华芯 DRAM 芯片设计和制造等项目。

新医药及生物产业，重点建设烟台国际生物科技园、威高医疗器械、济南新药孵化基地、鲁抗立科、泰邦生物产业园、东阿阿胶工业园、东营新发药业、辰欣工业园、菏泽生物医药谷、瑞阳抗生素类新药等一批生物医药项目，欣和微生物发酵工业园、菱花工业园、九州农药微生物产业化、鲁信金禾生化、莱阳翰霖生物、保龄宝功能糖等一批生物制造项目，鲁研育种、登海育种等一批生物育种项目。“十二五”期间，续建和新建总投资 10 亿元以上的战略性新兴产业重点项目 40 余个，总投资超过 2000 亿元。

第三节　推动产业集中集约集聚发展

强化龙头带动，推动产业集群发展，提升园区经济水平，增强配套能力，形成规模优势，提高产业集中度、产业分工层次和整体竞争力。

发展壮大产业集群。支持拥有自主知识产权、核心竞争力强的大企业集团加快发展，引导中小企业向“专、精、特、新”方向发展，打造特色鲜明的细分行业龙头，形成一批以龙头企业为引领、产业产品为链条、中小企业紧密配套的优势产业集群。到 2015 年，全省主营业务收入过 500 亿元的企业集团达到 30 户，销售收入过 100 亿元的产业集群达到 200 个，优质产品生产基地达到 80 个。

加快园区转型提升。以集约化、专业化、高端化和绿色发展为方向，引导生产要素和区域重点产业集聚发展，吸引最新科技成果在园区转化，以大企业带动产业壮大和基地建设，集中推进清洁生产、节能减排和污染治理。建设创新型园区，成为带动区域经济发展的主导区、调整产业结构的先行区和率先转变经济发展方式的示范区。建立园区分类考核体系和升级淘汰机制，支持具备条件的园区合理扩区和调整区位，探索跨区域合作开发新模式。

促进企业兼并重组。坚持市场化运作，发挥企业主体作用，完善配套政策，推动优势企业实施强强联合、跨地区兼并重组、境外并购和投资合作。鼓励国有企业通过经营权和资产转让、联合并购等方式实现兼并重组。加快推动钢铁、化工、煤炭、黄金、港口等重点行业的重组，促进环保型重化工产业向沿海布局。

专栏8：园区经济提升

全省经国务院、省政府批准设立的省级以上开发区共171个。其中，国家级22个，省级149个。国家级开发区包括青岛、威海、潍坊、淄博、济南、济宁、烟台7个高新技术产业开发区，青岛、烟台、威海、东营、日照、潍坊滨海、临沂、邹平8个经济技术开发区，青岛前湾保税港区、烟台保税港区以及青岛、青岛西海岸、威海、济南、潍坊5个出口加工区。支持更多符合条件的省级开发区积极争取进入国家级开发区行列。

支持发展淄博现代化工产业园、新华国际医药工业园、滕州中俄高技术产业示范园、文登南海工业园、淄博东岳氟硅材料产业园、鲁津红云高新技术产业园、信发循环经济产业园、鲁西化工循环经济产业园、祥光生态工业园、济宁炭素工业园、郓城精细化工循环经济示范园、烟台绿环循环经济产业园、牟平低碳环保产业园等一批特色园区和千亿级产业基地。

第九章 服务业跨越

以市场化、产业化、社会化、国际化为方向，以实现跨越发展为目标，加快体制机制创新，大力发展面向生产、面向生活、面向农村的服务业，加快重点城区、重点园区、重点企业和重点项目“四大载体”建设，促进服务业拓宽领域、扩大规模、优化结构、提升层次，区域中心城市要尽快形成服务经济为主的产业结构，力争2015年全省服务业增加值占地区生产总值的比重提高到45%以上，从业人员比重达到40%以上。

第一节 优先发展生产性服务业

围绕社会化服务、专业化分工，降低流通和服务成本，提高生产经营效率，支持发展龙头企业和集聚区，促进生产性服务业与先进制造业、现代农业融合发展。

金融保险业。优化金融生态环境，构建银行业、证券业、保险业一体化发展的金融体系。支持恒丰银行、齐鲁证券、泰山财产保险等地方金融企业扩大规模，提升实力。支持城市商业银行引进战略投资者，稳步推进跨区经营。支持济南打造区域金融中心，发挥青岛金融服务优势，增强区域中心城市金融服务功能。大力引进国内外金融企业来鲁设立地区总部和功能机构，鼓励支持分公司改制为独立法人。规范各类融资平台建设，发展产业基金、担保公司和大型财务公司等金融企业，打造金融控股公司。积极推进资本市场发展，加速产业资本化、资产证券化，完善发展全省性股权交易市场。推进金融产品创新，稳步开展动产质押，引导企业进入全国银行间货币市场和债券市场。支持发展各类保险机构，扩大覆盖面，丰富大众服务品种，拓展资产保险市场，提升保险信用。依法科学监管，防范化解风险，维护金融稳定。

现代物流业。完善物流基础设施，支持建设大型物流园区，加快提升物流业专业化、信息化、社会化和规模化服务水平。以济南、青岛全国性物流节点城市和一批区域节点城市为重点，建设重要物流通道、大型物流设施和物流信息网络平台，规划布局一批产业集聚、功能集成、经营集约的现代物流园区，积极发展综合性物流、专业性物流、行业性物流和特色物流，加强社会应急性物流体系建设，促进城乡物流一体化发展。推进制造业企业物流业务外包，培育一批以第三方物流为主的大型物流企业，鼓励集团化发展、连锁化经营、智能化管理。支持提升物流服务科技含量，推广应用可视化与货物跟踪、电子结算等物流新技术，实现由仓储运输配送的有形服务向提升空间时间利用价值的无形服务转变。

信息服务业。推动信息化与工业化深度融合，加快经济社会各领域信息化，推进“数字山东”建设。加强新一代移动通信、下一代互联网、数字电视、卫星通信等网络设施建设，实现通信、广播电视和互联网“三网融合”，形成超高速、大容量、高智能干线传输网络。大力发展软件服务业、信息传输服务业、信息内容服务业和信息服务外包，全面提高信息化水平。推进建设标准统一、互联互通、安全可靠的电子政务网络平台，建立覆盖全省的政务协同办公系统、公共信用信息系统、突发公共事件预警信息发布与应急指挥系统。推进建设集居民消费、公共服务、企业经营于一体的电子商务平台，建立健全信用、认证、标准、支付等支撑体系，支持发展网上银行、远程教育、远程医疗、网上购物、网上娱乐等新兴服务业态。推进建设公共信息服务平台，建立完善基础性、应用型和公共型数据库，加强基础测绘和地理空间信息基础框架建设。推进物联网研发应用，支持济南、青岛等城市建设物联网基地，努力建设“智慧山东”。加强信息网络监测、管控能力建设，确保基础信息网络和重要信息系统安全。到2015年，因特网用户数达到2500万户，数字有线电视入户率达到90%。

商务服务业。适应社会化分工和产业发展的需要，支持发展各类专业化服务机构。着力发展会计和审计等财务类、律师和公证等法律类、信息和咨询等咨询类、代理和经纪等市场交易类中介服务业，积极推进行业标准化、规范化建设。加快推进各类公务、商务、学术等会展服务社会化，以各类国际、国家、省级博览会平台为重点，发挥各地特色优势，积极发展会展服务业，深化交流合作、扩大知名度，筹办好2014年世界园艺博览会。以工程机械、生产流水线、汽车、船舶、航空等融资租赁服务为重点，支持发展大型租赁公司，开展多种租赁业务，完善法规和税收政策，规范租赁市场。

节能环保服务业。围绕节能环保、资源循环利用等方面，大力发展专业化信息咨询、技术支持及工程服务，加快完善技术产品交易链和原料产品绿色供应链服务，积极培育集科研、设计、制造、工程于一体的大型专业化节能服务公司和环境工程公司。积极推行合同能源管理，鼓励发展节能诊断、能源审计等第三方节能业务，拓展节能服务市场。探索建立碳排放权、节能量和能耗指标交易中心，利用市场化手段和金融创新方式，调节环境能源领域相关权益人的利益，促进全省降低污染排放。

服务外包产业。大力发展信息技术外包，做大做强业务流程外包，积极开展知识流程外包。加快培育和开拓在岸外包市场，积极拓展日韩、欧美离岸外包市场。积极引进海外高层次人才，加快培养适用人才，培植壮大一批服务外包企业。发展外包业务集群，加快建设国际服务外包产业园区，探索建立服务外包海关特殊监管区。推动济南、青岛建成国内一流服务外包示范城市，支持区域中心城市建设特色服务外包产业聚集区，形成“双核多点、特色发展”的区域布局。到2015年，全省离岸服务外包额达到35亿美元。

第二节　加快发展生活性服务业

以提高服务科技含量、规范服务标准和提升服务质量为目标，全面发展生活性服务业，更好地满足城乡居民消费扩大和消费升级的需求。

旅游业。整合区域优势旅游文化资源，支持旅游基础设施建设，提升胶东半岛沿海旅游休闲度假连绵带，做强济南泰安曲阜山水圣人旅游区、淄博齐文化旅游区和以潍坊为中心的民俗文化、“中国龙城”旅游区，加快发展沿运河、沿黄旅游带和以沂蒙为核心的红色旅游区。实施“好客山东”旅游品牌创建工程，强化旅游品牌营销推介，加快发展旅游中心城市和大型休闲度假酒店集群，建设长岛国际休闲度假岛、荣成好运角旅游区等一批具有带动示范作用的重点项目。大力拓展旅游新兴业态，着力开发文化修学、宗教文化、温泉度假、邮轮游艇、自驾车营地、低碳旅游、生态养生、特色运动、葡萄酒旅游等高端产品，延伸旅游产业链条，提高旅游资源利用效率和管理服务水平。组建一批有市场竞争优势的旅游企业集团，旅游开发与文化提升相促进，产业增效与传承文明相结合，打造全国文化旅游产业发展高地。

批零住宿餐饮业。推进商业结构和业态调整，形成区域性商品集散中心、价格形成中心和辐射国内外市场的知名品牌，发展一批跨行业跨地区经营的大型连锁龙头企业。积极运用计算机、无线射频、条形码、商业智能等现代技术，提高流通业信息化、集约化程度，提升城市商业服务功能，创新完善农村流通体系。推行住宿餐饮标准化服务、规范化管理，促进连锁化、网络化、集团化发展。扶持“老字号”发展，推进鲁菜传承创新，培育提升品牌，支持发展中式快餐连锁业，促进家庭餐饮服务社会化。

房地产业。加快完善市场机制和政府保障机制，促进房地产市场平稳健康发展，努力增加有效供给，合理引导住房消费，满足多元化市场需求。科学编制城市发展规划，合理布局商业地产开发。支持房地产开发和建筑骨干企业做大做强，培育在全国具有较强竞争力的大型综合性企业集团和知名品牌。提高房地产规划设计与施工建设水平，强化建设质量、内在品质和安全保障。加快房地产交易综合服务平台建设，加强房地产市场监管与调控，规范房地产市场秩序。建立健全城市土地市场配置机制和科学的土地价格形成机制，加大对闲置土地的处置力度，提高土地利用效率。

社区及家庭服务业。以街道办事处、社区服务中心为依托，以专业化企业为主体，以满足居民服务消费需求为目标，加强智能呼叫中心系统、社区管理安保系统、实体服务系统建设，支持便民利民社区服务设施和各类网点建设，建立完善社区服务网络平台。实行政策扶持与规范管理相结合，加快培育家庭服务市场，重点发展家政服务、养老托幼、社区照料、病患陪护等基本服务，鼓励发展家庭教育、心理咨询、母婴护理、家庭用品配送等特色服务。

第三节　积极发展农村服务业

以公共服务机构为依托，合作组织为基础，龙头企业为骨干，构建覆盖全程、综合配套、便捷高效的农村社会化服务体系。

农村金融服务体系。发挥农业银行、农村信用社的主体作用，建立政策性农业投资公司、专业化农业担保公司和农业发展基金为主要形式的投融资新机制。支持城市商业银行加快设立县域分支机构，加快农村商业银行试点步伐，支持符合条件的市县联社组建农村合作银行，积极发展村镇银行和农村小额贷款公司，多渠道增加农业和农村投入。

农业科技服务体系。引进培养农业科技领军人才，发展农业产学研联盟，加强农业重点实验室、工程技术（研究）中心和科技创新平台建设，创建良种繁育体系，加快农业农村信息化试点省建设。积极发展多元化、社会化农技推广服务组织，加强农村科普培训，大力提升农业科技创新、成果转化和应用推广水平。建立农村气象灾害防御体系，启动农村防雷示范工程。

农村物流服务体系。支持重点农产品批发市场建设和升级改造，支持大型涉农企业建设农产品物流设施，支持供销社、商贸、邮政、农资生产等企业向农村延伸经营服务，支持农产品生产基地与大型龙头企业、大型连锁超市、工厂、学校等对接。大力发展物流配送、连锁超市、电子商务等现代流通方式，深入实施“万村千乡市场”、“双百市场”和“农超对接”等系列惠民工程，推进工业品、农业生产资料下乡和农产品进城。

农村社区服务体系。结合农村社区和新农村建设，整合各类服务资源，发展餐饮、休闲娱乐、幼儿园、喜庆、殡仪、心理咨询等服务业，提高农民生活质量。

专栏9：服务业发展重点项目

新建和扩建总投资10 亿元以上的服务业重点项目733个，计划总投资17880亿元。其中：金融保险、现代物流、科技信息、商务服务等生产性服务业项目278个，计划总投资6844亿元；批零餐饮、旅游、房地产、养老服务等生活性服务业项目403个，计划总投资9913亿元；其它公共服务业项目52个，计划总投资1123亿元。

第十章　海洋经济

全面落实国务院批复的《山东半岛蓝色经济区发展规划》，以做大做强海洋经济为主线，深入实施科教兴海战略，培育现代海洋产业体系，全面提高海洋开发、控制和综合管理能力，构筑海陆统筹、一体化发展的新格局，力争海洋经济占生产总值比重年均提高1个百分点以上。

全力推进山东半岛蓝色经济区改革发展试点。紧紧抓住山东列入国家海洋经济发展试点地区的重要战略机遇，围绕科学开发海洋资源、构建现代海洋产业体系、加强海洋生态文明建设、打造国家海洋科教人才中心、提升开放型海洋经济发展水平、完善海洋综合管理体制等重点领域，先行先试，拓展发展空间、创新发展政策和体制机制，率先转变发展方式，为全国海洋经济科学发展探索模式、积累经验、提供示范。

积极发展海洋高技术产业。充分发挥海洋科技教育资源优势，加强海洋基础科学研究和海洋核心技术产品研发，依托海洋优势产业、各类经济园区和重点企业，加快科技成果转化和产业化步伐，形成一批辐射带动能力强的海洋高技术产业集群，增强海洋经济核心竞争力。到2015年，把山东半岛蓝色经济区建成具有国际先进水平的海洋生物、海洋装备制造、海洋化工产业基地和全国重要的海洋工程建筑、海洋新能源和海水淡化产业基地。

大力发展现代海洋服务业。积极发展近海和远洋运输，加快推进水陆联运、河海联运，构建现代综合海洋运输体系。整合港航资源，提升港口综合服务和管理水平，提高港口集疏运能力。依托保税港区、出口加工区和开放口岸，建设一批现代物流园区和大宗商品集散地，支持集海运、陆运于一体的大型综合运输企业做大做强，形成以海带陆、内外互动的现代物流发展格局。积极推进海洋文化、体育和海洋旅游相融合，建设海洋特色文化产业园，开发海洋旅游精品路线和高端旅游产品，形成海滨、海滩、海岛、近海、远海等多层次、立体式海洋旅游体系，打造全国最大的休闲度假半岛、国际知名的海滨旅游胜地。推进发展海洋信息服务、海洋监测与管理、大洋勘探与开发等新兴海洋产业。

加快发展现代海洋渔业。推进实施渔业资源修复、鱼塘标准化生态整理、海外渔业基地等“双十”工程，重点发展水产养殖、渔业增殖、远洋渔业、水产品精深加工和休闲渔业，建设国家级海洋牧场示范区，建成全国重要的海水养殖优良种质研发中心、生态化养殖示范区、渔业对外贸易区和海洋生物资源种质库。

专栏 10：海洋高技术产业

海洋生物产业，重点发展海洋药物、海洋功能性食品和化妆品、海洋生物新材料、海水养殖优质种苗等系列产品。

海洋装备制造业，重点发展造修船、游艇和邮轮制造、海洋油气开发装备、临港机械装备、海洋电力装备、海水淡化装备、环保设备等产业，建设国家海洋设备检测中心。

海洋能源矿产业，加强海洋能发电技术研究，建设海洋能源利用示范项目。规划建设国家重要的海洋油气、矿产开发和加工基地。

海洋工程建筑业，推进实施海上石油钻井平台、港口深入航道、防波堤、跨海隧道、海底线路管道和设备安装等重大海洋工程。

第四篇 基础设施和支撑保障

突出薄弱环节，着力优化结构，提升能源、交通、水利、市政等基础设施网络化、现代化水平，打造适度超前、功能完善、配套协调、高效安全的基础设施支撑保障体系。

第十一章 能源建设

充分利用国内、国外两种资源和两个市场，以调整能源布局结构和供给结构为主线，以节能减排和提高效率为重点，提高技术装备水平和智能化水平，推动能源生产和利用方式变革，构建完善安全、稳定、经济、清洁的现代能源产业体系，保障能源安全。到 2015 年，煤炭产量继续控制在 1.5 亿吨左右，原油产量持续稳定在 2700 万吨，电力可用装机容量由目前的 6317 万千瓦增加到 1.12 亿千瓦，其中接纳省外来电 1600 万千瓦以上。

*优化发展燃煤火电。*推进“上大压小”电源项目建设，加快淘汰落后机组。择优建设重点燃煤火电项目，在济宁、枣庄、菏泽等煤炭丰富地区，建设大型坑口电厂及综合利用电厂；在外煤入鲁的聊城、德州、莱芜、临沂、泰安等地区，建设高效路口电厂；在沿海地区充分利用港口优势和海水资源，合理布局大型高效燃煤电厂。支持在大中城市建设 30 万千瓦及以上热电联产机组，在热负荷集中且稳定的工业园区建设背压型供热机组。到 2015 年，全省燃煤火电所占比重由目前的 92% 下降到 71%。

*大力发展新能源。*建设东部沿海地区核电产业带，推进海阳核电一期、二期工程和荣成高温气冷堆示范项目建设，加快荣成石岛湾先进大型压水堆示范项目前期工作和沿海第四核电项目的规划选址工作。积极推进风电开发，重点建设东营、滨州、烟台、潍坊、威海、青岛等地区大型陆地风电场，积极开发滩涂、潮间带及近海海上风电，科学有序开发山区风电项目。加快发展太阳能热利用，重点发展节地型光伏发电，支持德州、济南、青岛、烟台、济宁、潍坊、泰安、日照、菏泽等建设太阳能利用设备制造基地，支持德州创建国家新能源示范城市。在可再生资源丰富地区，积极发展地热能、海洋能、生物质能、抽水蓄能等新能源，鼓励垃圾、秸秆发电。到 2015 年，新能源装机总容量 1400 万千瓦，占省内电力总装机比重达到 14%。

*建设能源基地。*加强煤炭资源勘探，开拓省外资源市场，控制省内资源开发强度，大力开发和推广洁净煤、煤气化和煤液化技术，发展煤炭深加工，重点搞好巨野和济宁矿区外围开发，加快曹县煤田资源勘探，做好黄河北矿区开发论证和条件适宜矿井建设前期准备，建立省内大型煤炭集散基地。鼓励省内企业通过联合开发等途径，加快在省外建立稳定的煤炭供应基地。稳定省内石油产量，鼓励企业积极参与国外石油勘探开发，建立较为稳定的海外供应基地，力争每年省内新增探明石油地质储量 1 亿吨。推进与中石油、中石化、中海油的深度合作，加快建立石油储备体系，重点推进黄岛二期、烟台港模块式国家石油储备基地建

设，争取在烟台、日照建设原油储备基地。

强化能源输送保障。加快发展坚强智能电网，积极推进特高压电网建设，实施好“外电入鲁”战略，优化发展输电网，侧重发展配电网，改造提升农村电网，提高供电的安全可靠水平。到2015年，500千伏输电线路达到9668公里，220千伏输电线路达到2.75万公里。加快石油及成品油输送管网建设，到2015年，原油年输送能力达到1.4亿吨，成品油年输送能力3000万吨。进一步完善全省天然气主管网，形成鲁中、鲁西南和胶东半岛三个供气环网，实现96%的县区连通天然气管网。加快输煤通道建设，解决煤炭运输瓶颈。

第十二章　交通建设

按照布局优化、通道顺畅、效能提高的原则，统筹各种运输方式发展，构建路网完善、港航协调、衔接高效、管理智能的现代综合交通运输体系。

铁路建设。进一步完善主干线铁路运输网络，积极推进客货线路分离，尽快形成“四纵四横”的铁路运输格局。加快京沪高铁、山西中南部铁路通道、德大、龙烟、枣临、邯济复线等在建项目建设进度，构建纵贯南北、横贯东西的主网框架。加快建设石济客专、青荣城际、青日连等铁路，积极争取规划建设济青六线和京九客运专线山东段，构建快速客运通道。加快菏泽至兰考段等相关支线、联络线建设步伐，优化完善区域路网结构。到2015年，铁路营业里程由目前的3840公里增加到6100公里，复线率达到60%，电气化率达到98%，高速铁路营业里程358公里。围绕山东半岛蓝色经济区和省会城市群经济圈建设，加快构建城际轨道交通系统，利用和建设石济客专、青荣城际、济南至泰安等城际铁路，规划建设以济南、青岛为中心连接周边城市，以及周边城市间相连接的城际铁路网络，实现区域内主要城市间1—1.5小时通达，济南至青岛2小时通达。

公路建设。完善提升“五纵四横一环八连”高速公路网，加快一般公路改造升级，基本形成现代化的高速公路网、畅通的干线公路网和便捷的农村公路网。围绕推进区域交通一体化，加快一批国高网、省际间通道、区域高速公路和疏港通道项目建设，集中实施千公里生态示范滨海大通道建设工程，加快普通国省道升级改造，不断提高农村公路等级水平和通达能力。到2015年，公路通车里程由23万公里增加到24.5万公里，高速公路通车里程由4285公里增加到6000公里，完成一般国省道升级改造4000公里，新增农村公路12000公里。

专栏11：公路建设重点工程

重点建设长深线青州至临沭段、高青至广饶段，青兰线泰安至聊城，荣乌线荣成至文登段、威海至文登段等国高网项目，适时开展京沪、青银高速公路扩容改造。

建设滨州至德州、乐陵至济南、德州至聊城、济南至徐州、高唐至临清、岚山至菏泽省际高速通道。

建设济南—滨州—东营、烟台至海阳、龙口至青岛、潍坊至日照、文登至莱阳等重点区域高速公路网项目。

建设青岛、烟台、日照、滨州等疏港公路。

积极推进渤海海峡跨海通道前期论证。

港口建设。以改造提升为重点，优化港口布局，加快资源整合，完善主体功能，建设现代港口管理体系。重点建设青岛、日照、烟台三大主要港口，加强黄河三角洲地区港口基础设施建设，形成以青岛港、日照港和烟台港为主体，威海、东营、潍坊、滨州等港口为主要组成部分，布局合理、分工明确、优势互补的现代化港口群。依托京杭运河黄金水道，统筹港口、航道、船闸建设，扩能升级，提升航道综合通过能力。到 2015 年，沿海港口吞吐量突破 10 亿吨，内河港口吞吐量达到 1 亿吨，打造东北亚国际航运综合枢纽和国际物流中心。

专栏 12：港口建设重点工程

继续完善集装箱、煤炭、原油、矿石、客滚五大运输系统，加大青岛董家口港区、烟台西港区、日照岚山港区、威海新港区等开发力度，重点建设沿海港口大型矿石、油品等专业化泊位，东营、潍坊、滨州、莱州等港深水码头，航道、防波堤、锚地等公用基础设施。规划建设长岛—蓬莱连陆工程。

实施京杭运河东平湖至济宁段航道工程、济宁至台儿庄段升级改造等主航道工程，建设洙水河、新万福河、泉河、大清河、郓城新河等地区重要航道，适时开展京杭运河黄河以北聊城和德州段、小清河、徒骇河复航工程和京杭运河“穿黄工程”的前期论证。

航空建设。以优化机场布局、完善空运网络、增强吞吐能力为重点，形成干线和支线分工协调、航线网络层次分明的航空运输体系。加快济南机场扩建，迁建青岛机场，开工建设烟台、日照、聊城等新机场，推进济宁、东营、威海等机场改造和潍坊机场迁建论证工作。提升干线机场功能，优化加密航线，增强与国内外重点城市的通航能力和辐射带动能力。提高支线机场中转连接能力，扩大航空服务范围，构建中枢辐射式支线运输网络。到 2015 年全省开通航空航线达到 280 条。

统筹规划各类运输方式基础设施建设，在重点港口、机场、京沪高铁停靠站和重要交通运输节点，建设集多种运输方式于一体的综合运输枢纽。加快构建铁路网络、公路干线网络、城市轨道交通、城际铁路、航空运输、水运网络等有机衔接、优势互补、立体高效的现代综合交通体系，实现快速便捷的客货运输。

第十三章　水利建设

以提高水利保障能力为重点，推进现代水利示范省建设，加强水利工程设施建设，统筹利用客水、地表水和地下水，构建完善综合水利保障体系，努力实现水资源的可持续利用。到 2015 年，新增供水能力 20 亿立方米，节水 10 亿立方米，基本满足城乡用水、工农业用水和环境用水需要。

水资源开发利用体系。建成南水北调东线一期和胶东调水干线及配套工程，实施引黄济青改扩建工程，建设全省“T”字型输水骨架和部分区域输水配水网。推进沂沭泗汶流域洪水利用前期工作，争取尽早开工建设，提高洪水资源化利用水平。新建、改建一批平原水库、地下水库、山区水库和河道拦蓄工程。建设一批集中供水工程，全面解决农村饮水安全问题。建设一批海水淡化处理基地，推进海水淡化产业化。加强人工影响天气，开发利用空中水资源。

水灾害防御体系。继续实施以标准化堤防为重点的黄河防洪工程建设，实施进一步治淮工程，加快河道重点河段、重要支流河道和蓄滞洪区、黄河滩区的综合治理。加强沿海地区海堤建设，新建改造海堤 870 公里。全面提升大、中型及重点小型病险水库除险加固质量和水平，依托流域、区域骨干工程构建城乡防洪屏障。到 2015 年，重点水系和城乡防洪标准有效提高。

城乡水资源管理体系。实行最严格的水资源管理制度，统筹管理和科学调度生活、工业、农业、生态用水，推进区域用水总量控制和用水结构调整。全面实施取水许可证与水资源论证制度，严格饮用水源地管理保护，基本实现地下水采补平衡。加快建设全省水资源监测与控制骨干网络，实现对各类供水工程、地下水源地水量和水功能区的全面监测。建立健全城乡突发性水事件应急机制，有效提升应急保障能力。

第十四章　市政建设

适应城市规模扩张的趋势，加强基础设施规划建设，理顺管理体制，提高城市公共管理水平，构建完善综合市政服务体系，大幅度增强城市综合承载能力，营造良好居住发展环境。

*加强城市交通基础设施建设。*统筹规划新区建设和旧城改造，重点提升既有交通设施通过能力，解决城市拥堵的突出问题。区域中心主干道、主要通道交叉口，规划建设高架、综合立交、城市环线等市内快速通道，配套完善次干道、附道等各种道路建设。优先发展公共交通，优化道路网络与公交线路网络，济南要尽快形成城市快速轨道交通基本框架，青岛要加快地铁建设，烟台要加快推进城市轨道交通前期工作，其他大中城市要预留快速交通、立交等建设空间。加快公交专用道、公交车站、公交停车场建设，建立高效智能的车辆调度系统、快捷准确的信息反馈系统和安全及时的救援救助系统。围绕城市交通枢纽、主要换乘站点、会展商务场所、购物休闲娱乐中心、大型公共服务设施、机关学校、居住小区等布局，加强配套停车场建设。

*加强城市公用设施建设。*统筹提升城市供排水、供热、供气等公用设施档次，加快实施旧管网改造，突出抓好新管网建设，提高覆盖率、集中供应率和设施利用效益。完善供电网络，健全电量分配和供电预警保障机制，确保安全用电。新建一批生活污水和垃圾处理设施，加快升级改造和管网配套，提高处理率。加强地下供水供热供气管线、高压电线、通讯电缆等各类管线的统一规划，推进地下公共管沟统一建设、统一管理、统一使用。深化城市市政公用事业改革，引入市场机制，推行特许经营制度。高标准规划建设商业中心、特色街区、社区服务设施和各类网点，新建居民住宅区按建筑面积的7%配套建设商贸设施。

*加强城市安全保障设施建设。*建立健全消防、防洪、防雷、抗震和人防等城市综合防灾体系，加强大型安全保障骨干工程和信息系统建设，增强城市消防、恶性交通事故处理、危险品处置、雷电灾害防治和防洪排涝等应急反应能力。建立健全城市基础设施和地下管线信息系统，实行信息化档案管理，提高科学管理能力。

第五篇　科教兴鲁和人才强省

大力提高科技创新能力，加快教育改革发展，发挥人才资源优势，推动发展向主要依靠科技进步、劳动者素质提高和管理创新转变，为加快转变经济发展方式、建设经济文化强省奠定坚实科技和人力资源基础。

第十五章　科技创新

坚持自主创新、重点跨越、支撑发展、引领未来的方针，着力解决制约经济社会发展的重大科技问题，大力推进科技成果向现实生产力转化，努力抢占未来科技竞争制高点。到2015年全社会研究与试验经费支出占地区生产总值的比重达到2.2%　以上。

*加强重要领域和关键技术研发。*优化整合区域创新资源，集中力量，加大投入，力争取得一批具有国际先进水平的科研成果。围绕支持发展战略性新兴产业，选择一批重大科技专项进行集中攻关，力争在大规模集成电路、高性能特种纤维、半导体照明、新能源汽车、太阳能光热利用、生物医药、新一代信息网络技术等领域实现重大突破。围绕改造提升传统产业，加大核心元器件、关键工艺、系统集成和技术装备等领域的研发利用，着力在产业链终端和高端领域实现突破。围绕发展现代农业和保障人民健康，支持良种培育、丰产栽培、健康养殖、农产品精深加工、疫病防控等领域的研发、推广和应用，着力推进农业科技创新取得新突破。围绕打造山东半岛蓝色经济区，重点在海洋工程装备、海洋资源开发、海水综合

利用、海洋环保技术、海底作业等领域的关键和核心技术上实现突破。力争到 2015 年，开发重大高新技术产品 600 个。

加快科技创新平台建设。推动创新型城市建设，促进创新要素的集聚，培育区域创新高地。支持济南、青岛、烟台建设国家创新型城市，支持济南、青岛、淄博、烟台、潍坊、泰安、威海、临沂、德州、菏泽等建设国家级高技术产业基地，支持黄河三角洲等国家可持续发展实验区建设。强化与国家各部委和中国科学院、中国工程院、中国科技大学等知名院校的创新联动，积极推动中科院在山东建立分院，争取更多的国家级创新平台落户山东。依托我省有实力的重点企业、高等院校和科研单位，强化外引内联、合作共建、整合提升，在重要行业和关键领域，建设一批省级创新平台。完善创新平台运行管理体系，建立健全大型科研设备、科技文献、检测检验、科技信息开放共享共用制度，强化公共服务功能，放大重大创新平台龙头作用，带动我省原始创新和产业集成创新。

推进科技成果产业化。加快建立政府引导和投入激励机制，完善以企业为主体、市场为导向、产学研相结合的技术创新体系。支持重点企业建立境内外技术研发机构，鼓励企业与高校、科研院所共建技术创新战略联盟，支持高校增设一批工科专业和实训基地，鼓励国外大企业在我省设立研发中心和产业化基地。支持大学科技园、高新技术园区、滨州国家农业科技园区等各类科技成果中试基地、转化孵化基地建设。加快推进高新区“二次创业”步伐，力争更多的高新区进入国家级高新区行列，建设 50 个高技术产业基地。

第十六章　教育优先

按照优先发展、育人为本、改革创新、促进公平、提高质量的要求，大幅度增加教育投入，全面实施素质教育，推进实现教育现代化，努力建设教育强省、人力资源强省。

高质量普及基础教育。巩固提高九年义务教育水平，以农村为重点推进学校标准化建设和办学条件均等化，推动城乡义务教育均衡发展。鼓励有条件的地方逐步实施学前教育和高中教育免费制度，建立政府主导、社会参与、公办民办并举的城乡学前教育办学体制，提高高中阶段教育质量和普及水平。加强特殊教育和民族教育。全面落实城乡家庭经济困难学生资助政策，保证进城务工人员随迁子女平等接受义务教育。2015 年所有义务教育阶段学校全部达到基本办学标准，全省学前三年毛入园率达到 75%，高中阶段毛入学率达到 97%。

大力发展职业教育。以成才途径多元化和促进就业为导向，鼓励全社会力量兴办职业教育。建立中等职业教育、专科职业教育、应用型本科教育、专业学位研究生为主体的现代职业教育体系。建立职前和职后教育相互融合、学历和非学历教育协调发展、灵活开放的继续教育制度。鼓励发展校企联合的技能人才培养模式，支持行业企业举办和参与职业教育，大力推进职业教育集团建设，加快职业教育实训基地建设，打造一批规范化、特色化、品牌化的示范学校。积极发展创业和再就业培训教育，构建终身教育服务平台，推动学习型社会建设。到 2015 年，中等职业教育在校生和高等职业教育在校生分别达到 159 万人、89 万人，从业人员继续教育年参与率提高到 60%。

全面提升高等教育质量。实施高等教育内涵提升计划，优化高校学科与专业结构和布局，稳步发展本科教育，适度扩大研究生教育规模，支持欠发达地区高等教育发展。着力提高教学质量，促进高等学校特色发展，重点建设若干所国内一流的高水平大学，推进山东大学青岛校区规划建设，有序发展区域重点院校，大力吸引海内外高校在我省设立分校区，支持高等院校与国际知名院校合作办学。创新高层次人才培养模式，推进研究生培养机制改革，支持有条件的院校学科、科研院所和大型企业申办博士学位授予单位或博士后工作站。大力支持和规范民办高等教育发展，提高高等教育的普及化程度，2015年高等教育毛入学率提高到40%。

深化教育体制机制改革。坚持教育公益性和普惠性，改革教育管理体制，形成以政府办学为主体、全社会积极参与、公办和民办教育共同发展的办学格局。推进政校分开、管办分离，建设依法办学、自主管理、民主监督、社会参与的现代学校制度,积极倡导教育家办学，减少和规范对学校的行政审批和直接干预。大力发展民办教育，落实民办学校、学生、教师与公办学校的平等法律地位，规范教育收费。加强师德师风建设，提高教师业务水平。以全面发展和人人成才为核心，对教学内容方式、考试招生制度、质量评价体系进行系统改革，支持高等学校探索学分互认和学生跨校选课等灵活办学模式，着力提高学生的学习能力、实践能力、创新能力。推进教育对外开放，培养国际化人才，提升教育国际服务水平。实行教育资源向农村地区和贫困地区倾斜，加快缩小城乡、区域教育发展差距。健全国家奖学金、助学金制度，加大对家庭经济困难学生资助力度。

第十七章　人才发展

坚持服务发展、人才优先、以用为本、创新机制、高端引领、整体开发的指导方针，建立健全多元化人才培养机制，加大人力资本投资，打造“人才山东”品牌，统筹推进各类人才队伍建设。

加强人才队伍建设。以建设高端人才聚集地和优质劳动力资源富集地带为目标，以高层次、高技能人才为重点，培养造就规模宏大、结构优化、布局合理、素质优良的人才队伍，进入人才强省前列。围绕提升领导水平和执政能力，实施党政人才素质能力提升工程、万名公务员公共管理培训工程，培养造就一支能够担当重任、奋发有为的领导干部队伍和廉洁勤政、务实高效、高素质专业化的公务员队伍。围绕提升经营管理水平和企业竞争力，实施优秀企业经营管理人才培养工程，培养造就一支市场拓展能力和社会责任感强的企业家和职业经理人队伍。围绕提升自主创新能力，深化提升泰山学者建设工程、引进海外人才“万人计划”、创新团队建设工程，实施一批专业技术人才建设工程，培养造就一支在全国有影响力、比较优势明显的学科带头人和专业技术领军人才队伍。围绕提升职业素质和职业技能，重点提高高级工、技师和高级技师比重，培养造就一支门类齐全、技艺精湛、满足制造业强省建设和现代服务业发展需要的高技能人才队伍。围绕提升“三农”科技素质和致富创业能力，深入推进新农村人才资源开发“绿色行动”，充分发挥“乡村之星”示范带动作用，培养造就一支以实用人才带头人和生产经营型人才为重点的农村人才队伍。围绕构建社会主义和谐社会，加快建设一支由广大城乡基层组织党员干部、社区工作者、专业社会工作人员以及社会服务志愿者为主体的社会工作人才队伍。力争到2015年，全省人才资源总量由目前的975万人增加到1380万人，高技能人才达到200万人。

调整优化人才结构。以重点区域带动战略为依托，加快人才开发一体化进程，全方位推进跨区域的人才开发交流与合作。围绕高效生态农业、先进制造业、现代服务业和教育、卫生、文化、宣传等经济社会发展重点领域，打造特色产业人才培育基地。支持重点发展区域、欠发达地区引进急需人才。实施非公经济组织人才工作推进工程，强化对民营经济的人才支撑。依托留学人员创业园、博士后科研流动站和工作站等高层次人才载体，凝聚和培养创新创业人才。到2015年，主要劳动年龄人口受过高等教育的比例达到19%，每万劳动力中研发人员达到43　人年。

创新人才机制。坚持党管人才原则，建立科学决策、协调高效的人才工作运行机制。深化干部人事制度改革，建立以岗位职责要求为基础，以品德、能力和业绩为导向，科学化、社会化的人才选拔任用、评价发现和激励机制，形成促进各类人才干事创业和发展的长效机制。深化专业技术人员职称制度改革，建立科学有效的评聘制度。加快构建统一规范、更加开放的人才市场体系，建立健全专业人才、技能人才的职业资格制度和科学化、社会化的人才评价发现制度。倡导和推行人才柔性流动，完善人才户口迁徙制度和居住证制度，加强人才公共服务平台建设，完善人才公共服务体系，促进人才合理流动。进一步完善人才开发的投入机制，切实发挥人才投入效益。

专栏 13 ：科技、教育、人才重点工程

科技：建设青岛海洋科学与技术国家实验室、中集海洋工程研究院、国家综合性新药研究开发技术平台、省级新药研发单元技术平台、船舶设计研究院、千万亿次超级计算中心、山东量子科学技术研究院量子保密通信试验网及研发平台、信息通信研究院、鲁南煤化工研究院、黄河三角洲可持续发展研究院和国家深海基地等 50 个国家级创新平台，建设 200 个省级技术创新平台。

教育：全省中小学校舍安全工程，中等职业教育基础能力建设工程，高等院校新校区完善工程和内涵提升工程。

人才：引进海外人才“万人计划”，泰山学者建设工程，高技能人才发展计划，现代农业人才支撑计划，“和谐使者”建设工程。

第六篇 文化繁荣和创新发展

坚持社会主义先进文化前进方向，全面提升文化的引领力、凝聚力、竞争力和创新力，促进文化事业和文化产业协调发展，大力提高全民文明素质，争创文化新优势，用新的理念推动文化大发展大繁荣。

第十八章 文化建设

以建设文化强省和增强文化软实力为目标，发挥文化资源富集优势，转变文化发展方式，创新文化发展模式，加强文化载体和设施建设，推动经济文化融合发展。

构建公共文化服务体系。坚持以政府为主导、以基层为重点，以公益性、基本性、均等性、便利性为原则，加快构建覆盖城乡、惠及全民的公共文化服务体系。精心筹办第十届中国艺术节，规划建设省科技馆新馆等一批省级重大文化设施，市、县、乡镇和村文化设施要全部达到国家标准。实施广播电视村村通、文化信息资源共享、农村电影放映、农家书屋建设等文化惠民工程，积极推动公共博物馆、纪念馆、图书馆和科技馆免费开放。加强文物、非物质文化遗产和自然文化遗产保护，稳步推进中华文化标志城规划建设，加快孔子博物馆、孔子学院总部国际青少年研修基地建设，全面完成世行山东孔孟文化遗产保护地项目，努力打造国家级鲁南文化经济示范区。

壮大文化产业实力。科学开发利用文化资源，全面提升文化创意水平，提高文化产业发展质量和效益。以数字技术、光电技术和信息网络技术为支撑，支持发展一批新兴文化创意产业。促进文化与经济相互渗透高度融合，重点支持发展 100 个文化产业项目，打造 10 个年产值过百亿元的文化产业园区，规划建设一批创意产业基地，优先培植一批主业突出、实力雄厚的旗舰式大型文化产业集团。加快培育重点文化产业品牌，形成以孔子文化为核心的齐鲁文化品牌体系，大力实施精品工程，丰富繁荣城乡文化市场。创新文化“走出去”模式，推进文化贸易和文化交流有机结合，积极拓展国际文化市场，扩大齐鲁文化的国际影响力，承办好第 22 届国际历史科学大会。到 2015 年，力争文化产业增加值翻两番，成为国民经济支柱性产业。

加快文化改革创新。创新文化体制机制，继续深化出版发行、影视制作等领域的改革，

积极推进重点新闻网刊、非时政类报刊改革和电台电视台制播分离改革，稳步推进一般性文艺院团改革。创新文化传播方式，重视互联网等新兴媒体建设、运用、管理，加强重要新闻媒体建设，把握正确舆论导向，提高传播能力。创新文化投融资体制，发挥省文化产业投资基金作用，对重点领域文化企业进行股权投资，提升文化骨干企业整体竞争力。创新文化市场管理模式，实施文化市场综合执法规范建设工程，有效打击各类盗版侵权、假冒伪劣、低级趣味等扰乱市场秩序的违法违规行为。

第十九章　文明山东

充分发挥文化引导社会、教育人民、推动发展的功能，弘扬中华文化、齐鲁文化、和谐文化，提高全民文明素质，营造诚实守信的社会环境，加快建设文明山东。

建设社会主义核心价值体系。加强理想信念教育，切实把社会主义核心价值体系融入国民教育和精神文明建设全过程，用中国特色社会主义共同理想凝聚力量，用以爱国主义为核心的民族精神和以改革创新为核心的时代精神鼓舞斗志，用社会主义荣辱观引领风尚。繁荣发展哲学社会科学，推进学科体系、学术观点、科研方法创新，鼓励哲学社会科学界发挥思想库作用，推动哲学社会科学优秀成果和人才走向世界。

培育社会主义文明风尚。弘扬和培育忠诚守信、勤劳勇敢、务实拼搏、开放创新的新时期山东精神，倡导爱国守法、敬业诚信、创业创新创优，构建传承中华传统美德、符合精神文明要求、适应时代发展的社会主义道德和行为规范。深入推进社会公德、职业道德、家庭美德、个人品德建设，实施公民思想道德建设工程，深化拓展文明城市、文明村镇、文明单位、文明行业等群众性精神文明创建活动，广泛开展志愿服务。加强科普教育，提高全民科学素质。引导人们知荣辱、讲正气、尽义务，培育奋发进取、理性平和、开放包容的社会心态，推动形成我为人人、人人为我的社会氛围。净化社会文化环境，保护青少年身心健康。关心支持国防和军队建设，密切军政军民团结，深化双拥共建，加强后备力量建设，完善国防动员体系。

加快建设“诚信山东”。深入开展诚信宣传教育，大力弘扬诚实守信行为准则，加快完善政府信用体系、产品质量诚信体系、企业诚信体系和个人信用体系，营造良好社会诚信环境。推进政务诚信，建设阳光政府，健全政府失信责任追究和惩罚制度。推进商务诚信，建立完善企业联合征信机制和信用激励约束惩戒机制，推动经营者恪守商业道德、维护市场秩序、抵制商业贿赂，深入开展百城万店无假货和满意消费惠万家活动。推进个人诚信，加强公民信用道德建设，加快从业经历、信贷消费、不良记录等个人信用征集，建立社会约束管理机制。支持信用管理行业发展，加强信用市场监管，依法规范信用信息征集、披露和使用，积极开展资信评估服务，建立健全信用评估体系。

第七篇　和谐社会和公共服务

全面落实以人为本的发展观，以扩大供给、提升质量、促进公平、提高效率为主线，以实现基本公共服务均等化为目标，更加注重推进经济社会协调发展，着力保障和改善民生，促进社会和谐进步。

第二十章　民生保障

逐步完善符合国情省情、比较完整、覆盖城乡、可持续的基本公共服务体系，提高政府保障能力，提升公共服务水平，改善人民生活质量。

实施扩大就业战略。坚持劳动者自主择业、市场调节就业和政府促进就业的方针，把扩大稳定就业作为宏观调控和政府绩效考核的优先目标，完善就业机制，创新就业模式，优化就业结构，拓宽就业、择业、创业渠道。加快发

展劳动密集型产业、服务业、民营经济和中小企业，充分发挥投资和重大项目的带动效应，完善困难群体就业援助制度，有效促进新成长劳动力、高校毕业生、失业人员、失地农民就业和再就业。加快建立统筹城乡的就业服务体系，加强就业和社会保障信息网络建设，促进劳动者在规范的市场环境下自主择业。落实税费减免、小额担保贷款、财政补贴等各项扶持政策，鼓励自谋职业和自主创业，以创业带动就业。发挥政府、企业、工会和工商联作用，形成企业和职工利益共享机制，建立和谐劳动关系。重点做好国企改制、关闭破产等失业人员以及农民工的劳动保障工作，切实保护劳动者合法权益。实施政府资助的就业再就业培训工程，力争城镇新增劳动力、失业人员和农村转移劳动力都能得到职业技能培训。力争每年城镇新增就业100万人以上、新增转移农村劳动力120万人以上。

建立公平的收入分配格局。强化对收入分配关系的调节，努力提高居民收入在国民收入分配中的比重，提高劳动报酬在初次分配中的比重，推动城乡居民收入普遍较快增加，争取农民收入增幅更高一些，逐步提高企业最低工资标准水平和城乡居民最低生活保障标准。建立劳动报酬决定机制、正常增长机制和支付保障机制，全面推行以工资集体协商为重点的集体合同制度。创造条件增加居民财产性收入，推动中等收入群体持续扩大。规范分配秩序，加快落实个人所得税制度，加大税收征管力度，有效调节过高收入，健全法制和加大反腐败力度，取缔非法收入。

健全和完善城乡社会保障体系。提高城乡居民收入占再分配的比重，坚持广覆盖、保基本、多层次、可持续的方针，以社会保险、社会救助、社会福利为基础，以基本养老、基本医疗、最低生活保障制度为重点，加快完善社会保障体系。提高社会保险统筹层次，促进包括农民工在内的养老、医疗、失业等保险关系跨区域转移接续。全面推进个人缴费、集体补助、政府补贴相结合的新型农村社会养老保险制度。巩固完善城镇基本医疗保险制度和新型农村合作医疗制度，加强制度衔接，提高保障能力，力争实现人人享受基本医疗保障。鼓励支持社会慈善、社会捐助、志愿服务、法律援助等社会救助，提高城乡困难群众医疗、教育等专项救助水平和农村五保供养标准，完善临时救助制度。拓展社会福利的保障范围，发展以扶老、助残、救孤、济困为重点的社会福利事业。到2015 年，城乡三项医疗保险参保率达到98%，农村新型社会养老保险实现全覆盖。

推进保障性住房建设。强化各级政府责任，加大保障性住房供给，努力满足城镇中低收入家庭、新就业职工和进城务工人员的基本住房需求。大力发展公共租赁住房，使其成为保障性住房的主体。多渠道筹集廉租房房源，完善租赁补贴制度，稳步扩大覆盖范围。高质量完成棚户区改造，多渠道改善农民工居住条件，推进农村困难家庭危房改造。

加强人口和计划生育工作。坚持计划生育基本国策和稳定低生育水平，统筹解决人口问题，促进人的全面发展。完善人口目标管理责任制，重点加强农村、城市流动人口、城乡结合地区的计划生育管理。改善出生人口素质和结构，普及优生优育知识，遏制出生人口性别比偏高的趋势。全面落实男女平等基本国策和儿童优先原则，贯彻实施妇女儿童发展规划，加强妇女儿童活动中心等阵地和基础设施建设，切实保障妇女儿童合法权益。实施健康老龄化战略，加强社会化养老服务体系和设施建设，发展老龄服务事业和银色经济。建立健全残疾人教育、就业、社会保障服务体系，加强为残疾人服务的设施建设。“十二五”期间，年均人口自然增长率控制在6‰。

第二十一章　卫生体育

以全民健康为目标，以满足健康需求、提

高身体素质为出发点，深入推进卫生、体育机制体制改革，健全和完善服务体系，不断提高全民健康水平和生活质量。

推进医疗体制改革创新。在坚持公益性的基础上推进公立医院改革，把维护人民健康权益放在首位，创新体制机制，扩大医疗资源供给，提高医疗救治水平。坚持公立医院主导地位，支持名医、名专科、名医院与社会力量合资合作，大力支持社会资本兴办面向市场不同消费群体的医疗卫生机构，放宽准入门槛，在医保定点、科研立项、服务准入等方面一视同仁，多渠道增加医疗资源，鼓励发展特色医疗和生命健康产业，形成多元化、多层次、多形式办医格局。加强医疗服务质量管理和服务监督，提升医疗水平，改善就医环境，控制医疗费用，健全完善医患沟通评价制度，构建和谐医患关系。

完善城乡医疗服务体系。优化医疗卫生资源配置，新增卫生资源重点向城市社区和农村倾斜，加快健全以县级医院为龙头、乡镇卫生院和村卫生室为基础的农村服务网络，完善以社区为基础的城市新型服务体系，形成基层医疗卫生机构和大医院功能区分合理、协作配合、相互转诊的服务体系。落实完善城市医疗对口支援农村、城市医生到农村服务等制度和政策，加强乡村医生队伍建设和执业准入管理，初步建立以全科医生为重点的基层人才培养培训制度。

完善城乡公共卫生服务体系。加强疾病预防控制、传染病救治、卫生监督体系建设和突发事件卫生应急能力建设，落实基本和重大公共卫生服务项目，实施以人力支持和技术帮扶为主要内容的“卫生强基”工程，完善基层公共卫生机构补偿机制，逐步建立统一的居民健康档案，促进基本公共卫生服务均等化。大力发展现代中药产业，加强国家和省中医临床研究基地建设，充分发挥中医药在疾病预防控制、医疗服务、康复保健和应对突发公共卫生事件中的积极作用。

完善国家基本药物制度。在基本建立基本药物制度的基础上，完善供应保障和配备使用政策，从制度和体制上规范医疗机构用药行为，促进基本药物价格合理下降，提高群众基本用药的可及性、安全性和有效性。以实施国家基本药物制度为突破口，深入推进基层医疗卫生机构管理体制、人事制度、分配制度等综合改革，形成规范长效运行机制，增强发展活力，回归公益性。大力发展体育事业。以增强全民体质为出发点，贯彻落实《全民健身条例》，加大政府对公益性健身场地投入力度，实施城市社区和农村社区健身工程，支持鼓励社会资本投资兴办经营性体育设施，形成功能完善、层次分明、布局合理的全民健身设施网络。完善国民体质监测网络，加强社会体育指导员队伍建设，推动群众体育向广度和深度发展。采取有效措施，提高竞技体育整体实力。推进竞技体育训练体制、机制改革，加大政府对优秀运动队和各级体校的建设力度，支持企业和个人投资股份制俱乐部和专业化中介公司，促进竞赛主体多元化。积极发展健身服务、竞赛表演、体育彩票和体育用品市场，打造知名企业和品牌，鼓励开办各类连锁店、健身俱乐部和体育休闲会所，努力提高体育消费在居民日常消费中的比例，满足群众对高质量、多层次、个性化体育健身需求。

第二十二章　社会管理

加强社会管理的法律、体制和能力建设，健全党委领导、政府负责、社会协同、公众参与的社会管理格局，促进社会公平正义，维护社会和谐稳定。

加强民主法制建设。坚持和完善人民代表大会制度、中国共产党领导的多党合作和政治协商制度，发挥工会、共青团、妇联等人民团体作用。发展社会主义民主政治，保障人民知情权、参与权、表达权、监督权。积极推进依法治省，提高立法质量，强化执法监督，确保司法公正，加强普法教育，切实维护公民合法权益。完善法律援助保障体系。加强廉政建设，强化对权力运行的监督和制约。促进民族团结、宗教和谐，做好侨务和对台工作。加强国家安全和保密工作。

加强和创新社会管理。整合社会管理资源，提升社会管理水平，加强社会综合治理，深入推进“平安山东”建设。强化社会预警、社会动员和稳定保障体系建设，提高突发公共事件应急处置能力。完善安全生产监管体系，落实政府、部门监管职责和企业安全生产主体地位，提升企业本质安全水平。加强食品药品监管基础设施建设，逐步建立食品药品安全预警机制，实施食品药品放心工程和监管执法能力建设工程，确保公众饮食用药安全。加强综治维稳体制建设，健全覆盖城乡、打防控一体化的社会治安管理体系，严密防范、依法打击各种违法犯罪活动。加强基层综治组织、群防群治组织和综治信息化建设，依法规范引导新经济组织和新社会组织健康发展，加强网络虚拟社会建设管理，强化流动人口和特殊群体服务管理。完善人民调解、行政调解、司法调解等相互衔接的工作体系，建立社会稳定风险评估、社会利益协调和社会矛盾纠纷调处机制，加强改善信访工作，畅通诉求渠道，积极预防和妥善处置群体性突发事件。

第八篇　生态文明和资源环境

坚持节约资源和保护环境的基本国策，牢固树立绿色、低碳发展理念，大力推进资源节约型、环境友好型社会建设，转变资源开发利用方式，发展循环经济、高效生态经济，走生产发展、生活富裕、生态良好的文明发展道路。

第二十三章　生态建设

加强生态保护和修复。以构建生态安全屏障为重点，统筹海陆生态建设，推进水系生态建设系列工程，加强近海海域、岛屿滩涂、山区丘陵，南四湖、东平湖、黄河三角洲、黄河故道、骨干河道和入海河口，以及湿地、草地、重要水源地和涵养区等自然生态系统的建设、修复与保护，强化水土流失、破损山体、采空塌陷、工业污染土地、海（咸）水入侵、地下水漏斗区、荒山及沙荒地等生态脆弱区和退化区的保护、恢复和治理，实施黄河三角洲国家级自然保护区湿地修复工程，将黄河口、莱州湾、胶州湾等区域列入国家生态建设示范工程，建立一批自然保护区、重要生态功能保护区、生态示范区、森林公园、湿地公园、地质公园和风景名胜区，维持和恢复生态服务功能，维护和发展生物多样性。规划建设小清河综合治理工程，力争恢复防洪除涝、供水、生态、航运、旅游等功能，再造黄金水道、生态长廊。

加强绿色山东建设。加快实施水系绿化、荒山绿化、城乡绿化、绿色通道、沿海防护林、沂蒙山区及沿黄河防护林、农田防护林、围村林等重点工程，构建沿海、沿湖、沿河、沿路、沿南水北调及胶东输水干线、沿省界线等生态带，增加森林碳汇。科学发展经济林、用材林和林木经济，加强森林、湿地有害生物防控和林木种质资源及濒危物种保护。

加强优良生态环境建设。倡导全社会确立“生态产品”理念，注重生态建设与生态产业发展相结合，加强城乡环境综合整治。以美化、绿化、净化、亮化为重点，改善城市面貌，以改水、改厕、改路为重点，整治村镇环境，建设一批生态示范园区、清洁生产基地和高标准生态市县。启动环境产权改革，建立完善水权、林权、排污权等交易制度，按照“谁开发谁保护、谁受益谁补偿”的原则，完善环境资源有偿使用和生态补偿机制，探索建立黄河三角洲生态环境补偿机制试点实验区。积极应对气候变化，有效开发利用气候资源，加快培育以低碳技术为特征的工业、建筑和交通体系，形成清洁生产、节约资源、集约高效的发展模式。到2015年，新增造林面积1000万亩以上，治理水土流失1万平方公里，国家级自然保护区

全部达到规范化建设要求，建成30个生态县（市、区）。

第二十四章　环境保护

建立完善环境保护的体制机制。以法律法规、经济政策、环保科技、行政监管和环境文化为支撑，以总量控制、结构减排、水气污染治理和生态省建设为重点，完善污染减排目标管理责任制，把资源环境承载力作为经济发展的重要依据。实行严格的污染物排放控制标准，完善污染物排放总量控制、排污许可和环境影响评价制度，建立生态补偿、污染损害赔偿和环境税收政策机制，推进污染防治设施专业化、市场化。

大力推进结构性减排。加快调整经济结构、产业结构和生产结构，大幅度提高服务业占地区生产总值比重和新能源占能源消费比重，加强行业综合治理，加大淘汰落后产能力度，加速高消耗、高污染企业退出市场，通过优化结构，从根本上实现总量减排。进一步拓宽工程减排领域，支持节能环保技术开发和产业发展。逐步提高工业污染物排放、城市生活污水处理等收费标准，推进排污权交易试点。实行政府绿色采购，鼓励社会绿色消费。

加强环境保护和综合治理。加强污染专项整治，实施化学需氧量、氨氮、二氧化硫和氮氧化物排放总量控制。实行严格的饮用水源地保护制度，全面构建“治、用、保”流域治污体系，加大海洋、船舶、码头及养殖污染治理力度。到2015年，主要河流、湖泊和水库水质消除劣V类，主要水源地水质全部达标，全省城市和县城污水集中处理率达到90%。深入推进火电、钢铁、有色、化工等行业二氧化硫治理，推行燃煤电厂脱硝，开展非电行业脱硝示范，鼓励使用节能环保型交通工具，加大机动车尾气治理力度，加强颗粒物污染控制，力争到2015年，全省17城市大气环境质量改善20%以上。建立健全固体废物管理制度和管理网络，推进规模化畜禽、渔业养殖的垃圾集中处理，有效控制农业面源污染。力争2015年，垃圾无害化处理率达到96%。

加快构建环境安全体系。科学划定环境风险重点防控区域，加强重金属污染综合治理，加大持久性有机物、危险废物、危险化学品污染治理力度，提高核安全管理能力和水平，加快建立全省核电辐射环境监测系统。强化管理减排措施，建设完备的环境监测预警体系和环境监督执法体系，建立环境风险、气象、地质灾害评估和环境隐患排查机制，强化水气环境、生态环境、城乡环境和重点污染源等监测预警应急能力，全面加强地质灾害防治。

第二十五章　资源节约

落实节约优先战略，研究开发资源节约集约使用技术，稳妥推进资源环境价格改革，完善资源有偿使用制度，全面实行资源利用总量控制、供需双向调节和差别化管理，提高资源利用效率，推动全社会形成节约能源资源和保护生态环境的生活方式和消费模式，构建节约型社会。

节约用地。认真落实《山东省土地利用总体规划》，实行最严格的耕地保护制度，全面落实保护耕地的各项措施。建立土地节约集约利用机制，提高单位土地投资强度和产出效益，实行行业用地定额标准和投资强度控制标准。按照人口容量规划城镇建设规模，提高建筑容积率，严禁盲目扩张。把土地整理复垦开发与城乡建设用地增减挂钩有机结合，整体推进田、水、路、林、村一体化的土地综合整治工程。按照国家和省制定的建设项目用地控制标准供地，完善建设用地招拍挂出让制度，非经营性用地要建立公开供地机制。集约集中用海，加强岸线、海岛、海湾、滩涂保护，探索高涂用海管理办法。建制镇以上规划区建设工程全部禁止使用实心粘土砖。

节约能源。实施能源消费总量控制，强化低碳理念，逐步实现能源结构、生产方式及生活消费低碳化。广泛推进太阳能、生物质能、地热及浅层地温能等新能源利用，推进太阳能光热利用与建筑一体化。限制高能耗产业发展，严格执行差别电价制度，加快重大节能技术产业化，推进重点耗能行业和年能耗2000吨标准煤以上企业的节能降耗，在各类工业园区推广热电联产和余热余压余气利用。大力推进建筑节能，城市、县城新建民用建筑节能标准执行率达到98%以上。制定能源计量行政法规和技术法规，完善节能产品检测体系。强化企业节能管理创新，完善能源管理师制度，构建能源管理体系。贯彻能源效率标准，对家电产品和照明产品实施强制性能效标识管理，鼓励推广使用高效节能产品。

节约用水。强化全社会节水意识，提高水资源的综合利用效率。加快发展节水型农业，实施大中型灌区续建配套与节水改造工程，加快农田水利重点县精细高效田间灌排系统建设，实施一批节水推广项目，新增节水灌溉面积500万亩，实现农业用水总量负增长。逐步降低高耗水行业比重，减少结构性耗水。积极发展替代水源，搞好海水、微咸水、矿坑排水的综合利用。推进城市分质供水、一水多用和污水再生利用，加快建立和完善水价市场形成机制和有效的水费计收方式， 强制推行中水系统。到2015年，农业灌溉用水有效利用系数提高到0.63，农业需水量占全省总需水量的比例下降为65%，城市回用水利用率达到30%以上。

节约原材料。强化对重要矿产资源及原材料的节约利用，全面推行矿产资源储量动态监督和开采总量调控，大力提高勘探、选矿、冶炼和深加工技术，鼓励开采国内短缺矿产，限制开采供过于求矿产，保值限采优势矿产，整顿和规范开发秩序，严禁乱采乱挖行为。支持资源型地区和企业拉长资源产业链条，促进资源深度开发利用。推行产品生态设计，加强重点行业原材料消耗管理，加快推广节约材料的技术工艺，鼓励使用新材料、再生材料，积极推广金属、木材、水泥等材料的节约代用材料。

第二十六章　循环经济

加快构建循环经济体系。以提高资源产出效率为目标，按照“减量化、资源化、再利用”原则，以企业为主体，政府推动、市场引导、公众参与相结合，实现企业、园区、社会三个层面循环经济的互动发展。通过企业生态设计和清洁生产，推进企业内部循环。通过行业之间的循环链建设和园区生态化改造，推进行业、园区层面的循环。通过生态社区和生态城市创建，推行绿色消费和废旧物资再利用，推进社会大循环。

推动循环经济示范工程建设。制定和实施循环经济发展规划，围绕资源节约、环境保护、资源综合利用、清洁生产、产业链接等技术开发应用等重点领域，总结推广30个循环经济发展模式，建设一批示范工程，组织实施100个重大项目，大力推广100家循环经济试点经验，建立30个生态工业园区，积极发展机动车零部件、工程机械、矿山设备、轮胎、机床等再制造产业。

大力推进再生资源综合利用。充分挖掘废弃物资源价值，使废旧产品、废弃物成为重要资源来源渠道，节约原材物料，节省加工成本，减少环境污染。建立“城市矿产”示范基地，推进再生资源的循环利用、规模利用和高附加值利用。加大财税、金融、投资、土地等政策支持力度，建立完善推进再生资源回收利用的各项法律法规和指导目录，强化监督检查。支持发展一批符合环保要求的专业回收拆解分拣中心，构建覆盖城乡、多品种的再生资源分类回收网络体系，再生资源主要品种回收率达到80%以上。强化生产者责任延伸，促进原材料企业废旧资源利用，逐步提高钢铁、建材、汽车、家电、轻工等行业再生资源利用率。

第九篇　体制创新和扩大开放

适应国内外经济结构深刻调整、发展方式

加快转变的新要求，推进制度建设和体制创新，全方位高水平扩大对外开放，抓改革强动力，以创新求突破，靠开放增活力。

第二十七章　改革深化

围绕充分发挥市场配置资源的基础性作用，提高改革决策的科学性，增强改革措施的协调性，推进重点领域和关键环节的改革取得新突破，加快形成有利于科学发展、和谐发展、率先发展的体制机制。

深化行政管理体制改革。全面推进依法行政，进一步转变政府职能，提高经济调节和市场监管水平，强化社会管理和公共服务职能，努力建设服务政府、责任政府、法治政府。加快健全覆盖全民的基本公共服务体系，提高义务教育、公共医疗卫生、就业服务、社会保障、公共文化体育等公共服务水平，推进城乡区域间基本公共服务均等化。改进公共服务供给方式，采用政府购买服务、授权特许经营、优惠政策支持等方式，有效动员和综合利用社会资源提供公共服务，形成政府主导、市场引导和社会参与的公共服务供给机制。深化政府机构改革，优化组织体系和运行机制，探索省直接管理县（市）的体制，推进扩权强镇试点，提高行政效率。按照政事分开、事企分开和管办分离原则，积极稳妥推进事业单位分类改革。

深化财税体制改革。在合理界定事权基础上，按照财力与事权相匹配的要求，进一步理顺省以下各级政府间财政收入分配关系，完善省直管县财政体制改革，规范省财政转移支付制度，建立县级基本财力保障机制，提高县级政府提供公共服务能力。推进预算制度改革，全面建立国有资本经营预算，细化预算编制，强化预算约束，增强预算编制的完整性和透明度。健全地方税收体系，强化调控功能。调整财政支出结构，提高基本公共服务支出比重，重点向城乡低收入者、困难群体、欠发达地区和生态地区等倾斜。扩大省市财政对社会事业、农村民生工程、保障性住房、自主创新、生态建设等重点领域的投入。完善税收征管制度，规范税式支出和非税收入管理，放大财税制度的引导调节效应，依法对促进科技进步、能源资源节约和环境保护的重点行业给予政策支持。

深化所有制结构改革。坚持和完善基本经济制度，破除行政垄断，放宽市场准入，增强发展活力，加快形成多种所有制经济公平竞争、互促互进、共同发展的良好格局。普遍建立以股份制改造为核心的现代企业制度，实现国有企业产权多元化。健全国有资产管理体制、监管方式、业绩考核和责任追究制度，完善国有企业收益上缴和使用办法，依法规范国有企业改制和国有产权转让。全面落实促进民营经济加快发展的一系列政策，引导促进民营经济加快发展方式转变。加大在税收优惠、政府采购、信贷担保、用地保障和行政服务等方面的支持力度，鼓励和引导民营资本投资服务业，参股地方金融机构和金融组织，参与发展文化、教育、体育、医疗、社会福利事业，扩大进入基础设施、土地整治和矿产开发、市政公用事业、国防科技工业、政策性住房建设等领域。鼓励和支持民营企业参与国有、集体企业的改制重组。建立健全鼓励和扩大民间投资的综合服务体系，完善支持中小企业发展的信用担保制度、风险基金制度和创业基金制度。力争非公有制经济比重每年提高 2 个百分点以上。

深化农村经济制度改革。加快制定实施“三农”投入条例，把各级财政资金、基本建设投资、新增建设用地有偿使用费、耕地占用税等用于“三农”的比例及增长机制法制化，地方财政收入的新增部分重点用于农村和农民。在坚持农地农用和耕地红线前提下，允许农民依法自愿有偿转让土地承包经营权，发展多种形式的规模经营。积极稳妥推进农村土地综合整治工程，推动农村建设用地集中集约利用。健全征地补偿机制，使农民更多地分享土地增值收益，妥善解决失地农民就业、住房、社会保障等问题。推进农村产权制度改革，对农村集体各类资源性、经营性资产进行确权、登记和颁证，推进农村集体资产股份制改造，发展农村社区股份合作和集体资产股份合作，增加村（农村社区）集体经营性收入和农民财产性收入。完善城乡平等的要素互换关系，探索建立大宗农产品收储制度。落实村级组织运转经费保障政策，健全村党组织领导的充满活力的村民自治机制，建立村级公益事业建设的有效机制。

全面推进综合配套体制改革。围绕解决全局性、深层次、体制性矛盾和问题，加快推进市、县、镇和开发区综合配套改革试点。积极发挥基层创新精神，在统筹城乡发展、“两型”社会建设、高效生态经济、农村土地管理等领域，先行先试，实现重点突破，创新发展模式。根据不同改革领域和环节的特点，区别不同层级改革主体，在财政、金融、税收、土地等方面分别予以倾斜和支持。总结推广各具特色、全面系统的改革经验和模式，为全省转变发展方式、破解发展难题提供有益借鉴，推动全省改革深化和科学发展。

第二十八章　开放提升

深入实施互利共赢的对外开放战略，进一步提高开放型经济水平，在全球范围整合资源布局产业链，增强国际竞争力和抗风险能力，积极创造参与国际合作和竞争新优势。

提高对外贸易质量和效益。优化出口贸易结构，重点培育100个优势产品出口基地，推动出口产品向高技术含量、高附加值、高效益转变，多元化拓展国际市场。推进加工贸易转型升级，引导加工贸易向研发、营销和售后服务等领域延伸，严格限制“两高一资”加工贸易，支持科技兴贸创新基地和加工贸易转型升级示范区建设。提高旅游、海运、工程建筑等传统服务贸易比重，重点发展金融保险、信息服务等资本、技术和知识密集型服务贸易。优化进口贸易结构，扩大关键装备、国内短缺的重要能源和资源性产品进口，鼓励省内企业引进国外先进技术装备和现代服务业态，限制高能耗、高污染产品进口，严防疫病疫情传入。“十二五”期间，全省货物贸易年均增长10%，服务贸易年均增长15%。

增强利用外资战略效应。进一步扩大招商引资，坚持择优选资，全面提升利用外资的质量、效益和水平。坚持利用外资与结构调整相结合，积极吸引跨国公司及全球行业领先企业战略投资，引导外资投向高端制造业、高新技术产业、战略性新兴产业和现代服务业，带动高端产业加快整合集聚。扩大利用国外贷款规模，重点投向农村生态环境、民生工程、公共服务等政府主导领域。坚持引资与“引智”相结合，积极引进国外技术创新机制、现代管理经验和高素质人才，鼓励跨国公司在我省设立地区总部、研发中心、培训基地、采购中心等各类功能性机构，加快推进省内企业和科研院所与外国公司建立技术合作战略联盟。坚持利用外资与区域经济协调发展相结合，促进东部地区利用外资结构优化升级，逐步由产业制造转向研发创新，支持中西部地区加快完善承接产业转移的基础和环境，增强引资和配套能力。“十二五”期间，全省利用外资年均增长9%，服务业利用外资比重力争达到40%左右。

拓展对外经贸合作。加快与日韩在基础设施、产业发展、资金融通、科技创新、人才培养、投资贸易便利化等方面的对接融合，建立“中日韩循环经济示范基地”，开展中韩海陆联运汽车直达运输，启动中韩跨国海上轮渡和海底隧道建设前期工作，探索与韩国建立港口联盟，加强中日韩出入境贸易、原产地认证、食品安全及相关领域互信互认合作，建立半岛蓝色经济区与日韩间电子商务认证体系、网上支付体系和物流配送体系。创设中国国际海洋节，定期举办海洋经济文化国际博览会和蓝色经济高峰论坛。加强与新加坡和港澳台等地区的经贸合作，推进日照国际海洋城建设。

提升开发园区发展水平。强化开放引领，吸引国际资本和优质资源向园区集聚，进一步提升产业层次，增强承载带动功能，在转方式调结构、创新体制机制和实施重点区域带动战略中实现率先突破。支持符合条件的地方设立保税港区、综合保税区、出口加工区、保税物流中心等海关特殊监管区域。支持青岛前湾保税港区和烟台保税港区建设，完善保税仓储、国际中转、国际配送、国际采购等功能，加快向自由贸易港区转型。支持符合条件的出口加工区升级为综合保税区。

优化"走出去"战略布局。创新对外投资和合作方式，推进生产要素走出国门。支持有实力的企业跨国经营，战略并购国外企业、专利、品牌、研发机构和营销网络，在全球范围内布局产业链和供应链。支持有条件的园区和企业加强境外重要资源合作开发，建立稳定的资源储备供应基地。提升国家级境外经贸合作园区水平，建设煤电铝、纸浆造纸、纺织服装、电子家电、轮胎橡胶、钢铁焦化、农机等境外产业园区。有效利用国外技术和智力资源壮大研发力量，建立欧洲、北美、日本三大研发中心，推动产业转型升级，带动相关产品和服务出口。加强境外基础设施建设合作，优化工程市场布局，规范发展对外劳务合作。"十二五"期间，境外直接投资年均增长20%以上。

第十篇　政策保障和规划实施

严格落实政府职责，切实提高服务效能，配套完善政策措施，引导市场主体行为，营造良好发展环境，强化保障机制，全面推进规划实施，确保"十二五"时期任务目标顺利实现。

第二十九章　扩大消费

完善消费政策，拓展消费热点，努力扩大居民消费需求。适应居民多样化和个性化的需求，多渠道扩大信息通讯、文化教育、医疗卫生、休闲旅游、汽车售赁、房产物业、家政保洁、电子商务、快递配送等提升生活品质的服务供给。开拓农村消费市场，加快农村基础设施和流通网络体系建设，扩大家电等耐用消费品、汽车农机具等大型生产设备和钢筋水泥等生产消费资料下乡范围，逐步提高补贴标准，继续实行农村住房建设与危旧房改造支持政策，促进农村消费升级。倡导低碳消费，鼓励和引导居民使用生态环保节能产品，在全社会形成科学消费、绿色消费的全新生活方式。改善消费环境，健全征信体系和消费贷款抵押担保体系，增加银企联合消费信贷品种，促进信贷消费，加强市场监管，健全消费者权益保护组织体系，完善保护消费者权益的法律法规体系，创造放心的市场消费环境。到2015年，居民消费率提高到35%以上。

第三十章　优化投资

保持投资适度增长，着力优化投融资结构，以投资结构优化带动产业结构升级和发展方式转变。"十二五"期间现代服务业投资年均增速不低于25%，战略性新兴产业不低于25%，"三农"不低于20%，社会民生不低于25%。加强投资调控力度，建立健全以产业政策为导向，以规划为依据，以土地、环保、金融、财政、税收等手段密切配合的投资宏观调控体系，对不符合产业政策、限期淘汰、违规建设的"两高一资"企业，综合运用经济、法律和必要的行政手段，采取强制性措施推进整改。引导全社会资金投向政府鼓励项目和符合国家产业政策的领域。推进多元化投资和多渠道融资，提高各级财政性投入及政策性贷款投资效益，支持民间资本扩大投资，推动符合条件的企业在境内外资本市场直接融资。放开城市建设投融资市场、经营市场和工程建设市场，盘活城市资产。健全政府投资管理体制，实行政府投资项目公示制度，严格重大招投标工程规范化管理，实施严格的项目建设监管、评估和责任追究制度，实施政府投资项目代建制管理。继续加大利用外资力度，积极吸引省外投资。

第三十一章　营造环境

构建支持创新的政策环境。强化市场配置科技资源的基础性作用，完善科技投入机制，加大政府对社会公益性技术和产业共性技术攻关的投入，确保科技投入增长高于经常性财政收入增长，逐步扩大省级创业投资引导资金规模，建立一批面向新兴产业的创业投资基金。实行支持创新的财税、金融和政府采购政策，放大自主创新激励机制的作用，支持引导企业加大技术开发和引进技术消化吸收的投入，支持有条件的创新企业在国内中小板、国内外创业板上市融资，支持引导社会资金参与科技开发。强化保护创新源动力，深入实施知识产权战略，加大知识产权保护执法力度。加强创新人才及创新团队的培育和引进，积极吸引海外高层次人才到我省创新创业。

优化服务业发展环境。实行公开、公平、公正的市场准入制度，鼓励和支持各类社会资本进入法律法规未禁止的服务行业和领域，积极引入社会资本和竞争机制，破除市场竞争性行业垄断经营的局面，降低服务业企业市场准入门槛，简化程序和审批手续。提高政府引导资金的规模和比重，实施聚集能力强、辐射作用大的增值、增绿、增效、惠民系列项目。制定实施优惠政策，支持企业主辅业务分离，鼓励支持大型工业企业和民营企业投资服务业领域，引导社会资金投入服务业关键领域和薄弱环节。打破行业、部门和行政区域垄断，积极推进教育、文化、医疗、体育等服务业领域开放，加快增加社会事业服务供给，解决看病难、上学难等一系列突出的社会矛盾和问题。加快推进事业单位改革和服务业综合改革试点，探索服务业扩大对外开放、加快发展的新机制。大力引进和培养服务业发展所需要的各类人才，以高素质人才推动高水平发展，增强服务业发展的智力支撑。进一步规范政府部门管理行为，改进监管方式方法，加快落实服务业与工业用电、用水、用热基本同价等各项扶持政策，规范服务价格和服务收费，建立和完善服务产品标准化体系、诚实守信的信用体系和科学监管体系，形成有利于服务业发展的市场环境。

改善民营经济发展环境。适应民间投资加大、民营资产扩张、在国民经济中比重和作用提高的新形势，落实民营经济平等准入、公平待遇。创新政府对民营经济的管理体制，由放任自由向依法规范转变，由偏重管制向帮扶引导转变，由检查收费向促进发展转变。支持民营企业合规经营、持续发展、积极履行社会责任，引导民营企业采用现代管理模式和理念，加强科技创新和品牌创建，加快转型升级，增强参与市场竞争、增加就业、发展经济的活力和竞争力。

完善对外开放环境。建立完善支持“引进来”和“走出去”的基础保障机制和政策促进体系，加快形成经济全球化条件下参与国际经济合作和竞争的新优势。营造开放透明的法律环境，以进一步扩大市场准入范围和优化外资结构为重点，完善吸收外资法规，增加决策透明度，规范行政行为，及时发布发展规划、产业政策、准入标准、行业动态等信息，推进投资环境透明化和便利化。营造公平竞争的市场环境，广泛开展国际合作条件下的开放式创新，依法设立的外商投资企业同国内企业享受一视同仁的平等国民待遇，适用同样的原产地规则和鼓励自主创新政策。营造稳定有序的经营环境，进一步完善市场体系，消除市场壁垒，维护市场秩序，保护投资者利益，促进各类市场主体做强做大。健全外商投诉求助和处理督办机制，提高行政服务效率。完善外贸协作、监测和预警机制，发挥外贸企业、行业协会、法律咨询等中介机构的作用，建设外贸商务服务平台，增强规避贸易风险、解决贸易争端、确保贸易安全的能力。加强出口信用保险服务，健全海外投资保险支持机制。完善支持企业“走出去”的促进保障机制，加快发展境外投资服务机构，建立便捷高效的境内服务体系和安全及时的境外服务体系。

第三十二章　区域协调

健全区域一体化发展机制，以交通一体化为先导，产业和市场一体化为核心，人才科技一体化为保障，推进资源要素共享、基础设施共建、生态环境共治，完善统一市场，实现资源优化配置。扩大与周边国家、周边地区的交流与合作，展示友好山东开

明开放的大省形象。发挥紧邻日韩的地缘优势，积极参与推进中日韩自由贸易区建设。充分利用内地与香港更紧密经贸关系安排机制，密切与港澳地区经贸活动，完善鲁台交流与经贸合作机制。加强与环渤海经济区、长江三角洲、中原城市群等区域经济合作，积极参与西部大开发，推进区域产业、交通、水利、能源、生态环境等重点领域共建共赢。全力以赴做好援藏援疆等对口支援工作。健全区域间合作机制，加强跨区域统筹规划，建立统一协调调度机制和定期联席会议制度，推动资源共享、优势互补，实现本地特色发展与区域之间协作发展互动并进。健全区域扶持机制，加强对区域发展的龙头、中心、重要支撑点的政策支持，推动枣庄、东营、济宁等资源型城市加快转型步伐，加大对农业地区和生态地区的财政转移支付力度，继续加大对欠发达地区、革命老区、山区库区、黄河滩区及废弃展区扶持力度，制定实施扶持革命老区发展的政策措施，提高公共服务水平，切实改善生产生活条件，在项目建设、资金投入、民生保障等方面向少数民族和民族地区倾斜，交通、能源、水利等基础设施和农村教育、文化、卫生建设重心继续实行“西移”。

第三十三章　实施机制

推进规划体制改革，健全规划体系，明确经济社会发展规划在各类规划中的主导地位，提高规划管理水平和实施效率。完善衔接协调机制，专项和区域规划要符合本级和上级总体规划，下级规划要服从上级规划，确保在总体要求上方向一致，在空间配置上相互协调，在时序安排上科学有序。完善动态实施机制，通过年度计划分解落实主要目标和重点建设任务，建立科学的中期评估制度，形成有效的分类分时实施机制。正确履行政府职责，省直各部门要按照职责分工，制定具体政策措施，合理配置公共资源，有效引导社会资源，保障规划有效实施。改革考核评价机制，建立完善政府职责事项和约束性指标落实目标责任制，建立健全重大项目推进机制，明确进度、明确要求、明确责任，确保各项指标、重大项目和重大工程的实施。建立规划实施督促检查机制，实行年度巡查报告制度、规划中期评估评价制度，根据发展实际，按程序对规划进行必要调整。健全政府与企业、公众的沟通机制，推进规划实施信息公开，加强社会监督。

全省人民要紧密团结在以胡锦涛同志为总书记的党中央周围，高举中国特色社会主义伟大旗帜，团结一致，万众一心，奋勇进取，扎实工作，不断开创山东科学发展新局面，为实现“十二五”规划的目标任务而努力奋斗！

1－30　山东省人民政府办公厅转发省工商局关于加强企业字号（商号）管理工作的意见的通知

鲁政办发〔2011〕15号

各市人民政府，各县（市、区）人民政府，省政府各部门、各直属机构，各大企业，各高等院校：

省工商局《关于加强企业字号（商号）管

理工作的意见》已经省政府同意，现转发给你们，请认真贯彻执行。

二〇一一年三月三十日

关于加强企业字号（商号）管理工作的意见

省工商行政管理局

为保护企业知识产权，维护公平竞争的市场秩序，积极推进企业品牌战略的实施，增强企业核心竞争能力，加快我省由经济大省向经济强省的转变，现结合我省实际，就加强企业字号（商号）管理工作提出以下意见：

一、充分认识加强企业字号（商号）管理工作的重要意义

企业字号（商号）是市场主体在经营活动中显著区别于其他企业的标志性文字。企业字号（商号）作为企业重要的知识产权和无形资产，是企业名称的核心部分，代表了企业特定商品或者服务的质量和信誉，在日趋激烈的市场竞争和企业生产经营中发挥着极其重要的作用。目前，我省企业发展迅速，一批有较高知名度的企业字号（商号）脱颖而出，同时字号（商号）特别是知名字号（商号）被侵权的现象也随之出现并呈逐渐蔓延之势。因此，加强企业字号（商号）管理，不仅可以有效保护企业的知识产权，维护公平竞争的市场经济秩序，而且对推进企业品牌战略实施、增强企业市场竞争能力、加快转变经济发展方式具有十分重要的意义。

二、引导企业培育知名字号（商号）

各级工商行政管理机关要立足职能，引导企业依照《中华人民共和国公司法》及相关法律、法规的规定，规范使用企业字号（商号）。要充分发挥企业字号（商号）在企业生产经营中的作用，引导企业从实际出发，制定和实施企业字号（商号）发展战略，积极培育企业知名字号（商号），增强企业及其产品的知名度和市场影响，提高核心竞争力。要引导企业结合自身实际，实行企业字号（商号）、商标一体化战略，提升企业字号（商号）的品牌价值，积极争创市场名牌；要引导企业以授权特许经营或连锁经营等方式扩大经营规模，运用企业字号（商号）搞好资产运作。

三、加强对企业字号（商号）的规范管理

各级工商行政管理机关要认真贯彻落实《中华人民共和国公司法》、《企业名称登记管理规定》等法律、法规，依法加强对企业字号（商号）使用的管理，维护企业的合法权益。要加大企业字号（商号）保护的宣传力度，提高企业字号（商号）使用的保护意识和维权能力。各级工商行政管理机关应依法做好企业名称的预先核准、变更核准，加强对企业字号（商号）的保护和依法维权力度，依法制止和打击“傍名牌”、“仿名牌”的行为，切实保护企业的合法权益。

四、加强对知名字号（商号）的保护

在全省范围内具有一定知名度字号（商号）的企业认为自己的字号（商号）受到侵害，企业字号（商号）需要特别保护时，可向企业登记机关提出申请并提交相关证据和材料，由企业所在地市工商局报省工商局。省工商局要对受到侵害、需要保护的企业知名字号（商号）依法提出保护措施，并将有关情况及时通报给海关、税务、质监、银行等职能部门。

五、建立全省统一的企业名称查询系统

各级工商行政管理机关要整合资源，建立企业名称登记信息查询系统，为企业名称申请人查询字号（商号）使用情况提供便利。要加强企业名称数据库建设，实现在全省范围内统一检索，为广大企业和消费者提供便捷、可靠的查询系统，为依法实施对企业字号（商号）的有效管理提供信息支撑。各级工商登记机关要按照“登记为民、促企发展、用心服务、用情服务”的要求，积极推行网上登记。要加强对企业网上登记工作的宣传、规范和指导，为企业登记注册提供便利。要推行由企业登记代理机构集中办理网上登记业务，提高企业登记业务的办事效率和质量。

二○一一年三月二十八日

1－31　山东省人民政府关于加快培育和发展战略性新兴产业的实施意见

鲁政发〔2011〕15号

各市人民政府，各县（市、区）人民政府，省政府各部门、各直属机构，各大企业，各高等院校：

为贯彻落实《国务院关于加快培育和发展战略性新兴产业的决定》(国发〔2010〕32号)，推进我省战略性新兴产业加快发展，现制定如下实施意见：

一、提高认识，切实增强培育和发展战略性新兴产业的紧迫感

1. 培育和发展战略性新兴产业是加快转变经济发展方式的必然选择。培育和发展战略性新兴产业是顺应世界科技革命和结构升级潮流的客观要求；是提高产业核心竞争力，抢占发展制高点的迫切需要；是建设资源节约型、环境友好型社会,促进可持续发展的重大举措；是推进产业结构优化升级、提高经济增长质量和效益，再造山东发展新优势的战略选择；是建设经济文化强省，全面实现小康社会奋斗目标的必由之路。

二、统一思想，明确培育和发展战略性新兴产业的总体要求

2. 指导思想。以邓小平理论和“三个代表”重要思想为指导，深入贯彻落实科学发展观，顺应国际科技革命和产业升级的新趋势，把握我省经济社会发展阶段的新特征，围绕加快转变发展方式、调整优化经济结构新目标，实施高端高质高效新战略，突出发展新材料、新一代信息技术、新医药、新能源和海洋开发等重点产业，加强人才队伍建设，完善创新平台载体，深化体制机制改革，强化对外开放合作，加大政策资金扶持，营造良好发展环境，优化资源要素配置，促进高技术产业化，培植具有自主知识产权的特色产业链和产业集群，扩大高端市场份额，带动相关产业发展，推动全省经济社会在更高层次上实现又好又快发展。

3. 基本原则。加快培育和发展战略性新兴产业，必须坚持统筹规划，科学布局；重点突破，区域带动；科技先导，创新驱动；产业集聚，链条延伸；政府引导，市场运作；整体推进，配套联动。

4. 发展目标。到2015年，全省战略性新兴产业增加值占地区生产总值的比重达到10%，对经济发展和产业结构升级的带动作用显著增强。到2020年，全省战略性新兴产业增加值占地区生产总值的比重力争达到20%，成为带动经济增长、产业升级和劳动就业的重要力量。其中新材料、新医药、新能源和节能环保、海洋开发和高端装备制造产业成长为全省国民经济的支柱产业，新一代信息技术、生物产业成长为全省国民经济的先导产业；科技创新整体水平居国内前列，培植一批具有国际影响力的大企业和极具产业竞争力的中小企业，成为我国战略性新兴产业创新和生产的重要基地。

三、突出重点，推动战略性新兴产业快速健康发展

5. 新材料产业。

——高性能纤维。充分发挥我省高性能纤维材料的技术优势和产业基础，突破关键技术，开发成套装备，生产高端制品，打造碳纤维、芳纶、超高分子量聚乙烯纤维、玻璃纤维四大产业链，满足航空航天、高端装备制造等领域的需求，建设我国重要的高性能纤维研发和生产基地。

——特种高分子材料。重点开发 TDI、新一代 MDI 及 HDI 等异氰酸酯生产工艺及成套生产设备，加快实现聚氨酯主要原料尤其是高附加值异氰酸酯的产业化，拉长产业链，打造以万华工业园为重要载体的聚氨酯研发生产基地。重点开发含氟聚合物和膜材料，加快系列产品产业化，推广氯碱离子膜的应用，推进燃料电池膜产业化，拉长产业链，带动相关产业的发展，打造以东岳为龙头的含氟聚合物及膜材料特色产业链。

——特种金属材料。积极开发新型合金功能材料，加快镁铝合金、硅铝键合丝、高性能电子铜箔、环氧玻璃布基覆铜板、集成电路用低弧度金丝、纳米金等新型材料的技术开发和产业化，优化产品结构，提高产品附加值，培植高性能金属材料产业集群。

——精品钢新型材料。重点发展高强度轿车用钢、高档电力用钢和工模具钢、高速铁路用钢、高等级造船及海洋工程用钢等关键钢材新品种，开展百万千瓦火电及核电用特厚钢板和高压锅炉管、25 万千伏安以上变压器用高磁感低铁损取向硅钢等技术攻关，促进建筑钢材升级换代，着力打造精品钢材产业基地。

——功能陶瓷。加强信息功能材料、纳米尺度薄膜与粉体材料、能源与生物功能材料、磁性电子材料等陶瓷材料的技术开发，积极推进无铅、无镉以及纳米基瓷料等节能环保陶瓷的创新和产业化，建设我国重要的功能陶瓷研发生产基地。

6. 新一代信息技术产业。

——通信网络设备与产品。加快建设宽带、泛在、融合、安全的信息网络基础设施，支持新一代移动通信、下一代互联网核心设备和智能终端的研发及产业化，加快推进三网融合，促进物联网、云计算的研发和示范应用。开展量子通信技术研发，突破量子通信网络系统集成关键技术，开发远距离、高速率量子通信实用化核心技术，形成具有自主知识产权的技术及产品，加快其在政府、金融等领域的推广应用。

——集成电路。以集成电路设计为突破口，以济南国家集成电路设计产业化基地为载体，以通信、计算机、工业控制、信息安全和应用电子产品为依托，培育一批具有自主创新能力的集成电路设计企业，开发一批具有自主知识产权的集成电路产品，积极发展集成电路制造、封装、测试和相关产业，形成配套完善的集成电路产业链。

——高端计算机。重点支持高性能计算、云计算、面向微处理器的计算机体系结构、嵌入式和高可信计算等产品的研发，加快发展高端容错、工业控制和高性能计算机；研发高效能、高可靠性、高安全性服务器，巩固发展我省高端服务器的领先地位；开发计算能力千万亿次、存储容量为 PB 级的高性能计算和存储环境，建设高性能计算中心；支持具有自主知识产权的信息安全产品研发及产业化。

——新型显示。超前布局新型平板显示产业，搭建 OLED（有机电致发光二极管）关键技术开发和工程化平台，以 AMOLED（有源矩阵有机发光二极管）为重点，突破 AMOLED 基板、真空镀膜、薄膜封装等共性技术，支持AMOLED面板产业化；集中力量突破数字视频压缩编解码芯片、数字视频处理芯片等关键技术；重点发展液晶电视、OLED电视、激光电视、三维电视等数字电视。

———高端软件。加快研发工业软件、中间件和基础软件，积极发展嵌入式操作系统、嵌入式软件开发平台等核心软件；积极开展基于物联网、云计算环境下的新型软件业态和关键技术研究；加快研发网络通信、信息安全、数字音视频、智能控制、汽车电子等重点领域嵌入式软件；建设软件和服务外包产业基地，努力提升我省软件产业的规模和水平。

7. 新能源和节能环保产业。

———太阳能。发挥骨干企业优势，加大自主创新力度，加快突破光热利用、系统集成等一批关键技术，掌握一批先进工艺，开发推广一批光热利用和光伏发电新产品，打造太阳能热利用和光伏发电两大产业链，建设济南、德州两大太阳能产业基地，打造潍坊、东营、威海、菏泽太阳能产业集群。

———风能。鼓励实施风能资源规模化开发，加快推进大型风电装备的研发和产业化，重点发展大容量风电机组、发电机，以及机械传动、运行控制等子系统，形成从材料、叶片、塔筒、主轴、控制系统、发电机到风电机组的产业链，建设风电装备制造基地。

———核能。积极研发新一代核能技术和先进反应堆，加快海阳、荣成核电站建设，发挥山东核电、烟台台海玛努尔等骨干企业的优势，开展重大技术攻关，加强系统设计和设备研发制造，培育具有自主知识产权的核电装备品牌，着力打造烟台、威海两个核电装备制造基地。

———生物质能。重点发展以废弃油脂等为原料的液体燃料，以秸秆等为原料的生物质燃气和成型燃料；加快突破生物沼气利用关键技术，建设一批沼气综合利用示范工程，鼓励在规模化养殖场、工业有机废水处理和城市污水处理厂等有条件的地方，建设沼气发电站。大力支持生物质锅炉、物化转换成套装备、沼气发电机组等生物质能装备的研发制造。

———智能电网。加快适应新能源发展的智能电网建设，推进关键技术和装备的突破和应用，支持电网企业进行智能化电网改造，实施新能源和智能电网融合工程，实现新能源发电的安全、可靠、稳定运行。

———新能源汽车。支持新能源汽车和关键零部件的研发制造，尽快突破电池阳极材料、电池隔膜及以锂离子电池为主的大容量电池产业化技术，重点发展纯电动和油电混合型公交客车、电动载货车、多功能特种车、电动轿车等新能源汽车，加大新能源汽车的示范和推广力度，建设北汽福田、中通等新能源汽车整车基地，带动汽车零部件及相关产业的发展。

———节能技术及装备。加快突破一批重点领域节能关键技术，围绕重大节能工程，大力推广高效节能技术及装备；开发推广余热余能利用、能量系统优化、建筑节能、节能机电、半导体照明等节能技术及产品，带动能效整体水平提高。

———环保技术及装备。鼓励研究开发“三废”综合治理关键技术和装备，加大先进环保技术装备及产品示范推广力度。实施工业废弃物综合利用工程，对钢铁、发电、焦炭、化工、造纸、印染、发酵等重点行业的环保设施进行技术改造，促进污水、废气以及固体排放物的回收处理和综合利用。

———循环经济关键技术及装备。围绕减量化、再利用、资源化，重点在化工、建材、冶金、有色等行业实施一批循环利用示范工程，积极推广工业余热、工业废水、高炉煤气、废旧设备等资源的循环利用新技术，示范推广一批循环经济关键装备，提高企业的资源利用效率。

8. 新医药和生物产业。

———新医药。以原料药、化学创新药、

生物技术药、疫苗与诊断试剂、现代中药、海洋药物和新型医疗器械等领域为重点，加快实施一批技术含量高、市场急需的重点项目，加快建设山东国家创新药物孵化基地和综合性新药开发技术大平台，加快建设鲁中（济南、淄博、潍坊）、鲁南（济宁、枣庄、临沂、菏泽）、半岛（青岛、烟台、威海）新医药产业聚集区，推动医药产业上规模、上水平，做大做强我省医药产业。

———生物育种。利用现代生物技术，加快培育一批高产优质抗逆的小麦、玉米、棉花、花生、马铃薯等重要粮棉作物良种，一批优良果蔬品种，一批优良畜禽品种和一批名优特稀的鱼虾贝参等优良水产品种，大力实施良种工程，发展现代种业，建设全国重要的生物育种基地。

———生物制造。充分发挥农副产品资源优势,应用优良菌种选育、生物发酵、在线控制、高纯度过滤、新型节能环保等先进技术，努力实现循环经济和清洁生产，着力培植玉米、小麦、大豆、海洋副产物等深加工产业链，开发生产系列食品、化学品和新型生物材料制品，加快发展生物酶工程产业，实现生物制造大省到强省的跨越。

9．海洋开发产业。

———海洋开发重大基础设施。加快建设海洋科学综合考察船、国家深海基地等重大科学工程和青岛海洋科学与技术国家实验室（筹）、中集烟台海洋工程研究院等一批创新平台，把青岛建设成为我国海洋科技开发和资源勘察基地。

———海水健康养殖。综合运用海水增养殖和疾病控制新技术，建设海水健康养殖基地和海洋牧场,推动我省传统渔业向以资源节约、环境友好、生态和谐、产品安全为标志的现代渔业转变。

———海洋精细化工。加快发展以海水淡化、海水提取溴、镁等为主的海水综合利用工程，生产溴系阻燃剂、医药中间体、染料中间体等深加工产品，完善海洋化工产业链，建成我国重要的海洋精细化工产业基地。

———海洋工程技术及装备。重点开发海洋焊接、建筑、防腐、污染清除等工程技术和专用材料，加快发展海洋油气开发装备、临港机械装备、海水淡化装备、海洋电力装备、海洋勘测海底布缆装备、海洋仪器装备等产业，建设国家海洋设备检测中心，实施以海洋水文预报、海况预测预报、海底通信及现代海洋观测为主的“数字海洋”工程，把胶东半岛打造成具有国际竞争力的海洋装备制造业基地。

———高端船舶制造。重点发展以重载集装箱船、大吨位客货滚装船、豪华游艇、邮轮等为主的特种船舶和船用配套产品，把半岛蓝色经济区建设成为特种船舶制造基地。

———海底资源勘探开发。重点发展深（远）海环境监测、资源勘查技术与装备，深海运载和作业技术与装备成果的应用；推进深海生物基因资源利用技术开发及产业化；开发多金属结核、结壳、热液硫化物开采技术和装备；形成具备深（远）海空间利用技术的集成与服务能力的国家深海开发基地。

———海洋可再生能源利用。积极开展潮汐能、波浪能、海流能、海洋风能区划及发电技术集成创新和转化应用。重点发展万千瓦级潮汐电站、百千瓦级波浪和海流能机组技术及相关设备的产业化，鼓励开发温差能综合海上生存空间系统，推广应用海洋生物质能技术，建设海洋生物质能开发利用试验基地，提高能源保障能力。

10．高端装备制造产业。

———数控加工装备。重点发展二次开发功能的开放式数控控制系统、嵌入式软件、高档数控加工刀具、车铣钻镗磨等多种工艺复合的加工中心、工业机器人等数控加工装备，提升智能化控制装备水平和核心竞争力。

———轨道交通设备。依托青岛高速列车

国家高新技术产业化基地、北车济南轨道交通公司，突破空气动力学分析、牵引传动与制动、运行控制、轨道结构、关键材料及部件等关键技术，开发新一代高速列车、轻轨、地铁等轨道交通装备，带动相关产业发展。

———通用航空装备。抓住低空空域管理改革机遇，研发制造飞机整机、关键配套零部件和地面装备等重点产品，突破一批关键技术，建设特色鲜明的通用航空装备研发、制造和服务基地。

———石油装备。重点发展新型石油勘探、钻井、采油、集输等系列产品和深海半潜式钻井平台等大型化、深海化、专业化油气装备，建设高端石油装备制造业基地。

四、强化科技创新，提升产业核心竞争力

11. 加强产业关键核心技术研究。准确把握世界新技术发展趋势，围绕战略性新兴产业发展的重大需求，发挥政府各类科技专项的引领作用，立足自主创新，鼓励技术引进、消化、吸收、再创新，集中力量突破一批支撑战略性新兴产业发展的关键共性技术，形成一批具有自主知识产权的技术和标准，提升产业技术水平。

12. 加快科技成果产业化。完善科技成果产业化机制，建立健全科研机构、高等院校的创新成果发布制度和技术转移机构，加快建设科技成果中试基地、孵化基地，促进技术转移和扩散；设立战略性新兴产业发展专项，积极推进产业化示范工程，缩短成果转化周期，加快产业化进程。

13. 加强创新平台建设。围绕战略性新兴产业发展需求，依托优势技术领域，支持企业围绕原始创新、集成创新和引进消化吸收再创新，加强与国内外知名大型企业、高等院校、科研机构的合作，建设一批重点实验室、工程实验室、工程（技术）研究中心、企业技术中心等国家级和省级创新平台，以企业为主体建设一批院士工作站和博士后工作站。

14. 强化企业技术创新主体地位。加强财税政策引导，激励企业增加研发投入，不断提高高新技术企业研发投入占销售收入的比重，力争到2015年国有大中型企业、高新技术企业研发投入占销售收入的比重分别达到3%和5%以上；对面向应用、具有明确市场前景的政府科技计划项目，建立由骨干企业牵头组织、科研机构和高等院校共同参与实施的有效机制，引导和支持创新要素向企业聚集。发展一批由企业主导，科研机构、高等院校积极参与的产业技术创新联盟；制定有利于战略性新兴产业企业增加研发投入的政策，提高企业核心竞争力。

15. 建设产业创新支撑体系。发挥知识密集型服务业支撑作用，加强服务体系建设，创新管理模式和运营机制，大力发展研发服务、设计服务、信息服务、创业服务、风险投资服务、技术交易、知识产权和科技成果转化等高技术服务业，加快培育新型服务业态，为产业创新提供强有力支撑。

16. 加快落实知识产权战略。支持知识产权创造和运用，强化专利、商标、版权等知识产权的保护和管理，依法保护科技人员的合法权益，鼓励企业建立专利联盟。完善高等院校和科研机构知识产权转移转化的利益保障和实现机制，建立高效的知识产权评估交易机制，加大对具有重大社会效益创新成果的奖励力度。鼓励我省企业参加各类标准制定，对参与或牵头制定战略性新兴产业国内和国际标准的，在安排科技专项资金时优先给予支持。

17. 加强人才队伍建设。树立人才优先发展的战略理念，实行高层次人才无障碍引进等政策，以战略性新兴产业重大工程和项目为载体，实施“千人计划”、“万人计划”和“泰山学者”等一系列高层次人才培养和凝聚工程，重点引进一批省外和海外的创新创业领军人才，尽快形成山东战略新兴产业的人才高地。加强人才培养和培训，调整优化人才培养方向和专业设置，加强企业在职人员的培训力度，鼓励企业与高等院校、科研院所的人才共建，促进创新型、应用型、复合型、技能型人才的培养。创新人才选拔和使用机制，引导企业建立科学合理的薪酬制度和完善的人才激励政策，鼓励企业实行股权、期权、技术入股等多种形式的激励机制，促进各类人才向战略新兴产业集聚。

18．加快创新型省份建设。抓好济南、青岛、烟台创建国家级创新型城市试点，带动全省创新发展。加大科技投入，加快科技成果转化，加强自主创新，到2020年，力争全社会研发投入占地区生产总值的比重达到2.5%以上，科技进步贡献率达到60%以上，对外技术依存度降低到30%以下，发明专利年度授权量和国际科学论文被引用数均进入全国前5位，基本建成创新型省份。

五、深化开放合作，拓宽发展新空间

19．强化国际科技合作与交流。把握经济全球化的新特点，积极探索国际合作新模式，拓宽交流新渠道，在更高层次上参与国际合作，尽快掌握关键核心技术，提升我省自主发展能力与核心竞争力。完善合作机制，深化中德、中乌、中俄、中法、中白、中古等科技合作，支持我省高等院校、科研院所与国外开展多种形式的合作；积极吸引跨国公司、国外研究机构和高等院校到我省以独资、合资、合作等形式设立研发机构；支持符合条件的外资企业与内资企业、研究机构合作申请国家、省级科研课题和重大专项；鼓励海外人才携科技成果到我省进行产业化；吸引具有高层次的学术带头人和国际知名专家到我省兼职。

20．提高利用外资的产业技术水平。拓宽利用外资渠道，加大招商引资力度，引导更多的外资投向战略性新兴产业。鼓励外商到我省设立创业投资企业，着力引进世界500强和国际知名企业到我省投资创业，设立研发机构；鼓励外资企业到我省设立合作基地和产业园区，促进产业集聚，带动相关产业发展。依托济南、青岛、烟台等城市，大力发展软件、医药等服务外包产业。

21．开展全方位的国内合作与交流。加强与中国科学院、中国工程院、北京大学、清华大学等科研机构和重点高等院校的合作，积极推动国家级科研院所在我省设立研发机构和分中心，加快筹建中科院山东分院。鼓励国内各研发机构申报和参与山东省重大科研和工程项目，促进省外科研机构、企业与省内有关机构合作，加强与长江三角洲、珠江三角洲、环渤海和北京、上海、南京、武汉、西安等地区和城市的对接与合作。

22．支持企业跨国经营。鼓励我省企业到发达国家和地区，通过境外收购、设立研发机构等多种形式，充分利用国际创新平台，共享人才、信息、技术等各类资源，运用先进的研发手段，不断开发先进技术和产品，培育国际品牌，为国内企业跨越发展提供支撑。支持我省高技术企业到境外开发战略资源，设立海外生产基地，建立全球营销网络，拓宽发展空间，提高我省战略性新兴产业出口产品的国际市场份额。组织企业联合走出去，参与国家境外经贸合作区建设。建立健全我省拟境外投资企业信息库，定期发布相关信息，为省内企业境外投资和开展合作提供服务。

六、完善政策措施，为产业发展提供有力支撑

23．进一步加大财政支持力度。省级财政进一步优化现有专项资金支出结构，每年支持战略性新兴产业的资金不少于10亿元，重点支持关键共性技术研发、产业化示范工程、创新能力建设、产业链和产业基地培育等。各地也要结合实际，进一步加大支持力度，形成上下配套联动的资金投入机制。认真落实增值税转型、所得税减免、进口设备免税、研发费用加计扣除等现有税收优惠政策。

24．引导金融机构加大对战略性新兴产业

的信贷支持。引导商业银行调整优化信贷结构，积极推进知识产权质押融资、产业链融资等新模式。每年筛选确定一批省级项目、重点产业链和重点产业基地，搞好与金融机构的对接，争取更多的信贷资金扶持。积极争取政策性银行的扶持，鼓励政策性信贷资金向战略性新兴产业倾斜。进一步健全信用担保体系，引导设立一批专业担保公司，扩大担保资金总量，为战略性新兴产业发展融资提供担保服务。

25. 扩大直接融资规模。加快战略性新兴产业企业境内外上市步伐，支持自主创新能力强、成长性好的企业到主板、中小企业板或创业板上市，鼓励符合条件的企业到境外上市。选择一批信用等级高、还本付息能力强的企业发行企业债券、公司债券、短期融资券和中期票据等；推动产业链上下游企业或区域聚集企业发行企业集合债和集合票据。鼓励非上市企业充分利用场外交易市场进行股权交易，完善发展全省统一的股权场外交易市场，推动一批高风险、高收益、尚不具备上市条件的战略性新兴产业企业在场外交易市场挂牌融资。

26. 加快推动创业投资发展。设立一批战略性新兴产业创投基金，特别是积极争取设立中央财政参股的战略性新兴产业创投基金。鼓励有条件的市、县设立地方财政参股的创投基金。鼓励黄河三角洲产业投资基金、山东半岛蓝色经济发展投资基金等产业投资基金向战略性新兴产业倾斜。吸引央企、民企、外资等各类社会资本在我省设立创投基金，助推我省战略性新兴产业加快发展。

27. 实行优惠的土地政策。各级政府应优先向战略性新兴产业项目供地，对属于优先发展产业且用地集约的战略性新兴产业项目，在确定土地出让底价时，可按不低于所在地土地等别相对应工业用地出让最低价标准的70%执行。

28. 优化战略性新兴产业发展布局。深入实施重点区域带动战略，支持山东半岛蓝色经济区、黄河三角洲高效生态经济区、省会城市群经济圈和鲁南经济带，发挥优质资源富集地带的优势，尽快建成国内一流的战略性新兴产业聚集区。以高新技术开发区、经济开发区、可持续发展实验区、出口加工区、保税区、高技术产业基地等为载体，引导战略性新兴产业投资项目向园区集中，避免盲目布局、低水平重复建设。培植一批优势突出、特色鲜明、技术先进、配套发展的产业集群，打造一批创新能力强、带动作用大、经济效益好的高端产业链条，促进战略性新兴产业聚集式发展。

29. 积极拓展新兴产业市场空间。制定全省战略性新兴产业产品推广应用计划，有序开展新产品应用试点示范。发挥政府采购的拉动作用，调整政府采购目录，优先采购战略性新兴产业新产品。及时发布国际市场需求变化信息，引导企业主动规避贸易壁垒、汇率波动等风险。

30. 进一步优化发展软环境。加快政府职能转变，推进作风和效能建设，强化服务意识，提高服务效率，对列入战略性新兴产业规划的重点企业和重点项目提供“一站式”服务。及时总结宣传好典型、好经验、好做法，介绍国家和省扶持战略新兴产业发展的相关政策和规定，营造良好的社会氛围，创造良好的市场环境。

七、推进体制机制创新，增强发展活力

31. 建立企业主动追求创新的内在机制。深化国有企业改革，积极引进高技术的战略投资者，采取股权转让、增资扩股、合资合作等多种形式进行资产重组，优化股权结构，建立现代企业制度，增强企业活力。引导国有资本向重点战略性新兴产业集中，向科技、人才、品牌等优势企业集聚。放宽市场准入，改善融资条件，搞好配套服务，加快发展创新型民营企业。鼓励民营企业参与国有大型企业和垄断行业企业的改组改造、并购联合，使民营科技企业成为发展战略性新兴产业的重要力量。

32. 创新产学研合作机制。扶持应用型科研院所转换机制,主动与企业建立紧密的经济、科技合作关系,兴办研发机构成果转化基地,采取技术入股等方式,联合兴办创新型企业,形成资源共享、技术共创、风险共担、合作共赢的新机制。

33. 推进综合配套改革。深化行政审批、财税、投融资、土地等重点领域改革,创新政府管理模式,为战略性新兴产业发展提供强有力的保障。加快市场体系建设,促进生产要素合理流动和资源优化配置。

八、加强统筹协调,为战略性新兴产业发展提供组织保障

34. 加强组织协调。建立由省发展改革委牵头的战略性新兴产业发展部门协调机制,形成合力,统筹推进。

35. 建立科学决策机制。成立山东省战略性新兴产业专家咨询委员会,提高决策的科学性、针对性和有效性。

36. 强化规划引导。组织编制战略性新兴产业发展规划及专项规划,加强与相关规划和政策的衔接,提高规划的科学性、指导性和可操作性。加强政策引导,合理配置人才、资金、土地等各类要素,发挥比较优势,提高综合效益。

37. 建立考核制度。尽快建立反映战略性新兴产业发展变化的统计指标体系,定期检查,及时督促,确保省政府提出的政策措施、任务目标落到实处。

各级人民政府和省直有关部门要抓紧制定具体措施,切实推动战略性新兴产业快速健康发展。

附件:山东省第一批省级战略性新兴产业项目名单

二○一一年四月二十五日

附件:

山东省第一批省级战略性新兴产业项目名单

1	万华实业集团有限公司聚氨酯新材料产业链上下游循环经济一体化项目
2	山东润兴投资集团有限公司年产10万吨六亚甲基二异氰酸酯(HDI)及配套30万吨己二腈产业化项目
3	山东东岳神舟新材料有限公司年产3.21万吨含氟高分子聚合物产业化项目
4	山东美晨科技有限公司年产5000万件热塑弹性体新材料产业化项目
5	山东日科化学股份有限公司新型高分子材料AMB树脂产业化项目
6	威海拓展纤维有限公司系列高性能碳纤维产业化项目
7	烟台氨纶股份有限公司年产3000吨工业用间位芳纶产业化项目
8	泰山玻璃纤维有限公司风力发电叶片用高强、高模玻璃纤维纱生产线建设项目
9	邹平金刚新材料有限公司年产20万吨高性能氧化铝陶瓷新材料产业化项目
10	山东双连制动材料有限公司高档陶瓷纤维增强树脂基配方汽车用刹车片产业化项目
11	山东金鸿集团有限公司反应烧结碳化硅防弹陶瓷产业化项目
12	山东南山铝业股份有限公司年产20万吨航空航天用铝合金中厚板生产线建设项目

13	山东创新金属科技股份有限公司年产10万吨轨道交通轻量化合金材料产业化项目
14	莱芜市新艺粉末冶金制品有限公司年产2万吨低合金高密度粉末冶金轿车零部件产业化项目
15	菏泽广源铜带股份有限公司年产6万吨电子电器高精度铜带箔产业化项目
16	山东华盛荣镁业公司年产2000吨宽幅板材、7500吨挤压型材、板坯及100万平方米蜂窝板产业化项目
17	山东旭锐化学有限公司年产10万吨高性能无卤阻燃母料产业化项目
18	滨州益谦非晶金属材料有限公司年产1万吨变压器用非晶合金带材产业化项目
19	山东领潮新材料有限公司环保型甲壳素纤维交流静电植绒新材料产业化项目
20	山东科大鼎新电子科技有限公司金属键合丝产业化项目
21	山东信息通信技术研究院管理中心国家超级计算济南中心建设项目
22	山东量子科学技术研究院有限公司济南量子保密通信试验网建设项目
23	山东省计算中心山东省云计算平台建设及应用项目
24	浪潮电子信息产业股份有限公司云计算操作系统开发及产业化项目
25	海信集团TD-SCDMA终端测试系统建设项目
26	海尔集团公司基于3G网络的家庭网络生活中心项目
27	歌尔声学股份有限公司LED背光模组产业化项目
28	山东浪潮华光光电子有限公司低成本高效率蓝光LED外延及芯片产业化项目
29	青岛杰生电气有限公司大功率蓝光芯片和紫外UVLED产业化项目
30	山东中创软件工程股份有限公司数字物流园区系统研发及产业化项目
31	山东渔翁信息技术股份有限公司基于国产密码技术的物联网安全平台产业化项目
32	山东中孚信息产业股份有限公司内网安全保密综合管理平台产业化项目
33	威海双丰物探设备股份有限公司海洋石油数字勘探采集系统项目
34	文登威力高档工具有限公司基于RFID的标签标识设备制造项目
35	山东康威通信技术股份有限公司基于物联网技术的地下高压电缆网多状态预警成套设备产业化项目
36	山东山大华天科技股份有限公司电能质量控制装置产业化项目
37	淄博恒汇电子科技有限公司年产20亿片IC卡封装载板产业化项目
38	皇明洁能控股有限公司年产180千米菲涅尔式太阳能热发电高温集热管产业化项目
39	力诺集团股份有限公司年产700MW光伏电池片产业化项目
40	夏津奥德新能源有限公司年产1500MW晶体硅光伏电池组件建设项目
41	山东舜亦新能源有限公司年产300MW太阳能光伏产品垂直一体化项目
42	山东孚日光伏科技有限公司新建CIGSSe（铜铟镓硫硒化合物）薄膜太阳电池产业化项目
43	中通客车控股股份有限公司年产2万辆新能源客车及节能型客车产业化项目
44	淄博国利新电源科技有限公司超级动力电容产业化项目
45	淄博正华助剂股份有限公司年产5000万平方米动力锂离子电池隔膜产业化项目

46	海特电子集团有限公司新能源磷酸铁锂产业链建设项目
47	北车风电有限公司 2.5~5 兆瓦风电机组装备研发与产业化项目
48	山东长星集团有限公司年产 300 台 3MW 风电机组产业化项目
49	山东瑞其能电气有限公司永磁直驱风力发电机组产业化项目
50	华能山东石岛湾核电厂高温气冷堆核电站示范工程建设项目
51	烟台台海玛努尔核电设备有限公司核电设备产业化项目
52	通裕重工股份有限公司核电装备大型铸锻件产业化项目
53	贝莱特空调有限公司年产 20000 套太阳能－地源热泵复合型中央空调产业化项目
54	景津压滤机集团有限公司年产 5000 台高压聚丙烯隔膜快速压滤机产业化项目
55	三角轮胎股份有限公司年产 800 万条轿车、轻卡及 200 万条全钢载重高性能子午线轮胎产业化项目
56	潍柴动力股份有限公司商用车与工程机械模块化混合动力总成产业化项目
57	康跃科技股份有限公司小型高速汽、柴油机涡轮增压器研发与产业化项目
58	烟台龙源电力技术股份有限公司等离子节能环保设备产业化项目
59	山东省农业科学院土壤肥料研究所沼气产业化示范项目
60	山东泉林纸业有限责任公司年处理 200 万吨秸秆综合利用项目
61	山东格兰德新材料科技有限公司废旧聚酯瓶片回收综合利用项目
62	山东招金集团招远黄金冶炼有限公司低品位多元素综合利用项目
63	国家山东重大新药创制综合大平台济南产业化基地和烟台生物科技园建设项目
64	威高集团有限公司新型医疗器械和生物医药项目
65	山东瑞华同辉光电科技有限公司激光医疗产业化项目
66	山东中保康医疗器具有限公司无痛、高压给药装置生产项目
67	山东新时代药业有限公司系列化学创新药物产业化项目
68	齐鲁制药有限公司 β 内酰胺酶抑制剂他唑巴坦系列产品产业化项目
69	山东鲁抗辰欣药业有限公司抗肿瘤注射剂药物及脂肪乳大容量注射剂系列产品产业化项目
70	山东新花城生物制药有限公司年产 2500 万支国家一类新药银杏内酯 B 注射剂配套原料药产业化项目
71	山东润泽制药有限公司头孢类生物医药产业化项目
72	瑞阳制药有限公司抗生素类新药美洛西林钠产业化项目
73	新发药业有限公司 6000 吨 / 年生物发酵法生产维生素 B2 项目
74	烟台市拓普邦生物科技有限公司生物抗原抗体及快速检测试剂盒项目
75	山东信得科技股份有限公司动物用高新疫苗与生化制品建设项目
76	山东宝来利来生物工程股份有限公司年产 1000 吨动物粘膜免疫促进剂 -- 倍利素项目
77	山东志诚化工有限公司年产 2000 吨阿维菌素生物制药产业化项目
78	山东鑫秋种业科技有限公司生物育种转基因抗虫棉新品种中植棉 2 号、鑫秋 2 号产业化项目
79	山东福瑞达医药集团公司新型生物基材料产业化项目

80	日照金禾生化集团股份有限公司柠檬酸生物转化技术产业化应用项目
81	山东龙力生物科技股份有限公司玉米芯纤维废渣综合利用项目
82	保龄宝生物股份有限公司植物提取物产业化项目
83	谷神生物科技集团有限公司年产 2 万吨大豆肽产业化项目
84	山东华兴纺织集团有限公司年产 2000 吨纯壳聚糖纤维产业化项目
85	青岛康地恩生物科技有限公司绿色农用生物制剂产业化项目
86	山东省意可曼科技有限公司年产 7.5 万吨可完全生物降解材料 PHA（聚羟基烷酸酯）产业化项目
87	山东宝莫生物化工股份有限公司年产 1 万吨 D- 乳酸及 3 万吨高性能聚乳酸项目
88	中国科学院海洋研究所海洋科学综合考察船建设项目
89	青岛博智汇力生物科技有限公司海洋寡糖产业化项目
90	山东荣信水产食品集团股份有限公司海产品副产物酶技术利用产业化项目
91	山东东方海洋科技股份有限公司 5.5 万亩海洋牧场建设项目
92	山东省科学院海洋仪器仪表研究所系列海洋仪器装备产业化项目
93	蓬莱巨涛海洋工程重工有限公司重型海上采油生产平台项目
94	黄海造船有限公司多用途重吊船整船研发建造项目
95	济南巨能液压机电工程有限公司六万吨级重型模锻设备产业化项目
96	济南铸造锻压机械研究所有限公司激光加工装备产业化项目
97	威海华东重工有限公司重型装备产业化项目
98	中国重型汽车集团有限公司 MAN 发动机产业化项目
99	山东豪迈机械科技股份有限公司巨型子午线轮胎制造装备产业化项目
100	烟台睿创微纳技术有限公司非制冷红外焦平面芯片、器件暨整机产业化项目（一期）

1 － 32　山东省人民政府关于印发 2011 年工业转方式调结构 1000 个重点技术改造项目的通知

鲁政字〔2011〕164 号

各市人民政府，各县（市、区）人民政府，省政府各部门、各直属机构，各大企业，各高等院校：

为深入推进工业调整振兴，加快工业转型升级，促进我省工业高端高质高效发展，现将 2011 年工业转方式调结构 1000 个重点技术改造项目印发给你们，并提出以下意见，请认真抓好实施。

一、充分认识实施重点技术改造项目对工业转型升级的重要意义。2011 年是“十二五”开局之年，也是实施工业调整振兴规划的最后一年，工业转方式、调结构进入关键的攻坚期。省委九届十次会议要求，实施高端高质高效产业发展战略，促进工业优化升级，突出抓好传统产业改造升级、战略性新兴产业倍增、新特优引领、产业集群壮大四大工程。姜大明省长在政府工作报告中要求“加快企业技术改造，再实施1000个重点技改项目”。技术改造是促进工业调整振兴、加快工业转方式调结构的有效手段，对推进我省工业发展“双轮驱动”具有十分重要的意义。各级政府和各部门要以1000个重点技改项目为抓手，下大力气组织好项目的实施，不断调整优化原材料工业，做大做强装备制造业，改造提升消费品工业，培育壮大战略性新兴产业，努力提高我省工业发展的质量和效益，深入推进节能减排，促进工业和信息化融合，引导产业集聚集约发展。

二、加强项目建设管理，提高投资质量效益。2011年共安排重点技改项目1048项，总投资1004.8亿元。其中，结构调整项目394项，总投资631.3亿元；电子信息项目209项，总投资77.6亿元；中小企业项目200项，总投资64.6亿元；节能降耗项目188项，总投资129.4亿元；现代物流项目57项，总投资101.9亿元。这些项目中，新材料、新医药、新一代信息产业、节能环保、高端装备制造等新兴产业项目556项，总投资535.2亿元，分别占53.2%和53.4%。山东半岛蓝色经济区项目373项，总投资394.3亿元，分别占35.7%和39.4%；黄河三角洲高效生态经济区项目153项，总投资219.6亿元，分别占14.6%和21.9%。这些项目的实施将对我省工业转方式、调结构起到积极引领和示范作用。各地、各有关部门要充分发挥企业投资主体作用，坚持以市场为导向，以效益为中心，提升项目水平，提高投资效益，以重点技术改造项目推动节能减排、管理创新和联合重组，增强企业核心竞争力。企业要积极落实项目建设条件，加快项目实施进度；要强化项目管理，落实项目法人责任制和招投标制，严把项目质量和安全关。要加强资金管理，严格执行财金制度，特别是对国家和省财政资金要按有关规定专项核算，专款专用，严禁挪用、截留和转移。这些项目的财政补助资金由省财政、经济和信息化等部门另行下达，有关部门要加强项目和资金的跟踪管理和监督检查。

三、加强协调服务，共同推进项目实施。各级经济和信息化、发展改革、环保、国土、住房城乡建设、节能、安全生产等有关部门，要把千项重点技改项目作为今年工作的重点，在生产要素的配置上进行倾斜。要进一步提高工作效率，加快办理项目核准备案、环保、土地、规划、节能、安全生产等相关手续，确保项目尽早开工建设。要加强项目建设监管，确保项目符合法律、法规和产业政策要求。要把项目实施与节能减排、淘汰落后结合起来，深入推进节能减排和淘汰落后工作。相关部门要积极向国家有关部委汇报，争取更多项目列入国家专项计划，获得国家资金支持。金融机构要加强信贷政策和产业政策协调配合，积极为重点项目提供信贷支持。税务、海关、检验检疫等部门要落实好增值税转型和进口设备免关税等政策，降低企业投资成本。

四、加强组织领导，落实责任考核。各市和县（市、区）政府要加强对技术改造工作的组织领导，明确责任，建立完善考核机制，深入实施传统产业优化升级和战略性新兴产业培育壮大“双轮驱动”战略，加快推进山东半岛蓝色经济区和黄河三角洲高效生态区建设。围绕落实全省“十二五”规划和工业调整振兴规划，结合本地实际，组织实施本地的重点技术改造项目，不断开创技术改造工作新局面。要建立重点项目信息档案，实行动态管理，及时解决项目实施中出现的困难和问题。各地在项目实施中出现的新情况、新问题要及时向省工业调整振兴联席会议办公室反映。

附件：2011年工业转方式调结构1000个重点技术改造项目表

二〇一一年六月二十日

2011年工业转方式调结构1000个重点技术改造项目汇总表

单位：万元

市	项目总数	总投资	结构调整		电子信息		节能降耗		中小企业		现代物流	
			项目数	投资额	项目数	投资额	项目数	投资额	项目数	投资额	项目数	投资额
合计	1048	10048546	394	6313227	209	776345	188	1293890	200	646143	57	1018941
济南	122	524025	26	241463	67	115250	14	39701	11	12521	4	115090
青岛	30	220528	30	220528								
淄博	73	1171735	24	719894	14	67055	13	89338	17	123262	5	172186
枣庄	43	394940	18	270975	5	13710	10	83720	8	18535	2	8000
东营	56	1094604	21	797265	11	46045	12	175653	7	17601	5	58040
烟台	85	590849	33	413958	19	53132	10	64100	18	38572	5	21087
潍坊	85	776405	31	396366	17	65737	14	72066	19	62136	4	180100
济宁	63	562048	22	270089	8	56600	14	90361	15	46330	4	98668
泰安	56	420768	24	229970	6	5418	13	121195	9	23485	4	40700
威海	67	897550	28	721740	12	21910	12	53143	11	17366	4	83391
日照	41	254312	16	99070	6	27830	11	73897	6	15257	2	38258
莱芜	34	277996	12	137953	6	10710	9	84077	5	9456	2	35800
临沂	59	620299	24	501477	5	17300	9	39786	17	41736	4	20000
德州	63	545759	22	274014	8	62490	13	104748	17	45422	3	59085
聊城	63	574808	20	288647	11	111507	13	87099	15	37409	4	50146
滨州	55	708881	20	436937	10	98751	10	59595	13	101872	2	11726
菏泽	53	413040	23	292881	4	2900	11	55411	12	35183	3	26664

2011 年工业转方式调结构 1000 个重点技术改造项目表

单位：万元

序号	企业名称	项目名称	总投资	建设地点
	合计	1048	10048546	
	济南	122	524025	
	一、结构调整	26	241463	
1	济南轨道交通装备有限责任公司	2.5 兆瓦 ~ 5 兆瓦风电机组装备系列化研发与产业化	80000	高新区
2	济南市半导体元件实验所	高可靠表面贴装器件芯片生产线改造	9000	长清区
3	东港安全印刷股份有限公司	智能 IC 卡设计制造及产业化	13272	历城区
4	齐鲁天和惠世制药有限公司	冻干和溶媒结晶生产线技术改造	8000	历城区
5	山东海伦环保发展有限公司	秸秆沼气发电	7902	长清区
6	济南格林生物能源有限公司	年产四万吨生物柴油项目	4500	平阴县
7	山东鲁发碳纤维复合材料有限公司	碳纤维复合材料导线芯棒产业化	15000	天桥区
8	山东济南发电设备厂	300 兆瓦级大型空冷汽轮发电机技改项目	7000	高新区
9	济南巨能铁塔制造有限公司	高压输电线路多棱塔技术改造项目	13800	章丘市
10	济南维诺奇新型节能建材有限公司	建筑垃圾资源综合利用	13073	市中区
11	力诺集团股份有限公司	太阳能与燃气锅炉集成供热系统改造项目	3980	历城区
12	海湾电子（山东）有限公司	生产线蒸发钼技术改造	2300	高新区
13	山东明仁福瑞达制药有限公司	小儿解感颗粒产业化	7989	高新区
14	济南重工股份有限公司	脱硫剂制备成套装置制造技术改造	12000	历城区
15	山东天惠新能源有限公司	50MW 太阳能光伏组件生产项目	8000	济阳县
16	济南泉华包装制品有限公司	液体包装纸容器生产线技术改造	3160	历城区
17	济南天齐特种平带有限公司	新型高强复合材料节电传动带产业化项目	4900	槐荫区
18	山东建设机械股份有限公司	建筑垃圾资源化生产线	4500	市中区
19	济南华强新型建材有限公司	年产 35 万平方米钢丝网架水泥聚苯乙烯夹芯板生产线项目	1700	商河县

续表：1

序号	企业名称	项目名称	总投资	建设地点
20	山东秦老太食品有限公司	秦老太燕麦养生食品生产基地	2000	天桥区
21	山东金鲁阳重工有限公司	大型轴承圈锻件技术改造项目	4200	章丘市
22	山东小鸭模具有限公司	年产 1500 套大型汽车覆盖件模具技术改造项目	3050	历城区
23	山东华光光电子有限公司	高亮度、功率型蓝光 LED 外延及芯片扩产项目	4187	历下区
24	保利民爆济南科技有限公司	民爆企业智能化系统技术改造项目	1150	章丘市
25	济南同日机械制造有限公司	8 轴联动数控龙门镗铣床生产线技术改造	1800	长清区
26	山东天玉墙体材料有限公司	加气混凝土板材、砌块生产线技术改造项目	5000	章丘市
	二、电子信息	67	115250	
1	山东康威通信技术股份有限公司	地下高压电缆网多状态预警成套设备产业化项目	15000	高新区
2	山东泉清通信有限责任公司	无线多媒体调度用通信设备产业化	500	高新区
3	山东华翼微电子技术有限责任公司	金融 IC 卡芯片研发	1780	高新区
4	山东神思电子技术有限公司	射频识别（RFID）终端与应用系统产业化	6300	高新区
5	山东金质信息技术有限公司	低成本半有源超高频传感装置研制及产业化	200	历下区
6	济南恒大视讯科技有限公司	档案安全保护环境感知调控系统及传感设备产业化	1000	历下区
7	山东华辰泰尔科技发展有限公司	煤矿综合自动化网络传输平台及设备产业化	1300	高新区
8	山东环讯信息技术有限公司	3G 通信远端覆盖供电设备产业化项目	300	高新区
9	山东泰华电讯有限责任公司	城市绿色照明智能控制系统与设备产业化	3000	高新区
10	济南维迪奥广电技术服务有限责任公司	用于心梗传感器的智能化设备研发及产业化	150	历下区
11	山东盛华视讯信息有限公司	基于三网融合的数字家庭智能终端 IPTV 机顶盒的研发及产业化	100	市中区
12	宝世达控股集团有限公司	年产 4 亿只全系列 LED 封装项目	13500	历城区
13	山东伟基炭科技有限公司	光伏生产用多晶铸锭炉高效节能热场产业化	300	高新区
14	山东山大鸥玛软件有限公司	高性能宽幅扫描设备的研究与产业化	300	高新区
15	山东科华电力技术有限公司	隧道监控系统及温度光纤传感器的研制与产业化	200	高新区
16	山东华芯半导体有限公司	集成电路芯片封装测试研发及产业化	15000	高新区
17	山东新中天信息技术有限公司	惠民业务网络服务平台	100	历下区
18	山东泰信电子有限公司	三网融合开放下载式无卡条件接收系统	300	历下区

续表：2

序号	企业名称	项目名称	总投资	建设地点
19	济南博信安科技有限公司	信息安全等级保护智能网络评估服务平台	100	历下区
20	济南时空超越科技有限公司	基于 SAAS 模式的医药电子商务系统	160	历下区
21	济南卓信智能科技有限公司	多级可视安全物联网关与智能分析软件平台及其应用	200	历下区
22	山东省数字证书认证管理有限公司	证据保全系统	200	历下区
23	山东大陆科技有限公司	智能化机器人控制系统	2016	历下区
24	山东赛宝电子信息工程有限责任公司	基于互联网的多媒体信息服务和安全监测平台	200	历下区
25	山东省计算中心	云平台弹性计算系统研发与应用	400	历下区
26	山东中创软件商用中间件股份有限公司	国产基础软件推广应用	2000	历下区
27	山东星科智能科技有限公司	炼钢生产技能训练与考核模拟仿真系统的开发与产业化	850	历下区
28	山东省科学院自动化研究所	城市窨井远程综合监控及数字化信息系统	200	历下区
29	山东美视多媒体发展有限公司	基于 3G 移动传输的电视直播平台系统	500	历城区
30	山东中讯高科电子科技有限公司	集 ZIGBEE、TCP/IP、3G 通讯于一体的智能家居网关	2000	历城区
31	山东和华中税信息技术有限公司	山东省物流 E 通	1350	历城区
32	山东东方天健数字传媒有限公司	大型科普动画系列片《新十万个为什么》	3750	历城区
33	济南齐鲁软件园发展中心	155M 国际数字直航网络建设	350	高新区
34	山东邦尼科技文化发展有限公司	移动云计算应用系统关键技术研究与应用	2200	高新区
35	济南大众人力资源发展有限公司	基于互联网增值业务的创业者信息服务系统	200	高新区
36	山东东方道迩数字数据技术有限公司	城市规划决策与支持系统	1200	高新区
37	山东山大华天软件有限公司	面向模具行业三维 CAD 关键技术的研究及应用	1000	高新区
38	山东山大联润信息科技有限公司	基于 WEB 云服务体系的企业集团视频通讯协作平台	200	高新区
39	山东圣和泰信息服务有限公司	圣和泰舆情监测分析平台	500	高新区
40	山东英佰德科技有限公司	智能用电主站系统研发及其应用	500	高新区
41	山东众阳软件有限公司	医院数字化—临床路径信息系统	600	高新区
42	济南玖联电力软件发展有限公司	智能电网标准符合性测试系统的研发及应用	255	高新区
43	济南锐识智能科技有限公司	智能家庭监控系统	280	高新区
44	济南润恒软件有限公司	济南市软件服务业企业基础信息综合服务平台	300	高新区

续表：3

序号	企业名称	项目名称	总投资	建设地点
45	山东城通科技有限公司	物流产业信息系统应用集群平台	1200	高新区
46	济南源潮文化传播有限公司	动画片《鲁班的故事》	1500	高新区
47	山东大众信息产业有限公司	基于 TMT 技术的新媒体内容制作与发布平台	360	高新区
48	浪潮集团山东通用软件有限公司	济南市工业软件云平台及体验中心建设	2000	高新区
49	山东鲁光信息工程有限公司	场景与物品的智能识别与分析系统	120	高新区
50	山东金现代信息技术有限公司	基于物联网和智能电网的感知互动系统	405	高新区
51	济南银泉科技有限公司	基于云计算架构的物联网基础支撑平台	2100	高新区
52	济南重工股份有限公司	智能管理系统（ERP）	200	历城区
53	山东佳怡物流有限公司	佳怡物流电子商务平台项目	400	历城区
54	浪潮集团有限公司	基于物联网的智能药品安全服务平台	2200	高新区
55	山东省企业电子商务工程技术研究中心	山东省信息化与工业化融合公共服务平台	179	历下区
56	济南市公共交通总公司	济南公交智能公共交通系统	9996	历下区
57	山东省电子商务综合运营管理有限公司	移动支付服务平台	1180	历下区
58	山东九州通医药有限公司	物联网关键技术研究及其在医药行业的应用示范	3000	高新区
59	山东地纬计算机软件有限公司	基于泛在终端与云计算的物联跨域 PaaS 平台及其在社会保障行业中的应用	500	高新区
60	济南二机床集团有限公司	机械制造行业信息技术推广中心	1000	槐荫区
61	济南易恒技术有限公司	基于物联网的发动机总装线物控平台项目	1200	历城区
62	九阳股份有限公司	企业 ERP 卓越绩效运营系统	1000	槐荫区
63	济南无线电十厂有限责任公司	电子组装制造执行系统（MES）	269	历下区
64	山东三龙实业有限公司	基于射频识别技术的数字化社区水、电、气、热智能控制管理平台	1700	高新区
65	山东晋煤明水化工集团有限公司	DCS 生产自动化控制系统	2100	章丘市
66	山东福生佳信科技有限公司	互动教辅应用平台	1000	高新区
67	山东亚特尔集团股份有限公司	基于物联网技术的浅层地热能数据采集监测系统	800	历下区
	三、节能降耗	**14**	**39701**	
1	山东十方环保能源股份有限公司	垃圾填埋气发电技术改造项目	1217	高新区
2	山东德宝建筑节能技术有限公司	高效建筑节能保温一体化系统产业化项目	2800	高新区

续表：4

序号	企业名称	项目名称	总投资	建设地点
3	山东澳华新能源有限公司	与高层建筑完美结合的分体太阳能热水系统	15000	天桥区
4	山东特安电气有限公司	电能治理自动无功补偿装置	1695	历城区
5	山东泓奥电力科技有限公司	凝汽器真空提高节能控制系统	2200	高新区
6	山东三龙智能技术有限公司	SRL 集中供热的热平衡综合节能管理系统	1000	高新区
7	山东金洲科瑞节能科技有限公司	建筑设备节能控制与管理系统	1200	市中区
8	章丘博奥斯能源科技有限公司	基于 DSP 技术的太阳能光伏并网逆变器	4600	章丘市
9	济南轻骑摩托车股份有限公司	DT–I 技术 K157FMI 发动机（K157FMI–A）	387	历下区
10	济南力诺玻璃制品有限公司	电光源玻壳 9# 炉节能技改项目	1172	商河县
11	山东力诺新材料有限公司	钛金太阳集热管	800	商河县
12	山东大厦	中央空调专家管理系统及建筑泛光和园林照明改造项目	630	市中区
13	济南北方泰和新材料有限公司	高物化性能的核壳结构水性树脂及其汽车漆关键制造技术	2000	天桥区
14	山东方亚地源热泵空调技术有限公司	低品位能源在采矿行业中的节能应用	5000	高新区
	四、中小企业	11	12521	
1	山东众森建材科技有限公司	年产 5 万吨水泥助磨剂生产线技术改造项目	1400	长清区
2	山东济阳机械厂	新型自行式折叠臂高空作业平台	3100	济阳县
3	山东营养源食品科技有限公司	1– 甲基环丙烯保鲜技术研发中心	166	济阳县
4	历下软件创业服务中心	小企业创业培育能力建设项目	52	历下区
5	济南万方炭素有限责任公司	高纯铝用预焙阳极技术研发中心建设项目	79	平阴县
6	济南华盛食品有限责任公司	海藻类营养食品生产线	600	槐荫区
7	济南松乔餐饮管理有限公司	好煮夫商务快餐加工项目	1545	历下区
8	济南俱宝家具厂	扩建年产 2 万件生产线	720	商河县
9	山东博泰电气有限公司	年产 600 台非金合晶干式变压器技改项目	1600	长清区
10	济南钢花锯业有限公司	锯条热处理生产线技术改造	2100	平阴县
11	山东同力达智能机械有限公司	高强度螺栓连接件生产线改造项目	1159	槐荫区
	五、现代物流	4	115090	
1	山东捷瑞物流有限公司	仓储、流通加工、运输、配送、融资物流	28000	济阳县

续表：5

序号	企业名称	项目名称	总投资	建设地点
2	山东力诺物流有限公司	医药配送物流中心	2090	历城区
3	山东环球医药有限公司	医药物流园区	67000	高新区
4	山东载信物流有限公司	章丘重汽工业物流园	18000	章丘市
	青岛	30	220528	
	结构调整	30	220528	
1	中科盛创（青岛）电气有限公司	大功率蒸发冷却风力发电设备研发中心与生产基地项目	18000	高新区
2	青岛科海生物有限公司	年产 2000 吨表面活性剂 IA-OP10 项目	3100	胶南市
3	青岛国林实业有限责任公司	臭氧装备产业基地技改项目	5000	莱西市
4	青岛扬帆船舶制造有限公司	转变造船模式及应对 PSPC 新规则技术改造	12400	即墨市
5	海尔集团公司	无氟变频节能空调技改扩产项目	30600	胶州市
6	青岛青特众力车桥有限公司	低地板大型客车专用车桥生产线建设项目	25000	城阳区
7	青岛环球集团股份有限公司	CMT1801 全自动落纱粗纱机技术改造及产业化	3216	胶南市
8	青岛宏泰铜业有限公司	高精内螺纹铜管生产线技术改造项目	5000	平度市
9	青岛亨达股份有限公司	功能性皮鞋产业化技术改造项目	21700	即墨市
10	青岛澳柯玛股份有限公司	多门多温区风冷大容积电冰箱技术改造项目	12000	黄岛区
11	青岛地恩地投资集团有限公司	全智能静（液）压传动叉车及其零部件制造项目	14300	平度市
12	青岛即发集团股份有限公司	棉织物液氨后整理技术改造项目	5000	即墨市
13	青岛红领集团有限公司	激光电子量体仪及设计自动裁剪集成系统技改项目	12662	即墨市
14	众地集团有限公司	家纺用品自动化生产线技改项目	5000	平度市
15	青岛东软载波科技股份有限公司	青岛东软第四代电力线载波远程自动抄表系统技改项目	1100	市北区
16	海尔集团公司	支持多屏互动的模卡数字电视一体机的研发及产业化项目	3500	崂山区
17	海信集团有限公司	ONU BOX 技术改造项目	3200	黄岛区
18	青岛海德曼光电技术有限公司	电容式多点触摸屏技改项目	8000	高新区
19	青岛英泰信息产业有限公司	嵌入式计算机产业化项目	4560	高新区
20	青岛达能环保设备有限公司	火电厂锅炉烟气深度冷却余热回收装置技改项目	5000	胶州市
21	青岛奥博新能源科技有限公司	年产 5 万支（70MW）太阳能热发电系统 高温真空管吸热器技术改造项目	2000	即墨市

续表：6

序号	企业名称	项目名称	总投资	建设地点
22	青岛裕盛源橡胶有限公司	工矿专用高性能防爆轮胎翻新装备科技示范线技术改造	1600	即墨市
23	青岛双星环保设备有限公司	铸造生产线除尘系统技术改造项目	1650	胶南市
24	青岛欧得利交通设施有限公司	新型轨道交通信号系统技改项目	2900	胶州市
25	青岛创兴齿轮有限公司	新型大功率船用柴油机核心传动件产业化	3000	平度市
26	青岛崂山矿泉水有限公司	崂山矿泉水清洁生产技改项目	2060	崂山区
27	青岛红纺服饰集团有限公司	信息化工程物流及客户关系管理系统	3000	即墨市
28	青岛聚蚨源机电有限公司	高强度、耐疲劳、抗冲击、新型农用车桥制作流水线项目	2880	胶南市
29	青岛花帝食品配料有限公司	有机酱料生产线技术改造	1000	平度市
30	青岛故乡农产有限公司	辣椒深加工综合技术开发及产业化项目	2100	平度市
	淄博	73	1171735	
	一、结构调整	24	719894	
1	山东东岳神舟新材料有限公司	5000 吨 / 年聚全氟乙丙烯项目	8902	桓台县
2	瑞阳制药有限公司	新建制剂生产综合项目	67000	沂源县
3	山东世拓稀土药业股份有限公司	年产 2.4 亿支稀土医药系列产品项目	16000	沂源县
4	山东华群新材料科技有限公司	12 万吨 / 年环保型树脂基复合材料系列产品生产线项目	36002	临淄区
5	山东晨钟机械股份有限公司	特种耐磨材料研制基地项目	16000	桓台县
6	淄博万昌科技股份有限公司	利用丙烯腈废气氢氰酸生产苯并二醇项目	8800	张店区
7	淄博山川医用器材有限公司	药械生产一体化项目	18000	淄川区
8	山东汇盈新材料科技有限公司	5.5 万吨 / 年 1，4- 丁二醇、2.5 万吨 / 年 PBS 可降解塑料项目	58799	高新区
9	山东胜利钢管有限公司	年产 36 万吨高等级油气输送管道项目	61837	张店区
10	山东蓝帆化工有限公司	15 万吨 / 年丁辛醇项目	130704	临淄区
11	山东清源集团有限公司	年产 60 万吨异构化、高粘指润滑油基础油项目	101892	临淄区
12	淄博水环真空泵厂有限公司	风力发电增速齿轮箱及精密减速机建设项目（二期）	50000	博山区
13	山东宏信化工股份有限公司	年产 5 万吨树脂多元醇项目	29385	周村区
14	淄博海洲粉末冶金有限公司	30 万吨 / 年粉末冶金材料扩产项目	38000	博山区
15	山东凯胜电子股份有限公司	集成电路（IC）封装扩产项目	4950	桓台县

续表：7

序号	企业名称	项目名称	总投资	建设地点
16	淄博市兴鲁化工有限公司	年产2万吨甲基丙烯酸甲酯、5000吨甲基丙烯酸项目	33000	周村区
17	淄博鲁华泓锦化工股份有限公司	碳五树脂技术改造项目	9500	张店区
18	山东淄博民康药业包装有限公司	预灌封注射器扩产项目	6000	博山区
19	山东博山陶瓷琉璃艺术研究院	高档琉璃装饰制品产业化项目	3800	博山区
20	山东嘉丰玻璃机械有限公司	六组四滴、六组六滴料制瓶机扩产项目	3600	周村区
21	山东雷帕得弹簧有限公司	气门簧项目	3013	淄川区
22	山东丽村生物科技有限公司	15000吨/年精制棉项目	2210	高青县
23	淄博莱宝电力电容器有限公司年产	1000万kvar系列高压电容器项目	4500	张店区
24	淄博美林电子有限公司	IGBT芯片研发及封装项目	8000	张店区
	二、电子信息	14	67055	
1	山东齐芯微系统科技有限公司	年产1000万个微机械陀螺等MEMS器件制造项目	13000	高新区
2	山东力合美电子科技有限公司	模拟集成电路产业化项目	10000	高新区
3	淄博冠林电子有限公司	IGBT产业化项目	8000	张店区
4	山东中瑞电气有限公司	光纤传感器产业化项目	3600	高新区
5	淄博万洲软件科技发展有限公司	AUTO-ERP汽车管理平台	560	高新区
6	淄博智洋电气有限公司	变电站智能辅助系统	300	高新区
7	淄博市公众一卡通有限责任公司	淄博城市一卡通项目	8712	张店区
8	淄博大桓九宝恩皮革集团有限公司	供应链信息化管理系统在皮革行业中的应用示范项目	225	桓台县
9	山东新华医疗器械股份有限公司	医疗装备研发制造加工中心	2520	高新区
10	淄博德信软件有限公司	淄博市中小企业全程电子商务服务平台建设	560	张店区
11	山东恒威电力设备有限公司	基于物联网的智能变压器监测技术应用	478	张店区
12	山东长志泵业有限公司	泵类行业高端装备制造中心	3000	临淄区
13	山东唐骏欧铃汽车制造有限公司	节能环保型汽车制造加工中心	3000	淄川区
14	淄博超然节能工程技术有限公司	锅炉旋流燃烧自控节能减排技术推广	13100	高青县
	三、节能降耗	13	89338	
1	山东省药用玻璃股份有限公司	年产30亿只模抗瓶节能与环保治理技术改造项目	8608	沂源县

续表：8

序号	企业名称	项目名称	总投资	建设地点
2	山东三丰集团股份有限公司	硫酸低温余热回收	2000	博山区
3	山东东华水泥有限公司	能源管理中心项目	500	淄川区
4	山东金晶节能玻璃有限公司	制氮余氧回收节能改造项目	140	博山区
5	淄博义丰机械工程有限公司	新型节能 FWH 酚水处理及双路布气装置	14200	高新区
6	淄博助友石油化工有限公司	纳米复合润滑自修复剂制备技术	5200	周村区
7	淄博泰光电力器材厂	± 800kV 直流复合绝缘子	3000	张店区
8	淄博永宝电气有限公司	超薄节能安全金属化膜新型电子材料项目	2876	桓台县
9	山东联强塑胶有限公司	模块化绝热板低温热水地面辐射供暖系统	4072	淄川区
10	淄博淄柴新能源有限公司	8300 型生物质气化发电成套项目	4500	高新区
11	山东富欣生物科技股份有限公司	年产 3 万吨 L- 乳酸及 2 万吨聚乳酸纤维能量系统优化项目	37442	高青县
12	山东万众科技有限公司	原子自组装纳米球固体润滑剂	5800	高青县
13	山东信博洁具有限公司	2.3 升节水型坐便器	1000	高新区
	四、中小企业	17	123262	
1	淄博齐赛工贸有限公司	山东齐赛创意动漫产业园项目	2877	张店区
2	淄博永嘉化工有限公司	10000 吨 / 年液体阳离子醚化剂 CTA 项目	1500	临淄区
3	淄博市淄川区昆仑镇企业服务中心	淄博市淄川区昆仑镇创业园升级改造项目	140	淄川区
4	山东玉兔食品有限责任公司	5 万吨高效清洁液态制醋项目	2920	周村区
5	山东周村烧饼有限公司	周村烧饼技术改造扩产建设项目	3000	周村区
6	山东联创节能新材料股份有限公司	5 万吨 / 年聚氨酯组合料及其配套单体聚醚多元醇装置项目（一期）	4440	张店区
7	山东淄博燕峰活塞有限公司	年产 200 万套铝合金汽车配件	3000	沂源县
8	淄博高汇化工有限公司	橡胶促进剂 MBT 纯氧萃取新工艺及产业化	4210	高青县
9	山东盟诚电气有限公司	GGJ 智能型无功功率补偿装置项目	4300	桓台县
10	山东山博电机集团有限公司	特种电机项目	4800	博山区
11	淄博顺达生物科技有限公司	30 万方水处理节能减排技术改造项目	1100	临淄区
12	山东欧锴空调科技有限公司	外转子直流电机及中央空调项目	4475	桓台县
13	山东泵类行业公共服务平台	扩大研发、检测能力项目	1000	博山区

续表：9

序号	企业名称	项目名称	总投资	建设地点
14	山东博泵科技股份有限公司	年产 600 台核电用泵	52000	博山区
15	淄博山博安吉富齿轮电机有限公司	新型高技术泵类机械用减速机扩建项目	3000	博山区
16	淄博智立检验检测技术服务中心	机电产品检验检测技术公共服务平台	6500	博山区
17	山东海华汽车部件有限公司	年产 10 万套机械空气悬架系统项目	24000	博山区
	五、现代物流	5	172186	
1	淄博贝瑞置业有限公司	齐鲁国际塑化城	76000	临淄区
2	山东和济集团有限公司	和济物流钢材加工配送中心	37486	桓台县
3	淄博宏顺汽车运输有限公司	唐骏汽车物流项目	24000	淄川区
4	山东扳倒井股份有限公司	自动化立体仓库建设项目	9700	高青县
5	淄博保税物流有限公司	保税仓库信息化项目	25000	高新区
	枣庄	43	394940	
	一、结构调整	18	270975	
1	山东冠茂包装材料有限公司	年产 6000 万平方米高技术产业用特种纺织环保用滤材投资项目	43470	滕州市
2	山东鲁化尚博复合材料有限公司	不锈钢复合管生产项目	23000	滕州市
3	山东欧美斯生态科技有限公司	感性纳米复合功能纤维项目	9500	山亭区
4	枣庄伯仲科技制造有限公司	结构陶瓷生产项目	30000	市中区
5	东方光源集团有限公司	OPLC 光纤复合低压绝缘电力电缆项目	8638	高新区
6	枣庄林美发展有限公司	新型隔热防火墙体装饰板	5500	峄城区
7	山东鲁化天九化工有限公司	二氯苯胺柔性装置	6196	滕州市
8	山东鲁南瑞虹化工仪器有限公司	RLZ-8800 型燃料在线专用分析仪	4000	滕州市
9	山东瑞宇蓄电池有限公司	年产 150 万 kVAh 太阳能、风能储能和电动汽车动力源的高聚能蓄电池	36000	滕州市
10	山东黄金太阳科技发展有限公司	太阳能集热系统与小高层建筑一体化应用	4800	市中区
11	山东奚仲电子科技有限公司	年产 2 千万安时锂离子动力电池项目	8000	薛城区
12	山东丰源通力生物质发电有限公司	生物质发电工程	17200	峄城区
13	枣庄市贝亲儿童用品科技有限公司	童车、童床生产线	20000	山亭区

续表：10

序号	企业名称	项目名称	总投资	建设地点
14	山东王晁煤电集团有限公司	2.5 万吨 / 年高精度铝箔项目	35800	台儿庄区
15	山东兄弟食品商贸有限公司	食品加工安全检测中心建设	5071	市中区
16	山东洪海广告设备有限公司	光栅、格栅广告幕墙	2800	市中区
17	山东恒瑞磁电科技有限公司	高性能软磁铁氧体磁芯项目	4200	滕州市
18	山东天畅环保工程有限公司	活性污泥生物膜复合式一体化污水－再生水处理设备生产项目	6800	山亭区
	二、电子信息	5	13710	
1	枣庄金泰电子有限公司	LED/LCD 用锰锌铁氧体软磁材料器件	2000	市中区
2	枣庄鲁化新天地电子有限公司	化工行业安全生产及数字调度系统应用软件	360	高新区
3	山东鲁南机床有限公司	高档数控机床装备制造中心	10000	滕州市
4	枣庄市同诚一卡通有限公司	数字城市认证和手机支付平台	1100	市中区
5	滕州市创硕信息技术有限责任公司	手机物流网	250	滕州市
	三、节能降耗	10	83720	
1	枣庄中联水泥有限公司	新型干法水泥窑焚烧处理污泥和生活垃圾技改节能环保项目	16000	市中区
2	山东薛焦化工有限公司	10 万吨醇醚燃料工程	5000	薛城区
3	葡诚（枣庄）水泥有限公司	5000t/d 水泥生产线纯低温余热电站工程	10441	山亭区
4	枣庄市华锦纸业有限公司	污泥生物质煤加工及焚烧综合利用项目（供热）	5127	台儿庄区
5	山东大明消毒科技有限公司	利用氰尿酸生产过程中产生的废物回收硫酸铵	6736	滕州市
6	山东中科蓝天科技有限公司	承压分体式太阳能热水器	4196	滕州市
7	山东布莱特辉煌新能源有限公司	纳米低压钠灯	4366	峄城区
8	山东金源光伏科技有限公司	高频无极灯	5037	峄城区
9	山东博泰能源科技有限公司	太阳能系列产品项目（光伏组件）	23526	薛城区
10	山东威斯特车业有限公司	锂电高效超轻型电动自行车	3291	高新区
	四、中小企业	8	18535	
1	枣庄鼎和投资有限公司	张范镇小企业创业环境改造项目	2800	薛城区
2	山东益康药业有限公司	浪潮 ERP-PS 管理软件系统建设	568	滕州市
3	山东振扬商贸有限公司	仓储物流改造项目	2847	山亭区

续表：11

序号	企业名称	项目名称	总投资	建设地点
4	枣庄市杰诺生物酶有限公司	年产 10000 吨新型酶制剂项目	2960	市中区
5	枣庄市中宇工业网毯有限公司	超导液定型机的研发制造	760	台儿庄区
6	山东神工电池新科技有限公司	高寿命水溶性锂电池	3200	高新区
7	枣庄市榴园磁控玻璃有限公司	年产 100 万平方米低辐射玻璃生产线项目	3000	峄城区
8	枣庄市新谷川食品有限公司	1000 吨黄桃加工项目	2400	山亭区
	五、现代物流	2	8000	
1	山东鲁化天地物流有限公司	物流服务中心	3000	滕州市
2	山东国风精工铝业	铝合金物流中心	5000	台儿庄区
	东营	56	1094604	
	一、结构调整	21	797265	
1	山东合力车轮股份有限公司	年产 30 万件高速火车轮（动车组）生产线项目	122945	东营经济技术开发区
2	东营国源机械设备制造有限公司	专用设备制造项目	80000	东营经济技术开发区
3	胜利油田供应方圆石油装备股份有限公司	高端石油装备配套加工基地项目	66219	东营区
4	东营万特瑞机械有限公司	年产 500 万台车用发动机冷却水泵项目	56000	广饶县
5	山东华辰重型机床有限公司	重型数控机床制造建设项目	200000	东营经济技术开发区
6	山东万达海缆有限公司	220kV 海底电缆项目	52000	东营港经济开发区
7	山东恒瑞锂电科技有限公司	2 亿 Ah 动力锂离子电池项目	39000	东营经济技术开发区
8	胜利油田高原石油装备有限责任公司	油气开发作业泵及流量控制装备工程项目	8100	东营经济技术开发区
9	山东恒益模具有限公司	1200 套 / 年高精密铝镁合金子午线轮胎活络模项目	27174	东营经济技术开发区
10	山东大东联石油设备有限公司	螺杆钻具马达生产项目	1360	利津县
11	山东中凯新能源有限公司	半导体（LED）照明产业化	35000	垦利县

续表：12

序号	企业名称	项目名称	总投资	建设地点
12	垦利三合新材料科技有限责任公司	600 吨 / 年纳米碳纤维	6800	垦利县
13	山东恒业石油新技术应用有限公司	海洋石油平台氮气泡沫制备及应用成套设备项目	8000	东营区
14	东营市天正化工有限公司	新型颜料中间体项目	4300	河口区
15	山东信合生物制药有限公司	1000 吨 / 年中药深加工	21700	利津县
16	山东凤凰制药股份有限公司	芪黄胶囊开发	13000	利津县
17	山东聚圣科技有限公司	3 万吨 / 年取代苯乙烯烯烃功能化聚合物装置建设项目	38937	广饶县
18	山东正顺车轮有限公司	年产 10 万套高强度钢工程机械车轮技术改造项目	5225	广饶县
19	山东拓普石油装备有限公司	稀土合金电磁复合增强型阻除垢仪	1005	东营区
20	山东金开石化设备制造有限公司	新型开缝结构导叶式旋风管	8000	河口区
21	山东大王金泰石油装备有限公司	年产 1000 台（套）油田专用减速机生产项目	2500	广饶县
	二、电子信息	11	46045	
1	山东万高电子有限公司	CCD 光学式触摸屏项目	1685	东营经济技术开发区
2	山东华网智能科技有限公司	中远程激光夜视仪和热成像仪系列产品	15000	东营经济技术开发区
3	山东世通信息科技有限责任公司	油藏开发一体化管理系统	1000	东营区
4	东营汉威石油技术开发有限公司	油田勘探开发源头数据采集系统 4.0 研发	700	东营区
5	东营汇安高科电子有限责任公司	油井综合节能实时监控系统	1160	河口区
6	东营信义汽车配件有限公司	年产 200 万套钛酸钾盘式制动片自动化生产线项目	3000	广饶县
7	山东华泰纸业股份有限公司	造纸 DNA 生产分析与控制系统开发项目	12000	广饶县
8	山东垦利石化有限责任公司	管理信息系统	5800	垦利县
9	利津石油化工厂有限公司	石化行业信息技术推广中心	2000	利津县
10	山东金利轮胎装备有限公司	基于 CAD/CAE/CAM 与 PLM 的汽车轮胎模具虚拟制造技术示范应用	1300	广饶县
11	东营市海林商贸有限公司	基于云计算的企业资源管理系统项目	2400	东营区
	三、节能降耗	12	175653	
1	山东万通石油化工集团有限公司	20000 立方米气柜	8500	东营区

续表：13

序号	企业名称	项目名称	总投资	建设地点
2	东营市海科瑞林化工有限公司	干气综合利用项目（一期）	4000	东营经济技术开发区
3	山东海科化工集团有限公司	气柜火炬气回收利用替代燃料油项目及脱硫配套系统	3056	东营区
4	东营市精诚无缝钢管有限责任公司	年产 10 万吨无缝钢管生产线节能技术改造项目	2965	河口区
5	东营正和木业有限公司	30t/h 蒸汽锅炉节能技改项目	1200	广饶县
6	东营市金泰轮胎胶囊有限责任公司	年产 10 万条半钢子午胎硫化胶囊生产线节能技术改造项目	2400	广饶县
7	东营鲁方金属材料有限公司	氧气底吹熔炼多金属捕集技术	49759	东营经济技术开发区
8	山东宝世达石油装备制造有限公司	新型长冲程节能抽油机	9600	垦利县
9	山东泰岱光伏科技有限公司	太阳能光伏组件	59673	高新区
10	东营蒙德金马机车有限公司	醇氢新能源汽车	15000	广饶县
11	利津县金冠化工有限公司	20 万吨 / 年 B20 生物柴油项目	15000	利津县
12	东营维京石油设备有限公司	特种抽油杆	4500	利津县
	四、中小企业	7	17601	
1	东营市恒德新型材料有限公司	年产 3 万吨汽车车轮新材料项目	2900	广饶县
2	东营市华安化工有限责任公司	高效合成聚维酮碘新工艺研究开发	621	广饶县
3	山东省垦利县新型电力器材厂	50 万支 / 年有机复合绝缘子项目	201	垦利县
4	山东绿洲醇食品有限公司	速溶性酸枣全营养果粉项目	800	利津县
5	山东常青树化工有限公司	1 万吨 / 年水性环保型万能胶胶粘剂生产项目	5800	河口区
6	山东明珠石油装备制造有限公司	10 万吨 / 年石油钻具加工项目一期工程配套项目	3000	垦利县
7	山东鸿基机械科技有限公司	400 套 / 年高精度半钢丝子午线轮胎活络模具加工生产项目	4279	东营经济技术开发区
	五、现代物流	5	58040	
1	东营顺通化工（集团）有限公司	物流供应链一体化项目	4000	东营区
2	东营市河口区实业发展有限公司	物流基地	24000	河口区
3	山东胜通集团股份有限公司	钢帘线仓储运输联动项目	5500	垦利县
4	山东利津雅美纺织有限公司	棉花仓储物流项目	5940	利津县

续表：14

序号	企业名称	项目名称	总投资	建设地点
5	东营齐润化工有限公司	物流中心建设项目	18600	东营市农业示范区
	烟台	85	590849	
	一、结构调整	33	413958	
1	烟台氨纶股份有限公司	年产7000吨舒适氨纶纤维工程项目	33083	开发区
2	烟台华大化学工业有限公司	水性合成革技术改造项目	3200	芝罘区
3	烟台首钢东星集团有限公司	汽车发动机可变气门正时系统粉末冶金零部件技术改造	6900	开发区
4	烟台孚信达双金属股份有限公司	铜包铝电力扁排生产线改造	23000	牟平区
5	莱州市精诚橡胶有限公司	烟气脱硫过滤机B4500超宽幅胶带提质扩能	3200	莱州市
6	山东绿叶制药股份有限公司	七叶皂苷钠系列产品大品种技术改造	8000	莱山区
7	烟台海纳摩擦材料有限公司	汽车陶瓷制动系统及配套项目	4900	福山区
8	烟台市电缆厂	AP1000核电站用1E级电缆项目	13887	芝罘区
9	山东南山铝业股份有限公司	500套大型模具技术改造项目	6198	龙口市
10	龙口市丛林铝材有限公司	新一代380A动车组车体型材技术改造项目	53200	龙口市
11	龙口中宇机械有限公司	电控硅油风扇离合器技术改造项目	14250	龙口市
12	蓬莱巨涛海洋工程重工有限公司	重型海上采油生产平台技术改造项目	18000	蓬莱市
13	龙口龙泵燃油喷射有限公司	电控单体泵技术改造项目	9000	龙口市
14	烟台巨力精细化工股份有限公司	26kt/a甲苯二异氰酸酯（TDI）装置技改	3000	莱阳市
15	山东鲁鑫贵金属有限公司	太阳能硅片切割钢丝技术改造	4500	招远市
16	东方蓝天钛金科技有限公司	商用飞机钛合金紧固件项目	32000	高新区
17	烟台大丰轴瓦有限责任公司	高端汽车发动机用轴瓦衬套技术改造	2950	莱州市
18	烟台正大健身器械有限公司	多姿态休闲健身智能按摩椅技术改造	8000	招远市
19	烟台华海生物制品有限公司	年产2000吨海鲜提取物技术改造项目	12000	牟平区
20	烟台裕祥精细化工有限公司	年产3000吨对苯二甲酰氯技术改造项目	3200	栖霞市
21	核晶陶瓷坩埚新材料有限公司	石英坩埚项目	6000	栖霞市
22	招远汇源硅胶有限公司	3万吨自动化硅胶生产线技术改造项目	8000	招远市
23	长岛县科元海洋生物开发有限公司	海蜇降血压活性肽提取技术项目	1232	长岛县

续表：15

序号	企业名称	项目名称	总投资	建设地点
24	山东道恩高分子材料股份有限公司	2 万吨级特种橡塑材料改建项目	5100	龙口市
25	莱州新忠耀机械有限公司	高速动车组牵引电机壳体材料研究及制造产业化	5500	莱州市
26	烟台龙源电力技术股份有限公司	等离子节能环保设备增产项目	63435	开发区
27	烟台泰利汽车模具制造有限公司	汽车覆盖件高强板模具生产线技改项目	2475	高新区
28	山东海霸能源电动车发展有限公司	磷酸铁锂电动自行车生产线技改项目	3500	海阳市
29	山东中际电工装备股份有限公司	高效节能电机用定子绕组自动生产线增扩产能技术改造项目	15000	龙口市
30	山东舒朗服装服饰股份有限公司	高档毛衫生产项目	7640	开发区
31	烟台兴业机械设备有限公司	井下采掘设备生产线改造项目	21328	牟平区
32	山东金宝电子股份有限公司	年产 1000 吨挠性印制电路用高精铜箔技术改造项目	5800	招远市
33	龙口市福尔生化科技有限公司	新型含氟合成中间体技术改造项目	6480	龙口市
	二、电子信息	19	53132	
1	东方瑞创达电子科技有限公司	RFID 技术管理系统及终端设备研发及产业化	600	芝罘区
2	烟台智光网络信息咨询有限公司	小区灯光智能管理系统及设备产业化	400	芝罘区
3	山东金都电子材料有限公司	挠性覆铜板用电解铜箔项目	760	招远市
4	莱阳市百盛科技有限公司	汽车电子多媒体娱乐播放设备产业化	500	莱阳市
5	烟台市伟峰通信有限公司	智能康复理疗仪项目的研发与制造	1600	招远市
6	烟台东方电子玉麟电气有限公司	太阳能发电核心器件（控制器、逆变器）研制及产业化	1200	莱山区
7	烟台圣元电子有限公司	企业能源精细化管理系统	690	福山区
8	烟台市吉安电子科技有限公司	基于物联网技术的冻结能量管理系统	480	莱山区
9	山东金软科技有限公司	金属矿山生产经营智能决策支持系统	300	招远市
10	烟台德尔自控技术有限公司	能源监测管理系统	350	开发区
11	烟台远征电子科技开发有限公司	山东省公路出行服务平台	1000	莱山区
12	烟台汽车内饰总公司	企业资源管理系统	560	芝罘区
13	山东招金集团有限公司	基于物联网的智慧矿山示范应用及工程化	5800	招远市
14	山东玲珑机电有限公司	轮胎生产装备制造中心	15100	招远市
15	烟台彤祥化工科技有限公司	汽车零部件企业信息管理系统的应用	812	开发区

续表：16

序号	企业名称	项目名称	总投资	建设地点
16	烟台市公交集团有限公司	GPS 公交智能调度系统	480	烟台市
17	龙口港集团有限公司	信息化港口	1350	龙口市
18	烟台港股份有限公司	烟台港生产指挥信息系统	1150	烟台市
19	烟台市东汽农业装备有限公司	农业装备制造中心	20000	莱阳市
	三、节能降耗	10	64100	
1	山东盛大矿业股份有限公司	选矿系统综合节能技术改造	3160	莱州市
2	山东新青路钢板有限公司	彩涂线能量系统优化节能改造项目	4300	蓬莱市
3	蓬莱市华升电子有限公司	生产新型石英石节能建材技改项目	18400	蓬莱市
4	烟台万华氯碱有限责任公司	离子膜电解槽零极距节能技术改造	1200	芝罘区
5	山东深科保温板墙开发有限公司	SK 装配式墙板自保温建筑体系	23000	招远市
6	烟台冰轮股份有限公司	污水源热泵机组	3100	芝罘区
7	烟台创元热能科技有限公司	联通式热管烟气净化余热回收器	2600	海阳市
8	烟台华盛燃烧设备工程有限公司	富氧助燃节能装置	4100	莱山区
9	阳煤集团烟台巨力化肥有限公司	55t/h 三废流化混燃炉节能技术改造	3240	莱阳市
10	山东锦江生物能源科技有限公司	生物柴油产业化工艺技术	1000	莱阳市
	四、中小企业	18	38572	
1	烟台枫林食品有限责任公司	花生食品深加工	2800	牟平区
2	龙口市汽车风扇离合器厂	三速电磁风扇离合器扩建项目	5654	龙口市
3	莱阳市盛华电子材料有限公司	年产 250 吨新型液晶中间体规模化生产	2950	莱阳市
4	龙口市恒通运输有限公司	全储配送项目	3550	龙口市
5	蓬莱市渤海造船有限公司	扩大造船能力技术改造工程项目	2912	蓬莱市
6	烟台青年科技创业大道有限责任公司	小企业创业基地建设项目	260	芝罘区
7	山东哈大电气有限公司	年产 10 套静态无功发生器技术改造项目	1000	开发区
8	烟台钟表研究所有限公司	高速铁路客运专线时间同步系统研发	500	芝罘区
9	烟台富润实业有限公司	基于人工神经网络的超声波自动探伤装备开发项目	500	高新区
10	蓬莱天日聚氨酯有限公司	应用技术研究中心研发设备改造	900	蓬莱市

续表：17

序号	企业名称	项目名称	总投资	建设地点
11	烟台恒邦泵业有限公司	高效节能系列泵制造项目	980	牟平区
12	莱阳市科盾通信设备有限责任公司	车载、手持夜视仪及移动机房智能防护系统技术创新	1000	莱阳市
13	长岛县绿色保健品厂	参龙胶开发利用研究技改项目	500	长岛县
14	海阳市信诚制衣公司	高档羊毛衫生产线技术改造项目	3100	海阳市
15	烟台泰鸿橡胶有限公司	自浮式排吸泥胶管项目	3200	莱山区
16	莱州兴达液压机械有限公司	液压油缸技术改造项目	2866	莱州市
17	烟台嘉华车辆部件有限公司	电动车前、后桥总成技术改选项目	2000	福山区
18	栖霞白洋河水泥有限公司	日产 3000 吨水泥生产线余热发电项目	3900	栖霞市
	五、现代物流	5	21087	
1	龙口市港恒仓储有限公司	信息化仓库配送中心项目	5620	龙口市
2	山东东方海洋科技股份有限公司	现代物流技术改造项目	3267	莱山区
3	烟台集大物流有限公司	北方奔驰汽车物流项目	3000	蓬莱市
4	山东德兴义科贸有限公司	沥青现代物流保税中心建设项目	7200	莱州市
5	烟台德华物流有限公司	现代仓储物流项目	2000	福山区
	潍坊	85	776405	
	一、结构调整	31	396366	
1	山东海龙股份有限公司	污水催化氧化深度处理工程	2814	寒亭区
2	诸城兴贸玉米开发有限公司	可食性全降解包装材料产业化示范项目	3500	诸城市
3	山东新龙硅业科技有限公司	4.8 万吨 / 年三氯氢硅项目	9600	寿光市
4	山东潍焦集团有限公司	对甲酚项目	14418	昌乐县
5	山东金鸿集团有限公司	高性能反应烧结碳化硅防弹陶瓷	2872	安丘市
6	山东含羞草卫生科技股份有限公司	成人拉拉裤项目	5300	昌乐县
7	诸城东晓生物科技有限公司	赤藓糖醇项目	17000	诸城市
8	潍坊天翔航空工业有限公司	V750 无人机项目	23600	坊子区
9	山起重型机械股份公司	高铁专用架桥机项目	8000	青州市
10	山东矿机集团股份有限公司	KJSD 系列矿用救生舱项目	10280	昌乐县
11	山东亿嘉农化有限公司年	产 3000 吨 0.3% 丁子香酚生物农药项目	5370	寿光市

续表：18

序号	企业名称	项目名称	总投资	建设地点
12	山东沃华医药科技股份有限公司	通络化痰胶囊关键工艺技术优化	6600	高新区
13	寿光富康制药有限公司	奥美拉唑技术改造项目	9600	寿光市
14	山东广通宝医药有限公司	叶绿素铜钠废渣综合利用项目	4000	青州市
15	山东豪迈机械科技股份有限公司	年产 1500 台智能型轮胎模具专用电火花机床项目	12050	高密市
16	山东浪潮华光光电子有限公司	高亮度功率型蓝光 LED 外延及芯片产业化	24900	高新区
17	山东汉兴医药科技有限公司	年产 1500 吨 D- 乙酯	8717	昌邑市
18	山东上存能源股份有限公司	电动公交大容量锂离子电池项目	22000	出口加工区
19	青州龙济能源科技有限公司	年产 30MWCIGS 薄膜太阳能电池及组件项目	60000	青州市
20	山东华辰生物科技有限公司	新型基因工程抗菌肽的研制及应用	12000	高新区
21	安丘市鲁安药业有限责任公司	4000 吨 DC 级扑热息痛扩产	20099	安丘市
22	潍坊三源铝业有限公司	铝合金汽车板	63000	安丘市
23	山东益都阀门集团股份有限公司	船舶工业配套设备 – 船用阀门技术改造项目	5500	青州市
24	潍坊国建高创科技有限公司	供热远程智能监控系统产业化一期工程项目	16006	潍城区
25	山东潍坊三诺机电设备制造有限公司	阻热节能复合砌块成套生产设备项目	4600	临朐县
26	潍坊恒星散热器有限公司	海上石油钻井平台应用装备	8200	安丘市
27	康跃科技股份有限公司	年产 10 万台 JK60S 可变截面涡轮增压器	4400	寿光市
28	潍坊凯信机械有限公司	高速卫生纸机制造项目	2000	奎文区
29	山东银鹰化纤有限公司	粘胶短纤维废气综合治理改造项目（一期工程）	3980	高密市
30	潍坊亿兴化工科技有限公司	年产 3 万吨醋酸仲丁酯（SBA）技术改造项目	2980	昌邑市
31	潍坊恒彩数码影像材料有限公司	防水喷墨新型打印材料生产线技改项目	2980	临朐县
	二、电子信息	17	65737	
1	潍坊果壳视界信息科技有限公司	农业物联网传感设备研发与产业化	1000	高新区
2	山东开元电子有限公司	全方向 LED 球泡灯	5000	昌乐县
3	山东远普光学股份有限公司	连续无跳模快速光谱可调谐半导体激光器	21700	高新区
4	山东泰吉星电子科技有限公司	集成电路（DDR 系列）封装、测试与产业化	10200	诸城市
5	潍坊华光精工设备有限公司	计算机直接制版设备项目	1800	寒亭区

续表：19

序号	企业名称	项目名称	总投资	建设地点
6	潍坊智新电子有限公司	全自动双头剥皮沾锡一体机	300	坊子区
7	潍坊道成机电科技有限公司	嵌入式软件控制智能环保调节器	9200	高新区
8	潍坊中创软件工程有限责任公司	感知校园综合服务平台	650	高新区
9	潍坊恩源信息科技有限公司	基于云计算的呼叫中心平台	1320	高新区
10	潍坊乐维特建筑技术有限公司	ELOVEIT 系统管理平台	1017	高新区
11	山东寿光蔬菜产业集团有限公司	智慧的温室－基于无线 MESH 传感器网络技术的物联网温室项目	550	寿光市
12	潍柴动力股份有限公司	汽车及装备制造行业信息技术推广中心项目	5000	高新区
13	山东金亿机械制造有限公司	收获机械产品跟踪服务系统	2800	高密市
14	山东开元电气有限责任公司	太阳能电池薄膜生产线智能控制系统	500	昌邑市
15	山起重型机械股份公司	敏捷重型机械装备制造中心	2000	青州市
16	山东潍坊福田模具有限责任公司	模具设计制造过程的智能化集成技术研究与应用项目	1000	坊子区
17	山东光大机械制造有限公司	内燃机零部件生产管理智能化集成平台	1700	奎文区
	三、节能降耗	14	72066	
1	潍坊联能新科能源发展有限公司	江南·印象潍州小区污水源热泵集中供热 / 制冷示范项目	3169	奎文区
2	寿光耀邦玻璃科技有限公司	600t/d 浮法低辐射超薄玻璃熔窑富氧燃烧节能技术改造项目	4356	寿光市
3	临朐利昌建材有限公司	页岩砖隧道窑生产线技术改造	3426	临朐县
4	昌邑市柳疃热电有限公司	以矸代煤及印染污泥综合利用项目	520	昌邑市
5	诸城市顺合木业有限公司	木工电机设备节能化改造项目	5161	诸城市
6	潍坊弘润石化助剂有限公司	全厂凝结水回收等能量系统优化节能技术改造项目	1935	潍坊市
7	昌邑市昌鑫再生建材有限公司	新型环保建材	22168	昌邑市
8	山东瑞斯高创股份有限公司	电动机微控节电装置	3810	高新区
9	山东省高密蓝天节能环保科技有限公司	印染废气净化及热能回收装置	3600	高密市
10	山东迈赫自动化装备股份有限公司	连续通过式桥式烘干室	4000	诸城市
11	山东恒涛节能环保有限公司	HTL 刮板式冷渣机	10300	高密市
12	山东绿特空调系统有限公司	特种污水源超高温热泵机组	800	潍城区
13	潍坊恒安散热器集团有限公司	节能型封闭式工业换热设备	8021	安丘市

续表：20

序号	企业名称	项目名称	总投资	建设地点
14	山东科灵空调设备有限公司	工业余热型超高温水源热泵机组	800	安丘市
	四、中小企业	19	62136	
1	山东维多利现代农业发展有限公司	年产 5000 吨金针菇加工项目	2950	寿光市
2	潍坊亿斯特管业科技有限公司	电力用精密金属管—钢管（EMT 管）	2708	高新区
3	潍坊新力超导磁电科技有限公司	年产 50 台（套）节能环保低温核磁共振成像超导磁体	4160	高新区
4	昌乐县乐器行业协会	电声乐器产业发展中心改造升级	2879	昌乐县
5	青州市铸威新材料科技有限公司	铸造生产线及液压油缸生产项目	4000	青州市
6	山东居世界实业有限公司	节能燃气研发项目	4000	奎文区
7	诸城市皇华镇中小企业创业服务中心	小企业创业基地培育能力建设	3728	诸城市
8	潍坊市华光照明科技有限公司	大功率电动汽车控制器	1500	坊子区
9	山东蓝天首饰有限公司	黄金（银）首饰无焊料焊接技术	1000	昌乐县
10	诸城市双玉纺织品有限公司	30 万米高档呢绒扩产项目	2000	诸城市
11	安丘宝丰矿业有限公司	铅锌矿项目	3600	安丘市
12	山东赛维绿色科技有限公司	年产 3000 吨速溶果蔬粉产业化技术改造暨扩建项目	3636	寿光市
13	山东鸿源饮品科技有限公司	菠菜芦笋高蛋白产品生产项目	3000	高密市
14	潍坊联兴炭素有限公司	利用余热年产 45 万吨蒸汽项目	3300	滨海新区
15	山东红叶地毯有限公司	高档环保织机地毯技术改造	3900	临朐县
16	瑞福油脂股份有限公司	油脂生产扩建项目	4280	潍城区
17	山东广通机械有限公司	型钢车轮生产项目	4260	昌邑市
18	山东创智新材料科技有限公司	1000 万平方米膨胀玻化微珠建筑防火保温板项目	3435	寒亭区
19	山东恒远利废技术发展有限公司	工业固体废弃物综合利用成套设备	3800	临朐县
	五、现代物流	4	180100	
1	山东北方国际物流中心有限公司	国际物流中心项目	68000	坊子区
2	北汽福田汽车股份有限公司	诸城汽车厂全球配件物流中心	58000	诸城市
3	山东泰华食品有限公司	六万吨冷链物流项目	18100	高密市
4	临朐豪德江北物流城有限公司	铝型材物流中心	36000	临朐县

续表：21

序号	企业名称	项目名称	总投资	建设地点
	济宁	63	562048	
	一、结构调整	22	270089	
1	山东泰丰液压股份有限公司	高性能液压件及电液集成系统产业化	8100	高新区
2	山东博特精工股份有限公司	国家科技重大专项产品产业化项目	6000	任城区
3	山东水泊焊割设备制造有限公司	大型罐体制造自动化生产线	2855	梁山县
4	山东卡松科技有限公司	年产 1.5 万吨醚酯型合成齿轮油项目	6587	任城区
5	济宁碳素集团有限公司	1000 吨 / 年中间相沥青、100 吨 / 年碳纤维、泡沫碳及复合材料项目	64911	任城区
6	泰山玻璃纤维邹城有限公司	年产 2000 万米电子布项目	8953	邹城市
7	曲阜裕隆生物科技有限公司	肿瘤标志物定量检测试剂盒项目	2500	曲阜市
8	山东鲁抗立科药物化学有限公司	头孢地嗪生产线建设项目	9500	高新区
9	济宁市同创工矿设备有限公司	JYC 系列矿用移动式救生舱	12000	任城区
10	山东山推机械有限公司	重型叉车和结构件联合厂房项目	10000	高新区
11	山东金和精密机械有限公司	汽车自动变速器零部件制造项目	15000	曲阜市
12	山东天河科技有限公司	智能湿式除尘洗气系统项目	12000	邹城市
13	兖州华勤爱科环境技术有限公司	5 万套汽车尾气过滤器	19983	兖州市
14	山东华智科技有限公司	矿用环保设备制造项目	36000	邹城市
15	济宁佳华电子材料有限公司	高效太阳能光伏电池材料制造	5000	嘉祥县
16	山东嘉禾投资集团有限公司	断热节能复合砌块设备制造项目	28000	兖州市
17	山东京鲁水务集团有限公司	MCR 膜絮凝反应器集成设备生产线改造	6000	鱼台县
18	山东方达机械有限公司	精密滚珠丝杠生产线	6000	泗水县
19	山东硕华工贸有限公司	LED 工矿照明应用系统技改项目	1500	兖州市
20	山东新元机械有限公司	牵引直流电动机技改项目	1200	泗水县
21	润峰电力有限公司	多晶硅太阳能电池生产线技改项目	3000	微山县
22	山东玉丰农业装备有限公司	立式深松深耕旋耙一体机产业化项目	5000	兖州市
	二、电子信息	8	56600	
1	山东英特力光通信开发有限公司	应急通信设备产业化项目	26000	高新区

续表：22

序号	企业名称	项目名称	总投资	建设地点
2	济宁金水科技有限公司	热计量管理控制系统及设备产业化	4500	高新区
3	山东济宁新蓝海科技有限公司	智能医疗服务管理系统及手持移动终端研发与产业化	2400	高新区
4	兖州中煤华安机电设备有限公司	矿用机电产品生产项目	9800	兖州市
5	济宁正和电子有限责任公司	热式流量传感器	1100	高新区
6	山东济宁广安科技有限公司	基于 RFID 的停车管理系统	800	高新区
7	山东公用公众通管理有限公司	济宁城市一卡通	10000	济宁市
8	山东盛世光明物联网技术有限公司	物联网电子标签生产	2000	微山县
	三、节能降耗	14	90361	
1	济宁北汇玻璃有限公司	玻璃窑炉节能改造及余热利用项目	5300	微山县
2	山推工程机械股份有限公司	热加工设备节能改造及锻造余热淬火应用项目	16026	高新区
3	山东新风光电子科技发展有限公司	高压动态无功补偿装置	4000	汶上县
4	济宁卡力特科技有限公司	水基润滑油	1000	济宁市
5	菱花集团有限公司	谷氨酸双结晶高效提取技术	3000	高新区
6	山东永华机械有限公司	数控机床休眠节能控制单元	1200	兖州市
7	山东海乐新能源科技有限公司	地源热泵及工程集热太阳能	1335	嘉祥县
8	山东省航宇船舶修造有限公司	10MW 船用风力发电机产业化技术开发	3000	微山县
9	济宁市无界科技有限公司	锂离子电池正极材料	3000	高新区
10	曲阜嘉信电气有限公司	1140V 抽油机专用变频器	3000	曲阜市
11	山东省济宁市同力机械有限责任公司	秸秆煤炭成型机制造	5000	泗水县
12	山东泗水圣通炉具制造有限公司	燃煤发生气炉年产 5000 台建设项目	5659	泗水县
13	鲁特电工股份有限公司	节能型电力变压器及智能型变电站	35841	金乡县
14	山东金人电气有限公司	高压无功自动补偿装置	3000	金乡县
	四、中小企业	15	46330	
1	济宁市鲁源水处理有限公司	年产 1000 台超声空化自动在线清洗膜滤器	4200	鱼台县
2	曲阜天博汽车零部件制造有限公司	新能源汽车用 ECU 智能控制电子调温器产业化	4200	曲阜市
3	曲阜远大集团工程有限公司	新上光伏幕墙研发项目	3600	曲阜市

续表：23

序号	企业名称	项目名称	总投资	建设地点
4	梁山县食用菌协会	梁山食用菌小企业创业培育能力建设项目	800	梁山县
5	汶上县众鑫机械有限公司	YJ315X 液力变矩器项目	3800	汶上县
6	嘉祥华杰运动制品有限公司	嘉祥华兴手套技术服务中心项目	2200	嘉祥县
7	山东金科星机电有限公司	ZWJ-127 矿用无极绳运输保护装置	630	邹城市
8	微山友信机械制造有限公司	年产 10 万件工程机械配套精密产品技术改造项目	4000	微山县
9	梁山星泰轴承有限公司	汽车轮毂轴承专用生产线	4000	梁山县
10	山东神力索具有限公司	出口高档索具精密铸造项目	3800	嘉祥县
11	金乡县信德农贸有限公司	蒜米速冻冷藏加工生产线扩产改造项目	3400	金乡县
12	山东曜晖太阳能有限公司	年产 8 万吨节能灯管生产线项目二期工程	6000	兖州市
13	济宁中煤建设工程有限公司	17 万立方米 / 年 XPS 挤塑板保温材料生产项目	2500	市中区
14	济宁科尔森液压有限公司	OMS 摆线液压马达生产线技术改造	1200	任城区
15	泗水慧丰花生食品有限公司	花生酱加工项目	2000	泗水县
	五、现代物流	4	98668	
1	山东鲁抗医药股份有限公司	新建立体仓库项目	2579	市中区
2	山东圣润纺织有限公司	专业物流铁水联运项目	44089	嘉祥县
3	山东天瑞医药有限公司	医药物流项目	5000	嘉祥县
4	泗水利丰食品有限公司	有机甘薯（蔬菜）仓储物流基地项目	47000	泗水县
	泰安	56	420768	
	一、结构调整	24	229970	
1	山东德普化工科技有限公司	年产 4 万吨碳酸二甲酯技术改造项目	9600	新泰市
2	山东华兴纺织集团有限公司	年产 2000 吨纯壳聚糖纤维产业化项目	9200	宁阳县
3	山东泰鹏无纺有限公司	粗旦双组份热轧无纺布项目	6000	肥城市
4	山东索力得焊材有限公司	高强度合金焊丝技改项目	2940	肥城市
5	泰安路德工程材料有限公司	玻塑复合土工格栅生产项目	3000	泰山区
6	山东新巨丰科技包装有限责任公司	纸铝塑无菌包材生产线	20000	新泰市
7	山东嘉年华氟纶有限公司	聚四氟乙烯低缩率卷曲纤维生产线	1500	新泰市

续表：24

序号	企业名称	项目名称	总投资	建设地点
8	山东金泰山漆业有限公司	高度耐腐蚀内衬玻璃鳞片胶泥涂料生产线技改项目	4100	肥城市
9	山东光大科技发展有限公司	5000 吨 / 年医药级羟丙基甲基纤维项目	7000	东平县
10	山东中天泰和实业有限公司	光纤传感器、井下机器人制造项目	15000	泰山区
11	特变电工山东鲁能泰山电缆有限公司	新能源专用电缆建设项目	12870	新泰市
12	泰安市岳首筑路机械有限公司	FBJ 型智能化阶梯堆快式干粉砂浆生产流水线成套装置项目	12000	泰山区
13	山东硕力机械制造有限公司	船舶基础装备项目	10000	泰山区
14	山东泰开电力设备有限公司	分接开关等电力设备生产线项目	1500	高新区
15	泰安泰山成通制丝有限公司	生丝生产综合提升及深加工项目	6000	泰山区
16	山东健威生物工程有限公司	微生物发酵与转化技术生产莫匹罗星、去甲金霉素和 2’－脱氧腺苷生产项目	5360	新泰市
17	山东华锐重型装备有限公司	核电封头和压力容器用封头、海洋钻采用管	12000	岱岳区
18	山东超威电源有限公司	内化成蓄电池生产	32000	宁阳县
19	山东泰山染料股份有限公司	400 吨 / 年 3,3,’ 4,4’ —四氨基联苯产业化项目	6200	新泰市
20	山东海力实业集团有限公司	海力捷成数控生产线及设备生产项目	15000	宁阳县
21	泰安泰山工程机械股份有限公司	高性能大吨位吊管机的产业化改造项目	8900	泰山区
22	山东中煤科技发展有限公司	智能节电器生产项目	2000	新泰市
23	山东鲁燕色母粒有限公司	扩建 2000 吨高光泽抗菌聚丙烯材料生产项目	2800	岱岳区
24	山东一能重工有限公司	装载机项目	25000	岱岳区
	二、电子信息	6	5418	
1	山东科大中天电子有限公司	节能用电管理系统及设备的研制与产业化	900	高新区
2	泰安市国华科技机电设备有限公司	煤矿安全监控及矿压监测设备	430	泰山区
3	泰安市财源网络软件有限公司	泰山数码观光旅游平台	300	泰山区
4	泰安昊盛信息科技发展有限公司	煤矿安全作业设计智能化平台	120	泰山区
5	山东蓝光软件有限公司	基于物联网技术与地理信息系统平台的智慧矿山示范建设	3000	高新区
6	东平光源木业有限责任公司	DCS 控制系统技术改造项目	668	东平县
	三、节能降耗	13	121195	
1	新泰正大热电有限责任公司	节能技术改造工程	6301	新泰市

续表：25

序号	企业名称	项目名称	总投资	建设地点
2	肥城阿斯德化工有限公司	合成氨废气回收利用节能减排工程	6200	肥城市
3	山东一滕化工有限公司	高效速溶羟丙基甲基纤维素醚洁净生产技术改造项目	2820	肥城市
4	泰安市大华节能环保设备科技有限公司	恒速负载跟踪节电器	5357	泰安市
5	山东煤机装备集团有限公司	BLZG50/1200×2620 型立式全自动隔膜压滤机	8000	高新区
6	肥城市宏源环保机械有限公司	生物质成型燃料压块技术成套设备	8000	肥城市
7	新东岳集团有限公司	废旧轮胎胶自控电加热螺旋式还原新工艺	29000	泰安市
8	山东同方能源工程技术有限公司	基于热泵技术的矿井水热能替代燃煤锅炉供暖系统	25000	高新区
9	泰安康平纳机械有限公司	智能化微波烘干技术及设备	15000	泰安市
10	山东厚丰汽车散热器有限公司	集约型高效节能技术	2900	泰山区
11	山东天和纸业有限公司	废水处理及废物资源化利用节能技改项目	3651	宁阳县
12	泰安易扬科技有限公司	易扬磁悬浮潜水电泵	1000	宁阳县
13	山东能源机械集团有限公司	高效煤粉锅炉节能示范项目	7966	新泰市
	四、中小企业	9	23485	
1	山东宏康机械制造有限公司	大型智能高效中厚板精整成套设备项目	4390	岱岳区
2	肥城金冠机械工程有限公司	净化、压缩两项回收技术项目	1200	肥城市
3	泰安泰山亚细亚食品有限公司	年产 4000 吨冷冻有机混合蔬菜深加工项目	3015	泰山区
4	光明起重集团有限公司	省级起重机械自动化工程技术研究中心改造升级项目	3257	新泰市
5	泰安万力科技孵化器有限公司	创业培育能力建设项目	1500	岱岳区
6	山东东平绿达果蔬食品有限公司	饲料加工扩建项目	4300	东平县
7	山东泰丰钢业有限公司	汽车转动轴管项目	4300	新泰市
8	宁阳县新辉工贸有限公司	精密轴承钢球项目	723	宁阳县
9	山东鼎鑫电气科技有限公司	数字化节能型水电专用高压敞开式组合电器（ZCW □ -40.5）项目	800	泰山区
	五、现代物流	4	40700	
1	泰安科诺型钢股份有限公司	型钢物流配送中心建设项目	8100	岱岳区
2	肥城依诺威纺织有限公司	物流中心建设项目	600	肥城市
3	泰安市金龙冷链物流有限公司	冷链物流	20000	泰山区

续表：26

序号	企业名称	项目名称	总投资	建设地点
4	山东银桥国际物流有限公司	冷冻冷藏配送项目	12000	泰山区
	威海	67	897550	
	一、结构调整	28	721740	
1	威高集团有限公司	新型人工器官及管路项目	403021	高技术产业开发区
2	威海华东重工有限公司	高端装备制造项目	100000	经济技术开发区
3	威海光威复合材料有限公司	轻纺机械用碳纤维大型导辊生产线建设项目	7300	高技术产业开发区
4	宏安集团有限公司	接入网用蝶形引入光缆项目	6000	文登市
5	威海双丰电子集团有限公司	海洋石油数字勘探采集系统	12000	高技术产业开发区
6	威海威达精密铸造有限公司	重卡关键零部件精密铸造技术改造	5824	工业新区
7	山东威德数控重型机床有限公司	数控重型车床技术改造项目	7600	荣成市
8	山东双轮流体机械有限公司	1000MW 压水堆核 2、3 级及非核级泵	4800	经济技术开发区
9	威海万丰镁业科技发展有限公司	多功能四级生物转轮组合机组产业化项目	3600	高技术产业开发区
10	威海怡和专用车有限公司	特种车辆生产线技术改造项目	5000	工业新区
11	乳山市力行电气有限公司	游梁式抽油机恒功率变频调速系统产业化	2000	乳山市
12	威海金泓集团有限公司	聚砜树脂及聚醚醚酮制品技术改造项目	6000	工业新区
13	金猴集团有限公司	纳米级远红外保健鞋生产项目	2600	高技术产业开发区
14	威海化工机械有限公司	磁力传动高压重型加氢有色金属反应器制造项目	23000	环翠区
15	威海联桥精密机械有限公司	双端面精密磨床项目	11000	高技术产业开发区
16	荣成市荣佳电机有限公司	汽车用开关磁阻调速电机产业化示范工程项目	6800	荣成市
17	威海文隆电池有限公司	PS 太阳能风力发电储能电池生产项目	8500	文登市

续表：27

序号	企业名称	项目名称	总投资	建设地点
18	威海金威化学工业有限责任公司	紫外线吸收剂生产线改造项目	6300	工业新区
19	山东万图高分子材料有限公司	WT98 环保卫生安全型增塑剂	16200	文登市
20	乳山市振兴铸钢有限公司	树脂砂铸造工艺技术改造	5000	乳山市
21	威海友邦汽车零部件制造有限公司	空调部件制造扩建项目	8095	环翠区
22	威海银兴动力装备股份有限公司	高效、节能风机项目	11700	环翠区
23	山东环球渔具股份有限公司	扩大高档渔具出口项目	41700	环翠区
24	文登全赢机械制造有限公司	主轴高效伺服电机	9900	文登市
25	威海紫光科技园有限公司	无花果和叶提取物及其系列产品的开发与精深加工技改项目	2800	环翠区
26	威海韩孚生化药业有限公司	50 吨 / 年氟虫脲原药生产技术改造	2000	乳山市
27	威海印刷机械有限公司	WIN 系列高档胶印机项目	2000	环翠区
28	山东鸿源水产有限公司	贝类深加工出口项目	1000	经济技术开发区
	二、电子信息	12	21910	
1	山东新北洋信息技术股份有限公司	高铁专用磁编码客票热打印机项目	800	高技术产业开发区
2	威海同盛电子有限公司	基于 MCU 控制的太阳能应用系统新型智能管理电源	620	高技术产业开发区
3	威海智联科技有限公司	固体激光发生器	4300	工业新区
4	山东五福星电器科技有限公司	直接转矩控制矢量变频器	2600	高技术产业开发区
5	威海市卡尔电气研究所	基于物联网的数字城市一卡通系统	780	高技术产业开发区
6	威海惠光电子系统工程有限公司	农副产品综合服务平台	960	文登市
7	威海康威通信技术有限公司	电缆动态载流量监控软件技术研发与应用	430	高技术产业开发区
8	威海北洋电气集团股份有限公司	油气长距离输送管道及设施安全感知网络平台	1110	高技术产业开发区

续表：28

序号	企业名称	项目名称	总投资	建设地点
9	威海双丰物探设备股份有限公司	物探制造加工中心项目	1800	高技术产业开发区
10	中航黑豹股份有限公司	载货汽车行业信息技术推广中心	2150	文登市
11	文登威力工具集团有限公司	基于物联网的智能仓储管理系统项目	6000	文登市
12	威海比优特汽车配件有限公司	汽车发动机缸盖生产过程信息化改造	360	乳山市
	三、节能降耗	12	53143	
1	威海市明珠硅胶有限公司	硅胶生产系统余热余压综合回收利用项目	5500	乳山市
2	威海拓展纤维有限公司	千吨级碳纤维生产线节能技术改造项目	1630	工业新区
3	山东威海卫酒业集团有限公司	能量系统优化节能工程改造项目	3464	威海市
4	威海市润通橡胶有限公司	电机系统节能技术改造项目	1760	文登市
5	威海市海王旋流器有限公司	复式流化分选机	5500	威海市
6	威海市银河光电设备有限公司	太阳电池胶膜	1220	环翠区
7	威海中玻光电有限公司	非晶硅薄膜电池组件及 BIPV 构件的产业化	6830	经济技术开发区
8	文登奥文电机有限公司	超高效三相异步电动机	8039	文登市
9	威海正通节能科技有限公司	高效空气热化燃烧器（商用节能灶具）	6500	高技术产业开发区
10	山东二十度节能技术服务有限公司	多功能气候补偿控制器	600	高技术产业开发区
11	石岛集团有限公司	电机系统节能技术改造	4100	荣成市
12	山东华力电机集团股份有限公司	Y3 系列低压大功率高效节能电机	8000	荣成市
	四、中小企业	11	17366	
1	威海华夏城旅游集团有限公司	威海华夏城安全及资源环境保护改造项目	3000	经济技术开发区
2	山东壮发泵业有限公司	船舶生活污水处理装置及泵类生产线技术改造	1800	荣成市
3	威海市威广物流有限责任公司	物流仓储条件改造和物流信息系统建设项目	3150	环翠区
4	威海经济技术开发区中小企业服务中心	威海春晖创业园改造工程	2750	经济技术开发区

续表：29

序号	企业名称	项目名称	总投资	建设地点
5	威海东兴电子有限公司	提升低频无极灯技术研发中心研发能力建设项目	1520	高技术产业开发区
6	威海火炬高技术产业开发区高新技术创业服务中心	威海中小企业创业孵化园服务设施改造项目	210	高技术产业开发区
7	威海万丰建筑机械（集团）有限公司	QTZ250 塔式起重机技术改造项目	980	工业新区
8	威海海大塑胶有限公司	氯化聚乙烯弹性体	1008	乳山市
9	山东云龙绣品有限公司	高档数码印花生产线改造扩建项目	1379	文登市
10	荣成泰大精英食品有限公司	电机系统节能技术改造项目	580	荣成市
11	威海康宝生物科技开发有限公司	蓝莓提取技术研究及相关产品研发建设项目	990	经济技术开发区
	五、现代物流	4	83391	
1	威海鸿祥汽车内饰件有限公司	大型汽车用纺织品物流基地	700	环翠区
2	三角集团有限公司	物流自动化立体仓库升级项目	3591	经济技术开发区
3	山东省艺达有限公司	物流配送中心项目	3000	文登市
4	威海金蚂蚁集团有限公司	汽车物流项目	76100	环翠区
	日照	41	254312	
	一、结构调整	16	99070	
1	山东洁晶集团股份有限公司	天然药物甘露醇膜法精滤提取项目	3150	开发区
2	山东五征集团有限公司	工程机械设计制造项目	8000	五莲县
3	海汇集团有限公司	污泥资源化处理处置成套设备建设项目	6000	莒县
4	山东凯翔生物化工公司	葡萄糖酸钠技改项目	4500	五莲县
5	山东云凯光伏有限公司	太阳能光伏系统生产	12000	五莲县
6	日照海恩锯业有限公司	新型环保圆锯片基体生产线技术改造项目	2600	东港区
7	日照大地依索新建材有限公司	节能环保型房屋工厂化制造	15000	开发区
8	日照美佳科苑食品有限公司	水产品及蔬菜精深加工	2900	东港区

续表：30

序号	企业名称	项目名称	总投资	建设地点
9	现代威亚汽车发动机（山东）有限公司	变速箱壳体毛坯工厂改造项目	20000	开发区
10	日照中大机械电子有限公司	健身器材生产线改造	4000	开发区
11	山东万通液压机械有限公司	重型自卸汽车液压油缸制造	12000	五莲县
12	日照东方红食品有限公司	海洋绿色食品深加工项目	3000	岚山区
13	日照赛普食品科技有限公司	紫薯花青素开发生产项目	2000	东港区
14	山东国恒能源有限公司	锂电子动力电池研发生产	1500	东港区
15	日照祥龙合成纤维制品有限公司	开发生产环保型高档尼龙纤维项目	1020	东港区
16	日照鸿本机械制造有限公司	汽车发动机连杆生产线技术改造项目	1400	东港区
	二、电子信息	6	27830	
1	日照汇丰电子有限公司	新增年产 800 万只密封插座	3000	东港区
2	日照海帝电器有限公司	侧光 LED 背光源及液晶模组研发与产业化	21000	东港区
3	山东领信信息科技股份有限公司	基于 3G 网络的移动协同指挥系统	300	东港区
4	山东成功信息技术有限公司	成功民政社会救助综合管理信息系统	175	五莲县
5	日照市活点网络科技有限公司	物联网感知体验及推广应用中心	1700	东港区
6	日照万邦网络传媒有限公司	物联网旅游电子商务交易系统	1655	开发区
	三、节能降耗	11	73897	
1	山东遨游汽车制动系统股份有限公司	能量系统优化技术改造项目	4858	五莲县
2	山东日照焦电有限公司	循环水供暖项目	2721	岚山区
3	山东康洋电源有限公司	能量系统优化工程项目	3965	五莲县
4	日照荣兴食品有限公司	电机系统节能改造项目	2175	高新区
5	日照海通茧丝绸集团有限公司	污水净化循环使用项目	5500	东港区
6	山东同泰集团股份有限公司	能量系统工艺优化节能技术改造项目	5838	东港区
7	山东鼎新电子玻璃集团有限公司	工业窑炉余热回收利用工程项目	2850	开发区
8	日照东升地毯有限公司	仿羊毛化健康化纤地毯节能减排技术改造	2260	东港区
9	日照海辰环保科技有限公司	超导热管余热回收器	2700	五莲县
10	日照华泰纸业有限公司	节水减排中水回用项目	6065	莒县

续表：31

序号	企业名称	项目名称	总投资	建设地点
11	山东鼎昌硅业发展有限公司	4 万吨 / 年四氯化硅综合利用项目	34965	莒县
	四、中小企业	6	15257	
1	日照岚星化工工业有限公司	新型硅烷偶联剂系列产品的研发与产业化	2981	岚山区
2	日照东港至中家用纺织品有限公司	衍缝制品扩大生产项目	4300	东港区
3	日照浏园生态农业有限公司	茶叶生产加工创业园	1800	岚山区
4	山东大自然生物工程有限公司	2x12MW 秸秆发电项目	4360	莒县
5	五莲县金剑工贸有限公司	汽车驾驶室、货箱、车架、机床配件生产线扩建	1350	五莲县
6	日照市创安自控电气有限公司	工业自控电气成套装置	466	东港区
	五、现代物流	2	38258	
1	日照三运实业股份有限公司	上海路仓储配送中心	8100	开发区
2	日照中盛集团股份有限公司	临港物流服务园	30158	东港区
	莱芜	34	277996	
	一、结构调整	12	137953	
1	山东莱芜金华辰粉末冶金制品有限公司	高性能粉末冶金及制品产业化项目	5800	莱城区
2	莱芜润丰节水技术设备有限公司	贴片式滴灌带项目	2800	莱城区
3	莱芜市正顺印务有限公司	高档印刷品流水线项目	6500	莱城区
4	山东佑润生物技术有限公司	年产 60000 吨微生态发酵饲料项目	5000	钢城区
5	山东大为齿轮传动有限公司	海洋石油工程用单螺杆压缩机项目	16000	钢城区
6	莱芜市创业机械有限公司	2 万吨汽车用变速箱齿轮产业化项目	13500	钢城区
7	山东呈瑞新能源科技有限公司	5 万套新能源汽车电机及 2000 万铁芯转子产业化	64433	高新区
8	莱芜恒泰塑管制造有限公司	大口径超高分子量聚乙烯管材项目	2700	莱城区
9	山东汇金股份有限公司	汽车关键零部件转向系统 H79 输入轴技改项目	6000	莱城区
10	莱芜泰禾生化有限公司	5 万吨 / 年枸橼酸钠生产系统改造项目	3800	高新区
11	山东泰金精密成型制品有限公司	曲轴生产系统节能技术改造	1600	莱城区
12	莱芜市亿金汽车零部件有限公司	10 万吨 / 年车用轴类零部件改造项目	9820	钢城区
	二、电子信息	6	10710	
1	山东鑫隆实业有限公司	智能电网设备状态检测系统中的通信设备的研发与产业化	5000	钢城区

续表：32

序号	企业名称	项目名称	总投资	建设地点
2	莱芜万通电器有限公司	智能（电脑）低压电力控制系统装置	500	莱城区
3	莱芜市博大电子仪器有限公司	水表付费远程数据传输控制系统及设备	1500	莱城区
4	莱芜市水利电气设备有限公司	射频卡水资源管理控制系统产业化项目	1250	莱城区
5	山东力盟电力电子有限公司	公共电力缴费平台	2000	高新区
6	莱芜市力源液压机械有限公司	生产制造环节制造执行系统及智能传感技术的应用	460	钢城区
	三、节能降耗	9	84077	
1	山东兴顺汽车轴件制造有限公司	重型卡车凸轮轴节能技术改造项目	4600	莱城区
2	山东慧通轮胎有限公司	100 万条特种胎节能技改项目	6000	开发区
3	莱芜市天鲁炭黑有限公司	炭黑生产系统节能优化与尾气余热利用	11744	钢城区
4	莱芜市凤凰新能源科技集团有限公司	集成式太阳能 LED 路灯产业化项目	5000	高新区
5	山东星极光电子科技有限公司	光伏通用智能控制系统	2610	高新区
6	山东万华电子信息科技有限公司	电机瞬态节能测控仪	4500	高新区
7	莱芜市东远型钢有限公司	汽车用型钢无内胎轮辋产业化	2000	钢城区
8	山东科虹线缆有限公司	低垂弧自加热防结冰节能架空导线	4000	莱城区
9	山东莱芜金雷风电科技股份有限公司	2.5-3.5MW 风电主轴全纤维锻造产业化研发项目	43623	钢城区
	四、中小企业	5	9456	
1	莱芜金鼎电子材料有限公司	LED 照明用高可靠环保阻燃挠性覆铜箔板（FCCL）项目	4500	钢城区
2	山东泰捷信物流集团有限公司	物流信息交易中心建设项目	3156	钢城区
3	山东润辰工贸有限公司	企业信息化项目	640	莱城区
4	莱芜市莱城区银龙工业园创业服务中心	创业服务大楼项目	160	莱城区
5	山东力盟电力电子有限公司	抽油机变频节能控制装置项目	1000	
	五、现代物流	2	35800	
1	莱芜信发钢铁有限公司	三利物流中心扩建项目	35100	钢城区
2	山东泰山钢铁集团有限公司	汶汇港物流保税仓库项目	700	莱城区
	临沂	59	620299	
	一、结构调整	24	501477	
1	山东新时代药业有限公司	中药新药化滞柔肝颗粒	10750	费县

续表：33

序号	企业名称	项目名称	总投资	建设地点
2	山东罗欣阳光包装制品有限公司	医药包装材料	18365	费县
3	山东碧海包装材料有限公司	年产 3 万吨液体食品无菌包装纸和 60 台无菌砖型纸盒包装机项目	9400	莒南县
4	山东中川液压有限公司	二十六万套重大装备液压马达项目	42864	临沭县
5	山东隆大生物工程有限公司	企业搬迁升级及节能改造项目	9583	沂水县
6	光钰科技（临沂）有限公司	新型镁合金制品	8000	费县
7	山东佛光照明科技有限公司	年产 3 亿瓦太阳能电池组件技术改造项目	8370	临沭县
8	山东蒙山铝业有限公司	镁合金材料生产	32000	兰山区
9	山东正长集团有限公司	锂离子动力电池项目	80000	蒙阴县
10	山东宏艺科技股份有限公司	多功能高效液体煤炭助燃剂产业化项目	2660	河东区
11	山东格兰德新材料科技有限公司	利用回收聚酯瓶生产差别化涤纶长丝及经编坯布项目	41539	罗庄区
12	山东华盛农业药械有限责任公司	蔬菜移栽机项目	9000	罗庄区
13	临沂攀登电子科技有限公司	电路旋转连接器项目	35000	河东区
14	临沂市金德新材料有限公司	年产 3 万吨太阳能光伏电池用光伏刃料项目	35000	临沭县
15	山东信科环化有限责任公司	年产 1 万吨电容器专用高纯氯化钡	1894	临沭县
16	蒙阴银进机械制造有限公司	智能型全密封位移式六面喷漆立体干燥自动线建设项目	4800	蒙阴县
17	山东仁和制药有限公司	中成新药生产项目	51046	郯城县
18	山东岐黄中药饮片有限公司	金银花制药厂建设项目	16600	平邑县
19	山东常林农业装备股份有限公司	年产 1 万台大马力拖拉机桥箱总成项目	30000	临沭县
20	山东新凯电子材料有限公司	年产 3000 吨中高压电解电容器纸	10800	郯城县
21	山东普金肥料有限公司	普金肥业生物有机肥生产线东扩项目	12859	苍山县
22	山东飞光达光电技术有限公司	大功率 LED 照明灯具生产项目	12000	高新区
23	山东三兴食品有限公司	日产 36 吨大麦苗生产线项目	6947	临沭县
24	临沂市凯祥硅粉有限公司	年产 20000 吨晶硅片切割废砂浆回收再利用项目	12000	临沭县
	二、电子信息	5	17300	
1	临沂市海纳电子有限公司	片式滤波电连接器	3200	高新区
2	临沂盛鑫电子科技有限公司	石英晶体谐振器	1500	临沭县

续表：34

序号	企业名称	项目名称	总投资	建设地点
3	临沂航宇信息技术有限公司	基于 RFID 技术的现代物流公共信息服务平台	1600	开发区
4	临沂矿业集团	煤炭行业信息技术推广中心	10000	临沂市
5	山东立晨物流股份有限公司	智能化商贸物流货运综合管理公共服务平台	1000	开发区
	三、节能降耗	9	39786	
1	莒南力源热电有限公司	电机变频节能技术改造	3513	莒南县
2	山东高岭新型建材有限公司	年产 1 亿块页岩砖综合利用项目	2832	莒南县
3	临沂市曙光铸造有限责任公司	铸造生产线综合节能技术改造	9428	费县
4	青援食品有限公司	年产 20 万吨糖醇技术改造项目	9866	沂水县
5	山东省费县腾达新型建材有限责任公司	墙体、保温一体化结构的钢筋网笼夹芯墙体	3980	费县
6	山东帅克新能源有限公司	太阳能平板集热器用吸热板镀膜生产工艺开发	1000	蒙阴县
7	山东浪潮华光照明有限公司	浪潮大功率 LED 路灯	871	开发区
8	山东拜尔建材有限公司	余热利用年产 2500 万平方米高档纸面石膏板生产线技术改造项目	7800	平邑县
9	平邑金太阳纸业有限公司	22000 吨高档铜版纸生产线节能技改项目	496	平邑县
	四、中小企业	17	41736	
1	费县盛宝木业有限公司	年产 5000 台数控木旋切自动缝合机项目	2929	费县
2	山东天宝化工有限公司	工业导爆索生产线技术改造	4100	平邑县
3	山东省舜天化工集团有限公司	舜天产业园污水处理项目	3172	沂南县
4	力士德工程机械股份有限公司	企业全面信息化管理	830	临沭县
5	临沂科汇高新技术创业园有限公司	高新技术公共服务平台项目	2695	开发区
6	山东宏发科工贸有限公司	企业研发中心项目	660	沂南县
7	莒南县鲁钰铸造有限公司	树脂砂铸造项目	960	临港开发区
8	山东国帅蔬菜食品有限公司	3000 吨蔬菜深加工扩建项目	956	苍山县
9	郯城县恒瑞能源科技有限公司	年产 9000 组车用锂电池项目	760	郯城县
10	山东龙盛农牧集团有限公司	年产 18 万吨生物饲料新建项目	4200	兰山区
11	临沂市联翔水表制造有限公司	新型供水塑料管材 1 万吨、新型塑料水表表壳、机芯 300 万套	2800	河东区
12	临沂市亚圣食品有限公司	年产 2 万吨果蔬罐头配套仓储工程	967	平邑县

续表：35

序号	企业名称	项目名称	总投资	建设地点
13	临沂中瑞电子有限公司	光伏逆变器用磁性材料产业化项目	3000	高新区
14	山东聚龙液压机械有限公司	年产 100 台 XY-7 勘探钻机	2858	蒙阴县
15	山东金宝诚管业有限公	司热轧无缝钢管技术改造项目	2900	临沭县
16	临沂鲁光化工有限公司	十万吨 / 年硝酸技改项目	4349	开发区
17	山东众力液压技术有限公司	年产 10 万支高强度工程机械液压缸项目	3600	沂水县
	五、现代物流	4	**20000**	
1	鲁南制药集团股份有限公司	现代医药物流中心项目	12000	兰山区
2	山东临沂新华印刷物流集团有限责任公司	图书物流配送项目	3000	高新区
3	沂南县宏源运输有限责任公司	台湾玻璃集团石英砂配套物流项目	1500	沂南县
4	临沂交通运输有限责任公司	临沭复合肥基地原料及产品仓储配送一体化项目	3500	河东区
	德州	63	**545759**	
	一、结构调整	22	**274014**	
1	山东金麒麟集团有限公司	年产 600 万套特种新材料汽车刹车片建设项目	12770	乐陵市
2	山东泰山瑞豹复合材料有限公司	年产 10 万辆碳纤维自行车项目	30782	乐陵市
3	山东禹王实业有限公司	单晶硅外延基座产业化项目	11554	禹城市
4	山东禹城瑞利源科技有限公司	年产 5000 吨金属蛋白酶高技术产业化项目	11536	禹城市
5	山东福田药业有限公司	木糖废液提取高值 L- 阿拉伯糖项目	10162	禹城市
6	宁津县恒硕太阳能设备有限公司	太阳能自动化生产高端设备及流水线	1180	宁津县
7	德州国强五金制品有限公司	年增 600 万套五金制品技术改造项目	11500	乐陵市
8	山东派森科技有限公司	年产 9 万 kVAh 储能蓄电池	1210	武城县
9	贝莱特空调有限公司	环保节能型低温高能效地源热泵系列机组产业化技改项目	11516	德州经济开发区
10	德州鼎晟加固工程材料科技有限公司	高档碳纤维制品生产线项目	8850	德州经济开发区
11	山东宏运土工材料有限公司	5000 万平方米高档环保土工布技术改造项目	6810	陵县
12	谷神生物科技集团有限公司	年产 2 万吨大豆肽项目	11168	陵县

续表：36

序号	企业名称	项目名称	总投资	建设地点
13	山东普利森集团有限公司	重型数控机床技改扩产项目	18500	德州经济开发区
14	山东鼎力枣业食品集团有限公司	金丝小枣多糖、环磷酸腺苷（cAMP）及浓缩枣汁提取项目	9756	庆云县
15	山东艾可加筋新材料股份有限公司	60000 吨高强加筋经编格栅项目	21300	陵县
16	山东远大模具材料有限公司	高速铁路轨道焊接介质产业化生产项目	7336	齐河县
17	德州德隆机床有限公司	高端全机能机床产业化	23050	德州运河经济开发区
18	德州齿轮有限公司	8000 吨齿轮毛坯精锻项目	6000	德城区
19	山东福洋生物科技有限公司	年产 8 万吨葡萄糖酸钠项目	15164	平原县
20	山东旭光得瑞有限公司	年产 10 万吨汽车零部件	19600	临邑县
21	山东百龙创园生物科技有限公司	年产 120 吨虾青素乳油技术改造项目	1270	禹城市
22	山东日新复合材料有限公司	稀土补强氧化锆增韧氧化铝陶瓷材料技术改造项目	23000	武城县
	二、电子信息	8	62490	
1	山东泰山在线科技有限公司	基于计算机视觉的网络健身运动系统设备产业化项目	56460	乐陵市
2	德州新未来科技有限公司	银企对接服务系统	156	德城区
3	德州市中泰华研电子科技有限公司	汽车电动助力转向装置综合性能仿真试验系统开发与应用	106	德城区
4	德州财富软件科技有限公司	农业信息管理与服务平台	120	德州经济开发区
5	德州晶华集团有限公司	建材行业信息技术推广中心	2200	德城区
6	德州索通发展有限公司	ERP 企业信息管理系统	300	临邑县
7	山东文远生物技术有限公司	禹城市现代农业信息化示范项目	890	禹城市
8	保龄宝生物股份有限公司	功能糖智能化供应链管理示范工程	2258	禹城市
	三、节能降耗	13	104748	
1	德州中联大坝水泥有限公司	风机电机变频节能改造工程	3144	德城区
2	山东同兴酒业有限公司	5 万吨 / 年酒精余热余压利用节能改造项目	1152	陵县
3	山东星光糖业有限公司	电机变频节能技术改造项目	3692	乐陵市
4	金能科技有限责任公司	3、4# 焦炉干熄焦节能改造项目	15548	齐河县

续表：37

序号	企业名称	项目名称	总投资	建设地点
5	山东正大纸业有限公司	造纸废渣焚烧与锅炉系统改造节能项目	5005	平原县
6	山东安兴玻璃制品有限公司	480 万㎡ / 年 Low-E 镀膜玻璃项目一期工程	13562	临邑县
7	德州华北纸业（集团）有限公司	新型节能墙材技术	1000	德城区
8	德州亚太集团有限公司	节能环保型水源热泵机组产业化项目	7500	德州经济开发区
9	德州北辰复合材料有限公司	SMC 模压沼气池	4800	武城县
10	山东庆云长信化学科技有限公司	化工尾气变压吸附提纯制氢项目	3078	庆云县
11	庆云华泰橡胶制品有限公司	斜交翻新半钢机械工程轮胎技术	21588	庆云县
12	夏津县奥德新能源有限公司	瓦片式光伏电池组件	23000	夏津县
13	夏津县盛达纸业有限公司	用能系统技术改造项目	1679	夏津县
	四、中小企业	17	45422	
1	德州富路车业有限公司	年产 2 万辆电动休闲车技术改造项目	3770	陵县
2	山东福洋生物科技有限公司	企业研发中心改造扩建项目	770	平原县
3	德州大江纺织品有限公司	年产 150 万件高档针织内衣项目	986	德城区
4	齐河裕农畜禽养殖有限公司	生态猪加工屠宰项目	1646	齐河县
5	临邑县锦源纺织贸易有限公司	年产 30 万套夏布床上用品	1700	临邑县
6	夏津县振兴面粉有限公司	日处理 400 吨小麦专用粉生产线项目	2600	夏津县
7	山东鲁丰食品科技有限公司	天然果蔬脆片加工生产	4000	庆云县
8	山东鸿兴源食品有限公司	胡椒综合深加工项目	2900	禹城市
9	宁津亚华工业有限公司	年产 50 万只阀门项目	4200	宁津县
10	山东桑乐真空管有限公司	高效低反太阳能直通管生产项目	2950	平原县
11	山东颜春纺织有限公司	高档纺织面料生产	3260	陵县
12	山东鸿羽票据印务有限公司	数码防伪喷墨印刷系统	500	德州经济开发区
13	山东双一集团有限公司	风力发电机舱罩、轮毂罩项目	3400	德城区
14	乐陵市体育产业发展服务中心	体育产业发展服务中心扩建项目	740	乐陵市
15	乐陵市友谊体育器材有限责任公司	射箭比赛成绩无线采集显示公告系统项目	4000	乐陵市

续表：38

序号	企业名称	项目名称	总投资	建设地点
16	山东武城环保过滤材料研发服务中心	扩大技术研发和检测能力项目	3000	武城县
17	山东武豪汽车密封件有限公司	高档汽车密封条生产项目	5000	武城县
	五、现代物流	3	59085	
1	中澳控股集团有限公司	国际物流项目	30000	庆云县
2	乐陵市华储食糖储备物流有限公司	现代物流项目	17085	乐陵市
3	武城县英潮经贸有限公司	辣椒物流中心项目	12000	武城县
	聊城	63	574808	
	一、结构调整	20	288647	
1	山东恒丰铝制品加工有限公司	年产 10 万吨铸轧板、6 万吨 ps 板项目	46000	茌平县
2	临清德能金玉米生物有限公司	年产 2 万吨低聚异麦芽糖项目	6553	临清市
3	山东华鲁制药有限公司	替比培南匹伏酯原料及其制剂	21500	茌平县
4	山东鲍尔浦实业有限公司	超高分子量聚乙烯项目	15000	聊城经济开发区
5	山东福临机械制造有限公司	数控及大中型机床升级改造项目	12000	临清市
6	山东聊城昌润超硬材料有限公司	金刚石技术改造项目	7135	东昌府区
7	山东天工岩土工程设备有限公司	年产 300 套盾构刀具技改项目	10000	东昌府区
8	山东凤祥股份有限公司	无公害食品加工扩建工程	24432	阳谷县
9	山东凯迪克动力机电有限公司	履带式挖掘机生产线	20000	冠县
10	中通汽车工业集团有限责任公司	环卫类吸污车生产	10000	聊城市
11	高唐风光发电装备制造有限公司	离网型风光能综合发电系统装备制造产业项目	17275	高唐县
12	聊城首信高分子材料有限公司	光缆用护套料和改性 PBT 工程塑料项目	5000	阳谷县
13	东阿东大科技有限公司	改性高效水泥助磨剂项目	6000	东阿县
14	山东奥克特化工有限公司	5000t/a β－氨基丙酸项目	7800	高唐县
15	聊城华燕食品有限公司	禽血液特异性 IgGF（ab）片段兽用制剂	8000	莘县
16	山东省高唐蓝山集团总公司	婴幼儿配方食品用植物蛋白项目	44123	高唐县
17	山东润源实业有限公司	大型自走式玉米联合收获机	15000	临清市
18	莘县品知包装有限公司	年产 5000 吨调光生态膜材料技改项目	1120	莘县

续表：39

序号	企业名称	项目名称	总投资	建设地点
19	东阿县鑫星钢球有限公司	新增高精度钢球生产线	1100	东阿县
20	山东凯美瑞轴承科技有限公司	年产 300 万套精密轴承项目	10609	临清市
	二、电子信息	11	111507	
1	山东太平洋光缆有限公司	基于 RFID 技术的智慧工厂管理系统及设备研制及产业化	3500	阳谷县
2	山东燎原发光科技有限公司	大尺寸液晶电视 LED 背光源研究开发	4960	聊城经济开发区
3	山东创通信息技术有限公司	基于多种传输网络的远程采集终端项目	180	聊城经济开发区
4	山东东阿阿胶股份有限公司	RFID 技术在阿胶原料及九朝贡胶中产业化应用	1200	东阿县
5	高唐县高立电器设备厂	风光互补 LED 路灯控制器	10000	高唐县
6	茌平路通光电科技有限公司	LED 芯片外延片	76827	茌平县
7	聊城博通新技术开发有限公司	新能源客车 CAN 总线嵌入式软件开发与应用	1700	聊城经济开发区
8	山东海鑫达石油机械有限公司	基于可集成制造执行系统（I-MES）的钢管生产敏捷化改造工程	1000	聊城经济开发区
9	聊城科达信息技术有限公司	聊城市电子商务服务平台	300	聊城市
10	山东泉林纸业有限责任公司	造纸行业能源及污染物排放在线监测控制中心	11000	高唐县
11	山东光明工模具制造有限公司	机械装备制造加工中心——大型风电机轴及船用件	840	高唐县
	三、节能降耗	13	87099	
1	山东中奥毯业有限公司	工艺系统优化节能改造项目	8093	东昌府区
2	山东天元钢管有限公司	制管加热炉煤改气蓄热式节能技术改造项目	6239	聊城市
3	东阿华通热电有限公司	汽轮机循环水集中供暖工程	9591	东阿县
4	山东鑫海汽车配件有限公司	生物复合纳米自组装燃油添加剂	5500	高唐县
5	山东省聊城市华宝节能科技有限公司	燃煤型锅炉煤粉喷吹燃烧节能装置	5135	东昌府区
6	山东省聊城市东昌府三箭节电开关有限公司	智能节电起动器	2500	东昌府区
7	山东菁华石油装备有限公司	抽油杆冷拔复新制造	20000	高唐县
8	聊城昌新汽车零部件有限公司	电控 VE 泵正时阀	6400	开发区
9	山东聊城金泰节能科技有限公司	智能超变频磁流子加热节能设备	2300	开发区

续表：40

序号	企业名称	项目名称	总投资	建设地点
10	山东创新腐植酸科技股份有限公司	免烧结炭铁球团粘合剂及免烧结球团专用设备	3900	东阿县
11	莘县三元太阳能有限公司	23.6 平方全电熔窑炉改造生产高硼硅太阳能玻璃管技术产业化项目	3000	莘县
12	山东冠洲股份有限公司	彩色钢板惰性气体循环加热固化技术及装置产业化项目	4500	冠县
13	山东力润新能源有限公司	年产 30 万吨改性燃料项目	9941	冠县
	四、中小企业	15	37409	
1	山东小百人乳业有限公司	年产 50 万件乳业饮料生产线	2000	莘县
2	山东聊城齐鲁特种涂料有限责任公司	水性 UV 固化油墨专用树脂	288	东昌府区
3	东阿县洛神小企业创业基地服务有限公司	洛神小企业公公基础设施改善项目	420	东阿县
4	阳谷健发食品有限公司	2000 万只肉鸡宰杀加工扩建项目	2120	阳谷县
5	山东吉地尔（集团）有限公司	50 万吨缓释可控肥技改项目	5122	高唐县
6	临清市华泰机械制造有限公司	年加工 5000 吨铸件项目	2716	临清市
7	聊城金木机械制造有限公司	1 万吨消失模铸造生产线	2000	茌平县
8	聊城市东海铸锻有限公司	扩建年产 6000 套车桥件技术改造项目	3800	聊城经济开发区
9	山东聊城鲁岳汽车电机有限公司	5 万台汽车减速起动机技术改造项目	698	东昌府区
10	冠县鑫泰轴承有限公司	年产 800 万套轴承技改项目	1050	冠县
11	冠县冠星纺织有限责任公司	电机系统节能技术改造项目	3995	冠县
12	临清市轴承质量检测中心	检测中心扩建及电子商务平台项目	5000	临清市
13	山东宇捷轴承制造有限公司	热处理技术研发中心项目	2000	临清市
14	山东博特轴承有限公司	薄壁轴承研发中心项目	3000	临清市
15	聊城开发区蒋官屯松江小企业服务有限公司	聊城钢管中小企业公共服务平台	3200	聊城经济开发区
	五、现代物流	4	50146	
1	中通汽车工业集团有限责任公司	仓储式物流项目	10000	聊城经济开发区
2	冠通达物流有限公司	金属板材、机械机电、纺织品物流中心工程	5300	冠县
3	恒冠物流有限公司	恒冠物流项目	10000	高唐县

续表：41

序号	企业名称	项目名称	总投资	建设地点
4	茌平路通光电科技有限公司	物流园项目	24846	茌平县
	滨州	55	708881	
	一、结构调整	20	436937	
1	滨州益谦非晶金属材料有限公司	年产 1 万吨变压器用非晶合金带材项目	8000	高新区
2	山东华之业新材料科技有限公司	瓷塑高分子复合材料产业园项目	46444	北海新区
3	山东滨州博莱威生物技术有限公司	禽流感类脂灭活疫苗高技术产业化项目	1933	高新区
4	山东昌润科技有限公司	船用发动机压力传感器总成新产品研发产业化项目	11650	邹平县
5	山东新安凯动力科技有限公司	年产 500 台 ABB 型工业用多轴机器人项目	6000	邹平县
6	山东滨奥飞机制造有限公司	DA40D 飞机国产化项目	2040	沾化县
7	山东依派卫生用品有限公司	年产 1 万吨高分子吸水树脂项目	7922	邹平县
8	山东雅美科技有限公司	绿色抗菌竹材再生纤维素纤维技术改造项目	4199	博兴县
9	邹平金刚新材料有限公司	微晶耐磨氧化铝陶瓷材料项目	11257	邹平县
10	山东力丰重型机床有限公司	重型数控卧式切削机床扩建改造	12000	惠民县
11	邹平齐星工业铝材有限公司	扩建年产 5 万吨高强度航空铝材项目	59059	邹平县
12	西王集团有限公司	年产 40 万吨原料药项目	70709	邹平县
13	山东邦奥创业生物科技有限公司	年产 5000 吨 D- 核糖项目	19900	高新区
14	山东长星集团有限公司	年产 300 台 3MW 风力发电设备项目	79009	邹平县
15	无棣鑫岳化工有限公司	年产 9 万吨环氧氯丙烷扩建及 10 万吨环氧树脂综合配套项目	69065	无棣县
16	山东阳信浩然化工科技有限公司	年产 3200 吨丙二醇单甲醚联产 1000 吨丙二醇项目	6500	阳信县
17	滨州盟威斯林格缸套有限公司	环保高性能柴油机缸套技改项目	7200	惠民县
18	山东滨州亚光毛巾有限公司	高档毛浴巾产品生产线技术改造项目	7260	滨城区
19	山东沾化环星化工科技有限责任公司	年产 4 万吨橡胶粘合剂及原料配套	1940	沾化县
20	山东香驰健源生物科技有限公司	10 万吨 / 年 F55 果葡糖浆项目	4850	博兴县
	二、电子信息	10	98751	
1	维动新能源股份有限公司	新型锂离子电池材料及电池与动力总成	72847	邹平县
2	山东利德金融电子器具有限公司	大功率 LED 封装及路灯产业化项目	9097	无棣县
3	滨州滨软软件科技有限公司	基于 SIP 技术的企业级统一通信服务系统	170	滨城区

续表：42

序号	企业名称	项目名称	总投资	建设地点
4	山东滨州渤海活塞股份有限公司	面向黄河三角洲汽车零部件电子商务平台建设	7000	滨城区
5	滨州市大洪水文科技有限公司	黄河三角洲高效生态经济区农业旱涝信息管理决策支持平台	117	滨城区
6	黄河三角洲农业科技园区	基于物联网的果蔬检测系统	3000	无棣县
7	华纺股份有限公司	RFID 在印染、服装生产管理的应用	200	滨城区
8	山东香驰粮油有限公司	大豆蛋白信息系统升级优化项目	3500	博兴县
9	山东京博新能源控股发展有限公司	卡机联动智能系统	1870	博兴县
10	愉悦家纺有限公司	家纺行业能源监测控制中心建设	950	高新区
	三、节能降耗	10	59595	
1	山东华阳油业有限公司	年产 5 万吨生物柴油项目	9251	滨城区
2	山东九环石油机械有限公司	能量系统优化项目	6669	滨城区
3	滨州德润化工有限责任公司	利用腈纶废弃物年产 2000 吨钻井液用抗温抗盐聚合物降失水剂项目	870	滨州市
4	滨州中捷光电科技有限公司	基于功率型 GaN 基大功率高效节能 LED 路灯项目	5200	博兴县
5	滨州益邦佳合新型建材有限公司	金属面压花保温装饰一体化佳合板板生产线	10560	滨城区
6	山东汇能节能科技有限公司	YDL-160 型公交汽车制动贮能利用装置	1000	滨北工业园
7	山东万事达建筑钢品科技有限公司	金属面聚氨酯复合板	11357	博兴县
8	山东省惠民县利源煤业有限责任公司	煤炭高效洗选节能改造项目	5888	惠民县
9	滨州市北辰环保科技有限公司	废油污泥砂提取生产陶粒技术	6000	惠民县
10	山东伟国板业科技有限公司	燃煤锅炉及电机系统节能技术改造	2800	阳信县
	四、中小企业	13	101872	
1	山东华康食品有限公司	年产 2 万吨鸭肉熟制品加工项目	3307	博兴县
2	沾化海蓝高科创业园有限公司	海蓝高科技企业孵化器项目	3900	沾化县
3	滨州市北海新区中盛光电科技有限公司	大功率 LED 照明产品建设项目	3300	北海新区
4	阳信县国有资产投资经营有限责任公司	小企业创业环境改造	2028	阳信县
5	山东惠泽农牧科技有限公司	年产 35 万吨高档畜禽饲料生产线项目	13128	邹平县
6	山东省惠民县天合牧业有限公司	年产 1 万吨预混饲料技术改造项目	3500	惠民县
7	滨州市金毅设备有限公司	高性能稀土材料研发与电机创新项目	3300	高新区
8	山东鑫宏饲料科技有限公司	肉骨粉、动物油脂加工建设工程项目	5469	无棣县

续表：43

序号	企业名称	项目名称	总投资	建设地点
9	滨洲中裕食品有限公司	日处理面粉 200 吨谷朊粉生产线技术改造项目	2940	滨城区
10	邹平县好生实业有限公司	邹平县家居产业集群公共服务平台	3100	邹平县
11	山东美迪雅家具制造有限公司	1 万套高档实木家具系列产品生产线扩建	3900	邹平县
12	山东滨州豪盛巾被有限公司	年产 1.18 万吨高档竹纤维针织服饰项目	50000	邹平县
13	山东黄河三角洲高效生态经济区奥仕化学技术研究院有限公司	盐化工产业集群研发中心建设	4000	沾化县
	五、现代物流	2	11726	
1	滨洲丰华橡胶粉制造有限公司	现代物流再造项目	1726	高新区
2	山东海明化工有限公司	物流中心项目	10000	沾化县
	菏泽	53	413040	
	一、结构调整	23	292881	
1	山东玉皇化工有限公司	30 万吨 / 年异丁烷脱氢	52655	东明县
2	山东润泽制药有限公司	年产 10 亿支医药制剂项目	19850	牡丹区
3	山东省呈祥电工电气有限公司	年产 10 万吨玻璃钢夹砂管项目	34455	成武县
4	山东宇泰光电科技有限公司	高效低热阻 LED 封装、照明应用产品制造项目	20000	单县
5	山东步长神州制药有限公司	康妇炎胶囊等四妇科专利系列中药的技术升级改造	20582	牡丹区
6	山东润鑫精细化工有限公司	生物法年产 1000 吨雄烯二酮（AD）	21242	定陶县
7	山东东药药业股份有限公司	双膜法 1500t/a 硫氰酸红霉素	48873	开发区
8	山东中厦电子科技有限公司	敏感功能材料半导体芯片及元件和传感器制造项目	4000	牡丹区
9	山东洪智生物科技有限公司	300 吨 / 年丙戊酸钠项目	2764	东明县
10	山东恒祥机械有限公司	双级真空硬塑系列挤出机生产线技术改造项目	3500	巨野县
11	菏泽鲁抗舍里乐药业公司	高含量兽药盐霉素预混剂生产项目	1600	开发区
12	山东笑康生物科技有限公司	生物敷料（新型医用材料）项目	1500	曹县
13	山东尚舜化工有限公司	橡胶防老剂 4020	7900	单县
14	山东菏泽华星油泵油嘴有限公司	新一代单缸柴油机燃油喷射系统产品技术改造项目	3500	开发区
15	山东湖西王集团有限公司	高精度长寿命调心滚子轴承	3780	单县
16	郓城县亿万汽车配件制造有限公司	150 万套高强度钢制车轮	5300	郓城县
17	山东天翔毛纺织有限公司	40 万米高档呢绒改造	2180	开发区

续表：44

序号	企业名称	项目名称	总投资	建设地点
18	山东天骄生物技术有限公司	年产 3000 吨 WCP 植脂奶油粉项目	5000	定陶县
19	山东菏泽嘉泰工贸有限责任公司	水性丙烯酸乳液技术改造项目	2800	鄄城县
20	山东省曹普工艺有限公司	年产 10 万件套高档家俱项目	23800	曹县
21	郓城县永昌钢球有限公司	新型轴承技术改造项目	2000	郓城县
22	山东鲁药制药有限公司	米氮平原料药生产	3600	鄄城县
23	巨野县中海化工有限公司	年产 1000 吨 AMPS 技术改造项目	2000	巨野县
	二、电子信息	4	2900	
1	山东华索数码电子有限公司	新型激光显示器件及显示器的研制与产业化	400	开发区
2	菏泽宇生文化传播有限公司	动画片《我的天娜》	500	牡丹区
3	山东曹县斯递尔化工科技有限公司	ERP 应用系统	200	曹县
4	山东天智绿业生物科技有限公司	农产品电子交易平台	1800	定陶县
	三、节能降耗	11	55411	
1	定陶县鸿鑫油脂有限公司	6000 吨 / 年生物柴油项目	1800	定陶县
2	菏泽锦江环保能源有限公司	锅炉节能技改工程	5642	牡丹区
3	菏泽银河纺织有限责任公司	用电系统节能改造	1540	牡丹区
4	郓城圣达如意印染有限公司	燃煤锅炉改造及污泥焚烧项目	3050	郓城县
5	山东天久生物技术有限公司	大豆钙肽、麦精生产装置干燥系统能量优化节能技改	2021	定陶县
6	东明俱进化工有限公司	15kt/a 十二烷基硫酸钠装置能量系统改造项目	2242	东明县
7	山东达驰电气有限公司	地埋式组合变压器	16407	成武县
8	山东聚祥机械有限公司	QT6-15 型数控脉冲式加压混凝土砌块成型机	710	巨野县
9	山东舜亦新能源有限公司	大功率太阳能电池生产装备技术创新与应用	12000	单县
10	山东恒涛热能科技有限公司	搪瓷螺纹管式空气换热器	5880	鄄城县
11	菏泽巨鑫源食品有限公司	锅炉系统节能更新改造项目	4119	曹县
	四、中小企业	12	35183	
1	山东柏斯莱特照明电器有限公司	年产 30 万只低频无极灯技术改造项目	3465	鄄城县
2	菏泽三龙纺织有限公司	6 万锭新型纤维精梳紧密纺纱生产节能技术改造	4200	巨野县

续表：45

序号	企业名称	项目名称	总投资	建设地点
3	山东华泽精密模塑有限公司	小企业创业基地改造建设项目	3000	开发区
4	巨野县众发纺织有限公司	ERP 管理系统	175	巨野县
5	山东莱河集团创业辅导基地	创业培育能力建设项目	168	单县
6	中食都庆（山东）生物技术有限公司	1000 吨卵蛋白肽	2600	定陶县
7	山东欧宝板业有限公司	年产一百万平方米复合拼花木地板项目	1280	东明县
8	山东菏泽昌源食品有限公司	脱水蔬菜项目	4050	鄄城县
9	郓城县顺兴木业有限公司	年产 20 万件高档环保家具	4580	郓城县
10	菏泽广泰油嘴油泵有限公司	400 万副喷油嘴	3180	牡丹区
11	山东星控电子有限公司	年产 200 万套车载导航仪和 100 万部手机	4500	单县
12	山东辉煌电力设备制造有限公司	立体三角铁芯变压器产业化项目	3985	曹县
	五、现代物流	3	26664	
1	东明华盛物流有限公司	物流配送中心	11864	东明县
2	山东鄄城三江物流有限公司	工业品物流	4800	鄄城县
3	菏泽交通集团总公司	山东铁雄新沙联动物流项目	10000	巨野县

1－33 山东省人民政府办公厅关于转发省中小企业办 省财政厅山东省地方特色产业中小企业发展的意见的通知

鲁政办发〔2011〕32号

各市人民政府，各县（市、区）人民政府，省政府各部门、各直属机构，各大企业，各高等院校：

省中小企业办、省财政厅制定的《山东省地方特色产业中小企业发展的意见》已经省政府同意，现转发给你们，请认真贯彻执行。

二○一一年六月二十七日

山东省地方特色产业中小企业发展的意见

省中小企业办 省财政厅

为进一步贯彻落实我省工业调整振兴的一系列部署，鼓励和引导“专精特新”中小企业发展，推动中小企业转方式调结构，实现转型升级，特提出以下意见：

一、充分认识加快发展地方特色产业中小企业的重要意义

地方特色产业是以高度密集的中小企业为主体，依托区位优势、资源禀赋、技术特长，经过多年积累发展起来，在国内市场具有一定竞争优势的密集型产业。“十一五”期间，我省的中小企业逐步在特色产业镇和产业集群快速集聚，形成了一批产业特色鲜明、比较优势突出、产业链条相对完整、基础设施比较完善的地方特色产业。集聚化和集群化已成为地方特色产业发展的新趋势，一批具有较高知名度的特色产业区域性品牌正在形成；研发检测、电子商务、现代物流、人才培训、专业市场等服务体系建设不断加快，为特色产业发展提供有力支撑；技术、人才、土地、资金等要素不断向龙头企业集聚，龙头企业的辐射带动作用明显加强。截至2010年底，全省各类地方特色产业集聚了71311家中小企业，从业人员达到375万人，实现销售收入11650亿元，实现利税846亿元。但也存在内部结构不合理、关联度低、专业化分工协作差，服务体系建设相对滞后，技术创新能力较弱等问题。

大力发展以中小企业为主体的地方特色产业，实现由点状到块状，又由块状向串状经济的积聚式演变，有利于资源的优化配置和生产要素的集约利用；有利于提高产品质量档次，形成区域品牌效应；有利于发展循环经济，集中进行环境治理；有利于加快技术创新，集中进行大规模技术改造，促进产业转型升级，对于中小企业调整优化结构、转变发展方式具有十分重要的意义。

二、“十二五”期间我省地方特色产业发展思路和重点

（一）发展思路和目标。

发展地方特色产业，要坚持以科学发展为主题，以加快转变经济发展方式为主线，充分发挥比较优势，大力发展“专精特新”中小企业，使地方特色产业的特色更加鲜明、突出；要加强规划引导，优化产业布局，不断提高特色产业发展的聚集度；延伸、加宽产业链条，提高特色产业内部的协作配套能力，并围绕产业链条发展配套产品和生产性服务业，加深与相关产业的整合，加快转型升级步伐，调整优化经济结构，促进特色产业向高端、高质、高效发展。努力在“十二五”期间，以现有的140个特色产业镇为基础，通过累积式的投入、培育和延伸，在全省形成30个特色产业带，培育出100个年销售收入过100亿元、40个过50亿元的地方特色产业集群。

（二）重点支持发展的特色产业。

1. 肉制品深加工业：以莱阳龙旺庄街办、诸城昌城镇、临沂兰山半程镇为基础，重点发展以莱阳龙大集团、得利斯集团、金锣集团为龙头企业的猪肉制品深加工特色产业；以昌乐红河镇、烟台牟平大窑镇、阳谷经济开发区、利津盐窝镇为基础，重点发展以潍坊乐港食品股份有限公司、山东仙坛集团公司、阳谷凤祥集团、利津县树林肉食品有限公司为骨干企业的牛羊肉禽类制品特色产业。

2. 海产品深加工业：以荣成人和镇、荣成虎山镇、烟台大季家街办、日照岚山安东卫街办为基础，重点发展以靖海集团、好当家集团、烟台联发水产有限公司、日照昌华海产食品有限公司为龙头企业的海产品深加工特色产业；以荣成俚岛镇为基础，重点发展以荣成俚岛海洋科技股份有限公司为骨干企业的海带深加工特色产业。

3. 果蔬深加工业：以栖霞蛇窝泊镇、荣成埠柳镇、青州王坟镇为基础，重点发展以栖霞市四通果蔬制品有限公司、荣成星星果品有限公司、青州市红旗食品有限公司为骨干企业的果品深加工特色产业；以安丘凌河镇、寿光圣城街办和洛城街办、邹城平阳镇、平邑地方镇、苍山神山镇、阳信县阳信镇、菏泽牡丹沙土镇为基础，重点发展以安丘鑫盛食品有限公司、寿光赛维公司和维多利公司、邹城华源食品有限公司、临沂康发食品有限公司、苍山神和食品有限公司、阳信金地果疏食品有限公司、菏泽裕鲁西达食品有限公司为骨干企业的蔬菜深加工特色产业；以乐陵杨安镇、金乡鱼山镇、成武大田集镇、莱芜羊里镇和杨庄镇为基础，重点发展以乐陵飞达集团、金乡县宏昌果菜有限公司、成武鑫源进出口有限公司、莱芜东兴源食品有限公司、莱芜万兴食品有限公司为骨干企业的辣椒姜蒜制品特色产业。

4. 粮油制品业：以招远张星镇、邹平韩店镇、沂水县沂水镇、新泰楼德镇、临邑临盘街办为基础，重点发展以招远三嘉粉丝蛋白有限公司、西王集团、山东青援食品有限公司、新泰巧嫂子煎饼加工有限公司、临邑禹王蛋白有限公司为骨干企业的粮食深加工特色产业；以枣庄山亭城头镇、莒南涝坡镇、莱西姜山镇、平原恩城镇、日照东港日照街办为基础，重点发展以山东春福盈豆制品有限公司、山东金豆子花生制品有限公司、青岛佳德食品股份有限公司、平原县华煜豆制品厂、日照东辰伟业食品有限公司为骨干企业的大豆花生制品特色产业。

5. 特色饮用品业：以蓬莱刘家沟镇为基础，重点发展以中粮长城葡萄酒有限公司为龙头企业的蓬莱葡萄酒特色产业；以日照岚山巨峰镇为基础，重点发展以山东雪青茶场有限公司为龙头企业的日照绿茶特色产业。

6. 文化体育用品业：以乐陵经济开发区、昌乐鄌郚镇为基础，重点发展以泰山体育集团、昌乐百灵乐器有限公司为龙头企业的文化体育用品特色产业。

7. 衣着用品业：以海阳凤城街办、禹城市中街办为基础，重点发展以烟台华联制衣公司、鲁银集团禹城羊绒纺织有限公司为骨干企业的毛衫服饰特色产业；以即墨蓝村镇、高密密水街办为基础，重点发展以青岛三湖制鞋有限公司、山东凤墩皮革制品有限公司为骨干企业的制鞋特色产业；以高密姜庄镇、昌邑柳疃镇、即墨通济街办、汶上南站镇为基础，重点发展以高密市华庆经编制品有限公司、潍坊华宝纺织有限公司、即发集团、汶上如意天容纺织有限公司为骨干企业的纺织服装及印染特色产业；以嘉祥县嘉祥街办、平邑仲村镇为基础，重点发展嘉祥华杰运动制品公司、平邑县金利盒线公司为骨干企业的运动劳保手套特色产业。

8．家居用品业：以邹平好生镇、宁津县宁津镇和张大庄乡为基础，重点发展以邹平美迪雅家具公司、宁津县大亨木业公司、宁津仁和木业公司为骨干企业的家具特色产业；以文登龙山街办、定陶县定陶镇为基础，重点发展以山东艺达有限公司、定陶丽天抽纱有限公司为骨干企业的家纺特色产业；以济阳仁风镇、夏津宋楼镇、临清金郝庄镇为基础，重点发展以济阳华杰棉业有限公司、夏津新时棉业有限公司、临清市华兴纺织有限公司为骨干企业的棉纺特色产业。

9．板材加工业：以临沂兰山义堂镇和朱保镇、费县探沂镇、郓城黄安镇、曹县庄寨镇、茌平菜屯镇为基础，重点发展以临沂福达木业有限公司、临沂凯源木业有限公司、费县安信木业有限公司、郓城县顺兴木业有限公司、菏泽隆森木业有限公司、聊城林海木业有限公司为骨干企业的板材加工特色产业。

10．小家电业：以济南槐荫区美里湖街办、平度南村镇为基础，重点发展以九阳小家电公司为龙头企业的智能小家电特色产业和以海信（山东）空调有限公司为龙头企业的家用电器特色产业。

11．五金厨具业：以威海工业新区苘山镇为基础，重点发展以文登威达集团和威力集团为龙头企业的机电工具特色产业；以临沂河东相公镇和九曲镇为基础，重点发展以山东蒙凌集团、临沂三丰化工有限公司为骨干企业的小五金特色产业；以博兴兴福镇为基础，重点发展以鲁宝公司和皇冠公司为龙头企业的不锈钢厨具特色产业。

12．中小型机械装备业：以滕州龙泉街办为基础，重点发展以山东威达重工股份有限公司为骨干企业的中小机床特色产业；以新泰羊流镇为基础，重点发展以光明起重集团有限公司为骨干企业的起重机特色产业；以莱州沙河镇为基础，重点发展以莱州市莱工机械有限公司为骨干企业的小型装载机特色产业；以德州德城宋官屯街办为基础，重点发展以德州亚太集团有限公司为骨干企业的溴化锂制冷机组特色产业；以临朐县东关街办为基础，重点发展以山东华特磁电科技股份有限公司为龙头企业的磁电设备特色产业。

13．车船及零部件业：以梁山拳铺镇和梁山镇为基础，重点发展以梁山东岳挂车制造有限公司、梁山华宇挂车制造有限公司为骨干企业的专用汽车及配套件特色产业；以青岛城阳棘洪滩街办为基础，重点发展以南车四方机车车辆公司为龙头企业的机车及配套件特色产业；以淄博博山白塔镇、桓台果里镇、烟台福山福新街办、济南槐荫党家街办、青岛城阳惜福镇街办、平度同和街办、枣庄山亭西集镇、诸城密州街办、文登文登营镇、威海环翠桥头镇、新泰新汶街办、莱芜钢城里辛镇、五莲松柏镇为基础，重点发展以淄博海华汽车部件有限公司、桓台华泰轴承制造有限公司、烟台正海汽车内饰件有限公司、济南大可汽车改装有限公司、青岛青特集团、平度东和铸造有限公司、枣庄金华飞顺车辆有限公司、诸城巨环专用汽车有限公司、文登天润曲轴股份有限公司、威海友邦汽车零部件制造有限公司、新泰良达铁合金有限公司、莱芜中兴汽配有限公司、五莲遨游汽车配件有限公司为骨干企业的汽车零部件特色产业；以蓬莱北沟镇、威海经济开发区崮山镇、微山夏镇街办为基础，重点发展以蓬莱中柏京鲁船业有限公司、山东新船重工有限公司、微山航宇船舶有限公司为骨干企业的船舶及配件特色产业。

14．专用机械制造业：以淄博淄川昆仑镇、曲阜时庄镇为基础，重点发展以山东天晟煤矿装备有限公司、曲阜兴达矿山机械有限公司为骨干企业的矿用机械特色产业；以垦利县垦利镇为基础，重点发展以山东胜动石油机械有限公司为骨干企业的石油机械特色产业；以济宁任城接庄街办为基础，重点发展以济宁沃尔华集团为骨干企业的工程机械特色产业；以章丘明水镇为基础，重点发展以山东大汉建设机械有限公司为骨干企业的塔机特色产业；以威海环翠张村镇为基础，重点发展以威海广泰空港设备股份有限公司为骨干企业的空港设备机械特色产业；以胶南王台镇为基础，重点发展以星火集团为龙头企业的纺织机械特色产业；以淄博周村北郊镇为基础，重点发展以山东三金玻璃机械有限公司为骨干企业的玻璃机械特色产业；以兖州大安镇为基础，重点发展以山东大丰机械有限公司为骨干企业的农业机械特色产业；以胶南隐珠街办为基础，重点发展以泰发集团为龙头企业的手推车特色产业。

15．关键配套零部件业：以临清烟店镇、聊城东昌府郑家镇为基础，重点发展以临清宇捷轴承制造有限公司、聊城市金帝保持器厂为骨干企业的轴承及配件特色产业；以宁阳堽城镇、东阿铜城街办为基础，重点发展以泰安金龙钢珠有限公司、东阿钢球集团有限公司为骨干企业的钢球特色产业；以泗水泉林镇为基础，重点发展以山东工具制造有限公司为骨干企业的机床附件特色产业；以济南历城王舍人镇、胶州北关街道办、宁津时集镇为基础，重点发展以济南宝世达实业发展有限公司、青岛三联金属结构有限公司、宁津华丰机械集团为骨干企业的机械电子加工特色产业；以昌乐营丘镇、诸城百尺河镇为基础，重点发展以潍坊精华粉体工程设备有限公司、诸城市三维管件有限公司为骨干企业的铸造和精密铸锻特色产业。

16．压力容器制造业：以济南长清张夏镇、泰安岱岳山口镇为基础，重点发展以水龙王集团、泰安山锅集团为龙头企业的压力容器及锅炉特色产业。

17．型材加工业：以龙口东江镇、临朐东城街办为基础，重点发展以南山集团、山东华建铝业有限公司为龙头企业的铝型材特色产业；以冠县烟庄街办、博兴店子镇为基础，重点发展以山东冠洲股份有限公司、博兴汇金钢铁彩钢有限公司为骨干企业的精品板材特色产业；以聊城经济开发区蒋官屯街办为基础，重点发展以山东汇通钢管制造有限公司为骨干企业的钢管特色产业；以泰安岱岳满庄镇、莱芜钢城颜庄镇为基础，重点发展以泰安科诺型钢股份有限公司、莱芜市方圆制管有限公司为骨干企业的钢铁型材特色产业。

18．建材及装饰制品业：以枣庄峄城底阁镇、泰安岱岳马庄镇、肥城汶阳镇、平邑保太镇为基础，重点发展以枣庄银泰膏业有限公司、泰安鲁能矿业有限公司、泰安瑞泰纤维素有限公司、平邑皇华新型建材有限公司为骨干企业的石膏制品特色产业；以莱州夏邱镇、嘉祥纸坊镇、五莲街头镇为基础，重点发展以莱州华隆石材有限公司、嘉祥德信石业公司、五莲董全石材制品有限公司为骨干企业的石材石雕特色产业；以寿光台头镇、陵县陵城镇为基础，重点发展以寿光宇虹公司、德州华宇新材料公司为龙头企业的防水土工材料特色产业；以寿光上口镇为基础，重点发展以寿光通利窗饰有限公司为骨干企业的窗帘窗饰特色产业；以淄博临淄朱台镇、兖州新兖镇为基础，重点发展以淄博齐峰特种纸业股份有限公司、山东太阳集团为龙头企业的装饰原纸及纸制品特色产业。

19．陶瓷及耐火材料业：以淄博博山山头街办、淄博淄川双杨镇、临沂罗庄罗西街办、淄博淄川岭子镇为基础，重点发展以淄博华浩陶瓷有限公司、淄博耿瓷集团、临沂三元建筑陶瓷有限公司为骨干企业的陶瓷特色产业和以淄博永安达工贸有限公司为骨干企业的耐火材料特色产业。

20. 橡胶轮胎制造业：以广饶大王镇和稻庄镇、威海环翠竹岛街办、荣成崖头街办、招远招城镇、平度明村镇为基础，重点发展以广饶金宇轮胎有限公司、广饶盛泰集团有限公司、三角集团、成山集团、招远玲珑集团、光明轮胎集团为龙头企业的橡胶轮胎特色产业。

21. 缓释控复合肥：以临沭县临沭镇为基础，重点发展以金正大公司和史丹利公司为龙头企业的缓释控复合肥特色产业。

22. 盐化工及精细化工业：以潍坊滨海新区西城区、寿光侯镇、沾化滨海镇为基础，重点发展以山东海王化工有限公司、寿光大地盐化集团、山东海明化工有限公司为骨干企业的盐化工特色产业；以章丘刁镇、淄博临淄南王镇为基础，重点发展以济南圣泉集团、淄博齐翔腾达公司为骨干企业的精细化工特色产业。

23. 玻璃钢及空调暖通业：以德州德城新华街办、武城鲁权屯镇为基础，重点发展以德州双一集团、德州中威空调设备有限公司为骨干企业的玻璃钢中央空调特色产业；以桓台马桥镇为基础，重点发展以山东欧锴空调科技有限公司为骨干企业的空调电子暖通特色产业。

24. 塑编玻纤制品业：以惠民李庄镇、莒县刘官庄镇、单县北城街办为基础，重点发展以惠民金汇网业有限公司、莒县华昌塑料有限公司、单县天成玻纤有限公司为骨干企业的塑料及玻纤制品特色产业。

25. 电子信息业：以威海高新区怡园街办、荣成港西镇为基础，重点发展以威海双丰电子集团、威海碧陆斯电子有限公司为骨干企业的电子信息类产品特色产业。

26. 新材料：以桓台唐山镇为基础，重点发展以山东东岳化工有限公司为龙头企业的氟硅材料和绿色环保制冷剂特色产业；以威海火炬高技术区田和街办为基础，重点发展以威海光威集团有限公司为龙头企业的碳纤维制品及渔具特色产业；以莒南大店镇为基础，重点发展以山东新亚新模具有限公司为骨干企业的磨具磨料特色产业。

27. 新能源电动车：以昌乐朱刘街办、沂南界湖镇为基础，重点发展以山东比德文动力科技有限公司、沂南绿源电动车有限公司为骨干企业的新能源电动车特色产业。

28. 特色工艺制品业：以滕州鲍沟镇为基础，重点发展以山东耀鸿玻璃有限公司为骨干企业的艺术玻璃特色产业；以招远温泉街办为基础，重点发展以山东招金卢金匠有限公司为骨干企业的金银首饰加工特色产业；以日照东港区日照街办为基础，重点发展以山东惠艺绣品有限公司为骨干企业的抽纱工艺品特色产业；以临沂罗庄黄山镇、临沂河东汤河镇为基础，重点发展以临沂佳源工艺品有限公司、临沂万隆工艺品有限公司为骨干企业的柳编制品特色产业。

29. 物流配送业：以济南历城华山街办、潍坊坊子坊安街办、淄博淄川将军路街办、苍山向城镇为基础，重点发展以山东盖世国际物流集团、山东北方国际物流中心、淄川服装城、苍山荣庆物流公司为骨干企业的商贸仓储物流特色产业。

30. 特色旅游餐饮业：以曲阜鲁城街办、蓬莱市蓬莱阁街办、泰安泰山泰前街办和滨州滨城彭李街办为基础，重点发展地方特有文化内涵的旅游餐饮特色产业。

三、促进我省地方特色产业加快发展的政策措施

（一）切实加强对地方特色产业发展的规划指导。依据我省“十二五”规划和我省工业调整振兴规划，按照转方式调结构的总体要求，认真分析研究区域经济优势和特点，制定“十二五”期间全省地方特色产业发展规划，明确特色产业发展方向、重点任务和政策措施，做到有规划、有部署、有落实、有考核。各地要在中长期规划的基础上，搞好产业定位，抓好产业布局，实施重点突破，尽快培植壮大一批具有规模效应和市场竞争力的地方特色产业。各级中小企业主管部门要切实加强对地方特色产业的规划、指导和服务，对列入全省发展规划的特色产业镇要进行重点管理和指导。对产业聚集度高、产业特色突出、辐射带动作用大、综合经济实力强、对区域经济社会发展贡献大的特色产业镇，给予重点扶持。“十二五”期间重点培育140个省级特色产业镇。财政、国土、科技、税务、工商、质监和有关行业协会，要结合各自职能，研究制定政策措施，使资金、技术、土地、人才等资源向特色产业倾斜，为地方特色产业发展创造良好环境。

（二）努力加快公共服务体系建设。坚持政府引导、多元化投入、市场化运作等方式，在特色产业集聚区，有计划、有重点地建设一批研发、检测、信息、物流、融资、人才培训、技术推广等公共服务平台。“十二五”期间，全省重点培植200个公共服务平台，省级示范产业集群、省级特色产业镇都要建立基础设施良好、服务功能健全、社会效益明显的综合性公共服务平台。进一步整合社会资源，通过与高等院校、科研院所、行业协会、专业机构、龙头企业等建立协作关系，采取招商引资、合作共建等方式加快建设产业公共服务平台，满足我省地方特色产业发展需求；加快发展全程电子商务、产品研发检测、创业辅导、融资担保、人才培训、现代物流、专业市场等生产性服务业，加大对地方特色产业的支撑。对服务于地方特色产业的综合性或专业性公共服务平台，在财政专项资金扶持、用地指标安排以及税费减免优惠、信贷资金支持等方面给予重点倾斜。积极引导建立和完善行业协会（商会），维护企业的合法权益，规范企业的生产经营行为，协调解决行业发展中的困难和问题。

（三）提高产业链配套协作水平。围绕地方特色产业发展抓好项目凝炼。引导企业向产业链的上游、下游延伸；引导中小企业围绕大企业搞好协作配套；引导特色产业向专业化、集群化方向发展，不断延长产业链条，提高企业间专业化协作配套能力。提高招商引资的针对性，提高特色产业发展的集聚化程度，引导企业向产业园区集中，形成特色产业内部良性竞争、互利共赢的发展态势。

（四）不断提高自主创新能力。加快建立和完善技术创新体系，鼓励引导中小企业加强与高等院校、科研院所的产、学、研合作，大力开展“一企业一技术”活动，鼓励支持企业通过委托开发和联合开发、共建研发机构，加快创新成果转化和新技术的引进、消化、吸收、创新，为地方特色产业发展提供技术支撑；鼓励企业大力开展技术改造，加快落后技术设备的更新换代，积极采用高新技术和先进适用技术改造传统产业，加快特色产业的改造升级；鼓励企业大力推行联盟标准，提高内控指标，提升产品质量，规范特色产业发展；支持龙头企业加大研发投入，开发先进适用的技术、工艺和设备，研制适销对路的新产品。鼓励和支持地方政府采用出资委托或购买的办法，集中推广采用先进共性技术、工艺，提高地方特色产业的生产技术水平。

（五）积极培育特色产业区域品牌。实施特色产业“百千万”品牌创建工程，重点支持100个技术含量高、管理先进、市场前景好的特色产业集群创建优质产品基地；重点提升1000个有一定基础、有影响力和名气的特色产业企业及产品，开展马德里商标注册、著名商标推介和品牌上榜宣介活动；重点引导10000个无品牌生产企业开展商标注册，创建自己的品牌。鼓励和支持地方特色产业集群开展地理标志产品保护申请和集体商标注册，鼓励地方特色产业建立和实施联盟标准，打造一批地方特色产业名品、名镇、名市，实现由产品名牌向区域性品牌的转变。

（六）不断加大财政和金融支持力度。统筹和利用好中小企业发展专项资金、科技型中小企业创新发展专项资金，加大对地方特色产业的财政扶持力度。对一些重点产业集群给予重点支持，采取集中资金、集约投入方式，在全省16个设区市中每年支持几个市，每市支持1000万，3年内支持一遍，重点培植为100个过百亿元的特色产业集群服务的中小企业公共服务中心。积极争取中央财政安排的地方特色产业中小企业专项资金，重点支持符合全省工业调整振兴规划、工业化程度高、创新能力强、财税贡献大的地方特色产业集群和特色产业聚集区内中小企业公共服务平台和技术创新成果转化、专业化协作配套以及产业升级和延伸项目，促进产业结构调整和优化。各市、县（市、区）应逐步扩大中小企业发展专项资金、科技型中小企业创新发展专项资金规模，发挥财政资金的导向作用，加大对特色产业发展的资金支持。支持和鼓励各类金融机构积极开发适合特色产业特点的金融品种，开辟绿色通道和直通车，把更多的信贷资金投向特色产业。在符合条件的地区重点推进中长期集合融资、设备融资租赁、上市融资等。加强信用担保体系建设，增强信用担保对信贷的放大和增信作用，每年担保贷款额的1/2以上用于特色产业中的中小企业。鼓励民间资本按照有关法律、法规发起或参与设立面向特色产业发展的村镇银行、贷款公司、农村资金互助社等新型金融机构，为特色产业发展提供资金支持。

1－34　山东省人民政府批转省发展改革委关于2011年深化经济体制改革重点工作的意见的通知

鲁政发〔2011〕28号

各市人民政府，各县（市、区）人民政府，省政府各部门、各直属机构，各大企业，各高等院校：

省政府同意省发展改革委《关于2011年深化经济体制改革重点工作的意见》，现转发给你们，请认真贯彻执行。

二〇一一年七月二十日

关于2011年深化经济体制改革重点工作的意见

省发展改革委

根据《国务院批转发展改革委关于2011年深化经济体制改革重点工作意见的通知》（国发〔2011〕15号）精神，按照省委、省政府对2011年改革工作的总体部署，现就2011年全省深化经济体制改革重点工作提出以下意见：

一、指导思想和总体要求

1. 指导思想。以邓小平理论和“三个代表”重要思想为指导，深入贯彻落实科学发展观，全面贯彻党的十七大、十七届三中、四中、五中全会以及省委九届十一次全会精神，以科学发展为主题，以加快转变发展方式为主线，以富民强省为目标，坚持社会主义市场经济改革方向，不断深化我省重点领域改革。

2. 总体要求。正确把握改革、发展和稳定的关系，统筹各项改革措施出台的时机、力度和节奏；正确把握应对当前挑战和建立长效机制的关系，发挥体制机制创新对保持经济长期平稳较快增长和转变经济发展方式的促进作用；正确把握市场与政府的关系，不断提高资源配置效率和政府宏观调控水平；正确把握发展社会事业和完善社会管理体制的关系，更加重视从制度上保障和改善民生、促进社会公平正义；正确把握改革创新和依法行政的关系，有效运用法制手段规范改革程序，巩固改革成果。

二、深化经济体制改革，加快经济发展方式转变

3．深化企业改革。认真落实《山东省人民政府关于加快转变经济发展方式加强国有资产监管深化国有企业改革的意见》（鲁政发〔2011〕10号），进一步完善国有企业法人治理结构，规范国有企业利润分配制度，加快部门管理省属企业改革步伐。加快民营经济发展，全面落实支持民营经济发展的各项政策措施，营造良好的市场环境。完善中小企业服务体系，积极推进中小企业集合融资和上市融资，支持发展面向中小企业的融资担保机构和创业投资机构。稳步推进农村电力体制改革。（省国资委、财政厅、发展改革委、金融办、中小企业办等负责）

4．深化资源性产品价格改革和环保收费改革。落实国家成品油价格改革政策。加快输配电价改革，稳妥推进居民用电阶梯式价格改革，落实好可再生能源发电定价和费用分摊政策，加大差别电价和超能耗惩罚性电价实施力度。继续开展污染物排放权有偿使用和交易试点，完善排污许可证制度，健全生态补偿制度。（省发展改革委、物价局、环保厅、财政厅负责）

5．深化境外投融资体制改革。不断完善支持“走出去”的相关政策和服务体系，鼓励大企业积极参与境外资源开发，引导重点企业有序到境外投资合作。推动省内符合条件的企业境外上市融资。提高境外投资监管水平，建立风险预警体系和投资风险防控机制。（省发展改革委、金融办、商务厅等负责）

6．深化服务业改革。加快推进济南、青岛两个国家级服务业综合改革试点工作，在全省选择10个左右的市、县（市区）和园区开展省级服务业综合改革试点，不断完善支持服务业发展的政策措施，提高服务业发展水平。（省服务业办公室负责）

三、深化社会体制改革，进一步保障和改善民生

7．健全完善社会保障体系。贯彻落实《社会保险法》，推进社会保险依法纳入、应保尽保，逐步提高社会保险统筹层次，促进保险关系跨区域转移接续。按照“保基本、广覆盖、有弹性、可持续”的原则，加快推进覆盖城乡居民的社会保障体系建设，努力实现城乡居民社会养老保险制度全覆盖。完善失地农民社会保障制度，提高征地补偿标准和被征地农民保障水平。（省人力资源社会保障厅、财政厅、民政厅、国土资源厅等负责）

8．加快医药卫生体制改革。大力推进医药卫生体制改革，全面完成三年五项重点改革任务。完善基本药物制度，实现基本药物制度在政府办基层医疗卫生机构全覆盖。积极稳妥地推进公立医院改革，搞好潍坊和东营公立医院改革试点。加强基层医疗卫生服务体系建设，新增卫生资源重点投向农村卫生、社区卫生、公共卫生和中医等薄弱环节。（省发展改革委、卫生厅、编办、财政厅、物价局、人力资源社会保障厅负责）

9．深化教育体制改革。全面落实山东省中长期教育改革和发展规划纲要，积极推进国家专项改革试点和重点领域综合改革试点工作，着力构建素质教育工作长效机制，全面提高教育质量。健全教育投入保障机制，实行教育资源向农村地区和贫困地区倾斜，加快缩小城乡、区域教育发展差距。采取措施保障农民工随迁子女平等接受义务教育。（省教育厅、编办、财政厅、发展改革委负责）

10．深化科技体制改革。完善科研经费管

理和评价奖励制度，促进科技资源优化配置、高效利用和开放共享。加强对自主创新和战略性新兴产业的扶持，建立健全相对稳定的经费投入机制和科技资源的共享机制，引导和促进各类资本为科技企业提供差异化的金融服务。搞好济南、青岛、烟台3个国家创新型城市试点工作。（省科技厅、发展改革委、编办、财政厅、经济和信息化委负责）

11. 深化文化体制改革。继续推动经营性文化单位转企改制和整合重组，重点推进国有文艺院团改革和非时政类报刊出版单位改革，积极稳妥地推进党报党刊发行体制改革和影视剧等制播分离改革。深化公益性文化事业单位内部机制创新，加快构建公共文化服务体系，促进公共文化服务的多元化和社会化。（省文化体制改革和文化产业发展工作领导小组办公室、文化厅、广电局、新闻出版局、编办等负责）

12. 推进公共服务体制改革。进一步强化政府提供基本公共服务的责任，推进城乡区域间基本公共服务均等化。采用政府购买、授权特许经营、优惠政策支持等方式，综合利用各类社会资源提供公共服务，推动提供主体和提供方式多样化。积极推进非基本公共服务市场化改革。（省发展改革委、编办、财政厅等负责）

13. 深化社会管理体制改革。协调推进城乡社区建设，健全基层管理和服务网络体系，整合基层社会管理资源，提高社会管理服务能力和水平。抓好社会管理创新综合试点工作，健全重大工程项目和政策制定的社会稳定风险评估机制。（省民政厅牵头）

四、深化行政体制改革，加强政府自身建设

14. 加快转变政府职能。扩大政务公开范围，完善政府信息发布、重大事项社会公示和社会听证制度。根据国家部署，建立和完善政府预算公开制度，推进财政预算、决算公开，保障公民知情权、参与权和监督权。继续深化行政审批制度改革，依法设定行政许可项目，规范行政许可程序。（省监察厅、财政厅、发展改革委、法制办、编办负责）

15. 深化财税体制改革。合理划分不同行政层级的财权和事权，完善财政转移支付制度，建立县级基本财力保障机制。继续推进省管县财政体制改革，在此基础上积极探索省直管县（市）的途径和方式。扩大国有资本经营预算试行范围，设区的市和国有资产规模较大的县（市、区）全部建立国有资本经营预算制度。规范地方政府投融资平台运行，加强地方政府债务管理，切实防范债务风险。（省财政厅、编办、发展改革委负责）

16. 完善食品安全监管体制。完善政府食品安全综合协调机制，加快制定与监管体制机制相配套的法规制度。加强食品安全监管基础能力建设和基层执法队伍建设，完善食品安全标准体系，加快推进食品安全检测能力建设和食品企业诚信体系建设；建立完善食品安全考核评价机制、隐患排查治理机制、信息发布机制、应急处置机制和宣传教育机制。（省政府食品安全工作办公室等负责）

17. 深化事业单位改革。贯彻落实中共中央、国务院《关于分类推进事业单位改革的指导意见》，按照分类指导、分业推进、分级组织、分类实施的要求，加快推进事业单位改革。（省编办、财政厅、人力资源社会保障厅等负责）

五、深化农村体制改革，促进农村经济持续发展

18. 深化农村产权制度改革。在抓紧完成农村集体土地所有权确权登记发证工作的基础上，加快推进集体土地建设用地使用权、宅基地使用权、土地承包经营权、集体林权、水域和海域使用权等用益物权的确权登记发证工作。完善农村产权流转体系，建立农村产权流转长效机制。国有林场改革积极争取列入国家级试点。（省农业厅、国土资源厅、海洋与渔业厅、林业局、发展改革委等负责）。

19. 深化土地管理制度改革。完善农村土地承包关系长久不变的政策，赋予农民更加充分而有保障的土地承包经营权。稳步推进土地有偿使用制度改革，推进土地资源市场化配置。进一步规范农村土地承包经营权流转行为，在依法自愿有偿的基础上发展规模经营。完善城乡平等的要素交换关系，促进土地增值收益主要用于农业农村。（省国土资源厅、农业厅负责）

20. 推进水利体制改革。加快水利工程建设和管理体制改革，健全良性运行机制。实行最严格水资源管理制度，健全完善水资源统一管理体制。加快建立科学合理的水价形成机制，对居民生活用水推行阶梯式水价制度，对工业和服务业用水实行超定额累进加价制度。加快农业水价综合改革步伐，逐步推行农业灌溉终端水价与用水计量收费，灌排工程运行管理费用由财政适当补助。（省水利厅、编办、财政厅、物价局、发展改革委负责）

六、深化综合配套改革，继续推进试点工作

21. 做好中期评估，深入推进试点工作。为全面总结试点工作经验，分析查找存在的突出问题，进一步完善推进试点工作的任务目标和政策措施，按照国家发改委的要求，采取自我总结与专家评估相结合的方式，对全省综合配套改革试点工作进行中期评估。省发展改革委要做好评估的组织协调工作。各级要继续加大对试点单位的支持，各试点单位要加大推进力度，不断提高我省改革试点工作水平。（省发展改革委负责）

七、深化重点区域改革，为加快“两区”建设提供体制机制保障

22. 加快开展海洋经济发展改革试点工作。按照省委省政府《关于贯彻落实〈山东半岛蓝色经济区发展规划〉的实施意见》，支持开展用海管理与用地管理衔接试点，积极开展海域使用权抵押贷款。建立健全集中集约用海管理运行机制。开展海洋生态补偿机制建设试点。探索中日韩区域经济合作试验区运作机制，研究制定中日韩海洋产业合作、跨国交通物流、投资贸易便利化和电子口岸互联互通等方面先行先试的具体政策。（山东半岛蓝色经济区建设办公室、省商务厅、交通厅、海洋与渔业厅、环保厅负责）

23. 扎实推进黄河三角洲高效生态经济区改革工作。探索与区域特点相适应的土地资源开发机制，实施“耕地占补平衡”跨市县公开竞价交易制度，探索未利用地开发和建设用地备用区用地管理的新模式，试行新增建设占用耕地减少与占用未利用地增加挂钩政策。推进金融服务体系创新，探索建立优质企业贷款“绿色通道”制度。建立服务贸易促进体系，积极争取设立保税仓库、出口监管仓库和综合保税区，加快开放型经济发展。（省黄河三角洲高效生态经济区建设办公室、国土资源厅、商务厅、海洋与渔业厅、环保厅负责）

2011年全省改革工作任务十分艰巨。各级、各部门要明确责任分工，切实抓好落实。对国家部署的改革任务，要按国家要求积极推进。对国有经济战略性调整、垄断行业改革、金融机构改革、住房保障体系建设、就业和收入分配改革等正在推进的各项改革，要加大推进力度，确保取得明显成效。要加强对本意见落实情况的检查与督促，承担改革任务的省直部门要在年底前就推进改革的情况书面报省发展改革委，经省发展改革委汇总后报省委、省政府。各级发展改革部门要充分发挥职能作用，不断完善有效推进改革的科学决策机制、组织协调机制、效果评估机制等，切实把改革工作纳入规范化、制度化轨道。

1 - 35　山东省人民政府关于加强和改进政府服务促进企业转型升级的意见

鲁政发〔2011〕37号

各市人民政府，各县（市、区）人民政府，省政府各部门、各直属机构，各大企业，各高等院校：

为深入贯彻落实科学发展观，切实加快全省转方式调结构步伐，现就加强和改进政府服务，进一步优化企业经营环境，促进企业转型升级提出以下意见：

一、进一步推进简政减负

（一）清理规范行政审批。深化行政审批制度改革，加快行政审批相关配套制度建设，依法规范和清理不符合经济社会发展要求、不利于企业转型升级的审批事项。探索建立行政审批事项编码管理制度，对需要实施的行政审批事项实行统一编码。建立健全行政审批信息公开、行政审批决定公示、行政审批听证及行政审批决定备案等配套制度，严格规范审批自由裁量权。规范和发展各级各类行政服务中心，对与企业密切相关的行政管理事项，尽可能纳入行政服务中心办理。推行网上电子审批、并联审批和“一个窗口对外”、“一站式服务”，为企业提供高效便捷服务。

（二）清理修订涉企政策规章。及时清理和修改不符合市场经济发展要求、与上位法相抵触或者不一致、不利于企业转型升级的政策规章和规范性文件。认真按照《山东省行政程序规定》（省政府令第238号），严格执行规范性文件审查备案和统一发布制度，进一步规范规范性文件制定程序。畅通企业申诉渠道，及时查处侵权行为，依法保护企业的合法权益。

（三）减轻企业负担。加强涉企收费项目审批管理，对涉企收费项目和标准根据经济社会发展要求依法进行清理规范，严禁擅自越权审批收费项目、提高收费标准、扩大收取范围，坚决取消未经法定程序设定的收费项目。进一步清理规范对企业的评比、达标、表彰等活动，坚决纠正和查处向企业乱摊派乱集资以及强制企业捐赠捐献、参加会展培训活动、加入学会协会组织等加重企业负担的行为。

（四）减少涉企重复鉴定和检验。涉及企业的鉴定、检验、评审等审批事项，除法律、法规另有规定外，不同部门和行业所进行的鉴定和检验结果应互相承认，不得要求重复鉴定和检验。逐步建立一个部门牵头，多个部门参与鉴定、验收、检查的工作机制。

（五）破除行业准入壁垒。认真贯彻落实《国务院关于鼓励和引导民间投资健康发展的若干意见》（国发〔2010〕13号）精神，破除包括行政干预在内的各种行业隐性壁垒，支持符合法律、法规规定要件的各类企业进入国家未禁止的投资经营领域。加快垄断行业改革，在电力、电信、铁路、民航、通讯、金融、卫生、教育和公用事业等行业及领域引入市场竞争机制，推进投资主体多元化。

二、加大企业转型升级的政策支持力度

（一）落实支持企业自主创新和技术改造的税费减免政策。企业为开发新技术、新产品、新工艺发生的研究开发费用，符合税法规定的，可以按规定在计算企业所得税应纳税额时加计扣除。鼓励企业依法加速进行研究开发仪器设备的折旧，落实好新产品财税返还等政策。认定为高新技术企业并符合规定条件的，减按15%的税率征收企业所得税。企业从事技术转让、技术开发业务和与之相关的技术咨询、技术服务业务取得的收入，可按规定免征

营业税。符合条件的技术转让所得，可按规定免征、减征企业所得税。加大对列入省重点技改1000个项目的土地、资金、税收、人才、技术等方面的支持。落实好企业增值税转型政策、小型微利企业所得税率优惠政策和国家鼓励发展的技改项目进口设备免税政策。

（二）落实发展战略性新兴产业的综合政策。省级财政要进一步优化现有专项资金支出结构，每年支持战略性新兴产业的资金不少于10亿元，重点支持关键共性技术研发、产业化示范工程、创新能力建设、产业链和产业基地培育等。各地要结合实际，进一步加大支持力度，形成上下配套联动的资金投入机制。设立一批战略性新兴产业创投基金，争取设立中央财政参股的战略性新兴产业创投基金，鼓励有条件的市、县（市、区）设立地方财政参股的创投基金，鼓励黄河三角洲产业投资基金、山东半岛蓝色经济产业投资基金等向战略性新兴产业倾斜。各级政府应优先保障战略性新兴产业项目用地，对属于优先发展产业且用地集约的工业项目，在确定土地出让底价时，可按不低于所在土地等别相对应工业用地出让最低价标准的70%执行。

（三）加大对企业转型升级的财政支持。统筹安排省、市、县（市、区）各级财政专项资金，引导企业加强技术改造、自主创新、人才引进及培养、工业设计、品牌培育、信息化建设和管理创新，加快推进企业转型升级。加强对财政专项资金使用情况的监督，确保财政专项资金按规定及时拨付到企业账户，并专款专用。

（四）加大对发展生产性服务业的政策支持。对符合条件的金融、现代物流、信息服务、科技研发、设计检测、软件服务外包等生产性服务业项目，相关财政资金予以优先支持。对二三产业剥离后设立的生产性服务企业，符合高新技术企业、软件企业或技术先进型服务企业条件的，及时组织认定，积极落实各项优惠政策。

（五）加大对企业集聚发展的政策支持。支持省级重点示范性产业集群和创建优质产品生产基地发展，各类财政专项资金在同等条件下，要优先支持重点集群和创建优质产品生产基地内的龙头企业项目和公共技术服务平台建设；在建设用地、税费减免、信贷融资等方面给予倾斜。加强对地方特色产业的规划、指导和服务，扶持壮大产业聚集度高、产业特色突出、辐射带动作用大的省级特色产业镇。鼓励各地有条件的园区创建新型工业化产业示范基地等各类先进制造业聚集区。支持中小企业服务平台的建设。

（六）加大对企业绿色发展的政策支持。大力支持高新技术产业和资金密集型、环境友好型产业的发展，积极引导新上项目采用科技含量高、资源消耗低、污染排放少的先进技术。培育节能环保示范基地和示范企业，推进全省节能环保产业快速发展。鼓励传统行业加快节能减排技术改造，培植一批节能示范项目争取国家资金支持，省节能专项资金支持一批省重点节能技术和产品产业化项目。对符合条件的环境保护节能节水项目，按税法给予税收优惠。加强节能评估审查，实行区域能耗总量控制，探索节能量交易机制。强化对重污染行业的强制性清洁生产审核，对实施清洁生产的企业给予资金支持。加大淘汰落后产能力度，对按期完成淘汰落后产能任务的企业，认真落实奖补方案进行补助，做到“应补尽补”；鼓励落后产能尽早退出，实行“早退多补、迟退少补”。进一步甄别列入国家实施差别电价目录的企业淘汰、限制类产能，加大差别电价政策的实施力度，提高差别电价的加价标准。

（七）加大对企业并购重组的政策支持。在技术节能、环保、安全等方面制定实施一批地方标准，择优汰劣，促进企业兼并重组。企业兼并重组涉及的资产评估增值、债务重组收益、土地房屋权属转移等，按照国家有关规定给予税收优惠。加强财政资金投入，在省级国有资本经营预算中安排资金支持省管国有企业兼并重组。鼓励重点骨干企业在国内外开展多种形式的并购或跨区域联合重组，加快做强做大。鼓励和支持有条件的企业到境外开展并购业务，在境外建立生产加工基地、营销网络和研发中心等，增强企业国际竞争力。鼓励民营企业通过参股、控股和收购等形式，参与国有企业改制重组以及与外资合作，促进各种所有制经济融合发展。

（八）加大对企业提升产品质量的政策支持。积极指导企业开展质量强企活动，发挥省长质量奖的导向作用，推广先进质量管理模式，帮助企业建立健全质量管理、标准化、计量、检验检测体系，推进重点工业企业产品质量达标工作。加快建立省先进标准体系，提升标准化水平，以先进标准引导企业质量提升。深入实施名牌带动战略，努力培育国际知名品牌。加快质量诚信体系建设，提升企业诚信意识。

（九）加大对企业转型升级的金融支持。鼓励引导银行业金融机构增加对企业转型升级项目的信贷额度，扩大委托贷款、信托贷款、承兑汇票、信用证、保函、保理等表外业务融资规模，为企业转型升级提供全面金融服务；探索推广动产、应收账款、仓单、海域使用权、股权和知识产权等抵质押方式，有效缓解企业贷款抵质押不足问题；充分发挥政府设立的还贷周转金、风险补偿金等作用，积极发展政府投资的担保机构，为中小企业融资提供有力支持。拓宽企业直接融资渠道，支持符合条件的企业上市融资；鼓励各类金融机构加强合作，积极发行中小企业集合债券、中小企业集合票据、信托债权计划、中期票据、短期融资券和企业资产支持类证券等直接融资产品。鼓励银行等金融机构建立面向中小企业服务的专营机构；支持民间资本参与投资设立村镇银行、融资性担保公司等各类地方性金融机构；支持符合条件的地方法人金融机构通过发行金融债券、引进战略投资者等形式，增强资金实力；稳步推进小额贷款公司试点工作并支持已设立小额贷款公司增资扩股，全面增强地方金融机构对企业转型升级的支持保障能力。

（十）加大对企业转型升级的人才支持。加快建立企业与高校合作培养人才机制，鼓励企业与高等院校、职业院校（含技工院校）及社会培训机构合作，根据企业需求调整优化人才培养方向和专业设置，新设100个工科专业，办好订单式人才培养基地，在企业建立1000个实训基地，开展多层次、多类型的专业和职业（工种）培训。完善科技人才向企业流动机制，推进大学教授进企业挂职、企业人才进大学深造等形式的人才交流活动。实行高层次人才无障碍引进政策，实施“泰山学者”和“创新团队”等一系列高层次人才培养和凝聚工程，健全完善山东省首席技师、山东省有突出贡献的技师、山东省技术能手评选制度，大力推进“金蓝领”培训项目及技师工作站建设，创新技能人才培养方式。重点引进一批省外和海外的创新创业领军人才。营造有利于人才干事创业的良好环境，积极构建以人才评价、培养、激励、流动为主要内容的人才政策体系，允许科技人员按照国家法律、法规及相关政策分享创新收益，对作出突出贡献的科技人员实施期权、技术入股和股权奖励等形式的激励。

三、强化涉企服务

（一）完善重点企业直通车服务制度。完善对全省各级重点企业、骨干项目的直通车服务。根据企业实际需要，支持选派懂经济、熟悉国家产业政策的干部作为特派员，与困难企业建立挂钩服务，全力为企业搞好服务。

（二）强化对企业市场营销的政府服务。各级、各有关部门要认真研究国内外市场需求变化，引导企业以市场为导向转方式、调结构。深入实施市场营销三大战略，发挥重点会展的辐射带动作用，发展电子商务、网上市场等新型营销方式。组织重点企业积极参与国家和省重点项目建设，扩大重点项目物资供应市场份额。支持和引导企业应对国际市场变化，积极扩大工业品出口。借助产业援疆机遇，推动产业开发中亚、西亚国家等新兴市场。

（三）建立健全服务企业技术创新的公共平台和考核机制。进一步发挥现有行业技术中心、重点实验室、工程技术研究中心、公共检测服务平台、公共技术研发和应用转化平台作用，推动共性技术研发成果自主交易流转。加强产学研合作创新，发展一批由企业主导，科研机构、高等院校积极参与的产业技术创新联盟。健全企业技术创新评估考核指标体系和工作机制，进一步引领各类企业把技术创新作为自觉行动。

（四）加强面向企业的信息服务。建立服务企业转型升级的综合信息平台，及时发布有关投资、土地、人才、规划、环保、安全生产、技术标准、质量检测、检验检疫、信贷融资等政策信息，引导企业加快转型升级。

（五）充分发挥社会组织的中介服务作用。加强对行业组织和中介机构的培育、扶持、引导和管理，建立政府购买服务机制，把社会可以自我调节管理的职能交给社会组织，发挥其在提供服务、反映诉求、行业自律、维护权益以及促进企业转型升级中的独特作用。各类依托政府部门的涉企中介机构应与政府部门脱钩，实现市场化经营；对与审批相关并涉及收费的技术审查、评估、鉴定等事项，审批机关不得指定或变相指定承担机构。鼓励技术评定、资质认定等涉企中介服务机构跨区域服务。规范涉企中介服务收费，行政机关不得擅自或变相将行政审批过程中的具体审查工作委托其他机构代办并据此向申请人收取审查费用。

四、加强组织领导

（一）加强组织协调和监督检查。省工业调整振兴联席会议负责研究、协调、解决企业转型升级中的重大问题。各地、各部门要建立完善服务企业转型升级联动工作机制，制订实施方案，各司其职，密切配合，形成合力，共同做好服务企业转型升级工作。健全监督机制，加强对政府服务企业转型升级情况特别是财政资金到位、项目审批、行政服务、中介收费等情况的监督检查，及时纠正存在问题。进一步加大企业转型升级宣传力度，重点报道企业转型升级的成功经验和政府服务企业转型升级的先进典型，为企业转型升级营造良好的舆论环境。

（二）建立企业转型升级成效评估考核体系。建立健全反映加快经济发展方式转变的考核指标体系，把服务企业转型升级的成效作为有关部门和干部考核的重要内容，考核结果作为评优评先和干部选拔任用的重要依据。

二〇一一年九月十九日

1－36　山东省人民政府关于加大金融财税支持力度促进小型微型企业持续健康发展的意见

鲁政发〔2011〕43号

各市人民政府，各县（市、区）人民政府，省政府各部门、各直属机构，各大企业，各高等院校：

为贯彻落实国家有关支持小型微型企业发展的金融财税政策，进一步加大金融财税支持力度，促进全省小型微型企业持续健康发展，现结合我省实际，提出以下意见：

一、进一步提高对加大金融财税支持力度

促进小型微型企业发展重要性的认识。小型微型企业是国民经济的重要组成部分，在推动经济增长、开展科技创新、扩大城乡就业、促进社会和谐稳定等方面发挥着不可替代的作用，支持小型微型企业又好又快发展不仅是经济问题，而且是政治问题和民生问题，具有全局性和战略性的重要意义。当前，受国际国内经济金融大环境的影响，特别是在劳动用工成本提高、原材料价格上涨、人民币持续升值、税费负担偏重、融资成本加大等多种因素的共同作用下，部分小型微型企业融资难的问题更加突出，个别小型微型企业资金链绷紧，经营发展比较困难。各级、各有关部门和金融机构要认清当前小型微型企业发展面临的复杂严峻的形势，进一步提高对金融财税支持小型微型企业工作重要性的认识，切实增强大局意识、责任意识和创新意识，加大金融财税支持力度，促进全省小型微型企业做专、做精、做强，推动全省转方式、调结构战略的实施。总的指导思想是：深入贯彻落实科学发展观，按照市场化、商业化原则推动金融与财税政策的协调配合，充分发挥杠杆作用，更多通过财税手段推动金融加大对小型微型企业的支持，促进全省小型微型企业持续健康发展。

二、加大对小型微型企业的信贷支持。各银行机构要对小型微型企业贷款单列信贷规模，主要加大对符合国家产业和环保政策、能够吸纳就业的科技、服务和加工业等小型微型企业的信贷投放，重点支持单户授信500万元以下的小型微型企业，加强贷款监管和用户监测，确保信贷资金用于小型微型企业正常的生产经营，确保小型微型企业贷款增速高于全国小型微型企业贷款增速，高于全省全部贷款平均增速，增量高于上年同期水平。各银行机构要对小型微型企业贷款投放进行承诺，不抽贷、不压贷，对基本面好的小型微型企业维持存量信贷业务，并给予适当的新增贷款授信。加大对小额贷款公司的信贷支持力度，增强小额贷款公司对小型微型企业的放贷能力。

三、强化各类金融机构支持小型微型企业的职责。政策性银行要根据自身市场定位，找准支持小型微型企业的结合点，大力发展适合小型微型企业特点的贷款业务；国有银行、股份制银行要支持小型微型企业发展，积极向总行申请单独匹配信贷规模；邮政储蓄银行要加大对县域小型微型企业的信贷支持力度，不断探索支持小型微型企业的新方式、新领域。强化小金融机构重点服务小型微型企业、社区、居民和“三农”的市场定位。城市商业银行、农村合作金融机构要把支持小型微型企业作为工作重点，城市商业银行新增小型微型企业贷款占比高于上年，农村合作金融机构新增小型微型企业贷款占比不低于50%；村镇银行要坚持微小银行的发展战略，紧密结合当地金融服务需求开展业务，切实加强对涉农小企业、农业产业化龙头企业、农民专业互助社等当地农村客户的信贷支持力度。小额贷款公司要将支持小型微型企业作为主要任务，在服务“三农”的同时，要把其余贷款全部投向小型微型企业。鼓励资产管理公司等非银行金融机构充分发挥资金、专业集聚优势，为小型微型企业各类融资业务提供增信服务，加强风险控制。

四、合理确定小型微型企业贷款期限和利率。各银行机构要根据小型微型企业的生产周期、市场特征和资金需求，进一步优化贷款期限结构，在适当维持中长期贷款需求的同时，积极增加短期贷款，优先匹配额度办理票据融资，努力满足其合理的流动资金贷款需求。要综合考虑小型微型企业成长周期、信用状况和盈利水平等因素，完善小型微型企业利率定价机制，在收益覆盖风险前提下合理确定小型微型企业贷款利率浮动幅度，对信用等级高的小型微型企业，要减少上浮幅度或执行基准利率。人民银行各分支机构要加强对银行落实小型微型企业利率政策情况的监督检查。

五、多渠道拓宽小型微型企业融资渠道。

大力发展委托贷款、承兑汇票、信用证、保函等表外融资业务，进一步拓宽小型微型企业融资渠道。加大对小型微型企业上市后备资源的培育力度，积极推动小型企业上市融资，鼓励科技型小型企业到创业板融资。大力发展股权投资，推动各类股权投资与小型微型企业的对接；充分发挥创业投资引导基金作用，扶持创业投资企业发展，集聚更多的资金投向科技型小型微型企业。发挥信托公司、企业和政府的整体合力，推动部分地域、行业发起设立小型微型企业信托基金。支持小型微型企业在齐鲁股权托管交易中心挂牌交易，推动我省高技术产业开发区进入“中关村代办股份转让系统”试点范围，搭建小型微型企业股权质押融资和转让平台。积极引导小型微型企业通过引进私募股权投资、实施股权转让、利用融资租赁工具等多种方式进行融资。鼓励小型微型企业发行集合票据、集合债券和短期融资券，利用银行间市场扩大融资来源。

六、加强小型微型企业金融服务组织体系建设。推动各银行机构改建和新设部分分支机构作为专门服务小型微型企业的专业或特色分支行，设立小型微型企业专营机构；支持银行机构设立科技支行，重点为科技型小型微型企业提供信贷服务，支持大型银行加强县域网点建设。促进小金融机构改革与发展，推动城市商业银行加快县域支行设立步伐，在经济发达镇设立分支机构，争取2011年县域覆盖率达到80%以上；推动县（市、区）农村信用社改制组建农村商业银行，争取2011年全省组建15家农村商业银行，进一步提高对“三农”和小型微型企业的信贷服务水平；加快推进新型农村金融机构发展，争取2011年全省组建30家左右，县域覆盖面达到50%以上。支持小额贷款公司增资扩股，鼓励在乡镇设立服务网点，延伸服务机构，提高服务水平。加快推进融资担保体系建设，鼓励各级财政出资或参股设立融资性担保公司，优先支持各地设立主要服务小型微型企业的融资性担保公司，促进融资性担保公司做大做强，每市培育1—2家注册资金3亿元以上的融资性担保公司，每个县（市、区）培育1–2家注册资金1亿元以上的融资性担保公司，年底前实现县域融资性担保公司全覆盖。加强信用评级机构建设，探索实行小型微型企业评级一体化，提供公正性、权威性和标准化的信用评级服务。

七、加强信贷管理和金融服务创新。各银行机构要对小型微型企业实行有别于大企业的授信标准，建立科学合理、灵活高效、符合小型微型企业特点的授信管理体制；设立科学的小型微型企业信贷准入和审批标准，建立灵活高效的贷款审批模式，简化贷款审批流程，扩大信贷审批权限，提高贷款审批效率。对重点县和金融创新试点县的银行分支机构，要给予市级信贷审批权限。积极开展动产、钢结构、知识产权、股权、林权、海域使用权抵质押贷款业务，探索创新依托行业协会、农村专业经济组织、社会中介等适合中小企业需求特点的信贷模式。积极发展面向小型微型企业的出口信用保险和国内贸易信用保险，保险机构与银行机构、小额贷款公司要加强合作，开展小型微型企业贷款保证保险、贷款信用保险，鼓励开展出口信用保险项下融资。

八、实施差异化的货币信贷和金融监管政策。人民银行各分支机构要完善差别化货币信贷政策体系，加强小型微型企业信贷政策的指导和效果评估，对达到要求的小金融机构继续实行较低的存款准备金率，对支持中小企业发展信贷投放资金不足的城市商业银行给予经营性再贷款支持，对扩大中小企业涉农信贷投放资金不足的农村合作金融机构给予支农再贷款支持，对城市商业银行、农村合作金融机构、财务公司、村镇银行等地方法人金融机构持有的，县域中小企业签发、收受的商业汇票，优先办理再贴现。银监部门要细化对小型微型企业金融服务的差异化监管政策，督促各银行机构深化利率风险定价机制、贷款审批机制等六项机制建设，对小型微型企业贷款实施单独考核，适当提高对小型微型企业不良贷款率的容忍度。对连续2年实现小企业贷款投放增速不低于全部贷款平均增速，且风险管控良好的商业银行，在满足审慎监管要求的条件下，积极支持其增设分支机构。对于专营小型微型企业的分行，允许其开业1年后一次性同时申请筹建多家同城支行。地处城区的农村商业银行制定一定比例的同城支行专营小型微型企业贷款业务。鼓励异地来鲁城市商业银行优先设立专营小型微型企业支行。进一步放宽村镇银行设立分支机构的条件，允许满足审慎监管要求的村镇银行在开业半年后设立分支机构，按照行政区划支持向下设立机构网点，增强金融服务功能，扩大服务覆盖面。对商业银行发行金融债所对应的单户500万元以下的小型微型企业贷款，在计算存贷比时可不纳入考核范围。允许商业银行将单户授信500万元以下的小型微型企业贷款视同零售贷款计算风险权重，降低资本占用。

九、进一步加大对小型微型企业财税扶持力度。扩大外贸发展专项资金规模，积极支持中小企业开拓国际市场，加大对服务外包中小企业的扶持力度，提高企业承接国际服务外包业务的能力；增强小额担保贷款基金放大效应，提高贷款发放总量，积极开展财政贴息，支持小型微型企业创业发展。提高小型微型企业增值税和营业税起征点，延长小型微利企业所得税减半征收政策至2015年年底并扩大范围。将符合条件的国家中小企业公共技术服务示范平台纳入科技开发用品进口税收优惠政策范围。各市、县（市、区）要筹措专项资金，为小型微型企业创造良好的融资环境。

十、支持金融机构加强对小型微型企业的金融服务。加强财政和金融的融合力度，更多地运用间接方式扶持小型微型企业。激励商业银行加大对小型微型企业支持力度，扩大小企业贷款风险补偿资金规模，完善资金管理办法，引导银行业金融机构重点加大对单户授信500万元以下小型微型企业的信贷支持力度；2011年11月1日至2014年10月31日，对金融机构向小型微型企业贷款合同免征印花税；将金融企业中小企业贷款损失准备金税前扣除政策延长至2013年年底；将符合条件的农村金融机构金融保险收入减按3%征收营业税的政策延长至2015年年底；继续开展新型农村金融机构定向费用补贴政策，对村镇银行、贷款公司和农村资金互助社三类金融机构按照上年度贷款平均余额的2%给予财政补贴；完善新设立金融机构奖励政策，鼓励金融机构增设分支机构或网点，扩大金融服务覆盖面，提高金融服务水平。在银行机构服务地方经济社会发展情况年度综合评价指标中，提高小型微型企业贷款投放的权重。考评奖励银行机构支持山东半岛蓝色经济区、黄河三角洲高效生态经济区时，将小型微型企业贷款情况作为重要指标。省政府确定的8个金融创新试点县要把推动金融支持小型微型企业作为工作重点，加大政策支持力度。扩大中小企业发展专项资金规模，加大对融资性担保公司、公共服务平台等机构的支持力度，引导其为中小企业特别是小型微型企业提供更多更优惠的服务。对专门支持小型微型企业的小额贷款公司，在小企业贷款风险补偿、抵质押登记等方面参照银行机构有关政策执行。

十一、进一步清理取消和减免部分涉企收费。清理涉小型微型企业行政事业性收费，加强收费监督检查，坚决取缔省以下各级政府、部门制定的行政事业性收费项目，取消不符合收费管理规定和不合理收费项目，降低过高的收费标准，严禁自立项目、自立标准、超范围、超标准收费或变相收费。认真清理纠正金融服务不合理收费，切实降低企业融资的实际成本。除银团贷款外，禁止商业银行对小型微型企业贷款收取承诺费、资金管理费，严格限制商业银行向小型微型企业收取财务顾问费、咨询费等费用。财政、物价、银监等部门要加强监管，清理纠正各种不合理收费。

十二、规范民间借贷行为。大力整顿金融秩序，加强民间借贷监管，强化风险防范，各类经营费率、业务手续费等严格控制在银行贷款基准利率4倍以内，引导民间借贷阳光化、规范化发展，有效遏制民间借贷高利贷化倾向。依法打击非法集资、金融诈骗、金融传销、非法证券等金融违法犯罪活动，努力做到早发现、早处置，防止风险扩散蔓延，防范区域性风险。对民间借贷活动中引发的暴力讨债、非法拘禁等构成违法犯罪的，依法予以严厉打击。禁止金融从业人员参与民间借贷、高利贷和非法集资。

各级、各有关单位要高度重视金融财税支持小型微型企业工作，加强组织领导，抓好协调推动，结合本地、本单位实际研究制定具体政策措施，促进全省小型微型企业又好又快发展。

二○一一年十一月一日

1－37　山东省人民政府办公厅关于印发山东省节约能源“十二五”规划的通知

鲁政办发〔2011〕55号

各市人民政府，各县（市、区）人民政府，省政府各部门、各直属机构，各大企业，各高等院校：

《山东省节约能源“十二五”规划》(以下简称《规划》)已经省政府同意,现印发给你们,请认真贯彻执行。

“十二五”时期是我省落实科学发展观、全面建设小康社会的关键时期。制定实施《规划》，是巩固和扩大“十一五”节能工作成果，加快建设资源节约型、环境友好型社会的重要举措，对确保完成“十二五”全省经济社会发展目标任务，实现富民强省新跨越具有重要意义。各级、各部门要认真落实节约资源基本国策，进一步增强责任意识和紧迫意识，坚持把节能工作放在更加突出的位置，加大措施，狠抓落实，按照《规划》确定的目标任务、工作重点和政策措施，尽快制定具体实施方案，完善相关配套政策，确保《规划》落到实处，为推动转方式、调结构，实现绿色低碳发展作出新的贡献。

二○一一年十月十七日

山东省节约能源“十二五”规划

“十二五”时期是全面建设小康社会、实现富民强省新跨越的关键时期，是深化改革开放、加快转变经济发展方式的攻坚时期。为全面贯彻落实科学发展观，深入推进“十二五”节能工作，为建设资源节约型和环境友好型社会作出贡献，根据《中华人民共和国节约能源法》、《国务院关于加强节能工作的决定》(国发〔2006〕28号)和《山东省节约能源条例》等政策法规，制定本规划。

一、“十一五”期间节能回顾

“十一五”以来，我省认真贯彻中央决策部署，把节能减排作为落实科学发展观，促进转方式、调结构，建设经济文化强省的重要举措，围绕“十一五”期间万元生产总值（GDP）能耗降低22%的目标，创新思路，强化措施，狠抓落实，各项工作取得积极成效。全省万元GDP能耗从2005年的1.32吨标准煤降到2010年的1.02吨标准煤，累计降低22.1%，超额完成了“十一五”节能目标，受到国务院通报表彰。

（一）节能工作机制不断完善

省委、省政府把节能作为“十一五”发展的重大战略，出台了《中共山东省委山东省人民政府关于进一步加强节能减排工作的意见》（鲁发〔2007〕24号）、《山东省人民政府关于印发节能减排综合性工作实施方案的通知》（鲁政发〔2007〕39号）等一系列政策措施。省政府成立了由省长任组长的节能减排工作领导小组。组建了省政府节能办和节能监察总队，建筑、交通运输、公共机构等管理部门设置了节能管理处室或岗位。建立各市、重点部门和重点企业节能目标责任制，省政府按年度下达节能目标并实施考核奖惩。加强节能督查，省委、省政府多次组织开展节能减排专项督查。适时启动节能预警调控，取得积极成效。

（二）结构节能取得显著成效

认真落实能评审查制度，加强能评审查，严控新建高耗能项目。支持鼓励发展节约型产业。出台《山东省人民政府关于加快我省新能源和节能环保产业发展的意见》（鲁政发〔2009〕77号）、《山东省人民政府办公厅转发省经济和信息化委等部门关于加快太阳能光热系统推广应用的实施意见的通知》（鲁政办发〔2009〕119号）等一系列政策措施。颁布实施太阳能热水器行业联盟标准。实施485个太阳能集热系统财政补贴项目。以节能机电装备制造、新能源利用为重点，认定12个节能环保产业基地。出台《山东省人民政府办公厅关于贯彻国办发〔2010〕25号文件加快推行合同能源管理促进节能服务业发展的意见》（鲁政办发〔2010〕47号），鼓励推行合同能源管理，48家公司被国家推荐为首批合同能源管理服务公司。采取上大压小、等量淘汰、差别电价、区域限批等措施，加快淘汰落后产能。“十一五”期间，全省累计淘汰落后立窑水泥熟料产能7596万吨、炼铁产能822万吨、炼钢产能527万吨、焦炭产能470万吨，关停小火电机组717万千瓦。

（三）节能科技支撑能力增强

围绕实施“十大节能工程”和“三个节能100项”，推进重大节能技术产业化和节能技术改造。组织实施国家节能奖励项目和省级节能项目1024项，落实财政资金30亿元，带动社会投资612亿元。加快推广节能技术产品。落实国家税收优惠政策，鼓励企业采用高效节能设备，确认250家企业购置的548种节能节水设备，减免税收8000万元。落实高效照明产品财政补贴政策，推广节能灯1950万支，创建“高效照明产品推广示范村”1000个。发布推广目录，向社会推荐一批节能新技术、产品和工艺。推动节能产品认证，扩大节能产品政府采购。全省企业获得中国“节”字标识认证证书1262张。制定《关于加快推进全省重点用能企业淘汰改造高耗能落后机电设备的意见》（鲁经信资字〔2010〕483号），淘汰改造能效不达标的高耗能落后设备2.3万台，落后工艺装备3000台（套）。

（四）重点领域节能成效明显

强化建筑节能。出台建筑节能专项规划、政策和标准，加大既有建筑节能改造力度，推进建筑节能监管体系建设，将既有居住建筑节能改造和太阳能与建筑一体化纳入对各市节能目标责任考核范围。累计建成节能建筑2.2亿平方米，完成既有建筑节能改造2120万平方米，可再生能源建筑应用面积1.62亿平方米。推进交通节能。建立交通节能减排考核体系。通过以旧换新补贴提前报废老旧汽车1.4万辆。组织112家企业开展“车船路港”低碳交通运输专项行动。积极参与国家“十城千辆”节能与新能源汽车推广示范运营活动。开通ETC（不停车电子收费系统）通道134个。启动渤海湾和中韩陆海联运甩挂运输项目。加强公共机构节能。完善公共机构节能管理体系，制定《山东省公共机构节能管理办法》（省政府令第210号），实施省级公共机构节能计划，机关人均用电量等指标明显下降。

（五）重点企业节能得到强化

加快企业节能管理创新。在全国率先出台企业能源管理体系建设标准，52家企业建立了能源管理体系。建立能源管理师制度，编写培训教材，组织培训考试，573人取得能源管理师资格证书。组织实施千家企业节能行动。推动企业加强能源计量、统计等基础工作，实施能源计量保障工程，强化重点用能企业能源计量器具配备与管理，组织开展能源审计，编制能源利用状况报告，加强能耗监测分析。下发《关于开展重点耗能企业能效对标活动的意见》（鲁经贸资字〔2009〕66号），以水泥行业40户企业为重点，研究对标工具，编写对标手册，推动高耗能行业开展能效对标活动。千户重点企业节能2172万吨标准煤。

（六）循环经济发展实现新突破

推进循环经济试点省建设，重点培育济南、青岛、淄博等10个循环经济型城市、20个循环经济型园区和300家循环经济型企业。组织实施循环经济“双百工程”。启动循环经济统计、标准化试点和“城市矿产”示范基地建设工作。培育再制造产业。全省再制造企业发展到30多家，其中5家企业列为国家再制造试点企业，形成具有山东特色的再制造产业模式。推进清洁生产。出台一系列清洁生产法规、政策，建立健全清洁生产工作机制，规范和培育清洁生产咨询服务体系。949家企业通过清洁生产审核验收，实施清洁生产方案2.94万个，完成清洁生产投资172亿元。发展资源综合利用产业。出台废旧硒鼓回收再利用、餐厨废弃物管理、逐步取消宾馆酒店一次性用品等政策措施，尾矿、城市建筑垃圾、废旧电器等领域资源综合利用步伐加快。资源综合利用产业产值达到1435亿元，工业固体废弃物利用达到2.4亿吨。

（七）依法节能工作加快推进

修订颁布《山东省节约能源条例》，出台《山东省清洁生产促进条例》、《山东省再生资源回收利用管理办法》（省政府令第215号）、《山东省公共机构节能管理办法》（省政府令第210号）等法规、规章，进一步完善节能法规体系。颁布节能地方标准197项，其中能耗限额标准52项，初步建立了节能标准体系。建立日常监察和专项监察相结合的执法工作机制，加大节能执法力度。

（八）节能社会氛围逐步形成

通过各类新闻媒体宣传节能法律、法规和先进节能理念，弘扬节能先进典型，曝光浪费能源资源的现象和行为。举办“节能宣传周”、“节能减排全民行动”等主题宣传活动。成功举办5次节能展洽会和3次太阳能展览会。“十一五”期间，全省上下积极推进节能工作，积累了宝贵经验，对深入做好“十二五”节能工作具有重要借鉴意义。

二、“十二五”期间面临的形势

（一）节能趋势

“十二五”期间节能将呈现六大趋势：一是节能长效机制将发挥重要作用。节能工作将由依靠政府推动为主向政府推动和制度保障相结合转变，长效机制将对节能发挥更重要的作用。二是节能产业将得到快速发展。节能技术装备产业和节能服务产业面临巨大发展机遇。节能产业发展既能形成新的增长点，又能为节能提供技术和设备保障。三是技术进步对节能的支撑愈发明显。“十二五”期间，伴随信息、材料、可再生能源等技术的新突破，技术进步对节能的贡献将进一步增强。四是市场化节能手段将更多被采用。节能量交易、合同能源管理等机制的形成，促使政府和企业更加注重运用市场手段，以市场化的理念和方法开展节能。五是全社会各领域节能将全面推进。建筑、交通、公共机构、居民生活等领域能耗总量将呈较快上升趋势，必须点面兼顾，抓好全社会立体节能。六是节能国际化进一步加深。全球化趋势加快，低碳规则的制定，碳减排承诺，使得节能不再是国内和企业自身的事情，必须从国际化视角定位节能、开展节能。

（二）有利条件

1. 节能作为基本国策日益受到全社会高度重视。"十一五"期间，节能被确定为基本国策，法律、法规和政策逐步健全，节能日益受到全社会关注，被列为考核各级政府的约束性指标，节能逐步成为全社会共识和企业的自觉行动，为"十二五"深化节能工作奠定了良好的社会基础。

2. 转方式、调结构为深化节能工作带来重要契机。转方式、调结构是党中央提出的当前和今后一个时期的重大任务和主攻方向。节能作为加快转变经济发展方式的重要着力点，能够有效推进技术进步和产业结构调整。同时，转方式、调结构又进一步拓展了节能空间，为深化节能工作带来了契机。

3. 战略性新兴产业加快发展为推动节能创造有利条件。国家把加快培育和发展新兴产业作为一项重大战略。新兴产业发展能够带动节能环保、新能源等产业加快发展，形成新的增长点。同时，这些产业的发展又为我省"十二五"时期进一步推进节能提供强有力的技术和装备支撑。

4. 区域发展战略对节能产生积极联动效应。山东半岛蓝色经济区和黄河三角洲高效生态经济区规划上升为国家战略，有利于凝聚省内外各类优势资源，加快传统工业向低排放、可循环、精细化方向转变，推动节能环保、新能源和节能服务产业快速发展。

5. 节能成为企业提升核心竞争力的重要选择。在全球能源资源短缺的背景下，节能不仅有利于提高企业工艺技术水平和管理水平，降低企业经营成本，而且有助于企业打破绿色贸易壁垒，提升市场竞争力，拓展企业发展空间。

（三）不利因素

1. 产业结构偏重的状况没有得到根本改变。耗能较低的服务业发展不快，高耗能产业比重偏大，万元 GDP 能耗偏高，较为粗放的增长方式和偏重的产业结构是长期形成的，调整优化需要一个过程，"十二五"期间节能任务依然艰巨。

2. 能源消费结构单一制约能源系统效率提高。我省能源消费结构中煤炭占 77%，非化石能源仅占 3%。同时，我省又是燃煤火电装机第一大省，装机容量高达 5790 万千瓦，能源转换损失较大，不利于提高能源效率。

3. 人才短缺、自主创新能力不强制约节能技术进步。我省企业节能技术人才缺乏，开发投入少，节能技术自主创新能力不强，具有自主知识产权的优秀节能技术产品较少，制约节能环保产业发展和节能技术进步。

4. 工业化和城镇化进程导致能源刚性需求上升。我省仍处于工业化阶段，能源消费总量上升趋势短时期内难以改变。同时，随着城镇化进程加快和人们生活水平的提高，建筑、交通等能源消费需求上升，对钢铁、水泥、电力等高耗能产品将产生增量需求。

总的看，大力推进节能减排是我省破解能源、环境制约，实现绿色、低碳转型，提高经济发展质量、增强市场竞争力的必然选择。"十二五"节能工作形势仍然严峻，但有利因素多于不利因素，节能新趋势对我省"十二五"节能提出了新的更高要求。

三、指导思想、原则和目标

（一）指导思想

全面贯彻落实科学发展观，坚持节约资源基本国策，把节能作为加快转变经济发展方式、提高经济发展质量的重要着力点，把推进经济结构调整作为节能的重要抓手，突出工作重点，完善长效机制，大力发展服务业和新兴产业，改造提升传统产业，加快技术进步，强化管理创新，依法推进节能，推动全省节能工作实现新突破，促进经济社会又好又快发展。

（二）基本原则

1. 推进节能与促进发展相结合。通过强化节能，促进节能环保产业发展，发掘和培育新的经济增长点，实现经济结构优化，改善经济增长质量。同时，通过发展节能环保等相关产业，提高经济效益，增强节能实力，为节能工作深入开展提供物质支持。

2. 总量控制与存量优化相结合。通过能耗总量控制，引导各地区切实转变经济发展方式，从源头上优化经济结构，降低能耗强度。同时，对存量产能加快改造提升，实现经济存量优化，促进节能降耗。

3. 技术节能与管理节能相结合。提高节能技术自主创新能力，开发高效节能及能源替代技术，加快传统产业节能技术改造，促进新能源推广应用。同时，完善节能管理体系，提高节能管理水平，为节能技术进步提供保障。

4. 政府推动与市场驱动相结合。发挥政府调控作用，健全常态化节能管理与执法机制，形成有利于节能的体制和政策环境。同时，以企业为主体，发挥市场配置资源、推动节能的基础性作用。

5. 整体推进与重点突破相结合。既要抓好重点用能领域、行业、企业节能和重点节能工程，实现重点突破，又要运用多种手段和方式，普及节能理念，号召公众参与，实现全社会节能。

（三）节能目标

建立与我省节能工作实际相适应的比较完善的节能法规标准体系、政策支持体系、监督管理体系、技术服务体系，节能长效机制进一步健全，产业结构明显优化，能源消费结构明显改善，能源利用效率进一步提高。到2015年，万元GDP能耗降低到0.85吨标准煤，比2010年的1.02吨标准煤降低17%，比2005年的1.32吨标准煤降低35%以上。

四、节能工作重点

“十二五”期间，全省节能工作要抓住转方式、调结构契机，把推动三次产业结构调整，特别是推进服务业跨越式发展，作为促进节能的工作重点，按照省规划和相关政策要求，加大措施，强力推进，2015年全省服务业增加值占地区生产总值的比重提高到45%以上。重点实施“661”节能行动计划，即抓好“工业、建筑、交通、公共机构、农业、商业与民用”六大领域节能，组织实施“节能科技提效工程、节能环保产业培育工程、循环经济促进工程、新能源推广应用工程、节能管理数字化工程和节能人才工程”等六大节能工程，开展千家重点用能企业节能低碳行动，促进节能工作全面深入开展。

（一）抓好六大领域节能

1. 强化工业节能。大力发展低能耗的先进节约型产业，延伸产业链条，提高产品附加值，促进产业优化升级，降低能耗强度；推广低碳技术，加大节能技术改造力度，鼓励高耗能企业向能源相对富集地区转移和发展，淘汰落后生产能力和高耗低效设备，提升企业能源利用效率。到2015年，年耗能5000吨标准煤以上的重点用能企业75%以上的主要产品单位能耗达到或超过国内先进水平，55%以上的主要产品单位能耗达到或超过国际先进水平，主要耗能设备（变压器、电动机、中央空调等）达到国家I级能效水平。

（1）发展战略性新兴产业。

优化新兴产业布局。根据我省“蓝黄”战略和“十二五”区域产业布局，立足区域资源禀赋和产业特点，以提升产业整体水平和竞争力为核心，以提高产业集中度和能源资源高效利用为重点，打造具有区域特色的先进制造业产业集群。依托胶东半岛高端产业聚集区，重点发展新能源装备、节能电机等高端制造业；依托黄河三角洲高效生态经济区，重点发展太阳能、风电设备等节能环保装备制造业；依托鲁南经济带精品钢、现代精细化工、煤化工、新型建材和先进机械制造业基地，加快传统产业优化升级，降低单位能耗；依托济南都市圈新能源制造业基地，重点发展太阳能、坚强智能电网和风能等新能源装备制造业；因地制宜，建设特色节能环保产业园区，加快形成产业集聚、配套协调、布局合理的先进制造业新格局。

发展特色新兴产业。顺应新兴产业发展趋势，以掌握核心关键技术为突破口，加快发展节能环保、新能源等高效低耗产业。重点发展以高效能源转换、能源利用为主的节能装备制造业，以高效照明、节能家电、商用、办公为主的节能产品制造业，以光热利用、光伏利用为主的太阳能产业，以高端风电装备、风电场建设为主的风电产业，以生物质能装备制造、生物质能综合利用为主的生物质能产业，以核电装备制造、核电站建设为主的核电产业，以电动汽车、混合动力汽车为主的新能源汽车产业。实施一批节能装备、节能产品、节能新材料等制造业技术研发专项，提高自主创新能力，加快成果转化，提升工艺装备水平。

（2）改造提升传统产业。

电力工业。鼓励“以大代小”、“上大压小”，关停淘汰30万千瓦以下的小火电机组300万千瓦。采用节油点火、燃烧精确控制、烟气深度余热利用等锅炉节能技术，改造在运火电机组，提高机组发电效率。鼓励热电联产。支持钢铁、水泥等行业利用余热余压并网发电。鼓励实施核电、风电、太阳能光伏发电等新能源并网发电项目。实施“外电入鲁”工程，接纳省外来电1600万千瓦以上。积极发展智能电网，优化电网结构，加快超高压、特高压电网建设，采用先进的输、变、配电技术和设备，淘汰能耗高的老旧设备，降低输、变、配电损耗。采取综合性、系统性节能措施，建设“能效电厂”，形成规模化节电能力。到2015年，电力行业单位增加值能耗降低9%左右。

钢铁工业。控制钢铁总量，打造精品钢生产基地，提高附加值，优质钢材比重达到60%以上。加快技术改造，推广应用干熄焦、炼焦煤调湿风选一体化、大富氧高喷煤高效燃烧、高炉煤气压差发电、转炉干法除尘和负能炼钢等节能技术。推进综合利用，鼓励对富余煤气、余热余压、固体废弃物、废水回收及综合利用，融合建材、石化、电力等产业，延伸钢铁资源综合利用产业链。推进能源控制中心建设，提高能源管控水平。加快淘汰落后产能。到2015年，全省钢产量控制在5000万吨左右，行业单位增加值能耗降低10%左右，焦炉、高炉煤气回收利用率95%以上，转炉煤气回收率达到100立方米/吨钢，大型高炉全部配备高炉煤气压差发电装置，固体废弃物综合利用率达到99%以上，工业用水循环利用率达到97%以上，主要生产企业实现负能炼钢和工业废水零排放。

有色金属工业。严格控制氧化铝、电解铝、电解铜等行业新增产能。鼓励实施高精铝板带箔、铝合金压铸件以及管、棒、型、线等六大系列深加工项目，提高产品附加值，降低单位增加值能耗。研发推广铜冶炼及加工短流程工艺、氧化铝生产赤泥综合利用、高档中厚铝板加工等关键技术；鼓励利用拜耳法短流程工艺、闪速熔炼和闪速吹炼、富氧底吹熔炼等技术改造现有工艺。加快关停淘汰能耗高、污染重、技术落后、规模小的铜、铝冶炼产能。到2015年，有色行业单位增加值能耗降低17%左右，氧化铝、电解铝、电解铜等主要产品单耗降低15%左右。

石油石化工业。采用系统优化配置技术、稠油热采配套节能技术、注水系统优化运行技术、油气密闭集输综合节能技术等，提高采油节能水平，淘汰高耗能电机和老化抽油机，减少石油开采能耗。发展石油深加工产品，培育壮大石化产业集群；采用清洁燃料生产技术及装备、重油深度加工技术及装备改造现有炼油装置；采用装置优化联合、能量梯级利用、余能利用等技术，改造提升现有乙烯生产系统。到2015年，石化行业单位增加值能耗降低10%左右，炼油单耗降低12%左右。

化学工业。以大型化工企业为龙头，重点发展精深加工及精细化工产品,培育产业集群。化肥，着力实施装备提升改造，提高化肥复合率和利用率，发展缓控释肥；采用先进气化技术、新型催化剂和高效节能设备，提高转化效率，加强余能回收利用；逐步淘汰高耗低效的小型合成氨装置。氯碱，采用系统能量优化、节电、余热余压利用等技术改造现有生产系统；淘汰石墨阳极隔膜法烧碱，提高离子膜法烧碱比重。轮胎，提高子午线轮胎比重，推广应用低温一步法炼胶工艺技术、氮气硫化技术，研发推广高压蒸汽硫化、微波硫化等技术。到2015年，化工行业单位增加值能耗降低16%左右，合成氨、烧碱、纯碱、轮胎等主要产品单耗降低12%左右。

建材工业。控制总量,改造提升,淘汰落后,重点发展节能环保高档次建材产品。水泥，提升水泥窑纯低温余热发电技术，采用优化预分解窑高效节能熟料烧成系统、回转窑富氧助燃系统、大型原料均化及高效节能粉磨系统、在线控制技术装备系统等,对现有大中型回转窑、磨机、烘干机进行节能改造。平板玻璃，采用浮法玻璃在线表面改性技术、富氧和全氧燃烧技术、余热利用技术、智能控制技术、先进保温等技术，改造现有生产系统；大力发展功能多样化节能玻璃产品，提升在线Low-E（低辐射）玻璃生产技术和离线真空涂膜玻璃加工技术，提高节能玻璃门窗的推广应用率。墙体材料，积极研发功能建筑墙体材料，发展具有安全、耐久、节能、环保、防火、防水等特点的新型墙体材料，以及节能环保的优质绝热隔音材料、防水材料和密封材料。建筑陶瓷，发展高档建筑卫生陶瓷，推广辊道窑技术及余热回收综合利用技术；改善燃料结构，淘汰直燃煤为燃料的工艺设备，淘汰年产100万平方米以下的低档建筑陶瓷生产线和年产50万件以下的低档卫生陶瓷生产线。到2015年，建材行业单位增加值能耗降低15%左右，水泥、平板玻璃、建陶等主要产品单耗降低10%左右。

煤炭工业。加快煤炭企业兼并重组，提高煤矿集约化、规模化发展水平。推广井下矸石回填置换煤炭、矿井水资源化利用、井下余热利用、模块化选煤、井下煤炭洗选等矿井资源与能源节约集成技术。全面实施煤矿主通风机、主排水泵、主（副）井提升机、空气压缩机、皮带运输系统、矿井水井下处理等设备及系统的节能改造。研发煤炭地下气化、煤泥和煤矸石高效利用技术、褐煤提质技术，开展技术产业化示范。完善煤炭洗选加工工艺，提高煤炭利用效率。到2015年，煤炭行业单位增加值能耗降低10%左右，绿色节能开采技术推广应用率达到70%以上。

轻工业。支持骨干企业与上下游企业组成技术联盟，研发、推广节能技术，延长产业链条，建设优势产业集群，降低能源消耗。造纸，全面推广清洁制浆、余热回收等节能技术，提高国产废纸回收率和利用率，发展具有国际先进水平的国产制浆造纸装备，加快淘汰落后造纸产能，促进产业升级。发酵行业，采用生物技术及信息化技术改造提升传统工艺，研发节能型生产设备，改进现有生产工艺，淘汰小酒精、小味精等落后产能，提高用能效率。日用玻璃，采用富氧、全氧燃烧等先进节能技术，推广节能技术成熟的玻璃窑炉，加强余热回收利用。日用陶瓷，淘汰燃煤窑炉，鼓励使用以天然气、液化石油气为主的清洁燃料，窑炉余热利用达到100%，实现废水、废瓷、废石膏、废匣钵循环利用。制革，研发、推广节能转鼓、保温摔软转鼓、光电控制喷涂等节能设备，推广保毛脱毛法工艺、脱毛浸灰废液循环使用工艺，提倡染色加脂一体化工艺、小液滴生产工艺，研发推广无铬和少铬鞣清洁生产工艺，加强铬鞣废液回收利用。到2015年，轻工行业单位增加值能耗降低11%左右，主要产品单耗降低10%左右。

纺织工业。优化产品结构，强化名牌意识，发展技术含量和附加值高、资源消耗低的纺织产品。加快技术进步，提高能效水平，在全行业推广空调、空压机节电技术和高、中温废水、废气热能回收利用等节能技术；在纺织服装各工序推广自动化、数字化、高效化工艺技术和装备，缩短工艺流程；在棉、毛纺织行业推广紧密纺、喷气纺、涡流纺、嵌入式纺纱等新型纺纱技术，丰富纱线品种，提高纱线品质。推广可降解环保浆料预湿上浆、羊毛羊绒低温染色和新型小浴比高效节能染色技术；在染整行业推广生物酶退浆、冷轧堆前处理等高效短流程前处理工艺技术和涂料连续轧染、冷轧堆染色、泡沫整理技术等少水及无水印染加工技术。按照产业政策要求淘汰高能耗、高水耗、技术水平低、治污不达标的印染、化纤等落后产能。到2015年，纺织行业单位增加值能耗降低15%左右，纺纱、织布、印染等主要产品单耗降低10%左右，水资源重复利用率达到90%以上。

机械工业。实现大型铸、锻件专业化生产，对现役大型低效老旧设备进行技术改造。铸造领域，推广冲天炉余热利用节能技术、中频感应炉谐波治理技术，发展精密铸造，减少加工余量。锻造领域，推广应用锻造加热炉节能技术、高效电液锤使用技术、锻造生产线计算机辅助生产技术，推广锻后余热淬火或余热退火工艺。热处理领域，推广降低热处理炉热损技术，余热综合利用和热处理炉计算机控制技术。焊接、切割领域，推广应用逆变电源弧焊变压器、激光焊接技术、等离子切割技术和激光切割技术。机加工领域，加快大型老旧设备节能技术改造，推广电动机星三角降压运行，推广变频、无功补偿等节能技术，提高数控机床使用比例。汽车零部件领域，重点推广轻量化铝合金制造等技术。到2015年，机械行业单位增加值能耗降低10%左右，节能型技术、工艺和装备采用率达到70%以上。

2. 加强建筑节能。重点抓好新建建筑节能设计和施工，加快实施既有建筑节能改造，推进可再生能源在建筑中的规模化应用，完善省、市、县（市、区）三级建筑节能监管体系，推动建筑节能工作深入开展。

（1）抓好新建建筑节能。

强化新建建筑节能管理，完善建筑节能闭合管理模式和协作联动机制，严格执行节能信息公示、外保温施工专项资质、建筑节能关键岗位资格培训等制度，积极推行建筑能效测评标识，加强对节能施工等关键环节监管，提高节能标准执行率和工程质量。组织编制并逐步推行居住建筑节能75%、公共建筑节能65%设计标准。稳步推进建制镇和农村建筑节能。到2015年，城市和县城新建建筑节能标准执行率在设计阶段达到100%，施工阶段达到98%以上。大力发展绿色建筑和低能耗建筑，积极开展绿色建筑星级评价标识，组织省级建筑示范工程。深入推进墙材革新，重点发展应用综合利废的新型墙材、无机保温材料、节能与结构一体化技术等。

（2）加快既有建筑节能改造。

建立既有居住建筑节能技术指标信息数据库，完善既有公共建筑节能改造技术标准体系和建筑能耗统计体系。以供热收费制度改革为突破口，调动居民参与既有建筑节能改造的积极性，探索改造模式，加大改造投入，创建供热计量及节能改造示范市县，完成国家下达的改造任务。完善以政策导向和市场化手段相结合的节能改造机制，以机关办公建筑和大型公共建筑为重点，加强公共建筑节能监管体系建设，推动利用合同能源管理模式实施既有建筑节能改造，完成既有公共建筑节能改造1000万平方米。到2015年，全省城镇既有建筑节能改造累计完成8900万平方米。

（3）推进可再生能源应用。

推进可再生能源建筑应用技术研究及标准制订，逐步建立可再生能源建筑应用测评体系。将太阳能光热建筑一体化应用纳入工程规划、设计、施工图审查、工程监理、质量监督等环节，加强监督检查。探索推动可再生能源规模化应用的市场机制和模式。在建筑节能改造中推广应用太阳能光热技术，合理有序发展太阳能光电技术。积极稳妥推广地源热泵供热制冷技术，鼓励有条件的地方使用污水源热泵进行建筑供热，实施一批太阳能光电、地源热泵、LED（发光二极管）照明示范工程。到2015年，全省城镇应用可再生能源的新建建筑达到50%以上，新增可再生能源建筑应用面积1.8亿平方米。

3．抓好交通运输节能。加强节能型综合交通运输体系建设，优化运力结构和运输组织方式，推广应用交通节能产品和技术，加快淘汰老旧运输工具，改善交通能源消费结构，提高交通能源利用效率。

（1）优化运力结构。

建立和完善优势互补、结构合理、满足不同需求层次的节能交通体系。调整运输结构，积极发展水路和铁路等低能耗运输。调整客运车辆结构，支持发展节能环保型运力，合理配置高速公路、国省干线公路和农村公路车型运力结构，提高车辆能源使用效率。优先发展城市公共交通，鼓励城市公交使用电动客车、混合动力客车等新能源汽车，加快淘汰老旧高耗能公交车辆，减少污染排放。鼓励运输企业推广高效低耗车型，淘汰老旧高耗能车辆。鼓励采用节能高效的新型船舶，加快淘汰高耗能老旧船舶，杜绝高污染、高耗能二手船舶投入运营。

（2）优化运输组织方式。

推进交通运输信息化和智能化进程，加快现代信息技术在公路、水路运输领域的研发应用。建立交通综合信息平台，加强系统协调，发布动态信息，提高运输效率。推广甩挂运输，加快实施中韩陆海联运甩挂运输项目。发展大宗货物多式联运，优化客货运输资源配置，在产业聚集区和重要的交通枢纽城市，有针对性地建设一批物流园区和物流中心，提高运营车辆和船舶的实载率和运输效率，降低能源消耗。

（3）加强交通节能管理。

完善交通节能管理体系，强化对重点用能单位监管，建立动态监测信息平台，定期公布交通运输重点企业的能源利用状况。加强在用车辆技术管理，强化汽车性能检测，严格汽车维护规范。

（4）推广交通节能技术产品。

鼓励替代能源技术在营运车船中的应用。推广汽车液力缓速节能技术及产品。积极采用经济航速、气象导航、机舱自动化控制等专业交通节能技术。推广应用客运接驳、靠岸船舶使用岸电、油改电绿色照明、变频等通用型交通节能技术。开通ETC车道200条，提高不停车收费系统的车型识别能力和通过速度，减少车辆油耗。

4．推进公共机构节能。加强公共机构节能体系建设，强化公共机构节能管理，推广应用节能技术产品，实施公共机构节能改造，抓好公务用车节能，开展节约型公共机构创建活动。

（1）加强公共机构节能管理。

加强部门协作，健全公共机构节能协调机制和公共机构节能法规、制度标准、监督考核体系。加强公共机构日常办公节能管理，严格执行用能设施设备运行规范。深入开展公共机构能源计量、监测和统计工作，建立完善公共机构能耗统计信息平台。加大对公共机构节能主管负责人、节能联络员、能耗统计员和能源管理人员的培训力度，推进能力建设。

（2）推广应用节能技术产品。

推进高效节能产品政府采购，完善节能产品政府采购评价监督机制。对应用范围广、节能效果显著的产品逐步实施强制采购。制订公共机构节能技术产品推荐目录，鼓励采用节能型网络服务器等节能产品。到2015年，节能产品采购金额占同类产品采购金额的比重达到90%以上。

（3）推进公共机构节能改造。

鼓励应用节能新产品、新技术，以合同能源管理、财政补贴奖励等方式，实施配电、空调、采暖、通风、照明、电梯等重点耗能设备及数据中心、食堂等公共机构附属设施的节能改造。组织实施500项公共机构节约型示范工程。有序淘汰和更新高耗能办公设备，推进公共机构废旧电子产品、建筑废弃物、办公用品的循环综合利用。到2015年，全省公共机构单位建筑面积能耗降低12%，节能灯具、节水器具应用率达到90%以上。

（4）抓好公务用车节能。

严格按照标准配置公务用车，加快淘汰更新"高污染、高排放"公务车辆，实施公务车定额管理。加大新购公务车辆中节能和新能源汽车比例。稳步推进公车制度改革，压缩公务用车规模。

5. 推进农业和农村节能。大力推进农业废弃物能源化利用，发展农村可再生能源，推广节约型农业技术，淘汰高耗能落后农业机械和渔船装备，推广高效节能产品，提高农村用能质量和效率。

（1）推进农业生产和农村生活节能。

加快现代农业生产步伐，实施秸秆还田、保温防寒等节能措施。大力发展节油节电农业机械技术及装备，更新淘汰高耗能农机装备。推广节能畜禽养殖技术。落实家电下乡政策，推进农村家电、炊事、取暖等生活节能。推广应用保温隔热的新型建筑材料，发展节能型农村建筑，加强建材下乡试点省建设。科学制定乡村建设规划，有效遏制重复建设，减少资源浪费。

（2）推进农业废弃物能源化利用。

加快推进农村沼气建设，完善农村沼气服务网络和综合服务模式；研发推广适合我省特点的农村户用和棚用沼气装备系统，探索示范高效太阳能沼气技术；以集约化养殖场和养殖小区为重点，加快大中型沼气建设。推进秸秆成型燃料加工装备关键技术和系统集成研发攻关，推广应用秸秆成型燃料；完善秸秆气化技术及系统装备，建设农村秸秆气化工程。到2015年，秸秆综合利用率达到85%以上，全省适宜农村沼气用户普及率达到28%以上。

（3）推广节约型农业技术。

以节肥、节水、节药、节能为突破口，推广应用节约型农业技术。广泛开展测土配方施肥技术指导和服务，提倡增施有机肥，实现化肥集约利用。鼓励采用滴灌等先进节水技术，全面替代落后漫灌方式。推广新型施药技术及装备，鼓励使用生物制剂预防或杀灭病虫害，逐步减少传统农药使用。

（4）提高农村太阳能热水器普及率。

以家电下乡为契机，大力推进太阳能热水器在农村中的普及应用，加强销售服务网络建设，推广户用太阳能热水器，提高学校、诊所等农村公益建筑太阳能光热利用率。到2015年，力争农村太阳能热水器普及率达到15%以上。

6. 开展商业与民用节能。抓好商业与居民生活节能，推广使用经济高效的节能产品，培养节约环保的消费模式和生活方式，增强居民节约意识。到2015年，商业企业万元营业额能耗降低10%以上。

（1）加强商业与民用节能管理。

建立完善商业与民用节能管理制度，加强商业企业、酒店宾馆能耗计量统计和管理，制定实施商业企业、酒店宾馆能耗定额标准。建立全民节能知识普及机制，夯实商业与民用节能的工作基础。实施居民社区节能行动，加强居民生活节能潜力和途径分析，完善相关政策标准和办法，组织创建节能示范社区。

（2）推广应用节能产品。

在商用场所大力推广高效空调、电梯、冷藏设备、照明灯具等节能产品，推广楼宇能源管理系统,实现对室内照明和温度的节能控制。鼓励商场销售节能型商品。推动宾馆和酒店应用节能燃气灶具，逐步取消使用一次性用品。落实节能产品惠民补贴政策，引导居民使用高效节能产品。鼓励节能服务机构以合同能源管理模式，为商场和酒店开展重点用能设施节能改造。商场、酒店等公共场所高效照明产品应用率达到100%。

（3）引导形成节约习惯。

引导合理使用空调，科学设置温度，减少开启次数，充分利用自然通风。合理选择灯具功率，控制照明亮度和开启时间。及时关闭电脑等用电设备，减少待机能耗。节约纸张等办公、生活用品等。

（二）实施六大节能工程

1. 节能科技提效工程。围绕钢铁、有色、电力、建材、石油石化、化工、煤炭、轻工、纺织、机械等十大行业，支持燃煤锅炉（窑炉）节能改造、区域大型热电联产、电机系统节能、能量系统优化、换热技术改造、余热余压利用、蓄冷蓄热、节约和替代石油、输配电系统、建筑节能等十类节能技术产业化和技术改造项目，组织实施1000个节能项目，提高传统行业能源利用效率。到2015年，通过实施节能科技提效工程，累计节能1500万吨标准煤。

2. 节能环保产业培育工程。推动节能环保产业集聚化、规模化发展，为促进节能形成强力支撑。围绕机电设备、换热、余能回收、能量储存、监测控制等高效节能技术产品和装备制造，重点培育100个节能环保产业基地和园区。大力推动节能环保产品认证，增强企业节能产品和技术研发能力，提高节能产品档次和质量。落实节能产品惠民政策，加快推广使用高效节能环保的家用和商用产品。到2015年，节能环保产业销售收入占规模以上工业的比重提高到15%，累计实现社会节能量2000万吨标准煤。以培育节能服务机构、创新服务机制、提升服务能力为重点，促进节能服务业加快发展。依托实施国际金融组织贷款项目，鼓励发展3至5家超级节能服务公司，带动中小节能服务公司做大做强；鼓励重点用能单位和节能环保产业龙头企业，依托自身技术产品优势和管理经验，组建专业化节能服务公司，提供社会化节能服务；支持重点耗能领域和行业，采用合同能源管理模式实施节能改造；以实施合同能源管理项目为契机,推动节能诊断、监测、审计、评估和认证等第三方节能专业机构发展，规范节能服务市场，促进节能服务业健康发展。到2015年，在全省培育100家以上具有较强实力的节能服务机构。

3. 循环经济促进工程。推广循环经济模式。在工业、农业、服务业等重点领域培育500家循环经济示范单位，构建20种循环经济发展模式，促进循环经济全面发展。推进资源综合利用。以综合利用共生、伴生矿产资源、工业“三废”、城镇生活垃圾、废旧再生资源、农林水产废弃物为重点，实施一批重大资源综合利用项目。到2015年，资源综合利用产业实现产值550亿元。发展再制造产业。围绕汽车零部件、工程机械、工业机电设备、矿采机械、废旧家电、船舶及办公信息设备等再制造产业，研发推广一批再制造技术，实施一批再制造项目，培育一批骨干再制造企业。围绕废旧金属、废塑料、废玻璃等再生资源循环利用，建设一批“城市矿产”示范基地。引导和鼓励企业、消费者购买使用再制造产品。到2015年，再制造产业实现产值400亿元。促进清洁生产。引导、鼓励和支持企事业单位自愿开展清洁生产审核。依法对未完成节能任务的单位强制实施清洁生产审核。进一步规范清洁生产审核验收程序。到2015年，清洁生产审核并通过评估验收企事业单位5000家。加强循环经济能力建设。推进循环经济信息系统建设，提高循环经济信息服务能力。建设行业循环经济重点实验室、工程技术中心和产业孵化基地，提高循环经济创新能力和科技支撑能力。建设循环经济宣传、教育基地，增强全民循环经济意识和参与积极性。

4. 新能源推广应用工程。突出太阳能、风能、生物质能和地热能四大领域，组织实施1000个新能源应用示范项目，加快新能源推广应用步伐。到2015年，新能源在我省能源消费中的比例提高到6%以上。太阳能领域，大力推广太阳能与建筑一体化、太阳能与热泵相结合的供热、制冷技术和产品，促进太阳能集热系统在工业、公共机构、商业和居民生活领域的大规模应用。到2015年，新增太阳能光热建筑应用面积1.5亿平方米；实施太阳能光伏发电和景观照明示范工程，太阳能光伏发电并网装机容量达到50万千瓦。风能领域，加快建设沿海大规模并网风力发电场，推进海上风电示范项目，打造沿海风能产业带；加快建设鲁中山区、鲁西南丘陵地区和鲁北平原部分地区中小型离网型风力发电场，推广风光互补发电系统和户用风电设备，建设内陆风能产业带。到2015年，全省风电总装机容量达到800万千瓦。生物质能领域，有序推进生物质直燃和生物质气化发电，支持生物质成型燃料应用；加快培育速生、高产能源植物品种，推进非粮作物为原料的液体燃料生产示范；实施大型沼气和沼气提纯制取生物天然气示范工程。到2015年，全省生物质发电总装机容量达到110万千瓦。地热能领域，加大财政资金引导，强化示范带动，积极推广满足环保和水资源保护要求的地热供暖、供热水技术和产品；发展地热养殖、地热民居、地热宾馆、地热医疗保健和地热休闲度假等；建设一批地源热泵应用重大示范项目。到2015年，新增地源热泵系统建筑应用面积3000万平方米。

5. 节能管理数字化工程。采用能源数据融合技术、动态平衡分析技术、计算机系统集成技术，突出企业、行业和政府三个层次，加快建设能耗数据采集分析、节能信息发布和协同自动化办公“三位一体”的节能管理信息平台，促进节能与信息化有效融合。完善平台建设标准和技术规范，建立省、市重点用能单位能源管理基础数据库，加强能耗监测分析，提升预测预警能力，增强省市节能管理和执法机构办公自动化水平，强化信息共享，提高节能工作效率，为深入开展节能工作提供决策依据。推动重点企业主要耗能设备和工艺流程的智能化改造，提升能源系统的技术装备水平，建立能源监测和自动控制系统，利用物联网、传感器等技术产品对能源数据进行实时采集、集中处理、动态显示和智能分析。到2015年，年耗能万吨标准煤以上企业全部建立节能管理信息系统。

6. 节能人才工程。围绕政府节能监管、企业能源管理、节能中介服务等方面，造就一支专业化、高水平、稳定的节能人才队伍，为推动节能工作长效开展奠定基础。按照国家有关部署，积极推进重点企业能源管理师制度创新试点工作，到2015年，至少培养10000名能源管理师。依托高等院校、科研机构和节能中介服务单位，建立完善节能专家库，为政府节能管理、能效评价等提供智力和技术支持。将节能人才培养纳入国民教育序列，鼓励有条件的普通高校、职业学院和技工院校开设能源管理等相关节能专业，加快培养节能人才。

（三）千家重点用能企业节能低碳行动

突出抓好1000家重点用能企业，组织开展节能低碳行动。鼓励企业完善促进节能低碳生产的工作机制，构建全员参与的节能低碳企业文化，将节能低碳融入研发、生产和管理每一个环节，创建一批节能低碳标兵企业，引导企业积极承担低碳发展责任。开展创建能源管理控制中心活动，在钢铁、有色、化工、建材等行业建设100个能源管理控制中心示范项目。加强重点用能企业能源计量监测，提高能源计量器具配备和管理水平。推进企业能源管理体系建设，引导重点用能企业逐步建立高效运转、持续改进、节能成效明显的能源管理体系。开展重点用能企业能源审计，查找能源利用薄弱环节，挖掘节能潜力，编制实施节能规划。深入开展能效对标活动，扩大对标范围，完善对标工具，加强能效标杆企业建设，及时公布行业标杆，开展“比赶超”节能竞赛。完善量化否决性考核指标，落实重点用能企业节能、低碳目标责任。到2015年，完成国家下达的重点企业节能目标任务。

五、保障措施

“十二五”是我省经济社会加速发展，实现转方式、调结构的关键时期，节能任务非常艰巨。为确保完成“十二五”节能目标，必须进一步强化保障措施，整合各方面资源，凝聚全社会力量，加快推进节能工作。

（一）加快推进转方式调结构

正确处理发展与节能的关系，把节能作为转方式、调结构的重要着力点。树立以节能求发展，以发展促节能的观念，实现经济发展和节能降耗双赢。在政策制定、区域布局、项目建设等方面，强化节能意识，将节能贯穿于转方式、调结构、促发展的全过程。严格限制高耗能行业盲目发展，大力发展战略新兴产业、高新技术产业和服务业，把全力推动三次产业结构调整优化，尤其是把推进服务业跨越式发展作为实现节能目标的重要支撑，认真贯彻落实省支持服务业跨越发展的30条政策，强化规划引导，加强城市、园区、企业和项目等“四大载体”建设，完善配套政策措施，加强服务业绩效考核，确保完成“十二五”服务业发展目标任务。推动传统产业升级，优化产品结构，延伸产业链条，降低单位能耗，改善能源消费结构，培育低碳节约生产模式，努力构建资源节约型、环境友好型社会，促进全省经济持续健康发展。

（二）深化节能政策措施

健全财税价格政策。加大公共财政的节能投入，确保节能专项资金预算额度逐步增加。创新财政资金使用方式，完善基于节能效益评价的“以奖代补”政策，支持实施节能和新能源应用项目。落实国家节能产品惠民政策，逐步扩大节能产品推广应用补贴范围，加强监督检查，确保惠民政策落实到位。进一步细化措施，落实节能项目、节能环保设备购置使用等税收减免政策。认真执行国家能源资源税收政策。加大差别电价实施力度。加强高耗能企业类别及能耗水平甄别工作，及时公布实行差别电价和惩罚性电价政策的企业名单。根据我省产业实际，修订差别电价加价目录，提高加价标准，扩大实施范围，遏制高耗能行业过快发展。对超过国家和省能耗限额的产品与用能单位，依法执行惩罚性能源价格。推行居民用电阶梯价格，全面推行供热计量收费。完善新能源、余能发电上网价格政策和电价补贴政策。创新投融资机制。开展节能金融产品创新示范，拓宽用能单位节能融资渠道。引导金融机构根据节能融资需求特点，简化手续，优先为节能项目提供融资、保理、担保、优惠利率贷款、增加授信额度等服务。多渠道筹措资金，引导国有资本、外资、民间资本进入节能和新能源应用领域。提高信贷审核标准，从严控制高耗能行业的信贷投入。

（三）完善节能市场机制

认真落实发展节能服务产业的政策措施，优化市场环境，加快推行合同能源管理。建立节能服务市场准入退出机制，提高准入门槛，实施节能服务行业信用评价公示制度，严格动态管理。制定合同能源管理项目评价标准，健全合同能源管理实施机制，规范合同能源管理市场。发展壮大一批节能服务公司，培育一批专业化、特色化的节能服务咨询机构。加强节能产品认证。根据我省特色节能产品，定期公布节能产品认证目录，对通过节能产品认证的企业，给予优惠政策扶持，培育节能装备产业集群。加强节能认证和检测能力建设。落实国家能效标识制度。定期公布节能产品政府采购补充清单，实行节能产品政府优先采购和强制采购，加强对政府采购节能产品情况的监督检查。鼓励开展节能自愿协议，扩大实施范围，进一步完善配套政策，对实施节能自愿协议，取得积极节能成效的企业给予扶持。支持发展清洁发展机制，积极凝炼申报碳减排交易项目。探索建立节能量交易制度，制定相关标准，搭建交易平台，开展节能量交易试点。

（四）实施能耗总量控制

实施能耗强度与能耗总量相结合的调控制度。按照节能与经济发展相协调的原则，根据全省及各市经济发展水平、产业结构、能耗状况、节能潜力等情况，科学测算能耗总量指标，建立强度指标与总量指标相结合的节能指标体系，合理分解各项指标，通过实施能耗总量控制，确保完成能耗强度目标。加强对各市、重点用能单位能耗的跟踪监测，对能耗强度过高或能源利用效率偏低的地区和单位，合理控制能源消费规模。按照有序用电、节约用电、高效用电的原则，落实用电方案。从严控制高耗能单位和产能过剩行业用电，坚决停止不符合产业政策、违规建设和淘汰类企业的用电。加强自备电厂监管，提高能源利用效率。

（五）加快节能技术进步

加大节能技术研发投入，实现节能研发资金逐步增加。完善以市场为导向、以用能单位为主体、产学研相结合的节能技术创新体系。围绕重大关键共性节能技术，开展研发攻关，开发具有自主知识产权的节能技术和高效节能设备。定期公布先进节能技术、装备和产品推广目录，加快节能技术装备推广应用，引导用能单位和金融机构投资方向，加快节能技术改造。加快淘汰落后步伐。综合运用经济、法律、技术和必要的行政手段，淘汰改造能耗高、污染重的落后生产能力、工艺设备，改善产品结构，提高技术装备水平和产业竞争力。加强节能国际合作。充分利用外国政府和世界银行、亚洲开发银行等国际组织资金，开展节能课题研究，实施节能项目，引进先进节能技术、理念，提高节能创新能力。鼓励我省用能单位积极与国际知名公司开展节能技术交流合作，联合开发适销对路的节能技术产品。

（六）强化节能监察执法

认真贯彻落实《中华人民共和国节约能源法》、《中华人民共和国循环经济促进法》、《山东省节约能源条例》、《山东省清洁生产促进条例》等法律法规，加快制定能评审查、重点用能单位监管、高耗能行业节能区域（企业）限批制度等配套政策。尽快修订《山东省节能监察办法》（省政府令第 182 号），完善能耗限额、节能技术和管理等地方标准体系。围绕工业、建筑、交通和新能源开发中的重点领域，制订一批节能地方标准和行业标准，提高节能市场准入门槛。加强节能监察机制建设。巩固省市联动机制，强化部门联合执法，完善日常监察与专项监察相结合的工作制度，建立节能监察与帮促服务相结合的机制，逐步建立健全节能监察工作长效机制。集中开展项目能评、淘汰落后、能源计量、能效标识和限额标准专项执法监察，严肃查处违法违规行为，对经限期整改仍达不到法律、法规和标准要求的，依法实施行政处罚。加强节能监察机构能力建设。按照快速反应、及时诊断的要求，增强软硬件能力，提高节能执法效能。

（七）严格节能考核奖惩

完善节能目标责任考核指标体系。制定公平、公正、公开、科学的节能考核方法，健全政府、部门和用能单位节能目标责任考核机制，切实把节能目标责任落实到部门、基层和用能单位，加强督查考核，确保工作落实到位。加强能源统计和节能监测工作。健全用能单位能耗计量、记录等基础工作，建立回收能、可再生能源、循环经济等统计评价报告制度，为节能决策、考核提供依据，定期公告各级政府、部门节能目标完成情况，接受社会监督。健全考核结果运用制度，严格落实节能工作第一责任人制度、一票否决制度和“四不一奖”等规定，切实发挥考核问责的震慑作用。完善节能奖励制度，表彰奖励节能先进典型。

（八）加大节能宣传引导

深入宣传节能工作，解读节能法规政策，普及节能知识，提高全民节能意识。建立节能志愿者服务队伍，定期开展主题实践活动，带头倡导先进节能理念，弘扬节能环保社会风尚。深入推进全民节能行动，开展节能“六进”活动，即节能降耗进社区、进课堂、进家庭、进企业、进机关、进军营。组织开展能源紧缺体验活动，提倡每周少开一天车、每月节约一度电、减少电梯使用、减少使用一次性用品，使节能成为全社会每个人的自觉行为，营造“节能减排，从我做起”的良好氛围。探索建立生产者责任延伸制度和消费者付费制度，明确生产商、销售商和消费者在产品生产、销售、消费过程中的节能责任和义务。

（九）加强节能组织领导

各级、各部门要切实加强对节能工作的组织领导，明确一把手责任，将节能工作列入重要议事日程，完善主要领导亲自抓，分管领导靠上抓，主管部门全力抓，相关部门重点抓的工作机制。充分发挥各级节能主管部门作用，加强组织协调，密切部门配合，健全联动机制，强化分工协作，形成齐抓共管的节能工作局面。充分发挥行业协会、中介组织的桥梁纽带作用，协助政府做好节能技术推广、宣传培训、信息发布、标准制定、执法检查和行业统计等工作，及时收集行业先进节能信息，指导和帮助重点用能单位做好节能工作。引导节能咨询服务机构，开展节能基础课题和政策研究，为节能管理提供决策依据。

1－38　山东省人民政府关于印发山东省“十二五”节能减排综合性工作实施方案的通知

鲁政发〔2011〕47号

各市人民政府，各县（市、区）人民政府，省政府各部门、各直属机构，各大企业，各高等院校：

根据《国务院关于印发“十二五”节能减排综合性工作方案的通知》（国发〔2011〕26号）精神，省经济和信息化委员会同有关部门研究制定了《山东省“十二五”节能减排综合性工作实施方案》（以下简称《实施方案》），现印发给你们，请结合实际，认真贯彻执行。

一、“十一五”时期，各级、各部门认真贯彻落实中央和省委、省政府决策部署，把节能减排作为转方式、调结构、实现科学发展的重要抓手，加大措施，强力推进，取得了显著成效。全省单位地区生产总值能耗降低22.09%，二氧化硫、化学需氧量排放总量分别下降23.22%和19.44%，超额完成了国家下达的“十一五”节能减排目标任务，有力地保障了经济平稳较快发展。我省节能和减排工作都受到了国务院的通报表扬。

二、“十二五”时期是我省全面建设小康社会、实现富民强省新跨越的关键时期，是加快转方式、调结构的攻坚时期，也是我省深入

推进节能减排的重要时期。随着工业化、城镇化进程加快和消费结构持续升级，全省能源消费需求呈刚性增长，资源环境约束日趋强化，“十二五”节能减排形势更加严峻，任务更加艰巨。特别是部分地方节能减排工作还存在长效机制不健全、能源计量统计工作薄弱、能力建设滞后、执法监管不力等问题。这种状况如不及时彻底改变，将严重影响“十二五”节能减排目标的实现。

各级、各部门要从战略和全局的高度，真正把思想和行动统一到中央和省委、省政府的决策部署上来，深刻认识“十二五”节能减排工作的极端重要性、紧迫性和艰巨性，切实增强大局意识、忧患意识和责任意识，树立节能低碳发展理念，进一步把节能减排作为落实科学发展观、加快转方式、调结构的重要着力点和主攻方向，作为检验经济社会发展成效的重要标准，真正做到思想上坚定不移，工作上坚持不懈，节奏上均衡持续，下更大决心，用更大气力，采取更加有力措施，加快推进节能减排，着力形成资源节约、环境友好的生产方式和消费模式，增强可持续发展能力。

三、建立完善节能减排长效机制，进一步落实各级人民政府对本行政区域节能减排负总责、政府主要领导是第一责任人的工作要求，严格实行问责制和“一票否决”制度。加快推行节能减排市场化机制，真正把节能减排转化为企业和各类社会主体的内在要求。深入推进节能减排全民行动，动员和凝聚全社会力量，群策群力做好节能减排工作，逐步形成全民参与的社会机制。

四、各级政府和有关部门要切实加强组织领导，坚持主要领导亲自抓、负总责，分管领导靠上抓，建立起责任明确、分工协调、一级抓一级、层层抓落实的节能减排工作体系。充分发挥省节能减排工作领导小组的作用，加强对节能减排工作的组织领导，狠抓监督检查。省经济和信息化委（省政府节能办）负责承担省节能减排工作领导小组的具体工作，切实加强节能减排工作的综合协调，组织推动节能降耗工作；省环保厅为主承担污染减排方面的工作；省统计局负责加强能源统计和监测工作；其他各有关部门要切实履行职责，密切协调配合，完善分工负责、齐抓共管的节能减排工作机制。

各级、各部门和企业要按照本通知要求，立即部署本地区、本系统“十二五”节能减排工作，进一步量化目标，细化措施，明确进度要求，尽快提出具体实施方案。要狠抓贯彻落实，坚决防止出现节能减排工作前松后紧、盲目应急的问题，确保实现“十二五”节能减排目标任务。

二〇一一年十一月二十一日

山东省“十二五”节能减排综合性工作实施方案

一、节能减排总体要求和主要目标

1. 总体要求。以邓小平理论和“三个代表”重要思想为指导，深入贯彻落实科学发展观，落实节约资源和环境保护的基本国策，统筹节能减排与济社会发展，坚持降低能源消耗强度、减少主要污染物排放总量、合理控制能源消费总量相结合，形成加快转方式、调结构的倒逼机制；坚持强化责任、健全法制、完善政策、加强监管相结合，建立健全激励和约束机制；坚持优化产业结构、推动技术进步、强化工程实施、加强管理创新相结合，抓好产业结构调整、主要污染物新增量控制和存量削减，大幅度提高能源利用效率，显著减少污染物排放；坚持政府主导、企业主体、市场驱动、全社会参与的节能减排工作格局，建立健全节能减排工作长效机制，确保实现“十二五”节能减排约束性目标，加快建设资源节约型、环境友好型社会。

2．主要目标。到2015年，全省万元地区生产总值能耗下降到0.85吨标准煤（按2005年价格计算），比2010年的1.02吨标准煤降低17%，比2005年的1.32吨标准煤降低35.3%；“十二五”期间，实现节约能源7500万吨标准煤。2015年，全省化学需氧量和氨氮排放总量（含工业、生活、农业）分别控制在177.4万吨、15.29万吨以内，比2010年的201.6万吨、17.64万吨分别减少12%（其中工业和生活排放量减少12.9%）、13.3%（其中工业和生活排放量减少13.5%）；二氧化硫和氮氧化物排放总量分别控制在160.1万吨、146万吨以内，比2010年的188.1万吨、174万吨分别减少14.9%、16.1%。

二、强化节能减排目标责任

3．合理分解节能减排指标。综合考虑经济发展水平、产业结构、节能减排潜力、环境容量、环境质量改善目标及产业布局等因素，将全省节能减排目标任务合理分解到各市、各部门。各市要把节能减排指标纳入本行政区经济社会发展“十二五”规划，将省里下达的节能减排指标层层分解落实，明确下一级政府、有关部门、重点用能单位和重点排污单位的目标任务，按年度签订责任书。

4．完善节能减排统计、监测和考核体系。加强能源生产、流通、消费统计和节能监测，建立和完善建筑、交通运输、公共机构能耗统计制度以及地区生产总值能耗指标季度统计公报制度，强化用能单位能耗计量、记录等基础工作，完善统计核算与监测方法，建立回收能、可再生能源、循环经济等统计评价报告制度，提高能源统计的准确性和及时性，为节能减排决策、考核提供依据。修订完善减排统计监测和核查核算办法，统一标准和分析方法，实现监测数据共享。加强氨氮、氮氧化物排放统计监测，建立农业源和机动车排放统计监测指标体系。完善节能减排考核办法，继续做好省及各市单位地区生产总值能耗、主要污染物排放指标公报工作。

5．加强目标责任评价考核。完善节能减排目标责任考核指标体系和考核机制，把对各市目标考核与行业目标评价相结合，把落实5年目标与完成年度目标相结合，把年度目标考核与进度跟踪相结合，进一步加大督查考核力度，增强督查考核的公正性、科学性和及时性。完善各市、各部门“双目标”责任考核机制。各市人民政府和省直有关部门每年要向省政府报告节能减排目标完成情况以及政策措施落实情况。省政府每年组织开展对各市政府和省直有关部门节能减排目标责任评价考核，考核结果向社会公布。强化考核结果运用，将节能减排目标完成情况和政策措施落实情况作为领导班子和领导干部综合考核评价的重要内容，纳入科学发展综合考核和国有企业业绩管理，加大问责力度，落实节能减排第一责任人、“一票否决”制度和“四不一奖”规定。对节能减排成绩突出的地区、单位、个人和成果给予表彰奖励。探索建立领导干部离任节能减排工作审计制度。

三、调整优化产业结构

6．加快优化产业结构。积极构建节约型产业体系，培育新经济增长点。围绕实现服务业跨越式发展，大力发展面向生产、面向生活、面向农村的服务业，加强重点城区、重点园区、重点企业和重点项目“四大载体”建设，促进服务业拓宽领域、扩大规模、优化结构、提升层次，区域中心要尽快形成服务经济为主的产业结构。大力培育战略性新兴产业，重点发展新材料、新信息、新医药和生物、新能源与节能环保、海洋开发、高端装备制造等产业。到2015年，服务业增加值和战略性新兴产业增加值占地区生产总值比重分别达到45%和10%。

7．抑制高耗能、高排放行业过快增长。

认真落实国家和省工业调整振兴规划，从严控制钢铁、水泥、焦炭和氮肥产能。严格控制高耗能、高排放和产能过剩行业新上项目，进一步提高行业准入门槛，把钢铁、铝冶炼、铜冶炼、铁合金、电石、焦炭、水泥、煤炭、电力、造纸、烧碱、玻璃等高耗能行业作为重点管理和监控对象，认真执行固定资产投资联席会议审查制度，严格控制“两高”行业新增产能。强化节能、环保、土地、安全等指标约束，依法严格节能评估审查、环境影响评价、建设用地审查，严格贷款审批，从源头上严把项目审查关。建立健全项目审批、核准、备案责任制，严肃查处越权审批、分拆审批、未批先建、边批边建等行为，依法追究有关人员责任。严格控制“两高一资”（高耗能、高污染和资源型）产品出口。承接产业转移必须坚持高标准，严禁污染产业和落后生产能力转入。加强生产许可管理，对列入《产业结构调整指导目录》中淘汰类产品和应进行能评、环评审查而未通过的项目，一律不予办理生产许可证。

8. 推动传统产业改造升级。严格落实产业结构调整指导目录和行业准入政策，将其作为实施财税、信贷、土地、进出口等政策的重要依据，引导全省产业结构优化升级。加快运用高新技术和先进适用技术改造提升传统产业，促进信息化和工业化深度融合，重点支持对产业升级带动作用大的项目。支持石化、建材等重污染企业搬迁改造，积极实施退城进园（港）。支持推进钢铁、煤炭、化工、造纸等重点企业联合重组，提高产业集中度，实现传统产业优化升级。开展钢铁产业结构调整试点工作，打造精品钢铁生产基地，提高钢铁产业附加值，2015 年吨钢综合能耗比 2009 年降低 3.9% 以上。贯彻落实加工贸易禁止类、限制类商品目录，强化加工贸易企业准入管理，严禁开展高耗能、高排放和过多消耗国内紧缺资源的加工贸易。使用限制类工艺技术、装备，生产限制类产品的加工贸易企业要加快转型升级。引导加工贸易企业集群由加工装配向自主研发、设计制造和营销服务延伸。

9. 加快淘汰落后产能工作。认真落实《国务院关于进一步加强淘汰落后产能工作的通知》（国发〔2010〕7 号）等有关政策规定，制定我省重点行业“十二五”淘汰落后产能实施方案，分解落实国家下达的淘汰落后产能任务，落实目标责任制，确保完成任务。继续做好小火电机组关停工作，推动小热电、小锅炉集中整治，实施“上大压小”，对燃煤锅炉集中区域、工业园区和供热覆盖区域实施集中供热，鼓励燃煤电厂对周边企业和城区开展集中供热。完善落后产能退出机制，指导、督促淘汰落后产能企业做好职工安置和权益保护工作。积极做好中央淘汰落后产能奖励资金申报安排工作和省级财政统筹支持全省淘汰落后产能工作，各县（市、区）人民政府要积极安排资金，支持淘汰落后产能工作。积极淘汰高耗能落后生产工艺、产品和设备。完善淘汰落后产能公示制度，对未按期完成淘汰任务的市、县（市、区），严格控制国家及省安排的投资项目，暂停对该市、县（市、区）重点行业建设项目办理核准、审批和备案手续；对未按期淘汰的企业，依法吊销排污许可证、生产许可证和安全生产许可证，并实施差别电价、惩罚性电价或限电、停止供电等制约措施；对虚假淘汰行为，依法追究企业负责人和地方政府有关人员的责任。

10. 调整优化能源结构。按照安全、高效、清洁的原则，稳步发展利用传统能源。科学有序开发利用煤炭资源，加大油气资源勘探开发力度，从严控制燃煤火电新增规模，鼓励建设大容量、高参数、高效率超超临界燃煤发电机组，优化电源结构。积极推广应用太阳能、风能、生物质能、地热能和核能等新能源，鼓励太阳能集热系统在工业、公共机构、商业和居民生活领域的大规模应用。加快建设沿海和内陆风能产业带，发展大型风电设备，建设风电项目，有序推进生物质直燃和生物质气化发电，因地制宜发展地热能，推广满足环保和水资源保护要求的地热应用技术产品。到2015年，非化石能源消费占一次能源消费的比重达到4.5%。

四、实施节能减排重点工程

11．实施节能科技提效工程。突出电力、煤炭、钢铁、有色金属、石油石化、化工、建材、造纸、纺织、印染、食品加工等传统行业，开展燃煤锅炉（窑炉）节能改造、区域大型热电联产、电机系统节能、能量系统优化、换热技术改造、余热余压利用、蓄冷蓄热、节约和替代石油、输配电系统、建筑节能等10类节能技术产业化和技术改造，推动信息数据中心、通信机房和基站节能改造。5年实施1000个节能项目。到2015年，工业锅炉、窑炉平均运行效率比2010年分别提高5个和2个百分点，电机系统运行效率提高2–3个百分点，余能综合利用发电装机力争增加到200万千瓦，全省累计实现节能1500万吨标准煤。

12．实施水污染物减排重点工程。实行造纸、印染等行业主要污染物排放总量控制，加大造纸、印染、化工、食品饮料等重点企业工艺技术改造和废水治理力度，全省单位工业增加值化学需氧量和氨氮排放强度分别下降50%。推进城镇污水处理设施及配套管网建设，2012年年底前，国家级、省级开发区和工业园区全部建成污水集中治理设施或者接入城镇污水处理厂集中治理。到2015年，有条件的建制镇建成生活污水集中处理设施，全省新增污水日处理能力300万吨，新建配套管网8000公里以上，城市和县城污水集中处理率达到90%，全省城市污水处理厂运转负荷率平均达到80%以上。强化城镇污水处理厂脱氮除磷，加快人工湿地水质净化工程建设，扩大市政再生水利用量，大力推进污泥处理处置。到2015年，全省城镇污水处理厂再生水回用率达到20%，污泥无害化处理处置率达到50%。强化垃圾渗滤液治理，实现达标排放。

13．实施大气污染物减排重点工程。实行电力、钢铁等行业主要污染物排放总量控制。实施脱硫脱硝工程，加快推动燃煤火电、钢铁、有色金属、建材等行业脱硫脱硝。新建燃煤机组全部配套建设脱硫脱硝设施，现役燃煤机组不能稳定达标排放的要进行更新改造或淘汰。2013年年底前，单机容量30万千瓦及以上燃煤机组应按照规定取消烟气旁路。2014年年底前，全部燃煤机组按照规定取消烟气旁路，单机容量20万千瓦及以上燃煤机组全部安装或完成脱硝设施改造，其他发电机组进行低氮燃烧改造或加装脱硝设施。钢铁行业现有单台烧结面积100平方米以上烧结机开展脱硝示范工程建设，2015年，吨钢二氧化硫排放量比2009年降低47.4%以上。石油石化催化裂化装置全面实施烟气脱硫改造。焦化企业实施焦炉煤气脱硫脱氢工程，新型干法水泥生产线实施低氮燃烧技术改造，其中熟料生产规模4000吨/日以上的水泥生产线全部实施脱硝改造。推动规模大于30蒸吨的燃煤锅炉开展低氮燃烧改造。火电、钢铁、建材等重点行业实施烟（粉）尘深度治理，努力减少颗粒物排放量。加强重点区域、重点行业和重点企业重金属污染防治，开展重金属污染治理与修复试点示范。

14．实施循环经济重点工程。实施资源综合利用、废旧商品体系回收、“城市矿产”示范基地、再制造产业化、餐厨废弃物资源化、产业园区循环化改造、资源循环利用技术示范推广等循环经济重点工程。建设10个资源综合利用示范基地、5个“城市矿产”示范基地、5个城市餐厨废弃物资源化和无害化处理示范工程。

15．加大节能减排资金投入。节能减排重点工程所需资金主要由项目实施主体通过自有资金、金融机构贷款、社会资金、国际金融组织资金解决，各级人民政府应安排一定的资金予以支持和引导。各市、县（市、区）人民政府要切实承担城镇污水处理设施和配套管网建设的主体责任，严格城镇污水处理费征收和管理，国家和省专项资金对重点建设项目给予适当支持。

五、加强节能减排管理

16．合理控制能源消费总量。根据国家部署，实行能源消费总量控制目标责任管理。各市要按照节能与经济发展相协调的原则，根据当地经济发展水平、产业结构、能耗状况、节能潜力等情况，科学确定能耗总量控制指标，建立强度指标与总量指标相结合的节能指标体系，通过实施能耗总量控制，确保完成能耗强度目标。将节能评估审查作为控制地区能源消费增量和总量的重要措施。在大气联防联控重点区域开展煤炭消费总量控制试点。严格控制非电煤炭消费总量。“十二五”期间，全省新增煤炭消费量控制在8200万吨以内。

17．完善科学化、常态化的节能预警调控机制。按照科学监测、超前把握、提前干预的原则，建立实施能耗强度与能耗总量相结合的调控制度。在工业、建筑、交通运输、公共机构以及城乡建设和消费领域全面加强用能管理，切实改变敞开口子供应能源、无节制使用能源的现象。加强监测预警，及时跟踪监测各市和重点行业能源消费指标，对能耗增长过快的行业和企业，逐户进行分析，提出调控企业名单，纳入有序用电、用能管理，落实调控措施，确保调控实效，避免预警调控盲目应急现象。

18．强化重点用能单位节能管理。依法加强年耗能万吨标准煤以上重点用能单位节能管理，开展千家企业节能低碳行动，完成国家下达的节能量目标。构建全员参与的节能低碳企业文化，将节能低碳融入企业研发、生产和管理每一个环节。推行能源管理师制度，到2015年，培训考核至少1万名能源管理师。建设100个企业能源管理中心示范项目。加强企业能源计量监测，推进企业能源管理体系建设，开展重点用能企业能源审计。深入开展能效对标活动，加强能效标杆企业建设。实行能源利用状况报告制度。建立企业用能总量与单位能耗指标相结合的节能目标考核制度和节能量交易制度。完善量化否决性考核指标。每年组织对重点用能单位节能目标完成情况进行考核，公布考核结果。对未完成年度节能任务的企业，强制进行能源审计，限期整改。中央和省属企业要接受所在地节能主管部门的监管，争当行业节能减排标兵。

19．推动建筑节能减排。制定实施绿色建筑行动方案，从规划、法规、技术、标准、设计等方面全面推进建筑节能。强化新建建筑节能管理，积极推行建筑能效测评标识，提高节能标准执行率和工程质量。大力发展绿色建筑和低能耗建筑，积极开展绿色建筑星级评价标识，深入推进墙材革新，推广使用新型节能建材和再生建材，继续推广散装水泥。加快既有建筑节能改造，完善以政策导向和市场化手段相结合的节能改造机制，实施“节能暖房”工程，改造供热老旧管网，实行供热计量收费和能耗定额管理。推进可再生能源应用，将太阳能光热建筑一体化应用纳入工程规划、设计、施工图审查、竣工验收、质量监督等环节，加强监督检查。研究建立建筑使用全寿命周期管理制度，严格建筑拆除管理。加强城市照明管理，严格防止和纠正过度装饰和亮化。到2015年，城市和县城新建建筑节能标准执行率在设计阶段达到100%，施工阶段达到98%以上，全省累计建成绿色建筑1000万平方米以上，完成既有建筑节能改造8900万平方米，新增太阳能光热建筑应用面积1.5亿平方米以上，太阳能光电建筑一体化应用装机容量达到150兆瓦以上，城镇应用可再生能源的新建建筑达到50%以上。

20．推进交通运输节能减排。加快构建综合交通运输体系，积极发展城市公共交通，科学合理配置交通资源，优化交通运输结构。有序推进城市轨道交通建设。鼓励推广新能源汽车等高效低耗车型。实施低碳交通运输体系建设城市试点，深入开展“车船路港”千家企业低碳交通运输专项行动，推广应用通用型交通节能技术。到2015年，全省开通不停车收费（ETC）车道400条，营运车辆单位运输周转量能耗比2005年下降10%，其中营运客车、营运货车分别下降6%和12%；营运船舶单位运输周转量能耗下降15%，其中海洋和内河船舶分别下降16%和14%；港口生产单位吞吐量综合能耗下降8%。加快淘汰高耗能老旧车、船等运输工具。对达到国家规定的机动车强制报废标准的机动车辆要强制报废。到2015年，基本淘汰2005年以前注册运营的“黄标车”，加快提升车用燃油品质。实施第四阶段机动车排放标准，选择有条件的重点城市和地区逐步实施第五阶段排放标准。全面推行机动车环保标志管理，探索城市调控机动车保有总量。建立交通综合信息平台。推广甩挂运输，加快实施中韩陆海联运甩挂运输项目。

21．促进农业和农村节能减排。加快淘汰老旧农用机具，推广农用节能机械、设备和渔船。加强建材下乡试点省建设，落实家电下乡政策，推进节能型住宅建设，促进农民生活节能。加快太阳能热水器在农村的普及应用，到2015年，农村太阳能热水器普及率达到35%以上。发展户用沼气和大中型沼气，加强运行管理和维护服务。完善秸秆气化技术及系统装备，建设农村秸秆气化工程。到2015年，秸秆综合利用率达到85%以上，全省适宜农村沼气用户普及率达到28%以上。治理农业面源污染，加强农村环境综合整治，实施农村清洁工程，鼓励污染物统一收集、集中处理。实施规模化畜禽养殖场污染治理工程，实现80%以上规模畜禽养殖场和养殖小区配套建设固体废物和废水贮存处理设施或实行生态环保养殖模式。因地制宜推进农村分布式、低成本、易维护的污水处理设施建设。推广应用节约型农业技术，开展测土配方施肥，鼓励使用高效、安全、低毒农药，推动有机农业发展。

22．推动商业和民用节能。在零售业等商贸服务和旅游业开展节能减排行动，加快设施节能改造，严格用能管理，引导消费行为。加强商业企业、酒店宾馆能耗计量统计和管理，制定实施商业企业、酒店宾馆能耗定额标准，鼓励应用高效空调、楼宇能源管理系统等节能技术产品。到2015年，商业企业万元营业额能耗降低10%以上。鼓励商场销售节能型商品。推动宾馆和酒店应用节能燃气灶具。宾馆、商厦、写字楼、机场、车站等要严格执行夏季、冬季空调温度设置标准。落实节能产品惠民补贴政策，在居民中推广使用高效节能家电、照明产品，鼓励购买节能环保型汽车，支持乘用公共交通，提倡绿色出行。减少一次性用品使用，限制过度包装，抑制不合理消费。

23．加强公共机构节能减排。公共机构新建建筑实行更加严格的建筑节能标准。加快公共机构既有建筑节能改造，鼓励利用合同能源管理模式实施节能改造，“十二五”期间，完成既有公共建筑节能改造1000万平方米。鼓励财政供养单位供热实行按热量收费。建立完善公共机构能源审计、能效公示和能耗定额管理制度，加强能耗监测平台和节能监管体系建设。积极淘汰更新高耗能办公设备。支持驻鲁部队重点用能设施设备节能改造。开展节约型公共机构示范单位创建活动，创建200家示范单位。到2015年，全省公共机构单位建筑面积能耗比2010年降低12%，节能灯具、节水器具应用率达到90%以上。加强公务用车节能，实施公务车定额管理，提高节能与新能源汽车比例。

六、大力发展循环经济

24．加强对发展循环经济的宏观指导。加快循环经济立法进程。逐步加大循环经济投入，完善支持循环经济发展的财政金融政策体系。各市要做好循环经济规划的编制和实施工作。建立健全循环经济统计评价制度。围绕钢铁、有色金属、煤炭、电力、石化、化工、建材、造纸、纺织、装备制造、新能源、新医药等12个重点行业，重点培育400家循环经济示范企业、12种循环经济示范模式。围绕种植业、林业、畜牧业、渔业的发展，重点培育20家循环经济示范单位、6种农业循环经济模式。依托丰富的旅游资源，建立工业、农业、滨海、文化四个特色生态旅游循环经济产业链，培育10家循环经济示范单位、2种循环经济发展模式。充分发挥区域资源优势和产业辐射带动作用，重点培育20个循环经济示范园区。推进生态工业示范园区建设，“十二五”期间新建30个生态工业示范园区。

25. 全面推行清洁生产。认真组织实施《山东省清洁生产“十二五”推行规划》，重点抓好山东半岛蓝色经济区、黄河三角洲高效生态经济区两大区域，钢铁、煤炭、电力、化工、建材、机械、纺织印染、食品加工、造纸9个工业行业，农业、建筑、交通、商贸服务4个领域的清洁生产。开展清洁生产示范园区创建工作，大力研发推广重大清洁生产技术，培育清洁生产先进单位，完善行业清洁生产地方标准，实施清洁生产单位认定制度。到2015年，建设20个高标准、规范化的清洁生产示范园区；推广300项清洁生产重点技术；培育400家清洁生产先进单位。加大清洁生产审核力度，鼓励企事业单位自愿开展清洁生产审核，依法实施强制性清洁生产审核。完善清洁生产咨询服务体系，开展清洁生产宣传培训。

26. 推进资源综合利用。加大煤矸石、粉煤灰、冶炼废渣、化工废渣、工业副产石膏等大宗工业废渣，以及建筑和道路废弃物的综合利用，积极推进黄金尾矿、选铁尾矿、氧化铝赤泥等治理与利用。积极开展工业窑炉的余能发电和热的分级利用。加大对中低品位矿的资源综合利用，积极推进煤系共伴生矿产资源的综合开发利用。推进农业废弃物、农产品加工副产品、林木“三剩物”（采伐剩余物、造材剩余物、加工剩余物）、次小薪材等资源化利用，发展代木产品。到2015年，工业固体废物综合利用率达到85%以上。

27. 加快资源再生利用产业化。推进“城市矿产”示范基地建设。加强再生资源利用的关键技术研发和消化吸收再创新，实现主要再生资源的高值利用。强化再生资源回收利用管理，完善静脉产业链条，加强对废旧金属、废旧轮胎、废旧家电、废塑料、废橡胶、废旧铅酸电池等再生资源的回收利用。加快发展再制造产业，支持以报废汽车、工程机械、矿山机械、废旧硒鼓等为重点的再制造企业做大做强。到2015年，主要再生资源回收利用率达到68%以上。

28. 促进垃圾资源化利用。健全城市生活垃圾分类回收制度，完善分类回收、密闭运输、集中处理体系。鼓励家庭实施生活垃圾源头分类，建设小区垃圾分类回收站点，合理设置垃圾分拣中心，实施生活垃圾细化分类。鼓励开展垃圾焚烧发电和供热、填埋气体发电和餐厨废弃物资源化利用，鼓励在工业生产过程中协同处理城市生活垃圾和污泥。制定推进餐厨废弃物资源化利用和无害化处理的管理制度，规范餐厨废弃物的回收、运输和处理利用。推广建筑垃圾资源化利用技术，建设一批建筑垃圾资源化利用示范工程。

29. 推进节水型社会建设。建立最严格的水资源管理制度，实行省、市、县（市、区）三级用水总量、用水效率和水功能区限制纳污“三条红线”控制管理，逐步形成需水管理机制，确保完成国家下达的各项节水目标。对农业灌区进行节水改造和续建配套，推广普及常规节水灌溉技术，适当发展管道输水灌溉、喷灌、微灌等先进节水技术。推进岸基工厂化循环水养殖示范。实行工业用水总量控制和取水定额管理。加快重点行业节水改造，严控新上高用水工业项目，积极推进企业水资源循环利用和工业废水处理回用。加强海水、矿井水、雨水、再生水、微咸水等非常规水资源的开发利用，开展海水淡化及综合利用示范工程，创建示范城市。推进城镇供水管网改造，推广应用节水器具，广泛开展节水型城市创建活动。

七、加快节能减排技术开发和推广应用

30. 加快节能减排共性和关键技术研发。在省、市、县（市、区）三级科技计划和专项中，加大对节能减排科技研发的支持力度，完善以市场为导向、以用能排污单位为主体、产学研相结合的节能减排技术创新体系。继续推进节能减排科技专项行动，组织高效节能、废物资源化以及小型分散污水处理、农业面源污染治理等共性、关键和前沿技术攻关。组建一批国家、省级节能减排工程实验室及专家队伍。推动节能减排技术与装备产业联盟组建工作，继续通过国家工程（技术）研究中心加大节能减排科技研发力度。加强资源环境高技术领域创新团队和研发基地建设。充分利用国家鼓励政策，积极引进节能减排技术及关键设备和重要资源能源。国家、省进口贴息资金优先用于节能、环保类设备引进项目。

31. 加大节能减排技术产业化示范。加快推进节能减排重大技术与装备产业化，重点支持高效节能电机、低品位余热利用、半导体照明、高效蓄冷蓄热、地热和浅层地温能应用、生物脱氮除磷、烧结机烟气脱硫脱硝一体化、高浓度有机废水处理、污泥和垃圾渗滤液处理处置、废弃电器电子产品资源化、金属无害化处理等关键技术与设备产业化。发展热电联产，推广分布式能源。开展智能电网试点。加快煤层气开发利用，开展煤炭清洁利用，提高原煤入洗比例。加快节能环保产业基地建设，充分发挥环保产业研发基地、绿色产业国际博览会、太阳能展洽会的平台作用，推动节能环保产业集聚化、规模化发展，“十二五”期间重点培育100个节能环保产业基地和园区。

32. 加快节能减排技术推广应用。认真落实国家节能减排技术政策大纲。每年发布重大节能环保技术、产品和设备推荐目录，建立节能减排技术遴选、评定及推广机制。重点推广能量梯级利用、低温余热发电、先进煤气化、高压变频调速、干熄焦、蓄热式加热炉、吸收式热泵供暖、冰蓄冷、高效换热器，以及干法和半干法烟气脱硫、膜生物反应器、选择性催化还原氮氧化物控制等节能减排技术。

八、完善节能减排经济政策

33. 推进价格和环保收费改革。认真落实国家关于资源性产品价格改革政策，理顺资源性产品价格关系。根据国家统一部署，推行居民用电、用水阶梯价格。完善电力峰谷分时电价政策。深化供热体制改革，全面推行供热计量收费。严格落实脱硫、脱硝电价政策。进一步完善污水处理费政策，研究将污泥处理费用逐步纳入污水处理成本问题。改革垃圾处理收费方式，加大征收力度，降低征收成本。

34. 完善财政激励政策。逐步加大省级节能减排的投入力度，加快节能减排重点工程实施和能力建设。认真实施“以奖代补”、“以奖促治”和生态补偿政策以及采用财政补贴方式推广高效节能家用电器、照明产品、节能汽车、高效电机、太阳能产品等支持机制，提高财政资金使用效益。国有资本经营预算要继续支持企业实施节能减排项目。各级政府要加大对节能减排的投入，确保节能减排工作需要。大力发展节能环保服务业。研究实行节能环保服务政府采购。推行政府绿色采购，完善强制采购和优先采购制度，健全节能产品政府采购评价监督机制，逐步提高节能环保产品比重。到2015年，节能产品采购金额占同类产品采购金额的比重达到90%以上。

35. 落实税收支持政策。严格执行国家支持节能减排所得税、增值税等优惠政策。根据国家部署，积极落实资源税费、环境税费改革政策，依法清理取消涉及矿产资源的不合理收费基金项目。认真落实资源综合利用和可再生能源发展的税收优惠政策。调整进出口税收政

策，遏制高耗能、高排放产品出口。对用于制造大型环保及资源综合利用设备确有必要进口的关键零部件及原材料，按照国家要求，落实税收优惠政策。

36. 强化金融支持力度。加大各类金融机构对节能减排项目的信贷支持力度，创新适合节能减排项目特点的信贷管理模式，简化贷款审批手续，优先为节能减排项目提供融资服务，并从严控制高耗能、高排放行业信贷投入。鼓励节能减排企业通过银行间债券市场发行短期融资券、中期票据、中小企业集合票据等方式进行融资。引导各类创业投资企业、股权投资企业、社会捐赠资金和国际援助资金增加对节能减排领域的投入。提高高耗能、高排放行业贷款门槛，将企业节能环保违法信息纳入人民银行企业征信系统和银监机构信息披露系统，与企业信用等级评定、贷款及证券融资联动。建立绿色评级制度，将绿色信贷成效与金融机构高管人员履职评价、机构准入、业务发展相挂钩。推行环境污染责任保险，重点区域涉重金属企业应当购买环境污染责任保险。

37. 加强国际交流合作。加大与有关国际组织、政府在节能环保和新能源等领域的交流合作力度，进一步扩大外资优惠贷款、赠款利用规模，深化节能减排基础课题合作研究，学习和借鉴国际节能减排领域的先进经验和机制，引进先进技术、理念，提高节能减排创新能力。实施好世界银行、亚洲开发银行节能减排项目，深入开展节能自愿协议等课题研究。

九、强化节能减排监督检查

38. 健全节能环保法规规章。贯彻落实国家和省节约能源、循环经济、清洁生产、环境保护等法律、法规，制定循环经济促进条例、民用建筑节能条例等法规。制定重点用能单位监管、高耗能高排放行业节能减排区域（企业）限批、餐厨废弃物利用等政府规章。修订《山东省节能监察办法》。

39. 严格节能评估审查和环境影响评价制度。落实节能评估审查、等量淘汰制度，把节能评估审查作为项目审批、核准、备案或开工建设的前置性条件以及项目设计、施工和竣工验收的重要依据。把污染物排放总量指标作为环评审批的前置条件，对年度减排目标未完成、重点减排项目未按目标责任书落实的地区和企业，实行阶段性环评限批。对未通过能评、环评审查的投资项目，有关部门不得审批、核准、批准开工建设，不得发放生产许可证、安全生产许可证、排污许可证，金融机构不得发放贷款，有关单位不得供水、供电。加强能评和环评审查的监督管理，严肃查处各种违规审批行为。能评费用由节能审查机关同级财政部门安排。

40. 加强重点污染源和治理设施运行监管。严格排污许可证管理。强化重点流域、重点地区、重点行业污染源监管，适时发布主要污染物超标严重的重点环境监控企业名单。列入国家和省重点环境监控范围的电力、钢铁、造纸、印染等重点行业的企业，要安装运行管理监控平台和污染物排放自动监控系统，定期报告运行情况及污染物排放信息，推动污染源自动监控数据联网共享。加强城市污水处理厂监控平台建设，提高污水收集率，做好运行和污染物削减评估考核，考核结果作为核拨污水处理费的重要依据。加强重点行业脱硫、脱硝中控系统建设。推进污水处理厂规范建设污水处理设施中控系统。对城市污水处理设施建设严重滞后、收费政策不落实、污水处理厂建成后 1 年内实际处理水量达不到设计能力 60%，以及已建成污水处理设施但无故不运行的地区，暂缓审批该城市项目环评，暂缓下达有关项目的国家和省建设资金。

41. 加强节能减排执法监督。严格落实节能环保法律法规，把节能环保执法与帮促服务相结合，日常监察与专项监察相结合，开展省市联动、部门联合执法。组织开展节能减排专项检查，督促各项措施落实，严肃查处违法违规行为。进一步强化统计执法检查工作。加大对重点用能单位和重点污染源的执法检查力度，加大对高耗能特种设备节能标准和建筑施工阶段标准执行情况、政府机关办公建筑和大型公共建筑节能监管体系建设情况，以及节能环保产品质量和能效标识的监督检查力度。对严重违反节能环保和统计法律法规、浪费能源资源、污染环境、统计数据造假的，依法严厉查处；对未按要求淘汰落后产能、违规使用明令淘汰用能设备、虚标产品能效标识、减排设施未按要求运行的，公开通报或挂牌督办，限期整改，对有关责任人进行严肃处理。实行节能减排执法责任制，对行政不作为、执法不严等行为，严肃追究有关主管部门和执法机构负责人的责任。

十、推广节能减排市场化机制

42. 加大能效标识和节能环保产品认证实施力度。扩大终端用能产品能效标识实施范围，加强宣传和政策激励，引导消费者购买高效节能产品。继续推进节能产品、环境标志产品、环境友好型产品、环保装备认证，开展太阳能行业联盟标志产品认定，突出重点耗能行业、节能环保产品制造业和新能源产业开展节能环保认证示范。逐步推进企业能源管理体系认证。强化节能环保认证监督管理，规范认证行为，扩展认证范围。以强制性认证产品监管为重点，严格依法查处认证违法违规行为。加强新能源、低碳经济、节能量等领域节能认证技术研究。

43. 建立“领跑者”标准制度。及时发布高耗能产品和终端用能产品的能效先进水平，根据国家要求，实施“领跑者”能效标准，明确实施时限。将“领跑者”能效标准与新上项目能评审查、节能产品推广应用相结合，推动企业技术进步，加快标准的更新换代，促进能效水平快速提升。

44. 加强节能发电调度和电力需求侧管理。认真贯彻国家能源产业政策，科学安排发电量计划，根据机组能耗和污染物排放状况确定利用水平，适当提高高效、环保机组的设备利用小时；按照“以资定电”、“以热定电”原则，安排综合利用、热电联产机组发电量计划。开展“以大代小”发电量替代工作，探索研究企业自备电厂替代发电新模式，加强自备电厂监管。按照国家部署，推进节能发电调度。电网企业要按照节能、经济的原则，优先调度风电、太阳能发电、核电以及余热余压、煤层气、填埋气、沼气、煤矸石和垃圾等发电上网，优先安排节能、环保、高效火电机组发电上网，并及时、真实、准确、完整地公布节能发电调度信息。结合燃煤发电机组脱硝设施建设计划，合理安排机组大修时间。加强对节能发电调度工作的监督。加强电力需求侧管理长效机制建设。强化有序用电管理，推进省、市、县三级电力负荷管理系统终端联网，建设完善有序用电智能决策系统。大力推广能效电厂。

45. 加大差别电价和惩罚性电价实施力度。严格落实国家差别电价政策，扩大差别电价实施范围，提高加价标准。对能源消耗超过国家和地方规定的单位产品能耗（电耗）限额标准的企业和产品，实行惩罚性电价。将差别电费和惩罚性电费作为一般预算收入由省电网公司按规定随电价一并征收，采取集中汇缴的方式，按月全额上缴省国库，作为省级收入，全部纳入财政预算，实行“收支两条线”管理，主要用于全省节能减排等工作。

46. 加快推行合同能源管理机制。落实财政、税收和金融等扶持政策，加快培育一批有特色、高水平的专业化节能服务公司，鼓励采用合同能源管理方式为用能单位实施节能改造，扶持壮大节能服务产业。加强用能单位、节能服务公司、担保公司、金融机构之间的合作，打造“一站式”合同能源管理综合实施平台。完善合同能源管理项目节能量审核和交易制度，培育第三方审核评估机构。建立健全节能服务业诚信体系。鼓励重点用能单位组建专业化节能服务公司。引导和支持各类融资担保机构提供风险分担服务。

47. 支持开展能源环境交易试点。组建山东省能源环境交易机构，建立节能交易平台，完善相关配套制度，加快能源环境交易市场机制建设。推进主要污染物排污权有偿使用和交易，建立省级排污权交易中心和平台，完善排污权交易市场机制。

48. 推行污染治理设施建设运行特许经营。总结燃煤电厂烟气脱硫特许经营试点经验，完善相关政策措施。鼓励采用多种建设运营模式开展城镇污水垃圾处理、工业园区污染物集中治理，确保处理设施稳定高效运行。实行环保设施运营资质许可制度，推进环保设施的专业化、社会化运营服务。完善市场准入机制，规范市场行为，打破地方保护，为企业创造公平竞争的市场环境。

十一、加强节能减排基础工作和能力建设

49. 加快节能环保标准体系建设。认真执行国家有关节能环保标准，加快制（修）订重点行业单位产品能耗限额、产品能效和污染物排放等强制性地方标准，以及建筑节能标准和设计规范，提高准入门槛。制定完善环保产品与装备标准。建立完善水、大气和重点行业、机动车尾气等地方性污染物排放标准体系。鼓励依法制定更加严格的节能环保地方标准。实施循环经济标准化试点工作。建设一批循环经济标准化试点单位。制定实施一批太阳能行业联盟标准，加强联盟标准与建筑工程应用标准的衔接。

50. 强化节能减排管理能力建设。建立健全节能管理、监察、服务“三位一体”的节能管理体系，加强节能管理和能源统计能力建设，完善机构，充实人员，加强培训。加强节能监察机构能力建设，配备监测和检测设备，完善省、市、县（市、区）三级节能监察体系。加强能源计量器具配备情况监督检查，推动重点用能企业建立完善测量管理体系，强化能源计量统计人员培训。开展城市能源计量建设示范和能源计量标杆示范企业创建活动。加强减排监管能力建设，推进环境监管机构标准化，提高污染源监测、机动车污染监控、农业源污染检测和减排管理能力，建立健全省、市、县（市、区）三级减排监控体系。

51. 加强节能管理信息平台建设。组织实施节能管理数字化工程，突出企业、行业和政府三个层次，加快建设能耗数据采集分析、节能信息发布和协同自动化办公“三位一体”的节能管理信息平台。完善平台建设标准和技术规范，建立省、市、重点用能单位能源管理基础数据库，增强省、市节能管理和执法机构办公自动化水平。推动重点企业主要耗能设备和工艺流程的智能化改造，利用物联网、传感器等技术、产品，对能源数据进行实时采集、集中处理、动态显示和智能分析。

十二、动员全社会参与节能减排

52. 加强节能减排宣传教育。把节能减排纳入社会主义核心价值观宣传教育体系以及基础教育、高等教育、职业教育体系。组织好全国节能宣传周、世界环境日等主题宣传活动，加强日常性节能减排宣传教育。深入开展“齐鲁资源节约行”、“绿色环保我先行”等主题宣传活动，积极宣传节能减排的重要性、紧迫性以及国家采取的政策措施和取得的成效，宣传先进典型，普及节能减排知识。

53. 深入开展节能减排全民行动。抓好家庭社区、青少年、企业、学校、军营、农村、政府机构、科技、科普和媒体等10个节能减排专项行动，通过典型示范、专题活动、展览展示、岗位创建、合理化建议等多种形式，广泛动员全社会参与节能减排，发挥职工节能减排义务监督员队伍作用，倡导文明、节约、绿色、低碳的生产方式、消费模式和生活习惯。

54. 政府机关和事业单位带头节能减排。各级机关、事业单位要将节能减排作为机关工作的一项重要任务来抓，健全规章制度，落实岗位责任，细化管理措施，树立节约意识，践行节约行动，作节能减排的表率。

1 - 39　山东省人民政府关于金融支持山东半岛蓝色经济区发展的意见

鲁政发〔2011〕50号

各市人民政府，各县（市、区）人民政府，省政府各部门、各直属机构，各大企业，各高等院校：

打造和建设好山东半岛蓝色经济区，是深入贯彻落实胡锦涛总书记重要指示和《国务院关于〈山东半岛蓝色经济区发展规划〉的批复》（国函〔2011〕1号）精神，加快实施海洋发展战略的重大举措。为促进区域金融业加快发展，充分发挥金融在推动区域经济发展中的先行作用，根据《中共山东省委山东省人民政府关于贯彻落实〈山东半岛蓝色经济区发展规划〉的实施意见》（鲁发〔2011〕8号）和《山东省人民政府关于印发山东半岛蓝色经济区改革发展试点工作方案的通知》（鲁政发〔2011〕5号），现就金融支持山东半岛蓝色经济区发展提出如下意见：

一、进一步拓宽融资渠道，加大资金支持力度

1. 完善区域性、差别化的信贷调控手段。人民银行济南分行要研究实施区域性金融调控政策和差别化的信贷调控手段，积极运用再贷款、再贴现等货币政策工具，在总量调控中体现区域性差别，引导金融机构扩大信贷投放，优化信贷结构。驻鲁银行业管理部门要结合区内经济社会发展需要，支持银行业机构适当下放区内分支机构的信贷审批权限，在金融产品创新、服务流程改进方面先行先试。

2. 加强政策性金融支持力度。驻鲁政策性银行要发挥中长期融资优势，加大对海洋基础设施、海洋生态环保等基础性项目的资金支持；充分发挥政策导向作用，加大对海洋高新技术产业项目的支持，为商业性金融机构介入高风险、高成长性行业创造条件。国家开发银行山东省分行、青岛分行要发挥“投贷债租证”综合优势，为区内重大项目拓宽资金筹措渠道。中国进出口银行青岛分行要发挥船舶融资银行优势，加快推进航运金融建设；大力开展“物流运输服务基础设施贷款”业务，加大对重点港口、码头、航道等水运基础设施、铁路货运枢纽、航空运输基础设施、路桥运输基础设施及空港、机场物流园区基础设施建设的支持力度。中国农业发展银行山东省分行要利用好总行将我省作为支持城乡统筹和新农村建设试点省份的优势，大力支持区内农业农村基础设施建设和城乡统筹发展。

3. 保持间接融资持续稳定增长。驻鲁各银行机构要围绕山东半岛蓝色经济区“一核、两极、三带、三组团”海陆空间布局，依托区域资源禀赋和产业优势，积极争取各总行直接贷款和切块信贷规模，将更多的信贷资源投向山东半岛蓝色经济区；积极争取总行放宽信贷审批和业务创新权限，优先审批区内优势产业和重点建设项目的融资申请，保障重点产业和项目的信贷需求；找准产业政策与信贷政策的结合点，努力提高信贷资金的使用效率和配置水平。同时，各银行机构要积极发展表外融资业务，综合开展银行承兑汇票、信用证、保函、委托贷款、信托贷款等表外融资业务，不断扩大表外融资规模。

4. 积极扩大直接融资规模。深入挖掘、培育区内上市后备资源企业，积极引导企业利用主板、中小板、创业板及境外资本市场上市融资和再融资；支持区内符合条件的企业发行企业债、公司债。抓住我省作为全国首批区域集优债务融资试点省份的机遇，积极推动区域内企业发行短期融资券、中期票据和中小企业集合票据，优先开展区域集优债务融资试点，利用银行间市场进行融资。加快发展创业投资企业、产业投资基金等各类股权投资基金（公司），促进各类基金与拟上市企业、高新技术企业和中小企业有效对接。力争区内每年实现直接融资额占本地区融资总量的比例高于全省平均水平。

5. 全面落实《金融支持山东半岛蓝色经济区战略合作协议》。国家开发银行、中国进出口银行、中国农业发展银行、中国工商银行、中国农业银行、中国银行、中国建设银行、交通银行、中信银行、中国光大银行、华夏银行、中国民生银行12家签约银行要发挥示范带头作用，全面落实战略合作协议，制定专项支持政策，在机构设置、审批权限、资金支持等方面向区内倾斜，在政策许可的前提下尽量给予最大限度的优惠，引导带动其他金融机构加大对该区的金融支持。人保财险、中国人寿、新华人寿、泰康人寿、大地财险、华泰财险6家大型签约保险公司要在区内完善分支机构，加强产品创新，并从债权、股权和不动产方面推动保险资金与重点项目加快对接，争取更多的保险资金用于该区重点项目建设。省直有关部门要加大督导协调力度，会同各签约金融机构省分行、省公司做好战略合作协议落实工作。

6. 积极吸引民间资本支持山东半岛蓝色经济区发展。在规范民间资本健康发展的基础上，引导、鼓励民间资金通过信托、产业基金等渠道参与海洋重大基础设施、重点产业项目和海洋优势产业建设；支持民间资本入股区内城市商业银行、农村商业银行等地方金融机构和小额贷款公司、融资性担保公司等地方金融组织，拓宽民间资本投资渠道。鼓励开展建设－经营－移交（BOT）、建设－移交（BT）、融资租赁等多种形式的项目融资，加快区内港口、铁路、公路、机场等重点项目建设。

二、加大金融创新力度，提高金融服务水平

7. 培育蓝色金融改革创新示范区。优先选择区内经济金融基础较好的县（市、区）开展金融创新发展试点工作，在金融机构、金融业务、金融市场和金融开放等方面先行先试，打造蓝色金融改革创新示范区。2011年选择区内部分县（市、区），在金融支农、中小企业金融服务、保险参与社会管理、金融服务体系创新等方面开展试点。

8. 推动金融产品创新。各银行机构要加强金融产品研发和创新力度，建立符合海洋经济产业链上下游企业特点的信贷模式，为区内优势产业、优质客户、重点项目提供银团贷款、中长期贷款、固定资产贷款、流动资金贷款、票据融资等结构化产品组合服务；大力发展中间业务，积极拓展投行业务，为海洋经济相关企业提供专业的财务顾问、融资规划、银行间债券承销等综合金融服务。银行、证券、期货、保险、基金、信托、担保、股权投资机构要加强合作，为区内大型企业和重点项目提供短期融资券、中期票据、信托计划、融资租赁、资产证券化、信用增级、上市承销、股权融资等综合金融服务。

9. 推动抵押质押方式创新。认真落实《山东省海域海岛使用权抵押贷款实施意见》，推动驻鲁银行业机构、区内各级政府积极开展海域使用权抵押贷款，探索开展无居民海岛使用权抵押贷款工作，促进涉海产业发展。探索开办码头、船坞、船台等沿海资产抵押贷款业务，大力发展适合海洋运输物流企业融资、结算特点的物流保理和联网结算等业务。鼓励成长型海洋高新技术企业以知识产权等无形资产质押融资。积极发展产业链、供应链、销售链融资等新型业务，开展股权、应收账款、存货等抵（质）押融资试点，满足海洋产业集群、海洋新兴产业和自主创新中小企业的融资需求。

10. 推动金融机构管理创新。各金融机构

要加强授信、理赔、支付、结算等环节的流程和机制创新，不断改进服务技术，提升服务效率；加强金融研发创新平台建设，鼓励金融机构设立金融后台服务机构，不断提高金融创新研发能力。推动各金融机构在区内各地设立小企业金融服务中心、“三农”事业部，进一步优化对中小企业和“三农”服务机制。探索推广在区内省级以上高新技术产业开发区开展“科技银行”试点，优化高新技术产业和科技型中小企业融资环境。

11. 推动保险服务创新。推动科技保险发展，力争将区内国家级高新技术产业开发区纳入全国科技保险创新试点；大力发展涉海保险，开发适合海洋经济的保险产品，充分发挥保险行业的保障作用；组织开展保险业参与社会管理创新试点，运用市场手段促进区内社会和谐建设。

三、加快推进金融改革，完善区域金融组织体系

12. 适度放宽金融市场准入标准。各级政府、金融管理部门要进一步完善政策措施，制定有差别的机构设置管理条件，鼓励银行、证券、期货、保险、信托等全国性金融机构到区内新设、增设分支机构和网点，特别是建立区域总部或功能总部。要加强与外资金融机构的对接，开展多形式、多层次的股权、业务和技术合作，鼓励外资到区内建立独立法人金融机构。

13. 推动金融机构向县域延伸。驻鲁金融机构要积极完善区内分支机构布局,对于青岛、烟台、潍坊、威海等金融机构较为密集的城市，要将机构资源重点向县域倾斜，提高区内县域金融服务覆盖面，支持县域经济发展；积极推进城市商业银行在区内县域特别是“空白”县域设立分支机构，2012年年底实现县域机构全覆盖。

14. 继续深化农村信用社改革。坚持服务“三农”发展、保持县（市）法人地位稳定、按照股份制方向和完善法人治理的改革原则，加快农村信用社银行化改革步伐，优先推进区内符合条件的县（市、区）农村信用社组建农村商业银行。稳步推进城区农村信用社整合，加快组建青岛农村商业银行，确保2011年内挂牌开业；积极推进潍坊、烟台城区农村信用社整合，争取2011年内获准筹建。

15. 加快发展新型农村金融组织。加快培育村镇银行、贷款公司等各类新型农村金融组织，切实增强农村金融市场的活力和竞争力，争取3年内区内每个县设立1家新型农村金融机构。2011年区内新设村镇银行10家左右，县域覆盖率达到60%以上。加快推进区内小额贷款公司试点工作，探索发展以战略性新兴产业和海洋经济为依托的小额贷款公司，支持区内省级以上高新技术产业开发区（经济技术开发区）为载体的高新技术龙头企业发起设立小额贷款公司。积极支持区内经营理念好、资金实力强、管理水平高的小额贷款公司优先增资扩股，做大做强，培育小额贷款公司龙头企业。2011年末，力争区内小额贷款公司贷款余额达到100亿元，全年累计放贷额不低于250亿元。

16. 推动融资性担保机构加快发展。加快区内融资性担保机构发展，优化资源布局，力争3年内培育3家担保额过20亿元的融资性担保机构，每个县（市、区）培育至少1家融资担保额过3亿元的融资性担保机构；支持设立面向海洋经济、科技创新、农业产业化、商圈融资的专业性融资担保机构，形成各类机构相互补充、竞争适度、规范有序、共同发展的融资性担保行业发展新格局，满足经济社会多层次、多领域融资担保需求；推动建立政府、银行、担保机构、中小企业合作机制，大力发展组合担保等业务创新模式。出台融资性担保机构有关扶持政策，实行重点倾斜，扶持区内融资性担保机构发展。

17. 做大做强地方法人金融机构。恒丰银行要进一步完善公司治理结构，加快增资扩股步伐，不断优化股权结构，逐步提高可持续发展和风险防范能力。引导区内城市商业银行在理顺管理体制、提高风险管控能力的基础上，制定科学的发展战略，明确发展方向，积极引进境内外优质金融机构作为战略投资者，不断壮大资本实力，实现差异化、特色化竞争，逐步发展成为竞争力较强的现代银行机构。创造条件，适时对区内现有金融机构进行改造重组，组建以重点服务海洋经济发展为特色的金融机构。支持齐鲁证券、中信万通证券公司加快发展。

18．深入推进产融结合。探索设立金融租赁公司、船舶租赁公司、汽车金融公司、消费金融公司等新型非银行金融机构。推动南山集团财务公司、海尔集团财务公司、海信集团财务公司规范运作，提高资金运作效率，对企业集团发展起到更大的助推作用；引导业绩优良、管理规范的集团公司设立财务公司，重点推动山东重工集团、威高集团等设立集团财务公司。加快推进蓝色经济区产业投资基金设立工作，发挥国有资本引领作用，引导社会资本、境外资本参与蓝色经济区建设。

19．大力发展金融中介服务机构。加快发展区内会计、法律、资产评估、资信评级、咨询等金融中介机构，进一步健全和完善金融中介服务体系，提高金融中介机构专业化服务能力和水平。有条件的市要建立知识产权、船舶、海域和无居民海岛使用权等专业性评估机构。

四、大力推进金融开放，提高外向型经济金融服务水平

20．深化跨区域金融合作。鼓励区内金融机构在中日韩区域经济合作试验区框架下深化与日韩金融业交流联动，加强与日韩金融机构合作，学习其支持海洋经济发展的经验，争取率先落实有关对外开放金融政策。大力引进外资金融机构，特别是吸引日韩银行在区内设立分支机构。吸引国内外优秀战略投资者参股区内金融机构，不断壮大地方金融机构实力。

21．积极争取国际金融组织和外国政府贷款。积极争取世界银行、亚洲开发银行等国际金融组织和外国政府优惠贷款，重点支持区域内高效生态农业、节能减排、城建环保、医疗卫生等项目建设。

22．深入推进跨境贸易人民币结算业务。根据国家政策规定，不断丰富人民币跨境结算产品，推出与之相配套的贸易融资、保值避险、资金理财等产品，提高跨境贸易人民币结算在促进贸易便利性、帮助企业规避汇率风险的作用，进一步提升山东企业在世界市场上的竞争力。

23．改进外汇服务方式。对区内企业和金融机构短债指标、对外担保余额指标适当倾斜，通过引导企业合理借用外债，最大程度提高外债资金使用效率；完善贸易信贷登记管理，实施额度特批，及时满足企业的贸易信贷需求；加强对企业海外上市融资及资金调回的政策辅导，帮助企业提高外汇资金的使用效率；建立区内重点企业和项目的外汇业务审批绿色通道，优先支持蓝色高端、战略性新兴产业发展。适时推行进出口核销一体化改革，进一步提升进出口贸易便利化水平；完善服务贸易外汇收支管理，适时调整现行服务贸易外汇监管法规，下放审核权限，简化办理手续；支持区内具有存放境外资金需求、集团化管理能力强的企业开展出口收入存放境外业务，便利企业进行跨境资金运作。

五、加快各类市场建设，搭建金融发展平台

24．推动场外交易市场和各类要素市场建设。探索建立统一监管下的服务于蓝色经济区的股权场外交易市场，开展未上市股份公司股份转让试点。支持青岛、烟台、潍坊、威海等国家级高新技术产业开发区进入全国股份报价转让扩大试点，促进更多的企业实现场外挂牌。推动齐鲁股权交易托管中心向山东半岛蓝色经济区扩大辐射面，积极探索创新，为建设全省性股权场外交易市场积累经验。发挥山东半岛蓝色经济区航运、贸易集散优势，规范发展大宗商品交易市场，加快建设海洋商品国际交易中心，探索发展服务海洋经济发展的产权交易市场和碳排放交易市场。立足区内资源优势和产业基础，加快发展技术、文化创意、环境、农畜产品等新型产权交易市场，构建各类特色鲜明的商品类、权益类交易市场，进一步提升金融功能，逐步建立起完备的金融要素市场体系，充分发挥要素市场对重点产业发展的资源配置作用。

25. 加快期货市场发展。大力培育和发展期货市场主体，引导企业积极利用期货市场进行套期保值交易，降低经营风险。落实好与大连商品交易所的战略合作协议，加强与郑州商品交易所、上海期货交易所的交流合作，争取区内期货市场服务、交割库建设等方面取得实质性突破。鲁证期货有限公司等期货专业机构要加强与区内实体企业的有效对接，创新服务方式，指导企业利用期货市场规避风险。

六、加大政策支持力度，提升金融发展环境

26. 支持区内重点城市探索金融发展新模式。区内各市要在优势互补、资源共享、协调发展的基础上，建立适合自身特点的金融发展模式。青岛市要发挥区内龙头带动作用，依托良好的金融业发展基础和完善的组织体系，在发展“蓝色金融、绿色金融、高端金融、普惠金融、外向金融”基础上，按市场化原则整合金融资源，探索组建服务海洋经济发展的大型金融集团，为山东半岛蓝色经济区发展提供全方位金融服务；加快建立金融企业后台服务中心，积极吸引国内外各类金融机构到青岛市设立产品研发、清算结算、信用卡、计算机、定损理赔、信息咨询和灾难备份等金融后台中心。东营、烟台、潍坊、威海、日照、滨州6市要结合实际，在金融体系、金融业务、金融市场和金融开放等方面加大改革创新力度，建立各具特色的金融发展模式。

27. 完善金融支持山东半岛蓝色经济发展的各项考核机制。将省级银行业机构当年在区内的贷款投放情况纳入对其工作综合评价的重要内容，对支持区域发展作出重要贡献的银行机构给予一定奖励。区内各级政府要制定相应的金融机构考核奖励政策，调动银行机构支持服务经济发展的积极性。推动区内经济效益和社会效益较好的地方金融机构和金融组织纳入省服务业发展引导资金扶持范围。

28. 建立财政资金引导机制。区内有条件的各级政府要设立相关专项资金，进一步扩大现有专项资金规模，综合运用税费减免、财政补贴、贷款贴息、风险补偿等手段，发挥财政资金的杠杆作用，推动银行、证券、保险、融资性担保等金融机构加大对海洋经济的支持力度。统筹规划财政资金投入，针对项目运营特点制定具体的投融资规划，对港口、路网等公益性和基础性项目，集中划拨土地储备、行政性收费等优质资产，组建规范合格的投融资平台，发挥财政资金的引导作用。

二〇一一年十一月二十五日

1－40 山东省人民政府办公厅关于加快山东省装备制造业发展的意见

鲁政办发〔2011〕79号

各市人民政府，各县（市、区）人民政府，省政府各部门、各直属机构，各大企业，各高等院校：

为大力实施高端高质高效产业发展战略，促进山东省装备制造业转方式、调结构，增强自主创新能力和核心竞争力，加快向制造业强省跨越，经省政府同意，现提出以下意见：

一、加快装备制造业发展的重要性和紧迫性

装备制造业是为国民经济各行业提供技术装备的基础性、战略性产业，是各行业产业升级、技术进步的重要保障，是体现工业化水平、科技实力和国际竞争力的标志性产业。加快装备制造业发展既是提升产业核心竞争力的内在要求、实现工业转型升级的战略重点，也是抢占未来经济和科技发展制高点的战略选择，对于加快转变经济发展方式、调整优化产业结构、实现由制造业大省向制造业强省跨越具有重要战略意义。

目前，我省装备制造业形成了较好的产业基础和比较优势，产业规模迅速增长，结构不断优化，自主创新能力不断增强，核心竞争力不断提高，重大技术装备和高端装备制造不断实现突破。2010年，全省装备制造业规模以上工业增加值增速达到23.1%，比规模以上工业增速高8.1个百分点。装备制造业实现主营业务收入25506.1亿元，实现利润1693亿元，实现利税2522.5亿元，三项指标占规模以上工业的比重分别达到28.6%、28%和26%，对全省经济的贡献进一步增大，成为支撑和拉动全省工业经济增长的重要支柱产业。但是，影响我省装备制造业发展的深层次问题还没有完全解决，参与国际竞争的能力较弱，存在着产业和产品结构不合理、自主创新能力不强、高端产业比重小、缺乏核心竞争力强的大企业和“专、精、特、新”的小企业、关键零部件和高档工作母机依赖进口等突出问题。

二、指导思想、基本原则和目标

（一）指导思想。

深入贯彻落实科学发展观，坚持走新型工业化道路，推进信息化和工业化深度融合，面向经济转型升级和战略性新兴产业发展的迫切需求，以发展方式转变和结构调整为主线，以信息化、高端化、服务化、品牌化和市场化为主攻方向，着力推进技术改造和重大项目建设，培育发展高端装备制造业等战略性新兴产业，壮大支柱产业和龙头企业，加强自主创新、基础配套能力建设和示范应用，推进产业集群发展，把我省建设成为具有较强竞争力的装备制造业强省。

（二）基本原则。

1. 坚持市场推动和政策引导相结合。在充分发挥市场机制和企业主体作用的基础上，加强政府宏观指导，研究和制订有利于装备制造业发展的政策措施，营造良好外部环境。

2. 坚持自主创新和开发合作相结合。推进产学研用相结合，加快突破制约发展的关键、核心和系统集成技术，加强技术创新体系建设。积极参与国际开发合作，充分利用好两个市场和两种资源，增强自主创新能力。

3. 坚持发展战略性新兴产业与改造提升传统装备制造业相结合。依靠现有技术积累、产业基础和制造能力，加快发展高端装备制造等战略性新兴产业，形成新的经济增长点。加

大技术改造力度，积极推进传统产业高端化和服务化，拉长制造服务业产业链条，实现产业链从低端向高端跃升。

4. 坚持重点带动与整体推进相结合。实施区域带动战略，以重大项目建设为引擎，充分发挥龙头企业的辐射作用，以大带小，以点扩面，形成产业集聚集约发展，通过示范应用和产业化，促进产业的整体协调发展。

（三）目标。

到2015年，全省装备制造业综合实力大幅提升，主要目标是：

1. 规模质量跃升新台阶。装备制造业规模以上工业增加值年均增长16%，占规模以上工业的比重达到35%，主营业务收入达到5万亿元，利税、利润年均分别增长18%。

2. 自主创新能力明显提升。产学研用相结合的技术创新体系进一步完善，创建120个省级企业技术中心，研制应用300个重点领域首台（套）技术装备。重点骨干企业技术装备和重点主机产品力争达到国际先进水平，形成一批具有自主知识产权的高端装备产品和知名品牌。

3. 组织结构进一步优化。形成一批具有核心竞争力的大型企业集团和一大批"专、精、特、新"的专业化生产企业，打造2户主营业务收入过千亿元的装备制造集团，培育30户100亿元以上、100户50亿元以上、500户10亿元以上的装备制造业企业。建设30个创新能力强、特色鲜明的装备制造集聚区。

4. 基础配套能力显著增强。高端、大型、专用、智能装备所需的关键零部件、基础件的研发制造能力显著提高，国产化率明显提升，国外引进份额大幅减少，基础制造工艺水平大幅提升，基础配套能力的可靠性和稳定性显著增强。

三、发展重点

（一）提升发展10大传统支柱产业，巩固市场竞争能力。

1. 汽车及零部件。做强做大载货车、轿车、客车、专用车及汽车零部件等5大类产品，加快研发新产品，调整产品结构，提升产品档次，继续保持我省载货汽车在全国的优势地位，提高轿车产品占全省整车的比重，逐步提升我省客车产品的市场竞争能力，加快建立专用车宽系列多品种多用途的研发生产能力，加快提升汽车零部件的配套能力；组织整车和配件企业、科研院校建立行业技术中心和产业技术创新联盟，加快共性技术和关键核心技术攻关，建立和完善产学研用的技术创新体系。

2. 船舶。重点发展常规船舶、特种船舶、船用材料、船用设备及零部件等4大类产品，加大研发投入，依托重点工程和重点领域，加快研发一批大型油船、大型散货船、万箱级集装箱船、远洋作业船、科学考察船、豪华游艇、豪华帆艇、豪华邮轮等高新技术产品。

3. 机床。重点发展数控车床、车削复合加工中心、卧式立式加工中心、柔性制造生产线、重型数控机床、数控机床功能部件、铸锻自动化成套装备等7大类产品；掌握一批制约主机、数控系统等产品性能的核心技术，提升数控机床的技术水平和可靠性水平，加快开发高档数控机床、机床数控系统和关键功能部件；提高产业集中度，打造覆盖主机、控制系统、关键功能部件的较为完整的产业链，培育一批国际先进、国内领先的高档数控机床企业。

4. 电工电器。重点发展锅炉、汽轮机、发电设备为主的3大类电站成套设备；大力发展变压器、高压开关、电力电容等输配电控制设备和系统，鼓励研发高压、特高压、节能输配电产品，提升电线电缆集群化发展水平；开发和拓展高端设备在核电、风电和轨道交通领域的应用。

5. 工程机械。重点发展推土机、挖掘机、装载机、起重机、压路机、推耙机、平地机、建筑塔机、水泥搅拌车和高楼泥浆泵等10大类产品，大力发展关键总成零部件；支持工程机械集群化发展，依托骨干企业，加速规模扩张和结构升级，完善产品系列，继续保持和扩大我省工程机械产业的竞争优势。

6. 通信、计算机及其他电子设备。重点发展数字程控交换机、光通信系统、路由器、无线接入系统、移动通讯终端、基站以及网络传输交换等 7 大类产品；抓住国家大力发展 3G 技术和下一代互联网建设的机遇，攻克一批核心关键技术，带动我省通信设备、计算机及其它电子设备制造业的发展。

7. 物联网设备。重点发展 RFID（无线射频识别）、传感器、网络通信设备、软件开发、高端集成服务、网络运营及应用服务等 7 大类产品；抓住国内外积极建设物联网的机遇，攻克一批物联网核心关键技术，形成具有自主知识产权的物联网产品系列，形成较为完备的物联网标准体系和专利体系。

8. 节能环保及民生安全设备。重点发展服务于低碳经济、循环经济、节能减排以及环境污染治理的大气污染防治设备、城市及工业污水污泥处理设备、废旧机电产品再制造设备、规模化海水淡化设备、综合资源利用发电设备、铅酸蓄电池回收设备等 6 大类节能环保设备；加快发展食品、药品、煤矿瓦斯等安全检测设备、重大事故应急救援设备及数字化医疗等 3 大类民生安全设备。

9. 内燃机。重点发展能为各类汽车、工程机械、船舶、农机配套的柴油机、汽油机、燃气机系列及配套部件等 4 大类产品，做强一批大型企业集团，通过市场引导、政策鼓励和龙头企业的产业集聚带动作用，逐步形成完整的产业链条。

10. 专用设备。重点发展石油化工机械、轻工机械、纺织机械、农业机械等 4 大类产品。依托骨干企业，重点发展石油开采勘探、钻井、采油、海洋钻井设备等石油化工设备，高精度、机电一体化的造纸机械、塑料机械、食品与包装机械等轻工专用设备，专用织造成套设备、非织造成套设备、产业用纺织品后整理设备、高速高精耐磨纺织机械配套件等纺织机械设备，新型农业耕作、收获、储存、包装、植保、粮油及农副产品深精加工等机械。

（二）培植发展 6 大高端新兴产业，提升研发和产业化能力。

1. 航空航天装备。抓住国家大力发展航空工业重要机遇，依托我省现有基础和优势，加快推进整机制造、航空配套及维修等相关服务业协调快速发展。重点发展轻小型直升机、水上飞机、无人机、轻型小型固定翼飞机等整机产品；巩固提升雷达罩、专用微电机、宇航级电子元器件、飞机标准件、通用飞机发动机及零部件、高性能碳纤维及制品、飞机专用涂料、航空航天用通信及电子设备等配套产品；加快发展系列化抱轮式飞机牵引车、加油车、固定加油装置等地面装备；重点发展飞机重大改装及配套设备深度维修、翻修、航空工程研发设计、航空会展、飞行驾驶及维修培训等产业。努力把我省建设成为制造水平高、配套能力强、服务领域广、经济效益好、国内知名度高的航空产业基地。

2. 海洋工程装备。重点发展海洋油气及井下作业装备、填海围岛及航道疏浚建设施工装备、跨海桥梁及海底隧道工程装备、临港机械、海洋环保装备、海水利用工程装备、海洋矿产资源勘探开发工程装备、海洋空间利用大型装备和海洋仪器设备等海洋工程装备；围绕海洋工程装备制造，加快发展动力系统、综合防污系统、动力定位系统、自动化系统、钻采系统等关键配套设备及零部件。努力把海洋工程装备产业建设成为销售收入过千亿的产业。

3. 轨道交通装备。重点发展动车组及客运列车、城轨地铁客车、重载及快捷货运列车等产品，发展壮大机车发动机用活塞、缸体、缸盖、车用换向阀、液压缸等一批配套产品和零部件。努力将我省建设成为国内一流的轨道交通设备研发和制造基地。

4. 智能制造装备。围绕感知、决策和执行等智能功能的实现，针对测控装置、部件和重大智能制造成套装备的开发和应用，突破新型传感工艺、高精度运动控制、工业通信网络安全、健康维护诊断等一批共性、基础、关键智能技术，加强对软件构架、软件平台、软件系统、嵌入式系统、大型复杂装备系统仿真软件的开发，为实现制造装备和制造过程的智能化提供技术支撑；围绕重大智能制造成套装备研发及智能制造技术的推广应用,开发机器人、感知系统、智能仪表等典型的智能测控装置和部件，逐步实现产业化；围绕先进制造、轻工纺织、能源、环保与资源综合利用等重点领域制造过程数字化、柔性化、智能化的需要，发挥产学研用相结合的创新机制，通过集成创新研发一批标志性的重大制造成套装备，并促进示范应用推广，努力将智能制造装备产业培育成我省的先导产业。

5.新能源汽车。加快实施新能源汽车战略，加大研发投入，增强自主创新能力，以高等院校和科研院所为中心，搭建新能源汽车共性技术研发平台，加快共性技术和关键核心技术攻关。鼓励有条件的企业积极研发新能源汽车，降低研发和制造成本，推动新能源汽车及其关键零部件的产业化。努力将新能源汽车培育成为我省具有较强竞争力的战略性新兴产业。

6. 新能源产业装备。抓住国家积极发展新型能源装备的机遇，在引进消化吸收的基础上，攻克核心关键技术，开发一批具有自主知识产权的风电、核电、光伏光热发电等新能源产业装备，培育一批新能源产业龙头企业，将新能源装备产业培育成为我省新的经济增长点。

（三）积极发展3大基础产业，提高整体配套能力。

1. 着力提高装备基础配套件质量水平。加大研发投入，实现产品优化升级，向高精度、高技术含量、高附加值产品延伸，围绕新能源开发、交通运输、工程建设、新材料制备、节能环保与资源综合利用等产业所需装备，重点发展高速精密重载轴承、超大型高参数齿轮、高精度齿轮传动装置、高压柱塞泵/电动机、高压液压元件、大功率液压元件、高可靠性密封件、高强度紧固件、高转速大功率液力耦合器调速装置、高档工模具及加工附具等机械基础件产品，形成基础配套件与主机产品同步开发、协调发展的格局。

2. 突破一批基础制造工艺关键技术。围绕装备制造业结构调整和产业升级，大力提升基础制造关键共性技术，加强基础工艺过程控制。围绕先进加工制造工艺、先进成型工艺、先进绿色热处理工艺和先进再制造及表面工程工艺等4个领域，突破一批基础制造工艺关键技术、核心技术和产业化技术，进一步提高机械基础件的可靠性、一致性和稳定性，在基础工艺重点领域实现节能降耗、资源综合利用的绿色制造、智能制造和可持续发展，保障机械基础零部件产业质量升级。

3. 不断壮大基础材料产业规模。进一步加大研发投入，加强产学研联合，突破制约我省基础材料产业发展的关键点和关键环节，完善产业链,提高基础材料技术水平和产业规模。重点发展关键金属材料、大型成套装备用关键铸锻材料、高技术陶瓷材料、碳纤维、高技术晶体材料、玻璃纤维材料以及高档粉末冶金材料等产品，通过提高关键基础原材料质量，不断提升机械基础零部件质量水平，实现装备制造业转型升级。

（四）协调发展30个产业基地园区，增强产业集聚集约能力。

立足全省装备制造业现有基础和条件，实施重点区域带动战略，科学规划装备制造业发展总体布局，培植特色优势产业集聚区，增强产业的辐射和带动作用，形成区域竞争力，建设具有国际先进水平、特色鲜明的30个装备制造产业基地。即：以济南、青岛、烟台、潍坊、淄博、威海、日照、聊城、德州为中心的汽车整车及零部件生产基地；以青岛、烟台、威海为中心，滨州、东营、潍坊、日照配套发展的船舶和海洋工程装备制造基地；以滨州、青岛、潍坊、济南、威海为中心的航空产业基地；以济南、枣庄、烟台、威海和德州为中心的数控机床及功能部件产业基地；以日照、潍坊、聊城、临沂为中心的农业机械装备产业基地；以济宁、临沂、烟台为中心的工程建筑机械制造基地；以济南为中心的电工电气设备制造基地和以潍坊为中心的动力总成制造基地。

四、保障措施

（一）加强组织领导，注重规划引导。

组织加快编制实施装备制造业中长期发展规划和年度计划，发布高端技术装备新产品推广目录，鼓励技术创新，培育名牌产品，引导产品研发和资金投向。各地要加强装备制造业发展环境建设，结合实际制定有利于装备制造业发展和人才、资金、技术投入的政策措施。各有关部门要加强配合，制定相关配套措施，形成促进装备制造业发展的合力。

（二）加强自主创新，提高核心竞争能力。

积极引导企业加强自主创新能力建设，以企业为主体，进一步加大科研投入，加大产品和制造技术等研发力度。鼓励企业建立和完善人才培养与激励机制，充分发挥现有人才作用，通过持股、技术入股、提高薪酬等方式，大力吸引优秀企业家、经营管理人才和技术骨干。依托科研院校搭建产业共性技术研发平台，建设一批国家重点实验室、国家工程技术研究中心和企业技术中心。围绕我省装备制造业的薄弱环节和关键领域，进一步发挥重点领域首台（套）技术装备扶持资金的鼓励引导作用，尽快突破一批核心技术和重大关键技术，形成一批具有自主知识产权的科技成果，为装备产业发展提供引领和支撑。

（三）加强技术改造力度，积极推动“两化”融合。

加大利用信息技术改造提升传统装备产业力度，支持装备制造业企业在研发、销售、物流配送、节能减排等方面应用信息技术，加快促进信息化与工业化融合，实现设计数字化、生产智能化、系统集成化、管理信息化、经营网络化，打造全数字化的大型骨干装备制造业企业。建立健全装备制造业的行业信息化支撑体系，依托高端装备产业基地和园区，提升产业集聚区的信息化服务水平，树立一批两化融合示范企业或示范区，开展经验交流，用信息技术提升企业核心竞争力，促进传统产业优化升级，发展先进装备制造业。

（四）加强资金投入力度，拓宽融资服务渠道。

加大各级财政资金的投入力度，重点推进重大装备领域研发创新、重大装备核心技术攻关、产业技术服务平台和重大建设项目，省级财政继续对重点领域首台（套）技术装备给予扶持，引导地方、企业和社会资本加大对高端装备产业的研发和产业化资金投入；支持符合条件的企业以上市融资、发行公司债券、短期融资券、中期票据等形式筹集资金；完善政府与金融机构的沟通协调机制，加强银企对接合作平台建设，争取政策性银行、国有商业银行、股份制银行等金融机构加大对装备制造业企业的信贷投入，鼓励各级信用担保机构优先对省内装备制造企业提供贷款担保服务。

（五）加强协调指导，推进企业联合重组。

紧紧抓住国际装备产业转移的有利时机，积极扩大对外开放，坚持“引进来”和“走出去”相结合，鼓励企业与世界500强企业进行合作或合资，积极参与国际竞争，开拓国际装备制造市场。认真贯彻落实中央关于扩大内需、积极应对国际金融危机的决策部署，大力开拓装备制造国内市场。发挥市场机制的作用，鼓励装备制造业企业与上下游企业、研发机构之间通过上市、兼并、联合、重组等形式，组成战略联盟，实现优势互补，形成一批拥有自主知识产权、核心竞争力强的大企业和企业集团，提高规模效益和整体竞争力。鼓励有条件的企业并购、参股国内外先进企业，引进核心技术，利用其品牌优势，开拓国际市场。

（六）加强市场引导，优先推广使用省产首台（套）装备产品。

建立优先推广使用省产首台（套）装备产品的机制，提高政府采购中省产首台（套）装备产品的比重。加强对政府投资项目和国有企业投资项目在重大工程设计、建设、装备采购等招投标工作中的指导，在同等条件下优先安排省产首台（套）装备产品。按国家有关规定，允许对省产首台（套）技术装备予以加速折旧。

（七）发挥行业协会的作用，促进行业健康发展。

发挥行业协会联系政府和企业的桥梁和纽带作用，建立装备制造业市场供求、生产能力、技术发展、经济指标等方面的信息定期发布制度，及时反映行业发展的新动向，提出政策建议，帮助企业协调解决有关问题。鼓励行业协会组建向社会提供科技咨询、技术诊断、人才培训、科技信息、行业标准、成果交易的装备技术公共服务平台和创新服务体系，在行业自律、规范企业行为、市场监管、人才培训等方面发挥积极作用。

二〇一一年十二月二十一日

1－41　山东省经济和信息化委员会　山东省财政厅关于印发《山东省医药储备管理办法》的通知

鲁经信消字〔2011〕137号）

各市经济和信息化委、财政局：

《山东省医药储备管理办法》（鲁经贸医字〔2001〕1077号）发布实施以来，对加强我省医药储备管理，确保在发生灾情、疫情及突发事故时药品、医疗器械的及时有效供应发挥了重要作用。为适应新形势，进一步加强和完善医药储备管理工作，我们对《办法》进行了修订。现将修订后的《山东省医药储备管理办法》印发给你们，请遵照执行。

二〇一一年三月二十三日

山东省医药储备管理办法

第一章　总则

第一条　为加强医药储备管理，确保发生灾情、疫情及突发事件时医药用品的有效供应，保障公众生命安全和身体健康，维护社会稳定，根据国家统一部署和原国家经济贸易委员会、财政部制定的《国家医药储备管理办法》精神，按照省政府有关要求，特制定本办法。

第二条　医药储备由政府职能部门负责管理并委托符合条件的医药企业和卫生事业单位承担储备任务。省级医药储备主要负责储备较大和一般突发公共卫生事件、自然灾害、事故灾难和社会安全事件所需的常规医药用品。在中央统一政策、统一规划、统一组织实施的原则下，建立山东省医药储备制度。

第三条　医药储备采用实物和资金储备形

式，实行动态储备、有偿调用，以保证储备资金的安全和有效使用。

第四条　本办法适用于与省级医药储备有关的政府职能部门的监督管理工作和承担医药储备任务的单位（以下简称承储单位）的活动。

第二章　机构与职责

第五条　山东省经济和信息化委员会（以下简称省经济和信息化委）是全省医药储备主管部门，负责管理全省医药储备工作。主要职责是：

1、负责对有关部门、各市人民政府或其指定的职能部门动用省级医药储备申请的审批；

2、会同有关部门贯彻国家医药储备管理的有关政策，制定执行国家政策的具体细则，检查国家医药储备政策的贯彻执行情况；

3、配合省卫生厅确定并适时调整省级储备药品、医疗器械的品种；

4、负责组织编制省级医药储备计划；

5、负责选择和调整承担省级医药储备承储单位，并监督承储单位做好医药储备的各项管理工作；

6、负责督导承储单位建立健全内部医药储备管理的各项规章制度，加强储备药品、医疗器械的原始记录、账卡、档案等基础管理工作；

7、省经济和信息化委按照医药储备任务对存储企业做出调整、取消该企业存储任务时，该存储企业须自下达通知书之日起3个月内处理完存储药物和存储器械，并将存储资金安全完整地上缴省财政厅。

8、配合省审计厅、财政厅等部门做好省级医药储备资金的审计、监督工作；

9、负责建立省级医药储备统计制度，组织对承担省级医药储备任务的企业进行检查、培训和考核，推广医药储备的先进经验。

第六条　省财政厅负责安排省医药储备资金并实施管理监督。主要职责是：

（一）制订省医药储备资金管理制度；

（二）监督检查省医药储备资金使用情况；

（三）参与编制和调整省医药储备计划、选择省医药承储单位、审批动用省医药储备等。

第七条　省卫生厅负责提出省医药储备的品种和数量建议，参与编制省医药储备计划等。

第八条　承担医药储备是国家赋予相关承储单位一项光荣的社会责任。承储单位的主要职责是：

1、执行省经济和信息化委下达的医药储备计划；

2、依照省经济和信息化委下达的调用通知单，执行储备药品、医疗器械的调用任务，确保调用时储备药品、医疗器械的及时有效供应；

3、承储单位要建立健全内部医药储备资金管理制度，确保医药储备资金的安全和保值；

4、负责对储备药品适时进行轮换，保证医药用品的数量和质量；

5、按时、准确上报各项医药储备统计报表；

6、负责对从事医药储备工作的人员进行培训，不断提高其业务素质和管理水平。

第九条　负责审批和组织实施医药储备工作的省经济和信息化委、省财政厅、省卫生厅及承担医药储备任务的单位，要建立严格的领导责任制，落实储备职能部门，实行专人负责；各承储单位建立的领导责任制度，须在每年3月底前向省经济和信息化委报送一次。

第三章　承担医药储备任务企业的条件

第十条　承担医药储备任务的单位，由省经济和信息化委会同省财政厅根据企业管理水平、仓储条件、企业规模及经营效益等情况择优选定。

第十一条　承担医药储备任务的企业，须

具备以下条件：

1、国有或国有控股的大中型企业，或者是成长业绩良好的上市公司；

2、连续3年年税后利润在1000万以上；

3、所有者权益在3000万以上；

4、管理制度完备，为省级以上先进管理企业。

5、承担医药储备任务的企业，应是GSP、GMP达标或基本达标企业

6、亏损企业不得承担医药储备任务。。

第十二条　其他承储单位的选择视医药储备任务所需确定。

第四章　计划管理

第十三条　我省医药储备主要负责储备全省性、地区性或一般灾情、疫情及突发事故和地方常见病防治所需的药品和医疗器械。

第十四条　医药储备实行严格的计划管理。省级医药储备计划，由省经济和信息化委下达。

第十五条　每年3月底前，根据省有关部门的灾情、疫情预报，按照实际需要和适当留有余地的原则，由省卫生厅提出医药储备目录，由省经济和信息化委制定省医药储备计划，商省财政厅等部门后下达给有关企业执行。

第十六条　承担医药储备任务的企业必须与省经济和信息化委签订“医药储备责任书”。

第十七条　承担医药储备任务的企业，必须认真执行储备计划，在储备资金到位后一个月内，保证储备计划（品种和数量）的落实；承担医药储备任务的后备企业，须根据省经济和信息化委下达的指导计划，制定企业应急状态下承担省级医药储备任务的计划并报省经济和信息化委备案。

第十八条　承担医药储备任务的企业不得擅自变更储备计划（品种和数量）。计划确需变动或调整，须报省经济和信息化委审核批准。

第十九条　承担医药储备任务的企业调出药品、医疗器械后，应按储备计划及时补齐储备药品、医疗器械品种及数量。

第二十条　医药生产企业应优先满足承担储备任务企业对储备药品、医疗器械的收购要求，对部分短缺品种，有关市经济和信息化委应帮助承担储备任务的企业协调解决。

第五章　储存管理

第二十一条　医药储备实行动态储备。实物储备以国有或国有控股的工业生产企业为主，同时，选择部分工业企业和大型流通企业或事业单位作为后备储备单位。承担医药储备任务的国有或国有控股的工业生产企业或其他承储单位，在保证储备药品、医疗器械品种、质量、数量的前提下，要根据具体药品、医疗器械的有效期及质量要求，负责对储备药品、医疗器械有效期到期前6个月进行适时轮换；储备药品、医疗器械的库存总量不得低于计划总量的70%。

后备储备单位不拨付储备资金。

第二十二条　加强储备药品、医疗器械的入、出库管理，储备药品、医疗器械入、出库实行复核签字制。

第二十三条　承储企业要切实加强其储备药品、医疗器械的质量管理，指定专人负责，建立月检、季检制度，检查记录参照GSP、GMP实施指南。

第二十四条　有关部门和承储单位要不断提高医药储备管理水平，实行计算机联网管理，确保信息交换及时顺畅，切实提高医药储备管理的效能。

第六章　调用管理

第二十五条　医药储备的调用原则是：

1、发生一般灾情、疫情及突发事故或全省范围内发生灾情、疫情及突发事故须紧急动用医药储备的，由省级医药储备负责供应；

2、发生较大灾情、疫情及突发事故或发

生灾情、疫情及突发事故涉及若干省、自治区、直辖市时，首先动用我省医药储备，不足部分按有偿调用的原则，向相邻省、自治区、直辖市人民政府或其指定的部门请求动用其医药储备予以支援，仍难以满足需要时，再申请动用中央医药储备；

3、发生重大灾情、疫情及重大突发事故时，首先动用我省医药储备，难以满足需要时，可申请动用中央医药储备；

第二十六条　各市人民政府可指定申请使用省级医药储备的责任部门，并报省经济和信息化委备案。

第二十七条　我省范围内发生灾情、疫情及突发事故，需要动用省级医药储备的，须由市人民政府或其指定的职能部门向省经济和信息化委提出申请，省经济和信息化委审核批准后下达医药用品品种调用通知单，组织承储单位及时调运。

第二十八条　承担医药储备任务的企业或后备企业接到调用通知单后，须在规定的时限内将药品、医疗器械发送到指定地区和单位，并对调出药品、医疗器械的质量负责。民航、铁道、交通部门和企业要积极为紧急调用储备药品、医疗器械的运输提供条件。

第二十九条　遇有紧急情况如中毒、爆炸、突发疫情等事故发生，承担储备任务的单位接到省经济和信息化委的电话或传真后，可按要求先行发送储备药品、医疗器械。5个工作日内，由申请调用的市人民政府或其指定的职能部门按本办法第二十七条规定补办有关手续。

第三十条　省级储备药品在调用过程中如发现质量问题，应就地封存，事后按规定进行处理。接收单位和调出单位应立即将情况报省经济和信息化委，由省经济和信息化委通知调出单位按同样品种、规格、数量补调。

第三十一条　储备药品、医疗器械调出10日内，供需双方需补签购销合同。

第三十二条　申请动用省级医药储备的市人民政府或其指定的职能部门负责在20个工作日内将货款支付给调出企业。

第三十三条　与省级医药储备有关的政府职能部门、承担医药储备任务的单位，均应设立2 4小时传真电话，建立2 4小时值班制度。单位名称、负责人及值班电话须在每年3月1日前报省经济和信息化委。

第三十四条　我省需要动用中央医药储备时，须由省人民政府或省经济和信息化委向国家工信部提出，由国家工信部审核审批后，下达储备药品、医疗器械调用通知单。

第三十五条　本着有偿调用的原则，经国家工信部批准，国家可根据需要调剂调用我省医药储备。

第七章　资金管理

第三十六条　省级医药储备所需资金的筹集，按照《国家医药储备管理办法》规定，由省财政厅负责拨付到位。

第三十七条　省级医药储备资金必须严格管理，专款专用，不得挤占挪用，要确保储备资金的安全和保值。省财政厅负责将省医药储备资金拨付至承储单位。

第三十八条　省级储备药品、医疗器械实行有偿调用。调出方要及时收回货款，调入方不得以任何借口或理由拖延、拒付。

第三十九条　省级医药储备资金按照年度储备计划，由省经济和信息化委会同省财政厅联合下达。

第四十条　医药储备企业要设立专门账户，专项管理，独立核算医药储备资金，确保专款专用。

第四十一条　实行承储单位定期财务报告制度。医药储备企业要将经中介机构审计后的半年、年度财务报告分别于每年7月底和下年度1月底前报省财政厅和省经济和信息化委。

第四十二条　医药储备实行定期核销制度。对于无法轮换的用于急救等特种、专项医药用品和因国家政策调整影响以及执行省政府指令所产生的实物和资金损失及相关费用，由省经济和信息化委会同省财政厅核准确认，定期核销。

第四十三条　当出现下列情况时，省经济和信息化委应会同省财政厅调整或收回医药储备资金：

1、储备计划调整或承储单位承储任务调整；

2、承储单位不能按计划完成储备调运任务；

3、承储单位无故不按时报送有关报告或报表的；

4、不符合本办法第九条、第十条、第十一条规定。

第四十四条　省级医药储备资金的财务管理办法由省财政厅会同省经济和信息化委员会另行制定。

第八章　监督与检查

第四十五条　省经济和信息化委、省财政厅应对各有关单位医药储备工作落实情况进行监督、检查。

第四十六条　省财政厅、省审计厅、省经济和信息化委等有关部门要加强对医药储备资金的监督和检查。

第四十七条　对承担医药储备任务的单位和后备企业或单位，以省经济和信息化委、省财政厅、省卫生厅、省食品药品监督管理局名义颁发《山东省国家医药储备企业（或单位）》牌匾；违反本办法有关规定，不能再承担医药储备任务的，撤销其山东省国家医药储备企业（或单位）资格，收回牌匾。

第四十八条　对严格执行本办法，在医药储备工作中做出突出成绩的单位和个人，每2年给予一次表彰。

第四十九条　承担医药储备任务的单位，如出现不及时上报医药储备数据信息、管理混乱、账目不清、弄虚作假、挪用资金、不合理损失严重、延误医药用品的调用供应等情况，由省经济和信息化委会同省财政厅下达文件，取消其医药储备任务和医药储备资格，并收回储备资金。造成严重后果和损失的，依法给予行政处分；触犯刑律的，移交司法部门处理。

第九章　附则

《山东省医药储备管理办法》（鲁经贸医字〔2001〕1077号）同时废止。

1－42　山东省经济和信息化委员会关于印发山东省现代物流业“十二五”发展规划的通知

鲁经信交字〔2011〕208号

各市人民政府，各县（市、区）人民政府，省政府各部门、各直属机构，各大企业，各高等院校：

经省政府同意，现将《山东省现代物流业“十二五”发展规划》印发给你们，请认真组织实施。

二〇一一年四月二十七日

山东省现代物流业"十二五"发展规划

根据《山东省人民政府办公厅转发省发展改革委关于开展国民经济和社会发展第十二个五年规划编制工作的意见的通知》(鲁政办发〔2009〕109号)要求，结合《国务院关于印发物流业调整和振兴规划的通知》(国发〔2009〕8号)、《山东省人民政府关于印发山东省现代物流业振兴发展规划的通知》(鲁政发〔2009〕61号)精神和"十一五"全省现代物流业发展情况，特制定本规划。

一、物流业发展现状

"十一五"期间我省经济快速增长，2010年全省生产总值(GDP)实现39416.2亿元，平均增长13.12%，经济总量一直位于全国前列，三次产业结构比例为 9.1:54.3:36.6，工业拉动作用突出，是经济增长的主要因素。产业集群特色鲜明，产业联动趋势强劲，为我省现代物流业的快速发展提供了有力支撑。

(一)物流业快速发展。近几年来，我省各级、各部门把发展现代物流业作为转方式、调结构的重要措施，先后出台了一系列发展现代物流业的规划及政策措施，对促进现代物流业快速发展起到了重要的推动作用。2010年，我省社会物流总额105831亿元，同比增长22.7%；物流业增加值2871亿元，占GDP 的7.28%，占服务业增加值的19.9%；社会物流总费用7080.9亿元，与GDP的比率下降为17.9%；物流产业投资2190亿元，同比增长25.7%。铁路、公路、水运、航空共完成货运量30.18亿吨，增长6.11%，有力地支持了国民经济快速发展和发展方式转变。

(二)物流综合运输网络进一步完善。经过多年的建设，我省铁路、公路、海港、内河水运、航空、管道交通四通八达。"五纵四横一环八连"高等级公路网主骨架初步形成，公路通车里程22.98万公里，其中高速公路4285公里；港口基础设施逐步完善，沿海港口生产性泊位达到473个；铁路里程为3800公里，专用线450余条；民航机场8个，航线236条，其中国内航线218条、国际航线18条。全省四纵四横和城际铁路正在规划建设当中，纵贯南北、横跨东西，布局合理、快捷高效的现代化铁路运输体系即将形成。各地结合经济发展的需要，不断加大对物流园区(中心)建设的投入，已建成物流园区245个，在建园区94个，规划新园区37个；在建和规划物流中心407个。各种运输方式有机衔接，为现代物流业的发展奠定了良好的基础。

(三)物流企业的实力不断增强。近几年来，我省各类物流企业成长迅速。目前，从事物流业务的企业达到1.7万多家，骨干物流企业661家，形成了由多种所有制、不同经营规模和各种服务模式构成的、具有行业特色的物流企业群体。先后有23家企业进入全国物流百强企业，62家企业列为全国物流税收试点企业，69个物流品牌被评为"山东服务名牌"。国外知名物流企业如丹麦马士基、日本伊藤忠、英国铁行集团、新加坡胜狮、以色列以星轮船、韩国韩进海运以及美国普洛斯物流地产等入驻我省，成立合资物流公司，开展物流业务，物流企业的核心群体初步形成。

(四)物流新技术和信息系统得到推广与应用。目前，在一些大型物流企业中，全球卫星定位系统(GPS)、条形码技术、电子自动订货系统(EOS)、自动分拣系统(ASS)、地理信息系统(GIS)、射频识别(RFID)、无线手持终端等物流技术装备逐步得到推广与应用。许多物流企业开发了自营性质的物流信息收集与发布平台。新技术和物流信息系统的应用对于提升物流现代化水平和专业化程度起着重要作用。

（五）制造业与物流业联动稳步推进。大部分制造企业采用现代物流管理的理念和方法实施流程再造，并在仓储、运输和配送等多个环节上实施了物流服务外包。2010年，在全省范围内开展了制造业与物流业联动发展示范工程，第一批已经启动40个项目，制造企业物流供应链一体化管理、物流业务剥离外包进一步推进，物流企业承接物流外包的能力不断提升。

（六）农村物流网络体系建设成效显著。自2008年开始，在“村村通”工程的基础上，交通运输等有关部门安排专项资金，开展了农村物流试点。目前，参加试点的县（市、区）达到41个，试点县（市、区）初步建成了由县级物流中心、乡镇物流站场、农村物流网点构成的三级交通物流网络。邮政系统积极参与农资配送服务，依托遍布农村的邮政物流网络，建设乡镇农资配送中心，大力发展三农服务站，基本建成了覆盖乡村的农村邮政物流网络体系。

（七）商贸物流体系基本形成。近年来，我省商贸企业得到迅速发展，限额批零企业12000家，连锁总店116家，门店总数8960家，涉农服务网点9万余家。全省现代商贸物流体系基本形成，商品集散和配送功能进一步增强。

（八）初步建立了物流人才培养体系。职业教育、本科教育、研究生教育和在职技能培训等多层次的人才培养体系已经基本形成。目前，全省各类学校物流管理及相关专业的全日制在校生达到4.5万人左右，其中，高职专科3.8万人、本科0.5万人、中专技工0.2万人、研究生200人左右。

我省物流业发展中仍存在一些问题，如物流管理体制和环境有待完善；物流多式联运尚未实现无缝连接，对多种运输方式的一体化运作形成障碍；第三方物流企业规模普遍较小，基础设施和技术装备条件较差，服务水平不高，总体竞争力较低；物流业标准化和信息化水平不高，物流公共信息网络系统建设相对滞后；物流统计指标体系需进一步完善等等。

二、指导思想、基本原则和发展目标

（一）指导思想。

坚持以科学发展观为指导，围绕转方式、调结构的总体部署，以市场为导向，以企业为主体，以服务经济和社会发展为主线，以改革创新为动力，以先进技术和信息化为支撑，按照整合、改造、提升、发展的基本思路，建立工农商贸企业与物流企业联动发展机制。整合物流资源，加快物流园区（中心）等基础设施建设，培育物流龙头企业，提升物流企业整体水平，加快多式联运工程建设，努力构建高效生态节能的现代化物流服务体系，促进我省经济又好又快发展。

（二）基本原则

1. 政府规划引导，市场配置资源，营造发展环境。加强政府在物流业发展过程中的组织、规划、政策和环境等方面的引导作用。依据现有物流基础设施，兼顾国内与国际、城市与农村、农业、商贸和工业与物流业协调发展，统筹规划，合理布局。完善政策、法律、法规，为物流企业营造一个良好的发展环境。

2. 深化改革开放，理顺管理体制，打破条块分割。通过改革开放，进一步理顺目前的管理体制，破除各地、各部门原有的利益保护，打破行业间、部门间、地区间、城乡间的分割封锁，实现行业、部门、地区、城乡间真正的协调配合与无缝对接。

3. 推进标准化和商标战略，采用先进信息化技术，提高物流效能。采用先进的物流信息技术，加快推进物流设施与设备的标准化，发展品牌物流，实施商标战略，促进操作流程的规范化，实现供应链上下游企业之间的信息共享，降低物流运营成本，提高物流效能。

4. 加强基础设施建设，发展综合运输体系，实现物流畅通高效。进一步加快公路、铁路、水路、航空和管道物流通道建设，打通不同运输方式之间的瓶颈，合理布局物流园区、物流中心和配送中心，建立综合立体的多式联运体系，实现物流的畅通高效。

5. 整合存量，优化增量，创新服务。采取有效措施，促进不同隶属关系、不同所有制物流资源的有效整合。充分利用物流存量资源，改造、提升、完善物流服务功能，提高物流运作效率。引导社会资本向重点地区、重点物流企业倾斜，坚持走集约式、内涵式的发展道路，增强物流业的可持续发展能力。

6. 推进行业协调，促进产业联动，发展特色物流。推进制造业内部物流资源整合，加快企业物流剥离外包，促进物流服务社会化。大力发展专业化物流，积极建立重点领域和特种行业的物流体系，满足制造企业个性化需求。

（三）发展目标

继续贯彻落实国发〔2009〕8号文件和鲁政发〔2009〕61号文件，把我省建成全国九大物流区域之一，发挥我省在全国七大物流通道作用，建设一批物流节点城市和物流基地，培育一批物流名牌企业，为建设经济文化强省提供坚实物流体系保障。到2015年，社会物流总额完成18万亿元，年均递增12%；物流业增加值完成4800亿元，年均递增11%，占GDP的比重达到8.5%以上，占第三产业的比重达到22%以上；全社会物流总费用占GDP的比重下降到17%左右；培育100家具有国际、国内竞争力的大型综合物流企业，扶持150家制造业与物流业联动发展示范企业。基本形成城市与农村相结合、物流业与农业、工业、商贸业联动发展，布局合理、信息畅通、技术先进、管理规范、节能环保、安全有序的现代物流服务体系。

三、物流区域布局

（一）物流区域。根据我省的自然地理条件、行政区划、各地经济发展特点和物流业发展的实际情况，把我省的物流发展区域划分为六大物流区域，即港口群物流区域、鲁中物流区域、鲁南物流区域、鲁西南物流区域、鲁北物流区域和黄河三角洲高效生态经济区物流区域。

1. 港口群物流区域。港口群物流区域是山东半岛蓝色经济区的主体，是发展国际物流的主要通道，具有发展现代物流的条件和优势。充分发挥港口设施功能完备、经济外向度高、发展潜力大的优势，重点发展外向型和辐射型物流，继续加快疏港铁路和公路的规划和建设，提高港口的集疏运能力。以发展现代物流为重点，加快沿海港口大型矿石、油品泊位建设，强力推进内河航道、港口建设，提高综合通过能力和内河港航整体实力；鼓励港口与大物流企业、临港物流园区的合资合作，实现有机结合、互动发展，推动港口腹地“无水港”体系建设，实现港口腹地向全国、全世界扩展，为山东半岛蓝色经济区的高效生态产业、高端产业、临港产业服务，为全省及全国产业发展和对外贸易服务。

2. 鲁中物流区域。以济南、淄博为核心，以泰安、莱芜为重点，大力发展综合运输，推进多式联运，着重发展陆路综合物流、城市配送物流及辐射全国的中转物流。形成连接省内各主要城市，辐射冀、豫、苏、皖等周边省份的物流中转基地。加快与半岛港口城市的通道对接，合作实施“大通关工程”，形成一条畅通的国际物流通道。构建完善的农村物流网络，大力发展农村物流，建设有利于农产品交易、加工、包装、存储、运输的物流系统。尽快形成以城市配送物流、中转物流和航空物流为特色的综合物流枢纽。

3. 鲁南物流区域。以临沂为核心，以日照为重点。临沂重点发展商贸物流，通过发展商贸经营、会展、电子商务等物流方式，进一步做大做强商贸流通业，形成辐射华东、华北、中原等地区的商品集散地。日照重点发展矿石、煤炭等大宗物资港口物流，建设临港产业，形成港口与内陆腹地的进出口货物集疏运中心。日照与临沂应充分发挥兖石铁路和高速公路的作用，加强经济联系，搞好物流对接，发展大港口、大商贸、大物流，实现合作双赢。

4. 鲁北物流区域。以德州为中心，以聊城、滨州、东营为重点，大力发展连接东部沿海和中西部内陆的中转物流、农产品物流。特别是滨州和东营作为黄河三角洲高效生态经济区的核心城市，应该重点发展以有利于生态环境保护的产业，优先发展现代物流业，促进服务业的发展，在全省率先实现经济结构转型。

5. 鲁西南物流区域。以济宁为核心，以枣庄、菏泽为重点，利用京杭运河水运成本较低的优势，大力发展内河水运物流，推进公铁水联运物流项目建设，建立和完善以煤炭、矿石、石膏等大宗物资为主的转运型物流中心。规划建设专业物流配送中心，搞好化肥、农药、种子、塑料薄膜等农资物流配送，做好种植、饲养、加工、销售等环节物流衔接，为建设农业、林业、牲畜业基地服务。在鲁西南地区，进一步推广现代物流管理理念和技术，推进传统物流向现代物流转型升级，缩小鲁西南物流业与东部地区之间的差距。

6. 黄河三角洲高效生态经济区物流区域。黄河三角洲高效生态经济区物流区域以东营、滨州为核心，以莱州市、潍坊市寒亭区、寿光市、昌邑市、乐陵市、庆云县、高青县为重点，发展服务于黄河三角洲高效生态经济区的高效生态物流，成为连接山东半岛、京津冀、辐射东北亚的物流枢纽。依托交通枢纽、中心城市和重要货物集散地，完善物流基础设施，重点建设东营、滨州、潍坊、莱州4个临港物流基地，大力发展临港产业，促进临港物流业快速发展。发挥油盐化工、纺织、造纸、装备制造、农副产品加工等产业的优势，引导企业主辅分离，物流业务外包，积极发展专业化物流，支持产业提高核心竞争力。依托胜利油田和中海油，重点发展辐射全省的石油管道物流。建设一批高效生态特色物流园区、物流中心和配送中心。积极推广现代物流管理技术，建立和完善物流网络和信息平台，提高物流信息化和标准化水平，引导物流企业向专业化、规范化和国际化发展。

（二）物流节点城市。根据各地的产业特点、发展水平、设施状况、市场需求等因素，确定2个国家级物流节点城市、7个省级物流节点城市、8个地区性物流节点城市和29个县级物流节点城市。各级节点城市应搞好物流规划，有针对性地建设货运服务型、生产服务型、商贸服务型、综合服务型的物流园区（中心），促进产业集聚，努力提高物流服务水平，形成全国性、区域性和地区性物流中心，促进大中小城市、城市与农村物流业协调发展。

1. 国家级物流节点城市2个

济南：发挥省会城市的政治文化中心、区域中心城市和南北交流、东西交流、国内外交流的三重枢纽地位的优势，加快发展转运和分拨物流，形成北连京津大都市圈，南通长江三角洲经济区，西与山西、河南等能源基地相通、东与山东半岛相接的多种运输方式交汇的陆路中转物流中心城市。重点发展商贸、交通装备、机械装备、建材、钢铁专业物流，打造专业化、标准化、信息化的物流品牌。加快推动盖世物流、佳怡物流和零点物流港等知名物流企业扩大规模、提升档次，带动本地及周边地区物流业快速发展。建立适合多式联运发展的物流中心、场站，大力发展多式联运。加快西部现代、北部盖家沟、东部郭店（董家镇）3大物流园区的规划建设。重点围绕主城区经济发展，规划建设邢村、高新区、空港、药山、崔寨、经济开发区等6个专业性物流中心。在城市周边地区或物流园区内，规划建设商贸物流配送中心，支持大型连锁超市的发展。

青岛：以建设东北亚综合航运枢纽和国际物流中心为目标，发挥青岛港为龙头的港口群带动作用，依托布局合理和功能配套的物流基础设施，构建起辐射东北亚地区的国际物流服务体系，形成具有国际竞争力的物流中心。加快建设港口物流、空港物流、铁路物流和陆路物流 4 大系统。加强港口与陆路运输的协调，发展公铁水联运、国际集装箱多式联运。依托港口、机场和铁路中心站布局物流园区，重点规划建设完善董家口物流园、前湾国际物流园区、前湾保税港物流园区、胶州湾国际物流园区、城阳空港物流园区、城阳综合物流园区和李沧娄山物流园区。依托主要工业产业及运输枢纽布局物流中心，规划建设胶南董家口物流中心、胶南临港经济开发区物流中心、西海岸出口加工区物流中心、胶州三里河物流中心、青岛市应急物流中心、青岛出口加工区物流中心、青岛高新区物流中心、即墨田横物流中心、即墨商城物流中心、莱西姜山物流中心和平度新河物流中心。结合城市商贸网点建设，设置一定数量满足城市生活与生产需要的专业化物流配送中心。构建现代物流业发展框架，物流发展水平达到国内领先，在我省的物流业发展中起龙头示范作用。为“环湾保护、拥湾发展”战略，为山东半岛蓝色经济区、高端产业集聚区建设，提供强有力的支撑和保障。

2. 省级物流节点城市 7 个

（1）东营：发挥处于京津唐与山东半岛两大经济区及黄河经济带与环渤海经济圈结合部的地理优势，抓住黄河三角洲开发国家战略、天津滨海新区开发建设和半岛城市群经济跨越发展新机遇，构建立足黄河三角洲，面向晋冀和环渤海地区，海陆空相结合的物流运输网，形成区域性物流中心和环渤海经济圈的重要物流城市。依托胜利油田和中海油，重点建设和发展辐射全省的石油管道和化工物流。大力发展现代物流业，使其成为资源型城市经济结构转型升级的引擎与支柱。

（2）烟台：依托烟台港、烟大铁路轮渡、铁路和高等级公路网优势，加强公路、铁路、港口、民航的相互连接，发展成为面向内陆腹地、东北三省和东北亚的重要物流枢纽城市。重点推进汽车甩挂运输、保税物流、农村物流和中韩车载物流试点工作，重点发展钢铁、食品、机电产品、高新技术产品、服装等大宗出口商品物流。建立适合多式联运发展的物流园区（中心、场站），大力发展多式联运。依托港口，重点规划建设烟台港芝罘湾港区物流园区、西港区物流园区、龙口港区物流园区、莱州港物流园区、福山物流园区、蓬莱港物流园区、栾家口港物流园区、烟台保税港物流园区、桃村商贸物流园区、莱阳国际绿色食品物流园区、潮水国际机场物流园区和牟平奥威国家冷链物流示范园区。

（3）潍坊：充分发挥作为山东半岛物流枢纽城市作用，继续推进“青烟潍物流一体化”发展，协调建立青岛港、烟台港与潍坊港物流发展一体化战略协作关系。重点支持鲁东物流中心、滨海物流港建设，努力打造服务环渤海、辐射全国的现代临港物流基地。依托寿光地区蔬菜基地、全国重要的纺织工业基地、国家级半导体照明特色产业基地的优势，重点发展农产品物流、纺织品物流、半导体物流。利用交通和地理优势，建立适合多式联运发展的物流中心、场站，大力发展多式联运。在重点物流节点和综合交通枢纽区域，有选择性地建设重点综合物流园区及中心。

（4）济宁：发挥京杭大运河北段上重要枢纽城市作用，依托京杭运河“黄金水道”优势，发展公铁水多式联运，形成煤炭为主、多元发展的港口物流业，打造“运河物流”品牌。建成鲁西南煤炭外运和晋东南煤炭外调分流，鲁南地区对外物资集散，发挥该市以重化、冶金工业为重要依托的枢纽基地作用。重点建设济宁临港物流园区、济宁高新区物流园、兖州北站铁路物流园区、任城医药物流园区、山东瑞中医药有限公司物流中心和济宁新华物流中心。

（5）临沂：充分发挥在区位、交通和商贸流通等方面的比较优势，建立连接江苏、辐射长江三角洲，联通日照、连云港的商贸物流基地，服务于省内外商贸流通和经济建设。以商贸物流和会展物流为龙头，带动地方产业和城市的发展，形成国内外现代物流业发展的重要节点，成为重要的区域性物流枢纽和商贸物流中心。重点建设市区西部物流园区、市区东部物流园区、莒南临港物流园区、苍山物流中心、沂水物流中心、蒙阴物流中心和平邑物流中心。

（6）德州：充分发挥铁路、公路连接京津塘交通枢纽城市的优势，承接国家贯通南北物流通道节点的任务，建立以服务于工业、农业、商贸等为主的综合性物流园区。发展成为我省连接东北、华北的商品物资交流的重要物流基地。重点建设华北商贸物流城、京铁物流园、资通国际陆港综合物流园和规划建设齐河的山东盖世物流中心、禹城的山东国际商贸港、庆云的红云高新技术产业园物流中心。

（7）淄博：地处鲁中腹地，发挥位于环渤海经济圈、山东半岛蓝色经济区、黄河三角洲高效生态经济区以及省会城市经济圈结合部的区位优势和地缘优势，依托济南、潍坊机场，青岛、烟台、威海、日照、连云港、天津等港口，利用海、陆、空、铁联运，国际、国内物流兼营的综合运输网络和物流产业基础，在淄博建设大型疏港物流基地和为港口配套的货物分拣包装配送中心，打造服务周边的“旱码头”。重点发展石油化工、机械装备、纺织（丝绸）服装、建材、陶瓷等特色物流，带动特色产业升级和促进区域经济发展。重点规划建设鲁中国际保税物流园区，鲁中公铁联运物流园区、齐鲁化工物流园区、鲁中商贸物流园区和轻纺物流、机电物流等物流配送中心。

3. 地区性物流节点城市 8 个

（1）枣庄：依托京沪铁路、高速公路和内河航运交通运输的优势，以水铁联运作为物流业发展的重点，建立水铁联运的煤炭、建材物流运输体系，建立农村物流配送体系，建立城乡统一配送体系。整合资源，重点发展现代物流产业，以物流产业的发展带动区域产业结构的优化，促进本地经济又好又快发展。重点规划建设鲁南铁水联运物流园区、峄城临港物流园区、高新区汽车物流中心、枣庄临港物流中心和山亭农副产品物流中心。

（2）泰安：充分发挥泰安地处京沪交通要道，京津与苏浙沪联系的必经之地，省内南北交通联系聚集点及京杭运河北延工程开工建设的得天独厚区位和交通优势，结合当地产业特色，重点发展汽车配件、煤炭、钢铁加工、石膏等制造行业物流。重点规划建设泰山物流园区、泰山钢材物流园区。

（3）威海：建立以港口联盟为依托，以航空、铁路、公路为基础的港口物流节点城市，服务于区域内橡胶轮胎、造船修船、纺织、海洋食品等行业物流发展。发挥威海是中国大陆距韩国最近的沿海城市的地缘优势，推动中韩陆海联运汽车运输，发展成为全省乃至全国对韩国经贸物流的集散地。重点建设威海国际物流园和威海汇峰现代物流园。

（4）日照：建立以铁路、公路为基础的港口物流节点城市，大力发展煤炭、矿石、钢铁、木浆、大宗货物商品及进出口物流基地，服务于国家东西通道的集疏运。发挥以日照港为新亚欧大陆桥头堡与国内西北地区联盟的经济带作用，建立西北地区新疆、陕西、甘肃、宁夏等能源及物资调入和进出口的港航物流周转基地，促进我省蓝色经济区与西北地区双向物流体系的建设。规划建设日照保税物流中心（B型）、日百物流配送中心、日照华丰仓储保税仓库、岚山孚宝液体化工保税仓库、三运物流园区和三运市北物流园。

（5）莱芜：搞好港口、铁路、高速公路的衔接，大力发展多式联运，在产业集聚区、交通枢纽规划建设物流基础设施，打造成为产业服务的区域性物流中心。重点发展矿石、生产、储存、加工、配送一体化工程，提高钢铁生产各环节的物流效率，降低物流成本，支持钢铁产业规模扩大和效益提升。重点规划建设钢城区钢铁物流园区、开发区物流园区和莱城工业园物流园区。

（6）聊城：结合本地产业优势，建设煤炭、有色金属、汽车、农用车和粮食等综合物流园区，发展成为冀鲁豫交界地区综合物流服务枢纽。重点发展外销北京、天津、济南等大型城市的粮食、棉花、蔬菜、水果等农产品物流。引进先进物流企业，提升物流产业层次，带动区域产业结构优化，促进本地经济又好又快发展。重点建设聊城物流园区、聊城百亿钢材物流中心、茌平综合物流园区。

（7）滨州：充分发挥纺织、造纸、有色金属、汽车零部件、交通装备、通用航空器、油盐化工等产业优势，依托港口、铁路、高等级公路，积极发展专业物流、农产品物流、城市配送，形成对接天津滨海新区、融入济南城市圈、辐射环渤海经济圈和半岛城市群、服务黄河三角洲经济区的鲁北物流中心。重点建设滨州临港物流园区、滨州开发区物流园区、东城物流园区、邹平物流中心和大高航空物流中心。

（8）菏泽：依托新菏兖日铁路、京九铁路、日照至东明高速公路、济南至菏泽高速公路及京杭运河支线航道等骨干通道，发挥辐射江苏、安徽、河南周边地区的优势，重点建设农产品、农资、商贸综合物流园区（中心），成为鲁苏豫皖交汇地区的商贸物流基地、特色农副产品加工集散基地。积极完善农资、农产品配送网络体系，支持农业生产，调整农业结构，实现农业由大变强。提升本地物流企业的实力和水平，引进先进物流企业进入，以物流产业的发展带动区域产业结构优化，促进本地经济快速发展。重点建设菏泽铁路现代综合物流园区、鲁之翼物流园区、巨野煤化工物流中心、东明石油化工物流中心、郓城煤化工物流中心、曹县庄寨木材加工物流中心。

4. 县级物流节点城市29个。从经济基础条件好的县市区选择29个作为县级物流节点城市，分别是：章丘市、胶州市、淄博市临淄区、桓台县、滕州市、广饶县、龙口市、莱阳市、青州市、寿光市、兖州市、嘉祥县、金乡县、新泰市、肥城市、文登市、荣成市、日照市岚山区、莱芜市钢城区、郯城县、禹城市、齐河县、临清市、茌平县、博兴县、邹平县、曹县、单县、东明县。在县级节点城市，可以根据产业和社会服务需要，适当建设物流中心、配送中心。

四、物流基础设施规划建设

（一）物流交通通道规划建设

1. 公路。完善“五纵四横一环八连”高速公路网，提升干线公路网，统筹农村公路网，推进智能交通建设，构建强有力的路网综合保障体系。加快东西、南北大通道、省际高速通道建设，加快疏港公路建设。进一步完善山东半岛蓝色经济区、黄河三角洲高效生态经济区公路网络，整合打造山东滨海公路明珠线，形成北接河北及天津滨海新区，南达长三角地区北翼，串联7个沿海城市的环海通道。合理布局中心城市对外出口通道，进一步完善通往港口、铁路、机场的公路建设，形成四通八达的公路运输网络。

2. 铁路。加强与港口、公路的衔接，发展多式联运，提高货物流通速度。重点构造“四纵四横”铁路骨架，使铁路覆盖全省大多数城市、重要港口和工矿企业集聚区。加大济南、青岛两大货运枢纽建设，实现铁路与其他运输方式货物运输的无缝衔接。建成京沪、胶济、菏兖日3条超亿吨铁路货运通道。推进黄大铁路，德龙烟铁路、京沪高铁山东段等铁路建设。加快现有铁路复线和电气化改造，发挥大宗货物铁路骨干运输优势。“十二五”末，全省铁路营业里程达到5500公里以上；铁路货运发送量与到达量均超过2亿吨。

3. 水路。以青岛港为中心，以日照、烟台港为两翼，全力构建沿海港口集装箱、矿石、原油、煤炭、旅客5大运输系统，稳步推进中韩、中日陆海联运汽车运输项目，加快黄河三角洲高效生态经济区港口建设。加大沿海港口资源整合的力度，促进国内外港口间业务合作。大力推进内河航运发展，重点建设京杭运河东平湖至济宁段航道，升级改造济宁至台儿庄段航道，加快支线航道建设，推进京杭运河黄河以北段复航工程论证工作。大力发展航运业，壮大山东航运骨干力量，提高远洋、沿海和内河运输能力。

4．航空。加大开放程度，提高吞吐能力和竞争力，优化航空运输网络，形成以济南、青岛区域性枢纽机场为骨干、支线机场为补充的航空运输格局。积极吸引航空公司扩大运力投放，开拓航线，提高货运能力，增强竞争力。重点发展国内外航空货机运力，增加客机腹仓运输量，积极开拓航空运输市场，完善空港物流中心建设，促进航空物流业快速发展。

5．管道。发挥管道运输的优势，抓住国家调整能源布局的机遇，完善天然气、石油等管道运输。建设烟台－淄博、黄岛－潍坊、东营港－滨州、日照港－东明的原油管道。规划建设淄博－济南－德州－聊城鲁北成品油管道和威海（镆琊岛）－烟台－潍坊－淄博－济南成品油管道。协调推进西气东输泰青威线主管道、分输站及传输管道项目建设。“十二五”末，建成较完善的原油、成品油、天然气管道运输体系，原油年输送能力达到1.21亿吨，成品油年输送能力2000万吨。

（二）综合运输网络体系规划建设。坚持着眼长远、统筹规划、突出重点、配套完善的原则，优化综合交通布局，加强交通网络规划和重大项目建设的衔接，推进水陆联运、水铁联运、空铁联运等多式联运协调发展加快物流运输资源整合，完善跨省、跨地区的交通通道，构建完善综合运输信息化网络，建立安全、便捷、通畅、高效的现代化立体交通运输体系。

（三）物流园区规划建设。物流园区建设要从实际需要出发，充分考虑物流市场需求，把整合现有物流资源与新建物流项目有机结合，规划建设一批布局合理、用地节约、产业集聚、功能集成、经营集约的大型物流园区（中心），提高物流服务效率，降低物流成本。鼓励在产业园区、开发区内、港口、交通枢纽规划建设物流园区（中心），提高货物的集疏运能力。

1．生产服务型物流园区。根据产业发展状况，在工农业生产集聚区建立生产服务型物流园区，主要为制造业提供供应、生产、销售、回收物流服务，促进企业主辅分离，提高供应链管理水平，降低物流成本，提升竞争力。

2．货运服务型物流园区。依托港口、铁路、公路、机场等交通枢纽，规划建设以水运、铁路、公路和航空运输为主，便于实现多种运输方式有效衔接的货运服务型物流园区。

3．商贸服务型物流园区。根据各城市规划布局、消费规模、消费层次，建设以采购、交易、物流集散、商业配送为主的商贸服务型物流园区。通过商贸服务型物流园区建设，支持大型连锁超市扩张，实现大商贸、大物流、大流通的商贸流通业发展态势。

4．综合服务型物流园区。在位于城市交通运输主要节点上，规划建设服务于城市配送、生产制造、商贸流通等具有提供多种物流服务功能的综合物流园区。在国家级、省级、区域性、地区性物流节点城市，重点支持建设30个集储存、货运、加工、商贸、货代、信息与金融服务于一体的综合性物流园区。

（四）物流中心和配送中心规划建设。物流中心规划与物流园区应有一定空间距离，补充物流园区的服务功能；在产业聚集区有针对性地建设一批煤炭、钢铁、建材、冶金、石化、汽车零部件、医药、农副产品等专业物流中心。配送中心规划与区域内物流园区、物流中心布局规划有效衔接，便于发挥末端物流服务功能。有选择性地在县级交通枢纽城市、商贸集散地、农副产品产区建立物流配送中心，形成全省统筹规划、城乡结合的省、市、县（市、区）、街道（乡镇）四级物流运营网络。

五、重点行业物流和特种物流

根据我省重点产业的需求和社会经济发展的需要，在“十二五”期间，需要大力培育发展石化、煤炭、矿石、建材、商贸、农产品等重点行业的物流，发展和完善产供销一条龙服务的冷链物流配送体系，建立具有现代物流管理理念的危险品和应急物流体系。

（一）重点行业物流

1. 制造业物流。推动制造业企业充分利用现有的物流资源，按照现代物流管理方式，进行有效的物流系统的整合、优化，实现企业内部的物流一体化。整合上下游物流资源，建立与客户、供给商的协调机制，逐步实现企业间供应链整合；鼓励制造企业物流流程再造和物流业务分离外包，培育一批适应制造业发展需要为钢铁、汽车船舶、纺织、轻工、装备制造业、电子信息、冶金等行业服务的专业化物流企业。推动制造业与物流业联动发展，推广潍柴动力等制造业与物流业联动发展的示范工程，扶持50个省级重点企业物流管理中心，重点支持中国重汽、济南机床二厂、海尔集团、青岛啤酒、玲珑橡胶、西王集团、京博物流、力诺物流、三角集团、金猴集团等企业物流建设。

2. 农业物流。建立覆盖全省乡镇、村的农产品物流服务体系。支持邮政物流网络发展，依托覆盖面广的公路运输优势，建立农副产品进城、工业和农资产品下乡、城乡结合的双向绿色物流体系。以信息技术为支撑，逐步完善农业物流信息化网络，建立城乡一体化物流信息平台，完善县、乡镇、村三级物流服务网络。利用先进的物流技术，促进乡镇农副产品流通和加工基地建设。扶持涉农批发市场、农贸市场建设，充分发挥物流节点优势，与重点涉农物流企业联动发展，实现农产品物流快捷高效。

3. 商贸物流。支持商贸流通企业积极发展新型流通业态，开展连锁经营、电子商务和物流配送，促进商贸流通业繁荣发展。支持传统批发企业与零售企业联合，实现商品批发、物流配送、零售一体化运作。加快商贸物流基础设施建设，进一步完善和提升服务功能，形成覆盖所有连锁超市的物流配送体系。重点扶持银座商城、利群商贸配送中心、潍坊百货集团、山东家家悦物流公司、临沂商贸城、青岛维客商贸配送中心等企业大力发展商贸物流配送。

4. 石化物流。以港口、油田、炼油厂为基点，合理布局建设石油管线，发展管道物流，减轻陆路运输的压力，降低物流成本。建设化工产品的仓储、运输、装卸、消防等基础设施建设，提高专业化水平，确保生产、运输、存储等环节的安全性。对于生活消费品的化工产品，要与农资、商贸流通领域的物流系统接轨，建立社会化、规模化和高效化的物流系统。依托油田、炼油企业、大型化工企业，整合物流资源，建设具有化工产品特色的物流园区，实现聚集发展。

5. 煤炭物流。在国家级和省级物流节点城市及大型火力发电厂，新建或改建煤炭配送中心。建立电厂用煤、生产用煤和生活用煤的协调和应急调度机制，确保满足生产和城乡居民生活需求。鼓励煤炭生产企业与电厂、用煤大户合资建设煤炭配送中心，促进生产和需求的有效衔接。支持煤炭生产企业逐步实现生产资料的采购、仓储和配送业务外包剥离，建立专业化、社会化的物流配送中心。加强储煤场与铁路、港口的衔接，积极推进“路企直通”，加快建设战略装（卸）车点和物流基地，建立煤炭销售、运输、配送一体化的物流服务体系。

6. 建材物流。建材产品品种多、产量大，要根据其特点，建设物流设施，发展物流系统。突出抓好水泥物流园区（中心）建设，发展专用运输车辆，建立散装水泥、预拌混凝土、预拌砂浆物流配送体系，运用现代信息技术手段，搞好散装水泥生产、运输、储存、使用各环节衔接，提高安全环保水平和物流运行效率。在陶瓷主产区，改造提升现有陶瓷批发市场，组建陶瓷专业物流中心，实施经营、批发、物流配送一体化。对各地的装饰材料、家居市场（卖场）进行改造，增加服务功能，向超市经营、连锁经营、物流统一配送方向发展，提高市场的竞争力。

7．医药物流。支持医药企业运用现代物流与供应链管理理念，整合医药企业的上下游业务，建立功能完备的现代医药物流体系，降低医药流通成本。加快建设医药物流中心，发展厢式货车、冷藏车，提高医药仓储、运输卫生标准，完善医药物流系统，确保快捷高效和药品安全。建设医药物流信息系统平台和电子商务平台，建立基本覆盖医药企业、医院和医疗网点的医药采购、存储、配送以及医疗废弃物的转运系统，扶持山东海王银河医药等一批物流配送中心，提高医药物流供应链管理水平。

8．邮政物流。支持传统的邮政企业重组和资源整合，加快向现代物流企业转型，发展成为我省物流业的骨干力量。鼓励邮政物流企业依托邮政资源和网络优势，承接农产品进城、农资和工业品下乡的城乡一体化物流配送体系，做大做强农村邮政物流，切实搞好为“三农”服务。支持邮政物流与高端制造企业合作，提供供应链一体化服务，发展体积小、附加值高的工业品物流配送，提高经营规模，增加经济效益。

（二）特种物流

1．冷链物流。加快冷库工程、低温配送中心工程、冷链运输车辆及制冷设备工程、冷链物流全程监控及追溯系统工程建设。到“十二五”末，不断完善冷链物流水平，加强资源整合，拓展物流服务网络，提高冷链物流企业的规模和竞争力，重点培育一批发展潜力大、经营效益好、辐射带动能力强的冷链物流企业。规范冷链物流市场，提高冷链物流企业的准入门槛，建立对冷链物流企业的考核和监督机制，促进冷链物流业快速发展。

2．危险品物流。根据国家颁布的《危险品管理条例》，加强危险品仓储、运输、装卸、信息监控等设施设备建设，提高危险品物流能力和安全标准。严格规范危险品物流企业准入条件，根据市场需求，合理布局物流企业，优化危险品存储、配送和运输网络。积极推进新技术和新装备的应用，运输车辆安装GPS设备，建设危险品物流信息系统，实现对危险品生产、存储、运输等各个环节的全程监控和管理，确保人民生命和财产安全。

3．应急物流。采取政府行为与市场化相结合的原则，建立应急物流体系。选择规模大、技术装备先进的生产、运输、仓储、物流园区（中心）等企业，作为应急物流的主要基地，建立军民结合、平战结合、企业联盟、以政府为主体的应急物流保障体系。建设市场兼容的物资储备体系和运输配送网络，平时由企业经营，兼顾政府应急征用，实施动态储备管理。加强应急物流信息化和组织指挥系统建设，建立应急快速响应机制。

六、重点任务

（一）推进物流服务专业化和社会化。鼓励大型工业企业、商贸企业引入现代物流理念，应用现代物流技术与管理方式，优化企业内部资源配置，完善自营物流设施与功能，逐步实现供应、生产、销售、回收物流的一体化，构建统一、协调、高效的自营物流系统，提升物流专业化水平，为实现物流服务的社会化奠定基础。选择大中型工业企业进行物流管理改革试点，针对市场需要和企业实际，实施流程再造，积极参与供应链管理，推进物流外包，主动寻求社会化的物流服务。商贸流通企业根据连锁门店经营的需要，可自建物流配送中心，但从节约投资、降低成本角度看，主要是鼓励利用社会物流资源，开展配送业务。发展农产品从产地到销地的直销和配送，支持涉农物流企业开展农产品进城、工业品下乡的双向统一配送。鼓励物流企业参与工业企业、商贸企业的采购、生产、销售活动，为企业提供物流一体化服务，促进企业物流服务社会化。

（二）培育壮大龙头物流企业。支持龙头物流企业以兼并联合、股票上市、发行债券等多种融资渠道，尽快壮大规模，形成物流企业集团。在钢铁、化工、家电、汽车、机械、纺织、医药、建材、造纸等行业中发展一批专业物流骨干企业，带动全省物流业的整体发展水平。加大政策扶持力度，鼓励物流企业以多种形式进行资产重组，流程再造，培育一批服务水平高、竞争力强的大型现代物流企业。鼓励物流企业同国际、国内先进物流企业的合资、合作与交流，提高国际、国内竞争力。鼓励现有运输、仓储、货代、联运、快递企业进行功能整合和服务延伸，加快向现代物流企业转型。扶持中小物流企业创新物流服务模式，加强资源整合，走多样化物流服务的路子，逐步发展壮大。完善物流企业信用评价指标体系，建立物流企业诚信监督制度，引导我省物流企业健康发展。

（三）完善城乡一体化配送体系。大型超市、商场配送中心加快与物流园区、物流中心相对接，提高配送效率，促进商贸流通业发展。大力推广银座超市、家家悦超市、金德利早餐等商业连锁配送经营模式，创建和完善早餐、食品蔬菜、医药等生活日用品的物流综合配送体系。支持商贸流通企业积极发展电子商务，开展网上订购、物流配送到客户。鼓励物流配送企业在大中城市发展面向工商企业和消费者的社会化共同配送，促进流通的现代化。推广"农超对接"工程，建立农产品进城快捷通道，形成生产超市化、经营连锁化、加工链条化的农成品物流网络体系。有选择地建设50个大型农产品批发市场，通过标准化和信息化提升市场的配送能力。以城市连锁超市、大型商场和农村市场为依托，以城市商贸企业、农村合作组织和涉农企业为载体，以信息平台为支撑，通过合资、合作形式，创建城乡一体化商贸流通体系和城乡一体化物流配送体系，减少流通环节，提高流通效率，缓解农产品流通难、城市消费品贵的问题。

（四）加强多式联运工程建设。加强新建铁路、港口、公路和机场转运设施的统一规划和建设，合理布局物流园区，完善中转联运设施，防止产生新的不合理布局，促进各种运输方式的衔接和配套。依托现有重点港口、铁路、公路、机场及货运场站等交通运输设施，建设一批集装箱多式联运中转设施和连接2种以上运输方式的转运设施，实现多种运输方式"无缝衔接"，提高物流设施的系统性、兼容性，减少空载率，降低物流成本，提高物流效率。完善海陆集疏运系统，重点建设青岛、烟台等港口与内陆腹地的转运设施，发展集装箱海铁联运。大力发展甩挂运输、滚装运输等先进物流运输方式，建设甩挂运输示范工程，提高综合运输水平。

（五）大力推动物流业与其他产业联动发展。搞好重点制造企业物流管理改革试点，推动350户大企业集团带头剥离物流服务环节，鼓励重点制造企业集团设立统一的物流业务管理机构，实施物流一体化运作。加强对制造业物流运行评价体系研究，建立物流成本和服务水平考核制度，定期核查对比物流外包企业和自营物流企业的物流成本变化情况，激发制造企业物流管理改革的积极性，促进物流业务外包剥离。引导制造企业与物流企业以资产重组、合资、合作等形式，组建第三方物流企业，建立供应链战略联盟，为制造企业提供优质高效的物流服务。农业、商贸流通业等产业要积极与物流业对接，合作开展物流服务，提高物流质量，增强企业核心竞争力。

（六）积极推广物流标准化。各级物流主管部门要加强与标准化主管部门合作，委托高校和专业研究机构、行业协会、龙头企业，制定具有我省特色的物流行业的地方标准。推行和修订物流基础类、技术类、信息类、管理类、服务类等技术标准,建立健全物流标准化门类。加强国际标准、国家标准的推广，积极制定地方标准，完善标准体系。开展物流服务标准化试点示范工作，支持企业采用标准化的计量、分类、标识、设施设备、信息系统和作业流程等，提高物流的标准化程度。通过集中培训、经验推广等方式做好物流标准化宣传普及工作。

（七）提升物流信息化水平。引导物流企业、专业软件开发企业加快研发物流信息系统，建设物流综合信息服务平台。推广应用具有开放性、通用性和标准化的物流信息平台。鼓励物流协会与软件企业、物流企业合作开发物流服务综合信息平台，开展政策咨询、提供车源货源信息、业务合作等在线物流服务，提高行业信息化水平，增强行业的凝聚力。物流企业应增加投资，加快企业信息系统建设，提高物流业务运作的效率和服务水平,增强企业竞争力。引导工商企业完善企业内部信息系统，并与上下游企业实现数据信息共享，实现供应链一体化管理。

（八）加快研发和推广物流新技术、新装备。科研院所、高校和企业搞好协作，加强产学研联合，积极开展物流新技术、新装备的研发和推广。支持物流企业淘汰落后装备，进行技术改造，实现技术和装备的更新换代。在物流企业中大力推广RFID、电子数据交换(EDI)、GPS、货物自动分拣、移动终端等新技术，鼓励物流企业使用专用装备，推广物联网新兴技术的应用，实现物流企业管理自动化。开展集装、托盘租赁回收业务，实现集装、托盘社会化运营。支持举办物流新技术、新装备展览，为研发机构、生产企业、物流企业提供交流平台，加快物流新技术、新装备的推广应用。

（九）加快物流人才培养。省高等院校根据情况和社会需求，合理设置文理科物流专业，开展物流专科、本科、研究生教育，为社会培养各层次的专业人才。支持重点高等院校与国内外企业、行业协会合作，开展物流专业培训和职业认证，使在职人员基本掌握物流理论和操作技能。加强校企合作，鼓励企业和学校之间合作，进行物流人才的订单式培养，提高培养的针对性；支持企业为大学生实习提供方便，增强大学生就业的适应能力。

七、保障措施

（一）建立和完善现代物流业发展的环境。各级政府要理顺管理体制，建立现代物流业联席会议制度，明确牵头部门和分工，研究制定政策措施，形成推动现代物流业发展的强大合力。除国家法律、法规明确规定禁止的，允许外资、社会资本采用独资、合资、合作、合伙等方式从事物流业经营。建立健全政府监管、协会监督与行业自律相结合的机制，加强物流企业诚信体系建设，为我省物流企业的健康发展提供有力保障。进一步加大治理公路“三乱”的力度，遏制对物流企业的乱罚款、乱收费行为，减轻企业负担。

（二）财政税收政策

1. 财政。各级财政要继续加大对物流业发展的资金扶持，对省物流规划确定的重点物流项目给予优先扶持。

2. 税收。继续扩大物流企业缴纳营业税差额试点工作，对纳入试点名单的物流企业进行跟踪，及时解决有关问题，把政策落实好。对跨地区经营的直营连锁物流企业，税务部门按照国家税法及有关政策规定落实跨区域经营企业汇总缴纳所得税、增值税的政策。进口物流设备可按国家有关规定免征关税、进口环节增值税。加强调研督导力度，把促进物流业发展的税收政策落到实处。

（三）投资金融政策

1. 投资。对列入省规划的重点物流基础设施、物流园区、物流中心、城乡物流配送中心、物流新技术工程等项目，应纳入基本建设和技术改造重点项目规划给予扶持，争取中央国债资金支持。

2. 金融。鼓励、引导金融机构围绕物流业发展规划，进一步加大对物流企业的贷款授信，支持其快速发展。组织开展多层次、多形式的政银企对接活动，及时跟踪签约项目贷款到位情况，努力提高贷款到位率，实现物流政策与信贷政策的有效对接。鼓励物流企业通过股票上市、发行债券、兼并重组、中外合资等途径筹集建设资金，引导和吸引更多的社会资金投向现代物流业。

（四）土地、通关、城市通行政策

1. 土地。坚持依法依规用地和节约集约用地的原则，严格控制集聚区内制造企业自营物流用地。对符合省物流产业规划，在新型工业化示范区、经济开发区、出口加工区、高新技术产业园区等产业集聚区内规划建设的物流项目用地，可参照工业仓储用地有关政策执行。对列入省重点规划的大型物流园区、物流中心、物流配送中心新增用地，有关部门要给予支持。鼓励在原市区内的物流企业到城郊结合部建设物流中心，原有土地由政府按土地利用有关政策规定处置，对其土地及附着物进行评估补偿，扶植新建物流中心。

2. 通关。简化通关手续，依托电子口岸，推行物流企业与口岸通关监管部门信息联网，对进口货物及符合条件的出口货物实行"提前报关、货到验放"。提倡海关、国检、代理、报关公司、场站等部门实现"一站式"联合办公和"一条龙"服务，并协调解决好跨省、跨地区的转通关，减少通关时间，加快通关速度。

3. 城市通行。有关部门要制定科学的城市货车通行管理办法，为重点物流企业的小型配送车辆在市区通行、停靠提供便利条件。进一步落实鲜活农副产品绿色通道政策，提高物流效率，降低腐烂变质损失。

（五）推动制造业与物流业联动发展政策。认真贯彻《山东省人民政府办公厅转发省经济和信息化委关于加快推动制造业与物流业联动发展的实施意见的通知》（鲁政办发〔2010〕51号）。支持工业企业实施二、三产业分离，分离后的税负如高于原税额，由各地财政视情况对该企业予以适当扶持补助，鼓励分离后的服务业企业为社会服务；其所购置的固定资产符合技术进步、产品更新换代较快的，经税务部门审核，可以加速折旧。

（六）加快行业协会组织建设。鼓励采取新建或整合的方式，建立和完善物流协会组织，发挥其在企业与政府间的桥梁纽带作用，增强为行业服务、为企业服务的职能。协会应在推广物流行业标准、推广新技术、重点物流园区和物流企业评审认定、教育培训、从业人员资格认证等方面发挥作用。

（七）建立和完善物流业统计制度。各地要建立由物流主管部门牵头、交通、统计等部门参加、物流协会参与的工作机制，建立现代物流业统计指标体系和物流统计制度，加强信息的收集、核算和分析工作，提高物流统计的科学性、准确性和权威性。选择部分大企业作为物流统计试点，实行直报制度，逐步扩大范围，提高统计的覆盖面。加强物流统计信息的预测和分析，及时监测分析现代物流业发展、运行状况，为政府部门制定物流政策提供依据。

（八）建立规划落实考核机制。各地要根据当地政府的部署，结合省"十二五"现代物流业发展规划的总体要求，编制本地现代物流业"十二五"发展规划。物流规划的实施要纳入地方政府的考核体系，增强规划的引导性。建立规划实施的督促检查机制，对有关部门进行明确分工，落实责任，相互配合，齐抓共管。

1－43　山东省经济和信息化委员会关于印发山东省国民经济和社会信息化“十二五”发展规划的通知

鲁经信推字〔2011〕215号

各市人民政府，各县（市、区）人民政府，省政府各部门、各直属机构，各大企业，各高等院校：

经省政府同意，现将《山东省国民经济和社会信息化“十二五”发展规划》印发给你们，请认真组织实施。

二〇一一年四月二十九日

山东省国民经济和社会信息化“十二五”发展规划

“十二五”是实现全面建设小康社会任务的重要时期，在国内外信息化竞争日益加剧的形势下，为了充分发挥信息化对经济、政治、文化、社会发展的关键性带动作用，推动经济社会调整和转型，奠定更加牢固的经济文化强省和信息社会发展基础，特制定本规划。

一、“十一五”信息化发展回顾

（一）“十一五”发展的成就。“十一五”期间，我省以科学发展观统领全局，遵循“十一五”规划总体框架，充分发挥信息化在优化资源配置中的积极作用，推动经济结构调整和发展方式转变，推进社会主义和谐社会建设，信息化建设成绩斐然。

1. 信息基础设施和普及水平实现跨越发展，服务能力极大增强。公共信息网络已覆盖所有城乡，电信光缆线路总长度达到42.8万公里，建设公众移动通信基站59427个，行政村“村村通电话”、“村村通宽带”目标全面完成。到2010年底全省固定电话用户达到2023.1万户，居全国第三位；移动电话用户达到6190.4万户，3G放号量371.2万，居全国第二位；通信业务总量、业务收入一直处于全国前列；互联网宽带接入用户超过925.9万户，网民人口比重近32%，较2005年增长1.2倍；广播综合人口覆盖率达到98.09%，电视综合人口覆盖率达到97.88%，有线电视用户超过1700万户，数字电视用户达到585万户。广播电影电视业务收入超过84.6亿元。信息网络已经成为支撑经济社会发展的重要基础设施。5年期间，信息化服务领域全方位拓展，服务能力全面提升，惠及公众范围大幅度增加，对经济社会发展以及人们的工作生活产生了巨大影响。

2. 信息技术在各领域深度应用，经济社会发展跃上新台阶。在国民经济领域，国家信息技术改造传统产业试点省和农村信息化重点联系省份等一批试点示范项目进展顺利。农村党员干部现代远程教育网络体系已覆盖所有行政村，农村信息化综合服务平台在全国率先开通，农村信息化服务体系初步建立，涉农信息资源得到初步整合，各类综合农村信息服务站快速增长。信息技术与传统工业加速融合，计算机辅助设计（CAD）技术在95%规模以上的机械、服装和家电等企业中推广，计算机监控技术在90%规模以上的化工、建材、造纸、冶金等流程型生产企业得到应用，有近60%的规模以上企业成功或部分实施了企业资源计划系统（ERP），产品设计周期缩短75%，生产自动控制率达95%，信息化对企业效益增长贡献率超过25%。服务业信息化和电子商务取得长足发展。在规模以上企业中，有近95%的企业实现了内部联网，并联入国际互联网。2010年全省电子商务交易额超过了5000亿元，全省企业电子商务交易达到经济流通总量40%左右，80%以上的中小企业从电子商务中获益。省公共物流信息资源共享与交换标准发布实施，山东省公共物流信息平台建成运行并取得了初步效益。

在政务管理领域，全省电子政务的网络框架基本形成。电子政务外网主体工程建设完成，省、市、县三级政府门户网站全部上线，35%以上的行政许可事项实现网上办理，电子政务内网实现省政府与党委、人大、所有省直部门和市、县（市、区）政府等的互联。电子政务应用水平明显提高，工商、税务、计生、应急等重点行业积极利用信息化优化业务流程，规模和应用水平都处于全国前列。国防动员信息化体系逐步健全。信息资源开发利用与业务协同取得显著成效，金卡、金税等金字工程和人口、法人等基础数据库陆续建成应用，企业基础信息共享、财税库、银联网等跨部门信息交换陆续展开。

在社会事业领域，文化、教育、卫生、就业等领域信息化取得新突破。教育信息资源建设继续推进，教育信息化基础设施支撑能力明显加强。县以上新农合信息系统全部投入运行，公共卫生信息系统在应对公共卫生事件能力，以及传染病监测和预警能力方面得到较大提高，90%以上三级医院建立了医院信息管理系统，基层医院信息系统建设快速发展。建立了省、市统一的人力资源和社会保障数据中心，养老保险联网工程初步启动。

在城市服务领域，无线城市、城市居民“一卡通”试点、社区信息化进展顺利。“无线城市”建设政策、标准体系不断完善，济南、淄博、德州、泰安等市“无线城市”试点启动。城市居民“一卡通”发展较快，济南、青岛、烟台、济宁等城市集成电路卡（IC卡）应用和发行取得突破，省级互联互通安全管理服务平台、数据交换中心、IC卡应用城市互联互通试点前期准备进展顺利。以“亭、屏、站、线”为主要内容的社区信息化服务模式逐渐成熟。

3. 网络与信息安全保障能力进一步提升，有力推动了“平安山东”建设。覆盖全省的信息安全监管体系初步建立，信息安全基础设施和服务机构不断完善。数字证书推广应用范围逐步扩大，截至2010年，面向质监、工商等重点行业共发放数字证书超过100万张。省网络与信息安全应急支援中心建成运行，互联网应急机制初步形成。等级保护和风险评估制度逐步推行，面向基础网络和重要信息系统特别是政府信息系统的信息安全检查不断深入，80%的省直部门、市、县（市、区）政府开展了门户网站安全风险评估。网络与信息安全技术研发与产业化渐成规模，形成了中间件、安全服务器、密码产品及隔离设备等特色安全产品产业链。专业化服务有所发展，涌现出一批具有较高水平的信息安全咨询、测评、外包服务的专门机构。

4. 信息产业保持平稳较快增长，经济支柱产业地位更加巩固。“十一五”以来，我省信息产业以超过19%的年均增速快速增长，2010年，全省信息产业实现主营业务收入7821.8亿元，总量居全国第四位。软件和信息服务业实现主营业务收入2442亿元。通信业务收入达到534亿元。“十一五”期间，累计取得科技成果近4000项，获得国家和省科技进步奖200余项，高科技含量、高附加值产品在产业中的比重达到40%以上。信息技术自主创新能力显著增强，产业结构不断优化升级。数字家电、新型电子原材料与传感器、高效能服务器、新一代网络产品、高端行业软件已逐步成为产业的主流产品，我省信息产业大省强省地位进一步巩固，核心竞争力大幅提高。

5. 信息化发展环境进一步优化，为信息化顺利实施创造了良好基础条件。省级机构改革圆满完成，市县改革进展顺利，各级信息化管理体制和工作机制逐步健全。《山东省信息化促进条例》、《山东省无线电管理条例》等颁布施行，电子政务、电子商务、信息安全、信息资源开发利用、信息化与工业化融合等一系列指导意见相继出台，软件和集成电路产业发展政策日益完善。截至2010年，全省拥有国家级信息产业基地1个、国家级信息产业园5个、省级信息产业园29个，国家级软件园2个、省级软件园13个。国家创新型企业3个、国家级和省级企业技术中心35个、国家和省级企业重点实验室8个、软件工程技术中心45个、集成电路设计中心8个，光电子和光伏工程中心14个，申请专利2.2万项，参与制定或修订国家标准62项。省信息技术改造传统产业服务平台、农业综合信息服务平台、电子商务服务平台、物流信息化公共服务平台、移动信息化服务平台等各类公共服务平台相继建成开通。信息化人才队伍逐步壮大，基础研究工作全面加强。

（二）存在的问题和不足。“十一五”期间我省信息化建设成效显著，同时出现了一些发展中的新问题，主要表现在：一是从战略高度对信息化建设特别是信息化和工业化融合的重要性和紧迫性认识不足；二是信息化管理体制、工作机制和调控力度需要加强和完善；三是信息资源开发利用和管理不够，部门间互联互通和信息共享亟待解决；四是资金投入不足，与我省经济和社会发展总体水平愈加不协调；五是信息化人才结构性矛盾突出，高端复合人才的培养和引进机制需要加强；六是信息技术创新能力不强，自主装备水平较低，产业链条不够完整；七是两化融合的深度和广度不够，信息化对经济发展的贡献率和信息产业的带动有待提高；八是网络与信息安全问题越来越突出。

（三）“十二五”信息化面临的形势。

1. 国际经济环境严峻复杂。信息化是当今世界经济社会发展的强大动力，从整体上引导和影响着世界经济、社会发展的进程。信息化与发展理念革新、发展方式转变联系更加紧密，信息网络基础设施成为世界经济社会发展的关键载体，培育信息网络等战略性新兴产业成为各国、地区应对国际金融危机普遍采取的重要手段，网络空间国家安全和战略利益角逐日益加剧，国际经济发展和需求结构变化对信息化的要求提高到前所未有的高度。

2. 国内宏观环境发生深刻变化。当前，我国发展环境不确定性、不平衡性、不协调性和不可持续性因素增多，但是今后一个时期仍然是我国经济社会发展的重要战略机遇期。全面认识工业化、信息化、城镇化、市场化、国际化深入发展的新形势新任务，大力推进信息化与工业化融合，坚持走中国特色新型工业化道路，是党中央根据世界经济发展趋势和我国现代化发展实际作出的一项重大战略决策，是全面建设小康社会的必然选择。

3. 我省经济和社会转型进入关键时期。“十二五”是我省由基本小康向全面小康迈进的关键阶段，是经济转型升级的攻坚时期，是由经济文化大省向经济文化强省跨越的重要节点。综合信息网络基础设施成为经济社会发展的关键基础，新兴通信技术成为转变经济发展方式的重要引擎，电子政务促进服务型政府建设进入全新阶段，新兴技术正在开辟社会事业发展的崭新渠道。我省必须坚持把信息化作为覆盖现代化建设的基本战略，推动经济社会调整和转型，为经济文化强省建设和信息社会发展奠定坚实基础。

二、指导思想、基本原则和发展目标

（一）指导思想。

以邓小平理论和“三个代表”重要思想为指导，按照科学发展观和构建和谐社会的要求，依据《2006 — 2020年国家信息化发展战略》，围绕建设经济文化强省的目标，以技术、体制和管理创新为动力，全面实施信息化和工业化融合战略，大力发展以新一代信息技术产业为代表的战略性新兴产业，加快推进经济信息化、政务信息化、社会信息化、城市与区域信息化，完善升级信息基础设施，加强网络与信息安全，全面提高信息化水平，促进我省经济长期平稳较快发展和社会和谐稳定。

（二）基本原则。

1. 持续创新。坚持持续自主创新，继续支持引进技术再创新，强化集成创新，重点突出原始创新；不断优化企业主体、政府引导、市场驱动的持续创新体制，切实增强信息技术持续创新能力，努力在重点领域、核心产品、关键技术上填补空白、实现领先。

2. 以用兴业。坚持需求主导，紧紧围绕物质文明、精神文明、政治文明和生态文明建设的实际需求，明确信息化的发展目标和具体任务，促进信息产业持续快速发展；坚持产用结合，促进信息技术在国民经济和社会发展中的广泛应用，实现产业结构、发展方式、消费模式的融合提升。

3. 集约共享。坚持互联互通，建立技术和制度保障体系，消除部门间信息障碍；坚持整合共享，发挥集成效应，促进信息资源的开放利用；坚持绿色发展，加快利用信息技术促进节能减排，走环保节约的低碳经济发展道路。

4. 安全高效。坚持积极防御与综合防范相结合，高度重视新技术应用带来的风险隐患，健全多层次的网络与信息安全体系，提升网络与信息监督管理水平，以安全保发展，以发展促安全，提升信息化应用的整体效率、效益和质量。

5. 促进融合。坚持“两化融合”、“五化并举”，加快推进“三网融合”，积极推动技术、产业、网络、应用的深度融合和良性互动，实现我省经济发展方式的根本性转变和产业结构的战略性调整。

（三）发展目标。

1. 总体目标。以构筑“智慧山东”为目标，到2015年，我省信息化总体水平跃居全国领先行列，部分地区和行业信息化应用达到国际先进水平，信息化对全省经济发展贡献率超过45%，信息化发展水平指数（IICI）达到0.8，信息产业主营业务收入达到1.9万亿元，以信息化为支撑的连接环渤海和长三角的区位竞争优势更加明显，实现由信息经济大省向信息经济强省的跨越。

2. 主要目标。信息基础设施不断升级完善，满足于信息技术深度应用的支撑能力极大增强。铺设光纤达到71.4万公里，移动电话用户数达到9810万户，其中3G网络用户数达到3120万户，推广4 G移动通信网试点，数字广播电视覆盖率达到80%，互联网宽带接入用户数超过1901万户，新一代互联网协议（IPv6）规模部署，物联网在重点领域推广应用，电信网、广播电视网、互联网业务融合基本实现。

经济领域信息化全面深化。信息化与轻工、纺织、石化、装备制造、建材、冶金、煤炭、电力、医药、现代物流等行业深度融合，规模以上工业企业设计数字化率达到95%，关键工序数控化率达到90%，网络营销率达到60%，综合集成率达到87%，对节能减排贡献率达到25%。农业生产、农产品流通、农村管理和社会服务中的信息化水平显著提升，省、市、县三级涉农基本信息共享数据库全面建成，100%的行政村建成综合信息服务站，农民户均信息消费年增速不低于15%。服务业信息化得到较快发展，全省建成一批具有较大规模和影响的电子商务平台，电子商务交易额超过1.5万亿元，服务业省外市场快速拓展，服务领域信息化水平居全国前列。

政务信息化实现从“电子政务”到“整合政务”的战略转变，“服务型”政府基本实现。省、市、县三级政府门户网站内容进一步丰富，信息网上公开率达到95%以上，省级电子政务核心业务信息化覆盖率达到95%以上，80%

以上的行政许可项目和50%以上的公共服务事项实现网上办理，主要事项实现网上一站式服务，群众满意度达到90%以上；实现省政府与省直部门、市、县（市、区）政府等机构间内网办公。

社会领域信息化得到普及和深化。信息化在科研、教育、医疗卫生、社会保障、就业服务等方面全面扎实推进。省级科研服务平台和超级计算等基础设施建设基本完成，所有三级医院和60%以上二级医院建立电子病历和电子健康档案，全省发放社会保障卡5600万张，即时结算社保卡和医保卡覆盖60%以上的城乡居民，并实现信息省内共享。高校毕业生、农民工就业信息服务平台功能进一步完善。实现我省文化信息输出“顺差”。

城市和区域信息化深入推进，省、市、县、社区多级公众服务信息平台全面建立，基本行政许可事项实现社区内网上办理；“一卡通”在省内主要城市全面推开，无线城市试点全面完成；“山东半岛蓝色经济区”、“黄河三角洲高效生态经济区”等一批特色明显的区域经济综合信息服务平台不断建立并逐步完善。

网络与信息安全保障能力显著提升，“平安山东”建设得到有效保障。网络与信息安全监控体系进一步完善，防护能力全面提高，95%以上企事业单位信息系统获得信息安全认证；攻克一批网络安全领域的关键核心技术；省、市、县三级信息安全应急联动处理系统建设完成。

信息产业整体水平保持国内领先，对经济增长的主导作用更加突出。电子信息产业增加值占全省GDP的比重提高到8%以上，电子信息产业出口交货值达到4300亿元。软件和信息服务业主营业务收入达到4500亿元。新信息产业规模超过6900亿元。

信息化支撑体系进一步加强和完善。新建15个左右国家和省级新信息产业基地；建设一批行业创新平台、区域创新平台和创新服务平台；信息化政策法规体系基本完备，综合考核评价体系建立并实施，人才引进及培养机制进一步完善，公民的信息化素养大大增强。

三、主要任务

“十二五”期间，我省重点抓好完善升级信息基础设施，加快推进经济信息化、政务信息化、社会信息化、城市与区域信息化，加强网络与信息安全，大力发展新一代信息技术产业等7个方面的主要任务，加快推进信息化建设。

（一）加快信息基础设施升级，推动信息化建设快速发展。

1. 大力发展新一代移动通信网。按照国家有关规定和技术规范开展3G网络建设，加大加深3G网络覆盖，积极开展网络优化，改善网络性能，确保网络与信息安全。推动具有自主知识产权的TD-SCDMA网络发展，加速网络产业链的成熟。统筹协调3G和未来网络发展，充分利用已有网络资源，加快引入增强型技术，保障网络的平滑升级。积极开展未来网络的技术研发和试验。

2. 积极推进创新型互联网。加快建设基于IPv6的下一代高速宽带网络，推进城域网高速互联。重点建设智能光网络和系统骨干传送网，提升网络承载综合业务的性能。大力推进有线接入网络带宽升级，加快光纤到户建设。分区域、按步骤部署无线宽带接入网络，加快实施无线宽带网络的广度和深度覆盖。

3. 加快推动电信网、互联网、广播电视网三网融合。加快有线电视网络数字化、双向化以及电信网全光纤化升级改造，优先开发广电网双向传输设备、交互式网络电视（IPTV）、多媒体终端、智能化家庭设备、低成本数字电视接收设备和宽带网络设备等产品。建设三网融合集成播控平台，大力推进电信网、互联网、广播电视网的统筹规划和资源共享，实现网络间互联互通和各类业务融合。建立适应三网融合的体制机制和职责清晰、协调顺畅、决策科学、管理高效的新型监管体系。推进三网融合在政府管理、社会服务、文化教育、国民经济、国防安全等领域的应用，积极推动青岛市三网融合国家级试点，开展省级三网融合城市试点。

4. 统筹建设云计算公共服务平台。通过海量存储技术、虚拟化技术、低功耗技术等云计算技术整合我省院所、高校、园区和企业等的信息化基础设施资源，建设山东省云计算公共服务平台，为社会各领域提供新型信息化支撑服务。基于云服务平台，建立服务于政府的电子政务平台，服务于科研院所的研发、示范平台，服务于高校的教学、实践平台，服务于重点区域的信息服务平台，服务于IT企业的研发、测试平台，服务于制造企业的两化融合促进平台。

5. 稳步推进物联网发展。从技术研发、服务平台建设、测试评估、应用推广等方面为物联网技术在我省的研发与应用提供全方位的解决方案。开展射频识别与传感节点、组网与协同处理、网络体系结构、智能化信息处理系统、标准化等5类技术研发。构建以传感器、控制器为节点，实时信息处理为支撑的局域传感网。围绕企业技术创新与应用的共性需求，建设国际先进的省级物联网技术、测试、信息公共服务平台。参与国际和国内物联网接口、架构、协议、安全、标识等领域标准制定，建立适应物联网产业发展的检测认证体系与环境，为统一物联网平台建设提供综合测试和验证服务。建设智能水利、智能电网、智能交通、智能港口、智能矿山等物联网示范工程，推进战略性基础设施的智能化转型。

（二）全面推进信息化与工业化融合，实现发展方式根本性转变和经济结构战略性调整。

1. 突出抓好信息技术与制造业融合。重点推进轻工、纺织、石化、机械、建材、冶金、煤炭、电力、医药和现代物流等10大行业的两化融合，巩固和发展行业优势地位。在产品研发设计环节，推广应用三维计算机辅助设计（CAD）和虚拟制造等技术，实现设计研发的数字化。在生产过程环节，推广制造执行系统（MES）和智能传感等技术，实现生产过程的自动化。在企业管理环节，推广基于商业智能的新型企业资源规划（ERP）和供应链管理（SCM）等系统，实现企业运营管理的协同化。在市场营销环节，推广射频识别（RFID）和物联网等技术、产品，提高产品可追溯性，实现市场营销的网络化。在人力资源开发环节，采用网络化、交互式等便捷教育手段，加强新信息、先进制造、新信息与先进制造集成等技术的培训，实现人才的信息化。在新型业态培育环节，积极发展现代物流、软件服务外包、数字媒体等新型业态，实现产业发展的多元化。在企业技术改造环节，推广清洁生产、新信息与先进制造集成技术，实现技术的现代化。

2. 重点推广信息技术在节能减排中的应用。研究开发高耗能行业的节能减排信息技术，以冶金、电力、建材等高耗能行业为重点，推进生产设备与生产过程的数字化和智能化，促进企业能源系统优化与合理利用，促进节能减排新兴产业发展。建设“三废”综合利用管控系统，完善城市水电气自动化调配和网络管控一体化系统。研制大型建筑能耗监测系统，促进大型建筑的整体节能。构建覆盖省、市、县三级的环境信息网络系统，建立完善省级综合减排数据库、各类重点污染源信息数据库，研发和推广重点污染源自动监控系统。

3. 优先抓好信息技术与农业融合。在粮食生产、畜牧养殖、水产渔业和高效经济作物等农业生产领域大力推进信息化，研发适应现代农业生产需求的电子产品和应用软件。加强农业领域市场信息化建设，拓宽销售和流通渠道。提高农产品流通中质量检测的信息技术应用水平，重点推广鲜活农产品物流配送、农产品安全溯源等信息系统，加强农产品运输和销售过程安全管理。推广农村综合管理信息系统等，重点建设省级农村综合信息资源和服务平台，完善农村财务、资产、土地、水资源、农民工等基础信息数据库，实现农村管理数据和信息共享。健全农村信息服务体系，改造完善各类综合信息服务站，提升农村社会服务信息化水平。积极推进国家级农村农业信息化示范省建设。

4. 大力推进信息技术与第三产业融合。整体提升生产性服务业的信息化水平。强化金融行业综合信息监管和信用信息服务，完善电子支付及信息安全系统，发展网上银行、证券、保险等新型金融服务。完善交通运输行业基础数据库，建设公路、航空、水路、铁路等运输综合信息服务系统，为应急处理和公众出行等提供完善的智能化信息服务。推广无线射频技术在商务领域的应用，加快发展电子商务，提升商务活动信息化水平。大力发展以数字内容和服务外包为重点的信息服务产业，培育一批软件研发、呼叫中心等服务集群，加快齐鲁外包城等载体建设；强化消费性服务业的信息化建设。丰富旅游行业网上宣传内容，提供及时、准确的航班车次、精品线路等旅游信息。拓宽日常消费信息服务渠道，完善商业零售、酒店餐饮和休闲娱乐等的网上营销水平。

（三）大力推进政务信息化，构建数字化服务型政府。

1. 继续深化电子政务应用。加强电子政务基础设施建设，建成实现横向联通党委、人大、政府、政协、法院、检察院6大系统，纵向延伸至乡镇和社区的信息网络，提高骨干传输网的带宽及传输速率。推进社会管理方式创新，健全网上舆论引导机制，提高虚拟社会管理水平。强化政府门户网站的建设和应用，深化政务网站绩效评估，提高政务信息发布、在线服务和交流互动能力。提高财政、税务、海关、工商、质检、审计、民政等重点领域业务信息系统应用水平，重点推进食品药品安全等关系重大民生的业务应用系统建设，增强综合监管能力和服务水平。加强各级党委、人大、政协电子政务应用系统建设，提供便捷有效的参政议政手段，拓展社情民意反映渠道。

2. 扎实推进信息共享和业务协同。完善数据交换标准和政务信息资源交换目录，形成合理有序的信息采集与更新机制，做好信息共享和业务协同的基础性工作。建设并依托各级电子政务信息交换平台，建立财政、税收、金融、投资、国有资产管理、民生资金管理、审计和纪检监察综合协同的经济监管和宏观调控信息化体系，推动社会信用、食品药品监管、环境保护、应急管理、综合治税等需求迫切、效益明显的跨地区、跨部门电子政务信息共享和业务协同，扩大企业基础信息共享范围，提高电子政务项目的综合效益。

3. 强化基层电子政务的公共服务能力。推动具备条件的城镇社区建设民政、卫生、计生、公安、人保等综合性数据库，提升基层管理和服务水平。充分利用农业、畜牧、水产、林业、水利、气象等信息资源，创新信息服务方式，更好地为“三农”服务。加快基层电子政务体系建设，完善县（市、区）电子政务公用信息平台，实现行政审批功能。采用基层政务网站、城乡社区代办点和热线电话等服务手段，建立多渠道、多形式的政民互动和为民服务模式。

4. 积极推进政务信息资源开发利用。完善人口信息、法人单位信息、空间地理信息、宏观经济信息、诚信山东5大基础数据库，建立基础数据库信息共享机制，强化再开发和再利用。推进重点领域政务信息资源数据库建设与应用，形成金融财税类、资源环境类等一批新的基础性、战略性数据库。加大农业、水利、科技、教育、文化等重点领域信息资源的公益性开发利用，探索建立公益性信息资源开发与服务长效机制。

（四）深入推进社会领域信息化，促进和谐社会建设。

1. 全面实施素质教育信息化。加快教育信息化基础设施改造，优化升级远程教育传输网络。建立适应不同地区的多种互联网接入方式，解决偏远地区及农村中小学网络覆盖差问题。提高计算机等信息设备普及水平，推进数字化校园建设。建设省教育管理信息系统，搭建教育管理公共服务平台。建立全方位的教育服务体系，促进优质教育资源普及共享。优化信息技术教师队伍和课程建设，推动信息技术与其他学科教学融合，促进信息技术在教学活动中广泛应用。

2. 深入推进科技信息化。以高校、科研院所和科技园区为主体，完善科研数据和科技信息资源互联互通和数据共享，建设产学研一体化的科研合作开发信息平台。加快建设全省科技成果、专利信息综合服务网络平台。推进科普信息资源整合，搭建服务全省、辐射全国的科普信息服务平台，促进全民科学素质的提高。

3. 大力发展先进网络文化。积极引导数字博物馆、数字图书馆、数字档案馆等公益性文化信息基础设施建设，深化我省公共文化信息资源开发共享，实施文化惠民工程。加大对网络文化的监管引导，促进网络文化健康发展。深化信息技术在保护传统文化中的应用，发展具有山东特色的数字文化产业，利用信息技术扩大齐鲁文化的影响力。大力发展数字创意产业，开拓数字娱乐新领域。

4. 全面加快卫生领域信息化。加快医药卫生信息标准化和公共服务信息平台建设，建立实用共享的电子病历库和居民电子健康档案库。完善省、市、县（市、区）、街道（乡镇）四级公共卫生应急联动指挥与决策信息系统。优化药品、耗材和医疗设备网上采购交易流程，支持基层基本药物的供应、应用与监督。建立省、市级区域卫生信息平台，推进社区卫生服务、新农村合作医疗信息化建设，促进覆盖医疗、医药和医保的信息共享和业务协同。

5. 协调推进人力资源和社会保障信息化。完善省、市两级数据中心建设，构建覆盖全省、联通城乡的人力资源社会保障信息网络，积极推进与财政、税务、公安、工商、残联等部门信息系统的互联互通，形成共享与协同管理机制。大力推动全省养老、医疗、失业、工伤、生育、低保、优抚安置等领域的信息资源共享和网上服务，完善全省社会保障卡工程。实现人力资源和社会保障信息全省联网，促进充分就业。

6. 全面建设人口、资源、环保信息化。建设全面、准确的人口资源信息库，提高人口管理水平。完善土地资源、矿产资源、水资源、海洋资源和林业资源等的统筹规划和信息共享，加强国土资源管理与监控服务信息系统建设，完善气象预报信息分析系统和水情数据自动监测网络，实现全省资源的科学调度。完善全省环保智能监测网络、环境污染事故应急指挥决策系统，提高环境综合管理能力。

7. 持续完善信用信息化。完善和推广企业联合征信系统，建立全省企业信用信息交换共享平台，实现工商、税务、银行、质监、海关等部门征信数据的共享，促进企业信用信息在政府、企业、信用中介机构间的合理使用。建立个人信用数据库，促进个人信用信息资源共享，完善信用查询系统，培育发展信用信息服务中介机构，推动个人信用建设。

8. 大力推进社会安全领域信息化。深化“平安山东”建设，完善安全报警预警、应急处置、指挥协调信息平台，健全公共安全信息防控体系。完善行政审批和公共资源交易电子监察，推动科技防腐。实施“数字检察”和“数字法院”工程，推动检察和法院系统“数字化执法”，提升办案效率和执法透明度。建设人防智能决策信息平台，提高人防领域现代化管理水平。推进国防动员信息化，实现与国家国防动员信息系统的连接。

（五）积极推进城市与区域信息化，提高

综合服务能力和管理水平。

1. 大力发展社区信息化。加大便民服务信息化建设力度，完善社区信息基础设施，建设居民基本信息资源库和社区生活综合服务系统，提供教育、医疗、商务、旅游、气象、餐饮、家政、物业、娱乐等社区信息服务。加强社区电子政务建设，完善政务综合管理平台，推动劳动保障、计划生育、户籍管理、综合治理、社会救助、社会福利等业务的网上办理。逐步建成省、市、县（市、区）、社区多级社区居民信息公共服务平台，整合各部门涉及居民基本信息的社区资源，建设社区网上协同办公系统。

2. 加快推进城市交通信息化。强化拥堵、事件、客流等道路交通信息资源采集处理，促进跨部门、跨层级的交通管理信息共享。以交通管理、车载导航、指挥调度、停车管理、中心区限流、轨道交通自动售检票等为重点，加快建设具有国际先进水平的智能化道路交通管理和出行信息系统、公共客运调度与乘客信息服务系统。建立集数据资源中心、共享交换枢纽和信息发布系统于一体的综合交通信息平台，全面实现交通管理智能化。

3. 深化城市运行管理信息化。完善市、县（市、区）、社区三级城市信息管理系统，推进城市职能管理部门业务系统、公共服务企业业务系统间信息共享和业务协同，促进城市管理精细化、人性化。推进煤、水、电、气、热等公共事业信息化，整合城市公共事业运行监控信息资源，实现城市运行精确监管。推动城市基础设施数字化，建立城市空间地理基础数据平台，为“数字城市”建设提供全面准确基础信息。促进城市规划、住房及城市建设、园林绿化等的信息资源共享，促进跨部门业务协同，提升城市规划监管能力。

4. 大力推进智能建筑与家居信息化。促进信息技术在建筑楼宇中的应用，在商住社区节能减排、公共安全、物业管理等方面，推广建设一批示范智能化楼宇和社区，逐步建立覆盖全省的公共建筑节能监测信息网络。实施“数字家庭”行动计划，开发数字化、高清互动式家庭多媒体综合信息服务系统，推广应用集家居控制、安全监控、视听娱乐等功能于一体的网络化家庭综合智能系统，实现数字化生活。

5. 深入加强城市安全信息化。加强流动人口管理信息化，整合优化公安、交通、金融、文化、安监、商业零售等的监控信息资源，构建覆盖城市重要区域的智能监控网，提升城市预警能力。建设警务综合指挥信息系统，实现整体防范控制、多警联动协同、社会民众服务一体化，提升城市社会公共安全保障和服务能力。

6. 大力推进“无线城市”建设。采用先进无线接入和新一代通信技术，建设覆盖全省重点区域的无线宽带网络，提供高宽带、低成本、方便、快捷的城市无线网络接入服务。建立信息综合服务平台，推进无线宽带业务在城市政务、商务消费、生产生活、社区服务等社会领域综合应用。推广普及“无线城市”各类终端，培育壮大“无线城市”应用产业，制定全省统一的“无线城市”建设规范，形成完整的“无线城市”产业链。开展移动电子政务工程、移动电子商务工程、移动电子社区工程、公众移动信息化工程、无线数字城市管理工程等重点应用领域试点，构建“智慧城市”，提升城市综合服务水平。

7. 全面实施城市“一卡通”工程。构建可靠的“一卡通”运营管理系统，建立覆盖主要地区、服务多领域、跨行业的“一卡通”服务网点，重点在公共交通、公共服务设施、公共事业收费等领域推广应用。建立省级数据交换中心、管理服务平台，实现部分城市市民卡的联网通用。建立“一卡通”监督和预警机制，从各个层次和环节保障系统安全可靠，促进“一卡通”相关产业发展。

8. 积极推进重点区域的信息化。围绕“山东半岛蓝色经济区”、“黄河三角洲高效生态经济区”等重大区域发展战略，重点支持服务于区域发展的信息化专项工程。建设各重点经济区域综合信息服务平台，并与电子口岸互联互通，实现工商、税务、海关、质监、电子商务、物流、生态保护等公共服务的信息资源共享，积极推进不同行业、不同领域的专业服务平台建设，促进各重点经济区域持续健康快速发展。

（六）加强网络与信息安全，增强安全保障能力。

1. 建立健全网络与信息安全保障体系。建立健全网络与信息安全通报和应急处置机制，完善网络与信息安全监控预测预警系统，形成全省统一的网络与信息安全协调管理体系，提高信息安全事件应急处置能力。加快推行网络与信息安全等级保护和安全风险评估制度，建设具有积极防御和应急响应双重功能的信息安全保障体系，增强信息系统灾难恢复、应急处置、有害信息封堵、防失窃密、抗破坏等安全保障能力。

2. 加强网络与信息安全基础设施建设。建立包括安全监控监测、应急响应、网络信任、技术防范和密码保障等系统的功能齐备、全局协调的安全技术平台。充分利用社会资源，共建公用灾难备份系统，增加信息系统基础设施和重要信息系统的抗毁能力和恢复能力。完善密码管理基础设施和电子政务统一认证服务平台，加大数字证书推广应用。加强信息安全核心技术和产品的研发与产业化，大力发展和推广应用自主可控的信息安全产品和服务。

3. 启动网络与信息安全服务平台建设。建设省级电子政务共享灾备服务平台，为党政机关、企事业单位提供数据级和应用级的在线、离线备份与恢复服务。建设山东省云计算与物联网安全平台，解决云计算平台身份认证和数据机密性、完整性等安全问题，解决信息交换和通讯安全问题。建设互联网内容监管系统，加大网上违法犯罪行为打击力度，加强网络执法队伍建设。加强政府部门网络与信息安全能力建设，保障信息资源安全使用，营造安全有序的网络环境。

（七）大力发展新一代信息技术产业，提高信息产业在国民经济中的战略主导地位。

1. 高端计算机及服务器。重点支持高性能计算、云计算、嵌入式和高可信计算等相应产品的研发，加快发展高端容错、工业控制和高性能计算机。研发高效能、高可靠性、高安全性服务器，确立我省高端服务器行业领先地位。开发计算能力千万亿次、存储容量为PB级的高性能计算和存储环境，建设高性能计算中心。

2. 集成电路。建设电子设计自动化（EDA）工具、测试环境，设计开发计算机存储芯片、数字音视频处理芯片、移动通信专用芯片、信息安全芯片、嵌入式终端用系统级（SOC）芯片、汽车电子专用芯片、数字化仪表专用芯片、射频识别芯片等。围绕12英寸半导体芯片生产线引进，开展消化吸收创新，培植集成电路设计开发等新兴产业。

3. 高端软件。加快研发工业软件、中间件和基础软件产品，积极发展嵌入式操作系统、嵌入式软件开发平台等核心软件产品。开展基于物联网环境和商务模式下的新型软件业态和关键技术研究，支持高可信、网络化、平台化、构件化的软件开发技术和智能搜索、智能挖掘等技术的发展，加快研发网络通信、信息安全、数字音视频、智能控制、汽车电子等重点领域嵌入式软件。选择有条件的地区，建设软件和服务外包产业基地，提升我省软件产业的规模和水平。

4. 平板显示器与新型元器件。重点支持新型平板显示、有机发光二极管显示电视以及激光电视、三维电视等数字电视、采用数字处理技术的液晶电视前端产品研发和产业化，加快发展整机模组一体化设计和生产。围绕计算机、网络和通信、数字化家电、汽车电子、环保节能设备及改造传统产业等方面需求，重点发展微小型、高性能、智能化的各种新型电子元器件、新型电子材料、电子专用设备及测量仪器。

5. 传感器与电子标签（RFID）。加强新型传感网的集成与融合技术研发，加快发展性能好、技术先进、功能齐全的位移、力敏、磁敏、光敏、热敏、气敏、湿敏、离子敏和生物敏型传感器，和光纤、微纳、生物、医学研究等急需的高端传感器，以及新型环保、气象、海洋、大气环境监测等传感器产品。加快建设RFID产业园区（基地）和研发基地，支持RFID产业化和应用关键技术攻关，加强RFID技术与条码、生物识别等自动识别技术与互联网、通信网络、传感网络等的融合。

6. 通信网络设备与产品。围绕新一代移动通信、多网异构融合、新型网络结构、云计算与资源虚拟化、智能信息处理与智能通信等新技术领域，重点研发新一代移动通信设备、智能终端、智能信息处理和泛在网络设备、宽带多媒体网络设备和数字内容产品，加快3G移动通信网络终端及核心设备以及新一代宽带互联网络设备制造等领域产业发展。

7. 数字家庭产品。在现有数字化家电的基础上，完善技术标准和数字家庭系统解决方案。研发推广数字电视技术，重点发展网络电视（IPTV）和手机电视等无线视频、有线视频和各种终端多媒体产品，发展无线网络游戏、流媒体等固网、宽带网和移动网的在线服务和各种创新应用产品及业务平台，大力发展3G、下一代广播电视网（NGB）和移动多媒体广播（CMMB）网络增值业务和应用服务系统。

四、保障措施

在省委、省政府的统一领导下，进一步加强信息化体制机制、政策法规、创新合作、资金投入、人才队伍、支撑服务建设，科学组织规划实施，加快全省国民经济和社会信息化进程。

（一）创新信息化工作体制机制。进一步健全信息化工作领导体制，提高政府科学规划和协调指导能力。省信息化工作领导小组要加强对全省重大信息化事项的统筹决策，各级、各部门要按照各自职责，分工协作，解决重要政策落实、重点产业发展、重大项目建设等关键问题，各企事业单位要深化信息主管（CIO）制度，协调推进本单位信息化建设。形成和完善分工合理、权责明确的信息化协调推进机制，确保组织领导到位、任务落实到位、责任分工到位、监督检查到位。科学制定信息化评价指标体系，开展信息化发展指标统计监测，建立健全信息化统计报告制度和绩效评估机制。进一步发挥省信息化专家咨询委员会作用，为全省信息化工作提供智力支持。

（二）健全信息化政策法规体系。研究制定适应我省信息化发展需要的产业政策、财税政策、人才政策、投融资政策、进出口政策等，创造良好的政策发展环境。加快重点领域立法，适时研究制定推进我省三网融合、网络与信息安全、电子商务等方面的地方性法规，加大《山东省信息化促进条例》、《山东省无线电管理条例》等法规的执行力度，加快形成比较完备的地方信息化法规体系。积极推进标准化工作，从我省实际出发，加快制定物联网、电子政务、无线城市、一卡通等系列标准，带动相关产业应用的规范化、规模化发展。参与国家标准的研制和试点，推动地方性标准成为国家标准。

（三）加强自主创新与对外合作。完善以企业为主体、产业化为导向，公共技术开发平台为支撑，政、产、学、研、用相结合的技术创新体系。加大对物联网、云计算、新一代宽带无线通信等关键技术的研发和产业化力度，立足原始创新，形成一批具有自主知识产权的技术与产品，巩固我省信息化发展特色和优势。加强国际国内合作，开展二次创新，提高引进消化吸收再创新和集成创新能力。加强知识产权保护，鼓励和促进我省企事业单位积极申请国内外商标专利和版权，积极推动软件正版化，加大对知识产权违法行为的查处力度，形成有利于企业创新和行业成长的知识产权保护机制。

（四）加大信息化建设投入力度。优化以政府投入为引导、企业投入为主体、其他投入为补充的多元化、多渠道信息化建设投融资机制。充分发挥政府投入在促进信息化发展中的杠杆作用，确保投入增幅不低于地区生产总值的增幅。加大对基础性、战略性行业及民生领域的重大信息化工程项目的支持。不断强化企业的市场投资主体地位，进一步激发企业参与信息化建设的积极性。引导政策性银行和商业性金融机构投资向新一代信息技术应用和产业化倾斜，鼓励民间资本、国内外风险资本进入我省信息化建设市场。鼓励社会力量建设信息化投融资公共服务平台，为信息化提供更多的投融资渠道。

（五）加快信息化人才队伍建设。充分利用我省人才政策，加大海内外高端人才的引进力度，重点引进紧缺的各类高层次、高技能、创新型和复合型人才，满足信息化建设需求。构建以学校教育为基础，基础教育与在职教育相互结合，公益培训与商业培训相互补充的信息化人才培养体系。推广信息技术职业资格考试和认证制度，培养层次多样和结构合理的信息化人才队伍。把对农民工信息化知识和技能培训放在优先位置。开展国民信息素质动态检测和定期评估，组织形式多样的信息化知识和技能普及活动，提高国民信息素质和信息能力。

（六）完善信息化支撑服务环境。建立和完善各类信息化支撑机构，重点发挥省经济和信息化发展研究院、省两化融合促进中心、省软件评测中心、省信息化培训办公室、省数字证书认证管理中心等现有支撑机构作用，积极鼓励和引导各界力量兴办新的支撑机构，开展基础研究、决策辅助、技术咨询、人才培训等各类活动。建立和完善不同行业、区域的信息化综合服务平台，为信息化提供政策、技术、人才等方面的网络化支持。完善省工业信息化运行形势监控分析系统、能效监控系统、行政并联审批平台等政府公共服务项目，提高部门信息化服务能力。举办宣传周、博览会、研讨会等活动，加大信息化宣传，创造信息化发展良好社会氛围。

（七）强化规划实施、监督和检查。在省信息化工作领导小组的领导下，省经济和信息化委会同省信息化工作领导小组成员单位及有关部门，建立规划实施的动态评估、滚动调整和监督考核机制。各市、各部门要按照本规划的总体要求，落实规划目标、工作任务和政策保障，加强本市本行业规划实施的动态评估和监督检查工作，及时发现和反馈规划实施中存在的问题，不断完善和优化规划实施方案，确保“十二五”时期我省信息化发展的各项任务落到实处。

1－44　山东省经济和信息化委员会关于印发山东省制造业“十二五”发展规划的通知

鲁经信政字〔2011〕237号

各市人民政府，各县（市、区）人民政府，省政府各部门、各直属机构，各大企业，各高等院校：

经省政府同意，现将《山东省制造业“十二五”发展规划》印发给你们，请认真组织实施。

二〇一一年五月十日

山东省制造业“十二五”发展规划

制造业是国民经济的重要支柱，是地区经济实现工业化、现代化的主导力量。为深入贯彻落实科学发展观和省委、省政府走新型工业化道路、建设制造业强省的战略部署，加快我省制造业发展方式转变，优化提升产业结构，保持工业经济平稳较快可持续发展，特制订本规划。

一、“十一五”发展回顾

“十一五”期间，全省认真贯彻落实省委、省政府制造业强省发展战略，积极应对国际金融危机，实施“10+40+13”工业调整振兴规划和指导意见，组织工业转方式调结构1000项重点技术改造项目，实施工业发展“新特优”工程，全力推进工业调整振兴，我省制造业实现长足发展，规模和竞争力大幅提升，为实现工业由大变强的转变奠定了坚实基础。

（一）规模总量和效益跃上新台阶。“十一五”以来，全省规模以上制造业实现增加值以年均18.9%的速度增长，比全省生产总值（GDP）和规模以上工业增速分别高5.8个和1.3个百分点。截至2010年年末，规模以上制造业企业总数达到45180户，比2005年年末增加76.3%，占工业企业总数的96.1%。“十一五”期间主营业务收入、利润、利税年均分别增长26.3%、29.2%、28%，2010年分别达到80784亿元、5153亿元、8140亿元，分别占工业的90.6%、85.3%、84%，与2005年相比，占比分别提高了3.1个、15个、11.1个百分点。

（二）产业和产品结构进一步优化。“十一五”期间，全省工业累计完成技术改造投资2.6万亿元。通过不断地技术改造，企业装备水平大幅提升，产业和产品结构明显优化。2010年全省装备制造业实现增加值同比增长23.1%，比规模以上工业增速高8.1个百分点，占工业的比重进一步提高。高新技术产业实现总产值31602亿元，占规模以上工业的35.2%，比2005年提高11.1个百分点。与2005年相比，2010年离子膜法烧碱产量占比由19.8%提高到34.2%，轮胎子午化率由18.9%提高到36.3%，旋窑水泥产能占比由32%提高到85%，钢材板管比由31.1%提高到44.8%，涂布纸、印刷书写纸、涂布白纸板、新闻纸等纸品质量档次和竞争力居国内领先水平，家用纺织品成为纺织行业新的增长点。新兴产业发展迅速，重组人粒细胞集落刺激因子、重组人白介素-11、重组瑞替普酶、基因工程唾液酸等生物药物市场占有率均居全国前列，第三代移动通信（3G）、平板电视、射频识别（RFID）、光电子、太阳能光伏光热等产业蓬勃发展，航空航天、核电装备、海洋工程装备、轨道交通、体育用品等产业发展势头强劲。品牌建设取得成效，目前全省拥有世界名牌产品2个、中国名牌产品266个、中国驰名商标355件。

（三）自主创新能力明显提高。创新平台建设成效显著。全省已建立国家级企业技术中心101家、工程技术研究中心26家、企业重点实验室10家、高新技术产业化基地8家；省级企业技术中心615家、工程技术研究中心774家、行业技术中心33家、工业设计中心19家、工业设计示范基地6家。企业自主研发能力明显增强。“十一五”期间，全省工业企业共申请专利8.4万件，其中发明专利2.1万件；授权专利4.2万件，其中发明专利授权3600多件。组织实施省级以上企业技术创新项目1万多项，其中达到国际和国内先进水平的占46.5%。自主研发的5项成果获得国家科技进步一等奖、32项获二等奖。全省重点培育的148家企业技术中心科技活动经费支出占销售收入比重达5.9%，开发新产品、新技术7400余项，参与制定国家行业标准300余项。高层次人才不断涌现。在工业领域有42个“泰山学者”岗位、8个省级优秀创新团队、百名技术创新专家库和88个企业博士后科研工作站。省级以上企业技术中心从事科技活动人员达14.2万人，占中心所在企业从业人员的9.3%，其中拥有高级技术职称的2.1万人。

（四）信息化步伐逐步加快。“十一五”期间，我省信息产业主营业务收入以超过19%的年均增速快速增长，2010年全省信息产业实现主营业务收入7821.8亿元。全省拥有国家级信息产业基地1个、国家级信息产业园5个、省级信息产业园29个，国家级软件园2个、省级软件园13个。高端容错服务器、高性能服务器、海量存储设备、集成电路芯片设计、移动通信装备、光电子及新型电子材料等一批关键技术和产品实现新突破。软件产业快速发展，一批企业资源计划系统（ERP）软件、计算机辅助设计/制造（CAD/CAM）、嵌入式软件、行业应用软件等产品综合水平位居全国前列，为信息化建设提供了有力支撑。计算机辅助设计技术在95%的规模以上机械、服装和家电企业中推广，计算机监控技术在90%的规模以上化工、建材、造纸、冶金等流程型生产企业得到应用，近60%的规模以上企业实施了企业资源计划系统，产品设计周期缩短75%，生产自动控制率达95%，信息化对企业效益增长贡献率超过25%。

（五）骨干企业和产业集群发展迅速。2009年全省工业百强企业主营业务收入21361亿元，占全省规模以上工业的30.2%，工业百强入围门槛由2005年的34.3亿元提高到65.6亿元。工业百强企业中，制造业占88户，主营业务收入占工业百强的83.7%，其中60户制造业企业收入过100亿元、6户过500亿元、1户过1000亿元。产业集群不断发展壮大，截至2010年年末，全省年销售收入过10亿元的产业集群发展到356个，比2005年增加266个，集群内企业达9.2万户，从业人员745万人，实现销售收入3.3万亿元、利税2530亿元。其中，销售收入过50亿元的产业集群161个、过100亿元的96个，分别比2005年增加139个、87个。培育了50个省级中小企业产业集群。创建了42个省级以上新型工业化产业示范基地，其中，青岛市家电及电子信息、烟台经济技术开发区电子信息（通信设备）、德州市生物产业等7个基地被评为国家级示范基地。

（六）节能减排取得新进展。全省如期完成了“十一五”万元GDP能耗降低22%的任务目标。提前一年超额完成国家下达的“十一五”化学需氧量和二氧化硫排放量总量减排目标。重点培育了10个循环经济型城市、20个循环经济型园区和300家循环经济型企业。成功研发了冶金工艺过程余热余能分布式发电、大功率异步电机变频调速等一批重大节能技术，推广了一批重大节能装备，实施了一批重大节能技改项目。重点行业落后产能的关停和淘汰工作稳步推进，“十一五”以来全省累计淘汰落后炼铁产能821.6万吨、炼钢产能527.3万吨、水泥立窑熟料产能7595.8万吨、焦炭产能469.7万吨、造纸产能137.4万吨、平板玻璃产能570万重箱、铁合金产能90万吨、酒精产能30.1万吨、电石产能8.7万吨、味精产能3.4万吨。

“十一五”期间，我省制造业发展取得了巨大成就，但是仍存在一些深层次矛盾和问题。主要表现在：产业层次总体偏低，以重化工业为主，资源加工型、传统产业占较大比重，主要行业中落后的技术、工艺、设备还比较多，高附加值的高端产品比较少，新兴产业、高新技术产业和先进装备制造业比重仍然偏低；自主创新能力相对较弱，原始创新技术和拥有自主知识产权的产品仍比较少，研发投入相对偏低，缺乏创新型人才；资源制约和环境压力较大，节能减排任务艰巨；产业集聚带动作用不强，产业集群产业链延伸不足，专业化分工和社会化协作水平还需进一步提升。

二、"十二五"面临的形势

"十二五"时期是我省建设小康社会、实现富民强省新跨越的关键时期，是加快转变制造业发展方式的攻坚时期。综观国际国内形势，世情、国情和省情继续发生深刻变化，我省制造业发展既面对诸多的风险挑战，也面临难得的历史机遇。

（一）国际发展环境面临深刻变化。世界经济增长和市场需求发生新变化，世界经济不确定性仍然较大，国际金融危机的深层次影响依然存在，各国经济复苏仍不均衡，各种形式的保护主义有所抬头，我国发展的外部环境更趋复杂。世界经济格局面临深刻调整，新一轮经济结构调整已经开始，各主要经济体纷纷争抢发展先机，加紧推进新的产业发展战略，实体经济再受重视，绿色和低碳经济成为发展方向，全球范围内市场、资源、人才、技术和标准等的竞争更加激烈，对我国和我省制造业发展的压力进一步加大。

（二）国内制造业发展面临诸多新挑战。我国和我省资源能源和生态环境约束强化，节能减排任务艰巨，粗放的增长模式已经难以为继。扩内需成为我国"十二五"时期的首要任务，社会消费结构将持续升级，对制造业的产业结构调整和投资结构调整提出了新的要求。我省制造业还处于全球产业链分工的中低端，科技创新能力不强，许多核心与关键技术受制于人，结构调整任务艰巨。我省东、西部区域协调发展任务较重，产业布局亟待优化。

（三）我省制造业发展面临着重大机遇。党的十七届五中全会指出，"十二五"时期是全面建设小康社会的关键时期，经济社会发展必须以科学发展为主题，以加快转变经济发展方式为主线，我国工业化、信息化、城镇化、市场化、国际化将继续深入发展，为制造业发展提供有力支撑。省委、省政府出台了《关于加快经济发展方式转变若干重要问题的意见》（鲁发〔2010〕10号），作出了建设经济文化强省的战略部署，黄河三角洲高效生态经济区和山东半岛蓝色经济区相继上升为国家战略，为全省制造业转型升级创造了更好的环境。同时，经过多年的积累，我省制造业具备了相当规模，现代产业体系逐步建立，特色优势产业实力显著增强，为下一步发展奠定了良好基础。

三、指导思想、基本原则和目标

（一）指导思想。

以邓小平理论和"三个代表"重要思想为指导，深入贯彻落实科学发展观，坚持走中国特色新型工业化道路，按照"一线三点"的强省建设工作思路，以科学发展为主题，以加快转变制造业发展方式为主线，坚持实施高端高质高效产业发展战略，突出发展战略性新兴产业和提升传统产业"双轮驱动"，促进制造业集聚集约发展，实施质量兴省和名牌战略，努力打造以战略性新兴产业和高技术产业为先导，特色优势产业为支柱，结构优化、技术先进、清洁安全、附加值高、吸纳就业能力强的现代产业体系，实现制造业转型升级，促进全省经济文化强省建设。

（二）基本原则。

1. 可持续发展原则。走内涵式发展道路，在保持一定发展速度的基础上，着力提高发展质量和效益。注重产业发展与资源环境相协调，大力推进节能减排，加快发展绿色低碳产业，提高可持续发展能力。

2. 创新驱动原则。增强自主创新能力，鼓励原始创新和集成创新，注重引进消化吸收再创新，努力突破关键、核心技术，改造提升工艺、装备水平，打造拥有自主知识产权的知名品牌，提高核心竞争力。

3. 集聚集约原则。充分发挥各类工业园区的平台作用，优化产业空间布局，提高产业集中度，发展壮大特色优势产业集群，引导和推广基地化、园区化、一体化发展模式，提高能源、资源、土地等要素利用效率。

4. 内外并重原则。坚持“引进来”与“走出去”相结合，积极承接国内外产业、资本转移，积极利用两种资源，拓展两个市场，加强与中央企业、跨国企业战略合作，加快提升产业竞争力。

5. 市场主导原则。充分发挥市场机制在资源配置中的基础性作用，注重宏观调控与市场机制有机结合，充分运用经济、法律和政策手段，引导制造业调整和发展。

6. 协调发展原则。实施重点带动战略，强化重点产业、重点区域、重点企业带动作用，注重产业链延伸配套、区域合作、大中小企业协作。坚持错位发展，优势互补，良性互动，促进要素合理流动与优化配置，实现全省制造业全面协调发展。

（三）发展目标。

1.“十二五”期间，全省规模以上制造业增加值年均增长14%左右。

2. 到2015年，战略性新兴产业增加值占生产总值比重达到10%；高新技术产业产值占规模以上工业产值比重每年提高1个百分点；全省研究与试验发展（R&D）经费支出占GDP的比重达到2.2%以上。

3. 到2015年，新培育国家级企业技术中心50家、省级企业技术中心500家，全省省级以上企业技术中心总数超过1000家；新培育国家级工程技术研究中心5家、省级工程技术研究中心200家；新培育行业技术中心30家、工业设计中心150家、工业设计示范基地100个；重点培育的企业技术中心科技活动经费支出占销售收入比例达到5%以上。

4. 到2015年，全省制造业企业主营业务收入过百亿的大企业集团100户，其中500—1000亿元的15户，过千亿的6户；销售收入过百亿元的产业集群达到200个，省级重点产业集群达到100个。

5. 到2015年，全省拥有山东省名牌产品达到2100个，中国驰名商标超过280件，山东省著名商标达到3000件以上；每百户企业拥有注册商标40件以上；每万人口发明专利授权数达到0.8以上。

四、发展重点

“十二五”期间，围绕转方式、调结构，着力打造现代产业体系，调整产业组织结构，优化产业区域结构，促进制造业向高端高质高效发展。

（一）打造现代产业体系。追踪产业发展趋势，立足省情，实施“双轮驱动”战略，一手抓战略性新兴产业培育发展，一手抓传统产业转型升级，突出重点领域，打通关键环节，发展龙头产品，培育发展战略性新兴产业，做强做大装备制造业，调整优化基础原材料产业，做优做精消费品产业，重点发展40大类产业。

1. 培育发展战略性新兴产业。重点发展新材料、新医药、新一代信息技术、新能源、海洋产业、节能环保和资源综合利用、新能源汽车等7大战略性新兴产业，着力壮大产业规模。

（1）新材料产业。重点发展陶瓷、金属、化工、电子、建筑、服装纺织等6大领域新材料。陶瓷新材料，重点发展氧化铝、氧化锆、氮化硅、碳化硅等结构陶瓷，以及红外隐身、热敏、压电、瓷介电子元件等功能陶瓷。金属新材料，重点发展高强度钢、特种钢、专用钢、高性能合金钢以及铝镁钛合金等材料。化工新材料，重点发展无机化工新材料、高性能纤维、硅材料、氟材料、膜材料以及合成新材料等产品。电子新材料，重点发展半导体衬底材料、液晶、有机电致发光材料、高档电解铜箔和覆铜板、钕铁硼磁性材料、纳米电子涂层材料等产品，大力推进绿色环保电子材料相关技术的研发和产业化。建筑新材料，重点发展新型墙体材料、保温材料、节能玻璃、新型防水材料、环保涂料等产品。服装纺织新材料，重点发展氨纶、生态纤维、功能性差别化纤维等新型纤维。

（2）新医药产业。重点发展生物制药、海洋药物、新品种化学药物、现代中药、高档医疗器械等5大类产品。加快具有自主知识产权的新技术、新产品的研发和产业化，壮大医药产业规模，提升产业水平。生物制药，重点开发重组蛋白的突变体、修饰体、融合体、重组单克隆抗体等药物，突破哺乳动物细胞表达体系的上游构建、细胞大规模培养等关键技术，开展多糖与寡糖、蛋白质、多肽类、核酸药物的药代动力学研究，加快促进生物技术药物产业化。海洋药物，以海洋动植物、海洋共生微生物、极端环境微生物为重点，大力开发降压、降糖、降脂、抗肿瘤、保健等系列海洋药物，重点开展海洋药用生物资源、海洋药物先导化合物筛选、海洋多糖（寡糖）及其衍生物化学与生物学、海洋药物分子作用机制等关键领域研究，尽快研发一批重大创新药物和技术。化学药品，重点发展防治恶性肿瘤、心脑血管疾病、糖尿病、抑郁症、肝炎、艾滋病等重大疾病和传染病药物，鼓励开发控缓释、靶向、透皮吸收的新剂型、新产品。现代中药，积极创新中药生产工艺，加强中药工艺标准化、标准样品制备技术、地道药材有效组分和成份确定等重点领域研究，支持名优中成药二次开发，推动地道药材基地建设。医疗器械，重点发展高精尖诊疗设备、植入器械、新型医用包装材料，加快开发器械新品种，巩固扩大常规医疗器械及一次性使用无菌医疗器具优势。

（3）新一代信息技术产业。重点发展集成电路、新一代通信和网络、高性能计算机、数字视听、新型电子元器件、应用电子等6大领域产品。集成电路，重点发展集成电路专用芯片和大容量存储芯片，开发一批具有自主知识产权的产品；鼓励引进12寸集成电路生产线，积极发展集成电路支撑产业，形成上下游配套完善的集成电路产业链。新一代通信和网络，加快重点实验室和重点园区的建设和改造，推动重点项目建设和重点产品产业化，促进光通信、宽带多通道微波等通讯终端产业化，推进物联网技术应用，鼓励研发下一代互联网和新一代移动通信网络演进技术（LTE）。高性能计算机，重点发展具备高性能、高稳定性、高安全性的高端服务器，高密度、低成本的通用型服务器，以及大容量存储、磁盘阵列等产品，积极发展高端容错计算机、工业控制计算机等行业专用计算机产品。数字视听，加快发展新型平板显示产业，建设有机电致发光（OLED）共性技术开发和工程化平台，以有源矩阵有机发光（AMOLED）领域为重点，重点突破AMOLED基板、真空镀膜、薄膜封装等共性技术；重点突破数字视频压缩编解码芯片、数字视频处理芯片、数字音响等关键技术；重点发展卫星安全接收系统、数字电视及相关零组件、新型电声器件等产品。新型电子元器件，重点发展新型传感器及敏感元器件、片式元器件、超级电容器、柔性印刷线路板、新型电力电子器件、多功能新型接插件、光通信器件等产品。应用电子，围绕石化、电力、钢铁、机械、交通、医疗、纺织、建材等重点领域，支持射频识别（RFID）、汽车电子、电力电子、光电子、船舶电子、机床电子、医疗电子、工业控制等产品和系统开发应用，大力发展工业软件和嵌入式软件，推进信息技术与传统工业融合，提高工业自动化、智能化、网络化水平。

（4）新能源产业。重点发展风电、太阳能利用、生物质能发电、地热利用、核电等5大领域产品。加快发展高端风电装备制造业，加强风电技术路线和海上风电技术研究，提高大功率风电整机研发和批量生产能力，重点支持研发大功率风电机组和轴承、控制系统，强化配套能力，努力构建完整的风电生产体系。提升太阳能热利用产业水平，大力发展和推广太阳能集热技术和系统解决方案，提高产品的光热转化率；积极支持太阳能电池及组件、太阳能应用等光伏产业的发展，扩大光伏电池和组件生产规模，突破关键技术，研发新型电池，建设光伏产业示范工程，推广太阳能光伏利用。稳步推进生物质能发电产业，重点推进非粮生物燃料技术研发和产业化，积极发展以秸秆、植物油皂角和废弃油脂为原料的燃料乙醇、生物柴油等产品，支持发展生物质能装备。积极支持地源热泵推广应用，开发应用满足环保和水资源保护要求的地热供暖、供热水技术和热泵技术，大力发展热泵空调、无机超导热管等产品。加快发展核电装备制造业，鼓励发展百万千瓦级核电反应堆压力容器、蒸汽发生器、堆内构件、控制棒驱动机构、主管道、泵、阀、汽轮发电机组等关键零部件。

（5）海洋产业。重点发展海洋工程装备、海洋精细化工、海洋水产品精深加工等 3 大类产品。海洋工程装备，重点发展海洋油气、填海围岛及航道疏浚、跨海桥梁及海底隧道、临港机械、海洋环保、海水利用、海洋矿产资源勘探开发、海洋空间利用、海洋仪器等技术和装备。海洋精细化工，以海水淡化、海水提取溴、镁等海水综合利用为重点，大力发展海水淡化新材料和溴系列阻燃剂、医药中间体、染料中间体等深加工产品，加快盐化工优化调整，推进盐化工一体化发展。海洋水产品精加工，积极开发鲜活、冷鲜等水产食品和海洋保健食品，提升海产品精深加工水平，提高出口产品附加值。

（6）节能环保和资源综合利用产业。重点发展节能、环保、资源综合利用、再制造等 4 大类技术、装备和产品。节能领域，重点发展高效节能装备、节能机电产品和高效照明产品，研发和推广应用高效锅炉窑炉、余热余压利用、变频调速、无功补偿、能源梯级利用、节能监测、发光二极管（LED）照明、新型高效照明等节能技术和产品。环保领域，重点开发高耗水行业的节水工艺技术和装备，发展工业污水处理、城市污水处理成套设备，鼓励发展烟气脱硫、脱硝、除尘设备，以及汽车尾气和空气污染物控制消减设备，积极发展固体废物处理技术，推广应用清洁生产工艺及“零排放”装备、有毒有害原材料替代技术装备。资源综合利用领域，大力推广工业固体废物、有毒有害废物、城市生活垃圾等资源综合利用装备，重点开发废物最小化、无害化和资源化关键装备，发展重点行业废液的资源化利用技术和装备。再制造领域，加快发展报废汽车、船舶的拆解和综合利用技术和装备，加大机动车零部件、工程机械、机床等再制造技术的研发力度，大力发展发动机、变速箱等汽车类再制造产品，研发推广废旧轮胎、农用机械、电子仪表、废旧家电等的再制造技术，扩大再制造产品利用途径。

（7）新能源汽车。支持研发混合动力汽车、纯电动汽车、燃料电池（FCEV）汽车、氢发动机汽车、燃气汽车、醇醚汽车等 6 大类新能源汽车，积极发展锂离子电池、驱动电机、电控系统等纯电动汽车用关键零部件，混合动力汽车专用动力耦合及传动装置等产品。加强共性技术和关键核心技术研究，鼓励新能源汽车及零部件联合开发，加快推进新能源汽车标准化、系列化和产业化，积极推进新能源汽车普及应用。

2. 做强做大装备制造业。重点发展汽车及零部件、船舶游艇、航空航天装备、机床、农用机械、矿山工程设备、电工电器及仪器仪表、石油和化工设备、轨道交通装备、纺织机械、轮胎及装备等 11 大类装备产业，着力提升产业水平和竞争力。

（1）汽车及零部件。重点发展载货车、客车、乘用车、专用车及零部件等 5 大类产品。载货车，加快发展中、高档载货汽车，重点提升技术水平，推进产品升级，积极开发应用先进总成，突破关键技术，提高安全、环保和节能性能，巩固和扩大优势。客车，支持研发新型客车，重点发展低底板公交客车、城市快速公交（BRT）、新能源客车、大中型豪华客车、高档旅游客车和“村村通工程”用车，鼓励重点企业通过联合重组等方式调整优化产品结构，提升市场竞争力。乘用车，重点发展中高档和经济型低油耗轿车产品，提高中高档轿车产品比重。专用车，重点发展环卫、邮政、医疗、油田、通讯、机场等专用车辆，提高专用车质量水平，向高附加值、高技术含量及轻量化发展。零部件，重点发展低能耗低排放车用发动机及高压共轨系统、增压器等发动机关键零部件，变速器及变速控制系统，制动系统、转向系统、驱动桥等关键零部件，安全带、安全气囊及其控制模块等安全系统部件，防抱死制动系统（ABS）、加速防滑控制系统（ASR）、电子车身稳定系统（ESP）、电子助力转向系统（EPS）、车载自动诊断系统（OBD）、车身总线控制模块等汽车电子控制系统。

（2）船舶游艇。大力发展集装箱船、油船、散货船、客滚船、远洋渔船、内河船舶及游艇、帆船、救生艇、观光艇、橡皮艇等10类产品。加快研发一批高新技术产品，重点研发超大型油船、大型散货船、万箱级集装箱船等大型船舶，捕捞冷藏加工船、延绳金枪鱼钓船、大型拖网渔船等远洋作业船，小水线面双体船、穿浪船、科学考察船、破冰船等特种船舶，大型快艇、高速客渡船及150英尺以上环保复合材料豪华游艇、超大型钢质豪华游艇、铝合金豪华帆艇、豪华邮轮等新产品。

（3）航空航天装备。重点发展航空整机、航天应用及配套零部件等3大类产品。航空整机制造，重点发展轻型小型直升机、水上飞机、无人机、轻型固定翼飞机、平流层飞艇等产品。航天应用，重点发展北斗定位系统及地面终端设备等卫星应用产品。配套零部件，重点发展飞机雷达罩、飞机刹车盘、发动机及叶轮、起动机、减速器、振动传感器、导流器、油泵等通用飞机零部件，航空飞行参考系统、液晶显示器、平视仪系统、无线电高度表、温度控制放大器、超短波通信系统等通用飞机电子装备，铝合金蒙皮薄板、机翼厚板和型材、液压管路管材、挤压型材、铸锻件等航空用金属材料，高性能碳纤维及制品、芳纶复合材料、铝基复合材料、专用涂料等航空用复合材料。

（4）机床。重点发展数控车床、车削复合加工中心、卧式立式加工中心、柔性制造生产线、重型数控机床及数控机床功能部件等6大类产品。数控车床，重点发展全功能数控卧式车床、大型数控立式车床等。车削复合加工中心，重点发展车铣、钻铣、铣磨等复合加工中心等。卧式立式加工中心，重点发展数控、精密、高速、工序复合专用机床。柔性制造生产线，重点发展大型压力机生产线、数控专机生产线等。重型数控机床，重点发展镗铣加工中心、重型液压模锻设备等。数控机床功能部件，重点发展数控转台、智能伺服刀架、滚珠丝杠、高速精密电主轴、磨具磨料等。推进机床再制造产业的发展，加快发展汽车、船舶、清洁能源发电设备等重点领域急需的大型、精密数控机床。着力突破一批制约主机、数控系统等产品性能的核心技术，提升数控机床、数控系统及关键功能部件的技术水平和可靠性水平，形成主机、控制系统、关键零部件较为完整的产业链。

（5）农业机械。重点发展大中型拖拉机及耕作机械、设施农业机械、大型联合收获机械、粮油及农副产品深精加工机械、保鲜贮藏设备、植保机械、园林机械等7大类产品。提升产品水平，巩固和扩大全国领先的整体优势，进一步提高国际市场竞争力，扩大出口规模。

（6）矿山工程设备。重点发展煤炭设备和施工机械等2大类产品。煤炭设备，重点发展大型采煤机、输送机、刮板装载机、液压支架等成套设备，加快新技术研发应用，开发生产安全节能新产品。施工机械，重点发展大型、新型推土机、挖掘机、隧道掘进机、装载机、起重机、压路机、搅拌车、混凝土泵（车）等产品，加大新产品开发力度，向大型化和多样化发展。加强微电子技术、信息技术、光电技术、新材料技术的应用和推广，促进矿山工程设备向节能、高效、可靠、智能和环保型发展，提高技术先进性。

（7）电工电器及仪器仪表。重点发展电站成套设备、输变电设备、电机以及高档仪器仪表等4大类产品。电站成套设备，重点发展大功率发电机、大容量汽轮机、高温高压及超高压循环硫化床锅炉和清洁能源发电设备。输变电设备，重点发展变压器、电缆、组合电器等产品，支持发展高压、超高压成套设备和智能电器等产品，向无油、防火、组合、集成、智能化方向发展，增加高可靠性、低噪声、节能型、免维护型新产品。电机，加快发展重载、轨道交通用牵引电机，开发低压大功率、低噪音、变频、高效节能船用特种电机，大力发展开关磁阻电机、伺服电机等汽车用电机，研发大中型及微特电机，加快开发变频电机新品种。高档仪器仪表，加快发展自动控制系统、高性能试验机、专用测试分析仪器、计量检测设备等产品，提高研发设计、核心元器件配套加工制造和系统集成整体水平，努力向高精度、高智能、集成化发展。

（8）石油和化工设备。重点发展石油钻采成套设备、大型石化设备、大型煤化工设备等3大类产品。石油设备，围绕石油勘探、钻井、采油、集输等产业链关键环节，整合资源，优化结构，提升水平，向系列化、成套化发展，重点开发生产高附加值、高技术含量新产品。大型石化设备，重点发展千万吨级炼油设备、百万吨级乙烯设备、大型天然气管道运输和液化储运装备、大型压缩机组、关键泵阀、反应热交换器等设备。大型煤化工设备，重点发展往复式水煤浆隔膜泵、煤液化加氢反应器、大型空分、大型合成氨、大型气化炉等设备。

（9）轨道交通装备。重点发展新型机车、新型车辆以及关键配套设备等3大类产品。机车，重点发展高原机车、高速电力机车、城市轨道机车等新型机车。车辆，重点发展高原车辆、城市轨道车辆、豪华列车车辆等新型车辆。关键配套设备，积极发展铁路信号设备、自动控制系统、空调机组等关键设备和高档列车门窗、照明等大宗配件，加快推进电气、列车网络产品的研发生产，推进产品标准化、系列化、模块化、信息化。重点突破动车组核心部件的设计制造、系统集成、交流传动、网络信息控制、转向架及动力学等技术，力争时速300公里及以上动车组技术水平和产品质量达到世界先进水平。加快轨道交通技术开发基础设施建设，建设国际一流的高速列车试验线、城轨客车试验线、试验检测中心和试验整备基地，为轨道交通装备制造业发展提供有力支撑。

（10）纺织机械。重点发展棉纺织、染整和产业用纺织品3大类纺织设备。棉纺织设备，重点发展清梳联及新型梳理设备、紧密纺及新型细纱机、自动络筒机、无梭织机等产品。染整设备，重点发展高效、连续、短流程等低能耗低排放工艺设备和数控化染整系列产品。产业用纺织品设备，重点发展废旧纤维再生综合利用非织造成套设备。

（11）轮胎及装备。重点发展宽断面、无内胎系列全钢子午胎，低断面、低滚动阻力半钢子午胎及巨型工程子午胎，冬季轮胎、军用特种轮胎和子午化航空轮胎等6大类技术、产品和装备，支持开发绿色轮胎、智能轮胎、安全轮胎等高端、新型轮胎产品，大力发展新型合成橡胶、骨架材料、橡胶助剂等配套材料，鼓励发展胶料加工设备、轮胎成型设备、轮胎部件生产设备、轮胎硫化设备、成品轮胎试验设备、轮胎模具等生产装备，加快发展轮胎翻新和废旧轮胎回收利用。提高节能、安全、环保型子午胎比例，增强新工艺技术和新产品开发能力，积极开发应用轮胎自动化生产成套技术、全新概念汽车轮胎设计和制备技术、环保型原材料和节能降耗技术、信息化技术，建设高水平的研究设计平台和轮胎试验场。

3．调整优化基础原材料产业。重点发展钢铁、有色、化工、建材等4大产业基础原材料产品，调整优化结构，加大节能降耗力度，着力提高保障能力。

（1）钢铁。重点发展薄板、中厚板、不锈钢板带、优特钢、H型钢、高强度钢筋、优质线材、优质管材等8大系列产品。加快建设日照精品钢铁基地，重点发展4000毫米以上宽厚板、优质薄板。大力推进钢铁行业节能减排、资源综合利用改造，全面推广“三干”（干熄焦、转炉煤气和高炉煤气干式除尘）与“三利用”（水、煤气、渣为代表的综合利用）等工艺技术，推广应用焦炉煤气回收、脱硫、余热余能利用、含铁废弃物高效再生等技术。通过兼并重组等方式，加快淘汰落后工艺装备和落后产能，促进钢铁产能向沿海布局。

（2）有色金属。围绕航空航天、交通运输、包装印刷、建筑装饰、电子家电、军工等领域，重点发展高精板带箔、合金压铸件以及管、棒、型、线等6大系列产品。航空航天领域，重点发展预拉伸板、锻件、型材、棒材等高性能铝材，为飞机制造业配套。交通运输领域，重点发展汽车、地铁、轻轨、高速列车等车体结构、发动机零部件、散热器、轮毂等，以及高速船外壳、窗室隔板、船甲板和航海仪器仪表、舰船装备板材、型材、管材等产品。包装印刷领域，重点发展全铝易拉罐制罐料、高性能特薄板带材和铝箔、高档瓶盖料、药用铝箔材料、印刷用预涂感光（PS）板基等。建筑装饰领域，重点发展涂层板和彩色涂层板用基材、幕墙板、隔热门窗等建筑型材。电子家电领域，重点发展空调器用铝箔、高性能电解电容器用铝箔、空调散热片用铝箔。军工领域，重点发展超高强、高韧、高抗疲劳、抗腐蚀的大型合金型材。加快新技术新工艺研发，积极开发铜冶炼及加工短流程工艺、共伴生铜矿资源高效利用等技术，着力发展氧化铝泥综合利用、电解铝节能、高档中厚铝板生产等技术，加快发展高精尖有色金属深加工产品和新型合金材料。

（3）化工。重点发展新型涂料、高档染料、胶粘剂、橡胶助剂、塑料助剂、生物化工制品、电子化学品、水处理剂、饲料添加剂、食品添加剂、表面活性剂、油田化学品、造纸化学品等13类精细化工产品，优化调整化肥、炼化、氯碱、农药、煤化工等5个传统行业产品结构，加快技术、工艺、装备的改造提升和新产品开发，提高产品质量，延伸产业链。加快淘汰落后产能，逐步降低初粗产品比重，逐步提高炼化一体化石化、进口低碳原料进行深加工的临港石化、精深加工的现代煤化工、精细化工的比重。

（4）建材。重点发展水泥、平板玻璃、建筑陶瓷、无机非金属材料、非金属矿物材料等5大领域新特优产品。水泥，重点开发生产特种水泥，提升新型干法水泥工艺技术水平，淘汰落后立窑熟料产能，提高散装水泥及水泥深加工产品比重。平板玻璃，重点发展着色玻璃、热反射玻璃、低辐射玻璃等产品，开发超薄、超厚及大规格新产品，进一步拓宽应用领域，提升玻璃深加工水平。建筑陶瓷，重点发展防潮、抗冻、抗菌、高强度、大规格建筑陶瓷产品，以及优质卫生陶瓷，增加花色品种。无机非金属材料，重点发展低成本、高性能、特种用途的玻璃纤维及制品，大力发展绿色玻璃钢—热塑性复合材料（FRTP）制品，以及高强玻璃纤维、碳纤维、芳纶纤维以及混杂纤维为增强材料的树脂基复合材料等产品。非金属矿物材料，重点发展异型、超薄等优质石材，超细、改性、无菌滑石粉，以及造纸、塑料、医药、化妆品等领域使用的功能滑石粉及母料。

4．做优做精消费品产业。重点发展食品、家电、造纸及纸制品、纺织服装和家纺、塑料制品、酿酒、自行车和电动自行车、皮革制品、陶瓷制品、钟表、烟草、包装制品、家具、五金衡器、老年人用品、日用化学品、工艺美术品、文教体育用品等18大产业，突出市场导向，做强产业链终端。

（1）食品。重点发展粮油、肉禽、果蔬、水产品、乳制品、调味品、罐头、饼干、方便食品等9大领域特色产品。粮油，大力提升小麦、玉米、薯类、大豆等粮食产品深加工和综合利用水平，提高花生油、大豆油等食用油质量，鼓励发展玉米油、葵花籽油、专用油等新品种，提高精炼油和专用油比重。肉禽，重点发展畜禽肉类深加工制品，扩大低温肉制品生产。果蔬，重点发展绿色有机食品，加强果蔬良种的培育，推进无公害、无污染的果品、蔬菜基地建设。水产品，重点发展鱼虾类、藻类深加工制品，增加水产食品的花色品种，提高低值鱼、藻类、贝类下脚料的综合开发利用率，大力发展标准化优质品种养殖基地。乳制品，大力发展消毒奶、灭菌奶、发酵奶等产品，积极研究开发多功能、多营养等高附加值的乳制品，提高配方奶粉的比例，加强和规范奶源基地建设，稳定提高原料奶的质量和产量。调味品，重点发展高科技含量、高品质调味品和面对大众市场的酿造酱油、食醋、酱、味精（鸡精）、调味料等产品，积极推广加铁强化酱油、风味酱油、食醋等产品。罐头，大力发展果品、蔬菜、牛肉、水产品罐头产品，加大出口罐头生产基地建设力度，重点发展芦笋、食用菌、桃梨、贝类等特色优势产品。饼干，大力发展威化饼干、夹心饼干、水泡饼干、果蔬饼干，以及无糖低热能饼干、儿童营养饼干等产品，鼓励开发营养型、旅游及特需等新品种。方便食品，适应市场需求，积极开发新品种，重点发展方便面、方便主食品、速冻调理食品、即食食品、配餐配菜等方便食品。

（2）家电。重点发展电冰箱、电视机、空调器、中央空调、洗衣机、热水器、小家电等7大类产品，鼓励发展节能环保、物联网家电。电冰箱，积极采用高效节能、绿色环保、低碳无氟等先进技术和解决方案，向节能型、环保型、静音型、人性化、网络化方向发展，逐步增加中高档冰箱产品比重。电视机，积极发展数字电视和互联网电视，重点发展高清数字电视、三维电视、数字电视一体机、液晶模组等产品。空调器，重点发展低碳环保、无氟变频、高能效比空调，大力开发智能化、多功能化和高附加值的产品。中央空调，重点发展嵌入式空调机组、多联式家用中央空调、户式风冷热泵机组、地源热泵机组、离心式机组、模块式风冷热泵冷（热）水机组、风机盘管系列、螺杆式冷水机组、变风量空调机组等产品。洗衣机，积极发展智能新型静音波轮式全自动洗衣机、搅拌式洗衣机和滚筒式洗衣机，提高全自动洗衣机技术水平和档次，重点向节水省时、消毒杀菌、高洗净度、低磨损率和外观时尚方向发展，支持发展大容量、节水型、投币型等商业用洗衣机和洗干一体机等产品。热水器，重点发展节能、节时、安全防电型卫浴热水器和厨房热水器。小家电，重点发展豆浆机、料理机、电水壶、电饭锅、电火锅、电磁炉、燃气灶具等产品，以及饮水机、净水器、直饮纯水机等水家电产品。发展壮大配套产业，大力发展变频控制器、压缩机、变频电机、蒸发器、冷凝器、模糊控制系统等零部件产业，壮大配套产业规模，形成上下游配套完善的家电产业链。

（3）造纸及纸制品。重点发展中高档办公用纸、防伪信息用纸、工农业配套用纸、国防及通讯特种用纸、食品医疗用纸等5大类功能型纸及纸板新品种。加快提升新闻纸、印刷书写纸、涂布纸及纸板、生活用纸、包装纸板等产品档次，增强竞争力。大力发展纸质包装、装潢、制盒、印刷制本等领域纸制品深加工，提高产地消费比重。调整原料结构，鼓励利用木材采伐与加工剩余物、进口木片和国产木片生产木浆，提高木浆自给率；鼓励有实力的企业到省外或境外建设造纸原料基地生产木浆，实现林浆一体化发展；合理利用麦草、芦苇、芦竹、棉秆等地产资源，适度发展非木制浆；

充分利用国内外废纸资源，提高利用率，形成以木浆和废纸为主、非木纤维为辅的原料结构。突破关键技术，重点研发新型纸及纸板、大型制浆成套技术和设备、先进造纸技术和装备，加强生产过程系统研究以及国产废纸资源回收利用优化研究。加快淘汰制浆、造纸落后产能。

（4）纺织服装和家纺。重点发展棉纺织、毛纺织、服装、家纺、产业用纺织品等5大类产品。棉纺织，加快发展高档精梳纱线、多种纤维混纺纱线和差别化、功能化化纤混纺、交织织物。毛纺织，加大高支毛精纺面料、半精纺面料等高附加值产品开发力度，形成一批有品牌、有市场的拳头产品。服装，重点发展男女正装、休闲装、运动装、职业装、时装、童装等系列产品，培育发展一批以自主创新为核心、以知名品牌为标志、具有较强竞争力的优势服装企业，形成一批具有国际影响力的服装自主品牌。家纺，进一步巩固巾被和毯类产品在全国的优势地位，积极推动骨干企业发展系列化床上用品，提高特宽幅印染生产能力和后整理水平，增强配套缝制加工能力，形成以中高档床品为龙头的家纺产业链，实现家纺产品系列化、功能化、时尚化。产业用纺织品，重点发展聚四氟乙烯膜复合面料、高模低缩型聚酯纤维帘子布、复合无纺布、整体带芯特种高强低伸聚酯传动带、特殊装饰用纺织品、新型蓬盖材料、土工高强纺织材料、环保过滤用纺织材料、高性能增强复合材料等产品，拓展产业用纺织品在交通基础设施、建筑工程、环保过滤、大型水利工程、汽车船舶、新能源、旅游、农业等领域的应用。

（5）塑料制品。重点发展农用塑料、塑料土工材料、塑料建材、海洋渔具制品、工程塑料、汽车用塑料、塑料日用品、功能性塑料及改性塑料等8大类产品，改造提升生产工艺和技术，开发资源替代和再利用技术，研究发展塑料机械、模具设计加工技术。农用塑料，重点发展蔬菜、花卉、经济作物栽培等所需的各种功能性棚膜、地膜和饲草用膜，以及节水灌溉器材、渠道防渗管材及防渗膜、微灌器材等产品。塑料土工材料，重点发展土工布、膜、格栅、网等产品，加大推广应用力度。塑料建材，重点发展系列化、标准化管材、管件、型材、保温材料、防水材料、墙体装饰材料等产品。海洋渔具制品，重点发展包括渔网丝、绳索、网具、钓鱼竿等产品。工程塑料，重点发展聚酰胺、聚碳酸酯、聚甲醛、聚苯醚、聚酯和特种工程塑料等产品。汽车用塑料，加大轿车保险杠、仪表板、座椅、内饰件等塑料功能件的开发力度，加快开发热塑性弹性体、玻璃纤维增强尼龙等耐老化、耐变形新材料。塑料日用品，重点开发绿色环保的日用塑料制品和仿真塑料制品，扩大应用范围。功能性塑料和改性塑料，重点发展电、磁、光、热等功能性塑料产品,加快改性塑料材料的研发和产业化。加大先进适用技术的推广应用，大力改造提升塑料膜、管件、塑料制品生产加工技术。大力发展废旧塑料回收再利用技术、医疗塑料废弃物灭菌回收再利用新技术、多功能塑料降解技术、农作物秸秆生产降解塑料新技术等，减少环境污染，提高资源利用效率。不断提升塑料机械、模具的设计加工能力和水平，为塑料制品加工业发展提供保障。

（6）酿酒。重点发展白酒、啤酒、葡萄酒、特色果酒等4大类产品，适应消费市场变化，积极开发新品种、新产品，强化国内外市场开拓，打造具有自主知识产权和国际影响力的品牌。白酒，控制生产总量，调整产品结构，重点发展芝麻香型和浓香型等名牌白酒。啤酒，以名牌产品为龙头，促进强强联合，发展规模经济，提高啤酒质量水平。葡萄酒，重点发展全汁发酵干型葡萄酒等中高档产品，积极实施葡萄酒地理标志和证明商标制度。果酒，充分利用我省丰富的水果资源，重点开发苹果酒、山楂酒、枣酒、樱桃酒等特色果酒。

（7）自行车和电动自行车。重点发展高档

自行车、中高档运动型自行车、电动自行车、轻型电动三轮车、特种电动车辆等 5 大类产品，以及新型电池、电机、控制器、充电器等关键零部件，完善行业标准，提高产品档次和质量，增加品种，满足市场对产品款式、性能、功能、安全、服务等方面新需求，打造国际知名品牌。

（8）皮革制品。重点发展制革、制鞋、皮具等 3 大类产品，引导企业集中集约发展，形成一批拥有自主知识产权和知名品牌、市场竞争力强的优势企业。制革，重点开发生产高档鞋面革、高档服装革、汽车坐垫革、家居装饰革等产品，提高皮革产品质量和生产技术水平，逐步提升高档革比例，丰富产品花色品种；发展毛皮经济动物饲养及毛皮加工业，提高染整技术和加工水平。制鞋，重点发展舒适型、健康型、功能型等鞋类产品，坚持品牌差异化发展。皮具，提高皮具产品性能和附加值，开发皮具计算机辅助设计和制造系统，提高皮具生产信息化水平，满足市场多样化需求。推广应用清洁化生产、节水工艺、无铬鞣技术、皮革绿色化学品等节水环保技术和产品，推进节能减排，提高资源利用率。

（9）陶瓷制品。重点发展日用陶瓷、艺术陶瓷和陶瓷装饰材料等 3 大类产品，加快传统陶瓷产业改造步伐，打造区域品牌。日用陶瓷，重点发展骨质瓷、华青瓷、高石英瓷、镁质强化瓷、水晶瓷、鲁光瓷、鲁青瓷、抗菌瓷、高白瓷、贝壳瓷等高档日用细瓷，扩大规模生产，研究开发新瓷种。艺术陶瓷，重点发展刻瓷、雕塑、现代陶艺、园林陶瓷、家居陈设瓷、彩绘、黑陶等工艺美术陶瓷产品，研究开发艺术陶瓷礼品、旅游纪念品等产品。陶瓷装饰材料，重点发展陶瓷无苯金水、陶瓷无铅颜料、无镉油料、陶瓷色釉料及金、银花纸、浮雕花纸、小膜花纸等产品，拓展国内外市场，努力打造行业品牌。

（10）钟表。重点发展中高档木壳钟、机芯、特种技术钟和特型用钟、电波钟表、中高档和特种用表等产品。中高档木壳钟，进一步提高产品的质量和档次，巩固扩大优势。机芯，重点研发高档机械钟机芯，提高精细、准确水平。特种技术钟和特型用钟，应用时间同步技术，开发新产品，向高速铁路、城市轨道交通、航空、航海运输业、电信通讯业、卫星导航等领域拓展。电波钟表，大力研发和推广电波钟技术和产品，满足市场新需求。中高档和特种用表，坚持成表、机芯并重，石英、机械并行的方针，提高产品档次，提升制表产业规模。

（11）烟草。重点发展“泰山”、“将军”、“哈德门”等系列品牌产品。强化品牌建设，整合品牌优势资源，提高品牌集中度和整体竞争实力。突出风格特色，加快产品结构调整，形成高中低档产品合理定位和组合。积极开拓市场，突出重点市场、重点品牌，增加一二类烟规模市场，实现省内外均衡发展。推动技术创新，提高产品研发速度和水平，加快科研成果应用和推广，提升工艺技术和产品质量水平。提高原料保障能力，加强山东烟叶的培育和应用研究，扩大应用范围；加大优质产区烟叶和特色品种烟叶的采购力度，提高优质烟叶资源保障能力。

（12）包装制品。重点发展纸、玻璃、塑料、金属等包装制品，加快发展包装机械和设备，大力开发包装新材料。纸包装，重点发展低克重、高强度、功能化、系列化包装纸箱、彩盒，发展 5–7 层重型瓦楞纸箱和集装箱运输标准纸箱，3–5 层联合纸板及预印工艺，彩色快速印刷、防伪印刷，积极推行柔性版印刷。玻璃包装，重点发展高强度、低消耗、薄壁轻量化产品，积极开发生产高档酒瓶、化妆品瓶等产品，提升玻璃包装制品的质量和档次。塑料包装制品，重点发展双向拉伸聚酯膜、多层复合食品用塑料包装、高档化妆品塑料软管等产品。金属包装，积极开发铝制二片罐、抗腐蚀马口铁三片罐以及喷雾罐等产品，形成系列化生产能力。加快发展包装机械和设备，重点发展高技术、多功能、高性能成套设备，支持发展双滴行列式制瓶机组、塑料包装机械、液体灌装线等包装设备，以及物理检测设备、卫生指标化验设备等包装检测设备，加快淘汰效率低、耗能高的落后包装设备。大力开发新型包装复合材料，重点研发高阻隔、耐高低温、高强度等节能低耗、防污染、多功能包装材料，加强多基材复合品种开发。倡导绿色包装，支持发展环保、安全、可回收利用、易降解的包装产品，鼓励发展包装废弃物的回收利用技术，推广包装产品绿色标志。

（13）家具。重点发展软体家具、实木家具、板式家具、整体厨房、木门等产品，不断完善产业链配套，提高产业集中度和品牌知名度，推动家具产业全面提升。促进省内木材进口港和木材集散地建设和培育，解决木材资源紧张问题。推进家具原辅材料工业园区的建设，提高家具制造业配套能力。加强市场监督和管理，规范市场秩序，防止无序、恶性竞争。提高资源利用效率，重点开发推广仿真木、科技木、木塑板等新型替代材料。建立完善家具产业公共贸易平台和公共技术平台，加强产业集群和家具产业园区建设，优化产业布局。实施名牌战略，培育一批具有较强实力和市场竞争力的全国家具知名品牌。

（14）五金衡器。重点发展航空船舶配件、建筑五金、手工工具、刃具、锁具、电子衡器、自动衡器等7大类产品，改造提升传统生产工艺，加强信息技术推广应用。航空船舶配件，提升模具设计与制造技术，提高产品加工精度和质量。建筑五金，改造提升精密铸造技术，实现节材降耗、降低产品成本。手工工具，提高锻造技术水平和精度，提升产品质量水平。刃具，加强金属热处理技术研究，开发新材料新技术，提升产品性能和寿命。锁具，加强生物识别系统和锁具表面处理技术研究，突破家庭门户自动监控信息控制技术，向高端、智能发展。电子和自动衡器，重点加强传感技术、计算器应用技术、自动控制技术、信息通讯技术和软件技术的开发与应用，大力发展网络化、集成化衡器，积极开发智能化衡器。

（15）老年人用品。重点发展壮大服装、食品和保健品、交通用品、康复保健器材等4大类产品，加快培育发展生活辅助、家电电子和首饰饰品等3大类产品。服装，围绕老年人需求，在面料、颜色、款式、做工等方面加强研发设计，带动面料辅料、技术工艺、品牌营销、企业文化、售后服务等产业链各个环节的整合与配套，着力发展不同消费层次服装。食品和保健品，重点发展粮食主食、食用植物油、特色食品、功能糖、营养强化食品、豆奶制品等功能性、保健型产品。交通用品，重点发展单人电动三轮车、电动四轮车、辅助步行车等新型代步工具，丰富产品品种，增强便携性、安全性、独立性、舒适性和美观性。康复保健器材，重点发展体育健身、医疗康复、户外路径、老年人淋浴房等产品，重点发展以缓、慢、轻、柔为主，运动激烈程度较低的器材。生活辅助产品，重点开发生产功能床、轮椅、助行、助便、助听、老年人花镜等产品。家电电子产品，重点发展适合老年人使用的电话、手机、电脑、报警呼叫、电视遥控器等电子产品。首饰饰品。根据老年人的审美趣味，加强产品设计和开发，着力发展黄金、宝石镶嵌饰品，大力发展红木嵌银手杖、嵌银马扎、红木嵌银文具、折扇等具有装饰和实用功能的饰品。

（16）日用化学品。重点发展洗涤用品、香精香料化妆品等2大领域产品，提升产品层次，强化品牌标准建设，培植龙头骨干企业。洗涤用品，重点发展个人卫生洗涤用品、纺织物品洗涤用品、住宅洗涤用品、洗涤助剂、口腔清洁护理用品、公共清洁用品等产品，满足大众日益提升的健康、卫生、方便性、多样化需求。香精香料化妆品，重点发展香精香料、发用化妆品、护肤品、美容类化妆品等系列产品，大力开发生产天然原料新产品，提升产品的安全性、环保性、方便性和功能性。

（17）工艺美术品。重点发展抽纱刺绣、草柳制品、地毯、艺术琉璃、珠宝首饰、雕刻、特种工艺品等7大类产品，传承和发展传统工艺美术技艺，大力培育工艺美术人才。抽纱刺绣，强化抽纱刺绣与家纺、服饰和装饰的结合，手工与机编、机绣的结合，鼓励和支持传统手工抽纱刺绣精品作为艺术品出口和进入收藏陈设艺术领域。草柳制品，巩固扩大现有产业优势，研发新植物资源利用，开发草柳与皮革、布绒、金属、木雕等多种材料结合产品。地毯，加强设计创新，增加花色品种，提高产品档次，扩大产业规模。艺术琉璃，以陈设艺术品和收藏艺术品为方向，注重传统技艺与现代设计理念相结合，拓展琉璃艺术应用领域。珠宝首饰，加强新设备、新工艺的引进和消化，突出创意设计，打造知名品牌。雕刻，重点发展木雕、石雕、剪刻纸等产品。特种工艺品，重点发展风筝、木板年画、鼻烟壶和内画壶、花画、人造花、鲁锦等产品，突出民族风格和地方特色，强化与装饰、旅游、休闲活动的结合，积极推广应用新材料、新工艺，提高文化艺术含量，加快推进产业化进程。

（18）文教体育用品。重点发展文化娱乐用品、文教用品、教学仪器、体育用品等4大系列产品，培育壮大特色产业集群。文化娱乐用品，重点发展玩具、乐器等产品，开发集趣味性、益智性、教育性及“声、光、电”于一体各种室内外玩具、游艺器材新产品，巩固提升钢琴、管弦乐、吉他等产品优势，积极开发打击乐、电子钢琴、电子鼓等产品，注重民族乐器生产的传承和发展创新。文教用品，重点发展本册、笔等产品，提高产品档次，不断增加花色品种，注重设计创新。教学仪器，大力发展以多媒体技术为主的信息化教学仪器设备，着重发展数字化实验教学仪器、数字化视听设备、交互式电子白板、多媒体讲台等高科技教学仪器设备，以及多媒体课件、教学与测试软件、教学评估系统等配套软件产品，逐步实现教学仪器的信息化和智能化。体育用品行业，重点发展各种比赛用球、运动赛车、多功能运动垫、水上和冰上等竞技体育用新产品，开发推广网络模拟健身产品，支持发展电动按摩产品、智能按摩机器人等健康保健产品，大力发展足球、高尔夫球、网球及曲棍球等人工比赛用新型草坪和高清晰电子显示屏等系列产品，鼓励发展登山用具、帐篷、运动手套、运动护具等系列配套产品。

（二）调整产业组织结构。着力发展一批龙头骨干企业，壮大一批产业集群，创建一批新型工业化产业示范基地。发挥大企业集团引领和辐射作用，促进中小企业快速成长，引导产业集聚集约发展，形成以大企业为龙头、产业产品为链条、中小企业紧密配套、大中小企业合作共赢的现代产业组织体系。

1. 发展一批龙头骨干企业。贯彻落实《山东省人民政府关于加快重点工业企业发展的意见》（鲁政发〔2009〕133号），着力推进重点企业制度和管理创新，加快战略重组，提升重点企业的核心竞争力和产业支撑能力，努力培植拥有知名品牌和自主知识产权、主业突出、核心竞争力强的重点企业集团，促进产品质量和市场竞争力显著提高，市场占有率进一步提升。加快推进重点企业“五个带头”，即带头用信息化引领发展，带头向高附加值的产业链延伸，带头发展装备制造业和生产性服务业，带头建立创新平台和技术联盟，带头“走出去”发展，在传统产业领域进一步提升重点企业竞争优势，在新兴产业和高新技术产业领域培育壮大一批企业集团，增强产业引领和支撑能力。全省重点工业企业的主营业务收入、利税、利润占全省规模以上工业的比重保持在40%以上。

2. 壮大一批产业集群。突出区域优势和产业特色，以龙头企业为依托，以工业园区为载体，加强规划引导，实施中小企业技术创新计划、小企业培育计划、中小企业成长计划和特色产业提升计划，引导中小企业走“专、精、特、新”的路子，提高集群内协作配套能力，拓宽延伸产业链，着力培育和发展一批特色鲜明、结构优化、体系完整和市场竞争力强的产业集群。重点培育食品、化工、装备制造、纺织服装、电子信息（家电）、家具、建材、工艺美术等8大领域产业集群。到2015年，产业集群技术装备水平和产品质量明显提高，集群内现代物流、电子商务、公共技术平台等公共服务机构建设明显改善，主营业务收入过50亿元的产业集群达到350个。

3．创建一批新型工业化产业示范基地。突出新能源、新材料、新医药、新一代信息技术、海洋产业等战略性新兴产业和高端制造业，创建一批符合新型工业化道路要求、具有较强行业影响力和竞争力的产业示范基地，促进产业集聚和有序转移，引领、带动制造业转变发展方式。到2015年，力争省级以上新型工业化产业示范基地达到100个，其中，国家级示范基地达到20个。

（三）优化产业区域结构。按照建设山东半岛蓝色经济区、黄河三角洲高效生态经济区的战略部署，实施重点带动，发挥比较优势，注重协调发展，调整优化产业布局，打造制造业聚集发展区，鼓励相关产业向规划区域集聚，促进资源优化配置。

1．山东半岛蓝色经济区。全面落实胡锦涛总书记关于打造和建设好山东半岛蓝色经济区的重要指示，精心组织实施国家海洋经济发展试点，加快实施国家批复的《山东半岛蓝色经济区发展规划》(《国务院关于山东半岛蓝色经济区发展规划的批复》，国函〔2011〕1号)，打造具有国际先进水平的海洋经济改革发展示范区和我国东部沿海地区重要的经济增长极。根据山东半岛蓝色经济区的战略定位、资源环境承载能量、现有基础和发展潜力，按照以陆促海、以海带陆、海陆统筹的原则，优化海洋产业布局，提升胶东半岛高端产业聚集区核心地位，壮大黄河三角洲高效生态产业聚集区和鲁南临港产业聚集区两个增长极。以结构调整为主线，以海洋生物、装备制造、能源矿产、工程建筑、现代海洋化工、海洋水产品精深加工等产业为重点，坚持自主化、规模化、品牌化、高端化的发展方向，着力打造带动能力强的海洋优势产业集群。充分发挥海洋产业链条长、带动作用强的优势，促进规划主体区和联动区制造业互动发展，以产业为链条，以合作为基础，引导海洋、涉海、临港及相关产业由海向陆、由东向西延伸，促进全省东中西制造业协同发展，带动全省制造业全面转型升级、提质增效。

2．黄河三角洲制造业聚集带。加快实施《黄河三角洲高效生态经济区发展规划》(发改地区〔2009〕3027号)，依托滨州、东营、潍坊北部、莱州4大临港产业区，建设西起乐陵、东至莱州的环渤海南岸特色制造业聚集带，发展壮大县区特色产业园区，加快形成“项目园区化、园区产业化、产业集群化”的发展格局，把园区建设作为现代产业集聚区、循环经济示范区和产业发展增长极。大力发展电子信息、生物工程、新材料等高新技术产业，发展壮大石油装备、汽车及零部件、中小船舶、通用飞机及零部件、新能源等装备制造业，改造提升石化、纺织、造纸等优势产业。东营临港产业区，重点发展精细化工、新能源装备制造等高技术产业，打造全国重要的石油装备制造和高性能子午线轮胎生产基地。滨州临港产业区，建设石油化工、盐化工、船舶制造、清洁能源、生物制药、通用飞机及零部件等产业聚集区。潍坊北部临港产业区，打造船舶发动机、盐化石化一体化、汽车及零部件、海洋化工基地，力争建成国家级循环经济示范区。莱州临港产业区，建成电力、冶金、精细化工、机械制造、生物育种等产业聚集区。到2015年，区域内制造业产业结构进一步优化，循环经济体系基本形成，节能减排成效显著，建成全国重要的高效生态产业示范区。

3．胶东半岛高端制造业聚集区。以青岛为龙头，以烟台、潍坊、威海三市为依托，按照高端产业聚集区发展的战略目标和功能定位，优化产业布局，促进高端产业加快聚集，形成发展新优势。优先发展计算机及通信、信息家电、数字化装备、集成电路与软件、平板显示、光电子与太阳能光伏、特种纤维及复合材料、优势高分子材料及制品、特种金属材料及制品、中高档汽车及配套产品、新能源、重大新药创制及技术装备等 12 大高新技术产业，尽快形成规模。做强做大交通运输装备、数控机床、专用设备、新能源装备、航空航天设备等 5 大先进装备制造业，加大培植力度，提高先进装备制造业发展的规模和水平。加快发展海洋装备制造、海洋食品精深加工、海洋生物医药保健制品等 3 大高端海洋产业，加快培育海洋优势产业。大力改造提升轻工、纺织、机械、化工、冶金、建材等 6 大传统优势产业，加大资金投入，增强研发能力，提高装备水平，发展高附加值产品，培育国际知名品牌。到 2015 年，高端制造业成为胶东半岛工业的主体产业，制造业节能减排主要指标达到国内领先水平。

4．省会城市群制造业聚集区。充分发挥济南省会城市核心作用，加强淄博、聊城、泰安、莱芜、德州等市的合作联动，推动区域产业融合，实现资源优化配置，促进制造业规模壮大和素质提升。依托骨干企业，扩大品牌优势，把济南建成全国重要的重型汽车生产基地、信息装备制造和软件产业基地、精品板材基地、机械装备制造基地和新能源产业基地。淄博建成全国重要的新材料、生物医药、先进陶瓷、泵类、石油化工产业基地。聊城建成重要的新能源汽车及零部件、有色金属及深加工、能源、造纸、农产品精深加工等基地。泰安建成全国重要的无机非金属材料、输变电设备生产基地。莱芜建成全国重要的钢铁生产和深加工、新材料产业化基地。德州建成全国重要的以太阳能为主的新能源产业基地、生物产业基地、汽车零部件基地、纺织基地、中央空调和体育用品生产基地等特色高技术产业基地。到 2015 年，区域内制造业产业链和价值链显著提升和优化，特色优势更加突出，自主创新能力和国际竞争力明显增强，成为全国重要的经济增长区。

5．鲁南制造业聚集带。在贯穿鲁南经济带东西的大通道两侧，形成集中布局、集聚发展的制造业产业带。依托日照、临沂为主体的临港经济区，济宁、枣庄为主体的运河经济区，菏泽为主体的京新沿路菏泽经济区，建设食品及农副产品加工、煤化工、精品钢铁、优质建材、机械制造、新能源装备等 6 大制造业基地。食品及农副产品加工，重点发展粮食、花生大豆油料、蔬菜、林果、畜牧、水产、绿茶等精深加工。煤化工，发挥煤炭、水资源相对丰富及技术领先优势，围绕煤炭资源精深加工和综合利用，完善产业配套，促进骨干企业做大做强，积极促进煤化工产业集聚，以煤气化为主攻方向，大力发展清洁能源、碳一化工、煤基烯烃与新型合成材料三大产业链。精品钢铁，整合现有资源，淘汰落后产能，推进省内钢铁企业的兼并联合重组，提高钢铁产业集中度，加快建设日照精品钢铁基地。优质建材，重点发展新型干法旋窑水泥、优质特种玻璃及深加工产品、优质建筑卫生陶瓷以及新型建材。机械制造，以工程机械、加工机械、汽车发动机及零配件、造船等为重点，推进关键技术创新，着力提高行业研发设计、加工制造和系统集成的整体水平。新能源装备，加快壮大太阳能、风能、地热能、生物质能等新能源利用装备制造业规模。到 2015 年，区域内制造业产业结构进一步优化，经济规模占全省比重大幅提升，成为全省制造业发展新的增长极。

五、保障措施

（一）加快提升自主创新能力。围绕传统

产业转型升级和战略性新兴产业培育发展，大力实施技术创新“四个一工程”（攻克一批共性关键技术，培育一批新的工业经济增长点，打造一批高水平技术创新平台，形成一批具有自主知识产权的品牌和标准），提高技术创新对经济增长的贡献率。健全完善创新体系，以企业为主体，以骨干企业为依托，建立健全以企业技术中心、行业技术中心、区域创新平台、产业创新联盟等各类技术创新平台为核心的自主创新体系。深化产学研合作，创新合作模式，拓展合作领域，提高合作层次，推动我省企业与国内外重点高等院校、科研机构联合建立研发机构，开展原始创新研究，搞好引进技术的消化、吸收和再创新，加快创新成果转化和产业化步伐。加大科技投入，探索适合市场规律的科技投入运行模式，引导企业加大研发投入，加大各级政府财政投入，“十二五”期间组织实施省级以上技术创新项目 1.3 万项，攻克制约行业发展的重大共性关键技术 300 项，完成重大技术创新成果转化项目 500 项。强化人才队伍建设，创新机制，加强企业家、专业技术人员、技术工人的培养和引进，壮大人才队伍规模，提高人才素质，为科技创新活动提供人才支撑。

（二）不断加大技术改造力度。坚持以市场为导向，以企业为主体，以结构调整为主线，以提高投资效益为中心，加快企业技术改造步伐。加大技术改造投入，“十二五”期间，全省企业技术改造投资年均增长 15% 左右。优化投资结构，鼓励采用先进适用技术、工艺、装备改造提升传统产业，加快推动产业转型升级；积极支持高技术和战略性新兴产业领域的科技成果产业化，培育发展制造业新的增长点，加快促进产业结构调整。抓好重点项目建设，搞好技改项目的策划和储备，强化措施，大力支持符合产业政策和规划要求，技术水平高、市场前景好、带动力强的重点技改项目，带动产业结构调整和产业布局优化。拓宽融资渠道，创新融资方式，建立健全新型投融资体系，引导和鼓励金融机构对符合国家产业政策的技术改造项目加大信贷支持力度，加强利用资本市场、外资、民间投资、风险投资增加技改投入，支持企业技术改造。

（三）加快推动产业集聚集约发展。加快工业园区转型升级，创新体制机制，打破区域界限，优化园区布局，提升园区水平和支撑能力，充分发挥聚集功能，引导企业和生产要素加快向园区集中，提高产业发展一体化水平，推动产业集群建设。加快推进重点领域、重点企业兼并重组，贯彻落实《国务院关于促进企业兼并重组的意见》（国发〔2010〕27 号）精神，加强引导和政策扶持，改进管理和服务，在钢铁、建材、汽车、船舶、有色金属等重点领域，支持有条件的企业，通过强强联合、跨地区兼并重组、并购和投资合作等方式，提高产业集中度，促进规模化、集约化经营。加快国有企业改革和战略重组，优化国有资产布局。支持跨国企业、中央企业与我省重点工业企业开展多种形式的合资合作，促进优势资源向优势企业集中，进一步发展壮大企业规模实力。加强区域合作，积极承接国外、省外先进制造业转移；支持省内企业走出去到有条件、有市场的地区发展。推动省内制造业有序转移，坚持市场化运作的原则，实施陆海一体发展战略，发挥比较优势，引导东部、中部制造业向内陆转移，实现产业布局优化和区域协调发展。

（四）大力扶持中小企业发展。认真贯彻落实中央和省关于促进中小企业、非公有制经济发展的一系列优惠扶持政策，在资金、创业、创新、市场、服务等方面对中小企业大力支持，为中小企业健康发展营造公平的政策环境、健全的法制环境、完善的市场环境和有效的服务环境。建设中小企业公共创新服务平台，抓好质量检测中心、公共研发中心、人才培训中心、信息共享中心、现代物流中心等公共平台建设，增强中小企业创新能力。建立和完善中小企业金融服务体系，进一步创新金融产品和服务方式，大力发展小额贷款，发挥担保、典当、信托等融资方式作用，拓宽融资渠道。切实改善融资环境，消除中小企业融资机制性障碍。积极探索中小企业新型融资方式，扩大企业直接融资。支持和鼓励企业更新营销理念，创新营销模式，加快发展电子商务，积极开拓国内外市场。支持中小企业参加国内外展览、展销活动，加强对外合作交流。

（五）大力促进制造业与信息化深度融合。坚持信息化带动工业化，工业化促进信息化，加快走新型工业化道路步伐，增强信息产业支撑制造业高端高质高效发展的能力，着力推动制造业信息技术的集成应用，全面提升制造业信息化水平。创新制造业与信息化深度融合推进机制，建立和完善融合评估体系、评估规范和推进工作机制。加大财政资金和金融支持力度，支持研发共性技术、建设公共服务平台、实施试点示范项目等。组织开展典型示范工作，推进新型工业化产业示范基地建设，做好制造业与信息化融合经验总结和推广工作，鼓励树立融合示范企业典型，支持建立融合示范试验区。加快发展和完善行业信息化服务体系，积极培育和发展信息服务业，建设一批服务产业中心和园区，发展和完善一批面向制造业的信息化服务平台。到“十二五”末，信息产业创新发展能力和服务水平明显提高，信息技术在企业生产经营和管理的主要领域、主要环节得到充分有效应用，制造业企业研发设计创新能力、生产集约化和管理现代化水平得到大幅提升。

（六）着力发展先进制造模式。支持有实力的重点企业，跟踪产业发展方向，研究应用并行工程、协同技术、虚拟制造、网络化制造等新一代制造技术，探索研究先进制造模式，通过引进、消化和吸收再创新，推广和应用智能制造、敏捷制造、绿色制造、集成制造、柔性制造、精益生产等先进制造模式，抢占未来产业发展制高点。逐步提升发展先进制造的基础能力，加快推进信息技术在设计、制造、管理、产品功能、人才培养等重点、关键领域的应用，支持发展先进设计技术，鼓励发展数字、智能、高效、柔性、精密制造技术和装备，研究发展适应市场需求和产业发展方向的先进制造系统。支持企业实施业务流程再造，创新企业组织结构形式，探索建立适应先进制造的企业经营管理模式。

（七）积极推进制造业服务化。鼓励和引导制造业与服务业相互渗透、一体化联动发展，促进制造业企业由仅仅提供产品向提供产品和服务转变，通过发展制造业为服务提供强大基础和技术保障，通过强化服务推动制造业向价值链高端延伸，提升制造业增值能力。鼓励企业根据市场需求发展多种服务形式，积极提供产品整体解决方案、个性化研发设计、在线支持服务、产品全生命周期运行维护、精准化供应服务、电子商务、多元化融资服务等。引导有条件的企业发展一体化服务，鼓励企业从提供产品，向提供设计、承接项目、实施工程、设施维护和管理运营等一体化服务转变。推动大型企业和重点企业整合资源，优化配置，提升总集成能力，积极开展总集成总承包服务。引导和推动制造业企业发展社会化专业服务，积极引导制造业企业主辅分离，剥离研发、设计、物流、营销等服务环节，大力发展第三方专业化生产性服务，形成制造业和服务业相互融合、相互促进的发展模式。

（八）全力促进制造业绿色低碳发展。大力推进节能减排，严格控制“两高一资”项目建设，加快重点行业和重点企业技术改造，依法配备管理能量计量器具，强化节能减排监督检查。严格执行国家和省有关环境保护的法律法规，落实建设项目环境影响评价制度和环境保护设施与主体工程同时设计、同时施工、同时投产使用的规定，建设项目中环境保护设施必须经环境保护行政主管部门验收合格后，主体工程方可投产使用。加快发展资源综合利用和循环经济，加强制造业“三废”治理和回收利用，积极发展资源再生产业和再制造产业。积极推行清洁生产，依法加强重点企业清洁生产审核。加快淘汰落后产能，重点淘汰钢铁、水泥、烧碱、化肥、玻璃、造纸等“两高一资”行业的落后产能、工艺和设备。大力推广应用节水、节能、降耗和环保新技术、新工艺、新材料和新设备，推动制造业绿色发展、低碳发展。

（九）切实提高企业管理水平和安全保障能力。大力推进精细化管理，提升企业整体素质，努力挖潜降本增效。全面加强质量管理，积极实施质量兴省战略和标准化战略，大力提升企业计量检测技术及管理水平，建设全省检测技术及标准制修订平台，加快建立以技术标准、管理标准和工作标准为主体的标准化管理体系，推动我省企业实质性参与国家标准化和国际标准化工作，开展质量认证活动，在我省具有优势的领域参与国际标准制定20项、国家标准制修订500项,制修订地方标准1000项。大力实施名牌战略，积极培育名牌产品，增强市场竞争力。加快企业诚信体系建设，开展诚信示范企业活动，强化企业社会责任。进一步加大安全监管力度，严格执行国家和省有关规定，认真落实建设项目安全设施“三同时”制度。建立健全各项安全管理制度，进一步规范企业安全管理，加强基础管理和现场管理，强化劳动组织和安全培训，抓好隐患排查和治理工作。积极开展安全生产标准化工作，创建安全生产标准化企业，进一步提升企业安全管理水平和安全保障能力，逐步建立企业安全生产长效机制。

（十）努力营造良好发展环境。进一步深化体制改革，转变政府职能，完善市场竞争机制，推进要素市场改革，着力消除制造业发展的制度障碍。解放思想，创新机制，大力引导和支持非公有制经济健康发展，激发民间投资积极性，提升制造业发展活力。加快行业管理体制改革，充分发挥行业协会等中介组织在技术进步、市场开拓、信息咨询等方面的作用，加强行业自律，促进行业健康发展。强化政策引导，各级、各部门要切实落实国家和省有关科技创新、技术改造、高新技术产业化、人才引进培养等方面的各项优惠政策和措施，并结合本地实际，围绕转方式调结构，探索建立促进产业结构调整的长效机制，在土地、税收、财政、金融等方面优先支持高端制造业发展。加强组织领导，各级、各部门要高度重视制造业发展，明确工作任务，完善工作机制，落实工作责任，强化考核激励，抓好监测分析，及时发现并解决规划实施过程中的突出问题，扎实推动规划实施。

1－45　山东省经济和信息化委员会等四部门关于印发山东省新能源汽车产业“十二五”规划的通知

鲁经信装字〔2011〕292号

各市经济和信息化委员会、科技局、财政局、交通局，有关单位：

根据省政府《关于加快培育和发展战略新年兴产业的实施意见》，我们组织制定了《山东省新能源汽车产业“十二五”规划》，现印发给你，请认真组织实施。

二〇一一年五月十一日

山东省新能源汽车产业“十二五”规划

汽车工业是国民经济的支柱产业，随着能源危机、环境污染、气候变暖等问题的日益突出，加快转变汽车产业发展方式，大力发展新能源汽车，已成为国内外汽车产业实现可持续发展的必然选择。为深入贯彻省政府《关于推进新能源汽车产业发展的若干意见》和《关于加快培育和发展战略性新兴产业的实施意见》，抓住机遇，尽快把我省新能源汽车发展成为具有较强竞争力的战略性新兴产业，特制定本规划。

一、“十一五”发展回顾

（一）取得的成绩。

“十一五”以来，我省新能源汽车产业走“适应市场、自主发展”的路子，在各级政府的大力支持下，取得较快发展，截止2010年底，全省新能源汽车行业拥有各类生产企业70多家，其中整车生产企业34家，关键零部件企业40多家，2010年全省生产各类新能源汽车3万多辆，主要车型包括混合动力客车、纯电动客车、低速电动车、旅游观光车、电动货车、电动环卫车、警用巡逻车、高尔夫球场车等十多个品种，已形成门类齐全、品种丰富、零部件配套体系较健全的新能源汽车产业格局。

1．新能源客车具有一定优势。中通客车股份公司开发生产的纯电动客车、增程式纯电动客车、电－电混合纯电动客车、混合动力客车、插电式混合动力客车，技术先进，外形美观，已形成全系列的新能源客车产品型谱，既适用于城市公共交通，又能满足社会团体和旅游市场，产品已销往国内外市场，具有较强的市场竞争力；山东中文沂星电动车公司自主研发的双层城市电动公交车，使用全铝、全承载车身技术，具有续驶里程长、充电时间短、载客量大等特点，发展潜力巨大；齐鲁客车制造公司、烟台舒驰客车公司、烟台中上汽车公司、威海广泰空港设备公司等企业，也在新能源汽车开发和生产上取得实际进展，成为我省发展新能源客车新的增长点。

2．低速电动轿车具备规模化生产能力。山东时风集团具备年产10万辆低速电动车的生产能力，山东唐骏欧铃汽车制造有限公司具备年产5万辆低速电动车能力。山东宝雅新能源汽车股份有限公司、山东比德文电动车公司等企业，具备年产5000辆的能力。这些企业开发生产的低速电动车，具有外形美观、价格便宜、操作方便、使用费用低等优点，深受市场欢迎，部分产品因产品性能稳定、符合欧美等国家产品标准，已批量出口国外市场，为低速电动车的发展探索和积累了经验。

3．新能源专用车具有较好的发展基础。目前，全省已有威海广泰空港设备公司、山东福田雷沃国际重工股份公司、东营蒙德金马机车公司、山东寿光万龙实业公司、山东英克莱集团、山东哲人新能源科技发展有限公司等企业从事新能源专用车开发生产，产品主要包括电动飞机牵引车、旅游观光车、电动除雪车、警用巡逻车、高尔夫球车、电动环卫车、电动搬运车、电动医疗专用车等品种，为我省新能源专用车的大发展奠定了重要基础。

4．新能源汽车零部件配套能力不断提高。到2010年底，全省已有新能源汽车零部件企业40多家，磷酸铁锂离子电池、聚合物锂离子电池、电池智能控制管理系统、开关磁阻电机、永磁无刷直流电机、电控制系统、CAN总线系统、自动变速器、汽车空调等关键零部件，已形成一定配套能力。与动力电池技术水平和质量紧密相关的电池隔膜、正负极材料等原材料关键技术，相继实现突破，部分产品填补了国内空白，为全省新能源汽车产业协调发展提供了有力保障。

（二）存在的问题和不足。

我省新能源汽车产业发展虽然已经取得一定成绩,但产业发展中仍存在一些矛盾和不足。一是产业总体规模小，新能源汽车产量占全省汽车产量的比重不到2%，尚未形成经济规模。二是缺少规模大竞争力强的大企业，全省新能源汽车企业中只有中通客车、中文沂星实现了批量生产，其它企业尚处起步阶段。三是产品结构不够合理，多数产品是以铅酸电池为动力的低速电动车，还没有国家鼓励发展的高端新能源乘用车产品。四是盲目投资现象开始显现，近两年，全省投资新能源汽车电池和电机的企业均超过10家，在新能源汽车推广使用还处于导入期的阶段，企业投资面临较大风险。

二、“十二五”面临的形势

（一）新能源汽车已经成为世界汽车产业发展的战略重点。

汽车产业是能源消耗性产业，随着能源和环境问题的日益突出，发展新能源汽车已成为国际社会应对全球石油危机和减少碳排放的战略举措。特别是国际金融危机以后，世界各汽车生产大国更是将发展新能源汽车作为应对金融危机、调整产业结构、振兴本国经济的重要手段，纷纷出台政策措施，大力推动新能源汽车的技术研发和推广使用，旨在抢占未来汽车产业战略调整的制高点。以混合动力汽车、纯电动汽车、燃料电池汽车为代表的新能源汽车及关键零部件技术不断实现突破，既加快了汽车产业结构调整步伐，又为持续健康发展增添了新动力。美国奥巴马政府以“能源新政”为执政纲领，大力推动新能源汽车的生产和使用,政府在新能源汽车研发、购买新能源汽车、政府采购等方面投巨资进行补贴，仅新能源汽车研发补贴金额就达到24亿美元。美国三大汽车巨头也联合成立了美国先进电池联盟，集三家科研力量，争取在新能源汽车及其电池组研发和生产上取得新突破。日本虽然已是新能源汽车及动力电池研究和应用最先进的国家之一，但为了继续保持其优势地位，日本政府又对购买新能源汽车加大了补贴力度，并制定了“下一代汽车与燃料行动”政府行动计划，进一步推进新能源汽车产业发展。德、法等欧洲主要汽车生产国也纷纷采取各种措施鼓励新能源汽车发展,制定了“欧洲清洁交通”行动计划，有的还建立了专门的新能源汽车研发机构，政府投巨资支持新能源汽车研发，甚至用立法来促进新能源汽车发展。新能源汽车已经成为国际汽车产业发展的大趋势和新一轮竞争焦点。

（二）我国新能源汽车产业发展速度明显加快。

我国政府高度重视新能源汽车产业，“八五”、“九五”、“十五”期间分别实施了电动汽车关键技术攻关、清洁汽车行动、“863计划”电动汽车重大专项，“十一五”又将电动汽车与清洁燃料汽车合并列入“863计划”。国际金融危机后，国务院又在《汽车产业调整和振兴规划》中明确提出“实施新能源汽车战略”，相继实施了“节能与新能源汽车示范推广试点”、“私人购买新能源汽车试点”、“节能产品惠民工程”等多种政策措施，2010年国务院又将新能源汽车确定为七大战略性新兴产业之一,加快培育和发展,力争通过政府引导、财政支持、市场驱动，抢占新能源汽车产业国际竞争制高点，为新能源汽车产业的大发展创造了良好的环境。在国家政策引导下，国内各省市和汽车生产企业发展新能源汽车的热情不断提高，投资力度不断加大，发展速度明显加快。目前，国内已有16家中央企业联合成立了“中央企业电动车产业联盟”，全力推进新能源汽车发展，北京、重庆、吉林、江苏、安徽等省市也纷纷组建产业联盟，为新能源汽车产业的快速发展搭建平台。各汽车生产巨头也迅速行动，开始投资建厂，着力发展新能源汽车，我国新能源汽车产业已经步入发展的快车道。

（三）我省具备发展新能源汽车产业的良

好条件。

一是省委省政府高度重视新能源汽车产业发展。2009年以来，在深入贯彻落实国家各项支持新能源汽车发展政策的同时，结合我省实际，相继出台了《关于推进新能源汽车产业发展的若干意见》、《山东省新能源汽车示范推广财政扶持办法》、《山东省新能源汽车关键零部件财政扶持暂行办法》、《关于加快培育和发展战略性新兴产业的实施意见》等政策措施，为新能源汽车产业发展提供了有力的政策保障。二是有良好的产业发展基础。中通客车、中文沂星等企业开发的新能源客车技术先进，性能稳定，具备了规模化生产的条件；山东时风、山东宝雅、唐骏欧铃等企业开发生产的低速电动车及旅游观光车等专用车，市场知名度高，产品性价比好，具有广阔的发展前景。山东润峰集团、荣成荣佳电机公司、山东申普汽车控制技术公司等企业，开发生产的锂离子电池、电机、电控系统等关键零部件，技术成熟，性能稳定，具有较强的配套能力，成为我省发展新能源汽车产业的重要支撑。三是拥有巨大的消费市场。2010年，我省拥有城市公交车2.3万辆，随着城市化进程的加快，以及农村道路交通条件的不断改善，今后一个时期，公交客车需求将持续增长。目前，全省私人保有乘用车仅为479.8万辆，每千人不到50辆，均低于广东、上海、浙江、北京、江苏等省市，私人汽车消费市场增长空间巨大。以上都为新能源汽车的发展提供了难得的机遇和有利条件。

三、指导思想、基本原则和目标

（一）指导思想。

以科学发展观为指导，以转变汽车产业发展方式、培育战略性新兴产业为目标，坚持走“创新驱动、扶优扶强、协调发展”的路子，以培育骨干企业和优势产品为切入点，加强企业自主创新能力建设，加快重点产品产业化进程，加大新能源汽车推广使用力度，优先发展新能源客车和乘用车，科学发展低速电动车，加快发展新能源专用车，积极发展新能源汽车关键零部件，培植一批具有较强竞争力的大企业，尽快把我省建设成为品种齐全、优势突出、配套完善、竞争力强的新能源汽车生产大省。

（二）基本原则。

1. 坚持自主创新与技术合作相结合。支持企业自主创新，鼓励开展技术合作，提高新产品新技术开发能力，建立具有自主知识产权和核心竞争力的技术创新体系。

2. 坚持政府引导与市场推动相结合。建立产业发展协调机制，落实相关政策，加大政府推动力度，引导市场消费，培育新能源汽车消费市场。

3. 坚持突出重点与集约发展相结合。实施大企业、大项目带动战略，着力扶持重点企业、重点产品，加快产业化速度，形成规模优势。

4. 坚持整车与关键零部件协调发展。围绕整车发展，着力支持关键零部件技术开发和产业化，提高配套能力，形成整车与配套零部件协调发展的格局。

（三）发展目标。

1. 产业规模进一步扩大。到2015年，全省新能源汽车生产规模达到25万辆，其中新能源客车2万辆，新能源乘用车10万辆，低速电动车8万辆，新能源专用车5万辆。以上四大主导产品，产品种类全、型号丰富、技术性能先进、节能安全效果好，基本满足城乡日益多样化的运输需要和百姓越来越多的个性化要求，并有20%以上的产品出口国际市场。培育形成一批自主创新能力强、产品技术先进、品牌知名度高的新能源汽车整车及关键零部件企业，成为国内新能源汽车生产大省。

2. 自主创新能力明显提高。到2015年，全省新能源汽车研发投入占销售收入的比重达到5%以上，重点企业都建立起比较完善的技术开发体系，全省整车产品开发速度快、技术水平高、竞争力强，关键技术指标居全国同行业领先水平。掌握动力电池、驱动电机、控制系统等关键零部件核心技术，能够根据整车发展需要，及时开发新产品、新技术，实现与整车同步发展。

3. 产品种类齐全、结构优化。到2015年，全省新能汽车品种覆盖客车、乘用车（含轿车、低速电动车、SUV和MPV客车）、专用车各个领域，动力方式包括油电混合、锂离子电池、新型高能铅酸电池、超级电容、燃料电池及其它替代燃料等，满足各个层次消费群体的需要，产品结构实现向多样型、高端化转变，到2015年，中高端产品占全部产品的比重力争达到50%以上。

4. 零部件配套能力显著增强。支持动力电池、驱动电机、控制系统等关键零部件企业加大研发投入，突破核心技术，提高生产装备水平，扩大生产规模，实现与整车同步发展。到2015年，全省新能源汽车关键零部件全部实现省内配套，并能大量供应省外市场，力争超过20%的产品进入国际市场。

四、发展重点

围绕培育战略性新兴产业，紧跟国内外发展趋势，实施新能源汽车战略，“十二五”期间，我省将着力构建三大支撑平台、突破四类关键技术、重点发展五大类产品。

（一）构建三大支撑平台。

1. 新能源汽车技术研发平台。以省科学院自动化研究所（汽车电子实验室）为核心，联合中通客车等新能源汽车及关键零部件企业及省内外高校汽车工程学院，组建山东省新能源汽车技术中心，对新能源汽车关键共性技术进行联合研发，为新能源汽车产业发展提供技术支撑。

2. 新能源汽车产业化推进平台。建立由经信、发改、财政、科技等部门组成的新能源汽车产业化推进工作机制，负责新能源汽车产业发展推进工作，研究制定推进新能源汽车产业发展的政策措施，协调解决产业发展中遇到的问题，为新能源汽车产业发展提供组织保障。

3. 新能源汽车市场推广使用平台。建立由交通、经信、财政、科技、公安、住建、电力等部门组成的新能源汽车市场推广使用工作机制，负责新能源汽车市场推广工作，研究制定促进新能源汽车推广使用的政策措施，协调解决新能源汽车推广使用过程中遇到的重大问题，为新能源汽车的推广使用提供支撑。

（二）着力突破四类关键技术。

1. 整车共性技术。依托骨干企业，加大研发投入，重点在整车和系统集成、网络通讯和控制技术、强电安全技术、电磁兼容性技术、整车轻量化技术、整车匹配标定和实验技术、系统标定和优化技术、智能感应及显示技术、失效模式、故障诊断和容错控制技术、热管理技术等方向实现突破，着力提高整车安全性、可靠性、稳定性、操控性和节能性。

2. 动力系统及原材料技术。支持优势企业通过自主研发、技术合作、引进消化吸收再创新等方式，在锂离子电池成组技术、电池系统集成和控制技术、电池组管理系统、充电技术、正负极材料、电池隔膜等方面实现突破，着力提高电池比能量、安全性、稳定性、使用寿命及原材料质量水平。同时积极推进油电（液）混合动力发动机、代用燃料发动机、超级电容器、燃料电池、镍氢电池等技术和产品的开发，为发展动力多元化的节能和新能源汽车提供技术支持。

3. 驱动电机及控制系统技术。鼓励现有企业，通过产学研用联合开发，在驱动电机及其控制技术、驱动系统总成、控制器模块、CAN总线传输与控制系统、系统热管理、位置/转速传感器、高性能绝缘材料、高性能永磁材料、电力电子元器件IGBT等方面实现突破，着力提高电机及控制系统的可靠性、耐久性、适应性，实现驱动电机及控制系统的集成化、永磁化和数字化。

4. 电动辅助系统技术。鼓励引导传统汽车零部件企业，围绕配套支持新能源汽车发展，加大新产品新技术开发，在电动空调、电动转向、电制动、电动真空系统、电动水泵、电动涡轮增压器、自动变速器、高速减速器等方面实现突破，着力提高电动辅助零部件的技术性能、可靠性和耐用性。

（三）重点发展五大类产品。

1. 新能源客车。支持中通客车、中文沂星电动汽车、齐鲁客车、烟台舒驰客车等企业，以混合动力客车和纯电动客车为重点，加大技术开发投入，加快新车型开发，进一步提高整车技术水平，扩大生产能力，形成规模优势。鼓励企业加快传统客车升级改造，通过自主创新和技术改造，加快开发天然气、燃料电池、氢燃料、生物质燃料等新能源客车，丰富我省新能源客车品种。引导烟台中上汽车公司通过联合重组、合资合作，加快新能源客车产业园区建设，尽快形成生产能力，把超级电容客车打造成我省的优势产品。到 2015 年，全省新能源客车生产规模达到 2 万辆。

2. 新能源乘用车。支持北汽福田加快潍坊新能源汽车生产基地建设，完善配套设施，保障生产要素供应，尽快生产新能源迷迪客车和 MPV 客车。支持荣成华泰汽车公司优化产品结构，加快混合动力和纯电动轿车及 SUV 客车开发进程，尽快实现产业化。鼓励通用东岳、通用五菱、吉利汽车、广汽吉奥等乘用车生产企业，开发生产新能源轿车和交叉型乘用车，为我省新能源汽车产业发展增添新的活力。到 2015 年，全省新能源乘用车生产规模达到 10 万辆。

3. 低速电动车。支持山东时风、山东五征、山东宝雅、唐骏欧铃、山东比德文、福田雷沃国际重工、山东哲人等规模较大的企业，加快技术改造，提升生产装备水平，引用欧美等国家的质量标准，提高产品质量，扩大低速电动车出口规模。引导企业加大研发投入，提高整车匹配、动力系统、控制系统等关键技术的水平；加强质量标准体系建设，提高低速电动车的安全性、可靠性、耐用性和节能效果；按照国家机动车有关标准组织生产，提高低速电动车行业整体素质。支持具备条件的企业，积极争取国家公告资质，发展高端电动轿车产品。鼓励现有企业与有资质的企业进行联合重组，实现规模化生产，使我省低速电动车企业资源充分发挥社会效益、环境效益和经济效益。到 2015 年，全省低速电动车生产规模达到 8 万辆。

4. 新能源专用车。依托现有企业，重点发展纯电动货车、电动飞机牵引车、机场摆渡车、旅游观光车、电动除雪车、警用巡逻车、高尔夫球车、电动环卫车、电动搬运车、电动医疗专用车等产品。支持唐骏欧铃、东营蒙德金马机车公司、威海广泰空港设备公司、东安黑豹等公告内汽车生产企业，加快技术改造和新产品开发，扩大符合国家公告要求的电动车生产规模，尽快把新能源车发展成优势产品。支持山东英克莱、山东比德文、山东哲人等企业，结合企业特点，发挥经营优势，加快开发电动专用车新产品，拓展新领域，使新能源专用车向技术含量高、专用功能强、特色品种多的方向发展。到 2015 年，全省新能源专用车生产规模达到 5 万辆。

5. 关键零部件。按照整体推进、突出重点、技术优先、协调发展的原则，选择各领域中技术开发能力强、拥有核心技术、产品技术先进、具有一定生产规模的企业，加大扶持力度，促其迅速成长为行业领军企业。支持山东润峰集团、潍坊威能环保电源、威海东生能源、海特电子等企业，重点发展锂离子电池，尽快形成规模优势，到 2015 年，动力电池比能量达到 150 瓦时 / 公斤，成本降至 2 元 / 瓦时。引导山东瑞宇蓄电池、山东圣阳电源公司，加快开发新型高能量铅酸电池，满足新能源汽车配套要求。支持荣成荣佳电机、淄博休普电机、淄博得普达电机等企业，加快发展永磁无刷电机、开关磁阻电机，提高产品技术性能，扩大生产规模。支持山东申普汽车控制技术公司、山东美邦电子科技公司、聊城博通新技术开发公司等企业，加快开发生产新能源汽车 CAN 总线传输系统、电池组管理系统、车载快速充电系统、电机控制器、智能控制管理系统、故障诊断系统等，提高生产配套能力。支持潍柴动力和山东莱动、盛瑞传动股份公司、山东通盛制冷设备公司，加快开发新能源汽车用混合动力发动机、自动变速器、电动空调，尽快形成产业规模；引导相关零部件企业，加快开发生产新能源汽车用电动转向、电制动、电动真空系统、电动水泵、电动涡轮增压器等零部件，增加零部件生产品种，提高本省配套能力。支持烟台卓能电池材料有限公司、莱州联友金浩新型材料公司、济宁无界科技公司、久兆新能源科技公司，加强电池膈膜和正负极材料技术开发，加快产业化项目建设，尽快形成规模化配套能力。到 2015 年，混合动力发动机、电池、电机、电控系统、汽车空调、自动变速器等关键零部件及电池材料，在完全满足我省新能源汽车发展需要的基础上，能够大量供应省外市场，并有超过 20% 的产品进入国际市场。

五、保障措施

（一）落实支持新能源汽车发展的相关政策。一是认真贯彻国务院和省政府关于加快培育和发展战略性新兴产业的意见，将新能源汽车作为战略性新兴产业纳入全省汽车工业整体规划。二是落实国家“节能与新能源汽车示范推广试点”、“节能产品惠民工程”等政策措施，促进我省新能源汽车产业发展。三是落实省政府《关于推进新能源汽车产业发展的若干意见》、《山东省新能源汽车示范推广财政扶持办法》、《山东省新能源汽车关键零部件财政扶持暂行办法》等政策，充分发挥产业政策在新能源汽车产业发展初期的强大推动作用。

（二）加强新能源汽车自主创新能力建设。强化企业在自主创新中的主体地位，引导创新要素向优势企业集聚。支持企业与高等院校、科研院所共建高水平的技术开发机构和人才培养基地。组织整车企业、科研院校、关键零部件企业，建立跨行业的技术创新联盟，搭建节能与新能源汽车共性技术研发平台,集中力量，加快开发共性技术和关键核心技术。加大财政对技术创新工作的支持力度，将经信、科技等部门的科技资金向新能源汽车产业倾斜，合力支持新能源汽车及零部件技术开发。

（三）扩大新能源汽车推广使用范围。做好国家节能与新能源汽车示范推广试点，在做好济南市示范推广试点的基础上，加大省级示范推广工作力度，扩大新能源客车示范推广范围和规模。促进低速电动车推广使用，积极争取国家将我省确定为低速电动车试点省，以低速电动车重点生产企业所在地（县、市）为试点，建立完善相关管理办法，有序开展低速电动车示范推广，总结经验，适时在全省范围推广使用，促进低速电动车健康发展。

（四）完善新能源汽车充电设施。各试点城市要将新能源汽车充电设施建设纳入城市总体规划，适度超前开展充电网络建设，建立以个人和公共停车位分散充电为主的充电系统，科学确定充电设施的建设规模和选址分布。各试点城市应加大政府投资力度，吸引社会资金参与充电设施建设，根据当地电力供应和土地资源状况，因地制宜建设慢速充电桩或公共快速充电设施,鼓励成立独立运营的充换电企业，制定分时段的充电价格定价机制，引导消费者合理选择充电时段，逐步形成充电设施建设与管理的市场化、社会化商业运营模式。

（五）支持新能源汽车重大项目建设。按照以企业为主、政府引导和市场化运作的原则，多渠道筹措资金，加大对重点企业、重点项目的投入，到 2015 年，全省新能源汽车产业总投资达到 200 亿元。重点支持以新能源客车、新能源乘用车及关键零部件为主的关系全省新能源汽车产业发展大局的重大建设项目，省里每年在技术改造项目、科技创新项目、新能源汽车零部件专项资金安排上给予倾斜，促进产业快速发展。有关市也要根据全省规划要求，将新能源汽车列入发展重点，支持重点企业加快重大项目建设，尽快形成生产能力和产业优势。

（六）推进企业联合重组与合资合作。按照汽车工业发展要求，遵循市场经济发展规律，积极推进企业联合重组与合资合作，培育具有较强竞争力的大型企业集团。一是支持中通客车等拥有国家公告资质的新能源汽车企业兼并重组省内企业，整合资源，提高研发和生产能力，扩大市场优势。二是引导具备条件的低速电动车企业与省内外有资质的企业进行联合重组，使其生产设施尽快发挥经济效益。三是鼓励关键零部件企业与国内外优势企业进行合资合作，提高产品技术水平，扩大生产规模，尽快发展成为技术水平高、生产规模大、品牌影响力强的大型新能源汽车关键零部件企业。

（七）加强组织领导。各市要结合本地实际，成立由有关部门组成的管理机构，加强对发展新能源汽车工业的领导，研究、协调、解决新能源汽车产业发展中的重大问题。具体负责制定中长期发展规划，组织实施新能源汽车专项，监控经济运行情况，协调行业间及企业间的关系，指导企业联合重组、合资合作、投资融资、市场推广、科技进步及信息交流等。有关市和部门要围绕把新能源汽车培植成我省的战略性新兴产业制定工作措施，确保国家和省里出台的鼓励新能源汽车发展政策落到实处，对新能源汽车产业发展中的重大问题要及时协调解决。加强新能源汽车产业联盟等中介组织的建设，广泛吸纳各行各业的专业人才，进一步完善服务功能，强化服务意识，提高服务质量和水平，为全省新能源汽车产业发展服务。

1－46　山东省经济和信息化委员会关于印发《山东省有序用电管理实施办法》的通知

鲁经信电力字〔2011〕325号

各市经济和信息化委、物价局，山东电力集团公司，华能山东发电公司，华电国际电力公司山东分公司，国电山东电力公司，大唐山东发电公司，华润电力公司山东代表处，各市供电公司，有关企业：

为进一步做好有序用电工作，加强电力需求侧管理，确保全省电网平稳运行和电力有序供应，促进经济平稳较快发展和社会和谐稳定，根据国家发展改革委《有序用电管理办法》，结合我省实际，我们制定了《山东省有序用电管理实施办法》，现印发给你们，请遵照执行。

二○一一年六月二十日

山东省有序用电管理实施办法

第一章　总则

第一条　为贯彻落实科学发展观，加强电力需求侧管理，确保电网安全稳定运行，保障供用电秩序和重要用户电力供应，根据《中华人民共和国电力法》、《电力供应与使用条例》、《电网调度管理条例》、《山东省电力设施和电能保护条例》、《有序用电管理办法》等法律法规，制定本办法。

第二条　本办法适用于山东省境内有序用电工作的组织实施、监督管理等相关活动。

第三条　本办法所称有序用电，是指在电力供应不足、突发事件等情况下，通过行政措施、经济手段、技术方法，依法控制部分用电需求，维护供用电秩序平稳的管理工作。

第四条　有序用电工作遵循安全稳定、有保有限、注重预防的原则。

第五条　省经济和信息化委负责全省有序用电管理工作，省政府其他有关部门在各自职责范围内负责相关工作。

设区的市、县（市、区）经济和信息化部门负责本行政区域内的有序用电管理工作，其他有关部门在各自职责范围内负责相关工作。

第六条　各级电网企业是有序用电工作的重要实施主体；电力用户应支持配合实施有序用电。

第二章　方案编制

第七条　每年4月中旬，根据全省年度电力供需平衡形势预测，结合国家和省有关政策及近期电力运行走势，省经济和信息化委组织指导山东电力集团公司研究确定全省有序用电调控目标，并分解下达各市经济和信息化委。

第八条　各市经济和信息化委根据省里下达的有序用电调控指标，结合所辖县（市、区）电力需求走势和用电结构，组织指导当地供电公司分解下达各县（市、区）的调控指标。

第九条　县（市、区）经济和信息化部门会同当地供电公司根据市里下达的有序用电调控指标，结合上年度有序用电执行情况及相关电力用户负荷变化，编制本辖区年度有序用电方案建议，上报市经济和信息化委、供电公司审核。压限负荷和电量应定用户、定负荷、定线路。

第十条　各市经济和信息化委会同当地供电公司对所辖县（市、区）上报的有序用电方案建议进行审核，对不符合国家和省有关政策、达不到控制要求的，督促指导相关县（市、区）调整完善。县（市、区）经济和信息化部门将调整完善后的有序用电方案，报县（市、区）人民政府、市经济和信息化委和供电公司备案。

第十一条　各市经济和信息化委会同当地供电公司汇总所辖县（市、区）有序用电方案，于5月20日前，编制形成本地区年度有序用电方案，报市人民政府、省经济和信息化委和山东电力集团公司备案。

第十二条　省经济和信息化委汇总各市有序用电方案，编制全省年度有序用电方案，报省人民政府、国家发展和改革委备案。

第十三条　编制年度有序用电方案原则上应按照先错峰、后避峰、再限电、最后拉闸的顺序安排电力电量平衡。

各级经济和信息化部门、电网企业不得在有序用电方案编制和实施中滥用限电、拉闸措施，影响正常的社会生产生活秩序。

第十四条　编制有序用电方案原则上优先保障以下用电：

（一）应急指挥和处置部门，主要党政军机关，广播、电视、电信、交通、监狱等关系国家安全和社会秩序的用户；

（二）危险化学品生产、矿井等停电将导致重大人身伤害或设备严重损坏企业的保安负荷；

（三）重大社会活动场所、医院、金融机构、学校等关系群众生命财产安全的用户；

（四）供水、供热、供能等基础设施用户；

（五）居民生活，排灌、化肥生产等农业生产用电；

（六）国家和省重点工程、军工企业。

第十五条　编制有序用电方案应贯彻国家、省产业政策和节能环保政策，原则上重点限制以下用电：

（一）违规建成或在建项目；

（二）产业结构调整目录中淘汰类、限制

类企业；

（三）单位产品能耗高于国家或地方强制性能耗限额标准的企业；

（四）景观照明、亮化工程；

（五）其他高耗能、高排放企业。

第十六条　山东电力集团公司及各市供电公司、县（市、区）供电公司根据有序用电方案，及时调整电力负荷管理系统有关技术数据，以及有序用电智能决策系统有关淘汰类、限制类和高耗能、高排放企业名单。

第十七条　各级经济和信息化部门、电网企业应及时向社会及相关电力用户公布有序用电方案，加强宣传并组织演练。

第十八条　有序用电方案涉及的电力用户应加强电能管理，结合生产实际制定班次调整、设备检修和生产调休措施，编制具有可操作性的内部负荷控制方案，把压限负荷、电量细化到班组和设备，并将企业生产调整及用电负荷调整方案报当地市（县、区）经济和信息化委、供电公司。当地供电公司应充分利用电力负荷管理系统等技术手段给予帮助指导。

第十九条　重要用户应按照国家和省有关规定配置应急保安电源。

第二十条　全省电力供需平衡发生重大变化时，省经济和信息化委将及时调整年度有序用电方案。

第三章　预警管理

第二十一条　各级经济和信息化部门定期向社会和相关电力用户公布有序用电方案执行情况及相关政策；各级电网企业定期披露本地区电力供需平衡预测、月度及短期供用电信息。

第二十二条　山东电力集团公司密切跟踪电力供需变化，预计因各种原因导致电力供应出现缺口时，提出启动有序用电限额等级意见，报经省经济和信息化委审核后，确定启动限额等级并下达到各市，向社会发布预警信息。

第二十三条　原则上按照电力或电量缺口占当期最大用电需求比例的不同，预警信号分为四个等级：

Ⅰ级：特别严重（红色、20% 以上）；

Ⅱ级：严重（橙色、10%–20%）；

Ⅲ级：较重（黄色、5%–10%）；

Ⅳ级：一般（蓝色、5% 以下）。

第四章　方案实施

第二十四条　省经济和信息化委根据电力供需情况，及时启动有序用电方案，并报告省人民政府、国家发展和改革委。

第二十五条　各市接到省下达的启动有序用电方案通知后，立即通知所辖市（县、区）及相关电力用户，严格执行相应限额等级，依据本地有序用电方案确定的负荷、电量调控指标控制有关用户用电。

第二十六条　各级经济和信息化部门与当地电网企业建立顺畅的信息沟通机制，加强工作联络和信息交流，及时向本级人民政府汇报当地有序用电执行情况。

第二十七条　山东电力集团公司应加强与国家电网、电力送出省份电网企业的沟通，促进网省间余缺调剂和相互支援，稳定并尽可能多争取送入电力。

第二十八条　有序用电方案实施期间，发电企业应自觉服从电网统一调度，加强设备运行维护和燃料储运，提高机组出力，保持电网供电能力的相对稳定，提高有序用电的均衡性。

第二十九条　电力用户应加强电力需求侧管理，大力推行科学用电、节约用电。有序用电涉及的用户应依据下达的有序用电调控指标，严格执行既定的负荷控制方案，将压限负荷、电量落到具体班组和设备。

第三十条　各级经济和信息化部门与当地电网企业根据全省的统一安排，按照既定方案优化有序用电措施，结合实际电力供应能力和用电负荷情况，合理做好日用电平衡工作。

第三十一条　当电网供电能力发生变化

时，均衡有序调整相关电力用户的用电限额，方便用户有计划调整生产班次或轮休避峰用电，科学合理组织生产运营，尽量满足合理电力需求，尽可能减少限电损失。

第三十二条　各级电网企业要加强电网统一调度和机组运行管理，努力稳定并尽可能增加电网供电能力。在实施、变更、取消有序用电措施前，应通过公告、电话、传真、短信等方式告知相关用户。

第三十三条　各级电网企业要认真做好有序用电影响用电负荷、用电量等统计工作，及时通过短信息、电话等方式向当地经济和信息化部门汇报有关基本情况；详细情况于次日上午9点前报当地经济和信息化部门、上级供电公司，山东电力集团公司将汇总分析后的全网情况于10点前报省经济和信息化委。

第三十四条　紧急状态下，各级电网企业应执行事故限电序位表、处置电网大面积停电事件应急预案和黑启动预案等。

第三十五条　各级经济和信息化部门、供电公司应密切跟踪监测有序用电执行情况及对电力用户的影响，加强沟通与协调，对因生产安全、能源供应等确需特殊保障的地区和用户适当提高用电限额。

第五章　奖惩措施

第三十六条　对积极采取电力需求侧管理措施并取得明显效果的电力用户，可适度放宽对其用电的限制。

第三十七条　各地可出台相关补偿政策，对除产业结构调整目录中淘汰类、限制类企业外实施有序用电的用户给予适当补贴。

第三十八条　建立可中断负荷电价和高可靠性电价机制，按照收支平衡的原则，确定可中断负荷电价和高可靠性电价标准。省物价局会同省经济和信息化委另行研究制定相关政策。

第三十九条　可中断负荷电价和高可靠性电价政策出台后，电网企业可与除产业结构调整目录中淘汰类、限制类企业外的电力用户协商签订可中断负荷协议、高可靠性负荷协议，在有序用电方案实施期间，执行可中断负荷电价、高可靠性电价。电网企业因执行上述电价政策造成的收支差额，纳入当地销售电价调整统筹平衡。

第四十条　有序用电方案实施期间，各级经济和信息化部门应组织对方案执行情况的监督检查。

（一）对执行方案不力、擅自超限额用电的电力用户，要责令改正；情节严重的，可按照国家和省规定程序停止供电。

（二）对违反有序用电方案和相关政策的电网企业，要责令改正；情节严重的，可通报批评。

（三）加强机组运行考核，调减非计划停机或出力受阻的发电企业的年度发电量。

（四）对违反有关规定的电力运行管理人员，要责令改正；情节严重的，依法给予行政处分。

第四十一条　有序用电方案实施期间，实施地方公用机组出力和地市有序用电负荷限额、自备机组出力和企业用电限额挂钩奖惩考核，对机组出力水平高的地区和企业，适当放宽其用电负荷、电量限额限制。

第六章　附则

第四十二条　本办法下列用语的含义：

（一）错峰，是指将高峰时段的用电负荷转移到其他时段，通常不减少电能使用。

（二）避峰，是指在高峰时段削减、中断或停止用电负荷，通常会减少电能使用。

（三）限电，是指在特定时段限制某些用户的部分或全部用电需求。

（四）拉闸，是指各级调度机构发布调度命令，切除部分用电负荷。

（五）电力缺口是指某一时间点，所有用

户错峰、避峰、限电、拉闸负荷之和。

（六）电量缺口是指某一时间段内，所有用户避峰、限电、拉闸影响电量之和。

第四十三条　本办法由省经济和信息化委负责解释。

第四十四条　各级经济和信息化部门可结合本地区实际情况，制定相关实施细则。

第四十五条　本办法自发布之日起施行。

1－47　山东省经济和信息化委员会关于印发《山东省“十二五”电子签名及认证服务业发展规划》的通知

各市经济和信息化委：

现将《山东省“十二五”电子签名及认证服务业发展规划》印发给你们，请结合实际，抓好贯彻落实。

二〇一一年五月二十日

山东省“十二五”电子签名及认证服务业发展规划

电子签名及认证服务作为信息安全的重要保障措施，是建设网络信任环境的重要基础。能够有效解决在电子政务、电子商务和其他社会活动中发展所面临的身份假冒、信息截取、信息篡改和否认等问题，有助于建立一个可信、可靠、可控的网络环境，对于推进经济和信息化发展，维护社会和谐稳定，打造诚信山东具有重大意义。为加快我省电子签名及认证服务业发展，结合我省实际情况，制定本规划。

一、“十一五”发展回顾

“十一五”期间，我省电子签名及认证服务业取得了长足发展，数字证书的应用范围不断扩展，发卡数量不断增长，电子认证服务业和电子认证产品形式和产业链不断延伸，专业人才队伍不断扩大，电子签名及认证服务机构设施建设和服务能力不断提高，在经济和信息化发展中的保障作用不断显现。

（一）“十一五”成绩回顾

1．政策体系不断健全，支撑环境逐步完善。“十一五”期间，为进一步加快推进电子签名及认证服务业的发展，我省出台了一系列的电子签名及认证服务业政策文件，主要有：《省委办公厅、省政府办公厅关于加强数字证书应用和管理的意见》（鲁厅字〔2005〕30号）、《山东省人民政府办公厅转发省工商局省信息产业厅关于在全省推行企业数字证书的意见的通知》（鲁政办发〔2007〕26号）、《山东省电子政务电子认证体系建设意见》（鲁国密联〔2008〕2号）、《关于加快山东省电子政务外网数字证书应用的意见》（鲁经信字〔2009〕169号）、《山东省电子政务标准体系》等，这些政策意见的出台为我省电子签名及认证服务业的发展提供了政策依据和支撑环境。

2．体系规模不断扩展，应用领域持续增加。“十一五”期间，我省电子签名及认证服务体系已基本建成“济青双轴心，省域全覆盖”的电子签名及认证服务体系，在全省各市和质监、工商、税务等重点行业建立了分中心，数百个业务受理点及移动受理服务，累计发放各类数字证书100余万张，涉及电子政务、电子商务领域网上申报、网上年检、网上审批、网上采购、安全支付、安全邮件等近百项业务。

3．坚持自主创新研发，技术、产品渐成体系。“十一五”期间，依靠我省自主研发能力，形成了以产品、服务及解决方案为核心的完整技术体系，可以提供三大类共计30余种产品和服务。实现从单一应用类到复合应用类，再到平台模块类的跨越，技术创新和应用创新都已处于国内的先进行列。

4.机构建设不断完善，服务水平名列前茅。山东省电子签名及认证服务机构（山东CA）是首批获得国家认可的电子签名及认证服务机构，也是首家取得国家电子政务电子认证服务特许经营权的电子签名及认证服务机构。目前，我省电子签名及认证服务机构在整体规模、技术架构及应用实践、服务模式等方面均位于全国电子签名及认证服务业前列。

（二）存在的问题和不足

“十一五”期间，虽然我省对推广电子签名及认证服务的工作进行了积极探索，取得了显著成效，但在推行电子签名及认证服务过程中，一些制约我省电子签名及认证服务业进一步发展的问题依然存在，主要表现在：一是电子签名及认证服务法规、标准和规范存在缺失；二是缺乏统筹规划，盲目引进、重复建设和资源浪费的现象越来越突出；三是行业人才队伍建设还有瓶颈与不足，产业链需不断完善；四是认识与投入不足，电子签名及认证服务普及推广难度大、过程长。

二、“十二五”面临的形势

（一）随着信息化建设进展，安全方面的需求增大，电子签名及认证重要作用逐渐显现

随着互联网的迅猛普及，方便、快捷的网上办公、网上交易、网上服务等成为电子政务、电子商务等公众服务的主要模式，应用的拓展必然带来网络安全事件的频发，政府部门和社会大众网络安全意识逐渐增强，也希望有更好的技术手段来防范网络犯罪、拒绝网络不良行为。采用电子签名及认证作为身份验证的可靠技术手段已经成为大家的共识。

（二）政府部门、行业主管部门应用需求不断提高

随着全省“一证通”的推广应用，电子签名及认证因其合法、安全、便捷等特点，逐步被政府部门、行业主管部门认可和接受，成为政府部门提供电子政务公共服务必不可少的安全保障措施，税务、质监、工商、医疗卫生等涉及对社会公众提供服务的行业主管部门，纷纷陆续出台规范和要求，积极主动推动合法电子签名及认证在本行业的应用。

（三）新技术应用不断涌现

伴随着网络新时代的到来，“三网融合”、“物联网”、“云计算”等更多的新技术新应用不断涌现，可信、可靠、可控的网络信任环境需求也将越来越高，另外国家推进网络实名制的要求也将会为电子签名及认证带来极大的推进，带动电子签名及认证服务业实现新的飞跃。

三、指导思想、基本原则和目标

（一）指导思想

以科学发展观为指导，以构建和谐社会，打造“诚信山东”为目标，紧密围绕我省信息化发展战略和信息安全保障体系建设，坚持以需求为导向，以应用促发展，调整市场模式，提高服务质量，完善基础设施建设，在产品、解决方案及服务适应行业现状和市场需求，为电子政务和电子商务的发展提供安全保障基础和环境，满足全省信息化发展需求。

（二）基本原则

1.“立足当前，适度前瞻”。随着信息技术不断发展，新业务新应用层出不穷，网络安全形势错综复杂，电子签名及认证服务在产业布局、技术架构、适用规模等方面不但要立足当前的实际需要，更要适度前瞻，满足未来电子签名及认证服务快速发展需求。

2.“整体规划、互联互通”。按统一标准整体规划、建设和管理全省电子签名及认证公共设施、基础网络和支撑平台，从基础性、共性层面上实现电子签名及认证系统的互通，建设信息资源交换目录体系，为全省“一证通”奠定良好的基础。

3. “需求主导、逐步推进”。根据公众、企业和社会对电子签名及认证服务的需求，优先和重点在服务社会、市场需求旺盛的应用系统开展电子签名及认证服务。以政务应用推广为核心，逐渐拓展公众事业及电子商务应用。

4. “自主创新、安全可控”。注重自主创新能力的提高，引导和促进具有自主知识产权的产品研发，提升电子签名及认证服务能力，提高电子签名及认证系统的安全可控性。

（三）发展目标

紧密围绕全省“十二五”信息化发展规划战略定位，形成覆盖全省的具有身份认证、授权管理和责任认定的完整电子签名及认证服务体系，提高电子签名及认证技术水平和服务能力，提升电子签名及认证系统的灾难抵抗和作业持续能力，促进电子签名及认证服务在全省国民经济和社会生活中得到更加广泛的应用，争取在“十二五”末累计发放各类证书达到千万级，全面完成电子签名技术基础体系建设，为全省信息化发展提供安全可信的电子签名认证服务。

四、主要任务

（一）进一步建立和完善电子签名及认证服务体系

1. 完善电子签名及认证服务基础设施，建立山东省电子认证综合服务平台。将现有电子认证系统和密钥管理系统升级使用SM2密码算法并进行系统优化，以济南、青岛两地为核心，建设部署数据运行中心，证据保全与取证系统、可信时间戳系统、运营管理系统、电子签章系统、电子合同系统、司法鉴定系统、安全应用中间件等应用系统，建设覆盖全省的电子签名及认证服务网络。

2. 建立山东省电子签名及认证服务异地容灾备份系统。依据山东省电子签名及认证服务体系“济青双轴心、省域全覆盖”的系统架构，在济南、青岛分别建设省电子认证系统的异地容灾备份系统，实现两地实时备份，保障电子签名及认证系统不间断运行和数据保全，提升电子签名及认证系统的容灾能力和服务续航能力，确保系统提供完整、可靠、安全的服务。

3. 建设山东省电子政务外网电子签名及认证服务平台。根据省电子政务电子认证体系规划，建设山东省电子政务外网电子签名及认证服务平台，通过建设省级认证接点及各地市、部门二级认证接点，为电子政务服务的公众类、业务管理类和办公管理类等相关应用进行实时安全可信服务，有效地提高政府虚拟社会管理水平。

（二）引领并规范电子签名及认证服务业有序发展

1. 规范服务行为，提高服务质量。按照国家相关规定和标准，规范电子签名及认证服务行为、提高服务技能水平，引导电子签名及认证服务向多样化、个性化发展，建立基于呼叫中心、互联网、手机、自助设备等多元化的服务，营造可信、便捷、易用的服务环境，全面提升电子签名及认证服务质量。

2. 加强监管力度，促进有序发展。重点扶持具有行政许可资质的电子签名及认证服务机构开展工作，并实行适度有效监管，通过集中整治和专项治理的方式，对电子签名及认证服务市场进行梳理，对不符合国家及我省规定要求的进行清理和整顿。

（三）鼓励自主创新，促进产业联盟，推进技术发展

1.鼓励自主创新。以电子认证技术为核心，形成产品、方案、服务的定制、总代、代维等经营模式，形成统一认证、数据保全、取证追溯、数据存储等电子认证综合应用服务竞争力，建立电子认证产业链联盟，结合云计算技术，构建物联网网络信任保障体系，实现具有自主知识产权的技术产品服务。

2. 成立电子认证产业联盟共性技术推进中心。由山东省电子签名及认证服务机构牵头成立电子认证产业联盟共性技术研究及推进中

心，联合制定电子签名及认证业的标准规范。充分调研我国电子签名应用领域的现状，分析电子签名应用标准体系的实际需求，研讨电子签名及认证应用领域共性技术，解决电子签名及认证业的互联互通、信息资源交换目录体系，避免重复投资，节约社会资源，带动我省电子签名及认证产业发展。

（四）大力推进电子签名及认证在各领域的应用

建立完善的电子签名及认证产品、解决方案及服务体系，根据市场需求调整业务模式，不断拓展电子签名及认证服务在电子政务、电子商务等公共服务领域的应用。

1. 电子政务领域：在逐步启动建设全省统一的电子政务外网电子认证服务平台的同时，有计划地组织和部署统一信任管理、电子印章等相关系统，为电子政务公共服务相关应用提供身份认证、授权管理和责任认定服务，保障电子政务外网的信息安全。

2. 电子商务领域：构建面向全省的公共支付平台、电子合同平台，为电子商务提供从商谈交易、合同签署到支付结算等全过程的安全保障，创造诚信有序的网络交易环境。同时，重点跟进三网融合、物联网、云计算等新业务的应用。逐步把我省电子商务服务提高到一个新的水平。

3. 公共服务领域：根据医疗、社保等行业政策法规的要求，启动建设基于数字证书的行业信息安全保障系统，逐步与“一卡通”市场相结合，促进各行业信息共享，保障信息安全，为公众提供方便、快捷的电子签名及认证服务。

五、保障措施

（一）完善电子签名及认证支撑环境

依据国家法律法规，从我省实际需要出发，加大对电子认证服务业的支持。尽快制定和出台《山东省电子签名认证管理条例》等地方性电子认证法规规章；鼓励和引导个人和企业应用电子认证和电子签名；并在政策和规划上统筹安排，积极营造电子认证服务业良好法制环境。

（二）加大电子签名及认证服务宣传、贯彻力度

加大对电子签名及认证服务的宣传、培训力度，通过印制宣传资料、组织宣贯活动等方式，加强人们对电子签名及认证服务重要性的认知，提高政府部门、行业主管部门及社会公众对电子签名及认证应用的积极性。

（三）加强核心技术和重点产品的研发与产业化

加强新技术、新产品的跟踪与研究，加大电子签名及认证核心技术和重点产品的研发力度，加强研发平台的建设，确保电子签名及认证服务技术的可靠性和先进性，形成完善的产业链，完成电子签名及认证服务共性技术产品的示范应用与产业化。

（四）加强行业专业人才队伍建设

联合省内各专业院校和科研机构，加强电子签名及认证服务业专门人才的深造培养，逐步建立起较为完善的人才引进机制，建立行业从业人员资质管理制度，为电子签名及认证服务行业发展提供安全可靠的人才保障。

（五）加大资金扶持力度，拓宽投融资渠道

加大对电子签名及认证服务业的资金扶持力度，通过国家投入、部门投入和社会投入的途径，推进电子签名及认证服务企业利用资本市场，拓展产业联盟的资本融资渠道，加大对核心技术和重点产品研发的资金投入，提升企业及其产品的市场竞争力，支持电子签名及认证服务企业的发展并形成规模。

1－48 山东省经济和信息化委员会关于印发《山东省电子政务“十二五”发展规划》的通知

鲁经信政字〔2011〕269号

各市经济和信息化委员会：

现将《山东省电子政务“十二五”发展规划》印发给你们，请认真组织实施。

二〇一一年五月二十四日

山东省电子政务“十二五”发展规划

为更好地服务于我省经济文化强省及和谐社会建设，推动政府由管理型向服务型转变，提高行政效率、增强社会监管和服务能力，根据国家《关于制定国民经济和社会发展第十二个五年规划的建议》和我省实际，制定本规划。

一、“十一五”发展回顾

（一）“十一五”发展现状

1. 全省电子政务网络框架基本形成。按照《国家信息化领导小组关于推进国家电子政务网络建设的意见》（中办发〔2006〕18号）要求，省级电子政务外网建设已连接国家电子政务外网和30多个省直部门，完成了部分市地外网结点建设和与省级外网互联互通。各市地外网已不同程度地实现了市、县、乡三级全覆盖。电子政务内网已连接所有省直部门和党委、人大、政协、法院、检察院以及市、县级政府，公文传输、信息报送、应急指挥、政务督查等功能在电子政务系统中得到较好应用。省政府、100%的省直部门和市、县（市、区）级政府已经全部建立了门户网站，各级门户网站群在政务公开、实现互动服务等方面发挥了重要的作用。

2. 信息资源共享和业务协同取得明显成效。80%的政府部门建立了行业数据库，其中47%的部门实现了重点数据库的省级集中，在提高办公效率、工作质量和服务领导决策等方面发挥了重要作用。法人数据库实现了质监、工商、税务、外办、人事等多个部门的企业基础信息共享，累计实现数据信息交换520余万条，极大地提高了企业所得税和个人所得税征收能力。人口基础信息数据库已实现了省内居民基础信息的省级集中，信息质量和数据更新速度居全国第一。宏观经济数据库已建设完成，目前已加载数据700多万笔，查询2万多次。“诚信山东”数据库已覆盖23个省直共建部门的信用监督信息，近50万户企业的基本信用信息。财政、国税、地税、人民银行及商业银行通过信息共享平台实现税款信息共享和税源动态监控。空间地理基础信息数据库已建设完成省级1：1万、1：5万基础测绘数据库，为全省信息化建设提供空间支持载体和基础平台。农业、水利、渔业、工商等14个涉农部门参与的涉农信息资源开始共享并发挥作用。

3. 电子政务应用水平明显提高。通过“金字工程”等一大批重点领域电子政务项目建成并投入使用，电子政务应用水平不断提高。

（1）综合监管能力明显提高，取得了较好的社会和经济效益。“金税”工程通过征管数据省级“大集中”，实现了内网全省数据的集中处理和外网面向30多万纳税人的网上申报集中处理。“金审”工程启动了全省质监部门联网审计，对被审计单位财务收支的真实、合法、效益进行实时、远程检查监督。“金盾”工程二期强力实施信息资源整合以及社会信息引进共享，显著提高了打击犯罪、管理防范和服务群众的能力。“金质”工程实现了30余项行政审批事项网上办理、特种设备动态监管和预警预测。“金管”工程建设完成了省、市两级数据中心和覆盖主要工商业务的10大应用系统，实现了全系统业务互动、数据共享，有效提升监管执法和社会服务水平。环保部门完善自动监测系统，实现对1600多个自动监测数据的实时传输、存储和省市县三级环保部门对重点污染源和环境质量的实时监控。

（2）社会公共服务能力显著增强。我省文化信息资源共享工程在全国率先建立起了覆盖城乡的服务网络。“金保”工程实现养老、医疗等5种社会保险业务“一站式”办理和服务，并率先在全国启动了网上社保业务。中小学“校校通”工程已在90%以上的市开展，全国中小学校舍山东省级数据中心作为全国教育信息资源库一部分开始启用。齐鲁医院、千佛山医院等大型医院积极实施“数字化医院”工程，电子病历、远程会诊等新型医疗方式得到初步应用。全省安全生产综合监管应急救援指挥平台实现了对重点煤矿、危险化学品等企业的远程动态监控和事故预测预警，通过应急救援决策支持系统对事故影响范围以及事故严重度进行预测并提供最优救援方案，有效避免和减少生产灾难发生。外事系统实现了网上审批和网上办照，全面提升了工作效率和质量。

4. 信息安全保障能力不断提高。成立了山东省网络与信息安全协调小组，对全省信息安全保障工作进行统一领导、协调和管理。建设完成山东省网络与信息安全应急支援中心、山东省信息安全测试平台、山东省信息安全应急支援平台和山东省数字证书认证平台，对突发性网络安全事件具有较强的应急支援服务能力。在重点部门部署开展了信息安全等级保护、信息安全风险评估两项试点工作，开展了信息安全大检查。初步形成了“济青双轴心，省域全覆盖”的电子认证服务体系，成功发放数字证书70余万张，覆盖全省的网络信任体系正在形成。

5. 电子政务发展环境不断优化。70%和72%的省直部门成立了信息化建设领导机构及信息中心。17市地全部成立了信息化工作领导小组，为电子政务建设和发展提供了有力的保障。先后出台了《山东省信息化促进条例》、《关于加快推进我省电子政务建设的意见》、《关于加强我省信息资源开发利用工作的实施意见》、《山东省网络与信息安全事件应急预案》等重要文件。发展了一批软件评测、数字认证、标准化研究、信息安全应急支援中心、电子政务服务外包中心、信息化培训等支撑机构，开展了电子政务标准研究、信息安全测评、人才培训等基础性工作，有利地推动了电子政务工作的开展。

（二）存在的问题和不足

在充分肯定成绩的同时，也要清醒地看到，我省电子政务建设和发展还存在较多的问题。主要表现在以下几方面：一是电子政务重要性的认识需要进一步提高；二是体制机制尚未完全理顺，统筹协调能力还要进一步加强；三是信息共享和业务协同推进迟缓；四是法律、法规、标准化工作相对滞后；五是信息安全保障能力有待提高；六是资金投入不足，高层次、复合型人才严重缺乏。电子政务整体水平与先进省市、企业和社会公众的期望、与政府加强自身管理和转变职能的需求还存在差距。

二、“十二五”面临的形势

（一）国际上电子政务的发展趋势。从国际上看，发达国家电子政务建设经历了基础设施阶段、整合阶段进入到转型阶段。在政府内部以及政府不同部门之间通过网络化治理方式推进服务创新和民主发展，使政府的管理能力和服务水平得到根本性提升，实现政府的全面转型。因此总体上看，电子政务从应用建设向“互联治理”转变将成为电子政务发展的新趋势，以公众为中心、为用户提供网络化无缝集成服务将成为电子政务发展方向。电子政务发展的基本趋势可归纳为以下几点：一是进一步体现以公众为中心的建设理念；二是促进政务流程优化日益重要；三是高度重视缩小数字鸿沟；四是高度关注网络和信息安全；五是政府门户网站在电子政务中的地位和作用越来越突出；六是政务信息资源开发利用日益受到重视；七是更加注重发挥市场作用和引入新的管理方式。

（二）我国电子政务的发展趋势。“十二五”时期我国电子政务发展趋势，总体上可以概括为十个字：互联，整合，共享，重构，效率。通过互联互通消除条块分割和信息孤岛现象；对已有的电子政务系统深入整合，实现重点业务领域的业务协同；在整合、互联、协同的基础上，提高资源共享水平；按照政府组织体系的调整，重构一些重大综合应用项目，促进政府行政职能转变；提高电子政务应用水平和资金使用效率，为构建服务型政府奠定基础。

三、指导思想、基本原则和目标

（一）指导思想

全面贯彻落实科学发展观，按照国家和我省信息化建设的总体部署和要求，以建设服务型政府为核心，以强化公共服务为宗旨，以提高应用水平为重点，以政务信息资源开发利用为主线，以资源共享和业务协同为突破，不断提高电子政务建设与应用的广度和深度，全面提高政府经济调节、市场监管、社会管理和公共服务的能力与水平，促进政府行政职能转变，为构建社会主义和谐社会和经济社会全面协调可持续发展发挥重要作用。

（二）基本原则

1. 统筹规划，协调发展。全面加强对电子政务的统一领导和协调，推行统一的电子政务建设和应用标准，实现电子政务建设的统一规划和分类指导。注重合理布局，分步实施，稳步推进。

2. 创新应用，务实高效。不断扩大电子政务应用的广度和深度，提升政府的公共服务和宏观调控能力，实现电子政务的经济和社会效益最大化。

3. 互联整合，资源共享。从服务全省的大局出发，对现有网络和信息资源加以整合，推进相关行业和领域之间的资源共享与业务协同。

4. 保障安全，促进发展。正确处理发展与安全的关系，完善信息安全保障体系。建立健全电子政务安全运行管理机制，采取有效的组织和技术措施，确保网络与信息安全。

（三）发展目标

到 2015 年，覆盖全省统一的电子政务内、外网网络更加完善；政务信息资源公开和共享机制基本健全；目录体系与交换体系基本完善，重点相关领域之间资源共享与业务协同取得突破性进展；基础性、战略性政务信息数据库应用得到加强；信息安全保障体系、法律法规和标准化体系基本满足业务发展需求；电子政务服务逐步向乡镇（街道）、城乡社区（村）延伸，公众和社会对电子政务建设的满意度明显提高，电子政务应用水平走在全国前列。

到 2015 年，70% 的行政许可项目实现网上“一站式”服务，基本满足企业和公众网上服务需求；70% 以上的政府职能部门实现信息共享；100% 的部门实现核心业务系统的信息化应用；50% 以上的部门业务信息系统实现有效的身份认证、授权和责任认定的管理；80% 以上的乡镇、60% 以上城乡社区（村）实现依托电子政务平台办理 80% 以上的服务事项；建立起有效的电子政务考核监督机制，将电子政务考核纳入到各级政府部门绩效考核体系中。

四、发展重点

（一）主要任务

1. 继续完善统一的电子政务网络体系

（1）继续完善电子政务基础设施建设。按照《国家电子政务总体框架》要求，在现有基础上，外网实现横向联通党委、人大、政府、政协、法院、检察院六大系统，纵向延伸至乡镇和社区。建设完善全省各级信息交换与共享平台，建设政务信息数据中心，提高骨干传输网的带宽及传输速率。到2015年，电子政务网络体系能够满足各级政府业务应用、对外服务和信息共享的需求。

（2）继续强化政府门户网站的建设和应用。以政务网站绩效评估为抓手，以信息公开、网上办事、政民互动等环节为重心，继续完善各级各部门门户网站的应用开发；依托各级政府和部门的政府网站群，有效推进政务信息发布、在线服务、业务协同和交流互动能力的全面提高。

2. 加强重点领域应用系统建设

（1）围绕保障和改善民生，重点推进医保、医疗、公共卫生、扶贫救助、就业等领域的信息资源共享，完善社会保障、医疗卫生管理、就业服务信息、远程医疗、数字化医院、便民医联等工程建设，提高社会保障和服务能力。

（2）围绕公共安全，强化防汛抗旱、农林水利、安全生产、自然灾害、城市应急、环境保护、治安管理、国防动员等领域的预警预测、应急指挥及辅助决策系统建设，尽快启动各种监测、监控和各类应急决策指挥系统建设，提高政府应对自然灾害和突发性事件的应急处置能力。

（3）围绕经济和社会管理，优先支持财政、金融、房地产、质量技术监督、工商行政管理等业务应用系统建设，启动交通信息管理中心、国有资产监管、企业信用监管等信息系统建设，有序推进相关业务系统之间的信息共享和业务协同，切实增强政府综合监管能力，维护市场秩序。

（4）围绕市场经济建设，完善宏观经济、统计、经贸、能源监测管理等经济运行信息系统，提升国民经济预测、预警和监测水平，提高各地政府宏观调控决策能力。

（5）围绕民主政治建设，加强各级党委、人大、政协电子政务应用系统建设，为各级代表和社会公众参政议政提供多样化、便捷有效的方式，拓展反映社情民意的渠道，提高社会公众监督能力。

3. 大力推动信息共享和业务协同

（1）扎实做好信息共享和业务协同的基础性工作。重点制定数据交换的标准，明确界定部门的信息采集和更新权责，按照“一数一源”的原则，形成有序的信息采集与更新机制。按照统一的标准和规范，逐步建立起覆盖全省的政务信息资源目录体系与交换体系，为实现跨部门、跨层级、跨地区的信息资源共享与业务协同奠定基础。

（2）依托各级电子政务信息交换平台，在政府行政管理、经济调控和社会公共服务等领域有序开展部门的信息资源共享和业务协同。上级部门对基层要开放接口和提供相应数据支持，实现数据向上集中，信息向下开放。进一步扩大企业基础信息共享成果，将财政、银行等纳入到共享范围。重点推动财税和金融、公共安全、医疗、教育、食品药品安全、信用、应急处置、环境保护、土地管理、房地产市场监控、经济运行监控等相关部门间的信息资源共享和业务协同。

4. 强化基层电子政务的公共服务能力

加快完善基层电子政务体系建设，全面提高政府的社会公众服务能力是“十二五”期间全省电子政务的另一项重要任务，对于缩小城乡差距、保障和改善民生、促进和谐社会建设具有重要意义。积极推动具备一定条件的城镇社区开展民政、卫生、计生、公安、劳动等部门综合性数据库建设，满足网络化管理和服务的需要。充分发挥农业、畜牧、水产、林业、水利、气象、电信等部门的农业信息资源优势，积极创新服务方式，更好地服务于“三农”经济发展。建设和完善县（市、区）电子政务平台，将网站作为政务公开和政务服务的重要载体，结合行政审批中心、电话热线、乡镇（街道办）或社区的服务代办点等多种服务手段，建立多渠道、多方式的政民互动和服务模式，提高政务服务能力。

5. 积极推进政务信息资源的开发利用

（1）继续强化重点基础信息资源库的建设和应用。进一步突出人口基础信息、法人单位基础信息、空间地理基础信息、宏观经济信息、诚信山东五大基础数据库的基础性、全局性、统一性作用，理顺采集渠道，加强维护更新，逐步实现基础数据的统一管理。进一步丰富数据库内容，扩大共享范围，拓展应用空间。通过推进基于五大基础数据库的系统工程建设，带动全社会各类信息资源的开发利用。

（2）推进重点领域政务信息资源数据库建设与应用。围绕政府部门主要业务，建设高质量的信息资源库或数据中心，形成一批新的基础性、战略性数据库。重点建设和完善金融财税类、资源环境类、社会保障类、农林水利类、交通旅游类、文教卫生类、公检法司类等政府部门业务信息数据库，并逐步在政府机构内部实现政务信息的共享交换和业务应用，对政府业务工作和重大决策提供支持。

6. 全力保障网络与信息安全

坚持电子政务建设与信息安全保障并重，不断提高基础信息网络和重要信息系统的安全保护水平，进一步完善信息安全管理体制和应急机制。继续推进信息安全风险评估和等级保护，抓好网络与信息安全应急处置体系建设。开展数据容灾备份中心建设，实现对重要数据、设备的异地存储和备份。加强和规范电子政务网络信任体系建设，实现数字证书应用的统一管理。

（二）重点工程

1. 政务信息资源共享交换平台工程。建设省、市、县三级电子政务信息资源共享交换平台，实现政府各部门间相关业务数据的共享与交换，为网上行政审批、电子监察、突发公共事件应急指挥等跨部门的业务系统应用提供支撑。重点解决资源统一描述、统一备案、统一检索、统一交换等问题，开展易于扩展的、基于数字证书应用的部门数据交换与共享应用。

2. 基础信息共享应用工程。重点加强全省人口数据库建设，实现公安、民政、计生、劳动和社会保障、医疗、税务、工商、公积金管理等部门之间的数据共享和交换。进一步扩大法人基础数据库共享范围和共享信息类别，将审计、知识产权、财政、国库、银行等相关业务信息纳入共享范围，重点推进在建设部门、公积金管理、法院执行管理、统计局普查工作等领域的应用。建立统一的基础地理信息公共服务平台，实现各级多源、多尺度、多类型、多空间分辨率的空间地理信息的共享和集成应用，为各种应用系统提供统一、权威的网络化地理信息服务。加快宏观经济基础库建设，推动统计、发改、物价、投资、进出口、国有资产、经济等相关领域的信息共享，实现经济运行预测预警。

3. 业务协同应用工程。以各级政府和部门门户网站为入口，结合行政审批中心，通过相关部门间各应用系统的互联互通和业务协同，实现行政审批等各项业务全流程网上办理，做到“一窗受理、信息共享、并联审批、限时办结”。以方便企业办事为出发点，重点推进以企业注册登记为入口，工商、公安、农业、国土资源、文化、卫生、新闻出版等部门的并联审批，实现申请工商登记注册、申办组织机构代码、申办税务登记等所有服务网上“一站式”办理。以市民生活服务为切入点，重点实现户籍管理、劳动就业、社会保险、民政救助、婚姻登记、计划生育、出入境手续、公积金等业务的“一站式”并联办理，全面提高政府公众服务效率和水平。

4. 政法机关共享共建工程。依托公安金盾网，建设横向连接政法系统各部门和省武警总队，纵向贯通省、市、县政法系统，功能完善、体系健全、安全可靠的全省政法业务信息系统。加快统一的网络平台和信息资源共享数据中心建设，实现省级政法各部门信息资源共享、协同办案、执法监督、辅助决策等功能。

5. 科技防腐信息化工程。以增强对权力监督的有效性为重点，充分利用现有基础，科学构建电子政务服务、行政权力监察、公共资源交易监察、公共资金监察、舆论监督、党风廉政教育六大电子平台，创新行政管理和行政监察方式，实现网上行政审批、公共资源的交易、政府信息公开、市民投诉等服务事项的实时监察和评估，满足科技防腐工作需求，提高政府行政效能。

6. 决策信息共享工程。通过建设和完善各级党委、政府、人大、政协等智囊研究机构的决策信息支持系统，并与相关部门分析决策支持系统互联互通，逐步搭起决策信息资源共享交换平台，通过对政策法规、宏观经济、发展战略、综合改革、财政金融、投资、商贸流通、外资外经、产业发展、新农村建设等各类资料、视频等信息的共享，对数据进行挖掘和分析，形成各类综合决策信息，为不同层次领导提供个性化服务，满足各级领导决策支持需求。

7. 党建信息化工程。以党政内网建设为基础，推进基础办公业务的数字化和网络化，以资源共享为核心，以促进需求应用和提供优质高效服务为重点，不断提高党建工作科学化水平。进一步完善内网建设，丰富网站内容；建设完成电子党务应用系统、全省党员管理信息系统、全省干部管理信息系统、人才管理信息系统等重点业务应用系统；办公信息库、业务知识库等基础性数据库建设基本完成，规范的信息资源公开、共享和应用机制逐步完善；各级党委部门的相关业务系统实现互联互通，党建信息化工作基本满足和适应各级党委部门管理、决策、服务的需要，应用水平走在全国前列。

8. 国防动员应急指挥工程（略）

五、推进措施

（一）加强组织领导，完善体制机制。各级电子政务主管部门要定期组织召开信息化领导小组会，研究解决和协调推进电子政务建设过程中的重大问题。建立电子政务建设和信息资源共享联席会议制度，统筹协调推进信息资源的共享、业务协同等电子政务建设中的重点和难点问题。各部门内部要成立主要负责人担任的信息化领导机构，研究制定电子政务发展规划，推进业务信息系统的建设和应用。推动建立部门信息化主管负责制，在决策层设立首席信息官（CIO），总体协调部门内部以及与其他部门之间信息化建设重大问题。

（二）完善法规和标准，优化发展环境。建立符合本地实际的电子政务法规和标准体系。组织科研和专业机构研究出台信息资源共享、网络与信息安全、电子政务项目管理等方面法规；参照国家的标准体系框架，逐步完善电子政务系统建设和信息资源开发应用标准，有序推进信息资源共享应用。

（三）加强宏观指导，强化考核管理。加强信息化发展战略研究，努力把握信息化发展规律和发展趋势，为各级各部门信息化建设提供宏观指导。引入公众评价机制，强化社会监督，建立健全电子政务绩效考核机制，并将考核结果作为各地、各部门年度工作业绩的考评内容。积极开展试点示范工程评选、网站绩效评估等活动，形成激励机制，促进电子政务发展。

（四）加大资金投入，完善项目管理。继续加大电子政务建设资金投入力度，将电子政务运维资金纳入本部门的预算管理，并使运维资金不低于部门年度预算的15%。研究制定电子政务项目管理办法，规范电子政务工程从项目立项到验收各环节的管理；对专项资金做到统一管理，统一使用，确保专款专用。各级各部门电子政务项目必须由信息化主管部门进行审核通过后，审批和资金部门才能予以立项和提供资金支持。对依托各级电子政务信息交换平台，组织跨部门信息共享和业务协同项目的牵头单位要在年度资金计划中优先安排。完善电子政务服务外包管理办法，鼓励电子政务服务外包。

（五）完善支撑体系，抓好人才培养。依托相关大学和科研院所及行业协会，建立和完善各类电子政务支撑机构，强化合作，优势互补，充分发挥好服务作用；积极开展与电子政务相关的各种咨询服务、业务培训和媒体宣传活动，提高全民信息化素质。鼓励引进和培养技术与业务的复合型人才，满足电子政务建设对人才的迫切需要。

1－49 山东省经济和信息化委员会关于印发《山东省宽带网络基础设施“十二五”发展规划》的通知

鲁经信政字〔2011〕288号

各市经济和信息化委员会：

现将《山东省宽带网络基础设施“十二五”发展规划》印发给你们，请认真组织实施。

二〇一一年五月三十日

山东省宽带网络基础设施“十二五”发展规划

宽带网已成为信息传播与知识扩散的新载体，对全球政治、经济、科技、文化、军事以及意识形态的影响日益深刻和广泛。世界各国日益重视宽带互联网的中坚作用，将信息化发展程度作为国家核心竞争力之一。宽带网络基础设施是社会信息化建设的重要保障，也是世界经济社会发展的关键载体，培育宽带网络等战略性新兴产业成为各国、各地区促进经济增长普遍采取的重要手段。

“十二五”时期是我国实现全面建设小康社会奋斗目标承上启下的关键时期，也是我国建设工业强国、构建信息社会、统筹推进城镇化打下坚实基础的重要阶段。宽带网络是关系国家信息未来竞争力的战略性基础设施，与发达国家相比，我国宽带网络普及率仍存在较大差距，宽带接入能力、信息网络技术应用水平尚需进一步提高。推进宽带网络建设，升级网络基础设施，提高自主创新能力，拉动相关产业发展，对实现扩内需、保增长、促就业，提升国家长远竞争力具有重要的战略意义。

我省“十二五”宽带网络基础设施规划要与国家及省关于信息化“十二五”发展的总体部署相衔接，全面贯彻落实科学发展观，进一步推进我省宽带网络基础设施建设与管理，充分发挥宽带网络对信息化建设的支撑作用，为经济文化强省建设和信息社会发展奠定坚实基础。

一、“十一五”发展回顾

（一）“十一五”宽带网络发展成就显著。

“十一五”期间，我省以科学发展观统领全局，遵循“十一五”规划的总体框架对宽带网络基础设施建设的指导，面向综合业务承载的需要建成了可运营、可管理、有差异化QoS保障能力的宽带多业务承载网络，满足了宽带业务的发展需要。宽带网络基础设施的完善充分带动了宽带业务的发展普及和宽带产业良性发展，为推动经济结构调整和增长方式转变发挥了重要作用。

1．宽带用户规模和普及水平大幅提高。

“十一五”期间，我省宽带业务进入高速发展的时期。“十一五”期末，电信行业固定宽带用户数达到 912 万户，为“十五”期末 233.8 万宽带用户数的 3.9 倍，实现年均增长 32%，其中城市宽带用户数达 638 万户，农村宽带用户数达 274 万户，宽带普及率达到 9.57%，略高于全国 8.89% 的宽带普及率。

随着 3G 正式商用，移动宽带提供的速率大幅提高，无线宽带业务也取得飞速发展。至 2010 年底，无线宽带上网卡用户达到 85 万户，其中 3G 无线上网卡用户 51 万户，WLAN 用户 16 万户；移动互联网用户达到 3662 万户，形成对固定宽带的有效补充，在固定宽带满足用户高带宽需求的同时，满足了用户对移动性、便携性的需求。我省广电行业对现有同轴电缆接入网络实施双向改造，部分有线电视网络已具备宽带接入能力，并发展了少量的宽带接入用户。

2．宽带网络基础设施建设取得重大突破。

“十一五”期间，为配合宽带融合性产品的推广，全省加紧了骨干网扩容和承载网建设，推进网络扁平化，对城域网核心汇聚层面、宽带接入网层面进行大规模的优化改造，网络结构日益清晰、设备能力逐步提高。

宽带骨干网层面统一部署了轻载和区分服务的 QoS 策略，引入百万兆（TB）级新型路由系统，具备了不间断的运行支持能力、良好的服务灵活性，可以快速适应不断变化的客户需求。随着互联网宽带用户的增加和高带宽业务的应用，骨干网流量持续增大，设置在济南、青岛的骨干网核心节点，作为全省数据流量的出口，能力逐步增强，至 2010 年底，省网核心路由器出口带宽达 1330Gbps。

全省各地市均建设了覆盖地市范围的本地城域网。为满足综合业务承载需求，城域网逐步实现从交换机组网向路由器组网的转变，实现业务的可管、可控。各地市均设置城域网核心路由器，分别上联到济南与青岛的骨干路由器，链路为多条 10GPOS 链路，相比 GE、2.5G 链路，实现传输效率质的飞跃。各地市的汇聚层设备主要为宽带接入服务器（BRAS）和业务路由器（SR）设备，多采用双星结构通过多条 GE 或 10GE 链路上联到本地市的核心设备。业务接入控制设备实现旁挂到直挂的改造，大大减少了路由迂回。城域网逐步部署 MPLS 技术和区分服务（Diffserv）机制，为不同用户和不同业务提供不同的 QoS 等级的服务，并在业务集中区域设立轻载的大客户专用接入设备，减少普通客户流量对大客户业务质量的干扰。在网络中引入用户流量分析系统，实现用户的精细化管理，更好地增强对用户和网络资源的控制能力，实现网络管控水平的提升，使用户得到全新的业务体验。

我省宽带接入网主要采用 xDSL、LAN、PON 接入方式，目前以 xDSL 和 LAN 接入方式为主，以 PON 接入为主要的发展方向，其中 xDSL 主要覆盖农村偏远地区，LAN 接入主要用于城区覆盖，PON 作为新技术，主要用于覆盖一些新建小区、对带宽要求较大的企事业单位。经过“十一五”期间的建设，宽带接入端口数量大幅提高，至 2010 年底，宽带接入网的接入端口数达 1216 万个。

配合转型业务开展，2008 年以来，全省在本地网层面采取了接入铜缆网整治、接入设备下移、光进铜退等一系列的宽带升级提速措施。宽带接入网投资重心向光接入转移，加大了以光纤替代铜缆的接入网改造，积极部署和采用 PON 技术，加大投资建设了以 EPON/GPON 为主的光纤接入网络，开始部署光纤到户 / 光纤到楼（FTTH/FTTB）。经过“十一五”期间对宽带接入网的建设改造，用户接入能力持续提高。大多数宽带用户的上网速率已经达到 2M，并开始推广 2M ～ 6MLAN 和 FTTB/

FTTH宽带接入业务。从现有端口接入速率提供能力来看，全省已普及1M接入，接入速率能力在2M以下占比为5.52%，2M ~ 4M占比为15.1%，4M ~ 8M占比为39.46%，16M以上占比为39.92%。

经过“十一五”期间的建设，全省电信行业基础传输网日益完善，基本建成了大容量、高带宽、高质量的基础传输网络平台，已形成了以DWDM/SDH环网为主，以SDH链路系统为辅的传输网络，主要提供2M电路、155M光接口、FE电接口和GE光接口，有效地满足了“十一五”期间宽带网络对传输带宽的需求。线路方面，至2010年底，全省通信光缆线路总长度达43.4万公里，纤芯长度达1088.6万芯公里；其中长途光缆线路长度为3.2万公里，纤芯长度为81.2万芯公里；本地中继光缆线路长度为22.4万公里，纤芯长度为581.4芯公里；接入网光缆线路长度为17.8万公里，纤芯长度为426万芯公里；实现了乡镇以上地区光缆的全覆盖，92%的农村实现光缆覆盖。到2010年底，全省本地传输网管道经过前期工程的建设，已经达到了一定规模，管道约3.98万管程公里，约折合26.4万孔公里，管孔利用率约76%。

“十一五”期间，根据国家统一部署，我省进行了移动宽带接入建设，提供移动宽带上网卡业务，采用的技术主要有WCDMA、TD-CDMA、CDMA2000，成为有线宽带的有力补充。目前，全省电信行业WCDMA/TD-CDMA/CDMA2000无线接入方式已覆盖全省17个地市全部的城区、县城、乡镇和大部分的行政村、高速客运铁路、部分高速公路及大部分旅游景点，共建设WCDMA/TD-CDMA/CDMA2000基站约4.03万个。同时，全省加大对WLAN的建设，WLAN覆盖热点数量超过8000个。

3. 宽带为推动我省国民经济发展作出重要贡献。

作为信息产业的重要组成部分和重要基础设施，宽带产业自身的发展直接促进经济的发展。“十一五”期间，随着宽带用户的增加，宽带业务收入逐年提高，在电信业务收入中的占比也逐年提升。2010年底全省实现宽带业务收入约56.6亿元，约占电信业务收入的10.4%。

另一方面，宽带产业的发展对经济和社会产生间接的影响，尤其在2008年全球经济危机背景下，为促进我省经济企稳回升和解决社会就业贡献显著。2008年经济危机以来，全国启动加快宽带网络发展的战略，加大在宽带接入网的投入，加速建设以PON技术为主的光纤宽带网络。2010年我省在宽带基础设施建设方面投资约20.6亿元，带动设备制造商、服务供应商、软硬件开发商、终端设备供应商等上下游业务的发展，有助于形成健康的产业链。在全省宽带基础设施建设过程中创造了大量新的就业机会，2010年各电信企业宽带业务直接从业人员980余人，相关从业人员达7100余人；增值服务企业直接从业人员超过3.2万人；宽带业务的发展同时带动了中小企业电子商务、物流配送等一大批人员就业，有效维护社会稳定。越来越多的企业实现多地点同步协调工作，基于宽带网络的应用逐渐在企业内普及，有效提高企业竞争力。光纤接入的发展和宽带网络的普及，有效地拉动内需，促进全省国民经济发展。

宽带产业深入到经济社会信息化建设，加快了政务、工业、商业、医疗卫生、教育等重点领域的信息化步伐。在改造提升传统产业、转变经济发展方式、推动产业结构优化升级中发挥了重要作用，加速了传统产业的升级和综合能力的提高。积极参与社会主义新农村建设，提升农村生产生活水平，促进城乡协调发展。宽带应用业务日益丰富，极大丰富人民生活。通过比较“十一五”期间人们获取信息、沟通、娱乐的方式可以明显看出，宽带产业的发展给人们的生活方式带来的巨大的变化。

4. 宽带网络发展环境进一步优化，为宽带网络基础设施建设顺利实施提供有力保障。

“十一五”期间，我省信息化建设步伐进一步加快，各级信息化管理体制和工作机制逐步健全，《山东省信息化促进条例》等颁布实施，电子商务、电子政务信息资源开发利用、信息化与工业化融合、村村通工程及信息化下乡活动等一系列指导意见相继出台，为宽带网络的发展起到巨大的推动作用。2009 年我省城镇每百户居民家庭家用电脑数量为 71.1 台，农村每百户居民家庭家用电脑数量为 10.8 台，终端的增加也为宽带业务的普及提供了终端设备基础。我省人均收入水平持续提高，用于通信方面的支出比例大幅增长，为宽带应用需求奠定了良好的经济基础。通信企业改革以后，各电信运营企业充分发挥全业务运营、互联网内容应用丰富的优势，加强产品创新，不断丰富宽带产品内涵，由“同质低值”宽带接入竞争向“差异高值”内容应用和服务竞争转型；我省监管措施更加完善，维护了良好的市场竞争秩序。宽带网络环境的优化，为推动宽带网络基础设施建设提供了有力保障。

（二）存在的问题。

“十一五”期间，我省宽带网络基础设施建设成效显著，同时发展中仍然存在一些问题，主要表现在：

1. 宽带普及率相对较低且城乡存在较大差距。我省宽带接入业务在“十一五”期间经过快速发展，用户普及率有了较大提高，但是相比韩国、日本、美国等发达国家和北京、上海、广东等国内先进省市，仍然存在普及率偏低的问题。宽带 9.57% 的普及率也远远低于固定业务 23% 以及移动业务 62% 的普及率。城市和农村宽带人口普及率也存在一定差距，截至 2010 年底，我省城市宽带人口普及率为 14.57%，而农村仅为 5.32%。

2. 宽带接入能力有待进一步提高。目前我省宽带接入方式仍然以 xDSL 方式为主，提供宽带端口数约占宽带端口总数的 65% 以上；传统 LAN 方式提供端口数约占端口总数的 20%；PON 网络提供端口数约占总端口数的 10%，此外还有少量用户通过电缆调制解调器开通宽带业务。从总体情况来看，中低速率用户较多，用户接入速率有待进一步提高。

3. 宽带网络的发展受到宽带应用发展的限制。通过宽带网络随时随地点播电影、视频节目，网络交易，网上教育和远程医疗开始步入家庭，但这些还仅仅处于起步阶段，大规模的推广和应用还有一段路要走，需要不断丰富和发展宽带应用以增强宽带网络的吸引力，进而带动宽带产业持续发展。

4. 宽带网络存在较大的安全隐患。宽带互联网络由于端到端的透明特性，安全能力先天不足。在网络应用快速发展的同时，相应的网络安全投入与建设明显滞后，许多应用系统安全防护能力低或处于不设防状态，存在着极大的信息安全风险和隐患。同时，信息基础设施和网络安全系统在预测、反应、防范和恢复能力方面仍存在许多薄弱环节，网络安全形势严峻。

二、“十二五”面临的形势

（一）全球发展形势。

1. 全球宽带用户发展。截至 2010 年一季度末，全球宽带接入用户总数达到 4.85 亿，全球宽带人口普及率为 8.36%。预计“十二五”期间，全球宽带网络普及水平，尤其在起步较晚的发展中国家，仍将保持较快的发展速度。

2. 全球宽带接入能力。全球宽带用户总量中，数字用户线、电缆调制解调器用户仍然占据主导地位，光纤宽带用户占比仍然较低，但发展速度最快。近年来以 EPON 和 GPON 为代表的光接入技术产业链逐步成熟，技术和产品不断完善，价格逐步下降，光纤接入网规模应用的时机已经来临。从光纤宽带部署进度看，呈现“日韩激进、北美积极、欧洲起步”的总体特点，已有 20 多个国家和地区的光纤入户普及率超过了 1%，其中韩国以 51% 的光纤入户普及率领先世界其它地区。

3. 国外宽带发展政策。许多国家采取一些支持宽带发展的政策措施，包括：提出国家发展战略或有关计划，确定发展目标；政府通过投入资金或减免税收等措施，重点在宽带普遍服务等领域支持网络建设和相关研发；区别于铜缆必须开放的非绑定政策，对光纤接入的开放适当放松，增加运营企业的积极性；加快电信企业获得网络电视（IPTV）许可的时限等。尤其是为应对金融危机，一些国家将宽带作为重点投资方向：美国政府 8000 亿美元的经济刺激计划中，有 72 亿美元用于宽带补贴；英国 2000 亿欧元的经济刺激计划中，有 50 亿欧元用于提升宽带基础设施。

（二）国内发展形势。

1. 我国宽带用户发展。截至 2010 年一季度末，中国宽带用户数达 1.15 亿，用户规模世界第一，人口普及率为 8.89%，略高于世界平均水平。

2. 我国宽带接入能力。中国的宽带网络可提供的带宽能力与世界发达国家有一定差距，农村地区尤其薄弱。DSL 是目前基础电信运营商应用最多的宽带接入技术，光纤接入用户普及水平与日本、韩国等国有很大差距。无线接入由于市场定位、频谱管制、技术能力等各种原因发展一般，目前只作为有线接入的必要补充。

3. 国家宽带发展政策。党中央、国务院高度重视宽带网络基础设施建设，并采取措施大力发展宽带网络。“十二五”期间，国家将加快建设光纤宽带接入网，统筹部署宽带无线移动通信网、下一代互联网和物联网，积极推进光纤到楼进村入户，加快农村、偏远地区和公益机构宽带网络建设和宽带业务应用。国家积极推动三网融合的决策部署，试点先行、循序渐进，到 2015 年，实现电信网、广播电视网、互联网融合发展。同时，国家两化融合、绿色通信等政策为宽带网络基础设施建设提出了具体要求。

（三）省内发展形势。

2010 年我省经济保持了平稳较快发展态势，各项发展指标位于全国前列。2010 年上半年全省实现生产总值（GDP）18645.9 亿元，按可比价格计算，同比增长 13.6%，比上年同期提高 3.6 个百分点。规划期内，我省将全面实施重点区域带动战略，进一步加快新型城镇化建设发展进程，构筑以我半岛城市群、济南都市圈、黄河三角洲城镇发展区、鲁南城镇带为主体的全省城镇体系。通过做大做强济南、青岛等区域中心城市，加快中小城市和小城镇建设，实现大中小城市和小城镇协调发展。我省经济发展与城镇化进程，对宽带网络基础设施建设提出了新的要求，同时也提供了充足的市场需求保障。

三、指导思想、基本原则和目标

（一）指导思想。

以邓小平理论和“三个代表”重要思想为指导，按照科学发展观和构建和谐社会的要求，依据《2006–2020 年国家信息化发展战略》，围绕建设经济文化强省的目标，以技术、体制和管理创新为动力，持续推进宽带网络基础设施建设，丰富宽带信息资源与信息应用，加强网络与信息安全，全面提升城乡居民宽带接入能力和宽带化信息应用水平，发挥宽带网络对信息化建设的推动作用，促进我省经济社会又好又快发展。

（二）基本原则。

1. 政府引导、市场主导。在国家信息化战略的指导下，强化政府在整体规划、应用推进、政策保障等方面的作用，统筹协调政府、企业和公众相互间的关系，充分调动各方面积极性，加强沟通合作，解决宽带网络基础设施建设过程中遇到的问题，巩固和发展以政府为引导、市场为主导、企业为主体、社会积极参与的宽带网络持续发展局面。

2．统筹规划、协调发展。统筹兼顾长远利益和当前利益、全局利益和局部利益，在“网上山东”的总体框架下，实行统一规划和分类指导，促进各地区、各部门、各项目之间的协调发展，形成领导有力、体制合理、发展协调的宽带网络建设新格局。

3．系统设计、点面结合。紧密围绕统筹城乡一体化发展战略，结合网络的全程全网性、服务普遍性，系统设计面向公众用户的宽带网络建设方案。在提升城乡公众宽带接入能力基础上，加强对主城区、区县、特色工业园区的网络重点建设，点面结合地推动全省宽带网络建设。

4．普遍服务、均衡发展。从政府、企业和公众的迫切需求出发，建设人民群众用得起、用得好的宽带基础设施，化解群众普遍服务需求和运营商利益最大化之间的矛盾，促进城乡间、区域间、群体间宽带网络能力的均衡、和谐发展。

5．多措并举、优化组合。围绕特定时期、特定地点的宽带网络建设需求，积极鼓励和支持多种技术实现手段在网络建设中的推广使用和优化组合，不断提高网络建设的经济合理性。

6．资源共享、节能减排。强化宽带网络基础设施的统筹规划和共建共享，促进存量与增量资源的互通共享，加强城市有限的地下地面空间资源的有效利用，充分利用城市基础设施资源，避免重复建设与重复投资，推动集约化宽带网络基础设施建设和发展，减少资源的浪费，实现节能减排。

（三）发展目标。

1．总体目标。

适应资源节约型、环境友好型社会建设需要和城市信息化快速发展需求，不断开拓创新，统筹规划，打造宽带融合泛在基础设施，实现我省宽带网络基础设施综合服务能力跨越式发展，缩小城乡差距。发展新一代宽带无线移动通信，实现有线宽带、无线宽带协调发展。加强技术创新，提升宽带网络基础设施自主可控能力，掌控关键资源，增强网络与信息安全保障能力。

2．具体目标。

（1）宽带业务普及率逐步提高。至“十二五”期末，固定宽带用户数达到1901万户，其中城市宽带用户数达1159.6万户，农村宽带用户数达741.4万户，普及率达到19%；无线宽带用户数进一步提高，在移动电话用户中的渗透率进一步增大。全面实现行政村通宽带，提高自然村宽带覆盖率；行政村光纤覆盖率进一步提高。

（2）省出口宽带进一步增大。全省宽带网络出口带宽达到6640Gbps，对网络流量转发能力和效率进一步提升，宽带网络访问速度和服务质量明显提高。网络结构进一步扁平化，逐步增加各城域网直连骨干网链路，减少省网转发流量，降低省网流量转发压力。

（3）接入网能力大幅提高。固定宽带接入网接入端口数达到2716万个；端口提供速率能力大幅提高，宽带接入网8M及以上速率提供能力达到85%以上，其中城市新建及进行改造区域100%达到16M以上接入能力，农村新建区域全部达到4M以上接入能力。

（4）业务融合能力明显提升。完成宽带接入网升级提速和有线电视网络双向改造，推进我省三网融合和相关产业发展，积极推动广电、电信业务双向进入，实现我省三网融合工作取得实质性进展。完善3G移动通信网和WLAN覆盖，3G网络和2G网络有效融合，实现全省无缝切换，WLAN网络对重点区域实现全覆盖，实现无线网络在全省主要区域的普遍覆盖。各种宽带网络具备提供话音、视频、数据等综合业务的能力，提供多元化、多媒体化和个性化服务的能力明显提升。

（5）基础传输网络不断升级完善。基础传输网更加完善，对宽带应用的支撑能力极大增强。光缆线路总长度达到81.2万公里，折合纤芯长度2006.8万芯公里，其中长途光缆纤芯长度87.5万芯公里，本地网中继光缆纤芯长度707.3万芯公里，接入网光缆纤芯长度1212万芯公里；光缆网络进一步延伸，行政村光纤覆盖率达到100%，自然村覆盖率进一步提高。

（6）行业管理能力显著增强。宽带网络基础设施规划建设管理能力、宽带网络应用内容监管能力、网络资源管理水平明显提升。强化网间互联的监管手段，实现各类信息网络高速互联互通。健全完善法规标准体系，促进信息通信市场的有序发展。进一步强化网络流量信息的监管，维护健康良好的网络环境。

（7)宽带业务的贡献逐步提高。至2015年，实现宽带业务收入超过100亿元，在电信业务收入中的占比逐年提升；宽带产业快速发展，对设备制造业、信息服务业、软硬件开发行业等的拉动作用进一步增强，为我省创造间接社会价值的能力进一步增强。

四、主要任务

（一）加强宽带网络基础设施统一规划与管理。各级政府部门在编制城乡建设规划时要充分考虑宽带网络基础设施的发展需要，将宽带网络基础设施如管线、局站等的选址及建设规划纳入城乡建设总体规划，与城乡建设同步实施，合理部署，充分考虑各运营企业共同需求。积极引导各运营企业合理制定建设规划、加大投入搞好宽带网络基础设施建设的同时，完善制度，强化管理，切实管好、用好宽带网络基础设施。对于宽带网络基础设施规划建设注重差异性发展，根据城乡等不同地区社会经济水平和消费需求特性的不同，注重宽带网络基础设施建设的差异性，适度超前而不过度超前，不断提高宽带网络基础设施的利用率、综合服务功能和应用服务水平，充分发挥宽带网络基础设施的应有效益。

（二）加强农村宽带网络建设力度，逐步缩小城乡差距。加强农村宽带网络建设是农村基础设施建设的重要组成部分，这不仅是拉动投资和刺激内需的要求，更是实现农村生产方式升级和生活方式转变的需要，对统筹城乡发展、建设社会主义新农村有着深远的影响。宽带网络的普及能更快地促进农民对现代农业科技知识的掌握，更好地加快农民脱贫致富的步伐。宽带化有利于推动农业现代化、市场化和农村二三产业的发展，在防灾扶贫、合作医疗、义务教育、文化宣传、劳工培训、科技推广和治安管理等方面都能够发挥不可替代的作用。积极利用宽带网络进行对外的信息交流，不仅能帮助农村居民实现自我就业，对促进社会的和谐稳定也能起到积极作用。农村宽带网的建设还将进一步振兴电子信息产业，显著带动行业的就业，为国民经济的发展和扩大就业做出直接贡献。“十二五”期间，我省将加强农村宽带网络建设力度，实现行政村宽带网络100%覆盖并逐步向自然村延伸；加强行政村光纤宽带网络建设，提高农村宽带网络接入能力；加快推动农村宽带网络和应用普及，逐步缩小城乡差距。

（三）推进宽带网络结构优化改造，加快现有网络向下一代网络升级演进。继续深化网络转型，积极推进核心网智能化、接入网宽带化、承载网IP化、业务网综合化，加快现有网络向下一代网络升级演进的步伐。加速宽带骨干网结构升级和网络扁平化改造，减少用户流量激增对骨干网带来的压力；逐步整合IP和光传输资源，优化并利用传输网应对流量的激增；在融合的IP和光网络架构中实现高效的流量类型扩展，减轻核心路由器的负载，优化核心网，同时减少运营成本和维护成本。

实施各类城域网优化改造工作，满足宽带化、智能化、个性化要求，提高话音、视频、数据等多业务综合承载能力。在全网逐步部署QoS策略，满足高带宽业务需求，实现对用户的差别服务；提高城域网网络安全防护能力；逐步实现分离网络向统一网络的演变，最终实现本地网内各类 IP 业务在宽带城域网上统一承载、统一管理。加大宽带接入网的建设改造力度，提升接入带宽，满足承载高带宽业务的需求。继续积极推进"光进铜退"、"宽带提速"、"有线电视网络双向改造"以及光缆村村通工程，加快实施光纤入户（FTTH）工程，不断提高宽带接入能力，为推进三网融合创造更好的网络条件。

（四）完善无线宽带网络基础设施。引导和鼓励电信运营商加大 3G 网络建设力度，尽快实现城镇区域和其它重点区域 3G 网络的无缝覆盖，并在城镇区域提供高速数据服务，实现城镇内公众用户随时随地的高速无线接入；采用无线局域网（WLAN）、无线保真（Wi-Fi）、网状网（MESH）等无线技术，进一步提升城镇区域各商务中心、产业园区、机场、医院、会展中心、体育场、学校等重点区域、重点场所的无线宽带接入能力。实现城镇区域 TD-SCDMA、CDMA2000、WCDMA 三种 3G 网络的无缝覆盖，规模部署高速下行 / 上行分组接入（HSDPA/HSUPA）、演进数据优化 / 数和语言演进（EV-DO/EV-DV）等 3G 增强型技术，无线数据业务速率明显提高，启动 3G 向长期演进（LTE）等后 3G 技术的平滑演进。将 3G 网络进一步向农村地区延伸，逐步实现行政村通无线宽带目标。

（五）抓好三网融合试点工作，确保三网融合取得实质性进展。按照国务院的部署，加快推进我省三网融合和相关产业发展，积极推动广电、电信业务双向进入，发挥各自优势，创新增值业务,实现互利共赢。加强统筹规划，加大网络建设力度。青岛市的试点工作要争取走在全国试点城市的前列，其它有条件的地市也要积极组织推进三网融合。各级各部门要加大政策扶持，推进体制机制改革，优化环境，积极稳妥地推进三网融合取得实质性进展。

在省政府的领导和各部门密切配合下，充分发挥好协调小组的作用，统筹协调我省三网融合各项工作。围绕到 2015 年实现电信网、广播电视网、互联网融合发展的目标任务，按照"积极稳妥、同步推进，统筹规划、加快建设，服务群众、促进发展，强化管理、确保安全，产业协作、加快创新"的原则，加快推进我省三网融合。

（六）积极推进共建共享和节能减排。基础设施共建共享有利于节约资源、减少消耗、降低排放、提高效率，是实现建设资源节约型、环境友好型两型社会的重要措施。"十二五"期间，我省将进一步完善共建共享基础管理体系，制定完善共建共享管理方法和考核体系，完善相关的技术标准规范和操作流程，采取各项有力措施推进宽带网络基础设施共建共享，统筹协调三网融合下的共建共享，拓展共建共享的范围，创新共建共享的模式，提高共建共享的比例。

除积极落实共建共享措施，从源头上抓好节能关外，各运营企业在网络建设、运行维护、客户服务等环节做好节能减排工作，在设备招标活动中将能耗和环保性能作为评标的重要指标，在通信建设中优先选用节能产品，推广节能技术，抓好现网设备节能改造，进一步提高网络运行效率，严格控制能耗总量。按照国家总体部署，把绿色发展的理念严格贯彻落实到节能减排、环境保护、能源效率提高等方面。

（七）强化宽带网络安全保障体系，加大安全保障设施投入。随着宽带业务的发展，宽带网络面临的安全问题日渐突出。网络攻击、病毒传播、垃圾邮件等迅速增长，利用网络进行盗窃、诈骗、敲诈勒索、窃密等案件呈逐年上升趋势，严重影响了网络的正常秩序，损害人民群众的利益。网络上不良信息的传播严重影响青少年的身心健康。网络安全保障工作面临的形势日益严峻。

"十二五"期间，宽带网络安全保障工作必须坚持积极防御、综合防范的方针，开展网络安全风险评估，科学分析面临风险和威胁，发现隐患和漏洞，找出薄弱环节，充分认识网络安全风险与威胁，立足安全防护，加强安全应急处置，在网络建设推进过程中加大资金投入，同步建设信息安全措施。在网络安全保障工作中坚持与时俱进、开拓创新，研究适应新形势的政策措施、管理方法和高技术产品，为保障网络安全打下坚实的基础。

（八）加强宽带网络信息资源开发利用，优化资源结构。充分调动网络运营和信息应用平台提供者的积极性，加强宽带网络中信息运营平台的建设，推进信息资源网络化；鼓励各类资本进入增值服务领域，增加市场经营主体；鼓励企业发展农村信息应用、教育信息服务等信息应用和服务创新；培养和提高全民使用增值业务的能力，促进宽带应用市场的繁荣，进而带动宽带互联网的持续快速发展。积极推进信息通信应用平台，推进家庭数字化应用建设，促进宽带业务可持续发展。加强多媒体广播电视、IPTV、手机电视、数字电视宽带上网等三网融合相关业务的应用，开发双向数字电视、多媒体终端、智能化家庭设备等应用产品，加快推广适应三网融合的业务应用。

（九）适时应用信息网络新技术。积极引导运营企业和有资质的企业开展IPv6、下一代互联网、新一代移动通信、智能传感网等技术的研发和应用。我省需在保障网络与信息安全的前提下，稳步推进IPv6的商用进程，开展IPv6规模试点工作，以应对IPv4互联网地址短缺的问题。适时出台相应鼓励政策推动IPv6建设发展，重点解决在推进IPv6的进程中可能遇到的投资成本、互联互通、上下游环节不匹配等问题；稳步推进互联网网络升级，优先推动政府网站、主要新闻网站和商业网站的改造，以物联网等新网络、新应用发展为契机，加快IPv6应用部署，推进IPv4和IPv6资源共享，逐步实现对IPv6的支持。

大力推进第三代移动通信网建设和应用，支持3G通信网络作为“无线城市”建设的重要基础设施，同步发展4G网络，支持我省企业积极参与4G网络等新一代宽带无线移动通信网国家重大专项实施，积极推进4G网络技术研发和推动其产业化进程，力争实现由3G网络到4G网络的跨越式发展。鼓励相关机构加强物联网、云计算等相关技术的跟踪研究。推动基于新技术的信息网络的试验、试商用和商用平台的建设；在部分地区开展商用试点，并在此基础上结合城市规划和建设，适度超前推进宽带信息网络新技术的应用。

五、发展重点

（一）宽带网络出口带宽扩容工程。针对省内流量的迅速增长、省干链路带宽不足等迫切需要解决的问题，“十二五”期间，我省将实施宽带网络出口带宽扩容工程，增加各地市上连骨干网核心路由器的电路，提高我省宽带网络出口带宽。不断改造现有的网络结构，加速网络扁平化改造，部分城域网链路直连骨干网设备，以减少省网设备流量转发压力，减少网络层次，使流量模型更加合理，节省更多的流量投资。网络建设改造要最大程度的适合新业务的开展，利于未来几年业务的发展，注重设备选型和技术方案的设计，适时引入新技术，实现路由器端口从10G升级到40G，以提升端口效率，减轻等价链路捆绑的压力。

（二）城域网扩容工程。宽带用户和业务流量不断增加，需要网络容量不断升级、网络结构不断优化来满足。“十二五”期间，我省将对城域网核心汇聚层设备进行扩容，逐步提高城域网出口流量带宽；随着40G传输系统的应用及骨干网带宽的飞速扩展，出口流量较大的城域网考虑适时配置40G链路，减少链路维护工作量。新增汇聚层BRAS、SR和高端汇聚交换机并逐步提高单台设备能力，扩大汇聚层对宽带接入层的业务覆盖范围。汇聚层至核心层之间的传输链路容量进一步扩容。

（三）业务平台扩容工程。随着宽带业务的发展和丰富，承载宽带流媒体、信息服务的业务平台成为宽带网络基础设施的重要组成部分。为进一步完善服务的质量，增强用户对宽带服务质量的信心，我省将对各类相关业务平台进行扩容，采用商业软件对业务平台进行升级改造，通过功能升级，进一步提高平台的稳定性和安全可靠性，并使系统具备支持新产品形式的能力；采用云计算解决方案，实现大型IDC资源的动态实时分配及共享，提高资源利用率，降低IDC能耗；开发IDC新的业务形式，集中优势资源打造精品IDC。对热门业务实行统一规划、统一管理、统一平台、分布运营，通过集中优势资源，实现全省利益最大化。根据业务的发展需要，及时开发、引入新的互联网应用，并根据需要组建相应的互联网应用服务平台。

（四）传送网建设工程。我省在完善宽带网络各层级设备建设的基础上，需要加强对传输系统的扩容建设，不断丰富光缆网资源，满足新增xPON等宽带网络建设所需要光缆需求；加大光交箱布设密度，方便片区宽带接入等对光缆资源的需求；加大城域网管道资源建设投资，为架空线缆的入地改造做好准备。在SDH设备交叉容量满足需求的情况下，根据业务需求扩容SDH系统业务板卡，并尽量采用端口集成度高的业务板卡，以节约槽位资源，提高设备利用率；逐步扩容波分系统承载能力，充分利用波分系统波道资源。逐步提高传输系统成环率，提高传输系统的安全性。目前在城域网核心节点之间以及与骨干网节点间的互联采用并行多个10G传输或多个10G捆绑的方式，这种方式给运维、管理带来了难度，开销巨大。从长远看，为了提高核心网的效率和功能，核心网单波长速率向40G乃至更高速率的方向演进已经势在必行。我省各运营企业在传输系统建设中需关注市场对传输系统的需求和传输系统的新技术发展动态，适时引入40G传输系统。

（五）流量管理分析系统建设工程。基于IP网运营中面临的“增量不增收”和“管道运营商”的困境，如何实现网络承载应用的可管可控，实现网络价值最大化成为宽带网络持续健康发展的关键问题。统计数据表明，在省网的各链路中P2P流量占据了相当大的比例，基于P2P的文件下载和网络视频所产生的流量较传统互联网应用消耗了网络更多的带宽资源。目前IP网管控还处在设备网管向综合数据网管过渡的阶段，主要通过网管结合部分流量分析软件实现网络性能和流量的实时监控，流量管理系统对IP网的流量识别、分析和控制功能尚不健全。

为了更好地应对IP网应用多样化的挑战，我省各运营企业应结合实现功能、投资成本、平滑演进等因素综合选择适合需求的部署方式，逐步完善IP网流量管理分析系统，实现对大量非法VoIP、P2P下载等应用以及网络流量进行监控；积累流量管理分析系统运营经验，为基于业务以及流量的运营管理提供支撑数据和初步的管理手段；逐步实现P2P流量细粒度监控、用户行为细粒度分析、Web页面推送等功能；增强对用户和网络资源的控制能力，实现网络管控水平的提升，实现网络和业务精确化运营管理；提高IP网的服务质量，使用户得到全新的业务体验。

（六）光进铜退和宽带提速工程。加大宽带接入网的建设力度，改造提升接入带宽，满足承载高带宽业务的需求，采用多种新技术，大力实施光纤接入。在城市新建区域直接部署光纤宽带网络，有条件的商业楼宇和园区直接实施光纤到楼（FTTB）、光纤到办公室（FTTO），有条件的住宅小区直接实施光纤到路边（FTTC）、光纤到户（FTTH）。改造区域按照“统一规划、分步实施”的原则继续积极推进“光进铜退”的网络改造工程，结合光纤接入网的建设，循序渐进，稳妥推进电缆退网，减少对铜缆资源的占用，延伸光纤网络覆盖范围，推动宽带升级换代。

根据我省农村实际情况，采用多种技术手段，推进“宽带到村”。行政村通宽带建设工程中，优先采用光纤宽带方式，加快光纤化改造，加快农村宽带网络基础设施建设，推进光纤到村。推广农村地区宽带应用，提升农村整体信息化水平，促进社会主义新农村建设。光纤网络建设应在满足宽窄带业务发展需求的基础上，兼顾其它业务的需求，统筹考虑全业务承载需求，并为三网融合业务的开展提供网络能力保障。

（七）有线电视网络双向改造工程。三网融合迈入实质性发展阶段以来，加快有线电视网络双向改造、加快建设下一代广播电视网成为山东广电当前面临着最重要的任务。加快有线电视网络向下一代广播电视网的演进，已经完成数字化整体转换的有线电视网络要加快网络双向化改造，尚未完成整体转换的网络，网络建设和改造要直接向双向化过渡，双向用户覆盖率逐年提高。现在技术上有线电视双向改造主要有三种方案：CMTS+CM、EPON+LAN、EPON+EOC。有线电视网络的改造工程十分巨大，不仅需要相当的资金投入和技术支持，广电应综合各种技术的利弊，提出统一完善的改造方案，使广播电视网络构成各个环节衔接完善的网络。

（八）无线宽带网络建设工程。3G 正式商用以后，我省各大运营商加大投入积极建设 3G 网络，扩大了无线宽带网络的覆盖范围，提高了无线上网速率，但是 3G 网络覆盖还仅限于城区和乡镇，还存在未覆盖或弱覆盖的区域，需要在“十二五”期间继续完善，在对全省 17 城市所有区县热点区域覆盖的基础上，在全省范围增加基站数量，全面具备提供“无线 + 宽带 + 信息”的服务能力。充分认识 WLAN 对扩展宽带用户群体以及移动业务群体重要的积极作用，逐步加大 WLAN 网络建设，增加热点覆盖数量，扩大覆盖范围，提高 WLAN 无线上网速率。

（九）集成播控平台建设工程。根据三网融合试点方案，广电部门负责 IPTV 和手机电视集成播控平台的建设。IPTV 播控平台实行两级构架，中央设立 IPTV 集成播控总平台，由 CNTV 组织建设；在试点地区，分别由 CNTV 联合当地的广电和电信部门，联合建立试点地区 IPTV 集成播控分平台。

根据广电总局文件的精神和省政府、省委宣传部领导对全省网络整合和 IPTV 集成播控平台建设的有关要求，省广电局对平台的建设进行了规划。我省 IPTV 集成播控平台要在省三网融合工作协调小组和党委宣传部门指导下，由省广电局统一部署，具体由省电视台投资建设和运营。青岛市作为三网融合首批试点城市之一，要建设好本地内容服务平台，做好与省集成播控分平台的对接工作。省 IPTV 集成播控平台的建设是我省三网融合的一项基础工作，也是未来发展三网融合业务和相关宽带业务的重要基础设施，规划期内，IPTV 集成播控平台建设将作为一项重点工程，不断完善，为三网融合工作奠定基础。

六、保障措施

（一）加强组织领导。通过建立健全分工合理、责任明确的工作机制，明确工作目标和重点，制定相应的实施计划，统筹规划，整合资源，充分发挥各方面积极性，引导行业协会、高校科研院所和相关企业广泛参与。各级各部门、各单位一定要从宽带网络发展带动工业化和促进全省经济、社会协调发展的战略高度，充分认识宽带网络发展工作的重要性，把宽带网络发展纳入重要工作日程，各司其职，各负其责，加强配合，精心实施，切实把本《规划》确定的各项目标任务落到实处。

（二）完善政策法规与标准体系。依据国家法律法规，结合我省实际，充分考虑宽带网络建设的客观要求，完善我省宽带网络管理政策法规，营造健康有序的市场环境，鼓励体制创新和机制创新，营造公平、公正、有序、与国际惯例接轨的宽带网络发展环境，逐步形成有效的激励和约束机制。认真贯彻国家宽带网络管理的相关标准规范和我省地方标准，进一步完善我省宽带网络管理的标准实施机制。

（三）加快市场监管机制改革。网络融合对现有的宽带网络监管体系提出了新的挑战，需要积极探索建立适应网络融合要求的监管体制，改变原有的分业监管给融合业务的发展带来的困难。面对新的市场格局和形势，在行业监管机构统一的监管框架内，根据我省宽带网络发展的实际需要，加强监管机构能力建设，从技术、行政、法律等方面不断完善监管手段方法，提高监管效率。建立一支高素质的监管队伍，注重加强监管人员的能力培养，不断丰富行政管理经验，提高依法行政水平，从而树立监管机构的权威性。

（四）强化网络与信息安全监管。加强信息安全制度和技术体系建设。制定和完善各级、各部门计算机信息系统网络与信息安全的规划设计和实施方案。进一步规范电子认证证书的使用和管理，大力促进电子证书的推广应用。积极开展信息安全评估、等级保护等测评工作。加强网络信息安全监管，提高对网络犯罪的监控与防范能力。依法打击网络犯罪的各类行为。将网络安全文化作为信息安全的重要内容，推进“文明办网，文明上网”。建立健全网络及信息安全应急响应和处置机制。建立统一的网络安全紧急事件预防控制系统，制定预警、检测、通报制度。完善应急预案，落实保障措施，不断提高处置网络与信息安全突发公共事件的能力，确保国家和人民生命财产的安全，维护政治、经济和社会稳定。

（五）加强对配套产业的扶持。鼓励宽带网络相关配套产业的发展，加强对宽带网络规划设计、设备设施制造、安装施工、网络运营等产业链上各部门的扶持，鼓励城市宽带接入企业的发展，保证宽带网络建设与运营能力的提升；重点加强对宽带网络内容应用产业的扶持，鼓励建设基于宽带网络环境、有地域特色的大型多媒体综合性商业网站，发挥宽带内容应用对宽带网络建设的推动作用。

（六）保障宽带网络基础设施建设资金投入。拓宽宽带网络基础设施建设的投融资渠道，稳步增加建设投入。建立以政府投资为引导，企业投资为主体，其它投资为补充的多元化投融资机制。创新市场运作机制，加强政策引导，充分调动各单位、各行业、各方面投入的积极性，鼓励其参与宽带网络基础设施投资建设。要多渠道、多形式地争取国家关键项目的扶持资金，利用项目资金和特殊政策，加快我省宽带网络建设步伐。

（七）注重高端、复合型人才的引进与培养。充分利用我省人才政策，加大海内外高端人才的引进力度，重点引进紧缺的各类高层次和高技能人才，逐步形成包括复合型人才、创新型人才、技能型人才等高层次宽带网络人才队伍，满足宽带网络建设与管理对高层次人才的需求。建立多层次人才培养体系，发挥驻鲁高校资源优势，依托省内重点大学和科研院所，进一步做好宽带网络专业人才培养工作，培养和储备更多的高端、复合型人才。建立信息化工作激励机制，营造吸引人才、留住人才、激励人才的良好环境，鼓励优秀人才脱颖而出。

（八）加强自主创新的政策和措施。切实增强宽带网络技术自主创新能力，大力促进原始创新、集成创新和消化吸收引进再创新，鼓励体制创新和管理创新，优化产业链条。实施激励技术创新的财税政策，加快建立完善以企业为主体、产业化为导向，产业公共技术开发平台为支撑，凝聚政、产、学、研、用等各方的产业自主创新体系，建立较为完善的公共技术开发平台，为技术创新、产业发展提供公共技术支持服务；强化企业技术创新主体地位，立足原始创新，大力扶持对关键技术、核心技术、共性技术的研发和产业化，力争有较大突破，形成一批自主知识产权；及时跟踪国内外先进技术，加强国际国内合作，开展二次创新，提高引进消化吸收再创新和集成创新能力。

1－50 山东省经济和信息化委员会关于印发山东省丝绸行业“十二五”发展规划的通知

鲁经信外字〔2011〕303号

各市经济和信息化委（茧丝办）：

现将《山东省丝绸行业“十二五”发展规划》印发给你们，请认真组织实施。

二〇一一年六月七日

山东省丝绸行业“十二五”发展规划

丝绸行业是我国传统优势产业，近几十年来我国在国际上始终保持着丝绸生产和出口大国的地位。我省是全国丝绸主要产区之一。按照省委省政府“转方式、调结构、促增长、惠民生、保稳定”的指导思想，为促进我省丝绸行业持续、协调、健康发展，推动我省由丝绸主产省向丝绸强省迈进，制定本规划。

一、“十一五”发展回顾

“十一五”期间，我省丝绸行业坚持以市场为导向，以改革和发展为主题，以科技进步为动力，进一步深入改革行业管理体制，加强宏观调控，努力调整产业布局，在促进农村经济发展、蚕农增收、改善生态环境、解决城乡劳动力就业、淘汰落后产能、节能减排、扩大出口、丰富人民物质和文化生活等方面发挥了重要的作用。“十一五”期间我省丝绸行业基本保持了持续平稳的发展，为“十二五”乃至今后的发展奠定了坚实的基础。

“十一五”期间，我省丝绸行业已经实行政企分开，行业管理体制和国有丝绸企业改革、改制取得成效，丝绸大省的地位基本保持稳定。截至2010年底，全省国有丝绸企业改制占原国有企业的92.2%，改制后全行业基本保持了产业链的完整。现有茧、丝、绸企业约150家，从业人员3万人。桑园面积50万亩，有一定蚕茧生产规模的县60余个，共有养蚕户50多万户，种桑养蚕农民涉及150万人，年产鲜茧20000吨，农民年养蚕收入8亿多元。年生产桑蚕原种4万多张、一代杂交种160万张左右，生丝4000吨，丝类出口1700吨，完成出口创汇1.2亿美元、产值40亿元、利税2亿元，实现工业增加值10亿元。

（一）鲜茧收购市场秩序得到进一步规范。省经济和信息化委、工商局、物价局、技术监督局相互配合，规范鲜茧收购市场秩序，按照《山东省鲜茧收购资格认定实施细则》，及时完成了鲜茧收购资格认定，鲜茧收购价格实行省级政府指导价，蚕种销售价格实行政府定价，维护了合法企业和蚕农的正当利益，保持了鲜茧收购秩序的稳定。

（二）丝绸产业布局和结构调整取得成效。我省丝绸行业在发展中牢牢把握“巩固、发展、提高”的主题，按照“区域化布局、规模化发展、科学化管理、集约化经营”的原则，加大产业布局调整力度，蚕茧资源进一步向重点县、基地县（市、区）、乡（镇）集中，骨干企业借助国家实施“东桑西移”工程和“走出去”战略，加大中西部和中亚区域基地建设步伐，建立了蚕种、蚕桑、缫丝生产基地。丝绸织染、服装、家纺制品分布较“十一五”前产业布局结构趋于合理。

（三）技术改造力度加大，行业技术进步加快。我省丝绸行业大力推广先进适用技术，提升全行业技术水平和产品质量，桑蚕茧丝资源的综合利用得到了进一步提高，取得了一系列成果。我省的小蚕共育、方格簇、大棚养蚕和病虫害防治等一系列先进技术在“十一五”期间得到广泛应用，规模化、标准化种桑养蚕模式快速发展，种桑养蚕的经济效益显著提高。我省是目前世界上最大的蚕种生产基地，占全国蚕种生产量的十分之一以上，占世界总产量的8%左右。桑蚕科技服务网络进一步完善，桑蚕生产规模保持稳定。自动缫丝机的比重已经达到100%；生丝平均等级达到4A50以上，年产稳定在4000吨。

（四）淘汰落后产能，节能减排力度加大。我省丝绸以加快淘汰落后产能和节能减排作为发展升级的重要途径。织染企业逐步淘汰耗能高、产能低的低端产品设备；缫丝企业加大生产废水排放治理，生产废水全部处理回用，基本实现了零排放。

（五）丝绸生产流通体制改革逐步深化。我省丝绸流通管理垄断经营的局面逐渐打破。鲜茧收购经营、干茧流通、生丝生产经营管理朝着适应市场经济的方向发展。国家取消了丝类商品出口企业经营资格限制，开放、公平、有序竞争的贸易格局已形成。

（六）弘扬丝绸文化，品牌建设见成效。企业利用丝绸文化资源提升企业形象、扩大知名度和培育品牌的意识增强，以传统历史为核心的丝绸自主品牌体系初步形成。蚕种、生丝和坯绸已在国内外市场上建立了质量、品牌的优势，“广通蚕种”甲天下，日照“三维”生丝为“中国名牌”；莱阳“白王后”牌桑蚕绢丝获得“山东省名牌产品”称号；大染坊生产的“诺宝·丝邦”真丝家纺面料被评为山东名牌及全省旅游产品十佳品牌。昌邑的“潍柳”牌商标被认定为山东省著名商标。

（七）搭建交流平台，创建销售网络。充分发挥行业协会的作用，组织企业参加了国际国内多个展览展会和产品评优等活动，拓展了企业交流渠道，吸引了专业客商的关注；近年来，我省丝绸企业根据不同消费层次与消费需求，开发生产了不同档次的丝绸产品，建立稳定的产销关系，营造了以生产、生活消费增长带动行业发展的良好环境。在国外和国内一、二和三线城市已建立了多种形式丝绸销售营销网络体系20余家。

“十一五”期间我省丝绸行业取得了显著的成就，但仍存在一些深层次的矛盾和问题。主要表现在：丝绸产业基础不稳定，桑园面积持续减少；蚕桑资源的开发利用仍然较为薄弱，技术水平有待提高；丝绸制品和服装加工能力不强，产品档次不高；国际贸易市场依存度过高，缺乏国际国内知名品牌，行业抗风险能力较弱；技术改造和节能减排投入相对较低；成本上升挤压企业利润空间；企业融资难度较大。

二、“十二五”发展面临的形势

（一）世界丝绸业发展形势。随着全球经济的不断发展和产业结构的不断升级，绿色环保的蚕丝产品将成为国际消费的主流之一，蚕丝纤维制品凭借其舒适、保健、“绿色”的特点，重新回到其原有的高档范畴，药用、食用等产品成为丝绸业的又一新兴产业，国际丝绸市场蕴藏着较大的消费潜力。同时，在日本、韩国养蚕业衰退之后，越南、印度等国依靠其土地和劳动力成本低等优势，已成为我国新的竞争对手。

（二）国内丝绸业发展形势。丝绸行业是集贸工农于一体的产业，是中国未来软实力文化的代表。丝绸行业在改革开放以前，为国家创汇做出了巨大贡献。但由于多方面的原因，目前行业发展遇到了一些困难。一是桑园面积总体下降，呈现东减西增局面；二是丝绸出口有所回升，但复苏形势仍不明朗；三是国内消费有所增加，但增量不大。同时国民经济的平稳较快发展为丝绸行业稳定运行提供了重要基础，国内消费市场需求不断扩大为丝绸业提供了巨大市场空间，特别是国家搞活流通扩大消费政策措施为丝绸业健康发展提供了动力，丝绸产品依据其绿色、天然、高档、保健等特点仍将具有广阔的市场和消费前景。

（三）我省丝绸行业发展形势。我省是传统丝绸大省，具有完善和良好基础体系，质量和品牌优势明显，蚕种质量产量名列全国前茅，桑蚕茧基地已具规模，是高品位生丝大省，具有较强的坯绸、印染深加工能力。我省丝绸行业有完整配套的科研教育体系，现有1所本科院校、1家蚕业科研所和2所专科院校，开设有蚕桑、丝绸专业，“产、学、研”结合的技术创新体系为培养行业自主创新能力、提升产业核心竞争力搭建了基础平台，为我省丝绸行业可持续发展奠定了坚实基础。

三、指导思想、基本原则和目标

（一）指导思想。

深入贯彻落实科学发展观，以优势骨干企业为龙头，以技术创新为先导，优化产业布局，提高深加工能力，重点发展高中档丝绸产品，打造我省丝绸产区突出特色，努力培育自有品牌；夯实蚕桑种植和蚕茧生产基础，扩大规模、增加品种；稳定出口，扩大内需，提高市场竞争能力和占有率，促进丝绸行业健康稳定发展。

（二）基本原则

1. 坚持两个市场并重的原则。统筹兼顾国际、国内两个市场，采取综合措施，在巩固和开拓国际市场、保持出口份额基本稳定的同时，努力培育和扩大国内消费需求。

2. 坚持扶持骨干企业与带动中小企业相结合的原则。发挥骨干优势企业的带动作用，支持优势企业兼并重组、做大做强，积极帮助中小企业健康发展，增强抵御风险的能力。

3. 坚持自主创新、技术改造与淘汰落后相结合的原则。抓住对行业科技进步带动明显的关键环节和重要领域，加快技术研发及产业化步伐，推动蚕桑、缫丝、织绸、印染、服装、制品等技术改造，加快淘汰落后工艺和产能。

4. 坚持发挥市场机制作用与加强政策引导相结合的原则。充分发挥市场配置资源的基础性作用，促进产业结构调整和企业加强管理，实现优胜劣汰。加强政策支持和引导，保持行业稳定发展，推动产业结构优化升级。

（三）发展目标

1. 全省桑园面积发展到80万亩，蚕种年产量280万张，鲜茧年产达到4.8万吨，蚕茧质量、栽桑养蚕技术达到国内领先水平。蚕农收入达到20亿元。

2. 生丝年生产能力10000吨，年产生丝7000吨，工业增加值20亿元，利税4亿元。无梭织机比例达80%以上，全行业生产实现绿色环保无污染生态标准。

3. 出口创汇2亿美元。

4. 培养和提升10个自主知名品牌，建设省级企业技术中心4个。培育年销售收入10亿元以上的企业集团2个，年销售收入1-10亿元的企业集团7个。

5. 利用电子商务发展网上丝绸贸易，加大在二、三线城市的营销网络建设，建立具有一定规模的丝绸品牌产品专卖店30个。

6. 开发丝绸生态旅游观光和丝绸绿色保健食品。

7. 积极推动丝绸企业到境外投资建厂，开拓国际市场。

四、发展重点

以结构调整为主线，结合行业实际，统筹兼顾、稳定基础、突出重点、整体推动，着力解决当前产业存在的突出问题，实现全产业平稳较快发展。

（一）建立4个技术研发中心。以现有技术优势企业为基础，建立4个行业技术中心。一是建立蚕桑新品种研发中心，加大对现有桑、蚕品种资源的保护利用和蚕桑新品种研发的支持力度，突破雄蚕技术工程的关键技术，开发2种蚕桑资源新产品。二是建立蚕茧生产技术研发中心，重点突破桑树萎缩病防治、桑蚕病毒病防治、小蚕共育、人工饲料、大棚省力化养蚕配套技术和自动上簇等技术问题。三是建立制丝技术研发中心，重点突破精品生丝、特细生丝、生丝洁净度、节能减排等共性的关键生产技术。四是建立织造印染技术研发中心，重点突破精品绸缎织造和印染后整理关键生产技术。

（二）扶持4个重点环节龙头产业。重点支持企业在蚕种、蚕茧、缫丝绢纺和织染家纺4个环节的发展，在增加出口、扩大内需和扩展营销网络环节的发展。在下游产业企业组成战略联盟，优势企业重组中小企业和困难企业，培植大企业集团，提高产业集中度，增强应对市场风险的能力。

（三）培育提升10个自主品牌。以“广通”牌蚕种，“三维”、“海通”和“泰安制丝”牌生丝，“白皇后”牌绢丝，“诺宝·丝邦”、“潍柳”、“SINOSHOW”牌绸缎，“潍青”、“莱喜”牌制品等商标品牌为重点，支持品牌企业提高研发创新能力。鼓励我省丝绸企业建立销售网络，扩大自主品牌销售，不断提高品牌知名度。

（四）抓好综合利用和技术改造。支持利用蚕桑资源开发降血糖产品、蚕沙综合利用、生物蚕药、桑园旅游和家纺丝棉被等项目。在蚕茧生产领域，支持养蚕上簇自动化、高效蚕棚扩建、烘茧技术改造项目；在茧丝生产领域，支持包芯纱、高档无结绢丝开发，加大细纤度高品位生丝研发；在丝织印染制品领域，支持剑杆织机扩建，有梭织机技改，宽幅真丝家纺改造和新上轧染生产线技改，引进数码印花技术开发新产品。

（五）培植15个蚕茧生产基地县和15个蚕茧生产重点县。采取有效措施恢复蚕农的生产积极性，培育发展桑园面积，有计划地建设一批蚕茧生产基地。全省拟建成15个年产茧量达到1500吨以上蚕茧生产基地县；拟建成15个年产茧量达到750吨–1500吨的蚕茧生产重点县。着力提高蚕茧生产的集中度，提高蚕茧质量，发挥蚕茧基地县、重点县的示范作用，实现栽桑养蚕生产规模化、标准化，为全行业可持续发展奠定坚实的基础。

五、保障措施

（一）规范市场经营秩序，维护行业健康发展。进一步规范市场经营秩序是维护行业健康发展的重要措施。经济和信息化部门（茧丝办）负责抓好丝绸产业的综合调控，严格“鲜茧收购经营资格认证”和“缫丝绢纺准产证”核发工作。农业管理部门应落实蚕种和蚕药生产的监督管理职能，认真做好蚕种生产、经营许可证和蚕种质量合格证的核发。纤维检验机构应加强茧、丝纤维质量监督检验等工作，推进茧丝生产标准化体系建设。工商管理部门应按照产业政策，核定企业经营范围，及时查处违规经营行为，维护市场秩序。对鲜茧收购价格继续实行政府指导价，为丝绸企业发展营造良好环境。

（二）加大技术进步和技术改造投资力度，增强产业竞争力。重点对桑蚕原种、一代杂交种生产的关键生产设备设施进行升级改造，加大对蚕桑新品种研发的支持力度，提高蚕种的生产和质量水平。压缩缫丝分散落后产能，严格控制新增缫丝能力。加强节能减排、综合利用工作，支持引导企业积极引进新技术、改造旧设备，发展循环经济，推行清洁生产。支持重点制丝项目和丝绸深加工项目，协助企业做好项目核准（备案）、土地、环评、能评等各方面工作，促进项目尽快投产达效。围绕蚕种、蚕茧、制丝、织绸印染四个环节，推进产学研合作，着力建设好蚕桑新品种研发中心、蚕茧生产技术研发中心、制丝技术研发中心、织造印染技术研发中心。

（三）拓宽融资渠道，加大扶持力度。鼓励金融机构加大对丝绸企业信贷支持，协调金融机构，对符合产业政策的重大技改项目给予充足的贷款支持，鼓励担保机构为丝绸企业提供信用担保和融资服务。

（四）完善信息网络体系，为行业发展服务。加强丝绸营销网络市场监测，搞好信息引导。对山东丝绸信息网络进行升级改造，进一步提升网站实际应用功能，利用电子商务拓展市场空间，增加信息量，扩大覆盖面。通过发布政策法规、行业动态、管理信息、技术信息、产品开发信息、国内外市场信息及先进管理经验等，为企业和蚕农提供可操作性建议，帮助企业和蚕农发现机会，规避风险，提高企业经济效益和蚕农收入。

（五）着力扩大内需，增强品牌持续发展动力。有效满足内需市场多层次、多元化的消费需求，把握新的市场机遇、为行业可持续发展提供保障。随着内需市场的不断扩容，丝绸企业要提升品牌影响力，在保证产品质量的同时，不断提高科技研发能力和产品设计水平。积极推动品牌商业模式创新，努力协调各方资源，为我省丝绸品牌搭建平台，引导丝绸企业提高品牌的设计能力和品牌价值，积极开拓营销渠道和完善品牌推广系统的建设，加强自主知识产权意识。

（六）发挥行业协会作用，加强行业管理。行业协会要充分发挥桥梁和纽带作用，形成政府监督管理、协会引导自律、企业积极参与的运行体系，加强对丝绸产业的监测、分析和预警，处理好农工商贸各环节关系，配合政府和企业科学制定生产指导性计划和指导性价格，促进行业有序发展。

1－51　山东省经济和信息化委员会关于印发山东省装备制造业、汽车工业、机械基础零部件关键材料及基础工艺“十二五”规划的通知

鲁经信装字〔2011〕309号

各市经济和信息化委：

现将《山东省装备制造业“十二五”规划》、《山东省汽车工业“十二五”规划》和《山东省机械基础零部件、关键材料及基础工艺“十二五”规划》印发给你们，请认真组织实施。

二〇一一年六月八日

山东省装备制造业“十二五”规划

装备制造业是为国民经济各行业提供技术装备的战略性产业，也是关系国计民生的基础性产业。产业关联度高、吸纳就业能力强、技术资金密集，是产业升级、技术进步的重要保障，是衡量一个国家和地区综合实力和工业化水平的重要标志。

为促进装备制造业平稳较快发展，加快经济发展方式转变、促进经济结构调整，抢占产业发展的制高点，推进自主创新和产业升级，增强核心竞争力，建设装备制造业强省，特编制本规划。

一、“十一五”发展回顾

（一）取得的成绩。

近年来，我省装备制造业得到迅速发展，

经济总量突破性增长，增长速度高于制造业和GDP的增速，已经成为我省重要的支柱产业。

1. 产业规模和投资迅速增长。2010年，全省装备制造业规模以上工业增加值增长速度为23.1%，比全省工业增加值增速快8.1个百分点；主营业务收入25506.1亿元，同比增长29.3%；利税2522.5亿元，同比增长40.1%；利润1693亿元，同比增长43.5%；与“十五”末相比，年均增长都在25%以上。主营业务收入、利税、利润占全省规模以上工业的比重分别达到28.6%、26%和28%。2006－2010年，全省装备制造业累计完成技术改造投资8040亿元。其中，2010年，全省装备制造业完成技术改造投资2934.2亿元，占全省工业技改投资的比重达到38.2%，同比增长35.8%，比全省工业技改投资增速快16.7个百分点。

2. 结构不断优化，支柱产业更加突出。2010年装备制造业主营业务收入中，通用设备制造业完成6397.1亿元，同比增长33.1%，占25.1%；交通运输设备完成5322.4亿元，增长37.8%，占20.9%；电气机械及器材完成4702.8亿元，增长25%，占18.4%；通信设备、计算机及其它电子设备制造业完成3256.1亿元，增长17.3%，占12.8%;专用设备制造业完成3345.3亿元，增长28.9%，占13.1%。以上五大产业占全省装备制造业的比重超过90%，成为我省装备制造业的支柱产业。

3. 自主创新不断增强，创新体系建设取得积极进展。不断提高技术研发费用投入，加强企业技术中心建设，自主创新能力得到不断提升。重点领域技术装备首台（套）自主创新工作取得重大进展，省政府对二批192个重点领域首台（套）技术装备进行了表彰奖励。全省装备制造业拥有国家级企业技术中心34家，占全省国家级企业技术中心总数的33.7%，省级企业技术中心242家。产品设计、制造水平、成套能力都有较大提高，拥有一批具有自主知识产权的高新技术产品，优势产品的技术达到了国际先进水平，开发了高速龙门五轴联动数控镗铣床、三维数控激光切割设备、高效节能电机、连续逆流超声提取成套设备等一批填补国内空白的重大技术装备及高新技术产品。

4. 培育了一批骨干企业和名牌产品，核心竞争力不断增强。2009年全省百强制造业企业中，有20户装备制造业企业，其中11个企业年销售收入超过百亿元。重汽集团、潍柴控股、时风集团、浪潮集团、福田雷沃、济南二机床等一批企业在国内具有较强影响力。我省重型汽车、轻型卡车、农业运输机械、拖拉机、大型锻压设备、造纸机械等产品产量居全国首位，其中农业运输机械占全国产量的79.3%；工程机械、石油机械、收获机械、改装汽车、金切机床、木工机床、内燃机、变压器、大型精密模具、轴承、液压元件等产品产量居全国前列。2010年全省整车生产企业域内累计生产汽车176.5万辆，增长33.1%；民用钢质船舶464.6万载重吨，增长92.6%；金属切削13万台，增长4.8%，成形机床3万台，增长20.7%，金切机床产值数控化率已提高到50%以上，普通、传统数控机床减少，大型重型和高档数控机床比重上升；数字程控交换机187.9万线，增长14.6%；挖掘机54611台，增长58%；装载机69134台，增长62.1%；金属冶炼设备36955.6吨，增长29.1%；金属轧制设备3957.7吨，增长41.7%。全行业现有37个中国名牌产品，449个山东名牌产品，15个中国驰名商标，326个山东省著名商标。

5. 重大技术装备发展迅速，高端装备制造能力和水平不断提高。绿色高效发动机、高档数控机床、核能装备、海洋工程装备、风能发电装备、轨道交通装备、新能源汽车、节能环保装备等重大技术装备发展迅速。潍柴动力集团在国内率先成功研发了满足国Ⅲ、国Ⅳ排放标准的拥有完全自主知识产权的大功率高速“蓝擎”柴油机，动力性和节能降耗水平均有显著提升；济南二机床集团生产的大型快速高效数控全自动冲压生产线、XKV2745×200 双龙门移动式五轴联动数控镗铣床达到国际先进水平；山东核电设备制造有限公司的 AP1000 堆型核电站安全壳压力容器等核电产品正式投产，南车四方车辆有限公司新型高速动车实现量产等。重点骨干企业新增各类重要加工及检测设备大部分具有国内先进水平，部分引进设备达到国际先进水平，CAD、CAM、PDM（产品数据管理）、CAPP（计算机工艺过程设计）等数字化技术和信息技术的广泛应用，使企业的工艺装备、数字化设计、数控化制造和网络化管理水平实现较大飞跃，高端装备制造能力和技术水平显著提高。

（二）存在的问题和不足。

一是新兴产业比重低，传统产业比重高，高技术、高附加值的高端产品比重偏低，工业增加值率不高，装备制造业大而不强。二是核心竞争力强的大企业和“专、精、特、新”的特色企业较少，缺乏生产规模大、制造能力强、带动性强，能够支撑行业结构优化升级的大型企业集团。三是自主创新能力弱，用于新产品、新工艺和新技术的研发投入不足。一些技术装备虽实现了国内制造，但未掌握核心技术，可靠性等技术指标与国外先进水平相比仍有较大差距。四是产品结构中通用型多，大型重型成套设备和专用设备少，缺少国际竞争力强的名牌产品，高端产品大量进口，基础零部件、功能部件薄弱。五是部分领域存在重复建设和产能过剩，一些地方和企业在项目建设中，竞相购置同类大型设备，利用率不高，资源浪费。

二、“十二五”面临的形势

当前，国际金融危机影响仍在继续，世界格局和国际国内经济正处在深刻调整的关键时刻，发达国家通过“再工业化”和发展“低碳技术”，重新重视制造业尤其是装备制造业的发展，各国抢占产业发展制高点步伐加快，高端装备制造业成为世界各国新一轮发展竞争的着力点之一，高端产业的转移步伐延缓。贸易保护主义重新抬头，国际市场竞争更加激烈，外需市场萎缩将是一个长期的过程，我省装备制造业在全球产业格局中整体上仍然处于价值链的低端，在世界市场竞争中仍处于弱势地位。我们面临的挑战将更加严峻。

国家扩大内需政策成效显著。在国家继续实施宏观调控政策的积极作用下，装备制造业保持快速增长，整体回升向好势头进一步发展，但增长的基础还不稳固，内生动力不足。生产要素价格上涨以及环境保护、节能减排的要求，外延式的发展模式难以为继。正确把握装备制造业自身的发展规律，努力开拓市场扩大内需，增强经济发展内生动力，提高自主创新能力，建设现代产业体系，提升我省装备产业综合竞争力已刻不容缓。

产业发展面临新机遇。当前，我省正处在加快转变经济发展方式和调整经济结构的重要时期，基础设施建设的加快和产业转型升级对装备制造业发展有着巨大的市场需求。用足用好省里相继出台的加快装备制造业发展一系列政策措施，立足当前，着眼长远，科学应对，脚踏实地，把产业发展的着力点由外延增长转向内在质量、素质的提高，把握机遇引导技术、资金、人才等要素向装备制造业集聚，确保装备制造业的良好发展势头，继续加快装备制造业由大变强的前进步伐。

三、指导思想、基本原则和目标

（一）指导思想。

深入贯彻落实科学发展观，坚持走新型工业化道路，以发展方式转变和结构调整为主线，以市场为导向，以自主创新为动力，着力推进技术改造和重大项目建设；着力推进信息化和工业化融合；着力培育发展战略性新兴产业；着力调整优化产业结构、产品结构和企业组织结构，提高装备制造业发展的质量和效益；着力壮大支柱产业，做大做强龙头企业，培育扶持自主品牌，发展高端装备制造业；着力推进产业集群发展，建设产业特色突出、区域布局优化的装备制造产业基地，把全省建设成为具有较强竞争力的装备制造业强省。

（二）基本原则。

一是坚持建设高端高质高效产业体系，促进可持续发展原则。跟踪产业运行态势，转方式，调结构，推动节能降耗、清洁生产，合理利用资源，发展低碳经济，推进绿色制造和智能制造，增强可持续发展能力。

二是坚持自主创新，促进技术进步原则。加强产学研用联合，研发一批共性、关键性技术设备，突破产业核心技术和关键技术，拥有一批具有自主知识产权的知名品牌，努力增强原始创新、集成创新和引进、消化、吸收再创新能力。

三是坚持“两化融合”，促进产业优化升级原则。充分利用高新技术和信息技术改造提升装备制造业，加快结构调整步伐。推广采用新技术、新工艺、新设备、新产品，促进信息化和工业化融合，发展以智能制造为特征的高端制造业。

四是坚持发挥市场机制的作用，推进企业兼并重组的原则。加强协调指导，鼓励装备制造业企业与上下游企业、研发机构之间通过上市、兼并、联合、重组等形式，实现优势互补，提高规模效益，形成一批拥有自主知识产权、核心竞争力强的企业集团。

五是坚持国际经济合作交流，提高装备制造业综合竞争力原则。紧盯世界装备制造业发展趋势，积极承接国外产业和资本转移，加强与跨国企业战略合作。鼓励大企业利用后危机时期的有利条件并购国外企业，实现产品、技术、品牌、研发团队和市场网络的统一购并，形成全球性的优势产业和著名品牌。

六是坚持依托重点工程协调重大专项，推进重大技术装备自主化、国产化原则。以建设重点工程、实施重大专项和发展战略性新兴产业等领域形成的市场需求，加快推进重大技术装备自主化、国产化，保障重点工程需要，促进产业发展，带动基础配套能力、关键零部件、基础件的大幅提升。

（三）发展目标。

1．产业实现平稳较快增长。2015 年，全省规模以上装备制造业实现增加值达到 1.38 万亿元，年均增长 16%，占全省规模以上工业的比重达到 35%；规模以上装备制造企业主营业务收入超过 5 万亿元，年均增长 15%；规模以上装备制造企业利润、利税年均分别增长 18%。

2．产业发展方式明显转变。全面提高重大装备技术水平，形成以高新技术为先导，具有高技术含量、高技术附加值的高端制造产业体系；重点骨干企业技术装备达到国际先进水平，规模以上装备企业基本实现信息化，战略性新兴产业形成规模优势；全省装备制造业劳动生产率有较大提高，经济效益居全国同行业前列；现代制造服务业快速发展，大型企业集团的现代制造服务收入占销售收入比重达到 30% 以上。

3．自主创新能力进一步提高。重点主机产品研发和制造能力基本达到国际先进水平，形成一批拥有自主知识产权、技术含量高、具有较强竞争力的骨干产品，全省装备产业新产品率进一步提高。提高技术研发费用投入，积极支持有条件的企业、科研院所等创建国家工程研究中心、国家工程技术研究中心、国家工程实验室、国家重点实验室、国家级企业技术中心等国家级研发机构，争取新建 120 个省级企业技术中心，对全省重点领域 300 个首台（套）产品进行认定奖励。进一步完善创新体系建设，增强自主创新能力。

4．产业组织结构进一步优化。形成一批具有核心竞争力的大型企业集团和一批“专、精、特、新”的专业化基础部件生产企业。到 2015 年，培育打造 2 户主营业务收入过千亿元的全球领先、拥有核心技术、可持续发展的装备制造集团；30 户 100 亿元以上、100 户

50亿元以上、500户10亿元以上的装备制造业企业。

5. 产业聚集程度明显增强。进一步发展产业集群，发挥辐射带动作用，形成具有地方特色的产业集聚带和国内重要产业基地，建设30个具有较强影响力的装备制造集聚区，在部分优势行业建设我国乃至世界区域性装备制造中心。

四、发展重点

（一）做大做强十个重点产业。

1. 汽车：发展做强6大类产品。载货车：进一步提升重型载货车和轻型载货汽车技术水平，加快发展中高档重型、中型和轻型载货车。到2015年，载货汽车生产能力提高到180万辆，继续保持我省载货汽车在全国的优势地位。轿车：开发“中高档”和经济型轿车产品，提升轿车基地发展水平，加快研发和推出新品，提高产品性价比，提升产品档次，增强市场竞争力，到2015年“中高档”轿车产品占全省轿车的40%。客车：重点发展低底板公交客车、BRT城市快速公交车、新能源客车、适应高速公路需要的大中型豪华客车和具有自主品牌的高档旅游客车，逐步提升我省客车产品在市场中的竞争能力。节能与新能源汽车：依托省内院校和科研院所，搭建节能与新能源汽车共性技术研发平台，加快共性技术和关键核心技术攻关，建立以大型混合动力和纯电动客车、低速电动汽车的产品研发体系，尽快形成高水平产业链，推进新能源汽车系列化、标准化和产业化。专用车：重点发展自卸汽车、罐式汽车、厢式汽车、粉料运输车、半挂车等产品，并逐步向高附加值、高技术含量、高可靠性及环保型产品转变，建立宽系列多品种多用途的研发和生产能力。汽车零部件：发展汽车动力传动系统、汽车底盘系统、车身系统、安全系统、汽车电子等零部件和关键部件。

2. 船舶与海洋工程装备。

船舶：发展常规船舶、特种船舶、船用设备、材料及零部件等优势产品：大力发展10万载重吨以下的集装箱船、油船、散货船、客滚船、远洋渔船、内河船舶及游艇、帆船、救生艇、观光艇、橡皮艇等。加快研发一批高新技术产品。重点研发超大型油船、大型散货船、万箱级集装箱船等大型船舶；捕捞冷藏加工船、延绳金枪鱼钓船、大型拖网渔船等远洋作业船；小水线面双体船、穿浪船、科学考察船、破冰船等特种船舶；大型快艇、高速客渡船及150英尺以上环保复合材料豪华游艇、超大型钢质豪华游艇、铝合金豪华帆艇、豪华邮轮等新产品。到2015年，规模以上企业完成工业总产值1000亿元，主要经济指标年均递增10%以上。

海洋工程装备：发展做强9大类装备。着力提升重大技术装备自主创新水平，大力发展重大成套设备、高技术装备以及高技术产业发展所需关键装备，重点发展做强海洋油气装备、填海围岛及航道疏浚工程装备、跨海桥梁及海底隧道工程装备、临港机械、海洋环保装备、海水利用工程装备、海洋矿产资源勘探开发工程装备、海洋空间利用大型装备和海洋仪器设备等海洋工程装备，主要装备本地化配套率达到40%。

3. 机床：发展做强7大类产品。重点研制一批重大、精密、成套装备；掌握一批制约主机、数控系统等产品性能的核心技术，提升数控机床、数控系统及关键功能部件的技术水平和可靠性水平；形成主机、控制系统、关键零部件较为完整的产业链。重点发展数控车床，包括全功能数控卧式车床、大型数控立式车床等；车削复合加工中心，包括车铣、钻铣、铣磨等复合加工中心等；卧式、立式加工中心，包括数控化、精密化、高速化、工序复合化的专用机床；柔性制造生产线，包括大型、重型压力机生产线、数控专机生产线等；重型数控机床，包括镗铣加工中心等；数控机床功能部件，包括数控转台、智能伺服刀架、滚珠丝杠、高速精密电主轴、磨具磨料等；车用高负荷活塞铸造自动化成套装备等。运用先进制造技术、数控及自动化技术等高新技术加快推进机床再制造产业的发展。

4. 农业机械：发展做强8大类产品。重点发展大中型拖拉机及耕作机械、设施农业机械、大型联合收获机械、粮油及农副产品深精加工机械、保鲜贮藏设备、植保机械、田园收割机、园林机械等市场需要的装备，扩大出口，提高国内外市场占有率，巩固全国领先的整体优势。支持常林集团等企业，继续保持小型拖拉机（含手扶）产能优势；支持山东华盛中天公司等企业，发展棉花、粮食、油料等作物植保机械；支持高唐时风、日照五征等企业，大力发展农业运输机械；支持烟台冰轮集团等企业，发展农副产品保鲜储藏设备，食品连续速冻装置、食品真空冻干设备，果蔬预冷成套装置等。

5. 工程建筑机械：发展做强10大类产品。重点发展推土机、挖掘机、装载机、起重机、压路机、推耙机、平地机和建筑塔机、水泥搅拌车、高楼泥浆泵等产品。引导企业向节能、高效、可靠和环保型发展，广泛应用机、电、液一体化等高新技术，向大型化和小型化发展，提高配套动力技术先进性。支持山推股份公司等企业，加快发展推土机系列产品，保持世界先进、国内领先水平；支持青岛科泰重工、青岛科瑞特机电集团等企业，加快路面机械系列产品研发；支持山东起重机、青岛起重机、济南丰汇、福田雷沃重工等企业，加快大型起重机建设；支持方圆集团、鸿达集团、济南建工、中通汽车工业集团和华夏集团等企业，加快发展建筑塔机、水泥搅拌车、高楼水泥泵等产品。

6. 电工电器：发展做强3大类产品。重点发展以锅炉、汽轮机、发电设备为主的电站成套设备，以变压器、高压开关、电缆为主的输变电设备，各类电机产品。重点做强一批大型企业集团。支持齐鲁电机、济南发电设备厂、青岛捷能集团等企业，积极推进大功率发电机组的研发，发展大容量汽轮机和工业拖动式气轮机。支持济南锅炉集团等企业，重点发展高温高压及超高压循环流化床锅炉、处理造纸废液的碱回收锅炉、完全燃烧生物质的循环流化床锅炉。支持山东达驰、济南变压器、鲁能泰山电力、万达集团、阳谷电缆、泰开电气集团等企业，积极采用微电子技术，向电器设备无油、防火、集成、智能化方向发展，重点发展高压、超高压成套设备和智能电器。

7. 内燃机：发展做强4大类产品。加快发展能为各类汽车、工程机械、船舶、农机配套的柴油机、汽油机、燃气机系列及配套产品。重点做强一批大型企业集团。支持潍柴动力集团公司，加快发展重型汽车、工程机械用高速柴油机和船用、发电机组用中速机。支持烟台东岳通用动力总成公司，扩大1.4–1.6升轿车用汽油机产能。支持威亚汽车发动机，加快推进汽车研发中心建设，开发生产各类汽油发动机。支持济柴股份公司，加快16V高效高增压天然气发动机的研发，培育气体发动机主导品牌，继续保持大功率陆用柴油机在国内的领先优势。支持胜利动力机械公司，发挥国内最大燃气发动机及发电机组制造企业优势，加强研发，扩大产能，继续保持与国际先进水平同步。支持淄博柴油机，重点开发大功率船用柴油机、燃气及柴油发电机组、背压式工业汽轮机。支持莱动内燃机，加快国Ⅲ/国Ⅳ高速柴油机技术创新项目建设，尽快形成为轻型汽车、大中马力拖拉机、工程机、收割机的规模配套能力。

8. 纺织机械：发展做强4大类产品。发展专用织造成套设备、非织造成套设备、产业用纺织品后整理设备、高速高精耐磨纺织机械配套件等产品。做强一批大型企业集团：以宏大集团、星火集团、东佳集团、天一集团等企业为龙头，加快推进青岛纺织机械专用设备基地建设，依托骨干企业整合资源，提升传统纺织整机的技术装备水平。加快机电一体化纺织装备的技术升级，研发应用新型纺织技术和机械设备，提升纺织机械技术装备水平。加快高效、连续、短流程等节能减排设备和在线能源、资源回收再利用设备的研发和产业化。加大纺织机械专用基础件、配套件的研发和产业化力度。鼓励和支持中小纺机企业积极为大企业配套，开发特色纺机零部件产品，完善纺机制造产业链，形成优势互补和集聚效应。

9. 轻工机械：发展做强3大类产品。重点发展造纸机械、塑料机械、食品与包装机械，提高光电机一体化水平，推进生产过程自动化。重点做强一批大型企业集团：支持淄博国信轻工，发展废纸脱墨制浆工艺及成套设备；支持威海远航科技，发展高效节能粉碎调浆一体化成套设备；支持三金玻璃机械集团，加快发展多滴行列式制瓶机组及自动检验、包装生产线、大型液体包装线、多品种灌装机等专用设备；支持青岛琴岛电器，发展全自动多层螺旋发热线生产线；支持潍坊现代科技，发展全自动高速回转式贴标机；支持威海印刷机、青岛瑞普电气等企业，加快发展胶印机系列产品。

10. 石油化工机械：重点发展大型系列轮胎成套装备、石油钻采系列装备等产品。重点做强一批大型企业集团：支持青岛高校软控、双星机械、山东豪迈、东营金泰等公司，发展轮胎成套制造设备；支持科瑞石油装备公司、烟台中集来福士公司，孚瑞特石油装备公司、高原石油装备公司、山东陵县宇兴设备公司等企业，发展石油开采勘探、钻井、采油、集输等系列产品以及海洋钻井成套设备。

（二）加快发展十个装备制造领域。

1. 加快发展重点领域首台套重大技术装备。进一步落实国家《关于加快振兴装备制造业的若干意见》和装备制造业调整振兴规划，支持重点领域首台套技术装备技术创新，促进全省装备制造业整体水平的提高和产业结构的优化升级。引导首台套装备企业加强自主创新，增强核心竞争力；指导首台套装备企业搞好新产品宣传，大力开拓市场；支持首台套装备企业加快首台套技术装备产业化，尽快形成规模优势，促进我省装备制造业持续快速发展。省财政对我省经认定的重点领域首台套技术装备企业给予一定奖励。

2. 加快发展高档数控机床与关键功能部件。发展汽车、船舶、清洁能源发电设备等重点领域急需的大型、精密数控机床；掌握一批制约主机、数控系统等产品性能的核心技术；提升数控机床、数控系统及关键功能部件的技术水平和可靠性水平；形成主机、控制系统、关键零部件较为完整的产业链。实现高档数控系统、关键功能部件与主机的批量配套，批量配套率从5%提高到10%，其中配置国产CPU的数控系统占比达到15–20%。支持济南二机床发展大型精密复合冲压成型数控机床创新平台、五轴联动车铣复合加工中心，打破国外的技术垄断，技术指标达到国际先进水平；支持济南铸锻所发展广泛应用于汽车、船舶、航空航天等领域的大功率厚板数控激光切割机；支持威海华东数控发展精密数控龙门导轨磨床和数控立式圆台磨床；支持德州德隆机床立式多主轴数控钻床的研发生产；支持烟台环球机床发展大重型数控回转工作台和立式伺服转塔刀架；支持济宁博特精工发展高速重载精密滚珠丝杠的研制和产业化。

3. 加快新能源汽车及零部件发展。抓住国家鼓励发展节能汽车和新能源汽车的机遇，加快实施新能源汽车战略，以节能环保和新能源汽车为突破口，实现产品技术升级，把新能源汽车产业发展成为我省最具优势和竞争力的产业，占据新兴产业制高点。鼓励重点企业发展新能源汽车以及节能环保的轿车、高档大型客车和特色专用车，支持发展环保动力电池、节能电机、变频驱动、变频电动空调、汽车电子等关系整车技术性能的关键零部件。支持中通客车控股股份有限公司、山东沂星电动汽车公司混合动力客车、纯电动客车产业化，中上汽车有限公司超级电容客车产业化，烟台舒驰客车有限责任公司混合动力客车，东营蒙德金马机车有限公司新能源扫路车等项目的建设和实施。支持山东申普公司动力电池智能控制管理系统、潍坊威能公司环保电源、曲阜圣阳公司电动汽车电池、盛瑞传动公司前置前驱 8 档自动变速器等项目的建设。

4. 加快关键基础零部件振兴发展。加快发展轴承、液压件、泵、阀、密封件等关键基础件，加大技改投入，加强自主研发的力度，加快企业兼并重组，建设"专、精、特、新"企业结构，实现产品优化升级，提高产业核心技术和生产制造能力，打造具备核心技术创新能力的基础零部件产业。重点发展新型轿车轴承、高速高精度数控机床轴承、大功率风力发电轴承、长寿命工程机械轴承；发展高端工程机械及大型设备、农业机械等使用的高压大流量液压件、泵、阀等关键基础件。提升大型铸锻件、加工附具和特种原材料配套产品制造水平。支持临沂常林集团引进国外先进技术、年产 60 万套重大装备液压主件产业化项目。支持山东哈临轴承公司、山东博特轴承公司等企业重点发展为主机配套的高精度、高技术含量、高附加值轴承产品。

5. 加快现代制造服务业发展。鼓励加快现代制造服务业发展，实现由生产制造向服务型制造转变。积极培育集成服务商、工程承包服务商，整体解决方案和制造专家服务系统等，鼓励企业从加工、组装向研发、售后服务延伸，提高服务在装备制造价值链中的比重；实施供应链管理优化，建设区域物流中心；鼓励开展融资租赁和金融租赁。支持山推股份重点发展工程机械领域的融资租赁模式和业务；支持法因数控、烟台冰轮通过设备集成服务，实施为用户交钥匙工程；支持济南二机床围绕高端大型数控机床、大重型锻压设备发展现代制造服务业。发展老设备的维修、改造服务，培育再制造产业；支持济南复强动力、潍柴动力发展发动机再制造产业；支持省机械设计研究院联合有关科研院所，以机床再制造为重点，加强再制造工程技术研究，推动再制造产业发展。

6. 加快发展高效清洁新能源发电设备。抓住国家积极发展新型能源装备的机遇，以引进技术为基础，加快消化吸收，开发具有自主知识产权的风电、核电、光伏发电等一批新能源产品，培育一批新能源产业龙头企业，将新能源产业培育成为全省新的经济增长点。依托骨干企业，提高大功率风电整机的研发及批量生产能力，努力延伸产业链条，构建完整的风电生产体系，加快风力发电机叶片、电机、塔架、主轴等部件的规模化生产。发挥重点企业的能力和优势，提升百万千瓦级核电站主管道的生产能力，研制核电关键设备。支持多晶硅、太阳能电池、太阳能电池组件、太阳能应用等光伏产业的发展，扩大光伏电池和组件生产规模，提高电池转换效率，建设光伏产业示范工程，加强宣传，推广和普及太阳能利用。支持山东瑞其能电气有限公司 1.5MW 及以上永磁直驱风力发电机组、山东长星集团有限公司 2.5MW 成套风力发电机组、山东孚日光伏科技有限公司 CIGSSe（铜铟镓硫硒化合物）薄膜太阳电池、烟台台海玛努尔核电设备有限公司第三代 AP1000 核电站主管道、威海华东数控核电重型精密零部件及成套设备生产加工等项目的研发及产业化。

7. 加快大型、重型成套设备发展。立足自主创新，加大科技投入，以大项目建设为依托，以石油、化工、医疗、矿山机器、汽车、轨道交道等大重型成套设备为核心，突破技术瓶颈，加强与国内外科研机构和国际化大企业的技术协作和联合攻关，促进一批重大技术装备的研发和制造，提升大型、重型成套设备的技术创新能力和制造工艺水平，提高装备性能及可靠性，强化成套集成能力。重点支持山东科瑞石油装备公司超深井石油钻机、山东新华医疗器械股份有限公司大输液软袋包装全自动制带灌封机、胜利动力集团煤矿乏风氧化装置、山东煤机集团BLZG型立式压滤机、南车集团四方车辆厂300公里以上高速列车、新型地铁车辆和重载货车等项目的建设与实施。

8. 加快仪器仪表及物联网设备发展。抓住国内外积极建设物联网的机遇，加强政策引导，依托重点企业，促进作为物联网源头的仪器仪表产业快速发展，加速提升信息技术的融入以及仪表安全技术和无线通信技术的应用，实现仪器仪表向高精度、高智能、集成化发展。进一步完善RFID产业链条，壮大规模，加快发展。支持山东鲁南瑞虹化工仪器有限公司气相色谱仪、山东高密彩虹分析仪器有限公司生化分析仪、济南试金集团有限公司万能自动试验机、青岛前哨精密机械有限责任公司气动工具花岗石量仪等项目的建设。依托淄博泰宝防伪技术产品有限公司、威海北洋电气集团股份有限公司、临沂市拓普网络有限公司、山东省标准化研究院在RFID领域的技术优势，促进我省RFID产业中防伪标识制作、超高频RFID读写器研发与产业化、RFID技术公共服务平台、高频及超高频芯片封装等项目的建设和实施。

9. 加快通信设备、计算机及其它电子设备振兴发展。抓住国家大力发展3G技术和下一代互联网建设的机遇，重点依托浪潮、海尔、海信、青岛朗讯等行业龙头企业，带动山东省通信设备、计算机及其它电子设备制造业的发展。提高技术研发费用投入，增强自主创新能力，发展具有自主知识产权的产品；稳定国内市场，进军国外通信及电子设备市场，重点发展数字程控交换机、光通信系统、路由器、无线接入系统、移动通讯终端、基站以及网络产品和配套零部件，构建完善的通信设备制造业产业链条。支持浪潮集团有限公司安全服务器产业化、海尔集团公司IPv6宽带多模式接入终端研发及产业化、海信集团基于光电混合集成技术的高速并行光互连产品的研发与产业化、浪潮乐金数字移动通信有限公司CDMA手机产能扩大技改等项目的建设和实施。

10. 加快节能环保及民生安全设备发展。发展服务于低碳经济、节能减排以及环境污染治理的大气污染防治设备、城市及工业污水污泥处理设备、废旧机电产品再制造设备、规模化海水淡化设备、余热余气发电设备、铅酸蓄电池回收技术与设备等环保节能设备。发展食品、药品、煤矿瓦斯等安全检测设备，重大事故应急救援设备，数字化医疗设备等。支持汶瑞机械发展造纸污水处理碱回收清洁生产成套设备，建设国内领先的造纸制浆环保设备研发基地；支持东方电子发展叠波技术高压变频器系统设备；支持积成电子发展节能管理与节能监察综合信息系统；支持海阳丰利机械发展环保节能无烟燃煤锅炉；支持德州亚太集团发展高效水源热泵机组。

（三）建设七类30个特色鲜明、具有较强竞争力的装备制造产业集群或基地。

实施重点区域发展带动战略，着眼培植特色优势产业集聚区，拉长延伸产业链，集聚优质要素资源，促进优势产业迅速崛起，增强产业的辐射和带动作用，形成区域竞争力，以点带面推进全局。

1. 做大做强10个汽车及零部件产业集群。以重汽、吉利汽车、青年汽车为龙头的济南产业集群，以一汽解放、上汽通用五菱为龙头的青岛产业集群，以上海通用东岳、北方奔驰、烟台舒驰为龙头的烟台产业集群，以北汽福田、山东凯马为龙头的潍坊整车生产及新能源汽车产业集群，以山东时风、中通客车为龙头的聊城产业集群，以唐骏欧铃为龙头的淄博产业集群，以荣成华泰、东安黑豹、威海广泰空港为龙头的威海产业集群，以山东五征为龙头的日照产业集群。以潍坊义和车桥、常山汽车配件、晨正汽车附件、开元电机等企业为基础，建设诸城市汽车零部件产业集群。以山东隆基集团、龙口兴民车轮等企业为基础，建设龙口市汽车零部件产业集群。

2. 建设7个船舶与海洋工程装备制造基地。积极培育以青岛、烟台、威海为中心的船舶与海洋工程装备制造基地，进一步提升造修船综合功能及海洋工程装备制造。建设青岛海西湾大型综合性产业基地，高起点推进基地造船区、修船区、海洋油气装备区、重型装备区、造机区、曲轴及轴系区、配套区及军品区建设；建设烟台丁字湾豪华游艇研发生产基地；建设烟台芝罘湾大型化、深水化高端海洋油气装备研发设计制造基地；建设威海石岛湾豪华客滚船、豪华邮轮研发制造基地。发挥滨州、日照、潍坊等地基础条件和自然优势，积极培育新兴造船功能，建设船舶及配套零部件产品基地。建设济宁京杭大运河内河船舶制造基地。

3. 做大做强5个数控机床及功能部件产业集群。支持以济南二机床集团、济南捷迈数控公司、法因数控公司等企业为龙头，做强济南数控机床及数控锻压设备产业集群；支持以鲁南机床集团等企业为龙头，以荣获“中国中小机床之都”为契机，做强枣庄滕州中小数控机床及加工中心产业集群；支持以威海华东数控、威海齐全木工等企业为龙头，加快数控、数显木工机床的研发制造，做强威海数控加工和数控木工机床产业集群；支持以烟台环球机床附件厂等企业为龙头，做强烟台数控机床功能部件产业集群。支持以德州普利森集团为龙头，发展深空钻镗床、大中型数控车床产业集群。

4. 做大做强3个农业机械产业基地。支持以五征集团、福田雷沃重工等企业为龙头，形成日照、潍坊等市农用车、大中型拖拉机、大中型耕作机械、稻麦、玉米联合收获机械生产基地。以山东时风集团为龙头，吸引一批零部件生产企业，以三轮农用运输车等优势产品为基础，加大新产品开发力度，加强对配套农机具和智能化农机装备的研发，将高唐建设成为国内最大的农业运输机械生产基地。

5. 做大做强3个工程建筑机械集群。支持以山推股份、小松山推、力士德、山东临工等企业为龙头，加快挖掘机、推土机、装载机、压路机等工程机械整机和配件产品的发展；支持以斗山公司、方圆集团、鸿达建工等企业为龙头，加快发展挖掘机、叉车、混凝土搅拌机等工程建筑机械，进一步拓展产业链，提高市场占有率、品牌影响力和核心竞争力，打造具有国际竞争力的济宁、临沂、烟台工程建筑机械集群。

6. 培育建设济南电工电气高新产业基地。以鲁能集团、国家电力科学院等骨干单位为基础，联合国际著名的大企业，以智能电表、特高压组合电器、非晶合金变压器以及适合智能电网需求的电器产品为主导，在产品研发、制造环节与国际领先企业联手，进一步强化科技创新，提高科技含量，适应低碳经济、清洁能源发展需求，推动我省智能电网建设加快发展。

7. 做大做强潍坊动力产业基地。以潍柴动力为龙头，加快发展重型汽车、工程机械用高速柴油机和船用、发电机组用中速机以及国Ⅳ、国Ⅴ标准的发动机等产品，形成完整的产业链条和产业集群。开发一系列以电子控制和电力驱动为主的核心技术，建立起以混合动力技术为特征的新一代商用车及工程机械动力总成的产品技术平台，力争使产品达到燃油经济性提高30%以上、废气排放减少30%以上、制造成本增加低于30%的综合指标。打造产品功率齐全、配套范围广泛、品种多元化、技术与国际全面接轨的世界级绿色动力研发制造基地。

五、保障措施

（一）加强行业运行监测分析和规划引导，推进发展方式转变。

前瞻研究国际装备制造业发展趋势，以国家重大技术装备需求为导向，以我省优势产业为基础，制订我省装备制造业发展规划，进行全面布局，谋划重点发展，推动发展方式转变。加强行业运行监测分析，进一步加强行业细分市场变化情况研究，分类指导，建立产业安全和损害预警机制，统筹规划适合我省实际的发展方向，培植主导产业和名牌产品，推进我省装备制造业结构调整和发展方式的转变。

（二）加快技术创新体系建设，提高自主创新能力。

坚持把增强自主创新能力作为调整优化工业结构、转变发展方式的中心环节，积极推进原始创新、集成创新和引进消化吸收创新，全面加强以企业为主体、市场为导向、产学研相结合的技术创新体系建设，建立和完善有利于自主创新的组织体系和运行机制。加强共性关键技术攻关，提高重大技术装备和高技术装备的设计、制造和系统成套水平；支持建立以产业集群为基础，以产学研技术资源整合为核心的产业联盟，形成高水平产业创新平台和完善的区域创新体系。

（三）实施技术改造和“两化”融合，推动产业振兴升级。

鼓励企业加大技术改造力度，加快装备更新，推动企业技术进步，提高企业核心竞争能力，推动企业产品结构优化升级，推进发展方式转变。坚持综合运用信息技术提升装备制造水平，促进装备制造业的智能化、柔性化、精益化生产。鼓励新产品融入嵌入式技术、传感技术、软件技术、网络技术等，大幅度提高装备的功能和性能；推行绿色制造技术，推动装备产品加快向信息化、智能化、高参数化方向转变；大力推进研发设计数字化、制造过程智能化、管理网络化，使信息技术、软件技术和先进制造技术在装备制造业中得到普及应用。

（四）加快发展装备制造新兴产业，培育新的经济增长点。

加快发展装备制造新兴产业，着眼长远，统筹全局，调整装备制造业产业结构、推进发展方式转变，培育新的经济增长点。着力在装备制造七个方面实现突破：一是新能源发电设备，大力发展百万千瓦级及以上核电设备、兆瓦级以上光伏发电设备，以山东省政府和中国三峡集团签订风电开发战略合作协议为契机，加快发展大功率风电机组等关键设备；二是智能电网及其设备产业，重点推进特高压输变电设备、智能电网设备、智能配电设备、智能用电设备及巨型储能设备；三是突破高速铁路设备关键技术，国产时速300公里以上高速动车组设计制造核心技术达到国际领先水平；四是大力发展海洋工程设备，着重发展新型自升式钻井平台等海洋工程装备、海洋工程动力及传动系统等配套设备、完善海洋工程装备制造新型产业链条；五是加快仪器仪表及物联网设备产业化，重点发展自动化仪表和系统、科学测试仪器、传感器、仪表元器件和物联网配套设备；六是创新节能环保与资源综合利用设备，重点发展节能减排专用设备和配套设备；七是大力发展通用飞机、支线飞机及其零部件产业。

（五）鼓励研发首台套重大技术装备，努力开拓市场空间。

全面推进首台套重大技术装备工作，以核心技术带动装备产业优化升级，建设品牌战略，不断开拓市场空间。一是加强对首台套生产企业的政策扶持和引导，鼓励企业紧跟市场需求加大首台套设备的研发力度，形成装备技术优势；二是加强首台套装备产品的宣传推广工作，大力推进首台套重大技术装备拓展市场；三是鼓励省内开工建设的重点领域重大工程，以及列入国家重点产业振兴规划的项目，优先采购使用省内生产的首台套设备，推动开展重大装备省内自主化；四是建立首台套技术装备投保机制，对采购首台套装备产品用户进行风险补偿，降低用户风险，努力开拓市场空间。五是积极组织省内企业申报国家重大技术装备研发创新奖励项目。

（六）加强财税政策扶持，引导资金投向。

认真落实财税优惠政策，加大政策宣传、

贯彻落实力度，积极引导企业充分用足用好财税优惠政策。发挥财政专项资金的引领扶持作用，大力支持自主创新，着力提高企业核心竞争力。对国家确定的重点项目，各级政府要创新资金筹集方式，优化资金支出结构，按照国家有关规定，给予必要的配套资金支持；发挥银行信贷投资主渠道作用，鼓励金融机构加大对装备制造业企业的信贷规模。通过招商引资、发行股票、债券、吸纳民间资本等方式，拓展融资渠道，加大投资力度，为企业发展提供资金支撑。

（七）加强人才培养，为产业发展提供智力支持。

积极构建层次分明、结构合理的装备技术人才队伍，加强人才培养，为产业发展提供智力支持。加快建立企业与高校合作培养人才的共建机制，鼓励校企合作，建立实训基地，开展多层次、多类型的专业培训；完善技术人才向企业流动机制，推进大学教授进企业挂职、企业人才进大学深造等形式的人才交流活动，鼓励企业开展创新人才的国际交流，促进技术人才向企业聚集；依托重点项目、重点学科和重点实验室，加快培养造就一批具有较强创新能力的技术领军人物，不断壮大高端人才队伍。

（八）深入落实国家有关政策，优化产业发展环境。

充分发挥增值税转型政策对企业技术进步的促进作用；积极指导有关企业，对生产国家支持发展的重大技术装备进口的关键部件和原材料申报免征关税和进口环节增值税；落实好农机具购置补贴、节能产品补贴、汽车摩托车及家电产品下乡等方面的优惠政策。加强产业基地、集聚区的公共基础设施和支撑服务条件建设，鼓励各级政府调动资源支持企业创业发展，积极帮助有困难的企业渡过危机。加快各环节项目审批速度，确保项目建设尽快实施。各级、各部门要认真履行职责，落实相关政策措施，为行业发展创造良好环境。

（九）充分发挥行业协会的作用，促进行业健康发展。

装备制造业各行业协会要充分发挥政府和企业之间的桥梁纽带作用，加强调查研究、把握行业动态，强化行业经济运行监测分析，及时掌握并发布市场供求、经济运行等方面的信息，向政府行政主管部门及时反映行业情况和诉求，提出政策建议，为政府部门决策提供参考依据。帮助企业协调解决有关问题，引导企业健康发展。

山东省汽车工业“十二五”规划

汽车工业产业链长、资金和技术密集、经济带动力强，是国民经济重要的支柱产业。“十一五”以来，我省认真贯彻《山东省人民政府关于加快汽车工业发展的意见》，积极落实《山东省汽车工业2003－2010年发展规划》和《山东省汽车工业调整振兴规划》，汽车工业发展取得显著成就。“十二五”期间，是我省汽车工业深化调整，实现由大变强的关键时期，为引导全省汽车工业加快结构调整，转变发展方式，特制定本规划。

一、“十一五”发展回顾

（一）取得的成绩。

“十一五”以来，全省汽车工业规模不断扩大，技术和质量水平不断提高，竞争实力显著增强，已形成商用车、乘用车、摩托车、发动机及零部件等门类齐全、品种丰富、竞争力较强的汽车产业体系。截止2010年底，全省规模以上生产企业1183家，较2005年增加730家；其中汽车整车企业18家，较2005年增加6家；专用车企业122家，较2005年增加66家；农用车（低速货车和三轮汽车）企业16家，较2005年转化调减5家；摩托车企业 19 家，较 2005 年增加 4 家；发动机及汽车零部件企业 1008 家，较 2005 年增加 588 家；全行业从业人员 26 万人；总资产 2853.4 亿元，较 2005 年增加 1770 亿元；完成主营业务收入 4105.7 亿元，是 2005 年的 3 倍；完成出口交货额 34.1 亿美元，是 2005 年的 3 倍；2010 年全省生产汽车 176.5 万辆，专用车 25 万辆，摩托车 158.8 万辆，三轮汽车和低速货车 167.4 万辆，汽车总产量居全国前列，已经成为全国汽车生产大省。

1. 成为全国重要的汽车生产基地。2010 年，全省生产各类汽车 176.5 万辆，约占全国总量的 10%，其中商用车 103 万辆，是 2005 年的 2.6 倍，占全国总产量的 23.6%；乘用车 73.5 万辆，是 2005 年的 7.4 倍，占全国总量的 5.3%。在商用车中，重型载货汽车 32.3 万辆，是 2005 年的 4.9 倍，占全国总产量的 30.5%；轻型载货汽车 65.3 万辆，是 2005 年的 3.1 倍，占全国总产量的 33.1%；三轮汽车及低速货车 167.4 万辆，占全国的 75%；成为全国载货类汽车第一生产大省。在乘用车中，轿车 29.6 万辆，是 2005 年的 3.4 倍，占全国总量的 3.1%；交叉型乘用车（微型面包车）42.1 万辆，占全国总量的 16.9%；乘用车生产规模不断扩大，正在成为全国乘用车重要生产省份之一。

2. 产业结构调整取得实效。产业集中度不断提高，产业布局得到优化，济南、青岛、烟台、潍坊汽车生产规模均超过 10 万辆，成为我省重要的汽车生产基地；淄博、威海、日照、聊城汽车产业初具规模，具备了发展为 10 万辆级产业基地的基础。企业重组取得显著成绩，由潍柴控股、山东工程机械集团有限公司和山东省汽车工业集团有限公司三家国有企业重组成立了山东重工集团有限公司，成为在国内外具有较强竞争力和较高知名度的大型企业集团。中国重汽与德国曼公司建立股权合作关系，加快了产品结构调整和技术升级步伐。上汽集团兼并重组山东一汽大宇汽车公司和烟台车身公司成立了上海通用东岳汽车公司，开启了山东发展轿车的历史。上汽通用五菱收购青岛颐中汽车成立上汽通用五菱青岛分公司，增补了山东交叉型乘用车的空白。吉利汽车、青年汽车在济南建立了轿车生产基地，为我省扩大轿车生产规模增添了新动力。通过联合重组、招商引资，我省汽车产品结构得到优化，到 2010 年乘用车比重达到 41.6%，改变了山东不能生产乘用车的历史。

3. 行业技术装备水平显著提高。“十一五”以来，全省汽车工业投资力度逐年加大，五年累计完成投资 600 多亿元，行业技术开发能力和生产装备水平显著提升，截止 2010 年底，全省 60% 的汽车整车生产企业工艺装备达到国内先进水平，30% 达到国内领先水平，智能数控冲压线、自动化总装生产线、机械手焊装线、全封闭涂装线、现代化检测线在主要汽车企业普遍应用；计算机辅助设计、企业网络系统、管理信息系统等现代信息技术得到广泛应用；企业技术中心建设得到加强，技术创新能力明显提高，已建成国家级企业技术中心 13 家，省级企业技术中心 73 家，重点企业的新产品产值率达到 35% 以上。拥有“中国名牌”10 个，比 2005 年增加 8 个；“山东名牌” 112 个，比 2005 年增加 95 个；拥有各项专利 2692 项，比 2005 年增加 1485 项，名列全国同行业前列。

4. 零部件配套能力明显增强。到“十一五”末，山东已成为全国汽车零部件生产大省。2010 年全省汽车零部件完成销售收入 1330.9 亿元，各类商用车省内综合配套率达到 80% 以上，180–460 马力车用大功率柴油机、重卡车桥、制动系统总成、曲轴、活塞、连杆、散热器、气门挺杆、节温器、转向节、刹车片等一大批产品在国内具有明显优势。轿车和面包车省内配套率达到 60%，轿车发动机、变速器总成、汽车空调、汽车音响、灯具等越来越多的乘用车零部件实现地产，为乘用车配套的零部件销售收入占全部零部件的 36%，较

2005年提高11个百分点。零部件企业质量和标准意识普遍增强，质量管理体系建设进步明显。气制动ABS、8AT自动变速器、全铝车身、锂离子电池等自主创新项目实现了重大突破，标志我省汽车零部件技术创新工作迈上新台阶，产品结构调整取得阶段性成果。

5. 对外经济取得较快发展。汽车及零部件出口总量逐年增长，2010年达到34.1亿美元，居全国各省市前列。出口产品结构不断优化，在全部出口产品中，汽车整车和关键部件总成占全部出口的比重达到56.3%，比2005年提高10个百分点，出口产品结构进一步优化。

（二）存在的问题和不足。

1. 产品结构不尽合理。2010年，我省乘用车所占比重只有41.6%，远低于全国76.1%的比重，乘用车市场占有率低，缺乏具有较强市场竞争力和发展潜力的品种，尚无中高档轿车产品。

2. 自主开发能力薄弱。汽车企业生产的产品趋同化严重，技术含量和附加值不高，导致我省汽车产业增加值率偏低，在安全、节能、环保和高端技术等方面与国外同类产品水平相比还有一定差距。

3. 汽车零部件产业集中度低。全省1008家汽车零部件企业分散在17个市地，销售收入超过20亿元的企业不到20家，企业规模偏小，专业化程度低，零部件生产企业在技术、质量、资金等方面实力不强，缺少高技术含量、高附加值的关键技术和产品，自主创新能力弱，核心竞争力不强。

二、“十二五”面临的形势

（一）国际发展趋势。

2008年以来，受国际金融危机冲击，世界各国经济的增速出现明显回落，汽车产业也受到较大影响，世界汽车产业格局正在发生新调整、新变化，形成了新的产业发展趋势。一是汽车产业发展受到各国政府高度重视。各汽车生产国均将汽车产业作为拉动国民经济走出衰退的重用力量，纷纷出台措施力促汽车产业发展，发展重点也从过去的以规模扩张为主，转变为着力提高市场竞争的生存能力、应变能力和创新能力。二是新能源汽车成为新兴产业发展的重点。汽车生产大国纷纷将发展新能源汽车上升到国家战略，为之提供巨额财政支持，以抢占新兴产业制高点。各大汽车制造商也加大资金投入，在混合动力汽车、纯电动汽车、燃料电池汽车等新能源汽车及关键零部件技术开发和生产上实现突破，新能源汽车有望成为今后企业开拓市场的拳头产品。三是新产品新技术的开发应用成为竞争的关键。经过上百年的发展，汽车产业已处于成熟期，产能过剩、市场饱和、能源紧缺、环境保护已成为困扰汽车产业发展的难题。因此，节能减排、降低成本、安全性能、个性化设计和新材料新能源开发成为汽车产业发展的主要方向，汽车产业已从数量扩张型向技术制胜型转变，产业竞争已集中于技术创新能力的竞争。四是企业联合重组大潮再度兴起。金融危机后，以资本关系为纽带、以品牌扩张为主导、以核心技术为依托、以竞争压力为推动力的企业兼并重组明显加快，资源配置将更倾向于具有国际竞争力的优势企业，生产集中度进一步提高，优势企业的核心竞争力将进一步增强，调整产业结构、提高产业集中度将是汽车产业未来的重要战略。五是世界汽车产业重心向新兴市场转移速度加快。从世界范围看，发达国家的汽车市场已基本饱和，为适应国际竞争需要，发达国家汽车生产企业采取出售品牌、产权重组、转移产地等措施，以维持其竞争优势和地位。而以中国、印度等发展中国家为代表的新兴市场，随着经济发展和居民生活水平的提高，对汽车的消费需求规模大、增长快，成为拉动世界汽车工业增长的主体，而且各发展中国家发展汽车产业的愿望强烈，措施有力，成为国际汽车大集团转移产能和争夺市场的主要目标。

（二）国内发展环境。

目前，我国汽车消费已经由导入期转为普及期。2010 年，全国汽车保有量已超过 7500 万辆，每千人保有汽车达到 58 辆，但不仅低于世界平均水平的 128 辆，较美德等发达国家的 950 辆相差更远。随着我国国民经济的稳定增长，以及人均 GDP 的不断提高，今后相当长一段时间，我国汽车消费仍将保持稳定增长趋势。据有关专家预测，当全国汽车保有量超过 2.6 亿辆时，汽车需求将趋向稳定，届时，汽车的普及率将达到每千人 200 辆，我国汽车市场潜力巨大。但是，受能源紧缺、燃油价格上涨、环境保护、交通拥堵等因素制约，今后几年，我国汽车产业增速将趋于平稳，年均增长速度将保持在 10% 左右，二、三线城市和农村地区汽车消费将会普遍增长，成为推动产销量增加的主要力量。预计 2015 年全国汽车产量将超过 2500 万辆。随着汽车生产企业的不断扩张，产能过剩将日益突出，汽车产业的竞争将更加激烈，新产品、新技术以及重点消费市场成为竞争焦点。激烈竞争将促使汽车产业加快结构调整，注重开发应用先进电子信息技术、节能减排技术、高安全可靠性技术、新材料及轻量化技术、新能源汽车技术、智能自动化工艺技术成为汽车产业未来的发展方向，联合重组、合资合作，也将在更大区域、更宽空间展开。

（三）山东发展机遇。

我省汽车工业“十五”以来的快速发展，为“十二五”发展奠定了重要基础。世界经济稳步复苏，国内经济持续平稳增长，汽车产业结构深化调整，将为我省汽车工业优化发展创造十分有利的条件。

一是新一轮的产业转移为我省提供了良好的发展机遇。从国际看，金融危机对发达国家汽车产业造成的巨大冲击，促使发达国家汽车产业加快向以中国为代表的新兴市场国家转移。从国内看，山东地处沿海，地理位置优越，交通运输便利，经济发达，劳动力丰富，工业基础好，汽车消费市场大，成为各大汽车生产商借势发展的重点。从本省看，经过多年发展，我省汽车工业基础日益雄厚，产业门类比较齐全，零部件配套能力较强，人才和技术储备坚实，具有良好的产业转移承接条件。

二是巨大的消费市场为产业发展提供了广阔空间。截止 2010 年底，我省人口总数达到 9500 多万，全省 GDP 达到 39416 亿元，人均 GDP 超过 6000 美元，具有较大的汽车消费潜力。2010 年，全省汽车保有量 700.6 万辆（不包含三轮汽车和低速货车 142.1 万辆），其中载客汽车 566.1 万辆，每千人保有汽车 73 辆（载客汽车 59 辆），低于广东、上海、浙江、北京、江苏等省市，汽车消费市场增长空间巨大。

三是转方式、调结构为汽车产业发展提供了新动力。我省是一个重化工业比重较大的工业经济大省，资源消耗大，污染排放多，节能减排任务重，迫切需要转变发展方式、调整工业结构。汽车生产业具有资源消耗低，投入产出高，经济带动力强的特点，必将成为各市争先发展的重点产业，这将为全省汽车工业发展创造新契机、新动力。

三、指导思想、基本原则和目标

（一）指导思想。

深入贯彻落实科学发展观，以转变发展方式为宗旨，以建设汽车工业强省为目标，大力推进产业结构调整，以自主创新和技术改造为动力，着力发展壮大中高档乘用车和新能源汽车，着力改造提升商用车技术水平，着力提高零部件质量和配套能力，着力增强产业核心竞争力，推动汽车工业走上创新驱动、结构优化、高质高效、集约发展的轨道，建成具有较强竞争力的汽车工业强省。

（二）基本原则。

1. 坚持结构调整。推进企业联合重组，培育大型企业集团；大力发展产业集群，提高产业集中度；加强关键技术和新产品研发，提高产品技术含量和附加值，促进产品升级。

2. 坚持技术创新。加强自主品牌建设，支持企业自主创新和技术改造，力争在关键技术上实现突破，提升核心竞争力，缩小与国际先进水平的差距。

3. 坚持国际化战略。鼓励企业积极参与国际合作和竞争，支持具备条件的企业通过实施国外并购，迅速掌握核心技术和销售渠道，开拓国际市场。

（三）发展目标。

1. 产业规模增长一倍。到2015年，全省汽车生产规模达到350万辆，专用车达到50万辆，摩托车达到300万辆，三轮汽车和低速货车180万辆，其中新能源汽车所占比重超过6%。全行业销售收入8000亿元，汽车及零部件出口交货额100亿美元。

2. 建成八大汽车生产基地。调整汽车产业区域布局，将济南、青岛、烟台、潍坊培育成为年产量超过50万辆的千亿级汽车生产基地，将淄博、威海、日照、聊城培育成为年产量超过10万辆的百亿级汽车生产基地，力争达到20万辆。以上八大基地整车生产集中度达到90%以上。

3. 培育一批大型企业集团。通过调整和联合重组，培育10–15家具有较强竞争力的大型企业集团，其中营业收入过1000亿元的2家，过500亿元的2家，过100亿元的超过8家。以大企业集团为核心，凝聚一批先进零部件企业，带动形成一批具有较强配套能力和研发水平的汽车工业园区。

4. 产品门类齐全、结构优化。到2015年，全省乘用车比重力争达到50%，实现由以商用车为主体转变为商用车和乘用车同步发展。重型车国内市场占有率达到40%，轻型车国内市场占有率达到40%；大、中型客车产销规模达到5万辆；轿车、SUV和交叉型乘用车生产能力分别达到80万辆、10万辆和80万辆，其中中高档轿车比重占轿车总量的40%以上。

5. 技术创新能力显著增强。到2015年，全省汽车产业产品研发投入占销售收入的比重超过2%，重点企业力争达到3%。建成国家级企业技术中心20家，省级企业技术中心100家；重点企业的新产品产值率达到40%以上，70%的技术装备达到国内先进水平，关键装备达到国际先进水平，形成与国际接轨并具有较强自主研发能力的汽车工业技术创新体系。全省整车的节能、环保、安全性能和新能源汽车整体性能均达到国内领先水平，汽车零部件系统化、模块化、集成化比重和产品质量标准水平显著提高。

6. 节能和新能源汽车形成规模优势。以混合动力汽车、纯电动汽车和燃料电池汽车为重点，加大科技开发投入，掌握新能源汽车关键核心技术，拥有自主创新能力；带动电池、电机、电控等新能源汽车配套零部件发展，完全满足省内配套需要；突破醇氢燃料汽车关键技术，加快推广应用节能和新能源技术。到2015年，全省节能和新能源汽车生产规模达到25万辆，力争30万辆，形成规模优势。

四、发展重点

根据国内外汽车工业发展的新趋势，结合山东实际，围绕转变发展方式，调整产业结构，建设汽车工业强省，“十二五”期间，我省将重点突破四类关键技术、发展六大类产品、建设八大汽车生产基地。

（一）突破四类关键技术。

1. 关键共性技术。加大研发投入，促进车辆噪声、振动和声振粗糙度新技术及应用、车身造型与结构、底盘设计制造、柔性加工、快速成型与液压、气动、密封等技术的研发和产业化水平。

2. 节能环保技术。加大新型发动机研发投入，积极开发和应用缸内直喷、增压中冷、废气再循环、高压共轨等先进技术，提高采用高效、轻量、节能、环保材料的比重，促进汽车产品在安全、环保、节能等方面迈上新台阶。

3. 电子信息技术。联合省内高校和科研院所，重点发展汽车底盘电子控制、发动机电子控制、车身电子控制、汽车导航系统、行车环境适应系统、车载信息系统等技术。推动汽车数字化开发技术在产品开发、生产中的应用，重点发展计算机辅助造型、辅助工程分析、仿真技术应用等。

4. 新能源汽车技术。鼓励新能源汽车企业加大研发投入，联合有关科研单位和零部件企业，共同开发电池、电机、电控、混合动力变速器等关键零部件，降低研发和制造成本，提高新能源汽车技术水平，推动纯电动汽车、混合动力汽车及其关键零部件的产业化。

（二）重点发展六大类产品。

1. 乘用车。支持上海通用东岳、上汽通用五菱青岛分公司、济南吉利汽车、荣成华泰、济南青年汽车等企业，加快乘用车基地建设，扩大生产规模，提高研发能力，不断推出新产品，使产品档次和性价比再上新台阶，增强市场竞争力。重点发展“中高档”和经济型轿车产品，加快发展节能环保型 SUV 和用途多样、品种齐全的交叉型乘用车，满足城乡经济发展需要和越来越多的个性化需求。到 2015 年，全省轿车、SUV、交叉型乘用车生产规模分别达到 80 万辆、10 万辆、80 万辆，其中“中高档”轿车占全省轿车的 40%，成为全国乘用车生产重要省份。

2. 载货车。支持中国重汽、一汽解放青岛汽车厂、北汽福田诸城汽车厂、北奔重汽蓬莱分公司、凯马汽车、唐骏欧铃、东安黑豹、时风集团、五征集团、山东重工集团等企业，推进载货汽车产品升级，提升重中型、轻型载货汽车技术水平，加快发展中、高档重中型和轻型载货汽车。积极开发应用空气悬架、盘式制动器、车身总成、自动变速器、汽车电子控制系统等先进总成，掌握整车匹配技术、电控燃油喷射系统、发动机尾气后处理装置、轻量化车身等关键技术，提高安全性、环保和节能性能。支持时风集团、五征集团等三轮汽车及低速货车企业，调整产品结构，提升三轮汽车和低速货车技术水平，进一步向轻型汽车并轨。到 2015 年，载货汽车生产规模达到 180 万辆，其中重中型车 50 万辆、轻微型车 130 万辆，继续保持我省载货汽车在全国的优势地位。

3. 客车。支持中通客车、烟台舒驰、齐鲁汽车、山东沂星等企业，加快研发新型客车；鼓励中国重汽、北汽福田等大企业集团，通过联合重组等方式发展客车，调整优化产品结构。重点发展低底板公交客车、BRT 城市快速公交、新能源客车、适应高速公路的大中型豪华客车、高档旅游客车、房车和村村通工程用车。加强客车专用底盘和智能底盘系统、底盘匹配技术研究，提高车辆的安全性、舒适性和稳定性，提升我省客车在国内外市场的竞争力。到 2015 年，全省客车生产规模达到 5 万辆，其中新能源客车 2 万辆，成为全国客车生产大省。

4. 新能源汽车。支持中通客车、齐鲁汽车、烟台舒驰、山东沂星、唐骏欧铃等公告企业积极研发混合动力、纯电动汽车产品。鼓励山东时风、山东宝雅等新能源汽车企业扩大低速电动汽车出口，争取纳入国家公告资质。依托省内院校和科研院所，搭建节能与新能源汽车共性技术研发平台，加快共性技术和关键核心技术攻关；依托中通客车、山东沂星，实施新能源汽车及零部件联合开发，带动全省新能源汽车系列化、标准化和产业化。支持有条件的企业研发燃料电池汽车（FCEV）、氢发动机汽车以及双燃料汽车等新能源汽车。

按照龙头引领、科技支撑、产业推进、政策保障、突出特色的发展战略，在推进新能源汽车发展时，一是鼓励引导重点城市，依托龙头企业或科研单位建立以大型混合动力和纯电动客车、低速电动汽车、场地专用车的产品研发体系，为发展新能源汽车提供技术支撑；二是支持已取得国家公告的中通客车等新能源汽车企业，积极参与新能源客车示范工程；鼓励场地专用车在省内旅游景区、机场、大型社区等开展示范性运营；为新能源汽车发展提供拓宽市场空间。三是加强分类指导，重点支持研发符合标准、具有较高技术水平的低速电动汽车生产企业，积极争取国家准入支持；鼓励有资质的企业通过联合重组现有企业，实现规模化生产，使我省低速电动车企业资源充分发挥社会效益、环境效益和经济效益。到2015年，全省节能和新能源汽车生产规模达到25万辆，力争30万辆，形成规模优势。

5. 专用车。支持中集集团、重汽青专、临清迅力、山东东岳、重汽五岳、蓬翔汽车、中通集团、泰安航天、青特集团、烟台杰瑞、威海怡和、广泰空港等企业，采用先进工艺装备，加快技术改造，提高专用车质量水平，应用新技术和新材料，调整产品结构，向高附加值、高技术含量及轻量化产品转变，建立宽系列多品种的研发体系。重点发展环卫、邮政、医疗、油田、通讯、机场、国防等方面用车。主要产品包括：压缩式垃圾车、多功能喷洒车、吸污车、移动邮政车、医疗车、消防车、房车、清障车、高速公路养护车、高空作业车、混凝土运输车、汽车起重机、抢险车、冷藏保温车、液化气高压罐车、机场加油车、油田专用车、水泥泵车、带电作业车、自卸车等。到2015年，全省专用车生产规模达到50万辆，其中高技术含量、高附加值特种专用车生产规模达到20万辆，继续保持全国专用车生产第一大省的强势地位。

6. 零部件。支持山东重工、华源莱动、天润曲轴、渤海活塞、盛瑞传动、山东旭日、青特集团、寿光泰丰等发动机及零部件骨干企业，加大资金投入，积极应用复杂铸造、精密锻造、大型锻压、精密冲压、多工位压力成型、可控气氛/真空热处理等先进工艺技术与设备，引用国际质量标准体系，提高零部件行业工艺装备水平和产品质量标准；鼓励企业引进技术与自主开发相结合，加快发展汽车电子产品，推动零部件产品结构实现快速升级；积极引导零部件企业与整车企业、与关联企业、与科研院校开展合作，加强新产品新技术开发，扩大采用高性能、轻量、节能、环保材料的比重，提高零部件技术含量和附加值，形成零部件与主机产品同步开发。重点发展：达到欧Ⅳ、欧Ⅴ排放标准的节能型载货车发动机和乘用车发动机，以及活塞、曲轴、燃油喷射系统、喷油器、涡轮增压器、电控装置等高技术含量、高附加值的发动机零部件；离合器、液力耦合器、传动轴，变速器总成、空气悬架、方向机、转向器、驱动桥等传动系统、制动系统和转向系统；空调、空调压缩机、座椅、内饰、仪表板总成、安全气囊及其控制模块等车身附件及安全系统部件；控制系统、车身电子部件、ABS/ASR、ESP/EPS、OBD系统等汽车电子产品；纯电动汽车用动力电池、驱动电机、电控系统、混合动力汽车用动力耦合及传动装置等新能源汽车关键零部件。到2015年，全省汽车零部件工业销售收入达到2800亿元，其中高技术含量、高附加值的总成件、电子件比重达到65%，乘用车零部件比重达到50%；载货车省内配套率达到90%，乘用车省内配套率达到80%，汽车及零部件出口交货额达到100亿美元，成为品种全、质量水平高、配套能力强、出口规模大的零部件生产强省。

（三）建设八大汽车生产基地。

1. 重点建设四个千亿级整车生产基地。

（1）济南基地。以新型高技术性能重型载货车和中高档轿车为发展重点。积极支持中国重汽、济南吉利、济南青年汽车加快新建生产能力建设，优先保证企业用地、电、汽等生产要素供应。支持零部件配套企业加快向整车企业集聚，提高配套能力，扩大本地配套比重。到2015年，济南市汽车生产规模达到50万辆。

（2）青岛基地。以高性能重中型货车和功能全、用途多、款式新的交叉型乘用车为发展重点。支持上汽通用五菱青岛公司加快二期产能扩建工程建设，增加新品种，扩大生产规模；支持一汽解放青岛汽车厂加快技术改造，优化产品结构，扩大生产能力。到2015年，青岛市汽车生产规模达到70万辆。

（3）烟台基地。以节能环保型轿车和高性能中重型卡车为发展重点。支持上海通用东岳汽车公司搞好三期产能扩建工程，扩大轿车生产能力，加快推出新产品，提高中高档轿车生产比重。支持山东上汽汽车变速器公司等相关零部件配套企业搞好技术改造和配套新产品开发建设，增强零部件配套能力。支持北奔重汽蓬莱分公司进一步扩大重卡产能，形成产业规模。支持东岳动力总成、华源莱动扩大产能，开发生产新型节能环保发动机。到2015年，烟台市汽车生产规模达到60万辆。

（4）潍坊基地。以轻型载货车、新能源汽车、发动机、变速器为发展重点，支持北汽福田诸城汽车厂和山东凯马汽车加快技术改造，进一步提高工艺技术装备水平，扩大轻卡生产能力。支持北汽福田加快新能源汽车项目建设，及早形成产业规模。支持潍柴动力扩大新型高性能大功率发动机产能，增产适合中小功率载货汽车用发动机品种，提高载货车省内发动机配套能力。支持盛瑞传动加快发展先进变速器，形成规模优势。到2015年，潍坊市汽车生产规模达到80万辆。

到2015年，济南、青岛、烟台、潍坊四大生产基地，汽车生产能力合计达到260万辆，带动发展起一批技术开发能力强、产品质量高、配套品种齐全的零部件生产企业。鼓励各市以骨干企业为依托，以产权为纽带，建立共用冲压加工中心，整合现有资源，提高设备利用效率，降低生产成本；探索建立共用技术开发平台，增强区域技术创新能力。到2015年，行业销售收入均超过1000亿元，成为山东汽车工业的发展主体。

2．加快培育四个百亿级生产基地。

支持山东唐骏欧铃汽车公司加快技术改造，扩大生产能力，形成以轻型载货车为重点、以唐骏欧铃为中心的淄博生产基地。支持东安黑豹和荣成华泰加快技术改造，扩大生产能力，增加产品品种，形成以SUV乘用车和微型载货车为重点、由东安黑豹和荣成华泰辐射带动的威海生产基地。支持山东五征加快技术改造，增加新品种，拓宽发展领域，扩大汽车生产规模，形成以中轻型卡车和三轮汽车为重点、以五征集团为核心的日照生产基地。支持中通集团和山东时风加快新产品开发，调整产品结构，扩大生产规模，形成中高档客车、新能源客车和载货车为重点、由中通集团和山东时风辐射带动的聊城生产基地。通过市场引导、政策扶持，鼓励龙头企业充分发挥带动作用，吸引国内外相关零部件制造、物流等企业到周边投资建厂，逐步形成完整的产业链条，打造产品性能优越、配套能力强、品种多元化、技术与国际全面接轨的四个生产基地。

到2015年，淄博、威海、日照、聊城四大生产基地，汽车生产规模均超过10万辆，力争达到20万辆，行业销售收入均超过100亿元，形成以龙头企业为主体、零部件配套能力完备、产品特色鲜明的四个百亿级生产基地。

五、保障措施

（一）大力开拓市场。引导企业全面分析国际国内汽车市场特点和发展趋势，研究制定营销战略，巩固扩大传统市场，积极开拓新兴市场，突出重点市场，有步骤、分层次、有针对性地实现突破。要以市场为导向，大力调整产品结构，加快新车型、新品种的研究开发，迅速提高产品质量。充分利用现代网络科技手段开拓汽车市场，积极应用现代信息技术，加强交易信息网络建设，扩大电子商务规模，降低营销成本，增强竞争力。学习先进营销理念，增强品牌意识，实施品牌战略，加大品牌宣传力度，树立强势品牌形象，把山东打造成世界闻名的汽车品牌集聚地。

（二）加快重点项目建设。按照政府引导、

企业为主、市场化运作的原则，多渠道筹措资金，加大对重点企业、重点项目的投入。重点支持八个生产基地中关系全省汽车产业结构调整大局和产业竞争力的重大建设项目，特别是以中高档轿车为主的乘用车扩能、载货车技术升级、新能源汽车产业化、车用发动机升级、先进变速器研发及产业化、关键零部件技术研发及产业化。抓住国家调整经济结构的机遇，积极争取技术进步和技术改造专项资金。省里每年筛选一批结构调整专项，在技术改造项目和科技创新项目补助资金安排上给予倾斜，促进产业调整升级。同时，加大国内外融资力度，积极吸引国内外大公司大集团与我省企业合资合作，支持有条件的企业上市，充分利用资本市场融资，提高利用外资和资本市场的规模与水平。到2015年，八个汽车生产基地总投资超过800亿元，全省汽车工业总投资达到1000亿元。

（三）加强创新能力建设。引导企业建立和完善技术开发机构，支持有条件的企业建立省级和国家级企业技术中心，申报高新技术企业、创新型（试点）企业，建设国家、省级重点实验室和建立博士后工作站，提高引进技术消化吸收与自主开发创新能力。加强产学研联合，加快汽车高新技术产业化进程，吸引国内外高水平汽车技术开发机构来我省设立分支机构。加快人才培养机构建设，依托省内院校，增设汽车相关专业，充实师资力量，鼓励吸引省外高校来我省创办分校，采用联合办学、设立分校、对口培训等方式，在八个汽车生产基地建立起汽车专业培训机构，为企业发展提供智力支持。

（四）积极发展新能源汽车。认真落实国家鼓励新能源汽车消费的相关政策，以及《山东省新能源汽车示范推广财政扶持办法（试行）》（鲁政办发〔2009〕130号），积极做好新能源汽车的推广应用，完善新能源汽车充电等配套设施，扩大省内示范区域，为新能源汽车产业发展创造良好的市场环境。积极推进新能源汽车产业发展，加大资金扶持力度，落实《山东省人民政府办公厅关于推进新能源汽车产业发展的若干意见》（鲁政办发〔2009〕64号）和《山东省新能源汽车关键零部件财政扶持暂行办法》（鲁财建〔2010〕72号），鼓励引导有关企业加大新能源汽车整车技术和关键零部件技术开发投入，支持企业加快新能源汽车产业化项目建设，在核心技术开发和产业化上实现突破，形成产业优势。

（五）推进企业联合重组。抓住国际金融危机和汽车工业结构调整的机遇，大力推进企业联合重组。充分发挥我省汽车企业资源多、配套能力强、劳动力丰富的优势，吸引国际、国内和本省大企业与我省企业进行联合重组、合资合作、兼并收购，开发生产新型汽车，扩大汽车生产规模，增加高端汽车品种。鼓励国内外先进零部件企业，通过合资合作、独立建厂、兼并重组来我省发展先进高端零部件。各级政府要为企业重组创造有利条件。

山东省机械基础零部件、关键材料及基础工艺“十二五”规划

装备制造业是现代制造产业的基础，具有技术知识密集，附加值高、关联性强、带动性大的特点，是衡量一个国家和地区核心竞争力的重要标志。机械基础零部件、关键材料及基础工艺是装备制造业的重要组成部分，是装备制造产业升级和技术进步的重要保障之一，决定着装备产品的质量、水平和可靠性。为推动装备制造产业全面升级，实现我省由装备制造大省向强省的转变，特制定本规划。

一、“十一五”发展回顾

（一）取得的成绩。

机械基础零部件品种规格繁多，量大面广，

为航空航天、机械制造、交通运输、石油化工、电力能源、轻工纺织等装备提供配套，并广泛应用于社会生活的各个方面。“十一五”期间，我省装备制造业经济总量快速增长，形成了门类比较齐全、规模较大、技术水平较高的产业体系，在全国同行业处于优势地位，是我省重要的支柱产业。

1. 规模总量不断提升。2010 年全省装备制造业规模以上工业增加值增长速度为 23.1%，比全省工业增加值增速快 8.1 个百分点；主营业务收入 25506.1 亿元，增长 29.3%；利税 2522.5 亿元，增长 40.1%；利润 1693 亿元，增长 43.5%。主营业务收入、利税、利润占全省规模以上工业的比重分别达到 28.6%、26% 和 28%。机械基础件规模以上企业 1622 个，实现销售收入 1903.8 亿元，增长 35.4%；利税 198.3 亿元，增长 40.7%；利润 129.9 亿元，增长 43.9%。

2. 骨干产品优势明显。重型汽车、轻型卡车、大型锻压设备、推土机、拖拉机、联合收割机等产品产能及市场占有率均居全国首位，其中农机占全国总量的 50%，农业运输机械占全国产量的 79.3%。金属切削机床、改装汽车、交流电动机、变压器等产品产量居全国第二，轴承、液压元件等产品居全国第三。工程机械、石油机械、木工机床、大型精密模具、电工电器等居全国前列。2010 年全省汽车零部件完成销售收入 1331 亿元，增长 34.9%，省内综合配套率达到 80% 以上。

3. 品牌企业竞争力不断增强。2009 年全省有 20 户装备制造业企业进入制造业企业百强，其中 11 个企业年销售收入超过百亿元。中国重汽集团有限公司、潍柴控股集团有限公司、时风集团有限公司、浪潮集团有限公司、福田雷沃重工有限公司、济南二机床集团有限公司、烟台冰轮集团有限公司等一批企业在国内具有较强影响力。由潍柴控股集团有限公司、山东工程机械集团有限公司和山东汽车集团有限公司三家企业为主组建的山东重工集团有限公司，2010 年实现销售收入 1070 亿元。拥有两家上市公司的中国重汽集团 2010 年生产汽车 21.5 万辆，实现销售收入 804.8 亿元，为打造我省两家销售收入过千亿元、争取进入世界 500 强的大型装备工业企业集团奠定了基础。

4. 特色生产企业快速壮大。大型、重点装备企业的快速发展为我省机械基础零部件、关键材料及基础工艺的发展创造了巨大的发展机会和空间。在轴承、齿轮、模具、液压件、密封件、紧固件等与整机配套的基础零部件方面，一批“专、精、特、”的生产企业快速壮大。在机械装备关键材料研发生产方面，我省在高性能合金钢、专用钢、高档型材及特种材料、大型铸锻件、高技术陶瓷、特种纤维、高分子材料、特种功能材料、粉末冶金等领域形成了具有山东特色的新材料产业，为提高我省机械基础零部件的质量水平和装备制造业的可持续发展奠定了重要基础。

（二）存在的问题和不足。

1. 技术创新能力薄弱。研发投入不足，技术力量相对薄弱，工程技术人员比重偏低，缺乏高层次学科带头人，人才与发展不相适应。产品设计研发手段、生产制造装备水平不高，生产工艺、工具（包括软件）、数字化信息化水平还较低，自主创新能力不强。重大、先进设备的核心技术和核心部件受制于人，高技术含量、高附加值的关键零部件产品和具有自主知识产权的核心技术偏少。

2. 产品质量和可靠性不高。关键材料种类少、质量偏低，基础工艺落后，导致零部件产品质量和可靠性总体不高。大部分机械基础件产品处于中低档次，产品附加值低，产品结构不合理。关键基础材料系列化、标准化、个性化服务能力相对较弱，专业化程度低。产品的标准化程度不高，企业对制定标准、执行标准的认识有待加强。

3. 核心技术依赖性强。如飞机起落架、

高速列车车轴、轴承等抗疲劳高强钢，核电站用耐高温、抗辐射不锈耐热钢管，燃气轮机、涡扇发动机的高温合金叶片、高档数控系统和主轴单元等技术产品依赖进口。高端基础零部件性能与发达国家相比差距较大，零部件配套产业落后于整机装备的发展。

4. 产业集中度低。装备制造业总体依赖于外延扩张，看重速度、追求产量，对基础零部件研发生产重视不足，更多采用外包。对影响基础零部件产品可靠性的关键材料及工艺的重视程度不够。基础零部件企业规模小、门槛低、差别大，与主机企业联系分散，协同程度较差，产业集中度有待加强。

二、“十二五”面临的形势

国务院常务会议审议并通过了《国务院关于加快培育和发展战略性新兴产业的决定》(国发〔2010〕32号)，重点培育节能环保、新一代信息技术、生物、高端装备制造业、新能源、新材料和新能源汽车七个战略性新兴产业，这是我国转方式、调结构新形势下的重要战略举措。其中“高端装备制造业”领域将重点发展航空航天、海洋工程装备、高端智能装备、关键基础配套件等产业。战略性新兴产业的崛起和装备制造业转型升级，为机械基础零部件、关键材料及基础工艺发展带来了新的机遇。为了促进装备制造业质量水平的提高，工信部出台了《机械基础零部件产业振兴实施方案》(工信部装〔2010〕479号)，目的是提升基础零部件发展水平，推动产业结构优化升级，为实现装备制造业由大变强奠定坚实基础。我省机械装备制造业基础良好，发展潜力较大，但机械基础零部件产业发展滞后于整体装备产业的问题长期存在，装备工业用关键材料在性能、质量、品种方面仍有较大差距，严重制约了装备制造业转型升级。

三、指导思想、基本原则和目标

（一）指导思想。

以邓小平理论和“三个代表”重要思想为指导，深入贯彻落实科学发展观，坚持以结构调整和经济发展方式的根本转变为主线，在不断提高装备制造业总体水平的同时，通过加大研发投入，加强政策引导，增强企业自主创新能力，大幅度提高机械基础零部件、关键材料、基础工艺的质量水平，促进装备制造产业结构优化升级，为推进我省由装备制造大省向强省的转变奠定基础。

（二）基本原则。

1. 市场主导原则。引导企业以市场为导向，依托装备制造业重点领域和战略性新兴产业需求，积极发展机械基础零部件、关键材料和基础工艺，实现高效率、高质量和高附加值，推动企业走高端、高质、高效发展之路。健全和完善标准体系，不断提高产品质量水平和市场配套能力。

2. 创新先导原则。引导企业加大科技投入，发挥高校、科研院所、研发中心等各类公共创新服务平台作用，整合科技资源，通过产学研合作形式组织开展重大科技攻关，突破核心技术和发展瓶颈，提高企业创新能力和制造水平，不断开发新产品新技术，为行业可持续发展提供基础技术支撑。

3. 两化融合原则。坚持信息化和工业化的融合，用信息技术实现基础配套产业数字化研发、智能化制造，网络化服务，使机械基础零部件、关键材料及基础工艺走在全省装备制造业的前列，为信息化条件下产业升级和新兴产业发展奠定基础。

4. 结构优化原则。鼓励大型企业通过兼并重组发展具有国际竞争力的大企业集团，同时积极引导中小企业向“专、精、特、新”方向发展，推动企业向“大而强”和“小而专”的方向转变，形成优势互补、协调发展的产业格局。

（三）发展目标。

1. 产业实现平稳较快增长。通过“十二五”期间的努力，使我省机械基础零部件和关键材料及基础工艺质量水平得到明显提高，行业核心竞争力明显加强，产业规模位居全国前列，到“十二五”末，机械基础件销售收入达到4000亿元，销售收入年均增速保持在20%以上，培育10家具有国际竞争力的基础零部件和关键材料骨干企业和集团，100家具有国内领先水平的零部件和关键材料骨干企业，10个零部件生产供应和出口基地。

2．技术创新能力全面加强。基础零部件和关键材料及基础工艺行业突破一批核心技术，研发一批高附加值优质产品，创建一批知名品牌，建立一批专业化强的行业技术创新服务平台，企业创新能力、装备水平和服务能力得到全面加强。重点零部件企业的研发投入占销售收入比重达到3%以上。每年开发1000项重点新产品、新技术，其中30%达到国际先进水平。培育35家国家、省级企业技术中心、行业技术中心、工程技术研发中心、重点实验室等创新服务平台。

3．基础配套水平显著提高。产业结构趋于合理，基础配套件研制水平和配套能力进一步提升，通用件标准化程度显著提高，产业聚集度进一步加强；关键材料、特种原材料研发实现突破，关键材料满足省内外市场需求；基础工艺水平达到国内领先，重点企业达到国际先进水平。省内基础零部件配套能力达到80%以上。

四、发展重点

（一）大力提高基础配套件质量水平和配套能力。

围绕能源开发、交通运输、新农村建设、新材料制备、节能环保与资源综合利用等战略性新兴产业所需装备，大力提高基础配套件质量水平和配套能力。

1．着力提高传统装备产业基础零部件质量水平。重点发展交通运输机械、工程机械、农业机械、冶金矿山设备、建材机械、电力机械、高档数控机床等行业用大型、精密轴承，高精度齿轮传动装置，高强度紧固件，高压柱塞泵/电动机、液压阀、液压电子控制器、液力变速箱，气动元件，轴承密封系统、橡塑密封件等，通过提高设计制造水平、检测检验水平和质量管理水平，切实提高基础配套件整体质量。

支持临沂常林集团年产60万套重大装备液压主件产业化项目，山东重工集团有限公司、济南液压泵有限公司、山东博泵科技有限公司等企业液压元器件及泵阀开发生产，临沂开元轴承有限公司、山东哈临轴承实业公司、山东博特轴承有限公司等企业重点发展为主机配套的高精度、高附加值轴承产品。

2．加快发展为战略性新兴产业服务的基础零部件产业。重点发展2.5兆瓦以上风力发电机用轴承、偏航变桨用液压伺服系统与密封系统，风电塔筒用大规格高强度紧固件，大型水力发电机球阀、转轮叶片、接力器密封系统；核电站二级泵轴承、新型核电主泵三级密封装置、高可靠性核电专用紧固件。高档数控机床用大型精密轴承、重大装备用高速高精传动装置、高精密液压件、密封件及系统；大型飞机配套的轴承、齿轮传动装置、液压控制系统，航空用钛合金/铝镁合金紧固件等。

支持山东核电设备制造有限公司的AP1000堆型核电站安全壳压力容器、设备模块等；烟台台海玛努尔核电设备有限公司的核岛一回路主管道、核反应堆内构件、核级锻件、铸件、泵、阀等；烟台冰轮集团有限公司核级阀门制造；山东瑞其能电气有限公司、山东长星集团有限公司风力发电机零部件制造；泰安泰山福神齿轮箱有限公司、烟台环球机床附件集团公司、山东博特精工股份有限公司等为战略性新兴产业服务的基础零部件开发制造等。

3．大力开发绿色交通装备基础零部件产业。重点开发轿车三代轮毂和重载卡车二代轮毂轴承单元，汽车节能自动变速器及其关键零部件，汽车发动机正时链系统和变速箱齿形链系统，汽车发动机用高强度紧固件，汽车整车及零部件装配生产线用气动伺服阀、比例阀和阀岛、定位气缸，制动能量回收型汽车液压混合动力装置。时速300公里及以上高速动车组、大功率交流传动电力/内燃机车、载重100吨铁路重载货车和城市轨道交通车辆用轴承、齿轮传动装置、气动元件及系统；船用大功率高速齿轮传动装置、高转速大功率液力偶合器调速装置，海洋工程用超大模数齿轮齿条传动装置。

支持南车青岛四方机车车辆股份有限公司、济南轨道交通装备有限责任公司高速铁路、轨道交通装备零部件制造；中国重汽集团有限公司、潍柴动力股份有限公司、淄博柴油机总公司、济南柴油机股份有限公司、滨州盟威集团有限公司、文登天润有限公司、聊城鑫亚有限公司、潍坊富源增压器有限公司、山东康达有限公司等企业汽车、船舶用发动机零部件制造，加快绿色交通装备基础零部件产业发展。

4. 加快提高仪器仪表配套件质量水平。加快发展包括智能仪表、智能传感变送器、成套专用控制装置和成套专用优化系统；关键精密测试测量、分析仪器，包括色谱仪器、光谱仪器、农业和食品专用仪器、环境与能源专用检测仪器、生命科学分析仪器；高性能传感器、各种在线检测、数据采集和远程终端控制系统、工业机器人、智能化仪表、精密监测和计量仪器等高精度、高可靠性的自动化仪器仪表配套件。

支持山东鲁南瑞虹化工仪器有限公司气相色谱仪、山东高密彩虹分析仪器有限公司生化分析仪、济南试金集团有限公司万能自动试验机、烟台东方仪器有限公司的光电直读光谱仪、青岛前哨精密机械有限责任公司气动工具花岗石量仪、山东飞龙仪表有限公司智能流体测量仪、济南东测试验机有限公司高性能试验机等高档仪器仪表零部件产品的研发生产。

5. 大力发展高档工模具及加工附具。重点发展大规模、超大规模集成电路用引线框架精密多工位级进冲模，集成电路精密封装模具；叶片成型模具和电机定、转子零件大型精密冲压模具；电子元器件和精密接插件用精密模具，超高速精密冲压模具；高档轿车覆盖件模具及多工位高精度冲压模具，汽车超强钢板热压成形模具，汽车发动机进气歧管成形模具；大型铝镁合金压铸模具；高强度高韧性耐高温复合材料成型模具；高分子复合材料成型模具，电子元器件所需的精密、超精密模具等。研究开发快速原型技术、虚拟制造技术、逆向工程、敏捷制造等先进制造技术应用于模具制造，加快提升工模具及加工附具质量水平。

支持青岛海尔模具有限公司、青岛海信模具有限公司、烟台爱开天隆模塑有限公司等企业开发生产大型及精密塑料模具；山东豪迈机械科技股份有限公司、山东大王金泰集团公司、荣成宏昌模具有限公司生产子午线轮胎活络模具及其制造设备；潍坊福田模具股份有限公司、寿光万龙模具制造有限公司、即墨海隆机械有限公司、烟台泰利汽车模具制造有限公司生产大型汽车覆盖件模具等高档汽车模具；支持山东通裕集团有限公司、龙口市丛林机械制造有限公司生产大型铝型材挤出模具、大型铸管模具等。

（二）突破关键材料核心技术。

通过提高关键原材料质量，不断提高机械基础零部件质量水平，实现装备制造业转型升级。

1. 研究开发关键金属材料及制品。重点发展洁净钢、高合金钢生产工艺，开发高速铁路用钢、高等级船板钢、X80级管线钢、汽车用薄板等专用钢，工模具用合金钢，以及耐磨、耐热、耐蚀特种合金材料等产品；研究镁铝合金化技术及后加工技术，开发大体积高纯、高合金化圆锭、板锭，优质铝基复合材料；研究铜短流程精炼加工技术，开发压延铜箔、高速铁路接触线、铜包铝板线等产品。开发航空用高性能型材、高速列车及轨道交通用型材、商用汽车型材、发动机电机壳体、高档包装及装饰用板材等型材制品。

支持济南钢铁集团有限公司、莱芜钢铁集团有限公司开发洁净钢、高合金钢、型材等关键金属材料；山东丛林集团有限公司、山东南山铝业股份有限公司等企业开发生产高性能高速列车及轨道交通用型材等。

2. 大力开发大型成套装备用关键铸锻材料及制品。重点发展大型核电、风电设备、火电机组铸锻件，70万千瓦以上等级大型混流式水轮机组铸锻件，大功率发动机、重型机床铸件；石化、煤化工重型容器锻件，冷热连轧机铸锻件，大型船用曲轴、螺旋桨轴锻件，大型轴承圈锻件等。突破30万、60万千瓦火电机组高中压转子，低压转子，发电机大轴；100万千瓦级核电设备压力壳、蒸发器、主管道等成套大型关键锻件关键技术。以强韧化、轻量化、精密化、高效化为目标，重点研制优质奥贝球墨铸铁、蠕墨铸铁、铸铁复合材料制造技术，薄壁高强度灰铸铁、低温铸铁制造技术，计算机优化设计和性能模拟技术，铸造工艺在线检测和性能检测技术与装备、高性能铸造原辅材料及回收利用技术、节能减排技术等，大力提升铸件质量。

支持山东核电设备制造有限公司、烟台台海玛努尔核电设备有限公司、烟台冰轮集团有限公司、山东伊莱特重工有限公司、山东通裕集团有限公司等企业生产的风电、核电用关键铸锻件；潍柴控股集团有限公司、中国重汽集团有限公司、济南二机床集团有限公司、文登天润曲轴有限公司、山东滨州渤海活塞有限公司、诸城市华欣铸造有限公司等企业开发生产先进铸锻材料及产品等。

3. 加快发展高技术陶瓷材料。研究氧化铝、氧化锆、氮化硅、二氧化钛及钛酸盐系列陶瓷粉体制备、制品成型工艺及复合材料工艺技术，开发压敏、热敏、压电、吸波、耐磨耐蚀、抗冲击等功能材料、结构材料制品。开发氟橡胶、硅橡胶、聚氨酯弹性体、高档保温材料、环保型胶粘剂、高性能密封材料等。

支持山东大学、山东工业陶瓷研究院加快高性能陶瓷粉体原料的工程化制备技术及配套装备开发，支持山东硅苑新材料、中材高新材料等企业，以结构陶瓷、功能陶瓷两大系列产品为重点，加快产业化进程，形成规模优势。

4. 大力发展碳纤维、玻璃纤维材料及制品。重点发展碳纤维、碳纤维复合材料及制品。深入开展碳纤维在军用及民用飞机、潜艇、医疗器械、体育器械、纺织机械、风电叶片、建筑材料、输电线路等领域的应用，开发相应的新产品，带动下游产品发展；开展高性能玻璃纤维研发，优先发展风电叶片制备纤维、低介电玻璃纤维、超细电子纤维、聚丙烯复合纤维纱等高附加值产品，满足风电、大飞机、船舶等复合材料产业发展的需要。

支持山东大学、光威集团，威海拓展公司、光威复合材料公司等高校企业开展碳纤维设备制造研究、开发规模化碳纤维生产技术、碳纤维复合材料研究。支持泰山玻纤集团、金晶玻璃纤维有限公司加快突破玻璃纤维燃烧节能技术、窑外余热综合利用技术、大卷重拉丝机与自动化控制等一批行业前沿性、关键性技术，为高端装备制造业提供配套产品。

5. 大力发展系列高档粉末冶金材料及制品。重点研究铁粉预合金化，系列铁、铜基粉末材料制备，温压、高速压制、烧结硬化、粉末锻造等高密度粉末冶金工艺技术，研究开发高密度、高精度、高强度粉末冶金件制品，合金钢、不锈钢和铜、镍基粉末冶金复合材料等，满足制造业对高性能粉末冶金产品的需求。

支持莱芜钢铁集团粉末冶金有限公司开发高压缩性铁粉、预合金钢粉、铁粉软磁材料等粉末系列产品，加强莱芜市作为全国钢铁粉末研发生产基地的建设。支持烟台首钢东星集团、莱州粉末冶金总厂、莱州三王粉末冶金有限公司、莱芜市新艺粉末冶金制品有限公司、山东金珠粉末注射制造有限公司等企业开发高档粉末冶金制品，大幅度提高我省粉末冶金产品整体质量和水平。

（三）突破基础工艺关键技术。

加强基础工艺过程控制，在基础工艺重点领域实现节能降耗、资源综合利用的绿色制造、智能制造和可持续发展，保障机械基础零部件产业质量升级。

1. 先进加工制造工艺技术。重点研究高速切削加工技术，包括高速软切削加工、高速硬切削加工、高速干切削加工和高进给速度切削加工技术；研究精密成型、快速成型、微细加工、微纳制造、复合加工、CAD/CAM/CAPP、材料连接和焊接新技术等加工技术；研究微量润滑技术，无害化焊材及制备技术，新兴焊接工艺技术等先进加工制造工艺技术。

2. 先进成型工艺技术与装备。大力发展大型铸锻件材料及成型工艺技术；高性能零部件精密铸造技术，铸造短流程工艺技术，消失模和V法绿色铸造技术；铸造近、净成形技术，铸造－热处理连续工艺技术，铸造节能技术；精密冲压技术，挤压－弯曲复合成形技术，超塑－气/液胀复合成形工艺技术。自动化铸造、锻造成套设备及生产线。

3. 先进绿色热处理工艺技术与装备。重点发展实现“优质、高效、节能、降耗、无污染、低成本、专业化”的热处理工艺技术与装备，进一步挖掘材料的性能潜力，促进机械基础零部件质量水平的提高。大力发展可控气氛热处理、真空热处理、新型化学热处理、离子热处理、激光热处理、流态化热处理、形变热处理，感应、电子束、等离子加热热处理，以及其它复合热处理工艺技术。大力发展新型高效热处理设备和全自动控制的热处理生产线，开发大幅度降低热处理的能耗、废气、废水、废液、废渣、粉尘、噪声、电磁辐射的清洁热处理技术，实现绿色制造、精益生产。

4. 先进再制造及表面工程工艺与装备。重点发展实现高效、节能、绿色再制造工艺技术与装备，推动汽车、工程机械、机床、矿采机械、船舶及办公信息设备等再制造的规模化、市场化、产业化发展。大力发展高效、绿色、复合物理清洗和清理技术及工艺装备，大力发展用于再制造和表面修复、防护、强化的激光熔覆、喷涂、冷焊、刷镀、电镀、复合镀、离子镀等工艺技术和装备。重点研究开发再制造产品设计、剩余寿命评估、再制造产品质量和服役安全性、微纳米表面工程、无损检测、逆向物流等技术。支持山东省再制造工程技术研究中心、山东省机械设计研究院、山东大学机械工程学院、中国重汽集团济南复强动力有限公司、潍柴动力再制造公司等高校、院所和企业，积极开展表面工程等再制造技术基础研究和关键技术研究开发，促进规模化、市场化、产业化发展，为山东省制造业培育新的经济增长点，为建设资源节约型和环境友好型社会提供科技支撑。

五、保障措施

（一）加强组织领导，促进协调发展。建立和完善加快产业发展的协调工作机制，争取更多部门和行业协会的参与和支持，落实工作责任，形成合力，统筹推进；加强规划指导，优化区域布局，发挥比较优势，形成各具特色、优势互补、结构合理的协调发展格局，避免盲目发展和重复建设；建立和完善规划实施机制，抓好监测分析、监督检查，确保取得实效，建立和完善行业应对机制，努力维护企业合法权益，妥善应对国际贸易摩擦。

（二）加大资金投入，加快产业发展。充分发挥企业投入主体作用，鼓励特色专业企业在创业板、中小板等资本市场上市融资；设立装备制造业发展专项资金，对关键与共性技术、重点项目和产品予以支持，积极落实我省支持工业发展的各项财政专项引导资金，加大对重点基础配套企业的投入力度，引导民营资本和外资投向基础零部件领域，积极争取国家重点技术改造和技术研发专项资金支持；认真落实财税优惠政策，积极引导企业充分用足用好财税优惠政策，加大自主研发、产品创新和技术改造力度，加快装备更新，推动企业技术进步；建立稳定的财政投入增长机制，制定完善促进高端装备产业发展的税收支持政策，落实出口退税政策，支持装备产品出口。

（三）完善创新体系，增强创新能力。通过政府引导，产学研合作，加强人才队伍建设，完善技术创新体系，增强企业自主创新能力。重点引进和培养创新型研发设计人才、开拓型经营管理人才、高级技能人才等专业人才，强化职工培训，提高职工队伍素质，满足企业可持续发展需要；依托骨干企业，联合高校和科研机构，建立一批由企业主导，科研机构和高校积极参与的产业技术创新联盟和创新平台，集中力量突破一批支撑产业发展的关键共性技术，摆脱高档、关键基础零部件发展受制于人的局面，满足主机及设备成套发展的需要，有力支撑重大成套装备及高技术装备的自主化；引导行业重视对基础技术、基础工艺、基础材料及基础部件的研究，鼓励整机企业与零部件企业及关联企业加强联合协作，形成零部件供应的模块化、紧密型结构，支持零部件骨干企业不断提高自主创新能力。

（四）实施精品战略，提升产品质量。提高企业质量意识，加强产品质量建设，制定质量规划，推广先进质量管理方法，鼓励采用先进的技术与高端装备，以绿色制造、节能环保、质量提高为核心，坚决淘汰高耗能、高污染的工艺、设备和产品，为装备制造业全面质量提升、结构转型提供专业化服务，夯实产业发展的工艺基础；实施精品战略，重点支持企业采用新技术、新材料、新设备、新工艺，全面提升生产装备、工艺和质量检测控制水平，切实依靠自主创新成果提高产品质量。

（五）实施国际化战略，推进交流与合作。鼓励有条件的企业“走出去”，整合重组国外装备制造研发机构、生产企业、品牌和营销网络；创造良好环境，吸引海外高层次人才参与技术创新和新产品开发；积极承接国际跨国公司研发中心向中国转移，探索合作在我省建设高水平的研发中心、生产中心、运营中心；积极参与国际市场竞争，通过引进消化吸收再创新，形成自主知识产权的关键技术和产品，加强品牌推广和产品国际认证，积极融入全球采购的供求体系，扩大主机配套面和出口份额。

（六）实施标准化战略，加强知识产权保护。推进标准化工作，鼓励企业建立标准化数据库，支持企业新产品企业标准的制定，积极参与国际、国家、行业标准制定和修订；组织开展重点产品达标工作，推动企业严格执行强制性标准，引导企业积极采用推荐性标准，杜绝无标、违标、降标生产，加大质量达标产品和企业的宣传力度，培育一批知名品牌；推进专利技术产业化，积极将自主知识产权的科技成果及时转化为标准，加大知识产权保护力度，维护知识产权人的合法权益。

1－52　山东省经济和信息化委员会关于印发山东省软件和信息服务业“十二五”发展规划的通知

鲁经信软字〔2011〕294号

各市经济和信息化委员会：

现将《山东省软件和信息服务业“十二五”发展规划》印发给你们，请认真组织实施。

二〇一一年五月三十日

山东省软件和信息服务业“十二五”发展规划

软件和信息服务业具有高智力、高附加值、低能耗、低污染以及人力资源利用充分、产业融合带动力强的突出优势，对于转变经济发展方式，调整优化产业结构；对于推动信息化与工业化深度融合，构建现代产业体系具有重要意义。为加快我省软件和信息服务业发展，特制定本规划。

一、“十一五”发展回顾

（一）“十一五”成绩回顾

1.经济效益大幅提升，产业规模不断壮大。

2010年，全省信息服务业实现主营业务收入2442亿元。其中软件业务收入905亿元，同比增长49%，居全国第4位，比“十五”末收入增长近4倍。利润总额63.37亿元，同比增长32.4%；利税合计114.48亿元，同比增长27.39%。软件出口4.45亿美元，同比增长45.3%，其中，外包服务出口1.8亿美元，同比增长109%。

目前，全省软件产业统计内规模以上企业1420余家，从业人员17万余人。“十一五”期间，共有6家企业成功上市（合计11家），累计32家企业入围国家规划布局内重点软件企业，27家企业软件收入过亿元，24家企业出口超过100万美元，累计认定45家省级软件工程技术中心，认定软件企业619家（合计968家），登记软件产品2409个（合计3989个），40余家企业通过CMM/CMMI等国际资质认证，192家企业取得计算机信息系统集成企业资质。拥有13个软件产业园区、19个服务外包示范基地，3个动漫产业基地，3个信息服务业基地，已建成园区面积500多万平方米。中间件、ERP、CAD/CAM、信息安全软件、嵌入式软件、行业应用软件、服务外包、数字动漫发展迅猛，总体水平位居全国前列。

2.多市发展速度明显加快，产业聚集度进一步提高。

从市地绝对额来看，济南、青岛占据全省软件业发展的主导地位，2010年两市共完成软件业务收入822亿元，占全省的90.8%。特别是济南作为全国首批5个中国软件名城创建试点城市之一，产业发展进一步提速，软件收入达到610亿元，拉动全行业增长28.8个百分点。从市地增长幅度看，临沂、日照、东营、莱芜、济宁、潍坊软件业务收入分别增长150.3%、121%、57%、49.4%、47.1%、45.5%，后发优势进一步凸显。

“十一五”期间，投资建设了13个软件园区、19个服务外包示范基地和3个动漫产业基地，已建成园区面积500多万平方米，投入使用软件开发、测试、存储、动漫渲染和动作捕捉等各类大型公共技术平台、环境13个，成为企业聚集的重要载体。全省70%以上的软件企业、85%的软件收入都集中在各类园区、基地当中，初步形成了中心城市、软件园区、特色基地互为支撑、共同发展的良好格局，聚集效应显著。

3.创新体系不断健全，产品层次显著提高。

以企业为主体、产学研相结合的技术创新体系进一步建立健全。省级软件工程技术中心成为创新的重要力量，2010年共实现软件收入80.4亿元，累计新增设研发分支机构8处，增加改善开发场所6.7万平方米，引进各类创新人才110余人，申请专利和软件著作权563项，主持或参与制定标准40余项，新产品贡献率超过50%。“十一五”期间，中间件软件等基础软件，各类嵌入式软件，GIS软件，ERP软件，CAD/CAM软件，信息安全软件，政府、矿山、教育、社保、电力、石油、交通等行业应用软件产品处于国内领先水平，初步构建起基础研究—应用开发—产业化发展的良好格局。

中创软件“国产中间件参考实现及平台”等7个项目入围国家“核高基”重大专项（其中包括青岛3个项目），标志着我省具备了参与核心基础软件研究及产业化的实力，项目总投资8.8亿元，争取中央财政资金2.4亿元。华天软件通过引进消化吸收再创新，推出了自主版权CAD/CAM软件—Sinovasion，得到了温家宝总理的高度评价。浪潮ERP连续4年国内增长率高居第一，成为首批软件类“中国名牌产品”。高校软控“轮胎企业管控网络系统”等产品国内市场占有率超过85%，已出口到欧美亚等10多个国家和地区。

4.产业结构逐步优化,新兴业态蓬勃发展。

软件产品与数据处理、数字动漫及非产品化的软件服务等新业态互动发展。2010年全省信息技术咨询服务收入和信息技术增值服务收入分别为211.75和68.89亿元，同比增长51.5%和106.6%，占全行业总收入的31%。软件产品实现收入264.68亿元，占全行业收入的29.2%。IC设计业实现收入9.67亿元，是“十五”末的64倍。“十一五”期间，NEC软件、青岛软脑的软件技术外包，戈尔特西斯、青岛优创公司的金融证券分析服务业务，东方道迩、中金数据的数据处理和灾备服务业务，浪潮世科的3G手机开发等业务不断壮大。以山东旅科、潍坊万声、泰安泰盈、潍坊恩源等为代表的呼叫中心企业，以山东卓创资讯、大众网、舜网等为代表的网络资讯经营企业快速发展，信息内容服务业初具规模。

软件即服务（SaaS），云计算，基于互联网、移动互联网、物联网环境下的服务模式等新型业态不断涌现。山东省云计算中心正式成立，软件和信息服务云计算平台一期工程顺利启动，省科学院以及齐鲁、东营等10余家软件园区签署了合作共建协议，首期工程整合了超过100台服务器，实现了微软、IBM等主流开发平台的协同共享，能够向政府、企事业单位和园区提供存储、软硬件租赁和数据处理及数据灾备服务，大大降低了能源消耗，提高了设备利用率，节约了整体投资。济南长清软件园IDC数据中心也基本建设完成，面向全省提供服务。

5.产用融合步伐加快,应用领域不断扩展。

“十一五”期间，通过积极完善产业政策，加大资金扶持力度，鼓励原始创新、集成创新和引进消化吸收再创新相结合,电力合作联盟、嵌入式软件、DSP软件应用联盟等多个产业联盟先后成立，各类工业设计、嵌入式、虚拟仿真软件广泛应用于汽车、矿山、电力、信息家电、装备制造等领域，使我省企业产品设计周期平均缩短71%，开发成本降低37%，生产自动控制率达到89%。

作为工业和信息化部农村信息化试点省，我省农业和农村综合信息服务平台得到完善，40个涉农特色数据库建成应用,“信息化下乡”活动率先在全国启动。软件与服务业的融合不断深入，金融、商贸、物流、交通、旅游、房地产等基本实现网络化运营，数字内容、网络增值等信息服务业得到快速发展。

（二）存在的问题和不足

“十一五”期间，尽管我省软件和信息服务业保持了较快发展，具备了一定的产业基础和优势，但与先进省市相比，与国家转方式、调结构的要求相比，与山东经济大省的地位相比，还存有一定距离，制约发展的因素和问题较为突出，主要表现在：1.政府支持和产业引导力度有待加强，在技术开发、风险投融资、海外市场开拓、知识产权保护的资金投入和公共服务体系建设方面存在差距；2.软件人才结构性矛盾突出，高层次的技术人才、复合型人才缺乏，软件人才培养模式与企业市场实际需求之间还存在偏差；3.核心技术缺乏，国民经济和社会信息化建设所需的核心软件绝大部分依靠进口,软件在三次产业中的应用略显单一，与改造提升传统产业和国民经济信息化的融合发展急需加强。

二、“十二五”面临的形势

总体上看，“十二五”期间我省软件和信息服务业发展面临以下形势。

（一）国际金融危机的影响仍在继续。

美国、日本等国家出于繁荣本国经济、扩大就业机会的目的减少离岸发包量，这对部分软件企业业务扩展造成了较大压力；金融危机也使得行业用户在缩减开支时首先减少IT投入，影响了软件和信息服务业市场的增长；对中小型软件和信息服务业企业而言，金融危机的影响更为突出，金融机构对中小企业的放贷更为谨慎，使企业持续经营发展的压力增大。但与此同时，国际金融危机导致的企业并购加速引发了全球新一轮资源配置和产业组织结构调整，这为软件和信息服务业发展提供了新的机遇。

（二）产业变革新趋势对产业发展提出新的要求。

当前，软件技术呈现出“网络化、服务化、平台化、智能化”的发展趋势。软件的竞争已经由单一产品竞争发展成为软件体系的竞争。信息系统正在从“硬件主导型”向“软件主导型”转变，信息应用系统也由“以机器为中心”向“以网络为中心”发展。以新一代宽带无线通信、物联网、下一代互联网、云计算为代表的新技术、新应用不断涌现，产业组织模式、商业模式、服务模式、应用模式不断创新，内容与网络、产品与服务、软件和其他行业之间的融合进一步提速和加深，为产业转型提升带来更大的挑战和机遇。

（三）国内市场为产业发展提供了更为广阔的空间。

以软件为代表的信息技术在重大装备、汽车、钢铁、石化、电力等传统产业改造提升过程中的作用日益明显。软件和信息服务在教育、医疗卫生、政府管理、文化等方面的应用不断深化。“转方式、调结构”，推进节能减排，实现绿色、低碳、可持续发展，要求软件发挥更加重要的作用。传统行业日益增长的信息化需求，两化融合、三网融合等重大战略的实施，将从更广的范围、更深的层次激发市场对各类软件产品和服务的需求，为软件和信息服务业发展提供了巨大的市场空间。

三、指导思想、基本原则和目标

（一）指导思想

全面落实科学发展观，紧密围绕国家“转方式，调结构”的总体要求，挖掘内需、外需两个市场，以自主创新推动产业升级，以应用融合带动产业发展，完善产业政策，优化发展环境，提高创新能力，加快应用示范，深入实施“名城、名园、名企、名品”战略，提升公共服务水平和聚集发展能力，做大做强企业规模实力，增强融合发展和支撑服务能力，加快发展和提升软件产业，积极拓展信息服务业，为经济文化强省建设提供有力支撑。

（二）基本原则

1. 扶优做强，创新发展。实施重大专项，突破关键技术瓶颈，增强自主创新能力，提升应用成熟度。引导龙头企业做大做强，提升企业竞争力。扶持重点企业、重点产品发展，发挥辐射带动作用。

2. 应用驱动，融合发展。以用兴业，加快工业软件、行业解决方案的推广应用，大力发展云计算等新业态、新模式，积极开展各类示范试点，深化与传统产业和现代服务业的结合，全面增强对两化融合和信息化发展的支撑保障能力。

3. 优化布局，集聚发展。依托重点城市、重点区域，汇集优势资源，发挥集聚示范效应。突出区域比较优势，推进产业基地、园区差异化发展，在分工基础上形成特色优势和创新优势，优化产业布局和区域布局。

4. 加强引领，规范发展。发挥政策扶持、规划引导和标准指导的作用，建立良好的投融资保障体系，加强高层次人才队伍建设，加大知识产权保护力度，提高资源配置能力，营造良好的发展环境。

（三）发展目标

到 2015 年，我省软件和信息服务业实现收入达到 4500 亿元，其中软件业实现业务收入 2500 亿元，年均增幅 25% 以上，占电子信息产业比重超过 16%，软件出口额超过 15 亿美元，总体水平排名国内前列，成为我省重要的战略性新兴产业。

济南、青岛成为国内一流的软件名城，形成 5 个具有较高影响力和较大产业规模的知名园区。培育 2 个软件收入超 100 亿元、10 个以上软件收入超过 10 亿元的大型企业集团和 50 个创新能力强、经济效益好的知名软件企业，100 个拥有自主知识产权、市场占有率高、品牌效应大的知名软件产品。

以实施"核高基"国家科技重大专项为契机，创新能力显著提升，在核心技术和关键产品方面取得突破，与国产支撑软件、国际主流支撑软件相匹配，实现一定的产业价值和规模，与自主知识产权相结合的技术和服务标准、规范得到普遍推广。软件和信息服务水平不断提高，与两化融合、传统产业升级、产业结构调整的结合进一步紧密，对国民经济和社会发展的支撑能力不断增强。

四、发展重点

（一）重点区域

加快济南中国软件名城建设工作，重点推进济南市和青岛市率先发展；积极推进烟台、威海、潍坊、淄博、济宁、东营、日照等软件和信息服务业新兴聚集区加快发展，形成重点突出、优势互补的发展格局。

1. 加快济南中国软件名城建设工作，重点推进济南市和青岛市率先发展。建设中国软件名城是创新行业管理和产业发展模式的重要探索。紧紧把握住济南市被列为部省市三方合作共建中国软件名城试点城市的良好机遇，通过名城的创建汇集优势资源，突出城市特色，加快发展具有自主知识产权的基础软件、应用软件和工业软件，积极承接国际外包业务，把软件发展与城市功能定位和提升有机结合，建设好"中日 IT 桥梁工程师交流示范基地"，进一步完善政策环境和服务体系，提升中心城市的辐射带动能力，带动全省软件和信息服务业发展。充分发挥青岛市电子信息产业基础好、经济外向度高的优势，发展嵌入式软件、工业软件、软件外包、呼叫中心、数据处理及灾备业务，进一步扩大青岛市南软件产业基地规模，提升服务功能，进入国内一流软件和信息服务业城市行列。

2. 积极推进烟台、威海、潍坊、淄博、济宁、东营、日照等软件和信息服务业新兴聚集区加快发展。以现有省级软件产业园区、信息服务业园区为载体，推进新兴软件和信息服务业聚集区加快发展。结合山东半岛蓝色经济区和胶东半岛高端产业聚集区的规划建设，发挥烟台、威海市地理位置优越、商务和人居成本低等优势，大力发展工业软件、应用软件、服务外包、动漫游戏、数据处理与灾备服务；结合黄河三角洲高效生态经济区战略的实施，发挥东营、潍坊区位与行业优势，加快建设东营软件园、潍坊软件园，不断完善软硬件环境，积极开展引资引智活动，面向制造、石油、金融等行业，重点开展石油石化软件、工业设计、呼叫中心、软件外包业务，在更高的起点上实现跨越式发展；淄博、济宁、日照等市要结合化工、矿山、轻纺、农业、物流、港口运输等行业，形成具有本地特色的产业集群，成为我省软件和信息服务业发展新的增长点。

（二）重点业务

1. 基础支撑类软件。重点发展嵌入式操作系统、数据库系统、中间件、面向服务的基础平台、软件开发平台、构件库等，加快推进开源软件开发和应用，提升国产基础软件产品可靠性和成熟度，提高系统集成应用能力。

2. 信息安全软件。在产品方面，重点在

密码算法、电子签名、网络安全监管技术领域加大研发力度。加快安全管理、内网监控、外网防护等信息安全软件产业化进程；在服务方面，引导有条件的企事业发展容灾备份和灾难恢复、信息安全测评、风险评估、电子认证等专业信息安全服务业务。

3. 工业软件。发展具有自主知识产权的计算机辅助设计（CAD）、辅助制造（CAM）、企业资源计划（ERP）、辅助工艺流程（CAE）、辅助生产计划（CAPP）、产品数据管理（PDM）、制造执行管理系统（MES）、过程控制系统（PCS）等软件，从产品研发、设计、生产、流通等方面实现智能化、网络化管理和控制。

4. 行业应用解决方案。重点为政府、金融、通信、交通、能源、制造、物流、家居等领域的信息化提供集成应用解决方案。积极发展电子政务、电子商务、电子医疗和农村信息化、城市及社区信息化、企业信息化、制造业信息化、物流信息化、远程教育等领域应用软件，提高国产应用软件的技术水平和集成服务能力。

5. 嵌入式软件。面向工业装备、移动通信、汽车电子、医疗电子、数字家电、信息安全等重点领域，积极开展符合开放标准的嵌入式软件开发平台、嵌入式操作系统和嵌入式软件的研发推广，提高产业化程度、替代进口能力和产品出口能力。

6. 信息内容服务。开发内容制作系统（虚拟现实、三维重构等）、基于互联网和通信网的内容管理平台，积极发展国产动漫、游戏、数字影音、数据加工处理等信息内容服务产业。加快推动网络出版、网上营销、按需印刷等新兴业务和电子书、在线阅读、手机书报等数字全新载体，发展多民族文字和外文书刊数字出版业务。创新一站式、一门式、一网式、一卡通、一点通、一号通、移动图书馆等服务模式，推动内容服务与网络服务一体化，促进互联网和无线增值内容服务业发展。

7. 信息技术服务。立足国内信息技术服务市场，重点扶持信息系统咨询、规划设计、集成实施、运行维护、技术支持、教育培训等信息技术服务业，提高监理、审计、测试、评估以及信息安全等专业服务能力。以全球软件服务与外包转移为契机，壮大信息技术外包（ITO）、业务流程外包（BPO）、知识流程外包（KPO）业务，积极承揽高端服务外包，重点发展研发设计、工程设计、软件开发及维护、财务管理、客户服务等，提高参与国际竞争能力。支持和鼓励服务外包企业建立产业联盟，走集群化发展道路，重点拓展欧美市场，巩固扩大日韩市场。顺应软件服务化趋势，重点发展创新型服务业态。促进“软件即服务（SaaS）”应用模式和业态发展，加快云计算等服务模式发展，进一步做好山东省软件和信息服务云计算平台的建设和运营工作；积极探索在互联网、移动互联网、物联网环境下的软件服务模式创新，扶持基于网络的数据中心、数据处理、数据挖掘等业务发展。

（三）重点工程

1. 中国软件名城建设工程。

中国软件名城建设工作是实施重点区域带动的主要着力点。“十二五”期间，全力实施中国软件名城建设工程，形成部、省、市资源的有效聚集，建成国内外知名的软件聚集城市。在财政、税收、投资、金融、产业、土地、人才等方面完善扶持政策，加大资金投入，体现项目倾斜，做好国内唯一一家“中日 IT 桥梁工程师交流示范基地”的服务保障工作，建成“国际通信出口专用通道”，建设并运营好“软件和信息服务云计算平台”，营造最优的软件产业发展环境，整合最强的软件产业发展资源，形成最好的软件人才引进机制、创业机制、企业发展机制，集聚最多的软件创新创业人才，形成以大企业群为主导，中小企业蓬勃发展的软件产业集聚发展的态势，全面提升济南和山东软件业的竞争力和影响力，把做大做强济南软件业与推动产业结构优化、区域经济发展、提高城市核心竞争力有机结合。

2. 云计算创新示范工程。

以国家发展和改革委员会、工业和信息化部开展云计算服务创新发展试点示范工作为契机，实施云计算创新示范工程，发展自主可控、先进可靠的云计算产业。优先支持虚拟化、云存储、云操作系统、云安全等关键技术研发和产业化，形成具有国际竞争力的自主知识产权解决方案；加强标准研究，力争在云安全、服务能力与质量、接口等方面形成具有自主产权的标准体系；支持有条件的地区和机构建设新型云计算基础设施，推动传统信息基础设施向云计算模式转型升级，提升资源利用率和辐射服务范围；针对政府、企业和个人等用户需求，积极探索基础设施即服务（IaaS）、平台即服务（PaaS）、软件即服务（SaaS）模式，支持建设和运营面向经济和社会发展的公有云、行业云和区域云，重点为工业领域和行业应用、软件和信息技术开发测试、中小企业信息化建设、电子政务、科研院校教学研发提供云服务，形成社会化应用和一定的产业规模，进入国家布局。

3. 软件企业上市培育工程。

进一步鼓励并支持符合条件的软件和信息服务业企业进入境内外资本市场上市融资，实现品牌化、规模化发展。积极培育软件企业上市后备资源，通过引入证券、会计、法律、资产评估、投资和咨询等中介机构，组织开展经验交流、培训辅导、资本对接等系列活动，帮助列入培育计划的软件企业开展上市工作。力争到2015年，培育20家软件和信息服务业企业进入上市准备阶段，新增5家以上在境内外证券市场成功上市的软件和信息服务业企业。

4. 技术中心创新提升工程。

继续建立健全以企业为主体的技术创新体系，深入实施技术中心创新提升工程。以软件工程技术中心、软件领域工程技术研究中心为载体，鼓励产学研用结合，把产业优势与学科链、创新链、人才链紧密结合起来，形成以项目为纽带的长效合作机制。进一步在产业指导、财税政策、品牌建设、示范推广等方面加大力度，强化中心水平建设和特色建设，培育其成为研发投入的主体、技术创新的主体和辐射服务的主体，在开源软件、中间件、信息安全、ERP软件、3S软件、数据采集处理及政务、电力、交通、钢铁、港航、矿山、石油等针对科技含量高、带动性强的项目领域做高层次深入的工程化、产业化研究，在关键、共性、专业技术领域开发推广具有自主知识产权的技术和产品，形成结构合理、开放竞争的创新体系和产业布局。

5. 国产工业软件应用试点工程。

工业软件作为“两化融合”的切入点和突破口，对于构建现代工业产业体系具有重要意义。重点面向智能电网、重大装备、电子信息制造、海洋工程、汽车、船舶、石化、钢铁、现代物流和生产性服务领域，鼓励并重点支持工业软件的开发方与应用方组建资源共享、优势互补的产业联盟，在设计研发数字化、制造装备智能化、生产过程自动化、经营管理网络化、工业软件开发与行业应用标准等方面开展关键技术研发和产业化，重点支持具有自主知识产权的国产计算机辅助设计（CAD）、辅助制造（CAM）、企业资源计划（ERP）、制造执行管理系统（MES）、过程控制系统（PCS）等软件的研究与试点应用，建设集产品设计、流程管理、生产制造和营销于一体的工业软件体验中心、解决方案验证中心和技术支持平台，面向全国提供具有自主知识产权的工业软件和服务，提高企业数字化、智能化和现代化管理水平，重点解决传统工业领域低技术、低效率和高污染、高能耗的问题。

6. 开源软件大学校园行工程。

开源软件在开放性、低成本、灵活性、安全性等方面优于传统的私有商业软件。以高等院校为重点，开展开源软件的研究、培训和普及工作，吸引科研院所、软件企业、应用单位、开源社区、中介机构共同参与，通过组织学术论坛、开放实验室建立开源体验中心、建立提供公共服务的资源库和服务平台、举办开源软件大赛、开展应用试点等活动，进一步推广、普及和应用开源软件，挖掘和培养优秀软件人才，提高社会对开源软件的认可与接受程度，营造和谐创新的软件发展环境。

五、保障措施

“十二五”期间是山东软件和信息服务业实现跨越式发展的关键时期，要进一步优化发展环境，加大财税扶持，集中资源和力量深入实施“名城、名园、名企、名品”战略，提高创新能力，增强发展后劲，培育战略性、先导性支柱产业和新的经济增长点。

（一）进一步制定并完善政策法规体系，营造更加适合产业发展的政策环境。

认真贯彻执行《国务院关于印发进一步鼓励软件产业和集成电路产业发展若干政策的通知》等相关政策法规，落实好《山东省信息化促进条例》。加强地方立法，加快出台《山东省软件产业促进条例》，优化产业发展环境。

适应软件服务化的需求，加大对新兴业态的政策支持力度，将优惠政策范围向信息技术服务、信息内容服务领域扩展，研究出台IT服务地方标准，规范我省软件和信息服务业务的开展。

推进软件正版化工作，研究制定政府首购、订购、政府采购软件产品和相关服务的政策，研究制定优先使用具有自主知识产权的国产软件和服务的鼓励政策，发布工业软件、行业应用解决方案推荐目录。

（二）进一步加大财政资金扶持力度，建立多元化、多层次的投融资体系。

鼓励参与国家科技重大专项，并按国家有关规定给予资金配套。“十二五”期间，用好省信息产业发展专项资金，并根据发展需要和财力情况，逐步增加专项资金规模，进一步探索资金使用方式，提高使用效益。对“名城、名园、名企、名品”战略涉及到的项目和单位给予重点倾斜，支持关键共性技术开发、基地园区建设、公共技术服务平台建设、品牌建设、重大项目产业化、标准制定、资质认证、企业上市培育、国际合作交流等。省、市财政安排的应用技术研究开发经费、科技成果转化资金、技术改造贴息等专项资金，优先用于支持软件和信息服务业发展。

建立完善适应软件和信息服务业发展的投融资体系和投资退出机制。鼓励民间资本、社会法人资本和外国资本投入软件和信息服务业领域。支持有条件的企业通过上市、吸引其他公司出资入股、发放企业债券等方式，筹集社会自由资金。鼓励金融机构开展知识产权质押、合同质押、资质抵押等多种试点，帮助扩宽融资渠道。通过吸引政府财政、产业资金、风险资本、金融资本、民营资本，建立多元化、多层次的投融资体系，引导企事业单位用足用好各种资金，增强自我积累、自我发展的能力。

（三）进一步优化产业结构和提升产业层次，形成结构合理、布局科学的产业集群。

加大资金、政策扶持力度，鼓励优势企业、科研单位尽快抢占软件领域战略制高点，对能够形成专业化配套协作的产学研用集群、形成上下游产业链的项目和产品进行重点扶持，形成一批以自主知识产权为支撑、对产业可持续发展具有强大辐射拉动作用的重点项目。

加快推进软件和信息服务业名企战略，鼓励企业通过改组、联合、兼并及上市发行股票等形式实现规模化发展，尽快形成一批具有行业特色、产业优势、规模效应和品牌形象的龙头企业。充分发挥大企业的辐射效应，按产业供应链要求，构建以骨干企业为核心，中小企业配套的战略联盟，形成合理的产业体系。

加快载体建设，推动软件和信息服务业企业向基地、园区聚集，走专业化和特色化道路，形成具有一定国内国际影响力的知名园区品牌。对软件、信息服务业园区基地在项目、人才等方面优先给予支持。整合省内公共基础设施、技术平台资源，进一步完善云计算平台建设和推广，实现跨区域的资源共享与有效利用。

（四）进一步增强自主创新能力，形成以企业为主体、产学研联合的技术创新体系。

发挥政府引导作用，围绕激励和扶持软件企业成为技术创新主体、促进原始创新和引进消化吸收再创新、促进成果转化和产业化等方面进一步加大资金和政策支持力度。鼓励企业加大研发力度，建立并壮大一批软件工程技术中心、软件领域工程技术研究中心，对具有重要战略作用和市场前景的软件技术与产品给予重点支持。搭建公共技术平台，进一步扩大实验室、研发测试平台的开放程度，推动各类创新资源的聚集。

强化企业的专利与标准意识，鼓励企业加快培育核心技术，不断积累自有知识产权，强化专利技术的开发利用，对企业获得的软件领域国内外专利给予资金资助。引导重点企事业单位围绕基础软件、支撑软件、工具软件和嵌入式软件领域适时开展标准研究，积极参与行业标准、国家标准和国际标准的制定和推广工作，高度重视软件测评工作，促进企业提高质量管理能力。

（五）进一步加强人才培养和引进，建立多层次、分类别的人才梯队。

完善人才培养模式，积极推进分层次的人才教育和培训，满足产业发展的需要。大力扶持高等院校设立软件和信息技术相关专业，重点支持国家示范性软件学院、国家示范性软件职业技术学院等高校加快发展。鼓励有实力的软件和信息服务业企业建立企业产品的培训认证服务，推动实用型人才培养。推动学校、企业和社会机构联合办学，加强与国际教育培训机构的交流合作，大力发展职业技工教育。

强化人才激励机制，吸引有技术、资本以及管理才能的高层次人才来我省投资创业。“十二五”期间，进一步扩大“中日 IT 桥梁工程师交流示范基地”规模，提升服务水平，放大服务区域，在全球范围内重点引进软件高级管理人才、系统分析和设计人才，研究制定切实可行的分配政策和激励措施，鼓励资本、技术等要素参与收益分配，对行业领军人物和作出突出贡献的人才给予奖励，为他们提供更优越的工作和生活条件，形成“引进来、留得住、发展好”的人才环境。

（六）进一步加强行业管理，规范市场经济秩序，为产业发展提供良好服务和有力保障。

建立健全行业管理体系，推进职能转变，完善调控手段，提高管理能力，把行业管理工作的立足点放在引导、规范和服务上，进一步整顿和规范市场经济秩序，打击各种违法侵权行为，加快开展统计指标体系研究，建立产业发展现状和政策执行情况的定期评估机制，引导产业健康发展。

积极参与部、省、市合作共建工作，在国家战略中定位好、发展好软件和信息服务业，集中各类资源给予优先保障。积极探索建立省、市、区（县）合作机制，立足实际集中发展特色产业，加强交流沟通，建立优势互补、错位合作的发展格局，推动产业区域间协调发展。

充分发挥软件和信息服务业协会在市场调查、信息交流、咨询评估、行业自律、知识产权保护、资质认定、政策研究方面的作用，进一步加强软件评测、企业认证、企业咨询、信息系统监理等中介机构建设，加强行业自律，促进产业有序发展。

1－53　山东省经济和信息化委员会《关于建立全省企业技术创新评价考核指标体系的意见（试行）》的通知

鲁经信技字〔2011〕382号

各市人民政府：

经省政府同意，现将《关于建立全省企业技术创新评价考核指标体系的意见（试行）》印发给你们，请认真组织实施。

二〇一一年七月二十五日

关于建立全省企业技术创新评价考核指标体系的意见（试行）

为认真贯彻落实省委、省政府建设创新型省份的战略部署，加快我省工业转方式、调结构，充分发挥技术创新评价考核的导向、引领作用，推进自主创新和产业结构优化升级，现就建立全省企业技术创新评价考核指标体系提出以下意见。

一、充分认识开展企业技术创新评价考核工作的重要意义

开展企业技术创新评价考核工作，是深入贯彻落实科学发展观，建设创新型省份的一项重要举措，是转方式、调结构，加快工业调整振兴的一项重要手段，也是对我省现有技术创新评价工作的有效改进，对各级各部门推进企业技术创新目标考核工作的不断完善。通过自身纵向比较或与相关省市的横向比较，有利于动态掌握我省企业技术创新工作的发展情况，准确描述、分析、评价、监测各项创新活动；有利于正确评价我省企业技术创新的总体水平，找出优势和不足，为各项创新决策提供基本依据；有利于形成创新的导向，提高创新意识和创新积极性，促进全省企业技术创新的各项工作，形成进一步推进企业技术创新的合力。各地、各有关部门要站在全局高度，深刻认识开展企业技术创新评价考核工作的重要意义，根据评价考核工作要求进一步完善本地区、本部门工作目标，并制定相关措施，推进转方式、调结构，加快工业调整振兴，实现全省工业经济又好又快发展。

二、不断完善企业技术创新评价考核指标体系

建立科学统一的评价考核指标体系，是有效开展企业技术创新评价考核工作的重要基础。本指标体系设计紧紧围绕我省“十二五”规划总体目标，参照国际国内有关创新理论的最新成果和国内发达省市有关创新评价指标体系，并结合我省实际而制定。指标体系坚持了共性与个性相结合、静态和动态相结合、理论与实际相结合、评价和考核相结合的原则，确保所选指标在某一领域具有关键性和代表性，相应指标数据具有可获得性和可考核性，指标体系运行具有可操作性。对各市的技术创新评价考核指标体系由38个重点指标构成（详见附件1）。指标体系在注重整体推进创新型省份建设工作的同时，把成果转化、资源集约、结构优化、经济效益等绩效类指标作为评价考核的重点，明确了创新发展导向。推进企业技术创新，加快工业调整振兴，建设创新型省份是一个长期系统复杂的过程，评价考核工作及指标体系也是一个不断健全完善的过程，因此，需要各级各有关部门共同努力，根据实际情况提出改进意见，进一步完善指标体系，切实搞好评价考核工作。

三、着力健全企业技术创新评价考核工作的各项制度

一是建立和健全企业技术创新评价考核组织制度。各市经信委负责承担企业技术创新评价考核工作，并积极会同发改、科技、财政、人社、统计、税务等部门具体组织实施。二是制定分级分类评价考核制度。各市要依据指标体系制定具体的评价考核办法，把责任分解到各部门，注重评价考核的实效。三是建立定期评价考核制度。指标体系各项数据的统计、监测和分析每年度进行一次。要加大对指标数据的监测分析和监督管理，确保数据的准确、全面和及时。四是建立评价考核结果公告制度。省经信委汇总、审核后，将相关结果及时上报省政府，经省政府批准后公布考核结果。五是建立考核激励制度。把技术创新评价考核结果与各市、各部门工作目标考核进行挂钩，建立科学发展、创新发展、和谐发展的政绩导向机制。建立和完善技术进步目标责任制，加强对自主创新工作绩效的考评和督查，促进各项任务落到实处。

附件：1、山东省企业技术创新评价考核指标

2、山东省企业技术创新评价考核办法

3、部分评价考核指标的解释

附件1：

山东省企业技术创新评价考核指标

市：　　　　　　　　　　　　　　　　规模以上企业数：

一级指标	二级指标	三级指标	权重	全市数量	每百户企业数值
技术创新能力与机制（权重450）	技术创新投入（权重160）	企业科技活动经费支出总额（万元）	30		
		——其中R&D经费支出总额（万元）	30		
		全市R&D经费投入占GDP比重（%）	30		╲
		省级以上企业技术中心科技活动经费占销售收入比例（%）	30		╲
		各市设立技术创新专项资金情况（万元）	40		
	创新平台建设（权重150）	拥有研发机构的企业数量占规模以上企业的比例（%）	30		╲
		省级企业技术中心、工业设计中心和行业技术中心数量（家）	30		
		国家级企业技术中心、技术创新示范企业数量（家）	30		
		省级以上工程技术中心数量（家）	20		
		省级以上工程技术研究中心、企业重点实验室数量（家）	20		
		产业技术创新战略示范联盟、生产力促进中心数量（个）	20		

一级指标	二级指标	三级指标	权重	全市数量	每百户企业数值
技术创新能力与机制（权重450）	创新人才队伍建设（权重140）	企业科技活动人员总数（人）	30		
		——其中科学家和工程师数量（人）	10		
		企业研究与开发（R&D）人员数量（人）	30		
		企业领域设立的泰山学者岗位和山东省优秀创新团队数量（人）	20		
		企业博士后工作站和院士工作站数量（个）	20		
		校企共建实训基地数量（个）	30		
技术创新产出与效益（权重450）	技术创新项目（权重170）	全年列入省级以上技术创新项目数（项）	40		
		全年市级以上技术创新项目数（项）	30		
		技术改造投资额（亿元）	30		
		技术改造投资额占本市全社会固定资产投资比重（%）	30		
		高新技术产业产值占规模以上工业产值比重（%）	40		
	专利获奖（权重100）	全市工矿企业授权专利数（件）	30		
		——其中授权发明专利数（件）	20		
		企业获国家技术发明、科技进步二等奖以上数量（项）	30		
		企业获省级技术发明、科技进步二等奖以上奖励数量（项）	20		
	技术创新效益（权重180）	新产品销售收入（亿元）	40		
		新产品销售收入占产品销售收入的比重（%）	40		
		信息产业主营业务收入（亿元）	40		
		——其中软件产业主营业务收入（亿元）	30		
		万元GDP综合能耗（标准煤/万元）	30		
产品质量水平（权重60）	名牌（权重20）	拥有的中国名牌数量（个）	10		
		拥有的省级名牌数量（个）	10		
	商标（权重20）	注册商标总数（件）	10		
		——其中拥有山东省著名商标和中国驰名商标数量（件）	10		
	标准（权重20）	主持和参与制定的国际、国家、行业标准数（项）	20		
政策落实（权重40）	减免税（权重40）	固定资产进项税抵扣额（增值税转型）（万元）	20		
		企业研发费用税前加计扣除额（万元）	20		

注：每百户企业数值=全市数量 ÷ 规模以上企业数量 ×100。

附件 2：

山东省企业技术创新评价考核办法

一、考核范围

适用于各市技术创新水平的考核。

二、考核内容

采用 1000 分制进行考核，共分一、二、三级指标，38 个重点指标构成，主要包括技术创新能力与机制、技术创新产出与效益、产品质量水平、政策落实四个方面内容。具体各项指标所占权重见附件 1。

三、考核办法

（一）数据来源。以省统计局公布的统计数据作为考核评价的主要依据，统计局没有公布的数据，以省有关部门公布的数据为依据。

（二）评分方法。依据每一项指标中的每百户企业数值对该项指标进行评分。将每项指标中全省 17 市每百户企业数值最高值（万元 GDP 综合能耗为最小值）作为该项指标的满分标准，各市每项指标的分值，按照各自实际完成情况与最高值的比例计算得出。考核指标中每百户企业数值作斜线标记的，以全市数量数值进行评分。

（三）考核时间。实行年度考核，每年考核一次。每年 4 月底前完成对上一年度的考核。考核结果在山东省经信委网站和《山东省技术创新动态》上进行公布。

附件 3：

部分评价考核指标的解释

1. 科技活动经费支出总额：指考核年度企业实际支出的全部科技活动费用，包括列入技术开发的经费支出以及技措技改等资金实际用于科技活动的支出。不包括生产性支出和归还贷款支出。

2. 其中 R&D 经费支出总额：指考核年度在企业科技活动经费内部支出中用于基础研究、应用研究和试验发展三类项目以及这三类项目的管理和服务费用的支出。

3. 全社会 R&D 经费投入占 GDP 比重：指考核年度全市研究与开发费用支出占全市国内生产总值的比例。

4. 省级企业以上技术中心科技活动经费占销售收入比例：指考核年度全市所有省级以上企业技术中心用于科技活动的经费支出的总额占所有省级以上企业技术中心企业年销售收入总额的比例。

5. 企业研究与开发（R&D）人员数量：指企业科技活动人员中从事基础研究、应用研究和试验发展三类活动的人员。包括直接参加上述三类项目活动的人员及这类项目的管理和服务人员。

6. 企业领域设立的泰山学者岗位和特聘专家数量：是指截至考核年度全市企业领域设立的泰山学者岗位的数量。

7. 全年列入省级以上技术创新项目数：是指考核年度全市企业列入省级技术创新项目计划的项目数量。

8. 全市工矿企业授权专利数：指考核年度全市工矿企业一年授权的专利的总数。

9. 万元 GDP 综合能耗：该指标是反映一个城市综合能源消耗水平的最重要指标，代表创新型城市建设中的节能降耗水平。

1－54　山东省经济和信息化委员会关于印发《山东省信息化与工业化深度融合示范工程培育办法》的通知

鲁经信信推字〔2012〕338号

各市经济和信息化委，有关单位：

现将《山东省信息化与工业化深度融合示范工程培育办法》印发给你们，请遵照执行。

二〇一二年六月二十一日

山东省信息化与工业化深度融合示范工程培育办法

第一章　总则

第一条　为规范信息化与工业化深度融合示范工程的培育，根据《关于加快推进信息化与工业化深度融合促进转方式调结构的意见》（鲁经信信推字〔2011〕676号），制定本办法。

第二条　信息化与工业化深度融合示范工程（以下简称两化深度融合示范工程）的培育工作，按照科学公正、统筹兼顾、突出重点的要求，坚持资源整合与系统集成有机结合，升级改造与自主创新有机结合，培育认定与动态管理有机结合，优势区域多点布局与薄弱地区重点布局有机结合的原则。

第三条　两化深度融合示范工程每年培育一批，到2015年，全省培育、认定50个两化深度融合示范工程项目，给予资金、技术、政策支持，促其达到国际同行业领先水平。通过示范工程的引领带动作用，推动企业生产过程智能化、生产装备数字化、经营管理网络化、能源利用效率最大化。

第二章　培育范围

第四条　两化深度融合示范工程培育的重点领域：

1. 上下游企业间的产业链协同项目；
2. 重要生产要素的信息互联与调度保障项目；
3. 企业节能减排综合应用项目；
4. 物联网、云计算技术在企业深度应用项目；
5. 高端智能装备制造应用项目；
6. 企业内部研发、生产、管理、销售等关键业务的综合集成应用项目。

第五条　两化深度融合示范工程承担企业应具备的条件：

1. 在我省依法登记设立，具有独立法人资格，经营状况良好，近三年连续盈利；
2. 企业法人代表对信息化高度重视，实行首席信息官（CIO）制度，并有机构和人员专门负责信息化工作；
3. 企业两化融合应用技术水平在全省同行业中处于领先地位；
4. 企业基础条件好、行业影响力大、在全省具有较强示范带动性。
5. 企业能够按照本办法，做好各项工作。

第三章　培育程序

第六条　信息化与工业化深度融合示范工程培育程序如下：

1. 符合申报条件的企业本着自愿的原则，向所在市经济和信息化委提出申请；
2. 各市经济和信息化委审查把关后，上

报省经济和信息化委；

3. 省经济和信息化委根据申报范围、条件、要求等，对申报材料进行初审，研究提出各类示范工程初选名单；

4. 省经济和信息化委组织有关方面的专家成立评审委员会，对示范工程进行评审；

5. 根据评审委员会意见，在省经济和信息化委网站上公示，公示无异议的，列入当年两化深度融合示范工程培育计划。

第四章　培育管理

第七条　省经济和信息化委主要负责以下工作：

1. 研究、协调、解决两化深度融合示范工程培育工作重大问题，统筹推进全局性工作，促进各市经济和信息化委、各技术支撑单位、各示范工程承担企业发挥优势，形成工作合力。

2. 建立有效的管理、调度办法，定期调度、通报、协调两化深度融合示范工程培育情况。

3. 适时举办形式多样的示范企业“开放日”、两化深度融合现场会等活动，大力宣传、推广先进经验、成果、模式、典型案例等，营造比、学、赶、超氛围。

4. 对在促进两化深度融合示范工程培育工作中做出突出贡献的单位和个人给予表彰和奖励。

第八条　各市、县（市、区）经济和信息化委主要负责以下工作：

1. 切实加强组织领导，广泛发动符合条件的企业积极参加申报，并认真审查，严格把关，择优推荐。

2. 针对每个两化深度融合示范工程，协调各方资源，成立工作小组，明确责任人，制定科学合理、针对性强的示范工程培育实施方案，做好相应的联络、协调、管理工作。

3. 加强对两化深度融合示范工程培育的跟踪管理，及时协调解决项目建设过程中遇到的困难和问题，确保取得明显成效。

4. 积极配合省经信委做好两化深度融合示范工程的宣传、推广及有关会议的组织筹备工作。

第九条　各示范工程承担企业主要负责以下工作：

1. 负责两化深度融合示范工程培育的具体落实。

2. 不断拓宽融资渠道、不断加大资金投入，并加强与相关部门的沟通协作，科学合理地进行项目实施。

3. 积极配合省经信委举办示范企业“开放日”、两化深度融合现场会等活动，做好经验总结和推广。

第五章　扶持政策

第十条　省经济和信息化委为示范工程所在企业，优先评先树优，优先列入省信息产业发展专项资金项目计划，予以重点扶持。

第十一条　省经济和信息化委向社会推介列入培育计划的示范工程，协调相关部门，帮助示范工程所在企业解决用工、技术、融资等方面的困难和问题。

第十二条　省经济和信息化委优先从示范工程所在企业里筛选一批先进项目，向国家有关部委推荐，争取国家专项资金支持。

第十三条　开展产学研合作，委托山东省科学院等相关院所为示范工程建设提供专业性指导、规划、招投标等咨询服务，确保项目顺利实施。

第十四条　启动实施两化融合高端人才培养千人计划。根据各企业和示范工程的具体需求，为示范工程所在企业提供人员培训，提高企业员工信息素养和技能，拓展企业两化融合工作思路及技能水平。

第十五条　为示范工程所在企业提供公益性的评价评测服务，帮助企业对自身两化融合能力进行正确评价，找出问题的根源和解决问题的方法，有效培育和提升自身的两化融合能力。

第十六条　完善政策导向，会同银监、税务等有关部门研究制定更加优惠政策，加大对两化深度融合示范工程的扶持力度。鼓励社会力量建设两化融合投融资公共服务平台，为两化融合提供更多的投融资渠道。

第十七条　建立助企服务联盟，深入开展“两化融合”助企行动，促进公共支撑平台与企业对接，降低两化深度融合示范工程建设成本。

第十八条　各市经济和信息化委每年要安排一定专项资金，对列入省两化深度融合示范工程培育的重点项目和企业给予支持。

第六章　附则

第十九条　本办法由省经济和信息化委员会负责解释。

第二十条　本办法自公布之日起施行。

1 － 55　山东省经济和信息化委员会关于公布2011年度“山东省新型工业化产业示范基地”名单的通知

鲁经信政字〔2011〕322号

各市经济和信息化委：

根据省经济和信息化委《创建山东省新型工业化产业示范基地管理暂行办法》，经过组织申报、评审论证和社会公示，确定济南济北经济开发区、青岛市城阳区、淄博齐鲁化学工业区等28个产业基地为“山东省新型工业化产业示范基地”（名单附后），现予公布。有关事项通知如下。

一、扎实创建，切实发挥产业示范基地引领带动作用。新型工业化产业示范基地工作重在“创建”，公布名单和授牌是创建工作的新起点。列入名单的基地，一要根据申报的创建工作方案，扎实推进产业发展规划实施和各项工作落实，不断提升自主创新、技术改造、产业集聚、节能环保、品牌培育、安全生产、“两化”融合等方面水平，确保规划的目标任务实现，切实发挥示范作用。二要不断适应新形势，将近期的创建工作与贯彻落实各级“十二五”发展规划相结合，与推动黄河三角洲高效生态经济区、山东半岛蓝色经济区建设相结合，与实施工业发展“双轮驱动”战略相结合，准确把握新型工业化内涵，努力使示范基地成为繁荣区域经济、加快工业转型升级的中坚力量。三要立足示范产业特点，不断与国际国内先进产业基地对标，找出改进和提高的方向，逐步缩小差距，进一步提高示范基地发展的质量和水平，努力提升产业基地层次。

二、完善政策，优化产业示范基地发展环境。政府支持是新型工业化产业示范基地创建工作的关键环节。示范基地所在地政府，要增强服务意识，加强政策研究，围绕技术进步重大专项、财税政策优惠激励、人力资源开发引进、公共服务体系建设等方面，进一步加大支持和引导力度，不断提高服务水平，为产业示范基地创建工作提供良好的发展环境。

三、加强管理，将示范基地创建工作引向深入持久。新型工业化产业示范基地创建工作是一个动态的、长期的系统工程。各级经信部门要认真履行示范基地管理职责，搞好与示范基地的衔接，将示范基地纳入本地工业和信息化经济运行监测体系，跟踪掌握产业示范基地发展情况，加强沟通和交流，及时发现并认真解决创建工作中出现的新情况、新动向和新问题，确保创建目标顺利实现；要根据国家和省要求，组织示范基地按时如实提报创建发展情况，并做好相关工作。要善于总结创建工作中形成的好经验、好做法，加强宣传推广，引导工业园区加快走上科学发展轨道，带动全省工业转方式、调结构，推进特色新型工业化进程。

附件：2011 年度“山东省新型工业化产业示范基地”名单

二〇一一年六月十六日

附件：

2011 年度“山东省新型工业化产业示范基地”

序号	上报单位	示范基地名称
1	济南市经济和信息化委员会	食品饮料·济南济北经济开发区
2	青岛市经济和信息化委员会	电子信息·青岛市城阳区
3	青岛市经济和信息化委员会	石油化工·青岛经济技术开发区
4	淄博市经济和信息化委员会	精细化工·淄博齐鲁化学工业区
5	淄博市经济和信息化委员会	机电泵类·山东博山经济开发区
6	淄博市经济和信息化委员会	头孢抗生素·山东沂源经济开发区
7	枣庄市经济和信息化委员会	玻璃深加工·山东滕州经济开发区
8	枣庄市经济和信息化委员会	锂电新能源·山东枣庄高新技术产业园区
9	东营市经济和信息化委员会	橡胶轮胎·山东广饶经济开发区橡胶轮胎产业园区
10	烟台市经济和信息化委员会	汽车及零部件·龙口市
11	烟台市经济和信息化委员会	黄金及制品·山东招远经济开发区
12	烟台市经济和信息化委员会	机电装备制造业·山东莱州经济开发区
13	潍坊市经济和信息化委员会	石油装备·山东寿光经济开发区
14	潍坊市经济和信息化委员会	轻型卡车制造·山东诸城经济开发区
15	济宁市经济和信息化委员会	光电信息·山东济宁高新技术产业园区
16	济宁市经济和信息化委员会	工程机械·山东任城经济开发区
17	济宁市经济和信息化委员会	新型煤基化工·济宁市化学工业经济技术开发区
18	省煤炭工业局、泰安市经济和信息化委员会	煤矿装备制造·山东（泰安）山能机械工业园
19	威海市经济和信息化委员会	机电工具·文登市
20	德州市经济和信息化委员会	新型土工合成材料·山东陵县经济开发区
21	德州市经济和信息化委员会	汽车零部件·武城县
22	德州市经济和信息化委员会	五金制品·乐陵市
23	聊城市经济和信息化委员会	铜深加工·阳谷县

24	聊城市经济和信息化委员会	化工新材料·山东聊城经济开发区
25	聊城市经济和信息化委员会	阿胶·山东东阿工业园区
26	临沂市经济和信息化委员会	工程机械·山东临沂经济开发区
27	临沂市经济和信息化委员会	电动自行车·山东沂南经济开发区
28	临沂市经济和信息化委员会	焙烤食品和淀粉糖·山东沂水经济开发区

1－56 山东省经济和信息化委员会关于公布山东省节能环保产业示范企业名单的通知

鲁经信协字〔2011〕407号

各市经济和信息化委(青岛市发改委)、节能办，有关企业：

为充分发挥节能环保骨干企业示范带动作用,引领全省节能环保产业加快发展,根据《关于组织申报山东省节能环保产业示范企业的通知》(鲁经信协字〔2011〕242号)要求，省经信委、省政府节能办在全省开展了“山东省节能环保产业示范企业”评选工作。经专家综合评审及公示，确定海尔集团公司等100家企业为山东省节能环保产业示范企业，现将名单予以公布。有关要求通知如下：

一、各市节能办要指导示范企业认真落实《山东省关于促进节能环保产业加快发展的指导意见》(鲁政办发〔2009〕35号)等文件精神，加大在项目申报、土地、财税、融资等方面的政策扶持力度，引导企业加快发展。

二、各示范企业要再接再厉，不断创新工作思路，明确方向重点，强化工作措施，大力提升企业自主创新能力和核心竞争力，切实发挥示范带动作用。

三、各市节能办要加强对示范企业的管理，建立定期调度制度，及时掌握动态，协调发展过程中遇到的困难和问题，确保示范企业健康快速发展。

附件：山东省100家节能环保产业示范企业名单

二〇一一年七月二十七日

附件：

山东省100家节能环保产业示范企业名单

1. 海尔集团公司
2. 潍柴动力股份有限公司
3. 润峰电力有限公司
4. 胜利油田胜利动力机械集团公司
5. 山东能源机械集团有限公司
6. 烟台冰轮股份有限公司
7. 东方电子集团有限公司
8. 山东新风光电子科技发展有限公司
9. 山东长星集团有限公司
10. 山东华力电机集团股份有限公司
11. 中通客车控股股份有限公司
12. 山东中文沂星电动汽车有限公司

13. 烟台红壹佰照明有限公司
14. 山东富尔达空调设备有限公司
15. 通裕重工股份有限公司
16. 文登奥文电机有限公司
17. 山东时风（集团）有限责任公司
18. 济南钢铁集团耐火材料有限责任公司
19. 山东浪潮华光照明有限公司
20. 山东八一燎原水煤浆有限公司
21. 现代威亚汽车发动机（山东）有限公司
22. 山东达驰电气有限公司
23. 宝世达电子科技有限公司
24. 山东鲁阳股份有限公司
25. 山东北辰压力容器有限公司
26. 山东宏力空调设备有限公司
27. 山东英克莱集团有限公司
28. 山东开元电机有限公司
29. 山东莱芜金雷风电科技股份公司
30. 贝莱特空调有限公司
31. 山东多乐采暖设备有限责任公司
32. 山东宇泰光电科技有限公司
33. 威海东兴电子有限公司
34. 济南海通焊接技术有限公司
35. 山东威特人工环境有限公司
36. 山东临工工程机械有限公司
37. 鲁变电工有限公司
38. 青岛德固特机械制造有限公司
39. 德州富路车业有限公司
40. 盛瑞传动股份有限公司
41. 胜利油田高原石油装备有限责任公司
42. 费县腾达新型建材有限责任公司
43. 山东双轮股份有限公司
44. 中微光电子（潍坊）有限公司
45. 山东伟基炭科技有限公司
46. 山东华成集团有限公司
47. 山东宇佳新材料有限公司
48. 烟台龙源电力技术股份有限公司
49. 山东省金曼克电气集团股份有限公司
50. 山东水泊焊割设备制造有限公司
51. 山东厚丰汽车散热器有限公司
52. 山东煤机装备集团有限公司
53. 山东哲人新能源科技发展有限公司
54. 康跃科技股份有限公司
55. 泰安市华新建材有限责任公司
56. 山东同泰集团股份有限公司
57. 山东鲁电电气集团有限公司
58. 山东招金膜天有限责任公司
59. 山东东岳化工有限公司
60. 万达集团股份有限公司
61. 山东国舜建设集团有限公司
62. 烟台润达垃圾处理环保股份有限公司
63. 烟台万华聚氨酯股份有限公司
64. 山东京鲁水务集团有限公司
65. 山东环冠科技有限公司
66. 景津压滤机集团有限公司
67. 海汇集团有限公司
68. 核工业烟台同兴实业有限公司
69. 青岛金华工业集团有限公司
70. 淄博义丰机械工程有限公司
71. 山东生态洁环保科技股份有限公司
72. 山东慧洁日化有限责任公司
73. 青岛新天地固体废物综合处置有限公司
74. 山东金升有色集团有限公司
75. 山东泉林纸业有限责任公司
76. 龙福环能科技股份有限公司
77. 中国重汽集团济南复强动力有限公司
78. 烟台绿环再生资源有限公司
79. 泰山石膏股份有限公司
80. 济南鲍德炉料有限公司
81. 山东龙福油页岩综合利用有限公司
82. 山东方泰循环金业股份有限公司
83. 三角轮胎股份有限公司
84. 莱芜钢铁集团泰东实业有限公司
85. 莱芜市福泉橡胶有限公司
86. 山东临沂中再生联合发展有限公司
87. 山东力诺瑞特新能源有限公司
88. 皇明洁能控股有限公司

89. 山东桑乐太阳能有限公司
90. 山东黄金太阳科技发展有限公司
91. 山东阳光博士太阳能工程有限公司
92. 山东中科蓝天科技有限公司
93. 东营光伏太阳能有限公司
94. 山东融世华租赁有限公司
95. 山东泰华电讯有限公司
96. 山东万众节能工程技术有限公司
97. 光大水务（淄博）有限公司
98. 日照海大自动化科技有限公司
99. 山东布莱恩化工技术有限公司
100. 山东埕口盐化有限责任公司

1－57 山东省经济和信息化委员会关于推动生产性服务业加快发展的意见

鲁经信信推字〔2011〕422号

各市经济和信息化委，各有关单位：

为认真贯彻落实国务院《关于加快发展服务业的若干意见》和省委、省政府《关于进一步促进服务业发展的若干意见》及省政府《关于加快发展生产性服务业的意见》等有关文件精神，推动生产性服务业加快发展，促进经济结构调整和发展方式转变，现结合我省经济和信息化工作实际，提出以下意见：

一、充分认识加快生产性服务业发展的重要意义

生产性服务业是指为保持工业生产过程的连续性，促进工业技术进步、产业升级和提高生产效率，提供保障生产服务的服务行业。推动生产性服务业加快发展，对于促进我省转方式调结构，实现经济长期又好又快发展具有重要意义。

（一）发展生产性服务业是走新型工业化道路的迫切需要。生产性服务业以日益专业化的人力资本和知识资本作为主要投入，贯穿于工业生产的前期研发、设计，中期管理、融资和后期销售、售后服务、信息反馈等全过程，是工业和服务业加速融合的关键环节。加快发展生产性服务业，有利于更好地以信息化带动工业化，推动生产型企业获取专业化、社会化的中间服务，降低成本，提高效率，有利于生产型企业专注核心业务，推动技术进步与创新，增强产品和企业竞争力.

（二）发展生产性服务业是转方式调结构的必然选择。随着经济全球化和分工专业化的日益深入，许多发达国家和我国一些经济相对发达地区正在逐步形成以服务经济为主导的产业结构。当前，我省正处于转方式调结构的关键时期，经济增长方式粗放、三次产业结构不合理、能源资源消耗过高等问题，已经成为制约我省经济社会发展的重要问题。加快转变经济发展方式、调整经济结构，必须大力发展生产性服务业，建立科技含量高、经济效益好、资源消耗低、环境污染少、人力资源得到充分发挥的现代产业体系。

（三）发展生产性服务业是促进二、三产业互动发展的关键步骤。随着大规模生产日渐普遍，最基本的生产制造过程已不能产生大量的附加值，只有更多服务渗透的生产过程才能获得竞争上的优势。由于专业化分工日益清晰，原本依附于制造业的生产性服务逐渐壮大，成为制造业产业链中不可或缺的部分，而且处于价值链的高端，形成了先进制造业与生产性服务业互为依托、共同发展的局面。我省是制造业大省，制造业的良性发展离不开生产性服务业的有力支撑，制造业的服务化和服务的产业化将进一步推动二、三产业的互动发展。

二、指导思想和发展目标

（一）指导思想

以邓小平理论和“三个代表”重要思想为指导，深入贯彻落实科学发展观，坚持市场化、产业化、社会化、国际化的发展方向，坚持以扩大总量、优化结构、增强素质、提高层次为主线，把发展生产性服务业作为调整产业结构和转变发展方式的重点，构建完善的产前、产中、产后服务体系，提高生产性服务业的整体素质和市场竞争力，实现生产性服务业发展的新突破，促进全省经济社会又好又快发展。

（二）发展目标

紧紧围绕转方式、调结构的总体部署，大力发展重点产业、促进服务外包、培育新型业态、推进二三产业分离，进一步加快资源整合、强化工作措施，推动生产性服务业加快发展；促进生产性服务业与工业联动发展，着力提升、突破工业领域关键服务环节，全面提升生产性服务业发展的规模和水平，促进现代工业体系的建立；培育生产性服务业产业群体、扶持龙头企业、支持重点项目，建设有竞争力的生产性服务业园区（基地）;“十二五”期间，生产性服务业重点产业持续快速增长，社会物流总额年均递增12%，软件业务收入年均增幅25%以上。

三、重点任务

当前和今后一个时期，要切实抓住省委、省政府繁荣发展服务业的重大机遇，积极跟踪新技术、新业态、新趋势发展，深入实施生产性服务业发展“2241”战略（即突出信息服务业、现代物流业2个产业，推进“两化融合”、“三网融合”2项融合，抓好研发设计、管理、营销、节能4个生产服务环节，培育服务业发展新兴业态），着力完成以下重点任务：

（一）推动重点产业跨越发展

1. 推动现代物流业发展。建立综合交通与现代物流业协调发展机制，整合物流资源和物流服务功能，加快物流园区（中心）基础设施建设。推动多式联运，减少中转环节，提高物流效率。鼓励现代物流企业实现集团化发展、连锁化经营、网络化管理，提升物流企业一体化服务能力和产业化服务水平。加快物流企业信息系统建设，提高物流业务运作效率和服务水平，增强企业竞争力。

2. 推动信息服务业发展。加快软件和信息服务业“名城、名园、名企、名品”建设，创建济南中国软件名城，提高名城、园区辐射带动能力，培育一批在全国具有较强影响力的龙头企业和知名品牌。进一步做大做强工业软件、中间件等软件和信息技术服务业，加快技术和模式创新，积极培育云计算、数字内容等新兴产业及业态，优化提升信息传输服务，培育壮大信息内容服务，推进服务外包，提高信息服务业产业规模与发展水平。

（二）推进重点领域融合发展

1. 推进信息化与工业化“两化融合”。从企业、行业、区域三个层面，加快信息化与工业化深度融合。加快信息技术融入产品研发设计、生产过程控制、产品营销和企业管理等重点环节，积极发展电子商务，实现工业企业生产经营的自动化、网络化和智能化。

2. 推进电信网、广播电视网和互联网“三网融合”。鼓励广电、电信及其他内容服务、增值服务企业创新产业形态和市场推广模式，推动移动多媒体广播电视、IPTV、手机电视、数字电视宽带上网等三网融合相关应用，促进文化产业、信息内容产业和现代服务业融合发展。

（三）抓好生产服务关键环节

1. 推动企业开展研发设计。推进共性、关键性、前瞻性技术开发，提高企业自主创新能力。鼓励企业开展工业设计创新、建设工业设计中心和工业设计示范基地，推动产学研合作共建。推进人才教育培训，促进科技研发、技术推广、工业设计服务业发展。

2. 推动企业进行管理创新。加快企业管理理念、管理内容和管理方法创新，推进信息、物流、金融、会计、咨询、法律、人力资源等领域的专业化、社会化服务，通过高附加值、高层次、知识型的生产服务实现企业管理由粗放型向精细化转变。

3. 推动企业拓展营销方式。开展形式多样的市场开拓、技术服务、技术合作活动，带动和扩大产品销售。实施市场多元化战略，加强市场营销网络建设，提升产品的影响力、竞争力和市场占有率。统筹政府和企业资源，发挥好会展经济的带动作用。

4. 推动企业进行节能减排。推动节能服务业发展，壮大综合性节能服务机构，发展重点行业节能服务公司，培育专业化节能服务中介机构。推进合同能源管理，建立市场化的节能服务机制，实施合同能源管理项目，落实财政奖励合同能源管理政策，研究节能服务机构税收优惠政策。

（四）培育服务业新兴业态

培育两化融合、三网融合、物联网、新一代移动通信、下一代互联网发展催生的新兴产业，通过新应用、新服务带动新增长。重点培植数字媒体、地理信息等新信息服务业，加强农业信息集成、精准农业等农业信息服务，发展工业设计、第三方电子商务交易与服务、供应链管理、加密与电子认证、在线支付、多式联运等现代服务。

四、主要措施

推动生产性服务业加快发展是转方式调结构的重要任务，必须进一步增强责任感和紧迫感，充分调动各方面的积极性和主动性，加强领导、协作配合、真抓实干、务求实效，为生产性服务业发展提供有力的保障措施。

（一）加强组织领导，建立协作推进机制。在委生产性服务业发展领导小组的统一领导、协调指挥下，各单位（处室）按照服务业发展职能，分工协作，共同推进生产性服务业发展。建立健全领导小组例会制度，定期研究部署服务业发展的重大决策，及时调度工作情况，解决工作中出现的重大问题。明确生产性服务业发展职责，分解工作任务，加强绩效考核，确保工作到位、任务落实和指标完成。协调推进相关工作，形成工作合力，密切配合、相互交流，合作建设公共服务平台，联合支持生产性服务业项目。

（二）落实相关政策，培育优势产业。认真落实国家和省委、省政府出台的一系列促进服务业发展的扶持政策，抓住推动生产性服务业加快发展的战略机遇，着力培育生产性服务业城区、园区、企业和项目四大载体，全面提高生产性服务业产业竞争优势。重点扶持生产性服务业园区（基地）建设，支持企业实施技术含量高、市场前景好的生产性服务业大项目，鼓励企业实施规模化、网络化、品牌化经营，培育一批拥有自主知识产权和知名品牌、具有较强竞争力的生产性服务业龙头企业。

（三）推进二三产业分离，深化产业分工。以行业大中型企业和龙头企业为重点，鼓励企业加快二三产业分离，改变大而全、小而全的组织结构体系，促进生产性服务资源的专业化、社会化、市场化。推动工业企业将运输、仓储、包装、配送等物流业务剥离，组建专门的物流公司，或与现有的专业物流企业进行资源整合，做大做强。推动工业企业将相对独立的研发机构、信息中心、呼叫中心剥离，组建科研、信息服务型企业，专业从事技术咨询、研发设计、软件开发、信息服务等业务。推动工业企业将设备安装调试、维修维护、采购营销、售后服务等非核心业务剥离，组建专业配套服务和中介服务企业。

（四）创新服务方式和业态，提升服务层次和水平。以企业为主体、市场为导向，推动生产性服务业自主创新，在电子商务、现代物流、智能交通、信息增值、能源管理等关键技术领域取得突破。加快信息化与工业化融合，发展以信息技术、网络技术和数字技术为基础的新型服务方式和业态，依靠科技进步提高服务业质量、拓宽服务业领域，实现经营方式和管理方式的变革。建设面向区域、行业和中小企业的现代物流、电子商务、技术服务等公共服务平台，整合服务资源，降低服务成本，提高服务水平。

（五）发挥政府引导作用，加大资金投入。对符合条件的现代物流、信息服务、科技研发、设计检测、软件服务外包等生产性服务业项目，由省结构调整专项资金（物流、科技、信息）、中小企业发展等资金予以优先支持，并向国家和省服务业发展引导资金项目重点推荐。对二三产业剥离后设立的生产性服务企业，符合高新技术企业、软件企业或技术先进型服务企业条件的，及时组织认定，积极落实高新技术企业、软件企业或技术先进型服务企业的各项优惠政策。积极争取设立生产性服务业发展专项资金，重点支持生产性服务业的薄弱环节、关键领域、新兴产业以及带动性强的项目。

（六）加强统计监测，做好运行分析。建立健全现代物流、软件和信息服务、电子商务、科技服务、节能服务等生产性服务业的统计工作制度，改进统计方法，强化基层基础工作，提高统计数据准确性、及时性、有效性。做好生产性服务业统计数据的审核、核算和分析，建立协调有序的生产性服务业统计、核算和监测体系，做好生产性服务业发展形势分析。

（七）强化人才培养，提供智力支撑。加强大专院校对生产性服务业人才的培养，优化教育结构和课程设置，加强理论与实践的对接，开展生产性服务业研究。大力发展生产性服务业职业教育，开展多层次、多形式的职业培训和再就业培训，开展职业水平评价工作。积极引进生产性服务业人才，推进高端人才的交流合作，营造良好的人才创业环境和条件。

（八）进行试点示范，带动产业发展。在典型行业、重点企业开展“10个10”生产性服务业试点工程，即选择10家现代物流企业、10家信息服务企业、10家研发设计企业、10家制造配套服务企业、10家电子商务企业、10家三网融合服务企业、10家会展和市场营销企业或中介机构、10家节能服务企业或中介结构，以及10个生产性服务业园区（基地）、10个生产性服务业公共服务平台，积极组织生产性服务业发展试点。进一步整合相关资源，加强分类指导和重点推进，推动生产性服务业扩大总量、提高素质，增强为工业生产服务保障的能力。促进工业企业和生产性服务业企业对接，推动工业企业将非核心业务外包给能提供优质、高效、快捷服务的社会化、专业化生产性服务企业，延伸拓展工业企业内部的生产性服务业。加强试点经验的总结和推广，以点带面，逐步推进，探索推进二三产业互动发展、促进产业结构调整和经济发展方式转变的新路子。

二〇一一年八月十九日

1－58 山东省经济和信息化委员会关于公布首批山东省物联网产业基地名单的通知

鲁经信信推字〔2011〕367号

各市经济和信息化委：

按照省委、省政府《关于加快经济发展方式转变若干重要问题的意见》（鲁发〔2010〕10号）有关要求，根据《山东省物联网产业发展规划纲要》（鲁政发〔2010〕114号）文件精神和《山东省物联网产业基地培育和认定管理办法（暂行）》，经按程序评审和公示，首批“山东省物联网产业基地”名单已经确定，现予以公布。并将有关事项通知如下：

一、同意济南高新技术产业开发区等5个产业基地为首批“山东省物联网产业基地”（具体名单见附件）。

二、产业基地要在现有发展基础上，按照“引领核心技术，建设产业聚集区；发展重点产业领域，形成产业支撑区”的思路，以及上报的创建工作方案和产业发展规划，以产业基地为载体，重点培育、扶持一批在全国具有一定影响力的物联网龙头企业，进一步做好产业联盟建设等方面的工作，促进物联网标识、感知、处理和信息传送等产业链条进一步完善，切实起到产业聚集和培育作用。

三、充分发挥政策、资金、项目的引导和拉动作用，研究出台配套支持政策，在产业规划布局、技术研发、重大专项、公共服务平台建设及有关资金安排等方面，对产业基地予以重点支持。

四、各市经济和信息化主管部门要在总结经验的基础上，要认真学习首批山东省物联网产业基地的创建发展经验，结合各地实际情况，加快推动本市物联网产业基地的创建工作。首批物联网产业基地要进一步完善提高，在建设过程中，及时向各市和省经济和信息化委报送基地建设进展和重大问题情况。各市要积极推动物联网产业基地建设，帮助物联网产业基地争取创建国家级产业示范基地。

五、按照《山东省物联网产业基地培育和认定管理办法（试行）》，我委将对产业基地实行动态管理，并依据管理办法每三年进行一次复核。对合格的产业基地予以确认，对不合格的按程序予以撤销并摘牌。

附件：首批“山东省物联网产业基地”名单

二〇一一年七月十五日

附件：

首批“山东省物联网产业基地”名单

序号	上报单位	公示名称
1	济南市经济和信息化委员会	济南高新技术产业开发区
2	潍坊市经济和信息化委员会	潍坊高新技术产业开发区
3	威海市经济和信息化委员会	威海火炬高技术产业开发区
4	济宁市经济和信息化委员会	济宁市物联网产业核心区（曲阜）
5	日照市经济和信息化委员会	日照高新技术产业开发区

1－59　山东省经济和信息化委员会关于印发《山东省轮胎工业“十二五”发展规划》的通知

鲁经信政字〔2011〕476号

各市经济和信息化委：

为认真贯彻党的十七大和十七届五中全会精神，深入贯彻落实科学发展观，加快经济发展方式转变，调整优化工业结构，促进制造业强省建设，省经济和信息化委、省石化协会制定了《山东省轮胎工业“十二五”发展规划》。现印发给你们，请认真组织实施。

附件：《山东省轮胎工业“十二五”发展规划》

二〇一一年八月二十九日

附件：

山东省轮胎工业“十二五”发展规划

轮胎工业是我省的重点优势产业，在全国占据重要位置。为加快转方式调结构，推进新型工业化进程，促进装备制造业做强做大，在“十二五”时期发展具有世界先进水平的轮胎工业，引导轮胎产业健康、可持续发展，制定本规划。

一、“十一五”发展回顾

“十一五”时期是我省轮胎工业大调整、大发展的关键阶段。五年来，紧紧围绕省委、省政府制造业强省战略部署，大力实施“新特优”工程和工业调整振兴规划，有效应对国际金融危机冲击和美国“特保案”等不利因素影响，着力调整优化结构，增强自主创新和可持续发展能力，全省轮胎工业整体实力不断壮大，为向世界先进水平迈进奠定了重要基础。

（一）“十一五”发展成绩。

1. 产业总量达到新高。截至2010年底，全省共有轮胎生产企业270余家，轮胎产量2.99亿条，占全国总量的46%。其中，全钢子午胎产量4455.8万条，占全国的50.9%；半钢子午胎9751.2万条，占全国的34%。轮胎产品门类丰富，包括载重、轻载、轿车、农用、工程、工业等六大类上千个品种，基本可满足国内外各种车型的需要。经济效益大幅增长，2010年实现主营业务收入1218亿元、利税111亿元、利润77亿元，分别是“十五”末的2.03、2.22、2.56倍；出口创汇50.85亿美元，占全国轮胎出口总量的50%以上。

2. 产品结构明显优化。与“十五”末相比，截至2010年底，全省轮胎子午化率由18.9%提高到36.3%，半钢与全钢的比例达到2.19：1。半钢子午胎基本实现无内胎化，高性能、超低断面和高速度级别的轿车子午胎比例明显提高。全钢子午胎中无内胎的比例由2005年的不足10%提高到2010年的40%以上。工程子午胎发展迅速，巨型工程子午胎系列产品已为卡特彼勒、特雷克斯、沃尔沃等多家世界知名工程机械制造商成功配套。

3. 骨干力量显著增强。经过多年培育发展，全省涌现出了三角、玲珑、成山、双星、赛轮、黄海、盛泰、兴源、金宇等一批大型企业集团，成为带动支撑全省轮胎产业发展壮大的龙头和骨干。2010年度世界轮胎75强排行榜中，我省有10家企业入围,其中三角集团(第14位)、山东玲珑（第16位）跻身10亿美元行列；国内轮胎企业前10强中，我省占5家。品牌建设取得新成果，三角、玲珑、成山、双星、赛轮5家全钢子午胎和双驼喜盈门、东岳、三工摩托车轮胎被认定为“中国名牌产品”，分别占全国同类产品中国名牌总数的一半和40%；有16家企业28个轮胎产品被评为“山东名牌产品”。

4. 科技创新成效明显。拥有亚洲唯一的以橡胶专业为特色的青岛科技大学和全国唯一的“国家轮胎工艺与控制工程技术研究中心”、“橡塑材料与工程教育部重点实验室”、“国家橡胶助剂工程研究中心”，拥有全国仅有的两个“轮胎先进装备与新材料国家重点工程实验室”，拥有2个海外研发中心、4个国家级和14个省级企业技术中心、2个技术创新战略联盟、1个行业技术中心和1所轮胎学院。2个轮胎试验场正在加快建设。轮胎设计、橡胶配方设计、轮胎制造工艺和设备等方面形成了一批具有自主知识产权的核心技术。三角集团发展了“WH轮胎整体动态仿真设计理论”，研发了“低温炼胶工艺”和“三段七鼓巨胎成型工艺及成套设备”,其中巨型工程子午胎成套生产技术和设备项目荣获2007年度国家科技进步一等奖，突破了国外大公司技术垄断。赛轮股份有限公司开创性地开发了BPSO设计技术以及三维可视化设计技术，形成了一套完整的具有自主知识产权的子午线轮胎配方和结构设计体系。玲珑集团建设了国内轮胎行业首个噪音实验室，开发的超低断面低噪音抗湿滑高性能子午胎获2010年度国家科技进步二等奖，开发的缺气保用轿车子午胎，产品质量达到国际先进水平。

5. 产业配套快速发展。“十一五”，全省轮胎工业不断延伸产业链条，产业配套进一步完善。齐鲁石化公司顺丁橡胶、丁苯橡胶等合成橡胶总产量跃居国内首位。青岛伊科斯和菏泽玉皇化工分别发展了异戊橡胶和乙丙橡胶等国内紧缺产品。烟台氨纶公司芳纶1313纤维实现产业化，并开发出芳纶1414纤维技术，使我国成为世界上第四个能批量生产芳纶纤维的国家。圣奥化工积极发展绿色防老剂，已成为全球领先的专业橡胶防老剂6PPD、IPPD以及中间体RT培司的供应商。济南炼化公司的3万吨环保型填芳烃橡胶填充油工业示范装置成功投产，符合欧盟2005/69/EC标准，填补了国内空白。

（二）存在的问题和不足。“十一五”期间，我省轮胎工业取得了显著成绩，但与世界先进水平和可持续发展要求相比，还有不少差距和不足：缺少国际话语权，制定或参与制定行业标准的意识不强，缺乏先进、强制性的行业标准与法规；自主创新和低碳发展能力仍不够强，行业具有自主知识产权的技术偏少，循环经济发展较慢；世界品牌建设和网络化服务欠缺，低端产品占有较大比重，高端轿车子午胎产品少；新型装备特别是自控设备和新材料应用差距较大，限制了轮胎质量的提高和高性能轮胎、特殊性能轮胎的开发生产；产业集中度较低，企业量多分散，规模效应难以发挥；部分企业产品同质化严重，恶性竞争严重。

二、“十二五”面临的形势

“十二五”是我省轮胎工业向世界先进水平迈进的攻坚时期。纵观国际国内经济发展形势和轮胎行业发展趋势，我省轮胎工业机遇与挑战同在，优势与困难并存。

（一）市场需求趋于稳定。近几年，我国汽车产量跃居世界第一，保有量超过6600万辆，公路运输周转量连年大幅增长，国内市场对原配胎和替换胎的刚性需求仍然旺盛。全球经济逐渐复苏，欧美等国汽车使用不会大幅降低，我省轮胎出口将逐步回暖，特别是出口到美国的部分轮胎为定制的特殊规格，短期内其他国家很难替代。总体上看，今后一段时期，轮胎市场需求将保持稳定较快增长态势，我省轮胎行业具有宽阔的调整提升发展空间。

（二）产品结构趋向“高、精”。随着生活水平的提高和环保意识的增强，消费者对子午线轮胎优越性能的要求越来越高，子午线轮胎的使用范围也将越来越广。轮胎消费市场国际化发展，轮胎需求趋于个性化、多样化，需要针对不同区域、不同用途和不同功能的轮胎市场，开发专用型号和特殊用途的轮胎产品，如恶劣路面条件下使用的全路况轮胎、节油效果出众的低滚动阻力轮胎等。

（三）国际竞争更趋激烈。随着国际经济及贸易竞争的加剧，我国轮胎行业已成为国际贸易中遭受反倾销频率最高、次数最多的行业之一。同时，以全球前十位跨国轮胎企业为主的外资轮胎在华扩充产销势头渐强，国内市场竞争日趋激烈。对外依存度高的我省轮胎行业，面临着自主品牌建设和国内外市场开拓的巨大压力。

三、指导思想、基本原则和目标

（一）指导思想。

深入贯彻落实科学发展观，以市场为导向，以转方式、调结构为主线，瞄准国际高端前沿，坚持科技创新，强化标准建设，拓展市场空间，推行骨干带动，加强协作整合，培育自主品牌，完善产业配套，注重绿色低碳，着力优化产业结构，适度调控产品总量，提升全省轮胎工业的综合水平和国际竞争力，促进轮胎工业由大变强，打造传统产业竞争新优势，为建设制造业强省贡献力量。

（二）基本原则。

1. 树立国际视野。以全球化思维和世界战略发展山东轮胎工业，准确把握国际形势，追踪世界轮胎发展趋势，充分利用“两种资源、两个市场”，不断提高对外合作和竞争水平。

2. 突出创新驱动。把自主创新作为发展山东轮胎工业的核心，善于运用创新资源，提高创新能力和水平，突破影响发展的关键环节，推动自主品牌和标准建设。

3. 坚持科学发展。走内涵式发展道路，改变粗放式发展模式，全面优化产业、技术产品和布局结构，推动轮胎工业转型升级。

4. 注重社会责任。坚持行业发展与经济、社会、环境效益相协调，不断提高轮胎工业的环保、安全和健康水平，树立山东轮胎工业良好形象。

（三）发展目标。

1. 轮胎产能适度扩张。到2015年，全省子午线轮胎生产能力保持在2.7亿条左右，其中全钢载重子午胎7000万条，半钢子午胎2亿条；高性能子午胎比重达到50%以上。

2. 产品结构优化升级。到2015年，全省轮胎子午化率争取达到70%。全钢载重子午胎基本实现无内胎化，产品寿命里程数达到50万公里以上；半钢子午胎产品质量达到欧盟B、C级，实现为世界主流品牌汽车配套。

3. 经济效益稳定增长。到2015年，全省轮胎工业争取完成增加值600亿元，实现利税230亿元、利润130亿元。

4. 培优育强实现突破。到2015年，培育年销售收入50亿元及以上的轮胎企业集团15个、100亿元及以上的企业集团6个。创建世界知名品牌2个、中国驰名商标9个。

5. 市场开拓有力推进。到2015年，国内市场占有率提高到50%以上，出口达到45%以上。

四、发展重点

“十二五”期间，重点围绕改善产品、突破技术、产业配套、集聚发展四个方面，加快调整提升，努力构建国际化轮胎产业发展框架。

（一）提升产品水平。

1. 全钢和半钢子午线轮胎。通过美国Smartway认证，达到欧盟REACH法规及燃料标签法标识要求。全钢载重子午胎，着力改进工艺设计，逐步形成公制、扁平化、专用化、无内胎轮胎系列产品和完整的配套技术，静态和动态试验达到国际先进技术的内控标准。半钢子午线轮胎，着力开发新技术、新产品，继续提高轻载和轿车子午胎比例；推进产品系列化，提高低断面、扁平化、大轮辋高性能轿车子午胎比例，瞄准国际高端汽车市场，为世界主流汽车品牌研制配套。 2.工程子午线轮胎。在生产技术、装备、材料配套等方面加大研发力度，突破关键技术，提高检测能力和水平，增强产品质量的稳定性。扩大高性能子午胎生产，积极发展巨型工程子午胎和宽断面、无内胎子午线轮胎，工程作业时间达到5000小时以上。

3. 农业子午线轮胎。积极开发节油、负载能力大、牵引性能好、对复杂地面的适应性和抓着性强的农业子午线轮胎，重点发展农业驱动轮轮胎和农业导向轮轮胎。

4. 高端轮胎。以绿色、低碳、环保、高性能和智能化为主攻方向，充分利用先进的计算机仿真和辅助设计技术，采用新型材料，改进胎面花纹设计。重点对轮胎的滚动阻力（燃油经济性）、平顺性、操控性、噪声、湿地性能、安全性能等进行深入研究，开发低滚动阻力、高耐磨、低噪声、超安全、高性能的全新概念轮胎产品。安全轮胎，发展液体自封式、自修复组件式跑气保用轮胎，胎侧补强、加支撑物等自体支撑型跑气保用轮胎和内装弹性填料轮胎、活节式轮胎、高抗湿滑轮胎、全天候轮胎等。节能轮胎，发展高效低滚阻轮胎、高平衡性能轮胎和轮胎扁平比0.35以下、大轮辋、高速度轮胎、高里程等超高性能轮胎。智能轮胎，发展具有自动调压、监控气压温度变化和防爆报警等特点，能够掌控轮胎受力变形动态新型智能轮胎。多功能概念轮胎，发展仿生花纹、椭圆、扁形、方形、轮辋一体化等异形轮胎和闪光轮胎、烟雾轮胎、气味轮胎等，加快巨胎、全钢宽基无内胎载重子午胎、冬季轮胎、军用特种轮胎和子午化航空轮胎开发。

（二）突破关键技术。发展具有自主知识产权的轮胎设计理论，力争实现轮胎设计理论的突破。重点开发低温炼胶成套生产线及轮胎制造信息化、数字化、可视化、自动化、柔性化、模块化装备技术，实现子午线轮胎生产技术的新跨越。研发轮胎翻新、再生橡胶生产、橡胶粉直接应用、再生橡胶尾气净化、废橡胶环保节能型热解等新技术、新工艺。加快推广一次密炼多机开炼工艺、开炼低温连续混炼工艺技术、电子辐射预硫化技术和充氮高温硫化工艺等节能技术和工艺的推广应用。

（三）强化产业配套。

1. 新型合成橡胶和橡胶助剂。重点发展异戊橡胶、乳聚丁苯橡胶、卤化丁基橡胶、丁二烯橡胶和具有特殊用途的新品种丁基橡胶、粉末橡胶等。通过分子设计和链结构优化组合，研制高性能集成橡胶。采用化学改性、共混改性、动态硫化与增容、互穿网络及其他改性技术，提高通用胶的高性能化和功能化。重点发展防老剂RT培司、促进剂、防焦剂、增粘剂、橡胶均匀剂、抗硫化还原剂、绿色化学塑解剂、白炭黑分散剂、喷涂剂、预分散助剂、内脱模剂、模具清洗剂、无锌胶片隔离剂、高热稳定性不溶性硫磺等助剂，开发生产综合性能好的低滚动阻力炭黑和高补强易分散的白炭黑、纳米无机等补强材料及环保油，开发无臭味、无迁移污染新型再生活化剂和再生软化剂。

2. 骨架材料和模具。重点发展高强及超高强钢丝、新型结构钢丝帘线、高模量低收缩涤纶帘子布、高强力尼龙帘子布和芳纶帘线，生产符合子午胎要求的不同粗度系列的延伸胎圈钢丝，开发矩形断面的胎圈钢丝等骨架材料。研发生产精密轿车胎模具、载重子午胎活络模具、大型工程胎模具，提高大型精密的高档模具比重。

3. 生产装备和检测设备。发展大型和新型密炼机组、胎面复合挤出机组、钢丝压延机、钢丝帘布裁断机、子午线轮胎成型机等机械装备。研发轮胎半成品、产品无损检测及在线检测等子午线轮胎专用关键设备，提高生产装备及监测控制水平。重点研发六分力、高速均一性、动态印痕、模拟等先进检测设备，实现轮胎滚动阻力、湿路面抓着性能、磨损、操控性能、噪声检测环保材料组分分析等试验检测手段从单一功能到系统检测分析的全面提升。

（四）优化空间布局。

1. 提升三大产业集群层次。紧抓建设山东半岛蓝色经济区和黄河三角洲高效生态经济区的机遇，借助区域战略的政策优势和吸纳能力，充分发挥青烟威的轮胎名企效应和东营地区的配套产业优势，加强资源整合、科技共享和企业联合，着力建设半岛地区轮胎产业集群和鲁北地区轮胎产业集群，打造具有世界影响力的轮胎产业聚集高地。提升菏泽橡胶助剂的传统优势，加快开发生产符合国际有关标准的绿色环保型橡胶助剂，力争发展成为国内外重要的鲁西南橡胶助剂产业集群。

2. 加快建设“中国橡胶谷”。借鉴国际先进经验，凝聚各方资源力量，在青岛四方区倾力打造“中国橡胶谷”。建设成为集科研教育、企业孵化、会展商务、文化博览、信息平台、中介融通等功能于一体，贸易、技术、人才、信息、资源、文化高度集聚的橡胶行业生态圈，成为世界橡胶产业聚集的平台。

五、保障措施

（一）加快轮胎工业改造升级。认真贯彻《轮胎产业政策》，加大技术改造力度，严格控制单纯扩大普通产品产能的项目，促进轮胎企业实现内涵式发展。按照市场主导、政府推动的原则，加快轮胎企业兼并重组，改变我省轮胎企业小、散的局面。引导和支持龙头骨干企业研究制定长远发展战略，充分发挥技术、人才、资金、品牌和市场优势，进一步壮大企业实力，争取打造几家世界级知名品牌企业。

（二）大力提升自主创新能力。加快建设以企业为主体、产学研相结合的技术创新体系，力争在核心关键技术上取得突破，研究新型轮胎设计、制造技术，开发生产轮胎新材料，大力支持轮胎装备研发生产，突破轮胎工业发展瓶颈制约。注重轮胎行业标准制定工作，组织制定地方标准，鼓励企业积极参与国家和国际标准的制定和修订，支持龙头骨干企业探索制定联盟标准，通过标准提高产品质量，加快提升全省轮胎工业整体水平和竞争力。积极开展“责任关怀行动”，促进轮胎企业自觉持续地提高环保、安全和健康水平，提升整个行业素质。

（三）加强市场开拓和品牌建设。加大市场开拓力度，努力巩固传统市场，积极开拓新兴市场，抓住扩大内需的机遇，培育国内省内市场。创新营销方式，积极发展电子商务等新型营销模式，提升服务水平，带动和扩大产品销售。实施差异化发展战略，针对汽车工业发展趋势和消费者多样化、个性化需求，在激烈的市场竞争中找到新的发展空间，提高开拓市场的针对性和有效性。加大品牌培育力度，引导企业树立品牌意识，实施品牌经营战略，发展自有品牌，培育国际知名品牌，提升品牌价值，提高发展质量和效益。大力实施商标战略，强化商标国际注册工作，促进企业开拓出口市场，维护好企业的合法权益。

（四）提高信息化水平。大力推广轮胎工业信息化的成功经验，积极发展适合轮胎工业需求的自动控制、数字装备以及软件等，鼓励企业加快信息化改造，使信息技术应用渗透到研发设计、加工制造、原材料采购、库存管理、市场营销、产品使用等各个环节，提高经营管理中信息技术应用水平，实现轮胎生产过程智能化、生产装备数字化和经营管理网络化，促进轮胎工业提质增效。

（五）引导产业合理布局，实现集聚集约发展。进一步提升轮胎产业集群发展水平，抓好轮胎工业园区建设，推动轮胎企业和相关配套企业逐步转移到园区发展，提高污水处理、供热管网、供水供电、消防安全等基础设施利用效率，降低企业生产成本，控制环境污染。

进一步提高产业聚集度，完善产业链条，实现集群企业协同发展。打造产业集群服务平台，突出抓好质量检测中心、公共研发中心、人才培训中心、信息共享中心、现代物流中心等创新平台建设，为产业集群和中小企业搞好服务。

（六）发挥行业协会作用，为企业搞好服务。橡胶、轮胎等行业协会要积极为政府部门建言献策，参与制定行业发展规划、技术经济政策和法规条例等。加强调查研究和信息沟通，推动新产品、新工艺、新技术和新材料的开发应用，做好轮胎产业检验检测、标准化、科技研发、人才培训、信息化、物流等工作。配合政府部门维护行业正当权益，积极反映企业资金、税费等问题，参与和组织对反倾销调查的应诉工作。加强行业统计工作，准确反映行业发展情况，为加强宏观调控提供重要依据。

1－60　山东省经济和信息化委员会关于印发《山东省家电行业“十二五”发展规划》的通知

鲁经信政字〔2011〕507号

各市经济和信息化委：

为认真贯彻党的十七大和十七届五中全会精神，深入贯彻落实科学发展观，加快经济发展方式转变，调整优化工业结构，促进制造业强省建设，省经济和信息化委、省轻工联社制定了《山东省家电行业“十二五”发展规划》。现印发给你们，请认真组织实施。

附件：《山东省家电行业“十二五”发展规划》

二○一一年九月十三日

附件：

山东省家电行业“十二五”发展规划

家电行业是我省的重点优势行业，在全国占有重要地位。为促进全省消费品产业做优做精，发展具有世界先进水平的家电行业，推动我省由家电大省向家电强省转变，制定本规划。

一、“十一五”发展回顾

“十一五”是我省家电行业深入调整发展的重要时期，全省家电行业紧紧围绕省委、省政府建设制造业强省战略部署，大力实施“新特优”工程，推动家电产业调整振兴，延伸拓展家电产业链，紧抓“家电下乡”、“家电以旧换新”、“节能产品惠民工程”等政策机遇，积极应对国际金融危机冲击，着力调整优化结构，增强自主创新和品牌影响力，向国际先进水平迈进的基础和潜力明显增强。

（一）取得的主要成绩。

1．经济效益大幅增长。截至2010年底，全省家电行业规模以上企业共644户，从业人员约20万人，主要产品有8大类30多个品种，其中电冰柜和抽油烟机、热水器产量居全国前列。全行业2010年实现主营业务收入2268.2亿元、利税213亿元、利润134.7亿元，分别是“十五”末的2.1倍、3.4倍、3.8倍。2010年实现出口249亿元，比“十五”末增长42.9%。

2. 产品结构优化提升。通过五年来的结构调整，主要产品档次明显提升。中高端家电产品约占产品总数的45%以上，中高端对开门电冰箱、节电节水型洗衣机、无氟变频空调、大尺寸液晶数字电视、高端一体化太阳能热水器等各种节能高效、绿色环保型家电比例进一步提高。

3. 骨干带动效应明显。海尔、海信已成长为世界知名家电企业，九阳、皇明、力诺瑞特等企业不断发展壮大，成为行业龙头企业，具有较强的国际竞争能力。康泰、宏泰、多星、奥旭、中大贝莱特等骨干企业发展迅速，规模和市场竞争力不断增强，有力地推动了全省家电行业规模扩张和品牌价值提升。目前，全行业共有山东名牌47个，中国名牌33个，其中海尔电冰箱和洗衣机被国家质检总局评为“世界名牌”。

4. 自主创新显著增强。截至目前，全省家电行业共有国家级企业技术中心4个，省级企业技术中心25个。海尔集团的数字化家电实验室、海信集团的数字多媒体技术家电实验室成为全国家电行业首批企业国家重点实验室，海尔集团的数字家庭网络国家工程实验室成为我国家电行业第一个国家级工程实验室。九阳股份致力于厨房电器研发创新，产品多次获全国性设计、创新比赛金奖；山东康泰实业在全国率先自主研发成功按摩椅的按摩机芯；力诺瑞特拥有全球领先的多项太阳能综合应用技术和近百项具有自主知识产权的技术专利。

（二）存在的问题和不足。虽然“十一五”期间我省家电行业发展取得重大进展，但与世界先进水平和可持续发展要求相比，还有不少差距和问题。一是产业配套不够完善。配套企业规模小、数量少，产业链条不够健全，行业整体配套率在50%以下。二是中小企业科技创新动力不足。人才资源比较欠缺，核心技术、产品研发、关键零部件、品牌推广等方面能力不足，产品附加值较低，产品质量和技术含量有待提高。三是产业集群效应不明显。除青岛、德州两市具有明显的产业集群优势外，济南、烟台、潍坊、淄博等地家电企业布局分散，整机制造、配套产业园区一体化建设相对滞后，产业集群规模效应难以有效发挥。四是公共服务平台力量不强。我省为家电行业提供技术、设计、品牌推广等方面的公共服务平台数量不多，水平不高，对行业健康快速发展的支撑能力不足。

二、“十二五”面临的形势

“十二五”是我省家电行业提质增效、向世界先进水平迈进的攻坚时期。纵观国际国内经济发展形势和家电行业发展趋势，我省家电行业实现由大变强，既面临挑战和困难，也有机遇与优势。

一方面，全球家电行业深度调整，我省家电行业内外交困。全球家电行业竞争日趋激烈，企业并购层出不穷，家电企业数量不断减少，品牌集中度进一步提高，给我省家电企业进军国际市场增加了竞争压力和阻力。全球家电产业向生产成本更低区域转移的趋势愈加明显，国外企业依靠技术和品牌优势，不断挤占我国消费市场，我省家电产品的低成本优势逐渐丧失。海外市场复苏进程缓慢，欧美等我省传统出口优势地区的金融危机影响还将持续，消费信心持续低迷，影响了我省家电产品在这些地区的销售。发达国家的国际贸易壁垒、技术壁垒不断提高，贸易保护主义重新抬头，我省传统产品出口难度加大。同国际先进水平相比，我省家电行业在研发投入、核心技术、质量水平等方面还有不少差距，企业内生动力不足。家电下乡、以旧换新、节能补贴等惠民政策即将结束，政策激励力度衰减。

但同时，随着我国家电企业规模实力和竞争力逐步增强，国外著名家电企业越来越重视与国内知名企业进行技术合作和技术共享，有利于我省家电企业进一步提升产品技术水平。当前我国积极推动经济发展方式转变，更加重视居民生活水平和消费能力的提升，对节能环保健康、高端家电产品的需求将迅速增长，家电业变频技术、新能源技术、新材料与材料替代技术、智能化和网络化技术等高新技术方面酝酿新突破，个性化、时尚化的消费需求不断涌现,将为家电行业创造更为广阔的市场空间。随着我省家电企业整体规模和技术水平的不断提升，在全球家电产业链中的作用越来越大，在原材料采购、价格制定等方面具备了一定的话语权。

三、指导思想、基本原则和目标

（一）指导思想。

深入贯彻落实科学发展观，大力实施家电行业“二次腾飞”战略，以市场为导向，以科学发展为主题，以转变发展方式为主线，以提高产业效益为中心，瞄准国际高端前沿，突出自主创新，推进技术改造，强化品牌培育，加强市场开拓，注重绿色低碳，促进产业聚集，打造家电行业竞争新优势，提升全省家电行业的综合水平和国际竞争力，推动全省家电产业由大变强，为建设制造业强省贡献力量。

（二）基本原则。

1. 国际化原则。以全球思维和视野追踪世界家电行业发展趋势，大力实施“走出去”战略，充分利用“两种资源、两个市场”，不断提高对外合作和竞争水平。

2. 技术进步原则。坚定不移推进科技创新和技术改造,提高对关键核心技术的掌控力，提高产品技术含量和附加值，注重自主品牌和标准建设，不断适应市场需求新趋势。

3. 节能低碳原则。坚持发展循环经济，大力发展绿色设计制造技术和产品，提高资源利用率，减少资源消耗和环境污染。

4. 协调发展原则。坚持龙头骨干带动，注重产业链延伸配套、区域合作和企业协作，鼓励兼并重组,促进要素合理流动与优化配置，壮大山东家电整体实力。

（三）发展目标。

1. 产业规模。到“十二五”末，全省家电行业销售收入争取达到3600亿元、利税370亿元以上，年均递增10%； 实现利润260亿元以上，年均递增14%；出口主营收入400亿元以上，年均递增10%。

2. 技术创新。到“十二五”末，企业技术开发经费支出占销售收入比重达到4.71%以上，技术进步对企业销售额增长贡献率达到56%以上；国家级企业技术中心达到6个，省级企业技术中心超过28个。主要产品的整体技术含量达到全国领先水平。

3. 质量水平。到“十二五”末，主要家电产品质量（技术）评测体系进一步完善，产品质量水平达到国际先进标准。小家电产品的性能、安全性和质量达到国内领先水平。

4. 节能环保。到“十二五”末，主要家电产品节能环保水平接近国际先进水平。主要家电产品能效比平均提高12%，无氟变频空调占比提高至50%以上，家用电冰箱、冷柜、电热水器企业完成HCFC-141b物质的淘汰替换工作，彩电生产完成无铅改造，家电产品有害物质含量指标达到国际先进水平。

5. 品牌培育。到“十二五”末，形成一批具有国际竞争力的大企业品牌。力争1家企业进入世界500强，4家企业进入中国500强。培育中国驰名商标21件，省名牌产品55个，省著名商标41件。

四、发展重点

“十二五”期间，全省家电产业重点发展三大领域产品，完善产业配套，突破重点环节关键技术，实现家电产业提质增效。

（一）发展三大领域产品。

1. 提升现有八类主要产品。

（1）电冰箱（冰柜）。重点推进高效节能、绿色环保、新型保鲜、多温区风冷等技术的研究与应用，产品研发向大容量、节能型、环保型、静音型、网络化、智能化方向发展。进一步增加中高档冰箱产品比重，提高产品附加值和科技含量。

（2）电视机。重点推进模组技术、集成电路制造、三网融合技术、新型显示材料等方面的研究与应用，产品向高清、三维（3D）技术、网络化、智能化、一体化方向发展。进一步加强对互联网电视、3D 电视、高清一体机、新型平板电视、液晶模组的研发与设计，加大对平板电视核心技术的消化吸收和再创新，掌握关键技术。

（3）家用空调器。重点推进变频控制、节能环保、换热、智能化、网络化、新材料应用、空气净化等技术的研究与应用，产品向节能、低碳、环保、健康、时尚、舒适方向发展。进一步加强低碳环保空调、无氟变频空调、高能效比空调、物联网空调的研发与设计。积极进行技术创新，强化产品质量控制，实现产品的技术创新化、功能多样化、人性舒适化、质量稳定化。

（4）中央空调。重点推进热交换、整体节能、热泵技术、智能控制、新能源替代等技术的研究与应用，产品向系统化、节能化、智能化方向发展。进一步加强嵌入式空调机组、多联式家用中央空调、户式风冷热泵机组、地源热泵机组、离心式机组、螺杆式冷水机组、变风量空调机组的研发与设计。以先进技术和系统服务为客户提供个性化的解决方案，满足大、中、小型商用及家用中央空调产品的市场需求。

（5）洗衣机。重点推进洗净、智能、节水、静音等技术的研究与应用，产品向大容量、节水省时、智能控制、消毒杀菌、高洗净度、低磨损率方向发展。进一步加强静音波轮式全自动洗衣机、滚筒洗衣机、洗干一体机以及新型高端商业用洗衣机的研发、设计和生产。

（6）热水器（电热、燃气、太阳能）。重点推进热交换、太阳能利用、热转换等技术的研究与应用，产品向节能、节时（即热）、安全防电等方向发展。进一步发展太阳能集热技术，提高产品的光热转化比，提升太阳能在新建住宅的配套率，推进太阳能热水器的普及率，以质量和品牌为重点，提高我省产品在全国的影响力和占有率。

（7）小家电（生活电器）。重点做好豆浆机、料理机、电水壶、电饭锅、电炒锅、电磁炉、吸油烟机、燃气灶具、电风扇、电暖器等小家电（配件）及饮水机、净水器、直饮纯水机等水家电产品（配件）的产品开发、市场培育、市场开拓等工作。加大对各类小家电、水家电产品的技术创新、工业设计和模具开发投入力度，提高产品质量和技术含量，改进小家电产品的外观，提高产品的精细化程度，加大知识产权和专利保护力度，做大、做强小家电产业。

（8）家庭健康保健电器产品。重点发展各类家庭健康、保健、按摩设备和器材以及老年康复和保健用电器等。做好按摩椅、按摩床、跑步机、健身器、老年健身器材的科技投入和产品研发、销售及园区建设等工作，完善配套产业链，尽快形成国内领先的优质产品示范基地。

2. 加快发展成套家电（集成家电）产品。加大对成套家电、集成家电、物联网家电、智能家电、信息系统、智能操作（系统）的研发投入力度，促进企业由单纯提供产品向为用户提供舒适家居生活解决方案转型，充分利用现有产品线和科技研发实力，加大对成套家电的研究，积极为用户提供一流的生活家电应用系统解决方案，抢占未来竞争制高点。

3. 积极发展新兴家电产品。结合科技发展和市场需求，开发具有市场潜力的新兴家电产品，大力发展混合能源（太阳能 / 电能）产品、热泵热水器、多联空调热泵热水器、个人手持娱乐 / 信息终端、便携式互联网设备、智能人机交互设备等。

（二）完善产业配套。围绕黑色家电、白色家电、厨卫、小家电等主导产业所需要的零配件和原材料等配套产业，着力发展变频控制器、变频压缩机、精密变频电机、高效蒸发器（铜替换产品）、高效冷凝器、家电智能控制系统、新型冷媒、超大规模集成电路、电脑板、电子元器件、新型工程塑料、新型面板材料、新型保温材料、新型除菌材料、精密注塑等零部件、新材料，加快推广应用，加速家电配套产业向规模化、专业化发展，实现家电制造上下游企业共赢。

（三）突破关键共性技术。

1. 白色家电。在变频技术、新型冷媒替代技术、热交换技术、热泵技术、太阳能混合动力技术、新材料和材料替代技术、智能化技术、物联网集成方面取得新突破，掌握核心和关键技术，尽快达到国际先进水平。

2. 黑色家电。在液晶模组技术、集成电路、新型显示材料、三网融合技术、智能信息（操作）系统、人机对话技术、物联网技术等方面掌握关键技术，逐步达到国际先进水平。

3. 太阳能家电。在太阳能利用技术、热转换效率、光伏发电技术等方面取得新突破，达到国际先进水平。

4. 小家电。在新材料技术、智能控制技术、工业设计、质量控制技术等方面加大研发投入，追踪国际先进水平。

五、保障措施

（一）强化自主创新，提高企业核心竞争力。围绕实施技术创新“五个一工程”，即攻克一批共性关键技术，打造一批高水平技术创新平台，培育一批新的工业经济增长点，建设一批高层次人才队伍，形成一批具有自主知识产权的品牌和标准，全面提高家电行业的技术创新水平。重点加快建设行业共性技术研发平台，整合资源，加大对技术创新支持力度，支持行业公共研发和信息服务平台、企业重点实验室等建设，大力引进科技人才，加快行业技术创新步伐。以骨干企业技术中心、院校及科研机构为依托，整合社会科技资源，深化“产学研”合作，提高家电行业的研发创新能力，推动科技成果转化。充分发挥行业协会和龙头企业的作用，积极引导我省家电企业参与国家和地方标准的制定修订工作，提高在国际标准组织中的影响力和话语权。加强知识产权和专利保护，依法维护企业合法权益。

（二）加快结构调整，促进产业优化升级。围绕重点发展的三大领域产品和配套产业，不断加大技术改造投入，抓好现有优势主导产品的升级换代，推广应用先进信息、高效节能、绿色环保等技术。抓住“三网融合”机遇，积极发展新兴家电产品和信息化家电产品，顺应新的消费市场需求，推进新产品产业化。优化投资结构，用足用好各类专项资金、进口设备免税、增值税转型等优惠政策，支持重点家电技改项目，促进产业和产品结构优化提升。

（三）积极发展中小家电企业，加大产业集群培育力度。高度重视中小企业的发展，加大扶持力度，积极引导中小企业加大技术创新投入力度，建立和完善技术联盟和产学研技术创新体系，通过创造、吸纳、承接和转化科技成果，不断发展壮大。充分发挥龙头骨干企业在行业中的辐射和纽带作用，带动全省家电上下游产业实现全面融合升级。重点支持产业集群和“优质产品生产基地”发展，加强产业布局引导，积极规划和建设家电工业园区，鼓励家电配套企业向工业园区集中。在基础条件较好的地区，加大产业集群培育和扶持力度，加大招商和建设力度，培育新的家电产业集群。在淄博、滨州、潍坊、德州等地，加强人才、资金、主导产品、配套件、研发设计、营销、物流相对集中的一体化家电产业体系建设，在建设配套产业园区方面迈出坚实步伐。

（四）完善质量技术评测体系，提高产品质量水平。牢固树立“质量为本”的发展理念，正确处理成本优化与质量保证之间的关系。加快实施技术改造、工艺提升、设计优化，大力提升产品的安全性和可靠性。建立健全第三方质量（技术）评测体系，积极开展第三方质量（技术）评测，依法加强监督管理。完善企业质量管理体系，形成从产品设计、零部件和原材料采购、产品制造到产品检测等环节的全过程质量监控体系。积极推广先进质量管理模式，开展群众性质量管理活动，提高质量意识和管理能力。

（五）强化市场开拓，进一步拓宽企业发展空间。大力实施品牌和商标战略，提升品牌商标价值，提高市场竞争力。顺应产品经济、商品经济向服务经济、体验经济转换趋势，加快制造业服务化转型。继续加大内销市场开拓力度，完善营销、服务网络布局，强化多级市场开拓。创新营销思路，积极发展电视购物、网络购物、呼叫中心营销、专卖店（社区店）营销等多种营销方式和渠道，扩大企业知名度和市场份额。加强售后服务体系建设，规范、整顿家电维修服务行业，重点做好全省家电维修（安装）服务网络的星级认定和管理，加强家电售后服务体系建设和服务监督，切实保护消费者合法权益。积极开拓国际市场，鼓励企业通过参加境外展会、推介会等形式，准确定位市场需求，为进入国际市场打下基础。支持有经济实力、有技术和品牌优势的企业到国外建设生产基地、营销机构，扩大国际贸易。优化出口产品结构，扩大技术含量高、附加值高、自主品牌产品的出口，提升山东家电在全球的知名度、美誉度。积极应对各类贸易壁垒，加强战略研究和政策指导。

（六）积极推进行业节能减排和资源回收利用。加大节能、节水、节材、待机能耗、环保拆解、循环利用等方面的技术研发力度，提高产品整体能效水平和循环利用水平，推动我省家电行业产品能效指标、待机功耗和循环利用率达到国际先进水平。跟踪国际家电环保指令动态，积极应对绿色贸易壁垒，重点做好电冰箱、冰柜、空调器制冷剂的替代升级和电冰箱（柜）、电热水器 HCFC-141b 物质的替代工作，减少环境不利影响。贯彻落实《废弃电器电子产品回收处理管理条例》，引导消费者购买节能产品，淘汰超期使用家电，规范旧家电交易销售。推动实施《山东省废弃电器电子产品处理发展规划（2011-2015）》，鼓励有实力的家电生产企业搭建废弃家电回收处理体系，认真抓好废弃家电的回收和处理工作。大力推行清洁生产模式，推广优秀企业成功经验，引导企业在生产环节中的材料和能源循环使用，减少制造过程中污染物的排放，提高企业的社会责任意识，促进循环经济的发展。

（七）发挥好行业协会作用。行业协会应积极为政府部门制定行业发展规划、技术经济政策和法规条例等建言献策。加强调查研究和信息沟通，推动新产品、新工艺、新技术和新材料的开发应用。协助有关部门做好家电产品检验检测、标准化、科技研发、人才培训、信息化、物流等工作。维护行业正当权益，积极反映企业和消费者诉求，参与和组织对国外反倾销调查的应诉工作。加强行业统计工作，准确反映行业发展情况，为加强宏观调控提供重要依据。搭建好载体平台，在宣传、营销、品牌推广、产品展示、渠道建设、售后服务等方面为全省家电企业搞好服务。

1－61 山东省经济和信息化委员会印发关于在全省企业实施“三大市场战略”推广工程的意见的通知

鲁经信外字〔2011〕516号

各市经济和信息化委，省各行办（协会）、轻工联社，有关专业协会，有关企业：

按照省领导指示精神，我们研究制定了《关于在全省企业实施“三大市场战略”推广工程的意见》。现印发给你们，请认真组织实施。

二〇一一年九月十四日

关于在全省企业实施“三大市场战略”推广工程的意见

为贯彻落实省委、省政府工作部署，深入推动“市场营销年”活动，加大工业品市场开拓和先进市场营销方法推广力度，不断提高企业市场营销认识和市场营销水平，加快推动工业经济转型升级，实现工业经济持续健康发展，确定在全省工业企业中开展“市场细分与定位战略、渠道战略、品牌战略三大市场战略”（以下简称“三大市场战略”）推广工程，现提出如下意见：

一、充分认识实施“三大市场战略”的重要性

“市场营销年”活动开展以来，全省工业企业围绕转方式、调结构的发展主线，大力开展市场营销创新，实施差异化和品牌化发展战略，推动产品转型升级，取得了显著成效。各市和行业协会积极开展市场开拓和营销创新工作，通过工商对接、产业衔接、展销展览等活动组织工业品市场开拓，推动企业“南下、北上、西进”，稳定了省内市场、扩大了省外市场，保障了全省工业经济的平稳运行。当前，全省工业经济继续保持平稳较快增长的发展趋势，全省经信系统和广大企业要进一步深化“市场营销年”活动，深入分析研究国内外市场的发展趋势，以市场需求为导向，推动产业和产品结构调整，提高工业经济产销率和市场占有率，确保完成全年工业经济平稳较快发展和转方式调结构的目标任务。

我省是工业大省，资源加工、劳动密集和中间产品市场占比例较大，价格竞争挤压企业的利润空间。在向内需主导经济转型形势下，工业的发展离不开内需市场。抓好工业品市场营销，拓展企业利基，转变工业经济效益增长方式从而实现工业经济的转型升级是推动工业经济转型发展的必然选择。“三大市场战略”推广工程是“市场营销年”活动的深入推进，是推动企业开展差异化经营、延伸营销渠道、树立品牌形象的重要举措。“三大市场战略”的有效推广与实施，有利于解决企业生产与销售的矛盾，实现产品价值和增值，获得差别利润和价值增值，增强企业的核心竞争力，从而获得长远收益和可持续发展。大力实施“三大市场战略”推广工程，推动工业企业抓住市场转型和调整升级机会，转变工业企业转变经营管理方式，促进全省工业经济转型升级。

二、指导思想和总体目标

1. 指导思想。深入贯彻落实科学发展观，紧紧围绕转方式、调结构的发展主题，引导和支持企业深入开展市场营销创新，加强营销渠道和品牌建设，提高企业市场营销水平，增强企业创新能力和核心竞争力，改善企业经营质量和效益，提高山东产品在省外和国际市场的占有率和影响力，推动工业经济转型升级，保障全省经济平稳较快发展。

2. 总体目标。以推广实施市场细分与定位战略、渠道战略、品牌战略为抓手，全面深入开展“市场营销年”活动，推动全省行业、企业提高对市场的分析把握能力，加快产业升级和产品结构调整；建立以咨询、诊断、评估、辅导、策略制定为一体的市场营销创新专业化、综合性指导机构，指导行业和企业开展市场营销创新和品牌建设工作；发挥行业协会优势，以行业协会为工作载体，培育基本覆盖全省工业品的行业性市场营销创新服务中心20个，帮助企业普及现代营销理念，建立现代营销渠道，提高品牌价值和品牌信用度；以“三大市场战略”为基础，引导和培育市场营销创新示范企业60家；发挥指导机构和示范企业的辐射、带动作用，不断提高企业以市场营销创新推动企业发展的能力，提升企业和行业的抗风险能力和核心竞争力。

三、工作重点

（一）建立市场营销创新专业化指导机构

充分发挥学校、科研单位、中介机构等多种社会资源及其优势，建立专业化的企业市场营销辅导服务机构，打造新型市场营销研究与交流组织。推动建立以咨询、诊断、评估、辅导、策略制定为一体的市场营销创新专业化指导机构，举办国内外行业市场营销交流与研究活动，引入市场营销专家团队，为全省企业实施“三大市场战略”和提升营销创新能力提供技术支撑。

（二）培育行业性市场营销创新服务中心

发挥工业行业协会行业领头羊的作用，选择凝聚力强、工作优势明显的行业协会分期、分批建立20个以行业市场运行分析、国内外行业市场发展研究、行业市场营销创新交流、企业市场营销咨询辅导为一体的行业性市场营销创新服务中心，引导和推动行业协会带领行业内企业实施“三大市场战略”。

（三）引导和培育市场营销创新示范企业

在工业领域20个重点行业中各选择3–5个企业，以推广“三大市场战略”和营销创新为切入点，搞试点、抓典型，以点带面，培育一批成功实施“三大市场战略”和创新营销的典型行业和示范企业，并在全省范围内树典型、学榜样、抓落实，稳步推进“三大市场战略”的开展与实施。

（四）开展“三大市场战略”培训

通过智力引进、境内外研修等方式，分行业、分阶段搞好专业人才培训。开展“三大市场战略”及相关理论的教育培训，深入推广“三大市场战略”，增强企业和企业营销人员的实施能力。每年选择3–5个行业组织开展市场营销创新岗位培训，提高企业市场营销人员的市场营销职业能力。探索建立市场营销执业资格培训和认证工作机制。

（五）建立宣传和典型推广工作机制

将示范典型案例推广与媒体宣传相结合，做好行业和企业的宣传与报道，推广典型案例与经验。总结提炼“三大市场战略”的典型经验和案例，汇集全省企业市场营销创新成果及案例资料库，筛选创新性、实践性、推广性、时效性的案例成果，推荐在主要新闻媒体进行报道，宣传推广企业市场营销的经验和成果。汇编企业优秀市场营销创新成果和案例。对积极推广“三大市场战略”和实施创新营销的行业和企业进行表彰奖励。

（六）建立工业品市场营销引导机制

把“三大市场战略”推广工程作为新形势下推动企业和工业经济发展的重要任务，强化对工业品市场营销创新工作的实施推广。围绕工业经济转方式、调结构发展主题把市场导向深入到经信管理工作的各个方面，建立基于市场细分与定位战略的企业技术改造和创新投入机制、基于渠道战略的企业管理创新机制、基于品牌战略的工业经济转型升级机制。支持各市、行业协会建立市场营销创新专项基金，对市场营销创新项目进行奖励和补贴，引导企业加大对市场营销创新的投入。

四、组织领导

各级、各部门、各协会要把实施“三大市场战略”推广工程作为当前和今后企业生产经营和经济运行工作中的一项重要任务，列入重要议事日程和工作计划，要确定专人负责，建立工作制度，采取有力措施，抓好工作落实。省经济和信息化委负责“三大市场战略”推广工程的组织协调，研究制定鼓励企业实施“三大市场战略”的政策措施，引导和支持各市、各行业和企业开展工作。各市经济和信息化委要制定相应政策措施，加大对“三大市场战略”推广实施力度。各行业协会要结合本行业发展实际制定推广“三大市场战略”的规划和措施，发挥好公共服务和指导作用，推动各项工作。

1 － 62　山东省经济和信息化委员会关于公布山东省第十八批企业技术中心和黄牌警告部分企业技术中心的通知

鲁经信技字〔2011〕557 号

各市经济和信息化委，省有关行办（协会）、轻工联社，有关企业：

根据《山东省企业技术中心认定管理办法》，经审定，确认山东高强紧固件有限公司等 138 家企业为山东省第十八批企业技术中心，对 12 家企业技术中心予以黄牌警告。

被认定为省级技术中心的企业，要按照十七大提出的加快建立以企业为主体、市场为导向、产学研相结合的技术创新体系的要求，进一步加强管理，加大投入，积极建立和完善面向市场选题开发、面向社会整合资源、面向行业提供服务的开放式技术创新运行机制，提高技术中心建设质量和水平，高层次、高起点地抓好技术中心建设，为形成拥有著名品牌和自主知识产权、提升企业国际市场竞争力奠定基础。

被黄牌警告的企业技术中心，要认真找准问题，提高认识，强化措施，抓好技术中心建设的各项工作，尽快提高技术中心建设质量和水平。

附件：1、山东省第十八批企业技术中心名单

2、黄牌警告的企业技术中心名单

3、变更名称的企业技术中心名单

二〇一一年十月九日

附件 1：

山东省第十八批企业技术中心名单

1. 山东高强紧固件有限公司
2. 烟台双塔食品股份有限公司
3. 山东绿都生物科技有限公司
4. 山东省赛博特食品有限公司
5. 山东丽鹏股份有限公司
6. 山东天力干燥股份有限公司

7. 东方地毯集团有限公司
8. 山东泉林嘉有肥料有限责任公司
9. 山东珍贝瓷业有限公司
10. 山东胜通钢帘线有限公司
11. 泰安鲁普耐特塑料有限公司
12. 山东企鹅塑胶集团有限公司
13. 山重建机有限公司
14. 淄博大染坊丝绸集团有限公司
15. 山东仙霞集团有限公司
16. 山东兴民钢圈股份有限公司
17. 山东百脉泉酒业有限公司
18. 武城县英潮经贸有限公司
19. 山东鑫秋种业科技有限公司
20. 山东能源机械集团有限公司
21. 山东宏祥化纤集团有限公司
22. 胜利油田胜利石油化工建设有限责任公司
23. 山东富欣生物科技股份有限公司
24. 威海银兴预应力线材有限公司
25. 山东三箭建设工程股份有限公司
26. 泗水利丰食品有限公司
27. 山东潍坊润丰化工有限公司
28. 山东聊城中盛蓝瑞化工有限公司
29. 山东腾达不锈钢制品有限公司
30. 烟台华东电子软件技术有限公司
31. 莱州明波水产有限公司
32. 山东正汉生物科技集团有限公司
33. 山东众山生物科技有限公司
34. 山东鼎力枣业食品集团有限公司
35. 山东恒宇橡胶有限公司
36. 山东鼎昌硅业科技发展有限公司
37. 山东瑞丰高分子材料股份有限公司
38. 山东开泰抛丸机械有限公司
39. 山东晨农天然产物有限公司
40. 青岛东方铁塔股份有限公司
41. 中建八局第二建设有限公司
42. 烟台电缆厂
43. 山东长志泵业有限公司
44. 青岛聚大海藻工业有限公司
45. 山东卡松科技有限公司
46. 山东兴辉化工有限公司
47. 泰安力博机电科技有限公司
48. 山东光大日月集团有限公司
49. 山东奔腾漆业有限公司
50. 济南巨能液压机电工程有限公司
51. 蒙阴银进机械制造有限公司
52. 山东泰华电讯有限责任公司
53. 山东江辰时装有限公司
54. 蓬莱中柏京鲁船业有限公司
55. 临沭县华盛化工有限公司
56. 山东科瑞控股集团有限公司
57. 聊城昌润超硬材料有限公司
58. 莱芜金鼎电子材料有限公司
59. 山东潍焦集团有限公司
60. 山东华信集团股份有限公司
61. 威海恒邦化工有限公司
62. 泰安泰山亚细亚食品有限公司
63. 济宁兴隆食品机械制造有限公司
64. 山东晨曦集团有限公司
65. 齐鲁特钢有限公司
66. 潍坊华港包装材料有限公司
67. 潍坊中云机器有限公司
68. 山东中谷淀粉糖有限公司
69. 保利民爆济南科技有限公司
70. 山东福洋生物科技有限公司
71. 金刚新材料股份有限公司
72. 山东云宇机械集团有限公司
73. 山东方健制药有限公司
74. 山东寿光巨能特钢有限公司
75. 山东春潮色母料有限公司
76. 威海文隆电源集团有限公司
77. 齐鲁宏业纺织集团有限公司
78. 威海新元化工有限公司
79. 山东德普化工科技有限公司
80. 力士德工程机械股份有限公司
81. 山东金丰粮油集团有限公司
82. 山东日照尧王酒业集团有限公司

83. 山东辛华硅胶有限公司
84. 青州尧王制药有限公司
85. 东明俱进化工有限公司
86. 莱芜金雷风电科技股份有限公司
87. 山东兴润建设有限公司
88. 山东松竹铝材股份有限公司
89. 山东龙泉管道工程股份有限公司
90. 威海建设集团股份有限公司
91. 山东省航宇船舶修造有限公司
92. 枣庄市三兴高新材料有限公司
93. 山东亚特尔集团股份有限公司
94. 济南晶恒电子有限责任公司
95. 山东三田临朐石油机械有限公司
96. 山东永泰化工集团有限公司
97. 山东天宝化工有限公司
98. 山东华夏集团有限公司
99. 龙口市福尔生化科技有限公司
100. 山东百龙创园生物科技有限公司
101. 山东星源矿山设备集团有限公司
102. 临沂正科电子有限公司
103. 山东绿霸化工股份有限公司
104. 山东滨奥飞机制造有限公司
105. 日照汇丰电子有限公司
106. 临沂业隆通用机械有限公司
107. 山东远大模具材料有限公司
108. 荣成市黄海离合器有限公司
109. 山东柏斯莱特照明电器有限公司
110. 山东宁联机械制造有限公司
111. 山东神绘激光科技有限公司
112. 淄博幸运风体育用品有限公司
113. 青岛瑞源工程集团有限公司
114. 山东陆宇塑胶工业有限公司
115. 山东鑫科生物科技股份有限公司
116. 山东华民钢球股份有限公司
117. 山东德方液压机械股份有限公司
118. 山东万事达建筑钢品科技有限公司
119. 滕州力华米泰克斯胶辊有限公司
120. 山东华驰变压器股份有限公司
121. 山东太平洋光缆有限公司
122. 山东侨昌化学有限公司
123. 威海万丰奥威汽轮有限公司
124. 山东东阿钢球集团有限公司
125. 山东海宇鞋业有限公司
126. 山东嘉鑫换热器有限公司
127. 青岛海川建设集团有限公司
128. 日照海星针织服装有限公司
129. 山东华津植物蛋白有限公司
130. 山东科虹线缆有限公司
131. 淄博永华滤清器制造有限公司
132. 山东泰丰液压股份有限公司
133. 青岛德盛机械制造有限公司
134. 山东哈临轴承实业有限公司
135. 日照兴发汽车零部件制造有限公司
136. 山东朗进科技股份有限公司
137. 莱芜金石集团有限公司
138. 山东清大新能源有限公司

附件2：

黄牌警告企业技术中心名单

1. 中集车辆（山东）有限公司
2. 淄博天齐置业集团股份有限公司
3. 山东石大科技集团有限公司
4. 山东泰森新昌食品有限公司
5. 山东宏河矿业集团有限公司
6. 山东泰峰塑料土工材料有限公司
7. 山东晋煤明升达化工有限公司
8. 山东山狮钢球有限公司
9. 山东泽祥纺织有限公司
10. 山东临清华润纺织有限公司

11. 菏泽天宇科技开发有限责任公司

12. 山东辉煌电力设备公司

附件3：

变更名称的企业技术中心名单

1. 原公布名称：山东神思电子技术有限公司技术中心

变更后名称：山东神思电子技术股份有限公司技术中心

2. 原公布名称：济南星科经贸有限公司技术中心

变更后名称：山东星科智能科技有限公司技术中心

3. 原公布名称：山东电力设备制造有限公司技术中心

变更后名称：山东电力设备有限公司技术中心

4. 原公布名称：济南柴油机股份有限公司技术中心

变更后名称：中国石油集团济柴动力总厂技术中心

5. 原公布名称：山东得益乳业有限公司技术中心

变更后名称：山东得益乳业股份有限公司技术中心

6. 原公布名称：山东凯盛生物化工有限公司技术中心

变更后名称：山东凯盛新材料股份有限公司技术中心

7. 原公布名称：山东中际电工机械有限公司技术中心

变更后名称：山东中际投资控股有限公司技术中心

8. 原公布名称：潍坊潍柴零部件机械有限公司技术中心

变更后名称：盛瑞传动股份有限公司技术中心

9. 原公布名称：山东信得药业有限公司技术中心

变更后名称：山东信得科技股份有限公司技术中心

10. 原公布名称：山东新郎希服饰努尔集团股份有限公司技术中心

变更后名称：希努尔男装股份有限公司技术中心

11. 原公布名称：山东同大纺织机械有限公司技术中心

变更后名称：山东同大集团有限公司技术中心

12. 原公布名称：山东豪迈机械科技有限公司技术中心

变更后名称：山东豪迈机械科技股份有限公司技术中心

13. 原公布名称：寿光市康跃增压器有限公司技术中心

变更后名称：康跃科技股份有限公司技术中心

14. 原公布名称：山东诸城市对外贸易集团公司技术中心

变更后名称：诸城外贸有限责任公司技术中心

15. 原公布名称：山东昱合集团技术中心

变更后名称：山东昱合食品集团有限公司技术中心

16. 原公布名称：山东起重机厂有限公司技术中心

变更后名称：山起重型机械股份公司技术中心

17. 原公布名称：潍坊华特磁电设备有限

公司技术中心

变更后名称：山东华特磁电科技股份有限公司技术中心

18．原公布名称：山东海王化工有限公司技术中心

变更后名称：山东海王化工股份有限公司技术中心

19．原公布名称：山东新昌集团有限公司技术中心

变更后名称：山东泰森新昌视频有限公司技术中心

20．原公布名称：北汽福田汽车股份有限公司潍坊模具厂技术中心

变更后名称：山东潍坊福田模具有限责任公司技术中心

21．原公布名称：昌乐世纪阳光纸业有限公司技术中心

变更后名称：山东世纪阳光纸业集团有限公司技术中心

22．原公布名称：泰安康平纳毛纺织集团有限公司技术中心

变更后名称：山东康平纳集团有限公司技术中心

23．原公布名称：山东泰山生力源集团股份有限公司技术中心

变更后名称：泰山酒业集团股份有限公司技术中心

24．原公布名称：泰安市众诚矿山自动化有限公司技术中心

变更后名称：泰安众诚矿山自动化股份有限公司技术中心

25．原公布名称：山东泰和东新股份有限公司技术中心

变更后名称：泰山石膏股份有限公司技术中心

26．原公布名称：威海克莱特集团有限公司技术中心

变更后名称：威海克莱特菲尔风机有限公司技术中心

27．原公布名称：威海颐阳酒业有限公司技术中心

变更后名称：山东颐阳酒业有限公司技术中心

28．原公布名称：山东新光实业集团有限公司技术中心

变更后名称：临沂绿因工贸有限公司技术中心

29．原公布名称：山东隆大生物工程有限公司技术中心

变更后名称：山东隆科特酶制剂有限公司技术中心

30．原公布名称：索通发展有限公司技术中心

变更后名称：索通发展股份有限公司技术中心

31．原公布名称：山东金能科技有限责任公司技术中心

变更后名称：金能科技有限责任公司技术中心

32．原公布名称：国强五金集团有限公司技术中心

变更后名称：山东国强五金科技股份有限公司技术中心

33．原公布名称：山东京博控股发展有限公司技术中心

变更后名称：山东京博控股股份有限公司技术中心

34．原公布名称：山东铁雄能源煤化有限公司技术中心

变更后名称：山东铁雄冶金科技有限公司技术中心

35．原公布名称：山东中齐耐火材料有限公司技术中心

变更后名称：山东耐火材料集团有限公司技术中心

1－63　山东省经济和信息化委员会关于转发省机械工业协会《山东省机械工业“十二五”发展规划》的通知

鲁经信政字〔2011〕618号

各市经济和信息化委：

省机械工业协会编制的《山东省机械工业“十二五”发展规划》已经省经济和信息化委研究同意，现转发给你们，请结合实际，认真贯彻落实。

二○一一年十一月十日

山东省机械工业“十二五”发展规划

机械工业是为国民经济各行业提供技术装备的战略性产业，是产业升级、技术进步的重要保障，也是我省国民经济的支柱产业。为加快机械工业发展方式转变，促进经济结构优化升级，建设机械工业强省，制定本规划。

一、发展现状及面临形势

（一）发展现状。“十一五”时期，我省机械工业综合实力进一步提升。2010年底，全省机械工业规模以上企业达到10390家，总资产8901亿元，从业人员164万人。2010年完成工业增加值4100亿元，实现主营业务收入16275亿元、利税1691亿元、利润1136亿元、出口额178亿美元，比“十五”末分别增长192%、237%、267%、293%、229%。其中，主营业务收入占全国机械工业的比重达到13.05%，占全省工业的比重达到18.25%，主要效益指标居全国前列。

1. 形成了较为完备的产业体系。我省机械工业共有11个行业、40个中行业、104个小行业，产品有3万多种。农业机械、机械基础件、食品及包装机械三个行业效益总量居全国第一位，机床工具、工程机械、汽车、内燃机四个行业居全国第二位，电工电器、石化通用机械居全国第三位，仪器仪表、重型矿山居全国第四位。

2. 企业管理及产品水平进一步提高。“十一五”期间，全行业有30家企业被中国机械工业联合会认定为“管理规范化企业”，23家企业被认定为“管理进步示范企业”，4家企业被认定为“现代化管理企业”。3家企业获“山东省企业管理奖”，5家企业获“山东省企业管理创新成果奖”，1人获“全国机械工业经营管理大师”称号。11家企业获“全国机械工业质量奖”，3家企业和1名个人获山东省省长质量奖，9家企业获“山东省质量管理奖”。拥有中国名牌产品30个，山东省名牌产品705个，中国驰名商标34件，山东省著名商标608件。

3. 科技创新能力明显增强。“十一五”期间，全省机械工业共研制开发新产品4000多项，其中达到国际水平的680项，填补国内空白的240项，达到国内先进水平的1180项；新开发的产品72.3%具有自主知识产权。共获各级科技进步奖879项，其中，国家科技进步奖2项，中国机械工业科技进步奖96项，省科技进步奖165项；192种国内、省内首台（套）设备受到省政府的表彰奖励。全行业拥有国家级企业技术中心29家，省级企业技术中心242家，省级行业技术中心9家。重点骨干企业研发经费投入占销售收入的比重达3%，重点骨干企业的新产品产值率达30%，全行业新产品产值贡献率接近20%。

4. 发展后劲进一步增强。“十一五”期间，全省机械工业累计完成技改投资8309亿元，是“十五”技改总投资的5.94倍。济南轨道交通车辆有限公司投资51.5亿元，年产3000辆铁路运装罐车及相关零部件生产项目，山东华兴集团投资30亿元的科学发展苑项目，鲁能集团投资87亿元的济南电工电气高新产业园项目，北汽福田潍坊汽车厂投资45亿元的新能源汽车等一大批技改项目相继建设和投产。

5. 产业集群建设初见成效。2006年启动“山东省装备制造业基地”创建活动以来，先后命名了诸城市“商用车及零部件”、龙口市“汽车零部件”、滕州市“中小机床”等12个山东省装备制造业产业基地。2009年，滕州市被中国机械工业联合会命名为“中国中小机床之都”。

6. 外贸出口趋于高端。出口产品结构明显改善，大型成套冲压生产线、数控机床、汽车、工程机械、农业机械等重要产品出口大幅增长。出口市场趋于多元化，由原来以东南亚发展中国家为主，逐步拓展到五大洲200多个国家和地区，部分产品已进入国际高端市场。涌现出中国重汽重型卡车、济南二机床大型成套冲压生产线、山推股份推土机、福田雷沃大马力拖拉机等一批在国内同行业居领先地位的出口型企业和产品，为机械工业发展做出了重要贡献。

我省机械工业在发展过程中还存在一些不足和问题。结构性矛盾依然突出。产品“缺重、少专”且主要以劳动密集型为主，具有自主知识产权的高、精、尖产品相对较少，高端产品相对欠缺，中低端产品产能过剩并呈现过度竞争局面；缺少带动能力强的大型企业集团和“专、精、特”小巨人企业。关键基础件发展滞后。为整机和成套设备配套的市场急需的大型铸锻件、高档轴承、液压件、密封件、传动件等仍需要大量进口，制约我省装备制造业发展。自主创新能力较弱。研发资金投入不足，高技能人才匮乏，行业自主创新能力和创新体系建设薄弱，原始创新技术相对较少。中小企业的技术装备水平依然偏低。多数中小企业加工中心、数控机床、柔性生产线等应用的比较少，产品质量不能完全保证，检测手段也相对落后。

（二）面临的形势。目前，全球经济已呈复苏迹象，但基础不牢固，不确定、不稳定的因素明显增多，复苏的进程曲折且艰难复杂，新一轮的结构调整将加速进行。世界经济结构调整压力加大，发达国家通过“再工业化”和重归实体经济，积极在一些重要领域进行战略布局，抢占未来经济制高点。贸易保护主义重新抬头，贸易摩擦将会增多。当前，我省正处在加快转变经济发展方式和调整经济结构的重要时期，“蓝黄”两区建设已上升为国家战略，基础设施加快建设和产业加速转型升级将为机械工业发展提供巨大的市场空间。国家和省关于促进机械工业发展的相关政策措施，将会吸引技术、资金、人才等要素聚集，助推我省机械工业由大变强。

二、指导思想、发展战略和发展目标

（一）指导思想。

深入贯彻落实科学发展观，坚持走新型工业化道路，以“转方式、调结构”为主线，以建设机械工业强省为目标，坚持结构调整，强化自主创新，推进品牌建设，促进产业聚集，壮大龙头骨干，加快信息化步伐，着力发展高端新兴产业，培植新的增长点，提升机械工业整体素质，促进机械工业由大变强。

（二）发展战略。

1. 主攻高端战略。着力发展高端装备制造、新能源汽车、节能环保机械等战略性新兴产业，推进传统产业高端化、高新技术产业化。着力加强自主创新，加快形成高水平的自主技术、标准和品牌，提高自主创新对产业升级的支撑力。

2. 自主创新战略。把加强科技创新、增强自主创新能力作为转变经济发展方式的中心环节。加强产学研联合，鼓励企业加大科技投入，大力推进原始创新、集成创新和引进消化吸收再创新，突破和掌握一批重点领域的核心技术，形成具有自主知识产权的产品和知名品牌，提高行业核心竞争力。

3. 强化基础战略。夯实产业基础，加强基础工艺技术研究，围绕重点领域和战略性新兴产业对重大装备的需求，提升基础零部件技术和质量水平，提高市场配套能力，实现关键零部件自主化，促进装备国产化进程向纵深发展。

4. 大集团战略。在规模效益显著的产业，支持骨干企业通过兼并重组发展大型综合性企业集团，鼓励主机生产企业由单机制造向系统集成转变。引导专业化零部件企业向“专、精、特、新”方向发展，形成优势互补、协调发展的产业格局。

5. 两化融合战略。运用高新技术改造提升传统产业,促进信息化与工业化的高度融合。以信息技术提升机械工业研发设计、加工制造、企业管理等各环节水平，提高机械企业核心竞争力。促进信息技术与机械产品的融合，机械产品向数字化、自动化、智能化方向发展。

6. 绿色制造战略。大力发展节能环保产品和新能源装备，为各行业提供节能降耗的装备。推进生产过程的清洁生产，发展机械产品再制造，坚持走绿色制造和循环经济的新型工业化道路。

（三）发展目标。

1. 主要经济指标。到 2015 年，全省规模以上机械企业完成工业增加值年均增长 15%；主营业务收入年均增长 20%。

2. 技术及装备水平指标。新建 20 个国家级企业技术中心（国家工程研究中心）、120 个省级企业技术中心。重点骨干气业技术装备达到国际先进水平，60% 以上大中型企业基本实现信息化。

3. 结构调整目标。主营业务收入过 1000 亿元的企业 2 家，500–1000 亿元的企业 3 家，100–500 亿元的企业 20 家，50–100 亿元的企业 30 家。

4. 产业基地建设。继续建设壮大济南、烟台、青岛、潍坊、淄博 5 个汽车整车生产基地，聊城、临沂、威海、潍坊、淄博 5 个新能源汽车生产基地，泰安、东营、梁山 3 个特种车生产基地，烟台、日照 2 个汽车发动机生产基地，烟台、威海、青岛、诸城 4 个汽车零部件生产基地，济宁、临沂、潍坊 3 个工程机械生产基地，济南、德州、滕州、威海 4 个机床生产基地，济南、烟台、威海、潍坊、滨州、德州 6 个风电装备生产基地，潍坊、日照、高唐 3 个农业装备生产基地，济南、泰安、成武 3 个发电输变电设备生产基地，潍坊、淄博、莱阳 3 个内燃机生产基地，东营石油装备、淄博水泵及青岛纺织机械、物流器械等 40 个产业基地。积极创建国家级“新型产业化示范基地”。

5. 自主品牌建设。继续培育提升高效低排放内燃机、大型数控锻压设备、大马力推土机、大马力拖拉机、联合收割机、大型发电成套设备、高压超高压电缆、变压器、大型循环流化床锅炉、高速动车组等 10 大自主品牌。

6、重大装备研发。围绕国家鼓励、支持的重大技术装备领域和产品，加大研发力度，突破产业核心技术和关键技术，加快形成一批具有自主知识产权的技术和产品，全面提高重大装备技术水平。

三、发展重点

（一）高端装备。重点发展重大技术装备、现代化农业装备、高效低排放内燃机及相关技术等 3 大类高端装备，加大研发力度，突破核心、关键和共性技术。

1. 重大技术装备。积极参与国内重大技术装备的研制开发。支持山东济南发电设备厂、济南锅炉集团公司、青岛捷能汽轮机公司等企业，大力发展高参数、大容量火电设备，大力发展高效、高参数水轮发电机组和抽水蓄能机组。支持泰开电器、达驰电气、中国西电济变公司、山东电力设备厂等企业，重点发展以电缆、交流变压器、直流换流变压器、电抗器、电流互感器、电压互感器、全封闭组合电器等为重点的交直流特高压输变电设备，推进750千伏、1000千伏交流和±800千伏直流输变电设备自主化。支持胜利高原、胜动公司等企业，重点发展天然气长输管线关键设备和大型天然气液化储运成套设备等大型油气集输成套设备。

2．现代化农业装备。支持山东省农业机械科学研究所和时风集团、五征集团、福田雷沃、华兴集团、常林集团、华盛中天、山东大丰、山东金亿、淄博巨明、宁联机械、汶上精纬、日照同泰等企业，围绕产业发展需求，开展关键共性技术研发，重点发展节能环保大功率拖拉机及配套农机具；新型玉米、水稻联合收割机等主要经济作物收获机械和蔬菜林果业作业机械；农作物秸秆收集、储运、固化处理和综合利用设备；农副产品初加工与精深加工关键设备及农机产品性能测试设备。提高设施农业的机械化水平，提高拖拉机、联合收割机、播种机、插秧机、植保机械、茶叶加工设备、新型节水设备等系统控制水平和智能化水平。

3．高效低排放内燃机及相关技术。支持山东省内燃机研究所、高等院校和潍柴动力、济南柴油机、淄博柴油机、华源莱动、胜动公司、山东曲轴、盟威集团、龙口龙泵、康跃增压器等单位，围绕高效低排放内燃机，重点开展发动机高效、洁净技术和测试技术及设备研发，代用燃料发动机系统匹配研究，电控柴油机总体设计匹配技术与设计平台开发，共轨系统、自处理系统与发动机的匹配研究，气体燃料燃烧喷射组织技术及其控制系统开发，燃油系统、汽油机直喷技术研究；积极研制开发符合国Ⅳ－国Ⅴ排放标准的高水平系列柴油机及配件，满足汽车、农机、船舶、工程机械等行业的发展需求。

（二）优势产业。重点发展汽车、大型智能工程建筑机械、轨道交通装备、轨道交通装备等4大类优势产业，提升质量技术水平，进一步增强市场竞争力。

1．汽车。重点发展“四车一零”。支持上海通用东岳、济南吉利汽车、荣成华泰等企业，重点发展“中高档”和经济型轿车，节能环保型SUV和多用途、交叉型乘用车。支持中国重汽、一汽解放青岛汽车厂、福田诸城汽车厂、时风集团、五征集团、凯马汽车、唐骏欧铃等企业，重点发展中、高档重中型和轻型载货汽车，提高安全性、环保和节能性能。支持中通客车、齐鲁汽车、烟台舒驰、山东沂星等企业，重点研发各种舒适性、安全性、稳定性强的新型客车。支持中集集团、中通集团、临清迅力、蓬翔汽车、泰安航天、广泰空港等企业，重点发展环卫、邮政、医疗、油田、通讯、机场、国防等多用途专用车。支持山东重工、华源莱动、山东曲轴、盟威集团、盛瑞传动等企业，提高装备和技术水平，为主机厂提供高质量的汽车零部件。

2．大型智能工程建筑机械。引导企业向节能、高效、可靠和环保型发展，广泛应用机、电、液一体化等高新技术，向大型化和智能发展，提高配套动力技术先进性。支持山推股份、小松山推、烟台斗山、山东临工、临沂力士德、众友机械、方圆集团、华夏集团、鸿达集团、福田雷沃、德工机械、泰山工程机、山东建设机械厂、山东丰汇设备等企业，重点发展推土机、挖掘机、装载机、起重机、压路机、推耙机、平地机、旋挖钻机、大吨位叉车和建筑塔机、混凝土搅拌车、混凝土泵车以及应急抢险工程用破拆工具、起重支撑设备等抢险救灾设备。

3．轨道交通装备。支持南车集团四方车辆有限公司、济南轨道交通装备有限公司、淄博牵引电机公司、丛林集团等企业，加快发展时速300公里以上高速动车组、低地板城轨车辆、地铁A型车辆、货运电力机车、大轴重货车、铁路运装罐车及零部件等。

4. 大型通用装备。支持省机械装备行业技术中心、重点科研院所和山东山矿集团、泰安煤机、莱芜煤机等单位，加快大型煤炭井下综合采掘、提升和洗选、运输等大型设备研发。支持山东科瑞、山东墨龙、海汇集团、胜利高原、潍坊盛德、山东宏康、汶瑞机械、威海印刷机等企业研发制造适应深水作业的半潜式、竖筒式钻井平台及石油成套设备，大型港口装卸设备及盾构隧道掘进设备，长距离、大运量带式输送机，智能印刷设备，现代化文化办公设备等。支持烟台冰轮集团、中大贝莱特等企业加大研发力度，提升空调成套设备和制冷机组的整体水平。支持博泵科技、颜山泵业、华力电机、恒大电机、同兴实业、景津压滤机集团等企业研发制造大型高效节能的电机、风机、水泵和压滤机产品。

（三）新兴产业。重点发展新能源汽车、智能电网设备、高档数控机床及精密加工设备、新能源发电设备、海洋工程装备、节能环保设备、工业机器人与专用机器人等7大类新兴产业，逐步掌握核心技术，抢占产业制高点，提高产品附加值，不断壮大产业规模。

1. 新能源汽车。支持中通客车、唐骏欧铃、时风集团、北汽福田诸城汽车、山东沂星、澳柯玛（沂南）新能源电动车有限公司、济宁远征电源有限责任公司、兖州昊源动力电源有限公司、盛瑞传动、曲阜天博等企业，大力推动纯电动汽车、充电式混合动力汽车及其关键零部件的产业化；掌握新能源汽车的专用发动机和动力模块（电机、电池及管理系统等）的优化设计技术、生产工艺和成本控制技术；建立动力模块生产体系，提高车用高性能单体动力电池生产能力；发展普通型混合动力汽车和新燃料汽车专用部件，轿车自动变速箱等。

2. 智能电网设备。以鲁能集团济南电工电气高新产业园项目和达驰电气、泰开电器等企业为依托，重点研制开发包括数字变压器、数字互感器、数字电抗器、智能开关设备等在内的110kV及以上智能变电站系统；重点研究和攻关智能电表、智能电器、电动车辆充电装置等智能配电、用电设备；重点研制完善巨型储能设备。支持力诺集团、新风光电子等企业，重点研制完善用于风电及光伏发电接入的大功率变流器和控制器、无功补偿装置、有源滤波装置、可控串联补偿器、大功率变频装置等新能源接入与控制、电力电子应用及核心器件。

3. 高档数控机床及精密加工设备。支持山东省数控机床行业技术中心和济南铸锻所、济南二机床、鲁南机床、威达重工、山东普利森、华东数控、法因数控、烟台环球、博特精工等企业，重点发展面向机床制造业的高精度、智能化、复合化工作母机、高性能数控系统和关键功能部件；面向航空航天、船舶、发电设备制造业需要的重型、超重型数控加工机床，多轴联动及复合加工机床，高速、高效加工机床，大型、精密数控机床；面向汽车关键零部件制造所需要的高效、高可靠性、柔性自动化生产线；高性能数控系统；高速高精度主轴单元、动力刀架、高速换刀机构、高速/精密/重载滚珠丝杠及直线导轨等关键功能部件。

4. 新能源发电设备。⑴风电：支持济南轨道交通车辆有限公司、山东长星集团、通裕集团等企业研发高参数、高可靠性大型风电设备，尤其是大型海上风电设备，掌握机组成套设计技术以及实验、技术标准与规范；重点实现变频控制系统、高效高可靠性发电机、风电轴承、碳纤维叶片等关键零部件的国产化。⑵其他高效清洁发电设备：重点发展太阳能发电设备、垃圾焚烧发电设备；生物质能发电设备、海洋潮汐发电设备等。

5. 海洋工程装备。支持烟台莱佛士、山

东科瑞、胜利高原等企业，重点围绕深水油气田勘探、钻井、开发、加工、储存、运输、服务和后勤等装备需求，加快研制深水高性能物探船、深水工程勘察船、深水半潜式钻井平台、深水钻井船、深水半潜式起重铺管船、深水浮式生产储卸装置（FPSO），深水半潜式生产平台、浮式液化天然气生产储卸装置（LNG-FPSO）等装备，以及相关装备的核心设备和系统。

6. 节能环保设备。支持海汇集团等环保机械制造企业，依托国家城市生活垃圾处理和重点流域及工业污染治理示范工程，支持企业重点发展生活垃圾分选、填埋、清洁焚烧和垃圾资源综合利用设备，大气污染治理、污水污泥处理和环境在线监测仪等环保设备。

7. 工业机器人与专用机器人。支持省科学院自动化所等单位，重点研发具有视觉、触觉、力觉的智能化新一代工业机器人技术、多机器人协调作业技术，围绕汽车、物流及消防救援等特种需要，发展焊接、涂装、钻铆、搬运、装配等工业机器人及安防、深海作业、救援、医疗等专用机器人。

（四）专用装备。支持普瑞特机械、贝尔机械、碧海机械、康平纳机械、恒远建材设备、宏源环保机械、恒涛节能环保公司、临清迅力等企业，重点研制为轻工、纺织、化工、建材、医疗、环保等行业服务的专用设备，如宽幅高速纸机成套设备、涂布及拉膜设备、高档纺织印染设备、化工设备、建材设备、制药及包装设备、大型医疗器械、海水淡化设备等。

（五）关键基础产品和基础工艺。重点发展大型铸锻件、基础部件、加工辅具、基础工艺和关键技术等4大类关键基础产品和基础工艺，增强配套能力，提升工艺水平和产品质量。

1. 大型铸锻件。支持通裕集团、淄博柴油机、宏泰机电、威海锻压、山东曲轴等企业，重点发展核电设备铸锻件，火电机组铸锻件，大型混流式水轮机组铸锻件，冷热连轧机铸锻件，大型船用曲轴、风电轴锻件，大型轴承圈锻件等。

2. 基础部件。支持山东常林集团、华泰轴承、济南杰菲特、高新华能、西门子驱动控制公司等企业，重点发展大功率、高性能电力电子器件及变频调速系统，大型、高速、精密轴承，高性能、高可靠性液压件及系统，大型、高参数密封件，高参数齿轮装置，高强度紧固件，智能低压电器及系统等基础部件。加快发展工业自动化控制系统及在线检测设备、智能仪器仪表、关键精密测试仪器、中高档传感器等。

3. 加工辅具。支持海尔模具、海信模具、福田模具、爱开天隆模塑、泰利模具、豪迈机械科技、精益模具、鲁信高科、威力工具等企业，重点发展大型精密型腔模具、精密冲压模具、汽车覆盖件模具，高档模具标准件，高效、高性能、精密复杂刀具，高精度、智能化、数字化量仪，高档精密磨料磨具等。

4. 基础工艺和关键技术。重点推进铸造、锻压、热处理和表面处理四大基础工艺的绿色工艺及装备的推广应用。大力发展高强轻质合金零件精密铸造技术，新型绿色铸造工艺技术；等温铸造近、净成形技术，铸造节能技术；精密冲压技术，挤压－弯曲复合成形技术，轴承冷辗扩技术；环保型冷却润滑材料及工艺；环保型表面工程技术，新兴焊接工艺技术。

四、保障措施

（一）完善创新体系，提高自主创新能力。支持企业自主创新能力建设，发挥财政投资的导向作用，探索政府资金引导社会资本投入的自主创新投融资体制，引导创新要素向企业集聚。完善产学研相结合的技术创新体系，发挥山东省装备制造业省级行业技术中心、山东大学、山东理工大学等高校和山东省机械设计研究院、山东省农业机械科学研究所、山东省内燃机研究所等科研院所人才技术优势，加强装备制造业共性关键技术攻关开发，提高重大技术装备和高技术装备的设计、制造和系统成套水平。加快建设一批带动性强的国家级工程研究中心、工程技术研究中心、工程实验室等，提升企业产品开发、制造、试验、检测能力。支持自主创新的技术装备，鼓励研制、使用省产首台（套）装备，并建立风险补偿机制。

（二）加强技术改造，促进内涵式发展。鼓励和引导企业采用先进的技术、工艺和装备，改造提升传统技术、工艺和装备，调整产业和产品结构，实现规模生产和可持续发展，达到安全生产、保护环境、增加品种、提高质量、节约能源、降低原材料消耗、提高劳动生产率、提高经济效益的目的。

（三）加快企业联合重组，提升产业集中度。支持行业中具有经济和技术优势的企业兼并重组其他企业，鼓励关联企业联合重组和一体化经营。鼓励优势企业与上下游企业、研发机构之间，组成战略联盟，实现优势互补，形成一批拥有自主知识产权、核心竞争力强的大企业和企业集团，提高产业集中度。大力推行专业化重组，形成优势产业，提高专业化生产水平，促进企业核心产业竞争力提升。发挥市场机制的作用，支持以战略联盟和产学研合作的形式实施国家和全省的重大项目。制定鼓励企业联合重组的支持政策或资金补助办法。

（四）发展现代制造服务业，实现产业转型升级。实施"发展现代制造服务业示范工程"，率先实现由生产型企业向"生产型＋服务型"企业转变。发展从事系统集成和设备成套的集成商，发展老设备维修、改造服务，培育再制造产业；培育具有工程总承包能力的工程公司。实施供应链管理优化，推进产业实现精益生产。建设区域物流配送中心。鼓励有条件的企业，延伸扩展研发、设计、信息化服务等业务，为其他企业提供社会化服务。

（五）推进节能减排，发展低碳经济。全面落实节能减排工作方案，强化目标责任评价考核。大力发展绿色经济、低碳经济和循环经济，以绿色发展带动经济转型。加快节能减排重点工程建设，深化环境影响评价体系，严格控制两高一资推动产业优化升级。组织开展循环经济、低碳经济试点，积极发展绿色制造和再制造工程，构建节本增效、保护环境的生产制造模式。制定促进绿色经济、低碳经济发展的财税、金融、价格等激励政策，如对购买高效节能装备产品的终端用户给予节能产品补贴。

（六）加强人才队伍建设，打造有力智力支撑。重点引进和培养创新型研发设计人才、开拓型经营管理人才、高级技能人才等专业人才，强化职工培训，提高职工队伍素质，满足企业可持续发展需要。加强专业细分学科建设，以产学研相结合的形式促进专业技术人才培养，增加装备制造业专业技术人才储备。鼓励提升企业家、高级管理人员、研发人员和高级技工等专业人才的待遇水平，推进企业技术创新、管理创新和商业模式创新。

（七）加强国际合作，开拓发展空间。实施国际化战略，积极参与国际分工，利用好国家优惠政策，拓宽发展空间。进一步加大合资、合作和招商引资力度，有选择地利用好外资，通过与国外大公司的合资合作，提高技术和管理水平，建立新的运行机制，推动行业发展。积极支持和鼓励有经济实力、有技术和品牌优势的企业并购国外研发机构、国外企业或到国外建厂、承揽工程，输出技术和产品，扩大国际贸易。扩大技术含量高、附加值高的产品和成套设备的出口，大力开拓国际市场。

1－64　山东省经信委　省财政厅　省节能办关于加快重点用能企业能源管理中心建设的意见

鲁经信资字〔2011〕640号

各市经济和信息化委、财政局、节能办，有关单位：

为加快重点用能企业能源管理中心建设，推进工业企业节能降耗，提高能源利用效率，现提出以下意见：

一、充分认识重点用能企业建设能源管理中心的重要性

能源管理中心是现代信息技术在企业能源管理中的综合应用，是工业化和信息化相互融合实现节能降耗的重要手段，主要通过采用自动化、信息化技术和集约化管理模式，对企业能源的生产、输送、分配和使用环节实施集中监控管理，优化能源配置，提高能源管理水平。2009年，工业和信息化部、财政部开始在钢铁、有色、化工等行业建设企业能源管理中心，下发了《工业企业能源管理中心建设示范项目财政补助资金管理暂行办法》，对工业领域开展能源管理中心建设示范项目给予财政奖励。目前，我省已有济南钢铁集团、莱芜钢铁集团、成山集团、阳谷祥光铜业等企业能源管理中心被列为国家重点示范项目，对推动相关行业节能降耗发挥了积极作用。但我省企业能源管理中心建设仍处于起步阶段，存在企业节能管理基础薄弱、自动采集系统不完善、能源信息技术落后等问题，难以满足企业深入开展节能降耗工作的需要。

组织开展能源管理中心建设，是利用信息化技术推动企业节能降耗、改造提升传统产业的重要举措，是建立节能长效机制的重要基础。各级、各部门和企业要按照国家和省政府的工作部署，加强领导，密切协作，以开展重点用能企业能源管理中心建设为抓手，加强企业能源集约化管理，提高能源利用效率，为推动我省工业转方式、调结构，建设资源节约型、环境友好型社会做出贡献。

二、指导思想、基本原则和发展目标

（一）指导思想

坚持以科学发展观为指导，认真贯彻落实资源节约和环境保护基本国策，以市场为导向，以企业为主体，以提高能源利用效率为核心，综合运用现代化信息技术，在全省重点用能企业中建设能源管理中心，促进工业化和信息化相互融合，推动重点企业能源利用由粗放式管理向集约化管理转变，深入推进全省节能降耗工作。

（二）基本原则

坚持整体部署与分步实施相结合。根据企业生产规模、工艺技术水平、能源消费种类等，坚持统筹安排、整体部署、分步实施，确保能源管理中心建设稳妥有序推进。

坚持重点推进与全面实施相结合。根据行业特点，分类指导，对能耗高的行业实行重点推进，在此基础上，逐步扩大范围，推动全省重点用能企业全面实施。

坚持企业实施与政府引导相结合。企业按照全省能源管理中心建设的进度要求，积极组织项目建设。各级加强产业政策引导和信贷政策支持，通过财政、税收等优惠政策，加大对能源管理中心支持力度，推进项目建设进度。

（三）发展目标

通过建设企业能源管理中心，实现企业能源管理的“三个转变”，即由条块分割的能源管理向以远程综合监控为基础的扁平化、高效率的运行管理模式转变；由分散的能源管理向以集中管控为核心的一体化能源管理模式转变；由传统的能源管理向以建立能源系统评价和考核体系为宗旨的价值管理模式转变。“十二五”期间，以钢铁、有色、建材、化工、煤炭、纺织、造纸等行业为重点，着力抓好100个省级能源管理中心示范项目，实现年节约标准煤120万吨以上。发挥示范项目带动作用，全省年耗能万吨标准煤以上重点用能企业逐步建立能源管理中心，并实现与省节能信息系统互联互通。

三、主要建设内容

能源管理中心建设是一项全面系统的能源管理提升工程，主要包括“三个系统”，即现场控制系统改造、数据采集系统建设和信息管理系统建设，实现能源计划、能源计量管理、能源监控、能耗分析、数据报送、重点设备能耗管理等功能。

（一）现场控制系统改造。现场控制系统是能源管理中心建设的基础。主要是通过企业对能源输送、生产、应用控制系统进行改造，为能源管理中心的采集、传输、调控提供用能现场数据支撑。

1. 能源输送控制系统改造。对煤、油、气（汽）等能源介质输送环节进行改造，以能源供应的自动启闭、机械装填等自动化控制代替人工操作，实现能源输送数据的自动采集和上传。

2. 能源生产控制系统改造。对企业的余热发电、废气回收、废水废渣处理再利用等环节进行改造，实现动态管理、实时监测。

3. 关键生产环节现场改造。根据企业生产经营状况，结合工艺、结构、产品优化升级，逐步对落后的生产环节进行改造，降低工序能耗，提高生产自动化水平，实现企业生产与能源管理中心的有效对接。

（二）数据采集系统建设。数据采集系统是能源管理中心建设的保障。企业各能源介质存在于工业现场的不同环境中，因性质不同，计量设备的计量方式差异较大，针对不同介质和不同计量方式，结合现场实际情况，采用不同采集方式建设数据系统。

1. 配备能源计量器具。对重点用能设备加装或改造能源计量器具，实现用能数据的数字化读取及传输，计量准确度等级应达到GB 17167–2006的要求。钢铁、有色、化工等有国家或省产品能耗限额标准要求的企业，应根据限额标准中规定的统计范围及计算方法，配备满足测量要求的能源计量器具。

2. 定期检定计量仪表。编制检定、校准计划，对计量器具进行定期检定、校准。根据计量类型不同，分别由质监部门或自行检定，确保能源计量器具的准确性，提高能源管理中心能源供需平衡调度精度。

3. 健全能源计量管理制度。建立完善的计量管理体系，明确岗位工作职责，组织能耗限额管理、能源计量器具检定等培训，提高能源计量数据基础管理能力，规范能源计量管理制度。

（三）信息管理系统建设。信息管理系统是能源管理中心建设的核心。通过基础软件、控制系统、基础硬件、现场视频监控和能源管理中心大厅建设，实现企业能源管理的集中控制。

1. 基础软件建设。软件建设是能源管理中心数据采集、传输、存储的基础，是完成系统监控、进行数据分析、处理和加工的先决条件。重点开发网络监管软件、操作系统、开发工具软件、备份软件、远程运行维护软件、实时数据库、操作站监控软件、服务器平台软件、服务器驱动、WEB发布客户端授权、现场操作站软件、实时库客户端授权软件以及与省节能信息系统互联互通的接口软件等。

2. 控制系统建设。控制系统是对基础软件功能的开发应用，企业根据行业特点采用不同的控制系统。一是监控系统。对采集的不同能源介质实时数据进行集中监控，呈现实时调配的“人机界面”。二是基础能源管理系统。进行能源计划管理、能源调度管理、用能过程管理、能源计量管理、能耗数据统计分析、能源指标绩效管理考核、能源成本结算等。三是运行维护系统。能源管理中心的数据采集、网络支撑、软件系统是同步运行的整体，依靠运行维护系统保障整体的持续稳定运行。

3. 基础硬件建设。硬件建设是构筑能源管理中心实时数据采集、交换的平台，包括工业以太网交换机、一体化以太网交换机、核心交换机、汇聚交换机、光纤线路以及其它建设安装材料和设备等。

4. 现场视频监控建设。视频监控是通过监控装置实现对生产环节和用能环节的现场实景展示，是保证调控可靠性的直接反映。主要是在生产、水电油气（汽）各主要控制点安装视频，通过远程监控实施协调调度，进行扁平化的故障监测及分析处理等。

5. 能源管理中心大厅建设。能源管理中心大厅是企业能源调度指挥中心，是实现能源调度、分析、调控的核心组成。包括能源管理中心机房、大屏幕显示系统、空调和电源系统、通信和安防系统等基础设施建设。

四、保障措施

（一）加强组织领导。各级节能主管部门要加强组织协调，制定工作计划，明确工作目标，根据行业和企业特点分步分期实施。对已建设的能源管理中心，要加强检查指导，总结项目建设、运行经验，改进系统设置，优化企业能源流通、使用、监测管理等环节。各重点用能企业要认真组织项目实施，节能潜力较大、工业现场自动化水平高的企业要加快项目建设进度，企业主要负责人要亲自组织协调，尽快形成节能能力；其他重点用能企业要逐步提高能源管理自动化水平，加强能源管理，努力为能源管理中心建设创造条件。

（二）加强技术研发。各重点用能企业要加强与高校、科研单位及有关专业服务机构的合作，加大科技研发投入，开发具有自主知识产权的新技术、新产品和适用于能源管理中心要求的软件系统，不断拓展能源管理中心功能，优化系统配置，充分发挥能源管理中心可监测、可分析、可调控作用，为企业合理使用能源提供可靠的技术支撑。要不断提高生产现场自动化程度，培养能源管理中心应用专业人才，熟练操控管理系统，根据企业生产工艺、流程变化情况，及时调整优化，实现能源管理中心对企业生产的全覆盖。

（三）加强政策扶持。积极争取国家节能奖励资金，对建设能源管理中心示范项目给予奖励。对建设能源管理中心示范项目的企业，在省政府节能目标责任考核中，作为加分项。落实合同能源管理财政补贴政策，鼓励以合同能源管理模式组织项目实施，通过节能效益分享型、融资租赁型等多种形式进行合作。鼓励各类金融机构开辟绿色通道和直通车，加大对企业能源管理中心建设的支持力度。争取世界银行、亚洲开发银行等国际组织资金支持，合力推进项目建设。

（四）加强监督检查。各级节能和财政部门要按照项目管理的有关规定，对实施的能源管理中心项目加强跟踪和管理，组织项目实施情况监督检查，确保能源管理中心实现预期节能效果。省节能办将根据各行业能源管理中心建设情况，制定分行业工业企业能源管理中心建设规范，明确能源管理中心的管理和评价要求。同时加强项目示范带动，通过召开能源管理中心现场会、编制行业典型案例等方式，打造一批示范样板，总结推广先进经验，加快重点用能企业项目建设进度。

二〇一一年十一月二十一日

1－65 山东省经济和信息化委员会等五部门关于加快推进信息化与工业化深度融合促进转方式调结构的意见

鲁经信信推字〔2011〕676号

各市经济和信息化、科技、财政、商务、国有资产主管部门，有关单位：

为深入贯彻党的十七大和十七届五中、六中全会精神，落实《关于加快推进信息化与工业化深度融合的若干意见》(工信部联信〔2011〕160号)，推动我省信息化与工业化深度融合，促进经济结构调整和发展方式转变，现提出以下意见：

一、信息化与工业化深度融合的指导思想、基本原则和目标要求

（一）指导思想

以邓小平理论和“三个代表”重要思想为指导，坚持科学发展，贯彻黄河三角洲高效生态经济区、山东半岛蓝色经济区等国家重点区域带动战略，发展培育“四新一海一高”战略性新兴产业，坚持“两个带动”，即以新一代信息技术产业发展带动信息化与工业化深度融合，以推进信息化与工业化深度融合带动战略性新兴产业发展。紧紧围绕工业生产经营过程、生产要素保障和产业发展三个主攻方向，加快实施两化深度融合示范工程，促进发展方式转变和经济结构调整，努力形成具有山东特色的新型工业化路子，推动全省经济文化强省建设。

（二）基本原则

创新发展。把增强创新发展能力作为信息化与工业化深度融合的首要目标，以信息化促进研发设计创新、业务流程优化和商业模式再造，构建产业竞争新优势。

绿色发展。把节能减排作为信息化与工业化深度融合的重要突破，加快信息技术与环境友好技术、资源综合利用技术和能源资源节约技术的融合发展，促进形成低消耗、可循环、低排放、可持续的产业结构和生产方式。

智能发展。把智能发展作为信息化与工业化深度融合的努力方向，推动云计算、物联网等新一代信息技术应用，促进工业产品、基础设施、流程管理的智能化，推动产业链向高端跃升。

协调发展。把协调发展作为信息化与工业化深度融合的关键路径。推动信息技术研发、产业发展和应用需求良性互动，提升产业支撑和服务水平。注重以信息技术应用推动制造业和服务业协调发展，促进向服务型制造转型。

（三）发展目标

“十二五”期间，全省规模以上制造业增加值年均增长14%，到2015年底，以新一代信息技术产业为代表的战略性新兴产业增加值占生产总值比重达到10%，企业信息化投入占工业固定资产投资总额比重超过6%。我省信息化与工业化深度融合取得重大突破，努力实现“四个转变”，即企业信息技术应用由单项应用向综合集成转变，应用重点由业务流程优化再造向产业链协同能力提升转变，企业核心竞争优势由生产管理能力向信息技术集成应用水平转变，工业化主体特征由机械化向智能化转变。

二、主要任务

（一）推动企业生产过程深度融合，加快建立现代经营管理体系。

以信息化增强研发创新能力。采用三维计算机辅助设计（CAD）、并行设计、虚拟仿真等数字化设计手段，以网络化协同设计平台应用为重点，集成CAD、产品数据管理（PDM）和产品生命周期管理（PLM）等系统功能，建

立共享、协作、跨专业、跨部门、跨地域的产品开发模式，促进产学研合作，提高企业自主创新能力，为实现产业向高端高质高效发展提供强有力的技术支撑。

以信息化提高技术改造水平。采用智能传感技术、先进制造集成技术、敏捷制造单元、制造执行系统（MES）、集散控制系统（DCS）和网络化分布式数字控制系统（DNC）等，以利用先进数字化装备、工业软件和行业解决方案改造传统设施、装备、生产工艺条件为重点，实现生产过程的自动化、网络化、柔性化和智能化，着力提高企业技术工艺和装备水平，促进产业技术升级和发展方式转变。

以信息化提升企业管理效率。采用基于商业智能的新型企业资源规划系统（ERP）、供应链管理系统（SCM），以及基于新一代互联网的动态联盟等模式，以改造管理流程、提升企业集成层次和科学管理为重点，切实加强对各个环节、各个领域、各个流程的控制，实现企业运营管理的协同化，推进管理方式由粗放式向精细化转变，提高企业管理水平，增强核心竞争力。

以信息化完善市场营销模式。采用移动通信技术、下一代互联网技术、无线射频识别技术（RFID）和物联网技术，推广多网异构融合，以客户关系管理和电子商务营销新模式为重点，对销售业务流程信息进行即时监控、调度、响应和分析，提高产品可追溯性，实现市场营销的网络化，提高企业适应市场变化的能力。

以信息化促进绿色生产。采用智能清洁技术、智能电网技术、新型LED、智能电器设备和物联网等新技术、产品与网络，以新能源和清洁技术研发、低碳产品生产、节能减排为重点，推进在清洁能源开发、能源结构调整、能源集约利用、能源消费优化、排放综合治理等环节两化融合，打造低能耗、低污染、低排放的现代绿色低碳经济。

（二）推进产业深度融合，加快建立现代产业体系。

在原材料产业领域，加快推动信息技术在石化、冶金、黄金和建材等原材料行业的渗透。石化、冶金、黄金行业，重点推广先进控制技术（APC）、在线实时监测技术、工艺流程仿真技术、集散控制系统（DCS）等，实现实时、连续的生产过程监测与控制。建材行业，围绕配料、生产、环保控制等环节，重点推广国产化纯低温余热发电数控装备、水泥新型干法窑、处置城市有害废弃物自动化技术等，推进装备升级换代，提高资源综合利用，促进原材料工业可持续发展。

在装备制造产业领域，积极推动智能传感器、多核处理器和高端工控软件等在专用设备、高端设备等产品中的嵌入式应用，增强装备功能和性能，提升装备产业附加值。专用设备行业，重点加强核心自控部件和关键配套设备，提高行业系统集成水平。高端装备制造业，航空装备重点发展航电、通讯导航和健康监控等系统；轨道交通装备重点发展通信信号系统和综合监控与运营管理信息化；海洋工程装备大力推进数字化、网络化、协同化设计，加强工程项目管理软件的开发和应用；智能制造装备重点突破关键智能技术、核心职能测控装置与部件，开发智能基础制造装备和重大智能制造成套装备。通过发展我省优势高端装备产业，带动工业整体水平的提升。

在消费品产业领域，推进信息技术在纺织、医药、轻工等消费品行业的充分有效应用。纺织行业，重点推广适合化纤、纺织、印染和服装等行业特点的虚拟化、数字化设计技术，强化设计资源数据库应用，突出创意设计，加快向时尚产业转变。医药行业，重点利用高性能计算技术推动医药产品创新，运用生物信息及计算机辅助药物设计等技术促进自主知识产权新药研发，推进医药产品质量监控与生产流通环节追溯信息系统建设，提高企业的经济效益和社会效益。轻工行业，重点推广基于商业智能的新型企业资源规划（ERP）等系统，提高大规模定制化生产能力，实现精细管理、敏捷制造。

在战略性新兴产业领域，加快信息技术与现代制造技术的集成创新，不断提升我省优势信息产品对两化融合的支撑能力。大力发展高端智能工业电子产品，围绕我省重点调整振兴产业，支持高端服务器、EDA 设计工具、RFID 芯片、新型电子元器件等，培植集成电路设计开发等新兴产业。积极培育集成创新工业软件。发展高档数控系统、制造执行系统、工业控制系统、工业组态软件等高端工业软件。加快和规范信息服务业发展。发展数字媒体、动漫与网络游戏、数字设计与文化创意等数字内容服务业，支持信息化外包服务业发展。开展海量存储、虚拟化等云计算技术以及射频识别与传感节点、组网与协同处理、网络体系结构等物联网技术的研发和产业化，建设智能水利、智能电网、智能交通、智能港口、智能矿山等物联网示范工程，推进战略性基础设施的智能化转型。

在中小企业和产业集群领域，加快区域和行业云计算服务中心建设，积极推广信息服务外包，建立完善一批提供技术推广、管理咨询、融资担保、人才培训、市场拓展等服务的信息化综合平台，形成多层次、多元化的信息服务体系。面向中小企业，重点推广应用研发设计平台，提供工业设计、虚拟仿真、样品分析、检验检测等软件支持和在线服务。面向产业集群，重点推广实施供应链管理（SCM）、跨组织信息系统，提高网络环境下的集群企业间协作配套能力和产业链专业化协作水平。

（三）强化生产要素深度融合，加快形成高效经济运行体系。

利用信息化提升电煤供应保障能力。加快全省煤电运视频调度系统建设，建立电煤储备信息平台保障电煤库存，加强对全省统调电厂电煤进耗存日常调度和动态监测，加快推进全省统调主力电厂电煤库存视频调度系统建设，利用 3G 通讯、全球眼、互联网等手段实现对全省发电企业电煤库存情况实时调度监控，加快全省发电企业公共信息服务平台建设，实现省煤电运联合办公室与煤炭、电力、铁路、公路、港口等有关单位之间运行调度信息互联共享。

利用信息化提升电力生产与供给能力。以智能监控系统强化和提高发电、供电、输电、配电和用电环节自动化水平和安全运行水平，逐步发展普适性的企业管理信息系统，实现管理信息系统和自控系统整合。重点建设智能电网和电力行业高速综合数据传输网络，形成从建设、生产、运行到管理的一体化产业链。完善清洁能源入网机制，建立清洁能源（风电、太阳能发电）网络交易平台。建立分行业企业用电量信息监控系统，为电力资源的有效分配提供决策依据和验证手段，提高用电管理信息化水平。

利用信息化提高石油物资生产与供给能力。积极开发建设数字油田，重点提升石油企业集成自动化系统水平，实现企业从原油选择、采购、加工到产品出厂全过程的智能化生产及管理。建立主管部门与主要石油企业生产运营管理信息系统对接的监测预警系统，实时了解生产库存信息，保障重点部门与企业的油料供给；结合国家与我省石油、天然气等战略储备计划，规划建设战略物资储备信息监控平台，利用地理信息系统、物联网、3G 通讯等技术建立成品油销售终端监测系统，保障对社会需求的及时供应；联合石油企业、物流企业、交通管理部门共同建立山东石化物流信息平台，创建及时、安全高效的石化物流运输体系。利用信息化建设现代物流体系。

利用物联网等技术改造升级公路、铁路、民航、航运等现有交通基础设施，实现多式智能联运；加快电子标签、自动识别、自动分拣、GPS（全球定位系统）等技术在大宗工业品物流、工业园区和物流企业中的推广应用，提高物品管理的精准化水平。引导工商企业完善企业内部信息系统，并与上下游企业实现供应链一体化管理。引导物流企业、专业软件开发企业加快研发推广应用具有开放性、通用性和标准化的物流信息平台。继续建设完善山东省物流综合服务信息平台，为政府部门、物流企业、制造企业、商贸流通企业、交通运输、货代、船代等企业提供信息服务。

利用信息化促进生产性服务业发展。强化金融行业综合信息监管和信用信息服务，完善电子支付及信息安全系统。围绕山东蓝、黄等区域特色产业、产业集群的集聚优势和规模优势，建设生产性服务业公共信息服务平台，推动制造企业的服务化和服务企业的信息化。支持制造业企业以电子商务为手段提高供应链协同和商务协同水平，带动产业链上下游企业发展。积极推动行业第三方电子商务服务平台诚信发展，支持提高面向产业集群和专业市场的电子商务技术支撑和公共服务水平，整体提升生产性服务业的信息化水平。

三、保障措施

（一）创新两化融合推进机制。在省信息化工作领导小组办公室之下成立两化融合推进办公室，负责全省两化融合的组织协调。由省经济和信息化委牵头，省科技、财政、商务、国资、金融等部门按各自职责，分工协作，共同推进。充分发挥省信息化专家咨询委员会的作用，为两化融合提供决策支持和规划指导。成立两化融合评测机构，依据《山东省信息化与工业化融合水平评价体系》地方性标准，开展企业、行业、区域水平评测。在省管企业探索建立首席信息官制度，鼓励市级国资监管机构建立信息化评级和考核体系。各级政府要建立健全分工合理、责任明确的工作机制，明确工作目标和重点，统筹规划、整合资源，充分发挥各方面积极性。

（二）加强两化融合基础研究和人才培养。针对两化融合推进中的战略性、基础性、前瞻性问题，开展理论与应用研究，启动两化融合软科学研究专项，不断加大支持力度，形成一批两化融合学术带头人、基础研究队伍和一批水平高、实力强的两化融合研究基地。建立健全我省两化融合知识培训体系，充分发挥山东信息化培训推进办公室职能，丰富省两化融合综合服务培训平台内容，培养一批具有两化融合应用知识的专业人才。

（三）加快发展完善服务支持。建立完善省、市两化融合促进中心、重点实验室和工程技术中心等，开展理论研究、技术研发和人才培训等工作。建立省两化融合助企服务联盟，充分利用参与单位的技术产品优势和优惠措施，提升应用企业两化融合水平。优化山东省信息化与工业化融合综合服务平台，为两化融合提供政策、技术、人才等方面的网络化支持。鼓励行业协会、高等院校、科研院所、企业等社会力量建立研发设计、检验检测、第三方物流、电子商务等公共服务平台。深入开展“两化融合助企行动”，采用政策宣讲、技术培训和定点服务等形式，形成全社会普遍认同并积极参与的良好氛围。

（四）加大财政资金和金融支持力度。我省每年安排一定资金，用于两化融合项目的导向性补贴。结构调整资金、应用技术研究与开发资金、高科技产业投资等资金要向两化融合工程倾斜。各市要安排一定资金，对列入国家倍增计划和省信息产业发展专项的重点项目和企业，给予支持。建立两化融合项目储备制度。财政、税务、金融等部门要制定更加优惠政策，加大对两化融合工作的扶持力度。鼓励社会力量建设两化融合投融资公共服务平台，为两化融合提供更多的投融资渠道。

（五）组织广泛开展典型示范。围绕两化融合中心任务和关键突破口，启动为期三年的综合集成应用、产业链协同、节能减排、高端智能装备、云计算和物联网应用六大类两化深度融合示范工程，选择典型企业，连续给予资金、技术、政策支持，促其达到国际同行业领先水平。继续推进两化融合试验区、“四个一百”工程、物联网发展产业基地等培育服务。大力宣传各市、各行业和典型企业的成功经验和有效做法，做好经验总结和工作推广。鼓励和支持各市树立示范企业、建立两化融合试验区。

二〇一一年十一月二十三日

1－66　山东省经济和信息化委员会关于印发《山东省信息化和工业化融合项目储备管理办法（暂行）》的通知

鲁经信信推字〔2011〕679号

各市经济和信息化委、省有关行办（协会）、有关单位：

为加强我省信息化与工业化融合项目储备工作，规范项目储备管理，持续为深化两化融合提供项目支撑，推进信息化与工业化深度融合，促进经济结构调整和发展方式转变，依照《关于加快推进信息化与工业化深度融合促进转方式调结构的意见》（鲁经信信推字〔2011〕676号）等文件精神，我委制定了《山东省信息化和工业化融合项目储备管理办法（暂行）》。现予印发，请遵照执行。

二〇一一年十二月八日

山东省信息化和工业化融合项目储备管理办法（暂行）

第一章　总则

第一条　为促进我省信息化和工业化深度融合，加快新一代信息技术产业发展，在全省范围内建立策划、布局、储备信息化和工业化融合大项目、好项目的长效机制，促进经济转型跨越式发展，制订本办法。

第二条　本办法所称项目是指山东省内依照国家规定程序开展前期工作或列入规划的固定资产投资项目。

第二章　项目储备资格

第三条　项目要求：

1、入库项目应符合国家宏观调控政策及产业政策，符合我省经济发展规划纲要、专项建设规划，符合投资支持方向和范围。

2、入库项目应采用先进、适用技术，以突出重点、特色和实效为原则，具有较强的推广性和示范性，鼓励用产学研联合的项目。

3、入库项目须为次年度在建或拟建项目，且投资额不低于300万元。

第四条　入库项目范围：

1、利用信息技术改造提升传统制造业。轻工、纺织、石化、机械、建材、冶金、煤炭、电力、医药、海洋工程等产业领域在加快产业结构调整、提升节能减排能力、促进中小企业发展和国产化系统应用等方面具有先进性、示范性的信息化应用项目以及用产学研结合项目。

2、生产性服务业领域的信息技术推广应用。信息技术在电子商务、信息服务、数字物流、研发设计、制造配套、企业管理、中介咨询等生产性服务业领域深入应用，有效提高服务效率和质量、提升工业生产服务保障能力的项目。

3、新信息产业和物联网领域创新应用。加快发展物联网、下一代信息网络、三网融合、两化融合发展催生的新兴产业，在工业、生产性服务业、农业、战略基础设施、保障和改善民生、城市发展等领域开展先导性示范应用，通过新应用、新服务带动新增长的项目等。

第三章 储备库管理

第五条 坚持“先入库,后立项”的原则。凡符合入库储备标准的、正在开展前期工作的项目，鼓励进入项目储备库。

第六条 年度各级信息产业相关扶持项目应从项目储备库中择优产生，对未进入项目储备库管理的项目原则上不予考虑。

第七条 协调银行等金融机构为储备库中项目提供投融资服务，扩大项目融资渠道与规模。对取得金融机构资金的项目予以优先扶持。

第八条 对纳入各级信息产业相关扶持的项目，及时从项目储备库中转出。

第九条 对项目储备库实施动态管理。对项目储备库内不符合投资要求的项目，或因建设条件长期无法落实难以实施的项目，将从项目储备库中及时转出。

第十条 项目库实行电子化管理。项目申报、审核、查询等工作，均在网上进行。

第四章 附则

第十一条 各市、县（市、区）职能部门要高度重视项目储备工作,用更加开阔的视野，策划一批事关本区域、本行业和经济社会发展全局的好项目。

第十二条 本办法由山东省经济和信息化委员会负责修订和解释。

第十三条 本办法自2012年1月1日起施行。

1－67 山东省经济和信息化委员会关于印发山东省造纸工业“十二五”发展规划的通知

鲁经信政字〔2011〕696号

各市经济和信息化委：

为认真贯彻党的十七大和十七届五中全会精神，深入贯彻落实科学发展观，加快经济发展方式转变，优化提升工业结构，促进制造业强省建设，省经济和信息化委和省轻工协会制定了《山东省造纸工业“十二五”发展规划》。现印发给你们，请认真组织实施。

二〇一一年十二月十一日

山东省造纸工业“十二五”发展规划

造纸工业是与国民经济和社会发展密切相关的重要产业，纸张消费是衡量一个国家现代化水平和文明程度的重要标志。我省是造纸工业大省，具有发展造纸产业的传统优势。为促进工业转方式、调结构，促进全省消费品产业做优做精，在“十二五”时期进一步提升山东造纸工业发展水平，增强竞争实力，制定本规划。

一、“十一五”发展回顾

“十一五”是我省造纸工业发展很不平凡的历史时期。五年来，全省造纸工业面临国际金融危机严重冲击和结构调整突出压力，坚持抢抓机遇，化危为机，着力加强技术创新，推进联合重组，调整优化结构，全行业呈现平稳较快发展态势。

（一）“十一五”发展成绩。

1. 生产和效益稳定增长。2010 年全省造纸产量 1510 万吨，比 2005 年增长 43%；实现销售收入 1020 亿元、利税 103 亿元，分别比 2005 年增长 64%、55%。产量和经济效益规模连续 16 年居全国第一位，并且经济效益增长幅度高于产量增幅，行业运行质量进一步提高。广大企业抢抓机遇，逆市扩张，2009-2010 年陆续有 20 条国际或国内先进水平的浆纸生产线投产，年新增木浆产能 230 万吨、中高档纸及纸板产能 166 万吨。2011 年相继投产的大型浆纸项目有 10 条，年新增木浆产能 135 万吨，中高档纸及纸板产能 320 万吨，推动了我省造纸产业持续稳定发展。

2. 原料和产品结构进一步优化。在国家大力发展林浆纸一体化政策支持下，我省木浆产能逐年增长，2010 年产量达到 280 万吨，占自制浆的 3/4，比 2008 年增长 115%，原料已由非木材原料为主转变到以木浆、废纸为主。中高档产品比重由 60% 提高到 75%，中高档产品比例明显增大，新产品增多。值得一提的是，行业品牌知名度进一步提高，高唐泉林的本色浆生活用纸、齐河冠军的环保纸、荣成凯丽的防伪纸均是上海世博会指定用纸，为我省造纸行业赢得了声誉。

3. 骨干企业支撑作用明显提高。我省造纸产量超过 100 万吨的晨鸣、华泰、太阳、博汇“四强”企业，2010 年省内产量合计 679 万吨，占全省总量的 45%，两年增幅 16%，主要是高档文化用纸、涂布白卡纸等中高档品种的产能增长，其中太阳纸业增长 34%、博汇纸业增长 37%，产业集中度提高和龙头企业综合竞争能力越来越强。

4. 技术创新能力增强。目前，我省造纸行业有 1 家国家级创新型企业和 1 家国家级循环经济试点企业、6 家国家级企业技术中心、4 家企业设有院士工作站，承担了一批国家、省级新产品和技术研发项目，已有多项技术或产品荣获国家科技进步二等奖和省级一等奖，行业创新研发能力强。

5. 对外合作迈出新步伐。我省造纸企业努力突破原料、水资源、市场等因素制约，积极拓展发展空间，企业“走出去”步伐加快。湛江晨鸣林浆纸一体化项目 70 万吨和 45 万吨高档文化纸生产线将于近期建成投产。2009 年华泰收购河北诺斯克纸业，华泰广东新会 40 万吨彩色新闻纸项目已建成投产，进一步奠定国内新闻纸优势地位，华泰安徽安庆浆纸项目今年下半年投产运行。太阳纸业在越南、老挝建设林浆纸项目进展顺利，同时计划在广西防城港市建设制浆项目。博汇集团计划 10 年投资 300 亿元，在江苏建设浆纸、化工、热电及码头等系列项目。东顺集团已在湖南湘西投资建设生活用纸项目。

（二）存在的问题和不足。“十一五”期间，虽然我省造纸工业取得了一定成绩，但与国际先进水平和可持续发展要求相比，还存在一些不足和问题。主要表现在：中小企业数量多，结构调整难度大。我省中小造纸企业 200 余家，产能 10 万吨 / 年以下的企业数量占全行业的 80% 以上，产量不到 20%。地域分布较散，行业结构调整难度较大。优质原料缺口大，对外依存度高。随着中高档纸及纸板产能的持续增长，对木浆等优质原料需求逐年增加。我省商品木浆和废纸等主要纤维原料资源少，对外依存度高于全国平均水平。环境容量小，节能减排任务重。我省地方污染物排放标准严于国家标准，产能落后的中小企业、小机台水耗和能耗比较高，行业节能减排任务重。国产装备水平不高，滞后于造纸工业发展步伐。我省制浆、造纸技术装备的自主创新、集成创新总体水平与国际先进技术相比有较大差距，滞后于造纸工业发展水平。大型先进技术装备及关键部件、自动化控制技术等依赖进口，增大了造纸企业投资成本。

二、指导思想、基本原则和目标

（一）指导思想。

贯彻落实科学发展观，以市场为导向，以转方式、调结构为主线，大力实施“提质增效上水平”战略，坚持技术进步，缩小与国际先进水平的差距；狠抓节能减排，发展低碳绿色纸业，提升持续发展动力；优化资源配置，推进企业兼并重组，充分发挥我省区位、管理、人才、技术、装备和品种等优势，建设资源节约型、环境友好型、科技创新型和循环经济型的造纸强省。

（二）基本原则。

1．结构调整原则。坚持优化存量，控制增量，由过去以量扩张为主，逐步转变到以质取胜，科学理性投资，提高行业运行质量。

2．抓大扶小原则。抓好骨干企业发展，推进战略合作，促进做大做强；扶持特色中小企业快速成长，搞好与大企业的配套，实现提质增效。

3．自主创新原则。建立以企业为主体，产、学、研密切合作的科技创新运营模式和体系，不断优化和改进激励机制，壮大人才队伍，增强行业持续发展动力。

4．低碳发展原则。采用清洁生产工艺，从源头减少污染物排放；淘汰落后产能，用先进技术优化生产过程；加强“三废”治理，走资源节约和循环利用之路，实现低碳绿色发展。

5．集聚集约原则。大力实施“走出去”战略，充分利用“两种资源、两个市场”，稳步推进产业转移，鼓励兼并重组、收购租赁国内外企业，积极拓展发展空间。

（三）发展目标。

1．原料结构。到2015年，全省原生纸浆产能达到600万吨/年，比2010年增长62%，年均增长10.2%。纸浆结构为：木浆45%、废纸浆45%、非木浆10%。

2．造纸产量。到2015年，全省造纸产能达到2300万吨/年，中高档纸及纸板产能比重达到80%-85%。实际产量达到1900万吨，比2010年增长25.8%，年均增长4.7%，继续保持全国领先地位。

3．经济指标。到2015年，全行业实现产品销售收入达到1430亿元、利税140亿元，分别比2010年增长40.2%、35.9%，年均增长7.0%、6.3%。综合实力前20位企业的产品销售收入占全行业75%-80%，利税占全行业80%-85%。“十二五”期间，我省造纸行业主要经济指标继续保持全国领先地位。

4．企业规模。到2015年，全行业平均生产规模8万吨/年，综合实力前20位企业的省内纸及纸板产量占全行业80%-85%。10万吨/年以上企业数量达到35家，比2010年增加7家，其中500万吨/年1家，100-300万吨/年7家，50-100万吨/年3家。

5．节能减排。到2015年，省内重点企业达到国家发改委发布的《制浆造纸行业清洁生产评价指标体系（试行）》要求。全行业单位产品平均综合能耗和单位产品平均取水量分别比2010年降低8%和10%，污染物COD排放总量降低12%。“十二五”期间，节能减排工作继续走在全国前列。

三、发展重点

（一）优化行业布局。发挥我省造纸基础好和区位优势，继续优化产业布局，加快提升产业素质和综合竞争力。

专栏一："十二五"期间各区域发展重点

区域名称	区域发展重点
东部沿海地区（主要包括青岛、烟台、威海、滨州、日照市等）	充分利用港口优势，现有骨干企业以进口木片和废纸为主要原料，重点发展漂白木浆及非木材制浆、中高档包装纸板、特种纸及纸板。
鲁中地区（主要包括淄博、潍坊、东营、济南等）	现有骨干企业发挥规模和技术装备优势，以木浆和废纸为主要原料，生产优质涂布纸和新闻纸，重点发展中高档白纸板、生活用纸、特种纸及纸板等，增加出口，走国际化发展战略。
鲁西北地区（主要包括德州、聊城等）	现有骨干企业依靠地产资源优势，重点发展非木材制浆和杨木化机浆，生产中高档印刷书写纸、办公用纸、生活用纸和纸制品深加工。
鲁西南地区（主要包括济宁、泰安、枣庄、临沂、莱芜、菏泽等）	现有骨干企业以木浆和废纸为主要原料，重点发展中高档涂布白纸板、涂布纸、印刷书写纸、特种纸及纸板。

（二）调整原料结构。发挥我省交通便利和港口密集优势，使用进口或国产木片、省内杨木加工剩余物生产木浆，提高木浆自给率。加大国内外废纸资源利用，提高回收率和利用率。充分利用我省农作物秸秆资源优势，鼓励采用清洁生产工艺、以非木纤维为原料、单条10万吨/年及以上的纸浆生产线建设。

（三）提升产品层次。发挥我省制浆、造纸先进技术装备多的优势，进一步巩固新闻纸、印刷书写纸、涂布纸及纸板、特种纸及纸板等优势品种的市场地位；重点发展技术含量高和附加值高的功能型纸及纸板，研发低定量纸及纸板新品种；促进本色或低白度印刷书写纸的发展。大力发展纸质包装、装潢、制盒、印刷制本等纸制品深加工产业，提高产地消费比重。

（四）实施品牌战略。做大做强做优骨干企业，积极培育国际化大型企业集团。支持晨鸣、华泰、太阳、博汇、泉林、中冶银河、华金、恒联、世纪阳光、齐峰特纸、亚太森博等大型骨干企业壮大实力，建设以纸业为主、多业并举的大型企业集团，到2015年有5-6家企业进入世界造纸百强。扶持一批（15-20家）原料或产品有特色（专、精、特、新）、市场有竞争优势的重点企业做强做优，培育品牌产品。

（五）推进技术进步。积极采用高新技术和先进适用技术改造和提升产业，加强自主创新、集成创新和引进消化吸收再创新，提升行业整体发展水平。

专栏二："十二五"期间技术研发重点

项目		主要内容
1	新型纸及纸板	重点研发低定量、功能化、环保型纸及纸板新产品，增加花色品种。
2	制浆技术装备	研发30万吨/年及以上低能耗、低污染漂白化学木浆成套技术及设备，10万吨/年及以上高得率、低能耗化学机械木浆成套技术及设备，10万吨/年及以上废纸制浆（含废纸脱墨）成套技术及设备，非木材制浆大型碱回收、新型蒸煮工艺、中高浓筛选技术及设备，无元素氯或全无氯漂白新技术及装备。

3	造纸技术装备	研发造纸成套技术和设备主要包括：幅宽 6000mm、车速 600m/min、30 万吨 / 年及以上板纸机，幅宽 5000mm、车速 1200m/min、10 万吨 / 年及以上文化纸机，幅宽 3000mm、车速 600m/min 以上卫生纸机。加强配套技术研发，包括适应宽幅、高速造纸机的浆料流送系统、稀释水流浆箱、顶网成型器、靴式压榨、膜转移施胶机、软压光机、高速切纸机、高速复卷机、自动包装线等关键部件或设备的设计研发。
4	相关技术研究	加强适应高速纸机的化学助剂、脱水器材、毛布、成型网、密闭式烘缸汽罩、润滑、DCS 和 QCS 等控制系统的国产化研究。
5	生产过程系统研究	主要包括制浆、造纸生产过程降耗、节能、节水、节电、环保减排以及生产成本控制的系统研究。
6	国产废纸资源回收利用优化研究	加强国产废纸分类、回收、销售、质量保障以及利用体系的社会分工研究，提高回收率和利用率，实现废纸资源的高效利用。
7	两化融合研究	积极推进信息化建设，使其在优化管理流程、加快资金周转、拓展市场、降低成本、提高效益等方面取得显著成效。树立两化融合标杆企业，争取有一批大中型企业完成由信息孤岛向 ERP、MES 系统的转化。
8	前沿技术研究	积极关推进生物精炼、生物能源和生物原料技术发展，加强非木材纤维清洁制浆及其它制浆造纸前沿技术研究及产业化应用。

（六）淘汰落后产能。加快淘汰资源消耗高、效率低的制浆、造纸生产线，淘汰落后制浆（含废纸浆）产能 50 万吨、落后造纸产能 150 万吨。

专栏三："十二五"期间淘汰落后产能主要内容

项目	主要内容	
1	制浆	淘汰 5.1 万吨 / 年以下的化学木浆生产线、单条 3.4 万吨 / 年以下的非木浆生产线和单条 1 万吨 / 年及以下废纸制浆生产线，逐步淘汰元素氯漂白工艺。
2	造纸	淘汰幅宽 1760mm 以下并且车速 150m/min 以下的文化用纸生产线，幅宽 2000mm 以下并且车速 100m/min 及以下的白板纸、箱板纸及瓦楞纸生产线，幅宽 1092mm 及以下生活用纸生产线。

（七）强化节能环保。进一步增强资源节约和环境保护意识，加大投入，继续大力推广和应用节水、节能、降耗和环保新技术、新工艺、新材料和新设备，推行清洁生产工艺，抓好"三废"治理和资源化综合利用，推动产业持续健康发展。

四、保障措施

（一）加快企业技术改造，调整优化产业结构。加大企业技术改造投入，加快调整产业和产品结构，提高行业整体经济效益。优化投资结构，推广应用先进适用技术、工艺、装备，提高造纸工业的制造技术和装备水平。抓好重点项目建设，大力支持符合产业政策和规划要求，技术水平高、市场前景好、带动力强的重点造纸技改项目。拓宽融资渠道，引导和鼓励金融机构对符合国家产业政策的技术改造项目加大信贷支持力度，加强利用资本市场、外资、民间投资、风险投资增加技改投入，支持造纸企业技术改造。严格执行造纸产业发展政策，不断优化现有产能，严格行业准入条件，从严控制新建制浆造纸企业。加快淘汰落后产能步伐，根据省淘汰落后产能工作要求，加强现场检查和舆论监督等薄弱环节，完成淘汰落后任务目标。

（二）实施"科教兴纸"战略，提升自主创新能力。加强企业与科研院所、大专院校的协作，实施企业家、高层次专业技术人才和高技能人才培养工程，培养一批高素质的企业经营管理人才、技术专家和技师。利用我省重点实验室、重点学科、博士后流动站和院士工作站、国家及省级企业技术中心的技术资源和人才优势，加快先进工艺技术转化为生产力。逐步建立以企业为主体、大专院校、科研院所、国家和省级企业技术中心为依托的新型行业研发体系。

（三）鼓励兼并重组，拓展产业发展空间。按照国务院关于促进企业兼并重组的意见要求，鼓励我省大企业内强外联、兼并重组，支持到资源丰富、交通便利的地区建设木片、木浆、废纸等原料基地，到市场容量大或新兴市场投资建厂。加大市场开拓力度，发挥我省主导产品的竞争优势，充分利用两种资源、两个市场，不断拓宽采购和营销渠道。完善网络体系建设，巩固和提高国内市场占有率；积极实施国际化营销发展战略，增加市场份额。逐步建立造纸产品进出口预警机制，避免贸易纠纷。

（四）加强节能减排，提高资源综合利用水平。重视废纸回收和地产纤维资源利用。贯彻落实国家发改委、科技部等六部委联合发布的《中国资源综合利用技术政策大纲》（2010年第14号），明确废纸在资源节约、环境保护和制浆造纸等方面的重要地位，加强公众分类处置的社会宣传，规范废纸分类、收购、打包、销售行为，建立适合我省省情的废纸回收利用体系。支持造纸企业建立和完善自有废纸回收体系，支持装备企业研发先进废纸制浆技术装备。充分发挥我省丰富的农作物秸秆、杨树木片和板皮余料等纤维资源优势，支持企业对非木材纤维清洁制浆技术和设备的研发和应用。组织节能减排关键技术攻关，落实工信部、科技部发布的《国家鼓励发展的重大环保技术装备目录（2011年版）》要求，发挥国家财政专项资金的引导和激励作用，组织制浆造纸节能减排的关键技术攻关，主要包括中段水多级处理、生物质固体废弃物焚烧发电及供热、厌氧沼气发电、碱回收白泥精制碳酸钙等技术，树立示范工程。

（五）加强协会建设，发挥好行业协会作用。贯彻落实国务院办公厅《关于加快推进发展行业协会的意见》（国办发〔2007〕36号）和山东省人民政府办公厅《关于加快推进行业协会改革与发展的意见》（鲁政办发〔2008〕48号）等有关文件精神，轻工、造纸协会要积极为政府部门建言献策，参与制定行业发展规划、技术经济政策和法规条例等。加强调查研究和信息沟通，推动新产品、新工艺、新技术和新材料的开发应用，做好造纸产品检验检测、标准化、科技研发、人才培训、信息化、物流等工作。配合政府部门维护行业正当权益，积极反映企业资金、税费等问题，参与和组织对反倾销调查的应诉工作。加强行业统计工作，准确反映行业发展情况，为加强宏观调控提供重要依据，推动我省造纸工业又好又快发展。

1－68　山东省经济和信息化委员会关于印发《山东省葡萄酒、白酒、啤酒工业“十二五”发展规划》的通知

鲁经信政字〔2011〕697号

各市经济和信息化委：

为认真贯彻党的十七大和十七届五中全会精神，深入贯彻落实科学发展观，加快经济发展方式转变，优化提升工业结构，促进制造业强省建设，省经济和信息化委和省轻工协会制定了《山东省葡萄酒工业“十二五”发展规划》、

《山东省白酒工业“十二五”发展规划》和《山东省啤酒工业“十二五”发展规划》。现印发给你们，请认真组织实施。

二〇一一年十二月十二日

山东省葡萄酒工业“十二五”发展规划

葡萄酒作为一种营养丰富的饮料酒，在国内外有着巨大的发展空间。我省是全国重要的酿酒葡萄产区和葡萄酒产地，具有得天独厚的自然条件和良好的产业发展基础。为进一步提升我省葡萄酒工业发展水平，增强国际竞争力，制定本规划。

一、“十一五”发展回顾

“十一五”期间，我省葡萄酒工业实现快速发展，产量快速增长，行业经济运行质量稳定提高，产业结构进一步优化，技术进步速度加快，产品创新能力进一步增强，产业链优势逐步发挥。

（一）产业规模进一步扩大。截至2010年底，全省拥有葡萄酒企业238家，占全国的23.7%；规模以上企业固定资产净值约40亿元，约占全国的23%。2010年葡萄酒产量37.54万千升，实现工业总产值166.63亿元、销售收入165亿元，分别占全国的34.48%、53.83%、56.33%。“十一五”期间，全省葡萄酒产量、销售收入年均分别增长15.1%、32.8%。

（二）原料基地建设初具规模。骨干企业均建立了一批稳定的酿酒葡萄种植基地，“十一五”新增酿酒葡萄面积21.74万亩。截至2010年末，张裕公司全国葡萄基地达到25.15万亩；中粮长城公司宁夏2万亩原料基地已经投入建设，新疆3万亩原料基地建设将启动；威龙集团相继在山东、甘肃、吉林、河北等地建立了原料基地，其中甘肃武威的有机原料基地初步形成，未来5年将达到15万亩规模；华东猎王谷1万亩酿酒葡萄基地和1万吨的酒庄即将完工。

（三）品牌建设成就明显。“十一五”期间，全省葡萄酒企业着力推进品牌建设，形成了一批在全国乃至国际上有影响的张裕、华东、烟台长城、威龙葡萄酒等名牌产品。截至2010年末，全省拥有中国名牌产品5个、山东名牌产品7个；全国驰名商标6个、山东省著名商标22个，分别比“十五”期间增长了3个、19个。

（四）结构调整成效显著。“十一五”期间，全省干型葡萄酒超过总产量的90%。所有制结构调整取得较大进展，非公有制经济发展较快，合资、独资、股份制、民营企业约占97.64%。所有制的变化给企业带来了强劲的动力和活力，促进了企业较快发展。

（五）科技创新能力进一步提升。中国农大分校、山东农业大学设立了葡萄酒专业，山东文化产业职业学院设立了蓬莱葡萄酒分院等。截至2010年末，全省拥有葡萄酒行业专业科研机构1所、企业科研机构22所，已建成国家级企业技术开发中心3个、省级技术开发中心3个、行业技术中心2个、博士后工作站1个。“十一五”期间，葡萄酒行业获国家科技进步奖5项，其中二等奖1项、三等奖4项；省科技进步奖三等奖5项；拥有专利110余项。

“十一五”期间，我省葡萄酒工业发展取得了一定成绩，但是与国际先进水平相比仍存在一些不足和问题。酿酒葡萄现代育种、选优复壮技术欠缺，酿酒葡萄品种区域化缺乏系统研究，产地酵母筛选和培育工艺研究不够，酿酒葡萄种植管理的机械化和自动化程度不高，地下酒窖设施不足，葡萄酒文化宣传培育有待进一步加强等。

二、“十二五”面临的形势

“十二五”是我国经济社会转型的关键时

期，群众生活水平和质量将不断提高，消费结构将持续升级，对葡萄酒的需求将保持快速增长态势，国内市场潜力巨大，给我省葡萄酒产业发展带来新的机遇。国际金融危机影响深远，世界经济复苏缓慢，还存在很多不确定因素，欧美等传统市场对葡萄酒的需求受到抑制，葡萄种植面积和葡萄酒消费量增长缓慢。国际知名品牌凭借人才、技术、品牌等方面的突出优势，在继续巩固国际葡萄酒市场地位的基础上，不断加大对中国葡萄酒市场开拓力度，特别是针对年轻消费群体的葡萄酒文化传播卓有成效，对国产葡萄酒造成很大的竞争压力。国内葡萄酒产业迅猛发展，新兴葡萄产区和葡萄酒品牌竞争力不断增强，我省葡萄酒产业转型升级压力不断加大。

三、指导思想、基本原则和目标

（一）指导思想。

以科学发展观为统领，以转方式、调结构为主线，以赶超国际先进水平为目标，立足国内，面向国际，加强企业自主创新能力建设，打造具有国际影响力的自主品牌。延伸葡萄酒产业链，加强葡萄酒文化建设，规范市场秩序，优化资源配置，实现葡萄酒产业创新发展。

（二）基本原则。

1. 市场导向原则。注重葡萄酒文化的宣传和普及，开发生产适应国内消费需求的葡萄品种和葡萄酒风味，满足国内消费增长需求。加大国际市场开拓力度，不断提高品牌知名度和美誉度。

2. 技术创新原则。坚持以市场为导向，企业为主体，打造产业创新联盟，着力研发具有自主知识产权的产品和技术，抢占未来技术和产业制高点，提升产业创新联盟的竞争力。通过科技创新、理念创新、经营创新、文化创新，实现葡萄酒工业创新发展。

3. 质量安全原则。切实执行国家、省有关食品安全的法律法规，严格市场准入制度和产品质量监督抽查制度。不断完善地方标准和行业规范，强化企业社会责任，完善食品安全保证体系。

4. 低碳发展原则。加强冷冻、废水、皮渣等重点领域和环节的资源综合利用和节能减排研究，推广应用先进工艺和技术，逐步减少单位产品资源消耗，实现污染物减量达标排放。

5. 国际化原则。坚持“引进来”和“走出去”并重的发展思路，引进并消化吸收国际先进技术和发展经验，加强国际合作，积极参与国际竞争，在全球范围内谋求发展机遇。

（三）发展目标。

1. 经济目标。到2015年，全省形成葡萄酒100万千升左右生产能力，产量达到75万千升左右，全省葡萄酒的销售收入达到330亿元左右。

2. 结构调整目标。到2015年，酒庄酒及高档酒的比例达到35%左右。干型酒达到85%，其中干红葡萄酒约占45%，干白葡萄酒约占40%；甜型酒（含冰葡萄酒）和特种葡萄酒约占15%。

3. 品牌和技术创新体系目标。到2015年，新创建国家级企业技术中心2个、省级中心3个。建设山东省葡萄与葡萄酿酒工程中心。力争新增中国驰名商标3个、山东名牌5个、山东省著名商标20个。

4. 原料基地建设目标。到2015年，全省酿酒葡萄基地发展到80万亩（含省外），大型生产企业都建立起稳定的原料基地，酒庄基地初步形成。品种选育和选优复壮工作有序开展，品种区域化和酒种区域化初具雏形，葡萄栽培的机械化自动化程度较高。

5. 清洁生产和低碳目标。到2015年，全省葡萄酒85%以上的企业达到生产废水的再回收利用。

四、保障措施

（一）延伸产业链条，构建产业集群。按照“从田间到餐桌”的思路，完善葡萄酒产业链条，大力发展有机原料基地、酒类生产、包装、物流、销售、旅游等重点环节，以工业带动文化、旅游产业，反哺农业。抓好基地建设，促进自动化和机械化的应用，到2015年达到葡萄管理、采收和加工的自动化和机械化示范。推动葡萄酒生产、包装装备国产化、系列化、自动化。加快物流现代化进程，完善葡萄酒销售网络。大力挖掘酒庄文化和旅游资源，加强酒庄的宣传和旅游开发。推动烟台酒庄旅游的发展，形成烟台至蓬莱的酒庄旅游景观带。巩固烟台产区的主导地位，加快蓬莱产业集群结构升级，发展高档酒庄集群，形成小产区特色酒庄。

（二）调整产业结构，提高产品质量。优化葡萄酒产业布局，严格市场准入。提高产业集中度和企业竞争能力，加强关键领域和重要环节的技术改造，提升优化产业结构。进一步提高葡萄酒行业技术水平，调整和丰富产品品种和风味。加大酿酒葡萄选育和选优，开展品种区域化工作。加强产地酵母选育等关键核心技术研发，提高产地特性和产品质量。推广应用信息化技术，推进葡萄酒行业企业信息化建设和公共信息服务与资源共享平台建设，不断提高企业现代经营手段，逐步向国际接轨。培育我省葡萄酒产业特色，面向国际市场，打造具有自主知识产权、具有国际影响力的民族品牌，适时推出我省行业的集体商标或证明商标，打造我省整体品牌。

（三）加大研发投入，加快产业标准制定。充分利用我省现有科研机构和大专院校的资源优势，加大科技投入，建设我省行业技术联盟。积极开展国际交流与合作，引进、消化、吸收国际成功经验。研究制定我省葡萄酒分级标准、酿酒葡萄种植规范等地方标准，完善食品安全保障体系。推动葡萄酒产业质量、过程监控标准与食品安全标准体系的协调与配套，支撑葡萄酒产业稳定、持续发展。加快感官品评、真实性识别与判定、清洁生产等酿酒产业标准化工作重点领域的技术研究和标准研制。加快葡萄酒技术标准与国际相关葡萄酒标准的接轨。积极跟踪国际酒业先进法规标准发展趋势，完善或提升产品质量控制技术手段、研究产业现代技术规范及标准化，进一步完善葡萄酒产业标准体系。

（四）重视人才培养，增强产业竞争力。通过培养、吸引和集聚葡萄酒专业人才，特别是国内外高端人才，充分发挥人才作用，为我省葡萄酒产业提供人才保证。建设葡萄酒人才校企培养基地，鼓励高校、职业培训院校、社会培训机构开展多层次、多类型的葡萄酒专业教育，有针对性地设立与葡萄酒相关的专用学科，支持院校与企业联合建设葡萄酒实训基地和订单式人才培养基地加快培养葡萄酒行业紧缺人才。完善葡萄酒行业人才流动机制，鼓励高等院校、科研机构和相关企业葡萄酒人才的国际交流。健全人才激励机制，努力营造干事创业的良好环境。允许专业技术人员按照国家法律、法规及相关政策分享创新收益，对做出突出贡献的科技人员按照规定实施期权、技术入股和股权奖励等激励措施。实施人才继续教育和培养工程，通过行业技能竞赛和技师、高级技师评审等形式，推动行业高技能型人才培育。努力建设一支满足葡萄酒产业发展需要的、具有较强国际竞争力的、高素质的专业技术人员队伍。

（五）加快葡萄酒专业市场建设，倡导社会责任。鼓励各地建立葡萄酒专业市场，对葡萄酒专业市场建设给予政策性扶持。加强酒类流通随附单的监管，规范葡萄酒流通领域，尤其是进口小包装酒流通环节。加强行业诚信体系建设，强化食品安全监管，建立我省葡萄酒企业责任为基础、社会监督为约束、诚信效果可评价、诚信惩奖有制度的葡萄酒工业企业诚信体系。

（六）充分发挥行业协会作用。充分发挥行业协会在产业发展、技术进步、标准制定、贸易促进、行业准入、公共服务等方面的重要作用。扶持行业协会发展，加强协会的自身建设，发挥职能作用，促进行业自律。

山东省白酒工业“十二五”发展规划

白酒在我国有着悠久的历史文化渊源，长久以来深受大众喜爱，已成为食品工业的重要组成部分，是国家的重要税收来源。我省是白酒工业大省，在全国占有重要位置，具有一定的发展基础和优势。为加快转方式调结构，促进全省消费品产业做优做精，在“十二五”时期进一步提升山东白酒工业发展水平，增强竞争实力，制定本规划。

一、“十一五”发展回顾

“十一五”是我省白酒工业发展的不平凡时期。五年来，全省白酒工业面临国际金融危机冲击、国家产业政策调整和行业竞争加剧的局面，大力实施“发展山东特色白酒知名品牌，全面振兴山东白酒工业”战略，着力调整优化结构，打造自主品牌，加强市场开拓，全省白酒工业保持了平稳较快发展态势。

（一）“十一五”发展成绩。

——生产效益较快增长。全省白酒行业现有规模以上企业194家，其中销售额超3亿元的企业有15家。2010年实现产量96.9万千升，完成销售收入224.4亿元、税金23.7亿元、利润13.9亿元，分别比“十五”末增长46.1%、138.7%、113.6%和176.9%，比金融危机时期的2008年增长26.6%、34.7%、31.6%和36.9%。

——结构调整成效明显。产品升级换代步伐加快，高档白酒向精品化发展，低档白酒工艺改进，品质提升。在原料上，自酿优质粮食酒生产逐步增加，薯类酒生产不断减少。经过自主创新，芝麻香型和低度浓香型白酒强力推出，形成了独特的鲁酒风格。企业积极开展技术改造，行业技术装备水平进一步提升。

——质量品牌力量增强。全省白酒质量鉴评优质品达90%以上。浓香型单粮和五粮酿造技术日臻成熟，芝麻香型白酒工艺条件日趋形成，产品风格基本稳定。低度浓香型白酒和芝麻香型白酒已发展成为鲁酒的优势酒种，“芝麻香—中国香”品牌有力创建，得到全国同行和消费者的认可。目前已拥有中国驰名商标18件，山东省著名商标78件，山东名牌产品36个。

——市场开拓稳步推进。目前，鲁酒已占据省内90%的中低端产品市场份额，全省17市都有本地特色品牌。省外市场不断开拓，鲁酒在省外市场销售已占10%以上。

——节能减排不断加强。生产企业对节能减排高度重视，采取积极措施予以推进，不断淘汰落后酒精生产能力，着力降低综合能耗水平。

（二）存在的问题和不足。“十一五”期间，虽然我省白酒工业取得了一定成绩，但与国内同行先进力量和可持续发展要求相比，还存在一些不足和问题。主要表现在：产品结构偏低。目前，鲁酒主要以中低档酒生产为主，比重达80%以上，高档酒生产比重较小，白酒附加值低。产业集中度不高。企业规模普遍较小，缺少一批支撑带动作用强力的龙头企业。现有规模以上白酒生产企业平均产量不到5000吨，远远低于全国平均水平。产品和市场同质化，品牌宣传有待提升。各企业用于新产品技术研发的资金投入较少，产品质量和档次雷同严重。市场开拓还存在一些薄弱环节，我省白酒企业的文化渗透、品牌策划、广告宣传的理念、手段和方式有待进一步改进提升。

二、“十二五”面临的形势

“十二五”是我省白酒工业实现更高水平发展的关键时期，发展白酒工业面临着诸多挑战与压力。

（一）白酒的消费环境。随着人们生活方式的现代化转变，“理性饮酒、健康饮酒”等消费理念正在逐步增强，饮酒消费结构趋向多元化，由于口感的辛辣、喝法的单一、包装不够时尚，致使白酒产品在酒饮料市场所占的份额不断缩减，葡萄酒、啤酒、洋酒等酒品正在冲击着白酒消费的主导地位，酒吧、茶道等新兴业态的出现，分流了部分白酒消费者。

（二）国家的产业政策。国家产业政策规定，新建白酒生产线为限制类，控制白酒新增生产能力。企业必须减少原料消耗、改善品种和工艺、促进节能减排和清洁生产，加强重组联合、品牌凝练和市场营销，由传统的以量扩张转变为以质增效。

（三）业内的竞争格局。当前，国内白酒企业发展势头迅猛。“八大名酒”推陈出新，后起之秀竞相发展，以文化为根基，以香型为核心，依托历史、地缘、风俗等载体，形成了各具特色的风格和内涵。国内知名企业通过改进产品质量，创新营销理念，在各据一方基础上，不断抢占市场份额，赢得发展先机，对我省白酒工业发展构成强大挑战。

三、指导思想、基本原则和目标

（一）指导思想。

贯彻落实科学发展观，深入实施提质增效战略，以市场为导向，以转方式、调结构为主线，强化自主创新，优化产品结构，坚持技术改造，改善工艺装备，突出文化时尚，加强品牌凝练，推进联合重组，壮大骨干力量，创新营销理念，开拓市场空间，着力提高我省白酒工业的竞争实力和发展层次，打造兼具“浓郁独特的白酒香型、带动强劲的龙头企业、文蕴深厚的高端品牌”的鲁酒工业，成长为国内白酒行业的主要力量，为建设工业强省、文化强省作出贡献。

（二）基本原则。

1. 市场主导与文化渗透相结合。紧跟白酒市场消费需求，积极引导和适应白酒市场。坚持秉承传统，打造健康、文明的白酒消费环境，充分挖掘、传承优良的白酒文化精髓，坚持与时俱进，尊重新消费群体及现代时尚的饮酒理念，通过营造氛围与改进产品并重，不断扩大鲁酒市场规模。

2. 联合重组与品牌培育相结合。以现有龙头骨干企业为基础，加快对小、散白酒企业的联合重组，优化要素资源配置，加强品牌研究和创建，壮大龙头品牌力量，打造鲁酒领军企业。

3. 技术进步与节能环保相结合。坚持科技创新和技术改造，改善酿造工艺、技术和生产装备水平，创新产品品种，提高产品质量，减少原料消耗和能耗排放，实现内涵式发展。

（三）发展目标。到2015年，全省白酒工业实现销售收入518亿元、利税75亿元，分别年均增长15%、12%；销售收入过十亿元的企业达到9家；“芝麻香—中国香”品牌力量进一步壮大，成为覆盖全国市场的重量级知名品牌。

四、保障措施

（一）加强政策引导，营造健康文明的白酒消费环境。发扬传统的白酒文化，立足酿酒的特殊工艺、消费理念、独特的口感和区域结构，坚持与餐饮文化、现代生活相结合，在全社会营造健康、文明的白酒消费环境。积极培育消费者，特别要加强对新消费群体的引导，通过举办待酒师培训班、召开客户品酒会等形式，奠定消费根基，努力扩大白酒消费群体和需求。

（二）坚持技术进步，打造鲁酒向高端发展的突破口。加大创新力度，围绕首创的芝麻香型，鼓励鲁酒企业及相关科研机构加强芝麻香型白酒科研，增强芝麻香专用曲的研发力量，提升芝麻香型白酒的工艺水平，着力打造鲁酒在全国市场的代表力量。加强技术改造，采取先进技术特别是生物技术和信息化技术，改造传统发酵工艺，提高生产装备水平。实施差异化战略，调整产品结构，减少低档酒生产，突出山东浓香低度酒的淡雅型风格，依托与传统浓香型酒的差异优势，加强产品创新和工艺改进，促进浓香型低度白酒加快发展，提高中高档酒的生产比重。

（三）推进协作联合，培育壮大鲁酒工业领军力量。坚持市场机制与政府推动相结合，鼓励企业间兼并重组。支持龙头骨干企业利用技术、管理、品牌、资金和订单优势，通过协议合作等方式与相关企业建立联盟，合理分工、协作配套、共同发展，条件成熟时积极组建紧密型企业集团。发挥大企业的技术标准引领作用，通过建立严于国家标准和行业标准的地方标准或联盟标准，提高产业准入门槛，促进优势先进企业兼并重组劣势落后企业。通过大中小企业的有机联合，改变我省白酒工业小、散局面，集中力量培育壮大龙头骨干企业，带领我省白酒企业抱团作战，打造在全国强有力的竞争企业。

（四）突出文化内涵，建设竞争有力的核心品牌。注重对文化理念的深度开发和消费理念的重构，紧跟市场发展脉搏，提炼传统文化精髓，找准消费者的认可点。立足各地不同的风土人情、传统习惯、消费心理等方面，加强在广告切入点、包装设计、产品定位、产品命名等方面的研究，在发掘并立足传统文化基础上，顺应新消费群体需求，注入个性化、时尚化元素，打造消费者认可、能够形成实际购买力的白酒产品和自主品牌，形成并扩大品牌、产品和市场的互动效应。以文化品位、精神价值和艺术价值为诉求，不断提升山东白酒品质，将品牌文化上升为市场引导力。

（五）强化市场营销，扩展白酒工业发展空间。创新宣传形式，将传统的历史概念和当今的时尚潮流有机结合起来。满足消费者的个性化需求，提倡新锐的消费理念和产品概念，引导白酒消费。改变传统的包装形式，大胆引进国际新锐的包装形式，从酒瓶、酒盖到商标、包装材质以及色彩、图案设计等方面进行革新。加大宣传推广力度，突破传统的媒体宣传和营销模式，用“引领潮流”、“关注生活”等主题文化，通过现代传播手段向终端消费者宣传新的消费理念，切实做好品牌的宣传。抓好营销创新和国内市场开拓，突出重点，加大宣传和营销攻关。与经济实力强、市场网络覆盖面广的经销商联合营销或参股，调动经销商积极性，扩大鲁酒产品在国内市场的覆盖。加强与国外大企业的合作，引进先进的理念和精湛的技术工艺，通过跨国企业的国际销售网络，加快进入国际市场。

（六）推进节能减排，发展循环经济。各企业应主动淘汰落后的蒸馏酿造生产工艺和生产能力，在完成国家核定的淘汰落后酒精生产能力基础上，落实山东省白酒能耗标准，进一步加大淘汰落后能力。结合企业实际情况，积极采用各类技术，利用酒糟和污泥生产有机肥料，利用污水处理过程中产生的沼气发电，深入开展资源综合利用，大力发展循环经济，促进经济效益和社会效益相统一。

（七）搞好协会建设，提高白酒行业服务水平。白酒协会应积极为政府部门建言献策，参与制定行业发展规划、技术经济政策和法规条例等。加强调查研究和信息沟通，做好白酒行业的质量检测、标准化、科技研发、人才培训、信息化、物流等工作。配合政府部门维护行业正当权益，积极反映企业资金、税费等问题，加强行业统计工作，准确反映行业发展情况，为加强宏观调控提供重要依据。

山东省啤酒工业“十二五”发展规划

我省是啤酒工业大省，在全国占有重要位置，具有一定的发展基础。为加快转方式调结构，促进全省消费品产业做优做精，进一步提升山东啤酒工业发展水平，增强竞争实力，制定本规划。

一、“十一五”发展回顾

“十一五”是我省啤酒工业深入调整的发展时期。五年来，面对国际金融危机冲击和行业竞争加剧的局面，全省啤酒工业着力加强技术创新，推进联合重组，调整优化结构，全行业呈现平稳较快发展态势。

（一）“十一五”发展成绩。

1. 生产效益较快增长。截至2010年底，全省啤酒行业拥有规模以上生产企业75家，其中年产量10万吨以上的企业12家。2010年全省啤酒产量536.1　万吨，实现销售收入242.4亿元、利税43.8亿元、利润20.3亿元，分别比“十五末”增长64.9%、129.1%、118.6%、266.7%。

2. 骨干力量迅速增强。青岛啤酒、山东新银麦、泰山、燕京、山东华狮等重点企业通过推进重组联合、改进工艺技术、加强企业管理、拓展产业领域等途径，实现内涵式发展。青岛啤酒实施“1+3”　品牌战略，全面推进与山水、崂山、汉斯的整合优化，积极参股烟台朝日，并购济南趵突泉，实现了强强联合；与美国百威、日本朝日进行营销财务技术实践交流，提高了管理水平。泰山啤酒发挥自身优势，走多元化发展道路，大力发展工业旅游产业，通过建设动感影院、酒吧、文化馆等，扩大啤酒文化和泰山文化宣传，提高泰山啤酒品牌影响力。

3. 技术创新成效显著。截至2010年底，全省啤酒行业拥有省级以上企业技术中心4家，其中国家级企业技术中心1家。中国生物发酵领域唯一的企业国家重点实验室——“啤酒生物发酵工程实验室”落户青岛啤酒。全行业研发出了一批具有世界领先水平的工艺技术，啤酒风味图谱、啤酒高效低耗酿造、高辅料高浓酿造、污染微生物快速检测及鉴定、蛋白质和DNA分子标记鉴别啤酒原料品种和纯度等核心技术的开发和应用，对提高啤酒风味的稳定性，改善口味，降低成本起到重要作用。

4. 产品结构有力提升。“十一五”期间，我省啤酒以市场需求为导向，着力调整产品结构，以黄啤酒为主，低浓度啤酒已占主流，10度、8度啤酒成为主导产品。啤酒口味以纯生、无醇啤酒为主，小麦原浆啤酒及用蔬菜汁和果汁生产的特色啤酒作为补充。啤酒质量进一步改善，从提高啤酒的非生物稳定性转变为提高啤酒的风味稳定性，优级品率达到98%。啤酒食品卫生进一步加强，大多数啤酒企业开展厌氧菌检测。全行业拥有国家名牌1个，中国驰名商标3个，山东省名牌15个。一家企业获得山东省省长质量奖。

5. 节能减排不断加强。全省啤酒企业积极采用污水处理沼气回收利用技术，最大限度地利用沼气热能进行清洁生产。全面推广应用二氧化碳回收利用技术，青岛啤酒公司11家工厂实现了二氧化碳零采购。低效率耗能设备逐渐淘汰，节能新装备广泛采用，啤酒生产消耗大大降低，重点骨干企业千升啤酒耗水降到10吨以下，耗标煤降到100公斤以下，耗电降到100度以下。

（二）存在的问题和不足。“十一五”期间，虽然我省啤酒工业取得了一定成绩，但与国际先进水平和可持续发展要求相比，还存在一些不足和问题。企业整体规模较小，除青岛啤酒一枝独秀外，其他企业的生产规模普遍较小，缺乏一批实力强大的企业群体。产品同质化，市场环境有待改善。消费目标市场相对集中，大部分企业产品档次比较低，企业间低价恶性竞争、假冒现象依然存在。节能减排和食品安全仍需加强。部分企业特别是小企业在节能降耗、三废治理、资源综合利用、环境保护等方面存在薄弱环节；部分企业执行国家和行业标准规范不够严格，啤酒质量难以保证。

二、“十二五”面临的形势

“十二五”期间，我国啤酒工业将进入成

熟发展期。我省啤酒工业实现更高水平发展，面临着关键时期的机遇与挑战。

（一）市场需求不断扩大，发展空间将加快拓展。“十二五”及未来更长时期，随着我国休闲服务产业的快速发展，居民收入和消费水平的提高，新消费群体渐成社会主流，在各酒精饮料中，啤酒市场将进一步扩容，产销量仍会保持较快增长，为我省啤酒工业加快发展、全面提高提供了机遇。

（二）企业并购继续高涨，产业规模化日趋加速。目前我国啤酒行业正处于行业整合阶段的中后期。今后，国内主要大型啤酒企业将利用资本和规模实力继续进行兼并重组，规模将会不断加大。大企业并购竞争日益加剧，将加速我国啤酒产业的规模化、集团化发展趋势。

（三）国际竞争更加激烈，行业格局将渐趋明朗。国际知名啤酒企业正加紧竞逐新兴市场，越来越多的国际投资者正瞄准我国啤酒产业，凭借在管理和市场等方面的丰富经验，进一步加大对我国啤酒产业的投资。跨国公司的进入，在带来先进发展理念、前沿技术、管理经验的同时，与国内企业间的并购相融合，将加快形成东、西、南、东北、华北、中部地区各据一方的行业发展格局。

（四）品种品牌愈加突出，产业结构将优化提升。传统的普通啤酒依然会是主流产品，但随着消费需求的多样化、个性化，越来越多的功能性保健啤酒、果汁啤酒、无醇啤酒等特色啤酒消费会不断增加。中高档产品将迅速发展，品牌影响力不断增强，各企业将更加重视品牌运作和发展，注重通过新产品开发和品牌凝练，改善产品结构，增强竞争能力。

三、指导思想、基本原则和目标

（一）指导思想。

贯彻落实科学发展观，深入实施提质增效战略，紧紧围绕打造品牌优势、开拓市场空间、提高经济效益的目标，以市场为导向，以转方式、调结构为主线，加强联合重组，强化技术进步，推进品牌建设，促进节能环保，着力提高我省啤酒工业发展水平、质量效益和竞争实力，促进全省工业经济平稳较快发展。

（二）基本原则。

1. 规模集约原则。紧跟经济社会发展和消费需求，充分发挥市场在资源配置中的基础性作用，加强政府引导，规范有序地推动企业联合重组，提高全省啤酒工业的规模化、集约化发展水平。

2. 品牌提升原则。大力实施品牌战略，加强品牌策划和宣传，丰富品牌内涵。加强市场营销，规范行业秩序，拓展发展空间，巩固扩大国内市场，加快国际化步伐。

3. 结构调整原则。强化技术进步促进行业发展的内生动力作用，不断提高工艺技术的现代化、产品的多样化和管理的信息化水平。通过调整优化结构，积极引导和适应市场需求。

4. 节能环保原则。严格贯彻国家产业政策和啤酒行业标准体系，强化节能改造，狠抓循环经济和清洁生产，实现提高经济效益和履行社会责任相统一。

（三）发展目标。2015 年底，全省啤酒产量达到 980 万余吨，年均增长 12%；实现销售收入 665 亿元、利税 130 亿元、利润 55 亿元，均年均增长 20%。“青岛啤酒”品牌在国内行业的主导地位进一步巩固，国际影响力进一步提升；其他鲁产啤酒在国内的知名度和美誉度进一步提高。

四、保障措施

（一）推进联合重组，壮大龙头骨干力量。坚持市场机制与政府推动相结合，支持龙头骨干企业利用品牌、管理、技术、资金和规模优势，通过多种方式与相关企业建立联盟，合理分工、协作配套、共同发展，积极组建紧密型企业集团。鼓励企业实施兼并重组，加大对“假冒伪劣”打击力度，规范行业发展秩序，维护具备竞争优势的大企业集团向国际化大公司目标迈进，提高行业集中度和规模化。

（二）坚持技术进步，优化产品和产业结构。加大技术创新力度，加强产品研发和工艺创新，引领啤酒产品向低度淡爽为主流的方向发展。紧跟市场动态，促进瓶装啤酒向小型化、个性化、高档化、时尚化方向发展，创新产品容量、包装，满足不同层次消费者的需求。发展口味新鲜、节省杀菌用蒸汽、携带方便的不用杀菌的瓶鲜啤酒和不经过滤的带酵母的啤酒（原浆酒），提升产品档次。加强技术改造，认真贯彻国家产业政策，严控速度低于18000瓶/小时的啤酒灌装生产线等落后生产能力。加强信息化改造，加快企业内部信息化建设及外部信息的沟通、收集和分析，提高企业经营管理水平。注重产品质量和安全，规范危险废物和化学品管理，严格执行国家和行业标准，保证啤酒质量，严防食品安全问题发生。通过结构调整，促进全省啤酒工业向质量效益型转变，从原料采购、生产、物流到销售终端形成有机整体，发挥最大优势。

（三）强化品牌建设，增强市场开拓能力。将品牌发展作为啤酒企业的一项战略性系统工程大力推进，不断提高品牌运作水平，加大培育力度，形成山东啤酒核心价值品牌。积极开展以体育、文娱为主线的品牌营销宣传活动，加强品牌的深度渗透和宽领域覆盖，加大对社会、公益等事业的关注，塑造品牌良好形象。依托主要品牌力量，推进山东啤酒企业在省外、国外建立生产基地，积极参与全国啤酒行业布局。加快国际化步伐，以提高山东啤酒的工艺技术、品牌价值、市场效益、管理水平和产业规模为重点，开展与国际啤酒企业的战略合作。加快“走出去”步伐，以东南亚、非洲、美国等地区为重点，扩大海外生产和销售份额。

（四）加强节能环保，提高可持续发展水平。坚持走低消耗、低排放、高效率的清洁生产和循环经济之路，落实社会责任，持续推进啤酒行业环境管理体系建设。认真执行《啤酒工业污染物排放标准》，在行业内大力推广啤酒新型热浪煮沸系统改造、酵母回收综合利用、污水深度处理沼气回收利用、二氧化碳回收利用、余热回收利用等技术。逐步淘汰硅藻土过滤机，推广采用膜过滤啤酒新工艺。提倡增加旧瓶使用量，提高毛瓶使用比例。推行托盘化运输，降低瓶损。重视和规范噪声、异味、扬尘等环境保护事项。加强节能环保的精细化管理，提升全省啤酒行业可持续发展能力。

（五）搞好协会建设，充分发挥行业服务作用。行业协会应进一步加强自身建设，按照市场经济规则，不断完善指导、协调、服务职能，发挥其在政府与企业间的桥梁纽带作用。着重在调查研究、制定规划和行业标准、信息发布、反映行业动向、维护市场规则、促进公平竞争等方面发挥更大作用，促进啤酒行业健康有序发展。

1－69 山东省经济和信息化委员会关于印发山东省农机工业“十二五”发展规划的通知

鲁经信政字〔2011〕698号

各市经济和信息化委：

为认真贯彻党的十七大和十七届五中全会精神，深入贯彻落实科学发展观，加快经济发展方式转变，优化提升工业结构，促进制造业强省建设，省经济和信息化委和省机械协会制定了《山东省农机工业“十二五”发展规划》。现印发给你们，请认真组织实施。

二〇一一年十二月十三日

山东省农机工业“十二五”发展规划

农业机械是发展现代农业的重要物质基础，是农业现代化和农业机械化的重要支撑。为加快推动我省农机工业转变发展方式，实现由农机工业大省向农机工业强省跨越，特制定本规划。

一、我省农机工业发展现状

经过“十一五”的快速发展，我省农机工业逐步形成了门类较为齐全的现代化产业体系，产业规模和效益快速提升，结构渐趋优化，市场竞争力增强。

（一）主要经济指标快速增长。2010 年，全省规模以上企业达到 792 家，比“十五”末增长 1.13 倍；实现销售收入 1239.9 亿元，占全国的 44.79%；实现利润 70.21 亿元，占全国的 45.60%；完成出口交货值 42.62 亿元，占全国的 20.21%。与“十五”末相比，销售收入增长 1.19 倍，年均增长 16.96%；利润、利税均增长 2.05 倍，年均增长 24.98%。销售收入、利润、利税均居全国同行业前列。

（二）产品结构不断优化。经过多年的发展，相继推出了一系列科技含量较高的农机产品，缩短了与国外先进水平之间的差距。160 ~ 180 马力拖拉机批量生产，300 马力拖拉机业业已面世。自走式玉米联合收获机械技术逐步成熟并得到广泛推广应用。

表 1　“十一五”期间主要产品产量（单位：台）

年份	2006	2007	2008	2009	2010
大中拖	47713	54959	63340	86956	99382
小拖	657764	724107	583052	632717	875851
三轮汽车	1269340	1371871	1255024	1392415	1493848
低速载货	252964	263651	254366	328054	341762
联合收割机	71737	51516	55126	95780	74801

（三）技术创新与品牌建设成效显著。目前，全行业共有国家级企业技术中心 4 家、省级企业技术中心 19 家、博士后工作站 5 家。先后组建了山东省现代农业机械工程技术研究中心、山东省现代农业装备行业技术中心和山东省农业装备产业技术创新战略联盟，搭建了产学研联合、多学科交叉的研发平台，面向行业开展基础性、共性技术的研究。近年来，获国家专利 360 项，国家机械工业科技进步奖 3 项，省级以上科技进步奖 40 余项。全行业共有中国名牌 4 个、中国驰名商标 5 件，山东省名牌 34 个、省著名商标 26 件。

（四）优势产业集群初步形成。初步形成了潍坊农机装备产业集群、临沂植保机械产业集群、淄博泵类产品产业集群和莱州、青州、泰安农用工程机械产业集群等在全国同行业有较大影响力的 6 大特色产业集群。山东时风、福田雷沃、福田诸城汽车、五征、常林、凯马、华盛中天、金亿、巨明、海山、黑豹等国内知名企业，已成为拉动行业增长的中坚力量，形成了以大带小、以强带弱、以主机带动配件的行业发展格局。

“十一五”期间，我省农机工业得到了较快发展，但也存在一些深层次的矛盾和问题：产品技术水平偏低、可靠性不高，大型、复式作业、多元化、自主创新的产品少；不少企业生产设备陈旧，制造工艺落后；研发经费投入不足，科技创新能力不强；重点企业在高端产品领域和国际市场竞争力相对不足，专业化协作配套体系建设滞后。

二、面临的形势

未来几年，我省农机工业面临着新的挑战。市场竞争明显加剧。国际著名农机企业在中国加大投资力度，建立销售渠道，从高端产品入手，布局中国市场。国内大型农机企业集团，加大技术进步和市场开发力度，汽车、工程机械等行业的一些骨干企业也加快向农机产业领域扩张，我国农机市场格局正发生重大变化，我省农机工业竞争压力越来越大。农机更新换代步伐加快，对关键零部件产业的发展提出了更高要求。新技术、新产品的开发和产业化所需的技术、资金门槛越来越高，投资风险增大。农机产业链垂直整合和企业横向整合趋势将更加明显，产业集中度将不断提高，企业间的竞争更加激烈。

同时，新时期赋予我省农机工业难得机遇。国家出台了一系列强农、惠农、支农政策措施，有力地推动了农业和农村经济社会的发展，为农机工业的跨越式发展提供了市场保障。现代机械、电子、信息技术的发展，为提高农机制造业水平的提供了较完备的基础技术支撑和保障。中国正在成为世界上农机工业发展最快、最具活力的地区之一，农业机械国际交流合作和国际贸易不断扩大，我国农业机械走向世界的步伐不断加快，外贸需求逐年扩大，将推动我省农机制造业的发展与升级。

农业结构战略性调整，引发了农业机械技术由产中向产前和产后延伸，由主要粮食作物向优势经济作物发展，由种植业向养殖与加工业拓展的新需求。促进可持续发展和环境保护的节约型农业机械需求进一步扩大，数字农业和精准农业技术研究的快速发展。产业集群化与市场全球化、现代物流管理、电子商务、网络服务等成为提升农机制造业竞争力的重要手段。

三、指导思想、基本原则和目标

（一）指导思想。

全面落实科学发展观，以市场为导向，以转方式、调结构为主线，以建设农机工业强省为目标，着力增强创科技新能力，突破一批制约农机关键零部件发展的技术瓶颈，提高对农业机械化和农村经济发展的保障能力。抓好一批农业急需、技术先进的重点产品，扶持一批专业化中小企业，培育一批国际化大型企业，发展一批优势产业集群，全面实现农机工业又好又快发展。

（二）基本原则。

1．市场竞争与政策引导相结合。突出企业在市场竞争中的主体地位，充分发挥市场在资源配置中的基础性作用，加强政策引导和政府组织协调，规范市场竞争秩序，激发企业积极性和行业发展活力，形成市场有效驱动、政府大力推进、企业主体作用充分发挥的行业发展格局，引导农机工业调整和发展。

2．自主创新与技术改造相结合。善于运用创新资源，鼓励原始创新和集成创新，注重引进、消化、吸收再创新，培植产业核心竞争力。依托技术改造，加快创新成果转化，全面优化提升产品、技术、产业和组织结构，促进农机工业转型升级。

3．重点发展与全面提升相结合。坚持扶优扶强，壮大发展大型企业集团，完善产业链条，做优做精中小配套企业，依托大中小企业间的有机联合，实现聚集集约发展。重点突破大型农机和主机，调整优化经济适用、轻简型农机和配件、配套机具，促进“大重型”与“轻小型”、主机与辅机协调发展。

4．质量建设与市场开拓相结合。扎实实施“质量保障—品牌提升—市场开拓”战略。加强产品质量管理、行业标准建设，以优良的质量带动品牌战略实施；加强品牌凝练和宣传推广，以卓著的品牌促进市场营销。坚持国内国外两个市场并重，巩固国内市场，扩大国际市场，不断提高市场份额和竞争力。

（三）发展目标。

1. 到 2015 年，全省规模以上农机企业实现销售收入 2000 亿元，年均增长 15%；出口交货值达到 200 亿元，占销售收入的 10%；实现利润 120 亿元，年均增长 18%。

2. 联合收割机产量达到 10 万、大中型拖拉机 15 万台、小型拖拉机 100 万台，配套农机具与拖拉机的配套比达到 1:3。

3. 新增 8—10 家国家级企业技术中心，25—30 家省级企业技术中心。

四、主要任务

（一）推进产业组织结构调整优化。培育发展大型企业集团。鼓励和支持重点企业加快集团化、集约化进程，形成在国内外市场具有较强竞争力的大型企业集团。扶持中小企业专业化发展。引导中小企业实施专业化分工，支持企业向“小而专”、“小而精”、“小而特”、“小而优”方向发展。延伸产业链，发展制造服务业。整合优势资源，壮大核心能力，扩大“服务外包”，带动关联产业和支援产业发展，催生现代制造服务业。打造特色集群。加快地区间的产业重组和兼并，促进潍坊、聊城、临沂、淄博等产业发达、配套能力强、区位优势明显地区形成各具特色的农机产业集聚区，带动其他地区发展。

（二）加快科技创新能力建设。改革农机科研立项和业绩评价机制，打破学科界限，提高农机科技创新水平。加快发展农业装备产业技术创新战略联盟、工程技术研究中心和行业技术中心等行业科技创新组织和平台，重点研发行业发展急需、市场潜力巨大和严重制约产业发展的技术与产品。突出重点产品和产业集群，加强企业技术中心建设。支持高校加强农机工程学科建设，强化基础教育。注重建立社会化、多元化的人才引进和培养体系，强化行业科技领军人物的培养和创新团队建设。

（三）强化提升质量管理水平。加速推进行业“质检工作体系”、“质量标准体系”、“人才培训体系”、“质量研究体系”四大质量工作体系建设。加强行业检测能力建设，充分发挥现有行业和企业检测中心作用，实现资源共享。加强行业标准计量机构和手段建设，形成完整的标准计量体系。充分发挥山东省农业机械标准化委员会的作用，积极采用国际标准，加快制（修）定农机产品技术标准，完善农机产品标准体系。依托行业现有培训体系，组建质量培训中心，积极开展质量培训和教育，提高全行业质量管理人员、检验人员、标准计量人员的技能。依托现有科研机构和大专院校，建设以产品可靠性技术研究、检验理论和方法研究、提高质量的工艺技术研究以及产品测量为主要内容的质量研究体系，重点突出整机及关键零部件可靠性提高、早期故障的解决方法、性能参数的测量和材料测量的研究。

（四）大力提高全行业装备水平。加大农机行业技术改造力度，不断改善企业科研试验和生产条件，努力提高工艺装备水平及产品试验手段，加快淘汰落后生产技术、工艺和生产设备，实现农机产业由传统制造业向现代制造业的转变。

（五）积极推进国际化战略。鼓励企业与国际知名企业、组织和机构联合建设技术研究平台，提高整机和关键零部件的开发能力，掌握核心技术。在保障产业安全的前提下，通过引进、消化、吸收、再创新等方式或与国外企业合资合作，提升大马力拖拉机、多功能收割机等先进农机具的制造技术水平。大力开拓国际市场，稳定传统市场，开发新兴市场。实施“走出去”战略，鼓励企业积极参与对外援助及国际合作项目，引导有条件的企业到国外投资办厂。

五、发展重点

（一）农用动力机械。

1. 大型拖拉机。重点研发 120 马力以上的拖拉机底盘技术和智能化操控技术，以及湿式离合器、动力换挡、机械液压无级变速和静液压传动等传动系统技术。开发应用闭心式负载传感液压系统和电子反馈悬挂系统以及机、电、液一体化技术，动力配备电喷发动机，综合技术水平、排放指标达到欧Ⅲ A 标准。应用电子监控、故障诊断、自动报警、自动停机保护等控制技术，提高产品的自动化、智能化水平，提高驾驶的舒适性、安全性。

2．中小型拖拉机。坚持节能、环保、经济、适用、轻便的特性，重点提高产品质量，增加技术含量，实现升级换代。开发生产园艺型、果园型和高地隙等产品，增强作业适应性。研究开发传动系统静液压驱动装置（HST），实现无级变速。动力配备节能、环保型的中小型多缸柴油机，排放指标达到欧Ⅲ A 标准。

3．发动机及关键零部件。重点开发农业机械专用柴油机及节能技术、低排放技术和可靠性技术。重点研发为大、中型拖拉机及联合收割机等产品配套的发动机，突破发动机节能、减排、可靠性、降噪、减振等关键技术。推广应用先进的电控燃油喷射系统、增压系统和排气后处理系统，提升整机动力性能及配套性能，降低能耗及排放污染。提升主要零部件的加工精度，根据农业机械使用环境，改进部分零部件设计，优化功能，提高整机使用寿命和可靠性。

（二）收获机械。

1．自走式稻麦联合收获机械及关键零部件。以稻麦联合收获机械中纵轴流脱粒清选技术的研究与完善为切入点，重点在纵轴流和高效低损脱粒分离技术、低破碎脱粒技术、清选损失监测调控技术、静液压驱动技术、驾驶室自动平衡等技术上实现新突破，开发关键零部件，拓展功能，提高可靠性，实现升级换代。研究攻关 8 ~ 12 公斤 / 秒大喂入量产品技术，缩短与国际先进水平的差距。

2．自走式玉米联合收获机械及关键零部件。以果穗收获与籽粒收获为重点，以大型、高速、高效、宽幅、大喂入量为发展方向，重点研究高速摘穗技术、玉米收获割台与玉米脱粒技术，加强茎杆回收处理和茎杆铺放、不分行收获、强制抓取、横向输送、有序喂入以及高效低破碎苞叶剥除技术的研究与部件开发。

3．大型自走式青贮收获机械及关键零部件。加强静液压驱动系统技术在大型自走式青贮收获机械上的应用研究，重点研究无磁性喂入及切碎装置制造技术，研究发展不对行割台。

4．自走式采棉机及关键零部件。重点研发采棉部件制造技术、总体设计和集棉箱设计技术。加强可靠性设计与试验，提高采棉机的可靠性与适应性。

5．经济作物、林果业收获机械及关键零部件。加大花生、两薯（马铃薯、红薯）、“三辣”（大蒜、生姜、大葱）、黄烟、茶叶等经济作物生产装备及其制造技术的开发力度，重点突破低损失率、低破损率技术，提升脱壳、清选除杂、清选损失自动监控等关键技术水平，以及花生等地下果实挖掘收获可调技术水平。重点研究林果业的种植、植保与收获关键环节生产机械的零部件设计与制造技术，加快发展工厂育苗、生态植保和病虫监控、高效低损收获装备。

（三）耕地及种植施肥机械。

1．新型高效、大中马力拖拉机配套农机具。重点研发精密播种和变量播种施肥技术与设备。提高完善保护性耕作体系的少耕、免耕、深松、覆盖、播种技术与设备。重点突破联合作业关键技术与设备，研发各种作业组合的模块化设计与匹配技术。

2．水稻种植机械及关键零部件。推广应用静液压驱动系统技术及装置，重点突破高速分插技术、株距可调技术、本体的复合性与高效性，实现一机多用。重点研发无线数控收发模块和数据采集处理模块技术，实现部分产品遥控驾驶水田作业，减轻机械重量，提高效率，降低能耗。

3．以蔬菜为重点的生产机械及数字化控制系统。重点研发蔬菜移栽机、大棚起垄机、铺膜机、蔬菜收获机、分选、包装机。重点发展全自动温湿光控大棚管理系统，采用DSC系统检测、控制温度、湿度、空气含氧量，实现卷帘机、电磁泵、增氧机智能化。

（四）农产品产后加工机械设备。加快发展农产品产地商品化处理设备及加工机械。重点研发主要粮食作物机械化收获后的快速干燥技术及满足不同地域条件的系列产品。加快发展水果、蔬菜产后储藏保鲜、快速检测、分级分选、自动称重包装、储运设备，提高农产品的商品化处理水平。

（五）田间管理机械。重点发展精量低污染施药机械。加快植保机械的升级换代，重点研发系列高地隙自走式吊杆喷雾机、系列风送式远程喷雾机、系列风幕式精量低污染吊杆喷雾机等设备。

（六）排灌机械。重点发展大型喷灌设备及关键零部件。重点研究微电子中枢控制技术、故障停机、过量灌水停机控制技术、低压喷洒灌水技术，提高控制精度和动作可靠性，提水加压能耗降低30%以上。

（七）农村可再生能源利用设备。重点发展生物质能源原料收集与综合利用装备及关键零部件。加强农作物秸秆综合利用研究，重点开发秸秆收集与处理装备及关键零部件，突破农作物秸秆综合利用的关键技术。研究发展秸秆切碎、收集固化环节的关键零部件制造技术，尽快形成产业化。

六、保障措施

（一）切实落实税费优惠政策。进一步落实企业研发投入税前扣除政策。对生产国家支持发展的新型、大马力农机装备和产品，所需进口的关键零部件及原材料，按规定免征关税和进口环节增值税。落实相应的相关税收政策，支持农机产品出口。属于国家重点扶持高新技术企业中的农机制造企业，依法减按15%的税率征收企业所得税。鼓励企业到省外、境外办厂，建立研发中心或海外并购。

（二）加强农机技术创新能力建设。加大投入，加快企业技术中心、行业技术中心等技术创新平台建设。依托省级农机、内燃机等科研院所和高等院校等单位，建设行业公益性、开放式的农业装备公共技术重点实验室，加快农机基础技术、重大关键共性技术研究和前瞻性新技术、新产品研发。依托专业骨干企业，建设大中马力拖拉机、联合收获机械、内燃机、植保机械等重点农机产品专业实验室，集中力量攻克工艺材料、基础部件、关键作业装置等技术瓶颈，形成一批具有自主知识产权的核心技术成果。加快农机工业科技成果产业化，鼓励技术、智力引进，加快提升行业整体技术水平，增强核心竞争力。

（三）加大市场开拓力度。加快调整产品结构，积极开发行业发展急需、适合不同国家和地区需要、市场潜力巨大、高附加值、竞争力强的产品，支持企业参加国内外各种展会，扩大我省农机产品的知名度。统筹国内、国外两个市场，在满足国内市场需求的同时，支持和鼓励有经济实力、有技术和品牌优势的企业积极参与国际分工，稳定传统国际市场，有针对性的开发新兴国际市场。

（四）优化行业组织结构。落实国务院《关于促进企业兼并重组的意见》（国发〔2010〕27号文），充分发挥政府和资本市场推动企业联合的引导作用，鼓励、支持、协调省内有实力的大型企业集团，兼并重组国内、省内农机企业，培育一批具有国际竞争力的农业装备集团和民族品牌。引导中小企业向专、精、特、新发展，提高协作配套能力，拓宽延伸产业链，着力培育和发展一批特色鲜明、结构优化、体系完整和市场竞争力强的产业集群。

（五）加快企业技术改造。加大企业技术改造投入，加快调整产业和产品结构，提高行业整体经济效益。优化投资结构，推广应用先进适用技术、工艺、装备，提高农机工业的制造技术和装备水平。抓好重点项目建设，大力支持符合产业政策和规划要求，技术水平高、市场前景好、带动力强的重点技改项目。拓宽融资渠道，引导和鼓励金融机构对符合国家产业政策的技术改造项目加大信贷支持力度，加强利用资本市场、外资、民间投资、风险投资增加技改投入，支持农机企业技术改造。

（六）充分发挥行业协会作用。全面贯彻落实国办发〔2007〕36号文和鲁政办发〔2008〕48号文件精神，充分发挥行业协会联系政府、服务企业、促进行业自律的作用，推动我省农机工业又好又快发展。行业协会要充分发挥好桥梁、纽带作用，积极开展行业调研、分析、预测，为促进企业发展，推动行业进步做出积极贡献。

1－70　山东省经信委　山东省节能办关于进一步做好资源综合利用认定管理工作的通知

鲁经信循字〔2011〕699号

各市经信委、节能办：

为贯彻落实国家发改委近期召开的全国资源综合利用认定管理及有关政策培训会议精神，切实加强资源综合利用认定管理，确保国家鼓励和扶持资源综合利用的政策得以正确落实，促进全省资源综合利用产业的快速发展，现就有关事宜通知如下：

一、关于初审把关

各市要严格初审把关，认真核对相关材料，申报产品应符合以下规定，对于不符合以下规定之一的，不予以受理。

（一）申报认定的资源综合利用产品及其所利用的资源应在国家发布的《资源综合利用企业所得税优惠目录（2008年版）》（财税〔2008〕117号）和《关于资源综合利用及其他产品增值税政策的通知》（财税〔2008〕156号）范围内。

（二）申报材料中的资源综合利用产品名称、利用的资源名称要严格按照国家公布的资源综合利用目录中的规范名称填写，且生产的资源综合利用产品要与所利用的资源相对应。

（三）申报的资源综合利用产品应保持连续生产三个月以上，其中利用废石和淤沙等生产商品混凝土企业应连续生产六个月以上。

（四）生产工艺、技术和产品的质量符合国家产业政策和有关标准，且企业申报的资源综合利用产品应在工商管理部门核定的经营范围内。对实行许可证管理的资源综合利用产品，应当取得相应产品的生产许可证。产品原料中所用资源要符合国家规定的技术标准。

（五）申报综合利用认定企业项目建设应符合国家和省、市审批或核准的有关规定，并按照有关要求通过了竣工验收。

（六）综合利用的资源来源稳定、可靠，数量及品质满足相关要求，计量检测等配套设施齐全。

（七）资源综合利用产品必须能独立计算盈亏。

（八）资源综合利用企业产品的生产过程环保必须达标，不造成二次污染。

（九）利用废石和淤沙生产商品混凝土企业，要严格按照《山东省商品混凝土生产企业综合利用废石和淤沙认定管理暂行办法》要求执行；综合利用发电单位，要严格执行《国家鼓励的资源综合利用认定管理办法》规定的条件。

二、关于材料的申报

（十）各市资源综合利用主管部门应对企业上报材料的真实性进行审核，申报材料中涉及复印件的应要求企业提供原件进行核实，审核后签署初审意见。其中，利用废石、淤沙生产商品混凝土的企业和利用废生物质油、废弃动植物油等生产生物柴油及工业油料的企业，以及资源综合利用电厂都要进行现场核查，并出具核查报告。

（十一）企业应提供资源综合利用产品的生产工艺流程图，图中应注明全部原材料名称及投放计量方式，并附产品原料配比表。

（十二）初次申请认定的企业应提供本年度物料平衡表（物料用量统计表）；复审企业提供上个认定周期内的物料平衡表（物料用量统计表）。物料平衡表（物料用量统计表）中应体现不同产品对所利用各种资源（材料）的消耗量。

（十三）申报企业应提供所利用废渣产生单位出具的该单位废渣产生及处理情况说明，并提供相应不少于二年的废渣资源的供货合同或协议(注明废渣来源于哪个生产企业)。其中，与个人签订供货合同或协议的企业还要提供供货人与废渣产生企业签订的合同或协议以及相应废渣资源的发票等。

（十四）利用采选矿废渣的企业必须从采选矿企业直接购进，同时应具备与生产能力匹配的废石加工设备（破碎机等），并提供设备购置发票。利用淤沙、淤泥等资源的企业，要提供自身的开采许可证。

（十五）具备资质的检测机构出具的产品质量、生产原料中所用资源的检测报告，对利用煤矸石、粉煤灰、脱硫石膏生产的建材类产品，应有"放射性"检验结果。

（十六）复审企业要简要说明利用减免税款对企业发展循环经济和开展清洁生产审核、提升工艺技术水平，提高资源综合利用率和产品质量等方面所发挥的作用，以及产生的经济效益、环境效益和社会效益等情况。

（十七）企业开展清洁生产审核的情况。已开展清洁生产审核并通过验收的企业，应提供企业通过清洁生产审核验收的证明文件（材料）；已开展清洁生产审核尚未进行验收的企业，应提供市经信委或市节能办出具的已开展清洁生产审核证明材料及清洁生产审核技术服务合同。开展清洁生产审核工作的企业应在省、市规定的时间内完成。

（十八）废石、淤沙利用企业所在市，应提供本市废石、淤沙综合利用报告和区域综合利用平面示意图。

（十九）申报国家审核的资源综合利用电厂材料编制，要按照国家发改委下发的"资源综合利用电厂认定申报样本"（到循环经济与清洁生产处的公共邮箱下载）进行材料组织。

（二十）材料按规范顺序装订成册（一式六份），各市经信委、节能办分别于4月底、10月底前报省经济和信息化委（一式五份），逾期概不接收。

三、关于认定管理

（二十一）省资源综合利用认定委员会委托中介机构对各市申报材料的真实性、完整性等进行核查，并出具核查报告。

（二十二）省资源综合利用认定委员会委托具备资质的检测机构，对建材类产品和以垃圾、煤矸石、煤泥、石煤、油母页岩为燃料生产电力、热力的企业，进行现场抽样检测，实行抽样和检验分离制度。

（二十三）省资源综合利用认定委员会组织相关行业专家组成评审小组，依据资源综合利用认定条件、产业政策、财税政策、产品质量标准等，对企业是否符合相关条件进行评审，并作出评审结论，对符合认定条件的予以通过，对不符合的则不予以通过，原则上不再接收补充材料。

（二十四）省经信委根据省资源综合利用认定委员会的评审结论，对审定合格的资源综合利用企业在山东经信网上予以公告，自公告之日起10日内无异议的，省经信委（省政府节能办）会同省财税部门印发资源综合利用认定文件和证书。

（二十五）加强监督抽检工作。各级经信委、节能办要加强对认定企业的监督管理，尤其要加强大宗综合利用资源来源的动态监管，对综合利用资源无法稳定供应的，要及时清理。省经信委会同财税部门，每年对全省资源综合利用认定管理工作和优惠政策实施情况进行监督检查，并委托有资质的检测机构对资源综合利用企业（电厂）的生产原料及产品进行抽样检测。对弄虚作假、骗取资源综合利用优惠政策的企业，或不能达到资源综合利用认定条件而未及时申报终止认定证书的，一经发现，取消其享受优惠政策的资格，收回认定证书，三年内不再受理该企业认定申请，对已享受税收优惠政策的企业，主管税务机关要依照《中华人民共和国税收征收管理法》及有关规定追缴税款并给予处罚。

二〇一一年十二月十五日

1－71 山东省经济和信息化委员会关于印发《山东省射频识别（RFID）工程技术中心认定管理办法》的通知

鲁经信电子字〔2011〕740号

各市经济和信息化委员会，有关单位：

为进一步健全我省信息技术产业创新体系，提高射频识别产业技术创新能力，加快产业发展，我委制订了《山东省射频识别（RFID）工程技术中心认定管理办法》，现印发给你们，请遵照执行。原《山东省射频识别（RFID）工程技术中心认定管理办法（暂行）》（鲁信产经字〔2008〕246号）同时废止。

二〇一一年十二月二十九日

山东省射频识别（RFID）工程技术中心认定管理办法

第一章 总 则

第一条 射频识别（RFID）技术是物联网产业的核心支撑技术，为进一步加快我省RFID产业的发展，提高我省RFID企业的技术创新能力，山东省经济和信息化委员会（以下简称省经信委）将实施射频识别RFID工程技术中心（以下简称工程中心）建设工程。为加强和规范山东省工程中心认定和管理工作，充分发挥其在企业技术创新、产品研发、人才培养与引进、科技成果转化等方面的作用，特制定本办法。

第二条 建设工程中心，旨在引导、扶持和培植一批从事RFID业务（主要包括芯片设计、制造与封装，天线设计和制造，标签印刷和封装，读写器设计和制造，软件和软件中间件及系统集成，标准研制，人才培训，业务咨询等）的企业，推动企业建立技术创新体系，增强其核心竞争力和发展后劲，提高企业对国际、社会资源的吸引力和整合力，形成有利于RFID产业发展的环境和氛围，带动我省RFID产业的快速发展，从而为我省物联网产业发展形成有力支撑。

第三条　工程中心建设以企业为主题，鼓励企业、高等院校、科研单位等联合申报；鼓励海外企业、机构、留学人员在山东投资创业，整合多方资源，共同组建工程中心，形成技术、人才、市场优势。

第四条　工程中心的认定、监督和考核工作由省经信委负责组织实施。

第二章　认定条件

第五条　申请工程中心的单位，应同时具备以下条件：

（一）山东省内注册并从事 RFID 相关产业的企业。

（二）具有与 RFID 产品开发相适应的科研生产经营场所和软硬件设施等基础条件，具有保证产品设计和产品质量的手段与能力。有较强的研发能力和与之相适应的研发投入。企业能够根据需要有计划地增加工程中心的装备和设施，使工程中心的研发条件逐步达到国内外同行业先进水平。

（三）生产经营情况良好，具备一定的产业规模和较强的经济实力。在 RFID 相关领域的发展具有比较优势，拥有一个以上主导产品并在国内外占有一定的市场份额。

（四）企业制定有中长期发展规划，目标科学合理。工程中心建设定位准确，发展思路清晰，建设方案可行，资金保障有力，并有科学合理的产品技术研发方向，以及研发投入、基础设施建设和人才培养引进等计划。

（五）企业管理水平较高，领导班子创新意识强，有较完善的创新体制和管理机制。

（六）企业技术实力和创新能力较强，拥有专业的科研人才队伍和 RFID 技术带头人，研发人员数不低于企业总人数的 50%。取得了一定数量的科研成果和产品，研发与创新水平在省内同行业中处于领先地位。

第六条　为鼓励产学研联合和对外合作，培植我省 RFID 产业核心技术发展，对引进省外和海外知名企业、高等院校、科研机构、高层次人才团队等建立的工程中心，予以优先认定。

第七条　对在 RFID 领域承担过国家级、省级重点科研项目、产业化项目或取得重大科技成果和专利，其产品已应用于实际生产中，具备　企业（中心）独立法人资格的，优先给予认定。

第三章　认定程序

第八条　凡符合认定条件的企业均可向所在市经济和信息化主管部门提出认定申请。经所在市经济和信息化主管部门初审后，向省经信委申报。

第九条　省经信委对申报单位进行评审，对被认定为省级射频识别工程技术中心的，省经信委将统一予以授牌。

第十条　工程中心每二年申报一次，择优认定。

第四章　工程中心建设的主要任务、目标和要求

第十一条　工程中心建设承担单位应严格执行工程中心建设方案，落实有关实施计划。

（一）加强配套能力建设。积极改善技术研发条件和基础设施，不断提高研发能力和装备水平。

（二）培育创新人才队伍。建立有效的激励机制，增强工程中心对人才的吸引力、凝聚力，搭建起教育、培养、吸引高水平人才、才尽其用的管理制度和机制，形成创新人才高地。工程中心具有大学本科以上学历或具有中级以上职称的从事 RFID 技术研发的技术人员应不低于中心人员总数的 50%。

（三）保证工程中心资金投入。工程中心科技活动经费支出应达到企业主营业务收入的 5% 以上。

（四）落实技术和产品研发任务。坚持技术、

产品与市场紧密结合，不断研究开发有市场前景的新技术、新产品，积极开展技术引进、消化、吸收和再创新，每年至少完成一项具有自主知识产权的主导技术或产品，增强企业发展后劲和创新能力。

（五）引领行业快速发展。紧密结合本地区行业应用需求，在前瞻性、战略性关键技术和应用方面勇于创新。积极参与国际、国家和行业标准的制定，实现创新技术的高转化率，保障充足的产业技术储备，成为行业或领域的领跑者。

（六）打造资源整合平台。通过建设和发展，使工程中心成为推动产学研联合，吸引国际和社会人才、资金、技术等资源积聚的平台。提高企业发展实力和竞争力，拉动本地区及周边地区企业的规模增长，形成集团优势、群体优势，提高国内、国际影响力和市场开拓能力。

第五章 管理与考核

第十二条 省经信委对工程中心进行宏观指导，组织实施工程中心的认定、监督、考核工作。

第十三条 各市经济和信息化主管部门负责对本地工程中心发展提供必要的业务指导和技术推广服务。

第十四条 工程中心建设实行年度检查和评估制度，每年3月底前，各工程中心对上年度本工程中心建设工作进行总结。各市经济和信息化主管部门负责将本地工程中心建设和发展情况的总结和评估意见报送省经信委，由省经信委对各工程中心的运行情况和绩效进行考评，及时总结经验、表彰和奖励；对不参加年度考评或年度考评不合格者将予以警告，无故不能如期整改的，将取消其工程中心资格。

第六章 附 则

第十五条 本办法由山东省经济和信息化委员会负责解释。

第十六条 本管理办法自发布之日起施行。

1－72 山东省经济和信息化委员会关于印发《山东省半导体照明工程技术中心认定管理办法》的通知

鲁经信电子字〔2011〕739号

各市经济和信息化委，有关单位：

为进一步健全我省信息技术产业创新体系，提高半导体照明产业技术创新能力，加快产业发展，我委制订了《山东省半导体照明工程技术中心认定管理办法》，现印发给你们，请遵照执行。原《山东省半导体照明工程技术中心认定管理办法（暂行）》（鲁信产经字〔2008〕247号）同时废止。

二〇一一年十二月二十九日

山东省半导体照明工程技术中心认定管理办法

第一章 总 则

第一条 半导体照明（简称LED）产业是我省重点发展和培育的新信息产业之一。为提高我省LED企业的自主创新能力，加快LED产业的发展和竞争力，山东省经济和信息化委员会（以下简称省经信委）将实施半导体照明工程技术中心（以下简称工程中心）建设工程。为加强和规范我省工程中心认定和管理工作，充分发挥其技术创新、产品研发、人才培养与吸收引进、科技成果转化等方面的作用，特制定本办法。

第二条 建设工程中心，旨在引导、扶持和培植一批从事半导体照明领域（主要包括衬底材料和外延片研发与制造，管芯制造，器件封装，LED照明应用产品研发和生产，半导体照明产业领域的标准研制、人才培训、业务咨询等）的企业，提高企业自主开发和利用社会资源的能力，推动企业成为技术开发与创新的主体，增强企业的核心竞争力和发展后劲，形成有利于半导体照明产业发展的环境和氛围，带动我省半导体照明产业的快速发展。

第三条 工程中心建设以企业为主体，鼓励企业、高等院校、科研院所等联合申报，鼓励海外企业、机构、留学人员在山东投资创业，整合多方资源，共同组建工程中心，形成技术、人才、市场优势。

第四条 工程中心的认定、监督和考核工作由省经信委负责组织实施。

第二章 认定条件

第五条 工程中心申报，应具备以下条件：

（一）山东省内注册并从事半导体照明相关产业的企业。

（二）具有与半导体照明产品相适应的科研、生产、经营场所和软硬件设施等基础条件，具有保证产品设计和产品质量的手段与能力，有较强的研发能力和与之相适应的研发投入。

（三）企业生产经营情况良好，具备一定的产业规模和较强的经济实力。在半导体照明相关的产业领域发展具有比较优势，拥有一个以上主导产品并在国内外占有一定的市场份额。

（四）企业制定了中长期发展规划，目标科学合理。工程中心建设定位准确，发展思路清晰，建设方案可行，资金保障有力，有明确的产品技术研发方向以及研发投入、基础设施建设和人才培养引进等计划。

（五）企业管理水平较高，领导班子创新意识强，有较完善的创新体制和管理机制。

（六）企业技术实力和创新能力较强，拥有专业的科研人才队伍和LED技术带头人，研发人员数量不低于总人数的30%。取得了一定数量的科研成果和产品，研发与创新水平在省内同行业中处于领先地位。

第六条 为鼓励产学研联合和对外合作，培植我省LED产业核心技术发展，对引进省外和海外知名企业、高等院校、科研机构、高层次人才团队等建立的工程中心，予以优先认定。

第七条 对在半导体照明领域承担过国家级、省级重点科研项目、产业化项目，或取得重大科技成果和专利，其产品已应用于实际生产中，具备企业（中心）独立法人资格的，予以优先认定。

第三章 认定程序

第八条 凡符合认定条件的单位均可向所在市经济和信息化主管部门提出认定申请，经所在市经济和信息化主管部门初审后，向省经信委推荐。

第九条 省经信委对申报单位进行评审，对被认定为省级半导体照明工程技术中心的，省经信委将统一授牌。

第十条 工程中心每二年申报一次，择优认定。

第四章 工程中心建设的主要任务、目标和要求

第十一条 工程中心建设承担单位应严格执行工程中心建设方案，落实有关实施计划。

（一）加强配套能力建设。积极改善技术

研发条件和基础设施，不断提高研发能力和装备水平。

（二）培育创新人才队伍。建立有效的激励机制，增强工程中心对人才的吸引力、凝聚力，搭建起教育、培养，吸引高水平人才和人尽其才、才尽其用的管理制度和机制，形成创新人才高地。工程中心具有大学本科以上学历或具有中级以上职称，并从事 LED 技术研发的技术人员不得低于中心人员总数的 50%。

（三）保证工程中心资金投入。工程中心科技活动经费支出应达到企业主营业务收入的 5% 以上。

（四）落实技术和产品研发任务。坚持技术、产品与市场紧密结合，不断研究开发有市场前景的新技术、新产品，积极开展技术引进、消化、吸收和再创新，每年至少承担一项省级以上或自主确定的重大科研课题，至少完成一项具有自主知识产权的主导技术或产品，增强企业发展后劲和创新能力。

（五）引领行业快速发展。紧密结合本地区行业应用需求，在前瞻性、战略性关键技术和应用方面勇于创新。积极参与国际、国家和行业标准的制定，实现创新技术的高转化率，保障充足的产业技术储备，成为行业或领域的领跑者。

（六）打造资源整合平台。通过建设和发展，使工程中心成为推动产学研联合，吸引国际和社会人才、资金、技术等资源积聚的平台。提高企业发展实力和竞争力，拉动本地区及周边地区企业的规模增长，形成集团优势、群体优势，提高国内、国际影响力和市场开拓能力。

第五章　管理与考核

第十二条　省经信委对工程中心进行宏观指导，负责工程中心的认定、监督、考核。

第十三条　所在市经济和信息化主管部门负责为其工程中心发展提供必要的业务指导和技术推广服务。

第十四条　工程中心建设实行年度检查和评估制度，每年 3 月底前，各工程中心对上年度本工程中心建设工作进行总结。各市经济和信息化主管部门负责将本地工程中心建设和发展情况的总结和评估意见报送省经信委，由省经信委对各工程中心的运行情况和绩效进行考评，及时总结经验、表彰先进；对不参加年度考评或年度考评不合格者将予以警告，无故不能如期整改的，将取消其工程中心资格。

第六章　附　则

第十五条　本办法由山东省经济和信息化委员会负责解释。

第十六条　本管理办法自发布之日起施行。

1 － 73　山东省经济和信息化委员会关于印发《山东省集成电路设计中心认定管理办法》的通知

鲁经信电子字〔2011〕741 号

各市经济和信息化委员会、各有关单位：

为进一步健全我省信息技术产业创新体系，提高集成电路设计能力，加快集成电路产业发展，我委制订了《山东省集成电路设计中心认定管理办法》，现印发给你们，请遵照执行。原《山东省集成电路设计中心认定管理办法（暂行）》（鲁信产科字〔2008〕100 号）同时废止。

二〇一一年十二月二十九日

山东省集成电路设计中心认定管理办法

第一章 总 则

第一条 为提高集成电路设计能力，加快集成电路产业发展，进一步加强和规范山东省集成电路设计中心（以下简称设计中心）认定和管理工作，特制定本办法。

第二条 建设设计中心，旨在引导、扶持和培植一批从事集成电路设计业务（含集成电路产品设计、设计开发、设计加工、设计服务、设计软件开发、人才培训、咨询、应用开发等）的企业和科研机构，增强其核心竞争力，提高对国际、社会资源的吸引力和整合力，带动本地区和周边地区集成电路产业的快速发展。

第三条 设计中心建设以企业、高等院校、科研单位等为主体，鼓励企业、高等院校、科研单位等联合申报，鼓励跨国、跨地区、跨产业领域联合申报，整合多方资源，共同组建设计中心，形成技术、人才、市场优势。

第四条 设计中心的认定、监督和考核标准由山东省经济和信息化委员会（以下简称省经信委）制定并实施。

第二章 认定条件

第五条 申请设计中心的单位，应同时具备以下条件：

（一）山东省内的集成电路企业、高等院校或科研单位。

（二）企业生产经营情况良好，具备一定的产业规模和较强的经济实力，在某一设计领域具有比较优势，拥有一个以上主导产品并占有一定的市场份额；高等院校应依托专业学院；科研院所应具有独立法人资格；科研人员在50人以上。

（三）申请单位技术实力较强，研发设计与创新水平在省内同行业中处于领先地位；具有完善的集成电路设计软硬件环境、基础设施和场所；拥有结构合理的人才梯队和技术水平高、实践经验丰富的技术带头人；承担过国家级、省级集成电路领域重点研发和产业化项目，并取得过重大科技成果。

（四）申请单位管理水平较高，领导班子创新意识强，有较完善的创新体制和管理机制。

（五）申请单位制定有中长期发展规划，目标科学合理。设计中心建设职能定位准确，发展思路清晰，建设方案可行，资金保障有力，有科学、合理、具体的人才培养、培训、引进计划，以及研发、基础设施建设计划。

（六）为鼓励产学研联合和对外合作，对于与省外知名企业、大学院校、科研机构合作及引进省外高层次人才团队的设计中心，将优先予以认证。

第三章 认定程序

第六条 凡符合第五条认定条件的单位均可向所在市经济和信息化主管部门提出申请，经所在市经济和信息化主管部门推荐，向省经信委申报。

第七条 省经信委对申报单位进行评审，对认定为省级集成电路设计中心的，统一授牌。

第八条 设计中心根据“成熟一批，认定一批”的原则组织评审，申报时间以省经信委下达申报通知文件为准。

第四章 设计中心建设的主要任务、目标和要求

第九条 承担单位需严格执行设计中心建设方案，落实有关实施计划。

（一）加强配套能力建设。积极改善技术研发条件和基础设施，不断提高研发装备水平。

（二）培育创新人才队伍。建立有效的激励机制，增强设计中心对人才的吸引力、凝聚

力，搭建起教育、培养和吸引高水平的集成电路设计人才、高级管理人才和人尽其才、才尽其用的管理制度和机制，建设一支结构合理，富有创新能力的高素质人才队伍，形成创新人才高地。

（三）保证中心资金投入。设计中心科技活动经费支出应达到主营业务收入的5%以上。

（四）落实技术和产品研发任务。 坚持技术、产品与市场紧密结合，不断研究开发有市场前景的新技术、新产品，积极开展技术引进、消化、吸收和再创新，每年至少完成一项具有自主知识产权的主导技术或产品，增强中心的发展后劲和创新能力。

（五）引领行业快速发展。在前瞻性、战略性关键技术和应用方面勇于创新， 积极参与国际、国家和行业标准的制定，实现产品技术的高转化率，保障充足的产品技术储备，成为行业或领域的领跑者。

（六）打造资源整合平台。通过建设和发展，使设计中心成为推动产学研联合，吸引国际和社会人才、资金、技术等资源积聚的平台，拉动本地区及周边地区集成电路设计产业的规模增长，形成集团优势、群体优势，提高国内、国际影响力和市场开拓能力。

第五章 扶持与推进政策

第十条 为推动设计中心建设，各市经济和信息化主管部门要充分发挥政府部门的宏观调控和组织协调作用，积极推动、引导和组织本地集成电路设计中心建设，积极向省经信委推荐符合条件的单位申报设计中心。

（一）在条件相同的前提下，由设计中心实施的项目，省经信委将优先推荐列入国家和省有关计划。

（二）对规模大，创新能力强的设计中心，省经信委将向国家推荐申报国家级技术中心或工程中心。

第六章 管理与考核

第十一条 所在市经济和信息化主管部门负责设计中心建设的协调服务工作，并为其发展提供必要的业务指导。

第十二条 省经信委根据全省集成电路产业发展的总体部署和要求，对设计中心进行宏观指导，同时负责设计中心的认定、监督、考核工作。

第十三条 设计中心建设实行年度检查和评估制度，每年3月底对上年度设计中心建设工作进行总结。各市经济和信息化主管部门负责本地设计中心建设和发展情况的总结和评估，对中心总结材料进行审查，出具审查意见后报省经信委，由省经信委对设计中心的运行情况和绩效进行考评，及时总结经验、推广示范和表彰，对连续二年不合格者取消其设计中心资格。

第七章 附 则

第十四条 本办法由山东省经济和信息化委员会负责解释。

第十五条 本管理办法自发布之日起施行。

1－74 山东省经济和信息化委员会关于印发《山东省信息技术产业园认定管理办法》的通知

鲁经信电子字〔2011〕738号

各市经济和信息化委员会，各有关单位：

为进一步引导和规范全省信息技术产业园

区建设，推进产业集群化发展，我委制订了《山东省信息技术产业园认定管理办法》，现印发给你们，请遵照执行。原《山东省电子信息产业园认定管理办法（试行）》（鲁信产规字〔2006〕219号）同时废止。

二〇一一年十二月二十九日

山东省信息技术产业园认定管理办法

第一章　总　则

第一条　信息技术产业是国民经济中具有战略性、基础性、先导性的产业，是经济增长的“倍增器”、发展方式的“转换器”和产业升级的“助推器”，对推动国民经济增长和社会发展具有重要作用。建设特色山东省信息技术产业园，是我省深入贯彻落实科学发展观，提高产业聚集度，增强企业自主创新能力，加快产业结构调整和优化升级，发挥产业聚集、辐射与带动效应，打造区域产业品牌，拉长产业链条，加快产业发展的重要举措。

第二条　为规范山东省信息技术产业园的申报、认定、考核及相关管理等工作，结合山东省实际，制定本办法。

第三条　山东省信息技术产业园是指山东省行政区域内具有信息技术产业专业领域产业特征、处于行业领先地位、信息技术产业聚集度达到一定水平、经山东省经济和信息化委员会（以下简称省经信委）认定的产业园区。

第四条　山东省信息技术产业园的认定遵循公平、公正、公开和统筹规划、体现特色、发挥优势、合理配置资源的原则，依照实事求是、透明规范的程序进行。

第五条　本办法适用于山东省信息技术产业园的申报、认定及其相关管理活动。

第二章　管理机构及其职责

第六条　省经信委负责山东省信息技术产业园的认定、考核及相关管理工作。

第七条　各市经济和信息化主管部门负责组织本地区产业园的申报工作，对本市经认定的山东省信息技术产业园进行指导和管理。

第八条　经认定的产业园须设置相应管理机构，负责产业园区建设发展、经济运行与统计等方面的具体管理工作。

第三章　认定条件

第九条　山东省信息技术产业园申报应符合以下条件：

（一）信息技术产业园企业聚集度高，产业特色突出。

（二）科技创新能力强，人才优势明显。拥有省级（含省级）以上研发机构、工程中心、技术中心或者重点实验室。

（三）信息技术产业园管理机构健全，须编制园区信息技术产业发展规划，建立符合国家规定的统计指标体系和协调发展机制，具有完善的配套服务体系。

（四）信息技术产业园内企业全部纳入当地经济和信息化主管部门的行业管理范畴。

（五）信息技术产业园的建设及发展环境优越，基础设施完善。当地政府为产业园发展建立有效的扶持政策、措施及加快发展的机制。

第四章　申报和认定程序

第十条　申报程序

（一）申报信息技术产业园遵循自愿的原则。

（二）当地经济和信息化主管部门负责对申报信息技术产业园资料进行初审，并在申报表相应栏目内签署审核意见。

（三）当地经济和信息化主管部门根据认定条件向省经信委提出申报文件。

第十一条　申报材料

（一）信息技术产业园产业基本情况；

（二）信息技术产业园产业三年发展规划；

（三）信息技术产业园内骨干企业情况介绍及近两年经济运行报表（含生产报表和财务报表）；

（四）省级（含省级）以上研发机构、工程中心、技术中心或者重点实验室认定证明的复印件；

（五）申报材料中的有关数据以行业统计为准，出口数据以海关统计数据为准；

（六）上述申报材料要求同时提供三份纸质及电子版材料。

第十二条　审核

省经信委组织有关部门和专家，组成审核专家组，依照认定条件对信息技术产业园进行实地考核，对申报材料进行审核，对发展规划进行可行性论证、评估，由审核专家组提出书面评估意见报省经信委审定。

第十三条　认定授牌

省经信委对符合条件的信息技术产业园认定批准并授牌。

第五章　管理与考核

第十四条　省经信委和当地经济和信息化主管部门将信息技术产业园列为工作重点，在规划、政策、信息、宣传等方面做好宏观引导和服务。经认定的信息技术产业园享受在项目资金、招商引资等方面的优惠政策。信息技术产业园内重点企业申报各类专项资金的，优先给予支持。省经信委将积极推荐并优先组织山东省信息技术产业园申报国家级信息技术产业园。

第十五条　各市要加强对当地信息技术产业园的行业管理，结合区域产业发展规划，大力推进园区建设。积极研究制定本市配套政策，落实配套资金和相关配套资源。各市要建立园区的长效工作机制，加强行业管理。

第十六条　经认定的信息技术产业园应每年3月1日前，将上一年度本园产业发展情况和年度经济运行统计报表通过当地经济和信息化主管部门报省经信委。

第十七条　信息技术产业园实施动态管理，每三年复核一次，对于不达标的，限期进行整改，拒绝整改或整改后仍达不到要求的，予以摘牌。

第十八条　对已经授牌的信息技术产业园，如发现弄虚作假，经济运行统计（年度）报表不及时、不全面或拒绝申报的，将予以警告，对情节严重的予以摘牌。

第十九条　省经信委将根据行业和市场的发展情况，每三年对山东省信息技术产业园的认定条件作相应调整。

第六章　附　则

第二十条　本办法由山东省经济和信息化委员会负责解释。

第二十一条　本办法自发布之日起施行。

1 － 75　山东省发展和改革委员会等部门关于印发《山东省棉花加工资格认定和市场管理实施细则》的通知

鲁发改经贸〔2011〕23号

各市发展改革委、工商局、质监局：

为加强棉花市场监督管理，规范棉花加工

行为，确保棉花质量，维护山东省棉花质量信誉和正常的流通秩序，根据《棉花加工资格认定和市场管理暂行办法》（国家发展改革委、工商总局、质检总局2006年令第49号）、《棉花质量检验体制改革方案》，以及全国棉花工作电视电话会议精神，结合我省棉花产业发展和棉花加工业生产设备更新改造实际，我们制定了《山东省棉花加工资格认定和市场管理实施细则》（以下简称《实施细则》），现印发你们，并提出以下要求，请认真贯彻执行。

一、高度重视棉花加工资格认定和市场管理工作。认真组织好《实施细则》的学习，准确领会各项条款，贯彻落实好《实施细则》。各市要从实际出发，积极做好对棉花加工企业的政策宣传工作，确保资格认定工作平稳顺利实施。

二、建立大包棉加工企业动态调整机制。对连续两年未开展加工业务、不履行质量义务等的加工企业，要劝其退出，棉花种植区域发生变化的市要及时调整加工企业规划布局，通过兼并重组等方式，实现资源优化配置，确保大包棉企业发挥应有的作用。

三、明确小包棉企业退出时间。延长我省棉花质检体制改革过渡期2年，即自2005到2011棉花年度。本《实施细则》颁布之前已经获得棉花加工资格认定的小包棉企业，按原资格认定条件复查合格的，到2012年8月底前可继续从事棉花加工经营活动。对小包棉企业管理仍按照《山东省人民政府办公厅关于印发<山东省棉花收购与加工资格认定管理暂行办法>的通知》（鲁政办发〔2001〕83号）的规定执行，使用原规格的《山东省棉花加工资格认定证书》，有效期到2012年8月底。按照“积极引导、扶大限小、因地制宜、分步实施”的原则，引导小包棉企业通过转产或与大包棉企业重组等方式逐步退出市场，2012年9月1日起小包棉企业将全部退出市场。

二〇一一年一月十四日

山东省棉花加工资格认定和市场管理实施细则

第一章　总　则

第一条　为加强棉花市场监督管理，规范棉花加工行为，确保棉花质量，维护山东省棉花质量信誉和正常的流通秩序，根据《中华人民共和国行政许可法》（以下简称《行政许可法》）、《产品质量法》、《棉花质量监督管理条例》《棉花加工资格认定和市场管理暂行办法》等法律、法规和规章，特制定本实施细则。

第二条　在山东省境内从事棉花收购、加工、销售等经营活动，进行棉花加工资格认定和对棉花经营行为进行监督管理，必须遵守本实施细则。

第三条　本实施细则所称棉花是指籽棉和皮棉，不包括废棉、落棉、回收棉及棉短绒。

第四条　本实施细则所称“棉花加工”是指棉花加工企业将籽棉加工成皮棉的过程。

第五条　本实施细则所称棉花加工资格认定制度是指从事棉花加工经营活动的企业，根据有关法律、法规、规章的规定，除应具备一般经营条件外，还须具备本实施细则规定的相应条件，经山东省资格认定机关审查认定后授予其棉花加工资格的行政许可制度。

本实施细则所称山东省资格认定机关是指负责棉花加工资格认定工作的山东省发展和改革委员会、山东省工商行政管理局、山东省质量技术监督局（以下简称省发展改革委、省工商局、省质监局）。省发展改革委牵头，会同省工商局、省质监局负责全省棉花加工资格认定的组织实施，做好棉花市场管理和质量监督工作。

第六条　山东省对棉花加工实行资格认定制度。

凡在山东省境内从事棉花加工的企业必须按照本实施细则的规定进行资格认定申报。山东省资格认定机关对予以受理的申报企业进行棉花加工资格条件的审查和认定，对符合本实施细则规定条件的，授予《山东省棉花加工资格认定证书》（以下简称《资格证书》），并向社会公布认定企业名单。棉花加工企业凭《资格证书》到工商行政管理部门依法办理登记注册或变更手续。

山东省资格认定机关在棉花加工资格审核认定中使用由国家发展改革委统一制定的文书格式和《资格证书》格式。

企业的申报申请由省发展改革委统一受理。

《资格证书》由省发展改革委颁发。

按照《行政许可法》规定，棉花加工资格认定不收费。

第七条　自2005年9月1日实施棉花质量检验体制改革方案起，经国家批复并已纳入山东省棉花加工生产设备年度更新改造计划，在规定的期限内完成改造任务，并验收合格、参加仪器化公证检验的棉花加工企业，按本实施细则的规定，向省发展改革委申报领取《资格证书》。经山东省资格认定机关审查合格，由省发展改革委向其颁发《资格证书》。自2010年9月1日起，企业使用的山东省资格认定机关的原《资格证书》自然失效。

本《实施细则》颁布之前已经获得棉花加工资格认定的小包棉企业，按原资格认定条件进行复查，复查合格的可继续从事棉花加工经营活动，使用山东省资格认定机关的原《资格证书》，有效期到2012年8月31日。

未获得《资格证书》的企业，不得从事棉花加工经营活动。

第二章　棉花加工资格认定条件

第八条　取得棉花加工资格认定必须同时具备以下条件：

（一）经工商行政管理机关登记注册、本《实施细则》实施前已经获得山东省资格认定机关颁发且依然有效的《资格证书》的法人或其他经济组织，注册资本在350万元以上，其中流动资金不少于150万元。

（二）符合所在地棉花加工企业合理规划布局的要求，已经国家批复并纳入山东省棉花加工业生产设备更新改造规划，按年度更新改造计划完成压力吨位400吨及以上液压打包机、条码信息系统、在线回潮测试装置等辅助设备更新改造任务。

（三）具有市级以上纤维检验机构依法出具的质量保证能力证书并具备以下条件：

1、具备保证棉花质量所必须的棉花加工场所，生产区面积在5000平方米以上，露天货场货位不少于6个（每个货位面积不少于30平方米），厂内办公区、生活区和生产区要严格分开；

2、具备符合技术要求和满足进厂籽棉质量检验及加工皮棉质量检验要求的分级室、试轧室、留样室以及仪器检验室；

3、配备符合国家规定的棉花检验仪器设备和计量器具，包括新型原棉水分测定仪、衣分试轧机、原棉杂质分析机、马克隆仪等，并进行检定或校准合格；

4、配备符合国家规定的轧花工艺和设备，在生产线上使用的主机设备、配套设备、生产工艺和主要技术要求及企业质量保证体系，符合《棉花加工企业基本技术条件》（GB/T18353—2008）中的有关规定；

5、配备的文字标准、当年的品级实物标准和长度实物标准，相关标准棉样应符合国家规定；

6、配备经国家人力资源和社会保障部门

会同有关部门考核合格的专业棉花品质检验人员，以及相关的机器操作、机械维修、财务、过磅、保管、保卫、消防等人员。

（四）当地县级以上公安消防机构核发的消防验收意见书。

（五）国家规定的其他条件。

个别市由于棉花种植区域发生较大变化，需要建设新的棉花加工企业的，应按照投资项目管理程序和要求由省发展改革委上报国家发展改革委批准后，再由山东省资格认定机关按规定程序审批。经批准的新建棉花加工企业，应持山东省资格认定机关的核准文件和《资格证书》，到工商行政管理部门办理登记，领取营业执照。

第九条　有下列情形之一的，山东省资格认定机关不受理申请者提出的棉花加工资格认定申请：

（一）因质量违法或其他违法经营被责令改正或行政处罚，企业已改正且履行处罚义务之日起至提出申请之日尚未满半年的；

（二）违反国家法律、法规、规章有关棉花质量监督管理的规定，有掺杂掺假、以假充真、以次充好或其他严重质量违法行为的，自行政处罚之日起至提出申请之日尚未满一年半的；

（三）出现过隐瞒有关情况或提供虚假材料申请棉花加工资格认定行为，至提出申请之日尚未满三年的；

（四）因违法被撤销原棉花加工资格，至提出申请之日尚未满三年的；

（五）因棉花违法经营受到行政处罚但不按法定要求履行处罚义务的；

（六）国家规定的其他情形。

第三章　棉花加工资格审核认定程序

第十条　按照《行政许可法》的要求，棉花加工资格认定的事项、依据、条件、数量、程序、期限以及需要提交的全部材料的目录和申请书示范文本等在办公场所及省发展改革委网站公示。棉花加工资格认定的有关文书样式，可在省发展改革委网站（网址：http://sdfgw.gov.cn）下载。

第十一条　山东省资格认定机关在每年5月的前10个工作日内受理棉花加工资格认定申请。受理期限需要调整的，由省发展改革委会同省工商局、省质监局提前向社会公布，同时报国家发展改革委备案。

第十二条　申请者申请棉花加工资格时须提供以下真实有效的材料（每项材料一式三份）：

（一）棉花加工资格认定申请表（原件3份）；

（二）原颁发的《资格证书》（原件1份、复印件2份）；

（三）营业执照（复印件3份，须审核原件）；

（四）当地市发展改革委更新改造立项批复文件（复印件3份）；

（五）棉花加工企业质量保证能力证书（复印件3份）；

（六）当地公安消防部门核发的消防验收意见书（原件1份、复印件2份）；

（七）符合要求的场地有关证明材料（原件1份、复印件2份）；

（八）鉴于我省棉花加工企业数量较多，必要时山东省资格认定机关委托企业所在市发展改革委、市工商局、市质监局，根据国家有关要求，对企业申请内容的真实性、申报材料的完整性等进行初步审核，并出具审核意见；

（九）根据规定需要申请者提供的其他材料。

第十三条　省发展改革委在接到申请材料之日起5个工作日内，作出受理或者不予受理的决定。不予受理的，书面通知申请者并注明理由。

第十四条　对决定受理申请的，省发展改革委将组织省工商局、省质监局等资格认定机关及棉花协会对申请者相关条件进行审查，自决定受理之日起45个工作日内对申请者作出审查决定。

第十五条　对作出授予棉花加工资格决定的，省发展改革委自作出决定之日起10个工作日内向申请者颁发《资格证书》。对审查后不予准许的，书面通知申请者并注明理由。

省发展改革委会同省工商局、省质监局定期向社会公布获得《资格证书》企业的名单，并报国家发展改革委备案。

第四章　棉花加工管理

第十六条　禁止企业未经过棉花加工资格认定而从事棉花加工经营活动。

第十七条　获得棉花加工资格认定的企业应当履行以下义务：

（一）保证各项质量保证能力条件得到正常运行和实施；

（二）按照国家标准和技术规范的要求收购（进厂）、加工棉花；

（三）不得购买、使用国家明令禁止的设备加工棉花；

（四）必须按照国家规定挑拣、排除异性纤维；

（五）成包棉花必须全部参加仪器化公证检验；

（六）不得采取挂靠、联营等手段为没有通过棉花加工资格认定的企业从事棉花加工活动提供便利、从中牟利，即不得“一证多厂”；

（七）不得向负责监督检查的行政机关或法律法规授权的组织隐瞒有关情况、提供虚假材料或者拒绝提供反映其活动的真实材料；

（八）不得拒绝、阻碍依法开展的监督检查；

（九）定期向发展改革部门上报本企业棉花收购、加工、销售和库存等有关情况；

（十）诚实守信，合法经营，按期偿还银行贷款，严格履行购销合同；

（十一）国家规定的其他要求。

第十八条　《资格证书》有效期为5年，自签发之日起计算。

棉花加工企业需要延续所获《资格证书》有效期的，应当在《资格证书》有效期届满60个工作日前向省发展改革委（以下简称原发证机关）提出申请，并提供规定的材料。山东省资格认定机关根据申请，在有效期届满前应作出是否予以延续的决定。

获得《资格证书》的棉花加工企业逾期未提出延续申请的，由原发证机关办理注销手续，并予以公告。

第十九条　《资格证书》如灭失，棉花加工企业应在3个工作日内书面告知原发证机关，原发证机关接到通知后应确定该《资格证书》已无效，并向社会公布。

需要补办《资格证书》的棉花加工企业应当向原发证机关提出申请，经原发证机关批准予以补办。

棉花加工企业的《资格证书》灭失后，无正当理由，既未按时通知原发证机关，又未申请补办《资格证书》的，棉花加工企业应承担由此引起的法律后果。

第二十条　棉花加工企业不得有下列行为：

（一）以欺骗等非法手段获取《资格证书》；

（二）将获得的《资格证书》倒卖、出租、出借或以其他形式非法转让；

（三）使用无效、失效的《资格证书》；

（四）伪造、变造、冒用《资格证书》。

第二十一条　棉花加工企业的《资格证书》记载的企业名称、法定代表人、加工场所等事项发生变更的，应向原发证机关申请变更登记，获得批准后方可继续从事棉花加工。原《资格证书》应在获得新《资格证书》的同时交还原发证机关，并由其予以注销。

棉花加工企业的《资格证书》记载的企业名称、法定代表人、加工场所等事项变更，以及由于企业间重组兼并等原因棉花加工企业出资人等发生变更，同时符合棉花加工资格认定条件的，由企业所在地县以上工商行政管理部门直接办理变更登记后，到原发证机关申请办理《资格证书》变更，须提供的材料参照第十二条的规定，并根据变更内容的不同提供相应的工商行政管理、质量监督、土地管理、公安消防等部门的审核意见。

第二十二条　获得《资格证书》的棉花加工企业有以下情形之一的，认定为丧失棉花加工资格，由原发证机关撤销所发《资格证书》，并向社会公布，认定《资格证书》失效，同时向国家发展改革委备案：

（一）质量保证能力、消防条件、主体条件等有一项已经不具备规定的资格认定条件，且经整改仍达不到规定条件的；

（二）出现本实施细则第二十条规定的任何一种情况的；

（三）《资格证书》灭失后，无正当理由，既未按时通知原发证机关，又未申请补办的；

（四）发生本实施细则第二十一条的情况，未按规定进行变更的；

（五）违反国家法律、法规、规章及有关棉花质量监督和市场管理的规定，有严重质量违法行为、或棉花质量违法屡查屡犯、或因质量违法被责令改正而未予改正、或有其他违法经营行为的；

（六）拒绝、阻碍依法开展监督检查，对监督检查结果拒不改正、或屡查屡犯、情节严重（如出现暴力抗拒检查的情形）的；

（七）向负责监督检查的行政机关或法律法规授权的组织隐瞒有关情况、提供虚假材料或者拒绝提供反映其活动的真实材料的；

（八）获得《资格证书》后，未按期报送本企业棉花收购、加工、销售、公检和库存有关真实情况的；

（九）获得《资格证书》后连续两年未开展相应的棉花加工经营活动的，或进行了棉花加工经营活动但未全部进行仪器化公证检验的；

（十）违反本实施细则其他有关规定，经山东省棉花加工资格认定机关依法决定取消棉花加工资格的；

（十一）国家规定的应当撤销证书的其他情形。

第二十三条　有下列情形之一的，省发展改革委将会同省工商局、省质监局注销其《资格证书》，并向社会公布，同时向国家发展改革委备案：

（一）《资格证书》有效期届满未延续的；

（二）获得《资格证书》的棉花加工企业依法终止资格的；

（三）《资格证书》依照本实施细则第二十二条被撤销的；

（四）法律、法规、规章规定的应当注销的其他情形。

第二十四条　山东省棉花加工资格认定机关在棉花加工企业营业执照有效期内依法吊销或撤销其《资格证书》，应当在吊销或撤销《资格证书》5个工作日内书面通知工商行政管理部门。相关企业应当持《资格证书》吊销或撤销通知书依法到企业注册地工商行政管理部门办理营业执照变更登记或者注销登记。

第二十五条　山东省棉花加工资格认定机关通过每年定期复查和日常监督检查，对获得《资格证书》的棉花加工企业进行监督检查。年度复查的内容主要包括加工企业是否还在继续从事棉花加工业务，其注册资本（金）、自有流动资金，棉花检测仪器设备、加工机械设备，棉花品质检验人员资格，生产区面积，消防设施等是否仍符合棉花加工资格认定条件。由企业所在市发展改革委牵头，会同市工商局、市质监局等部门组织所属县（市、区）有关部门进行，省发展改革委会同省工商局、省质监局等部门进行重点抽查。复查合格企业及取消资格企业名单将通过报纸或网站予以公示。

在定期复查和日常监督检查中，实施监督检查的行政执法机构应当将监督检查的情况和处理结果予以记录，由监督检查人员签字后归档。

对定期复查和日常监督检查中发现违反有关规定的，将依照有关规定进行处理。

第二十六条　省发展改革委将会同省工商局、省质监局定期组织相关部门对本实施细则的实施情况进行评估，需要调整时将依法及时调整。

第五章　棉花市场管理

第二十七条　棉花收购者不得有以下行为：

（一）不明码标价收购棉花；

（二）不按照国家标准和技术规范收购棉花；

（三）提供虚假信息或误导性宣传；

（四）与交售者有收购合同或协议而拒收或限收棉花；

（五）其他违反国家质量法律、法规、规章规定的。

第二十八条　棉花加工企业不得有以下行为：

（一）不按照国家标准和技术规范收购、加工棉花；

（二）在棉花加工过程中，未采取措施进行异性纤维挑拣；

（三）加工棉花包装、标识不符合国家标准的规定；

（四）棉花等级、类别、重量与质量凭证、标识不相符；

（五）其他违反国家质量法律、法规、规章规定的。

第二十九条　棉花销售企业不得有以下行为：

（一）购买、销售非法加工的棉花；

（二）销售的棉花没有有效的质量凭证；

（三）棉花等级、类别、重量与质量凭证、标识不相符；

（四）棉花包装、标识不符合国家标准的规定；

（五）其他违反国家质量法律、法规、规章规定的。

第三十条　严格实施主要棉花加工机械生产许可证制度。未获主要棉花加工机械生产许可证的企业，不得从事相应的棉花加工机械生产经营活动；棉花加工机械生产企业不得生产、销售不符合国家规定的棉花加工设备。

第三十一条　从事皮棉经营业务，可直接向所在地工商行政管理部门提出申请，由工商行政管理部门依据法律、法规、规章的规定核准登记。

第三十二条　棉花交易市场应按照国家有关法律、法规、规章的规定，取得相关的资格，建立健全棉花交易规则，规范交易行为，具备必要的场所，有效保护交易商的合法权益。棉花交易市场必须具备以下基本条件：

（一）有固定的交易场所；

（二）法人治理结构完善；

（三）建立公开、公平、公正、规范的交易规则；

（四）对市场参与者要有明确的行为规范；

（五）市场开办单位不得参与市场交易；

（六）市场交易的棉花必须附有符合国家规定的质量凭证和包装标识；

（七）市场开办单位和市场交易者要接受工商行政管理部门、棉花质量监督机构、税务部门等的监督，照章纳税、诚信经营；

（八）国家规定的其他条件。

第三十三条　禁止伪造、变造、冒用棉花质量凭证、公证检验证书、公证检验标志、其他检验标志、标识。

第三十四条　禁止在棉花收购、加工和销售活动中掺杂、掺假，以假充真，以次充好。

第三十五条　禁止无照或超范围经营棉花。

第三十六条 棉花质量监督机构和其他国家机关以及棉花质量检验机构不得以监制、监销等方式参与棉花经营活动。

第三十七条 专业纤维检验机构和依法批准成立的其他纤维检验机构，要严格按照国家有关质量法规、标准及《棉花质量监督管理条例》的规定，规范质量检验行为，公正严格检验棉花质量，对出具的检验证书依法承担相应的责任。

第三十八条 任何地方政府及部门不得采取划片、设卡、发放准运证等方式限制或变相限制企业销售棉花的区域和干预企业正常收购、加工、销售、运输活动。

第三十九条 发展改革部门应牵头做好棉花工作，制定科学的棉花加工业布局规划；工商行政管理部门、棉花质量监督机构应当依法在各自的职责范围内，对棉花收购、加工、销售等经营活动实施监督检查，监督检查中可依据有关法律、法规、规章的规定行使现场执法职权。

第六章 行政处罚程序

第四十条 对违反本实施细则规定的，由有关部门按照国家法律、法规、规章及有关规定依法进行处罚。构成犯罪的，依法移交司法机关追究其刑事责任。

第四十一条 对棉花加工进行资格认定和市场管理的工作人员玩忽职守，滥用职权徇私舞弊的，由其所在单位或上级行政主管部门给予行政处分。构成犯罪的，依法移交司法机关追究其刑事责任。

第七章 附 则

第四十二条 本实施细则由省发展改革委、省工商局、省质监局按职能分工负责解释。

第四十三条 本实施细则自2010棉花年度起施行。

1－76 山东省发展和改革委员会 山东省财政厅关于印发《山东半岛蓝色经济区和黄河三角洲高效生态经济区建设专项资金管理暂行办法》的通知

鲁发改投资〔2011〕628号

各市发展改革委、财政局，各省财政直接管理县(市)发展改革局、财政局，省直有关单位：

经省政府研究同意，现将《山东半岛蓝色经济区和黄河三角洲高效生态经济区建设专项资金管理暂行办法》印发给你们，请遵照执行。执行中如有问题，请及时向省发展改革委、财政厅反映。

二〇一一年六月七日

山东半岛蓝色经济区和黄河三角洲高效生态经济区建设专项资金管理暂行办法

第一章 总 则

第一条 根据国务院对《山东半岛蓝色经济区发展规划》、《黄河三角洲高效生态经济区发展规划》的批复意见和省委、省政府工作部署，设立山东半岛蓝色经济区和黄河三角洲高效生态经济区建设专项资金（下称专项资金）。为规范管理专项资金，提高资金使用效益，制定本办法。

第二条　专项资金由省财政资金和省基建基金组成，总规模由省政府确定。省财政资金属无偿资金，省基建基金属有偿资金。

2011年专项资金规模16亿元。

第三条　省财政厅、发展改革委经省政府授权，共同筹措、管理专项资金。

第四条　专项资金适用于山东半岛蓝色经济区和黄河三角洲高效生态经济区（下称“两区”）。行政区划指青岛、东营、烟台、潍坊、威海、日照、滨州7市，以及淄博高青县、德州乐陵市、庆云县。青岛市项目，按有关规定和现行财政体制统筹安排。

第五条　专项资金安排使用坚持“把握投向、突出重点、集中投入、效益优先、公平公正”的原则，统筹考虑经济发展现状和预期目标，有效发挥政府投资带动作用。

第二章　专项资金扶持领域

第六条　专项资金支持"两区"内公共基础设施、重大投融资平台股权投资、重大科技创新平台及科技示范推广项目、特色教育与人才培育，以及具有引领带动作用的重点产业项目，主要有：

（一）公共基础设施。主要指经济（技术）开发区、高新技术产业开发区、海关特殊监管区域，以及"两区"规划确定的海洋经济新区、中外合作园区、临港产业区、高效生态农业区等园区基础设施，防洪防潮堤、海岛供水管网、海洋基础测绘、信息网络平台等建设项目。

（二）重大投融资平台股权投资。主要指重大产业投资基金股权投资，以及区域重大投融资平台注资中，需要省政府承担的引导资金投资任务。

（三）重大科技创新平台及科技示范推广项目。主要指拥有自主知识产权，科技成果产业化成效明显的省级及以上工程实验室、工程（技术）研究中心、重点实验室、企业技术中心等科技创新平台建设，以及科技示范推广项目等。

（四）特色教育与高端人才培育。主要指省属高等院校、科研院所特色学科工程、教科研实习基地建设，示范性职业技术学院基础设施，高端人才引进与培育工程，以及高端人才主持的重大基础研究和应用开发项目。

（五）生态环境保护。主要指城镇污水垃圾处理设施建设和工业污染源治理等水污染防治项目；海岛、海岸线资源修复整治，海洋及滨海湿地生态系统保护，珍稀物种繁育养护，渔业生态修复等河海资源保护项目；重要湿地保护区生态恢复和重建，水源地保护项目；灾害调查评价体系、监测预警体系、防治体系、应急体系、气象灾害监测预警预报和信息发布系统建设等防灾减灾体系建设。

（六）重点产业项目。主要指：

新能源和节能环保、新一代信息技术、新医药和生物、海洋开发等新兴产业重点项目；

先进装备制造业重点项目；

现代农渔业重点项目；

现代物流、文化创意、动漫游戏、数字出版、滨海沿河休闲生态旅游、金融保险、科技新信息公共服务平台、商务服务等现代服务业重点项目。

第三章　专项资金投资方式

第七条　省财政出资部分以财政补助、贷款贴息、奖励等方式安排；省基建基金出资部分，与商业银行按照1：2的比例组建合作贷款，以贷款方式安排。

第八条　财政资金重点用于公共基础设施、特色教育与高端人才培育、生态环境保护等公益性项目，重大技融资平台引导资金投资任务，重大科技创新平台及科技示范推广项目，以及引领带动作用明显的高新技术研发和产业化重大项目；

省基建基金与信贷资金组建的合作贷款集中用于竞争性行业或领域的重点产业项目，主要包括新兴产业、先进装备制造业、现代农渔业、现代服务业等项目。

第九条 申请财政补助的公共基础设施、特色教育与高端人才培育等项目，由各地和有关单位负责筛选推荐，省里统筹专项资金和申报项目情况，兼顾县区平衡，按照公正公平原则安排；

重大投融资平台股权投资任务，由产业投资基金管理单位或区域重大投融资平台提出建议，省里根据实际需要安排；

申请贷款贴息和奖励资金的重大科技创新平台和示范推广项目、生态环境保护项目、高新技术研发和产业化重大项目，由各地和有关单位负责筛选推荐，省里按照效益优先的原则择优安排；

申请贷款资金的重点产业项目，各地和有关单位按照省里确定的产业、地域投向和申报条件，筛选推荐项目，商业银行按照信贷资金审贷规定安排。

第十条 除省政府确定的重大项目外，其他项目资金安排比例和额度，按以下标准限额执行：

安排给单个项目的财政补助原则上不超过2000万元；

贷款贴息率不超过当期银行基准贷款利率，贴息期限原则上不超过三年，安排给单个项目的贴息额度原则上，不超过1000万元；

安排给单个项目的奖励资金原则上不超过500万元；

安排给单个项目的合作贷款额度原则上不超过总投资的50%，总额不超过2亿元。

第十一条 申请财政补助和贷款贴息的建设项目，市县政府要根据省委、省政府筹措资金加强经济区建设的意见，除财政困难县外，原则上按照不低于1∶1的比例，从地方发展专项资金中安排配套资金。

第四章 项目申报

第十二条 省发展改革委、财政厅每年确定专项资金投向和重点，发布专项资金申报指南。

第十三条 各地和有关单位申请专项资金，应按照有关规定，向省发展改革委、财政厅提交专项资金申请报告。

第十四条 申报项目满足以下要求：

（一）符合《山东半岛蓝色经济区发展规划》、《黄河三角洲高效生态经济区发展规划》总体要求；

（二）符合国家产业政策，有利于产业结构调整优化和改善民生；

（三）符合专项资金投资方向；

（四）已经投资主管部门批准，具有土地或海洋、环保、规划等主管部门相关批复意见。

申报单位和项目还应具备其他条件，提交相应材料，具体见年度申报指南。

第十五条 申报程序。

项目单位按属地原则向所在市（省财政直管县）发展改革委（局）、财政局提出资金申请，市级（省财政直管县）初审合格后联合行文报省发展改革委、财政厅；省管企业直接向省发展改革委、财政厅提出资金申请；省属事业单位，由主管部门将资金申请报告转报省发展改革委、财政厅。

第五章 项目审查和资金拨付

第十六条 项目审查与评审。

重大投融资平台股权投资任务，由财政厅提出安排意见，并指定股权投资出资人代表。

申请财政补助、贷款贴息、奖励资金的项目，省发展改革委、财政厅组织专家评审，根据专家评审结果提出安排意见。

申请贷款资金的项目，省发展改革委、财政厅初审，将符合专项资金申报条件和投向的项目推荐给商业银行，商业银行根据信贷资金管理规定，根据审贷会议评审结果安排。

第十七条　省发展改革委、财政厅组织专家评审，按评审制度和规定程序，对申请财政补助、贷款贴息、奖励资金的项目，开展评审工作。评审办法另行制定。

省直有关部门，省属高校、科研院所推荐省内外相关行业知名专家学者，组成专家库，随机抽取。

第十八条　审核后，专项资金扶持的单位和项目名单，向社会公示，公示期 7 天。

第十九条　资金拨付。公示期满后，财政预算资金由财政部门按预算级次逐级拨付；

省基建基金在商业银行履行完审贷程序后，由省发展改革委拨付给商业银行，商业银行发放给项目单位。

第六章　监督管理

第二十条　省发展改革委、财政厅按照职能分工组织力量对专项资金扶持项目建设和资金使用情况进行绩效评价。评价结果作为以后年度资金分配的重要依据。审计监察部门负责专项资金的审计监察工作。

省发展改革委、财政厅监督商业银行执行本办法有关规定，保证按照专项资金投向发放贷款。

省发展改革委、财政厅委托商业银行加强合作贷款项目贷后监管，预防和控制发生风险。

第二十一条　省级将组织力量对专项资金使用和项目建设情况进行重点检查，发现以下行为，严肃处理。

（一）项目单位弄虚作假、骗取专项资金，一经查实，全部收回，取消今后申请资格；

（二）截留、挪用专项资金的，严格按照《财政违法行为处罚处分条例》（国务院第 427 号）等有关规定，依法追究有关单位和人员的责任；

（三）擅自改变主要建设内容和建设标准，或停止项目建设的，收回或停止拨付专项资金；

（四）有关中介机构在项目评估评审过程中弄虚作假，或提供水平低下、严重失实评估意见的，通报批评，不准其参与专项资金有关工作；

（五）有关工作人员滥用职权、玩忽职守、衔私舞弊、索贿受贿的，责令整改，视情追究有关责任人行政、法律责任。

第二十二条　各级发展改革、财政部门要加强项目建设和资金监管，建立健全监管制度，重点对资金使用、项目进度等情况进行监督检查，确保资金使用安全。重大问题及时报告。

第二十三条　获得专项资金扶持的项目所在市发展改革委、

财政局，省财政直管县发展改革局、财政局，每年 10 月底前以正式文件联合向省发展改革委、财政厅提交包括项目进度、资金使用情况、存在问题、解决问题的具体措施和处理意见等内容的书面报告。

第七章　附　则

第二十四条　本办法由省发展改革委、财政厅负责解释。

第二十五条　本办法自公布之日起实施。

第 二 篇

重点调查企业基本情况

2－1　重点调查企业主要指标

	企业个数	2011年主营业务收入（亿元）	2011年末从业人员数（万人）
总　计	949	30167.27	242.72
一、按企业登记注册类型分			
1. 国有企业	196	8481.83	60.43
2. 集体企业	27	303.32	3.21
3. 股份合作企业	21	123.58	1.64
4. 联营企业	–	–	–
5. 有限责任公司	411	11053.82	99.81
6. 股份有限公司	171	8481.68	61.97
7. 私营企业	49	367.86	3.45
8. 港、澳、台投资企业	32	434.95	4.27
9. 外商投资企业	42	920.22	7.95
二、按是否国有控股企业分			
国有控股企业	659	12719.14	91.61
非国有控股企业	290	17448.13	151.12
三、按企业规模分			
大型	410	27798.39	212.56
中型	354	2223.43	28.01
小型	163	132.49	2.06
微型	22	12.96	0.09
五、按地区分			
济南市	152	4864.31	50.17
青岛市	149	4958.23	31.85
淄博市	105	3450.61	27.22
枣庄市	29	154.01	4.51
东营市	15	1354.19	6.56
烟台市	81	2636.71	17.02
潍坊市	97	3414.91	27.04
济宁市	49	1072.08	11.64
泰安市	37	422.85	5.17
威海市	72	975.91	11.17
日照市	21	840.06	4.10
莱芜市	13	1297.03	6.60
临沂市	47	965.74	13.00
德州市	38	445.93	4.93
聊城市	7	715.54	3.67

续表：1

	企业个数	2011 年主营业务收入（亿元）	2011 年末从业人员数（万人）
滨州市	17	2194.56	15.99
菏泽市	20	404.62	2.08
六、按行业门类分			
制造业	408	24060.93	151.08
农副食品加工业	28	603.74	5.45
食品制造业	14	257.13	2.34
酒、饮料和精制茶制造业	6	382.87	3.50
烟草制品业	3	313.40	0.78
纺织业	29	2020.39	24.49
纺织服装、服饰业	6	22.46	0.46
皮革、毛皮、羽毛及其制品和制鞋业	4	67.10	0.41
木材加工和木、竹、藤、棕、草制品业	3	17.37	0.12
家具制造业	1	37.37	0.08
造纸和纸制品业	16	1143.02	6.48
印刷和记录媒介复制业	4	7.88	0.13
文教、工美、体育和娱乐用品制造业	6	41.53	1.16
石油加工、炼焦和核燃料加工业	21	2370.89	3.81
化学原料和化学制品制造业	47	2612.32	14.51
医药制造业	10	239.06	2.94
化学纤维制造业	4	22.57	1.11
橡胶和塑料制品业	12	492.02	4.00
非金属矿物制品业	18	540.31	6.01
黑色金属冶炼和压延加工业	35	3819.36	17.93
有色金属冶炼和压延加工业	16	1811.92	8.60
金属制品业	8	29.90	1.10
通用设备制造业	21	1273.21	8.78
专用设备制造业	15	757.50	5.34
汽车制造业	23	1471.88	8.80
铁路、船舶、航空航天和其他运输设备制造业	8	467.44	3.38
电气机械和器材制造业	25	2089.65	12.61
计算机、通信和其他电子设备制造业	21	1142.62	6.60
仪器仪表制造业	4	6.02	0.16
建筑业	109	1577.56	45.35
房屋建筑业	72	979.25	37.46
土木工程建筑业	24	493.93	6.39
建筑安装业	11	92.83	1.31
建筑装饰和其他建筑业	2	11.57	0.19

续表：2

	企业个数	2011 年主营业务收入（亿元）	2011 年末从业人员数（万人）
批发和零售业	127	2100.24	12.21
批发业	63	1111.34	3.25
零售业	64	988.90	8.96
交通运输、仓储和邮政业	57	1106.49579	22.4167
铁路运输业	2	263.64	9.44
道路运输业	37	342.37	7.52
水上运输业	11	380.11	3.87
航空运输业	2	104.67	0.82
管道运输业	–	–	–
装卸搬运和运输代理业	–	–	–
仓储业	2	5.64	0.02
邮政业	3	10.08	0.75
住宿和餐饮业	75	536.06	3.79
住宿业	58	501.01	1.48
餐饮业	17	35.05	2.31
信息传输、软件和信息技术服务业	41	607.50	6.48
电信、广播电视和卫星传输服务	27	579.62	5.72
互联网和相关服务	3	1.16	0.20
软件和信息技术服务业	11	26.72	0.56
房地产业	98	146.90209	0.8463
社会服务业	34	31.57	0.56
租赁业	7	0.44	0.12
商务服务业	21	30.47	0.31
公共设施管理业	5	0.66	0.12
居民服务业	1	0.00	0.00

2－2　重点调查制造业企业基本情况

企业名称	详细地址	邮政编码	行政区划代码	联系电话	所属行业	行业代码	主要产品一	主要产品二	主要产品三
中国石油化工股份有限公司济南分公司	山东省济南市历下区工业南路 26 号	250101	370102	0531-88832403	原油加工及石油制品制造	2511	汽油	柴油	液化气
齐鲁制药有限公司	山东省济南市高新区新泺大街 317 号	250100	370102	0531-83126624	化学药品制剂制造	2720	心血管类化学原料药及制剂	抗生素原料药及制剂	抗肿瘤类化学原料药及制剂
山东山大华特科技股份有限公司	山东省济南市历下区	250061	370102	0531-85198077	环境保护专用设备制造	3591	环保设备		
中国重型汽车集团有限公司	山东省济南市历下区英雄山路 165 号	250002	370102	0531-85582081	汽车整车制造	3610	汽车生产	改装车生产	发动机生产
山东省汽车工业集团有限公司	山东省济南市历下区泺源大 53 号	250011	370102	0531-86155069	汽车整车制造	3610	汽车零部件及配件制造	汽车整车制造	
济南轻骑摩托车股份有限公司	山东省济南市历下区和平路 34 号	250014	370102	0531-86599763	摩托车整车制造	3751	摩托车制造		
浪潮集团有限公司	山东省济南市浪潮路 1036 号	251010	370102	0531-85106000	计算机整机制造	3911	计算机及软件		
济南晶恒电子有限责任公司	山东省济南市历下区和平路 51 号	250014	370102	0531-86593100	半导体分立器件制造	3962	半导体分立器件		
山东康巴丝钟表有限公司	山东省济南市历下区 1517 号	250102	370102	0531-62326186	钟表与计时仪器制造	4030	钟表与计时仪器制造		
济南长城炼油厂	山东省济南市市中区七贤镇杨家庄路 10 号	250022	370103	0531-81219252	原油加工及石油制品制造	2511	原油加工业		
鲁银投资集团股份有限公司	山东省济南市市中区姚家镇街道办经十路 10777 号	250002	370103	0531-82099071	炼钢	3120	钢铁		
济南一机床集团有限公司	山东省济南市市中区王官庄机一西厂路四号	250022	370103	0531-85052203	金属切削机床制造	3421	金属切削机床		
济南鲁泉机械厂（六四五五工厂）	山东省济南市市中区党家庄陡沟	250116	370103	0531-87996422	改装汽车制造	3620	改装汽车	木制家具	
山东电力设备制造有限公司	山东省济南市市中区机一西厂路 3 号	250022	370103	0531-85859168	变压器、整流器和电感器制造	3821	电力变压器		
西门子变压器有限公司	山东省济南市市中区魏华西路 10 号	250022	370103	0531-87291510	变压器、整流器和电感器制造	3821	设计制造销售维修变压器		
济南民天面粉有限责任公司	山东省济南市槐荫机床二厂路 3 号	250022	370104	0531-87192515	谷物磨制	1310	小麦粉		
济南二机床集团有限公司	山东省济南市槐荫区机床二厂路 4 号	250022	370104	0531-81616667-0	金属成形机床制造	3422	金属成形机床	金属切削机床	铸造机械

续表：1

企业名称	详细地址	邮政编码	行政区划代码	联系电话	所属行业	行业代码	主要产品一	主要产品二	主要产品三
济南轨道交通装备有限责任公司	山东省济南市槐荫区槐村街 73 号	250022	370104	0531-88305729	铁路机车车辆配件制造	3713	铁路货车产品	风电产品	环保产品
济南元首针织股份有限公司	山东省济南市天桥区	250033	370105	0531-85867738	针织或钩针编织物织造	1761	服装出口和服装国内销售		
济南锅炉集团有限公司	山东省济南市天桥区黄岗路 8 号	250023	370105	0531-85974222-6452	锅炉及辅助设备制造	3411	电站锅炉		
济南维尔康食品有限公司	山东省济南市历城	250100	370112	0531-88676188	牲畜屠宰	1351	生猪屠宰	肉制品加工	
山东中烟工业公司	山东省济南市历城区将军路 171 号	250100	370112	0531-88759865	卷烟制造	1620	卷烟		
东港安全印刷股份有限公司	山东省济南市历城区山大北路 23 号	250100	370112	0531-82672217	包装装潢及其他印刷	2319	印刷品	办公用纸	出版物
济南庚辰钢铁有限公司	山东省济南市历城区郭店 70 号	250109	370112	0531-88281612	炼铁	3110	球墨铸铁		
济南钢铁集团总公司	山东省济南市历城区	250101	370112	0531-88866039	炼钢	3120	钢材	粗钢	
济南重工股份有限公司	山东省济南市历城区董家镇	250109	370112	0531-86139315	矿山机械制造	3511	采矿采石设备制造	环境污染防治专用设备制造	
济南佳宝乳业有限公司	山东省济南市长清区平安明发路 1999 号	250316	370113	0531-87599077	乳制品制造	1440	乳制品		
山东山水水泥集团有限公司	山东省济南市长清区崮山镇山水工业园	250307	370113	0531-88360199	水泥制造	3011	水泥制造	水泥制品制造	
中国石油集团济柴动力总厂	山东省济南市长清区经十西路 11966 号	250306	370113	0531-87422423	内燃机及配件制造	3412	内燃机及配件制造	发电机及发电机组制造	
济南变压器集团股份有限公司	山东省济南市长清区经十西路 12517 号	250300	370113	0531-85653610	变压器、整流器和电感器制造	3821	电力变压器	油箱	其他
济南时代试金试验机有限公司	山东省济南市长清平安桥子里时代路 219 号	250300	370113	0531-87193720	试验机制造	4015	试验机		
济南黄河特钢有限责任公司	山东省济南市平阴县大佛寺	250400	370124	0531-87852655	钢压延加工	3140	刚压延加工		
济南玫德铸造有限公司	山东省济南市平阴县	250400	370124	0531-87885012	建筑装饰及水暖管道零件制造	3352	各类管件		
山东胜利股份有限公司	山东省济南市高新区天辰大街 2238 号	250101	370127	0531-88725611	化学药品原料药制造	2710	生物制药		
齐鲁化纤集团	山东省济南市天桥区铜元局前街 1 号	250001	370127	0531-67609069	涤纶纤维制造	2822	棉纱		
济南轻骑铃木摩托车有限公司	山东省济南市高新	250101	370127	0531-85030923	摩托车整车制造	3751	摩托车生产		

续表：2

企业名称	详细地址	邮政编码	行政区划代码	联系电话	所属行业	行业代码	主要产品一	主要产品二	主要产品三
山东齐鲁电机制造有限公司	山东省济南市历下华信路 18 号	250100	370127	0531–87075479	发电机及发电机组制造	3811	汽轮发电机		
山大鲁能信息科技有限公司	山东省济南市高新山大南路 29–1 B 座 405	250100	370127	0531–85056612	计算机零部件制造	3912	电子设备制造	物业管理	
积成电子股份有限公司	山东省济南市历下华阳路 69 号	250102	370127	0531–88018000	工业自动控制系统装置制造	4011	变电站自动化	电网调度自动化	配用电自动化
山东明水大化集团	山东省济南市章丘	250200	370181	0531–83253561	氮肥制造	2621	氮肥制造		
山东晋煤日月化工有限公司	山东省济南市章丘水寨	250200	370181	0531–83553193	氮肥制造	2621	氮肥制造		
山东华塑建材有限公司	山东省济南市章丘	250200	370181	0531–83114899	合成橡胶制造	2652	合成橡胶制造		
章丘海尔电机有限公司	山东省济南市章丘	250200	370181	0531–83250848	微电机及其他电机制造	3819	微电机及其他电机制造		
青岛啤酒股份有限公司	山东省青岛市市南香港中路五四广场青啤大厦	266071	370202	0532–85706635	啤酒制造	1513	啤酒制造与销售		
青岛孚德鞋业有限公司	山东省青岛市市南区湛山延安三路 212 号	266000	370202	0532–87722567	皮鞋制造	1952	皮鞋		
普洛股份有限公司	山东省青岛市市南区胶州路 140 号	266071	370202	0532–83860936	化学药品原料药制造	2710	原料药、中间体	制剂	中成药
双星集团有限责任公司	山东省青岛市市南区贵州路 5 号	266002	370202	0532–82682475	轮胎制造	2911	轮胎制造		
海信集团有限公司	山东省青岛市市南东海西路 17 号	266071	370202	0532–80878073	电视机制造	3951	电视机制造	家用制冷电器具制造	家用空气调节器制造
青岛罐头食品厂有限公司	山东省青岛市市北区商河路 24 号	266012	370203	0532–83818888	水产品冷冻加工	1361	冷冻水产品		
青岛华金染织有限公司	山东省青岛市市北沈阳路 48 号	266021	370203	0532–83832740	针织或钩针编织物织造	1761	针织服装		
青岛红星化工集团有限责任公司	山东省青岛市市北区济阳路 8 号	266011	370203	0532–82850710	无机盐制造	2613	氢氧化钡	硫酸钡	硝酸钡
青岛金王应用化学股份有限公司	山东省青岛市市南区福泰广场 B 座香港中路 18 号	266071	370203	0532–85718989	化学试剂和助剂制造	2661	蜡烛		
青岛双蝶集团股份有限公司	山东省青岛市市北区台东一路 103 号	266000	370203	0532–83663356	日用及医用橡胶制品制造	2915	日用橡胶制品		
青岛联创实业集团有限公司	山东省青岛市四方区海岸路 22 号	266031	370205	0532–83763207	纺织带和帘子布制造	1783	纺织带和帘子布织造		
青岛荣达针织有限公司	山东省青岛市四方区金华支路 8 号	266042	370205	0532–84880788	机织服装制造	1810	服装制造	染色	
青岛海晶化工集团有限公司	山东省青岛市四方区唐河路 8 号	266042	370205	0532–88086806	无机碱制造	2612	烧碱	聚氯乙烯	氯化聚乙烯

续表：3

企业名称	详细地址	邮政编码	行政区划代码	联系电话	所属行业	行业代码	主要产品一	主要产品二	主要产品三
青岛双桃精细化工（集团）有限公司	山东省青岛市四方区杭州路 28 号	266031	370205	0532-83075766	化学试剂和助剂制造	2661	染料、中间体销售		
青岛捷能汽轮机股份有限公司	山东省青岛市四方区	266042	370205	0532-86125356	汽轮机及辅机制造	3413	汽轮机		
青岛纺织机械股份有限公司	山东省青岛市四方区四流南路 22 号	266042	370205	0532-84892015	铸造机械制造	3423	棉花加工机械制造		
青岛北海船舶重工有限责任公司	山东省青岛市黄岛区漓江东路 369 号	266520	370211	0532-86756534	金属船舶制造	3731	船舶制造		
青岛澳柯玛集团总公司	山东省青岛市黄岛区前湾港路 315 号	266510	370211	0532-86765075	家用制冷电器具制造	3851	冷柜、冰箱		
青岛崂山玻璃有限公司	山东省青岛市崂山区沙子口	266102	370212	0532-13687635-716	玻璃包装容器制造	3055	啤酒瓶		
青岛汉缆股份有限公司	山东省青岛市崂山区九水东路 628 号	266102	370212	0532-88818830	电线、电缆制造	3831	电缆制造		
海尔集团股份公司	山东省青岛市崂山区海尔路 1 号	266100	370212	0532-88939449	家用制冷电器具制造	3851	家用制冷电器具制造		
青岛食品股份有限公司	山东省青岛市李沧区四流中支路 2 号	266041	370213	0532-84669917	饼干及其他焙烤食品制造	1419	饼干糕点业	花生酱	果脯
中国石化集团青岛石油化工有限责任公司	山东省青岛市李沧区滨海路 8 号	266043	370213	0532-66762239	原油加工及石油制品制造	2511	原油加工		
青岛碱业股份有限公司	山东省青岛市李沧区四流北路 78 号	266043	370213	0532-88082888	无机碱制造	2612	纯碱	复合肥	氯化钙
青岛东岳泡花碱有限公司	山东省青岛市李沧区兴国路 25 号	266041	370213	0532-84619142	无机盐制造	2613	生产硅酸钠	生产偏硅酸钠	
青岛海洋化工有限公司	山东省青岛市李沧沔阳路 7 号	266041	370213	0532-84628440	其他基础化学原料制造	2619	其他基础化学原料制造		
青岛钢铁控股集团有限责任公司	山东省青岛市李沧区遵义路 5 号	266043	370213	0532-58812990	炼钢	3120	炼钢		
一汽解放青岛汽车厂	山东省青岛市李沧区娄山路 2 号	266043	370213	0532-84913637	低速载货汽车制造	3630	载货汽车		
青岛中能集团有限公司	山东省青岛市李沧区黑龙江中路 781 号	266100	370213	0532-89653777	电线、电缆制造	3831	电线电缆	光纤光缆	其他基础化学原料
山东华食佳食品有限公司	山东省青岛市城阳区 204 路 33 号	266109	370214	0532-87869846	速冻食品制造	1432	速冻食品制造		
青岛广源发集团有限公司	山东省青岛市城阳区夏庄街道	266107	370214	0532-87783299	原油加工及石油制品制造	2511	日用玻璃制品及玻璃包装容器制造		
青岛黄海橡胶股份有限公司	山东省青岛市城阳棘洪滩金岭工业园 3 号	266111	370214	0532-68016102	轮胎制造	2911	轮胎销售		

续表：4

企业名称	详细地址	邮政编码	行政区划代码	联系电话	所属行业	行业代码	主要产品一	主要产品二	主要产品三
青岛三恩集团有限公司	山东省青岛市城阳区城阳 204 路 123 号	266109	370214	0532–89083257	钢压延加工	3140	钢结构生产		
青特集团有限公司	山东省青岛市城阳区正阳东路 777 号	266109	370214	0532–81157837	汽车零部件及配件制造	3660	改装车制造	汽车零部件及配件制造	
南车青岛四方机车车辆股份有限公司	山东省青岛市城阳棘洪滩锦宏东路 88 号	266111	370214	0532–87803649	铁路机车车辆及动车组制造	3711	动车组生产	城轨地铁	
南车四方车辆有限公司	山东省青岛市城阳区宏平路 9 号	266111	370214	0532–87808596	铁路机车车辆配件制造	3713	修理客车、机车车辆配件		
青岛变压器集团有限公司	山东省青岛市城阳城阳长城路 139 号	266109	370214	0532–81102282	变压器、整流器和电感器制造	3821	电力变压器	电线电缆制造	
山东天象集团公司	山东省青岛市平度市张舍镇郝家寨村南	266718	370283	0532–87388018	笔的制造	2412	笔的制造		
青岛康大外贸集团有限公司	山东省青岛市胶南市	266400	370284	0532–84122038	食品及饲料添加剂制造	1495	饲料加工	食品及饲料添加剂制造	蔬菜加工
青岛明月海藻集团有限公司	山东省青岛市胶南市海滨一路 67 号	266400	370284	0532–86612196	有机化学原料制造	2614	海藻酸钠、甘露醇、碘		
青岛双星轮胎工业有限公司	山东省青岛市胶南市青岛路 95 号	266400	370284	0532–85176652	轮胎制造	2911	轮胎制造		
青岛泰发集团股份有限公司	山东省青岛市胶南市隐珠镇大卢家滩	266431	370284	0532–83195509	其他未列明运输设备制造	3799	ST 系列手推车	橡胶制品	
青岛万福集团股份有限公司	山东省青岛市莱西市上海西路 9 号	266600	370285	0532–88438666	肉制品及副产品加工	1353	冷冻蔬菜	肉制品	饲料加工
鲁泰纺织股份有限公司	山东省淄博市淄川区松岭东路 81 号	255100	370302	0533–5418862	棉织造加工	1712	色织布	衬衣	
山东淄博锦宏水泥有限公司	山东省淄博市淄川区淄城镇雁阳路 290 号	255104	370302	0533–5261021	水泥制造	3011	水泥		
淄博晨旭工程机械厂	山东省淄博市淄川区寨里镇黑旺村	255167	370302	0533–6125289	铁合金冶炼	3150	铁合金		
山东唐骏欧铃汽车制造有限公司	山东省淄博市淄川区唐骏欧铃路 1 号	255130	370302	0533–5419948	汽车整车制造	3610	汽车		
山东齐赛纺织有限责任公司	山东省淄博市张店区共青团西路 128 号	255033	370303	0533–2771815	棉织造加工	1712	纱	坯布	
山东蓝星东大化工有限责任公司	山东省淄博市高新四宝山李家	255000	370303	0533–2159515	有机化学原料制造	2614	聚醚多元醇		
山东大成农药股份有限公司	山东省淄博市张店区杏园街道办事处洪沟路 25 号	255009	370303	0533–2118096	化学农药制造	2631	无机碱制造	化学农药制造	
山东新华医药集团有限责任公司	山东省淄博市张店区杏园街道办事处东一路 14 号	255005	370303	0533–2196093	化学药品原料药制造	2710	化学原料药	制剂	
金晶（集团）有限公司	山东省淄博市高新区石桥镇王北村	255200	370303	0533–4166055	平板玻璃制造	3041	平板玻璃	钢化玻璃	中空玻璃
淄博铁鹰钢铁有限公司	山东省淄博市张店区中埠镇铁鹰路 20 号	255000	370303	0533–3089613	炼铁	3110	炼钢生铁		
张店钢铁总厂	山东省淄博市张店区中心路 176 号	255007	370303	0533–3185839	炼铁	3110	螺纹钢	圆钢	炼铁

续表：5

企业名称	详细地址	邮政编码	行政区划代码	联系电话	所属行业	行业代码	主要产品一	主要产品二	主要产品三
山东淄博傅山企业集团有限公司	山东省淄博市张店区卫固傅山	255084	370303	0533-3785988	炼钢	3120	钢坯	带钢	焦碳
山东胜利钢管有限公司	山东省淄博市张店区中埠镇铁冶村西	255082	370303	0533-3081325	钢压延加工	3140	钢压延加工（焊接钢管）	钢压延加工（防腐钢管）	
中国铝业股份有限公司山东分公司	山东省淄博市张店区南定镇五公里路1号	255052	370303	0533-2944558	铝冶炼	3216	铝冶炼	有色金属制造	铸造机械制造
山东铝业公司	山东省淄博市张店区南定镇五公里路1号	255052	370303	0533-2944617	铝冶炼	3216	烧碱	铝冶炼	液氯
淄博柴油机总公司	山东省淄博市张店区湖田镇湖光路28号	255077	370303	0533-2072211	内燃机及配件制造	3412	柴油机		
山东新华医疗器械集团	山东省淄博市高新区泰美路7号	255086	370303	0533-3587727	医疗实验室及医用消毒设备和器具制造	3583	消毒灭菌设备	医用放疗设备	
淄博牵引电机集团股份有限公司	山东省淄博市张店共青团东路34号	255030	370303	0533-2602405	电动机制造	3812	电动机制造	炼油、化工生产专用设备制造	
山东齐林集团有限公司	山东省淄博市张店王舍路237号	255000	370303	0533-2192881	配电开关控制设备制造	3823	高低压开关柜制造	配电室设计制造安装	
淄博火炬能源有限责任公司	山东省淄博市张店区南定	255056	370303	0533-2996671	其他电池制造	3849	铅酸蓄电池		
山东东佳集团股份有限公司	山东省淄博市博山区秋谷横里河55号	255200	370304	0533-4167719	颜料制造	2643	钛白粉		
中外合资淄博工陶耐火材料有限公司	山东省淄博市博山区夏家庄	255200	370304	0533-4280482	耐火陶瓷制品及其他耐火材料制造	3089	耐火材料		
山东博泵科技股份有限公司	山东省淄博市博山区城西街道办事处柳杭路27号	255200	370304	0533-4131177	泵及真空设备制造	3441	IS 单级离心泵	SH 型中开泵	ISG 管道泵
山东特种工业集团有限公司	山东省淄博市博山区八陡镇	255201	370304	0533-4520545	汽车车身、挂车制造	3650	挂车零部件	工程机械及其他专用设备制造	民爆产品
山东山博集团	山东省淄博市博山开发区北山路76号	255200	370304	0533-2641096	电动机制造	3812	交流电动机	控制微电机	军用车辆电机
山东中轩生物有限公司	山东省淄博市临淄区安平89号	255400	370305	0533-6298830	食品及饲料添加剂制造	1495	黄原胶		
山东齐峰特种纸业股份有限公司	山东省淄博市临淄区朱台齐峰路22号	255432	370305	0533-7780091	机制纸及纸板制造	2221	装饰原纸生产及销售		
山东清源集团有限公司	山东省淄博市临淄区金岭回族镇金岭中路2号	255410	370305	0533-7487711	原油加工及石油制品制造	2511	农膜	沥青产品	铁路物流
山东兴武集团有限公司	山东省淄博市临淄区朱台朱台1号	255432	370305	0533-7780363	原油加工及石油制品制造	2511	混合轻烃	叔十二碳硫醇	
淄博齐翔石油化工集团有限公司	山东省淄博市临淄金山辛化路南首	255438	370305	0533-7549055	有机化学原料制造	2614	甲乙酮	混合丁烷	歧化松香酸钾皂
中国石化股份有限公司齐鲁分公司	山东省淄博市临淄桓公路15号	255408	370305	0533-7530047	初级形态塑料及合成树脂制造	2651	原油加工业	聚烯烃塑料制造业	合成橡胶制造业
蓝帆集团股份有限公司	山东省淄博市临淄区管仲路	255400	370305	0533-7524513	化学试剂和助剂制造	2661	邻苯二甲酸二辛酯	邻苯二甲酸二丁酯	塑胶手套

续表：6

企业名称	详细地址	邮政编码	行政区划代码	联系电话	所属行业	行业代码	主要产品一	主要产品二	主要产品三
山东金顺达集团有限公司	山东省淄博市临淄区凤凰东召西村	255419	370305	0533-7600830	炼铁	3110	铁精粉	生铁	焦炭
南金兆集团有限公司	山东省淄博市临淄凤凰南金村	255419	370305	0533-7601889	炼钢	3120	钢坯		
淄博兰雁集团有限责任公司	山东省淄博市周村恒通路 885 号	255300	370306	0533-6431489	棉织造加工	1712	牛仔布	纱线	服装
淄博大染坊丝绸集团有限公司	山东省淄博市周村区周隆路 1666 号	255300	370306	0533-6803728	绢纺和丝织加工	1742	丝织品		
淄博飞狮巾被有限公司	山东省淄博市周村区米山路 11 号	255300	370306	0533-6815488	毛巾类制品制造	1772	毛巾		
山东凤阳集团股份有限公司	山东省淄博市周村区凤阳路 138 号	255300	370306	0533-6452436	其他家具制造	2190	彩钢板，镀锌板，冷轧板	家具	
山东鲁宝冶金股份有限公司	山东省淄博市周村区丝绸路 168 号	255300	370306	0533-6181471	钢压延加工	3140	钢材	铝塑复合管	
山东多星电器有限公司	山东省淄博市周村区机场路 195 号	255300	370306	0533-6169012	家用厨房电器具制造	3854	电饭锅	电水壶	电煎锅
淄博云涛纺织品有限公司	山东省淄博市桓台县索镇少海路 2122 号	256412	370321	0533-8260980	毛巾类制品制造	1772	棉制品		
山东博汇集团有限公司	山东省淄博市桓台县马桥镇	256405	370321	0533-8530542	机制纸及纸板制造	2221	造纸	热电	化工
山东汇丰石化有限公司	山东省淄博市桓台县果里果里	256410	370321	0533-8407192	原油加工及石油制品制造	2511	汽油	柴油	液化气
山东金诚石化集团有限公司	山东省淄博市桓台县马桥前金	256405	370321	0533-8539772	原油加工及石油制品制造	2511	柴油	汽油	液化气
山东东岳化工有限公司	山东省淄博市桓台县唐山镇唐三村	256401	370321	0533-8512462	其他基础化学原料制造	2619	二氟一氯甲烷	聚四氟乙烯	DMC
淄博钜创纺织品有限公司	山东省淄博市高青田镇青苑路 7 号	256300	370322	0533-6953988	棉织造加工	1712	牛仔布		
山东兰骏集团	山东省淄博市高青文化路 177 号	256300	370322	0533-6986836	棉织造加工	1712	牛仔布	棉纱	服装
高青宏远石化有限公司	山东省淄博市高青县常家镇常家村委会	256309	370322	0533-6990811	原油加工及石油制品制造	2511	汽油	柴油	液化气
山东联合化工股份有限公司	山东省淄博市沂源县南麻镇永兴官庄	256100	370323	0533-3262006	氮肥制造	2621	氮肥制造		
瑞阳制药有限公司	山东省淄博市沂源县南麻镇瑞阳大道 1 号	256100	370323	0533-3228734	化学药品制剂制造	2720	化学药品制剂制造		
山东省药用玻璃股份有限公司	山东省淄博市沂源县药玻路 1 号	256100	370323	0533-3259160	玻璃包装容器制造	3055	西林瓶	棕色瓶	丁基胶塞
山东鲁阳股份有限公司	山东省淄博市沂源县	256120	370323	0533-3229016	耐火陶瓷制品及其他耐火材料制造	3089	耐火纤维制品		
山东万泰创业投资有限公司	山东省枣庄市市中区青檀路 58 号	277100	370402	0632-3121199	棉纺纱加工	1711	棉纱	棉布	牛仔布
枣庄金泰电子有限公司	山东省枣庄市市中区解放南路 19 号	277103	370402	0632-3691066	电子元件及组件制造	3971	锰锌软磁铁氧体（磁芯）		
山东海化煤业化工有限公司	山东省枣庄市薛城区临泉路 68 号	277000	370403	0632-4466509	炼焦	2520	焦炭	甲醇	焦油
山东神工化工集团股份有限公司	山东省枣庄市薛城区	277019	370403	0632-8692020	有机化学原料制造	2614	合成蒽醌		
山东万通纸业总公司	山东省枣庄市台儿庄区邳庄东顺路	277400	370405	0632-6618686	机制纸及纸板制造	2221	机制纸及纸板		

续表：7

企业名称	详细地址	邮政编码	行政区划代码	联系电话	所属行业	行业代码	主要产品一	主要产品二	主要产品三
山东中烟工业有限责任公司滕州卷烟厂	山东省枣庄市滕州市解放路 9 号	277500	370481	0632-5636917	卷烟制造	1620	卷烟制造		
兖矿国泰化工有限公司	山东省枣庄市滕州木石镇	277527	370481	0632-2368073	有机化学原料制造	2614	冰醋酸	精甲醇	火力发电
鲁南中联水泥有限公司	山东省枣庄市滕州市界河镇	277531	370481	0632-2725074	水泥制造	3011	水泥		
山东垦利石化有限责任公司	山东省东营市垦利垦利利河路 299 号	257500	370521	0546-2568670	原油加工及石油制品制造	2511	石油加工及石油制品制造业	白酒制造	棉、化纤纺织加工
山东胜通集团股份有限公司	山东省东营市垦利县	257500	370521	0546-7730055	化学试剂和助剂制造	2661	化工产品	机械元件制造	玻钢管道
东辰控股集团有限公司	山东省东营市垦利县胜坨镇永莘路 98 号	257506	370521	0546-2068315	专项化学用品制造	2662	专项化学用品制造业	有机化工原料制造业	变压器制造业
万达集团股份有限公司	山东省东营市垦利县胜坨镇坨东村	257506	370521	0546-2063989	电线、电缆制造	3831	车辆及工程机械轮胎	电力电缆	MBS 塑料抗冲剂
利华益集团股份有限公司	山东省东营市利津县	254000	370522	0546-5612109	原油加工及石油制品制造	2511	原油加工及石油制品制造		
山东华鹜植化集团有限公司	山东省东营市广饶县稻庄镇乐安	257336	370523	0546-6493126	食用植物油加工	1331	食用植物油	聚酰胺树脂	脂肪酸
华泰集团有限公司	山东省东营市广饶县大王潍高路 251	257335	370523	0546-7798690	机制纸及纸板制造	2221	机制纸及纸板	基本化学原料制造业	物流运输
正和集团股份有限公司	山东省东营市广饶县石村经济开发区	257342	370523	0546-6261074	原油加工及石油制品制造	2511	原油加工	热电	
山东金岭集团有限公司	山东省东营市广饶县大王	257335	370523	0546-6882879	有机化学原料制造	2614	甲烷氯化物	苯胺	环氧丙烷
信义集团公司	山东省东营市广饶大王常春路 6 号	257335	370523	0546-6878029	汽车零部件及配件制造	3660	刹车片	制动器	刹车盘
烟台张裕集团公司	山东省烟台市芝罘区	264000	370602	0535-6691243	葡萄酒制造	1515	葡萄酒		
烟台万华聚氨酯股份有限公司	山东省烟台市芝罘区幸福南路 7 号	264002	370602	0535-3388733	合成纤维单（聚合）体制造	2653	MDI	TPU	
烟台万华合成革集团有限公司	山东省烟台市芝罘区幸福南路 7 号	264000	370602	0535-6837626	合成纤维单（聚合）体制造	2653	异氰三酯		
莱钢集团烟台钢管有限公司	山东省烟台市芝罘区芝罘屯路 92 号	264000	370602	0535-6243926	钢压延加工	3140	无缝钢管		
烟台鹏晖铜业有限公司	山东省烟台市芝罘化工路 45 号、47 号	264002	370602	0535-6530579	铜冶炼	3211	阴极铜（电铜）	黄金	白银
烟台冰轮集团有限公司	山东省烟台市芝罘区西山路 80 号	264000	370602	0535-6697026	制冷、空调设备制造	3464	制冷空调设备生产		
烟台市电缆厂	山东省烟台市芝罘区烟福路 1 号	264002	370602	0535-6534487	广播电视节目制作及发射设备制造	3931	电力电缆	光纤光缆	
东方电子集团有限公司	山东省烟台市芝罘区机场路 2 号	264000	370602	0535-5520055	其他电子设备制造	3990	电力调度设备		
烟台泰和新材集团有限公司	山东省烟台市开发区黑龙江路 10 号	264006	370611	0535-6955066	氨纶纤维制造	2826	氨纶丝	芳纶丝	
烟台正海电子网板有限公司	山东省烟台市开发珠江路 21 号	264006	370611	0535-6385741	电子元件及组件制造	3971	荫罩		
山东恒邦冶炼股份有限公司	山东省烟台市牟平水道金政街 11 号	264109	370612	0535-4631179	金冶炼	3221	黄金	白银	电解铜

续表：8

企业名称	详细地址	邮政编码	行政区划代码	联系电话	所属行业	行业代码	主要产品一	主要产品二	主要产品三
山东东方海洋科技股份有限公司	山东省烟台市莱山区澳柯玛大街 18 号	264003	370613	0535-6729188	水产品冷冻加工	1361	水产加工	水产养殖	
烟台富恩铜业有限公司	山东省烟台市莱山区午台	264003	370613	0535-6711622	铜压延加工	3261	紫铜管		
山东龙丰集团公司	山东省烟台市龙口市黄城北环路 238 号	265701	370681	0535-8951567	谷物磨制	1310	谷物磨制	方便面及其他食品制造	
山东福尔股份有限公司	山东省烟台市龙口市徐福儒林庄	265713	370681	0535-8599069	其他合成材料制造	2659	氟苯	3-氯-2-甲基苯胺	2，6-二氯甲苯
山东丛林集团公司	山东省烟台市龙口市诸由观镇	265705	370681	0535-8561497	铝压延加工	3262	铝型材	模具制造	
南山集团公司	山东省烟台市龙口市东江镇南山	265706	370681	0535-8666825	铝压延加工	3262	有色金属压延产品	铝冶炼	毛纺织
龙口油泵燃油喷射有限公司	山东省烟台市龙口市东莱北大街 562 号	265700	370681	0535-13791221-384	汽车零部件及配件制造	3660	内燃机配件		
山东隆基集团有限公司	山东省烟台市龙口市	265700	370681	0535-8886899	汽车零部件及配件制造	3660	汽车配件		
山东春雪食品有限公司	山东省烟台市莱阳龙旺庄富山路 382 号	265202	370682	0535-7323228	禽类屠宰	1352	加工冻禽肉及调理食品	加工饲料	
莱阳市新冷大食品有限公司	山东省烟台市莱阳市富水路 075 号	265200	370682	0535-7312868	肉制品及副产品加工	1353	调理食品		
龙大食品集团有限公司	山东省烟台市莱阳龙旺庄庙后	262500	370682	0535-7717011	速冻食品制造	1432	速冻食品	肉食品	食用植物油
山东信远集团有限公司	山东省烟台市莱阳市共建路 102 号	265200	370682	0535-7281055	钢压延加工	3140	焊接钢管	铸钢件	塑管
山东华源莱动内燃机有限公司	山东省烟台市莱阳市五龙北路 40 号	265200	370682	0535-7293398	内燃机及配件制造	3412	柴油机		
山东鸿达建工集团有限公司	山东省烟台市莱阳市城厢龙门东路 26 号	265200	370682	0535-7235056	起重机制造	3432	塔式起重机		
烟台汽车制造厂	山东省烟台市莱阳市城厢西关街道办事处旌旗西路 94 号	265200	370682	0535-7997021	汽车整车制造	3610	汽车零部件加工		
山东鲁烟莱州印务有限公司	山东省烟台市莱州市开明路 1569 号	261411	370683	0535-2293036	书、报刊印刷	2311	烟盒包装印刷		
山东金创金银冶炼有限公司	山东省烟台市蓬莱市大柳行门楼	265615	370684	0535-3351356	金冶炼	3221	黄金	白银	
山东蓬翔汽车有限公司	山东省烟台市蓬莱南环路 5 号	265607	370684	0535-5662851	汽车车身、挂车制造	3650	车桥	改装车	液压缸
招远市针织厂有限公司	山东省烟台市招远梦之金城路 391 号	265400	370685	0535-8025385	针织或钩针编织物织造	1761	针织服装		
山东玲珑轮胎股份有限公司	山东省烟台市招远市玲珑镇金龙路 777 号	265406	370685	0535-8421265	轮胎制造	2911	轮胎制造		
山东国大黄金股份有限公司	山东省烟台市招远市国大路 668 号	265406	370685	0538-8120690	金冶炼	3221	黄金	白银	硫酸
山东鲁鑫贵金属有限公司	山东省烟台市招远市开发区温泉街道普照路 63 号	265400	370685	0535-8247802	稀有稀土金属压延加工	3264	键合金丝	贵金属首饰	焊粉
山东金宝电子股份有限公司	山东省烟台市招远市温泉路 128 号	265400	370685	0535-8113176	电子元件及组件制造	3971	覆铜板	铜箔	
山东海化华龙硝铵有限公司	山东省潍坊市潍城区符山镇北乐埠村	261055	370702	0536-8115855	无机盐制造	2613	硝酸钠	亚硝酸钠	浓硝酸

续表：9

企业名称	详细地址	邮政编码	行政区划代码	联系电话	所属行业	行业代码	主要产品一	主要产品二	主要产品三
潍坊东方钢管有限公司	山东省潍坊市潍城区春鸢路 28 号	261011	370702	0536-8185488	钢压延加工	3140	焊接钢管	公路护栏	电线电缆套管
山东省潍坊生建集团	山东省潍坊市潍城区胜利西街 252 号	261011	370702	0536-8181191	气体压缩机械制造	3442	气体压缩机	压力容器	铸铁件
潍坊恒联浆纸有限公司	山东省潍坊市寒亭区潍县北路 601 号	261100	370703	0536-7283136	木竹浆制造	2211	化纤浆粕	杨木浆	文化纸
山东海龙股份有限公司	山东省潍坊市寒亭海龙路 555 号	261100	370703	0536-2275166	人造纤维（纤维素纤维）制造	2812	粘胶短纤	粘胶长纤	
帛方纺织有限公司	山东省潍坊市坊子区凤凰街办凤山路 19 号	261200	370704	0536-8526663	棉纺纱加工	1711	棉纺纱加工	棉织造加工	
福田雷沃国际重工股份有限公司潍坊农业装备事业部	山东省潍坊市坊子区	261206	370704	0536-7625172	机械化农业及园艺机具制造	3572	拖拉机制造	机械化农业及园艺机具制造	建筑工程用机械制造
潍坊市恒联铜版纸有限公司	山东省潍坊市寒亭区海龙路 1526 号	261100	370705	0536-7288211	机制纸及纸板制造	2221	普通铜版纸	标签纸	水转印及无尘纸
汇胜集团股份有限公司	山东省潍坊市高新潍胶路 999 号	261201	370705	0536-8660697	机制纸及纸板制造	2221	纸管原纸		
潍坊亚星集团有限公司	山东省潍坊市奎文区鸢飞路 899 号	261031	370705	0536-8591107	无机碱制造	2612	氯化聚乙烯	100% 烧碱	
潍坊永昌铝业有限公司	山东省潍坊市临朐县东城街道杨家庄村	262619	370724	0536-3351999	铝压延加工	3262	铝型材销售		
潍坊乐港食品股份有限公司	山东省潍坊市昌乐县红河红河	262411	370725	0536-6661504	肉制品及副产品加工	1353	鸭产品	鸭产品	鸭产品
潍坊英轩实业有限公司	山东省潍坊市昌乐县城关街道昌盛街 1567 号	262400	370725	0536-6273006	食品及饲料添加剂制造	1495	柠檬酸	酒精	
昌乐世纪阳光纸业有限公司	山东省潍坊市昌乐县	262400	370725	0536-2181002	机制纸及纸板制造	2221	白板纸	纱管纸	
山东潍焦集团有限公司	山东省潍坊市昌乐县朱刘街办	262404	370725	0536-6711491	炼焦	2520	焦炭	煤焦油深加工	
颐中烟草（集团）有限公司青州卷烟厂	山东省潍坊市青州市玲珑山北路 1818 号	262500	370781	0536-3239350	卷烟制造	1620	卷烟制造业		
青州豪章铸造有限公司	山东省潍坊市青州市邵庄镇文登村	262505	370781	0536-3750882	黑色金属铸造	3130	精密铸件的生产与销售		
山东山工机械有限公司	山东省潍坊市青州市运河	262500	370781	0536-3818271	建筑工程用机械制造	3513	建筑工程用机械制造		
诸城外贸有限责任公司	山东省潍坊市诸城密州路东首	262200	370782	0536-6326052	肉制品及副产品加工	1353	鸡产品	玉米淀粉	混合饲料
得利斯集团有限公司	山东省潍坊市诸城市昌城镇	262216	370782	0536-6339042	肉制品及副产品加工	1353	牲畜屠宰	肉制品及副产品加工	饲料加工
山东兰凤针织集团有限公司	山东省潍坊市诸城龙都街道密州路四号	262200	370782	0536-6162037	针织或钩针编织物织造	1761	针织服装		
山东泸河集团有限公司	山东省潍坊市诸城市昌城镇道口村	262216	370782	0536-6336001	轮胎制造	2911	生产轮胎		
山东万兴集团有限公司	山东省潍坊市诸城市繁荣路东首北侧	262200	370782	0536-6067888	农副食品加工专用设备制造	3532	杀菌锅	节能建材	建筑工程

续表：10

企业名称	详细地址	邮政编码	行政区划代码	联系电话	所属行业	行业代码	主要产品一	主要产品二	主要产品三
北汽福田汽车股份有限公司诸城汽车厂	山东省潍坊市诸城龙源街 1 号	262200	370782	0536-6129349	汽车整车制造	3610	汽车制造		
诸城市义和车桥有限公司	山东省潍坊市诸城市密州	262200	370782	0536-6212963	汽车零部件及配件制造	3660	前桥		
富氏饲料（潍坊）有限公司	山东省潍坊市寿光稻田王三	262706	370783	0536-58611118-021	饲料加工	1320	饲料生产		
山东仙霞服装有限公司	山东省潍坊市寿光市金光街 6 号	262700	370783	0536-5258375	机织服装制造	1810	服装		
山东晨鸣纸业集团股份有限公司	山东省潍坊市寿光市圣城街 595 号	262700	370783	0536-2156137	机制纸及纸板制造	2221	铜版纸	双胶纸	白卡纸
山东千榕家纺有限公司	山东省潍坊市寿光市圣城街道渤海南路 1238 号	262700	370783	0536-5220702	抽纱刺绣工艺品制造	2436	生产床上用品		
山东寿光联盟化工集团有限责任公司	山东省潍坊市寿光建新街 199 号	262700	370783	0536-5202237	氮肥制造	2621	尿素	甲醇	复合肥
鲁丽集团有限公司	山东省潍坊市寿光市侯镇	262724	370783	0536-5762678	炼钢	3120	人造板	钢材	
山东寿光巨能控股集团有限公司	山东省潍坊市寿光市渤海路 498 号	262700	370783	0536-5182932	钢压延加工	3140	特种钢材	玉米淀粉	
山东墨龙石油机械有限公司	山东省潍坊市寿光市圣城文圣街 999 号	262700	370783	0536-5103360	石油钻采专用设备制造	3512	金属密封件制造	锻件及粉末冶金制品制造	石油钻采专用设备制造
华源凯马车辆有限公司	山东省潍坊市寿光洛城马家 5888 号	262703	370783	0536-5104057	汽车整车制造	3610	载货汽车		
安丘市外贸食品有限责任公司	山东省潍坊市安丘市兴安和平西路 39 号	262100	370784	0536-4261234	肉制品及副产品加工	1353	肉鸡产品	速冻米面食品	罐头
安丘福华食品有限公司	山东省潍坊市安丘市兴安三里店子村	262100	370784	0536-4263443	蔬菜加工	1371	蔬菜加工		
安丘市瑞泰纺织有限公司	山东省潍坊市安丘市安丘市青云大街 63 号	262100	370784	0536-4361291	棉纺纱加工	1711	棉纱		
山东奥宝化工集团有限公司	山东省潍坊市安丘市刘家尧归家疃	262100	370784	0536-4390161	复混肥料制造	2624	复合肥	合成氨	
潍坊长安铁塔股份有限公司	山东省潍坊市安丘市	262100	370784	0536-4212800	金属结构制造	3311	输电线路铁塔及构件		
安丘新建业登峰焊接材料有限公司	山东省潍坊市安丘凌河凌河	262127	370784	0536-4646777	其他未列明金属制品制造	3399	生产销售焊接材料		
高密大昌纺织有限公司	山东省潍坊市高密市立新街 1188 号	261500	370785	0536-2324548	棉纺纱加工	1711	纱	化纤布	
孚日集团股份有限公司	山东省潍坊市高密市孚日 1 号	261500	370785	0536-2855055	毛巾类制品制造	1772	巾被	床品	
山东银鹰化纤有限公司	山东省潍坊市高密市经济技术开发区兴源街 1169 号	261500	370785	0536-29166666-033	化纤浆粕制造	2811	棉浆粕	粘胶短纤维	
山东泰森新昌食品有限公司	山东省潍坊市昌邑市新昌路 2 号	261300	370786	0536-2170121	禽类屠宰	1352	冻鸡等食品加工	饲料	
山东昌邑石化有限公司	山东省潍坊市昌邑市都昌石化路 201 号	261300	370786	0536-7194200	原油加工及石油制品制造	2511	汽油	柴油	液化气
山东浩信机械有限公司	山东省潍坊市昌邑市围子	261307	370786	0536-7795736	汽车零部件及配件制造	3660	汽车零部件及配件制造		

续表：11

企业名称	详细地址	邮政编码	行政区划代码	联系电话	所属行业	行业代码	主要产品一	主要产品二	主要产品三
富潍薄膜（山东）有限公司	山东省潍坊市高新区东方路 387 号	261061	370797	0536–8788118	塑料薄膜制造	2921	聚酯薄膜		
潍坊特钢集团有限公司	山东省潍坊市高新区钢城街办	261201	370797	0536–7673828	钢压延加工	3140	钢压延加工		
潍坊海莱特锥形钢有限公司	山东省潍坊市奎文区卧龙东街 3899 号	261061	370797	0536–8798559	钢压延加工	3140	通迅塔	电力塔	路灯杆
潍柴控股集团有限公司	山东省潍坊市奎文民生东街 26 号	261001	370797	0536–8197226	内燃机及配件制造	3412	发动机	汽车	配件
歌尔声学股份有限公司	山东省潍坊市高新东方路 268 号	261061	370797	0536–8525194	通信终端设备制造	3922	麦克风	3D 眼镜	喇叭
山东海化股份有限公司	山东省潍坊市滨海经济开发区大家洼	262737	370799	0536–5329936	无机碱制造	2612	纯碱		
菱花集团有限公司	山东省济宁市市辖区	272073	370801	0537–2085074	味精制造	1461	味精制造		
山东雪花生物化工股份有限公司	山东省济宁市高新区王因	272100	370801	0537–3768013	其他调味品、发酵制品制造	1469	麸酸		
山东德源纱厂有限公司	山东省济宁市高新区黄屯	272104	370801	0537–3361208	棉纺纱加工	1711	紧密纺纱		
山东如意科技集团有限公司	山东省济宁市市中区洸河路 72 号	272073	370801	0537–2933032	毛条和毛纱线加工	1721	毛纺织业	棉纺织业	棉印染业
山东英克莱集团有限公司	山东省济宁市高新火炬路 29 号	272000	370801	0537–2329419	搪瓷卫生洁具制造	3373	电动车	健身器	电池
山东永泰照明电器股份有限公司	山东省济宁市市中区火炬南路润泰工业园	272100	370801	0537–2347668	电光源制造	3871	普通灯泡		
济宁世通纺织有限公司	山东省济宁市市中区太白东路 3 号	272000	370802	0537–2312883	棉纺纱加工	1711	腈纶纱		
济宁中银电化有限公司	山东省济宁市市中区	272021	370802	0537–2782042	无机碱制造	2612	离子膜烧碱	聚氯乙烯树脂	盐酸
山东鲁抗医药集团有限公司	山东省济宁市市中区太白楼西路 173 号	272021	370802	0537–2983272	化学药品原料药制造	2710	化学原料药及中间体	化学药品制剂	兽用药品
济宁广通输送带有限责任公司	山东省济宁市市中区济安桥北路 137 号	272000	370802	0537–2281808	橡胶板、管、带制造	2912	输送带		
山东企鹅塑胶集团有限公司	山东省济宁市市中区车站东路 17 号	272015	370802	0537–2310709	橡胶板、管、带制造	2912	盐膜	大棚膜	
山推工程机械股份有限公司	山东省济宁市高新区 327 国道 58 号	272000	370802	0537–2909501	建筑工程用机械制造	3513	推土机	压路机	履带链轨
小松山推工程机械有限公司	山东省济宁市市中区吴泰闸东路 69 号	272023	370802	0537–2363522	拖拉机制造	3571	建筑工程用机械制造		
济宁碳素工业总公司	山东省济宁市任城区赵村	272000	370811	0537–2317667	石墨及碳素制品制造	3091	碳素	沥青	碳黑油
山东济宁盛发焦化有限公司	山东省济宁市鱼台县张黄南林	252300	370827	0537–6080588	炼焦	2520	焦炭		
山东华金集团有限公司	山东省济宁市泗水县金庄金庄	273201	370831	0537–4036967	机制纸及纸板制造	2221	涂布原纸	静电纸	铜版原纸
山东工具制造有限公司	山东省济宁市泗水经济开发区全鑫路西首	273200	370831	0537–4011025	切削工具制造	3321	丝锥	圆板牙	刀具
曲阜中联水泥有限公司	山东省济宁市曲阜市书院乡书院街道办事处陶瓷路 16 号	273125	370881	0537–4612136	水泥制造	3011	水泥	煤	

续表：12

企业名称	详细地址	邮政编码	行政区划代码	联系电话	所属行业	行业代码	主要产品一	主要产品二	主要产品三
山东天幕集团总公司	山东省济宁市曲阜市	273100	370881	0187-66838815	金属结构制造	3311	幕墙钢结构网架		
山东太阳纸业股份有限公司	山东省济宁市兖州市新兖西关大街 66 号	272100	370882	0537-7928704	机制纸及纸板制造	2221	纸及纸板制造		
青岛钢铁集团兖州市焦化厂	山东省济宁市兖州市大安石马金谷璐 99 号	272117	370882	0537-3487801	炼焦	2520	焦炭		
山拖农机装备有限公司	山东省济宁市兖州大安山拖社区	272111	370882	0537-3476212	拖拉机制造	3571	大中型拖拉机		
兖矿峄山化工有限公司	山东省济宁市邹城	273500	370883	0537-5116609	其他肥料制造	2629	尿素	甲醇	
兖矿科澳铝业有限公司	山东省济宁市邹城市凫山 869 号	273500	370883	0537-5937018	铝冶炼	3216	企业管理		
邹城市东升工贸集团有限公司	山东省济宁市邹城市	273500	370883	0537-5213929	生产专用搪瓷制品制造	3371	皇冠瓶盖	玻璃钢制品	191# 树脂
山东泰山成通制丝有限公司	山东省泰安市泰山区龙潭路 137 号	271000	370902	0538-6626929	缫丝加工	1741	桑蚕丝	其他方便食品	
泰山玻璃纤维股份有限公司	山东省泰安市泰山区徐家楼泰玻大街 1 号	271000	370902	0538-6622137	玻璃纤维及制品制造	3061	玻璃纤维纱	毡制品	短切纤维
泰山集团股份有限公司	山东省泰安市高新北天门大 1169 号	271000	370902	0538-6619633	锅炉及辅助设备制造	3411	变压器	工业锅炉	轻工机械
山东鲁能泰山电力设备有限公司	山东省泰安市泰山区天烛峰路 7 号	271000	370902	0538-8639912	变压器、整流器和电感器制造	3821	变压器	全封闭组合电器（GIS）	电线电缆
山东泰开电气集团有限公司	山东省泰安市泰山区上高街道办事处北上高村委会泰莱路 19 号	271000	370902	0538-8518286	电容器及其配套设备制造	3822	全封闭组合高压开关	变压器	互感器
山东科大中天电子有限公司	山东省泰安市泰山区北天门大街	271000	370902	0538-6366601	电工仪器仪表制造	4012	电工仪器仪表制造	煤矿用产品	
蒙牛乳业泰安有限责任公司	山东省泰安市岱岳区中天门大街	271000	370911	0538-6928529	乳制品制造	1440	液体乳及乳制品制造、含乳饮料	冷冻饮品	
泰山石膏股份有限公司	山东省泰安市岱岳区大汶口	271026	370911	0538-8812975	轻质建筑材料制造	3024	纸面石膏板		
山东华阳农药化工集团有限公司	山东省泰安市宁阳县	271411	370921	0538-5826202	化学农药制造	2631	化学农药		
肥城阿斯德化工有限公司	山东省泰安市肥城泰西大街 127 号	271600	370983	0538-3397154	有机化学原料制造	2614	甲酸	甲胺	甲酸钙
山东石横特钢有限公司	山东省泰安市肥城石横	271612	370983	0538-3692533	炼钢	3120	炼铁	炼钢	钢压延加工
金猴集团有限公司	山东省威海市市辖区环翠区和平路 106 号	264200	371001	0631-5289277	皮革服装制造	1921	皮鞋	皮具	
三角集团有限公司	山东省威海市市辖区青岛中路 56 号	264200	371001	0631-5307001	轮胎制造	2911	轮胎制造业		
山东双轮集团股份有限公司	山东省威海市市辖区张村镇东鑫路 6 号	264203	371001	0631-5786676	泵及真空设备制造	3441	泵及配套产品		
威海四海酿造有限公司	山东省威海市环翠古寨西路 209 号	264200	371002	0631-5297507	酱油、食醋及类似制品制造	1462	酱油	醋	面酱
威海汇泉集团股份有限公司	山东省威海市环翠世昌大道 26 号	264200	371002	0631-5970819	机织服装制造	1810	服装		

续表：13

企业名称	详细地址	邮政编码	行政区划代码	联系电话	所属行业	行业代码	主要产品一	主要产品二	主要产品三
威海市山海皮业有限公司	山东省威海市工业新区草庙子镇南京路北端	264211	371002	0631-5322325	皮革鞣制加工	1910	轻革		
威海市山花地毯集团有限公司	山东省威海市环翠区	264206	371002	0631-5188056	地毯、挂毯制造	2437	地毯		
威海光威集团有限责任公司	山东省威海市环翠区田村世昌大道265号	264209	371002	0631-5298591	其他体育用品制造	2449	钓渔竿	渔线轮	渔具杂品
山东华夏集团有限公司	山东省威海市环翠区经济技术开发区华夏路1号	264205	371002	0631-5995999	起重机制造	3432	塔式起重机	施工电梯	打桩机
山东新北洋信息技术股份有限公司	山东省威海市高技区火炬路169号	264209	371002	0631-5675888	计算机外围设备制造	3913	专用打印扫描产品	热敏打印头	图像传感器
威海大宇电子有限公司	山东省威海市经济技术开发香港路26号	264205	371002	0631-5986385	计算机外围设备制造	3913	显示器		
威海宣杨数码科技有限公司	山东省威海市环翠区	264205	371002	0631-5902382	光电子器件及其他电子器件制造	3969	手机摄像头模组		
威海市泓林电子有限公司	山东省威海市经技区徐家疃	264205	371002	0631-3678362	电子元件及组件制造	3971	电源线	电线电缆	
山东华菱电子有限公司	山东省威海市高技区火炬路159号	264209	371002	0631-5698018	电子元件及组件制造	3971	热敏打印头		
威海阿科帝斯电子有限公司	山东省威海市环翠区初村北海工业园石领路8号	264210	371002	0631-5702933	电子元件及组件制造	3971	打印机用的硒鼓		
威海世一电子有限公司	山东省威海市环翠区出口加工区	264205	371002	0631-5902918	电子元件及组件制造	3971	FPCB		
山东环球渔具股份有限公司	山东省威海市环翠区田和世昌大道292号	264202	371003	0631-3656022	其他体育用品制造	2449	钓鱼竿	玻璃纤维布	塑料制品
山东威高集团有限公司	山东省威海市高技术产业开发田村世昌大道312号	264209	371003	0631-5622469	医疗、外科及兽医用器械制造	3584	一次性医疗器械	骨科器械	药品
海马集团公司	山东省威海市青岛南路329号	264200	371004	0631-5318382	地毯、挂毯制造	2437	机织地毯	簇绒地毯	方块地毯
威海蓝星玻璃股份有限公司	山东省威海市工业新区草庙子开元路南段路西	264211	371004	0631-5965056	平板玻璃制造	3041	平板板玻璃		
威海华东数控股份有限公司	山东省威海市经济技术开发区环山路698号	264205	371004	0631-5996915	电工机械专用设备制造	3561	金属切削机床		
三星电子（山东）数码打印机有限公司	山东省威海市高技区三星路	264209	371004	0631-5626868	通信系统设备制造	3921	彩色激光复合机	激光打印机	彩色打印机
日月光半导体（威海）有限公司	山东省威海市经济技术开发出口加工区海南路16-1号	264205	371004	0631-5915000	半导体分立器件制造	3962	晶体管		
山东省艺达有限公司	山东省威海市文登市广州路34号	264400	371081	0631-8352376	机织服装制造	1810	床上用品	被子	
文登市森鹿制革有限公司	山东省威海市文登市	264400	371081	0631-8256981	皮革鞣制加工	1910	牛皮		
中航黑豹股份有限公司	山东省威海市文登市	264400	371081	0631-8082378	低速载货汽车制造	3630	低速载货汽车		
山东曲轴总厂有限公司	山东省威海市文登市天润路2-13号	264400	371081	0631-8982311	汽车零部件及配件制造	3660	曲轴	胀断连杆	铸铁件

续表：14

企业名称	详细地址	邮政编码	行政区划代码	联系电话	所属行业	行业代码	主要产品一	主要产品二	主要产品三
宏安集团有限公司	山东省威海市文登市龙山街道办事处横山路 88 号	264400	371081	0631-8356216	光纤、光缆制造	3832	通信电缆	数据电缆	光缆
石岛集团有限公司	山东省威海市荣成市石岛港湾街道黄海路 118 号	264309	371082	0631-7382248	水产品冷冻加工	1361	冷冻水产品加工	远洋货物运输	
山东恒大化工（集团）有限公司	山东省威海市荣成市南山中路 118 号	264300	371082	0631-7521280	氮肥制造	2621	生鲜奶		
成山集团有限公司	山东省威海市荣成市南山北路 98 号	264300	371082	0631-7523108	轮胎制造	2911	轮胎		
山东华鹏玻璃股份有限公司	山东省威海市石岛	264309	371082	0631-7381863	日用玻璃制品制造	3054	日用玻璃制品生产销售		
荣成华泰汽车有限公司	山东省威海市荣成	264300	371082	0631-7580991	汽车整车制造	3610	圣达菲汽车	B11 汽车	
黄海造船有限公司	山东省威海市荣成石岛港湾街道办事处黄海中路 18 号	264309	371082	0631-7377242	金属船舶制造	3731	28000 吨多用途船	31000 吨多用途船	远洋拖网渔船
山东华力电机集团股份有限公司	山东省威海市荣成市明珠路 89 号	264300	371082	0631-7553068	电动机制造	3812	电动机		
乳山市金果花生制品有限公司	山东省威海市乳山市山海大道 18 号	264500	371083	0631-6680177	水果和坚果加工	1372	油炸生仁		
日照市水产集团总公司	山东省日照市东港区石臼张家村 231 号	276826	371102	0633-2219668	水产品冷冻加工	1361	冻水产品		
日照鑫隆机械制造有限公司	山东省日照市东港两城两城二	276824	371102	0633-8515288	其他金属加工机械制造	3429	制钉设备		
山东金马工业集团股份有限公司	山东省日照市东港上海路 399	276826	371102	0633-2226113	汽车零部件及配件制造	3660	汽车配件	五金工具索具	金属、塑钢门窗
中粮黄海粮油工业（山东）有限公司	山东省日照市岚山区	276800	371103	0633-2639171	食用植物油加工	1331	豆制品制造	食用植物油	饲料加工
山东阿掖山集团有限公司	山东省日照市岚山安东卫南街 389 号	276907	371103	0633-2232856	鱼糜制品及水产品干腌制加工	1362	蟹足棒	鱼片	鱼丸
日照钢铁集团控股有限公司	山东省日照市岚山区虎山沿海路 600 号	276806	371103	0633-6188285	钢压延加工	3140	钢材	发电	水泥
山东华龙纺织有限公司	山东省日照市五莲县解放路 156 号	262300	371121	0633-5322970	棉纺纱加工	1711	纱	布	
山东省标志服装股份有限公司	山东省日照市莒县城阳	276500	371122	0633-6179997	机织服装制造	1810	服装		
日照华泰纸业有限公司	山东省日照市莒县城阳刘家菜园	276500	371122	0633-6882881	机制纸及纸板制造	2221	机制纸及纸板制造	木竹浆制造	加工纸制造
鲁中汇源食品饮料有限公司	山东省莱芜市莱城区凤凰路南首	271100	371202	0634-8860093	果菜汁及果菜汁饮料制造	1523	果蔬汁及果蔬汁饮料		
莱芜市宝丰织造有限公司	山东省莱芜市莱城区	271100	371202	0634-8801490	棉织造加工	1712	棉制面巾	棉制浴巾	棉制毛巾被
莱芜市圣龙印务有限责任公司	山东省莱芜市莱城区口镇	271100	371202	0634-6115015	书、报刊印刷	2311	单色印刷品	多色印刷品	
莱芜市泰山阳光冶金有限公司	山东省莱芜市莱城区牛泉镇金牛东街 36 号	271124	371202	0634-6059368	炼铁	3110	铸造用生铁	球墨铸铁	
山东御鼎冷弯型钢有限公司	山东省莱芜市莱城区龙潭东大街香山工业园	271100	371202	0634-5950222	钢压延加工	3140	方管	矩形管	

续表：15

企业名称	详细地址	邮政编码	行政区划代码	联系电话	所属行业	行业代码	主要产品一	主要产品二	主要产品三
山东泰山钢铁集团有限公司	山东省莱芜市莱城区新甫路 1 号	271100	371202	0634-6114498	钢压延加工	3140	钢材	铁矿石贸易	焦化
山东九羊集团有限公司	山东省莱芜市莱城区羊里	271118	371202	0634-6523321	钢压延加工	3140	钢压延加工	炼钢	炼铁
山东莱芜煤矿机械有限公司	山东省莱芜市莱城区凤城西大街 329 号	271100	371202	0634-6198006	矿山机械制造	3511	矿山设备	冶炼设备	
莱芜钢铁集团有限公司	山东省莱芜市钢城区府前大街 99 号	271104	371203	0634-6820634	炼钢	3120	钢材	钢坯	化产品
鲁银投资集团股份有限公司带钢分公司	山东省莱芜市钢城区	271104	371203	0634-6823640	钢压延加工	3140	热轧带钢		
临沂新程金锣肉制品集团有限公司	山东省临沂市兰山区半程镇	276036	371302	0539-2977185	肉制品及副产品加工	1353	生猪屠宰	肉制品加工	
山东立晨集团有限公司	山东省临沂市兰山	276000	371302	0539-7035706	胶合板制造	2021	原木	辐射松原木	胶合板
鲁南制药集团	山东省临沂市兰山区红旗路 209 号	276000	371302	0539-8336083	化学药品制剂制造	2720	西药	中成药	
山东翔宇健康制药有限公司	山东省临沂市经济技术开发区杭州路 30 号	276023	371302	0539-6011869	中成药生产	2740	复方红衣补血口服液	复方益母胶囊	蒲苓盆炎康颗粒
山东翔龙钢铁有限公司	山东省临沂市莒南县坪上麻峪子	276026	371302	0539-7772266	炼铁	3110	炼钢		
山东红日阿康化工股份有限公司	山东省临沂市罗庄	276021	371311	0539-8280067	复混肥料制造	2624	化肥		
沂州集团有限公司	山东省临沂市罗庄区	276018	371311	0539-8928017	水泥制造	3011	水泥	焦炭	地板砖
山东临沂银凤陶瓷集团有限公司	山东省临沂市罗庄	276017	371311	0539-8251261	日用陶瓷制品制造	3073	日用陶瓷		
华盛江泉集团有限公司	山东省临沂市罗庄区沈泉庄工业园	276017	371311	0539-7100798	炼铁	3110	炼铁		
临沂华盛中天机械集团有限公司	山东省临沂市罗庄区湖西崖	276017	371311	0539-8488928	内燃机及配件制造	3412	机械化农业及园艺机具制造	内燃机及配件制造	建筑工程用机械制造
临沂正科电子有限公司	山东省临沂市罗庄区双月湖路	276017	371311	0539-2925033	家用清洁卫生电器具制造	3855	主要生产洗衣机		
山东沂光电子股份有限公司	山东省临沂市罗庄区	276017	371311	0539-7101805	半导体分立器件制造	3962	硅塑封整流二极管	SOT-23 片式器件	LED 发光二极管
山东临工工程机械有限公司	山东省临沂市河东区临工路 126 号	276024	371312	0539-8785696	建筑工程用机械制造	3513	装载机	挖掘机	压路机
山东同方鲁颖电子有限公司	山东省临沂市沂南界湖金波路 21 号	276300	371321	0539-3222051	电子元件及组件制造	3971	陶瓷电容器	片式电感器	
山东阳煤恒通化工股份有限公司	山东省临沂市郯城县 327 号	276100	371322	0539-6138566	初级形态塑料及合成树脂制造	2651	尿素	烧碱	PVC
山东银光化工集团有限公司	山东省临沂市费县费城郭家园	273400	371325	0539-5039992	炸药及火工产品制造	2671	炸药及火工品制造	抽纱刺绣工艺品制造	镁合金制造
山东阜丰发酵有限公司	山东省临沂市莒南县十字路隆山路	276600	371327	0539-7226306	味精制造	1461	味精	黄原胶	玉米油
山东新银麦啤酒有限公司	山东省临沂市蒙阴县银麦路 1 号	276200	371328	0539-4636156	啤酒制造	1513	啤酒		
山东兴大食品集团有限公司	山东省临沂市临沭兴大东 9 号	276700	371329	0539-7199129	蔬菜加工	1371	脱水蔬菜	保鲜蔬菜	速冻蔬菜

续表：16

企业名称	详细地址	邮政编码	行政区划代码	联系电话	所属行业	行业代码	主要产品一	主要产品二	主要产品三
金沂蒙集团有限公司	山东省临沂市临沭县兴大西街 99 号	276700	371329	0539-6268109	有机化学原料制造	2614	醋酸乙酯	复合（混）肥	碳酸氢铵
山东金正大生态工程股份有限公司	山东省临沂市临沭县兴大西 19 号	276700	371329	0539-7198830	复混肥料制造	2624	复混肥、缓控释肥		
山东常林机械集团股份有限公司	山东省临沂市临沭县常林西大街 112 号	276700	371329	0539-7190985	拖拉机制造	3571	农业装备（农用机械）	铸业公司	工程机械
山东德棉集团有限公司	山东省德州市市辖区纺织大街 538 号	253002	371401	0534-2436007	棉纺造加工	1712	纱	布	
德州实华化工有限公司	山东省德州市市辖区湖滨南大道 738 号	253007	371401	0534-2277163	无机碱制造	2612	聚氯乙烯树脂	烧碱	液氯
山东华鲁恒升集团有限公司	山东省德州市市辖区天衢西路 24 号	253024	371401	0534-2465041	氮肥制造	2621	尿素	二甲基甲酰胺	冰醋酸
德州晶华集团有限公司	山东省德州市德城区湖滨南路 55 号	253000	371401	0534-2612291	平板玻璃制造	3041	平板玻璃	日用玻璃	水泥
德州德隆（集团）机床有限责任公司	山东省德州市市辖区德隆路 1 号	253000	371401	0534-2496389	金属切削机床制造	3421	金属切削机床制造		
德州恒力电机有限责任公司	山东省德州市市辖区	253002	371401	0534-2498218	电动机制造	3812	电机制造		
山东德州扒鸡集团	山东省德州市德城运河商贸大道 1389 号	253000	371402	0534-5088153	肉制品及副产品加工	1353	扒鸡批发		
德州华北纸业（集团）有限公司	山东省德州市德城区二屯镇馨苑社区	253035	371402	0534-2189076	机制纸及纸板制造	2221	轻型纸	静电复印纸	模板纸
皇明太阳能股份有限公司	山东省德州市德城区经济开发区	253000	371402	0534-5089451	燃气、太阳能及类似能源家用器具制造	3861	太阳能热水器		
德州克代尔集团临邑啤酒有限公司	山东省德州市临邑县经济开发区华兴路南首东侧	251500	371424	0534-5057468	啤酒制造	1513	生产销售克代尔系列啤酒		
山东恒源石油化工集团有限公司	山东省德州市临邑县恒源街道办石化路 70 号	251500	371424	0534-4330580	原油加工及石油制品制造	2511	汽油	柴油	液化气
山东晨鸣纸业集团齐河板纸有限责任公司	山东省德州市齐河县晏城晨鸣东路 89 号	251100	371425	0534-5028529	机制纸及纸板制造	2221	机制纸及纸板制造		
中化平原化工有限公司	山东省德州市平原县城立交东路 15 号	253100	371426	0534-7762060	氮肥制造	2621	氮肥		
山东省武城县古贝春有限责任公司	山东省德州市武城古贝春大街西首	253300	371428	0534-6216536	白酒制造	1512	白酒		
山东华乐实业集团有限公司	山东省德州市乐陵市寨头堡	253614	371481	0534-6708869	棉纺造加工	1712	棉纱	尼龙布	锦纶 6 工业丝
山东金麒麟集团有限公司	山东省德州市乐陵市阜乐路 999 号	253600	371481	0534-2119719	汽车零部件及配件制造	3660	销售刹车片		
山东省贺友集团有限公司	山东省德州市禹城贺友路一号	251200	371482	0534-2128132	纤维板制造	2022	密度纤维板		
中通汽车工业集团有限责任公司	山东省聊城市市辖区	252000	371501	0635-8518007	改装汽车制造	3620	客车制造		
山东聊城鲁西化工集团有限责任公司	山东省聊城市东昌府区	252000	371502	0635-3481096	氮肥制造	2621	尿素	合成复合肥料	化工产品
山东东方金丹特种钢有限公司	山东省聊城市莘县大张家北	252428	371522	0635-7866129	炼钢	3120	耐热耐磨特种钢产品		

续表：17

企业名称	详细地址	邮政编码	行政区划代码	联系电话	所属行业	行业代码	主要产品一	主要产品二	主要产品三
信发集团有限公司	山东省聊城市茌平县北顺河街 241 号	252100	371523	0635-4258065	铝冶炼	3216	电解铝	氧化铝	铝型材
华润东阿阿胶有限公司	山东省聊城市东阿县阿胶街 78 号	252200	371524	0635-3265328	中成药生产	2740	阿胶	复方阿胶浆	
山东冠洲集团总公司	山东省聊城市冠城振兴东路 349 号	252500	371525	0635-5289099	钢压延加工	3140	冷轧板	镀锌板	彩涂
山东奥博特铜铝业有限公司	山东省聊城市临清市	252600	371581	0635-2365053	其他有色金属压延加工	3269	光亮管	内螺纹铜管	铜板带
山东滨州绿园食品有限公司	山东省滨州市经济开发区沙河办事处中小企业创业园	256600	371602	0543-2210687	蔬菜加工	1371	香菇、平菇等食用菌加工销售		
山东省滨州市通源水产有限公司	山东省滨州市滨城彭李黄河六路 503 号	256600	371602	0543-3358358	食品及饲料添加剂制造	1495	丰年虫卵		
华纺股份有限公司	山东省滨州市滨城区北镇街道办事处黄河二路 819 号	256617	371602	0543-3288379	棉印染精加工	1713	印染布		
滨州华领纺织科技有限公司	山东省滨州市滨城区开发区杜店 677 号	256600	371602	0543-2229096	机织服装制造	1810	针织服装		
滨州市弘利源工贸有限公司	山东省滨州市滨城区市东	256600	371602	0543-3290368	其他纸制品制造	2239	纸管生产		
山东滨州汇泉印务有限公司	山东省滨州市经济开发区长江三路 736 号	256606	371602	0543-3366131	包装装潢及其他印刷	2319	书刊印刷		
滨化集团	山东省滨州市滨城区黄河五路 869 号	256600	371602	0543-2118069	原油加工及石油制品制造	2511	原油加工及石油制品制造	烧碱	环氧丙烷
山东邦奥创业生物科技有限公司	山东省滨州市高新区青田办事处高五路 208 号	256600	371602	0543-3160698	生物药品制造	2760	D- 核糖		
滨州市国昌金龙混凝土有限公司	山东省滨州市滨城区小营小后	256623	371602	0543-5087235	水泥制品制造	3021	混凝土		
山东滨州鑫源门窗幕墙有限公司	山东省滨州市滨城区渤海二十四路 669 号	256606	371602	0543-3404777	金属门窗制造	3312	铝塑门窗		
滨州市大顺机械制造有限公司	山东省滨州市滨城区黄河八路 999 号	256600	371602	0543-3711909	机械零部件加工	3484	机械制造		
山东滨州渤海活塞股份有限公司	山东省滨州市滨城区渤海二十一路 569 号	256602	371602	0543-3289008	汽车零部件及配件制造	3660	活塞	原铝（电解铝）	
山东鲁北企业集团总公司	山东省滨州市无棣县埕口镇	251909	371623	0543-6451557	复混肥料制造	2624	化肥	氧化铝	原盐
山东省博兴县华宇工艺品有限公司	山东省滨州市博兴县曹王贾李	256509	371625	0543-2851387	草及其他制品制造	2049	纸绳编织品	草制品	
山东魏桥创业集团有限公司	山东省滨州市邹平县经济开发区魏纺路 1 号	256200	371626	0543-4161083	棉纺纱加工	1711	棉化纤纺织	铝冶炼	
山东西王钢铁有限公司	山东省滨州市邹平县	256209	371626	0543-4615837	钢压延加工	3140	螺纹钢		
邹平铝业有限公司	山东省滨州市邹平县经济开发区	256200	371626	0543-4309097	铝冶炼	3216	铝锭、液态铝生产		
菏泽华瑞食品有限责任公司	山东省菏泽市开发区丹阳路 288 号	274000	371701	0530-5334100	谷物磨制	1310	小麦粉		
菏泽绿源食品总公司	山东省菏泽市市辖区人民路 39 号	274000	371701	0530-5334667	牲畜屠宰	1351	鲜冻猪肉及猪副产品		

续表：18

企业名称	详细地址	邮政编码	行政区划代码	联系电话	所属行业	行业代码	主要产品一	主要产品二	主要产品三
菏泽银河纺织有限公司	山东省菏泽市牡丹丹阳黄河路 3300 号	274000	371701	0530-5132209	棉纺纱加工	1711	棉纺纱加工	棉制造加工	
山东米老头食品工业有限公司	山东省菏泽市牡丹	274000	371702	0530-5299550	饼干及其他焙烤食品制造	1419	米通	麦通	饼干
菏泽广源铜带股份有限公司	山东省菏泽市牡丹区吴店镇	274040	371702	0530-5830025	铜压延加工	3261	汽车散热器精密铜带	电子电器精密铜带	
山东省三利轮胎制造有限公司	山东省菏泽市曹县	274400	371721	0530-13853063-091	轮胎制造	2911	轮胎		
山东省单县天元纸业有限公司	山东省菏泽市单县孙溜镇园艺区	274300	371722	0530-6108851	机制纸及纸板制造	2221	新闻纸		
山东湖西王集团有限公司	山东省菏泽市单县	274300	371722	0530-6108987	轴承制造	3451	轴承	铸造	
山东达驰电气有限公司公司	山东省菏泽市成武县	274200	371723	0530-8651668	变压器、整流器和电感器制造	3821	变压器		
五得利集团东明面粉有限公司	山东省菏泽市东明县城关镇	274500	371728	0530-7293119	淀粉及淀粉制品制造	1391	面粉	饲料	
山东东明石化集团有限公司	山东省菏泽市东明县东明县石化大道 27 号	274500	371728	0530-7286025	原油加工及石油制品制造	2511	汽油	柴油	液化石油气
山东玉皇化工有限公司	山东省菏泽市东明县武胜桥	274512	371728	0530-7602555	原油加工及石油制品制造	2511	液化气	双环戊二烯	丙烯

2－3　重点调查建筑业企业基本情况

企业名称	详细地址	邮政编码	行政区划代码	联系电话	所属行业		业务活动一	业务活动二	业务活动三
中建八局第一建设有限公司	山东省济南市历下区工业南路 89 号	250100	370102	0531－66628984	房屋建筑业	4700	房屋建筑业		
山东高速齐鲁建设集团公司	山东省济南市历下区荆山路 778 号	250014	370102	0531－81852261	房屋建筑业	4700	对外承包工程业务，建筑装修		
山东黄河工程局	山东省济南市历下区青后小区四区一号	250013	370102	0531－86987287	公路工程建筑	4812	水源及供水设施工程建筑	公路工程建筑	市政道路工程建筑
山东省工业设备安装总公司	山东省济南市历下历山路 70 号	250013	370102	0531－85870933	管道和设备安装	4920	机电设备安装		
山东福缘来装饰有限公司	山东省济南市历下区	250000	370102	0531－82919771	建筑装饰业	5010	建筑装饰	建筑安装	
山东省建设建工（集团）有限责任	山东省济南市市中区明珠国际商务港经一路 88 号	250001	370103	0531－67618239	房屋建筑业	4700	房屋建筑业		
中建八局第二建设有限公司	山东省济南市市中区济微路 91 号	250022	370103	0531－87195034	房屋建筑业	4700	工业与民用建筑	安装	装饰
济南城安建工有限责任公司	山东省济南市槐荫区匡山张庄路 321 号	250023	370104	0531－85665677	房屋建筑业	4700	房屋建筑工程		
济南市第二建筑工程总公司	山东省济南市槐荫区西光明街 10 号	250021	370104	0531－87080638	房屋建筑业	4700	房屋建筑业		
山东省机械施工	山东省济南市槐荫区中光明街 15 号	250021	370104	0531－87933032	房屋建筑业	4700	建筑施工		
山东省路桥集团公司	山东省济南市槐荫区经三路 289 号	250012	370104	0531－87082313	公路工程建筑	4812	建筑施工		
山东送变电工程公司	山东省济南市槐荫区德兴东街 29 号	250022	370104	0531－82167122	架线及设备工程建筑	4851	架线工程 变电站施工		
济南四建（集团）有限责任公司	山东省济南市天桥济泺路 163 号	250031	370105	0531－85953151	房屋建筑业	4700	房屋建筑		
济南城建集团有限公司	山东省济南市天桥区汽车厂东路 29 号	250031	370105	0531－85829940	公路工程建筑	4812	公路工程建筑		
山东格瑞德输变电工程有限公司	山东省济南市天桥区明湖北路大赵庄 1 号	250033	370105	0531－89025056	电气安装	4910	济南 220kV 牵引站电源进线及其配套工程	二环西路高架桥建设 220kV 线路加高改造工程	110kV 夏庄变电站工程
济南建设设备安装有限责任公司	山东省济南市天桥区北园水屯路 28 号	250033	370105	0531－58876907	管道和设备安装	4920	机电设备安装		
济南市热力工程公司	山东省济南市天桥区天桥东街街道办事处东工商河路 36 号	250031	370105	0531－85815828	管道和设备安装	4920	热力管道工程		

续表：1

企业名称	详细地址	邮政编码	行政区划代码	联系电话	所属行业		业务活动一	业务活动二	业务活动三
山东三箭建设工程股份有限公司	山东省济南市历城区七里河路 36 号	250100	370112	0531–58795639	房屋建筑业	4700	建筑业		
济南市历城区建筑安装工程公司	山东省济南市历城区洪楼西路 90 号	250100	370112	0531–88169693	房屋建筑业	4700	房屋建筑工程		
济南一建集团总公司	山东省济南市历城区华山镇还乡店工业北路 295 号	250108	370112	0531–88617074	房屋建筑业	4700	房屋建筑业	房屋建筑业	房屋建筑业
济钢集团山东建设工程有限公司	山东省济南市历城区鲍山街道办事处工业北路 21 号	250132	370112	0531–88869223	工矿工程建筑	4840	设备安装	房屋建筑	混凝土生产销售
济南卫士消防安全工程公司	山东省济南市历城全福工业北路 180 号	250013	370112	0531–88676178	其他建筑安装业	4990	消防工程安装		
济南长箭建设集团有限公司	山东省济南市长清大学路 6900 号	250300	370113	0531–87222584	房屋建筑业	4700	房屋建筑		
中铁十局集团有限公司	山东省济南市高新区舜泰广场 7 号	250101	370127	0531–82461036	铁路工程建筑	4811	铁路工程	公路工程	市政工程
中建八局第四建设有限公司	山东省青岛市市南区八大关街道办事处	266071	370202	0532–68899282	房屋建筑业	4700	工业与民用建筑	安装工程	
山东莱钢建设有限公司	山东省青岛市市南区凯旋大厦	266071	370202	0532–86027898	房屋建筑业	4700	房屋建筑安装		
中交一航局第二工程有限公司	山东省青岛市市南区福州南路 16 号	266071	370202	0532–67776062–2	工矿工程建筑	4840	建筑业		
青岛环卫工程公司	山东省青岛市市南区日照路 1 号	266001	370202	0532–82864527	其他土木工程建筑	4890	销售；建筑材料		
青岛电力实业总公司	山东省青岛市崂山银川东路 11 号	266101	370202	0532–82953710	电气安装	4910	服务业		
青岛市益水工程股份有限公司	山东省青岛市市南宁德路 20 号	266072	370202	0532–85887491	管道和设备安装	4920	管道安装		
青岛海川建设集团有限公司	山东省青岛市市北铁山路 21 号	266000	370203	0532–85626929	房屋建筑业	4700	房屋建筑业		
青岛市一宅建筑集团股份有限公司	山东省青岛市市北区辽阳西路 241 号	266034	370203	0532–85698508	房屋建筑业	4700	房屋建筑		
青岛一建集团有限公司	山东省青岛市四方杭州路 173	266031	370205	0532–83733034	房屋建筑业	4700	房屋建筑		
青岛四机建筑安装有限公司	山东省青岛市四方区杭州路 16 号	266031	370205	0532–83762599	房屋建筑业	4700	建筑业		
青岛城建集团有限公司	山东省青岛市四方嘉兴路嘉定路 15 号	266031	370205	0532–83720602	市政道路工程建筑	4813	市政工程施工	公路工程施工	房屋建筑工程施工
青岛第一市政工程有限公司	山东省青岛市四方区鞍山路 17 号	266033	370205	0532–83776628	市政道路工程建筑	4813	市政公用工程施工	土石方爆破与拆除	钢结构制安、机械租赁等

续表：2

企业名称	详细地址	邮政编码	行政区划代码	联系电话	所属行业		业务活动一	业务活动二	业务活动三
青岛施运机械施工有限责任公司	山东省青岛市四方区大沙路 13 号	266042	370205	0532-84851949	市政道路工程建筑	4813	地基与基础工程施工	土石方工程施工	机械维修
中建筑港集团有限公司	山东省青岛市四方嘉定路 68 号	266032	370205	0532-58810561	港口及航运设施工程建筑	4823	港口与航道工程		
青岛安装建设股份有限公司	山东省青岛市四方区开封路 26 号	266042	370205	0532-85078392	工矿工程建筑	4840	机电设备安装		
青岛开发区市政工程总公司	山东省青岛市经济技术开发区井冈山路 756 号	266555	370211	0532-86897293	市政道路工程建筑	4813	市政工程建设与养护		
青岛港务局港务工程公司	山东省青岛市黄岛区黄河东路 114 号	266500	370211	0532-82986920	港口及航运设施工程建筑	4823	航务工程施工	机械设备租赁	建筑物内外清洗
中国石油天然气第七建设公司	山东省青岛市崂山苗岭路 36 号	266061	370212	0532-68728205	管道和设备安装	4920	管道和设备安装		
青岛祥源工程有限公司	山东省青岛市胶南市珠山街道办事处石桥路 42 号	266400	370284	0532-86171066	水源及供水设施工程建筑	4821	水利水电建筑安装		
淄博天一建工有限公司	山东省淄博市淄川区般阳路 131 号	255100	370302	0533-5280740	房屋建筑业	4700	房屋工程建筑		
山东淄建集团有限公司	山东省淄博市张店区杏园街道办事处兴园路 53 号	255028	370303	0533-2167045	房屋建筑业	4700	房屋建筑	管道及设备安装	商品混凝土
山东万鑫建设有限公司	山东省淄博市张店区柳泉路 105 号	255000	370303	0533-2695868	房屋建筑业	4700	房屋建筑		
山东铝业工程有限公司	山东省淄博市张店区南定镇花园路 9 号	255069	370303	0533-2942532	房屋建筑业	4700	工民建工程施工		
山东庄园建工有限公司	山东省淄博市张店区世纪路北首	255000	370303	0533-3812207	房屋建筑业	4700	房屋施工建筑		
张店区市政工程公司	山东省淄博市张店区商场东路 27 号	255027	370303	0533-2168208	市政道路工程建筑	4813	市政工程		
山东高阳建设有限公司	山东省淄博市临淄区管仲路 174 号	255400	370305	0533-7110395	房屋建筑业	4700	房屋施工		
淄博市临淄区建筑工程公司	山东省淄博市临淄区稷下牛山路 277 号	255400	370305	0533-7180064	房屋建筑业	4700	房屋建筑		
中国石化集团第十建设公司	山东省淄博市临淄区建设路 29 号	255438	370305	0533-6295427	管道和设备安装	4920	设备管道安装业		
淄博隆泰建筑工程有限公司	山东省淄博市周村区南长行街 108 号	255300	370306	0533-6235605	房屋建筑业	4700	房屋建筑		
山东泓昇建设有限公司	山东省淄博市桓台县索镇王徐路东首	256400	370321	0533-8018118	房屋建筑业	4700	房屋工程建筑		
山东齐泰实业集团股份有限公司	山东省淄博市桓台县唐山镇前诸村	256408	370321	0533-8080360	房屋建筑业	4700	房屋工程建筑施工		
山东起凤建工股份有限公司	山东省淄博市桓台县起凤镇中心路 8 号	256407	370321	0533-8681668	房屋建筑业	4700	建筑业		
淄博桓台荆家建工有限公司	山东省淄博市桓台荆家荆四 135 号	256406	370321	0533-8780366	房屋建筑业	4700	房屋建筑业		
山东新城建工股份有限公司	山东省淄博市桓台县新城镇城南村渔阳路 2 号	256403	370321	0533-8880818	房屋建筑业	4700	房屋建筑工程		
山东省沂源县建筑工程有限公司	山东省淄博市沂源县南麻沿河东路中段	256100	370323	0533-3220312	房屋建筑业	4700	房屋建筑业		

续表：3

企业名称	详细地址	邮政编码	行政区划代码	联系电话	所属行业		业务活动一	业务活动二	业务活动三
山东枣建集团有限公司	山东省枣庄市市中区文化西路 126 号	277100	370402	0632-5115621	房屋建筑业	4700	房屋建筑	机电安装	建筑装饰
枣庄矿业集团中兴建安工程有限公司	山东省枣庄市薛城区长江东路 619 号	277000	370403	0632-4082336	工矿工程建筑	4840	矿山建筑工程	房屋建筑工程	机电设备安装
滕州市建筑安装工程集团公司	山东省枣庄市滕州市荆河 105 号	277500	370481	0632-5552317	房屋建筑业	4700	房屋建筑业		
滕州市第三建筑安装工程公司	山东省枣庄市滕州市南沙河	277500	370481	0632-5558816	房屋建筑业	4700	房屋建筑		
山东雄狮装饰工程有限公司	山东省枣庄市滕州市经济开发区腾飞西路 699 号	277500	370481	0632-5898359	建筑装饰业	5010	建筑装饰业		
科达集团股份有限公司	山东省东营市东城府前大街 65 号	257091	370502	0546-8300329	公路工程建筑	4812	基础设施建设		
胜利油田胜利工程建设（集团）有限责任公司	山东省东营市东营区	257001	370502	0546-8554112	公路工程建筑	4812	公路工程	房屋建筑	市政道路工程
山东德信建设集团股份有限公司	山东省烟台市芝罘区西南河路 318 号	264001	370602	0535-6255889	房屋建筑业	4700	房屋建筑	线路管道安装	装饰装修业
烟建集团有限公司	山东省烟台市芝罘区南洪街 100 号	264000	370602	0535-6657618	房屋建筑业	4700	房屋建筑	设备安装	市政公路
山东建锟建设集团有限公司	山东省烟台市芝罘区珠玑 1 号	264000	370602	0535-6848138	房屋建筑业	4700	房屋建筑		
莱州市合众建筑有限公司	山东省烟台市莱州永安街道 302 号	261400	370683	0535-2211973	房屋建筑业	4700	房屋建筑		
潍坊市第二建筑工程公司	山东省潍坊市潍城区永安路 18 号	261021	370702	0536-2951816	房屋建筑业	4700	房屋建筑业		
潍坊昌大建设集团有限公司	山东省潍坊市奎文区潍州路 696 号	261031	370705	0536-2108139	房屋建筑业	4700	房屋工程建筑	市政公用工程	机电设备安装
昌乐县建筑安装装饰有限公司	山东省潍坊市昌乐城关街道办事处站前 100 号	262400	370725	0536-6222628	房屋建筑业	4700	建筑安装业		
青州市第一建筑工程有限公司	山东省潍坊市青州市海岱中路 2666 号	262500	370781	0536-3209836	房屋建筑业	4700	房屋建筑业		
山东省寿光市第一建筑有限公司	山东省潍坊市寿光市圣城圣城街与正阳路交汇处东北	262700	370783	0536-5221460	房屋建筑业	4700	房屋建筑筑施工	装饰装修施工	地基基础施工
寿光市奥星建筑有限公司	山东省潍坊市寿光侯镇下周路	262724	370783	0536-5361561	房屋建筑业	4700	房屋建筑工程		
安丘市华安建筑安装有限责任公司	山东省潍坊市安丘市潍徐南路 269 号	262100	370784	0536-4366433	房屋建筑业	4700	房屋建筑		
山东景芝建设股份有限公司	山东省潍坊市安丘市景芝太平街	261061	370784	0536-8888298	房屋建筑业	4700	房屋建筑工程施工总承包		
高密市广安第一建筑工程有限公司	山东省潍坊市高密市振兴街 389 号	261500	370785	0536-2322444	房屋建筑业	4700	建筑安装		
山东兴昌建设工程有限公司	山东省潍坊市昌邑市利民街 47 号	261300	370786	0536-7199209	房屋建筑业	4700	房屋建筑施工		
山东摩天建设集团有限公司	山东省济宁市高新区吴泰闸路柳行	273100	370801	0537-2084897	房屋建筑业	4700	房屋建筑业	其他建筑安装业	
山东宁建建设集团有限公司	山东省济宁市市中区建设南路 61 号	272015	370802	0537-2337084	房屋建筑业	4700	房屋建筑	装饰装修	设备安装

续表：4

企业名称	详细地址	邮政编码	行政区划代码	联系电话	所属行业		业务活动一	业务活动二	业务活动三
山东圣大建设集团有限公司	山东省济宁市市中区	272031	370802	0537-3979932	房屋建筑业	4700	房屋建筑		
济宁明珠建筑工程有限公司	山东省济宁市任城李营	272075	370811	0537-2041213	房屋建筑业	4700	房屋建筑		
山东诚祥建安有限公司	山东省济宁市嘉祥中心 55 号	272400	370829	0537-6821569	房屋建筑业	4700	房屋建筑工程		
山东汶建置业有限公司	山东省济宁市汶上县汶上镇环城东路南段 43 号	272501	370830	0537-7237958	房屋建筑业	4700	房屋建筑		
兖矿新陆建设发展有限公司	山东省济宁市邹城市龙山北路 759 号	273500	370883	0537-5336154	工矿工程建筑	4840	冻结工程	安装工程	
山东广厦建设集团有限公司	山东省泰安市泰山区南关 12 号	271000	370902	0538-6216335	房屋建筑业	4700	建筑工程		
山东泰山普惠建工有限公司	山东省泰安市泰山区灵山大街 132 号	271000	370902	0538-8262737	房屋建筑业	4700	工业与民用建筑	设备与管道安装	室内外装饰装修
山东泰山路桥工程公司	山东省泰安市泰山区迎春路 6 号	271000	370902	0538-8507905	公路工程建筑	4812	公路工程		
泰安市正兴建筑安装有限公司	山东省泰安市高新北集坡	271000	370902	0538-8936977	管道和设备安装	4920	土木工程建筑安装		
山东电力管道工程公司	山东省泰安市新泰东都王庄	271222	370982	0538-7302713	电气安装	4910	PCCP 管道		
威海建设集团股份有限公司	山东省威海市环翠区昆明路 13 号	264200	371002	0631-5273559	房屋建筑业	4700	建筑工程施工		
威海远豪建筑有限公司	山东省威海市环翠区海滨北路 46 号	264200	371002	0631-5283399	房屋建筑业	4700	建筑安装服务		
威海市鸿安建筑集团有限公司	山东省威海市环翠区新威路 147 号	264200	371002	0631-5321446	房屋建筑业	4700	建筑业		
荣成市建筑集团有限公司	山东省威海市荣成邹泰南街 296 号	264300	371082	0631-7588199	房屋建筑业	4700	房屋建筑	建筑安装业	建筑装饰和其他建筑业
山东日建建设集团有限公司	山东省日照市东港区	276800	371102	0633-8267670	房屋建筑业	4700	建筑业	房地产	安装业
中铁二十三局集团第一工程有限公司	山东省日照市东港区黄海二路 65 号	276826	371102	0633-3666807	公路工程建筑	4812	铁路	公路	市政
山东昊大建设集团有限公司	山东省日照市莒县城阳故城中路 273	276500	371122	0633-6883457	房屋建筑业	4700	房屋建筑		
天元建设集团有限公司第四建筑工程公司	山东省临沂市兰山区通达路 24 号	276000	371301	0539-8029308	房屋建筑业	4700	房屋建筑业		
天元建设集团有限公司	山东省临沂市兰山区银雀山路 63 号	276003	371302	0539-8115585	房屋建筑业	4700	房屋建筑业	建材批发	管道和设备安装
山东天元第二建筑工程有限公司	山东省临沂市兰山区金雀山路 24 号	276000	371302	0539-8118261	房屋建筑业	4700	房屋建筑业		
天元建设集团有限公司第一建筑工程公司	山东省临沂市兰山区金雀山路 29 号	276000	371302	0539-8314398	房屋建筑业	4700	爱伦坡小区及金泰华城住宅	寿光美伦纸业及威尼斯小镇	青援食品车间及平安悦城住宅
山东华泉建筑安装工程有限公司	山东省临沂市莒南县十字路镇	276600	371327	0539-2075621	房屋建筑业	4700	房屋建筑		

续表：5

企业名称	详细地址	邮政编码	行政区划代码	联系电话	所属行业		业务活动一	业务活动二	业务活动三
山东德建集团有限公司	山东省德州市市辖区三八东路德建大厦	253036	371401	0534-2266926	房屋建筑业	4700	房屋工程建筑业施工		
德州市第二建筑工程公司	山东省德州市德城青年路 1769 号	253019	371401	0534-2306802	房屋建筑业	4700	建筑施工		
中水电十三局水电工程有限公司	山东省德州市市辖区东风中路 826 号	253009	371401	0534-2688216	河湖治理及防洪设施工程建筑	4822	河湖治理及防洪设施工程	公路工程	市政道路工程
山东菏建建筑集团有限公司	山东省菏泽市青年路 9 号	274003	371701	0530-5928505	房屋建筑业	4700	房屋建筑工程	机电设备安装	
单县建筑安装工程总公司	山东省菏泽市单县南城南关 47 号	274300	371722	0530-4662422	房屋建筑业	4700	房屋建筑工程		

2－4 重点调查批发和零售业企业基本情况

企业名称	详细地址	邮政编码	行政区划代码	联系电话	所属行业	行业代码	业务活动一	业务活动二	业务活动三
山东省中鲁远洋渔业股份有限公司	山东省济南市历下区和平路 43 号	250014	370102	0531-86553248	肉、禽、蛋、奶及水产品批发	5124	水产品冷冻加工	远洋捕捞	远洋货物运输
中国石油化工股份有限公司山东济南石油分公	山东省济南市历下区经十路 13777 号 9 栋	250014	370102	0531-85856563	石油及制品批发	5162	石油及制品批发		
山东省农业生产资料有限责任公司	山东省济南市历下区解放路 14 号	250013	370102	0531-88542871	化肥批发	5166	批发		
济南华幸化工集团有限责任公司	山东省济南市历下区工业南路 96 号	250011	370102	0531-88513883	其他化工产品批发	5169	化工原料批发	油漆批发	危险化学品
山东省印刷物资公司	山东省济南市历下区解放东路 69 号	250014	370102	0531-88593212	其他未列明批发业	5199	印刷用纸张	印刷用机械	印刷用器材
山东出版对外贸易公司	山东省济南市历下解放东路 69 号	250014	370102	0531-88593212	其他未列明批发业	5199	印刷设备批发		
山东鲁能商贸有限公司贵和购物中心	山东省济南市历下区天地坛街 1 号	250011	370102	0531-80982378	百货零售	5211	服装、鞋帽、钟表、眼镜、化妆品等		
山东银座商城股份有限公司	山东省济南市历下区泺源大街 66 号	250063	370102	0531-86065318	百货零售	5211	百货零售		
银座集团股份有限公司	山东省济南市历下区泺源大街 22 号	250063	370102	0531-86961258	百货零售	5211	零售业		
济南人民大润发商业有限公司	山东省济南市历下区文化西路 1 号	250000	370102	0531-86591383	超级市场零售	5212	商业零售、批发		
济南市新华书店	山东省济南市历下区泉城路 185 号	250011	370102	0531-86102258	图书、报刊零售	5243	图书零售	图书批发	音像零售
老百姓大药房连锁（山东）有限公司	山东省济南市历下区解放路 115 号	250013	370102	0531-66572559	药品零售	5251	药品零售	医疗用品及器材零售	
济南之星汽车服务有限公司	山东省济南市高新区凤凰路 3969 号	250101	370102	0531-55696617	汽车零售	5261	奔驰汽车销售	奔驰汽车维修	
山东三联集团有限责任公司	山东省济南市历下区趵突泉北路 12 号	250014	370102	0531-83536658	日用家电设备零售	5272	土地转让		
山东省丝绸集团有限公司	山东省济南市市中区永庆 2 号	250001	370103	0531-86106785	纺织品、针织品及原料批发	5131	桑蚕茧\桑蚕丝		
山东新华书店集团有限公司	山东省济南市市中区英雄山路 189 号	250001	370103	0531-89737106	图书批发	5143	图书批发	音像制品批发	电子产品批发
济南三九医药连锁有限公司	山东省济南市市中区英雄山路 21-15 号	250002	370103	0531-83185739	西药批发	5151	药品零售		

续表：1

企业名称	详细地址	邮政编码	行政区划代码	联系电话	所属行业	行业代码	业务活动一	业务活动二	业务活动三
山东省塑料工业总公司	山东省济南市市中区玉函路 27 号	250002	370103	0531–86106067	其他化工产品批发	5169	聚乙烯		
济南大观园股份有限公司	山东省济南市市中区经四纬二大观园商场内 49 号	250001	370103	0531–80658972	百货零售	5211	百货零售		
济南人民商场集团有限公司	山东省济南市市中区	250001	370103	0531–86922750	百货零售	5211	百货零售批发		
济南市建联中药有限公司	山东省济南市市中区杆石桥大纬二路 63 号	250001	370103	0531–86158000	药品零售	5251	药品销售		
山东省燃料集团总公司	山东省济南市槐荫区振兴街街道办事处经六路 245 号	250021	370104	0531–87945090	煤炭及制品批发	5161	煤炭制品与批发		
济南联诚工程发展有限公司	山东省济南市槐荫区德兴东街 29 号	250022	370104	0531–82167519	金属及金属矿批发	5164	电力金具		
济南华联商厦集团股份有限公司	山东省济南市槐荫区经二路 571 号	250021	370104	0531–87082666	百货零售	5211	百货零售		
润华集团股份有限公司	山东省济南市槐荫区经十西路京福高速西行 4 公里润华汽车文化产业园	250117	370104	0531–87299960	汽车零售	5261	汽车零售	房地产开发	物业管理
济南药业集团有限责任公司	山东省济南市天桥区工人新村南村办事处东工商河路 16 号	250031	370105	0531–86107009	中药批发	5152	中药材，中成药、西药		
山东省棉麻公司	山东省济南市历城区祝舜路 1501 号	250100	370112	0531–82599756	棉、麻批发	5114	棉花购销		
鲁药集团有限公司	山东省济南市历城区 3362 商务大厦北四 F	250100	370112	0531–80660011	西药批发	5151	药西批发		
济南市再生资源总公司	山东省济南市历城区花园路 232 号	250100	370112	0531–88907051	再生物资回收与批发	5191	批发废旧金属		
山东省食品进出口公司	山东省青岛市市南区宁夏路 288 号	266071	370202	0532–88728032	米、面制品及食用油批发	5121	果汁		
青岛海亨达商贸有限公司	山东省青岛市市南四川路 19 号乙	266000	370202	0532–81977013	肉、禽、蛋、奶及水产品批发	5124	水产品及其制品		
青岛亚萌国际贸易有限公司	山东省青岛市市南区福州南路 19 号	266071	370202	0532–66775278	纺织品、针织品及原料批发	5131	氨纶丝	粘胶	
山东省纺织品进出口青岛华锐贸易公司	山东省青岛市市南区漳州二路 19 号	266700	370202	0532–66776265	纺织品、针织品及原料批发	5131	针织品进出口		
绮丽集团有限责任公司	山东省青岛市市南区南京路 2 号	266071	370202	0532–85797061	服装批发	5132	服装批发业		
青岛益佳国际贸易集团有限公司	山东省青岛市市南香港中路 6 号	266071	370202	0532–85918278	服装批发	5132	服装	化工	纺织品
青岛华氏国风医药有限责任公司	山东省青岛市市南区山东路 40 号	266071	370202	0532–58818738	西药批发	5151	西药批发		

续表：2

企业名称	详细地址	邮政编码	行政区划代码	联系电话	所属行业	行业代码	业务活动一	业务活动二	业务活动三
民生投资管理股份有限公司	山东省青岛市市南区香港中路 12	266071	370202	0532-82800898	西药批发	5151	西药批发	信用服务	
中国石油化工股份有限公司山东青岛石油分公	山东省青岛市市南区延安三路 105 号	266071	370202	0532-68896721	石油及制品批发	5162	石油及制品批发		
山东省新迈特五金矿产有限公司	山东省青岛市市南区香港中路 32 号	266071	370202	0532-85755578	五金产品批发	5175	铁钉、铁丝	服装	水泥
山东机械设备进出口集团公司	山东省青岛市市南区福州南路 9 号	266071	370202	0532-85758771	其他机械设备及电子产品批发	5179	成套设备	五金机械	
山东物博国际贸易有限公司	山东省青岛市市南区中山路 44-60 号	266001	370202	0532-82824556	其他未列明批发业	5199	服装	其他未列明批发业	
青岛第一百盛有限公司	山东省青岛市市南区中山路 44-60 号	266001	370202	0532-82021208	百货零售	5211	百货零售		
青岛国货有限公司	山东省青岛市市南中山路 149 号	266000	370202	0532-82857928	百货零售	5211	服装	食品	
青岛家乐福商业有限公司	山东省青岛市市北 128 号	266000	370202	0532-85089073	超级市场零售	5212	零售（食品）		
青岛永旺东泰商业有限公司	山东省青岛市市南区香港中路 72 号	266072	370202	0532-85719725	超级市场零售	5212	百货零售		
青岛国风大药房连锁有限公司	山东省青岛市市南区延安三路湛山街道办事处 101 号	266071	370202	0532-81976000	药品零售	5251	药品零售		
青岛市市南区江西路加油站	山东省青岛市市南江西路香港中路办事处江西路 99 号	266071	370202	0532-85723258	机动车燃料零售	5264	零售：汽油．柴油		
青岛纺联集团进出口有限公司	山东省青岛市市北区馆陶路 3 号	266011	370203	0532-82801884	纺织品、针织品及原料批发	5131	纺织品、针织品及原料批发	服装批发	
青岛鑫雷音电子有限公司	山东省青岛市市北区威海路 312 号	266021	370203	0532-83028351	计算机、软件及辅助设备批发	5177	批零计算机	批零计算机配套产品	系统集成
青岛科发高技术工程有限公司	山东省青岛市市北区上清路 8 号	266023	370203	0532-83662514	计算机、软件及辅助设备批发	5177	销售检测、网络设备		
青岛东方贸易大厦有限公司	山东省青岛市市北区胶州路 140 号	266011	370203	0532-82852315	百货零售	5211	日用百货、服装、鞋、珠宝		
青岛易初莲花连锁超市有限公司	山东省青岛市市北区辽阳西路 369 号	266035	370203	0532-80991888	超级市场零售	5212	零售		
青岛统力星商贸有限公司	山东省青岛市市北区敦化路 61 号	266034	370203	0532-85081858	汽车零配件零售	5262	批发零售汽车配件，电瓶等		
青岛市华纺物资有限公司	山东省青岛市四方区兴隆路 1 号	266031	370205	0532-83725108	纺织品、针织品及原料批发	5131	腈纶		
利群集团青岛海琴购物广场有限公司	山东省青岛市四方洛阳商丘路 28	266000	370205	0532-80825098	超级市场零售	5212	零售		

续表：3

企业名称	详细地址	邮政编码	行政区划代码	联系电话	所属行业	行业代码	业务活动一	业务活动二	业务活动三
青岛佳成煤炭有限公司	山东省青岛市黄岛区长江路 668 号	266555	370211	0532-86892875	煤炭及制品批发	5161	煤炭		
山东嘉源进出口有限公司	山东省青岛市崂山山东头路 58 号盛和大厦 2 号楼	266101	370212	0532-86685242	其他食品批发	5129	罐头		
青岛海尔工贸有限公司	山东省青岛市崂山区海尔路 1 号	266101	370212	0532-87637288	家用电器批发	5137	家用电器批发		
山东新星集团有限公司	山东省淄博市淄川淄城路 135 号	255100	370302	0533-5182206	酒、饮料及茶叶批发	5127	酒饮料批发	日用家电	百货零售
淄博盐业有限公司	山东省淄博市张店区石桥裕民路 130 号	255000	370303	0533-3917889	盐及调味品批发	5125	盐批发		
山东省淄博糖酒站股份有限公司	山东省淄博市张店区新村西路 14 号	255024	370303	0533-2304102	酒、饮料及茶叶批发	5127	酒、饮料及茶叶批发	百货零售	
山东淄博烟草有限公司	山东省淄博市张店商场西 143 号	255000	370303	0533-2285655	烟草制品批发	5128	卷烟	烟叶	
中国石油化工股份有限公司山东淄博石油分公司	山东省淄博市张店付家昌国西路 68#	255063	370303	0533-2686739	石油及制品批发	5162	柴油	汽油	润滑油
淄博商厦股份有限公司	山东省淄博市张店区金晶大道 125 号	255000	370303	0533-21827908-620	百货零售	5211	家电	汽车	服装、鞋帽
淄博银座商城有限责任公司	山东省淄博市张店柳泉路 128 号	255000	370303	0533-2280586	超级市场零售	5212	超级市场零售	百货零售	
淄博东泰商厦有限公司	山东省淄博市临淄区大顺路 63 号	255400	370305	0533-7314145	百货零售	5211	百货零售	超级市场零售	其他综合零售
枣庄贵诚集团购物中心有限公司	山东省枣庄市市辖区君山路 8 号	277100	370401	0632-3076686	百货零售	5211	百货零售	超市零售	家电
山东省枣庄市新华书店	山东省枣庄市市辖区龙头中路 95 号	277100	370401	0632-3222297	图书、报刊零售	5243	图书销售	音像制品及电子出版物零售	房屋租赁
三联商社股份有限公司枣庄分公司	山东省枣庄市市中区文化中路 48 号	277100	370402	0632-3202012	家用视听设备零售	5271	家电		
东营市商业大厦有限责任公司	山东省东营市东营区济南路 80 号	257000	370502	0546-8221401	百货零售	5211	服装	家电	百货副食
山东鲁百百货大楼集团有限公司	山东省东营市东营区西四路 641 号	257000	370502	0546-8221575	百货零售	5211	百货零售		
烟台抽纱经贸有限公司	山东省烟台市芝罘区朝阳街 80 号	264001	370602	0535-6627932	纺织品、针织品及原料批发	5131	抽纱纺织品进出口		
中国石油化工股份有限公司山东烟台石油分公	山东省烟台市莱山区柳林路 1 号	264000	370602	0535-6847351	石油及制品批发	5162	批发零售汽油、柴油、煤油、润滑油		
烟台市农业生产资料总公司	山东省烟台市芝罘区南大街 196 号	264000	370602	0535-6291508	化肥批发	5166	化肥		
烟台市利农生产资料股份有限公司	山东省烟台市芝罘区幸福路 89-5 号	264000	370602	0535-6740067	化肥批发	5166	农业生产资料的批发零售		
烟台百大集团有限公司	山东省烟台市芝罘区西南河路 190 号	264001	370602	0535-6680633	其他未列明批发业	5199	批发（百货、食品）	房地产开发经营	仓储运输
烟台市振华百货集团股份有限公司	山东省烟台市芝罘区西大 8 号	264000	370602	0535-6584290	百货零售	5211	商业商品销售		

续表：4

企业名称	详细地址	邮政编码	行政区划代码	联系电话	所属行业	行业代码	业务活动一	业务活动二	业务活动三
龙口市兴隆道恩集团有限公司	山东省烟台市龙口开发区	265702	370681	0535-8869748	其他化工产品批发	5169	化工产品		
山东龙口富龙汽车有限公司	山东省烟台市龙口市黄城东莱街道环城北路485号	265701	370681	0535-8950012	汽车批发	5172	汽车修理	货物运输 装卸 汽车修理	石油制品零售
山东登海种业股份有限公司	山东省烟台市莱州市三山岛街道	261448	370683	0189-11567888	种子批发	5112	杂交玉米种子销售		
蓬莱市第一百货有限公司	山东省烟台市蓬莱市登州长裕钟楼东路8号	265600	370684	0535-5729292	百货零售	5211	副食品	日用百货	服装
栖霞振华商厦有限公司	山东省烟台市栖霞市霞光路311号	265300	370686	0535-5260017	超级市场零售	5212	超级市场零售		
潍坊市钢联金属材料有限公司	山东省潍坊市潍城区东风西街与腾飞路交汇处	261057	370702	0536-8901343	金属及金属矿批发	5164	经营金属材料		
潍坊百货大楼股份有限公司	山东省潍坊市潍城区胜利西街229号	261011	370702	0536-8186617	百货零售	5211	百货大楼	连锁超市	百大汽车
潍坊丰华医药有限公司	山东省潍坊市寒亭丰华路39号	261100	370703	0536-7251694	西药批发	5151	西药批发		
山东省潍坊市进出口有限公司	山东省潍坊市奎文区胜利东街236号	261041	370705	0536-8891708	服装批发	5132	服装批发	蔬菜批发	五金批发
山东世纪泰华集团有限公司	山东省潍坊市奎文区东风东街360号	261041	370705	0536-8065007	百货零售	5211	百货零售		
青州福瑞汽车贸易有限公司	山东省潍坊市青州市益都驼山路1166号	262500	370781	0536-3291699	汽车零售	5261	汽车	农业机械	汽车配件
山东潍坊烟草有限公司诸城分公司	山东省潍坊市诸城密州路37号	262200	370782	0536-6062842	烟草制品批发	5128	烟叶收购	卷烟批发	
安丘银座商城有限公司	山东省潍坊市安丘市潍安路178号	262100	370784	0536-4292788	百货零售	5211	食品	服装	百货
山东潍坊烟草有限公司	山东省潍坊市高新东风东街5278号	261061	370797	0536-8787626	烟草制品批发	5128	卷烟	烟叶	
山东潍坊百货集团股份有限公司	山东省潍坊市高新区胜利东街甲1号	261041	370797	0536-8580020	百货零售	5211	零售		
中国石油化工股份有限公司山东济宁石油分公	山东省济宁市市中区供销路40号	272000	370802	0537-2311182	石油及制品批发	5162	柴油	汽油	润滑油
济宁市中央百货有限责任公司	山东省济宁市市中区古槐办事处翰林街太白中路35	272000	370802	0537-2108162	百货零售	5211	服装	鞋帽	珠宝首饰
济宁九龙贵和商贸集团有限公司贵和购物中心	山东省济宁市市中区太白中路16号	272000	370802	0537-2108759	百货零售	5211	服装、鞋帽	化妆品、珠宝、钟表	生活超市
济宁世纪联华商业有限公司	山东省济宁市市中区太白中路2号	272000	370802	0537-2367900	百货零售	5211	超市零售		
山东省济宁市新华书店	山东省济宁市高新区吴泰闸东路7号	272000	370802	0537-2366800	图书、报刊零售	5243	教材教辅	图书	音像
中国石化山东泰山石油股份有限公司	山东省泰安市泰山东岳大104号	271000	370902	0538-6269673	石油及制品批发	5162	成品油批发零售		
山东潍坊百货集团股份有限公司泰安中百大厦	山东省泰安市泰山岱庙街道财源大街90号	271000	370902	0538-6278502	百货零售	5211	服装零售	粮油零售	化妆品及卫生用品零售

续表：5

企业名称	详细地址	邮政编码	行政区划代码	联系电话	所属行业	行业代码	业务活动一	业务活动二	业务活动三
泰安市英华超市有限公司	山东省泰安市泰山擂鼓石大街 669 号	271000	370902	0538-8506186	百货零售	5211	零售		
泰安市双龙超市有限公司	山东省泰安市泰山区升平 11 号	271000	370902	0538-8233224	超级市场零售	5212	超级市场零售	服装零售	针织品零售
山东家家悦集团有限公司	山东省威海市环翠区昆明路 45 号	264200	371001	0631-5208232	超级市场零售	5212	超级市场零售	其他综合零售	
山东威海烟草有限公司	山东省威海市环翠区青岛中路 128 号	264200	371002	0631-5978109	烟草制品批发	5128	卷烟雪茄烟批发		
威海华联商厦股份有限公司	山东省威海市环翠区安源	264200	371002	0631-5199061	百货零售	5211	百货	服装	鞋帽
山东威海百货大楼集团股份有限公司	山东省威海市环翠区新威路 64 号	264200	371002	0631-5885027	百货零售	5211	百货零售		
文登市恒源商贸有限公司	山东省威海市文登市文城马山路 48 号	264400	371081	0631-8185712	百货零售	5211	百货零售		
山东省文登市新华书店	山东省威海市文登峰山 87 号	264400	371081	0631-8477045	图书、报刊零售	5243	图书批发零售		
山东省荣成市新华书店	山东省威海市荣成崖头南山北路 70 号	264300	371082	0631-7571084	图书、报刊零售	5243	图书 . 音像制品		
山东日照烟草有限公司	山东省日照市东港莒州路 269 号	276826	371102	0633-8168930	烟草制品批发	5128	卷烟	烟叶	
中国石油化工股份有限公司日照石油分公司	山东省日照市东港区	276826	371102	0633-3688403	石油及制品批发	5162	石油制品批发和零售		
山东省农业生产资料日照有限公司	山东省日照市黄海三路 24 号	276826	371102	0633-8332294	化肥批发	5166	化肥批发销售		
日照日百商业有限公司	山东省日照市东港区泰安路 179 号	276800	371102	0633-8239080	百货零售	5211	百货零售	超市零售	
日照凌云工贸有限公司	山东省日照市东港区兴海路 109 号	276800	371102	0633-8211108	日用家电设备零售	5272	家用电器销售	摩托车销售	日用百货食品销售
中国石油化工股份有限公司山东莱芜石油分公司	山东省莱芜市莱城区鲁中东大街 95 号	271100	371202	0634-8805292	石油及制品批发	5162	汽油销售	柴油销售	
莱芜市泰豪汽车工业贸易有限公司	山东省莱芜市莱城区凤城西大街 272 号	271100	371202	0634-6122366	汽车零售	5261	汽车销售		
莱芜莱钢银山商贸有限公司	山东省莱芜市钢城友谊大街 23 号	271104	371203	0634-6820303	五金产品批发	5175	百货零售		
山东省临沂市新华书店	山东省临沂市市辖区兰山区沂蒙路 146 号	276000	371301	0539-8234986	图书、报刊零售	5243	图书零售	音像零售	
山东九州商业集团有限公司	山东省临沂市兰山区解放路 183 号	276002	371302	0539-8209837	百货零售	5211	零售	批发	汽车
中国石油化工股份有限公司山东临沂石油公司	山东省临沂市河东区正阳路北段	276034	371312	0539-8091098	石油及制品批发	5162	柴油、汽油		
苍山县新华书店	山东省临沂市苍山县新华路 2 号	277700	371324	0539-5211097	图书、报刊零售	5243	图书零售		
山东省费县新华书店	山东省临沂市费县	273400	371325	0539-5222584	图书、报刊零售	5243	中小学课本、其他图书零售	音像制品及电子出版物零售	
山东德州百货大楼（集团）有限责任公司	山东省德州市市辖区湖滨中大道 118 号	253013	371401	0534-2693702	百货零售	5211	商业零售		

续表：6

企业名称	详细地址	邮政编码	行政区划代码	联系电话	所属行业	行业代码	业务活动一	业务活动二	业务活动三
山东新华书店集团有限公司德州分公司	山东省德州市经济开发区康博大道 668 号	253034	371401	0534-2621358	图书、报刊零售	5243	图书销售		
山东省德州泰康药业有限公司	山东省德州市德城新湖办事处解放南大道 51 号	253006	371401	0534-2695161	药品零售	5251	西药	中药及中成药	其他
山东省夏津医药有限公司	山东省德州市夏津县银城街道办事处南城 149 号	253200	371427	0534-3218439	药品零售	5251	药品批发	中药饮片批发	器械和敷料
菏泽牡丹医药有限责任公司	山东省菏泽市市辖区菏泽市康庄路 2189 号	274000	371702	0530-5501919	西药批发	5151	中药材、中成药、西药、化学、医疗器械		
菏泽新华书店	山东省菏泽市牡丹区中华路 2351 号	274014	371702	0530-5928138	图书、报刊零售	5243	图书	音像	文具

2－5　重点调查交通运输、仓储和邮政业企业基本情况

企业名称	详细地址	邮政编码	行政区划代码	联系电话	所属行业	行业代码	业务活动一	业务活动二	业务活动三
山东高速集团有限公司	山东省济南市历下区	250098	370102	0531-89250128	公路管理与养护	5442	高速公路收费及服务		
山东高速公路股份有限公司	山东省济南市历下区文化东路 29 号	250014	370102	0531-89260238	其他道路运输辅助活动	5449	公路管理与养护		
济南市邮政局	山东省济南市市中区经二路 162 号	250001	370103	0531-86261031	邮政基本服务	6010	函件	储蓄	报刊
新国线济南运输有限公司	山东省济南市槐荫丁字山路 3 号	250022	370104	0531-87192016	公路旅客运输	5420	交通运输		
济南大运物流有限公司	山东省济南市槐荫区五里沟经一纬五路 15 号	250001	370104	0531-87033364	道路货物运输	5430	普通货运	场站经营	其他
济南铁路局	山东省济南市天桥车站街 2 号	250001	370105	0531-82427712	铁路货物运输	5320	客运进款	货物运费	
济南市联运总公司	山东省济南市天桥区凤凰山路 108 号	250033	370105	0531-85872380	公路旅客运输	5420	提供劳务		
山东省交通运输集团公司	山东省济南市天桥区济洛路 131 号	250031	370105	0531-85877722	公路旅客运输	5420	公路旅客运输	客运汽车站	道路货物运输
山东省济德快速客运有限责任公司	山东省济南市天桥济洛路 131 号	250031	370105	0531-85877868	公路旅客运输	5420	交通运输		
济南长途汽车运输有限责任公司	山东省济南市天桥区堤口路 75 号	250031	370105	0531-86309817	公路旅客运输	5420	公路旅客运输	公路货物运输	汽车修理
山东省小清河航运局	山东省济南市天桥区北园办事处航运路 1 号	250100	370105	0531-13864091-849	沿海货物运输	5522	海上运输	工业加工	港口装卸
山东黄河航运局	山东省济南市天桥洛口洛南一街 52 号	250032	370105	0531-85763502	沿海货物运输	5522	交通运输	船舶制造	
山东航空股份有限公司	山东省济南市历下二环东路 5746 号	250014	370127	0531-85698862	航空旅客运输	5611	航空客货运输		
章丘市运输公司	山东省济南市章丘	250200	370181	0531-83212898	公路旅客运输	5420	公路旅客运输		
青岛公交集团公司	山东省青岛市市南区香港中路 73 号	266071	370202	0532-85928733	公共电汽车客运	5411	城市公交客运		
青岛旅游汽车有限公司	山东省青岛市崂山区	266061	370202	0532-85811111	出租车客运	5413	城市客运		
青岛轮渡有限责任公司	山东省青岛市市南区四川 21 号	266002	370202	0532-82611861	客运轮渡运输	5513	客运轮渡运输		

续表：1

企业名称	详细地址	邮政编码	行政区划代码	联系电话	所属行业	行业代码	业务活动一	业务活动二	业务活动三
青岛远洋运输有限公司	山东省青岛市市南区浮山所街道办香港中路 61 号远洋大厦 F28	266071	370202	0532-85978710	远洋货物运输	5521	水上货物运输		
山东永盛国际货运有限公司	山东省青岛市市南区香港中路 20 号黄金广场北楼 511	266071	370202	0532-85021128	其他仓储业	5990	货物运输代理		
青岛市出租汽车股份有限公司	山东省青岛市市北区南京路 209 号	266034	370203	0532-85660182	出租车客运	5413	出租客运	汽车租赁	汽车修理
青岛交运联运有限公司	山东省青岛市市北区延安一路 6 号	266021	370203	0532-82710791	道路货物运输	5430	货运业务		
青岛交运零担运输有限公司	山东省青岛市市北区利津路 28 号	266021	370203	0532-83831639	道路货物运输	5430	道路货物运输		
青岛港集团有限公司	山东省青岛市市北区港青路 6 号	266011	370203	0532-82982780	货运港口	5532	港口装卸		
青岛四方客运有限公司	山东省青岛市四方区四流南路 6 号	266000	370205	0532-68016471	公路旅客运输	5420	交通运输		
青岛市第二汽车运输公司	山东省青岛市四方区萍乡路 37 号	266042	370205	0532-80826019	道路货物运输	5430	货运收入		
青岛陆海国际货运集团股份有限公司	山东省青岛市四方区萍乡路 55 号	266100	370205	0532-83101522	道路货物运输	5430	普通货运、货物专用运输		
青岛国际机场集团有限公司	山东省青岛市城阳区	266108	370214	0532-83787258	机场	5631	机场		
山东淄博交通运输集团有限公司	山东省淄博市张店区中润大道 117 号	255086	370303	0533-3599782	公路旅客运输	5420	公路旅客运输	公路货物运输	
山东鲁中交运集团有限公司	山东省淄博市张店区体育场潘南东路 14 号	255000	370303	0533-3126809	道路货物运输	5430	道路货物运输	公路旅客运输	汽车挂车制造
山东省枣庄汽车运输有限公司	山东省枣庄市市中区青檀北路 233 号	277101	370402	0632-3688243	公路旅客运输	5420	公路旅客运输	公路货物运输	客运汽车站
滕州市交通汽车运输有限责任公司	山东省枣庄市滕州市经济开发区	277500	370481	0632-5898366	公共电汽车客运	5411	客运	货运	农村物流
烟台市城市公交总公司	山东省烟台市芝罘区环山路付 11 号	264001	370602	0535-6633785	公共电汽车客运	5411	公共电汽车客运	公路旅客运输	石油批发零售
烟台交运集团有限责任公司	山东省烟台市芝罘区机场路 336	264000	370602	0535-6937019	公路旅客运输	5420	客车运输	货车运输	其它
烟台港集团有限公司	山东省烟台市芝罘区北马路 155 号	264000	370602	0535-6742708	货运港口	5532	货物装卸	代理	港务管理
龙口市第一运输有限公司	山东省烟台市龙口市东莱街道杨家疃	265701	370681	0535-8525051	道路货物运输	5430	公路运输		
龙口港集团有限公司	山东省烟台市龙口市龙口经济开发区环海中路 1899 号	265700	370681	0535-8848155	货运港口	5532	装卸	代理	运输
蓬莱市汽车运输总公司	山东省烟台市蓬莱市登州路 22 号	265600	370684	0535-5667717	道路货物运输	5430	货物运输		
栖霞市万达运输有限公司	山东省烟台市栖霞市翠屏迎宾路 970 号	265300	370686	0535-5212197	道路货物运输	5430	汽车运输		

续表：2

企业名称	详细地址	邮政编码	行政区划代码	联系电话	所属行业	行业代码	业务活动一	业务活动二	业务活动三
潍坊交运汽车运输有限公司	山东省潍坊市奎文区健康东 529 号	261041	370705	0536-8251351	公路旅客运输	5420	公路旅客运输	其他房地产业	汽车、摩托车、燃料及零配件专门零售
潍坊市邮政局	山东省潍坊市奎文区潍州路 725 号	261041	370705	0536-8199206	邮政基本服务	6010	邮政基本业务		
青州中储物流有限公司	山东省潍坊市青州市玲珑山北路 638 号	262500	370781	0536-3292059	其他仓储业	5990	经销	仓储	
潍坊联运有限责任公司	山东省潍坊市北海路 369 号	261061	370797	0536-8595907	公路旅客运输	5420	公路旅客运输	物流	驾驶员培训
兖州煤业物资供应中心	山东省济宁市邹城矿建西路 1639 号	273500	370800	0537-5368029	铁路货物运输	5320	铁路货物运输		
济宁公共汽车公司	山东省济宁市市中区建设路 81 号	272000	370802	0537-2313569	公共电汽车客运	5411	公交客运收入		
山东省济宁交通运输集团	山东省济宁市市中区观音阁车站东路 28 号	272015	370802	0537-2347932	公路旅客运输	5420	汽车客、货运输	汽车及配件销售	汽车修理及维护
山东顺航电力燃料有限公司	山东省济宁市市中区凌云小区西区 2 号楼东单元 302 室	272000	370811	0537-2084528	内河货物运输	5523	煤炭		
泰安市公共交通公司	山东省泰安市泰山区东岳大街 107 号	271000	370902	0538-6911397	公共电汽车客运	5411	客运收入		
山东泰安交通运输集团有限公司	山东省泰安市泰山区迎胜路 1 号	271000	370902	0538-2185141	道路货物运输	5430	客运	货运	汽车销售与维修
肥城交通运输有限公司	山东省泰安市肥城市新城办事处泰西大街 052 号	271600	370983	0538-3250726	道路货物运输	5430	货物运输	客运	驾驶培训
威海市旅游码头有限责任公司	山东省威海市	264200	371002	0631-5231985	海洋旅客运输	5511	运费		
山东威海港股份有限公司	山东省威海市环翠区海滨北路 53 号	264200	371002	0631-5232013	货运港口	5532	货物仓储及客货车运输、船舶销售		
威海市邮政局	山东省威海市环翠区文化东路 47 号	264200	371002	0631-5890123	邮政基本服务	6010	代理金融业务	函件业务	集邮业务
威海市地方铁路管理局	山东省威海市青岛中路 49-1 号	264200	371004	0631-5333009	城市轨道交通	5412	客、货运输		
日照港（集团）有限公司	山东省日照市东港区黄海一路 91 号	276800	371102	0633-8388178	货运港口	5532	货运港口	其他水上运输辅助活动	
德州市交通集团有限公司	山东省德州市市辖区	253000	371401	0534-2617613	公路旅客运输	5420	汽车零售	客运	其他
德州市公共汽车公司	山东省德州市德城区德城区湖滨中大道 1371 号	253020	371402	0534-2313832	公共电汽车客运	5411	城市公共交通运输收入		
菏泽交通集团第八汽车运输公司	山东省菏泽市成武县成武汉泉路 127 号	274200	371723	0530-8622718	公路旅客运输	5420	出售车票	汽车修理	

2－6　重点调查住宿和餐饮业企业基本情况

企业名称	详细地址	邮政编码	行政区划代码	联系电话	所属行业	行业代码	业务活动一	业务活动二	业务活动三
山东良友富临大酒店	山东省济南市历下区泺源大5号	250063	370102	0531－81625418	旅游饭店	6110	旅游饭店	住宿	其他
山东顺德大厦	山东省济南市历下区趵突泉办事处青年东路居委会千佛山南路7号	250014	370102	0531－82623577	旅游饭店	6110	旅游饭店		
济南玉泉森信大酒店有限公司	山东省济南市历下区泺源大街68号	250063	370102	0531－85108890	旅游饭店	6110	住宿	餐饮	写字楼出租
济南南郊宾馆	山东省济南市历下区马鞍山路2号	250002	370102	0531－85188944	旅游饭店	6110	住宿	餐饮	
山东银座泉城大酒店有限公司	山东省济南市历下区南门大街2号	250011	370102	0531－86921911	旅游饭店	6110	旅游饭店		
山东世界贸易中心	山东省济南市历下区	250063	370102	0531－85650856	正餐服务	6210	企业总部管理		
山东丽天大酒店	山东省济南市市中区经一路66号	250001	370103	0531－82680166	旅游饭店	6110	客房餐饮		
山东鲁能商贸有限公司贵友大酒店	山东省济南市市中区英雄山路101号	250002	370103	0531－82882047	旅游饭店	6110	餐饮	客房	
山东鲁能商贸有限公司贵都大酒店	山东省济南市市中区经一纬三升平街1号	250001	370103	0531－82882863	旅游饭店	6110	住宿	餐饮	
山东明珠怡和国际酒店有限公司	山东省济南市市中区经一路88号	250001	370103	0531－83188888	旅游饭店	6110	住宿	餐饮	
济南宾馆	山东省济南市市中区经五路171号	250001	370103	0531－87085005	旅游饭店	6110	住宿	餐饮	
济南海意阳光海岸餐饮管理有限公司	山东省济南市市中区经十路21575号	250001	370103	0531－62326605	正餐服务	6210	餐饮		
山东东方大厦	山东省济南市市中区经七路263号	250001	370103	0531－85185363	正餐服务	6210	餐饮	客房	其他零售业
济南铁路经营集团有限公司	山东省济南市天桥区车站19号	250001	370105	0531－82427018	旅游饭店	6110	住宿业	餐饮业	
青岛汇泉湾股份有限公司	山东省青岛市市南区	266071	370202	0532－82735382	旅游饭店	6110	房屋租赁		
青岛东方饭店	山东省青岛市市南区大学路4号	266003	370202	0532－82863468	旅游饭店	6110	餐饮、客房		
青岛建银物业管理有限公司	山东省青岛市市南区贵州路71号	266002	370202	0532－82992871	旅游饭店	6110	物业管理	旅游饭店	印刷业务

续表：1

企业名称	详细地址	邮政编码	行政区划代码	联系电话	所属行业	行业代码	业务活动一	业务活动二	业务活动三
青岛汇泉王朝大饭店	山东省青岛市市南区南海路9号	266003	370202	0532-82999633	旅游饭店	6110	客房服务	餐饮服务	健身房等
青岛八大关宾馆	山东省青岛市市南区山海关路19号	266071	370202	0532-83863375	旅游饭店	6110	住宿	餐饮	
青岛华能大厦有限公司	山东省青岛市市南区太平路37号	266001	370202	0532-83997096	旅游饭店	6110	旅馆业	餐饮业	
青岛颐中国际大酒店有限公司	山东省青岛市市南区香港中路76号	266071	370202	0532-85718888	旅游饭店	6110	客房收入	餐饮收入	其他收入
青岛饭店集团股份有限公司	山东省青岛市市南区香港中路66号	266071	370202	0532-85781888	旅游饭店	6110	住宿	餐饮	
青岛东晖育乐有限公司	山东省青岛市市南区山东路39号	266071	370202	0532-85814688	旅游饭店	6110	客房	餐饮	
青岛丽晶大酒店	山东省青岛市市南区110号	266071	370202	0532-85881818	旅游饭店	6110	客房	餐饮	租住场所
青岛海洋宾馆	山东省青岛市市南区徐州路88号	266071	370202	0532-80971580	正餐服务	6210	住宿		
青岛肯德基有限公司	山东省青岛市市南区香港中路9号香格里拉中心办公楼20F	266071	370202	0532-83785757	快餐服务	6220	快餐		
胶南市饮食服务公司	山东省青岛市胶南珠山浮翠187号	266400	370284	0632-86615379	正餐服务	6210	住宿	餐饮	
山东淄博饭店集团股份有限公司	山东省淄博市张店区金晶大道177号	255025	370303	0533-2180888	旅游饭店	6110	餐饮	住宿	
山东齐盛国际宾馆	山东省淄博市张店区北京路17号	255000	370303	0533-2808798	旅游饭店	6110	餐饮	房务	
淄博世纪大酒店有限公司	山东省淄博市张店区科苑街道办柳泉路99号	255047	370303	0533-3596611	旅游饭店	6110	餐饮	客房	
淄博凤阳大酒店有限公司	山东省淄博市张店区新村西路158号	255000	370303	0533-2161088	一般旅馆	6120	住宿	餐饮	
淄博齐都大酒店有限公司	山东省淄博市临淄区闻韶路39号	255400	370305	0533-7159069	旅游饭店	6110	住宿	餐饮	
临淄东泰集团临淄宾馆有限公司	山东省淄博市临淄区闻韶管仲路218号	255400	370305	0533-7167359	旅游饭店	6110	住宿	餐饮	
淄博顺达饭店有限公司	山东省淄博市临淄区辛店牛山路340号	255400	370305	0533-7178977	旅游饭店	6110	餐饮	住宿	
淄博金三元酒店有限公司	山东省淄博市周村区马路街124号	255300	370306	0533-6403927	正餐服务	6210	餐饮		
枣庄贵泉大酒店	山东省枣庄市市中区解放南路143号	277103	370401	0632-3292999	旅游饭店	6110	客房	餐饮	
枣庄大酒店有限责任公司	山东省枣庄市市中区解放北路139号	277101	370402	0632-3219359	旅游饭店	6110	客房经营	餐饮经营	
滕州市鑫利华饮食股份有限公司	山东省枣庄市滕州市北辛街道善国北路49号	277500	370481	0632-5514607	正餐服务	6210	正餐服务		
山东蓝海股份有限公司	山东省东营市东营庐山路1099号	257000	370502	0546-8266690	正餐服务	6210	正餐服务	旅游饭店	

续表：2

企业名称	详细地址	邮政编码	行政区划代码	联系电话	所属行业	行业代码	业务活动一	业务活动二	业务活动三
烟台亚细亚大酒店有限公司	山东省烟台市芝罘区南大街 116	264001	370602	0535-6581185	旅游饭店	6110	餐饮	客房	
烟台中心大酒店	山东省烟台市芝罘区南大街 81 号	264000	370602	0535-6584821	旅游饭店	6110	客房	餐饮	季节性礼品
烟台虹口大酒店有限公司	山东省烟台市芝罘区大马路 118 号	264001	370602	0535-6585403	旅游饭店	6110	住宿	餐饮	
烟台毓璜顶宾馆	山东省烟台市芝罘区毓西路 17-3 号	264000	370602	0535-6585798	旅游饭店	6110	住宿业	餐饮业	
烟台华侨宾馆	山东省烟台市芝罘区环山路 30 号	264000	370602	0535-6588460	旅游饭店	6110	餐饮	客房	商品
烟台新闻中心有限责任公司	山东省烟台市芝罘区环山路 76 号	264000	370611	0535-6589358	旅游饭店	6110	住宿	餐饮	
潍坊富坤大酒店有限公司	山东省潍坊市潍城区健康 108 号	261011	370702	0536-85679818-0405	一般旅馆	6120	住宿	餐饮	
潍坊国际金融大厦有限公司	山东省潍坊市奎文区东关街道四平路 86 号	261041	370705	0536-5166628	旅游饭店	6110	住宿业	餐饮业	其他服务业
潍坊市第一招待所有限责任公司	山东省潍坊市奎文区东关街道胜利东街 379 号	261041	370705	0536-9195036	正餐服务	6210	住宿业	餐饮业	
青州林海大酒店有限公司	山东省潍坊市青州市王府街道办事处云门山南路 2408 号	262500	370781	0536-3270968	一般旅馆	6120	住宿	餐饮	
诸城市密州宾馆有限公司	山东省潍坊市诸城市府前 1 号	262200	370782	0536-6565217	正餐服务	6210	住宿业	餐饮业	其他餐饮业
山东济宁孔子圣地旅游集团有限公司	山东省济宁市市辖区	272000	370801	0537-2392485	旅游饭店	6110	餐饮业	住宿	
济宁运河宾馆	山东省济宁市市中区共青团路 45 号	272100	370802	0537-2906566	旅游饭店	6110	餐饮服务	客房服务	会议
济宁高新区香港大厦	山东省济宁市高新区火炬路 19 号	272100	370802	0537-2969178	正餐服务	6210	餐饮	住宿	会议
泰安市华侨大厦	山东省泰安市泰山区 15 号	271000	370902	0538-8220001	正餐服务	6210	客房及餐饮		
泰安市御座宾馆	山东省泰安市泰山岱北街 50 号	271000	370902	0538-8269999	正餐服务	6210	住宿	餐饮	
东尊华美达大酒店	山东省泰安市泰山区迎胜路 16 号	271000	370902	0538-8368888	正餐服务	6210	住宿	餐饮	其他
威海市白天鹅宾馆有限公司	山东省威海市文化东路 12 号	264200	371001	0631-5231891	旅游饭店	6110	餐饮收入	客房收入	
威海市阳光大厦	山东省威海市环翠区统一路 88 号	264200	371002	0631-5208999	旅游饭店	6110	客房收入	餐饮收入	康乐收入
威海中心大酒店有限公司	山东省威海市环翠新威路 58 号	264200	371002	0631-5222888	旅游饭店	6110	客房收入	中餐厅收入	西餐厅收入
威海宾馆	山东省威海市环翠区环海路 12 号	264200	371002	0631-5262888	旅游饭店	6110	餐饮、客房服务		
威海卫大厦	山东省威海市环翠区海港路 82 号	264200	371002	0631-5285888	旅游饭店	6110	住宿	餐饮	娱乐
威海合庆饭店有限公司	山东省威海市环翠区连林岛路 1 号	264200	371002	0631-5201668	快餐服务	6220	餐饮	住宿	康乐

续表：3

企业名称	详细地址	邮政编码	行政区划代码	联系电话	所属行业	行业代码	业务活动一	业务活动二	业务活动三
威海丰盛园餐饮有限公司	山东省威海市环翠区统一路 61-1 号	264200	371002	0631-5289808	快餐服务	6220	餐饮业		
利群集团日照德泰酒店有限公司	山东省日照市东港区昭阳路 18 号	276800	371102	0633-8227788	旅游饭店	6110	餐饮	客房	
临沂市沂州宾馆鲁班店	山东省临沂市兰山区通达路 307 号	276000	371302	0137-92994435	旅游饭店	6110	旅游饭店		
临沂沂景假日酒店	山东省临沂市兰山区滨河大道中段西侧	276000	371302	0539-13375390-027	旅游饭店	6110	餐饮	住宿	
山东临沂荣华大酒店有限责任公司	山东省临沂市兰山区新华路 121 号	276000	371302	0539-8967090	旅游饭店	6110	餐饮业	住宿业	
临沂宾馆有限责任公司	山东省临沂市兰山区金雀山街道沂蒙路 322 号	276004	371302	0539-8968009	旅游饭店	6110	食品	商品	房费
蒙阴县汶河大酒店	山东省临沂市蒙阴凤凰路 1 号	276200	371328	0539-4836530	旅游饭店	6110	客房住宿收入	餐饮收入	
临沭县人民政府招待所	山东省临沂市临沭苍山北路 18 号	276700	371329	0539-6205188	一般旅馆	6120	餐饮		
德州市德苑商贸有限公司德苑大酒店	山东省德州市德城区新华街道解放南大道 255 号	253006	371401	0534-2623983	旅游饭店	6110	住宿	餐饮	
德州大酒店有限责任公司	山东省德州市市辖区东方红西路 968 号	253013	371401	0534-2650108	旅游饭店	6110	餐饮	住宿	
齐河美得乐扬帆酒店管理有限公司	山东省德州市齐河县 103 号	250017	371425	0534-5326377	一般旅馆	6120	正餐服务		
夏津县委招待所	山东省德州市夏津南城 250 号	253200	371427	0534-3219738	一般旅馆	6120	住宿	餐饮	
菏泽南华大酒店有限公司	山东省菏泽市牡丹区人民路 1388 号	274000	371702	0530-6065698	旅游饭店	6110	餐饮	客房	娱乐

2－7　重点调查信息传输、软件和信息技术服务业企业基本情况

企业名称	详细地址	邮政编码	行政区划代码	联系电话	所属行业	行业代码	业务活动一	业务活动二	业务活动三
山东旅科集团总公司	山东省济南市历下区燕子山西路南首	250014	370102	0531–83199387	其他互联网服务	6490	增值电信及呼叫中心业务（其他电信业）		
山东中创软件工程股份有限公司	山东省济南市历下千佛山千佛山东路41–1号	250014	370102	0531–81753098	软件开发	6510	交通领域信息管理系统开发	金融领域信息管理系统开发	政府与企业信息管理系统开发
中国联合网络通信有限公司济南市分公司	山东省济南市市中区经十路21398号	250002	370103	0531–82090265	固定电信服务	6311	固定电话	移动电话	宽带
中国移动通信集团山东有限公司	山东省济南市市中区经十路20569号	250001	370103	0531–86168705	移动电信服务	6312	移动电信服务		
山东和华电子信息有限公司	山东省济南市历城区华龙路1825号	250100	370112	0531–82371938	软件开发	6510	设备销售	技术咨询服务	工程施工
山东万博科技股份有限公司	山东省济南市高新区齐鲁软件园B座2层	250101	370127	0531–28311623	软件开发	6510	软件销售	计算机系统服务	电信器材销售
浪潮通信信息系统有限公司	山东省济南市高新新泺大街中段	250101	370127	0531–85105284	信息系统集成服务	6520	浪潮通信行业Netwatcher综合网管系统软件V2.0	浪潮电子运维（EOMS）系统软件V1.0	浪潮移动代理服务器（MAS）软件V2.0
中国联合网络通信有限公司青岛市分公司	山东省青岛市市南区东海西路15号	266071	370202	0532–83886851	固定电信服务	6311	固定电话业务	移动电话业务	互联网业务
青岛英大信通有限公司	山东省青岛市市南区刘家峡路17号	266071	370202	0532–86665655	互联网信息服务	6420	无线电路中导		
青岛海尔软件有限公司	山东省青岛市崂山海尔路1号	266071	370202	0532–88038168	信息技术咨询服务	6530	开发制造计算机软件		
青岛麦普吉科技有限公司	山东省青岛市市南区闽江路172号	266071	370202	0532–85718625	数据处理和存储服务	6540	数据处理和储存服务		
优创（青岛）数据技术有限公司	山东省青岛市市南区宁夏路288号	266071	370202	0532–86667558	数字内容服务	6591	数据处理和存储服务		
中国联合网络通信有限公司淄博市分公司	山东省淄博市张店区柳泉路160号	255000	370303	0533–2300003	固定电信服务	6311	固定电话	互联网接入	移动电话
中国移动通信集团山东有限公司淄博分公司	山东省淄博市张店区华光路139号	255000	370303	0533–2771010	移动电信服务	6312	移动电信服务		
中国电信集团公司山东省淄博市分公司	山东省淄博市开发区柳泉路107号	255000	370303	0533–6214432	移动电信服务	6312	电信服务		

续表：1

企业名称	详细地址	邮政编码	行政区划代码	联系电话	所属行业	行业代码	业务活动一	业务活动二	业务活动三
中国联合网络通信有限公司淄博市周村分公司	山东省淄博市周村区体育场路 807 号	255300	370306	0533-6154488	固定电信服务	6311	固定电信服务	移动电信服务	
中国移动通信集团山东移动公司枣庄分公司	山东省枣庄市新城光明西路 3999 号	277800	370402	0632-8020189	移动电信服务	6312	话费收入	增值业务收入	数据业务收入
山东移动通信有限责任公司烟台分公司	山东省烟台市芝罘区观海路 366 号	264003	370602	0535-3723023	移动电信服务	6312	移动电信服务		
中国联合网络通信有限公司烟台分公司	山东省烟台市芝罘区胜利路 318 号	264001	370602	0535-6609302	移动电信服务	6312	电信业务		
烟台浪潮通用软件有限公司	山东省烟台市芝罘区北马路 75 号	264000	370602	0535-6657393	软件开发	6510	计算机软件开发与销售	计算机系统集成	
中国网通（集团）有限公司潍坊市分公司	山东省潍坊市奎文区东风东街 333 号	261031	370705	0536-8201035	固定电信服务	6311	固网语音及部分增值业务	移网语音及部分增值业务	
潍坊文杰工程技术有限公司	山东省潍坊市奎文区东关李家街电子街 13 号	261041	370705	0536-8210069	软件开发	6510	计算机软开发		电气工程安装与维修
潍坊新星信息工程有限公司	山东省潍坊市奎文四平路电子街 39 号	261031	370705	0536-8291195	软件开发	6510	软件开发	计算机 软件及辅助设备批发	
山东移动通信有限责任公司青州分公司	山东省潍坊市青州市云门山范公亭东路 3788 号	262500	370781	0536-3268666	移动电信服务	6312	移动电话		
诸城市益昌电脑有限公司	山东省潍坊市诸城市城关人民东路 32 号	262200	370782	0536-6125777	信息技术咨询服务	6530	电脑	用友软件	网站建设
中国联合网络通信有限公司寿光市分公司	山东省潍坊市寿光市圣城圣城东 82 号	262700	370783	0536-5103832	固定电信服务	6311	固定电话	宽带上网	手机
中国移动通信集团山东有限公司潍坊分公司	山东省潍坊市	261000	370797	0536-8101391	移动电信服务	6312	移动业务		
中国联合网络通信有限公司济宁市分公司	山东省济宁市市中区太白中路 29 号	272000	370802	0537-2266862	固定电信服务	6311	移动业务	固网业务	
中国电信集团公司山东省泰安市电信分公司	山东省泰安市泰山区东岳大街 9 号	271000	370902	0538-6304435	固定电信服务	6311	通讯业务		
中国移动通信有限责任公司泰安市分公司	山东省泰安市泰山区东岳大街 59 号	271000	370902	0538-18853860-280	移动电信服务	6312	全球通	神州行	动感地带
中国联通（集团）泰安市分公司	山东省泰安市泰山区东岳大街 153 号	271000	370902	0538-6992188	互联网信息服务	6420	3G 产品	宽带业务	固话业务
中国联合网络通信有限公司威海分公司	山东省威海市市辖区环翠区新威路 40 号	264200	371001	0631-5201085	移动电信服务	6312	固定电话	互联网	移动通信
山东移动通信有限公司威海分公司	山东省威海市环翠区新威路 10 号	264200	371002	0631-13863139-077	移动电信服务	6312	神州行	固定电话	互联网
山东渔翁信息技术股份有限公司	山东省威海市沈阳路 108-1 号	264209	371003	0631-5660861	移动电信服务	6312	服务器密码机	PCI 密码卡	
中国联合网络通信有限公司临沂市分公司	山东省临沂市兰山区沂蒙路 139 号	276000	371300	0539-8202259	移动电信服务	6312	移动电信服务	互联网接入及相关服务	固定电信服务

续表：2

企业名称	详细地址	邮政编码	行政区划代码	联系电话	所属行业	行业代码	业务活动一	业务活动二	业务活动三
中国电信股份有限公司临沂分公司	山东省临沂市兰山区金一路 10 号开元上城 A 座 17 楼	276000	371302	0539–7164611	移动电信服务	6312	移动通信业务	移动增值数据业务	与移动业务相关的其他业务
山东移动通信有限责任公司临沂分公司	山东省临沂市兰山金雀山路 60–6 号	276000	371302	0539–8128912	移动电信服务	6312	移动通信业务		
中国联合网络通信有限公司德州分公司	山东省德州市德城区湖滨中大道 89 号	253000	371401	0534–2682301	固定电信服务	6311	宽带	固话	移动
中国联合网络通信有限公司夏津分公司	山东省德州市夏津县中山南街 24 号	253200	371427	0534–3887133	固定电信服务	6311	固定电话	宽带	小灵通
中国移动通信集团山东有限公司武城分公司	山东省德州市武城县广运振华	253300	371428	0534–6699558	移动电信服务	6312	移动通信		
中国联合网络通信有限公司曹县分公司	山东省菏泽市曹县东方红大街 73 号	274400	371721	0530–3227444	固定电信服务	6311	固网	宽带	移网业务

2－8　重点调查房地产业企业基本情况

企业名称	详细地址	邮政编码	行政区划代码	联系电话	所属行业	行业代码	业务活动一	业务活动二	业务活动三
山东普利建设发展有限公司	山东省济南市历下区解放路解放路 112 号	250012	370102	0531-81936758	房地产开发经营	7010	房地产开发		
济南市房屋建设综合开发集团	山东省济南市历下区南新街 32 号	250012	370102	0531-86041542	房地产开发经营	7010	房地产开发		
山东鲁信房地产投资开发有限公司	山东省济南市历下区解放路 166 号	250013	370102	0531-86566686	房地产开发经营	7010	房地产开发		
山东瑞祥置业股份有限公司	山东省济南市历下区趵突泉泺源大街 118 号	250010	370102	0531-86919641	房地产开发经营	7010	房地产开发		
济南绿地泉景地产股份有限公司	山东省济南市市中区阳光新路 69 号	250022	370103	0531-66696918	房地产开发经营	7010	房地产开发		
济南市市中区房地产开发（集团）总公司	山东省济南市市中区英雄山路 10	250002	370103	0531-82078902	房地产开发经营	7010	房地产业		
济南伟东置业有限公司	山东省济南市市中区舜玉路舜耕路伟东新都一区 19 号	250002	370103	0531-82597871	房地产开发经营	7010	房地产开发		
济南市房地产发展集团总公司	山东省济南市市中区大纬二路 70 号	250001	370103	0531-86157251	房地产开发经营	7010	房地产开发		
济南现代房地产开发有限公司	山东省济南市槐荫区经十西路 315 号	250000	370104	0531-82789862	房地产开发经营	7010	房地产开发经营		
山东匡山琪鑫置业股份有限公司	山东省济南市槐荫幸福街 9 号	250023	370104	0531-85976522	房地产开发经营	7010	商品房开发与销售		
济南阳光壹佰房地产有限公司	山东省济南市槐荫区振兴街阳光新路 19 号	250022	370104	0531-87169977	房地产开发经营	7010	房地产开发与经营		
山东南侨房地产发展有限公司	山东省济南市天桥区	250031	370105	0531-67751996	房地产开发经营	7010	房地产经营与开发		
济南天发房地产（集团）公司	山东省济南市天桥	250031	370105	0531-85829055	房地产开发经营	7010	房地产开发		
中铁十局集团房地产开发有限公司	山东省济南市高新工业南路 59 号中铁财智中心 8 号楼 17 层	250101	370127	0531-55565282	房地产开发经营	7010	房地产开发与经营		
青岛市城市建设集团股份有限公司	山东省青岛市市南南海 23 号	266003	370202	0532-82870170	房地产开发经营	7010	房地产		
青岛新园房地产开发有限公司	山东省青岛市市南山东路 33 号 1 号楼 1003	266071	370202	0532-82891787	房地产开发经营	7010	房地产开发经营		
青岛远东房地产开发有限公司	山东省青岛市市南武胜关 10 号	266071	370202	0532-83863150	自有房地产经营活动	7040	房地产开发		

续表：1

企业名称	详细地址	邮政编码	行政区划代码	联系电话	所属行业	行业代码	业务活动一	业务活动二	业务活动三
山东省房地产开发集团青岛公司	山东省青岛市市南区东海西路 49 号	266071	370202	0532–85766600	自有房地产经营活动	7040	房地产开发		
青岛弘信建设投资有限公司	山东省青岛市市南香港中路 52 号	266071	370202	0532–85776559	自有房地产经营活动	7040	房地产开发经营		
青岛信达荣昌置业集团有限公司	山东省青岛市市南区东海西路 39 号世纪大厦 25 楼	266071	370202	0532–85790870	自有房地产经营活动	7040	房地产开发经营	其他房地产活动	
青岛中房集团股份有限公司	山东省青岛市市南区东海西路 43 号	266071	370202	0532–85977729	自有房地产经营活动	7040	房地产开发经营		
青岛市恩地置业发展有限公司	山东省青岛市市北区武定路 48 号	266011	370203	0532–13589286–628	房地产开发经营	7010	房地产开发经营		
青岛机械房地产开发有限公司	山东省青岛市市北区尖山路 39 号	266023	370203	0532–82751090	房地产开发经营	7010	房地产开发		
和记黄埔地产（青岛）有限公司	山东省青岛市市北区小港街道长安路 1 号	266011	370203	0532–82816688	房地产开发经营	7010	房地产开发经营		
青岛台东地产发展有限公司	山东省青岛市市北区延安三路 114 号	266021	370203	0532–83620700	房地产开发经营	7010	房地产经营		
青岛海城租赁公司	山东省青岛市四方区哈尔滨路 26 号	266034	370205	0532–85625211	其他房地产业	7090	房屋租赁		
青岛地丰集团有限公司	山东省青岛市黄岛区经济技术开发区长江中路 517 号	266555	370211	0532–86990517	自有房地产经营活动	7040	房产销售、租赁		
山东鲁信置业有限公司	山东省青岛市崂山银川东路 1 号	266000	370212	0532–66063305	房地产开发经营	7010	房地产经营开发		
青岛天泰房地产开发股份有限公司	山东省青岛市崂山香港东路 99 号	266071	370212	0532–68721803	房地产开发经营	7010	房地产开发与经营		
青岛舜华实业总公司	山东省青岛市李沧区永安路街道办事处兴华路 38 号	266041	370213	0532–84634240	房地产开发经营	7010	房地产开发与经营		
青岛晟业城建开发有限公司	山东省青岛市李沧区夏庄路 107 号	266011	370213	0532–87062016	房地产开发经营	7010	自有房地产经营活动		
青岛神州集团有限公司	山东省青岛市胶州市三里河办事处晋州路中段	266300	370281	0532–82279877	房地产开发经营	7010	房地产开发经营		
胶州市房地产开发总公司	山东省青岛市胶州市阜安办事处太平路 14 号	266300	370281	0532–87290027	房地产开发经营	7010	房地产开发建设投资、商品房销售、租赁		
青岛慧海实业集团有限公司	山东省青岛市胶南市琅琊台路 75 号	266400	370284	0532–13573215–117	房地产开发经营	7010	房地产开发与经营		
淄博金梁城建开发有限公司	山东省淄博市淄川洪山路 12 号	255100	370302	0533–5283744	房地产开发经营	7010	房地产开发与经营		
淄博鲁中房地产开发股份有限公司	山东省淄博市张店区商场西街 62 号	255035	370303	0533–2152077	房地产开发经营	7010	房产开发		
山东中凯置业有限公司	山东省淄博市张店马尚华光路 272 号	255000	370303	0533–2801333	房地产开发经营	7010	房地产开发、销售		

续表：1

企业名称	详细地址	邮政编码	行政区划代码	联系电话	所属行业	行业代码	业务活动一	业务活动二	业务活动三
淄博美达集团有限公司	山东省淄博市张店区联通路 96 号	255086	370303	0533-3119956	房地产开发经营	7010	房地产开发经营		
淄博市房屋建设综合开发公司	山东省淄博市张店科苑办事处潘南西路 2 甲 37 号	255100	370303	0533-3158329	房地产开发经营	7010	房地产开发销售		
中房集团淄博市城市建设综合开发公司	山东省淄博市张店华光路 58 号	255037	370303	0533-3186775	房地产开发经营	7010	房地产开发		
山东大德华瑞置业有限公司	山东省淄博市张店区	255086	370303	0533-3580345	房地产开发经营	7010	房地产开发与销售		
山东创业房地产开发有限公司	山东省淄博市张店联通路 186 号	255000	370303	0533-8172786	房地产开发经营	7010	房地产开发经营		
淄博市临淄区齐城房地产综合开发公司	山东省淄博市临淄区闻韶街道办事处牛山路 277 号	255400	370305	0533-7180064	房地产开发经营	7010	房地产开发		
淄博大源城建开发有限公司	山东省淄博市沂源南麻商业 32 号	256100	370323	0533-6080988	房地产开发经营	7010	房地产开发与经营		
枣庄中安房屋开发有限公司	山东省枣庄市市中区振兴路 400 号	277100	370402	0632-3313617	房地产开发经营	7010	商品房销售	房租	
枣庄中安城建开发有限公司	山东省枣庄市市中区青檀路 152 号	277100	370402	0632-3323036	房地产开发经营	7010	房地产开发		
枣庄市城建综合开发公司	山东省枣庄市市中区光明中路 66 号	277100	370402	0632-5115585	房地产开发经营	7010	房地产开发展		
薛城区城市建设综合开发公司	山东省枣庄市薛城临城福泉海河路 2 号	277000	370403	0632-13969459-796	房地产开发经营	7010	房地产开发		
滕州市汇龙房地产综合开发有限公司	山东省枣庄市滕州龙泉后洪 1 号	277500	370481	0632-5529772	房地产开发经营	7010	商品房住宅		
滕州市城市建设综合开发公司	山东省枣庄市滕州市善国南路 20 号	277500	370481	0632-5568257	房地产开发经营	7010	房产统建，住宅区城建配套		
滕州市房地产综合开发公司	山东省枣庄市滕州市龙泉社区荆河中路 91-3 号	277500	370481	0632-5568825	房地产开发经营	7010	房地产开发经营		
烟台中翔置业有限公司	山东省烟台市芝罘区上夼西路 78 号	264001	370602	0535-6080220	房地产开发经营	7010	房地产开发销售		
烟台园城企业集团股份有限公司	山东省烟台市芝罘区南大 261 号	264000	370602	0535-6636199	房地产开发经营	7010	房地产开发经营		
烟台市宝源置业有限公司	山东省烟台市芝罘上曲家南街 118 号	264000	370602	0535-6873816	房地产开发经营	7010	房地产开发经营		
烟台金东房地产经济发展有限公司	山东省烟台市福山区金东小区 3 号楼	264006	370611	0535-6117519	房地产开发经营	7010	房地产开发		
烟台开发区房地产有限公司	山东省烟台市开发区 I-5 念慈别墅 46 号	264006	370611	0535-6398003	房地产开发经营	7010	房地产开发与经营		
烟台天马产业开发有限公司	山东省烟台市经济技术开发区古现街道办事处皂户头居委会黄河路 369 号	264006	370611	0535-6952999	房地产开发经营	7010	房地产开发与经营		
烟台新潮实业股份有限公司	山东省烟台市牟平区牟山路 98 号	264100	370612	0535-2109758	房地产开发经营	7010	电缆	房地产	建筑安装
栖霞宏宇置业有限公司	山东省烟台市栖霞市向阳路南首	265300	370686	0535-3378838	房地产开发经营	7010	房地产开发		
潍坊向阳房地产开发有限公司	山东省潍坊市奎文区大虞东风东街 7959 号	261041	370705	0536-8251555	房地产开发经营	7010	房地产开发经营		

续表：2

企业名称	详细地址	邮政编码	行政区划代码	联系电话	所属行业	行业代码	业务活动一	业务活动二	业务活动三
潍坊市城市建设开发有限公司	山东省潍坊市奎文区东风街 7619 号	261041	370705	0536-8323786	房地产开发经营	7010	房屋经营		
青州市古城建设投资开发有限公司	山东省潍坊市青州王府云门山北 1758 号	262500	370781	0536-3250150	房地产开发经营	7010	房地产开发及销售		
诸城市天泰城市房地产开发有限公司	山东省潍坊市诸城龙都西郊 10 号	262200	370782	0536-6113958	房地产开发经营	7010	房地产开发经营		
高密市城建开发有限责任公司	山东省潍坊市高密市立新街 1898 号	261500	370785	0536-2322846	房地产开发经营	7010	房地产开发		
潍坊市华都集团有限公司	山东省潍坊市高新开发区胜利东街 1976 号	261041	370797	0536-8875302	房地产开发经营	7010	房地产开发		
潍坊鲁伟实业总公司	山东省潍坊市高新区福寿东街 118 号	261061	370797	0536-8880721	房地产开发经营	7010	房地产开发		
山东金地建筑集团公司	山东省济宁市市中古槐	272000	370801	0537-3159160	自有房地产经营活动	7040	房地产开发		
济宁鲁兴房地产开发有限公司	山东省济宁市市中区古槐路 56 号	272000	370802	0537-2214923	自有房地产经营活动	7040	房地产开发经营		
济宁市鸿顺房地产开发有限公司	山东省济宁市任城区金城街道办济安桥北路 17 号	272041	370802	0537-2286666	自有房地产经营活动	7040	商品房销售		
泰安市中房城市建设开发有限公司	山东省泰安市泰山区升平 72 号	271000	370902	0538-6301786	房地产开发经营	7010	房地产开发		
泰安市隆泰房地产开发有限公司	山东省泰安市泰山区迎春路 3 号	271000	370902	0538-6369888	房地产开发经营	7010	房地产开发经营		
泰安中天地产有限公司	山东省泰安市泰山区温泉路 22 号	271000	370902	0538-8629388	房地产开发经营	7010	房地产开发与销售		
泰安市岱岳房屋开发有限责任公司	山东省泰安市泰山环山东路 8 号	271000	370911	0538-6587098	房地产开发经营	7010	房地产开发与经营		
泰安海普地产有限公司	山东省泰安市高新区高新区街道管理中心 10609 号	271000	370911	0538-8938567	房地产开发经营	7010	商品房住宅销售		
新泰市城市建设综合开发公司	山东省泰安市新泰开拓路 129 号	271200	370982	0538-2173719	房地产开发经营	7010	房屋建设房屋出售		
肥城市城建房地产开发有限公司	山东省泰安市肥城市新城泰西大街 26 号	271600	370983	0538-3214942	房地产开发经营	7010	房地产开发与经营		
威海市城市建设综合开发公司	山东省威海市环翠区世昌大道 99 号	264200	371002	0631-5213288	房地产开发经营	7010	房地产开发		
威海东港房地产开发有限公司	山东省威海市环翠区统一路 407 号	264200	371002	0631-5220750	房地产开发经营	7010	房地产		
威海市德诚房地产开发有限公司	山东省威海市环翠区鲸园海滨北路 8 号	264200	371002	0631-5283138	房地产开发经营	7010	房地产开发		
威海文笔峰房地产开发有限公司	山东省威海市环翠区竹岛戚家夼 29 号	264200	371002	0631-5322506	房地产开发经营	7010	房产开发		
威海市昌鸿房地产开发有限责任公司	山东省威海市怡园毕家疃	264209	371003	0631-5683308	房地产开发经营	7010	房地产开发		
山东大屋集团有限责任公司	山东省威海市火炬高技术开发区文化路 175 号	264209	371003	0631-5686875	房地产开发经营	7010	海悦国际		
威海市中兴房地产发展有限公司	山东省威海市经技区皇冠街道办事处上海路 5-19	264200	371004	0631-5986736	房地产开发经营	7010	房地产开发		

续表：3

企业名称	详细地址	邮政编码	行政区划代码	联系电话	所属行业	行业代码	业务活动一	业务活动二	业务活动三
威海经济技术开发区长峰房地产开发有限公司	山东省威海市皇冠长峰	264205	371004	0631-5993018	房地产开发经营	7010	房地产开发，销售		
荣成市荣达房地产开发有限公司	山东省威海市荣成市观海东路 18 号	264300	371082	0631-7563344	房地产开发经营	7010	房地产业		
山东舒斯贝尔置业有限公司	山东省日照市东港区泰安路 78 号	276826	371102	0633-8838866	房地产开发经营	7010	房地产开发和经营		
莒县城市建设综合开发有限公司	山东省日照市莒县城阳镇北坛路 489 号	276500	371122	0633-6222926	房地产开发经营	7010	房地产开发与经营		
临沂市房源开发集团有限公司	山东省临沂市兰山区	276000	371302	0133-65390199	房地产开发经营	7010	房地产开发经营		
山东天元房地产综合开发有限公司	山东省临沂市兰山区银雀山路 63 号	276003	371302	0539-8128622	房地产开发经营	7010	房地产开发经营		
临沂市城市建设综合开发有限公司	山东省临沂市兰山区解放路 123 号	276000	371302	0539-8239564	房地产开发经营	7010	房地产开发		
山东开元置业发展有限公司	山东省临沂市兰山区金雀山路 10 号	276000	371302	0539-8321315	房地产开发经营	7010	房地产开发经营		
沂南县宏业房地产开发公司	山东省临沂市沂南县界湖振兴路 1 号	276300	371321	0539-3229728	房地产开发经营	7010	商品房		
临沭县恒强建设开发有限公司	山东省临沂市临沭县临沭镇常林西大街 77 号	276700	371329	0539-6091877	房地产开发经营	7010	房地产开发经营		
德州市房屋建设综合开发集团总公司	山东省德州市市辖区	253018	371401	0534-2236627	房地产开发经营	7010	商品房开发与经营		
德州市房地产开发总公司	山东省德州市德城区青龙街 7 号	253000	371401	0534-2671196	房地产开发经营	7010	房地产开发经营		
德州普利森房地产开发有限公司	山东省德州市陵县迎宾街 1 号	253500	371421	0534-8292800	房地产开发经营	7010	房地产		
乐陵鑫顺房屋建设开发有限公司	山东省德州市乐陵市区枣城南大街 120 号	253600	371481	0534-2110369	房地产开发经营	7010	房地产开发		
山东现代达弛房地产开发有限公司	山东省菏泽市成武成武古城	274200	371723	0530-8619808	房地产开发经营	7010	房屋销售	建筑工程机械设备租赁	

2－9　重点调查社会服务业企业基本情况

企业名称	详细地址	邮政编码	行政区划代码	联系电话	所属行业	行业代码	业务活动一	业务活动二	业务活动三
山东省鲁信投资控股集团有限公司	山东省济南市历下区解放路 166 号	250013	370102	0531–86566956	投资与资产管理	7212	资本投资服务		
济南龙行天下旅行社有限公司	山东省济南市历下区佛山街 51 号	250014	370102	0531–82355987	旅行社服务	7271	国内旅游	入境旅游招徕、组织、接待业务	
山东省中国旅行社	山东省济南市历下区解放路 30–1 号国华大厦 6 层 606	250014	370102	0531–82950520	旅行社服务	7271	旅游服务		
济南千佛山风景名胜区管理处	山东省济南市历下区千佛山经十一路 18 号	250014	370102	0531–82662297	游览景区管理	7852	游览景区管理		
济南大明湖风景名胜管理处	山东省济南市历下区明湖路 271 号	250011	370102	0531–86088908	游览景区管理	7852	门票收入	小景点门票收入	租赁承包收入
山东省中国青年旅行社	山东省济南市市中区四里村英雄山路 2–1 号	250002	370103	0531–15153181–637		7271	入境旅游、出境旅游、国内旅游、		
济南市中国旅行社有限责任公司	山东省济南市市中区民生大街 22 号 A 座 1306 室	250001	370103	0531–82076206	旅行社服务	7271	旅行社服务		
中国国旅（青岛）国际旅行社有限公司	山东省青岛市市北区连云港路 33 号	266034	370202	0532–66067000	旅行社服务	7271	旅游		
青岛远洋国际旅行社有限公司	山东省青岛市崂山区秦岭路 18 号	266061	370202	0532–80969999	旅行社服务	7271	旅游住宿餐饮		
青岛市国内旅游总公司	山东省青岛市市南区新泰安路 27	266071	370202	0532–82969588	旅行社服务	7271	国内旅游		
青岛海天国际旅行社	山东省青岛市市南区闽江路 172 号软件大厦 15 楼	266071	370202	0532–83881673	旅行社服务	7271	票务	旅游	
青岛联合假日国际旅行社有限公司	山东省青岛市市南香港中路 96 号	266071	370202	0532–88727139	旅行社服务	7271	旅游		
颐中烟草（集团）有限公司	山东省青岛市市北区华阳路 20 号	266021	370203	0532–83813759	企业总部管理	7211	嘴棒加工	闲置资产租赁	甘油酯
青岛河西实业总公司	山东省青岛市四方区河西河西 276 号	266100	370205	0532–88250529	其他机械与设备租赁	7119	其他机械或设备租赁		
淄博市蒲松龄艺术馆	山东省淄博市淄川区洪山镇蒲家村 386 号	255120	370302	0533–5819257	游览景区管理	7852	旅游接待		
山东大众出租汽车股份有限公司	山东省淄博市张店区太平路 11 号	255022	370303	0533–2885156	汽车租赁	7111	出租、客运		
山东物华租赁有限公司	山东省淄博市张店区柳泉路 59 号	255031	370303	0533–3181882	建筑工程机械与设备租赁	7113	建筑钢模板，脚手架出租		
淄博国际旅行社有限公司	山东省淄博市张店区人民西路 25 号	255000	370303	0533–2310119	旅行社服务	7271	旅游	机票	

续表：1

企业名称	详细地址	邮政编码	行政区划代码	联系电话	所属行业	行业代码	业务活动一	业务活动二	业务活动三
淄博中航旅行社有限公司	山东省淄博市张店共青团西 62 号	255000	370321	0533-6028660	旅行社服务	7271	国内旅游		
山东德信建设集团股份有限公司租赁公公司	山东省烟台市芝罘区只楚路 38 号	264001	370602	0535-6532203	建筑工程机械与设备租赁	7113	周转器材租费	设备租费	
烟台新亚企业集团有限公司	山东省烟台市芝罘区通世路 9 号	264003	370602	0535-6683016	其他机械与设备租赁	7119	餐饮业	房屋租赁业	其他租赁
东源电力集团有限公司	山东省烟台市芝罘区只楚路 34 号	264002	370602	0535-5523197	企业总部管理	7211	投资与资产管理	自有房地产经营活动	
山东正源和信有限责任会计师事务所烟台分所	山东省烟台市芝罘区环山路 115-6 号	264000	370602	0535-6205046	会计、审计及税务服务	7231	审计业务收入	其他审计收入	
烟台中国国际旅行社	山东省烟台市芝罘区解放路 180 号	264001	370602	0535-6617710	其他居民服务业	7271	国内旅游业务	出境旅游业务	入境旅游业务
烟台妇女国际旅行社有限责任公司	山东省烟台市芝罘区胜利路 155 号 文经大楼	264000	370602	0535-6860508	其他居民服务业	7271	出境旅游	入境旅游	国内旅游
烟台市城市排水管理处	山东省烟台市芝罘区幸福路 3 号	264000	370602	0535-6811649	市政设施管理	7810	污水设施建设		
烟台市福山区市政工程有限公司	山东省烟台市福山区	265500	370611	0535-6363398	市政设施管理	7810	修建道路、桥梁、排水排污工程		
青州市大发客车出租有限公司	山东省潍坊市青州市龙山路 22 号	262500	370781	0536-3938709	汽车租赁	7111	出租车代理		
寿光市忠源建筑有限公司	山东省潍坊市寿光市	262700	370783	0536-5228094	建筑工程机械与设备租赁	7113	建筑工程机械与设备租赁		
济宁国际旅行社	山东省济宁市市中区红星中路 23 号水务大厦 1019 室	272000	370802	0537-15853762-266	旅行社服务	7271	国内旅游	出境旅游	入境旅游
泰安康辉旅行社有限公司	山东省泰安市泰山区龙潭路 64 号	271000	370902	0538-8261373	旅行社服务	7271	旅行社服务	旅行社服务	旅行社服务
威海威胜物业服务有限公司	山东省威海市环翠区	264200	371002	0631-5186888	企业总部管理	7211	物业管理	开办市场	装饰装潢
威海市鸿福物业服务有限公司	山东省威海市环翠区海滨北路 9 号	264200	371002	0631-5278738	企业总部管理	7211	物业服务		
德州市曙光浴池	山东省德州市德城区新湖办事处黎明 62 号	253000	371402	0534-2668617	洗浴服务	7950	洗浴		

第三篇

企业景气指数

3－1 企业景气运行平稳 企业家信心持续增强

——2011年一季度山东企业景气调查报告

据对全省3000家企业景气调查显示，2011年一季度，山东经济开局良好，反映企业家对宏观经济信心与预期的企业家信心指数不断增强；反映企业综合生产经营状况的企业景气指数运行状况平稳。但是，受季节因素及通胀压力影响，部分生产运营指标有所回落，原材料购进价格上涨、生产成本过高以及资金偏紧等问题也从多方面影响着企业的发展。预计二季度企业生产经营进入活跃期，企业景气状况将保持平稳增长。

企业景气指数和企业家信心指数变化情况

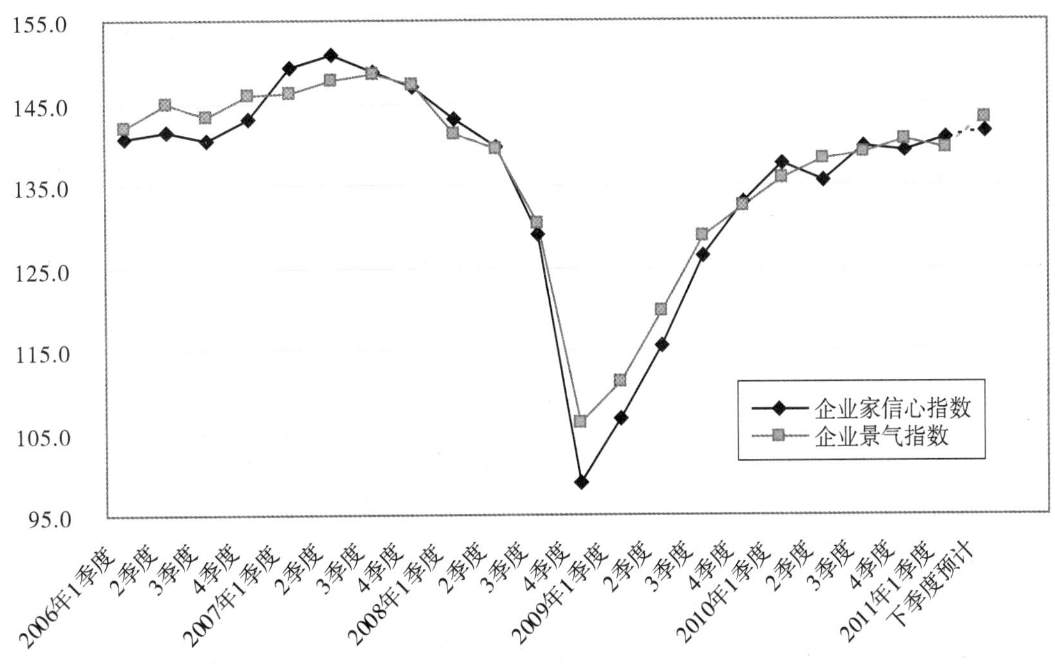

一、企业家信心继续增强，攀升至高位景气区间

“十二五”规划为企业经济发展注入了一针“强心剂”，企业家信心指数延续国际金融危机以来不断增强的态势，并且突破140，进入高位景气区间运行。一季度企业家信心指数为140.7，比上季度提升1.6点，比去年同期提升3.2点。调查显示，企业家对宏观经济充满信心的占47.2%，比上季度增加一个百分点；企业家保持谨慎乐观的占46.4%，比上季度减少0.4个百分点；企业家信心不足的占6.4%，比上季度减少0.6个百分点。表明多数企业家对经济形势的判断一直持稳定乐观的态度。

2011年一季度八大行业企业家信心指数

	本期	环比	同比
工业	140.6	2.2	4.4

建筑业	148.9	5.8	4.9
交通运输、仓储及邮政业	129.3	–2.7	3.1
批发和零售业	140.6	–1.6	0.3
房地产业	122.6	–8.3	–15.6
社会服务业	155.2	4.7	5.7
信息传输、计算机服务和软件	172.5	7.8	2.3
住宿和餐饮业	140.8	3.2	7.8

分行业看，工业、建筑业、社会服务业、信息传输计算机服务软件业和住宿餐饮业是拉动指数上涨的主要行业，企业家信心指数为140.6、148.9、155.2、172.5和140.8，分别比上季度提升2.2点、5.8点、4.7点、7.8点和3.2点。其中，信息传输计算机服务软件业企业家信心指数和增幅均居各行业之首。交通运输仓储邮政业和批发零售业有不同程度的回调，分别回落2.7点和1.6点。

房地产业在国家不断出台楼市调控政策影响下降幅最大，企业家信心指数居八大行业末位，为122.6，比上季度回落8.3点，比去年同期回落15.6点。

二、企业综合经营状况良好，运行基本平稳

一季度企业景气指数为139.3，比上季度回落1.2点，比去年同期提升3.6点。总体观察，企业景气指数接近在高度景气区间运行，企业综合经营状况仍处于良好态势，呈现的季节性回调幅度在预期范围之内。调查显示，企业认为综合经营状况良好的占46.7%，认为经营状况一般占45.9%，认为状况不佳的仅占7.4%。

（一）消费类行业景气提升，总体明显好于同期

一季度，在国民经济八大行业中，行业景气度呈现“5升3降”。一是受扩大内需政策与节日消费旺季的拉动，消费服务型行业景气度提升。交通运输仓储邮政业、批发零售业、房地产业、社会服务业和信息传输计算机服务软件业景气指数分别比上季度提升5.3点、3.7点、1.6点、3.4点和5.9点。二是受季节因素影响，生产性行业开工时间减少影响，景气指数略有回调。工业、建筑业、住宿餐饮业景气指数分别为139、137.7、126.1，比上季度回落2.8点、5点和4.8点。三是同比看，普遍好于去年同期。八大行业景气指数提升幅度为1.8–11.2点。

2011年一季度八大行业企业景气指数

	本期	环比	同比
工业	139	–2.8	2.8
建筑业	137.7	–5	3.8
交通运输、仓储及邮政业	130.1	5.3	11.2
批发和零售业	145.4	3.7	2.5

房地产业	133.8	1.6	1.8
社会服务业	148	3.4	9.2
信息传输、计算机服务和软件	170.4	5.9	1.4
住宿和餐饮业	126.1	-4.8	0.7

（二）外商投资企业拉动景气度上升

一季度，除外商、港澳台投资企业景气指数提升外，其余各类型企业景气度均有所回落。外商投资企业和港澳台投资对企业景气指数拉升明显，分别比上季度提升10.3和8.9点。国有企业、集体企业、有限责任公司、私营企业景气指数为138.3、128.7、136.1、148.6，分别回落7点、7.6点、1.9点和1点。其中，股份有限公司和私营企业景气指数仍运行在140以上的景气高位。

（三）大型企业景气指数有所回落

一季度，大型企业景气指数高位回落，中小企业基本稳定。大型企业景气指数为158.9，比上季度回落9.7点，比去年同期回落2.1点。中小企业景气指数处于较为景气区间，分别为141和122.4。

（四）优势企业群体景气指数均在高位景气区间运行

作为特殊调查对象，山东优势企业群体发展好，对景气度提升贡献大。上市公司企业景气指数为165.3，高新技术企业景气指数为144，装备制造业企业景气指数为144，均高于全省企业景气指数。

三、受季节因素影响，部分生产运营指标有所回落

一季度受“元旦”、“春节”等因素影响，企业开工减少，相对于去年四季度，主要运营指标中除货款拖欠和劳动力需求指数上升外，生产总量、产品订货、盈利变化、固定资产投资等生产性指标均出现下降。

（一）生产总量环比回落

一季度，企业生产总量景气指数为113.7，比上季度回落16.3点。分行业看，工业生产总量景气指数为111.8，比上季度回落18.4点；工业企业设备利用率为86.9%，比上季度回落1个百分点；受季节因素影响建筑业生产总量景气指数比上季度大幅回落27.1点。

（二）产品订货环比回落

一季度，企业产品订货景气指数为120.8，比上季度回落5.1点。由于一季度国家楼市调控政策持续加深，购房者预期心理加重，房地产业产品订货景气指数水平下降最大，比上季度回落21.6点，并且跌入不景气区间。

（三）企业盈利水平环比下降

一季度，企业盈利变化景气指数为109.9，比上季度回落14.1点。各行业均出现盈利水平下降，工业、建筑业和房地产业盈利水平环比回落14.5点、26.9点和19.1点。建筑业、交通运输仓储邮政业、房地产业和住宿餐饮业盈利变化景气指数处于不景气区间；交通运输仓储邮政业和住宿餐饮业连续两个季度处于不景气区间。

（四）固定资产投资意愿环比回落

一季度，企业固定资产投资景气指数为113.7，比上季度回落6.8点。分行业看，工业、建筑业、交通运输仓储邮政业、批发零售业、信息传输计算机服务软件业和住宿餐饮业固定资产投资景气指数分别比上季度回落7.4点、2.6点、3.6点、13.8点、7.9点和7.8点。房地产业和社会服务业指数比上季度提升2.9和2.7点。

四、值得关注的问题

一季度，企业生产经营中面临着输入性通胀压力、货币供应减少、原材料价格上涨、生产成本过高、用工缺口增大等一系列突出问题，企业的外部环境复杂多变，情况不容忽视。

（一）成本问题

去年以来，国际原油、原材料价格大幅上涨，受输入性通胀传导，国内原材料能源价格持续上升，再加上劳动力成本增加，推动企业经营成本压力继续增大。一季度工业主要原材料及能源购进价格景气指数为46.2，同比回落13.2点；建筑业建筑材料购进价格景气指数为45.2，同比回落23.1点，均处于较重不景气区间。除信息传输计算机服务软件业营业成本景气度上升外，工业生产成本、建筑业工程结算成本、交通运输仓储邮政业业务成本，批发零售业经营费用、社会服务业营业成本和住宿餐饮业营业成本景气度同比分别回落8.1点、8.3点、15.2点、7.5点、6点和8.7点。

（二）资金问题

今年，央行采取稳健的货币政策，回笼资金流动性，多次调高存款准备金率，一季度内两次加息。在当前宏观政策偏紧背景下，企业融资更加困难,流动资金紧张局面进一步加剧。一方面，企业融资困难加大。一季度，企业融资景气指数为92.5，比上季度回落2.4点，比去年同期回落1.7点。除大型企业融资景气指数在景气区间上，为119，中小企业融资景气指数均处于不景气区间；大中小型企业融资指数分别比上季度回落7.3点、0.1点和2.6点。另一方面，企业流动资金紧张。一季度，判断流动资金紧张的企业家比重增加了1.8个百分点，判断流动资金良好的企业家比重减少1.5个百分点。企业流动资金景气指数为95，比上季度回落3.3点，比去年同期回落1.6点。

（三）用工问题

一季度,在生产性景气指标回落的背景下，劳动力需求景气指数继续攀升。一方面企业恢复生产，企业用工需求普遍增加；另一方面，大批农民工返乡就业、创业，熟练技术劳动力短期缺口较大，引起劳动力供需不对称，推动企业用工需求增多。调查显示，劳动力需求指数从上季度123提升至本期130.3,攀升7.3点，再创劳动力需求指数新高。分行业看，除建筑业受季节因素影响回落外，工业、交通运输仓储邮政业、房地产业、社会服务业、信息传输计算机服务软件业和住宿餐饮业劳动力需求指数环比提升4.5-31.7点。分规模看，大、中、小型企业劳动力需求指数环比分别提升2.2点、8.9点和10.4点，表明中小企业劳动力吸纳能力增强。

五、预计二季度景气指数继续向好

企业景气调查综合数据预计，二季度企业家对宏观经济继续看好，企业家信心指数和企业景气指数分别在141.4和143.1左右的景气高位运行。随着生产旺季的到来，主要运营指标景气度也会明显高于本期，企业生产经营将保持平稳健康发展。

山东省2011年一季度企业家信心指数

	本季度指数	上季度指数	去年同季度指数	下季度预计指数
全省	140.7	139.1	137.5	141.4
按行业门类分				
工业	140.6	138.4	136.2	141.2
采掘业	162.8	168.2	165.4	164.7
制造业	139.3	136.5	133.6	139.7
电力、燃气及水的生产和供应业	134.1	132.1	138.7	136
建筑业	148.9	143.1	144	149.9
交通运输、仓储及邮政业	129.3	132	126.2	130.4
批发和零售业	140.6	142.2	140.3	140.2
房地产业	122.6	130.9	138.2	122.7
社会服务业	155.2	150.5	149.5	157.6
信息传输、计算机服务和软件	172.5	164.7	170.2	174.2
住宿和餐饮业	140.8	137.6	133	144
按企业登记注册类型分				
国有企业	141.8	146.6	138.1	142.7
集体企业	137.3	130	131.8	136.4
股份合作企业	116.1	107	115.3	118.4
联营企业	100	100	114.3	100
有限责任公司	138.3	136.5	136.8	139.7
股份有限公司	145.2	142.2	141.1	144.8
私营企业	146.5	146.2	147.6	146.5
港、澳、台投资企业	146.7	142.5	147.4	149.7
外商投资企业	147.8	141.7	139.4	147.4
按企业规模分				
大型	155.3	154.2	150.1	154.6
中型	142.2	140.4	138.1	143.2
小型	128.2	127.5	128.9	129.6
特殊分组				
上市公司	152.5	137.1	144.9	150.4
高新技术企业	144.1	139.4	137.8	145

山东省2011年一季度企业景气指数

	本季度指数	上季度指数	去年同季度指数	下季度预计指数
全省	139.3	140.5	135.7	143.1
按行业门类分				
工业	139	141.8	136.2	143.3
采掘业	150.1	161.6	159.3	158.3
制造业	138.9	141.7	135.1	143.1
电力、燃气及水的生产和供应业	129.9	128.4	126.4	130.6
建筑业	137.7	142.7	133.9	147.4
交通运输、仓储及邮政业	130.1	124.8	118.9	132
批发和零售业	145.4	141.7	142.9	145.1
房地产业	133.8	132.2	132	132.4
社会服务业	148	144.6	138.8	150.9
信息传输、计算机服务和软件	170.4	164.5	169	169.4
住宿和餐饮业	126.1	130.9	125.4	136.7
按企业登记注册类型分				
国有企业	138.3	145.3	133.3	141.7
集体企业	128.7	136.3	130.4	133.2
股份合作企业	114.9	104.6	108.3	120.6
联营企业	66.7	85.7	100	75
有限责任公司	136.1	138	134.3	140.9
股份有限公司	149.1	148.7	146.3	152.5
私营企业	148.6	149.6	149.3	150
港、澳、台投资企业	148	134.5	137.7	149.7
外商投资企业	144	138.7	135.1	146.8
按企业规模分				
大型	158.9	168.6	161	162.7
中型	141	141	135.1	144.3
小型	122.4	122.8	121.3	127.5
特殊分组				
上市公司	165.3	170.2	162.7	167.9
高新技术企业	144	150.7	146.5	157.4

3－2 企业景气稳中有升 生产经营状况良好

——2011年二季度山东企业景气调查报告

据对全省3000家企业景气调查显示，2011年二季度，企业生产经营步入活跃期，反映企业综合生产经营状况的企业景气指数稳中有升；反映企业家对宏观经济信心与预期的企业家信心指数有所减弱。总体观察，生产快速增长，效益显著改善，产品订货旺盛，企业投入意愿较强，企业生产状况良好。但是，原材料购进价格上涨、生产成本过高以及资金偏紧等问题也从多方面加大了企业生产经营的困难。预计三季度企业景气状况将保持平稳增长。

企业景气指数和企业家信心指数变化情况

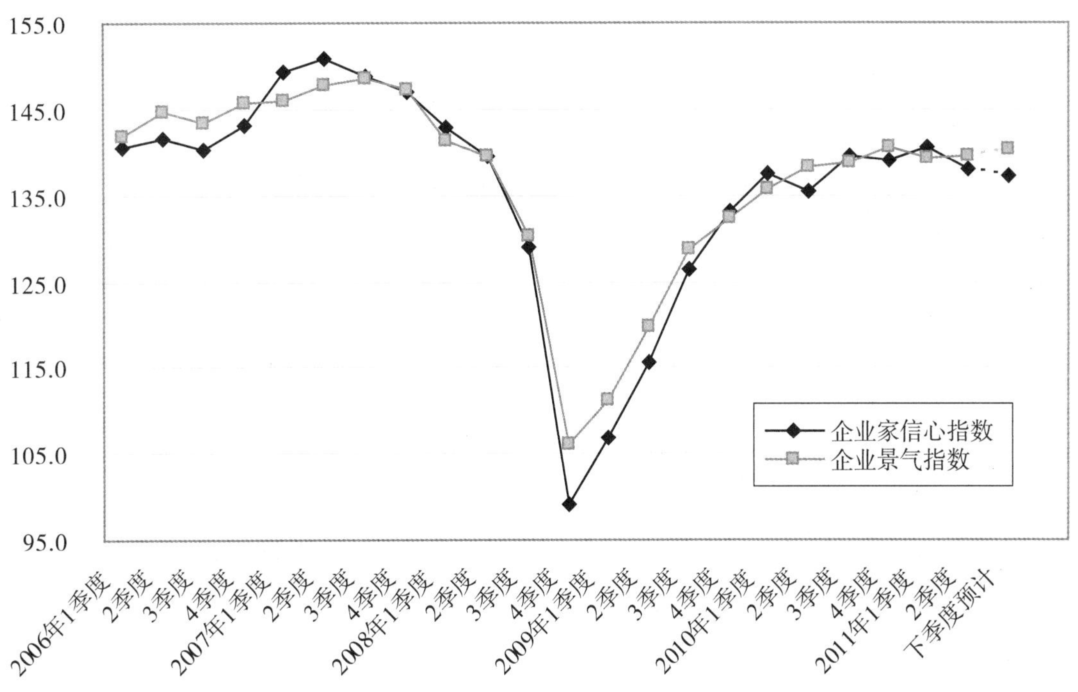

一、企业景气在平稳运行基础上继续提升

二季度企业景气指数为139.6，比上季度提升0.3点，比去年同期提升1.4点。调查显示，企业认为综合经营状况良好的占46.6%，认为经营状况一般占46.4%，认为状况不佳的仅占7%。其中，认为状况不佳的比上季度减少0.4个百分点。企业景气指数在接近高度景气的区间运行，这表明企业综合经营状况发展态势将继续向好。

（一）第三产业拉动景气提升

二季度，在国民经济八大行业中，行业景气度呈现“4升4降”格局。一是受制造业景气指数下降影响，工业支柱作用减弱，景气度环比回落0.2点。二是第三产业突起，拉动指数提升。建筑业、交通运输仓储邮政业、社会服务业和住宿餐饮业景气指数比上季度分别提升3.8点、3.1点、7.9点和15.7点。

2011 年二季度八大行业企业景气指数

	本期	环比	同比
工业	138.8	–0.2	–0.4
建筑业	141.5	3.8	0.7
交通运输、仓储及邮政业	133.2	3.1	9.1
批发和零售业	138.9	–6.5	–1.3
房地产业	133.6	–0.2	9.4
社会服务业	155.9	7.9	12.4
信息传输、计算机服务和软件业	169.1	–1.3	–2
住宿和餐饮业	141.8	15.7	8.8

（二）股份有限公司进入较强景气区间

二季度，分登记注册类型看，股份有限公司景气指数为 151.7，突破 150 进入较强景气区间。集体企业、股份合作企业和有限责任公司企业景气指数环比分别提升 8.5 点、2.7 点和 1.4 点。国有企业、私营企业、外商投资和港澳台投资企业景气状况有所回落，环比回落 1.3　–15.2 点。其中，私营企业仍处于 140 以上的景气高位。

（三）小型企业景气指数上扬

二季度，分规模看，大型企业景气指数连续两个季度高位回落，小型企业稳步上升。小型企业景气指数为 125.4，比上季度提升 3 点，比去年同期提升 4.2 点；大型企业景气指数为 158，比上季度回落 0.9 点，比去年同期回落 3.8 点，仍处在较强景气区间；中型企业景气指数处于较为景气区间，比上气度回落 0.7 点，比去年同期提升 0.5 点。

（四）优势企业群体景气指数均在高位景气区间运行

作为特殊调查对象，这类企业群体基础好，发展快，优势强，对景气度提升贡献大。调查显示，二季度上市公司企业景气指数为 165.3，高新技术企业景气指数为 142.6，装备制造业企业景气指数为 142.2，均高于全省企业景气指数 139.6。

二、企业家信心有所减弱，但仍在较为景气区间运行

二季度企业家信心指数为 137.9，比上季度回落 2.8 点，比去年同期提升 2.5 点。调查显示，企业家对宏观经济充满信心的占 44.7%；企业家保持谨慎乐观的占 48.6%；企业家信心不足的占 6.7%。表明多数企业家对经济形势的判断仍将保持稳定乐观的态度。

2011 年二季度八大行业企业家信心指数

	本期	环比	同比
工业	134.8	–5.8	0.1
建筑业	149.2	0.3	2.3
交通运输、仓储及邮政业	139.8	10.5	14.2

批发和零售业	138.8	−1.8	−0.5
房地产业	123.7	1.1	9.1
社会服务业	161.6	6.4	12
信息传输、计算机服务和软件	167.8	−4.7	4
住宿和餐饮业	146.5	5.7	12.9

分行业看，工业、批发零售业、信息传输计算机服务软件业带动企业家信心指数回落，企业家信心指数为134.8、138.8、167.8，分别比上季度回落5.8点,1.8点和4.7点。其中，信息传输计算机服务软件业企业家信心指数居各行业之首，工业企业家信心指数回落幅度最大。第三产业企业家信心明显增强。建筑业、交通运输仓储邮政业、社会服务业、住宿餐饮业分别比上季度提升0.3点、10.5点、6.4点、5.7点。房地产业在国家楼市调控政策影响下，企业家信心指数居八大行业末位。

三、企业生产经营状况良好

二季度，山东企业综合经营状况仍处于良好态势，生产快速增长，效益显著改善，产品订货旺盛，企业投入意愿较强，主要生产运营指标形势向好。

（一）生产总量快速增长

由于二季度开工时间比一季度增多，企业进入生产旺季,生产总量指数呈现恢复性增长。企业生产总量景气指数为132，比上季度提升18.3点，比去年同期提升0.1点。分行业看，各行业生产总量景气度全面提升，其中，工业生产总量景气指数为132.4，比上季度提升20.6点；工业企业设备利用率为87%，提升0.1个百分点；建筑业生产总量景气指数大幅提升45.2点。

（二）产品订货有所增加

二季度，企业产品订货景气指数为125.5，比上季度提升4.7点，比去年同期提升0.9点。除批发零售业外，其余各行业产品订货均有所增加。工业、建筑业、交通运输仓储邮政业、房地产业、社会服务业、信息传输计算机服务软件业和住宿餐饮业产品订货景气指数比上季度分别提升2−34.7点。其中，房地产业产品订货指数最低，为97，仍然处于不景气区间。

（三）企业盈利状况明显改善

二季度，企业盈利变化景气指数为118.3，比上季度提升8.4点。各行业现盈利水平均有提高，且都处于景气区间。工业、建筑业、交通运输仓储邮政业、批发零售业、房地产业、社会服务业、信息传输计算机服务软件业和住宿餐饮业盈利水平景气指数比上季度分别提升2−27.7点。盈利水平景气指数最低的行业是交通运输仓储邮政业，仅处于景气临界线。

（四）固定资产投资意愿环比提高

二季度，企业投资的意愿仍然强烈。企业固定资产投资景气指数为118.7，比上季度提升5点。分行业看，除社会服务业和信息传输计算机服务软件业外，工业、建筑业、交通运输仓储邮政业、批发零售业、房地产业和住宿餐饮业固定资产投资景气指数分别比上季度提升4.9点、10.1点、1.8点、9.1点、1.1点和12点。

产业结构调整和加快技术创新步伐也是企业投入重要部分。调查显示，工业企业科技创新景气指数为120.8，比上季度提升3.9点；建筑业技术设备能力景气指数为158.3，比上季度提升1.7点。

（五）劳动力需求在较高水平

二季度，劳动力需求指数由历史最高点130.3下降至125.9的次高点，这次回落表明一季度由于农民工返乡引起的劳动力供需短期缺口已经填补。同时，二季度企业生产经营状况提升，推动劳动力需求指数仍然在较高水平运行。分行业看，工业、建筑业、社会服务业、信息传输计算机服务软件业和住宿餐饮业劳动力需求指数均高于125以上。其中，建筑业劳动力需求指数居各行业之首，为157.2，在较高景气区间，比上季度提升36.5点。

四、值得关注的问题

（一）工业企业成本压力有所缓解，产品销售价格下降释放积极信号

二季度，国际原油、原材料价格波动，输入型通胀有所缓解，主要原材料、能源购进价格小幅下降，企业生产成本进一步上升压力得到有效抑制。调查显示，二季度工业主要原材料及能源购进价格景气指数为53.7，比上季度提升7.5点；工业生产成本景气指数为65.2，比上季度好转10.8点。虽然两项景气指数仍在不景气区间，但是成本向上发展的趋势得到缓解。

在近期物价上涨的严峻形势下，工业产品销售价格景气指数出现小幅下降。调查显示，二季度工业产品销售价格景气指数为118.7，比上季度下降8.5点；批发零售业销售价格景气指数为117.1，比上季度下降12.4点；信息传输计算机服务软件业销售价格景气指数为82.3，比上季度大幅下降21点。这对控制当前物价水平无疑是一个积极信号。

（二）企业资金状况趋紧

今年，央行采取稳健的货币政策，回笼资金流动性，多次调高存款准备金率。在当前宏观政策偏紧背景下，企业融资更加困难，流动资金紧张局面进一步加剧，货款拖欠状况有所抬头。调查显示，二季度流动资金、企业融资景气指数为96.5和91.8，在资金面和政策面偏紧的背景下，流动资金和企业融资处于不景气区间，引起货款拖欠状况加剧。二季度，判断货款拖欠状况加剧的企业家比重增加了3.7个百分点，判断货款拖欠状况良好的企业家比重减少了2个百分点。企业货款拖欠景气指数为105.2，比上季度回落5.7点，比去年同期回落1.5点。

（三）小企业平稳健康发展，抗风险能力显著提升

国际金融危机以来，外部经济环境再趋严峻，部分中小企业面临资金紧张和需求不足的双重挤压，不可否认生产经营压力确实加大。但是，小企业掉头快，充分利用市场倒逼机制，努力转变粗放的增长方式，快速调整不合理的产业结构，小企业景气状况呈现出平稳健康发展态势。二季度，山东小企业企业家信心指数和企业景气指数环比分别提升0.9点和3点，同比提升4.3点和4.2点。小企业抗风险能力显著提升。调查显示，其生产总量、盈利能力、产品订货、固定资产投资、流动资金和企业融资景气指数环比分别提升15.2点、15.7点、9.6点、1.3点、2.4点和1点。

五、预计三季度景气指数继续向好

企业景气调查综合数据预计，三季度企业家信心指数和企业景气指数分别在137.2和140.2左右的较为景气区间运行，山东企业景气状况将保持平稳发展。

预计工业、建筑业、批发零售业、房地产业、信息传输计算机服务软件业和住宿餐饮业景气度将会有小幅提高，分别比本期提升0.5点、2.7点、0.6点、0.9点、0.5点和2.7点。

山东省2011年二季度企业家信心指数

	本季度指数	上季度指数	去年同季度指数	下季度预计指数
全省	137.9	140.7	135.4	137.2
按行业门类分				
工业	134.8	140.6	134.7	134.1
采掘业	172.5	162.8	158.8	167.8
制造业	131.8	139.3	132.4	131.4
电力、燃气及水的生产和供应业	130.2	134.1	138.4	130.7
建筑业	149.2	148.9	146.9	148
交通运输、仓储及邮政业	139.8	129.3	125.6	140.6
批发和零售业	138.8	140.6	139.3	136.2
房地产业	123.7	122.6	114.6	123.4
社会服务业	161.6	155.2	149.6	160.7
信息传输、计算机服务和软件	167.8	172.5	163.8	168.8
住宿和餐饮业	146.5	140.8	133.6	147.4
按企业登记注册类型分				
国有企业	141.2	141.8	142.3	139.9
集体企业	133.6	137.3	133.8	130.2
股份合作企业	113.1	116.1	105.6	113.8
联营企业	83.3	100	85.7	83.3
有限责任公司	135.9	138.3	130.4	135
股份有限公司	141.9	145.2	140.3	140.7
私营企业	140.2	146.5	142.9	139.5
港、澳、台投资企业	131.9	146.7	139.4	134.1
外商投资企业	144	147.8	141.6	145.6
按企业规模分				
大型	146.4	155.3	145.6	143.2
中型	139.5	142.2	137.8	139.1
小型	129.1	128.2	124.8	129
特殊分组				
上市公司	148.1	152.5	140.7	145.8
高新技术企业	136.1	144	137	135.3

山东省2011年二季度企业景气指数

	本季度指数	上季度指数	去年同季度指数	下季度预计指数
全省	139.6	139.3	138.2	140.2
按行业门类分				
工业	138.8	139	139.2	139.3
采掘业	171.9	150.1	161.6	164.2
制造业	136.8	138.9	137.4	137.9
电力、燃气及水的生产和供应业	129.9	129.9	137.6	132.5
建筑业	141.5	137.7	140.8	144.2
交通运输、仓储及邮政业	133.2	130.1	124.1	132.9
批发和零售业	138.9	145.4	140.2	139.5
房地产业	133.6	133.8	124.2	134.5
社会服务业	155.9	148	143.5	154.9
信息传输、计算机服务和软件	169.1	170.4	171.1	169.6
住宿和餐饮业	141.8	126.1	133	144.5
按企业登记注册类型分				
国有企业	136.9	138.3	139.3	138.3
集体企业	137.2	128.7	130.7	137.1
股份合作企业	117.6	114.9	107	113.8
联营企业	66.7	66.7	71.4	66.7
有限责任公司	137.5	136.1	135.9	137.6
股份有限公司	151.7	149.1	150.2	153.3
私营企业	141.5	148.6	135.8	141.6
港、澳、台投资企业	132.8	148	145.5	136.7
外商投资企业	142.7	144	140.6	145.7
按企业规模分				
大型	158	158.9	161.8	157.3
中型	140.3	141	139.8	140.9
小型	125.4	122.4	121.2	127.2
特殊分组				
上市公司	165.3	165.3	160.8	169.2
高新技术企业	142.6	144	143.9	146.2

3 － 3　企业家信心指数、企业景气指数双双回落

——2011 年三季度山东企业景气调查报告

据对全省 3000 家企业景气调查显示，2011 年三季度，反映企业综合生产经营状况的企业景气指数为 136.2，比上季度回落 3.4 点；反映企业家对宏观经济信心与预期的企业家信心指数为 132.9，比上季度回落 5 点。当前国际经济形势愈益错综复杂，国内经济状况也面临多重考验。两大景气指数虽然同步小幅回落，但仍运行在较为景气区间。预计四季度企业景气状况将有所回升。

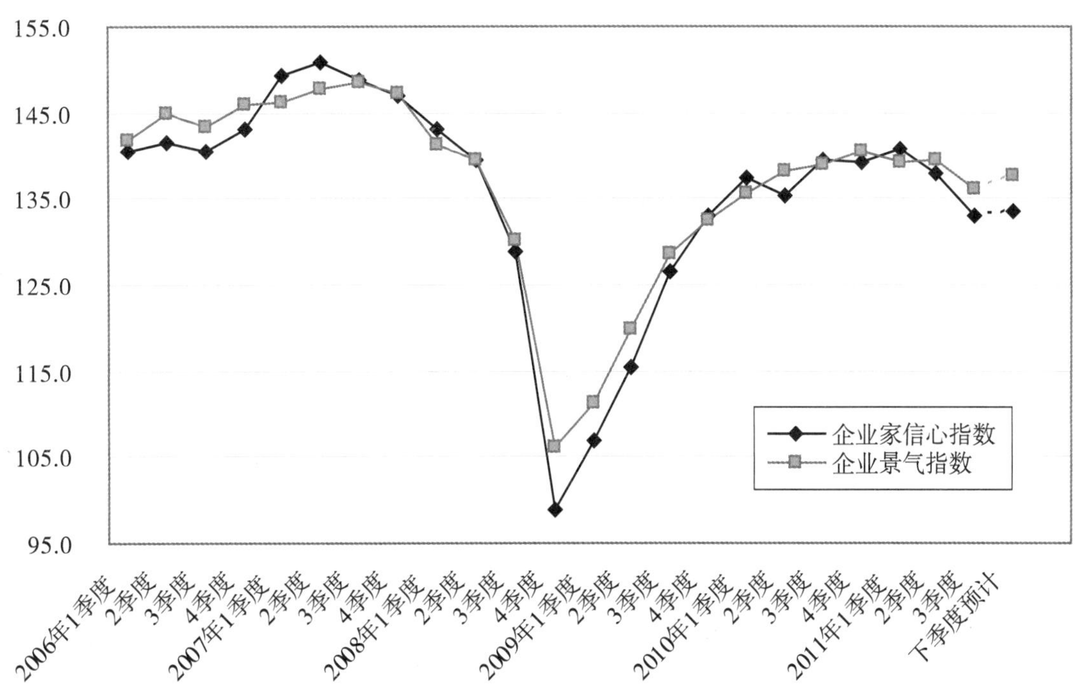

一、企业家对经济形势判断更趋谨慎

三季度企业家信心指数为 132.9，比上季度回落 5 点，比去年同期回落 6.7 点。调查显示，企业家对宏观经济充满信心的占 42.1%，比上季度减少 2.6 个百分点；企业家保持谨慎乐观的占 48.7%，比上季度增加 0.1 个百分点；企业家信心不足的占 9.2%，比上季度增加 2.5 个百分点。表明多数企业家对经济形势的判断态度更趋谨慎乐观。

分行业看，国民经济八大行业企业家信心普遍回落。

2011 年三季度八大行业企业家信心指数

	本期	环比	同比
工业	129.4	-5.4	-8.3

建筑业	140.3	-8.9	-6.9
交通运输、仓储及邮政业	137	-2.8	-1.5
批发和零售业	137.4	-1.4	-2.5
房地产业	110.5	-13.2	-23.4
社会服务业	159.7	-1.9	1.3
信息传输、计算机服务和软件	166.6	-1.2	4.6
住宿和餐饮业	146.1	-0.4	5.8

工业、建筑业、交通运输仓储邮政业、批发零售业、房地产业、社会服务业、信息传输计算机服务软件业和住宿餐饮业企业家信心指数全面回落，企业家信心指数为129.4、140.3、137、137.4、110.5、159.7、166.6和146.1,分别比上季度回落5.4点,8.9点,2.8点、1.4点、13.2点、1.9点、1.2点和0.4点。其中，信息传输计算机服务软件业企业家信心指数居各行业之首。房地产业在国家不断出台楼市调控政策影响下，信心指数降幅最大，并且企业家信心指数居八大行业末位，滑落至微景气区间。

二、企业景气指数平稳回调

三季度企业景气指数为136.2，比上季度回落3.4点，比去年同期回落2.7点。企业景气指数在较为景气区间运行。调查显示，企业认为综合经营状况良好的占45.8%，认为经营状况一般占45.2%,认为状况不佳的仅占9.3%。

（一）行业景气指数“3升5降”

三季度，在国民经济八大行业中，行业景气度呈现“3升5降”。

2011年三季度八大行业企业景气指数

	本期	环比	同比
工业	133.3	-5.5	-5.3
建筑业	139.1	-2.4	-2.9
交通运输、仓储及邮政业	138	4.8	7.2
批发和零售业	143	4.1	3.8
房地产业	125.4	-8.2	-6.8
社会服务业	154.7	-1.2	3.2
信息传输、计算机服务和软件业	171.8	2.7	6.5
住宿和餐饮业	135.6	-6.2	-0.3

交通运输仓储邮政业、批发零售业和信息传输计算机服务软件业景气指数比上季度分别提升 4.8 点、4.1 点和 2.7 点，比去年同期提升 7.2 点、3.8 点和 6.5 点。受制造业景气指数下降影响，工业景气指数比上季度回落 5.5 点，建筑业、房地产业、社会服务业和住宿餐饮业分别回落 2.4 点、8.2 点、1.2 点和 6.2 点。

（二）除私营企业以外，其他注册类型企业有不同程度回落

三季度，分登记注册类型看，私营企业和股份有限公司企业景气指数处于 140 以上的景气高位。私营企业景气指数为 144.3，比上季度提升 2.8 点。有限责任公司企业景气指数为 135.9，比去年同期提升 0.8 点。国有企业、集体企业、股份合作企业、联营企业、港澳台投资企业和外商投资企业景气状况有所回落，分别回落 0.3–16.4 点。

（三）大中小型企业景气指数普遍回落

三季度，大型企业景气指数为 153.9，比上季度回落 4.1 点，比去年同期回落 3.5 点。中小企业景气指数处于较为景气区间，为 136.6 和 122.8，分别比上季度回落 3.7 点和 2.6 点。

（四）上市公司企业景气指数继续在高位区间运行

作为特殊调查对象，上市公司作为优势企业群体，经营状况良好。上市公司企业景气指数为 160，处于高位景气区间；高新技术企业景气指数为 136.2，装备制造业企业景气指数为 133.5，处于较为景气区间运行。

三、企业综合运营状况不容乐观，多项指标景气度回落

三季度，反映企业综合运营状况的八项指标中，除货款拖欠景气指数比上期提升 0.3 个点至 105.5 外，其他七项运营指标的景气指数较上期都有了不同程度的回落。

（一）生产总量景气指数环比回落

工业和建筑业企业生产总量景气指数大幅回落，工业生产总量景气指数和建筑业生产总量景气指数分别比上季度回落 12.8 和 8.2 点。其中，采矿业和制造业生产总量景气指数比上季度大幅回落 27 点和 13 点。受此影响，生产总量景气指数为 125.5，比上季度回落 6.5 点。

其他行业生产形势稳步提升，交通运输仓储邮政业、批发零售业、房地产业、信息传输计算机服务软件业和住宿餐饮业生产总量景气指数分别比上季度提升 1.8 点、15.3 点、3.5 点、4.8 点和 10.9 点。批发零售业与住宿餐饮业生产总量景气指数提升幅度最大。

（二）盈利变化景气指数环比回落

三季度，反映企业盈利变化的景气指数为 113.6，比上季度回落 4.7 点，比去年同期回落 7.4 点。分行业看，工业、建筑业、房地产业、社会服务业和信息传输计算机服务软件业盈利变化景气指数分别比上季度回落 7.5 点、5.7 点、10.5 点 3.2 点和 6.4 点。交通运输仓储邮政业和批发零售业经营效益好转，其盈利变化景气指数分别提升 10.3 点和 2.6 点。

（三）劳动力需求景气指数环比回落

三季度，劳动力需求指数为 122，比上季度回落 3.9 点，延续继续回落的态势。分行业看，虽然工业、建筑业、房地产业和社会服务业劳动力需求指数分别比上季度回落 4.9 点、16.2 点、4.3 点和 12.4 点。但劳动力需求仍在较高水平，建筑业、社会服务业、信息传输计算机服务软件业和住宿餐饮业劳动力需求景气指数在 125 以上，表明这些行业具有较强吸纳就业岗位的能力。

（四）固定资产投资景气指数环比回落

三季度，企业固定资产投资的意愿有所下降，调查显示，企业固定资产投资景气指数为 117.3，比上季度回落 1.4 点。分行业看，工业、建筑业、交通运输仓储邮政业、房地产业和住宿餐饮业固定资产投资景气指数分别比上季度回落 0.5–6.1 点。

（五）产品订货景气指数环比回落

产品订货景气指数与生产总量景气指数高度相关，三季度，产品订货景气指数下降也与工业、建筑业生产总量景气指数下降有密切关系。工业产品订货景气指数和建筑业产品订货景气指数分别比上季度回落 9.3 和 20.5 点。其中，采矿业和制造业产品订货景气指数比上季度回落 27.8 点和 7.8 点。受此影响，产品订货景气指数为 125.5，比上季度回落 6.2 点。

四、值得关注的问题

（一）工业增长有所放缓，房地产业回落趋势明显

工业面临继续下调压力。工业企业家信心、企业景气、生产成本、生产总量、产品订货、产品销售、产品销售价格、产成品库存、盈利变化、流动资金、企业融资、劳动力需求和固定资产投资企业景气指数均出现下调，同比回落 5.4 点、5.5 点、2.6 点、12.8 点、9.3 点、13.5 点、8.4 点、3 点、7.5 点、3.1 点、3.9 点、4.9 点和 2.1 点。

房地产业调控措施累积成效显现。一、指数回落明显。房地产业企业家信心和企业景气指数分别比上季度回落 13.2 点和 8.2 点。二、生产增加。有关房地产生产的土地开发、完成投资、新开工情况和房屋竣工景气指数分别比上季度提升 1.3 点、3.5 点、1.6 点和 12 点。三、需求减少。有关房地产销售的商品房预售、商品房销售、商品房销售价格和待售商品房景气指数分别比上季度下降 0.8 点、6.8 点、4.3 点和 6.7 点。

（二）资金持续紧张制约企业发展

今年，央行为了管理通胀预期，多次调高存款准备金率，收缩货币流动性。近期，企业反映生产经营的困难中，资金紧张问题尤为集中。调查显示，三季度，企业融资景气指数为 89.8，比上季度回落 2 点，比去年同期回落 7.4 点。大中小型企业融资指数分别比上季度回落 5.4 点、0.9 点和 1 点。除大型企业融资景气指数在景气区间上，为 111，中小企业融资景气指数均处于不景气区间。另一方面，企业流动资金紧张。判断流动资金紧张的企业家比重增加了 0.6 个百分点，判断流动资金良好的企业家比重减少 1.4 个百分点。企业流动资金景气指数为 95.1，比上季度回落 1.4 点，比去年同期回落 5.5 点。当前偏紧的宏观政策对企业经营的负面影响逐步显现，企业融资困难加大，流动资金紧张局面进一步加剧。

（三）消费类行业销售价格继续上涨

三季度调查显示，多数行业产品或收费(服务）价格继续上涨。

各行业产品或收费（服务）价格景气指数

	三季度	环比
（一）工业（产品销售价格）	110.3	–8.4
（三）交通运输、仓储和邮政业（业务收费价格）	107.4	5.3
（四）批发和零售业（商品销售价格）	120	2.9
（五）房地产业（商品房销售价格）	119.9	–4.3
（六）社会服务业（收费[服务]价格）	108.8	–2.1
（七）信息传输、计算机服务和软件业（销售[收费]价格）	105.1	22.8
（八）住宿和餐饮业（收费[服务]价格）	122.1	9.3

物价上涨形势仍然严峻，主要消费类行业交通运输仓储邮政业务收费价格、批发零售业商品销售价格、信息传输计算机服务软件业销售（收费）价格和住宿餐饮业收费（服务）价格景气指数环比分别提升 5.3 点、2.9 点、22.8 点和 9.3 点。

三季度也存在抑制当前价格水平继续上涨的积极因素，工业产品销售价格和房地产业商品房销售价格景气指数呈现下降，景气度环比分别回落 8.4 点和 4.3 点。

（四）主要原材料和能源购进价格增幅下降，但成本压力仍然较大

近期，国内主要原材料和能源购进价格增幅有所下降。三季度，工业主要原材料及能源购进价格景气指数为 58.6，环比提升 4.9 点；建筑业建筑材料购进价格景气指数为 40.5，环比提升 6.3 点。

一方面虽然主要原材料和能源购进价格同比涨幅有所下降，但原材料价格仍处于高位；另一方面，本季度企业接受订单减少，生产仍然使用前期购进高价位的库存原材料，因此生产成本压力较大。三季度，工业生产成本景气指数为 62.6，环比回落 2.6 点；建筑业工程结算成本景气指数为 38.5，环比回落 1.5 点。

（五）出口面临较大压力

国际经济形势愈益错综复杂，受欧盟和美国债务危机影响，世界经济疲软，复苏缓慢。外部需求的持续减少，对我省出口及出口企业带来较大压力。调查显示，三季度出口企业景气指数为 135.7，环比回落 4.3 点；工业国外订货和建筑业国外工程合同景气指数下滑至不景气区间，景气指数为 95.3 和 94.4，环比分别回落 6.1 点和 5.7 点。

五、预计下期企业景气指数有所回升

企业景气调查综合数据预计，四季度企业家信心指数和企业景气指数分别在 133.5 和 137.6 左右的较为景气区间运行，比本期均有所提升。

预计工业、建筑业、信息传输计算机服务软件业和住宿餐饮业景气度将会有小幅提高，分别比本期提升 2.5 点、0.4 点、1 点和 1.1 点。

山东省2011年三季度企业家信心指数

	本季度指数	上季度指数	去年同季度指数	下季度预计指数
全省	132.9	137.9	139.6	133.5
按行业门类分				
工业	129.4	134.8	137.7	130.3
采掘业	165.8	172.5	158.2	163.4
制造业	126	131.8	136.9	127.2
电力、燃气及水的生产和供应业	130.5	130.2	129.8	131.7
建筑业	140.3	149.2	147.2	139.1
交通运输、仓储及邮政业	137	139.8	138.5	138.1
批发和零售业	137.4	138.8	139.9	138.6
房地产业	110.5	123.7	133.9	110
社会服务业	159.7	161.6	158.4	156.9
信息传输、计算机服务和软件	166.6	167.8	162	167.2
住宿和餐饮业	146.1	146.5	140.3	146.4
按企业登记注册类型分				
国有企业	134.9	141.2	145.4	137.2
集体企业	131.4	133.6	136.8	129.5
股份合作企业	105.5	113.1	108.5	107.8
联营企业	83.3	83.3	128.6	83.3
有限责任公司	131.5	135.9	136.5	131.5
股份有限公司	137.8	141.9	141.3	139.2
私营企业	139	140.2	148.7	137.2
港、澳、台投资企业	136.7	131.9	142.2	137.5
外商投资企业	131.6	144	145.5	132.7
按企业规模分				
大型	140.3	146.4	152.2	141.9
中型	134.5	139.5	139.5	135.3
小型	125.5	129.1	131.3	125
特殊分组				
上市公司	137.4	148.1	139.5	140.2
高新技术企业	127.8	136.1	139.6	134.5

山东省2011年三季度企业景气指数

	本季度指数	上季度指数	去年同季度指数	下季度预计指数
全省	136.2	139.6	138.9	137.6
按行业门类分				
工业	133.3	138.8	138.6	135.8
采掘业	168.7	171.9	149.9	161.3
制造业	130.7	136.8	137.8	134
电力、燃气及水的生产和供应业	127.4	129.9	137.5	131.7
建筑业	139.1	141.5	142	139.5
交通运输、仓储及邮政业	138	133.2	130.8	135.8
批发和零售业	143	138.9	139.2	143
房地产业	125.4	133.6	132.2	124.5
社会服务业	154.7	155.9	151.5	151.8
信息传输、计算机服务和软件	171.8	169.1	165.3	172.8
住宿和餐饮业	135.6	141.8	135.9	136.7
按企业登记注册类型分				
国有企业	134.4	136.9	140.3	136.4
集体企业	129	137.2	131.9	129.8
股份合作企业	101.2	117.6	108.8	100.5
联营企业	66.7	66.7	100	66.7
有限责任公司	135.9	137.5	135.1	136.8
股份有限公司	144.9	151.7	147.7	147.5
私营企业	144.3	141.5	148.4	144.3
港、澳、台投资企业	132.5	132.8	152.8	137.8
外商投资企业	134.3	142.7	142.6	136.2
按企业规模分				
大型	153.9	158	157.4	155.9
中型	136.6	140.3	141.4	138.3
小型	122.8	125.4	123	123.3
特殊分组				
上市公司	160	165.3	159.7	165.4
高新技术企业	136.2	142.6	145	145.5

3－4　企业家信心指数、企业景气指数继续回落

——2011年四季度山东企业景气调查报告

据对全省3000家企业景气调查显示，2011年四季度，受国内外市场需求有所减弱和外部环境错综复杂等因素的影响，企业家信心指数和企业景气指数双双回落，与上年同期比，两大指数均呈下降趋势。企业家对经济形势判断更趋谨慎，主要经济指标的景气指数多呈小幅回调走势。尽管当前宏观经济出现增速减缓苗头，但企业综合景气状况总体上仍运行在“较为景气”区间。预计明年企业景气状况将在小幅波动基础上趋于平稳。

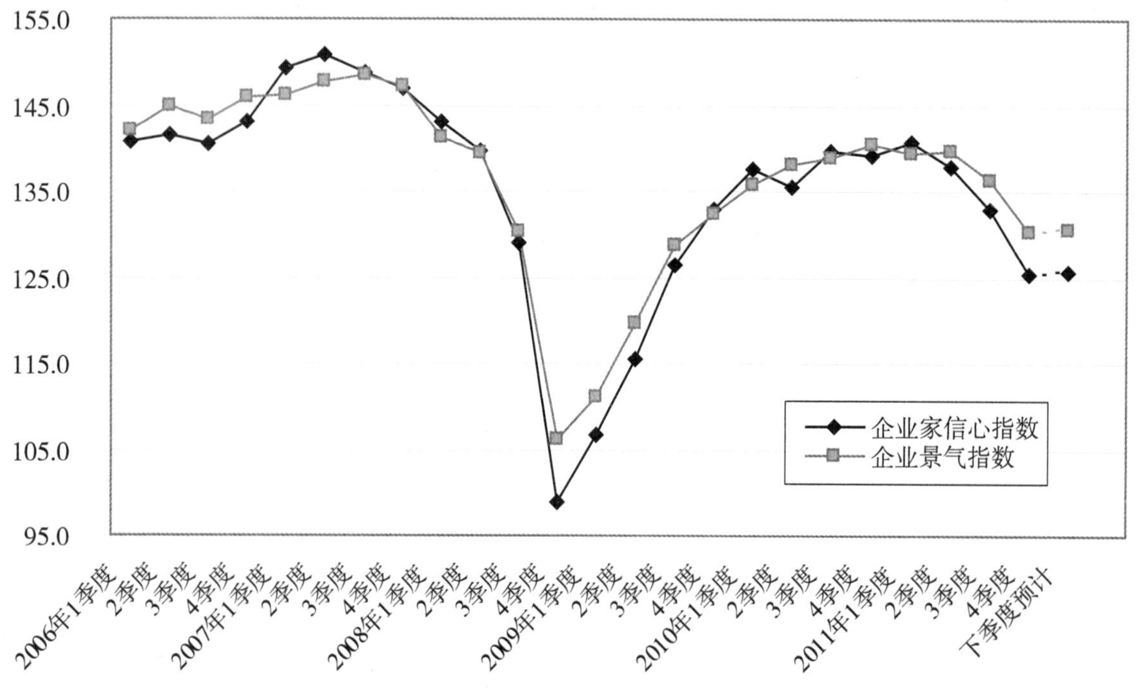

一、企业家信心指数逐季回落

2011年，国内外经济环境复杂多变，面临的不确定因素增多，企业家对宏观经济和行业发展状况判断难度加大，信心受到一定影响。企业家信心指数从一季度金融危机以来的最高点逐季回落，目前仅达到2009年三季度的水平。1-4季度，企业家信心指数分别为140.7、137.9、132.9和125.4，四季度较上季度和去年同期分别回落7.5点和13.7点。调查企业中对本行业发展持“乐观”态度的占37.7%，认为“一般”占50.0%，认为“不乐观”的占12.3%；与三季度比，乐观的比例下降4.4个百分点，不乐观的比例上升3.1个百分点。多数企业家对经济形势判断更趋谨慎乐观。

四季度，除信息传输计算机服务软件业外，国民经济八大行业企业家信心均呈下降趋势。其中，房地产业企业家信心指数大幅下降29.5点，下滑到不景气区间，下探至企业景气调查开展以来的最低点，房地产业调控措施带来的效应正逐渐显现。

2011 年四季度八大行业企业家信心指数

	本期	环比	同比
工业	121.4	–8	–17
建筑业	135.9	–4.4	–7.2
交通运输、仓储及邮政业	133.4	–3.6	1.4
批发和零售业	136.9	–0.5	–5.3
房地产业	81	–29.5	–49.9
社会服务业	145.6	–14.1	–4.9
信息传输、计算机服务和软件	166.9	0.3	2.2
住宿和餐饮业	144.4	–1.7	6.8

二、企业景气指数小幅回落

企业景气指数除二季度小幅回升外，三、四季度连续回落，目前接近 2009 年四季度水平。1–4 季度，企业景气指数分别为 139.3、139.6、136.2 和 130.2，四季度较上季度和去年同期分别回落 6 点和 10.3 点。调查企业中，表示本企业生产经营状况“良好”的占 40.5%，“一般”的占 49.1%，“偏差”的占 10.4%；与三季度相比，“良好”的比例下降 5.3 个百分点，“偏差”的比例上升 1.1 个百分点。

四季度，国民经济八大行业景气度均有所回落。其中，建筑业、交通运输仓储邮政业、批发零售业、社会服务业、信息传输计算机服务软件业和住宿餐饮业景气度高于全省平均水平；信息传输计算机服务软件业景气指数居各行业之首；房地产业降幅最大，比上季度回落 23.2 点，接近景气临界点。

2011 年四季度八大行业企业景气指数

	本期	环比	同比
工业	128.2	–5.1	–13.6
建筑业	132.4	–6.7	–10.3
交通运输、仓储及邮政业	130.8	–7.2	6
批发和零售业	141.1	–1.9	–0.6
房地产业	102.2	–23.2	–30
社会服务业	139.5	–15.2	–5.1
信息传输、计算机服务和软件	167.4	–4.4	2.9
住宿和餐饮业	133.9	–1.7	3

三、主要行业景气运行特点

（一）工业景气指数回落，科技创新景气指数提升

四季度工业企业景气指数为128.2，比上季度和去年同期分别回落5.1点和13.6点，工业企业景气指数连续四个季度回落。制造业在工业中的比重大，制造业增速放缓直接带动工业乃至全省景气指数的回落。制造业企业景气指数为125.8，比上季度和去年同期分别回落4.9点和15.9点。工业企业生产总量、产品订货、产品销售、销售价格景气指数为111、111.5、112.5和101.1，分别比上季度回落8.6点、5.2点、5.7点和9.2点。工业企业设备利用率为85.4%，比上季度回落一个百分点。

不断增加科技投入，加强科技创新为企业共识，企业可持续发展的源动力逐步增强。四季度工业企业科技创新景气指数为121.6，比上季度提升0.6点，继续保持较高的水平。

（二）批发零售业、信息传输计算机服务软件业景气指数高位运行

调查显示，四季度批发零售业和信息传输计算机服务软件业景气指数为141.1和167.4，处于高位景气区间运行。其中信息传输计算机服务软件业景气指数连续12个季度运行于160以上的高点。

批发零售业购货合同、商品购进价格、产品销售、竞争能力和盈利变化景气指数分别比上季度提升5.2点、14.9点、7点、2.2点和5.1点；信息传输计算机服务软件业产品销售、产品订货、营业收入和流动资金景气指数分别比上季度提升4.2点、9.8点、8.2点和6.2点。

（三）受宏观调控影响，房地产业景气指数持续低迷

受国家及地方政府住房用地供应管理政策和商品房限售限购政策等因素影响，房地产企业景气指数从一季度的138.8下降至102.2，降幅36.6点。房地产企业家信心指数也呈持续下滑态势，由2010年三季度的133.9下降至81，下跌52.9点，跌入“相对不景气”区间。表明企业家对房地产业的发展信心不足。

调查显示，四季度房地产企业商品房销售景气指数仅为79.3，比上季度回落11点，比去年同期回落26.8点。此外，土地开发、新开工项目、完成投资、商品房预售、商品房销售、房屋价格、盈利变化、流动资金、企业融资、劳动力需求等指标的景气指数均处于不景气区间。其中，房地产企业商品房预售、流动资金、盈利变化景气指数分别为78.6、57.1和79.2，在八大行业中位列末位。

（四）主要经济指标景气指数均出现回落

四季度企业生产总量景气指数跌幅较大，环比回落9.4点，同比回落13.9点，已经由上季度的“较为景气”区间下降到“相对景气”临界附近。产品订货景气指数下滑，与上季度和去年同期比，分别下降6.1点和12.7点，这表明企业接新订单的意愿不强或者接不到订单，企业产品订货减少。企业盈利变化指数环比和同比分别回落6.6点和17点，表明企业效益增长放缓。在国家逐步收紧的货币政策效应下，反映企业资金运营状况的企业融资、流动资金和货款拖欠的景气指数均呈下降趋势，其中企业融资和流动资金的景气指数还下降到不景气区间。在用工成本不断上升的压力下，企业用工需求的景气指数也呈稳步下降趋势。

2011年四季度主要经济指标景气指数情况

	本期	环比	同比
生产总量	116.1	–9.4	–13.9
盈利（亏损）变化	107	–6.6	–17

流动资金	89	-6.1	-9.3
货款拖欠	103.4	-2.1	-5.3
劳动力需求	115.2	-6.8	-7.8
固定资产投资	114.6	-2.7	-5.9
产品订货	113.2	-6.1	-12.7
企业融资	87.4	-2.4	-7.5

四、当前企业经营值得关注的问题

（一）购进价格高位运行，生产成本居高不下，销售价格上升乏力

四季度工业企业主要原材料及能源购进价格继续保持高位运行，生产成本压力仍然突出。调查显示，工业主要原材料及能源购进价格和生产成本景气指数为75和74.2，虽然环比分别提升16.4点和11.6点，但均连续11个季度运行于不景气区间。与此同时，企业无法通过提高产品价格来消化成本上涨因素，工业产品销售价格涨幅持续下滑。工业产品销售价格景气指数已迫近景气临界点，为101.1，比上季度和去年同期分别回落9.2点和32.2点。

（二）欧美需求减弱和成本上升对出口企业影响明显

目前，欧美市场不稳定性因素增多，消费需求仍然不足。直接影响到出口企业的生产和订单下降。调查显示，四季度出口企业景气指数为128.8，比上季度回落6.9；出口企业生产总量景气指数为113.6，比上季度回落5.3点；工业国外订货景气指数和建筑业国外工程合同景气指数分别为96.2和89.9，均处于不景气区间。出口企业普遍反映利润空间受到挤压，原材料价格上涨、员工工资增加、利率变化以及物价上涨带来的其他成本上升，对企业出口造成很大压力。

（三）中小企业融资困难仍未缓解

虽然各级政府部门及金融机构加大了中小企业信贷力度，企业融资环境有了一定程度改善，但由于中小企业融资渠道不畅，企业日益增长的资金需求仍难以满足，特别是中小企业融资仍然比较困难。四季度，中、小企业融资景气指数为82.8和82.7，仍处于不景气区间，均低于全省平均水平，中小企业融资难的问题依然严峻。

五、企业家对下期判断趋于谨慎乐观

企业景气调查综合数据预计，2012年一季度企业家信心指数和企业景气指数分别在125.6和130.7的较为景气区间运行，与本期基本持平。

预计工业、交通运输仓储邮政业、社会服务业和信息传输计算机服务软件业景气度将会有小幅提高，分别比本期提升1.1点、0.5点、1点和1.9点。

山东省2011年四季度企业家信心指数

	本季度指数	上季度指数	去年同季度指数	下季度预计指数
全省	125.4	132.9	139.1	125.6
按行业门类分				
工业	121.4	129.4	138.4	122.4
采掘业	141.9	165.8	168.2	147.9
制造业	118	126	136.5	118.7
电力、燃气及水的生产和供应业	136.9	130.5	132.1	136.5
建筑业	135.9	140.3	143.1	133.3
交通运输、仓储及邮政业	133.4	137	132	133.2
批发和零售业	136.9	137.4	142.2	136.4
房地产业	81	110.5	130.9	80.4
社会服务业	145.6	159.7	150.5	145.7
信息传输、计算机服务和软件	166.9	166.6	164.7	166.5
住宿和餐饮业	144.4	146.1	137.6	142.2
按企业登记注册类型分				
国有企业	123	134.9	146.6	123.5
集体企业	127.3	131.4	130	124.4
股份合作企业	93.8	105.5	107	95.2
联营企业	83.3	83.3	100	83.3
有限责任公司	123.9	131.5	136.5	124.3
股份有限公司	130	137.8	142.2	131
私营企业	136.9	139	146.2	135.8
港、澳、台投资企业	129.1	136.7	142.5	126
外商投资企业	129.7	131.6	141.7	128.2
按企业规模分				
大型	127.6	140.3	154.2	128
中型	128.5	134.5	140.4	128.7
小型	118.4	125.5	127.5	118.2
特殊分组				
上市公司	131.2	137.4	137.1	134.5
高新技术企业	121.1	127.8	139.4	124.7

山东省2011年四季度企业景气指数

	本季度指数	上季度指数	去年同季度指数	下季度预计指数
全省	130.2	136.2	140.5	130.7
按行业门类分				
工业	128.2	133.3	141.8	129.3
采掘业	139.9	168.7	161.6	139
制造业	125.8	130.7	141.7	127
电力、燃气及水的生产和供应业	141.6	127.4	128.4	144
建筑业	132.4	139.1	142.7	130.6
交通运输、仓储及邮政业	130.8	138	124.8	131.3
批发和零售业	141.1	143	141.7	140
房地产业	102.2	125.4	132.2	101.8
社会服务业	139.5	154.7	144.6	140.5
信息传输、计算机服务和软件	167.4	171.8	164.5	169.3
住宿和餐饮业	133.9	135.6	130.9	133.1
按企业登记注册类型分				
国有企业	131	134.4	145.3	130.8
集体企业	130.1	129	136.3	129.1
股份合作企业	105.8	101.2	104.6	106.6
联营企业	66.7	66.7	85.7	58.3
有限责任公司	127	135.9	138	127.8
股份有限公司	138.6	144.9	148.7	139.4
私营企业	135.8	144.3	149.6	136.1
港、澳、台投资企业	134.8	132.5	134.5	132
外商投资企业	132.9	134.3	138.7	133
按企业规模分				
大型	148.6	153.9	168.6	143.9
中型	130.1	136.6	141	131.8
小型	117	122.8	122.8	118.8
特殊分组				
上市公司	150.2	160	170.2	151.9
高新技术企业	134.1	136.2	150.7	136

3－5　企业景气调查主要景气指数

时间序列	企业景气指数	生产总量景气指数	盈利（亏损）变化景气指数	流动资金景气指数	货款拖欠景气指数	劳动力需求景气指数	固定资产投资景气指数
1999 年 1 季度	118.07	102.65	84.82	46.06	92.93	69.20	96.13
1999 年 2 季度	121.19	114.96	90.28	44.38	96.01	74.96	103.98
1999 年 3 季度	119.33	115.08	86.99	45.22	96.66	77.22	106.78
1999 年 4 季度	122.35	122.69	99.60	46.16	95.58	76.55	108.45
2000 年 1 季度	117.15	111.61	91.58	56.74	108.81	86.19	106.98
2000 年 2 季度	128.18	135.27	100.98	59.22	106.01	94.37	117.66
2000 年 3 季度	125.36	124.53	100.57	61.88	103.71	94.33	119.48
2000 年 4 季度	125.22	125.76	103.96	63.86	107.34	90.32	117.28
2001 年 1 季度	129.24	116.28	102.10	72.93	110.13	91.00	107.62
2001 年 2 季度	137.68	127.66	117.59	73.17	106.53	99.94	119.25
2001 年 3 季度	131.59	124.77	106.61	72.97	107.41	96.98	115.56
2001 年 4 季度	130.76	120.66	109.44	71.15	107.75	92.82	113.75
2002 年 1 季度	127.64	115.03	99.60	75.48	111.26	92.49	108.31
2002 年 2 季度	134.21	133.52	122.07	76.20	107.31	99.47	117.67
2002 年 3 季度	136.07	132.44	120.42	76.88	105.56	101.43	123.83
2002 年 4 季度	136.39	128.91	120.61	76.35	108.53	98.76	121.83
2003 年 1 季度	133.85	120.20	114.26	83.20	108.99	105.53	114.24
2003 年 2 季度	121.57	118.35	106.17	82.96	106.88	98.73	124.57
2003 年 3 季度	139.60	133.00	121.46	86.53	106.59	106.72	125.10
2003 年 4 季度	139.64	133.24	122.35	87.28	108.27	105.24	122.71
2004 年 1 季度	140.26	129.73	124.35	82.45	112.27	112.75	117.72
2004 年 2 季度	138.18	134.90	123.30	82.77	110.72	113.41	121.74
2004 年 3 季度	137.97	133.47	123.98	81.13	104.87	113.17	119.65
2004 年 4 季度	139.99	132.58	125.50	76.88	106.48	108.77	122.26
2005 年 1 季度	139.58	117.10	119.63	80.21	111.78	111.15	110.63
2005 年 2 季度	140.81	133.21	123.11	76.84	107.41	116.66	123.41
2005 年 3 季度	137.76	131.77	121.41	79.89	107.74	116.63	123.32
2005 年 4 季度	139.33	133.17	118.74	79.48	107.15	112.78	121.76
2006 年 1 季度	141.92	118.85	118.67	82.34	108.58	117.83	108.97

时间序列	企业景气指数	生产总量景气指数	盈利（亏损）变化景气指数	流动资金景气指数	货款拖欠景气指数	劳动力需求景气指数	固定资产投资景气指数
2006年2季度	144.75	136.48	129.09	87.14	109.33	118.94	121.33
2006年3季度	143.37	132.89	126.91	84.37	106.50	118.97	125.33
2006年4季度	145.85	134.74	130.29	89.07	109.87	115.47	120.00
2007年1季度	146.05	117.76	124.04	93.63	115.42	118.05	107.15
2007年2季度	147.74	139.87	132.84	94.17	114.07	119.08	118.98
2007年3季度	148.46	135.85	130.00	92.44	111.01	119.00	123.69
2007年4季度	147.33	131.71	130.75	93.92	116.37	113.94	123.60
2008年1季度	141.30	118.60	113.60	92.60	115.40	118.80	109.30
2008年2季度	139.50	133.70	118.50	89.30	108.60	118.00	114.80
2008年3季度	130.20	115.40	104.10	83.30	104.90	112.90	114.00
2008年4季度	106.10	84.00	80.60	75.00	99.10	84.00	91.50
2009年1季度	111.20	91.60	90.60	76.70	103.70	93.40	92.60
2009年2季度	119.70	119.60	112.10	81.10	105.70	105.90	107.90
2009年3季度	128.70	125.60	117.60	87.50	104.00	115.00	112.90
2009年4季度	132.40	124.40	118.40	90.90	107.70	114.60	116.30
2010年1季度	135.70	113.40	113.70	96.60	108.70	124.80	111.90
2010年2季度	138.20	131.90	120.80	96.70	106.70	123.40	119.00
2010年3季度	138.90	127.50	121.00	100.60	109.30	123.10	118.20
2010年4季度	140.50	130.00	124.00	98.30	108.70	123.00	120.50
2011年1季度	139.30	113.70	109.90	95.00	110.90	130.30	113.70
2011年2季度	139.60	132.00	118.30	96.50	105.20	125.90	118.70
2011年3季度	136.20	125.50	113.60	95.10	105.50	122.00	117.30
2011年4季度	130.20	116.10	107.00	89.00	103.40	115.20	114.60

3－6　工业企业景气调查主要景气指数

时间序列	企业家信心指数	企业景气指数	生产总量景气指数	盈利（亏损）变化景气指数	流动资金景气指数	货款拖欠景气指数	劳动力需求景气指数	固定资产投资景气指数
1999年1季度	112.44	123.91	106.45	87.68	42.85	93.25	70.94	96.73
1999年2季度	111.28	125.96	119.82	95.40	43.91	98.20	73.67	107.59
1999年3季度	113.77	123.60	118.27	89.03	43.77	97.52	75.40	111.87
1999年4季度	117.25	130.12	131.17	108.64	46.56	97.61	78.47	113.40
2000年1季度	125.91	126.41	120.49	96.29	57.36	112.39	91.56	108.90
2000年2季度	131.34	135.11	142.25	105.52	62.09	109.56	95.16	120.38
2000年3季度	131.67	130.92	127.66	102.59	65.98	108.01	93.93	122.55
2000年4季度	130.93	133.18	131.18	109.20	67.25	112.21	91.72	120.62
2001年1季度	136.41	139.88	126.00	104.31	79.51	114.79	95.76	109.50
2001年2季度	137.74	144.06	129.20	119.87	80.54	111.73	99.68	123.12
2001年3季度	129.62	134.90	123.22	105.16	78.50	112.08	92.41	114.87
2001年4季度	131.63	134.04	122.77	110.98	74.61	111.21	93.31	114.77
2002年1季度	129.13	130.39	119.92	100.48	80.35	113.87	95.51	110.94
2002年2季度	136.04	138.68	136.32	127.32	84.51	112.11	97.63	119.34
2002年3季度	129.20	141.32	134.81	121.06	81.76	109.46	100.62	129.56
2002年4季度	138.31	142.81	131.71	123.26	81.89	112.44	102.04	129.17
2003年1季度	142.58	140.95	129.65	120.88	92.35	112.42	113.84	119.27
2003年2季度	130.16	130.70	127.97	115.48	92.11	112.97	105.06	129.80
2003年3季度	139.20	146.52	131.79	128.14	94.07	113.82	107.39	128.13
2003年4季度	141.89	147.54	138.02	133.32	94.45	117.14	112.49	128.55
2004年1季度	144.55	147.08	138.28	130.10	89.89	115.07	119.80	122.62
2004年2季度	136.40	140.44	137.68	122.00	88.09	116.84	114.91	125.59
2004年3季度	133.21	141.20	134.99	125.93	85.96	108.33	116.40	125.09
2004年4季度	137.23	143.11	135.89	128.72	78.34	109.84	114.38	127.93
2005年1季度	139.37	142.66	121.75	125.23	81.85	113.90	117.95	114.78
2005年2季度	136.11	142.92	135.23	127.51	77.11	110.81	119.12	129.06
2005年3季度	130.29	139.95	131.80	124.07	80.93	112.15	118.14	127.76
2005年4季度	130.90	141.99	135.80	119.99	81.65	110.38	117.30	125.37
2006年1季度	139.43	145.81	121.30	122.18	83.53	108.09	125.97	110.34

时间序列	企业家信心指数	企业景气指数	生产总量景气指数	盈利（亏损）变化景气指数	流动资金景气指数	货款拖欠景气指数	劳动力需求景气指数	固定资产投资景气指数
2006 年 2 季度	141.82	148.25	139.05	134.17	90.26	113.00	121.74	125.15
2006 年 3 季度	140.14	146.50	134.54	131.72	85.28	109.95	121.61	129.33
2006 年 4 季度	143.51	149.68	139.04	136.20	92.13	115.20	119.45	125.44
2007 年 1 季度	150.87	150.61	121.12	132.23	96.17	116.45	125.06	107.55
2007 年 2 季度	152.80	150.90	144.50	139.01	97.23	119.40	120.42	120.54
2007 年 3 季度	150.09	152.65	137.05	133.75	94.22	116.14	119.27	127.93
2007 年 4 季度	149.62	150.55	133.68	137.52	95.53	120.01	116.94	127.90
2008 年 1 季度	142.80	143.00	119.10	116.30	96.00	118.10	123.60	107.50
2008 年 2 季度	139.10	140.50	134.90	122.20	91.40	111.10	118.20	114.80
2008 年 3 季度	128.50	129.40	110.60	105.40	84.40	106.80	112.70	115.00
2008 年 4 季度	93.80	100.10	74.00	73.70	73.50	101.60	79.00	87.10
2009 年 1 季度	105.20	110.40	88.90	91.60	76.60	104.30	94.40	89.50
2009 年 2 季度	114.80	120.50	120.90	118.70	81.80	107.90	106.90	108.00
2009 年 3 季度	124.50	128.20	124.90	120.30	88.70	106.30	115.60	111.40
2009 年 4 季度	132.80	132.50	125.00	122.90	93.60	108.80	118.40	115.70
2010 年 1 季度	136.20	136.20	113.70	116.70	98.60	107.90	129.90	111.90
2010 年 2 季度	134.70	139.20	132.60	125.40	100.10	109.10	124.60	119.40
2010 年 3 季度	137.70	138.60	124.10	122.20	104.20	112.80	123.10	118.30
2010 年 4 季度	138.40	141.80	130.20	127.40	102.40	112.30	126.80	121.80
2011 年 1 季度	140.60	139.00	111.80	112.90	96.20	111.10	135.00	114.40
2011 年 2 季度	134.80	138.80	132.40	118.40	98.10	109.00	125.80	119.30
2011 年 3 季度	129.40	133.30	119.60	110.90	95.00	109.50	120.90	117.20
2011 年 4 季度	121.40	128.20	111.00	104.30	90.00	105.60	116.80	114.60

3－7 建筑业企业景气调查主要景气指数

时间序列	企业家信心指数	企业景气指数	生产总量景气指数	盈利（亏损）变化景指数	流动资金景气指数	货款拖欠景气指数	劳动需求景气指数	固定产投资景气指数
1999 年 1 季度	116.91	117.76	84.68	86.40	58.95	61.72	71.70	84.75
1999 年 2 季度	116.20	122.00	122.54	87.78	37.60	58.69	109.48	103.25
1999 年 3 季度	109.78	118.39	121.32	95.98	40.04	60.81	113.93	98.11
1999 年 4 季度	108.05	111.63	102.26	97.21	35.98	62.90	92.16	102.62
2000 年 1 季度	116.69	85.66	74.09	70.80	49.60	73.47	74.28	94.36
2000 年 2 季度	124.30	117.97	134.62	97.08	44.07	56.12	127.03	107.19
2000 年 3 季度	121.78	125.22	138.65	110.70	48.26	56.62	123.67	113.32
2000 年 4 季度	117.45	118.76	127.30	113.74	55.24	56.81	113.67	108.62
2001 年 1 季度	122.70	92.31	66.80	79.36	52.20	82.13	76.92	101.51
2001 年 2 季度	122.44	138.37	147.17	129.83	46.57	64.70	139.01	119.20
2001 年 3 季度	127.17	127.05	133.45	117.55	45.38	63.91	129.25	114.18
2001 年 4 季度	125.53	136.84	133.17	127.89	49.50	66.41	112.56	106.40
2002 年 1 季度	135.23	119.27	85.93	80.09	56.09	89.87	96.62	114.87
2002 年 2 季度	137.61	144.56	159.02	139.13	53.44	72.48	150.44	130.07
2002 年 3 季度	129.34	138.39	139.37	131.68	60.24	69.42	133.78	118.07
2002 年 4 季度	129.61	136.69	131.27	136.21	59.42	59.38	108.95	107.48
2003 年 1 季度	134.48	114.62	83.46	93.90	58.34	72.21	85.76	102.40
2003 年 2 季度	136.56	125.52	150.34	107.69	70.86	56.39	126.09	130.55
2003 年 3 季度	133.56	127.95	146.65	91.69	81.62	58.68	113.14	126.01
2003 年 4 季度	136.13	118.40	136.11	70.74	89.88	50.95	89.95	111.04
2004 年 1 季度	134.39	121.20	92.16	101.47	50.07	87.99	105.11	109.90
2004 年 2 季度	137.57	132.74	155.50	133.58	50.29	68.07	148.95	116.64
2004 年 3 季度	129.64	127.15	137.26	119.50	52.24	59.03	125.96	104.74
2004 年 4 季度	132.35	138.70	135.27	125.24	55.65	61.98	109.56	108.70
2005 年 1 季度	141.19	123.75	76.11	90.65	60.12	95.74	82.61	98.99
2005 年 2 季度	138.28	133.44	146.45	116.60	55.38	74.15	148.44	121.13
2005 年 3 季度	135.15	131.33	138.35	112.92	58.67	70.67	132.32	120.54
2005 年 4 季度	139.33	134.88	145.80	124.18	54.69	75.14	123.61	115.27
2006 年 1 季度	142.29	128.67	85.88	95.25	63.33	98.52	92.56	93.63

时间序列	企业家信心指数	企业景气指数	生产总量景气指数	盈利（亏损）变化景指数	流动资金景气指数	货款拖欠景气指数	劳动需求景气指数	固定产投资景气指数
2006年2季度	146.96	144.13	155.35	111.31	60.03	84.05	144.54	116.89
2006年3季度	142.89	137.64	141.46	114.38	63.45	78.30	135.74	117.34
2006年4季度	141.24	133.27	134.80	119.12	72.28	71.77	118.03	108.85
2007年1季度	144.74	130.02	87.18	93.43	69.84	112.78	86.90	99.43
2007年2季度	145.56	144.38	151.68	126.03	71.38	87.34	151.25	116.81
2007年3季度	143.73	133.86	147.22	116.86	71.29	84.59	136.21	118.27
2007年4季度	141.67	138.66	127.98	109.23	75.12	92.24	119.39	118.53
2008年1季度	140.20	130.30	91.50	92.50	76.80	110.70	104.40	107.60
2008年2季度	139.60	133.90	150.70	110.80	67.60	82.40	148.40	117.60
2008年3季度	124.20	130.40	123.00	102.50	53.80	73.40	129.60	100.80
2008年4季度	111.40	117.80	115.00	100.90	55.60	64.70	97.10	90.30
2009年1季度	115.10	106.90	94.90	82.70	62.40	91.50	90.30	82.20
2009年2季度	127.50	122.90	139.30	114.70	65.30	83.50	137.30	104.90
2009年3季度	132.70	128.30	142.00	112.00	68.50	81.40	132.40	105.70
2009年4季度	140.00	139.00	133.80	119.60	76.90	80.50	117.90	111.30
2010年1季度	144.00	133.90	101.10	100.30	82.70	99.20	117.20	115.60
2010年2季度	146.90	140.80	156.30	122.30	72.10	79.60	152.40	125.40
2010年3季度	147.20	142.00	142.70	121.90	75.10	72.90	139.10	114.30
2010年4季度	143.10	142.70	133.40	119.00	74.40	73.00	126.20	115.10
2011年1季度	148.90	137.70	106.30	92.10	79.50	95.60	120.70	112.50
2011年2季度	149.20	141.50	151.50	119.40	74.10	72.50	157.20	122.60
2011年3季度	140.30	139.10	143.30	113.70	74.80	69.80	141.00	116.00
2011年4季度	135.90	132.40	125.20	112.50	66.20	77.70	119.90	108.90

3－8 交通运输、仓储和邮政业企业景气调查主要景气指数

时间序列	企业家信心指数	企业景气指数	生产总量景气指数	盈利（亏损）变化景气指数	流动资金景气指数	货款拖欠景气指数	劳动力需求景气指数	固定资产投资景气指数
1999年1季度	85.48	91.28	96.73	70.06	36.77	83.19	45.05	106.51
1999年2季度	98.01	105.11	100.78	81.74	40.28	83.07	49.25	106.34
1999年3季度	101.21	109.94	116.30	96.05	44.99	93.76	60.58	103.31
1999年4季度	109.31	102.59	117.67	86.63	41.61	82.64	60.84	105.01
2000年1季度	109.77	99.26	112.55	84.76	50.68	98.47	64.04	114.65
2000年2季度	120.11	108.51	132.55	97.02	48.62	102.55	72.21	128.58
2000年3季度	124.16	102.11	114.49	86.26	48.71	88.61	81.54	125.76
2000年4季度	123.46	106.95	124.59	89.83	54.05	101.71	71.92	119.48
2001年1季度	121.99	109.85	102.76	107.82	53.25	95.55	77.24	109.75
2001年2季度	126.09	122.99	124.99	119.03	53.09	97.79	80.12	120.84
2001年3季度	133.24	129.17	127.03	115.22	59.43	101.27	97.55	130.69
2001年4季度	129.93	123.90	111.97	99.34	61.44	109.37	86.08	124.32
2002年1季度	129.35	126.58	121.83	105.89	61.80	106.51	84.46	105.69
2002年2季度	126.02	126.69	131.41	117.44	56.71	106.01	79.78	112.20
2002年3季度	132.04	126.37	125.33	124.84	59.50	108.58	88.95	118.83
2002年4季度	130.78	118.90	124.10	107.36	55.49	112.60	87.97	117.99
2003年1季度	122.02	116.48	107.69	91.48	55.00	109.95	87.30	110.45
2003年2季度	94.17	83.98	72.95	70.37	50.20	92.21	72.69	115.02
2003年3季度	125.16	126.90	129.80	114.25	62.44	102.75	94.87	131.59
2003年4季度	123.19	120.14	111.56	103.47	59.09	94.59	87.35	122.40
2004年1季度	127.85	126.98	123.82	113.46	50.84	104.74	94.77	114.12
2004年2季度	138.58	129.64	126.79	126.66	67.15	98.52	93.63	118.51
2004年3季度	134.54	128.45	123.44	115.83	64.47	102.61	90.89	119.35
2004年4季度	134.36	127.23	121.94	112.51	60.55	103.59	94.11	122.97
2005年1季度	131.63	125.36	116.55	112.96	64.62	96.69	95.87	105.71
2005年2季度	131.70	134.97	118.33	116.07	69.24	102.60	93.26	111.87
2005年3季度	126.60	124.59	117.95	103.92	65.50	99.16	100.39	110.92
2005年4季度	126.54	123.03	119.99	91.12	65.83	101.04	101.87	116.44

时间序列	企业家信心指数	企业景气指数	生产总量景气指数	盈利（亏损）变化景气指数	流动资金景气指数	货款拖欠景气指数	劳动力需求景气指数	固定资产投资景气指数
2006 年 1 季度	134.44	122.90	121.75	114.17	64.20	98.52	98.43	114.50
2006 年 2 季度	135.67	125.20	127.26	113.67	68.13	94.81	95.78	115.96
2006 年 3 季度	132.39	130.39	124.49	113.35	74.98	100.41	103.16	131.77
2006 年 4 季度	131.45	130.76	116.73	111.57	71.46	97.18	101.02	112.20
2007 年 1 季度	137.22	125.97	113.25	107.62	73.07	102.95	99.14	108.35
2007 年 2 季度	140.48	131.56	131.96	117.40	79.74	92.78	99.90	121.31
2007 年 3 季度	143.04	135.49	123.26	109.75	72.80	91.45	110.23	117.14
2007 年 4 季度	132.14	137.41	127.56	116.01	78.69	106.45	97.21	115.20
2008 年 1 季度	143.30	139.80	135.20	108.90	67.60	97.40	105.70	112.30
2008 年 2 季度	143.50	134.50	133.60	104.20	65.80	102.40	106.30	112.20
2008 年 3 季度	134.10	124.40	128.00	98.10	65.10	90.30	113.20	115.10
2008 年 4 季度	94.80	105.00	94.60	73.80	65.10	86.90	91.20	98.90
2008 年 1 季度	93.90	97.20	88.70	81.00	61.70	97.80	87.60	106.60
2008 年 2 季度	99.10	102.60	109.40	84.20	64.20	98.60	94.00	106.40
2008 年 3 季度	117.30	111.30	112.10	97.60	67.00	89.90	105.50	118.40
2008 年 4 季度	120.10	118.10	119.30	91.50	66.60	103.20	102.70	120.90
2009 年 1 季度	93.90	97.20	88.70	81.00	61.70	97.80	87.60	106.60
2009 年 2 季度	99.10	102.60	109.40	84.20	64.20	98.60	94.00	106.40
2009 年 3 季度	117.30	111.30	112.10	97.60	67.00	89.90	105.50	118.40
2009 年 4 季度	120.10	118.10	119.30	91.50	66.60	103.20	102.70	120.90
2010 年 1 季度	126.20	118.90	107.40	95.90	62.80	96.90	105.50	113.90
2010 年 2 季度	125.60	124.10	125.30	98.70	63.10	87.20	106.90	124.80
2010 年 3 季度	138.50	130.80	132.70	108.10	76.00	101.90	120.10	128.10
2010 年 4 季度	132.00	124.80	124.90	97.40	71.80	99.20	112.90	125.80
2011 年 1 季度	129.30	130.10	117.50	97.00	68.20	108.00	117.40	122.20
2011 年 2 季度	139.80	133.20	129.50	100.20	71.80	103.40	114.90	124.00
2011 年 3 季度	137.00	138.00	131.30	110.50	79.80	96.40	116.50	123.50
2011 年 4 季度	133.40	130.80	124.20	104.10	71.60	104.20	109.80	122.50

3－9 批发和零售业企业景气调查主要景气指数

时间序列	企业家信心指数	企业景气指数	生产总量景气指数	盈利（亏损）变化景气指数	流动资金景气指数	货款拖欠景气指数	劳动力需求景气指数	固定资产投资景气指数
1999年1季度	101.01	109.46	92.85	80.28	49.40	119.58	58.80	79.30
1999年2季度	95.42	107.36	87.05	71.39	44.73	121.60	63.22	81.53
1999年3季度	97.18	104.44	90.76	67.43	45.63	123.30	61.54	85.47
1999年4季度	90.62	103.94	97.19	74.41	49.00	119.80	60.33	89.16
2000年1季度	102.34	114.98	111.60	93.32	59.14	130.10	79.57	100.50
2000年2季度	106.82	113.43	104.32	85.44	56.56	131.42	79.03	104.05
2000年3季度	111.85	114.42	105.22	89.73	60.73	128.50	79.29	104.35
2000年4季度	110.66	110.68	108.30	86.17	56.70	125.04	78.80	107.86
2001年1季度	116.65	119.10	113.99	103.81	67.52	120.82	82.06	100.56
2001年2季度	113.31	117.77	96.37	91.30	70.56	123.19	75.98	106.29
2001年3季度	110.59	109.94	105.06	88.99	68.72	122.37	80.14	106.92
2001年4季度	111.74	111.13	101.98	93.71	71.18	123.49	79.40	108.45
2002年1季度	118.62	119.38	107.46	101.50	71.78	117.90	80.56	96.81
2002年2季度	115.23	113.26	100.06	92.36	60.81	114.03	79.29	103.31
2002年3季度	114.91	113.45	115.20	108.47	69.54	110.18	84.21	102.56
2002年4季度	120.84	117.24	123.29	114.65	69.93	115.90	84.87	101.37
2003年1季度	126.68	120.99	113.70	112.82	80.32	120.32	89.16	106.66
2003年2季度	117.58	114.12	96.00	100.60	78.49	122.11	83.00	112.28
2003年3季度	121.34	123.22	120.26	108.58	72.83	113.37	96.63	105.17
2003年4季度	124.46	130.93	130.10	122.77	73.60	118.80	99.55	105.46
2004年1季度	131.61	128.99	123.14	118.75	80.90	117.51	95.78	101.99
2004年2季度	124.43	128.56	101.31	111.97	77.09	120.04	89.13	103.25
2004年3季度	126.44	125.97	118.90	113.70	76.28	121.12	96.76	102.88
2004年4季度	128.80	129.98	127.37	116.67	83.95	117.78	96.46	105.38
2005年1季度	141.85	140.05	123.39	115.85	86.27	118.07	101.37	93.94
2005年2季度	136.87	134.34	118.82	111.21	92.19	117.32	90.98	104.23
2005年3季度	135.61	129.82	126.83	114.04	87.56	115.08	102.54	109.22
2005年4季度	133.80	132.25	124.00	123.01	86.30	121.15	97.25	108.77
2006年1季度	142.14	140.57	123.21	122.84	97.74	123.43	105.26	101.19

时间序列	企业家信心指数	企业景气指数	生产总量景气指数	盈利（亏损）变化景气指数	流动资金景气指数	货款拖欠景气指数	劳动力需求景气指数	固定资产投资景气指数
2006 年 2 季度	135.36	135.85	113.16	122.22	94.88	120.36	98.46	105.94
2006 年 3 季度	137.10	139.85	119.96	121.21	95.32	116.49	105.49	112.59
2006 年 4 季度	142.34	144.77	130.95	125.30	95.11	111.97	105.96	107.73
2007 年 1 季度	144.98	141.72	123.39	121.29	102.75	117.10	108.87	106.21
2007 年 2 季度	141.31	138.22	115.52	119.34	101.52	113.82	101.46	114.93
2007 年 3 季度	143.18	143.34	124.39	128.20	103.06	114.54	112.59	114.56
2007 年 4 季度	142.16	141.46	133.68	125.24	100.83	120.81	110.70	115.53
2008 年 1 季度	144.00	141.60	130.90	123.70	98.60	111.70	109.30	116.90
2008 年 2 季度	137.40	141.70	121.00	113.60	99.40	111.60	102.50	115.80
2008 年 3 季度	134.00	138.70	120.00	106.50	100.70	114.70	108.80	116.20
2008 年 4 季度	114.20	126.80	103.70	106.70	99.30	107.70	102.60	104.50
2009 年 1 季度	117.80	127.80	97.10	101.80	92.80	109.40	93.00	97.00
2009 年 2 季度	124.80	127.10	112.90	116.10	96.30	114.00	97.50	108.00
2009 年 3 季度	126.30	136.40	122.80	118.30	101.80	110.30	106.00	112.70
2009 年 4 季度	132.20	140.60	130.50	120.50	99.70	115.40	112.90	114.70
2010 年 1 季度	140.30	142.90	119.30	124.10	112.40	113.80	112.30	107.30
2010 年 2 季度	139.30	140.20	114.70	116.80	113.00	118.40	108.70	111.60
2010 年 3 季度	139.90	139.20	126.20	121.20	108.60	114.20	112.80	113.70
2010 年 4 季度	142.20	141.70	138.30	130.90	107.00	112.30	117.20	116.30
2011 年 1 季度	140.60	145.40	122.10	115.10	109.30	109.90	116.60	102.50
2011 年 2 季度	138.80	138.90	114.20	119.70	110.70	109.30	108.40	111.60
2011 年 3 季度	137.40	143.00	129.50	122.30	108.90	110.20	115.70	118.10
2011 年 4 季度	136.90	141.10	136.50	127.40	104.10	107.80	114.40	116.40

3－10 房地产业企业景气调查主要景气指数

时间序列	企业家信心指数	企业景气指数	生产总量景气指数	盈利（亏损）变化景气指数	流动资金景气指数	货款拖欠景气指数	劳动力需求景气指数	固定资产投资景气指数
1999年1季度	138.54	127.60	120.09	94.74	66.45	112.86	91.63	117.19
1999年2季度	127.24	123.92	125.51	80.25	54.64	122.13	91.60	105.75
1999年3季度	132.58	123.24	123.67	81.75	58.12	118.67	90.90	109.60
1999年4季度	135.61	125.91	127.34	88.09	49.75	114.50	88.46	105.57
2000年1季度	140.31	109.23	86.42	90.81	62.23	113.57	91.54	95.41
2000年2季度	137.84	128.34	133.82	99.89	66.54	111.84	101.10	116.94
2000年3季度	137.75	126.98	126.75	101.57	63.22	118.99	98.25	115.51
2000年4季度	151.79	130.47	132.73	107.99	75.20	118.13	97.17	120.81
2001年1季度	154.41	126.27	105.93	104.25	62.23	117.56	98.21	95.01
2001年2季度	149.76	130.60	136.45	117.01	60.97	115.20	112.22	111.19
2001年3季度	153.12	137.88	145.85	115.82	67.83	123.01	109.82	121.06
2001年4季度	155.33	138.01	135.77	126.51	72.59	115.40	93.63	115.33
2002年1季度	147.15	132.35	110.81	110.19	76.82	124.36	87.75	109.04
2002年2季度	150.38	128.85	134.51	116.91	68.02	109.61	101.22	118.27
2002年3季度	153.51	130.68	136.31	114.02	77.52	111.16	102.68	121.86
2002年4季度	149.27	133.16	129.70	116.06	74.92	119.26	95.58	119.35
2003年1季度	152.24	137.88	105.77	119.78	77.31	121.43	101.37	109.09
2003年2季度	143.46	147.58	138.76	126.86	85.91	123.31	104.89	122.74
2003年3季度	150.00	141.56	137.15	125.88	82.10	114.03	107.71	128.60
2003年4季度	154.34	146.88	133.49	128.79	84.25	115.05	100.03	117.16
2004年1季度	165.01	140.78	114.01	134.31	93.12	129.88	113.18	115.33
2004年2季度	160.76	146.24	132.22	129.78	92.66	124.93	113.40	130.97
2004年3季度	162.03	144.18	140.21	127.68	89.25	124.46	117.05	121.01
2004年4季度	165.06	146.89	130.84	135.34	86.55	127.74	98.84	118.59
2005年1季度	158.82	142.12	99.80	118.54	82.67	127.56	103.24	109.72
2005年2季度	140.23	137.31	123.57	108.69	78.73	120.11	107.43	114.50
2005年3季度	137.76	131.11	120.93	117.68	77.81	128.80	108.27	119.41
2005年4季度	140.14	141.87	125.75	122.59	76.51	119.31	96.86	119.59
2006年1季度	150.52	144.89	111.71	114.34	78.82	118.92	109.32	112.30

时间序列	企业家信心指数	企业景气指数	生产总量景气指数	盈利（亏损）变化景气指数	流动资金景气指数	货款拖欠景气指数	劳动力需求景气指数	固定资产投资景气指数
2006年2季度	146.05	142.03	128.16	126.07	81.81	118.59	112.40	118.29
2006年3季度	147.81	135.25	123.46	121.71	72.84	117.07	110.28	110.93
2006年4季度	147.64	137.73	122.85	123.22	78.49	121.69	103.08	111.17
2007年1季度	151.65	143.25	105.54	120.03	94.11	126.65	105.47	107.34
2007年2季度	154.30	143.83	124.33	118.88	82.29	121.57	97.80	109.63
2007年3季度	148.96	141.10	135.73	122.95	88.76	122.20	109.78	119.68
2007年4季度	143.43	147.20	131.52	132.55	91.23	123.42	107.03	119.18
2008年1季度	136.80	142.10	108.50	113.50	87.50	120.60	113.80	111.70
2008年2季度	130.10	137.10	125.50	113.90	77.20	120.50	118.70	120.00
2008年3季度	110.50	123.90	121.40	90.30	71.60	115.70	104.10	109.80
2008年4季度	86.80	102.90	97.20	70.70	57.80	104.20	74.10	89.90
2009年1季度	84.20	95.20	87.80	71.40	51.90	115.50	79.90	87.60
2009年2季度	106.90	115.10	114.20	88.20	70.70	113.40	91.90	101.40
2009年3季度	129.70	123.30	127.60	112.10	75.10	117.70	108.70	120.60
2009年4季度	137.20	132.90	128.90	126.90	88.30	118.10	105.90	120.80
2010年1季度	138.20	132.00	104.50	106.80	84.60	127.60	113.20	103.80
2010年2季度	114.60	124.20	120.60	95.70	81.50	123.50	109.80	111.00
2010年3季度	133.90	132.20	115.80	107.40	86.80	119.00	111.30	113.50
2010年4季度	130.90	132.20	124.60	118.30	81.90	123.20	111.50	109.10
2011年1季度	122.60	133.80	110.70	99.20	86.50	127.30	122.60	112.00
2011年2季度	123.70	133.60	120.70	109.90	82.10	110.60	115.70	113.10
2011年3季度	110.50	125.40	124.20	99.40	81.50	116.80	111.40	107.00
2011年4季度	81.00	102.20	98.20	79.20	57.10	104.20	92.90	101.70

3 － 11 社会服务业企业景气调查主要景气指数

时间序列	企业家信心指数	企业景气指数	生产总量景气指数	盈利（亏损）变化景气指数	流动资金景气指数	货款拖欠景气指数	劳动力需求景气指数	固定资产投资景气指数
1999 年 1 季度	122.86	93.94	88.24	77.14	61.76	67.74	97.14	106.45
1999 年 2 季度	128.57	125.71	122.86	102.94	57.14	69.70	94.29	111.76
1999 年 3 季度	103.03	100.00	81.82	60.61	56.25	73.33	75.76	93.33
1999 年 4 季度	111.76	115.15	111.76	82.35	58.82	70.59	82.35	109.09
2000 年 1 季度	129.41	100.00	85.29	69.70	60.61	96.43	91.18	112.50
2000 年 2 季度	135.29	102.94	81.82	66.67	62.50	82.76	82.35	103.13
2000 年 3 季度	123.53	106.06	97.06	87.88	59.38	93.33	93.94	106.25
2000 年 4 季度	135.29	87.50	63.64	75.76	56.25	100.00	79.41	100.00
2001 年 1 季度	148.15	109.68	114.52	103.23	77.05	107.47	85.25	111.83
2001 年 2 季度	157.53	127.87	142.47	127.42	82.26	83.91	112.02	97.81
2001 年 3 季度	151.61	134.43	140.32	120.43	89.25	80.23	121.31	109.14
2001 年 4 季度	138.17	125.14	110.22	96.77	75.81	92.66	91.26	120.77
2002 年 1 季度	141.38	122.21	118.68	94.11	85.57	105.88	102.67	111.04
2002 年 2 季度	149.28	137.17	143.30	119.13	102.94	100.26	120.43	119.72
2002 年 3 季度	161.69	141.68	121.01	114.03	89.32	113.53	117.81	131.26
2002 年 4 季度	145.69	124.76	92.31	93.62	85.32	120.14	86.49	112.61
2003 年 1 季度	150.78	124.44	120.35	100.58	74.12	99.63	108.99	106.93
2003 年 2 季度	90.92	54.69	58.44	47.98	55.45	87.72	56.18	99.83
2003 年 3 季度	134.67	119.82	136.16	126.72	72.88	95.14	124.47	100.30
2003 年 4 季度	142.28	109.71	94.76	88.74	74.02	102.12	82.93	103.99
2004 年 1 季度	135.59	125.46	110.47	103.44	68.84	109.24	105.79	111.58
2004 年 2 季度	142.41	130.92	132.65	128.42	80.20	95.45	118.63	121.20
2004 年 3 季度	145.86	137.96	127.28	119.42	75.73	93.27	114.15	110.59
2004 年 4 季度	133.73	122.00	97.62	88.34	67.67	97.82	90.93	109.54
2005 年 1 季度	139.98	128.92	122.90	101.40	76.37	111.85	105.88	108.89
2005 年 2 季度	149.16	137.30	133.84	116.07	59.13	99.78	112.85	109.39
2005 年 3 季度	158.00	139.31	147.03	128.70	79.18	88.13	122.49	124.16
2005 年 4 季度	143.13	128.84	113.28	111.74	71.96	91.16	92.55	116.89
2006 年 1 季度	146.45	121.29	115.78	92.54	72.86	104.22	100.00	111.24

时间序列	企业家信心指数	企业景气指数	生产总量景气指数	盈利（亏损）变化景气指数	流动资金景气指数	货款拖欠景气指数	劳动力需求景气指数	固定资产投资景气指数
2006年2季度	144.87	146.72	137.55	119.83	88.67	86.25	124.46	109.00
2006年3季度	142.81	136.29	131.12	107.63	83.90	89.58	115.70	122.27
2006年4季度	146.67	138.68	117.34	110.32	79.67	100.73	104.05	112.86
2007年1季度	157.63	137.61	120.00	96.26	91.95	113.99	119.85	106.90
2007年2季度	157.42	151.55	145.62	126.85	94.19	105.77	130.59	109.29
2007年3季度	151.74	142.35	142.10	125.61	95.34	97.57	121.06	111.64
2007年4季度	141.16	132.94	111.51	104.82	95.26	114.01	97.55	112.83
2008年1季度	140.00	125.50	115.40	98.40	91.20	116.50	113.20	114.30
2008年2季度	141.10	129.90	124.40	111.10	102.20	106.30	117.70	106.40
2008年3季度	129.10	131.50	119.50	106.30	99.00	117.70	107.50	120.00
2008年4季度	113.50	108.90	81.80	91.60	87.50	105.40	82.40	96.20
2009年1季度	117.80	111.80	111.20	93.50	93.80	102.00	98.30	107.10
2009年2季度	105.50	106.10	109.20	87.30	84.30	103.10	95.90	105.50
2009年3季度	139.20	138.10	124.90	116.70	96.50	103.10	112.20	114.30
2009年4季度	133.70	119.40	101.70	93.30	85.70	108.60	94.90	117.40
2010年1季度	149.50	138.80	131.70	114.80	107.80	125.70	121.80	124.80
2010年2季度	149.60	143.50	143.60	123.60	104.70	109.00	130.80	113.90
2010年3季度	158.40	151.50	153.50	136.00	109.90	113.90	132.70	122.90
2010年4季度	150.50	144.60	115.80	115.10	102.80	113.90	102.00	119.90
2011年1季度	155.20	148.00	121.90	112.00	103.10	129.70	133.70	122.60
2011年2季度	161.60	155.90	144.80	139.70	113.60	99.00	142.20	116.90
2011年3季度	159.70	154.70	141.80	136.50	119.30	107.60	129.80	118.30
2011年4季度	145.60	139.50	112.10	107.10	111.60	110.20	107.70	120.60

3－12　信息传输、计算机服务和软件业企业景气调查主要景气指数

时间序列	企业家信心指数	企业景气指数	生产总量景气指数	盈利（亏损）变化景气指数	流动资金景气指数	货款拖欠景气指数	劳动力需求景气指数	固定资产投资景气指数
1999 年 1 季度	147.83	147.83	160.87	116.85	39.33	66.85	104.40	142.61
1999 年 2 季度	149.52	162.56	179.95	136.47	43.67	81.82	99.96	146.87
1999 年 3 季度	149.52	145.17	147.83	109.63	50.68	86.36	82.61	162.56
1999 年 4 季度	147.22	156.32	167.18	128.68	54.65	81.86	95.45	158.09
2000 年 1 季度	157.80	164.14	164.39	125.58	75.57	99.53	105.08	157.12
2000 年 2 季度	168.06	174.87	179.65	131.04	74.34	111.05	82.82	176.31
2000 年 3 季度	162.90	169.04	187.54	147.80	61.40	84.68	92.34	164.08
2000 年 4 季度	158.64	164.78	173.99	133.14	72.39	99.57	105.31	150.97
2001 年 1 季度	176.16	170.51	160.19	124.21	97.80	119.41	99.11	160.05
2001 年 2 季度	159.99	161.18	158.60	120.71	65.31	96.91	95.48	115.83
2001 年 3 季度	153.30	154.70	157.38	99.80	75.21	114.71	116.94	118.47
2001 年 4 季度	158.58	156.47	162.65	112.96	79.91	104.23	103.04	92.40
2002 年 1 季度	147.34	157.64	155.06	124.33	85.61	98.20	75.16	73.31
2002 年 2 季度	137.84	144.56	148.35	116.66	71.07	123.06	82.01	111.01
2002 年 3 季度	147.35	151.33	155.78	127.76	83.50	105.20	97.86	105.17
2002 年 4 季度	150.99	157.78	156.04	138.92	78.56	115.74	102.44	120.40
2003 年 1 季度	159.48	158.28	155.20	136.81	96.83	107.82	123.58	117.35
2003 年 2 季度	151.37	151.73	145.59	124.95	108.13	117.51	98.40	139.64
2003 年 3 季度	149.98	160.70	162.68	129.68	104.96	102.31	117.06	132.02
2003 年 4 季度	152.81	162.57	164.04	138.40	99.02	114.34	119.26	146.15
2004 年 1 季度	156.49	157.41	147.36	128.98	106.03	98.89	93.25	113.13
2004 年 2 季度	157.05	160.92	152.96	123.92	120.33	108.89	104.69	119.60
2004 年 3 季度	166.57	161.49	161.54	146.95	120.02	108.30	110.42	115.10
2004 年 4 季度	160.30	152.42	156.56	139.60	115.53	105.39	102.49	133.29
2005 年 1 季度	167.15	163.66	145.41	140.66	122.32	118.29	116.86	121.05
2005 年 2 季度	163.25	171.01	156.62	127.22	114.37	114.89	116.82	124.88
2005 年 3 季度	159.94	163.56	161.64	138.69	117.57	101.87	120.21	121.92
2005 年 4 季度	153.73	162.57	157.94	138.93	116.86	106.11	105.17	126.34

时间序列	企业家信心指数	企业景气指数	生产总量景气指数	盈利（亏损）变化景气指数	流动资金景气指数	货款拖欠景气指数	劳动力需求景气指数	固定资产投资景气指数
2006年1季度	158.62	158.93	144.83	128.38	119.23	126.27	113.15	130.71
2006年2季度	151.57	153.16	148.74	138.94	109.16	118.14	114.95	142.00
2006年3季度	154.98	154.05	162.67	124.65	126.20	100.00	108.35	117.77
2006年4季度	156.75	153.78	145.08	122.62	111.96	112.46	116.91	110.56
2007年1季度	166.34	173.65	132.74	115.76	122.84	133.34	114.49	123.23
2007年2季度	159.99	169.01	135.99	128.89	112.34	112.32	122.57	129.45
2007年3季度	167.22	166.05	150.14	143.69	120.28	119.32	109.58	110.14
2007年4季度	170.19	171.18	143.89	136.26	123.45	113.39	110.55	111.97
2008年1季度	169.10	160.90	127.40	130.30	123.20	134.40	109.70	115.30
2008年2季度	164.20	159.20	140.10	125.20	122.30	119.50	105.30	124.40
2008年3季度	154.40	158.70	146.20	131.00	123.60	120.10	106.10	124.00
2008年4季度	148.50	154.40	132.90	119.30	120.30	118.90	104.10	129.60
2009年1季度	154.50	160.50	132.10	125.90	122.70	120.30	94.70	125.50
2009年2季度	160.40	165.30	142.90	115.70	124.10	105.30	107.10	139.00
2009年3季度	168.00	167.70	151.50	138.70	123.40	122.10	119.30	142.00
2009年4季度	162.60	163.40	141.60	134.20	127.80	134.60	109.90	132.10
2010年1季度	170.20	169.00	138.30	98.70	137.90	125.40	141.90	124.80
2010年2季度	163.80	171.10	152.10	125.10	134.60	103.80	131.60	144.70
2010年3季度	162.00	165.30	148.70	123.00	135.40	113.30	127.40	136.10
2010年4季度	164.70	164.50	152.50	151.20	129.90	107.40	121.00	141.80
2011年1季度	172.50	170.40	148.80	137.60	132.70	128.20	139.90	133.90
2011年2季度	167.80	169.10	155.60	139.60	132.50	105.50	127.30	128.30
2011年3季度	166.60	171.80	160.40	133.20	128.90	110.30	127.40	130.20
2011年4季度	166.90	167.40	164.60	129.40	135.10	104.60	122.00	123.10

3 － 13　住宿和餐饮业企业景气调查主要景气指数

时间序列	企业家信心指数	企业景气指数	生产总量景气指数	盈利（亏损）变化景气指数	流动资金景气指数	货款拖欠景气指数	劳动力需求景气指数	固定资产投资景气指数
1999 年 1 季度	94.75	91.79	85.43	56.05	47.24	87.52	64.64	90.97
1999 年 2 季度	93.12	95.85	92.82	80.88	57.10	67.66	72.96	87.20
1999 年 3 季度	108.38	110.71	112.39	84.95	57.63	64.73	92.84	99.27
1999 年 4 季度	100.38	101.27	95.96	69.79	51.60	74.51	67.14	92.42
2000 年 1 季度	117.96	86.43	81.38	72.67	53.35	90.91	76.65	106.06
2000 年 2 季度	128.59	124.91	139.94	102.42	61.78	95.98	102.07	104.13
2000 年 3 季度	132.00	112.14	112.72	100.11	57.15	87.75	102.76	114.03
2000 年 4 季度	118.79	89.94	94.38	77.53	55.20	91.81	79.04	97.77
2001 年 1 季度	132.84	102.58	98.71	86.02	70.56	80.12	88.22	101.23
2001 年 2 季度	125.85	122.56	119.79	117.64	74.95	87.63	104.13	112.16
2001 年 3 季度	135.37	135.26	133.64	121.63	81.90	87.31	109.63	118.14
2001 年 4 季度	121.28	114.64	95.55	87.75	75.73	92.68	88.05	106.27
2002 年 1 季度	125.89	108.79	90.91	85.07	66.37	97.37	94.07	102.15
2002 年 2 季度	125.00	114.14	114.28	103.77	75.30	83.32	108.11	116.10
2002 年 3 季度	130.88	127.54	133.49	119.01	81.86	88.89	107.88	121.16
2002 年 4 季度	132.46	125.58	113.45	103.13	83.52	97.44	96.20	110.39
2003 年 1 季度	133.55	129.23	107.91	100.00	80.45	85.16	104.43	99.18
2003 年 2 季度	64.30	37.56	23.78	25.42	47.28	98.88	39.26	83.86
2003 年 3 季度	137.62	128.54	142.95	122.93	79.49	84.34	124.59	118.60
2003 年 4 季度	138.13	127.10	116.34	113.55	78.31	88.98	99.55	112.55
2004 年 1 季度	142.38	122.22	107.00	109.35	83.54	100.45	105.15	111.06
2004 年 2 季度	144.69	140.36	130.46	138.52	88.14	86.00	116.69	110.98
2004 年 3 季度	149.14	144.03	136.66	139.15	91.62	80.53	117.14	112.30
2004 年 4 季度	146.38	140.12	113.69	125.49	96.22	99.58	102.36	105.69
2005 年 1 季度	139.40	127.97	105.61	98.27	79.82	87.37	108.42	102.93
2005 年 2 季度	140.82	130.49	122.81	117.96	85.38	79.77	119.53	108.76
2005 年 3 季度	143.90	147.29	138.32	128.93	97.85	91.07	121.45	103.24
2005 年 4 季度	136.22	134.44	105.80	105.34	90.08	86.05	100.52	111.28
2006 年 1 季度	141.01	139.34	122.72	119.09	84.41	95.03	113.12	110.77

时间序列	企业家信心指数	企业景气指数	生产总量景气指数	盈利（亏损）变化景气指数	流动资金景气指数	货款拖欠景气指数	劳动力需求景气指数	固定资产投资景气指数
2006年2季度	139.98	135.99	132.60	122.85	94.37	86.43	117.45	112.31
2006年3季度	147.35	138.12	132.80	125.97	93.47	81.05	118.64	107.85
2006年4季度	149.14	140.96	114.66	114.73	91.21	95.19	108.61	105.99
2007年1季度	141.91	134.58	111.78	97.01	91.61	93.71	121.35	105.91
2007年2季度	150.91	137.90	120.83	115.92	93.78	102.09	130.13	114.98
2007年3季度	146.90	139.35	130.14	133.71	96.92	80.88	130.77	111.47
2007年4季度	147.25	136.24	114.38	99.97	97.68	91.21	112.35	107.97
2008年1季度	145.70	138.60	105.70	90.60	82.80	99.20	126.70	106.70
2008年2季度	145.00	139.10	130.70	117.30	93.70	96.00	128.70	108.20
2008年3季度	133.60	123.00	123.90	87.40	79.50	91.70	117.30	104.00
2008年4季度	112.70	117.60	97.50	91.30	76.00	92.50	91.70	100.50
2009年1季度	106.20	111.80	80.40	71.20	73.60	89.30	104.90	97.10
2009年2季度	116.50	112.90	104.50	89.70	75.10	89.50	107.20	107.60
2009年3季度	130.20	127.60	131.90	116.20	88.80	89.50	128.60	118.40
2009年4季度	129.90	123.60	100.80	95.70	85.90	98.40	105.50	116.20
2010年1季度	133.00	125.40	104.70	99.20	92.70	96.50	134.10	103.20
2010年2季度	133.60	133.00	125.40	115.80	96.00	93.20	129.30	108.20
2010年3季度	140.30	135.90	135.80	125.80	100.50	91.40	135.80	103.70
2010年4季度	137.60	130.90	105.00	96.70	94.80	92.90	121.00	109.90
2011年1季度	140.80	126.10	103.70	95.00	96.70	95.10	136.90	102.10
2011年2季度	146.50	141.80	132.40	126.40	102.50	88.90	137.30	114.10
2011年3季度	146.10	135.60	143.30	132.80	107.20	88.00	140.50	113.30
2011年4季度	144.40	133.90	111.10	110.50	104.80	91.40	125.30	108.30

3 － 14　企业家信心指数（2011 年）

类　别	一季度	二季度	三季度	四季度
总体状况	140.70	137.90	132.90	125.40
一、按行业门类分				
（一）工业	140.60	134.80	129.40	121.40
采矿业	162.80	172.50	165.80	141.90
制造业	139.30	131.80	126.00	118.00
电力、燃气及水的生产和应业	134.10	130.20	130.50	136.90
（二）建筑业	148.90	149.20	140.30	135.90
房屋和土木工程建筑业	150.00	148.60	139.60	135.90
建筑安装业	144.10	156.50	155.20	146.50
建筑装饰业	133.30	133.30	133.30	116.70
其他建筑业	100.00	100.00		
（三）交通运输、仓储和邮政业	129.30	139.80	137.00	133.40
铁路运输业	200.00	200.00	200.00	200.00
道路运输业	121.50	130.50	126.50	126.60
城市公共交通业	115.00	135.00	120.00	130.00
水上运输业	132.60	153.50	150.30	131.10
航空运输业	133.30	133.30	133.30	133.30
管道运输业		100.00	100.00	
装卸搬运和其他运输服务业	150.00	150.00	150.00	150.00
仓储业	162.50	150.00	175.00	150.00
邮政业	129.60	140.80	140.80	138.10
（四）批发和零售业	140.60	138.80	137.40	136.90
批发业	140.30	132.50	132.70	127.30
零售业	141.00	144.60	141.60	145.30
（五）房地产业	122.60	123.70	110.50	81.00
（六）社会服务业	155.20	161.60	159.70	145.60
租赁业	162.50	150.00	112.50	125.00
商务服务业	150.70	153.60	157.00	142.10
环境资源管理业	200.00	200.00	200.00	166.70
公共设施管理业	163.30	180.00	176.70	163.30

类　别	一季度	二季度	三季度	四季度
居民服务业	125.00	150.00	150.00	100.00
其他服务业	100.00	100.00	100.00	100.00
（七）信息传输、计算机服务和软件业	172.50	167.80	166.60	166.90
信息传输业	174.70	169.80	171.40	173.30
计算机服务业	172.70	172.70	181.80	181.80
软件业	161.50	154.40	133.00	125.80
（八）住宿和餐饮业	140.80	146.50	146.10	144.40
住宿业	143.80	149.60	154.40	147.20
餐饮业	133.90	139.60	127.30	138.20
二、按企业登记注册类型分				
国有企业	141.80	141.20	134.90	123.00
集体企业	137.30	133.60	131.40	127.30
股份合作企业	116.10	113.10	105.50	93.80
联营企业	100.00	83.30	83.30	83.30
有限责任公司	138.30	135.90	131.50	123.90
股份有限公司	145.20	141.90	137.80	130.00
私营企业	146.50	140.20	139.00	136.90
港、澳、台投资企业	146.70	131.90	136.70	129.10
外商投资企业	147.80	144.00	131.60	129.70
三、按企业规模分				
大型	155.30	146.40	140.30	127.60
中型	142.20	139.50	134.50	128.50
小型	128.20	129.10	125.50	118.40
四、特殊分组				
高新技术企业	144.00	136.09	127.80	121.10
出口企业	142.80	136.20	134.00	119.80
上市公司	152.50	148.10	137.40	131.20
国有控股企业	142.20	140.60	135.90	126.00

3－15　企业景气指数（2011年）

类　别	一季度	二季度	三季度	四季度
总体状况	139.30	139.60	136.20	130.20
一、按行业门类分				
（一）工业	139.00	138.80	133.30	128.20
采矿业	150.10	171.90	168.70	139.90
制造业	138.90	136.80	130.70	125.80
电力、燃气及水的生产和供应业	129.90	129.90	127.40	141.60
（二）建筑业	137.70	141.50	139.10	132.40
房屋和土木工程建筑业	138.60	141.60	140.60	135.20
建筑安装业	142.60	147.80	140.90	117.70
建筑装饰业	116.70	100.00	100.00	116.70
其他建筑业		100.00		
（三）交通运输、仓储和邮政业	130.10	133.20	138.00	130.80
铁路运输业	200.00	200.00	200.00	200.00
道路运输业	120.20	123.00	129.70	123.60
城市公共交通业	105.00	115.00	105.00	105.00
水上运输业	131.50	149.20	146.60	131.10
航空运输业	174.40	133.30	174.40	133.30
管道运输业	100.00		100.00	100.00
装卸搬运和其他运输服务业	175.00	150.00	150.00	175.00
仓储业	187.50	175.00	175.00	150.00
邮政业	129.70	133.30	148.20	145.60
（四）批发和零售业	145.40	138.90	143.00	141.10
批发业	139.80	133.40	135.60	131.70
零售业	150.30	143.80	149.60	149.70
（五）房地产业	133.80	133.60	125.40	102.20
（六）社会服务业	148.00	155.90	154.70	139.50
租赁业	137.50	137.50	137.50	125.00
商务服务业	149.80	153.70	155.00	145.00
环境资源管理业	166.70	166.70	166.70	100.00
公共设施管理业	146.70	166.70	160.00	143.30

类　别	一季度	二季度	三季度	四季度
居民服务业	150.00	150.00	150.00	100.00
其他服务业	100.00	100.00	100.00	100.00
（七）信息传输、计算机服务和软件业	170.40	169.10	171.80	167.40
信息传输业	171.80	175.80	181.10	172.30
计算机服务业	172.70	172.70	181.80	181.80
软件业	161.50	128.60	114.30	133.00
（八）住宿和餐饮业	126.10	141.80	135.60	133.90
住宿业	127.30	141.70	137.60	133.60
餐饮业	123.20	141.80	130.90	134.60
二、按企业登记注册类型分				
国有企业	138.30	136.90	134.40	131.00
集体企业	128.70	137.20	129.00	130.10
股份合作企业	114.90	117.60	101.20	105.80
联营企业	66.70	66.70	66.70	66.70
有限责任公司	136.10	137.50	135.90	127.00
股份有限公司	149.10	151.70	144.90	138.60
私营企业	148.60	141.50	144.30	135.80
港、澳、台投资企业	148.00	132.80	132.50	134.80
外商投资企业	144.00	142.70	134.30	132.90
三、按企业规模分				
大型	158.90	158.00	153.90	148.60
中型	141.00	140.30	136.60	130.10
小型	122.40	125.40	122.80	117.00
四、特殊分组				
高新技术企业	144.00	142.58	136.20	134.10
出口企业	141.40	140.00	135.70	128.80
上市公司	165.30	165.30	160.00	150.20
国有控股企业	139.40	140.10	137.40	132.40

3 － 16　工业企业生产总量景气指数（2011 年）

类 别	一季度	二季度	三季度	四季度
工业企业总体状况	111.80	132.40	119.60	111.00
一、按行业门类分				
采矿业	83.10	151.80	124.80	103.50
制造业	112.50	130.80	117.80	111.10
电力、燃气及水的生产和供应业	129.70	129.60	133.60	113.30
二、按企业登记注册类型分				
国有企业	123.90	132.80	124.60	98.80
集体企	105.20	114.10	117.10	123.10
股份合作企业	91.60	127.70	122.60	98.70
联营企业	100.00	125.00	125.00	75.00
有限责任公司	104.20	130.40	114.30	111.60
股份有限公司	124.80	145.20	132.40	113.60
私营企业	130.80	133.80	131.00	134.00
港、澳、台投资企业	109.50	126.20	122.30	122.00
外商投资企业	106.40	123.70	114.80	106.90
三、按企业规模分				
大型	109.30	143.70	128.20	109.30
中型	116.20	132.10	119.80	114.20
小型	105.20	122.20	110.90	105.70

3 － 17　工业企业盈利（亏损）变化景气指数（2011 年）

类 别	一季度	二季度	三季度	四季度
工业企业总体状况	112.90	118.40	110.90	104.30
一、按行业门类分				
采矿业	132.30	146.10	140.00	93.20
制造业	113.30	117.30	108.90	105.60
电力、燃气及水的生产和供应业	89.60	103.20	103.20	98.80
二、按企业登记注册类型分				
国有企业	91.30	110.50	101.00	99.20
集体企业	104.60	105.40	129.00	125.70
股份合作企业	88.40	105.20	101.30	95.50
联营企业	50.00	125.00	125.00	100.00
有限责任公司	116.10	117.50	111.60	101.20
股份有限公司	125.10	139.10	118.70	110.60
私营企业	127.30	120.00	114.10	119.20
港、澳、台投资企业	114.90	116.50	121.40	109.80
外商投资企业	115.20	107.50	103.00	109.90
三、按企业规模分				
大型	126.80	124.30	119.70	99.50
中型	113.50	119.60	112.80	110.30
小型	98.10	109.90	98.10	96.40

3 － 18　工业企业流动资金景气指数（2011 年）

类 别	一季度	二季度	三季度	四季度
工业企业总体状况	96.20	98.10	95.00	90.00
一、按行业门类分				
采矿业	103.30	121.60	116.40	113.90
制造业	97.20	97.70	94.30	88.40
电力、燃气及水的生产和供应业	82.70	82.00	84.90	87.60
二、按企业登记注册类型分				
国有企业	88.10	95.30	92.60	92.00
集体企业	96.10	77.30	84.00	82.70
股份合作企业	64.50	87.10	71.00	74.20
联营企业	25.00	75.00	125.00	75.00
有限责任公司	90.50	91.60	88.40	82.50
股份有限公司	114.20	115.00	115.40	106.20
私营企业	103.70	102.30	97.50	95.20
港、澳、台投资企业	105.10	104.20	96.20	89.00
外商投资企业	115.60	116.90	108.20	105.30
三、按企业规模分				
大型	118.10	124.60	120.50	108.50
中型	95.10	93.90	90.20	87.30
小型	77.20	81.10	80.40	77.60

3 － 19　工业企业货款拖欠景气指数（2011 年）

类 别	一季度	二季度	三季度	四季度
工业企业总体状况	111.10	109.00	109.50	105.60
一、按行业门类分				
采矿业	115.70	91.10	117.40	99.20
制造业	110.30	110.20	109.20	105.70
电力、燃气及水的生产和供应业	115.60	114.70	106.20	108.90
二、按企业登记注册类型分				
国有企业	99.50	102.40	107.10	103.40
集体企业	121.30	117.90	115.60	108.90
股份合作企业	106.50	104.50	109.70	91.60
联营企业	100.00	125.00	150.00	100.00
有限责任公司	108.90	106.50	108.10	100.20
股份有限公司	120.70	121.80	115.30	123.00
私营企业	127.10	109.80	109.50	110.30
港、澳、台投资企业	111.30	106.00	107.20	113.40
外商投资企业	119.20	114.70	108.40	110.80
三、按企业规模分				
大型	117.60	114.50	115.00	105.10
中型	110.00	107.50	107.90	105.00
小型	106.80	106.90	107.30	107.40

3 － 20　工业企业劳动力需求景气指数（2011 年）

类 别	一季度	二季度	三季度	四季度
工业企业总体状况	135.00	125.80	120.90	116.80
一、按行业门类分				
采矿业	114.90	123.60	128.20	113.50
制造业	139.90	129.20	121.60	117.80
电力、燃气及水的生产和供应业	101.90	94.80	108.20	108.40
二、按企业登记注册类型分				
国有企业	114.30	110.90	106.50	103.00
集体企业	132.40	125.90	118.40	124.70
股份合作企业	119.40	132.30	123.90	106.50
联营企业	150.00	125.00	100.00	125.00
有限责任公司	134.10	127.00	122.80	117.30
股份有限公司	152.70	130.30	127.40	124.90
私营企业	139.40	132.60	130.30	116.10
港、澳、台投资企业	156.50	133.10	134.30	147.20
外商投资企业	143.60	130.40	120.70	116.40
三、按企业规模分				
大型	143.10	129.20	120.80	122.80
中型	133.90	125.10	121.00	117.40
小型	129.30	124.10	120.80	109.60

3 － 21　工业企业固定资产投资景气指数（2011 年）

类 别	一季度	二季度	三季度	四季度
工业企业总体状况	114.40	119.30	117.20	114.60
一、按行业门类分				
采矿业	115.80	126.90	140.20	142.20
制造业	114.00	117.70	113.30	111.00
电力、燃气及水的生产和供应业	113.70	130.60	134.80	127.40
二、按企业登记注册类型分				
国有企业	114.30	125.70	126.30	119.50
集体企业	112.90	122.40	106.90	108.60
股份合作企业	105.20	103.20	106.50	103.20
联营企业	125.00	100.00	75.00	75.00
有限责任公司	112.40	117.40	114.80	112.60
股份有限公司	126.20	123.60	126.70	120.50
私营企业	111.20	120.10	102.00	112.80
港、澳、台投资企业	121.00	113.60	119.30	112.60
外商投资企业	113.50	118.60	113.30	113.90
三、按企业规模分				
大型	120.10	132.90	138.80	133.80
中型	114.90	119.60	113.40	111.40
小型	107.80	105.40	104.00	102.60

3 － 22 工业企业产品订货景气指数（2011 年）

类　别	一季度	二季度	三季度	四季度
工业企业总体状况	124.00	126.00	116.70	111.50
一、按行业门类分				
采矿业	93.80	128.90	101.10	90.90
制造业	127.50	126.40	118.60	113.60
电力、燃气及水的生产和供应业	113.80	116.10	113.60	108.70
二、按企业登记注册类型分				
国有企业	119.30	115.30	101.40	99.00
集体企业	113.80	120.90	107.60	114.70
股份合作企业	103.20	135.50	119.40	95.50
联营企业	75.00	100.00	100.00	75.00
有限责任公司	119.90	125.00	115.10	108.80
股份有限公司	141.10	136.30	131.20	128.90
私营企业	138.40	131.40	132.80	126.10
港、澳、台投资企业	137.70	125.80	130.30	124.80
外商投资企业	123.50	123.60	119.30	108.70
三、按企业规模分				
大型	135.60	137.40	120.80	116.00
中型	124.70	126.30	119.20	113.40
小型	111.10	113.90	107.20	103.10

3 － 23 工业企业科技创新景气指数（2011 年）

类　别	一季度	二季度	三季度	四季度
工业企业总体状况	116.90	120.80	121.20	121.60
一、按行业门类分				
采矿业	105.20	116.80	131.60	137.20
制造业	118.30	121.50	120.40	120.00
电力、燃气及水的生产和供应业	112.40	118.50	117.90	122.60
二、按企业登记注册类型分				
国有企业	111.90	113.60	112.60	123.50
集体企业	112.10	119.90	107.90	118.30
股份合作企业	103.30	83.30	105.50	113.30
联营企业	75.00	75.00	75.00	75.00
有限责任公司	114.00	121.30	122.00	120.50
股份有限公司	133.60	135.80	137.00	129.40
私营企业	118.70	116.70	119.60	118.10
港、澳、台投资企业	108.50	113.60	114.60	124.10
外商投资企业	123.60	120.00	119.80	118.80
三、按企业规模分				
大型	123.10	134.40	145.60	147.50
中型	119.50	120.30	117.60	116.70
小型	105.10	108.10	104.40	105.90

3 － 24　建筑业企业建筑工程量景气指数（2011 年）

类　别	一季度	二季度	三季度	四季度
建筑业企业总体状况	106.30	151.50	143.30	125.20
一、按主要行业门类分				
房屋和土木工程建筑业	108.30	153.70	145.80	125.30
建筑安装业	106.30	131.60	137.60	133.90
建筑装饰业	83.30	133.30	100.00	116.70
二、按企业登记注册类型分				
国有企业	76.30	152.30	137.60	131.50
集体企业	106.10	130.60	134.70	116.30
股份合作企业	200.00	150.00	100.00	50.00
联营企业	100.00	100.00	100.00	100.00
有限责任公司	106.60	158.50	148.60	122.80
股份有限公司	140.90	155.60	144.90	140.40
私营企业	100.00	157.10	157.10	128.60
港、澳、台投资企业	50.00	100.00	50.00	100.00
外商投资企业	200.00	100.00	200.00	200.00
三、按企业规模分				
大型	91.40	176.40	171.10	155.00
中型	111.30	153.20	141.10	121.80
小型	110.80	123.80	120.60	103.20

3 － 25　建筑业企业盈利（亏损）变化景气指数（2011 年）

类　别	一季度	二季度	三季度	四季度
建筑业企业总体状况	92.10	119.40	113.70	112.50
一、按主要行业门类分				
房屋和土木工程建筑业	89.00	117.40	115.60	110.60
建筑安装业	124.00	144.70	118.30	119.80
建筑装饰业	100.00	83.30	33.30	150.00
二、按企业登记注册类型分				
国有企业	84.90	141.50	115.90	119.00
集体企业	98.00	102.00	112.20	108.20
股份合作企业	150.00	150.00		50.00
联营企业	100.00	100.00	100.00	100.00
有限责任公司	88.90	115.40	110.90	115.70
股份有限公司	120.00	136.90	130.30	100.60
私营企业	28.60	114.30	142.90	128.60
港、澳、台投资企业	50.00	50.00		50.00
外商投资企业	200.00	100.00	100.00	
三、按企业规模分				
大型	98.70	152.70	137.50	123.00
中型	104.80	122.60	115.30	118.60
小型	61.50	81.00	87.30	90.50

3 － 26　建筑业企业流动资金景气指数（2011 年）

类　别	一季度	二季度	三季度	四季度
建筑业企业总体状况	79.50	74.10	74.80	66.20
一、按主要行业门类分				
房屋和土木工程建筑业	76.50	71.30	72.60	64.90
建筑安装业	94.00	103.40	94.70	72.70
建筑装饰业	100.00	50.00	66.70	83.30
二、按企业登记注册类型分				
国有企业	90.60	72.00	74.60	68.90
集体企业	65.30	77.60	77.60	63.30
股份合作企业	150.00	50.00	100.00	
联营企业	100.00	100.00	100.00	100.00
有限责任公司	72.80	67.20	65.30	58.60
股份有限公司	110.50	105.90	111.00	99.40
私营企业	100.00	71.40	71.40	71.40
港、澳、台投资企业	50.00	50.00	50.00	100.00
外商投资企业				
三、按企业规模分				
大型	93.10	81.50	82.60	67.50
中型	73.40	70.20	71.00	63.70
小型	78.50	74.60	74.60	69.80

3 － 27　建筑业企业货款拖欠景气指数（2011 年）

类　别	一季度	二季度	三季度	四季度
建筑业企业总体状况	95.60	72.50	69.80	77.70
一、按主要行业门类分				
房屋和土木工程建筑业	92.10	66.70	67.60	76.80
建筑安装业	125.40	116.00	94.70	81.30
建筑装饰业	116.70	83.30	50.00	83.30
二、按企业登记注册类型分				
国有企业	105.90	93.20	90.40	96.90
集体企业	98.00	81.60	79.60	91.80
股份合作企业	50.00	50.00		100.00
联营企业	100.00	100.00	100.00	100.00
有限责任公司	89.30	67.60	62.50	62.20
股份有限公司	102.50	55.90	66.20	99.70
私营企业	157.10	57.10	57.10	28.60
港、澳、台投资企业	50.00	50.00	50.00	50.00
外商投资企业				
三、按企业规模分				
大型	108.10	60.50	64.10	93.00
中型	85.50	76.60	71.80	65.30
小型	103.10	76.20	71.40	87.30

3 － 28　建筑业企业劳动力需求景气指数（2011 年）

类　别	一季度	二季度	三季度	四季度
建筑业企业总体状况	120.70	157.20	141.00	119.90
一、按主要行业门类分				
房屋和土木工程建筑业	123.00	158.60	144.40	122.90
建筑安装业	115.00	139.80	130.10	101.50
建筑装饰业	116.70	166.70	83.30	116.70
二、按企业登记注册类型分				
国有企业	89.60	157.50	139.70	123.30
集体企业	134.70	146.90	146.90	108.20
股份合作企业	150.00	200.00	100.00	100.00
联营企业	100.00	100.00	100.00	100.00
有限责任公司	117.90	162.30	138.30	125.40
股份有限公司	158.50	160.20	153.60	130.20
私营企业	85.70	114.30	128.60	100.00
港、澳、台投资企业	100.00	50.00	50.00	
外商投资企业	200.00	200.00	100.00	
三、按企业规模分				
大型	99.70	180.00	155.00	131.70
中型	133.10	155.70	137.90	118.60
小型	116.90	138.10	133.30	111.10

3 － 29　建筑业企业固定资产投资景气指数（2011 年）

类　别	一季度	二季度	三季度	四季度
建筑业企业总体状况	112.50	122.60	116.00	108.90
一、按主要行业门类分				
房屋和土木工程建筑业	113.20	121.90	118.00	111.10
建筑安装业	101.60	125.80	107.10	85.40
建筑装饰业	150.00	116.70	100.00	133.30
二、按企业登记注册类型分				
国有企业	96.30	132.70	115.80	117.20
集体企业	110.20	124.50	124.50	112.20
股份合作企业	150.00	150.00		50.00
联营企业	100.00	100.00	100.00	100.00
有限责任公司	115.50	119.70	113.40	110.00
股份有限公司	121.50	108.00	131.70	102.50
私营企业	100.00	142.90	114.30	114.30
港、澳、台投资企业	50.00	50.00		50.00
外商投资企业	200.00	200.00		
三、按企业规模分				
大型	120.00	129.70	123.90	113.10
中型	113.70	129.00	116.90	108.10
小型	103.10	103.20	106.40	106.40

3－30　交通运输、仓储和邮政业企业业务需求量景气指数（2011年）

类　别	一季度	二季度	三季度	四季度
交通运输、仓储和邮政业企业总体状况	117.50	129.50	131.30	124.20
一、按主要行业门类分				
铁路运输业	100.00	198.50	198.50	200.00
道路运输业	120.80	117.00	131.10	125.40
城市公共交通业	110.00	140.00	110.00	90.00
水上运输业	142.10	156.90	135.90	122.50
航空运输业	100.00	100.00	174.40	25.60
管道运输业	100.00	100.00		100.00
装卸搬运和其他运输服务业	125.00	125.00	100.00	100.00
仓储业	137.50	150.00	137.50	87.50
邮政业	102.30	120.80	139.40	163.00
二、按企业登记注册类型分				
国有企业	116.30	134.50	138.90	138.90
集体企业	81.80	118.20	90.90	109.10
股份合作企业	100.00	100.00	100.00	66.70
联营企业	100.00	100.00	100.00	100.00
有限责任公司	130.40	133.10	136.80	127.00
股份有限公司	108.50	100.00	127.30	76.10
私营企业	100.00	100.00	100.00	100.00
港、澳、台投资企业	100.00	100.00	100.00	100.00
外商投资企业	100.00	131.00	100.00	120.00
三、按企业规模分				
大型	149.60	173.40	172.40	162.00
中型	129.20	125.00	131.30	116.70
小型	100.00	118.40	118.40	117.10

3－31　交通运输、仓储和邮政业企业盈利（亏损）变化景气指数（2011年）

类　别	一季度	二季度	三季度	四季度
交通运输、仓储和邮政业企业总体状况	97.00	100.20	110.50	104.10
一、按主要行业门类分				
铁路运输业	101.50	101.50	101.50	101.50
道路运输业	102.40	104.80	109.80	107.80
城市公共交通业	65.00	65.00	75.00	60.00
水上运输业	101.20	143.00	118.30	101.40
航空运输业	100.00	133.30	141.00	59.00
管道运输业				
装卸搬运和其他运输服务业	125.00	75.00	100.00	125.00
仓储业	100.00	125.00	150.00	125.00
邮政业	107.50	82.60	129.70	134.40
二、按企业登记注册类型分				
国有企业	101.70	96.40	112.40	113.70
集体企业	63.60	90.90	63.60	90.90
股份合作企业	100.00	83.30	83.30	50.00
联营企业	100.00	100.00	100.00	100.00
有限责任公司	101.90	107.70	119.50	112.40
股份有限公司	100.00	92.30	128.20	75.30
私营企业	100.00	100.00	100.00	100.00
港、澳、台投资企业	100.00	100.00	100.00	100.00
外商投资企业	40.00	111.00	80.00	60.00
三、按企业规模分				
大型	135.70	139.00	144.20	133.40
中型	102.10	89.60	112.50	102.10
小型	81.60	94.70	98.70	96.10

3－32　交通运输、仓储和邮政业企业流动资金景气指数（2011年）

类别	一季度	二季度	三季度	四季度
交通运输、仓储和邮政业企业总体状况	68.20	71.80	79.80	71.60
一、按主要行业门类分				
铁路运输业	101.50	100.00	101.50	101.50
道路运输业	66.40	64.50	74.60	72.60
城市公共交通业	50.00	50.00	60.00	50.00
水上运输业	86.30	96.90	103.90	78.90
航空运输业	141.00	100.00	100.00	125.60
管道运输业	100.00	100.00		100.00
装卸搬运和其他运输服务业	50.00	50.00	75.00	75.00
仓储业	125.00	125.00	112.50	100.00
邮政业	45.70	67.90	79.00	59.30
二、按企业登记注册类型分				
国有企业	64.40	69.00	78.10	72.50
集体企业	36.40	63.60	81.80	81.80
股份合作企业	50.00	50.00	50.00	33.30
联营企业	100.00	100.00	100.00	100.00
有限责任公司	72.90	76.20	78.80	63.40
股份有限公司	81.20	69.20	87.20	87.20
私营企业	100.00	100.00	100.00	100.00
港、澳、台投资企业	100.00	100.00	100.00	100.00
外商投资企业	120.00	100.00	120.00	151.00
三、按企业规模分				
大型	120.40	113.50	121.10	112.50
中型	50.00	58.30	62.50	56.30
小型	63.20	67.10	77.60	68.40

3－33　交通运输、仓储和邮政业企业货款拖欠景气指数（2011年）

类　别	一季度	二季度	三季度	四季度
交通运输、仓储和邮政业企业总体状况	108.00	103.40	96.40	104.20
一、按主要行业门类分				
铁路运输业	100.00	100.00	100.00	100.00
道路运输业	110.10	100.40	94.80	99.20
城市公共交通业	95.00	95.00	85.00	95.00
水上运输业	115.50	112.50	102.50	121.70
航空运输业	100.00	100.00	66.70	100.00
管道运输业	100.00	100.00	100.00	100.00
装卸搬运和其他运输服务业	75.00	125.00	100.00	100.00
仓储业	137.50	112.50	125.00	125.00
邮政业	110.10	110.10	102.70	122.20
二、按企业登记注册类型分				
国有企业	109.70	108.60	103.10	105.60
集体企业	90.90	100.00	100.00	100.00
股份合作企业	116.70	100.00	100.00	66.70
联营企业	100.00	100.00	100.00	100.00
有限责任公司	107.10	99.50	89.50	104.30
股份有限公司	123.90	99.20	93.10	116.20
私营企业	100.00	100.00	100.00	100.00
港、澳、台投资企业	100.00	100.00	100.00	100.00
外商投资企业	80.00	100.00	80.00	100.00
三、按企业规模分				
大型	128.60	124.80	127.50	134.20
中型	108.30	95.80	87.50	95.80
小型	101.30	101.30	92.10	100.00

3－34　交通运输、仓储和邮政业企业劳动力需求景气指数（2011年）

类　别	一季度	二季度	三季度	四季度
交通运输、仓储和邮政业企业总体状况	117.40	114.90	116.50	109.80
一、按主要行业门类分				
铁路运输业	100.00	100.00	100.00	100.00
道路运输业	111.50	108.50	106.70	101.30
城市公共交通业	140.00	130.00	125.00	105.00
水上运输业	100.00	107.00	110.70	90.80
航空运输业	141.00	100.00	100.00	133.30
管道运输业		100.00	100.00	100.00
装卸搬运和其他运输服务业	125.00	125.00	150.00	125.00
仓储业	125.00	112.50	137.50	112.50
邮政业	125.90	129.60	133.30	144.40
二、按企业登记注册类型分				
国有企业	122.80	117.80	128.20	123.70
集体企业	90.90	100.00	118.20	100.00
股份合作企业	116.70	100.00	100.00	100.00
联营企业	100.00	100.00	100.00	100.00
有限责任公司	118.90	115.90	108.30	102.30
股份有限公司	119.70	115.40	107.70	100.80
私营企业	100.00	100.00	100.00	100.00
港、澳、台投资企业	100.00	100.00	100.00	100.00
外商投资企业	100.00	120.00	100.00	80.00
三、按企业规模分				
大型	103.10	100.20	106.10	102.10
中型	129.20	122.90	127.10	116.70
小型	114.50	114.50	113.20	107.90

3－35　交通运输、仓储和邮政业企业固定资产投资景气指数（2011年）

类　别	一季度	二季度	三季度	四季度
交通运输、仓储和邮政业企业总体状况	122.20	124.00	123.50	122.50
一、按主要行业门类分				
铁路运输业	98.50	100.00	101.50	101.50
道路运输业	132.00	133.90	126.70	124.10
城市公共交通业	110.00	110.00	130.00	145.00
水上运输业	112.00	126.80	131.10	117.90
航空运输业	66.70	125.60	166.70	33.30
管道运输业	100.00	100.00	100.00	100.00
装卸搬运和其他运输服务业	100.00	100.00	100.00	100.00
仓储业	137.50	125.00	137.50	125.00
邮政业	123.40	114.80	104.90	125.90
二、按企业登记注册类型分				
国有企业	115.00	115.80	117.80	131.10
集体企业	127.30	136.40	118.20	109.10
股份合作企业	66.70	66.70	66.70	50.00
联营企业	100.00	100.00	100.00	100.00
有限责任公司	134.70	136.70	134.70	132.00
股份有限公司	123.10	123.90	135.00	98.30
私营企业	100.00	100.00	100.00	100.00
港、澳、台投资企业	100.00	100.00	100.00	100.00
外商投资企业	120.00	131.00	131.00	60.00
三、按企业规模分				
大型	132.50	147.70	157.50	142.90
中型	114.60	116.70	110.40	122.90
小型	123.70	121.10	121.10	115.80

3－36 批发和零售业企业商品销售景气指数（2011年）

类　别	一季度	二季度	三季度	四季度
批发和零售业企业总体状况	122.10	114.20	129.50	136.50
一、按主要行业门类分				
批发业	119.70	120.90	121.30	127.70
零售业	124.00	108.30	136.60	144.20
二、按企业登记注册类型分				
国有企业	110.20	106.60	124.20	111.50
集体企业	105.90	124.80	129.40	89.50
股份合作企业	130.10	141.70	121.80	150.00
联营企业	50.00	50.00	50.00	50.00
有限责任公司	126.70	109.40	140.00	147.30
股份有限公司	135.90	132.30	126.20	157.00
私营企业	88.90	50.00	105.60	94.40
港、澳、台投资企业				
外商投资企业	100.60	114.90	143.50	85.10
三、按企业规模分				
大型	147.80	134.90	150.60	160.90
中型	116.00	106.30	129.90	137.10
小型	103.20	103.20	105.30	108.50

3－37 批发和零售业企业盈利（亏损）变化景气指数（2011年）

类　别	一季度	二季度	三季度	四季度
批发和零售业企业总体状况	115.10	119.70	122.30	127.40
一、按主要行业门类分				
批发业	112.40	120.40	118.70	122.20
零售业	117.60	119.50	125.40	132.20
二、按企业登记注册类型分				
国有企业	107.30	115.80	107.90	117.40
集体企业	94.10	107.60	119.00	101.30
股份合作企业	122.40	130.80	108.30	105.80
联营企业	50.00			50.00
有限责任公司	117.20	128.90	126.90	133.70
股份有限公司	126.60	120.20	130.00	138.00
私营企业	100.00	66.70	122.20	122.20
港、澳、台投资企业	66.70	200.00	66.70	166.70
外商投资企业	99.40	99.40	85.10	70.80
三、按企业规模分				
大型	129.40	139.40	152.70	150.30
中型	116.70	114.70	115.30	125.20
小型	96.80	105.30	98.90	105.30

3－38　批发和零售业企业流动资金景气指数（2011年）

类　别	一季度	二季度	三季度	四季度
批发和零售业企业总体状况	109.30	110.70	108.90	104.10
一、按主要行业门类分				
批发业	106.70	105.70	101.80	100.90
零售业	112.10	115.50	115.80	107.60
二、按企业登记注册类型分				
国有企业	95.20	98.60	104.20	83.70
集体企业	82.40	68.80	70.60	71.90
股份合作企业	133.30	130.80	133.30	116.70
联营企业				50.00
有限责任公司	119.00	116.80	119.20	114.60
股份有限公司	112.30	122.40	109.50	111.60
私营企业	111.10	100.00	83.30	88.90
港、澳、台投资企业	133.30	166.70	166.70	166.70
外商投资企业	104.70	100.00	104.70	119.00
三、按企业规模分				
大型	131.40	135.70	136.60	129.60
中型	104.90	106.30	104.20	97.20
小型	91.60	89.40	85.10	86.20

3－39　批发和零售业企业货款拖欠景气指数（2011年）

类别	一季度	二季度	三季度	四季度
批发和零售业企业总体状况	109.90	109.30	110.20	107.80
一、按主要行业门类分				
批发业	113.50	109.00	113.20	106.60
零售业	106.70	110.10	107.80	109.40
二、按企业登记注册类型分				
国有企业	91.10	108.20	95.60	93.00
集体企业	128.10	128.10	135.30	110.50
股份合作企业	103.20	119.20	127.50	130.80
联营企业	100.00	100.00	100.00	100.00
有限责任公司	120.50	113.30	113.10	116.70
股份有限公司	106.90	112.10	114.40	102.50
私营企业	88.90	83.30	100.00	94.40
港、澳、台投资企业	166.70	66.70	100.00	100.00
外商投资企业	114.90	114.90	114.30	100.00
三、按企业规模分				
大型	118.90	122.90	115.20	120.70
中型	105.60	107.70	114.00	102.80
小型	106.30	96.80	98.90	101.10

3－40　批发和零售业企业劳动力需求景气指数（2011年）

类　别	一季度	二季度	三季度	四季度
批发和零售业企业总体状况	116.60	108.40	115.70	114.40
一、按主要行业门类分				
批发业	110.40	99.30	102.90	101.40
零售业	121.70	116.40	126.80	125.60
二、按企业登记注册类型分				
国有企业	103.30	85.90	93.60	91.80
集体企业	117.70	105.90	111.80	117.70
股份合作企业	97.40	130.80	114.10	122.50
联营企业	100.00			
有限责任公司	120.20	109.70	118.10	119.10
股份有限公司	126.20	120.50	131.50	132.70
私营企业	111.10	100.00	100.00	72.20
港、澳、台投资企业	100.00	166.70	133.30	133.30
外商投资企业	119.60	114.90	143.50	101.30
三、按企业规模分				
大型	136.20	120.60	137.00	131.60
中型	112.50	104.90	113.20	113.30
小型	101.10	100.00	95.70	96.80

3－41　批发和零售业企业固定资产投资景气指数(2011年)

类　别	一季度	二季度	三季度	四季度
批发和零售业企业总体状况	102.50	111.60	118.10	116.40
一、按主要行业门类分				
批发业	91.30	102.70	107.00	112.70
零售业	112.10	119.40	128.10	120.10
二、按企业登记注册类型分				
国有企业	91.90	93.60	110.20	107.30
集体企业	116.30	116.30	116.30	122.20
股份合作企业	94.30	122.40	119.20	127.50
联营企业	100.00	50.00	50.00	50.00
有限责任公司	107.90	113.70	118.60	107.70
股份有限公司	108.90	126.70	132.90	136.20
私营企业	66.70	83.30	94.40	94.40
港、澳、台投资企业	100.00	133.30	100.00	133.30
外商投资企业	100.60	114.90	101.90	100.60
三、按企业规模分				
大型	115.90	136.80	136.30	135.40
中型	97.20	104.20	113.90	114.70
小型	95.80	94.70	104.30	97.90

3 － 42　房地产业企业完成投资景气指数（2011年）

类　别	一季度	二季度	三季度	四季度
房地产业企业总体状况	110.70	120.70	124.20	98.20
一、按主要行业门类分				
房地产业	110.70	120.70	124.20	98.20
二、按企业登记注册类型分				
国有企业	113.50	127.00	116.20	110.80
集体企业	75.00	137.50	125.00	62.50
股份合作企业	116.70	133.30	133.30	83.30
联营企业	100.00	100.00	100.00	100.00
有限责任公司	112.00	117.60	123.30	91.80
股份有限公司	109.00	114.40	141.10	111.20
私营企业	116.70	116.70	100.00	83.30
港、澳、台投资企业	200.00	200.00	150.00	150.00
外商投资企业	85.70	100.00	100.00	100.00
三、按企业规模分				
大型	144.90	153.80	155.10	116.40
中型	106.10	127.30	125.80	106.10
小型	107.60	109.80	117.40	89.10

3 － 43　房地产业企业盈利（亏损）变化景气指数（2011年）

类　别	一季度	二季度	三季度	四季度
房地产业企业总体状况	99.20	109.90	99.40	79.20
一、按主要行业门类分				
房地产业	99.20	109.90	99.40	79.20
二、按企业登记注册类型分				
国有企业	89.20	97.30	86.50	70.30
集体企业	62.50	137.50	62.50	75.00
股份合作企业	133.30	166.70	83.30	66.70
联营企业	100.00	100.00	100.00	100.00
有限责任公司	101.30	107.30	111.00	88.30
股份有限公司	118.30	118.10	97.70	63.90
私营企业	100.00	116.70	116.70	83.30
港、澳、台投资企业	50.00	100.00	50.00	50.00
外商投资企业	85.70	100.00	114.30	114.30
三、按企业规模分				
大型	127.00	113.60	88.00	67.90
中型	106.10	118.20	107.60	87.90
小型	89.10	103.30	95.70	75.00

3－44　房地产业企业流动资金景气指数（2011年）

类　别	一季度	二季度	三季度	四季度
房地产业企业总体状况	86.50	82.10	81.50	57.10
一、按主要行业门类分				
房地产业	86.50	82.10	81.50	57.10
二、按企业登记注册类型分				
国有企业	56.80	56.80	59.50	46.00
集体企业	75.00	87.50	75.00	25.00
股份合作企业	150.00	116.70	66.70	66.70
联营企业	100.00	100.00	100.00	100.00
有限责任公司	85.60	83.60	90.50	60.10
股份有限公司	108.40	92.80	85.80	64.00
私营企业	116.70	116.70	116.70	83.30
港、澳、台投资企业	150.00	150.00	100.00	150.00
外商投资企业	57.10	71.40	57.10	42.90
三、按企业规模分				
大型	160.80	121.20	115.00	81.80
中型	74.20	77.30	71.20	53.00
小型	81.50	78.30	82.60	55.40

3－45　房地产业企业货款拖欠景气指数（2011年）

类　别	一季度	二季度	三季度	四季度
房地产业企业总体状况	127.30	110.60	116.80	104.20
一、按主要行业门类分				
房地产业	127.30	110.60	116.80	104.20
二、按企业登记注册类型分				
国有企业	110.80	110.80	102.70	102.70
集体企业	100.00	137.50	100.00	137.50
股份合作企业	133.30	150.00	116.70	133.30
联营企业	100.00	100.00	100.00	100.00
有限责任公司	134.10	111.10	125.50	104.90
股份有限公司	127.90	86.40	116.00	91.80
私营企业	150.00	133.30	100.00	100.00
港、澳、台投资企业	100.00	100.00	100.00	50.00
外商投资企业	142.90	114.30	128.60	100.00
三、按企业规模分				
大型	151.30	109.50	102.20	102.40
中型	125.80	118.20	118.20	97.00
小型	123.90	105.40	118.50	109.80

3－46　房地产业企业劳动力需求景气指数（2011年）

类　别	一季度	二季度	三季度	四季度
房地产业企业总体状况	122.60	115.70	111.40	92.90
一、按主要行业门类分				
房地产业	122.60	115.70	111.40	92.90
二、按企业登记注册类型分				
国有企业	108.10	121.60	108.10	108.10
集体企业	100.00	112.50	75.00	87.50
股份合作企业	150.00	116.70	100.00	83.30
联营企业	100.00	100.00	100.00	100.00
有限责任公司	128.00	112.00	112.40	84.40
股份有限公司	124.00	126.00	125.00	96.70
私营企业	100.00	100.00	100.00	100.00
港、澳、台投资企业	150.00	150.00	150.00	150.00
外商投资企业	142.90	114.30	114.30	85.70
三、按企业规模分				
大型	156.10	131.70	152.10	103.50
中型	119.70	116.70	116.70	98.50
小型	118.50	112.00	100.00	87.00

3－47　房地产业企业固定资产投资景气指数（2011年）

类　别	一季度	二季度	三季度	四季度
房地产业企业总体状况	112.00	113.10	107.00	101.70
一、按主要行业门类分				
房地产业	112.00	113.10	107.00	101.70
二、按企业登记注册类型分				
国有企业	113.50	116.20	100.00	110.80
集体企业	75.00	100.00	87.50	112.50
股份合作企业	116.70	133.30	66.70	83.30
联营企业	100.00	100.00	100.00	100.00
有限责任公司	115.60	112.70	112.70	101.20
股份有限公司	111.90	109.40	114.50	97.10
私营企业	116.70	83.30	100.00	83.30
港、澳、台投资企业	150.00	150.00	150.00	150.00
外商投资企业	85.70	128.60	100.00	85.70
三、按企业规模分				
大型	135.00	122.50	124.70	105.40
中型	115.20	115.20	112.10	107.60
小型	105.40	109.80	100.00	96.70

3－48　社会服务业企业业务需求量景气指数（2011年）

类　别	一季度	二季度	三季度	四季度
社会服务业企业总体状况	121.90	144.80	141.80	112.10
一、按主要行业门类分				
租赁业	112.50	137.50	112.50	112.50
商务服务业	113.40	145.80	150.70	121.60
环境资源管理业	133.30	166.70	166.70	100.00
公共设施管理业	140.00	143.30	126.70	100.00
居民服务业	125.00	150.00	150.00	75.00
其他服务业	100.00	100.00	200.00	100.00
二、按企业登记注册类型分				
国有企业	139.40	142.40	151.50	109.10
集体企业	100.00	133.30	100.00	66.70
股份合作企业	100.00	133.30	66.70	66.70
联营企业	100.00	100.00	100.00	100.00
有限责任公司	109.90	154.90	144.00	123.60
股份有限公司	128.60	128.60	100.00	100.00
私营企业	128.60	128.60	157.10	100.00
港、澳、台投资企业	133.30	100.00	166.70	100.00
外商投资企业	100.00	100.00	100.00	100.00
三、按企业规模分				
大型	115.90	150.90	168.60	150.90
中型	131.30	143.80	156.30	118.80
小型	120.50	144.60	137.40	108.40

3－49　社会服务业企业盈利(亏损)变化景气指数(2011年)

类　别	一季度	二季度	三季度	四季度
社会服务业企业总体状况	112.00	139.70	136.50	107.10
一、按主要行业门类分				
租赁业	87.50	112.50	100.00	125.00
商务服务业	107.70	145.30	142.90	111.00
环境资源管理业	133.30	166.70	166.70	133.30
公共设施管理业	126.70	136.70	130.00	96.70
居民服务业	100.00	125.00	125.00	75.00
其他服务业	100.00	100.00	200.00	100.00
二、按企业登记注册类型分				
国有企业	121.20	139.40	145.50	109.10
集体企业	100.00	166.70	100.00	100.00
股份合作企业	100.00	133.30	66.70	66.70
联营企业	100.00	100.00	100.00	100.00
有限责任公司	106.80	145.70	147.70	114.80
股份有限公司	114.30	114.30	85.70	71.40
私营企业	128.60	128.60	114.30	100.00
港、澳、台投资企业	66.70	100.00	133.30	100.00
外商投资企业	100.00	100.00	100.00	100.00
三、按企业规模分				
大型	149.80	185.60	198.20	167.80
中型	100.00	137.50	162.50	131.30
小型	112.10	137.40	127.70	98.80

3－50 社会服务业企业流动资金景气指数（2011年）

类别	一季度	二季度	三季度	四季度
社会服务业企业总体状况	103.10	113.60	119.30	111.60
一、按主要行业门类分				
租赁业	50.00	100.00	87.50	100.00
商务服务业	119.30	126.20	131.10	122.50
环境资源管理业	100.00	100.00	133.30	100.00
公共设施管理业	93.30	96.70	103.30	96.70
居民服务业	50.00	100.00	125.00	100.00
其他服务业	100.00	100.00	100.00	100.00
二、按企业登记注册类型分				
国有企业	106.10	118.20	130.30	112.10
集体企业	100.00	33.30	66.70	66.70
股份合作企业	66.70	100.00	33.30	33.30
联营企业	100.00	100.00	100.00	100.00
有限责任公司	115.30	121.50	129.50	119.00
股份有限公司	71.40	114.30	114.30	128.60
私营企业	71.40	85.70	71.40	85.70
港、澳、台投资企业	66.70	100.00	100.00	133.30
外商投资企业	100.00	100.00	100.00	100.00
三、按企业规模分				
大型	163.50	163.50	181.20	180.40
中型	137.50	143.80	150.00	125.00
小型	92.80	104.80	109.60	104.80

3－51 社会服务业企业货款拖欠景气指数（2011年）

类别	一季度	二季度	三季度	四季度
社会服务业企业总体状况	129.70	99.00	107.60	110.20
一、按主要行业门类分				
租赁业	112.50	100.00	100.00	87.50
商务服务业	127.40	91.40	101.50	114.90
环境资源管理业	166.70	100.00	100.00	100.00
公共设施管理业	136.70	110.00	116.70	106.70
居民服务业	125.00	125.00	150.00	125.00
其他服务业	100.00	100.00	100.00	100.00
二、按企业登记注册类型分				
国有企业	142.40	93.90	109.10	118.20
集体企业	100.00	166.70	166.70	133.30
股份合作企业	100.00	100.00	100.00	66.70
联营企业	100.00	100.00	100.00	100.00
有限责任公司	135.00	97.90	103.80	107.10
股份有限公司	114.30	100.00	114.30	128.60
私营企业	85.70	100.00	100.00	85.70
港、澳、台投资企业	100.00	100.00	100.00	100.00
外商投资企业	100.00	100.00	100.00	100.00
三、按企业规模分				
大型	117.70	100.00	117.70	152.70
中型	118.80	87.50	100.00	125.00
小型	132.50	101.20	108.40	104.80

3－52 社会服务业企业劳动力需求景气指数（2011年）

类 别	一季度	二季度	三季度	四季度
社会服务业企业总体状况	133.70	142.20	129.80	107.70
一、按主要行业门类分				
租赁业	125.00	112.50	87.50	112.50
商务服务业	125.90	144.60	132.80	110.30
环境资源管理业	133.30	133.30	133.30	100.00
公共设施管理业	146.70	150.00	130.00	103.30
居民服务业	175.00	125.00	175.00	100.00
其他服务业	100.00	100.00	100.00	100.00
二、按企业登记注册类型分				
国有企业	136.40	148.50	139.40	100.00
集体企业	200.00	133.30	100.00	133.30
股份合作企业	200.00	166.70	133.30	133.30
联营企业	100.00	100.00	100.00	100.00
有限责任公司	122.90	141.20	131.30	110.40
股份有限公司	128.60	128.60	114.30	114.30
私营企业	157.10	128.60	128.60	100.00
港、澳、台投资企业	100.00	133.30	66.70	100.00
三、按企业规模分				
大型	100.00	117.00	100.00	100.00
中型	131.30	162.50	143.80	143.80
小型	136.10	139.80	128.90	101.20

3－53 社会服务业企业固定资产投资景气指数（2011年）

类 别	一季度	二季度	三季度	四季度
社会服务业企业总体状况	122.60	116.90	118.30	120.60
一、按主要行业门类分				
租赁业	87.50	100.00	125.00	125.00
商务服务业	124.90	116.50	113.80	116.30
环境资源管理业	133.30	100.00	100.00	133.30
公共设施管理业	133.30	123.30	133.30	130.00
居民服务业	100.00	125.00	75.00	125.00
其他服务业		100.00	100.00	
二、按企业登记注册类型分				
国有企业	127.30	115.20	127.30	121.20
集体企业	133.30	166.70	166.70	166.70
股份合作企业	66.70	100.00	66.70	66.70
联营企业	100.00	100.00	100.00	100.00
有限责任公司	127.60	121.50	106.30	121.10
股份有限公司	128.60	128.60	142.90	128.60
私营企业	100.00	71.40	128.60	114.30
港、澳、台投资企业	66.70	100.00	133.30	100.00
外商投资企业	100.00	100.00	100.00	100.00
三、按企业规模分				
大型	149.00	150.90	100.00	168.60
中型	112.50	125.00	137.50	131.30
小型	122.90	113.30	115.70	115.70

3－54　信息传输、计算机服务和软件业企业产品销售（提供服务）景气指数（2011 年）

类　别	一季度	二季度	三季度	四季度
信息传输、计算机服务和软件业企业总体状况	148.80	155.60	160.40	164.60
一、按主要行业门类分				
信息传输业	166.80	162.80	170.00	163.20
计算机服务业	100.00	145.50	154.60	190.90
软件业	100.00	117.00	114.30	142.90
二、按企业登记注册类型分				
国有企业	150.00	150.00	166.70	150.00
集体企业	100.00	100.00	100.00	100.00
股份合作企业	100.00	100.00	100.00	200.00
联营企业	100.00	100.00	100.00	100.00
有限责任公司	133.60	141.80	155.30	165.50
股份有限公司	153.80	154.60	165.20	154.50
私营企业	100.00	180.00	120.00	160.00
港、澳、台投资企业	178.00	140.00	170.60	170.60
外商投资企业	148.10	165.00	151.60	164.50
三、按企业规模分				
大型	170.70	178.70	188.20	182.50
中型	148.40	148.40	151.60	164.50
小型	133.30	145.50	148.50	151.50

3－55　信息传输、计算机服务和软件业企业盈利（亏损）变化景气指数（2011 年）

类　别	一季度	二季度	三季度	四季度
信息传输、计算机服务和软件业企业总体状况	137.60	139.60	133.20	129.40
一、按主要行业门类分				
信息传输业	148.10	143.60	138.90	123.40
计算机服务业	109.10	127.30	136.40	145.50
软件业	107.10	133.00	100.00	142.90
二、按企业登记注册类型分				
国有企业	116.70	133.30	116.70	133.30
集体企业	100.00	100.00	100.00	100.00
股份合作企业	100.00	100.00	100.00	100.00
联营企业	100.00	100.00	100.00	100.00
有限责任公司	129.80	128.90	140.90	117.00
股份有限公司	132.50	125.20	134.90	122.20
私营企业	140.00	180.00	100.00	180.00
港、澳、台投资企业	114.00	150.00	120.60	136.00
外商投资企业	143.20	143.80	118.30	142.80
三、按企业规模分				
大型	162.90	166.20	159.30	107.70
中型	138.70	132.30	122.60	135.50
小型	118.20	127.30	124.20	139.40

3－56　信息传输、计算机服务和软件业企业流动资金景气指数（2011年）

类　别	一季度	二季度	三季度	四季度
信息传输、计算机服务和软件业企业总体状况	132.70	132.50	128.90	135.10
一、按主要行业门类分				
信息传输业	135.90	133.30	133.00	138.70
计算机服务业	136.40	109.10	118.20	127.30
软件业	102.80	147.30	118.70	125.80
二、按企业登记注册类型分				
国有企业	116.70	100.00	116.70	150.00
集体企业	100.00	100.00	100.00	100.00
股份合作企业	100.00	100.00	100.00	100.00
联营企业	100.00	100.00	100.00	100.00
有限责任公司	138.60	138.60	133.00	138.60
股份有限公司	127.20	133.50	133.50	136.60
私营企业	140.00	120.00	140.00	120.00
港、澳、台投资企业	88.00	114.00	88.00	98.00
外商投资企业	130.30	131.00	121.00	122.60
三、按企业规模分				
大型	170.00	181.80	180.90	174.60
中型	116.10	129.00	116.10	122.60
小型	121.20	100.00	103.00	118.20

3－57　信息传输、计算机服务和软件业企业货款拖欠景气指数（2011年）

类　别	一季度	二季度	三季度	四季度
信息传输、计算机服务和软件业企业总体状况	128.20	105.50	110.30	104.60
一、按主要行业门类分				
信息传输业	130.40	101.90	109.50	107.90
计算机服务业	127.30	127.30	127.30	81.80
软件业	114.30	111.50	100.00	107.10
二、按企业登记注册类型分				
国有企业	83.30	83.30	83.30	83.30
集体企业	100.00	100.00	100.00	100.00
股份合作企业	100.00	100.00	100.00	100.00
联营企业	100.00	100.00	100.00	100.00
有限责任公司	120.80	113.50	105.60	94.80
股份有限公司	121.40	97.50	101.80	103.60
私营企业	120.00	100.00	120.00	100.00
港、澳、台投资企业	126.00	146.00	126.00	126.00
外商投资企业	121.50	113.40	129.40	115.50
三、按企业规模分				
大型	157.70	99.30	104.20	104.30
中型	109.70	119.40	112.90	100.00
小型	124.20	97.00	112.10	109.10

3－58 信息传输、计算机服务和软件业企业劳动力需求景气指数（2011年）

类　别	一季度	二季度	三季度	四季度
信息传输、计算机服务和软件业企业总体状况	139.90	127.30	127.40	122.00
一、按主要行业门类分				
信息传输业	144.80	117.50	122.50	119.50
计算机服务业	118.20	154.60	145.50	136.40
软件业	121.40	147.30	133.00	118.70
二、按企业登记注册类型分				
国有企业	150.00	133.30	150.00	133.30
集体企业	100.00	100.00	100.00	100.00
股份合作企业	100.00	200.00	100.00	100.00
联营企业	100.00	100.00	100.00	100.00
有限责任公司	149.10	131.00	130.40	130.40
股份有限公司	123.80	112.00	117.70	120.10
私营企业	80.00	160.00	140.00	100.00
港、澳、台投资企业	120.00	120.00	120.00	124.60
外商投资企业	130.00	132.90	133.40	122.90
三、按企业规模分				
大型	154.50	112.60	113.10	113.80
中型	141.90	135.50	129.00	122.60
小型	127.30	130.30	136.40	127.30

3－59 信息传输、计算机服务和软件业企业固定资产投资景气指数（2011年）

类　别	一季度	二季度	三季度	四季度
信息传输、计算机服务和软件业企业总体状况	133.90	128.30	130.20	123.10
一、按主要行业门类分				
信息传输业	141.40	128.60	133.70	125.40
计算机服务业	118.20	109.10	127.30	136.40
软件业	107.10	147.30	114.30	100.00
二、按企业登记注册类型分				
国有企业	183.30	183.30	150.00	133.30
集体企业	100.00	100.00	100.00	100.00
股份合作企业	100.00	200.00	100.00	100.00
联营企业	100.00	100.00	100.00	100.00
有限责任公司	127.50	105.90	111.70	106.10
股份有限公司	116.90	120.80	124.00	125.80
私营企业	120.00	140.00	120.00	120.00
港、澳、台投资企业	94.00	130.00	170.00	140.00
外商投资企业	134.10	153.00	163.00	153.00
三、按企业规模分				
大型	166.10	120.40	127.30	126.30
中型	132.30	132.30	141.90	132.30
小型	112.10	130.30	121.20	112.10

3－60 住宿和餐饮业企业产品销售（提供服务）景气指数（2011年）

类 别	一季度	二季度	三季度	四季度
住宿和餐饮业企业总体状况	103.70	132.40	143.30	111.10
一、按主要行业门类分				
住宿业	106.30	128.40	145.60	112.00
餐饮业	94.60	141.80	138.10	107.20
二、按企业登记注册类型分				
国有企业	112.30	150.90	163.00	138.90
集体企业	111.10	166.70	137.50	137.50
股份合作企业	40.00	120.00	140.00	120.00
联营企业	100.00	100.00	100.00	100.00
有限责任公司	96.30	117.50	133.80	100.00
股份有限公司	140.00	120.00	150.00	90.00
私营企业	112.50	112.50	112.50	100.00
港、澳、台投资企业	75.00	175.00	175.00	25.00
外商投资企业	90.90	136.40	118.20	72.70
三、按企业规模分				
大型	196.60	200.00	198.80	197.10
中型	97.40	148.70	166.70	105.10
小型	102.80	125.90	135.00	110.20

3－61 住宿和餐饮业企业盈利(亏损)变化景气指数(2011年)

类 别	一季度	二季度	三季度	四季度
住宿和餐饮业企业总体状况	95.00	126.40	132.80	110.50
一、按主要行业门类分				
住宿业	92.20	122.10	132.80	106.40
餐饮业	98.20	136.30	132.70	119.90
二、按企业登记注册类型分				
国有企业	101.80	145.50	140.70	120.40
集体企业	88.90	133.30	137.50	137.50
股份合作企业	40.00	80.00	100.00	100.00
联营企业	100.00	100.00	100.00	100.00
有限责任公司	88.80	116.30	127.50	107.50
股份有限公司	130.00	110.00	140.00	110.00
私营企业	125.00	125.00	125.00	137.50
港、澳、台投资企业		100.00	175.00	25.00
外商投资企业	90.90	136.40	118.20	72.70
三、按企业规模分				
大型	195.40	198.80	198.80	198.80
中型	87.20	130.80	148.70	107.70
小型	94.30	123.00	126.30	108.80

3 － 62　住宿和餐饮业企业流动资金景气指数（2011 年）

类　别	一季度	二季度	三季度	四季度
住宿和餐饮业企业总体状况	96.70	102.50	107.20	104.80
一、按主要行业门类分				
住宿业	94.50	100.80	108.00	104.00
餐饮业	99.90	105.00	103.60	105.00
二、按企业登记注册类型分				
国有企业	94.70	105.50	114.80	96.30
集体企业	111.10	122.20	150.00	125.00
股份合作企业	80.00	100.00	40.00	40.00
联营企业	100.00	100.00	100.00	100.00
有限责任公司	87.50	92.50	93.80	106.30
股份有限公司	100.00	90.00	100.00	90.00
私营企业	137.50	100.00	125.00	125.00
港、澳、台投资企业	50.00	75.00	125.00	75.00
外商投资企业	136.40	145.50	136.40	136.40
三、按企业规模分				
大型	197.10	189.70	197.10	189.70
中型	115.40	120.50	130.80	118.00
小型	88.70	95.00	97.80	98.50

3 － 63　住宿和餐饮业企业货款拖欠景气指数（2011 年）

类　别	一季度	二季度	三季度	四季度
住宿和餐饮业企业总体状况	95.10	88.90	88.00	91.40
一、按主要行业门类分				
住宿业	88.30	90.40	87.90	89.50
餐饮业	108.90	87.00	86.60	97.70
二、按企业登记注册类型分				
国有企业	87.70	94.60	92.60	94.40
集体企业	111.10	111.10	125.00	100.00
股份合作企业	120.00	100.00	60.00	80.00
联营企业	100.00	100.00	100.00	100.00
有限责任公司	92.50	82.30	78.80	85.00
股份有限公司	80.00	90.00	100.00	80.00
私营企业	112.50	87.50	112.50	112.50
港、澳、台投资企业	150.00	100.00	75.00	125.00
外商投资企业	100.00	88.90	77.80	111.10
三、按企业规模分				
大型	98.30	101.70	90.80	94.20
中型	92.30	82.10	84.60	102.60
小型	95.70	90.40	88.90	88.20

3－64　住宿和餐饮业企业劳动力需求景气指数（2011年）

类　别	一季度	二季度	三季度	四季度
住宿和餐饮业企业总体状况	136.90	137.30	140.50	125.30
一、按主要行业门类分				
住宿业	135.20	133.90	140.00	118.40
餐饮业	139.20	143.60	139.90	139.50
二、按企业登记注册类型分				
国有企业	142.10	140.00	148.20	122.20
集体企业	111.10	111.10	100.00	125.00
股份合作企业	80.00	120.00	60.00	100.00
联营企业	100.00	100.00	100.00	100.00
有限责任公司	138.80	137.50	138.80	135.00
股份有限公司	160.00	130.00	180.00	90.00
私营企业	125.00	137.50	137.50	150.00
港、澳、台投资企业	100.00	150.00	150.00	50.00
外商投资企业	127.30	136.40	127.30	100.00
三、按企业规模分				
大型	197.10	197.10	197.10	189.70
中型	130.80	143.60	151.30	125.60
小型	136.90	133.80	135.80	123.40

3－65　住宿和餐饮业企业固定资产投资景气指数(2011年)

类　别	一季度	二季度	三季度	四季度
住宿和餐饮业企业总体状况	102.10	114.10	113.30	108.30
一、按主要行业门类分				
住宿业	93.80	114.20	111.20	103.20
餐饮业	119.60	112.30	116.30	118.10
二、按企业登记注册类型分				
国有企业	107.00	116.40	107.40	116.70
集体企业	77.80	111.10	125.00	137.50
股份合作企业	100.00	120.00	120.00	80.00
联营企业	100.00	100.00	100.00	100.00
有限责任公司	98.80	113.80	116.30	100.00
股份有限公司	80.00	90.00	110.00	110.00
私营企业	112.50	100.00	100.00	112.50
港、澳、台投资企业	100.00	150.00	125.00	150.00
外商投资企业	118.20	100.00	100.00	81.80
三、按企业规模分				
大型	197.10	189.70	197.10	197.10
中型	112.80	110.30	130.80	105.10
小型	96.50	113.00	105.80	106.60

第四篇

行业发展

4－1 2011年山东省纺织工业发展情况概述

2011年，全省规模以上4094户纺织工业企业生产纱723.4万吨、布124.5亿米、服装31.2亿件、化学纤维80.9万吨，分别比上年增长6.41%、3.7%、11.3%和17.1%。实现销售收入8953.1亿元，比上年增长25.5%；实现利税847.9亿元，增长20.4%，其中利润553.3亿元，增长21.9%；纺织品服装出口203.9亿美元，增长17.7%。

一、加强行业运行指导服务工作，保持了纺织经济平稳较快发展

一是高度关注行业运行态势，加强引导和调控。强化调查研究，加强统计直报工作，发挥行业网站的作用，及时调度分析行业运行情况，加强信息引导。针对行业运行中棉花、税负、人民币升值等热点、难点问题进行了专题研究，通过《请阅件》《信息简报》等形式，及时向国家有关部门和省政府反映情况，提出对策建议，争取领导的关注和支持。关于取消进口棉花滑准税和解决棉纺行业增值税“高征低扣”的政策建议引起了省委常委、副省长王军民高度关注，根据领导批示，协会代拟了《山东省人民政府关于建议调整进口棉花滑准税的请示》，以鲁政呈〔2011〕45号文上报国务院。针对棉花问题，省纺织工业协会与美国棉花公司联合召开了中美纺织品零售市场分析报告会，征求重点棉纺企业对“2011年度临时收储棉花预案”的意见建议，汇总上报省发改委。积极引导全行业千方百计克服原料价格剧烈波动、要素成本上升、招工难等不利因素的影响，保持了纺织经济平稳较快发展。

二是坚持不懈抓好安全生产，全行业已连续16年未发生重大人身伤亡事故。

三是把开拓市场作为转方式调结构的工作重点，大力开展“市场营销年”活动。组织参加了北京第十九届中国国际服装服饰博览会。8家企业参展，参展面积2278平方米，展示了山东服装的水平。舒朗作为“中国制造”品质女装的自主品牌，借机启动了品牌服装“进千店”仪式。中共中央政治局委员、国务院副总理张德江、中共山东省委常委、副省长王军民和国家纺织工业协会会长杜钰洲莅临山东展位视察，给予高度评价和鼓励。组织5家重点企业参加了省政府在台北举办的“台湾山东周”活动，加大了山东与台北的经贸合作。与省经信委、济南市政府共同举办了“2011中国（济南）国际服装博览会暨中韩时尚产品展览会”，成交额达1.5亿元。

四是着力推进对口支援新疆工作，组织有关企业参加省经信委“中国新疆2011产业转移系列对接活动”和经信部在乌鲁木齐召开的产业转移工作会议，近年来在新疆建成的纺织项目，取得了一定成效。

二、认真组织行业规划的实施，产业调整升级步伐加快

一是在认真总结编纂《山东纺织工业辉煌“十一五”》、深入调查研究的基础上，修订了《山东省纺织工业“十二五”发展规划》，由省经信委印发各地实施；编制了《山东省纺织工业产品品牌发展规划》；协助省节能办完成了《山东省循环经济发展“十二五”规划》和《山东省节约能源“十二五”规划》纺织部分的编制；完成了《关于山东工业推进产业转移的研究》和修改完善了《生山东省产业转移指导目录（纺织部分）》。认真组织“十二五”规划和行业三年调整振兴规划的实施，积极推进行业加快经济发展方式转变。突出服装、家纺和产业用纺织品产业链建设，龙头带动作用日益显现，家用纺织品成为行业新的经济增长点，服装成为全国第四大生产省。全行业调整振兴规划配套项目竣工238项，完成固定资产投资

214.88 亿元，新增销售收入 432.8 亿元，实现利税 78.3 亿元，其中利润 53.8 亿元。

二是突出抓好技术改造。对 103 个转方式调结构行业重点项目进行了审查；对全省工业转方式调结构千项中 71 个纺织项目进行了审核；争取重点产业振兴和中小企业技术改造国家补助资金 1821 万元。召开了棉纺行业新技术新装备推广应用研讨会，推动了中小棉纺企业技术改造步伐进一步加快；召开了全省纺织染整装备及新技术研讨会，增进了企业合作，促进了行业装备水平的提高。

三是产业集群健康发展。陵县获得“山东省土工用纺织材料名城”和“中国土工用纺织材料名城”称号，郓城县获得“中国棉纺织名城”称号。截至 2011 年底，全行业共有省级以上产业集群 31 个，其中国家级 21 个。

四是大力实施名牌战略。全行业有 65 个产品被评为山东省名牌产品，11 个商标被认定中国驰名商标，47 个商标被认定为山东省著名商标。截至 2011 年底，全行业有中国名牌 57 个，山东名牌 163 个，中国驰名商 34 个，山东省著名商标 148 个。

三、积极推进科技进步和管理创新步伐，取得了一批创新成果

一是技术中心建设稳步推进。有 9 个企业建立了省级企业技术中心，10 个企业建立了省工业设计中心，烟台氨纶集团牵头的“芳纶产业技术创新战略联盟”获批省级产业技术创新战略示范联盟。截至 2011 年底，全行业有省级产业技术创新联盟 2 个、工业设计中心 13 个，省级以上企业技术中心 76 个，其中国家级 10 个。

二是科技创新取得新成绩。全行业荣获国家科技进步二等奖 1 项，省科技进步奖一等奖 1 项，二等奖 5 项，三等奖 6 项；获中国纺织工业协会科技进步二等奖 7 项，三等奖 11 项。参加了“山东省标准创新型企业”评审，在“纪念第 42 届世界标准日暨标准创新型企业表彰大会”上，即发集团、喜盈门集团、南山集团、如意科技集团、海马集团、德棉集团、金号织业、亚光毛巾 8 个企业受到表彰。获中国纺织工程学会陈维稷优秀论文一等奖 1 篇、二等奖 3 篇、表扬奖 16 篇。鲁泰集团高工张建祥获“第三届山东省十大杰出工程师”和“2011 年度桑麻纺织科技三等奖”。

三是狠抓质量管理和企业管理工作。会同鲁纺企协开展了行业群众性质量管理活动。评选出 33 个优秀 QC 小组，9 个优秀质量信得过班组和 14 名质量管理小组活动先进个人。开展企业管理现代化创新成果评选表彰活动。评出行业管理现代化创新成果一等奖 4 个，二等奖 7 个，三等奖 3 个。鲁泰纺织股份有限公司“超高支纯棉面料加工关键技术及其产业化”项目入选第二届山东省企业重大创新成果。

四是积极促进行业两化融合。华兴、魏桥、鲁泰 3 家企业被授予全国纺织工业两化融合示范企业，其中鲁泰集团被授予全国纺织工业两化融合突出贡献企业。

四、狠抓节能减排与淘汰落后工作，行业可持续发展能力进一步提升

一是积极开展节能工艺技术研究与推广，取得了一批节能成果。华纺集团“棉冷扎堆染色关键技术研究与产业化”项目获国家科技进步二等奖，鲁泰集团“半缸染色节能工艺研究与推广”获省重大节能成果奖；兰雁集团和孚日集团荣获“山东省节能先进企业”称号；泰安康平纳集团“智能化微波烘干技术及设备”项目获省优秀节能成果奖。

二是积极参加中国纺织服装行业“落实责任你我同行”节能减排绩效评价活动，德棉股份有限公司“筒子染色工艺改进”项目和济宁如意毛纺股份有限公司“超短时绿色节水型染色技术”获中国纺织服装行业节能减排绿色实践贡献奖，兰雁集团“牛仔布有机硅润湿剂高压喷射润湿预缩新技术及其产业化”项目和南山纺织服饰有限公司“绿色价值链在毛精纺企业的构建与实施”获中国纺织服装行业节能减排绿色实践优秀奖。

三是努力做好淘汰落后产能工作。完成了淘汰3.25亿米落后印染能力和5000吨落后化纤能力的任务，省纺织工业协会被评为“山东省淘汰落后产能工作先进集体”，两位同志被评为先进个人。

五、强化行业人才培养，队伍素质不断提高

积极开展“金蓝领”培训，培训技师106人。评选技师、高级技师443人；评选出山东省纺织工业首席技师10名，经推荐，有2人被评为山东省首席技师。完成纺织服装类鉴定674人次，比上年增长54.6%。组织了《棉纺纤维梳理工（精梳）值车工作法》的编写工作。举办了2011年“魏桥杯”全省棉纺行业粗纱工职业技能大赛暨全国选拔赛，承办了全国决赛，我省选手荣获全国大赛第二、第三名，被授予“全国技术能手”称号。举办了2011年“即发杯”全省针织行业纬编工职业技能大赛暨全国选拔赛，即发集团的杨敬双获得全国第一名，前十名中山东省有6人，前十五名中山东省有9人，3名选手被授予“全国纺织行业技术能手”称号，省纺织工业协会获“优秀组织奖”。

六、持之以恒的推进企业文化建设，品牌文化企业数位居全国同行业前列

开展了“山东省纺织行业“凤凰杯”崇高的理想壮美的事业——庆祝中国共产党建党90周年摄影作品网上展评”活动，并结集出版。参加了中国纺织工业协会品牌文化建设大纲的编写工作，《山东省纺织服装行业品牌企业文化建设综述》被编入《中国纺织品牌文化发展报告》。深化品牌文化创建工作，全行业有13个企业被授予“中国纺织品牌文化50强”、9个企业被授予“中国纺织品牌文化建设领军奖”荣誉称号，分别占全国同行业的1/4和1/3。

附表：

2011年主要产品产量在全国比重和位次（规模以上纺织工业企业）

指标名称	计量单位	全国	同比（±%）	山东	同比（±%）	山东占全国比重（%）	山东在全国位次
纱	万吨	2894.47	12.43	723.43	6.41	24.99	1
布	亿米	619.82	11.61	124.49	3.67	20.08	2
绒线（毛线）	万吨	30.59	5.84	4.63	-12.96	15.14	4
呢绒	亿米	5.18	1.35	0.72	-8.60	13.90	2
印染布	亿米	593.03	6.67	38.94	5.57	6.57	5
化学纤维	万吨	3362.36	13.87	80.90	17.10	2.41	4
服装	亿件	254.20	8.14	31.18	11.29	12.27	4
其中：针织服装	亿件	121.09	6.13	20.68	14.33	17.08	2
其中：梭织服装	亿件	133.11	10.03	10.50	5.75	7.89	5
无纺布	万吨	185.04	14.70	25.81	25.33	13.95	3
帘子布	万吨	56.77	15.27	19.20	47.71	33.82	1

（山东省纺织工业协会 刘海美）

4－2－1　2011年山东省机械工业情况概述

一、综述

2011年，全省机械工业坚持以科学发展为主题，加快转变经济发展方式为主线，行业经济运行良好。全行业7143家规模以上企业实现主营业务收入18226.56亿元，比上年增长21.83%；利税总额1870.10亿元，比上年增长18.82%；利润总额1272.57亿元，比上年增长20.03%。完成外贸出口229.61亿美元，比上年增长29.07%，增幅高于全国平均水平4.64个百分点。在各项经济指标中，实现主营业务收入、利税、利润三项主要经济指标均列全国同行业第二位，出口额列全国第五位。全年行业经济呈现四个特点：

一是产销增长趋缓，但仍保持较快速度。机械工业所属11个行业除汽车外均保持两位数增长，五大重点行业继续保持在全国的优势地位，农机行业完成主营业务收入998.07亿元，比上年增长25.99%，继续稳居全国同行业第一位；工程机械行业完成主营业务收入1024.28亿元，机床工具行业完成781.11亿元，汽车行业完成4568.72亿元，分别比上年增长13.35%、32.93%、6.99%，居全国同行业第二位；电工电器行业完成主营业务收入2349.41亿元，比上年增长23.42%，居全国第三位。其他民机完成主营业务收入3191.88亿元，比上年增长30.96%；仪器仪表行业完成438.31亿元，比上年增长29.41%；石化通用机械行业完成2309.75亿元，比上年增长34.36%；重型矿山机械行业完成619.17亿元，比上年增长25.21%；机械基础件行业完成1906.97亿元，比上年增长28.52%；食品及包装机械完成38.88亿元，增长29.95%。

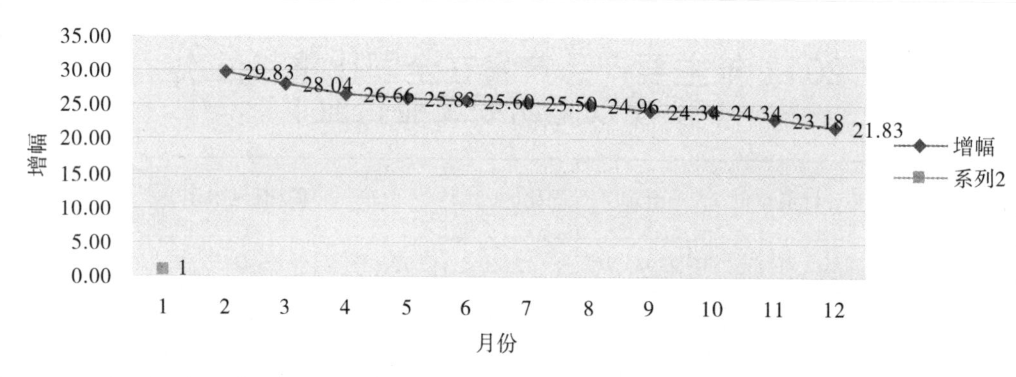

2011年山东机械主营业务收入累计增幅走势图

二是效益增长低于产销，行业获利能力减弱。2011年全行业利润增长20.03%，低于销售1.8个百分点。2011年下半年以来，利润增速明显回落并低于同期产销增长，全行业亏损企业亏损额为21.88亿元，比上年大幅增长92.50%。作为全省第一大行业的汽车行业，利润总额全年仅完成309.79亿元，比上年增长1.12%，拖累了整个行业。其他行业为：农机行业实现利润67.47亿元，比上年增长29.48%；工程机械行业实现76.72亿元，比上年增长5.26%；仪器仪表行业实现32.44亿元，比上年增长36.03%；石化通用机械行业实现162.96亿元，比上年增长39.08%；重型矿山机械行业实现43.23亿元，比上年增长26.76%；机床工具行业实现56.13亿元，比上年增长37.35%；电工电器行业实现161.27亿元，比上年增长 19.71%；机械基础件行业实现 143.18 亿元，增长 33.42%，食品及包装机械行业实现 2.40 亿元，比上年增长 58.10%；其他民机实现 216.98 亿元，比上年增长 28.17%。利润指标回落快于产销的主要原因是：生产成本、融资成本上涨，产能扩张过猛引起的恶性竞争等。由于效益增长放缓，相对应的销售收入利润率、成本费用利润率等评价指标均出现下滑，行业运行质量下降。

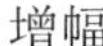

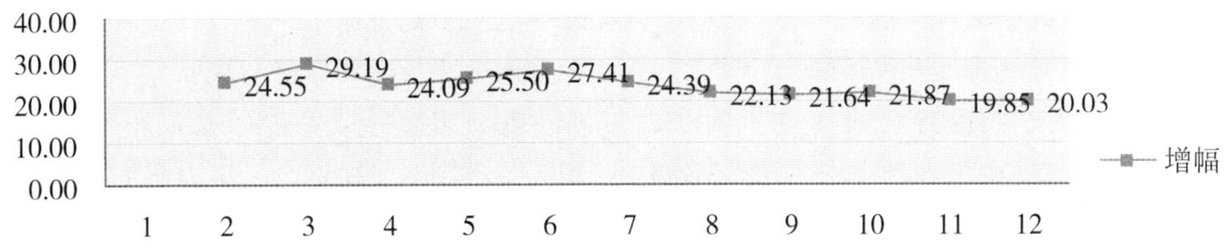

2011 年山东省机械实现利润累计增幅走势图

三是外贸出口增幅依然保持在高位，贸易顺差继续扩大。2011 年累计出口 229.61 亿美元，比上年增长 29.07%，高于全国机械出口（24.49%）4.58 个百分点，高于广东、江苏、上海、浙江等先进省市，同时也高于全省机械销售收入增长 7.24 个百分点；出口比重继续扩大，外贸出口对行业增长的拉动相应增强。2011 年贸易顺差为 96.37 亿美元，比上年的 52.36 亿美元多出 44.01 亿美元，增长 84.05%。

四是新能源新技术增速较快，产品结构调整取得进展。2011 年，风力发电机组累计产量已达 73.3 万千瓦，比上年增长 227.23%，风电设备在整个发电设备的比重已有上年 5.2% 提高到 9.09%。大马力拖拉机完成 1.61 万台，比上年增长 76.47%，大大高于中小马力拖拉机。太阳能电池增幅高达 20.05 倍，锂离子电池增长 1 倍多，增幅明显要高于传统的铅酸蓄电池和碱性蓄电池。机床产品中的数控机床增长 35.29%，高于全部机床增幅 20.04 个百分点，产品的信息化水平大幅提高。

二、全年行业工作取得的成绩

2011 年，机械工业坚持把结构优化、效益提高、可持续发展、成果共享放在突出位置，坚持把“六加强一提升”作为工作的着力点和总抓手，行业工作取得了优异成绩。

一、技术改造取得明显成效

2011 年，全省机械工业完成技改投资 2861.9 亿元，占全省工业技改总投资额的 35.5%。2009-2011 三年调整振兴期间，全省机械工业共完成技术改造投资约 8000 亿元，超过“十一”技改投资的总和。其中，列入《山东省装备制造业调整振兴规划》的配套技改项目共计 1186 个，项目实施率达到 85%。山东常林集团、时风集团、山东达驰电气有限公司等企业的一批投资达数十亿元的项目相继开工。

二、产业结构进一步优化

一批具有较高技术含量和较高附加值的产品获得快速发展。全省机械工业共有 72 项装备被认定为首台（套），政府给予奖励 1350 万元，济南二机床等 10 家企业的首台套装备每家获得 100 万元的奖励；共有 103 家企业的 130 个产品列入首批高端技术装备新产品推广目录，其中有 69 个产品达到国内领先水平，55 个产品达到国际先进水平，6 个产品达到国际领先水平。风电整机产量较上年增长超过

200%；数控金属切削机床同比增长26.32%，数控机床增幅高于普通机床；大型拖拉机比上年同期增长73.98%，增幅明显高于中小型拖拉机。此外，新能源汽车、环保设备等的增幅也明显高于全省机械行业平均水平。一批重大技术装备呈现出良好发展势头，威海华东数控机床的重型成套设备形成能力，济南二机床的冲压成套生产线成批出口美国。

三、自主创新能力进一步增强

全省机械工业共获各级科技进步奖252项，其中获中国机械工业科学技术特等奖1项、一等奖1项，省科技进步一等奖2项，省技术发明奖一等奖1项；从2009年实施调整振兴规划以来，全省机械工业企业列入省技术创新计划的项目共计2180项，其中自主研发1573项、引进消化吸收42项、联合创新249项；达到国际水平的有770项、填补国内空白的275项；目前，全省机械行业已建立国家级企业技术中心30家，省级企业技术中心294家，行业技术中心9家。

四、企业管理和质量管理迈上新台阶

全省机械工业共有203个企业的产品被评为“山东名牌”，10个基地及28个龙头企业被推荐参评省优质产品生产基地，时风集团、山推股份荣获“省长质量奖”。山东双轮股份有限公司、山东五征集团有限公司荣获全国机械工业质量奖，姜卫东、傅元仁荣获全国机械工业优秀质量管理经营者；有2个班组获得“全国机械工业优秀质量信得过班组”称号，有18个班组获得“全国机械工业优秀质量管理班组”称号；1家企业被推荐申报“机械工业管理进步示范企业”。

五、市场开拓取得新成效

2011年，成功举办了第六届中国(山东)国际装备制造业博览会，来自日本、德国、美国等6个国家和地区及国内山东、辽宁、重庆等9个省市的800余家企业参展，展会总体规模达到2000个国际标准展位，展示面积46000平方米，与前五届相比，在规模、专业观众组织、接待和服务、展会宣传、展会现场成交、展会品牌知名度和影响力等方面都有不同程度的提高；组织编制了《2011年山东省机械工业重点新产品新技术推广计划目录》，向全行业特别是中小企业宣传、推荐、推广机械工业领域新产品新成果；积极组织企业参加汉诺威农机展、韩国游艇展、上海工博会、北京国际机床展、新疆工程机械展等行业内有影响的展览会，提升企业的市场占有率。

附表：

2011年全省机械工业概况

（万元）

行业名称	企业个数	销售收入	利税合计	利润总额
合计	7143	182265580	18700969	12725713
农业机械	506	9980718	954193	674742
工程机械	193	10242781	1074128	767173
仪器仪表	199	4383055	482313	324416
石油化工通用机械	972	23097546	2454045	1629574
重型矿山机械	418	6191718	677249	432279

机床工具	458	7811161	908179	561319
电工电器	883	23494135	2401474	1612724
机械基础件	1167	19069703	2169555	1431796
食品及包装机械	21	388823	40976	23989
汽车	1016	45687162	4313629	3097870
其他民用机械	1310	31918780	3225230	2169830

（山东省机械工业协会　李玉奎）

4－2－2　2011年山东省机械工业百强企业名单

序号	企业名称	序号	企业名称
1	潍柴控股集团有限公司	21	青特集团有限公司
2	中国重型汽车集团有限公司	22	青岛汉缆集团有限公司
3	山东时风（集团）有限责任公司	23	青岛变压器（集团）有限公司
4	北汽福田汽车股份有限公司诸城汽车厂	24	烟台冰轮集团有限公司
5	上海通用东岳汽车有限公司	25	中通汽车工业集团有限责任公司
6	一汽解放青岛汽车厂	26	山东阳谷电缆集团有限公司
7	上汽通用五菱汽车股份有限公司青岛分公司	27	山东山工机械有限公司
8	山推工程机械股份有限公司	28	泰山集团股份有限公司
9	福田雷沃重工股份有限公司	29	山东常林机械集团股份有限公司
10	山东临工工程机械有限公司	30	景津压滤机集团有限公司
11	上海通用东岳动力总成有限公司	31	烟台首钢东星集团有限公司
12	山东长星风电科技有限公司	32	方圆集团
13	山东五征集团有限公司	33	信义集团公司
14	山东华兴机械股份有限公司	34	济南轨道交通装备有限责任公司
15	胜利油田高原石油装备有限责任公司	35	济南二机床集团有限公司
16	山东临清迅力特种汽车有限公司	36	青岛捷能汽轮机集团股份有限公司
17	山东墨龙石油机械股份有限公司	37	山东凯马汽车制造有限公司
18	青岛泰发集团股份有限公司	38	山东华星工程机械有限公司
19	隆基集团有限公司	39	泰安市泰山工程机械制造有限公司
20	泰开电气集团有限公司	40	济南玫德铸造有限公司

序号	企业名称
41	山东福临机械制造有限公司
42	中国石油集团济柴动力总厂
43	山东鸿达建工集团有限公司
44	山东贝特尔车轮有限公司
45	益和电气集团股份有限公司
46	山东中际电工机械有限公司
47	胜利油田胜利动力机械集团有限公司
48	东营吉奥汽车有限公司
49	山东华力电机集团股份有限公司
50	山东中凯风电设备制造有限公司
51	山东大汉建设机械有限公司
52	山东唐俊欧铃汽车制造有限公司
53	山东华夏集团有限公司
54	山东滨州渤海活塞股份有限公司
55	山东厚丰汽车散热器集团有限公司
56	通裕重工股份有限公司
57	山重建机有限公司 (10 年是，原名：众友)
58	青岛东方铁塔股份有限公司
59	山东达驰电气有限公司
60	山东金马工业集团股份有限公司
61	山东兴民钢圈股份有限公司
62	青岛华光电缆有限公司
63	山东曲轴总厂有限公司
64	山东华源莱动内燃机有限公司
65	山东通力车轮有限公司
66	济南锅炉集团有限公司
67	荣成华泰汽车有限公司
68	山东齐鲁电机制造有限公司
69	特变电工山东鲁能泰山电缆有限公司
70	诸城市义和车桥有限公司

序号	企业名称
71	济南吉利汽车有限公司
72	青岛武晓集团
73	山东华盛中天机械集团有限公司
74	山东威达机床工具集团总有限公司
75	山东肥城云宇工程机械公司
76	滨州盟威集团有限公司
77	淄博柴油机总公司
78	山东东岳专用汽车制造有限公司
79	豪迈科技股份有限公司
80	青岛纺织机械股份有限公司
81	山东同创汽车散热器装置有限公司
82	山东塔高矿业机械装备制造有限公司
83	泰安航天特种车有限公司
84	宏安集团有限公司
85	山东普利森集团有限公司
86	盛瑞传动机械股份有限公司
87	兖州市环宇车轮有限公司
88	青岛海隆机械集团有限公司
89	胜利油田孚瑞特石油装备有限责任公司
90	青岛东佳纺机(集团)有限公司
91	山东电力设备制造有限公司
92	山东双轮集团股份有限公司
93	豪顿华工程有限公司
94	德州德工机械有限公司
95	山东泰山恒信开关有限责任公司
96	青岛海通车桥有限公司
97	山东金麒麟集团有限公司
98	丛林集团有限公司
99	山东鑫亚工业股份有限公司
100	威海华东数控股份有限公司

（山东省机械工业协会　李玉奎）

4－3　2011年山东省建材工业情况综述

2011年，全省规模以上建材企业实现销售收入4765.9亿元，比上年增长34.31%；实现利税648.8亿元，比上年增长40.86%；实现利润420.6亿元，比上年增长40.05%。以上三项主要经济指标继续位居全国第一位。

一、新兴建材产业增速快于传统建材产业

全省列入统计的43种建材产品中，35种产量比上年增长，增长幅度超过20%的有22种。其中新兴建材产业产品产量快速增长，如中空玻璃1028万平方米，比上年增长109.25%；钢化玻璃4136万平方米，比上年增长38.44%；商品混凝土4487.17万立方米，比上年增长33.55%；石膏板7.85亿平方米，比上年增长24.59%；玻璃纤维纱60.38万吨，比上年增长19.6%。传统建材产业产品产量增速放缓甚至下降，水泥熟料9387.61万吨，比上年下降2.06%；水泥1.52亿吨，比上年增长2.71%；平板玻璃8034.29万重量箱，比上年下降0.47%；陶瓷砖9.72亿平方米，比上年下降13.13%。

二、投资结构继续优化

全省建材工业固定资产投资完成846亿元，比上年增长33.99%，投资额居全国建材工业第一位。水泥制品、技术玻璃、隔热隔音材料等低能耗、低排放、高附加值等新兴产业投资增幅均超过20%，水泥制品投资完成82亿元，比上年增长26.11%；建筑用石加工投资完成84亿元，比上年增长47.87%；玻璃纤维及深加工投资完成64亿元，比上年增长42.8%；玻璃纤维增强塑料制品投资增幅达184.36%；石棉水泥制品增幅达116.3%，防水建材增幅达86.78%。水泥、石灰和石膏制造业等传统建材投资降幅较大，其中水泥投资比上年下降18.88%。

三、建材产品出口企稳回升

全省建材产品出口额完成22亿美元，比上年增长22.65%，出口额居全国建材第三位。由于产品结构的优化和价格的提升，出口效益好于出口数量。花岗石制品出口量比上年下降2.42%，出口额反而增长8.12%；陶瓷砖出口量比上年增长44.22%，出口额增长47.22%；玻璃纤维纱出口量比上年下降2.92%，出口额增长10.11%；石膏板出口量比上年增长29.99%，出口额增长36.46%。年出口额超过1亿美元的建材产品由2010年的五种增加到六种，花岗石制品和平板玻璃出口分别超过2亿美元。

四、产业转型升级步伐明显加快

年内全省水泥制品、防水材料、隔热隔音材料、玻璃纤维增强塑料制品、技术玻璃等低能耗、低排放、高附加值新兴产业工业总产值完成1932亿元，比上年增长18.75%，其在全行业的比重由2010年的36.5%提高到39.5%。预分解窑水泥熟料产量完成8017万吨，比重提高到85.4%，比上年提高5.19个百分点。浮法玻璃产量完成7544.88万重量箱，浮法率达到93.9%，比上年提高8.13个百分点。水泥产业链不断延伸，年内全省水泥制品业完成销售收入472亿元，比上年增长51.49%，实现利税65亿元，比上年增长70.58%，增幅均居全省建材工业第一位。产业集中度不断提高，山水、中联两大水泥集团在山东的水泥产能达到8000万吨以上，占全省新型干法水泥总产能的60%以上。金晶、晶华、蓝星、巨润四家企业平板玻璃产量在全省占比提高到80%。

五、可持续发展能力不断增强

年内全省淘汰落后水泥产能1395万吨，超额完成年度目标任务。建成投产新型干法水泥纯低温余热发电机组55个，平板玻璃工业余热发电装置也相继完成并投入使用，德州晶

华建造的全省首家利用玻璃窑余热发电站，运行效果良好，年发电4000多万千瓦时，创造经济效益3000万元。金晶集团余热发电项目2011年4月投入使用，也保持了良好运行状态。枣庄中联、泰山玻纤、威海蓝星和德州晶华荣获山东省节能先进企业称号。泰山石膏荣获山东省节能突出贡献企业称号。宏艺科技的HY型多功能高效煤助燃剂项目荣获山东省优秀节能成果奖。年内全省发展散装水泥9225万吨，折算节约标煤211.96万吨，减少粉尘排放92.71万吨，减少二氧化碳排放551.09万吨，减少二氧化硫排放1.8万吨，减少水泥损失415.13万吨，实现综合经济效益41.51亿元。

六、技术进步和自主创新有所突破

新型干法水泥生产集成控制应用技术、新型环保耐火陶瓷纤维关键制备技术以及大型石膏板热能梯级利用技术的研究取得显著成果，三项新技术项目分别荣获山东省科技进步二等奖。脱硫石膏在普通干混砂浆中的关键应用技术荣获山东省科技进步三等奖。制约行业节能减排的浮法玻璃窑炉余热低温发电技术、水泥企业能源管理系统、固体燃料替代重油用于玻璃生产节能技术等关键技术也取得重点突破，有14个项目获2011年度“全国建材行业技术革新奖”，占全国获奖总数的10%。金晶集团积极推进离线Low-E、在线Low-E、导电膜玻璃、特殊中空玻璃、机车玻璃等新型功能性玻璃产品的研究与开发，荣获中国建材联合会授予的“靠新出强优秀企业”称号。泰山玻纤重点启动实施40余项科技含量高、附加值高、行业带动性强的技术创新项目，其中，承担国家863计划1项，国际合作计划1项，省级以上重点技术创新项目20余项。

七、质量和安全管理水平不断提高

以水泥企业化验室合格证的换发工作为重点，年内评审考核水泥企业226家，并分两批在《中国建材报》上公告。积极宣贯《水泥企业质量管理规程》，认真修改《山东省水泥企业产品质量对比验证检验管理办法》、《山东省水泥强度检验用砂管理办法》、《山东省新型干法水泥熟料质量评价办法》、《山东省水泥质量管理统一表式管理办法》等行业规章，水泥行业质量管理水平不断提高。切实加强行业安全教育和培训，不断推进行业安全生产标准化建设。认真组织专家对20余家石膏矿山企业进行安全隐患检查，发现各类安全隐患180余条并及时提出整改意见。印发实施《关于认真做好全省建材工业夏季安全生产工作的通知》，抓好重点领域和关键环节，保障了全行业安全度汛。

附表：

2011年山东省建材工业主要经济指标及主要产品产量

指标名称	计量单位	实际完成	增长率(%)	全国排名
一、主要经济指标				
工业总产值	亿元	4882.84	11.89	1
销售收入	亿元	4765.9	34.31	1
利税总额	亿元	648.8	40.86	1
利润总额	亿元	420.6	40.05	1

二、主要产品产量				
水泥	万吨	15218.79	2.71	1
水泥熟料	万吨	9387.61	-2.06	2
其中：窑外分解窑水泥熟料	万吨	8016.73	3.40	2
水泥排水管	千米	9461.67	7.95	1
水泥压力管	千米	676.87	32.24	2
水泥电杆	万根	44.4	29.35	6
商品混凝土	万立方米	4487.17	33.55	4
砖（折标准砖）	亿块	321.05	28.69	3
瓦	亿片	49.92	96.11	1
大理石板材	万平方米	566.97	39.60	3
花岗石板材	万平方米	5843.13	18.06	2
石膏板	亿平方米	7.85	24.59	1
平板玻璃	万重量箱	8034.29	-0.47	2
其中：浮法玻璃	万重量箱	7544.88	7.30	—
陶瓷砖	亿平方米	9.72	-13.13	3
其中：瓷质砖	亿平方米	7.73	-10.32	2
卫生陶瓷	万件	259.49	-6.22	10
石墨及碳素制品	万吨	341.7	43.69	—
玻璃纤维纱	万吨	60.38	19.60	2

（山东省建材工业协会　陈文）

4－4－1　2011年山东省煤炭工业概况

2011年是“十二五”开局之年，全省煤炭行业在省委、省政府的正确领导下，在省直有关部门和地方各级党委、政府的大力支持下，牢牢把握科学发展主题，加快转变经济发展方式，统筹兼顾，积极作为，整体工作平稳较快发展，实现了“十二五”良好开局。全省煤炭行业共生产原煤1.54亿吨，商品煤销售量1.45亿吨，实现产销平衡。去年全行业实现营业收入2400亿元，利税640亿元，利润350亿元，同比分别增长33.8%、23%和25%。省属煤炭企业职工年人均收入达6.4万元，同比增长18.5%，其中井下职工年人均收入7.5万元。

一、煤矿安全生产实现新加强

安全生产是煤炭行业的头等大事，也是转方式调结构的基础保障。全省煤炭行业深入开展“安全生产基层基础深化年”活动，安全风险抵押、安全考核和安全奖惩三项制度进一步落实。一是制定了《矿长安全生产工作目标考核办法》，促进了责任落实。二是强化隐患排查治理，先后审查确认上半年58项、下半年49项A级安全隐患，共落实治理资金10299万元。三是继续推进“六大系统”建设，积极推动试点、示范矿井建设。四是狠抓应急处置管理，督导全省煤矿编制和完善各类预案3285个，全部完成了演练。五是强化教育培训，全年共培训煤矿企业主要负责人261人次，安全管理人员17820人次，特种作业人员65937人次。六是积极推动全省煤矿职业健康工作，召开了职业安全健康工作会议，印发了《关于加强全省煤矿职业健康工作的意见》，落实职业病防治的各项保障措施，坚持事故防范与职业危害防治并重，进一步夯实了煤矿安全基础。枣庄防备煤矿“7.6”事故发生后，全省煤炭行业深刻警醒、举一反三，认真落实上级重要指示要求，采取强硬工作措施。立即对全省166处地方煤矿实施停产整顿，集中排查治理安全隐患；7月8日召开了全省地方煤矿安全生产现场会议，通过实地查看救援现场进行警示教育；组织7个检查组，集中开展为期一个月的全省煤矿安全大检查，共检查煤矿163处，查出各类隐患问题1699条，下达执法文书172份，停产整顿矿井4处，停运设备9台。通过加强监管，超前防范，省属及省监狱煤矿实现安全生产。回顾安全工作，事故教训必须深刻吸取、警钟长鸣，同时几年来全省煤矿安全持续稳定发展的成功做法更需牢牢坚持和把握。

二、煤炭能源保障实现新提升

坚持转方式、调结构，省内稳产与省外开发并举，煤炭生产与流通储备并重，着力提升能源保障能力。在省内，继续实施“稳定中部、建设西部、准备北部”战略，2011年新开工矿井1处，续建8处，设计生产能力705万吨；黄河北煤田资源勘查开发规划开始酝酿起步。煤炭生产做到了合理、均衡、有序，已连续9年保持原煤产量1.4亿吨左右。在省外，积极实施“走出去”战略，全省煤炭企业省外累计获得煤炭资源量556亿吨，规划产能达1.86亿吨。山东能源集团权属企业先后与呼伦贝尔、伊犁、鄂尔多斯、通辽、加拿大BC省等地政府签订了部分战略合作协议，成立了香港公司和加拿大公司。兖矿集团在贵州、陕西等省开发建设取得新进展，累计获得省外、国外煤炭资源量280亿吨。去年全行业省外国外生产原煤6147万吨，销售商品煤5467万吨，同比分别增长52.96%和1.1倍，呈逐月快速增长势头。在储煤基地和交易中心建设上，大力推进集煤炭生产、洗选加工、应急储备、物流配送、市场交易于一体的煤炭物流园区建设，龙口应急储备基地已具备60万吨储备规模，并被列入“山东半岛蓝色经济区和黄河三角洲高效生态经济区建设”与“2011年省级服务业发展引导资金”重点扶持项目，其他储备基地筹建工作正扎实推进。积极推进煤炭交易中心建设。发挥区位优势，成功举办了“2011中国煤炭物流储备与贸易会议”和“2012年中国（淄博）煤炭市场研讨暨交易会”。山东省首家煤炭交易中心——鲁中煤炭交易中心于去年6月28日正式挂牌成立、投入运营。突出狠抓省内电煤供应保障。全行业讲政治、顾大局，强化“两节、两会”和迎峰度夏期间的省内电煤供应工作，去年省内电煤合同兑现率达到96%以上，其中兖矿、临矿、肥矿、龙矿合同兑现率分别超过100%。大力组织煤炭经营企业加强与重点用户的联系，扩大经营规模，提高省内煤炭能源保障能力，2011年煤炭经营企业煤炭经营量达到1.82亿吨。我省全年没有出现阶段性电煤供应紧张的局面，为经济社会稳定发展做出了应有贡献。

三、经济运行质量实现新提高

全行业以加快经济发展方式转变为目标，坚持强管理、降成本、提质量、夯基础，经济运行质量和盈利水平进一步提升。一是煤炭企业内部普遍开展对标和全面预算管理，加强资金集中管理，节支降耗成效显著。兖矿集团通过加强资金集中管理，节约财务费用7425万元；借款置换、信托融资等节约筹资成本3361万元。二是提质提价促增收。淄矿集团实施精煤战略，实现增收2亿元；肥矿集团狠抓煤质管理，商品煤价同比提高45元/吨；新矿集团精煤回收率提高2%以上，增收2亿元；临矿集团新上4座洗煤厂新增入洗能力940万吨，完成精煤产量300万吨，增加效益1.8亿元。三是大力实施资本运作。新矿集团收购了贵州神Ⅲ矿业公司和泰山阳光能源公司；淄矿集团先后控股鄂尔多斯世林化工，入股鄂尔多斯南部铁路公司，合资建设鲁中煤炭交易中心、亿鼎化工；龙矿集团收购了望田煤业55%股权。四是强化煤炭经营监管工作。全面完成煤炭经营资格三年有效期满重新准入审查工作，对审查合格的5619户重新颁发煤炭经营资格证,压减淘汰煤炭经营企业360户。完成了“十二五”煤炭经营企业合理布局规划编制工作。加强煤炭经营企业监测监管，在全国首家开展了煤炭经营企业季度统计监测。组织对近3000户煤炭经营企业负责人进行培训。严格开展煤炭经营行政执法检查，维护了市场秩序。

四、绿色矿山建设实现新发展

坚持走绿色发展、科学发展之路，加快推进生产方式转变，延长矿井服务年限。一是实施科学采煤。针对山东煤炭资源日益减少、建下压煤日趋严重的实际，引导全行业大力推广以矸石、膏体为主的充填开采技术，总结推广了新矿集团“以矸换煤”和岱庄煤矿、孙村煤矿、王庄煤矿、太平煤矿等三十余对生产矿井充填开采经验，不断完善优化采场布局，合理集中生产，促进了全省煤矿科学采煤，得到了国家能源局的高度评价。全省煤矿采区回采率提高到80.3%。二是强力推进压煤村庄搬迁。全年完成搬迁村庄14个，搬迁村民4850户、16560人，解放煤炭可采储量6600万吨，均创历史最好成绩，进入了历史上搬迁速度最快、数量最多、成效最为显著的一个时期，成为我省强力助推社会主义新农村建设的重要力量，更成为全国煤炭系统一大亮点。济宁、菏泽等地将压煤村庄搬迁纳入全市经济社会发展总体规划，与小城镇和新农村建设统筹实施，实现了依法搬迁、和谐搬迁。三是积极推进节能减排。组织全省煤矿开展能源对标自查，认真抓好兖矿、新矿集团和四个试点煤矿节能评估工作。去年省属煤矿企业原煤生产综合能耗5.94千克标准煤，同比下降5.41%；原煤生产电耗24.85千瓦时，同比下降13.11%；万元产值综合能耗470千克标准煤，同比下降35.14%。四是扎实推进循环经济型煤矿建设。全省煤矿原煤入洗率达到49%以上，其中省属煤矿原煤入洗率达到64.53%。全年省属煤矿企业煤泥综合利用率达到100%，煤矸石综合利用率达到107.41%，矿井水重复利用率达到71.05%，并实现100%达标排放。瓦斯综合治理实现新突破，我省煤炭行业首家利用合同能源管理模式建设的瓦斯发电厂——兖矿贵州能化公司小屯煤矿瓦斯发电项目正式投产运营。

五、全行业转方式调结构实现新成效

坚持立足当前、着眼长远，煤与非煤并重，促进可持续发展。4月28日在烟台市召开了全省煤炭经济形势分析会，全行业跳出煤炭看发展、融入区域促发展，进一步明确了转方式调结构的工作思路和目标任务。一是建立转方式调结构长效机制。采取上下联动、内外结合的方式精心编制了《山东煤炭工业发展“十二五”规划》，先后组织召开了全省煤机、科学采煤座谈会等，成立了山东煤炭机械工业协会，着力引领全行业深入推进转方式、调结构。兖矿集团结合实际制定《关于加快产业产品结构调整促进发展方式转变的实施意见》，成功举办第二届中国山东矿山机电暨煤化工产品博览会，达成意向性协议金额60亿元。新矿集团以“千亿新矿、亿吨集团”战略为目标，目前已获取煤炭资源200亿吨以上，拥有各类矿井49个，设计产能达到1.03亿吨。枣矿集团与世界500强韩国SK公司合作的粗苯加氢精制项目填补了全省新材料领域空白。肥矿集团提前一年完成“五年营造一个新肥矿”目标。二是大力推进非煤产业快速发展。目前全省非煤产业快速发展，煤化工、矸石电厂、煤建材、煤机制造、电解铝等骨干产业进一步壮大。2011年全省煤炭企业省内非煤产值达到1480亿，销售收入1400亿元，同比分别增长41.7%、39.9%；其中省属煤炭企业非煤产值达到1298亿，销售收入1217亿，同比分别增长34.2%，31.4%，从业人员占职工总数的42.9%。非煤产业支撑起全行业的“半壁江山”。三是加大科技创新力度。2011年全省煤炭行业科技活动经费投入55亿元，占销售收入的2.9%。提出“综放开采技术及标准化研究”、“综采成套装备与技术研究”等70多项重大研究课题，获省部级以上科技进步奖61项，国家级科技进步奖1项。

2010年3月21日山东能源集团有限公司正式挂牌成立。山东能源集团有限公司是经山东省委、省政府批准，由新汶矿业集团有限责任公司、枣庄矿业（集团）有限责任公司、淄博矿业集团有限责任公司、肥城矿业集团有限责任公司、临沂矿业集团有限责任公司、龙口矿业集团有限公司六家企业重组而成的山东省属国有独资公司。注册资本人民币100亿元。现有员工23万人，资产总额1673亿元，位列中国企业500强75位。集团总部设在济南市。

2011年，山东能源集团面对国内外宏观经济形势变化和企业内部整合重组的双重考验，在省委、省政府和省国资委的正确领导下，坚持“一手抓公司筹建，一手抓规划发展”，各项工作保持了平稳较快发展势头，主要经济指标创出历史好水平。全年实现了安全年，主要经济指标均创出最好水平：煤炭产量突破亿吨大关，完成1.08亿吨，实现销售收入1560亿元，利润172亿元，期末资产总额1673亿元，职工收入5.93万元，同比分别增长18.7%、47.2%、24%、29%、20.5%，集团收入、利润均位居省管企业首位，实现了“十二五”良好开局。

山东能源集团坚持以煤为基、适度多元，规模增长与价值增长并重、产业运营与资本运营并举、传统能源与新型能源并行的方针，把传统能源与新型能源作为基础性主导产业，在发展煤、电、油、气等产业的基础上，坚持以市场为导向、效益为前提，积极进军风能、核能、太阳能、生物质能等新型能源领域，大力发展能源装备制造业，培育发展与主导产业相融合的现代服务业，创新发展煤化工等产业，实现安全发展、内涵发展、转型发展、跨越发展。

六、行业管理实现新加强

煤炭作为高危行业，行业管理只能加强不能削弱。年初省煤炭局新班子上任以来，以推进行政执法和规范行政许可为抓手，强化行业管理，突出依法行政，召开了全省煤炭管理部门推进行政执法工作会议，将2011年确定为全省煤炭行政执法年。研究出台了《山东省煤炭工业局关于加强依法行政工作的意见》、《行政执法工作管理暂行办法》和《行政许可审批管理暂行办法》等多个规范性文件。完成了煤炭执法依据的梳理工作，共梳理出我省煤炭行政执法依据的法律法规和规章25部，行政处罚194项，并将其编印成《行政执法工作手册》，成为行政执法人员必备的工具书。强力推进行政执法，依法查处煤矿重大隐患和安全生产违法行为，并对问题比较严重的矿井依法进行行政处罚，依法行政意识逐步树立，行政执法行为逐步规范。全年各级煤炭管理部门共现场执法579批次，检查煤矿和煤炭经营企业1272处，发现违法行为或安全隐患问题8163条，下达责令整改指令书和现场处理决定书共563份，立案实施行政处罚28起。着力规范行政许可。省政府230号令公布了省煤炭局保留的15项行政许可审批事项。为切实加强煤炭行政许可事项的管理，六个证照类许可事项实行审批室受理、承办处室审查、办公室用印、审批室颁证的行政审批程序，实现了一个“窗口”办理，“一站式”服务。去年共受理行政审批事项802批次，5763项，办结779批，5565项。在各级地方党委、政府的重视支持下，行业监管力度不断加大，泰安、济宁、菏泽、淄博等重点产煤市及其所属县（市、区）健全完善了煤炭监管机构和执法机构，充实了专业人员和执法人员，保证了行业管理和安全监管有效实施。泰安市充分发挥煤矿安全执法稽查支队作用，加大执法力度，严查违法行为，优化了煤矿安全生产监管。滕州市煤炭局创新执法方式，严格执法手段，去年对5处煤矿的违法行为依法处罚62万元。

（山东省煤炭工业局　刘培亮）

4－4－2　2011年山东省煤炭工业重点（50强）企业名单

1. 山东能源集团有限公司
   新汶矿业集团有限责任公司
   枣庄矿业（集团）有限责任公司
   淄博矿业集团有限公司
   临沂矿业集团有限责任公司
   肥城矿业集团有限责任公司
   龙矿集团
2. 兖矿集团有限公司
3. 齐鲁新航集团有限公司
4. 济宁能源发展集团
5. 山东裕隆矿业集团有限公司
6. 山东良庄矿业有限公司
7. 济宁方圆矿业有限公司
8. 山东华恒矿业有限公司
9. 山东丰源煤电股份有限公司
10. 微山崔庄煤矿有限责任公司
11. 山东辰龙能源集团有限公司
12. 山东泉兴矿业集团有限责任公司
13. 潍坊新方矿业有限公司
14. 山东鲁中能源有限公司
15. 山东宏河集团有限公司
16. 联想控股有限公司
17. 山东中泰煤业集团有限公司
18. 山东省微山湖矿业集团有限公司
19. 山东八一煤电化有限公司
20. 莱芜市万祥矿业有限公司
21. 山东新陶阳矿业有限责任公司
22. 山东华宁矿业集团有限公司
23. 山东泰丰矿业集团有限公司
24. 山东王晁煤电集团有限公司
25. 枣庄联创实业有限公司
26. 山东明兴矿业集团
27. 山东省兖州市大统矿业有限公司
28. 山东高佐矿业集团有限公司
29. 山东省天安矿业有限公司
30. 山东金阳矿业集团有限公司
31. 国投公司曹庄煤矿
32. 山东华邦能源集团
33. 山东恒丰矿业集团有限公司
34. 山东东泰能源集团有限公司
35. 山东盛泉矿业有限公司
36. 山东安阳矿业有限责任公司
37. 章丘市东风煤炭集团总公司
38. 山东华融创业投资有限责任公司

39. 章丘市矿业有限公司
40. 山东省莱芜市辛庄煤矿有限公司
41. 泰安市国资公司
42. 淄博光正实业有限责任公司
43. 山东坤升控股有限公司
44. 章丘市鑫岳有限责任公司
45. 山东舜天矿业有限公司
46. 山东鑫国能源有限责任公司
47. 山东滨岭矿业有限公司
48. 淄博市王庄煤矿
49. 枣庄甘霖实业有限公司
50. 薛城区煤炭工业总公司

（山东省煤炭工业局　刘培亮）

4－5－1　2011年山东省石油和化学工业情况综述

2011年，全省规模以上石油和化工企业达到4001家，资产总额10563亿元，实现主营业务收入19465亿元、利税2647亿元、利润1450亿元，同比分别增长34%、32.7%和34.9%。其中，地方化工实现主营业务收入15644亿元、利税1521亿元、利润1046亿元，同比分别增长37.6%、37.8%和43.2%。山东化工主营业务收入分别占全国化工和全省工业的17.3%和19%，连续20年保持全国首位。

多数重点化工产品的产销量均有较大幅度增长。全年共生产原油2782万吨、原油加工量6018万吨、生产烧碱548万吨、纯碱440万吨、合成氨696万吨、化肥640万吨（折纯）、乙烯85万吨、甲醇336万吨、塑料树脂及共聚物376万吨、硫酸608万吨、农药53万吨、冰醋酸67万吨、合成橡胶54万吨、轮胎外胎30451万条。

一、产品结构更加优化

高浓度化肥的比例由95%提高到95.63%，离子膜烧碱的比例由78%提高到85%，子午线轮胎的比例由70%提高到75%，低盐重质纯碱占比达到65%以上。石化、煤化、盐化、传统精细化工产品加快向“高端、高质、高效”转变；化工新材料、新领域精细化工等战略性新兴产业的占比进一步提高。

二、园区发展步伐加快

烟台万华工业园、中国煤基多联产化工产业（济宁金乡）基地、联想控股（汶上）尚瑞化工园区、联想集团（枣庄薛城）煤化工基地、东岳氟硅材料产业园区、聊城化工新材料产业园区、乐陵化工园区、沂水石化区等一批特色产业园区，正在快速发展建设。同时，随着“退城进园”的逐步推进，企业和产业向园区集聚发展的步伐进一步加快。如，中化泓润向潍坊滨海经济开发区发展，淄博东部化工区布局调整一期基础设施及首批搬迁项目已经竣工，青岛海湾集团的双桃染料公司、青岛碱业股份公司向新河化工区有序搬迁等。化工园区的集聚式、一体化发展，进一步带动了全省化工行业优化产业布局调整。

三、企业质效明显提升

一批规模大、实力强、机制活、经营好的大型企业集团应运而生。全行业主营业务收入过100亿元的企业达到23家，比2010年增加5家；其中，过200亿元的企业10家，比2010年增加4家。企业的管理水平、品牌建设等方面同步提高。2011年，利华益集团获第三届省长质量管理奖；滨化集团、利华益集团获第二届山东省企业管理奖；华勤橡胶、京博控股、万达控股、兖矿国泰、瑞星集团、鲁西化工、华鲁恒升、东岳集团的8项成果获第二届山东省企业管理创新成果奖。全行业共有104个化工产品获山东名牌（其中复评67个，新评37个），潍坊亚星、潍坊润丰、山东金河实业3家企业的3个产品被中国石化联合会评为“工业知名品牌产品”，滕州煤化工被授予“创建山东省优质产品生产基地”称号。集团化和品牌化战略得到推进，企业发展质量进一步提高，市场竞争能力显著增强。

四、固定资产投资加快

全行业共完成固定资产投资2040亿元，其中技改投资1245.8亿元，同比分别增长26.3%和25.5%。共建成投产项目1558个，特别是新建成投产了一批具有国内外先进水平的大项目和高新技术产业项目，如华懋新材料公司年产10万吨丁苯橡胶和10万吨顺丁橡胶、恒宇集团年产1000万条高性能轿车子午胎、国风橡塑公司年产600万条轿车子午胎、万达集团年产120万条无内胎载重子午胎和年产3万吨顺丁橡胶、鲁西化工航天粉煤气化炉项目、双星东风轮胎公司全球首条彩色轮胎生产线、金岭化工60万吨离子膜烧碱等。同时，中国石化青岛炼化公司200万吨加氢裂化、万华工业园MDI一体化项目、济宁中银电化公司30万吨离子膜烧碱、莱西3万吨合成反式异戊橡胶、庆云县中国航天碳材料产业基地、东明石化300万吨重质油综合利用项目等，正在抓紧建设当中。持续稳定的投资拉动，优化了产业结构调整，支撑了行业健康发展。

五、技术创新成果显著

全行业国家级、省级技术中心分别达到16个和119个，同比分别增加4个和31个；新批准成立了山东省聚氨酯行业技术中心、山东省轮胎产业聚集区行业技术中心2个行业技术中心，使省级行业技术中心达到4个；共有8家企业（其中复审7家，新评1家）被中国石化联合会认定为2011年度“中国化工行业技术创新示范企业”。突破了一批共性关键技术，研发了一批新工艺新技术，加快了科技成果转化。东岳集团全氟离子交换材料制备技术及其应用，获国家技术发明二等奖；齐鲁石化重油高效转化的加氢处理及其与催化裂化新型组合关键技术、胜利油田边际稠油高效开发技术与应用、济南友邦恒誉公司和青岛科技大学工业连续化废橡胶废塑料低温裂解资源化利用成套技术及装备3项成果，获国家科技进步二等奖；还有2项成果获省科技进步一等奖，10项成果获省科技进步二等奖，5项成果获国家石化联合会科技进步一等奖，14项成果获国家石化联合会科技进步二等奖，19项成果获国家石化联合会科技进步三等奖。这些技术的推广应用对化工产业发展产生了重大影响。

六、对外合作保持平稳增长

全行业努力克服国际金融危机、欧债危机和纯碱反倾销、轮胎特保案等不利因素的影响，积极调整出口结构，大力开拓国际市场，出口交货值达到881亿元，同比增长38%。特别是出口轮胎企业异军突起，实现超常规跨越式发展，全年共检验出口轮胎货值78.34亿美元，同比增长54.06%，出口轮胎货值约占全国的50%。

七、节能减排和安全生产效果良好

全行业深入贯彻落实国家和省节能减排综合性工作实施方案，积极采用节能减排新技术、新工艺，改造淘汰落后工艺和产能，取得良好效果。万元生产总值能耗和万元工业增加值能耗都有所下降，列入重点控制范围的合成氨、烧碱、纯碱、轮胎等产品能耗进一步下降，为全省节能减排和环境保护工作做出了积极贡献。

2011年，全省化工行业和危化品领域共发生事故22起，死亡40人，同比分别上升4.8%和5.3%。特别是11月19日山东新泰联合化工公司三聚氰胺爆燃事故，造成15人死亡、4人受伤，是我省化工行业近十年来发生的又一起重大安全事故，伤亡损失惨重，社会影响较大。

（山东省石油化学工业协会　苏俊杰）

4－5－2　2011年山东省石油化学工业50强企业名单

序号	企业名称	序号	企业名称
1	滨化集团公司	26	山东玉皇化工有限公司
2	山东鲁北企业集团总公司	27	东辰控股集团有限公司
3	山东京博控股股份有限公司	28	固铂成山（山东）轮胎有限公司
4	山东金诚石化有限公司	29	山东兴源轮胎集团有限公司
5	利华益集团股份有限公司	30	山东海科化工集团有限公司
6	山东东明石化集团有限公司	31	山东胜通集团股份有限公司
7	山东海化集团有限公司	32	山东海力化工股份有限公司
8	三角集团有限公司	33	山东恒源石油化工集团有限公司
9	华勤橡胶工业集团	34	青岛海湾集团有限公司
10	玲珑集团股份有限公司	35	山东金正大生态工程股份有限公司
11	山东垦利石化有限责任公司	36	山东石大科技有限公司
12	潍坊泓润石化助剂有限公司	37	济南圣泉集团股份有限公司
13	山东东岳化工集团有限公司	38	山东华鲁恒升集团有限公司
14	双星集团有限责任公司	39	山东海龙股份有限公司
15	山东汇丰石化集团有限公司	40	山东潍焦集团有限公司
16	山东昌邑石化有限公司	41	东营华泰化工集团
17	山东金岭集团有限公司	42	青岛赛轮股份有限公司
18	兖矿集团有限公司煤化公司	43	山东源根石化公司
19	山东固德化工有限公司	44	山东金宇轮胎影响公司
20	山东永泰化工集团有限公司	45	山东金城医药化工有限公司
21	烟台万华聚氨酯股份有限公司	46	山东万达宝通轮胎有限公司
22	正和集团股份有限公司	47	青岛安邦炼化有限公司
23	青岛丽东化工有限公司	48	东营协发化工有限公司
24	山东鲁西化工集团有限责任公司	49	山东晋煤明水化工有限公司
25	山东华星石油化工集团有限公司	50	山东联盟化工股份有限公司

（山东省石油化学工业协会　苏俊杰）

4－6－1　2011年山东省轻工业发展情况概述

一、综述

2011年，全省轻工行业现有年销售收入2000万元规模以上生产企业11402家（按国家规定新的统计口径），比2010年原统计口径（即年销售收入500万元规模以上生产企业）调整减少4160家。全年完成工业增加值5544.4亿元，同比增长10.6%。经济总量和经济效益在规模企业数大幅度调整减少的情况下，再次实现了“三个突破”，即销售收入突破2万亿元，达2.19万亿元。利税突破2千亿元，达2135.82亿元。利润突破千亿元，达1411亿元，分别比2010年增长23.1%、21.8%和24.3%。顺利实现了“十二五”发展的良好开局。2011年实现的销售收入和利税、利润分别占全省规模以上工业企业的21.35%、19.18%和20.16%，在全省各工业部门中仍居第一位，在全国同行业中居第二位，而经济效益已连续七年稳居全国第一位。其中主要产品产量如原盐、精制食用植物油、鲜冷藏肉、冷冻水产品、食品添加剂、饮料酒（啤酒、葡萄酒）、纸浆、机制纸及纸板（书写用纸、新闻纸）、木质家具、农用薄膜、电动自行车、家用冷柜、太阳能器具、淀粉、功能糖类、果蔬加工产品、以及搪瓷制品和白炽灯泡等产品继续保持全国第一位。乳制品（液体乳）和日用玻璃、玻璃包装容器等产品居全国第二位。白酒、轻革、箱板纸、玻璃保温容器、锁具、不锈钢日用制品、塑料加工专用设备、原电池和钟等产品居全国第三位。皮鞋、家具、塑料制品、塑料薄膜、家用电冰箱、洗衣机、家用吸排油烟机、电饭锅、微波炉、电冷热饮水机、家用吸尘器、家用电热水器和电光源等产品居全国第四位。企业拥有总资产为10997.7亿元，比2010年原统计口径增长17.9%，居全省各工业部门第一位。全部从业人员217.27万人，比2010年原统计口径减少23.38万人。从企业所有制结构来看：股份制企业6796家，占全部轻工企业的59.6%，外商投资企业1789家，占15.7%，民营企业2607家，占22.86%，国有企业57家，占0.5%，集体企业153家，只占1.34%。

二、重点行业与企业

2011年食品行业拥有规模以上企业4463家，全年实现销售收入10306.6亿元，同比增长22.72%，约占全国食品工业的17%，实现利税985.54亿元，同比增长26.5%，利润656.36亿元，同比增长29%，约占全国食品工业的16.5%，各项指标均居全国第一位。造纸行业拥有规模以上企业277家，全年完成机制纸及纸板产量1825.06万吨，同比增长11.67%，占全国总产量的16.54%。完成纸浆产量595万吨，同比增长29%，占全国总产量的26.41%。拥有规模以上纸制品生产企业510家，全年完成纸制品产量303.78万吨，同比增长23.72%，占全国总产量的6.73%。造纸及纸制品行业实现销售收入2180.74亿元，同比增长20.89%，约占全国造纸工业的18.7%。实现利税191.33亿元，同比增长0.64%，利润125.94亿元，占全国的21.6%，同比下降1.08%。造纸行业各项经济指标已连续十七年居全国第一位。日用电器制造业拥有规模以上企业244家，全年实现销售收入1460.85亿元，同比增长18.53%，约占全国的11.7%。实现利税121.52亿元，同比增长7.15%，利润80.14亿元，同比增长15.1%，约占全国的14.4%。塑料制品行业拥有规模以上企业1092家，全年完成塑料制品产量377.36万吨，同比增长16.19%，占全国总产量的6.9%。实现销售收入1351.13亿元，同比增长26.38%，约占全国塑料工业的8.9%，居全国第四位。实现利税138.24亿元，同比增长28.5%，利润

91.69亿元，同比增长30.64%，约占全国的12.5%。上述四大山东轻工传统优势产业所实现的销售收入、利税和利润总额分别占全行业的69.92%、67.26%和67.62%。与此同时，轻工新能源、轻工生物制造和轻工文化三大新兴与文化产业则呈现出强劲的快速发展势头。其中太阳能等非电力家用器具产业近年来则每年以30%以上的速度快速发展，其生产规模和技术水平在全国一直处领先地位，并已形成了以皇明为龙头的德州“太阳谷”和以力诺为龙头的济南“太阳城”两大产业基地。2011年全省太阳能等非电力家用器具产业实现销售收入259.22亿元，同比增长32.9%，约占全国的23.5%。电动自行车则形成了沂南和昌乐两大生产基地。全年完成电动自行车产量388万辆，占全国的26.5%，已跃居全国第一位。另外，随着轻工生物技术的广泛运用，有效地带动了我省食品制造业的快速发展。目前，我省轻工生物技术在许多方面的研究运用已达到或接近国际先进水平，特别是在利用现代生物技术开发多功能糖、生物多糖和天然食品添加剂等方面，走在了全国前列。其中低聚木糖生产能力世界第一、木糖醇生产能力世界第二、低聚糖生产能力亚洲第一，并发展成为全国最大的大豆蛋白生产基地。全年实现销售收入1800亿元，增长21%。轻工文化产业则由工艺美术、文教体育用品两大行业以及艺术陶瓷和琉璃制品等组成。特别是2011年以来，随着国家对文化产业发展的重视，从而带动了该行业的快速发展。其中文教体育用品产业是传统产业与高新技术和新材料产业融合度较好的新兴产业，具有高技术、高智能、高效益和低消耗、低污染的特点。随着人们物质生活水平的不断提高，对精神文化和体育健身方面的需求正日趋旺盛。而我省文教体育用品产业已经具备一定基础，特别是在竞技体育用品、健身器具、网络在线运动平台、乐器、教学仪器等领域具有较强竞争优势。全年实现销售收入421亿元，增长19.2%，约占全国的11.9%。工艺美术行业作为传承中华民族文化的重要载体，在政府各级部门的重视下，正以较快的速度不断发展。而我省工艺美术行业具有较好的基础，特别是在抽纱刺绣、工艺地毯与挂毯、草柳编、艺术陶瓷和琉璃制品等领域拥有较强的竞争优势。全年实现销售收入757.1亿元，增长23%，约占全国的15.34%。2011年上述三大轻工新兴与文化产业实现销售收入3337亿元，占全省轻工行业的15.25%。除此之外木材加工及木制品行业拥有规模以上企业1217家，全年实现销售收入1378.7亿元，同比增长33.11%，利税147.31亿元，同比增长34.27%，利润105.45亿元，同比增长39.12%。家具行业拥有规模以上企业473家，全年实现销售收入606.23亿元，同比增长18.65%，利税67.03亿元，同比增长20.6%，利润42.05亿元，同比增长25.02%。金属制品行业拥有规模以上企业526家，全年实现销售收入876.36亿元，同比增长28.82%，利税85.54亿元，同比增长20.5%，利润56.77亿元，同比增长15.9%。皮革行业拥有规模以上企业429家，全年实现销售收入785.1亿元，同比增长20.9%，利税76.08亿元，同比增长29.9%，利润46.94亿元，同比增长34.27%。轻工日用玻璃与陶瓷行业拥有规模以上企业291家，全年实现销售收入526.6亿元，同比增长21.77%，利税67.4亿元，同比增长16.7%，利润44.34亿元，同比增长24.75%。

另外，大型企业集团发展情况良好，带动作用明显。在全省排名前100家工业企业中，轻工行业有海尔、金锣、青啤、晨鸣和太阳纸业以及西王集团等18家企业名列其中，实现的销售收入、利税和利润分别占全省百强工业企业的13.4%、9.1%和10.7%。

三、国内外市场开拓

2011年在重点调度的100种主要轻工产品中，较上年增长的有85种，产销率达

99.2%，高于全国同行业平均水平 1.7 个百分点，居全国第一位。其中：国外市场比重为 10.5%，较上年下降 0.3 个百分点，省外市场销售比重为 30% 左右，较上年上升 2 个百分点，省内市场比重为 59.5%。2011 年轻工产品出口继续保持平稳增长，全行业完成出口交货值 2346.86 亿元，同比增长 16.7%。出口总量仍居全省工业部门首位，全国同行业第四位。其中食品行业完成出口交货值 1192.8 亿元，同比增长 16.1%，皮革行业完成出口交货值 127.7 亿元，同比增长 20.6%，家具行业完成出口交货值 103.2 亿元，同比增长 24.2%，造纸及制品行业完成出口交货值 65.6 亿元，同比增长 22.4%，文教体育用品行业完成出口交货值 93.3 亿元，同比增长 24.3%，塑料制品行业完成出口交货值 130.8 亿元，同比增长 25.9%，日用金属制品行业完成出口交货值 73 亿元，同比增长 21.1%，日用电器行业完成出口交货值 117.3 亿元，同比增长 3.3%，工艺美术行业完成出口交货值 218.9 亿元，同比增长 5.6%。外商投资企业仍然是出口的主力军，占出口额的 47.72%，股份制和民营企业占出口额的 46.73%，而国有与集体企业仅占出口额的 5.5%。出口形式则以来料加工和一般贸易为主，其比重分别为 44.5% 和 51.3%，其他贸易为 4.2%。出口市场仍以日、韩和东盟、印度等亚洲国家和港、台地区市场为主，占 47.6%，欧洲和北美市场分别占 21% 和 17.3%。但非洲、南美和大洋洲市场出口增幅较大，同比分别增长 30%、30.8% 和 26.1%。如南非增长 35.7%，俄罗斯增长 50.5%。出口产品结构有所改善，高附加值产品和机电产品出口约占 28%，较上年提高近 3 个百分点。

内销市场重点是抓住家电产品下乡和以旧换新以及电动自行车下乡这一契机，大力开拓国内市场，特别是广阔的农村市场。2011 年全省销售家电下乡产品 1436.6 万件，销售额 384.02 亿元，分别是上年同期的 2.1 倍和 2.5 倍，均居全国第一位。自 2007 年 12 月家电下乡政策实施以来，到 2011 年 11 月 30 日山东省家电下乡政策全面结束，全省已累计销售家电下乡产品 2662.74 万件，直接拉动社会消费 644.4 亿元，每百家农户购买量达 173 件。其中冰箱销售 896.79 万台，占总量的 34%，列第一，彩电 538.64 万台，列第二，洗衣机 397.55 万台，列第三。2011 年全省补贴下乡家电产品 1198.32 万件，兑付补贴资金 38.29 亿元，同比分别增长 80% 和 101%。自家电下乡政策实施以来，全省累计补贴下乡家电产品 2413.02 万件，兑付补贴资金 70.68 亿元，1500 万农户受益。同时，家电以旧换新政策的实施还提升了相关产业效益，并带动了家电生产、销售、回收拆解等各个环节企业效益不断增长。2011 年全省共销售以旧换新家电 713.11 万台，同比增长 63%。自 2009 年 6 月起执行家电以旧换新政策以来，截至 2011 年底，全省共销售以旧换新家电 1188.6 万台，占全国销量的 13%，累计审核兑付补贴 29 亿元，近千万户山东城乡居民获益，其间直接拉动社会消费 448.66 亿元。此外，全省已累计拆解废旧家电 957.55 万台，回收利用再生资源 16.28 万吨，总价值 3.72 亿元。作为太阳能产业第一大省，我省有近 40 家太阳能企业中标，中标产品种类达到 470 余种，分别占全国的 13.3% 和 78.3%，成为太阳能“家电下乡”最多的省份。2011 年全省太阳能热水器家电下乡销售 241.4 万台，销售额 72.2 亿元，同比分别增长 362% 和 440%。另外，组织企业积极参与山东省电动自行车下乡招标工作。其中英克莱电动车已在全国近 10 个省份中标，对进一步扩大广阔的农村市场将起到积极的推动作用。

四、技术改造投资与科技创新

随着轻工业调整振兴规划的全面落实以及轻工“十二五”发展规划的实施，企业紧紧围绕转方式、调结构、上水平，进一步加大技改投入，推动产业和产品结构不断优化升级。2011年全省轻工行业完成技术改造投资1096.1亿元，同比增长11.1%，占全省技改投资的13.6%，居全省工业部门第三位。从技改资金来源情况看：目前，企业自筹资金比重达到60%以上，利用外资达15%左右。另外，鼓励有条件的企业加快公司上市步伐，拓宽融资渠道。截止2011年底，全省轻工行业境内上市公司总数已经达到35家，约占全省25%左右。境外上市公司达18家。同时积极采取有效措施，加快中小企业信用担保体系建设，加大对中小企业的信贷支持，创造条件使其尽快做优、做强。

以科技创新和标准为引领，不断提升企业核心竞争力。2011年全省轻工行业新增山东福田药业、烟台喜旺食品有限公司、青岛琅琊台集团有限公司等3家国家级企业技术中心，占全省的1/3。截至目前，全省轻工行业共拥有国家级企业技术中心35家，约占全省的32.5%，居全省和全国同行业首位。海尔集团公司因拥有935项发明专利，其技术中心评价为全国第一名。新增省级企业技术中心37家，占全省的26.8%。截至目前，全省轻工行业拥有省级企业技术中心206家，约占全省的26.8%，居各工业部门之首。其中：轻工百强企业中有80%左右的企业建立了省级以上企业技术中心。2011年全行业高新技术产品增加值完成2218亿元，约占全部增加值的40%，比上年增加近5个百分点。2011年部分企业共完成重点科研和新产品开发项目290项，其中达到国际先进水平的有89项，填补国内空白的有100项。全省轻工行业和科研单位共申报山东省科学技术奖项目86项，有23项荣获山东省科学技术奖，其中省科技发明二等奖1项、省科技发明三等奖1项、山东省自然科学二等奖1项、山东省科技进步奖20项（当中一等奖1项，二等奖5项，三等奖14项）。共有34家企业的55个项目申报中国轻工行业科学技术奖，有21项获得全国轻工行业科技进步奖，占全国同行业的25%。其中：一等奖3项，二等奖5项，三等奖13项。另有14项获得全国轻工行业科技优秀奖。同时，组织各专业协会和重点企业积极参与国家和山东省有关行业或产品标准的编制和修订工作。2011年5月份，山东省轻工业协会协助金钟电子衡器股份有限公司在济南成功举办了第四届全国衡器标准化技术委员会揭牌成立大会，王军民副省长为大会发来贺信。中国标准化管理委员会副主任方向、中国轻工业联合会副会长杜同和出席揭牌仪式并作重要讲话。此外，为促进全国白酒及山东芝麻香白酒健康有序发展，全国白酒标准化技术委员会及芝麻香型白酒分技术委员会工作会于2011年12月初在济南举行，对白酒标准化工作进行研讨。

五、商标与品牌建设

2011年全省轻工行业有西王集团、景芝酒业、金猴集团、银香伟业和中澳控股集团五家企业荣获2011年度山东省长质量奖，占全部获奖企业一半。2011年全省轻工行业共有235个产品获得2011年山东名牌称号，占全省的32.73%。其中：新批准的山东名牌产品115个，复审通过的山东名牌产品120个。截止2011年底，全省轻工行业共有1192种产品被评为山东省名牌产品，名牌产品产值已占全省轻工总产值的68%左右。2011年海尔品牌价值763.53亿元，海尔冰箱、洗衣机、冷藏酒柜三类产品的全球市场占有率继续蝉联第一，海尔冷柜也已跃居全球第一。并在全球建立了21个工业园、24个制造工厂、10个综合研发中心，19个海外贸易公司。与此同时，2011年全省轻工行业新核准的中国驰名商标有太阳纸业、山东景芝酒业股份有限公司白酒等40件。截止2011年底，全省轻工行业已获中国驰名商标139件，占全省的46.6%。2011年新认定的山东省著名商标222件，占全省的50%，为全省第一。续展的山东省著名商标有194件，占全省的49.25%。截止2011年底，共有 1428 家企业的 1457 件轻工产品获得山东省著名商标。已注册的中国地理标志产品 176 件。扳倒井白酒等产品通过了中国有机产品认证。同时，组织企业参加全省和中国轻工联合会 QC 优秀成果评审活动，全省轻工行业共有 50 家先进集体、班组和先进个人获得了表彰。青岛啤酒股份有限公司则荣获 2011 年度山东省十佳企业管理奖。

六、淘汰落后、节能减排与轻工特色产业集群

一方面积极淘汰落后的生产能力和生产方式。重点是加强了对造纸、味精、酒精和柠檬酸等行业落后生产能力的淘汰工作。2011 年，全省轻工行业按计划已完成淘汰落后的造纸产能 53.32 万吨、酒精 10.5 万吨、味精 4.2 万吨、柠檬酸 8 万吨、制革 25.3 万标张。通过采取关停、限产、限排等措施，提前实现了国家和山东省 2011 年对轻工行业节能减排的年度工作目标，产业的集中度也相应得到提高，我省十大造纸企业产能集中度由 58% 提高到 65%。另一方面节能减排及循环经济工作积极有效推进，可持续发展能力进一步增强。2011 年造纸行业机制纸和纸浆综合能耗比 2010 年下降 5% 左右，规模以上造纸企业工业重复用水率在 90% 以上。日用玻璃行业平均综合能耗比 2010 年下降 5% 左右，生产过程中的碎玻璃掺入量增加到 60% 以上。陶瓷行业通过进一步加大节能减排改造力度，使多数重点企业陶瓷烧成燃料基本使用清洁燃料，窑炉余热利用率达到 86% 以上。并实现了废水、废瓷、废模型、废匣钵的循环经济利用，利用率达到 95% 以上。酿酒工业通过开展节能降耗和发展循环经济，吨产品标煤消耗下降 5%，水循环利用率提高近 6 个百分点。与此同时，许多企业还利用废渣、废料进行有机肥料生产和焚烧发电，变废为宝，企业效益也因此显著增加。2011 年全省轻工行业有海尔集团公司、山东英克莱集团、山东泉林纸业、力诺瑞特新能源、桑乐太阳能、埕口盐化等 16 家企业荣获山东省 100 家节能环保产业示范企业称号。另有晨鸣、华泰、太阳、博汇、中冶银河、亚太森博等 8 家企业荣获“中国造纸工业环境友好企业”称号，占全国获奖企业总数的 1/4。

此外，大力培植和发展轻工特色产业集群。2011 年 5 月，山东省自行车电动车行业协会与中国自行车协会联合举行了“中国电动自行车产业基地·沂南”揭牌仪式，标志着该产业基地共建活动的开始，争取把山东沂南打造成为中国电动自行车行业第一个特色产业示范区。2011 年 12 月份经省轻工业协会推荐，青岛莱西市正式荣获了“中国花生产业基地”称号。威海市则被中国轻工业联合会和中国文教体育用品协会授予“中国钓具之都”称号。与此同时，2011 年省轻工业协会在当地政府部门和重点骨干企业的支持和配合下，重点新培育了重点新培育了胶州市胶东街道办事处口罩产业、山东金乡大蒜加工产业、诸城市桃林镇绿茶产业、枣庄市山亭区城头镇豆制品产业、枣庄市山亭区冯卯镇纸箱包装制品等五家山东省轻工特色产业集群和加工制造业基地。截止到 2011 年，全省轻工行业已申报和经相关部门正式批准授牌的产业集群共计 72 个。其中：已正式批准授牌的国家级产业集群 20 个，省级特色产业集群 37 个。

七、人才培养与协会工作

扎实推进“人才强省”、“人才强企”战略，为行业培养选拔了一批高技能人才和专业技术人才。通过与省劳动主管部门、省总工会联合举办了全省第二届啤酒评品技能大赛以及全省首届葡萄酒（果露酒）一、二、三级品酒师培训、考核鉴定活动。通过选拔评审，全年共有 536 名生产一线人员获技师、高级技师资格。有 3 人获“山东省技术能手”称号。13 人通过省轻工业协会推荐参加全省首席技师的评审，其中有 10 人顺利进入了第二轮。同时，通过开展全省首届玻璃（琉璃）艺术大师评审，有 15 人荣获首届“山东省玻璃（琉璃）艺术大师”称号，在此基础上经省轻工业协会推荐，有9人荣获“国家玻璃（琉璃）艺术大师”称号，占全国的近70%。另有烟台北极星、威海新东方、聊城中泰等企业的4位同志荣获了“中国钟表大师”称号，占全国的36%。此外，通过开展二年一次的全省轻工系统有突出贡献中青年专家评审，有80名同志获“山东省轻工系统有突出贡献中青年专家”称号。受省人事主管部门委托，完成了全省轻工行业工程师、高级工程师的职称评审工作。通过以上活动的开展，为全省轻工行业发展奠定了坚实的人才基础。

充分发挥各专业行业协会作用，努力为行业和企业发展服务。一是根据省政府的部署安排，具体组织实施了全省轻工业十五个大行业及十二个子行业“十二五”发展规划的编制工作，并在认真做好所有规划征求意见与专家论证的基础上进行了充分的修改和完善，于2011年底之前正式颁布实施。同时，对全省轻工业调整振兴规划进行阶段性总结。组织召开了酿酒、造纸、家电、钟表等有关行业调整振兴规划座谈会，王军民副省长和中轻联领导以及有关国家行业协会的领导与专家参加座谈会并做重要指示。二是根据省政府有关部门的要求，组织开展了造纸行业“十二五”规划环境影响评价工作，确定的14家骨干企业规划编制工作已基本完成，共涉及规划项目157项，总投资约1500亿元。三是参与国家工信部和省经信委组织的产业转移即生产力布局轻工部分的修改、补充完善工作，前后三次组织所属行业协会进行论证、修改。同时受省有关部门委托，组织对国家限制类发展的轻工产品进行产业政策审查。四是抓好所属各专业协会内部建设，指导各专业协会圆满完成了社团年检与换届工作。同时协助各专业协会做好市场开拓工作，组织制定和实施了造纸、电动自行车、陶瓷、葡萄酒四个展会市场宣传方案，并申请省财政补贴资金170万元。白酒协会组织省内白酒八家骨干企业董事长赴贵州茅台、四川五粮液考察学习，获得了极大的收获。自行车电动车协会组织了16家会员企业参加了“2011年台北海峡两岸自行车展览会”，并赴美利达、亚猎士台湾总部等企业参观交流和学习。造纸协会组织有关企业参加在斯德哥尔摩举办的“2011瑞典斯德哥尔摩国际纸浆造纸展览会”，与国外同行业加强了沟通与交流。五是加强调查研究工作，及时反映企业呼声，切实维护行业发展利益。重点围绕制革行业兰湿革进口关税问题进行专题调研，并形成专题报告，报省有关部门及国家关税税则委员会，积极争取兰湿革进口关税的下调，以促进企业能够更好的走出去，到国外投资办厂，拓展海外发展的空间。啤酒协会对啤酒企业回收自用的二氧化碳需要办理生产许可证的问题多次向省政府及有关部门反映情况，使该问题基本得到解决。六是以开展行业自律活动为纽带，促进公平竞争的企业文化建设。2011年6月在山东省白酒协会第六届会员代表大会上，组织全体会员企业起草并通过了《山东省白酒行业加强自律、共同发展倡议书》，得到了与会全体代表的一致拥护。七是以企业诚信经营体系建设为载体，倡导诚实守信，依法经营的理念，促进行业和企业的诚信文化体系建设。为此，我们连续两年在全省轻工行业开展了诚信经营企业的创建活动，并制定出台了《关于加强山东省轻工诚信经营企业管理的意见》，提出了我省轻工行业及企业诚信经营建设的基本思路和工作目标。八是积极配合省政府有关部门，认真做好食品质量安全监督检查工作。省乳制品协会重点对需要换证的乳制品企业进行了行业准入的审核工作。截止2011年底，通过产业准入审核的乳制品企业共有70家，已换发生产许可证的企业有56家，其中新建企业4家，较好地促进了乳制品行业质量的全面提升和健康发展。

（山东省轻工业协会　丁学华）

4－6－2 2011年山东轻工业主要产品产量在全国位次及比重

产品名称	单位	全省轻工产量	同比增幅%	占全国的比重%	在全国排名
原盐	吨	16541339	1.51	25.73	1
小麦粉	吨	21827954	23.67	18.69	
大米	吨	339728	100.47	0.38	19
饲料	吨	23928673	19.32	12.54	
其中：配合饲料	吨	11128573	17.20	10.98	
混合饲料	吨	5762479	27.44	11.15	
精制食用植物油	吨	5574764	12.09	12.87	1
成品糖	吨	4958	63.06	0.04	
鲜、冷藏肉	吨	7519248	28.48	28.32	1
冷冻水产品	吨	1841352	5.24	30.22	1
糖果	吨	146464	60.53	6.57	5
速冻米面食品	吨	56031	34.46	1.62	
方便面	吨	430186	20.29	5.2	6
乳制品	吨	3116749	19.30	13.05	2
1. 液体乳	吨	2863490	19.26	13.9	2
其中：乳粉	吨	8719	34.74	0.63	
罐头	吨	778404	23.36	8.0	5
酱油	吨	960140	32.10	14.5	
冷冻饮品	吨	154557	−13.93	6.19	7
食品添加剂	吨	399867	−23.20	23.35	1
发酵酒精（折96度，商品量）	千升	500904	10.27	6.01	
饮料酒	千升	8016015	18.72	13.74	1
其中：白酒（折65度，商品）	千升	991680	17.29	9.67	3
啤酒	千升	6475889	19.40	13.22	1
葡萄酒	千升	446086	16.36	38.56	1
软饮料	吨	5897219	17.30	5.01	7
其中：碳酸饮料类（汽水）	吨	571449	2.37	3.56	11
包装饮用水类	吨	2680268	15.50	5.6	7
果汁和蔬菜汁饮料	吨	1255657	−4.14	6.54	6
精制茶	吨	3602	32.08	0.2	

轻革	平方米	110885351	54.83	16.17	3
皮革鞋靴	万双	20770	12.51	4.86	4
皮革服装	件	2962448	21.65	4.66	5
天然毛皮服装	件	108091	-2.52	3.56	
人造板	立方米	44451773	29.44		
其中：胶合板	立方米	32841395	31.12		
纤维板	立方米	4241585	13.42		
刨花板	立方米	693295	46.30		
人造板表面装饰板	平方米	31766446	57.45		
其中：实木木地板	平方米	484681	-7.76		
复合木地板	平方米	32654372	18.16		
家具	件	74086198	43.68	10.6	4
其中：木质家具	件	70369980	45.73	28.4	1
金属家具	件	1151180	14.91	0.32	11
纸浆（原生浆及废纸浆）	吨	5949195	29.01	26.14	1
机制纸及纸板（外购原纸加	吨	18250625	11.67	16.54	1
其中：未涂布印刷书写用	吨	2837764	7.30	32.93	1
其中：新闻纸	吨	1748442	2.57	47.41	1
涂布类印刷用纸	吨	838612	-3.98	11.32	
卫生用纸原纸	吨	138404	11.05	4.4	
箱纸板	吨	1989912	7.54	11.93	3
纸制品	吨	3037781	23.72	6.73	5
其中：瓦楞纸箱	吨	2237689	19.19	7.83	
单色印刷品	令	3391147	14.85		
多色印刷品	对开色令	9203717	-2.03		
合成洗涤剂	吨	485199	58.27	5.7	6
其中：合成洗衣粉	吨	233820	7.22	6.26	7
塑料制品	吨	3773583	16.19	6.89	4
1、塑料薄膜	吨	572017	17.75	6.78	4
其中：农用薄膜	吨	338652	13.69	23.07	1
2、泡沫塑料	吨	75934	9.31	5.38	
3、塑料人造革、合成革	吨	55174	-20.49	2.3	
4、日用塑料制品	吨	351778	28.91	7.67	4
日用玻璃制品	吨	2619841	10.53	19.07	2
玻璃包装容器	吨	1165353	16.62	16.93	2

玻璃保温容器	万个	11063	138.24	15.35	3
卫生陶瓷制品	件	371587	32.65	0.19	13
不锈钢日用制品	吨	178446	0.14	6.85	3
衡器（秤）	台	182323	0.38	0.83	
塑料加工专用设备	台	34416	-14.78	14.34	3
摩托车整车	辆	752562	-25.55		
两轮脚踏自行车	辆	56178	29.29	0.09	8
电动自行车	辆	3876541	31.19	26.48	1
太阳能电池	千瓦	6852	1634.76	0.05	20
碱性蓄电池	只（自然只）	14410673		1.41	7
锂离子电池	只（自然只）	24687515		0.83	12
原电池及原电池组（折 R20 标）	万只	256183	0.39	7.48	3
家用电冰箱	台	7185447	-9.66	8.26	4
家用冷柜（家用冷冻箱）	台	5878711	12.48	31.39	1
房间空气调节器	台	4118911	0.24	2.96	8
家用电风扇	台	53649	19.21	0.03	8
家用吸排油烟机	台	335948	15.10	1.77	4
电饭锅	个	1378467	19.99	0.75	4
家用电热烘烤器具	个	177395	12.49	0.11	
电冷热饮水机	台	88025	-13.61	0.59	4
微波炉	台	598707	201.48	0.89	4
家用洗衣机	台	6102104	4.13	9.15	4
家用电热水器	台	2957353	32.56	12.11	4
家用吸尘器	台	319949	-13.15	0.38	5
家用燃气灶具	台	282825	-8.37	1.08	8
电光源	万只	160847	-0.73	8.2	4
其中：白炽灯泡	万只	146291	-1.43	35.06	1
荧光灯	万只	632	3.10	0.19	
灯具及照明装置	套（台、个）	16891163	11.37	0.67	9
钟	只	4102892	-32.06	2.57	3
表	只	1870410	3.53	1.42	5

（山东省轻工业协会　丁学华）

4 － 7　2011 年山东省轻工集体工业发展概况

一、综述

2011 年，全省轻工联社系统克服了资金紧缺、原材料涨价、人民币升值、贸易壁垒增多等诸多不利因素的影响，主要经济指标稳定增长，继续保持了平稳较快发展的态势。2011 年，全省规模以上轻工集体企业 4832 个，完成主营业务收入 7989 亿元，同比增长 23.91%；完成出口主营业务收入 1002.61 亿元，同比增长 17.12%；实现利税总额 793.50 亿元，比上年增长 25.25%；实现利润总额 518.78 亿元，比上年增长 29.83%。主要产品产量有升有降。2011 年，全省规模以上家电企业生产电冰箱 718.54 万台，同比减少 9.66%；生产家用冷柜 587.87 万台，同比增长 12.48%；生产空调器 411.89 万台，同比增长 0.24%；生产洗衣机 610.21 万台，同比增长 4.13%。塑料行业规模以上企业共生产塑料制品 377.36 万吨，同比增长 16.19%。皮革行业规模以上企业生产轻革 11000 万平方米，同比增长 53.60%；生产皮鞋（皮靴）20770 万双，同比增长 12.51%；生产皮革服装 296.24 万件，同比增长 21.65%。家具行业规模以上企业共生产家具 7408.62 万件，同比增长 43.68%。五金行业规模以上企业共生产不锈钢日用制品 17.84 万吨，同比增长 0.14%，生产衡器 18.23 万台，同比增长 0.38%。

二、重点行业

2011 年**皮革行业**规模以上企业 433 个，完成主营业务收入 785.06 亿元，比上年增长 20.91%，全国排名第五位；完成出口主营业务收入 139.78 亿元，比上年增长 2.23%；实现利润 46.94 亿元，比上年增长 34.27%。**家具行业**规模以上企业 477 个，完成主营业务收入 606.23 亿元，比上年增长 18.65%，全国排名第二位；完成出口主营业务收入 112.65 亿元，比上年增长 17.54%；实现利润 42.05 亿元，比上年增长 25.02%。**体育用品行业**规模以上企业 98 个，完成主营业务收入 165.18 亿元，比上年增长 27.11%；完成出口主营业务收入 34.22 亿元，比上年增长 13.99%；实现利润 12.98 亿元，比上年增长 92.28%。**塑料制品行业**规模以上企业 1136 个，完成主营业务收入 1404.39 亿元，比上年增长 26.33%，全国排名第四；完成出口主营业务收入 110.06 亿元，比上年增长 21.81%；实现利润 93.85 亿元，比上年增长 30.26%。**家用电器行业**规模以上企业 292 个，完成主营业务收入 2067.78 亿元，比上年增长 18.99%，全国排名第四位；完成出口主营业务收入 223.42 亿元，比上年增长 22.72%；实现利润 115.53 亿元，比上年增长 25.60%。**工艺美术行业**规模以上企业 656 个，完成主营业务收入 757.08 亿元，比上年增长 22.98%，全国排名第二；完成出口主营业务收入 195.15 亿元，比上年增长 12.59%；实现利润 49.30 亿元，比上年增长 23.31%。**五金行业**规模以上企业 286 个，完成主营业务收入 535.64 亿元，比上年增长 24.09%，全国排名第三位；完成出口主营业务收入 58.77 亿元，比上年增长 15.87%；实现利润 32.14 亿元，比上年增长 7.56%。**衡器行业**规模以上企业 17 个，完成主营业务收入 21.98 亿元，比上年增长 32.44%；完成出口主营业务收入 0.05 亿元，比上年下降 24.77%；实现利润 1.90 亿元，比上年增长 56.21%。

三、编制落实规划

省轻工联社组织各行业协会完成了山东省轻工业“十二五”发展规划和主要行业专题规划的编制工作，并专门组织召开专家座谈会，对《山东省家电行业“十二五”发展规划》进行论证审议。省轻工联社牵头纺织、轻工、食品等单位制定了《关于促进老年人用品产业发展的指导意见》，已经正式印发实施。2011年是轻工调整振兴规划期的最后一年。三年来，面对国际金融危机的严重冲击，省联社组织行业协会及时制定实施轻工业调整振兴规划和行业调整振兴指导意见，大力转方式、调结构、拓市场、保增长，在较短时间内有效遏制了生产下滑态势，全省轻工集体经济没有出现大的波动，发展的速度、质量和效益同步提高，轻工调整振兴规划目标已全面完成。各行业协会紧紧围绕轻工调整振兴规划的落实，开展对规划重点项目的跟踪服务，及时发现和反映项目实施过程中遇到的资金、土地等问题，向政府建言献策，促进项目按时完工投产。在山东省轻工业调整振兴规划重点项目中，涉及省联社所属七个行业共302个项目，计划总投资额440.63亿元。各行业协会共跟踪项目227个，计划总投资额359.63亿元。各行业协会跟踪调度的开工建设项目2011年底前基本实现竣工投产，达到预期目标。

四、开拓国内外市场

2011年为全省“市场营销年”，按照省经信委的统一部署，省轻工联社积极开展各项市场开拓活动。组织行业协会成功举办了第八届青岛国际家具及木工机械展览会、第十二届中国（青岛）国际缝制设备皮革鞋机鞋材展览会、第三届中国（山东）工艺美术精品暨家居用品博览会、第十届中国北方（青岛）国际五金机电工具贸易展览会、2011中国（济南）国际门业博览会等展会，帮助企业扩大了影响，开拓了市场，促进了产品销售。省联社还组织相关行业的企业参加了省政府、省经信委安排的经贸考察活动。省家具协会在成功举办青岛家具展和济南门业展的基础上，还开展了市场营销专题培训、高端行业论坛、市场考察、“中国十省市环保家具知名品牌”和“诚信企业及示范商城”推荐等活动，有效地引领了企业营销方式的不断创新和理念的不断升级，同时进一步扩大了企业的销售渠道和市场份额。省家电协会配合省商务厅认真做好家电下乡工作，促进了家电产品销售，2011年全省销售家电下乡产品1436.6万件，销售额384.02亿元；自2007年12月家电下乡政策实施以来，全省累计销售家电下乡产品2662.74万件，直接拉动社会消费644.4亿元。

五、科技创新

重点企业和有关科研单位，继续加大产学研合作力度，加大科研投入，不断提高自主创新能力。在全省产学研工作会以上，全省轻工联社系统海尔集团等10个企业被省政府确定为山东省产学研合作创新突出贡献单位，山东省五金研究所等6个单位被省经信委确定为2011年山东省工业设计中心。省联社积极组织中国轻工业联合会科技进步奖的申报工作，全系统共有18个项目获奖，其中一等奖2个、二等奖1个、三等奖8个、优秀奖7个。海尔集团获得2011年国家科技进步奖，金猴集团获得2011年山东省省长质量奖。

六、产业集群和品牌建设

2011年全省轻工联社系统新增国家级和省级特色产业集群7个（其中国家级4个，省级3个），累计达到65个。累计拥有中国名牌61个。2011年新增山东名牌60个，累计达到277个。2011年新增中国驰名商标11个，累计达到53个。2011年新增山东省著名商标53个，累计达到349个。海尔集团以907.62亿的品牌价值连续十年蝉联“中国最具价值品牌”榜首。

七、专业技术人才培养

2011年，省轻工联社全面落实人才强省战略，加大了行业专业技术人才培养力度，十分重视各类专业技术人才培训、选拔和推荐评审工作。省家电协会、省皮革协会、省五金衡器协会、省工艺美术协会等分别开展了高技能人才培训，为行业输送了大批专业技能人才。省轻工联社每年组织开展技师、高级技师、首席技师的评选申报，工艺美术高级、中级和工程中级职称评审工作。在全行业开展各种类型的技能比赛，省家电协会举办了第六届“美的杯”家电技能大赛，省皮革协会举办了“金猴杯”皮鞋设计大奖赛和“富源德杯”制革涂饰技术大赛，省五金衡器协会举办了首届“玫德杯”五金制品行业技能大赛。通过开展以上各项活动，进一步推动了行业技能人才的培养，提升了行业技能人才的整体形象，受到了企业的欢迎和有关部门的支持肯定。

八、信息化建设

年内完成了山东轻联网的改版升级工作。山东省轻工集体企业公用服务平台是依托轻联网建立的信息发布、交换、互动的官方平台，包含行业信息发布、企业信息发布与管理、企业产品展示、企业商铺、人才管理和在线培训与考核等功能。该服务平台是省经信委重点支持的电子政务项目，于2010年12月份通过项目验收，2011年6月份全面开通运行。轻联网成员单位按照《山东省轻工集体企业联社门户网站管理暂行办法》的规定，认真组织信息上网，及时为轻联网提供有效信息，初步形成了多行业、跨地区的产品信息库。为全面了解全国轻工行业经济运行情况，分享行业研究成果，逐步建立我省轻工集体行业运行及预测预警系统，2011年6月份省轻工联社在北京与中国轻工业信息中心签署了战略合作框架协议，省二轻工业经济技术情报所与中国轻工业信息中心也签署了中国轻工业经济运行及预测预警系统合作共建协议。协议的签署推动了我省轻工集体行业统计分析、行业研究和运行预测等方面的工作。根据省政府的要求，在全行业中选择105家重点企业开展经济运行分析，按月向省经信委报送分析材料。

九、安全生产

2011年10月，省轻工联社被增补为省政府安委会成员单位，主要职责是负责全省联社系统所属各行业以及直属企事业单位的安全生产工作。按照省安委会的要求，省轻工联社认真做好安全生产管理工作。一是加强安全生产组织领导，分别成立了联社系统和直属单位安全生产工作领导小组，印发了《关于进一步加强安全生产工作的意见》。二是举办了安全生产培训班，各市联社、直属单位、重点企业参加了安全生产业务培训。三是开展了安全生产检查活动，参加了省安委会组织的安全生产督查，开展了两次驻济直属单位安全检查。

十、联社社务活动

中华全国手工业合作总社“七代会”后，省轻工联社及时召开了四届二次常务理事（扩大）会议，传达学习了总社“七代会”精神，提出了贯彻落实意见。各级联社、行业协会认真贯彻落实总社“七代会”精神，积极主动开展工作。省轻工联社积极争取承担城镇集体经济管理职能，根据中央编办和省编办通知精神，省经信委确定将“指导城镇集体企业资产管理工作、指导推进城镇集体企业改革”职责委托给省联社具体承担。省轻工联社积极与省、市社保部门沟通，调查了解和反映有关情况，落实好未参保集体企业有关保险政策，城镇未参保集体企业退休人员基本养老保障问题得到了妥善解决。围绕落实规划、基地品牌建设、经济运行和安全生产等重点工作开展了一系列调研活动，举办了安全生产暨商标品牌建设培训班。各市联社特别是烟台、青岛、济宁、泰安、淄博、滨州、临沂联社，贯彻落实总社“七代会”精神，转变思想观念，创新工作思路，认真履行职能，在推动行业发展，保持和谐稳定方面做了大量工作。

附表：2011年山东省轻工集体工业主要经济指标

附表：

2011 年山东省轻工集体工业主要经济指标

行业名称	企业单位数（个）	主营业务收入		其中：出口主营业务收入		利税总额		其中：利润总额	
		全年（万元）	比上年增减（%）	全年（万元）	比上年增减（%）	全年（万元）	比上年增减（%）	全年（万元）	比上年增减（%）
总计	4832	79889841	23.91	10026145	17.12	7934952	25.25	5187812	29.83
皮革	433	7850606	20.91	1397838	2.23	760773	29.89	469447	34.27
家具	477	6062278	18.65	1126500	17.54	670285	20.57	420455	25.02
体育用品	98	1651750	27.11	342237	13.99	188260	65.87	129777	92.28
塑料制品	1136	14043887	26.33	1100587	21.81	1422701	28.32	938543	30.26
家用电器	292	20677765	18.99	2234215	22.72	1798426	17.00	1155283	25.60
照明器具	79	1193212	31.36	25996	-37.22	134672	26.74	91537	27.01
工艺美术品	656	7570795	22.98	1951508	12.59	810733	21.24	493005	23.31
五金	286	5356430	24.09	587670	15.87	486553	15.67	321436	7.56
衡器	17	219837	32.44	471	-24.77	25401	55.51	18985	56.21

（山东省轻工集体企业联社　任敏　刘长宪）

4 － 8　2011 年山东省中小企业发展综述

2011 年，全省中小企业在省委、省政府的坚强领导下，坚持主题、主线，在严峻的挑战面前，发扬“夹缝中求生存”的精神，积极应对，攻坚克难，展现出新的生机和活力，实现了平稳较快发展。

一、基本情况

（一）中小企业经济运行情况良好。2011 年，全省规模以上中小企业完成增加值同比增长 18.1%；主营业务收入增长达到 30%，利润同比增长超过 30%，均高于全部规模工业增长幅度。规模以下小微企业中，80% 以上的企业完成主营业务收入比上年有增长。

（二）总量和规模稳步增长。2011 年，中小企业户数比上年增加 7 万户，达到 76 万户，是多年来增加户数较多的一年。其中规模以上中小企业在规模和划型标准调整的情况下，仍达到 3.5 万多户，占全国的 11%。全省规模以上中小企业增加值占全省的比重达到 69.3%，提供的就业岗位占到 80%。

（三）利税首次过万亿。到 2011 年底，全省规模以上中小企业 35179 家，从业人数 667 万人，同比增长 12.2%；实现主营业务收入 71076 亿元、利润总额 4650 亿元、利税总额达到 10195 亿元，首次破万亿，同比分别增长 29.5%、33.1% 和 26.8%。

（四）出口保持了增长态势。到 2011 年底，规模以上中小企业完成出口交货值 5170 亿元，增长 29.4%，比全省全部规模工业出口增幅高出 11.8 个百分点。

（五）私营企业发展实现新突破。全省私营企业达到 60 万户，比上年底净境 7 万户；注册资金 1.6 万亿元，同比增长 27.85%，占全省各类企业的比重分别为 79% 和 48%。

（六）产业集群发展规模不断扩大。2011 年全省年销售收入 10 亿元以上的产业集群发展到 368 个，集聚中小企业 9.7 万多家，从业人员 761 万人，实现销售收入 3.6 万亿元，利税 3446 亿元。其中，年销售收入过百亿的产业集群达到 108 个，比上年增加了 12 个。省认定的 70 个重点产业集群，平均实现销售收入 187 亿元。140 个省级特色产业镇年实现销售收入 10307 亿元，同比增长 28%。其中年销售收入过 50 亿元的特色产业镇 102 个，过 100 亿元 42 个，分别比上年增加 25 个和 15 个。

2009 年、2010 年和 2011 年三年各月累计增加值增长曲线比较（%）：

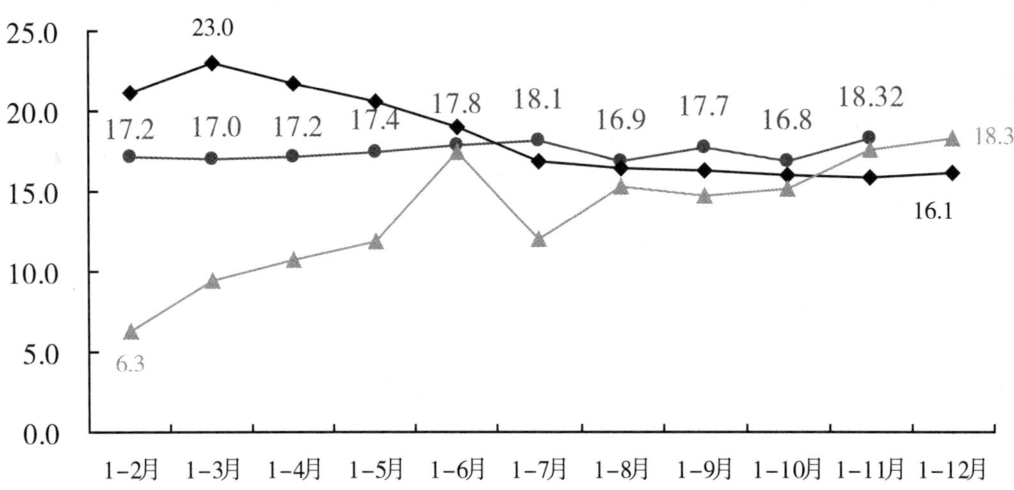

2009 年、2010 年和 2011 年三年各月累计主营业务收入增幅比较（%）：

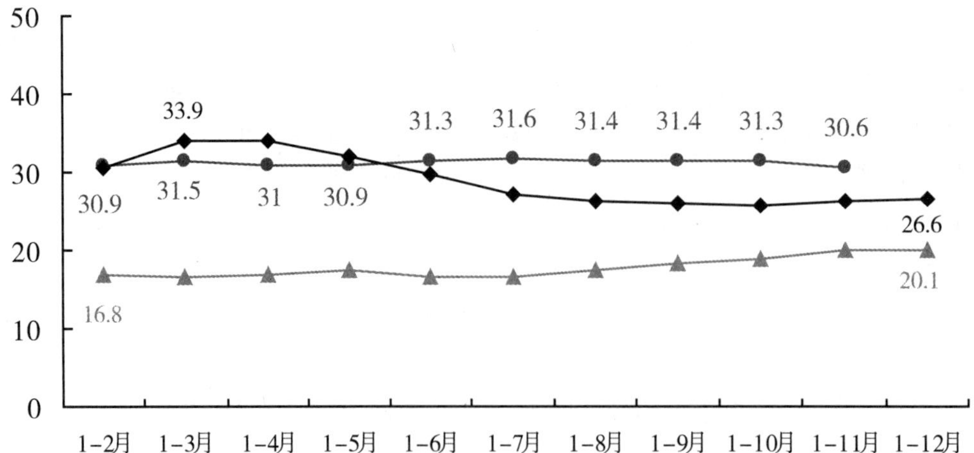

2009 年、2010 年和 2011 年三年各月累计利税总额增幅比较（%）：

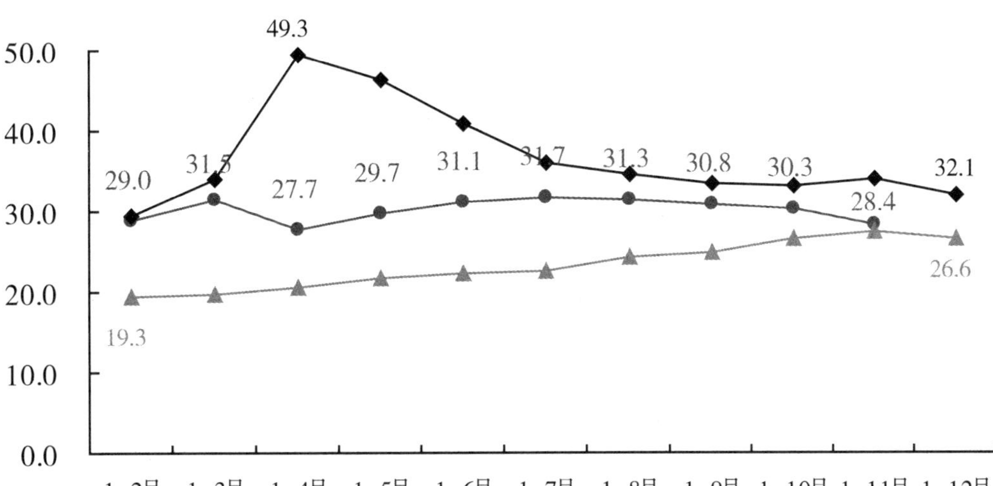

二、主要工作

（一）加大政策贯彻落实力度。贯彻落实国发 36 号和省政府 127 号文件取得实质进展。全省 17 市政府全部出台了配套文件，并全部成立了促进中小企业发展领导小组。17 市全部设立了中小企业专项扶持资金，省市两级达到 3.24 亿元，60 个县（市、区）设专项资金 4、82 亿元。11 个市 75 个县（市、区）设立“过桥还贷”资金 41 亿元。根据中小企业遇到的困难和问题，及时研究制定对策措施，先后制定下发了《关于当前中小企业发展若干问题的通知》、《关于大力促进镇域经济发展的指导意见》和《关于进一步促进民营经济发展的若干政策措施》等文件，指导和支持中小企业应对困难，提振信心，加快转方式、调结构。省政府办公厅转发了省中小办和省财政厅研究制定的《山东省地方特色产业中小企业发展意见》，提出了“十二五”期间特色产业发展的目标任务、政策保障和工作措施。

（二）开展“一企一技术”活动。全省中小企业广泛开展“一企一技术”活动，推动技术创新和结构调整。制定了《关于培育支持中小企业“一企一技术”研发中心的意见》，2011 年，分两批认定公布了共 70 家“一企一技术”研发中心，并给予专项资金支持。全省经认定的 70 家“一企一技术”中小企业研发中心，都拥有一项或多项专有技术，具有较强的自主研发能力，处于行业领先地位，起到了很好的示范引领作用。2011 年，全省加大对技术创新的支持力度，组织实施重点技改专项，全省工业调整振兴 1000 项中的 200 个中小企业专项，总投资 109 亿元，中央和省两级财政资金补助 1.127 亿元，平均每个项目 54 万元，2011 年 9 月份已全部到位，项目实施进展顺利。2011 年全省中小企业共开发新产品、新品种 1.2 万多个，淘汰落后设备 1.36 万多台（套）。有力地推动了中小企业自主创新和转型升级。

（三）强化企业管理和品牌建设。开展创建精细化管理样板企业活动。通过管理咨询服务机构的参与，培育了一批精细化管理企业，作为中小企业管理的样板。共认定 31 家企业为山东省中小企业六西格玛及精细化管理样板企业。开展中小企业品牌宣介活动。2011 年通过大众日报、山东卫视集中开展了中小企业品牌宣介活动，选定了一批有一定基础、有影响力、但名气还不大的中小企业及产业集群品牌，开展商标注册、著名商标推介和品牌上榜宣介活动，共计推出宣介知名品牌产品 379 个。2011 年，全省中小企业拥有驰名商标、著名商标、中国名牌、山东名牌 3132 个，约占全省总量 70%。

（四）着力缓解融资困难。加强中小企业信用担保体系建设，不断提高贷款担保能力。2011 年全省 574 家中小企业信用担保机构为 5 万多户中小微企业提供了贷款担保，余额达 1000 多亿元，比上年增长 28%，占全省中小企业新增贷款的 50% 以上。在直接融资方面，全省以中小企业主管部门为主组织，成功发行中小企业集合票据、集合信托 6 支，为 23 户企业融资 20.3 亿元，发行规模居全国第二位。积极开展中小企业征信工作，全省认定了 1450 家信用良好企业，在推动资金需求对接方面收到了积极效果，有力地提高了企业的信用意识。搭建中小企业投融资平台，创新中小企业融资模式，推出了“集群贷”、“集合贷”等贷款支持业务，首批落实贷款企业 257 家，发放贷款 20 亿元。通过省财政设立小企业贷款风险补偿奖励资金 5000 万元，对金融机构按贷款增量给予奖补，激励其为中小企业提供更多的贷款。截至 2011 年底，全省中小企业贷款余额达到 1.4 万亿元，较年初增长 14.3%，高于全部企业贷款增速 2.4 个百分点。

（五）加强公共服务体系建设。制定印发了《山东省中小企业服务体系建设实施意见》，明确了全省服务体系建设的思路、重点和措施，成效显著。一是公共服务平台建设步伐加快。全省公共服务平台网络建设项目列入工信部、财政部首批支持计划，支持资金 5600 万元。计划 3 年内建立起以省级平台为中枢、16 个市级综合平台和 20 个产业集群专业平台为窗口的中小企业服务网络，总投资计划 2.1 亿元。二是技术创新服务体系有了新的发展。组建山东省中小企业技术创新网，加强了与山东大学等 38 处校、科研机构的合作关系，为中小企业和高校、科研机构搭建互惠互利的科技服务平台。三是落实培训辅导规划。组织指导培训机构开展培训业务，并由省中小企业专项资金给予补助，2011 年共培训了 3.8 万人，超额完成培训计划。研究制定了《进一步加强小企业创业辅导基地建设的意见》，确定建立创业辅导师队伍。全省已建有省、市级创业辅导基地 184 个，累计培育新企业 2.1 万家。四是市场开拓有了新进展。指导中小企业开展了“市场营销年”活动，组织 130 家企业参加了第八届中小企业博览会，签约 47.7 亿元，被授予“最佳组织奖”。组团赴台湾参加海峡两岸中小企业发展论坛，组织全省 60 家农产品企业参加了 2011 中国乡镇企业对俄名优产品（绥芬河）推荐会、全国农产品加工投资贸易会等展览会，收到了良好成效。五是协会工作取得新进展。山东省中小企业协会完成换届，发展会员 3000 人，组团参加了台湾第二届中小企业合作发展论坛，举办了税收知识培训班等活动。山东省中小企业管理咨询协会于 2011 年 7 月成立后，积极开展各项工作，组织 111 家管理咨询机构及相关专家，对中小企业开展管理咨询、专业诊断和提升辅导。

（山东省中小企业办公室　杨亚强　王功永）

4 － 9　2011 年山东省钢铁工业概况

2011 年，全省冶金企业 38 家（快报统计口径），其中，钢铁企业 17 家；全省冶金工业完成总产值（现价）4637.69 亿元，同比增长 20.26%，累计出口交货值 62.15 亿元，累计出口总量为 114.36 万吨、累计进口总量 2524.08 万吨，同比分别增长—6.39% 和 10.14%；全省冶金行业固定资产投资总额 555.49 亿元，其中，钢铁工业固定资产投资总额 233.56 亿元，同比分别增长 35.20% 和 14.80%。

一、生产经营

2011年，全省生产生铁5608.5万吨（快报数）、生产粗钢5655.2万吨、生产钢材7033.7万吨，同比分别增长1.68%、7.59%和5.42%；其中，山东钢铁集团公司生产生铁2501.77万吨、生产粗钢2402.32万吨、生产钢材2306.15万吨（最终总产量），同比分别增长3.89%、3.76%和2.83%。青岛钢铁控股集团有限责任公司生产铁330.7万吨、钢318.3万吨、钢材366.6万吨（包括华美公司64.7万吨），其中，重点品种帘线钢、胎圈钢丝用钢、冷镦钢的销量分别为15.3万吨、46万吨和8.3万吨，帘线钢和胎圈钢丝用钢销量同比分别提高16.14%和14.87%，冷镦钢销量净增8.3万吨。日照钢铁控股集团有限公司生产生铁1190万吨、粗钢1120万吨、钢材1103万吨。庚辰公司生产生铁产量106.87万吨，同比增长20.25%。潍坊特钢集团有限公司生产生铁235万吨、粗钢243万吨、钢材216万吨。鲁丽钢铁有限公司生产烧结矿315.57万吨，完成计划的105.2%，生产生铁233.79万吨，完成计划的102.3%，生产粗钢223.22万吨，完成计划的97.7%，生产钢材172.87万吨，完成计划的93.4%。山东西王特钢有限公司生产特种钢109.2万吨、钢材186.9万吨。淄博齐林傅山钢铁有限公司生产铸坯122.0501万吨，生产生铁124.8856万吨，生产带钢33.62万吨，生产普通线材15.2498万吨，生产超细粉28.7165万吨，钢管及镀锌管3.57万吨。南金兆集团有限公司生产生铁178万吨，完成计划的79%；生产烧结矿268万吨，完成计划的96%；生产钢坯169万吨，完成计划的77%；生产焦炭71万吨，完成计划的89%；生产球团57万吨，完成计划的81%；生产钢材77万吨，完成计划的84%。泰山钢铁集团公司生产生铁241万吨，生产粗钢252万吨，生产钢材272万吨。全省钢铁企业实现销售收入4489.43亿元、实现利税284.81亿元、实现利润173亿元，同比分别增长18.59%、2.77%和-1.42%；其中，山东钢铁集团公司实现营业总收入1243.38亿元、实现利税总额72.68亿元、实现利润32.90亿元，同比分别增长13.28%、-4.58%和-14.32%。青岛钢铁控股集团有限责任公司实现销售收入425亿元、利税4.7亿元、利润6103万元。日照钢铁控股集团有限公司实现销售收入584亿元，纳税总额28.6亿元，利润总额31.8亿元。济南庚辰公司（包括济南和莱州所属企业）实现销售收入35.61亿元，同比增长31.91%。潍坊特钢集团有限公司主营业务销售收入101亿元，利税5亿元。鲁丽钢铁有限公司实现销售收入111.3亿元，完成计划的105%；实现毛利润5.74亿元，完成计划的71.9%。山东西王特钢有限公司实现销售收入84.88亿元，实现利润12.25亿元，实现税金5.67亿元。淄博齐林傅山钢铁有限公司实现销售收入63亿元，实现税金4748.47万元,实现利润7482.76万元。山东广富集团有限公司实现销售收入70亿元，实现利税2.1亿元，实现税金1.9亿元。南金兆集团有限公司实现工业总产值230亿元，实现税金1.5亿元，进出口贸易额实现4.02亿美元。泰山钢铁集团公司实现销售收入303亿元，完成工业总产值166亿元。

二、科技进步与产品开发

2011年，山东钢铁集团公司重点开发了船舶、汽车、核电、管线钢、桥梁钢、门架槽钢、集装箱和铁路用钢等高技术含量、高附加值产品市场；强化新产品开发，核电用钢、无取向硅钢、9Ni钢、双抗管线钢、加氢反应器用钢等高端产品研发实现了历史性新突破，1-11月份高效产品比例达到了68.75%，同比提高11.46个百分点。青岛钢铁控股集团有限责任公司生产品种钢258万吨，品种率达85.54%，同比增加1.5%，在同类企业39项技术交流指标中有4项位居前三名，9项位居前五名，帘线钢炼成率从年初的95%提高到目前的97%以上，焊接用钢系列产品不仅全国市场占有率稳居第一，而且赢得焊接用钢盘条国家标准的主持修订权，生产出口硬线约9万吨，并已成为高附加值产品，成功研发了高强度冷镦钢，迅速地形成了10余种牌号、12个产品规格的规模化生产。日照钢铁控股集团有限公司开发17种新产品，其中，长材开发有：SAE1017B、RGER50-G-1、ML08Al、30Si2MnB、H08MnA、C72DA、62A、C25c；板材开发有：S275JRB、S355JRB、A36B、LRA、380CL、420CL、SS400Cr、50Mn2V；申报审批技术创新、技术攻关项目21项，结题17项，正在进行3项，终止1项；通过鉴定验收，上半年技术攻关、技术创新9项，效益约15687.88万元，下半年结题项目共计8项；2011年，该企业荣获“节能中国十大新技术应用奖”、“节能中国优秀示范单位奖”、山东省低碳环保与科技创新十大品牌企业、日照市科学技术奖等。鲁丽钢铁有限公司通过技改创新，上报技改创新项目331项，经过技改创新领导小组验收通过的共计250项，其中，评出特殊贡献奖1项、特等奖6项、一等奖16项、二等奖45项、三等奖66项、鼓励奖116项，奖励金额39.58万元。山东西王特钢有限公司加大对不锈钢、轴承钢等新特殊钢品种的研发生产投入，并于年内取得了轴承钢许可证。淄博齐林傅山钢铁有限公司成功研发生产了12LW、Q420TB等规格产品。山东广富集团有限公司年内技术创新经费投入23856万元，占产品销售收入的3.6%，实施技术创新项目30项，其，重点项目6项，山东省经信委立项3项，年度内完成18项，山东省经信委鉴定验收2项，山东省科技厅鉴定2项，申请发明专利1项已受理，申请实用新型专利3项并全部获得授权。南金兆集团公司试轧新钢种29批，其中，20Cr11批，40Cr10批，20CrMnTi5批，60Si2Mn3批，试轧抗震钢筋64批；共开发新产品30种，销售670.51吨。泰山钢铁集团公司不锈钢410S成功申报“卓越产品”，在国家发改委等单位举办的创新能力验收答辩中，以行业第一的名次获得通过，国家级企业技术中心在729家中列139位，与乌克兰合作的“高效节能铁素体不锈钢冶炼新工艺技术开发”国际合作计划项目顺利通过国家验收，该企业还被授予“山东省产学研合作创新突出贡献先进集体”荣誉称号；该企业作为主要起草单位之一参与编写《机械结构用不锈钢焊管》、《家电用冷轧薄钢板及钢带》标准；发明专利8项，授权专利151项，其中，“二步法不锈钢冶炼方法”和“一种半工艺冷轧无取向电工钢的生产方法”两项发明专利参加了“第二十届中国发明展览会”，并分别获金奖、银奖；该企业独创罩式退火工艺生产冷轧无取向电工钢，填补了山东省罩式退火炉生产无取向电工钢的空白，《提高410S热轧钢带塑性工艺研究》等3个项目通过了山东省级技术鉴定。

三、降本增效成果显著

2011年，山东钢铁集团公司通过改善各项技术经济指标，实现挖潜力、降成本。济钢严格控制炼铁成本，降炼钢成本，可比总成本降低率超过了4%，莱钢实行月度滚动预算管理，钢铁产品可比成本降低率达到了2.03%，优化炼焦配煤结构，提高高硫煤使用比例，替代部分高价煤，1-9月份全集团共使用高硫煤122万吨，实现结构降成本5850万元；1 — 11月份，利用余热余能发电52.4亿千瓦时，同比提高21.8%；吨钢综合能耗603千克标煤，同比降低20千克标煤；万元产值能耗1.26吨标煤，同比降低14%。青岛钢铁控股集团有限责任公司通过实施节能降耗、内部挖潜、调整消耗指标等措施，降低成本约4.82亿元。济南庚辰公司积极探索烧结新工艺方法，全年节约焦末1800余吨，有效提高了烧结成结率，解决了平烧产量低和质量波动的瓶颈问题，降低电耗11千瓦时/吨；利用余热发电、汽鼓风、烧结工艺等充分消化高炉剩余煤气资源的措施，基本实现煤气零排放，吨铁平均降低电耗78度；通过改进铸铁模材质，使单块铸铁模铸铁量从200吨提高到300吨以上，有效降低了成本；该企业能源管理体系通过了山东省节能监察审核，新上节能项目获得政府专项扶持资金40万元，连续被济南市政府评为“济南市节能先进企业”，并给予政府奖励5万元。潍坊特钢集团有限公司吨钢综合能耗648公斤标煤/吨，吨钢可比能耗631公斤标煤/吨，吨钢耗新水3.76吨/吨，低于山东省地方标准。鲁丽钢铁有限公司修旧利废完成机械类1984项，电气类409项，原价值9,401,723元，投入维修费用1,047,697元，合计节约资金8,354,026元；通过对生产过程质量的管控，2011年吨钢质量异议赔偿金额为0.8元，吨钢赔偿金额较同比降低0.45元，超额完成了企业制定的吨钢降低0.3元的指标。山东西王特钢有限公司为降低能源消耗和提高能源利用效率建立并实施能源管理体系，使能源管理工作与法律法规、政策、标准及其他要求有机结合，实现对能源管理过程的用能控制和持续改进。南金兆集团公司狠抓节能减排工作，吨钢综合能耗569.64公斤标煤，节能0.31万吨标煤；吨焦综合能耗137.92公斤标煤，节能0.16万吨标煤；发电综合能耗为417.41千克标煤/千瓦时，节能0.72万吨标煤。泰山钢铁集团公司“二步法不锈钢冶炼方法”获国家发明专利一等奖；“一步法”冶炼410S工艺技术使得GOR炉铬回收率提高1.71%，使400系列不锈钢吨钢电耗下降237千瓦时，吨钢成本降低149.6元；通过改造料篮结构、调整装料比例、提前吹氧助熔等一系列措施，电炉冶炼周期由2010年的平均120分钟缩短到现在的90分钟，GOR转炉冶炼周期由原来的96分钟缩短到目前的85分钟左右；年内，被授予“山东省循环经济示范单位”、“山东省节能先进单位”荣誉称号，该公司董事长获得山东省第二届“低碳山东十大领军”人物荣誉称号；该企业粉末冶金、热电生产现场已顺利通过由山东省经信委组织的清洁生产认证。

四、推进管理创新，提升运行效率

2011年，青岛钢铁控股集团有限责任公司通过推进EAM信息化项目建设，IBM人力资源优化，精细化管理等高起点规划发展战略、高标准制定指标体系、高效率推进各项工作，实现了企业管理高水平和运行效率的提升。日照钢铁控股集团有限公司全面推行全面质量管理、全员安全管理、目标管理、卓越绩效管理、5S管理等比较成熟的管理方法，秉承“唯才是举”的用人标准，坚持“能者上、平者让、庸者下”的用人原则，充分发挥薪酬管理与激励机制；坚持引进“211、985工程院校”毕业人才，为企业的发展积累了强大的后备力量；2011年，经排比该企业位列中国民营500强第8位、山东企业100强16位、山东民营企业100强第3位、山东民营企业公益之星第1位；另外，还获得了日照市能源计量标杆示范企业荣誉称号。济南庚辰公司设备管理工作取得显著成绩，设备运行水平达到或超过预先设定目标，高炉休风率0.66%，达到同行业先进水平，烧结机运行率达到了98%，发电运行率达到99.5%，制氧设备运行率连续七个月达到100%，汽鼓风运行率达到97.6%。山东广富集团有限公司被山东省工商联授予“2010山东民营企业100强”的荣誉称号，被市民营评价中心授予“2010年度滨州市一级信用民营企业”。泰山钢铁集团公司被山东省冶金工业总公司评为管理创新先进单位，被山东省经信委评为管理创新优秀企业，被中华全国总工会、国家劳动与社会保障局、“三方劳动关系”协调办公室联合评定为国家级劳动关系和谐企业，物资计量准确率100%，连续五年“计量异议为零”，被中国计量协会冶金分会评为“全国冶金计控先进集体”。

五、投产竣工项目

2011年，山东钢铁集团公司主要实施了济钢1700热轧改造、中厚板1号加热炉大修改造、1750立方米高炉煤气湿法改干法除尘及 TRT、3200 立方米高炉节能降耗煤气综合利用工程，莱钢 4 号 LF 精炼炉项目、3200 立方米高炉配套发电项目、张钢烧结、炼钢、轧钢余热利用发电项目等项目；ERP 项目全面启动，年底止约投产建成重点项目 21 项，完成投资 43.79 亿元。日照钢铁控股集团有限公司实施技改项目 90 项，投资约 394338 万元，完成技改项目 37 项，完成计划投资约 28172 万元。潍坊特钢集团有限公司投资 8000 万元建设烧结机纯低温余热发电项目，年发电 8800 万千瓦时，供电量 6833 万千瓦时，节能 2.39 万吨标准煤；投资 2733 万元建设转炉轧钢余热利用发电项目，年发电量 4800 万千瓦时，折合节标准煤 37744 吨，回收除盐水 24 万吨；上述两项目已于年内投产运行。鲁丽钢铁有限公司为加快产品升级，投资 1000 万元上了 VD 炉一套，在原螺纹钢（含钢坯）HRB335、HRB400 产品基础上增项 HRB335E、HRB400E、HRB500、HRB500E 产品，规格由原来的直径 12 毫米—直径 25 毫米增加到直径 10 毫米—直径 40 毫米；还在原各类管坯产品基础上增项 20G 锅炉管坯产品。南金兆集团公司铸造生产线热负荷调试，试车一次成功。

六、安全生产与环境保护

2011 年，济南庚辰公司安全培训 1670 人次，考试合格率 100%；27 名安全管理人员参加了安监局换证培训；特种作业人员持证上岗率 100%，年检、年审参加通过率 100%。山东西王特钢有限公司视安全工作为企业的生命，一是加强安全设备管理，保证特种设备、安全检测设备、安全防护设备的有效运行；二是加强员工的安全培训，提高员工的安全防护意识；从而保证了自建厂以来无重大安全责任事故发生。山东西王特钢有限公司不断加大投入，开展了高线风冷线改造等一批环保建设工作，年内，通过了能源管理体系审核和质量、环境、职业健康安全三体系的复评审核。山东广富集团有限公司加大环保设施投入，投资 700 万元，为 3 座高炉炉顶上料系统配备了一套独立的袋式除尘器；投资 500 万元对特炼除尘设施进行改造；投资 4300 万元为优特钢生产线配套建设了布袋除尘器；投资 200 余万元，购进了 2 辆道路清扫车和 2 辆洒水车，保持了道路的清洁卫生。南金兆集团公司钢铁、热电、焦化都通过了山东省环保厅组织的清洁生产审核工作，热电除尘改造得到山东省环保厅 200 万元奖励补贴，焦化、制氧、康恩等危化品企业均通过了安全标准化审核，取得了新的安全生产许可证。

七、职工队伍建设和职工生活改善

2011 年，山东钢铁集团公司开展干部调整交流，优化各主要单位领导班子，充实机关部室领导人员，涉及 65 人次，落实干部退出制度，有 16 人退出现职；加强领导干部考核和监督工作，梳理、规范领导干部兼职，加强干部培训，先后安排 24 人次参加上级有关部门组织的各类培训班，利用山东工业职业学院的办学资源，举办了两期中青年干部培训；有 10 人获得上级部门授予的高层次人才荣誉称号，2 人被评为 2010 年度山东省有突出贡献的中青年专家；为组建财务公司，从有关银行、金融机构引进 7 名高中层专业管理人员；为适应“走出去”战略需要，打造海外运作团队，通过公开招聘，择优确定 15 名优秀人才。济南庚辰公司完成培训 72 课时，培训 6361 人次，320 余人参加了学习，该企业有 2 人获得山东省冶金工业首席技师，有 5 人获得济南市工业首席技师，有 1 人获得济南市技术能手，有 1 人获得济南市工业技能大赛钳工第三名。南金兆集团公司 2011 年职工人均月工资收入 2603 元，工资收入同比增加 537 元，增长幅度为 26%；职工保险的交费基数由 1484 元上涨到 1687 元，职工各项保险的间接收入增长了 6%。泰山钢铁集团公司在同心家园投资建设的 2.72 万平方米建筑面积和成瑞社区投资建设的 19600 平方米建筑面积的住宅楼正在高速度、高标准、高质量的进展中，为向“农村城镇化、居住社区化”迈出了坚实的一步；年内，发放老年生活补助金 98 万元，发放各相关及退休人员工资 66 万元，地上附着物补偿 38.48 万元，土地分红 243 万元。

（山东省冶金工业总公司　宫鸿仑）

4 － 10　2011 年山东省有色金属工业概况

一、生产经营

2011 年，全省十种有色金属产量 263.3 万吨，同比增长 20.36%，电解铜产量 68.30 万吨、电解铝产量 191 万吨，同比分别增长 32.62% 和 16.51%，铜材产量 28.70 万吨、铝材产量 434.90 万吨，同比分别增长 -17.95% 和 33.52%，氧化铝产量 1093.10 万吨，同比增长 21.81%。中铝山东企业生产氧化铝 226 万吨、生产化学品氧化铝 70 万吨、生产烧碱 17 万吨和液氯 15 万吨，同比分别增长 12%、2%、14% 和 13%。生产电解铝及再生铝合金 8 万吨，水泥熟料 203 万吨，水泥 141 万吨。肥矿平铝公司生产铸轧卷 1.65 万吨，加工材 1.61 万吨，销售铝材量 1.53 万吨。曲阜远东铝业有限公司生产铝材 2739 吨。中色奥博特铜铝业有限公司生产铜材 10.47 万吨，同比增长 37.8%。东营方圆有色金属有限公司生产阴极铜 23 万吨，生产黄金 10 吨，生产白银 260 吨。烟台鹏辉铜业生产电解铜 11 万吨、生产粗铜 4.17 万吨、生产黄金 700 公斤、生产白银 5.4 万公斤，比计划分别提高 110%、107%、92% 和 100%。山东金升有色集团有限公司再生铜回收加工产业继续保持了高幅增长的良好发展态势。菏泽广源铜带股份有限公司生产高精铜带箔 1.46 万吨，其中，精铜带箔出口量同比增长了 26.5%。山东微山湖稀土有限公司开采原矿石品位达到 3.6%，远高于平均地质品位，选矿处理量创历史最高，将原处理 130 吨的选矿设备能力提升至 140 吨，选矿回收率高达 85%—90%，高于历史 85% 的实际回收率。东佳集团钴业股份有限公司生产硫酸钴 360 吨，氧化钴 60 吨，海绵铜 15 吨。全省有色金属工业实现产品销售收入 1186.67 亿元、实现利税 136.92 亿元，同比分别增长 29.92% 和 23.88%。中铝山东企业实现营业收入 99.32 亿元、利润 1.11 亿元，实现税金 5.18 亿元。曲阜远东铝业有限公司实现销售收入 5419 万元，实现税金 117 万元。中色奥博特铜铝业有限公司实现销售收入 63.6 亿元，同比增长 41.8%，实现利润 1.63 亿元，同比增长 21.7%。东营方圆有色金属有限公司实现销售收入 412 亿元。烟台鹏辉铜业实现销售收入 120 亿元、比计划增长 37.9%，实现利润 500 万元。山东金升有色集团有限公司再生铜回收加工实现销售收入 60.71 亿元，实现利税 4.52 亿元。菏泽广源铜带股份有限公司实现销售收入 8.59 亿元，实现利税同比增长了 43.4%，人均创利税 18 万元。东佳集团钴业股份有限公司销售收入 1500 万元。

二、降耗增效

2011 年，中铝山东企业持续深化全员降本增效工作，发挥拜耳法氧化铝成本比较优势，提高产销量，使月产量最高达到 21.16 万吨，化学品氧化铝月均产量稳定在 5.5 万吨以上，氯碱生产实施精益管理，加强市场营销，累计盈利 1732 万元；积极推广节能新技术，产品主要能耗持续降低，累计实现节能量 5.1 万吨标煤；提高了基础管理对降本增效的贡献率，通过在设备采购中全面引入竞争机制、公开拍卖粉煤灰、招标选择赤泥倒运承运机构，争取信贷税收和社保等优惠政策，累计创造效益达 8000 余万元；开源节流，千方百计降本增效，三项期间费用比预算降低 5502 万元；群众性合理化建议活动，奖励 127 项。肥矿平铝公司采取积极措施提高铝材附加值，同比增长 200 余元；天然气消耗吨铝完成 117 立方米，比设计指标降低了 3 立方米；实施避峰填谷管理，平均用电每度下降 0.05 元。中色奥博特铜铝业有限公司成本费用增幅低于销售收入增幅 0.22 个百分点；铜管综合成品率同比增加 1.38 个百分点，板带增加 3.37 个百分点；节约生产成本 357.2 万元；金属采购节约资金 777.1 万元；热电年节标煤 4608.5 吨。烟台鹏辉铜业加大中间品投入，盘活长期积压物料，全年共处理杂质超标矿 6000 吨、中间品 8400 吨，减少积压金属量约 3400 吨，盘活资金约 1.82 亿元；将铂钯渣中稀贵金属硒碲金进行分离，成功的分离出了硒、碲、金，并获得一次粗硒 30 公斤，硒含量 97.38%，二次粗碲 50 公斤，碲含量 63.41%；处理锌粉还原的铂钯渣 5.5 吨，提取黄金 41 公斤，铂钯共沉物 70 公斤，回收粗硒 400 公斤，盘活资金 1500 万元；提高功率因数、改造工序现状，降低力率电费支出，年可节约电费支出 300 万元。菏泽广源铜带股份有限公司吨成品铜耗同比基本持平，吨成品电耗同比下降了 0.2 度，吨成品各种油耗同比节约了 10%，吨成品新水用量同比下降了 6%，循环水利用率达 90%，吨成品循环水耗用量同比减少了 3%。山东微山稀土有限公司为节约成本提高效益，实行材料承包法，节约材料按 30% 奖励，超额自负的办法，积极开展修旧利废工作，使废旧物品实现价值最大化，购买一台 132 千瓦新式全自动空压机，代替原来 3 台 55 千瓦空压机，每小时节约电能 33 千瓦，同时节省了 5 个工人的人工成本，通过工艺革新，改变加药点位置使药剂使用量减少，L102 药剂由原来的 1.25 公斤 / 吨下降为 1.15 公斤 / 吨，每年节约 L102 药剂 4.2 吨，节约材料费用 8.4 万元；通过以上措施，全年节约电耗 52.44 万千瓦时 /a, 节约煤炭 30 吨 /a, 减少二氧化硫排放量 0.11 吨 /a，减少精矿损失 9.6 吨 /a。东佳集团钴业有限公司为进一步降低生产成本，从萃取废水中回收镍，并已生产出合格碳酸镍产品，镍回收工艺的成功不仅降低了生产成本，且在钴渣加工中的镍回收及将来开发镍产品开辟了新路。

三、技术改造

2011 年，中铝山东企业加快了中铝公司低温拜耳法氧化铝生产示范基地建设的步伐，加快 27 万吨拜耳法氧化铝挖潜改造项目的投运工作，对拜耳法氧化铝生产线、烧结法氧化铝与化学品氧化铝生产板块进行了一体化管理，提升了整体效益。全面完成了 80 千安电解槽淘汰处置工作，开发生产了复合板锭、压铸件等高附加值铝合金产品；扩建了赤泥选铁除砂生产线，增加赤泥处理能力 140 万吨；加大了选铁除砂及赤泥销售力度，增加收入 1.38 亿元。兖矿铝电分公司成功开发了倒角阳极，预计吨铝可降低阳极毛耗 15 公斤，济三电力锅炉石灰石添加系统软件升级改造取得成功，石灰石添加实现记录、添加、计量“三自动”。曲阜远东铝业有限公司投资 50 多万元对挤压、氧化部分关键装备进行了技术更新改造，降低了设备故障率和维修费用。烟台鹏辉铜业对原有生产线先后进行了一系列技术改造工程，一是吹渣选矿项目，该项目以吹炼炉渣为原料，设计处理能力为 120 吨 / 天，总投资 500 多万元，已于年内竣工投产，投产后年可增加效益 1000 万元；二是更换制酸车间北侧电收尘器，投资 150 万元对电收尘器进行了更换，新电收尘的投入使用提高了除尘效率，降低了漏风率和净化阻力，增强了制酸系统拉烟气的能力；三是对熔炼混气筒加大改造，将旧混气筒上部拆除后加大，体积由 60 立方米加大到 100 立方米，保证了两侧电收尘入口温度均匀。东佳集团钴业有限公司充分利用部分旧玻璃钢罐改制中间槽、成品罐 6 个，将原来的亚铵项目迁至一钴料仓，经过一个多月的施工，安装工作全部完毕，经过跟踪考察调试和优化工艺操作条件，利用尾气制取亚铵项目已进入正常生产且运行良好。

四、科技进步与新产品开发

2011年，中铝山东企业加强科技创新，“拜耳法赤泥资源化利用技术研发”被公示为国家科技部“863”项目课题；企业首创的“低温拜耳法赤泥与烧结法赤泥干法筑坝技术”达到国际领先水平；获得15项专利授权；“山铝”牌粉煤灰砖被评为山东省用户满意产品。肥矿平铝公司坚持把市场开发和新产品研发有机结合起来，在稳定了8011容器箔、8921稳态管两种新产品技术工艺的基础上，新开发的电容器外壳料和3014热传输材料已经通过了山东省科技厅新产品鉴定，电容器外壳料吨材销售利润达到643元；深冲板、橘皮纹压花板等已经试制成功。兖矿电铝分公司新产品研发和开发上取得新的进展，熔铸产品具备了6个系列、16种合金、36个规格的供货能力；挤压产品建立了13种合金300余种规格的工艺参数，具备了400余种型材断面的供货能力；启动了导电铝轨、4032铝合金挤压材和铝箔用铝管芯的研制与开发等6个项目的调研论证；30tAlmex生产线完成了2、5、7系3种合金5个规格的试制，最大直径817毫米，特别是攻克了7055、7050的产品试制；全年有14个项目通过本集团公司科技项目论证，获得本集团公司科技进步奖励6项，山东煤炭科技进步奖1项。曲阜远东铝业有限公司开发新产品126个，其中工业建材78个，建材28个占22%，有力地支持了工业材和建材销售；年内，顺利通过了山东名牌复评，FE牌铝合金型材重新获得“山东名牌”荣誉。中色奥博特铜铝业有限公司申报国家科技项目3项、省部级4项、本集团公司2项、聊城市1项，其中：5个科技项目分别列入国家、省、本集团科技项目计划；申请受理专利25项，其中发明专利11项、实用新型专利14项，已获授权专利10项；研发新产品8项；争取项目扶持奖励资金4353万元；在行业论坛发表论文3篇；参与编制国家标准1项；2011年“国家级企业技术中心”顺利通过国家发改委等五部委认定、“院士工作站”通过山东省认定；与北京有色金属研究总院成立了“国家重点实验室联合技术中心”。同时，4500平方米的科技楼现已落成即将投入运行。东营方圆有色金属有限公司“氧气底吹熔炼多金属捕集技术”项目，年内，先后荣获“山东省科技进步一等奖”和“中国有色金属工业科学技术一等奖”；另外，该企业申报专利57项，其中实用新型专利45项，授权41项，发明专利12项。山东金升有色集团有限公司临沂产业基地被国家发改委、财政部批准列为国家“城市矿产”示范基地，并获得1.5亿元的国家财政资金扶持；该企业所持有的“沂蒙”牌商标被国家工商总局评选为“中国驰名商标”。菏泽广源铜带股份有限公司在成功试产出厚度0.010毫米压延铜箔新材料的基础上，继续进行超薄铜箔生产技术工艺研究，申请的2项新材料发明专利，进入了实审阶段，发表了2篇压延铜箔学术论文，承担“挠性印制线路板专用压延铜箔”国家标准的起草任务，已申报“全国有色金属标准化技术委员会”批准立项；该企业还先后成功开发了GHS高强度弹性黄铜带、10微米高精压延电子铜箔和太阳能光伏镀锡铜带三个系列的新产品，其中，两个填补了国内空白，申请了“一种高强度弹性合金黄铜”、“一种高强度锡黄铜”和“一种耐腐蚀合金黄铜”等六项新材料发明专利，技术研发投入超过了销售收入的3%，新产品产值达工业总产值的80%；该企业负责修订了“散热器冷却管专用黄铜带”国家标准，参与起草了“太阳能装置用铜带”行业标准，并获“全国有色金属标准化技术委员会”颁发的“技术标准优秀奖”。

五、企业管理

2011年，中铝山东企业调整了部分中层

管理人员和组织机构，中层管理人员较2009年管理改革创新前精简31%；启动了机关部门管理改革，机关管理人员和科级机构分别精简13%、18%。兖矿铝电分公司深化全面风险管理，构建完善了公司－厂（处室）－部门（车间）三级风险管控体系，科学界定了销售收入、铝锭价格成本比、节能量等26项监控预警指标的红、黄、绿三个预警区间，对于落入红区的高危监控预警指标，定期出具《监控预警报告》，及时分析产生原因并制定应对措施。曲阜远东铝业有限公司加强了严于国家标准的技术标准体系执行，产品实行严格的在线检验，不合格产品绝不转入下道工序，有缺陷产品绝不出厂，加强了“立法—监督—审核”三位一体的质量管理运行机制；落实了“以才为本”的人才激励竞争机制，实行岗位轮换，循环留优，各岗位员工时时变压力为动力，牢牢树立精品意识，为产品质量提供了坚实的人本保证。烟台鹏辉铜业深入推进细化工作，使区域管理责任制进入新的层次，在具体工作中将现场管理、设备管理、安全管理、质量管理、道路及绿化管理等有机的结合在一起，有力地促进了基层单位管理水平的提高。山东金升有色集团有限公司东部铜业引进8S管理体系，同时全面实施ISO9001：2008质量管理体系、ISO14001：2004环境管理体系、OHSAS18001：1999职业健康安全管理体系三大体系，一次性通过审核专家认证并取得相应证书。菏泽广源铜带股份有限公司认真贯彻ISO9001：2008质量管理体系、ISO14001：2004环境管理体系、OHSAS18001：1999职业健康安全管理体系，各项技术标准、管理标准和管理制度日趋完善；企业组织机构得到了优化和调整，绩效考核激励机制趋于完善。山东微山湖稀土有限公司制订完善了各种规章制度及修订各岗位职责和安全操作规程，主要包括：《劳动管理制度》、《安全生产岗位责任制》、《经营管理制度》、《财务管理制度》、《仓储管理制度》、《修旧利废管理制度》、《设备管理制度》、《井下工程质量验收管理制度》、《中层干部职责流程作业指导书》、《绩效考核管理制度》等，有效地促进了企业两个文明建设的发展。东佳集团钴业有限公司根据实际情况分别制定了《钴业公司原材料消耗奖罚制度》、《钴业公司工艺指标考核办法》、《钴业公司考勤管理规定》、《钴业公司关于现场管理的补充规定》、《钴业公司夜间值班制度》《钴业公司关于禁止跑冒滴漏的补充规定》《钴业公司对供销人员的考核办法》等规章制度，对节能降耗、安全生产、现场管理、劳动纪律等与生产密切相关的方面做了比较详细的量化管理；该企业抓好生产的同时重视提高产品质量，加强工艺指标的控制，产品质量一次合格率100%；设备管理及安全生产工作有了明显地提高；积极配合集团公司圆满完成了ISO9001质量管理、ISO14001环境管理、OHSAS18000职业健康安全体系的运行工作。

六、安全环保工作

2011年，中铝山东企业积极创建安全生产标准化企业，被评为山东省安全生产基层基础工作先进企业和淄博市安全生产先进单位；落实淄博市创建国家环保模范城市的部署要求，实施了烟气除尘脱硫、水泥窑氮氧化物治理等6项环保项目；全面开展了“百日生态文明治理行动”。肥矿平铝公司始终把安全工作摆在首位，制定了《生产设备、设施停产事故抢修管理规定》，形成了健全的设备基础管理机制、检修机制、应急抢修机制，保障了设备的运行效率。杜绝了轻伤及以上人身伤亡事故和机电设备事故，保持了安全生产形势持续稳固；年内，通过了“省管企业文明单位”、“山东省二级安全标准化企业”复核，连续五年被济南市评为“安全生产先进单位”，荣获“济南市安全文化示范企业”荣誉称号。兖矿铝电分公司加大现场安全监管力度，先后开展了“五个一”行动、火灾隐患排查治理、机电安全集中整治活动，有力防范了各类事故苗头；全年组织安全质量标准化综合检查4次，查处问题496项，开展供用电、检维修、特种设备等专项检查9次，查处问题743项，确保了现场作业安全有序。曲阜远东铝业有限公司积极做好了日常安全巡查和记录，组织协调相关部门做好消防、电力、特种设备等安全工作，积极配合主管部门安全生产检查，年内，再次被市政府授予“安全生产先进单位”；该企业还坚持每日环保设施运行巡查，做好在线监测设施运营数据查询和管理，发现问题及时沟通、协调、处理、改善、清污，在国内同行业率先全面实施了无镍化技术改造，彻底消除了重金属污染。中色奥博特铜铝业有限公司坚持“安全第一、预防为主、综合治理”的方针，重新修订了《安全生产责任制》等12项规章制度；组织安全检查30次，整改隐患43项；应急演练4次，开展安全知识竞赛2次，组织安全漫画评选活动4次，强化了全员的安全意识，杜绝了各种安全事故的发生。山东微山湖稀土有限公司积极开展全年确保设备安全无事故活动，进行井下监测监控、通信系统建设，确保了通讯畅通，改造矿区内外供电线路1000米，由原来的裸露线路更换为绝缘线路，达到了国家安全标准，持续加大安全培训，提升职工安全意识，在全体职工中开展三级安全教育，组织了多期班组长安全知识培训班，培训人员70多人次；根据国家环保部稀土环保核查要求，企业积极开展稀土环保核查工作，在国家八部委稀土专项整治联合检查工作中无论内业资料还是现场环境整治都得到各级领导的一致好评；为配合清洁生产工作，持续投入资金进行设备技改、厂区绿化，一是将锅炉车间原蜗牛式除尘器改为双塔式水膜除尘器，使废气排放符合标准，二是新上1号、2号破碎2个袋式除尘器，解决了生产性粉尘对大气的污染，三是新上压滤机一台，既解决了原来晒矿过程中的扬尘和下雨时对矿粉造成的流失，又解决了环境污染，四是对污水处理站修建围墙、安装大门，并进行了绿化，优化环境；2011年度环保工作做到了废水、废气达标排放，妥善处置固废和危废，符合环保部门的要求。东佳集团钴业有限公司把加强7S管理作为企业工作的重中之重，确保了安全生产的有效进行。

七、生产建设项目

2011年，兖矿铝电分公司统筹推进轻合金进口挤压生产线安装调试，⑴熔铸系统，Almex、Wagstaff生产线一次带料试车成功，4条生产线全部投用，⑵挤压系统，完成9条国产生产线的精调，达到自动可控运行要求，⑶进口36MN挤压机完成安装和送电调试，⑷55MN主机框架完成整体安装，⑸82MN、150MN设备基础完成；另外，与BRL公司签署了全面合作的具体协议，成立了铝土矿氧化铝管理公司，完成钻探72100米进尺，打孔数量15400个，确定资源量4100万吨，完成了氧化铝的概略研究。中色奥博特铜铝业有限公司四期3万吨铜管项目、二期4万吨铜合金板带项目已经相继建成投产，五期6万吨铜管项目已于2011年8月份开工建设，预计2012年10月完成。山东金升有色集团有限公司投资控股的东部铜业总投资22亿元，引进的德国西马克·梅尔公司年产32万吨铜合金线杆生产线和国内年产20万吨高纯阴极铜生产线项目，已完成固定资产投资17亿元；年产32万吨铜合金线杆生产线其主要设备全部从国外引进，其技术工艺具有节能环保、机械化和自动化程度高等特点，并已于2011年底投产运行；年产20万吨高纯阴极铜项目引进芬兰奥托昆普、瑞典卡尔多核心技术，电解工艺采用自主研发的不锈钢阴极技术，精炼工艺采用中国瑞林工程技术有限公司（原南昌有色冶金设计研究院）与山东金升有色集团有限公司共同研发、且具有自主知识产权的NGL（回转式）阳极炉作为火法精炼核心设备，已进入后期设备安装调试阶段。菏泽广源铜带股份有限公司年产5000吨高精电子压延铜箔项目进展顺利，该项目投资数亿元、全套引进具有国际先进装备水平的高精电子压延铜箔生产线，该生产线可生产厚度0.006毫米以上、宽度650毫米以内的高精电子压延铜箔，主要用于制造航空航天、医疗器械、电子通讯等高端电子信息产品所需的挠性印制线路板；该项目建设以来，得到了国家科技部等政府部门充分肯定和大力支持，先后被列入了“国家科技支撑计划”、“国家火炬计划”、“山东省第一批战略性新兴产业重点项目”、“山东省自主创新成果转化重大专项”和“菏泽市技术创新提升重大专项”等，项目与北京科技大学进行全面技术合作，联合组建了“压延铜箔技术中心”，申报批准组建了“山东省电子压延铜箔工程技术研究中心”；该项目已完成了30000平方米厂房等基础设施建设，进口设备已开始到货安装。

八、职工队伍建设和职工生活改善

2011年，中铝山东企业员工收入实现了恢复性增长，对老旧工矿居住区进行了改造，累计建成投用2.5万平方米，在建拟建5.9万平方米；有3700余户职工家属用上了天然气；发放救助款125万元，救助1327人次；建立了职工医疗救助基金，恢复了员工荣誉疗养和安康投保，推进了老工伤人员纳入淄博市统筹工作。肥矿平铝公司面对因淘汰落后产能涉及700余名员工轮岗放假的局面，加强思想政治工作力度，逐步理顺员工思想情绪；继续开展“大病救助”、“特困职工救助”、“金秋助学”等帮扶工作，累计发放救助金4.5万元。中色奥博特铜铝业有限公司组织各种培训1413人次，其中，组织了班组长远程培训41人，组织参加了本集团中高层管理人员培训，与山东技师学院联合举办为期两年的有色金属大专班培训，同时，组织了112人的竞聘上岗和师傅传帮带活动，在广大职工中营造了浓厚的学习技术、钻研业务、立足岗位成才的浓厚氛围和重视技能。烟台鹏辉铜业在一线工人层面补充冶金大专以上学历60人。在管理技术岗位，招收“211”、“985”重点院校毕业生，在国内十大重点高校进行招聘40人，其中硕士9人，本科31人，涉及冶金、机械、化工、电气自动化等15个紧需专业；开展了多种多样的培训，内训与外训相结合，人员覆盖面广，内容多元化。涵盖了ISO9001质量管理体系、风险防控管理、安全生产、岗位操作等内容。菏泽广源铜带股份有限公司进一步改善员工的生产生活条件和学习工作条件，劳动收入大幅度增加，社保福利进一步完善；企业文化建设和职工文化生活更加丰富；企业应对危机、迎接挑战、化解风险的能力逐步增强。山东微山湖稀土有限公司员工待遇创历史最高，本年度职工人均月收入达到2420元，同比提高13%。

（山东省冶金工业总公司　宫鸿仑）

第五篇

全省经信

5－1　2011 年全省经信工作发展综述

2011 年是“十二五”时期的开局之年，也是工业调整振兴的第三年。一年来，全省认真贯彻落实省委、省政府决策部署，积极作为，科学务实，经信事业取得新成就。

一、全省经信事业发展综述

面对复杂严峻的国内外经济形势，全省经信系统牢牢把握主题主线，大力推进工业调整振兴，全面实施“十二五”规划，继续保持了总量扩大、结构优化、效益提高、消耗降低的良好发展态势。

一是总量和经济效益实现新突破。全年规模以上工业增加值增长 14%，工业品销售率 99%，全部工业增加值超过 2.1 万亿元，规模以上工业主营业务收入突破 10 万亿元大关，利税突破 1 万亿元。

二是结构调整迈出新步伐。全年规模以上工业技改投资 8700 亿元，增长 15%。装备制造业增加值增速较规模以上工业快 2 个百分点，新口径高新技术产业产值占规模以上工业的 27%，比年初提高 1 个百分点。超额完成国家下达的淘汰 102 户企业落后产能任务。经过三年调整振兴，工业技术改造累计投入 2.2 万多亿元，十大产业调整振兴规划 5149 个配套项目的开工率已达 81.7%；安排省千项重点技改项目 2094 个、带动社会投资 2360 亿元。旋窑水泥产能占比提高到 87%，1000 立方以上炼铁高炉产能占比提高到 64%，120 吨以上炼钢转炉产能占比提高到 47%。

三是创新能力得到新提升。新培育省级企业技术中心 138 家，实施省级以上企业技术创新项目 2906 项，攻克制约行业发展的重大关键技术 100 项，6 家企业进入国家首批技术创新示范企业，8 个项目列入“核高基”、“数控机床”国家科技重大专项。国家级、省级企业技术中心分别达到 109 家和 754 家，较 2008 年增加 37 家和 330 家。

四是资源节约取得新进展。全年万元生产总值能耗完成降低 3.66% 的任务。实施国家重大节能示范项目 98 个、省重点节能项目 200 个、合同能源管理项目 42 个，新增清洁生产审核单位 1000 家，工业固体废物综合利用率达到 82.5%。完成既有居住建筑节能改造 1453 万平方米、太阳能光热建筑一体化应用 1795 万平方米。

五是信息化建设开创新局面。全年信息技术产业主营业务收入 9000 亿元，增长 20%，其中软件 1300 亿元，增长 30%，超额完成三年调整振兴目标。首条高端集成电路存储器芯片封装测试生产线建成投产，济南成为第二个“中国软件名城”，5 家企业进入全国电子百强、7 家企业进入全国软件百强。信息化与工业化加快融合，35% 以上的政府行政许可事项实现网上办理，信息安全保障和无线电管理扎实有力。

六是运行保障再上新水平。全年省内发电 3172.4 亿千瓦时、增长 2.6%，省外来电 462.8 亿千瓦时、增长 122.5%，全社会用电 3635.3 亿千瓦时、增长 10.2%。全省电煤库存迎峰度夏和度冬前均突破 1000 万吨，达到 30 天用量。两大石油集团销售成品油 1500 万吨，增长 4%。

二、一年来抓的主要工作

回顾 2011 年，在省委省政府坚强领导下，全省经信系统密切配合，上下联动，做了大量富有成效的工作。

（一）实施“双轮驱动”，打造区域高地，产业升级步伐进一步加快。加强企业技术改造。抓好重点项目建设，安排 2011 年省重点技改项目 1048 项、总投资 1004.8 亿元，项目开工率达到 92.4%、224 个项目竣工投产；全年施工技改项目 1.4 万项，其中竣工 9000 项以上。

争取国家专项资金2.5亿元，安排省财政资金1.3亿元，带动全社会技术改造投入610多亿元；全年全省（不含青岛）可抵扣固定资产增值税225亿元，引进设备海关免税4600万美元，提高了企业技术改造积极性。加快培育战略性新兴产业。加大项目支持，省千个重点项目中战略性新兴产业的项目数、投资额分别占53.2%和53.4%。加强示范应用，首批推广130个高端技术装备新产品，启动卫生云计算应用试点，培育新材料深加工示范企业10家、节能环保示范企业100家、首台（套）技术装备72个。推动产业聚集，新培育省级新型工业化产业示范基地28家、总数达到63家，其中国家级7家；节能环保产业基地8家、高端装备产业基地和园区17家、物联网产业基地5家。加快发展现代物流，建成物流与交通运输综合服务平台，培育9个“山东物流卡”试点园区、103个差额纳税试点企业和55个两业联动发展示范企业，物流业增加值占第三产业的19%以上。坚持重点区域带动战略。积极推动蓝黄两区建设，认真落实承担的9项牵头、24项配合任务，编制实施好两区海洋装备制造业、海洋化工、信息服务业等专项规划。胶东半岛高端产业聚集区、日照钢铁精品基地建设取得重要进展。制定实施“十二五”规划。制造业、信息化、现代物流、节能4个综合规划和44个专项规划编制工作如期完成并启动实施，为“十二五”经济和信息化又好又快发展打下了坚实基础。

（二）优化创新载体，促进成果转化，内生发展动力进一步提升。加强企业创新平台建设。新培育省级企业技术中心138家、工业设计中心42家，海尔等6家企业进入国家首批技术创新示范企业。实施省重点创新能力建设项目44项，提升了企业技术中心建设水平和创新能力。实施重大科技专项。浪潮、中创2个企业的项目列入“核高基”国家科技重大专项，济南二机床冲压成型机床等6个项目列入“数控机床”国家科技重大专项。海尔创新体系建设等7个项目获国家科技进步二等奖，东岳全氟离子交换材料制备技术获国家技术发明二等奖，盛瑞传动公司8档自动变速器获国家专利金奖。深化产学研合作。成功举办第20届产学研展洽会，达成项目合同协议279项。实施重大技术创新成果转化项目100项。强化创新人才队伍建设。推荐设置企业领域“泰山学者”岗位12个，培育省优秀创新团队5家，新建省级企业实训基地211家、总数达到1056家，累计培育中国工艺美术大师17人。推进品牌战略。认真落实工信部等7部委关于品牌建设的指导意见，加快培育自主品牌。目前，全省工业拥有266个中国名牌产品、174件驰名商标。搞好标准化建设。健全工业标准化机构，组织开展企业标准创新贡献活动，全省工业企业参与制修订国际、地方、行业标准共318项。

（三）抓好市场开拓，推进产业转移，工业发展空间进一步拓展。开展“市场营销年”活动。深入挖掘推广机械、化工、轻工、建材等36个行业、110户企业的营销经验，引导企业创新营销方式、扩大市场份额。全年工业产品销售率达99%，提高0.4个百分点。抓好重点经信会展。继续实施“七个一”工程，主办、组织参与会展活动108个，签约合同113亿元、协议780亿元，有效拉动了企业生产。开拓省外和国际市场。开展山东农机闯关东、山东百强太阳能企业西部五省行、鲁港鲁台洽谈会等活动，推动我省名优新特产品南下、北上、西进。举办中国欧洲陶瓷文化展等经贸活动，推动南非太阳能合作等对非重大项目，扩大了我省工业品市场空间。推进产业援疆援藏。推动计划总投资240亿元的191个项目落户新疆受援4县，目前已有72个项目竣工投产、完成投资额28.5亿元。推动我省第一个投资超亿元援藏项目、力诺集团一期10兆瓦光伏电站建成发电。编制山东省《产业转移指导目录》。

按照我省四大经济区的区域定位和产业布局，提出了优先发展、优化调整的产业和承接产业转移的主要载体。

（四）强化企业管理，改进指导服务，企业发展素质进一步优化。推动企业管理创新。以开展“精细化管理提升年”活动为总抓手，大力推广先进管理方法，促进企业应对困难、增加效益。积极培育管理创新先进典型，10家企业、20个管理创新成果获得“第二届山东省企业管理奖”。做优做强重点龙头企业。及时跟踪把握重点企业运行状况，集中力量和资源培育大企业，全年350户省重点工业企业实现营业收入3.1万亿元、利税3300亿元、利润1950亿元，分别增长33%、22%和23%。扶持中小微企业发展。促进企业技术创新，新培育“一企一技术”研发中心60家，评出中小企业科技进步奖120余项。加大财政资金支持，拓宽企业融资渠道，争取国家和省专项资金3.3亿元，支持中小企业项目500个；市县设立中小企业专项资金、过桥还贷资金共计40亿元；完善信用担保体系，创新集合票据、集合信托、集合债券等金融产品，缓解中小企业贷款难题。完善企业服务体系，启动建设省级中小企业公共服务平台和首批14个子平台，培训成长型中小企业管理者3万人，184个创业辅导基地累计培育小企业1.6万家。发展中小企业产业集群，新培育省级产业集群30个，投入4000万元重点支持了8个集群建设。强化政府服务。落实省政府促进企业兼并重组的意见，加快清理阻碍企业兼并重组的有关规定。贯彻省政府《关于加强和改进政府服务促进企业转型升级的意见》（鲁政发〔2011〕37号），从简政减负、政策支持等方面，切实加强和改进服务，企业发展环境进一步优化。

（五）深化两化融合，壮大信息产业，智慧山东建设进一步推进。推动信息化与工业化融合。建成省两化融合促进中心，制定实施两化融合水平指标体系地方标准。培育首批两化融合示范工程92个，启动两化融合助企服务行动，推广冶金、电力、机械等行业的67项先进实用技术与装备，培育山东省计算机应用优秀成果60个。实施国家物联网发展重大专项8项，启动开展智慧矿山、智能交通等12大重点示范工程。深化三网融合。完成广电网络资源整合和省级集成播控平台建设，成立三网融合产业联盟，启动制定三网融合地方标准，积极推动光纤入户，在青岛开通三网融合试验用户6000多户。加强电子政务建设。开展政府网站绩效评估，培育电子政务示范工程52个，推动14个市级政府和29个省直部门接入电子政务外网。协调加快科技防腐系统、工程建设领域项目信息公开和诚信体系建设。加快城乡信息化步伐。进一步完善农村综合信息服务体系，德州禹城成为新的国家现代农业信息化建设试点。建立城市IC卡应用互联互通机制，新启动菏泽“一卡通”试点和济宁、淄博、威海等一批无线城市试点，全省城市“一卡通”发行量突破300万张。抓好信息安全保障和无线电管理。制定实施重要信息系统信息安全检查地方标准，启动建设网络与信息安全应急支援平台二期工程。加强无线电管理，完善技术设施，认真执行无线电频谱监测统计报告、无线电频率台站数据月报制度，规范频率台站管理，科学配置、有效利用无线电频谱资源，积极支持无线产业发展，及时查处无线电干扰324起，圆满完成高考、大型经贸活动和体育比赛等重大保障任务。做强信息技术产业。重点抓好集成电路、软件等产业发展，5家企业进入全国电子百强、7家企业进入全国软件百强。济南市被工信部授予“中国软件名城”。国产三维CAD等自主高端软件成为我省软件亮点。

（六）狠抓节能降耗，发展循环经济，经济增长方式进一步转变。强化目标责任考核。严格节能目标责任制管理，开展“十一五”节能考核，兑现奖惩措施。深入贯彻国家和省节能减排综合性工作实施方案，分解落实“十二五”节能目标任务，加强督促考核。推进科技节能。实施国家重大节能示范项目98个、省重点节能项目200个。加快推广节能灯、节能电机等高效节能产品，1家节能灯和5家节能电机企业进入国家推广目录。实施“工业绿动力”计划，支持建设了188个学校太阳能集热项目。积极推行合同能源管理，培育节能服务机构147家，实施合同能源管理项目42个。1860种产品获得节能产品认证，较去年底增加598种。加强重点区域、重点企业和重点领域节能。完善节能预警调控常态机制，遏制能耗过快增长。开展区域能耗调控与交易试点，探索节能预警调控新思路。加强重点用能企业节能管理，培育企业能源管理中心示范项目4个，引导68家企业建立能源管理体系，累计培训能源管理师3956人。深入开展节能降耗督查集中行动，加大节能监察力度，推动了合理节约用能。协调推进建筑、交通、公共机构节能，深化百家企业低碳交通运输专项行动，完善公共机构能源资源消耗监管体系，完成既有居住建筑节能改造1453万平方米，实施太阳能光热建筑一体化1795万平方米。发展循环经济。抓好示范带动，完成循环经济试点省建设，新培育城市矿产、工业固体废物综合利用、餐厨废弃物利用等领域国家级试点示范4个，实施省级循环经济示范工程10个。加快发展再制造产业，在抓好汽车零部件再制造的同时，开展了矿山机械、办公信息设备再制造。积极推行清洁生产，培训清洁生产审核师1290人，新增清洁生产审核单位1000家。以工业副产品石膏、尾矿为重点推进资源综合利用，全年利用工业固体废物5600万吨、增长5.9%，工业固体废物综合利用率达到82.5%。抓好工业节水。制定实施《饮用水生产企业产水率标准》，开展节水型企业（单位）创建活动，新培育节水型企业60家。

（七）搞好监测分析，强化要素保障，运行调节水平进一步提高。加强运行监测分析。紧跟国内外宏观经济形势和国家宏观调控政策变化，加强热点、难点问题的分析研究，切实增强运行组织工作的针对性和实效性。完善以行业、企业、产品价格为重点的运行监测体系，及时把握情况，采取措施。抓好煤电运供应保障。实施电煤储备30天战略，积极组织煤、电企业对接，拓展铁路、公路、海运煤渠道，两次开通电煤汽车运输“绿色通道”，努力提高省内电煤合同兑现率，增加省外电煤调入量。完善电煤储备与电量奖励挂钩考核机制，兑现奖励电量160亿千瓦时，调动了企业保发电、保供应的积极性。优化电力运行管理。做好电力运行监测和供需衔接，切实发挥发电量计划的调控作用，强化电力生产运行调度管理，完善电力需求侧管理长效机制，经济社会发展和人民群众生产生活用电需求得到保障。强化成品油管理。针对柴油供应紧张形势，实施成品油保供应急预案，组织两大公司搞好资源调配，成品油供应做到了不脱销、不断档。加大资金协调力度。会同人民银行济南分行等部门搭建互动平台，共推荐急需流动资金企业804户、申请贷款638亿元，推介重点技术改造项目1336个、节能环保项目164个、现代物流项目63个，总投资3500多亿元，有效促进了银企对接。加强行业管理。严把汽车、焦化、平板玻璃、黄金、食品、家电等行业准入关，加强水泥、化工、钢铁、农药、成品油、茧丝绸等企业生产许可审查，开展稀土生产秩序专项整治，扎实做好禁化武履约工作。落实应急协调工作。建立20余类200余家生产企业名录，完善应急管理预案，保证了抗旱保苗、森林灭火、防汛救灾的需要。

2011年存在的主要困难和问题，一是投资、消费和出口三大需求拉动作用进一步减弱。8月份以后，全省工业生产增速呈逐月放缓走势，9月份当月增长14.4%，10月份为13.5%，11月份为13.2%，明年仍将面临较大的下行压力。从投资情况看，新的投资热点较少，全社会固定资产投资增速有所回落。从出口情况看，受欧债危机日趋恶化并有蔓延扩大之势的影响，出口增速放缓。从消费情况看，汽车等大宗消费拉动作用减弱，家电下乡和以旧换新等内需刺激政策退出，进一步扩大消费难度加大。二是部分行业市场需求和产品价格双回落。受投资、出口和房地产增速回落的影响，钢铁、电解铝、平板玻璃、基础化工产品等市场需求不足，价格持续下跌。受今年燃油价格上涨、社会保有量较大等因素影响，汽车行业产销大幅回落。全省汽车产量同比下降8.97%，其中载货汽车下降20.5%。受成本上涨的影响，以来件组装为主的电子制造业正加快向安徽、重庆等中西部地区转移，全省手机产量下降18.2%、笔记本电脑下降47.5%、打印机下降16.3%。三是企业成本上升、效益下滑、资金短缺。全省工业企业亏损一直呈上升趋势，上半年亏损108亿元、前三季度156亿元、全年超过200亿元。

（山东省经信委　刘绪聪）

5－2　2011年山东省经济和信息化委员会大事记

一月

5日，全省经济和信息化工作会议在济南召开。省委常委、副省长王军民出席会议并讲话。

6日，印发《关于做好部门节能目标责任考核工作的通知》（鲁节减办字〔2011〕1号）。

6日，全省2011年市场营销年活动在济南启动。省委常委、副省长王军民出席启动仪式。

7日，下发《关于同意成立山东省信息化与工业化融合促进中心的批复》（鲁经信信推字〔2011〕3号）。

7日，全省食品工业工作会议在济南召开，李建生巡视员出席会议并讲话。

11日，下发《关于做好“两会”及春节期间电力供应保障工作的通知》（鲁经信传真〔2011〕2号）明传电报，要求各级经信部门和发供电企业采取有效措施，确保春节及“两会”期间全省电力生产供应稳定有序。

11日，全省城市“一卡通”现场工作会议在济宁召开。

12日，向国家发改委报送《关于推荐申报“十二五”国家鼓励发展的重大清洁生产技术工艺和装备的报告》（鲁经信循字〔2011〕14号）。

13日，省政府召开2011年全省春运电视电话会议，省委常委、副省长王军民同志出席会议并讲话。

13日，省治理公路“三乱”工作领导小组办公室、省政府纠正行业不正之风工作领导小组办公室、省交通运输厅、省公安厅联合下发通知，要求严格贯彻落实国家交通运输部、公安部、国务院纠风办联合下发的《关于严防公路“三乱”反弹确保节日期间道路运输畅通的紧急通知》（交监察明电〔2011〕0102号）。

13日，向国家发改委和省政府报送《关于山东省2011年电力供需平衡预测的报告》（鲁经信电力字〔2011〕18号），超前预测分析全省经济和社会发展用电需求，调查汇总新增用电项目，科学研判2011年电力供需形势，提出电力供应保障措施及建议。

14日，向工信部、省委、省政府上报了《关于2010年山东经济和信息化工作情况及2011年工作安排的报告》（鲁经信综字〔2011〕28号）。

17 日，会同人民银行济南分行召开 2011 年全省企业重点技术改造导向计划项目推介会，将 2011 年企业重点技术改造导向计划项目向有关部门、各金融机构和社会进行推介。李莎副主任出席会议并讲话。

17 日，下发《关于贯彻落实省委省政府黄河三角洲高效生态经济区发展规划实施意见重点工作部门分工意见的意见》（鲁经信改字〔2011〕30 号）。

18 日，召开了全省企业管理工作会议。

18 日，省春运办召集省交通运输厅、济南铁路局、民航山东安监局、省气象局在济南向省内主要媒体通报了我省春运工作筹备情况。

18 日，2010 年度全省政府网站绩效评估工作总结表彰会议在济南召开。

20 日，2010 年四季度全省经济运行分析会在济南召开。

20 日，下发《关于印发 2011 年全省电力运行管理工作要点的通知》（鲁经信电力字〔2011〕37 号）。

21 日，下发《关于公布 2010 年度全省验收通过的清洁生产审核单位名单的通知》（鲁经信循字〔2011〕2 号）。

25 日，中创软件与法国泰雷兹公司战略合作签约仪式在济南举行。

25 日，召开老干部情况通报会暨新春茶话会。省经信委领导班子成员、老干部领导小组成员出席了会议。省经信委党组书记、主任郭述禹通报了 2010 年度全省经济和信息化工作和机关建设情况。

26 日，省经信委社会组织党委召开党委会，就开展领导干部点评创先争优工作进行部署，并对创先争优活动联系点进行点评。

26 日，工业和信息化部苗圩部长对我委上报的《关于 2010 年山东经济和信息化工作情况及 2011 年工作安排的报告》（鲁经信综字〔2011〕28 号）做了重要批示："山东省经信委在山东省委、省政府领导下克服困难，开拓进取，在去年取得了工业和信息化工作的新成绩，为"十一五"目标的实现做出了新贡献。新的一年里，望按照十七届三中全会要求，突出主题、主线，取得更大成绩，实现"十二五"良好开局。"

28 日，完成《山东省 2010 年清洁生产工作情况报告》（鲁经信循字〔2011〕51 号）。

28 日，下发了《关于 2010 年度全省资源综合利用和环保产业情况的通报》（鲁经信循字〔2011〕53 号）。

28 日，召开省经信委 2010 年度总结表彰大会暨迎新春联欢会。

31 日，为做好抗旱工作，郭述禹主任主持召开紧急会议，研究决定成立省经信委抗旱领导小组，郭述禹主任任组长，李建生巡视员、王万良副主任任副组长，办公室设在经济运行局，下设油品供应、电力供应、物资供应三个工作组。

31 日，下发《关于切实做好抗旱保电工作的通知》（鲁经信传真〔2011〕10 号）明传电报，全力应对入冬以来我省面临的严重旱情。

二月

9 日，下发《关于对全省一季度经信工作进行调研的通知》（鲁经信综字〔2011〕60 号）。自 2 月 11 日起，委领导带队分组赴各市对一季度经信工作进行调研。

10 日，省委常委、副省长王军民就春节期间工交生产做出批示："春节期间工交运行组织是好的。今年是十二五开局之年，从一开始就要抓紧，发扬好作风，夺取今年开门好成绩。"

23 日，召开全省贯彻实施《山东省电力设施和电能保护条例》座谈会。省委常委、副省长王军民，省人大常委会副主任连承敏出席会议并讲话。

25 日，组织召开省工业调整振兴联席会

议第六次会议，研究低速短程电动汽车试点工作和关于山东省加快日用化学品、老年人用品、安全生产装备发展指导意见，听取全省“十二五”制造业、国民经济和社会信息化、现代物流业三个发展规划编制情况汇报。省委常委、副省长王军民主持会议并讲话。

25日，下发《关于印发〈2011年全省成品油流通管理工作要点〉的通知》（鲁经信消字〔2011〕86号）。

27日，历时40天的春运圆满结束。

28日，召开全省关闭小企业和淘汰落后产能工作会议。

28日，国家“西电东送”重点工程之一，宁东—山东 ±660千伏直流输电工程双极正式建成投运，我省省外输入电力负荷达到750万千瓦，有效弥补省内发电装机不足。

28日，第五届山东国际自行车电动车及零部件展览会在济南国际会展中心开幕。

三月

1日，国务院办公厅采用了我委上报的政务信息《山东省反映当前工业经济运行中存在的主要困难和问题》。

1日，召开部分企业兼并重组座谈会。

1日，召开山东省航空物流发展座谈会。

1日，《山东省电力设施和电能保护条例》正式实施，标志着我省电力设施和电能保护工作正式纳入依法管理轨道。

1日，印发《关于印发山东省信息化与工业化融合“四个一百”工程培育和认定实施方案的通知》（鲁经信信推字〔2011〕3号）。

1日，会同省住房建设厅、财政厅、环保厅和农业厅联合转发国家发改委等部门《关于印发餐厨废弃物资源化利用和无害化处理试点城市（区）初选名单及编报实施方案的通知》的通知（鲁经信循字〔2011〕94号）。

4日，在北京召开中创软件“核高基”国家科技重大专项“国产中间件参考实现及产品”成果发布会暨“四方国件”联盟工作启动会，成功发布“Loong”平台。

4–6日，举办“2011第四届中国（济南）太阳能利用大会暨展览会”，省委常委、副省长王军民，省人大副主任廉承敏出席。展会期间，召开了山东省太阳能行业协会第三届年会。

7–9日，安勇坚副主任带队赴日照市进行了安全生产调研督导。

7日，全省循环经济与清洁生产工作暨现场经验交流会议在临沂市沂水县召开。

7日，下发《关于印发〈2011年全省医药工作要点〉的通知》（鲁经信消字〔2011〕100号）。

7日，上报工信部《关于报送山东省乳制品工业项目（企业）审核清理工作总结的报告》（鲁经信消字〔2011〕102号）。

8日，召开2011年全省电煤储备工作会议。

8–10日，山东（国际）印刷包装工业展销会开幕，省委常委、副省长王军民出席开幕式。

9日，召开山东云计算产业发展研讨会。

9日，第二十五届中国国际医疗器械（山东）博览会在济南国际会展中心开幕。

10日，召开全省工业转方式调结构电视会议。省轻工协会、潍坊市、沂南县、皇明集团、烟台中集来福士5个单位发言。省委常委、副省长王军民出席会议并讲话。

11日，下发《关于下达2011年度全省统调公用发电企业（机组）发电量计划的通知》（鲁经信电力字〔2011〕108号）。

11日，召开一季度省级两化融合试验区建设座谈会。

16日，召开全省《水泥企业质量管理规程》宣贯会。

16日，全省散装水泥工作会议在潍坊召开。

17日，下发《关于印发山东省物流统计核算和报表制度的通知》（鲁经信交字〔2011〕160号）。

17 日，2011 山东（国际）制浆造纸技术及装备展览会开幕，杨国良巡视员出席开幕式。

18 日，下发《关于贯彻实施〈山东省电力设施和电能保护条例〉加强电力行政执法工作的通知》(鲁经信电力字〔2011〕122 号)。

18 日，举行山东省“两化融合助企行动”启动仪式暨济南站活动。

18 日，2011 第六届中国(山东)国际装备制造业博览会在济南国际会展中心开幕。省委常委、副省长王军民出席开幕式。

20 日，郭述禹主任向省政府常务会议汇报《关于“十一五”全省节能考核奖励和“十二五”节能目标分解情况》，确定节能考核奖励和各市“十二五”节能目标等工作。

21 日，印发《关于山东省信息安全检查情况的报告》(鲁经信安字〔2011〕129 号)。

22 日，组织召开省工业调整振兴联席会议第七次会议，听取济南、东营、潍坊、莱芜、临沂、聊城 6 市政府 2010 年工业转方式调结构重点技改项目进展情况汇报，研究 2011 年重点技改和创新能力建设项目。省委常委、副省长王军民主持会议并讲话。

22 日，在淄博召开全省电力设施和电能保护工作会议，进一步贯彻实施《山东省电力设施和电能保护条例》，研究部署 2011 年全省电力设施和电能保护工作。

23 日，印发《关于印发各市 2011 年万元 GDP 能耗降低目标的通知》(鲁政办字〔2011〕34 号)，确定各市年度万元 GDP 能耗降低 3.7% 的节能目标任务。

23 日，上报《关于推荐山东省再制造工艺技术及装备的报告》(鲁经信循字〔2011〕116 号)，上报《关于推荐山东省工业循环经济重大技术示范工程的报告》(鲁经信循字〔2011〕117 号)。

23 日，印发《山东省医药储备管理办法》(鲁经信消字〔2011〕137 号)。

24 日，郭述禹主任在济南会见台湾华新丽华股份有限公司董事长焦佑伦一行。李建生巡视员参加会见。

26 日，向国家发改委报送《关于 2010 年度山东省 103 家国家重点用能企业节能目标完成情况综合评价的报告》(鲁经信资字〔2011〕147 号)。

28 日，召开全省经信政策研究工作座谈会。

29 日—4 月 1 日，组织召开第八次省工业调整振兴联席会议，听取淄博等 10 市政府 2010 年工业转方式调结构重点项目进展情况汇报，研究 2011 年重点技改和创新能力建设项目。省委常委、副省长王军民主持会议并作重要讲话。

30 日，召开全省原材料系统工作座谈会。

30 日，举办山东省风电产业与装备制造发展高层论坛。

31 日，召开全省一季度工业经济运行分析会议。

31 日，按照中纪委、中央治理工程建设领域突出问题工作领导小组要求和山东省纪委、山东省治理工程建设领域突出问题工作领导小组的工作部署，由我委牵头组织山东省工程建设领域项目信息公开和诚信体系建设工作。

四月

1 日，会同省住建厅等部门联合上报《关于报送餐厨废弃物资源化利用和无害化处理实施方案的报告》(鲁经信循字〔2011〕161 号)。

1 日，印发《关于公布山东省重点医药企业和重点医药产品的通知》(鲁经信消字〔2011〕157 号)。

6 日，下发《关于公布 2011 年度实施清洁生产审核单位名单（第二批）的通知》(鲁经信循字〔2011〕167 号)。

8 日，召开公安、交通联席会议，决定自 2011 年 5 月 1 日至 10 月 31 日继续实施电煤运输绿色通道政策。

8日，召开全省医药产业工作会议。

9日，第八届中国青岛国际橡胶技术及轮胎展在青岛国际会展中心开幕。

14日，根据国质检执联〔2011〕133号文件要求，会同省质监局、工商局对我省汽车轮胎生产企业进行专项整治。

18日，济南泰安交界处发生特大森林大火，根据省委常委、常务副省长王仁元的指示，经济运行局从济南地区调集强光手电220只，从肥矿紧急筹集矿灯110套于当夜12：00将物资送到省指挥部前线物资集散中心。6月22日，省委常委、常务副省长王仁元批示："省经信委调运工作迅速主动，有力支持了灭火救援工作"。

18日，会同省财政厅联合上报《关于报送2011年山东省工业清洁生产示范项目的报告》（鲁经信循字〔2011〕195号）。

20日，召开全省重点企业价格直报员座谈会。

20-22日，国家淘汰落后产能工作检查考核组对我省2010年淘汰落后产能工作完成情况进行检查考核。

20日，组织专家对各市地申报的20个高端装备制造产业基地（园区）情况进行评审。

22日至4月7日，采取实地调研和书面调查相结合的方式，对当前物流业发展过程中涉及到的政策环境、企业主辅分离、制造业与物流业联动发展以及影响物流业发展等方面的问题进行了调查摸底，完成《物流业发展情况调研报告》。

22日，下发《关于2011年山东电网省调事故拉路序位的批复》（鲁经信电力字〔2011〕200号），提高电网事故应急处置能力。

22日，省政府印发《山东省人民政府关于"十一五"和2010年度各市及省有关部门节能目标责任考核情况的通报》（鲁政字〔2011〕98号），对各市政府和省有关部门"十一五"和2010年度节能目标责任完成情况进行了考核；印发《山东省人民政府关于落实2011年部门节能目标任务的通知》（鲁政字〔2011〕99号），省政府与发改、经信等20个部门签订节能目标责任书，落实"双目标"责任制。

25日，完成《关于提高我省工业发展总体水平的调研报告》，报省委办公厅。

25日，以省委办公厅、省政府办公厅名义下发《关于加强电子认证管理和数字证书应用工作的意见》（鲁厅字〔2011〕18号）。

26日，下发《关于下达2011年全省地方公用和并网企业自备电厂（机组）发电量计划的通知》（鲁经信电力字〔2011〕212号）。

26日，省政府召开全省节能考核奖励电视大会。姜大明省长做重要讲话，省委常委、副省长王军民代表省政府与各市政府签订了2011年节能目标责任书，省委常委、副省长孙伟主持会议，副省长才利民、贾万志、黄胜、郭兆信、省长助理周齐出席会议。

27日，印发《山东省现代物流业"十二五"发展规划》（鲁经信交字〔2011〕208号）。

27日，召开全省铁路道口办公室主任暨综合交通邮电统计工作会。

27日，在菏泽巨野县召开重点平板玻璃企业座谈会。

28日，全省一季度煤电运调度会议在连云港召开。

28-29日，会同省统计局召开全省一季度技术改造及统计工作座谈会。

29日，经省政府同意，下发《关于印发山东省国民经济和社会信息化"十二五"发展规划的通知》（鲁经信信推字〔2011〕215号）。

31日，召开优化物流业发展环境座谈会。

五月

3-10日，分别在青岛和济南分两批对658家"山东省诚信企业"进行了免费培训。

3日，上报《关于报送〈招远市工业固体废弃物综合利用示范基地建设实施方案〉的报告》（鲁经信循字〔2011〕224号）。

5日，召开落实2011年度淘汰落后产能任务工作会议。

5日，召开全省铸造用生铁企业规范认定工作座谈会。

9－13日，组织有关企业参加2011香港山东周"鲁港先进制造业合作洽谈会"活动。

10日，经省政府同意，下发《山东省经济和信息化委员会关于印发山东省制造业"十二五"发展规划的通知》（鲁经信改字〔2011〕237号）。

10日，按照省委常委、副省长王军民的批示精神，会同省质监、工商局和环保、商务厅以及省石化、炼化协会等，召开了联席会议，就如何提高我省地炼企业所产车用汽油油品质量进行了座谈研究。

10日，省节能办、省太阳能行业协会主办的全球第一个CPC中高温系统在工业热能领域的应用项目——力诺瑞特CPC中高温太阳能锅炉落成暨"工业绿动力"计划在山东济南启动，省委常委、副省长王军民出席启动仪式。

12日，山东展团精彩亮相北京软博会。

13日，组织6家省内电子信息产业企业参加鲁港先进制造业论坛。

15日，在广饶县组织召开全省提升橡胶轮胎产业发展水平座谈会。省委常委、副省长王军民出席会议并讲话。

17日，召开全省电力技术监督工作会议。

17日，下发《关于印发〈2011年全省有序用电方案〉的通知》（鲁经信电力字〔2011〕251号）。

17日，召开省节能减排和淘汰落后工作指挥部办公室工作会议。

20日，下发《关于印发〈2011年全省电力迎峰度夏预案〉的通知》（鲁经信电力字〔2011〕261号）。

20日，印发《山东省"十二五"电子签名及认证服务业发展规划》（鲁经信安字〔2011〕259号），《山东省"十二五"信息安全规划》（鲁经信信安字〔2011〕260号）。

20日，全省经信系统人事人才工作会议在济南召开。

22日，全省统调主力电厂电煤库存突破1000万吨，达到30天耗用量，创历史最高纪录。

23日，会同省教育厅组织在济南复强动力举办"循环经济进课堂"系列社会教育实践活动。

24日，召开委管社会组织清理整顿协调会议。

24日，高方副主任带领省经信委、发改委、国资委、国土资源厅有关人员组成调研组，到烟台市和招远、莱州、蓬莱、牟平四个市（区）对我省黄金企业资源整合问题进行调研。

24日，山东省软件和信息服务业协会动漫游戏分会经批准成立。

24日，下发《关于建立工业信息化运行形势监测分析工作制度的通知》（鲁经信信推字〔2011〕268号），加强信息化运行形势监测分析。

24日，下发《关于印发山东省电子政务"十二五"发展规划的通知》（鲁经信政字〔2011〕269号）。

25日，会同财政厅组织专家组对2011年首台（套）技术装备进行了评审，72项装备产品被认定为2011年度首台（套）技术装备，其中11项被认定为重大首台套技术装备。确认国内首台（套）43项，省内首台29（套）项。

25日，省云计算产业联盟成立。省委常委、副省长王军民和中国工程院院士倪光南共同为联盟揭牌。

25日，下发《关于做好"三夏"农业生产用油供应工作的通知》（鲁经信消字〔2011〕273号）。

26 日，向省政府报送《关于今年及“十二五”期间全省电力供需预测情况的报告》（鲁经信电力字〔2011〕274 号）。

28–29 日，在日照举办山东省太阳能行业联盟标准推进会。

30 日，会同省科学技术厅、省财政厅、省交通运输厅，四部门联合下发了《关于印发山东省新能源汽车产业“十二五”规划的通知》（鲁经信装字〔2011〕292 号）。

30 日，省信息产业协会与台湾中华物联网联盟在台北共同举办两岸物联网高峰论坛和商机交流活动，并同中华物联网联盟签订合作备忘录。

30 日，下发《关于印发山东省软件和信息服务业“十二五”发展规划的通知》（鲁经信软字〔2011〕294 号）。

30 日，下发《关于印发山东省宽带网络基础设施“十二五”发展规划通知》（鲁经信政字〔2011〕288 号）。

31 日，召开全省淘汰落后产能工作会议。省委常委、副省长王军民代表省政府和各有关单位签订了 2011 年山东省淘汰落后产能责令书。

31 日至 6 月 2 日，成功举办了第二十届以合作与创新、回顾与展望为主题的 2011 年山东省产学研展洽会。

31 日，印发《山东省电子信息制造业“十二五”发展规划》、《山东省集成电路产业“十二五”发展规划》（鲁经信电子字〔2011〕281 号）。

六月

2 日，省道安委第十四次会议暨全省铁路道口监护管理工作座谈会在青岛召开。

3 日，编辑出版《山东省企业管理蓝皮书》。

8 日，发布《关于印发《山东省装备制造业、汽车工业、机械基础零部件关键材料及基础工艺“十二五”规划的通知》（鲁经信装字〔2011〕309 号）。

8 日，省政府三网融合工作协调小组第二次会议在济南召开。省委常委、副省长王军民出席会议。

8 日，山东省三网融合产业联盟在济南成立。省委常委、副省长王军民、省经信委郭述禹主任为联盟成立揭牌，杨少军副主任主持会议。

8 日，山东阿胶行业协会成立大会在济南召开，并举行了揭牌仪式。李建生巡视员出席会议并讲话。

9 日，印发《山东省铁路道口监护作业标准》和《山东省铁路道口监护设施设备管理标准》。

9 日，召开山东省禁化武履约工作专题会议。

9 日，下发《关于印发 2011 年度各市主要工业固体废物综合利用率和新增实施清洁生产审核单位指标计划的通知》（鲁节能循字〔2011〕14 号）。

9 日，印发《山东省轻工业“十二五”发展规划》、《山东省纺织工业“十二五”发展规划》、《山东省医药产业“十二五”发展规划》、《山东省生物医药“十二五”发展规划》、《山东省食品工业“十二五”发展规划》、《山东省粮油加工业“十二五”发展规划》（鲁经信消字〔2011〕313 号）等六个规划。

10 日，组织收看 2011 年全国电力迎峰度夏电视电话会议，会后召开了全省电力迎峰度夏工作会议。省政府办公厅副主任李世瑛主持会议，省委常委、副省长王军民出席会议并讲话。

10 日，根据山东省转方式调结构联席会议办公室加快重点项目建设工作要求，下达了 188 个重点节能项目建设计划。

11–17 日，以“节能我行动低碳新生活”主题，组织开展 2011 年节能宣传周活动。

13 日，组织召开全国钢铁行业能耗限额

标准培训会。

13 日，山东省暨济南市食品安全宣传周活动启动仪式在济南举行。

16 日，根据省领导批示精神，召集省交通运输厅、济南铁路局、山东高速公路集团、青岛港、日照港、烟台港、中铁集装箱公司、山东外运等单位学习《国家发改委对深化我国铁路与港口合作，促进集装箱铁海联运发展的分析和建议》，分析我省集装箱铁海联运情况，向省政府提出加快集装箱铁海联运的政策建议。

17 日，下发《山东省物流企业等级认证暂行办法》和《山东省物流园区等级认证暂行办法》（鲁经信交字〔2011〕338 号），开展山东省物流企业与物流园区等级认证工作。

20 日，省政府下发《山东省人民政府关于印发 2011 年工业转方式调结构 1000 个重点技术改造项目的通知》（鲁政字〔2011〕164 号）。

20 日，下发《关于印发〈山东省有序用电管理实施办法〉的通知》（鲁经信电力字〔2011〕325 号）。

21 日，召开了山东省动漫游戏产业发展研讨会暨山东省动漫游戏分会成立筹备会。

22 日，受持续高温天气影响，空调制冷负荷大幅攀升，全省统调日用电量达 9.43 亿千瓦时，创历史新高，较去年最高日用电量增加 545 万千瓦时。

22 日，委离退休干部处党支部获省直机关先进基层党组织称号（2009-2010）。

26 日，组织我省企业参加工信部和财政部联合举办的“十一五”电子发展基金成果汇报展示会。

28 日，上半年全省工业经济运行分析会议在日照市召开。

28 日，省编办发文，将稀土行业管理职能，由省发改委调整到省经济和信息化委，在原材料产业处加挂稀土办牌子。

28 日，下发《关于公布首批山东省高端装备制造产业基地（园区）名单的通知》（鲁经信装字〔2011〕330 号）。

29 日，代省政府起草报国务院关于《山东省人民政府关于申请低速纯电动乘用车试点工作的请示》（鲁政呈〔2011〕35 号）。

29 日，与省统计局共同组织召开物流统计工作培训会议。

七月

1 日，印发《关于公布 2011 年度实施清洁生产审核单位名单（第三批）的通知》（鲁经信循字〔2011〕348 号）。

5-10 日，陪同国家审计署实地审计部分市节能工作情况。

5 日，全省原材料产业上半年经济运行情况分析会在邹平召开。高方副主任出席会议并讲话。

6 日，消费品产业第一次季度工作调度分析会在济南召开，并确定以后每季度首月召开，标志着消费品产业季度工作调度分析制度正式建立。

6 日，召开山东省新能源汽车技术中心筹备工作会议。

6 日，力诺集团建设的日喀则太阳能光伏电站投运。

7 日，全省统调发电企业电煤视频信息化建设工作会议在济南召开，王万良副主任出席会议并讲话。

7 日，2011 年中国国际消费电子博览会在青岛举办

11 日，10 日晚潍坊市峡山区盘马埠铁矿突发透水事故，党组副书记、副主任杨少军同志率经济运行局有关人员于赶赴现助抢险救援。

12 日，会同省统计局印发《关于公布 2010 年度山东省 100 强企业的通知》（鲁经信企字〔2011〕427 号）、《关于公布 2010 年度山东省工业 100 强企业的通知》（鲁经信企

字〔2011〕428号)、《关于公布2010年度山东省制造业100强企业的通知》(鲁经信企字〔2011〕429号)。

12–13日，在潍坊市召开2011年全省二季度节能工作调度会。省节能办主任郑晓光出席会议并讲话。

14日，会同省财政厅、国税局和地税局组织有关行业专家召开上半年全省资源综合利用认定评审会，对146家企业申报的138个产品和43台发电机组进行了评审。

14日，组织经贸代表团赴台湾参加“台湾–山东周”活动，举办“战略型新兴产业合作洽谈会”。开通了“两岸新页”网络服务平台。

14日，举办第5届中国(青岛)国际石材工业及机械设备展览会。

15日，印发《黄河三角洲高效生态经济区现代物流业发展规划》。

19–22日，赴淄博、滨州、东营三市对促进民营经济发展情况进行督查。

19日，王万良副主任带队参加省广播电台“阳光政务热线”节目，介绍我省电力供应保障及煤电运综合协调工作，全省17市经信委电力科(处)室实现同步在线。

19日，全省工程建设领域项目信息公开和诚信体系建设工作协调小组第一次会议在济南召开。省纪委常委、监察厅副厅长徐国力主持会议，李莎副主任宣读省工程建设领域项目信息公开和诚信体系建设工作协调小组成员名单，党组副书记、副主任杨少军同志讲话。

19–31日，会同省节能监察总队联合组成4个组对全省工业固定资产投资项目节能专项监察。全省共监察企业858家，项目927个。

20日，姜大明省长主持召开省政府召开上半年经济形势分析会，党组书记、主任郭述禹同志汇报上半年全省工业经济运行情况。

20日，召开全省物流业情况新闻通报会，杨国良巡视员出席通报会并通报情况。

21日，组织参加第十三届中国西部国际装备制造业博览会。

21日，组织参加“第十三届中国西部国际装备制造业博览会”

21日，省政府办公厅下发《关于抓紧抓好当前各项工作努力实现全省工业经济又好又快发展的通知》，对抓好当前和下半年重点工作提出25条要求。

21日，举办第七届中国(青岛)国际建筑材料及装饰材料博览会。

21日，省政府办公厅下发《关于切实做好2011年下半年节能工作的通知》(鲁政办发明电〔2011〕87号)。

21日，全省成品油市场管理工作座谈会在博兴县召开。

22日，举办2011第三届中国(山东)工艺美术精品暨家居用品博览会。

26日，全省经信工作座谈会在济南召开。省委常委、副省长王军民出席会议并讲话。

26日，组织经贸考察团赴西藏日喀则地区考察交流。与日喀则地委、行署联合举办经贸洽谈会。

27日，我委调研完成《关于低速电动车铅酸电池回收处理问题的调查》。

27–28日，全省电力运行工作会议在烟台召开。

27日，会同省财政厅组织有关行业专家召开循环经济示范推广项目评审会。对废旧轮胎(橡胶)综合利用、废旧纤维(纺织品等)回收利用、废塑料回收利用和餐厨废弃物资源化利用四类共24个项目进行论证。

28–29日，全省企业技术进步工作座谈会议在青州市召开。李莎副主任出席会议并讲话。

29日，会同省财政厅联合下发《关于下达2011年新兴产业和重点行业发展专项资金的通知》(鲁财企指〔2011〕41号)。

29日，全省上半年煤电运工作调度会在威海召开。王万良副主任出席会议并讲话。

29日，召开2011年全省信息技术产业经济运行座谈会。廉凯副主任出席会议并讲话。

29日，省政府召开全省稀土工作会议。

31日–8月3日，国际禁化武组织对泰安惠源化工厂附表三化学品三氯化磷、三氯氧磷生产设施进行现场核查。

八月

1日，印发《关于进一步加强全省经信系统政风行风建设切实为企业搞好服务的意见》（鲁经信企字〔2011〕416号）。

3日，印发《关于印发山东省清洁生产"十二五"推行规划的通知》（鲁经信循字〔2011〕423号）。

3日，印发《关于公布2011年第一批省认定的资源综合利用产品（发电机组）名单的通知》（鲁经信循字〔2011〕470号），认定108家企业的126个产品为资源综合利用产品,22家电厂的37台发电机组为资源综合利用发电机组。

3–5日，国际禁化武组织对山东田丰生物科技有限公司特定有机化学品生产设施进行现场核查。

3日，高端技术装备新产品推广工作座谈会在泰安市召开。

4–5日，在烟台市召开山东省葡萄酒、白酒、啤酒行业"十二五"发展规划论证会。李莎副主任主持会议并讲话。

5日，会同省监察、环保、国税、地税、工商、安监等部门制定《山东省稀土生产秩序专项整治行动实施方案》。

5日，组织参加2011中国–乌鲁木齐亚欧照明展。

5日，召开全省市场营销年活动情况通报会。李建生巡视员出席会议并讲话。

8日–10日，工信部、山东省政府、济南市政府三方协同推动济南市中国软件名城创建试点工作第二次协商会议在济南召开。廉凯副主任出席会议并讲话。

9日，印发《关于落实山东半岛蓝色经济区建设重点任务的分工意见》（鲁经信改字〔2011〕442号）。

10日，安全可控国产软件产业联盟在济南成立，工信部软件服务业司副司长陈英，廉凯副主任出席成立仪式。

10日，全省统调最高用电负荷达4910.7万千瓦，是今年入夏以来第7次创出历史新高，较去年夏季最高负荷（4487.2万千瓦）增加423.5万千瓦，增幅9.44%。

10日，山东省风电装备产业联盟会员大会暨风电装备企业对接会在济南召开。党组副书记、副主任杨少军同志出席会议并讲话。

8月10日，在威海召开2011年山东省信息安全工作会议。

11日，接待尼日利亚奥贡州前州长丹尼尔先生及经贸代表团访问山东。

11日，组织参加2011第10届中国北方（青岛）国际五金机电工具贸易展览会。

12日，举办2011中国（济南）国际门业博览会，省委常委、副省长王军民出席开幕式。

12日，省经信委党组中心组（扩大）理论读书班在高唐举办。

14–17日，国际禁化武组织对山东胜利生物工程有限公司附表二化学品消耗设施进行现场核查。

15日，印发《关于印发节能降耗工作监督检查实施方案和2011年节能降耗监督检查计划的通知》（鲁节能资字〔2011〕446号）。

15日，全省统调日用电量达10.33亿千瓦时，入夏以来第7次刷新历史纪录，较去年夏季最高值增加0.95亿千瓦时。

16—21日，省煤电运办公室赴内蒙、宁夏等地就当前煤电运情况进行调研。

17日–20日，国际禁化武组织对潍坊柏立化学有限公司附表三化学品氰化氢生产设施进行现场核查。

18日，全国部分省（区、市）工程建设

领域项目信息公开和诚信体系建设工作调研座谈会在济南召开，中央纪委监察部执法监察室副主任孙怀新出席会议并讲话。党组副书记、副主任杨少军同志就我省工程建设领域项目信息公开和诚信体系建设工作展开情况做汇报。

19日，下发《关于开展道口安全大检查保障铁路安全畅通的通知》，组织开展为期三个月的全省铁路道口安全大检查活动。同日，下发《关于下达2011年全省铁路无人看守道口新上监护计划的通知》，确定对我省铁路无人看守道口新上监护道口56处。

19日，召开2011年上半年老干部情况通报会。党组副书记、副主任杨少军通报了今年上半年全省经济和信息化工作情况、干部选拔任用情况和老干部工作情况。

20日，召开第四次史志编纂工作会议。

22－25日，王万良副主任率经济运行局、电力处同志到东营、潍坊就当前工业经行情况、中小企业和战略新兴产业发展情况、风电、太阳能发电企业运行情况进行调研。

24日，会同省财政厅、省国土资源厅、中国人民银行济南分行，联合下发了《关于印发〈山东省高端技术装备新产品推广目录管理办法〉及有关事项的通知》（鲁经信装字〔2011〕463号）。

25日，会同省监察厅等10个部门印发《关于印发山东省治理商品过度包装行动计划的通知》（鲁经信循字〔2011〕491号）。

25日，印发《山东省重点节能技术、产品和设备推广目录（第二批）的通知》（鲁经信资字〔2011〕469号）。

26日，全省工程建设领域项目信息公开和诚信体系建设工作推进会在淄博召开，省纪委常委、监察厅副厅长徐国力主持会议，党组副书记、副主任杨少军同志出席会议并讲话。

26日，为贯彻落实省政府办公厅《关于进一步做好治理商品过度包装工作的通知》（鲁政办发明电〔2011〕99号）精神，召开全省治理商品过度包装工作座谈会，安排部署中秋节前治理商品过度包装检查工作。对济南市主要商场和生产企业的月饼包装开展了专项检查。

26日，会同省发改委联合下发《关于转发重点产业振兴和技术改造（第一、二批）2011年中央预算内投资计划的通知》（鲁发改投资〔2011〕1095号）、《关于转发工业中小企业技术改造项目2011年中央预算内投资计划的通知》（鲁发改投资〔2011〕1094号）。

29日，王万良副主任率队到呼和浩特铁路局、沈阳铁路局和有关重点产煤省份进行调研，衔接落实今年省外电煤新增铁路运输计划。

29日，下发《山东省经济和信息化委关于印发〈山东省轮胎工业“十二五”发展规划〉的通知》（鲁经信改字〔2011〕476号）。

31日，全省电子政务工作经验交流会在潍坊召开，党组副书记、副主任杨少军出席会议并讲话，

8月至11月，在全省开展2011年信息安全检查。

九月

1日，济南军区第七次国动委会议在洛阳召开，高方副主任出席会议。

1日，节能环保重点项目推介会在潍坊召开，向各大银行、投资担保公司等金融机构推介项目164个，总投资433.9亿元，达成贷款意向66项，贷款金额157.6亿元。

1日，全省合同能源管理合作交流会议在潍坊召开。省节能办主任郑晓光同志出席会议并讲话。

2日，举办2011中国（济南）国际纺织服装博览会暨中韩时尚产业博览会。

2日，组织第二批经贸考察团赴西藏日喀则地区考察交流，召开经贸洽谈会，日喀则市相关部门、企业共40人与会，就纺织、轻工行业两地企业合作展开洽谈。

5日，委主任办公会研究通过《委管社会组织管理办法》。

6－8日，组团参加首届中国国际新材料产业博览会。

6日，印发《关于兑现迎峰度夏期间全省重点统调公用电厂电煤储备考核奖励电量的通知》（鲁经信电力字〔2011〕495号），兑现迎峰度夏期间电煤储备奖励电量26亿千瓦时。

6日，举办2011第七届中国（淄博）国际陶瓷博览会。

6日，印发《关于开展全省市场营销调研工作的通知》（鲁经信函字〔2011〕197号），组织开展"全省企业市场营销百企调研活动"。

9日，印发《关于公布山东省第6届中国工艺美术大师获奖名单的通知》（鲁经信消字〔2011〕506号）。

11日，举办第九届中国（莱州）国际石材展览会。

13日，印发《山东省经济和信息化委关于印发〈山东省家电行业"十二五"发展规划〉的通知》（鲁经信改字〔2011〕507号）。

15日，举办2011中国（山东）国际新医药博览会。

16日，印发《关于对生产生物柴油的综合利用认定企业和餐厨废弃物利用试点企业进行全面检查的通知》，组织各市对利用生物质油、废弃润滑油和废弃动植物油等生产生物柴油及工业油料的资源综合利用认定企业、国家餐厨废弃物资源化利用和无害化处理试点市项目企业进行一次全面检查。

18日，印发《山东省经济和信息化委员会印发关于在全省企业实施"三大市场战略"推广工程的意见的通知》（鲁经信外字〔2011〕516号）。

19日，工信部全国15省市工业经济运行座谈会在济南召开。工信部运行监测协调局局长肖春泉出席会议。党组书记、主任郭述禹出席会议并致辞，王万良副主任作交流发言。

20–21日，亚欧大陆桥物流行业协会联盟会议在日照市召开。

20日，召开创新工业品营销三大市场战略推广工程研讨会，李建生巡视员出席会议并讲话。

22日，在济南召开全省装备制造业经济运行情况专题分析会，形成了《关于全省装备制造业增速回落的原因分析及措施建议》的调研报告。

22日，组织参加第八届中国国际中小企业博览会。

23日，组织参加第九届中国（滨州）国际家纺文化节。

23日，组织参加山东半岛蓝色经济区海洋食品博览会。

23日，经省政府同意，印发《山东省"十二五"太阳能产业发展规划》（鲁经信资字〔2011〕526号）。

23日，会同省有关部门印发《关于公布济南市为首批省级餐厨废弃物资源化利用和无害化处理试点城市的通知》（鲁经信循字〔2011〕546号）。

24日，在西安举办"山东百强太阳能企业西北五省行"活动。

27日，印发《关于公布2011年度通过认定热电联产机组名单的通知》（鲁经信电力字〔2011〕529号）。

27日上午，在收看了全国节能减排工作电视电话会议后，省政府召开全省节能减排工作电视电话会议，进一步安排部署今年和"十二五"时期全省节能减排工作。省委副书记、省长姜大明出席会议并讲话，省委常委、副省长王军民主持会议。

28日，淄博恒汇电子年产20亿片IC封装载板项目举行投产仪式，廉凯副主任出席仪式并致辞。

28日，全省三季度经济运行座谈会在枣庄召开。王万良副主任出席会议并讲话。

28 日，会同省发改委联合下发《关于转发重点产业振兴和技术改造（第三批）2011 年中央预算内投资计划的通知》（鲁发改投资〔2011〕1276 号）。

29 日，全省治理公路“三乱”工作座谈会在泰安召开。

29 日，全省成品油流通管理工作会议在枣庄召开。李建生巡视员出席会议并讲话。

十月

8 日，全省经信系统加强十一黄金周期间工业生产组织和节日情况值班调度，节日期间全省有 60% 以上企业坚持生产，规模以上工业增加值同比增长 17.2%。为保持全省工业平稳较快增长做出贡献。省委常委、副省长王军民同日作出批示：“很好，继续认真组织协调好第四季度工业生产”

8 日，召开山东 – 墨西哥经贸洽谈会，李建生巡视员出席会议并讲话。

9 日，省委常委、副省长王军民就全省煤电运工作做出重要批示：“经信委积极组织协调各有关方面，采取多种措施，圆满完成今年迎峰度夏电力供应保障任务，向你们表示祝贺和感谢！希望你们发扬迎峰度夏的经验做法，继续采取积极主动的工作态度，确保冬季全省电力热力供应。”

10 日，全省原材料产业三季度经济运行座谈会在莱芜召开。刘绪聪总经济师主持会议，高方副主任出席会议并讲话。

10 日，《山东省信息化与工业化融合水平评价指标体系》正式发布，这是我国首个两化融合地方性标准。

11 日，召开世行节能贷款项目启动会议，制定亚行技援项目培训计划。

12 日，在济宁市召开 2011 年全省三季度节能工作调度会。省节能办主任郑晓光同志出席会议并讲话。

12 日，下发《关于印发〈山东省散装水泥“十二五”发展规划〉的通知》（鲁经信消字〔2011〕562 号）。

14 日，省节能减排工作领导小组办公室向各市政府下发《关于开展 2011 年节能降耗监督检查的通知》（鲁节减办字〔2011〕4 号）。

14 日，在淄博召开全省资源综合利用统计软件培训工作会议。

14 日，印发《山东省清洁生产咨询服务机构管理办法》和《山东省清洁生产单位认定管理办法》。

17–28 日，省经信委、发改委等 15 个部门组成 6 个督察组，对全省 17 个市今年以来节能工作情况进行了现场监督检查，听取了各市政府的汇报，检查了 34 个县（市、区）和 93 户重点用能企业。

17 日，省政府办公厅印发《山东省人民政府办公厅关于印发山东省节约能源“十二五”规划的通知》（鲁政办发〔2011〕55 号）。

18 日，全省三季度煤电运调度工作会在潍坊召开。王万良副主任出席会议并讲话。

18 日，会同省发改委联合下发《关于转发国家下达我省重点产业振兴和技术改造中央专项 2011 年中央预算内投资计划的通知》（鲁发改投资〔2011〕1354 号）。

19 日，在烟台召开华东地区交通处长工作座谈会。

19–20 日，全国农业农村信息化工作交流会在寿光召开。

20 日，印发《营销创新和品牌建设是工业发展的重要引擎—山东工业市场营销“百企调研”》汇编册。

25 日，印发《关于调整部分统调公用机组年度发电量计划的通知》（鲁经信电力字〔2011〕593 号）。

25 日，党组书记、主任郭述禹同志主持召开会议，研究贯彻落实全省钢铁产业结构调整试点工作动员会议精神。

25 日，下发《关于全省清洁生产审核开

展情况的通报》(鲁经信循字〔2011〕584号），通报全省前三季度清洁生产审核开展情况。

26日，省煤电运各有关方面加大工作措施，增加冬季电煤储备。到10月25日，全省33家统调主力电厂电煤库存重新上升到1000万吨以上，达到1023万吨，可以满足29天耗用量。

26日，国家发展改革委下达2011年节能技术改造财政奖励项目实施计划（第一批），我省45个项目列入其中。

27日，浪潮集团参与建设的国家超级计算济南中心在高新区揭牌正式投入使用。

27–28日，全省三季度技术改造工作座谈会在济宁召开。李莎副主任出席会议并讲话。

28日省政府办公厅下发《关于切实做好煤电运供应保障工作保证冬季电力热力供应的通知》。

28–30日，潍坊召开的全国建筑废弃物资源化再利用经验现场交流会，推广潍坊市在建筑废弃物综合利用方面的经验和做法。省政府节能办主任郑晓光出席会议并致辞。

31日，会同省财政厅下发《关于公布2011年度山东省循环经济十大示范工程的通知》(鲁经信循字〔2011〕610号。

十一月

1日，《山东省新能源汽车产业发展情况及政策建议》，被《国务院办公厅专报信息》采用。

1日，调研完成《山东省工业领域各行业会展情况调研报告》。

1日，印发《关于加快尾矿综合利用的指导意见》(鲁经信循字〔2011〕605号）和《关于加快工业副产石膏综合利用的指导意见》(鲁经信循字〔2011〕606号）。

2日，成立山东省工业和信息产业标准化工作委员会。

2日，召开全省钢铁企业兼并重组工作座谈会，高方副主任主持会议并讲话。

4日，全省经信委主任座谈会在济南召开。党组书记、主任郭述禹同志传达省政府三季度经济社会发展形势分析会议精神，强调要抓好后两个月的工作，努力完成全年目标任务。

8日，公布了《山东省高端技术装备新产品推广目录(第一批)》(鲁经信装字〔2011〕604号)。

10日，组织召开全省淘汰和压缩钢铁产能工作会议，传达国家发改委关于在山东省开展钢铁产业结构调整试点工作精神，研究部署编制《山东省钢铁产业淘汰压缩落后产能实施方案》等工作。

10日，印发《山东省经济和信息化委员会关于转发省机械工业协会〈山东省机械工业“十二五”发展规划〉的通知》(鲁经信改字〔2011〕618号)。

11日，召开山东省农机工业“十二五”发展规划论证会，总结全省农机工业调整振兴情况,研究“十二五”时期的发展思路和措施。李莎副主任出席会议。

11日，召开山东省对口支援麦盖提县产业合作专题对接会，李建生巡视员主持会议并讲话。

14日，高方副主任带领原材料产业处、产业政策处、企业处和山钢集团、省冶金总公司的同志，到云南省对钢铁企业兼并重组情况进行了考察调研。

15日，落实省政府领导要求，开展节能降耗督查集中行动，从省经信委（省节能办）省统计局、省住建厅、省交通厅、省物价局、省监察厅、省服务业办等部门抽调专人，集中办公，强化预警调控和督查工作。

15日，下发《关于2011年度资源综合利用企业抽检有关情况的通报》(鲁经信循字〔2011〕626号），对抽检有问题的24家企业进行通报，要求其进行整改。

15日，印发《山东省循环经济发展

“十二五”规划》（鲁经信循字〔2011〕627 号）。

16 日，省宏观经济研究院揭牌仪式和省宏观经济学会年会在济南召开，王万良副主任出席会议并当选为省宏观经济学会副会长。

17 日，全省冬季铁路卸车工作会议在日照召开。王万良副主任出席会议并讲话。

17 日，组织参加 2011 第五届中国（山东）国际糖酒食品交易会。

17 日，省政府办公厅下发《山东省政府办公厅关于采取坚决有效措施确保超额完成今年节能目标的紧急通知》（鲁政办发明电〔2011〕129 号）。

18 日，完成《山东工业综合管理志》资料长编 128 万。

18 日，接待尼日利亚李氏集团经贸考察团来访。李建生巡视员会见客人。

21 日，省政府印发《山东省人民政府关于印发山东省“十二五”节能减排综合性工作方案的通知》（鲁政发〔2011〕47 号）。

21 日，印发《关于加快重点用能企业能源管理中心建设的意见》（鲁经信资字〔2011〕640 号），指导我省能管中心建设。

22 日，省道口办组织召开铁路道口预报警设备维修培训会议，进一步强化预报警设备管理人的维修养护能力。

22 日，省煤电运办公室召开交通、公安协商会，决定自 12 月 1 日至 2012 年 3 月历 1 日开通冬季电煤运输绿色通道。

23 日，下发《关于我省建立电煤汽车运输快速通道的通知》（鲁经信交字〔2011〕645 号）。

23 日，与科技厅、财政厅、商务厅、国资委等五部门联合制定出台《关于加快推进信息化与工业化深度融合促进转方式调结构的意见》（鲁经信信推字〔2011〕676 号）。

24–26 日，2011 中国（济南）国际现代物流供应链技术与装备博览会在济南举行。

24 日，国家工信部等八部委联合检查组来山东检查稀土工作，省委常委、副省长王军民主持汇报会，高方副主任汇报发言。

24 日至 25 日，国家工信部等八部委联合检查组对微山湖稀土有限公司、淄博加华新材料资源有限公司和淄博包钢灵芝稀土高科技股份有限公司等 3 家稀土矿山和冶炼分离企业进行了现场核查。高方副主任陪同。

24 日，向 1—3 季度节能目标完成情况未达到全省平均水平的市政府下发节能预警调控通知。

25 日，召开省物流与交通运输协会第三次会员大会。

25 日，山东济南中国软件名城创建试点工作总结大会暨中国软件名城授牌仪式在山东大厦举行，济南市成为全国继南京之后的第 2 个中国软件名城。工信部副部长杨学山，工信部软件服务业司司长陈伟，省委常委、济南市委书记焉荣竹，副省长、济南市市长张建国，廉凯副主任等领导同志出席仪式。

25–27 日，国家第三督查组对我省贯彻落实“十二五”节能减排综合性工作方案和 2011 年节能减排政策措施实施情况进行了督查。省委常委、副省长王军民主持了节能减排工作情况汇报会，省长助理陈光主持了督查情况反馈会。督查组对我省节能减排工作给予充分肯定。

28 日，省政府印发了《山东省人民政府关于表彰第二届山东省企业管理奖获奖企业和管理创新成果的通报》（鲁政字〔2011〕291 号）。

29 日，省政府节能办、中国质量认证中心举办的全省节能认证暨能效对标工作座谈会在青岛召开。

29 日，2011 年信息技术产业统计工作会在潍坊召开。

29 日，与美国大使馆共同举办“山东－美国能源研洽会”，共 80 余名能源、电子、电力、煤炭等相关企业负责人参加。美国驻华大使骆家辉出席会议并致辞。省节能办主任郑晓光出席活动。

30日，我省列入国家计划的落后产能主体设备全部关停。

11月中旬–12月中旬，会同省财政厅分别委托江苏省节能技术服务中心、天津市节能技术服务中心两家第三方审核机构对“十一五”节能技改财政奖励项目进行清算审核。

十二月

1日，国家决定将全国燃煤电厂上网电价平均每千瓦时提高约2.6分钱，将随销售电价征收的可再生能源电价附加标准由现行每千瓦时0.4分钱提高至0.8分钱；对安装并正常运行脱硝装置的燃煤电厂试行脱硝电价政策，每千瓦时加价0.8分钱。上述措施共影响全国销售电价每千瓦时平均提高约3分钱。

1日，印发《关于命名2011年度新农村电气化县、乡（镇）、村的通知》（鲁经信电力字〔2011〕675号）。

1日，省政府办公厅下发《山东省人民政府办公厅转发省经济和信息化委关于推动山东优势产业与新疆喀什地区战略性合作的指导意见的通知》（鲁政办发[2011]72号）。

1日，下发《关于公布2011年国家认定的资源综合利用发电机组名单的通知》（鲁经信循字〔2011〕717号），认定淄博热电股份有限公司等24家企业的43台资源综合利用发电机组。

2日，全省工程建设领域项目信息公开和诚信体系建设工作推进会议在济南召开。省纪委常委、监察厅副厅长徐国力出席会议，党组副书记、副主任杨少军出席会议并讲话。

2日，召开全省工业调整振兴第九次联席会议。省委常委、副省长王军民出席会议并讲话。

6日，下发《关于开展2012年全省春运前各项准备工作大检查的通知》。

6日，在临沂市举办全省禁化武履约暨数据宣布工作培训班。

7日，组织召开全省综合交通邮电统计工作会议。

8日，济南二机床集团公司承担的2009年度“高速龙门五轴加工中心”、“双摆角数控万能铣头”2个国家数控机床专项课题通过专家验收。工业和信息化部财务司、装备工业司、数控机床专项办的有关领导专家参加了验收会议。

8日，省级科技防腐工作推进会议在济南召开。省纪委副书记、监察厅厅长于晓明出席会议，党组副书记、副主任杨少军同志出席会议并讲话。

8日，向烟台、潍坊等13个节能形势严峻，调控效果不明显的市政府下达预警通知。

8日，下发《关于印发〈山东省成品油分销体系“十二五”发展规划〉的通知》（鲁经信消字〔2011〕683号）。

9日，省节能减排工作领导小组办公室约谈日照、临沂、德州三个节能形势较严峻的市政府分管市长，并向三个市下达节能整改指令。

11日，印发《山东省造纸工业“十二五”发展规划》（鲁经信改字〔2011〕696号）。

12日，印发《山东省葡萄酒工业“十二五”发展规划》、《山东省白酒工业“十二五”发展规划》和《山东省啤酒工业“十二五”发展规划》（鲁经信改字〔2011〕697号）。

13日，转发了《国家发展改革委关于认真做好2012年春运工作的通知》（鲁经信交字〔2011〕694号）。要求各市各有关部门要严格按照国家部署和省政府领导要求，认真搞好春运前各项准备工作。

14日，高方副主任带领原材料产业处、企业处、省冶金总公司的有关同志，到潍坊、滨州对钢铁企业兼并重组工作进行调研督导。

14日，全省新能源汽车发展工作会议在济南召开。党组副书记、副主任杨少军同志出席会议并讲话。

14日，召开全省节能降耗集中督查行动汇报会。省委常委、副省长王军民作重要指示，党组书记、主任郭述禹同志主持，省经信委（节能办）、省物价局、省统计局分别作了汇报。

15日，在淄博市召开2011年度水泥工作会议。

15日，印发《山东省统调发电机组额定容量核定管理办法》（鲁经信电力字〔2011〕701号）、《山东省统调发电机组额定容量核定试验技术规范》（鲁经信电力字〔2011〕702号），规范发电机组额定容量管理，提高电力供应保障能力和电网稳定运行水平。

15日，下发《关于进一步做好资源综合利用认定管理工作的通知》（鲁经信循字〔2011〕699号）。

16日，山东华芯半导体承担建设的我省首条高端集成电路封装测试生产线投产仪式在高新区举行。省委副书记、省长姜大明，省委常委、副省长王军民，省委常委、济南市委书记焉荣竹以及国家外专局、工信部、科技部、发改委、重大专项专家组出席投产仪式。党组书记、主任郭述禹同志出席仪式并致辞。

16日，2011年中国集成电路产业促进大会暨第六届"中国芯"颁奖典礼在济南召开。

16日，甘肃省郁海燕副省长率领的经贸代表团来我省考察并达成省际产业合作协议。

16日，印发《山东省农机工业"十二五"发展规划》（鲁经信改字〔2011〕698号）。

16日，高方副主任带领原材料产业处、企业处、省冶金总公司，到滨州市对钢铁企业兼并重组工作进行调研督导。

19日，委主任办公会研究通过《产业转移指导目录（修改意见稿）》。

20日，我省列入国家计划的落后产能主体设备已全部拆除，并通过了由省淘汰落后产能工作领导小组办公室组织的验收。

21日，就抓好2012年一季度及元旦、春节期间工业经济运行实现首季良好开局发出电报，提出7个方面的工作措施。

21日，省府办公厅印发《山东省人民政府办公厅关于加快山东省装备制造业发展的意见》（鲁政办发〔2011〕79号）。

21日，印发《关于加强因公出国（境）管理工作的通知》。

21日，调研起草《山东省物联网产业发展调研报告》。

21日，由省食协、省消协、省食品办、省电视台联合在济南举行"山东食品安全倡议活动"，李建生巡视员出席会议并讲话。

23日，召开全省春运准备工作调度会。

27日，2012年度省内电煤订货会在济南召开。王万良副主任到会进行动员部署。

27日，下发《关于印发2012年全省春运工作组织保障方案的通知》。

27日，高方副主任参加全省钢铁产业结构调整试点工作领导小组会议，汇报了我委自试点工作开展以来所做的主要工作，并对我委负责起草的淘汰压缩落后钢铁产能实施方案做了编制说明。

28日，省政府办公厅发出电报通知，就抓好2012年一季度工业经济运行和元旦、春节期间生产组织工作提出七个方面的要求。通知号召全省工业战线抓紧抓好一季度工作，努力实现2012年首季良好开局，推动全省工业经济平稳较快发展。

28日，工信部运行局致函山东省经信委，就2011年我省工业应急工作取得的显著成绩表示肯定和感谢。

28日，编发《山东省工业和信息化"十二五"发展规划汇编》。《汇编》共包含我委组织编制的48项规划，涵盖了我省工业和信息化主要领域和重点领域，明确了"十二五"时期的发展思路、基本原则、主要目标和重点任务。

29日，召开全省装备产业工作会议，省委常委、副省长王军民出席会议并讲话。

29 日，印发《关于做好明年一季度电力供应保障工作的通知》（鲁经信传真〔2011〕39 号），安排部署做好春节、两会期间电力供应保障工作，为实现一季度经济运行开好门提供可靠电力保障。

30 日，全省经信工作会议在济南召开。省委常委、副省长王军民出席会议并讲话。

30 日，印发了《关于公布第二十五届山东省企业管理现代化创新成果和优秀应用成果的通知》（鲁经信企字〔2011〕758 号）、《关于公布 2011 年度山东省管理创新十佳企业、优秀企业和山东省十佳经营管理者、优秀经营管理者的通知》（鲁经信企字〔2011〕759 号）。

30 日，与省发展改革委、省科技厅联合印发《关于加快培育发展云计算产业的指导意见》。

31 日，印发了《山东省信息技术产业园认定管理办法》《鲁经信电子字〔2011〕738 号）、《山东集成电路设计中心认定管理办法》（鲁经信电子字〔2011〕741 号）、《山东省半导体照明工程技术中心认定管理办法》（鲁经信电子字〔2011〕739 号）和《山东省射频识别（RFID）工程技术中心认定管理办法》（鲁经信电子字〔2011〕740 号。

31 日，2011 年全省规模以上工业增加值比上年增长 14% 左右，完成年度计划目标。营业收入突破 10 万亿元，达到 10.2 万亿元，增长 26%；利税突破 1 万亿元，达到 1.11 万亿元，增长 25%；利润 7000 亿元，增长 27%，全面完成年度考核目标。

5 － 3　2011 年济南市经信工作概述

一、工业概况

2011 年，全市年销售收入 2000 万元以上工业企业（以下称规模以上企业）1650 个。按隶属关系分，中央企业 33 个，省属企业 48 个，市属企业 99 个，县（市）区属企业 132 个，乡镇属企业 12 个，其他企业 1326 个；按轻重工业分，轻工业企业 490 个，重工业企业 1160 个；按企业登记注册类型分，国有企业 54 个，集体企业 57 个，股份合作企业 13 个，股份制企业 1093 个，外商及港、澳、台商投资企业 184 个，其他企业 249 个；按企业规模分，大型企业 11 个，中型企业 56 个。全市规模以上工业企业资产合计 3923.97 亿元，同比增加 9.18%；负债合计 2426.01 亿元，同比增加 9.13%；工业流动资产合计 2261.48 亿元，同比增长 10.04%。全年完成生产总值 4406.29 亿元，比上年增长 10.6%；全部工业增加值 1507.9 亿元，增长 12.2%。全市规模以上工业累计完成工业增加值 1355.2 亿元，同比增长 13.1%。社会物流总额 10665.7 亿元，增长 16.3%; 工业用电量累计 161.91 亿千瓦时，同比增长 2.91%。规模以上工业主营业务收入 5023.1 亿元，比上年增长 15.3%; 实现利税 517.1 亿元，增长 7.3%; 实现利润 251.5 亿元，增长 4.9%。全市机械装备、石化及新材料、食品药品业、电子信息、新能源及节能环保产业等重点行业增势较好，其中：机械装备业实现营业收入 1124.8 亿元，增长 22.8%；石化及新材料实现营业收入 801.9 亿元，增长 34.5%。全市工业销售产值比上年增长 17.1%；工业产销率达到 98.2%，高于去年同期 0.5 个百分点。全市生产的 129 种大类产品中，有 86 种产品呈增长态势，占 66.7%，提高 6.6 个百分点。

二、技术创新

（一）创新环境不断优化。认真贯彻落实省经信委等部门技术创新政策及配套措施，鼓励技术中心企业尤其是县属企业不断加大科技投入。调整市级企业技术中心认定管理办法，在同等条件下享受研发费用加计扣除政策的企业优先考虑设立技术中心。引导企业申报省技术创新项目，全年数量同比增加 11.6%，占全省总数 14.2%，其中 113 个项目达到国际先进水平，研发经费投入增长 21.99%。加强政策宣传，做好基础管理工作，开发济南市技术中心信息管理系统。对全市 2010 年度 125 家省级技术创新项目承担企业研发费用加计扣除情况进行调度，开展市级以上技术中心企业培训班，宣传技术创新优惠政策。

创新平台建设取得重大进展。千万亿次国家超级计算济南中心正式揭牌启用，我市成为第 3 个拥有国家超级计算中心的城市，中国科学院量子技术与应用研究中心暨济南量子技术研究院正式揭牌，建成山东省首家“云计算中心”；企业技术中心队伍逐年壮大。中国石油集团济柴动力总厂、山东华凌电缆有限公司等 2 家企业被新认定国家级企业技术中心，国家级企业技术中心达到 15 家。山东三箭建设工程股份有限公司、中建八局第二建设有限公司、保利民爆济南科技有限公司、齐鲁宏业纺织集团有限公司、山东百脉泉酒业有限公司、济南巨能液压机电工程有限公司、山东泰华电讯有限责任公司、济南晶恒电子有限责任公司、山东绿霸化工股份有限公司、山东华民钢球股份有限公司等 10 家企业入选省级企业技术中心，省级企业技术中心达到 56 家。新认定市级企业技术中心 23 家。截止 2011 年底，全市国家、省及市三级企业技术中心数量达到 224 家，技术中心企业全年销售收入 3235 亿元，同比增长 11%；新产品销售收入 1425 亿元，同比增长 7.66%，市级中心新产品销售比率同比提高 9.85 个百分点，科技活动经费支出比重同比增长 0.4 个百分点，企业技术中心对全市工业经济贡献率逐年提高。

政策资金扶持力度持续强劲。2011 年，共减免高新技术企业所得税 6.58 亿元、企业研究开发费用加计扣除 1.88 亿元，支持企业开展自主创新，对 7 家去年认定的省级企业技术中心拨付补助资金 700 万元，企业享受财政专项扶持资金 1100 万余元；申报专项，争取上级资金扶持，法因数控、章丘炊具、商河宏业入选省工业设计中心建设项目；玫德铸造、力诺集团入选省企业技术创新能力建设项目；力诺瑞特、浪潮集团 2 家企业入选 2011 年国家重大科技成果转化项目；强化资金引导作用，市经信委组织专家对各县（市）区申报资金项目进行择优比较、定性和定量评价，7 个项目（第一批）获得技术创新专项资金扶持，资金总额共计 175 万元；发挥省财政扶持资金的杠杆作用，19 家企业 32 个新产品项目申报省财政专项扶持资金，经省经信委和省财政厅审查，23 个新产品项目列入《2011 年山东省享受财政专项资金扶持的新产品项目名单》，占全省总数的 16.2%。2011 年，企业技术中心科技活动经费支出额达到 130.91 亿元，比上年增长 14.86%。

（二）创新项目建设稳步推进。围绕电子信息、新医药、新能源、高端装备制造等新兴产业，突出重大专项实施。413 个项目列入省技术创新项目计划，同比增加 11.6%。全年共安排市级重大专项 22 项，专项资金 4000 万元，引导企业科技投入超过 10 亿元。33 个项目列入全省战略性新兴产业项目，产业高端化趋势进一步显现。全年共争取省部级各类科技计划 200 余项，资金 4.5 亿元。全市出口额 60.5 亿美元，其中，机电产品、高新技术产品出口额占 66%。浪潮、中创两个项目列入“核高基”国家科技重大专项；二机床集团中标福特冲压成套项目，6 个项目列入“数控机床”国家科技重大专项，9 个项目成为省重点领域首台(套)技术装备项目，其中 8 个国内首台，列全省首位。红帆规划建设的直线电机列车多功能综合实验线为国内首条，填补了国内现有城市轨道交通试验条件的空白，标志着我国自主知识产权、具有世界领先水平的轮轨列车、直线电机驱动集成系统、列车协调控制系统、自动驾驶系统以及主动安全系统正式起步。12月29日，济南二机床获得福特汽车美国两家工厂全部5条大型快速智能冲压生产线订货合同，标志着拥有完全自主知识产权的国产冲压装备制造技术实现重大突破。我国首条高端集成电路存储器封装测试生产线在浪潮产业园投产，将进一步加快济南集成电路产业化进程。

（三）国家创新型试点城市扎实推进。出台《济南市建设国家创新型城市试点工作实施方案》，进一步明确了创新型城市建设的目标和任务，推进创新型城市建设。全年新批准国家级企业研发机构5家、省级企业研发机构34家；新认定中国驰名商标7个、省著名商标42个、山东名牌产品26个；制定国际标准1项，实现了零的突破；制定国家标准（行业标准）14项。取得重要科技成果415项，济南二机床集团研制的大型快速智能冲压装备等一大批科研成果达到了国际领先水平。全年认定自主创新产品128个，累计达到379项。年末市级以上创新型企业总数145家，其中省级以上40家；省级创新联盟33家。全市获得国家科技进步二等奖3项，省科技进步二等奖43项。全年专利申请量18564件，增长19.6%，其中发明专利申请量5125件，增长49.3%。专利授权量11329件，增长18.1%，其中发明专利授权量1623件，增长28.8%。新培育高新技术企业87家，总数达到353家。新增国家级创新型企业1家、省级创新型企业19家、市级创新型企业30家。全年实现技术合同交易额27.4亿元。国家科技成果转化服务（济南）示范基地正式启动，遴选成果174项，开展对接转化28项。新增19家省级工程技术研究中心。建成国家级科技园区5个、火炬计划特色产业基地8个、“863”成果转化基地2个、国际科技合作基地4个。

（四）市场开拓取得实效。实施创新驱动战略和“专利、品牌、商标、标准”战略，专利品牌意识日益增强，企业核心竞争力更加提高。深入开展“市场营销年”活动，举办并组织参加各类专业展会。成功举办“2011第五届中国山东（国际）糖酒食品交易会”，参展企业600余家，展位1300余个，参展代理商、经销商、投资商等客商共计14万人，成交总额22亿元，刷新了山东糖酒会历史记录；成功举办“2011中国（济南）国际纺织服装博览会暨中韩时尚产品展览会”，参展企业共计85家，国际标准展位260个，展会期间实际成交额为8000万，意向成交额1.5亿；组织企业参加第一届中国国际新材料产业博览会。引进并协助武汉市举办“武汉名优特新产品（济南）展销会”。组织召开全市智能工业创新发展与应用大会，扎实推进第六届信博会筹备工作。5月12日-14日，我市3个园区、20家重点企业、约50人参加的大型展团，以创建“中国软件名城”为主题，成功亮相2011年第十四届中国国际软件博览会（北京软博会），8项产品获得软博会金奖和创新奖，取得显著效果。

（五）产学研合作结硕果。金钟衡器牵头制定国家标准，9家企业被省政府认定为产学研合作创新突出贡献单位。第四届全国衡器标准化技术委员会在济南成立。组织企业参加山东省产学研展洽会，浪潮集团有限公司、济南二机床集团有限公司等21家企业参加展洽会成果展示。济南二机床集团有限公司和山东大学签署了“大型精密复合冲压成型机床创新能力平台建设”项目的合作协议。山东浪潮华光光电子有限公司被省经信委认定为首批“山东省新材料深加工示范企业”；山东法因数控机械股份有限公司和章丘炊具机械总厂被认定为2011年山东省工业设计中心；济南金钟电子衡器股份有限公司的“网络化远程计量控制系统-GAM系统”获2011年山东省产学研展洽会参展产品金奖；山东康巴丝实业有限公司等两家企业的两个产品获银奖；九阳股份有限公司等三家企业的三个产品获铜奖；山东力诺瑞特新能源有限公司等五家企业的五个产品获创新奖。市经信委获山东省产学研合作创新突出贡献先进集体称号，山东齐鲁电机制造有限公司等9家企业被山东省人民政府授予产学研合作创新突出贡献单位。

三、结构调整

（一）调结构保增长成效显著。面对严峻复杂的国内外经济形势，我市积极围绕“转方式、调结构、促增长、惠民生、保稳定”的中心工作，编制“十二五”工业和信息化发展规划，通过实施重点工业和信息化投资项目，着力推进产业、产品结构调整，加快推进两化融合，结构调整取得显著成效。三次产业增加值比例由5.5：41.9：52.6调整为5.4：41.5：53.1。一是工业投资呈现稳定增长。累计完成规模以上工业固定资产投资576.7亿元，同比增长18%，占全社会固定资产投资(1934.3亿元)的29.8%。其中，中央及省属企业共完成工业固定资产投资141.1亿元，占总投资额的24.5%，市属及市属以下企业共完成工业固定资产投资435.7亿元，占总投资额的75.5%。二是投资结构不断优化。落实技术改造投资核准、备案制度，引导社会投资向主导产业和战略性新兴产业集中。现有工业企业累计完成技术改造投资408.8亿元，同比增长9.1%，占工业固定资产投资的70.9%，占全社会固定资产投资的21.1%，绝对值位列全省第9，占全省（8054.4亿元）的5.1%。高新技术产业完成投资226.2亿元，同比增长36.8%，占工业固定资产投资39.2%。高新技术产业占规模以上工业比重达38.7%，比年初提高1个百分点。三是六大支柱产业完成投资情况良好。2011年，制造业完成投资517.2亿元，占工业固定资产投资的89.7%。六大支柱产业共完成投资425.7亿元，同比增长2.1%，占全市工业投资的73.8%。其中，机械制造和石油化工行业分别同比增长22.9%和7.0%。

（二）项目建设进展顺利。全市在建工业投资项目1443个，较去年同期增加8个。其中：亿元以上项目112个，同比减少34个。新开工项目1085个，同比增加108个，完成投资363.3亿元，占工业投资63.0%。新开工亿元以上工业项目45个,较去年同期增加4个，完成投资71.5亿，占工业投资12.4%。竣工项目1053个（亿元以上30个），完成投资339.9亿元。加快推进重点项目建设。年初确定的2011年度工业和信息化100个重点项目，总投资952亿元（其中储备项目10项，总投资451亿元），现已开工项目78项，总投资552亿元。目前力诺集团股份有限公司300MW光伏电池片项目（总投资13.8亿元，累计完成投资12.3亿元），济南吉利汽车零部件有限公司零部件生产项目等27个项目均已竣工，可年新增销售收入158.1亿元，利润17.4亿元，税金9.7亿元。争取国家和省级专项资金2.3亿元，安排市财政资金2.2亿元，带动社会资金投入60亿元。推进山水垃圾焚烧、济钢循环经济产业园等重大项目建设，拉开我市工业结构战略性调整序幕。黄台发电有限公司黄台电厂2*300mw上大压小热电联产工程，总投资29亿元，累计完成投资28亿元。

（三）产业转型升级步伐不断加快。战略性新兴产业发展迅速。高新产业发展较好，产业高端化趋势进一步显现，2011年，全市工业完成高新技术产业产值1979.7亿元，同比增长12.2%，占规模以上工业总产值的比重达到38.66%，比年初提高1.01个百分点；高新比重高于全省平均水平11.35个百分点，在十七市中位列第3位。全市新信息、新能源、生物医药、高端装备等四大战略性新兴产业企业743家，其中过亿元企业361家，同比增加66家；实现主营业务收入2310.8亿元，增长10.6%；其中新信息增长27.4%，新能源增长21.5%，生物医药增长42.8%，高端装备增长5.3%。中小企业发展活力不断增强。济南市政府出台了关于进一步促进中小企业发展的意见，进一步优化中小企业发展政策环境。完善服务平台建设，成立中小企业法律咨询服务中心，开通“12345”中小企业政策咨询热线，免费为中小企业提供法律和政策咨询服务。开展企业实训基地建设，102家企业成为省级“企业实习实训基地”，全年中小型企业完成工业增加值962.0亿元，增长21.3%，增幅高于全市8.2个百分点，拉动工业增加值增长14.5个百分点。中小型企业效益大幅提升，全年实现利税298.5亿元，增长18.8%，利润180.0亿元，增长20.0%；利税、利润分别达到全市的57.7%和71.6%，增幅分别高于全市11.5、15.1个百分点。民营非公有制经济增势较好。力诺集团、吉利汽车、福胶集团、松下电子、青年汽车等新老骨干非公有制企业生产和效益均实现较快增长。全年非公有制企业完成工业增加值692.7亿元，占规上工业比重达到51.1%，比去年提高2.9个百分点；同比增长20.8%，增幅高于全市平均7.7个百分点；实现利税287.0亿元，增长20.0%，其中实现利润185.4亿元，增长20.2%，增幅分别高于全市12.7、15.2个百分点。轻工业增长快速，高耗能行业增速放缓。医药、烟草、纺织服装、农副食品加工、家具制造等轻工行业增长快速。全年轻工业完成工业增加值329.9亿元，增长16.7%，增幅分别高于全市平均和重工业3.6、4.7个百分点；轻工业占全市的比重达到24.3%，同比提高0.7个百分点。其中，医药制造业增长20.5%，烟草制品业增长33.5%，纺织、服装业增长19.2%，农副食品加工业增长18.2%，家具制造业增长67.2%。全年，钢铁、有色、建材、石油加工及炼焦、化工、电力六大高耗能行业完成工业增加值482.2亿元，增长11.4%，增幅低于全市1.7个百分点；占全市的比重为35.6%，同比提高0.5个百分点。“双高”行业投资113.4亿元，同比下降34.3%。加强产业载体建设，明确省级以上工业园区功能定位和县区工业发展方向，加强园区基础设施建设，推动产业集聚集约发展。省级以上园区规模以上工业增加值突破600亿元，同比增长35%。明水经济开发区被认定为国家汽车产业示范基地，济北经济开发区被认定为全国食品饮料产业基地和省级高端装备制造业基地。

（四）拓宽融资渠道支持技术改造。2011年，我市技术改造利用国家预算资金11.6亿元，国内贷款31.6亿元，同比分别增长11.7%、51.5%。会同中国银行济南分行、担保机构等单位搭建互动平台，共推荐急需流动资金企业56户，申请贷款12.13亿元；设立6000万元的中小企业发展专项资金和1亿元的过桥资金。提高市中小企业信用担保中心注册资金，提升担保机构规范化服务水平，12家规范化担保公司累计为中小企业提供担保融资超过200亿元。加强银企对接，与建设银行山东分行合作搭建了中小企业贷款“绿色通道”，新增贷款11.7亿元，为全市产业集群提供了30亿元的信贷额度支持；企业直接融资能力增强，抗风险能力不断提高，2011年我市有3家企业实现上市融资，其中章鼓上市结束了我市县域经济没有上市公司的历史。区域内上市公司达到29家，股票31只，累计融资总额达到502.7亿元。上市后备资源培育工作取得较大发展，有9家企业已报山东证监局备案辅导，20家企业与中介机构签订协议，4家企业积极推进境外上市；有40余家企业引入战略投资者，引入投资资金约21亿元。

四、节能降耗

（一）节能减排和环保力度加大。全年全市万元GDP能耗下降3.78%；全年全市规模以上工业增长单位能耗同比下降4.48%，完成省政府下达的万元GDP能耗、规模以上工业万元增加值能耗分别下降3.7%和3.89%目标任务。完成6座350立方米炼铁高炉、180台75KA预焙铝生产设备、1.8万千瓦发电机组的关停淘汰工作。加强重点领域节能，全市县级以上城市规划区建筑节能标准执行率100%，新型墙体材料应用率100%，建成节能建筑约300多万平方米。启动既有居住建筑供热计量和节能改造工程，完成改造建筑面积100万平方米，实施太阳能一体化工程119万平方米。200辆新能源公交车投入运营。4月26日，在省政府召开的全省节能考核奖励电视会议上，济南市人民政府被省政府授予“山东省节能突出贡献单位”称号，记集体一等功。济南市经信委被省人社厅、省经信委授予“山东省节能先进单位”称号，记集体二等功。中国重型汽车集团有限公司被省政府授予“山东省节能突出贡献企业”称号。

（二）推进循环经济和清洁生产。开展循环经济试点工作，推出山水集团、圣泉集团、埠村煤矿、琦泉热电等四家企业典型经验。济南钢铁集团有限公司被列入省循环经济标准化试点企业名单，复强动力被列入国家发改委、教育部循环经济教育基地；全年认定资源综合利用企业46户，为企业减免税金8000余万元。按照“节能、降耗、减污、增效”要求和清洁生产标准，签订清洁生产技术服务合同企业65家。6项节能技术和产品入选全省第二批重点节能推广目录。长清区被认定为省级节能环保产业基地，14家企业被授予山东省节能环保示范企业称号，节能环保示范企业数量居全省首位。

（三）强化节能监察管理。推进依法节能，强化节能目标责任落实。济南市政府印发《关于落实2011年节能目标任务的通知》（济政字〔2011〕20号），以市政府名义与21个政府部门签订责任书，进一步强化“双目标责任制”。实行常态化节能预警调控。印发《2011年济南市节能降耗预警调控方案》，加强对重点用能单位能耗监测，开展对机床二厂等51家工业重点用能单位、妇幼保健院等55家非生产用能单位进行日常节能监察。全年下达节能监察建议书11份，节能监察意见书8份，限期整改通知书16份。对44家重点用能单位上年度主要产品执行能耗限额标准情况、7户交通重点用能企业、工业固定资产投资项目节能评估和审查制度执行情况进行专项监察。开展商场、超市等大型公共建筑节约用电、机关、事业单位、社会团体等公共机构节约用电情况、高耗能落后机电设备（产品）淘汰情况进行专项检查。对济钢、日月化工等用能单位进行高耗能行业、节能产品实行政府优先采购执行情况等开展专项检查。

（四）淘汰落后产能，推进节能环保。严控“两高”项目建设，对符合条件的6个技改项目和43个新建项目组织节能评估和审查。停产拆除济南钢铁股份有限公司6座350立方米炼铁高炉（产能280万吨），平阴铝业有限公司180台75KA预焙铝电解槽及辅助生产设备（产能4万吨）；关停章丘市琅沟热电厂、康桥投资有限公司共计1.8万千瓦机组。在全省节能环保产业示范基地和示范企业申报中，我市长清区被授予山东省节能环保产业基地，桑乐太阳能等14家企业被授予山东省节能环保示范企业。节能环保示范企业数居全省第一。

五、信息产业

（一）软件和信息服务业实现重大突破。2011年，全市实现软件业务收入830亿元（行业统计数），同比增长36%，占全省的比例为62.5%，规模和独立软件综合实力居全省首位。全市现有软件企业1200多家，软件从业人员超过16万人，经认定的软件企业565家，登记软件产品2584个，国家认定的软件企业数和软件产品数继续名列全省第一。2011年11月25日，济南市被工业和信息化部正式授予“中国软件名城”称号，成为全国继南京之后第二个获此殊荣的城市，标志着我市软件和信息技术服务业步入国家软件和信息服务业重点规划布局。

产业布局结构合理。已形成以国家级软件

产业基地齐鲁软件园为龙头，历下软件园、长清园区基地为补充的“多园多基地”产业发展格局。其中，齐鲁软件园建设规模居全国11个国家级软件产业基地前列，入园企业800余家，2011年实现技工贸总收入720亿元，比上年度增长13.6%，软件和信息服务业收入458亿元,增长18.6%。围绕中国软件名城建设、拓展软件和信息服务业发展空间，我市“一城两区”的软件产业新格局正加紧布局。

重点企业蓬勃发展。全市先后有7家企业入围国家规划布局内重点软件企业，11家企业入围全国软件百强企业，66家企业通过CMM/CMMI认证，22家企业通过ISO27001认证，9家软件企业成功上市，均居全省第一位。2011年5月，浪潮再次入选由IAOP（国际外包专家协会）评选的“2011全球外包100强”，这已经是浪潮连续第五年获此殊荣。5月31日，浪潮正式发布了全国首款云数据中心操作系统——云海OS，标志着我国在全球云计算这一竞争焦点领域取得重大突破。12月16日，国内首条专业存储器芯片封装测试生产线在浪潮产业园举行了隆重的投产启动仪式。浪潮华芯成为国内唯一同时具备集成电路设计、研发和封测制造能力的企业。12月18日，中创软件董事长兼总裁景新海被中国软件行业协会评选为“中国软件产业十年功勋人物”，是山东省唯一获此表彰的软件企业家。

品牌产品丰富多样。我市软件产业主要涵盖软件产品、系统集成、信息技术咨询服务、数据处理和运营服务、嵌入式系统软件和IC设计六大领域，其中，软件产品占比最高在40%左右，信息技术咨询服务和信息系统集成分别约占27%、19%，数据处理运营服务和IC设计增速逐年上升，软件产品服务化、网络化趋势明显。全市拥有中间件、行业应用、信息安全等6大领域近3000种软件产品，自主知识产权率95%以上。浪潮、中创位居“中国自主品牌软件产品十强”，入围企业数连续5年位居全国之首。浪潮ERP被评为软件首家“中国名牌”。中创公司承担的国家“核高基”重大专项入选“十一五”重大科技成就展，获央视《新闻联播》重点报道，被称为国产软件的“脊梁”。中创中间件、华天三维CAD、地纬社保软件、中孚信息安全产品、神思识别终端、积成电力控制系统、星科教学仿真等品牌软件产品居国内市场占有率前列。5月12日-14日,我市3个园区、20家重点企业、约50人参加的大型展团，以创建“中国软件名城”为主题，成功亮相2011年第十五届中国国际软件博览会（北京软博会），取得了显著的效果,8项产品获得软博会金奖和创新奖。

公共服务平台建设取得新突破。全市软件类国家级企业技术中心1家、国家级重点实验室1家、省级软件工程技术中心28家、省级工程技术中心36家、省级重点实验室4家、省级其他研发机构2家。已建成齐鲁软件园公共技术服务平台、济南-中国软件名城综合服务平台等综合性公共服务平台，以及济南工业软件云平台、动漫游戏渲染平台、济南市云计算中心平台等专业性公共服务平台。7月15日，济台动漫游戏合作项目签约仪式在台北举行。7月22日，我省首家市级云计算中心—济南云计算中心成立，同时，济南市人民政府与浪潮集团签署共同推进云计算战略合作协议。8月10日，国内首个“国产安全可控基础和应用软硬件产业联盟公约”在济南签署。济南工业软件云平台项目正式启动。10月，中孚信息入选国家首批《保密技术防护专用系统产品检测合格单位目录》，全面构建满足国家保密局要求的保密技术防护专用系统。

人才支撑作用持续加强。全市软件从业人员中本科以上学历人员比重超过80%。拥有齐鲁软件园（国家软件人才国际培训基地）、山东大学软件学院（国家示范性软件学院）等国家级和省级软件人才培训基地12家，浪潮培训学院、师创软件培训中心、华天软件工程学院、济南木田培训学校等培训机构51家，年培训人员超过5万人次，每年能安排3万多大学生就业。

（二）信息化建设上新台阶。我市积极开展“智慧泉城”建设工作，促进信息化惠民、强政、兴业。全市移动电话用户1023万户，增长18%，互联网宽带用户133万户，增长11%。经济社会各领域信息化建设不断深化，信息化对企业效益增长的贡献率超过35%。

信息化和工业化融合步伐加快。2011年1月，市政府办公厅出台《关于推进信息化与工业化融合试验市建设的意见》，促进信息技术在节能减排、生产安全、中小企业等重点领域的应用，目前我市70%规模以上企业设置了专门的信息化管理部门。2011年我市申报两化融合并确认获得“四个一百”工程培育资格企业15家。申报国家两化融合促进安全生产重点项目5个，其中济南钢铁、保利民爆获得国家两化融合促进安全生产重点项目。推荐国家两化融合促进节能减排重点推进项目10个。申报2011年山东省信息产业发展专项资金项目（信息技术推广应用领域)48个，17家企业获得1140万元的资金支持。确定全市范围内两化融合先进实用技术和装备15项，全市两化融合重点企业300余家，中小企业信息化典型案例8家，重点项目200余项，示范企业10家、优秀企业10家；济钢、保利民爆获得国家两化融合促进安全生产国家重点项目；现代物流领域两化融合得到发展，初步形成以盖世物流、佳怡物流、零点物流为代表的具有信息流、资金流、交通流等特征的现代物流企业。

加快物联网建设步伐。制定济南市物联网发展规划（2011—2015年）。提出以构建“数字泉城”为总目标，实施“1234”工程的建设计划。先后启动数字城管平台、城市智能公交物联网综合应用平台、“数字市政”综合信息系统、“数字环保”环境监控中心、“数字智能药监”管理平台。形成了以泰华电讯、集成电子为首的物联网企业集群。高新技术开发区成为我省首批省级物联网产业基地。12家企业申报国家2011年物联网专项资金项目，其中山东泓奥电子科技有限公司和积成电子股份有限公司入围，获取专项支持400万元。

（三）电子信息制造业稳定增长。规模以上电子信息制造企业66家，实现主营业务收入348.5亿元，同比增长20.31%；利税24.96亿元，增长28.62%；利润14.21亿元，增长26.23%。重点项目不断推进。山东华芯“集成电路封装测试生产线项目”、天岳先进科技半导体衬底材料项目、力诺集团700兆瓦光伏项目、宝世达“大功率LED芯片封装线项目”等一批重点项目的建设进展顺利，卫星通信、量子通信、物联网等项目不断取得新的进展，为产业发展注入新的活力。12月，在国务院纠风办及工业和信息化部批准的“2011年全国电子信息行业优秀企业”评选中，我市浪潮集团有限公司荣获最具影响力企业、山东康威通信技术股份有限公司、山东中孚信息产业股份有限公司荣获优秀创新企业、东港安全印刷股份有限公司优秀境外投资企业。

（四）城市信息基础设施和网络安全稳步推进。2011年，我市电信行业电信业务总量76亿元，同比增长15%；电信主营业务收入63亿元，同比增长10%。信息化产品和服务消费迅速增长，全市移动电话用户数931.1万户，较去年同期增长8.6%，宽带网用户数132.7万户，较去年同期增长13.1%，固定电话用户数186.8万户，较去年同期增长下降12.4%。

信息基础设施功能进一步提升。信息通信服务保障能力显著增强，基本建成覆盖城乡的信息高速公路体系，信息通信整体规模和技术水平达到国内先进水平，已成为全国重要的通信枢纽和信息中心城市。精品宽带光纤接入网络已改造完成，速率20 M以上光纤覆盖市区和县城驻地90%以上楼宇，速率2 M以上宽带网络覆盖全部行政村，互联网出口带宽450G，互联网站3.3万家。“无线城市”试点工作初见成效，3G网络已100%覆盖市区和县城驻地，3G基站4800多个，3G用户约80万户，WLAN网络初具规模，热点覆盖区域近3000处，机场、车站、广场、景区、高校、星级宾馆、休闲场所等重点区域全部实现无线宽带网络覆盖，上网速度最高能达到54Mbps。国家五星级互联网数据中心二期工程已投入使用，通过310G出口带宽直连国家核心骨干网，承载着中央电视台、新浪、搜狐、腾讯等600多家著名的企事业单位网站系统，为各行业信息化的建设发展提供了强有力的基础网络支撑和优质的信息化服务。山东广电网络济南分公司挂牌成立，城区有线数字电视网络数字化、双向化改造全面完成，有线电视用户数约138.58万户。

网络与信息安全工作逐步加强。制定出台《关于进一步做好网络与信息安全保障工作的意见》，进一步落实各级各部门信息安全责任制，广泛开展信息安全风险评估和等级保护工作，认真组织实施信息安全检查，3250人次参加各类网络与信息安全专题培训，全市信息安全防范能力和应急处置能力得到有效提高。信息安全产业加快发展，山东中孚、济南银泉、山东德安等25家信息安全企业2011年信息安全产业收入规模达7.5亿元，较去年同期增长36%，从业人员4400多人。

应急通信保障体系逐步完善。修编发布《济南市通信保障应急预案》，加强无线电频谱监管，完成重大保障任务40余次。无线城市试点建设深入推进。济南移动以无线生活、无线政务、无线行业为内容，已经建成热点2000余处、50000台AP的规模，实现重要酒店完全覆盖，560处社区覆盖和80%高校的覆盖；济南联通以宽带城域网为依托，以无线网为补充，实现主要区域无缝覆盖。全市陆续开展城市防汛无线监控、警务通、数字公路、出租车无线调度、远程抄表、矿山安全检测、智慧校园、无线社区等近百项无线城市业务应用。电子政务建设不断深化。市公用信息平台接入单位达300多个，200多项信息系统依托平台建设运行，70%以上的市直部门建有业务信息库，75%的核心业务实现了信息化支撑，40%的部门实现信息相互共享。

（济南市经信委　范路）

5－4　2011年青岛市经信工作简况

一、工业运行

2011年，全市工业经济实现平稳较快增长。规模以上工业企业完成产值12662.8亿元，同比增长20.4%；工业增加值增长13.5%，超预期增速1.5个百分点。

（一）重点工业区市。五市及黄岛、城阳七个重点工业区市累计完成产值9932.9亿元，同比增长24.1%，对全市工业增长的贡献率为89.9%，较2010年增加10.5个百分点。5市增幅均高于全市平均增幅，分别是胶州(32.4%)、即墨(28.2%)、莱西(27.9%)、平度(26.6%)、胶南(26.2%)，城阳（18.7%）、黄岛（16.4%）呈平稳较快增长。

（二）重点产业。七大重点产业运行较为稳定，累计完成产值10885.3亿元，增长20%。船舶海工产业在新增船舶项目和集装箱行业全面恢复生产的拉动下，完成产值493.5亿元，增长47.3%；机械钢铁产业完成产值2921.9亿元，增长26%；纺织服装产业完成产值1393.7亿元，增长23.1%；食品饮料产业完成产值1502.9亿元，增长22.8%；石化化工产业完成产值2039.6亿元，增长18%；家电电子产业完成产值 1527.5 亿元，增长 10.3%；汽车机车产业完成产值 1006.2 亿元，增长 5.7%。

（三）重点企业。百户重点工业企业累计完成产值 4925.4 亿元，同比增长 10.7%。增长企业 76 户，完成产值 4362.1 亿元，增长 16.7%，同比净增产值较大的企业有南车青岛四方（81.2 亿元）、海尔（61.2 亿元）、青钢（50.1 亿元）、丽东化工（39.9 亿元）、海信（32.4 亿元）、青岛炼化（30.8 亿元）、青岛石化（30.7 亿元）等。

（四）工业出口。全市工业累计完成出口交货值 2020.3 亿元，增长 23.7%，增幅较同期提高 10.9 个百分点。工业出口交货值占销售产值比重 16.2%，较同期提高 0.8 个百分点。其中，食品饮料（378.1 亿元）、家电电子（368.8 亿元）、纺织服装（340.1 亿元）3 个产业仍稳居我市出口前三位。

（五）工业经济效益。全市规模以上工业实现主营业务收入 12273.8 亿元，同比增长 18.4%；实现利税总额 1146.1 亿元，增长 11.6%。其中，利润总额 627.8 亿元，增长 15.4%；税金总额 518.2 亿元，增长 7.2%。工业经济效益综合指数为 294.43%，较同期提高 8.26 个百分点。

二、企业技术改造与技术创新

2011 年，全市工业企业技改投资、技术创新项目研发投入等屡创新高。

（一）企业技术改造。发布施行了《青岛市企业技术改造投资项目管理办法》，启用了“青岛市企业技术改造投资项目管理系统”，初步实现了网上申请、网上办理、网上监督等功能。全市完成技术改造投资 811.9 亿元，占工业投资比重为 57.8%。为 8 个鼓励类企业技改项目办理了项目确认手续，帮助落实进口先进技术装备免征关税政策。企业申报购置设备进项增值税抵扣 24.6 亿元，同比增长 36.9%。积极争取国家专项资金，对我市企业技术改造项目给予扶持。

（二）企业技术创新项目。实施 3 批企业技术创新重点项目 1461 个，190 家企业的研发费支出额 18.2 亿元得到确认，分别比上年度增长 16.6% 和 36.6%。我市落实研发费加计扣除政策的经验由省经信委、省国税局和省地税局联合发文向全省推广。举办了首届“市长杯”工业设计大奖赛和青岛工业设计展，认定了首批 3 个工业设计示范基地。

（三）企业技术中心建设。国家认定企业技术中心增加到 21 家，连续 6 年居计划单列市首位。本市认定企业技术中心 32 家，其中新兴产业的企业超过 50%，市级以上认定企业技术中心总数达到 252 家。

三、工业管理服务

2011 年，全市工业系统以转型升级为主线，加强运行调度，抓好项目建设，优化产业布局，努力克服成本上行压力和信贷紧缩影响，保持工业经济平稳健康发展。

（一）科学组织经济运行。定期召开重点区市和重点企业工业经济运行分析会议，把握行业发展趋势和经济运行中存在的问题，指导各区市做好工业经济运行组织调度工作。深入调研新增产值项目，培育新增能力。密切关注电力、大宗原材料、资金、劳动力等生产要素供应，帮助企业解决生产经营中的问题，加强工业运行保障服务。积极拓展“市工业经济运行信息监测网”功能，新增区市级重点监测企业 100 户，建立起市级、区市级“双百”企业监测坐标。积极应对阶段性电煤资源和运力严重不足困难，保证主力电厂电煤供应，两大主力电厂电煤库存均达 30 天。组织迎峰度夏、度冬有序用电，没有大面积拉闸限电和停电事故。适时协调两大油品公司强化成品油保供。深入开展油气管道基础资料普查工作，全市油气管道运行安全。

（二）推动产业发展。着力构建“7+6”产业格局，加快结构调整和转型升级，推动工业向资金、技术密集型转移。2011 年七大产业（家电电子、石化化工、汽车机车、船舶海洋工程、纺织服装、食品饮料、机械钢铁）完成产值10885亿元，占规模以上工业的比重达到86%；其中已有六个产业（家电电子、石化化工、汽车机车、纺织服装、食品饮料、机械钢铁）产值超过千亿,形成了六个千亿级产业链。六个新兴产业（信息技术、高端装备制造、新材料、新能源、生物医药、节能环保）加快发展，2011年完成规模以上工业产值2192亿元。

（三）加快项目建设。开展项目建设年活动,围绕项目抓创新、抓技改、抓招商、抓落地。2011年，总投资1520亿元的463个产业振兴项目，215个竣工投产，达产后预计年新增销售收入970亿元；总投资465亿元的113个新兴产业在建项目，50个建成投产；305个定向招商项目累计226个落地，数控机床、生物疫苗等一批项目达到国际先进水平。

（四）加强工业集聚区建设。编制全市《工业产业集聚区（基地）布局规划》，重点建设龙泉汽车工业功能区等园区，加速引进产业链重点项目，调整完善产业链条。推动老城区搬迁企业向工业集聚区定向布局，72户启动搬迁的企业61户计划定向搬迁，累计23户搬迁改造项目竣工投产，20户开建。实施“东园西谷北城”战略，市南、崂山软件园和黄岛信息谷作为全市信息产业项目集聚的重要承载地，中国联通云计算中心等一批大项目落户。

（五）搭建公共服务平台。对大企业实施直通车式一对一服务，解决影响企业生产经营事项；对中小企业实施普惠式服务，全市144个中小企业三级公共服务平台实现互联互通，建成了覆盖全市中小企业、国内领先的网络服务体系。实行“3+6”融资服务模式，中小企业担保额达到158亿元，增长90%；提供过桥和统借统还资金55.8亿元。青岛国际时装周暨名优产品交易会等四会合一以“智造，让生活更美好”为主题，时装展示、市场开拓、工业设计、信息化普及等齐头并进，达成工业设计合作20项，协议采购额超过16亿元；赴京面向央企、大院大所开展大型招商活动，集中签约48个大项目，计划投资1100亿元。

（六）促进品牌经济发展。按照我市产业结构调整方向和转型升级的路径，调整品牌培育的重点，以品牌建设提高工业经济运行的质量、以品牌经济促进产业调整升级、以品牌内涵推动产品创新，形成我市工业经济竞争新优势。86个产品品牌（44种生产资料类、31种日用消费品类和11个服务类产品）列入2011年青岛名牌培育计划，装备制造业、高新技术产业、时装设计师品牌和现代服务业品牌数量均有提升，培育数量较去年增加21%。2011年共认定青岛名牌43个。

四、信息产业运行

2011年，青岛软件园成为首批“国家软件和信息服务业示范基地”。全市信息服务业实现业务收入543.59亿元，增长45%。其中，软件业实现业务收入397亿元，增长81%。

（一）“国家级两化融合试验区”建设。编制出台了《青岛市两化融合评价指标》，指导两化融合示范区市、园区、企业和项目的培育。组织调研了青岛汽车及零部件工业功能区建设情况，指导园区信息化建设并形成建设方案，推动园区信息化建设。深入调研市直企业信息化，摸清市直企业信息化建设组织体系、保障机制、投资规模等情况。培育“两化融合”典型，发展推广家电电子、纺织服装等行业两化融合发展新模式，三年建设形成两化融合示范区市5个、试点园区6个、企业40个、项目80个和优秀服务机构21个。

（二）企业信息化服务。发挥大型企业电子商务主力军作用，以海尔、海信、青啤等名牌企业为代表的青岛市龙头制造企业，依托企业先进的信息化系统，在行业内率先开展电子商务应用，通过建立B2B、B2C等电子商务平台，不断开拓国内外市场。中小企业以“一线一网”和短信群发平台为核心，依托完备的后台支撑信息数据库，把政策体系和服务体系汇入平台，更好地为全市中小企业提供信息化服务。支持行业性、专业化的第三方中小企业信息化公共服务平台建设。加强电信运营商合作，开展中小企业移动电子商务应用、信息化助企等活动，促进中小企业信息化建设，推动两化融合向广度深度发展。推动“青岛·阿里巴巴中小企业电子商务工程”，2011 年双方共同打造的“青岛电子商务专区”付费企业为 7425 家；在扶持政策的带动下，新增 1412 家青岛中小企业开始使用电子商务开拓贸易。

（三）经济和社会信息化。制定实施《青岛市物联网应用和产业发展行动方案》，在工业生产、现代物流、港口管理、车辆管理、轮胎生产、养殖管理、智能电网、精准农业、家电产品等多个领域开展了物联网技术的应用示范，培育一批物联网领域的骨干企业、科研机构和第三方组织，物联网产业链结构基本形成。物联网应用和产业发展重点示范项目达到 15 个，企业计划投资 2.82 亿元。完善我市软件产业统计体系，建立了全市软件产业统计网上直报系统，逐步建立起区市连动的软件产业统计体系。社会信息化建设快速发展，2011 年全市光缆总里程 221 万芯公里；局用交换机容量 355 万门，固定电话用户 260 万户，移动电话用户 1092 万户；有线电视用户 254 万户，数字电视用户 220 万户；互联网出口带宽达 270GB，互联网用户 190 万户；2G 移动通信基站 8721 个；3G 移动通信基站 7850 个；WLAN 热点 4200 处，开通 AP 接入设备 6 万个；三网融合试点小区达到 20 个，试点用户达到 11000 户。

（青岛市经信委　马忠华）

5－5－1　2011 年淄博市经信工作情况概述

2011 年是国内外经济形势复杂严峻的一年。一年来，在市委、市政府的正确领导下，淄博市经信系统认真贯彻落实科学发展观，紧紧围绕转方式调结构主线，按照内涵发展的要求，积极作为，科学务实，精心组织经济运行，狠抓工业结构调整，大力实施技术改造、自主创新、节能降耗、信息化推进等工作，全市工业经济保持了平稳较快发展的良好势头，实现了“十二五”的良好开局。

一、加大综合协调力度，经济运行质量和效益显著提高

（一）工业经济综合实力跃上新台阶。全市工业总产值和销售收入双双突破万亿元大关，分别达到 10265 亿元和 10102 亿元，成为全省第 3 个、全国第 16 个工业经济过万亿的城市。全市规模以上工业企业达 3178 户，全年完成增加值同比增长 14.22%；实现主营业务收入 9352.07 亿元，同比增长 24.6%；实现利税 1209.33 亿元，同比增长 28.4%，其中利润 744.49 亿元，同比增长 36.4%。

（二）要素保障扎实有力。积极缓解企业资金紧张难题，开展政银企协作平台建设、战略合作等多种形式的银企对接活动，银企互动的效率和水平明显提高，与交通银行和建设银行签订合作协议，为中小企业集中贷款 35 亿元。全年利用固定资产增值税抵扣 10.86 亿元，对上争取各类奖励及扶持资金 2.2 亿元。加强煤电油运综合协调，全年全社会用电量 329.53 亿千瓦时，同比增长 5.65%，工业用电 286 亿千瓦时，同比增长 6%；全市冬季电煤库存达到 21 天以上；成品油零售 82 万吨，增长 13.89%。

二、扎实推进结构调整，工业转型升级取得积极进展

（一）政策引导力度不断加大。先后拟定出台了《淄博市“十二五”工业发展规划》，

电子信息、机械等 9 个行业发展规划、《淄博市产业结构调整指导目录》等一系列政策文件，进一步明确了工业调整和产业升级的方向和重点。

（二）投资结构进一步优化。全市共有工业项目 1441 项，完成投资 710.38 亿元，同比增长 10.77%。其中技术改造项目 1382 项，完成投资 624.22 亿元，同比增长 10.4%，占全市工业固定资产投资的 87.87%，占全社会固定资产投资的 41.6%。高新技术产业投资同比增长 28% 以上，高耗能行业投资同比下降 2% 以上。

（三）重点项目进展顺利。百项重点工业项目开工 107 项，累计完成投资 180 亿元，57 个项目竣工投产。96 个国家、省专项项目竣工 48 项，累计完成投资 104.07 亿元。认真贯彻落实市委、市政府《关于加快工业转方式调结构的若干政策意见》，公布实施第一批重点产业链，配套的 15 个重点项目进展顺利。

（四）新兴产业发展势头强劲。规模以上高新技术产业产值达 2544.9 亿元，同比增长 27.03%，占规模以上工业总产值的比重为 26.6%（新口径）。六大战略性新兴产业实现主营业务收入 3004.6 亿元，同比增长 29.18%，占全部规模以上工业的比重为 32.12%；实现利税 410.55 亿元，同比增长 39.66%，其中，利润 284.95 亿元，同比增长 45.92%，增速分别高于全市平均水平 11.3 和 9.5 个百分点。

（五）物流产业发展迅速。全年物流业实现物流总额 1.2 万亿元，增加值 269.06 亿元，同比增长 15.1%，占全市 GDP 的 8.2%，占第三产业增加值的 22.6%。

（六）发展空间有效拓展。列入市淘汰落后产能计划的 19 家企业全部完成淘汰任务。宁夏石嘴山淄博工业园顺利开工，被评为国家级中西部地区承接东部地区产业示范园区。

三、突出创新载体建设，自主创新能力进一步提升

（一）创新载体不断优化。新培育省级企业技术中心 10 家，市级企业技术中心 26 家，目前省级和市级企业技术中心分别达到 62 家和 117 家，位居全省前列。238 个项目列入省技术创新项目计划，较上年增加 50 余项。全市地方企业主要装备水平达到国际先进水平的占 26%，达到国内先进水平的占 40% 以上，我市被确定为省首批高端装备制造业基地。

（二）集中实施了一批重大科技成果转化项目。年开发新产品、新技术 2000 余项。动态无功发生器、船用双燃料发动机、美洛西林钠等 20 余项科技成果转化项目成功实现产业化。

（三）产学研合作逐步深化。不断完善产学研推进机制，举办了陶博会、精细化工产学研洽谈会、新医药论坛等一系列产学研活动，发布成果 540 项，达成合作意向 110 余项。有 20 多家企业与高校签订共建研发中心协议。90% 的规模以上企业与高等院校、科研院所开展技术合作与交流，建立产学研基地和研发实验室 300 余个。

（四）工业设计稳步推进。鼓励企业建立工业设计中心，新增省级工业设计中心 2 家。举办“创意淄博”2011 年工业设计大赛，有 40 余所省内外高校参赛，征集作品 508 件，涉及装备机械、电子电器、软件设计等多个领域。举办工业设计创意展，展出优秀工业设计产品 100 件。

（五）军民融合步伐加快。与中国空气动力研究发展中心、中国核动力研究设计院等单位就核电装备制造、小弱信号智能处理等达成合作意向，7 个项目进入合作实质性阶段。

四、狠抓节能减排，可持续发展能力进一步增强

2011 年，全市以 6% 的工业用电量增长实现了 14% 以上的工业增加值增速，万元 GDP 能耗降低 3.7% 以上，全面完成省政府下达的年度节能目标。

（一）政策规章体系逐步完善。印发节约能源规划和循环经济发展规划，修订《淄博市固定资产投资项目节能评估和审查办法》等10余个政策法规，为“十二五”节能工作开展提供了制度保障。严格节能目标责任制管理，开展“十一五”节能考核，兑现奖惩措施，分解落实“十二五”节能目标任务，加强督促考核。

（二）结构节能扎实推进。严把节能评估和审查关，对1010个投资项目进行了节能评估和审查，确保新上工业项目能耗水平低于全市“十二五”当期控制目标。实施地方节能标准提升工程，有6项标准上升为省级标准，发布产品能耗定额标准760个。制定《南部区域产业优化升级关停淘汰工作实施方案》，出台了耐火材料、铸造等6个行业节能减排和结构调整意见，推进了产业结构调整。

（三）科技节能不断强化。印发全市重点节能技术、产品和设备推荐导向目录，公布了9个行业54项节能技术，12项节能技术列入省重点推广目录。实施工业窑炉、双盘摩擦压力机和纺织行业绿色照明产品升级改造工程。积极推行合同能源管理，培育节能服务机构10家，能源审计机构12家。

（四）加快节能重点项目建设。100项节能重点示范项目年实现节能量100万吨标准煤。34个节能项目获国家省资金扶持6233万元，达效后年可节约社会节能量160万吨标准煤。

（五）大力发展循环经济。认定资源综合利用企业84家，居全省前列，综合利用各类固体废弃物达880.36万吨，同比增长39.10%。59家企业通过自愿性清洁生产审核验收。开展了300家企业节能低碳行动和能效对标，年可节能100万吨标准煤。

五、加强两化融合，信息化建设步伐明显加快

（一）信息化与工业化加快融合。实施两化融合示范项目30项，8个项目列入省信息技术推广应用重点项目，12个项目进入省两化融合“四个一百”工程。开展两化融合助企行动，在建材冶金、纺织、机械等行业的160余户企业中推广先进适用技术与装备。有3家企业成为省首批电子商务认定企业。信息化对经济效益增长贡献率近30%。

（二）加强淄台信息化交流。先后举办了海峡两岸（淄博）工业信息化和产业合作交流会、淄台信息化和工业化融合高级领导研习班等5次对台活动，搭建起海峡两岸信息化交流合作的坚实平台。两地50家单位签署合作协议16项、合作意向50余项。

（三）电子信息产业发展平稳。全市规模以上电子信息企业实现销售收入、利润、利税同比均增长21%以上。31个在建重点项目竣工12项。

（四）软件和信息服务业实现较快发展。加快文昌湖软件产业园建设，打造软件产业“两园一带”新格局。累计认定软件企业33家，5家企业通过CMMI3级国际认证，7家企业通过计算机系统集成三级资质认证。

（五）抓好信息安全保障和无线电管理。开展专项保密、数据安全管理备案等检查，为全市信息安全提供保障。加强“无线城市”建设，全市基本实现城区、主要乡镇网络全覆盖。重点做好应急联动、政府移动OA系统、医务通、智能公交等应用项目，有40多个重点项目建设完成并投入使用，收到良好社会效益。

六、推进企业管理创新，整体发展素质进一步提高

（一）企业管理创新力度加大。先后组织企业进行现场观摩活动、举办高级研修班和高层次专题讲座，培训企业家、企业中高层管理人员3000余人次，有2家企业和2项管理创新成果获得“山东省企业管理奖”，获奖数量居全省首位。48户企业被评为省级诚信企业。出台了《淄博市企业管理创新奖管理办法》，30家企业获得“淄博市企业管理创新奖”。

（二）基础管理日益加强。目前全市重点企业中,90%的企业制定了生产现场管理制度、考核制度、技术标准等，47.5%的企业实施了企业资源计划管理（ERP），34.5%的企业实施了流程再造。

（三）大企业集团龙头作用更加突出。全市规模以上工业企业达到3178家，其中，销售收入过100亿元的10家，过50亿元的18家，过10亿元的77家，11家企业进入全省工业企业100强，6家企业进入中国工业企业500强。2011年度百强企业销售收入增长25.15%，总量占全市规模以上工业企业的比重超过41%。

（淄博市经信委　孙耀祖）

5－5－2　2011年淄博市重点企业名单

1. 中国石化股份有限公司齐鲁分公司
2. 东岳集团
3. 山东能源淄博矿业集团有限责任公司
4. 山东金诚石化集团有限公司
5. 山东博汇集团有限公司
6. 鲁泰集团
7. 山东电力集团公司淄博供电公司
8. 南金兆集团有限公司
9. 淄博傅山企业集团有限公司
10. 山东北金集团有限公司
11. 山东药玻集团
12. 山东金岭铁矿
13. 中国铝业山东分公司
14. 山东汇丰石化集团有限公司
15. 金晶（集团）有限公司
16. 淄博齐翔石油化工集团有限公司
17. 蓝帆集团股份有限公司
18. 瑞阳制药有限公司
19. 张店钢铁总厂
20. 山东新华制药股份有限公司
21. 山东东岳化工有限公司
22. 鲁泰纺织股份有限公司
23. 山东海力化工股份有限公司
24. 山东东岳氟硅材料有限公司
25. 山东东佳集团股份有限公司
26. 山东华联矿业股份有限公司
27. 山东齐峰特种纸业股份有限公司
28. 淄博加华新材料资源有限公司
29. 山东建兰化工股份有限公司
30. 信缔纳士机械有限公司
31. 山东博汇纸业股份有限公司
32. 山东淄博山川医用器材有限公司
33. 淄博银仕来纺织有限公司
34. 淄博欧木特种纸业有限公司
35. 淄博宏达钢铁有限公司
36. 淄博柴油机总公司
37. 山东金顺达集团有限公司
38. 山东鲁阳股份有限公司
39. 山东新华医疗器械股份有限公司
40. 山东华夏神舟新材料有限公司
41. 胜利油田高青石油开发有限责任公司
42. 山东联合化工股份有限公司
43. 山东贵和显星纸业有限公司
44. 山东德信皮业有限公司
45. 山东华安新材料有限公司
46. 淄博泰光电力器材厂
47. 山东蓝星东大化工有限责任公司
48. 山东齐鲁石化开泰实业股份有限公司
49. 山东齐都药业有限公司
50. 淄博兰雁集团有限责任公司
51. 淄博包钢灵芝稀土高科技股份有限公司
52. 山东联创节能新材料股份有限公司
53. 山东泰宝防伪技术产品有限公司
54. 淄博汇银纺织有限公司

55. 山东东华水泥有限公司
56. 山东淄博新达制药有限公司
57. 高青鲁明石油科技开发有限责任公司
58. 淄博金城实业股份有限公司
59. 淄博万昌科技股份有限公司
60. 山东博丰利众化工有限公司
61. 山东侨牌集团有限公司
62. 山东赫达股份有限公司
63. 山东舜天矿业有限公司
64. 山东扳倒井股份有限公司
65. 山东蓝帆化工有限公司
66. 山东博润工业技术有限公司
67. 山东省淄博蠕墨铸铁股份有限公司
68. 山东瑞丰高分子材料股份有限公司
69. 山东齐隆化工股份有限公司
70. 山东唐骏欧铃汽车制造有限公司
71. 淄博乌金泰资产管理有限公司
72. 山东胜利钢管有限公司
73. 山东美陵化工设备股份有限公司
74. 山东齐胜工贸股份有限公司
75. 淄博万昌化工设备有限公司
76. 山东齐旺达石油化工有限公司
77. 山东东大一诺威聚氨脂有限公司
78. 山东宏信化工股份有限公司
79. 华电淄博热电有限公司
80. 淄博鲁华泓锦化工股份有限公司
81. 山东坤升控股有限公司
82. 山东凯日化工股份有限公司
83. 山东省生建重工有限责任公司
84. 山东三金玻璃机械有限公司
85. 山东珑山实业有限公司
86. 山东东泰矿业有限公司
87. 山东龙泉管道工程股份有限公司
88. 山东硅苑新材料科技股份有限公司
89. 华能辛店发电有限公司
90. 中国石油化工股份有限公司催化剂齐鲁分公司
91. 山东盟诚电气有限公司
92. 华能淄博白杨河发电有限公司
93. 淄博大桓九宝恩皮革集团有限公司
94. 淄博崇正水泥有限责任公司
95. 山东金城医药化工股份有限公司
96. 山东锐博化工有限公司
97. 山东祥和集团股份有限公司
98. 沂源县鲁村煤矿有限公司
99. 淄博工陶耐火材料有限公司
100. 山东华狮啤酒有限公司
101. 山东沃源新型面料股份有限公司
102. 淄博市王庄煤矿
103. 淄博市淄川区宝山水泥厂
104. 中材淄博重型机械有限公司
105. 山东颜山泵业有限公司
106. 淄博德信联邦化学工业有限公司
107. 淄博嘉周化工有限公司
108. 金堆城钼业光明（山东）股份有限公司
109. 淄博大亚金属科技股份有限公司
110. 淄博水环真空泵厂有限公司
111. 山东建华鑫国管桩有限公司
112. 中材高新材料股份有限公司
113. 山东新世纪钢结构工程有限公司
114. 山东鲁维制药有限公司
115. 淄博美林电子有限公司
116. 山东巨明机械有限公司
117. 山东齐鲁石化机械制造有限公司
118. 山东得益乳业股份有限公司
119. 淄博中材庞贝捷金晶玻纤有限公司
120. 山东先河悦新机电股份有限公司

（淄博市经信委　孙耀祖）

5－6　2011年枣庄市经信工作基本情况

2011年，枣庄市经济和信息化委员会不断加大政策研究的深度、协调的广度和抓落实的力度，“瞻前顾后”，既关心企业的改革改制，着力解决历史遗留问题，更注重企业的新生与发展；既重视规划先导，谋划产业新发展，又注重项目的引进，提升产业发展后劲；既抓保障供应，保持工业经济平稳增长势头，又抓节能降耗，加快工业结构调整步伐。“点面结合”，选准突破口与切入点，以市南工业区的改造带动全市园区建设，以泉兴和鲁机的战略合作带动大企业集团的兼并重组，以“智慧矿山”建设带动工业化与信息化的融合。同时整体推进技术改造、技术创新等常规性工作，夯实工业经济和信息化发展的基础，2011年各项任务目标均圆满完成。全市规模以上工业增加值累计增长13%，实现主营业务收入3386.14亿元、利润234.2亿元、利税390.14亿元，同比分别增长23.76%、20.08%和19.54%；非煤产业增加值占规模以上工业增加值的比重达到78.7%，高新技术产业产值占工业总产值的比重达到21.2%；新增2个省级新型工业化产业示范基地、4个省级企业技术中心；施工工业技改项目511个，累计完成投资354.16亿元，同比增长18.9%；“智慧矿山”建设、“数字化工企业”改造等信息化工程稳步实施；全市应用电子商务平台的各类企业达到840余家，与阿里巴巴电子商务公司合作，设立我省第一个县级市阿里巴巴（滕州）专区。

一、积极谋划产业发展

一是做好规划引导。先后就战略性新兴产业、小城镇产业集群、新医药、新能源汽车及零部件产业等进行专项调研，摸清家底，研究趋势，把握政策，立足基础，明确目标和措施，编制了机床、水泥、纺织服装、食品加工等传统优势产业的专项发展规划和新医药、新信息等特色新兴产业发展规划，其中八大产业专项发展规划以枣庄市政府枣政发[2011]49号文件印发实施，《关于加快工业设计发展的指导意见》和《枣庄市工业设计中心认定办法》等一系列配套政策文件也已出台。二是做好技改支撑。制定了我市《2011年技术改造工作指导意见》，以“省导向”（2011年省技术改造导向计划）、“省千项”（2011年省工业转方式调结构千项重点技术改造项目计划）、国家重点产业振兴和新型工业化示范基地的申报为工作突破口，以重点项目激发技术改造活力。三是做好科技引领。推动以企业技术中心为核心的技术创新体系建设，技术中心的研发能力和质量水平进一步提升。截至目前，我市已拥有省级企业技术中心26家、省级行业技术中心2家、省级工业设计中心2家、省百项重点企业技术中心5家、市级企业技术中心148家；搭建产学研合作平台。组织13家企业参加了山东省第二十届产学研展洽会，达成合作协议15个，兖矿、鲁南化肥厂等5家企业获得产学研合作创新突出贡献奖，山东耀鸿玻璃有限公司被授予山东省首批新材料深加工示范企业称号，我委获得“产学研合作创新突出贡献先进集体”奖。由于规划超前，措施有力，我市主要产业均保持健康稳定发展态势。

二、努力推进大企业集团建设

一是成立了枣庄市大企业集团发展领导小组，出台了《枣庄市大企业集团发展目标考核细则》，确定了30家“十二五”重点扶持培育的大企业集团名单，将大企业集团发展纳入区（市）政府目标考核。2011年，30家大企业集团累计实现主营业务收入779.3亿元、利税153亿元、利润81.6亿元，同比分别增长39.1%、17.8%、17%，有20家企业主营业务收入过10亿元。二是选准突破口，加快企业兼并重组步伐。在鲁南机床濒临困境之时，积极促成鲁南机床与泉兴集团战略性合作，泉兴集团以增资扩股的形式控股鲁南机床，两者强强联合，既突破了鲁机发展的瓶颈制约，又提升了泉兴的产业层次，也为下一步引进战略投资者创造了良好条件。三九药业与华润集团等合作事宜也在稳步推进。三是引导企业加强管理，提升科学管理水平。成立了枣庄市企业家协会，组织了枣庄市企业发展高层论坛，开展了山东省优秀企业家评选、现场管理样板企业创建、山东省诚信企业培训、管理创新成果和优秀应用成果评选等形式多样的活动，积极推广企业管理先进典型和方法，提高企业核心竞争力。

三、稳妥实施企业改制

以维护职工权益为中心，坚持既积极务实又稳妥审慎的方针，稳妥推进企业改革。一是按照“不立不破、寓破于立”的改制原则，对市造纸厂等尚有经营条件的企业不轻言破产，采取多种方式促其新生成长；对市制革厂等长期停产半停产、资不抵债企业，积极帮助寻求合作伙伴后再进入法定破产程序。摒弃了过去那种一破了之、关门走人的改制思路。二是在摸底调查的基础上，慎重测算、研究破产企业土地处置收益补偿职工权益方案，逐步解决改制企业遗留难题。目前，26家破产终结企业第一顺序清偿率达到100%，9家企业职工拿到了解除劳动合同补偿金；争取财政资金近800万元，解决了困扰破产企业10多年的水电分离改造问题；万泰创业公司建行、农行资金账户查封解冻等一系列问题也得到及时解决。三是积极探索借助全市重点工作解决遗留问题的新途径。结合城市建设，在市政府的支持下，将华贝公司、龙岳机床职工危房改造列入全市棚改规划；结合淘汰落后产能和转型示范园建设，推动裕泰印染、万泰创业等企业“退城进园”，取得积极进展。

四、狠抓项目带动

整合各类资源，主动出击，强力推进项目载体建设。一是以项目申报指引投资方向，引导资金投向传统产业改造提升、新兴产业培育、“十大节能工程”实施、信息化建设等结构调整重点领域。2011年共有43个项目列入省千项计划，其中战略性新兴产业项目35个，占总投资的比重为78.17%。二是重点培育了一大批技术改造、技术创新、节能降耗、现代物流及信息化产业项目。截至目前，2011年省工业调整振兴项目已完工139个，实现年新增销售收入235亿元，在建项目31个，累计完成固定资产投资136亿元；共有83个项目列入省导向计划，75个项目列入省技术创新项目计划。LOW-E低辐射镀膜玻璃生产线等4个项目列入2011年度山东省重点领域首台（套）技术装备企业名单，车用超级电容器模块等3个项目列入山东省新能源汽车关键零部件财政扶持项目企业名单。三是着力解决土地、资金等制约项目建设的因素，积极争取各类资金支持。2011年累计争取各类项目资金一亿多元，前三季度全市固定资产增值税抵扣3.36亿元；通过补报差额、点供等方式，最大程度保障重点技改项目落地。仅滕州市就获批工业用地近2000亩。

五、深化“两化融合”

信息化建设亮点频出。一是着重抓好两化融合试验区建设，滕州市作为省首批试验区，设立“两化融合”专项资金500万元，建立了全新的工业经济信息平台；二是与央视国际洽谈协商并已确定在我市建立互联网电视全国旅游景点和酒店业运营中心，前期建设准备工作正在进行；三是积极推动“智慧矿山”建设，大力实施“数字煤矿”、“网络煤矿”、“信息煤矿”工程，构建了涵盖矿区全方位的信息化系统。8月份全省“智慧矿山”建设推广会在我市举行，“智慧矿山”建设先进经验在全省推广；四是进一步拓展城市一卡通“同诚卡”系统平台应用范围，已实现与城市BRT、公交、旅游、医疗、水、电、燃气、手机支付的联网交费功能，规模发卡近10万张，在公共事业领域的应用处于省内领先水平。

六、启动产业转型示范园建设

枣庄市市南工业区是市属工业的发祥地，曾创造了枣庄工业的辉煌。2011年，枣庄市委、市政府决定启动以市南工业区为中心的产业转型示范园建设，成立了市南工业区改造建设工作领导小组。枣庄市经信委作为牵头单位，按照“谋划在先、策划先行、政策配套、慎重初战、务求必胜”的思路，提出《市南工业区改造建设推进方案》和《加快市南工业区改造建设的实施纲要》，将市南工业区改造与拓展企业发展新空间紧密结合，初步确定在市经济开发区以南、以西划定2.5万亩土地，筹划建设“产业转型示范园”，目前正在积极推进中。

七、探索节能长效机制

2011年以来，我们在“十一五”节能降耗取得较大成效的基础上，以节能工作常态化为核心，围绕省政府下达的全市万元GDP能耗“十二五”降低17%、2011年降低3.7%的目标任务，一是实施节能预警调控，严格实行节能“双目标”管理，及时对42家能耗高、附加值低的企业采取了停、限产措施。二是突出重点用能企业监管，建立节能管理综合信息系统，对重点用能企业月度能耗数据实行网上直报；组织开展能效对标，已在全市10家旋窑水泥行业进行试点。三是加大淘汰落后力度。省政府下达给我市的淘汰落后产能任务涉及6个行业16家企业，淘汰企业数量占全省的15.7%，是全省涉及行业和企业最多的市，据目前调度年底能完成任务。四是拓宽资源综合利用领域，积极研发应用循环经济新技术，全市所有旋窑水泥生产线全部建设纯低温余热发电装置，装机容量118.5兆瓦，年可发电9.6亿度，相当于节约标准煤28万吨；有32家企业通过升级资源综合利用，工业固体废弃物综合利用率达到96%，新源热电的焚烧污泥发电、通达电厂的生物质发电、中联水泥的建筑垃圾应用走在了全省前列。

八、精心组织经济运行

一是针对2011年规模以上工业企业统计标准的调整（由年主营业务收入500万元及以上提高到2000万元及以上），对主营业务收入在500–2000万元的企业进行重点跟踪调度，为这部分企业重新“列统”创造有利条件。二是密切关注国内外市场，对重点原材料和主要工业品市场供求、价格波动进行调度与分析，提前判断分析市场供需形势和价格走势，及时编发《工业经济运行月报》，为各级领导及有关部门提供决策依据。三是做好煤电油气运保障。坚持常态监控与强化调节相结合，及时协调解决企业反映的煤电油气运等瓶颈问题，保障供需有效衔接。加强电力运行监测分析，精心编制有序用电方案，充分利用分时电价政策、负控装置等经济和技术手段有效平衡电网负荷，保障电力生产供应。

（枣庄市经信委　王次青）

5－7　2011年东营市经信工作概况

2011年是“十二五”开局之年。一年来，在市委、市政府的正确领导下，我市经信系统认真贯彻落实科学发展观，紧紧围绕国家战略实施，以开展“两评一树”活动为动力，加快工业结构调整和发展方式转变，积极推进大企业合作，全力开展项目攻坚，扎实推进自主创新、节能降耗、企业搬迁、企业培育、两化融合等重点任务，强化运行调控和指导服务，狠抓发展环境、精神文明、基层党建和党风廉政建设，振奋精神、积极作为，克服困难，应对挑战，圆满完成了各项工作任务。2011年，全市规模以上工业企业达到782户，完成现价产值8320.0亿元，同比增长25.2%，增加值同比增长13.9%；实现主营业务收入8222.7亿元、利税1653.2亿元、利润999.7亿元，同比分别增长41.6%、47.6%和44.2%。其中，地方规模以上工业完成现价产值7040.7亿元，同比增长29.7%，增加值同比增长25.5%；实现主营业务收入6911.6亿元、利税806.1亿元、利润589.1亿元，同比分别增长44.3%、45.0%和49.1%，分别居全省第1位、第2位和第2位。

一、抓调整，转方式，工业结构日趋优化

一是深入实施双轮驱动战略。传统产业改造提升步伐不断加快，实施传统优势产业改造提升项目264个，完成投入345.4亿元。战略性新兴产业和高新技术产业发展迅速。广汽吉奥SUV、科瑞9000米钻机、科达功率半导体、华锐风电产业基地等一批大项目、好项目顺利实施，引领了全市工业结构调整的深入开展。高新技术产业完成产值2554.3亿元，同比增长34.8%，占工业总产值的比重达到30.7%，比年初提高5.3个百分点。二是大力发展高端装备制造业。突出抓了石油装备产业集成创新发展，稳步推进石油科技馆、采购中心、培训中心、科技研发中心、创业中心、质检中心"一馆五中心"建设，打造石油装备产业集合创新平台。筹划组建石油装备产业基金，建立规模达10亿元的产业投融资平台，支持石油装备产业发展。三是大力发展现代物流业，出台了《关于加快我市现代物流业发展的意见》，扎实推进万通集团200万方油品储备等重点项目建设，加大对30家物流企业的扶持力度。培育了一批第三方物流骨干企业。成功举办山东·东营第三届油品贸易洽谈会，石化产业与物流业协调、联动、有机发展。

二、抓攻坚，上项目，工业投入持续扩大

一是加快推进重点项目建设。全力开展"项目攻坚年"活动，围绕传统产业改造提升和新兴产业培育，筛选了两批重点工业项目，共计40个，全年完成投资67.3亿元，完成年度计划的101.8%。组织实施了项目攻坚年"810"工程，在先进制造业、节能降耗、信息产业、两化融合、技术创新、现代物流、中小企业成长、淘汰落后等8个方面分别确定了10个重点项目，集中力量推进实施。二是完善项目推进机制。健全了分级管理、定期调度和项目督导等推进机制，及时研究项目建设过程中存在的问题和困难，逐项提出解决办法，强化跟踪督查，加快项目建设进度。三是深化融资保障。针对20个市级重点工业项目，专门召开项目融资推介会议，达成贷款协议金额120亿元，努力保障建设资金需求。1-12月份，全市地方工业共有在建项目404个，完成投入518.2亿元，同比增长20.8%。其中，投资亿元以上项目249个，完成投入440.5亿元，分别占全市的61.6%和85%。

三、抓研发，促转化，自主创新能力明显增强

一是深化产学研合作。组织企业积极参加各种专题产学研活动，今年山东省产学研展洽会上，我市签订产学研合作项目8项，2项达到国际先进水平，1种产品获铜奖，9种产品获创新奖，8家企业被省政府授予产学研合作创新突出贡献企业称号。二是加强技术创新平台建设。新增省级企业技术中心8家，市级20家；新增省级中小企业"一企一技术"研发中心5家，市级37家；2家工业设计中心通过省级认定，实现了我市省级工业设计中心的零突破，认定市级工业设计中心11家，以企业技术中心为载体的自主创新体系不断完善。三是加快技术成果转化。认真落实自主创新鼓励政策，引导企业加大研发投入，推进实施了一批重大技术创新项目，66个项目列入省技术创新项目计划，全部达到国内先进水平，20项达到国际先进水平；6个产品列入全省重点领域首台套技术装备，其中，科瑞公司快速移运钻机被认定为省重点领域10大首台（套）技术装备；6个产品列入山东省高端技术装备新产品推广目录。

四、抓节能，建循环，资源梯级利用水平有效提升

一是严格目标责任管理。及时将节能目标分解落实到县区、部门和重点企业，加强调度管理，科学预警调控，累计对15个行业77家企业启动C级节能预警。二是推进结构节能。审查备案能评项目307个，拒批高耗能项目9个。淘汰了15万吨常规蜡油催化装置等一批落后产能。积极培育节能环保产业，5家企业被认定为“山东省节能环保示范企业”。三是实施节能科技提效工程。炭黑尾气综合利用等22个节能技术改造项目已完工10个，年实现节能量14.28万吨标准煤。完成合同能源管理项目20个。四是强化节能监管。深入开展能效对标、能源管理体系建设活动，协调推进建筑、交通、公共机构等领域管理，节能执法监察力度进一步加大。五是加快发展循环经济。启动实施了循环经济“四个3”工程，进一步完善了10大循环经济链条，圆满完成省政府下达的60家企业清洁生产审核任务。六是加大节能宣传力度。开展了“节能宣传周”、节能志愿者进社区等活动，收到了良好效果。

五、抓骨干，带成长，企业组织体系不断完善

一是深入实施大企业带动战略。认真落实省、市关于支持重点企业发展的政策措施，对华泰集团等首届东营市功勋企业进行了表彰奖励，在全社会努力形成争当功勋企业、重奖功勋企业的发展氛围。全年，地方主营业务收入过亿元工业企业达到588户，占地方规模以上工业的75.3%，其中，100–200亿元企业13户，增加1户；200亿元以上3户，增加3户。二是加快中小企业成长培育。新成立了市中小企业办公室，印发了《关于进一步促进中小企业发展的意见》，深入实施中小企业“四项计划”，有90个项目纳入全省中小企业结构调整项目库。及时召开了全市中小微企业座谈会，研究采取针对性措施，帮助企业尽快走出困境。三是加强企业管理创新。深化“企业管理创新年”活动成果，开展了现场管理星级评价、信誉评价等活动，总结表彰了东营市企业管理奖10家获奖企业和8项获奖成果，加大示范推广力度，企业管理水平不断提升，利华益集团、万达控股集团获得第二届“山东省企业管理奖”。积极推进企业文化建设，1项创新成果被评为国家级企业文化优秀成果，2项被评为省级企业文化优秀成果。四是加强企业人才队伍建设，定期组织企业管理人员参加集中培训，建设省级企业实训基地54个。

六、抓融合，重应用，信息化建设扎实推进

一是大力发展信息软件产业。依托电子信息产业园和软件园，加快发展电子元器件、集成电路等电子产品制造业和管控一体化、嵌入式操作系统等软件服务业。电子产品制造业实现主营业务收入269.5亿元、利税28.3亿元、利润23亿元，同比分别增长14.2%、12.4%和9.4%；软件业实现主营业务收入5.14亿元、利税3867万元、利润1.03万元，分别增长3.6%、11.1%和1.2%。二是信息化与工业化深度融合。制定了《两化融合示范企业认定办法》，建立了企业两化融合指标考核体系，围绕重点产业和研发设计、生产加工等关键环节，实施了总投资15亿元的20个两化融合重点项目，完成投资10.9亿元。我市12个中心被纳入全省首批信息化和工业化“四个一百”工程扶持范围，海科集团智能化生产管理系统入围省两化融合技术装备重点推广目录。树立了华泰集团等10家企业为全市首批两化融合示范企业，实施了以定向服务和专项指导为主的“3+X”帮扶计划，总结推广了智能精准生产等两化融合模式。三是农村信息化和电子政务建设深入开展。农业信息化实现市县乡三级联动，举办了“无线信息村”现场观摩活动，总结推广了王道村信息化示范村建设模式。全国“数字粮食”现场会在我市召开，计生、空间地理等系统资源共享水平全省领先，人社系统是全省唯一试点，科技防腐工程有序推进。四是信息安全进一步加强。完善信息安全管理体系，在全省首批成立了信息安全协调小组，加强网络运行安全监管。五是强化无线电管理。认真做好频率监测保护，深入开展专项清理整顿，及时查处违规台站，较好地完成了全国两会、重大节假日和重大活动通讯保障工作。

七、抓服务，破难题，发展环境显著优化

一是加强经济运行调控。强化预测预警，指导企业规避市场风险。建立了“一门受理，各方联动”的企业直通车服务机制，在市经信委网站开设了“企业直通车”平台，对企业反映的问题实行“一门受理”，集中解决了企业生产经营中的122个突出困难和问题。二是破解融资困难。银企合作洽谈会达成协议贷款金额660.7亿元，到位资金401.5亿元。协调33个信用担保机构为中小企业提供担保贷款223.5亿元，中小企业互助启动资金提供融资服务128笔，业务总额5.48亿元，推进中小企业与股份制银行合作，首批中小企业区域集优集合票据发行工作有序进行，联合民生银行对煤炭企业实行“商圈授信”模式，争取授信额度1亿元。三是开展政策宣讲服务。组织有关部门到全市1200多家企业，就税收、技术改造、节能、进出口、土地等涉企优惠政策进行了宣讲和现场答疑。四是强化煤电油运保障。积极推动电网建设和农网改造，严格电力执法监察，强化煤电运调度和电力需求侧管理，全市电力供应平稳有序。严格成品油市场整治，规范了成品油市场秩序。

（东营市经信委　王霞）

5－8　2011年烟台市经信工作概述

一、经信工作运行

2011年，全市年主营业务收入2000万元及以上的工业法人企业(以下简称规模以上工业企业)2894个，增长1.9%。其中，中央属企业11个，省属企业23个，市属企业44个，县市区属企业143个，乡属企业70个，其他企业2603个。按经济类型分，国有企业51个，集体企业112个，股份合作制企业5个，股份制企业1556个，外商及港澳台投资企业824个，其它类型企业346个；按企业规模分，大型企业37个，中型企业327个，小型企业2530个。全市规模以上工业企业职工年平均人数94.12万人。主要有以下特点：

一是工业经济平稳较快增长。2011年，烟台规模以上工业增加值比上年增长14.38%；实现主营业务收入12086.13亿元，增长22.17%；实现利税1263.45亿元，增长24.23%；实现利润977.41亿元，增长25.15%。主营业务收入、利税、利润三项指标绝对额均居全省第2位。全市全社会用电量329.39亿千瓦时，增长11.6%，其中工业用电263.84亿千瓦时，增长12.6%。

二是支柱行业发展势头强劲。集中力量膨胀提升机械、电子、食品和黄金等支柱产业，通过政策引导、加大投入、技术创新、产业招商等措施，膨胀主导产品，延伸产业链条，推动产业集聚发展。2011年，四大支柱产业累计实现主营业务收入7367.1亿元，增长21.3%，实现利税751.6亿元，其中利润582.6亿元，分别增长23.9%和24.8%，三项指标占全市工业的比重分别达到61%、59.5%和59.6%，同比分别提高了0.7个、1个和0.8个百分点，拉动全市工业分别增长13.1个、14.3个和14.8个百分点。

三是骨干企业群体不断壮大。大力实施“8515工程”，培强做大骨干企业，重点推动8大领域领军企业、50户重点企业、100户成长性企业快速发展，2011年20户领军企业和50户重点企业实现主营业务收入5573.9亿元、利税562.2亿元、利润429.7亿元，分别占全市工业的46.1%、44.5%和44%；主营业务收入过10亿元企业达到126户，比上年增加6户，鸿富泰精密电子、南山集团、招金集团、东岳汽车等16户企业主营业务收入突破百亿，比上年增加4户。

四是运行调控进一步强化。加强对工业经济的运行调度指挥，完善对100户重点企业、20种大宗原材料、30个重点产品的监测分析机制，加强对战略性新兴产业企业的跟踪，筛选了25户企业定期调度。多次召开运行调度会、重点企业座谈会、现场办公会等，分析经济形势，协调解决企业生产经营中的突出问题。综合协调和科学配置水、电、煤、气、油、运以及土地、资金等生产要素供应，落实煤电调运责任制，制定并组织实施电力迎峰度夏、迎峰度冬方案，确保了全市生产生活需求。组织97户工业企业与金融部门对接，总资金需求额度达92亿元；破解企业融资难题，制定并落实企业周转资金使用管理办法，为企业垫付还贷周转金1500万元。组织开展“市场开拓创新年”活动，开通网上工业展览馆，已有20多家企业入馆展销产品。加强安全生产管理，落实安全责任，确保了煤矿、民爆、石油天然气三大高危行业安全形势稳定。

二、企业技术技改投资

不断优化投资结构，把工业投资重点集中到支柱产业、产品集群、高新技术、节能降耗和新能源等领域，工业投入保持了稳定增长。2011年，全市完成工业投入1240.7亿元，同比增长20%；其中技术改造项目1912项，累计完成投入1032.2亿元，增长13.7%。技术改造投入占全市固定资产投资的35.8%，占全市工业投入的83.2%。100个投资过亿元的技改项目全部开工，完成投资157.7亿元，完工投产项目36个，累计完成投资103亿元，年新增主营业务收入138亿元、利润21.4亿元、税金10.3亿元。一批重大技改项目加快推进，总投资280亿元的万华工业园一期工程、总投资40亿元的张裕工业园、总投资16.5亿元的通用东岳动力总成二期扩建等一批重大技改项目均进展顺利。全市高新技术产业实现产值4709.31亿元，增长22.7%，占规模以上工业总产值比重为38.69%。

三、企业自主创新

深入开展创建企业技术中心活动，新增8家省级和3家国家级企业技术中心，省级以上技术中心总数达69家，其中国家级16家。丛林、新诚钢结构、康泰、三环、红壹佰等5家企业被认定为山东省第二批工业设计中心，累计达到7家。新增10件“中国驰名商标”，总数达到51件；来福士半潜式钻井平台被认定为省重点领域重大首台（套）技术装备，万华等9户企业被授予“省产学研合作创新突出贡献单位”。全年工业企业研发新产品新技术2000多项，达到国内先进水平400多项，新产品销售比率达到24.3%。

四、企业管理

设立重点企业台账，对重点企业实行动态管理。全面加强基础管理，组织开展“练内功、强素质、挖潜力、增效益”活动，引导企业建立全面成本控制体系，提高生产效率；健全投资和经营风险内控制度，压缩两项资金占用，防范财务风险；加强信息化管理，引导企业利用信息技术改造提升资源管理系统，运用信息技术、电子商务技术改造企业物流系统和购销系统，构建适应信息化、国际化竞争需求的现代物流体系，整合企业资源，提升管理水平。深入开展企业管理“三创建”活动和“首届企业管理奖”活动，在创建全市现场管理样板企业、学习型组织示范企业、管理信息化示范企业方面，涌现出一批“三创建”活动样板、示范企业；召开全市企业管理大会，评选山东玲珑轮胎股份有限公司等10家企业和山东绿叶制药有限公司《医药科技创新体系的规范建设与实践》等10项管理创新成果“首届烟台市企业管理奖”，并给予隆重表彰，带动提升了全市企业管理水平。

五、两化融合及信息产业

启动实施信息化强市战略，加快两化融合，全面推进国民经济和社会信息化建设。国内首个集IT科普教育、产品展示和体验互动等于一体的IT科技馆投入使用并向社会开放。张裕轻工行业信息技术推广中心等10个项目列入省级首批“四个一百”工程项目名录，7家企业进入省两化融合先进实用装备重点推广指导目录企业。东方电子建成物联网产业实验室，RFID产品追溯系统建设取得新突破，保持了该领域全省领先水平。广泛开展“应用物联网建设万家数字企业”活动,举办巡展22场，新发展“数字企业”50余户。软件和信息服务业快速发展，软件产业销售收入达到91.3亿元,增长87.1%,综合经济指标稳居全省第3；6家企业新获国家“双软”资格认证，总数达到55家。稳步推进社会信息化和电子政务建设，累计发放市民卡20万张，应用领域扩展到18项，便民利民功能进一步增强。全市电子政务业务专网与省电子政务外网实现联通，“中国烟台”政府门户网站在全省政府门户网站绩效考核名列第3。

六、节能降耗工作情况

坚持把节能降耗作为落实发展观和转方式、调结构的重要内容，在全力促进经济快速增长的同时，千方百计降低能源消耗。一是创新节能调控新机制。出台《关于强化“十二五”时期节能调控的意见》,在全国率先推行既“控”单位能耗、又“控”总量能耗、严“控”增量能耗，“转”移超量能耗、“转”换全部能耗为用电指标的“三控两转”节能工作法。二是强化重点环节节能管理。与21个重点用能企业和单位签订节能自愿协议，协议完成节能量13633吨标准煤；严把项目入口，对手续不完备的违法违规项目、超标准耗能企业等纳入节能调控序列；积极淘汰落后产能，全年淘汰落后生产线22条、关闭小企业11家。三是加快推进节能项目建设和推广节能新技术、新产品。重点推进总投资104.4亿元的98个节能项目，全部实施后年可节约94万吨标准煤。华源莱动、玲珑轮胎等3个企业的25台设备列入节能节水专用设备确认名单。烟台红壹佰有限公司成为全省唯一中标财政补贴高效照明产品推广名录的企业。全年推广高效照明产品100万只。四是大力推进循环经济和资源综合利用。全市现有市级以上资源综合利用企业130户，年利用固体废弃物860万吨。招远市被列入全国第一批工业固体废弃物综合利用基地建设试点地区；4户企业获得节能服务公司国家备案，总数达到9家；12户企业入选全省100家节能环保示范企业，烟台资源再生加工示范区被认定为全省节能环保产业基地；28个产品被认定为资源综合利用产品。

（烟台市经信委　邓晓君）

5－9－1　2011年潍坊市经信工作概况

2011年，全市经信系统认真贯彻落实市委、市政府“一九五一”总体部署，按照转方式、调结构的要求，全力推进工业投入、自主创新、节能降耗、“两化”融合、信息化建设等关键措施的落实，工业经济和信息化发展保持良好的态势。2011年，全市规模以上工业增加值同比增长15.5%，实现主营业务收入9377.9亿元，利税792.9亿元，利润530亿元，分别增长28.5、17.1%和19.2%。全市有规模以上工业企业4057家，有3家企业进入中国企业500强，8家企业入围山东省百强企业，12户企业入围山东省制造业百强企业。我市连续四年进入中国城市信息化50强，被确定为山东省首批信息化与工业化融合试验区、首批山东省“无线城市”试点市，荣获“中国城市信息化成果应用奖”和“2011年中国城市信息化杰出成就奖”，“中国潍坊”门户网站在全国政府网站绩效评估中列地市级政府网站第5位、全省第1位。

一、加大政策支持力度

先后制定出台了《关于加快全市工业经济发展的决定》、《关于进一步深化市属企业改革有关问题的实施意见》、《关于实施“三个一批”发展战略的意见》等六大支柱产业发展的实施意见，编制了《工业结构调整与发展规划研究》，在推进产业结构调整、鼓励企业招商引资、加快企业上市、增强企业自主创新能力、建设高素质企业家队伍等方面营造政策“洼地”。海化、潍柴、福田等大企业实现了快速膨胀。海化集团不断延伸盐化工产业链条，成为中国化工行业技术创新示范企业和全国首批循环经济试点企业；潍柴在研制出被誉为“中国创造”的欧Ⅲ发动机的同时，成功并购了中国第二大汽车零部件企业湘火炬，提升了综合竞争力。

二、加大科学投入

紧紧抓住投量、投速、投向和投效四个关键，广泛调动各类投资主体的积极性，把有限的要素配置到科学投入上来。2011年，全市工业完成投入1066.4亿元，同比增长20.6%；高新技术产业完成投入689.1亿元，增长58.7%；先进制造业完成投入801.2亿元，增长21.4%。全市列入省工业调整振兴规划重点调度项目483个，累计完成投入200.6亿元；列入省转方式、调结构重点项目计划197个，累计完成投入125.4亿元；列入2011年省企业重点导向计划项目186个，累计完成投入137.5亿元。实施重点节能技术改造项目77个，完成投入66.5亿元；新兴产业投入项目509个，当年完成投资357.2亿元。全市新口径高新技术产业产值达到2349.7亿元，同比增长30.1%，占规模以上工业总产值比重为24.9%。新认定高新技术企业106家，居全省第一位，总量达到324家，居全省第二位。

三、培育壮大新兴产业

制定出台了加快发展新兴产业的意见，确定在新能源、新材料、新信息等九个产业40类产品领域实施重点突破，新兴产业初具规模。新能源产业已初步形成以风力发电及装备制造、热泵装备制造安装、生物质能发电等为主的生产体系，新材料涌现出了日科化学、金鸿集团、默锐化学等一批知名企业，新能源汽车形成了以整车带动配套零部件共同发展的格局，节能环保产业已成为全省重要的节能环保装备生产基地，新医药和生物产业形成了较为完整的产业链和产业集群。电子信息产业实现快速增长，全年实现主营业务收入305.6亿元，利润30.1亿元，利税36.2亿元，分别增长47%、52.9%和51.4%，已形成半导体照明、太阳能光伏、电声器件、软件与信息服务业四大发展重点，建立了半导体照明工程、电声器件产业两个国家级产业基地和光电子、电声器件、软件及物联网等8个省级特色产业园区。电声器件产业高端电声器件产品在国内市场份额达到45%以上。

四、引导产业聚集

按照“大企业—产业链—产业群—产业基地”的成长规律，明确园区功能定位，最大限度的发挥产业集聚效应，着力构筑以大企业为主体，以项目为载体，科技含量高、产业链条完整的工业园区。加快实施“85311”工程，积极贯彻落实市政府《关于加快千亿级产业链发展的实施意见》，围绕汽车、装备、石化、新能源、纺织服装、电子信息、食品加工等主导产业，依托骨干龙头企业，打造千亿级产业链条或产业集群，培育千亿级企业集团。工业百强企业特别是八大产业链龙头企业完成了新一轮企业发展战略规划,明确了企业“十二五”期间发展方向、发展目标、发展重点和工作措施，指导企业发展。目前，市里确定的主导产业经济总量已经占全市的80%以上，初步建立起了具有规模技术优势的海洋化工基地、产业链条完整的动力装备基地和特色优势明显的纺织服装基地。

五、加强创新能力建设

加大政策支持力度，制定出台了《关于进一步加强技术创新工作的意见》，积极推进重点企业建立博士后工作站、博士后技术创新中心和企业技术开发中心建设。2011年，全市完成技术开发费投入75.7亿元，开发完成市以上空白的新产品、新技术、新工艺309项，年可实现新产品销售收入813.7亿元，利税137.6亿元。加快企业技术中心建设，全市市级以上企业技术中心达到225家，其中，国家级8家，省级58家，市级以上企业技术中心开发费投入占主营业务收入的比例达到3.5%以上。加强与中科院、中国工程院、中国科技大学等高校和科研院所的深度合作，我市企业与高校、研究院所等联合设立的科研开发机构达到126个，建立博士后工作站13个。加大品牌创建，目前我市拥有中国名牌产品31个、中国驰名商标61件、山东名牌产品222个、山东省著名商标257件。盛瑞传动公司8AT(前驱8挡自动变速器）项目荣获2011年第十三届“中国专利奖”发明专利金奖，潍柴自主研发的10升、12升大功率蓝擎发动机被誉为从“中国制造”到“中国创造”的飞跃。

六、强力推进招商引资

充分发挥工业门类全、规模大、资源丰富等比较优势，抓住国际产业结构调整和产业资本转移的有利时机，认真研究和把握国际国内资本流动和产业转移的趋势，突出产业链、产品链、基地型项目的招商，突出产权转让和利用外资。世界500强企业之美国卡特彼勒公司我市山东山工机械有限公司合作，使山工集团成为卡特彼勒全球生产基地之一。目前，传统优势企业与国内外优强企业的战略合作已全面展开，海化集团与中海油、昌邑石化与中国化工、亚星与德国朗盛、昌邑新昌与美国泰森、卡特彼勒与山工机械等国内外大型企业的合作，有力地促进了产业结构优化，增强了企业发展后劲。

七、抓企业改革管理和规范上市

拟定了《潍坊市深化企业和科技体制改革试点工作实施方案》，帮助试点企业制订了改革试点方案。推进企业兼并联合重组和股份制改造，制定出台了《潍坊市推进企业兼并联合重组的意见》，抓好规范的股份制改造。建立健全法人治理结构，把培植企业上市作为一项战略性任务，依法完善内部各项管理制度；在上市渠道上，因企制宜，境内外上市并举。同时，进一步强化对上市公司的监督指导，加大新经济增长点的培育，创造一流的经营业绩，努力保持我市上市公司的良好整体形象，争取符合条件的企业及时进行扩配股或发行可转换债券，畅通从资本市场再融资渠道。目前全市共有33家企业37支股票在境内外上市，企业融资实现了渠道多元化，有力地推动了传统优势企业的快速发展。

八、推进信息化与工业化深度融合

以列入省级两化融合试验区为契机，从产品、企业、行业、区域、政策等层面，大力推进信息化要素在工业各领域的渗透与融合。着力推进信息技术与设计、制造技术的融合。潍柴动力的产品数据管理系统（PDM），实现了公司产品“三国七地”的协同研发和设计制造全过程的“甩图纸”，大大缩短了产品的研发生产周期。着力推进信息化与企业生产、经营、管理的融合。截至2011年，全市规模以上工业企业财务管理信息化应用率达到了100%，企业资源计划系统（ERP）应用率达到45.6%。着力推进信息化与传统行业的融合。开展了两批两化融合示范工程建设，评选出了30家示范企业、20个优秀服务机构和50个示范项目，形成了良好的示范带动效应。在做好省级两化融合试验区工作的同时，开展县市区两化融合试点，确定了寿光市、诸城市和青州市卡特彼勒工业区为“潍坊市信息化与工业化融合试验区”。大力发展信息技术产业及新兴业态，培育发展了一批支撑两化融合的信息服务业企业，软件与信息服务外包业年均增长50%以上。

九、大力发展循环经济

严格落实目标责任制，抓好节能减排监测和预警调控，不断完善长效机制，强化循环经济试点示范，深入抓好20个省级、40个市级循环经济试点企业和循环经济试点园区建设，目前已基本形成海化集团“一水六用”，景芝酒业酒糟污泥一体化利用，奥宝化工化工废渣综合利用等近20种比较成熟的循环经济模式（链条）。积极推进循环经济发展，在建筑废弃物、餐厨废弃物和城乡生活垃圾的资源化利用、无害化处理和产业化发展方面走在了全省乃至全国的前列。在全省率先出台了《关于进一步推动建筑垃圾综合利用的实施意见》，城区75%以上建筑废弃物实现资源化利用。我市已被国家正式确定为餐厨废弃物资源化利用和无害化处理33个试点城市之一。

（潍坊市经信委　赵海亮）

5－9－2　2011年潍坊市工业百强企业名单

1. 潍柴控股集团有限公司
2. 山东晨鸣纸业集团股份有限公司
3. 北汽福田汽车股份有限公司诸城汽车厂
4. 山东海化集团有限公司
5. 中化弘润石油化工有限公司
6. 山东昌邑石化有限公司
7. 福田雷沃国际重工有限公司
8. 山东寿光巨能控股集团有限公司
9. 诸城市外贸有限责任公司
10. 山东联盟化工集团有限公司
11. 孚日集团股份有限公司
12. 得利斯集团有限公司
13. 山东墨龙石油机械股份有限公司
14. 山东潍焦集团有限公司
15. 山东寿光鲁清石化有限公司
16. 新郎希努尔集团股份有限公司
17. 山东泸河集团有限公司
18. 诸城市龙光电力投资集团有限公司
19. 山东银鹰化纤有限公司
20. 潍坊英轩实业有限公司
21. 高密市供电公司
22. 歌尔声学股份有限公司
23. 山东山工机械有限公司
24. 华电潍坊发电有限公司
25. 山东三工橡胶有限公司
26. 山东大地盐化集团有限公司
27. 寿光富康制药有限公司
28. 山东景芝酒业股份有限公司
29. 山东恒联投资有限公司
30. 山东新龙集团有限公司
31. 山东凯马汽车制造有限公司
32. 山东世纪阳光纸业集团有限公司
33. 山东万山集团有限公司
34. 山东桑莎制衣集团有限公司
35. 诸城市昊宝服饰有限公司
36. 潍坊乐港食品股份有限公司
37. 山东寿光天成食品集团有限公司
38. 潍柴重机股份有限公司

39. 宇骏（潍坊）新能源科技有限公司
40. 山东泰森新昌食品有限公司
41. 山东浩信集团有限公司
42. 潍坊亚星化学股份有限公司
43. 山东海天生物化工有限公司
44. 青州市供电公司
45. 山东杰富意振兴化工有限公司
46. 潍坊市元利化工有限公司
47. 山东万兴集团有限公司
48. 诸城市万年食品有限公司
49. 山东矿机集团股份有限公司
50. 山东比德文动力科技有限公司
51. 山东中文实业集团有限公司
52. 昌邑市供电公司
53. 山东通力车轮有限公司
54. 山东海王化工股份有限公司
55. 诸城市义和车桥有限公司
56. 诸城市洋晨机械制造有限公司
57. 山东银宝轮胎集团有限公司
58. 山东华建铝业有限公司
59. 诸城市润生淀粉有限公司
60. 山东大业工贸有限责任公司
61. 山东耶莉娅服装集团总公司
62. 山东潍坊龙威实业有限公司
63. 昌邑华晨集团
64. 潍坊东方钢管有限公司
65. 山东圆友集团有限公司
66. 山东惠发食品有限公司
67. 山东潍坊润丰化工有限公司
68. 山东恒安纸业有限公司
69. 山东柠檬生化有限公司
70. 山东昱合食品集团有限公司
71. 豪迈集团股份有限公司
72. 寿光卫东化工有限公司
73. 安丘市鲁安药业有限责任公司
74. 潍坊盛泰药业有限公司
75. 安丘山水水泥有限公司
76. 山东长盛泰玻璃制品有限公司
77. 昌乐县供电公司
78. 盛瑞传动股份有限公司
79. 山东新永辉化工有限公司
80. 山东默锐化学有限公司
81. 安丘市供电公司
82. 山东雷奥新能源有限公司
83. 山东裕源集团有限公司
84. 临朐县供电公司
85. 临朐山水水泥有限公司
86. 山东乐化集团有限公司
87. 山东寿光健元春有限公司
88. 山东万豪纸业集团股份有限公司
89. 青州尧王制药有限公司
90. 山东泰瑞汽车机械电器有限公司
91. 山东奥宝化工集团有限公司
92. 诸城东晓生物科技有限公司
93. 帛方纺织有限公司
94. 山东日科化学股份有限公司
95. 山东新方集团股份有限公司
96. 青州中联水泥有限公司
97. 山东金亿机械制造有限公司
98. 诸城市中纺金维纺织有限公司
99. 山东鲁星钢管有限公司
100. 潍坊山水水泥有限公司

（潍坊市经信委　赵海亮）

5 - 10 - 1　2011年济宁市经信工作概况

2011年，在市委、市政府坚强领导下，全市经信系统牢牢把握科学发展跨越发展总基调，以经济战略转型为主线，以聚焦国家战略、加快结构调整、构建现代产业体系为方向，大力实施高端提升传统产业与培植壮大新兴产业“双轮驱动”，深入推进“三百三千”工程，经济和信息化运行平稳、总体向好，呈现出规模不断壮大、结构持续优化、能耗稳步下降的良好态势。全市规模以上工业增加值增长13.8%；实现销售收入4276.1亿元、利税516.8亿元、利润328.8亿元，分别增长20.5%、10.1%和9.9%。工业企业上缴税金272.7亿元，占国、地税总收入的比重达到70.8%。

一、高点定位谋划“十二五”转型跨越，“双轮驱动”推进工业结构调整取得新进展

一是制定“十二五”产业发展规划。在深入调查研究、广泛征求意见的基础上，出台了“十二五”制造业、战略性新兴产业、国民经济和信息化3个综合性发展规划，论证了新材料、生物医药、新一代信息技术、节能环保等10个单项产业发展规划，提出以“双轮驱动”为主线，以制造业发展“五三三”战略为核心，以加快推进“两化融合”为重点，以“三百三千”工程为载体的“十二五”转型跨越总思路，细化了各主导产业发展目标、重点链条和推进措施，基本构建起现代产业体系框架。二是强化企业技术改造。以“千户企业改造提升工程”为抓手，加快传统产业向高质高端高效发展。完成工业投资655.8亿元，完成技改投资420亿元。三是调整优化产业结构。制造业投资占工业投资的比重达到92.9%、同比提高4.3个百分点，新兴产业投资增长30.1%、占比达到17.2%。完成高新技术产值751亿元、增长29.6%，占规模工业的比重比年初提高1.15个百分点。纺织服装、建材、电子信息等优势行业销售收入增幅达30%。四是培植壮大新兴产业。润峰锂电池、意可曼高分子材料、泰山玻纤电子布等一批重点项目进展顺利，金乡新能源汽车基地、微山稀土科技园等一批大项目陆续引进。五大新兴产业实现销售收入387.2亿元，占制造业的比重达到9.07%。基本形成LED新光源、太阳能光伏、新能源动力电池到电动车制造、高端煤化工、生物化工和节能环保新产品等相对成熟、较为完整的产业链条。

二、强化平台培育，深化产学研联合，企业自主创新能力建设取得新突破

一是加强技术创新平台建设。与同济大学、天津大学等5所高校达成共建工业设计平台意向，山推股份等3家企业被认定为省级工业设计中心，如意科技被认定为国家技术创新示范企业。全市企业技术中心达到149家，其中国家级7家、新增1家，省级43家、新增10家，实现历史性突破。二是深入推进产学研联合。组织企业赴中南大学、东华大学等重点高校开展产学研对接活动，破解技术难题70余项。协助如意科技、山推股份、济宁高新区与同济大学签订战略合作协议。组织200余家企业参加省产学研展洽会，签订产学研项目11项、总投资1.6亿元，被省授予产学研合作创新突出贡献先进集体。三是加快创新项目建设。完成技术创新项目1300余项，总投资40亿元，其中新产品1100项，260项达到国际或国内先进水平。遴选兖矿集团、如意科技等13家企业申报国家新材料产业“十大工程”专项，争取国家重大科技成果转化专项1项，省重点技术创新专项7项，省技术创新计划项目290项。四是大力营造创新环境。开展以“比科技投入、比平台建设、比创新产出、比品牌建设”为内容的工业核心竞争力“四比”竞赛活动。

三、用好两种资源，抓好两个市场，企业发展空间取得新拓展

一是大力开拓国内外市场。先后组织200余家企业参加喀什商品交易会、西部装备制造业博览会、国际软件和信息服务交易会等大型展会，高标准举办中国矿山机械博览会、服装家纺国际博览会、专用汽车博览会等特色展销活动。二是着力推进招大联强。先后引进世界500强——美国ITW集团和爱科集团来我市投资，联想集团50万吨氯碱、北京安派通信设备制造等一批招商大项目正在加快推进，中钢研稀土开发项目、英格尔科技LED高档显示屏项目等一批高端大项目陆续签约。三是积极开发境外资源。兖矿集团投资2.6亿美元收购加拿大5400平方公里钾矿勘探权，获高品位钾矿储量400亿吨。如意集团投资1706万美元收购澳大利亚优质牧场。山推机械等出口企业在国外设立境外研发和销售中心，扩大出口过亿美元。

四、加强分类指导，推动管理创新，企业发展实力得到新增强

一是大力实施"创百亿企业工程"。编制出台《"十二五"销售收入创百亿重点企业发展规划纲要》，组织20家企业围绕过1000亿、过500亿、过100亿目标制定跨越发展规划，采取现场办公等方式，深入兖矿集团、山推股份、菱花集团、润峰集团等龙头企业解决发展难题。华勤集团销售收入突破200亿元。二是加快培育骨干企业。百户重点企业实现销售收入2564.4亿元、利税306.7亿元、利润201.7亿元，同比分别增长24.9%、8.6%和9.1%；占全市工业的比重达到61.4%、61.4%和60.4%。销售收入过10亿元企业达到53户，其中过50亿元企业11户，过100亿元企业5户。三是着力提升企业管理素质。在30家"管理创新样板企业"推广实施"六西格玛"精细化管理。运河煤矿入围国家级管理创新成果评选，华勤集团荣获省企业管理成果奖。大力实施"百名企业家培训工程"，对30名企业家进行战略卓越领导力培训，组织70余名企业高管赴潍柴控股、福田雷沃等大企业考察学习，组织200名企业家参加诚信企业培训、"云计算"培训等主体班次。四是加快"退城进园"步伐。鼓励指导企业通过"退城进园"膨胀规模、提升素质，先后批复东岳专用车、鲁能光大等7户企业"退城进园"方案，对已批复的26户企业实行跟踪服务。

五、加快"两化融合"，拓展应用领域，经济社会信息化建设呈现新局面

一是推进信息化与工业化深度融合。出台《"利税千万元企业信息化改造提升工程"建设意见》，优选30家示范企业重点培育，集中打造高新区装备制造、邹城煤矿管理、兖州造纸、梁山专用车、任城物流、中区服务业等两化融合示范区。二是加快城乡信息化步伐。启动实施"城市一卡通"工程，发卡30余万张。协调国家广电总局广播科学研究院在我市设立分支机构，重点推广"智慧旅游"和"感知煤矿"应用。荣获"2011中国城市信息化卓越成就奖"。三是大力发展物联网产业。采取现场会、培训班等形式大力推广"数字矿山"新技术，经验在全国推广。科学编制物联网产业园区功能布局规划，集中打造中区、曲阜、微山、嘉祥、济宁高新区、北湖新区六个物联网产业园。协调中国电信在我市设立中小企业物联网创新应用基地。被省授予首批"物联网产业基地"。四是突出抓好软件和信息服务业。重点培养18家软件和系统集成企业，成功引进中科院计算所、大唐电信、金蝶软件等著名IT企业和研发机构入驻我市，协调省通信运营商投资建立"新一代信息技术应用基地"。五是加强信息安全保障。对我市重点部门及企事业单位进行信息网络安全检查。组建102人的应急救援队伍，定期进行通信、信息防护演练。

六、强力推进落后产能淘汰，突出责任目标考核，节能降耗工作取得新实效

一是强化目标责任考核。开展"十一五"节能考核工作，召开节能大会兑现奖惩措施。出台《关于深化"十二五"能耗总量控制工作的意见》，分解落实"十二五"节能任务目标，与各县市区和有关部门签订责任书，顺利完成全年节能任务目标。二是大力推进科技节能。100项重点节能改造项目全部完成，推广节能新产品、新技术、新工艺30余项。实施节能环保产业示范工程，济宁高新区被授予省节能环保产业基地，润峰电力等6家企业被列为省示范企业。落实高效节能产品惠民政策，支持太阳能集热利用项目18个，推广节能灯32万支。三是坚决淘汰落后产能。制定并分解2011年淘汰落后产能计划，与各县市区签订责任书，94家企业全部完成淘汰任务。四是加快发展循环经济。重点提升10个循环经济产业链，认定综合利用企业52家，华勤集团被工信部授予“全国百户资源节约型环境友好型试点企业”。五是强化执法监察。会同统计部门对16户能耗增长较快企业进行执法检查，组织专家对61家企业实施清洁生产审核，对11家企业进行能源审计，监察重点用能企业60家。

七、抓好监测预警，强化要素保障，经济运行环境得到新改善

一是强化运行监测。建立骨干企业动态旬调制度和直报系统，重点选择30家企业进行旬调分析，优选50户优势产业企业、50户新兴产业企业进行动态直报。深入300余家企业开展专题调研。二是多措并举缓解企业融资难题。实施“金融助推千家中小企业发展计划”，建立银企合作信息网，召开政企银信息沟通会，组织7个县市区与建行签订“助保金”贷款合同，组建41个中小企业“信用联盟”，积极向省争取58户企业列入重点信贷支持、落实资金24亿元。三是强化煤电油运保障。累计完成发电量545.7亿千瓦时，保障全社会用电251亿千瓦时、工业用电197亿千瓦时。煤炭产量达8381.5万吨，累计完成货运量27148.6万吨。四是强化政策服务。积极对接争取国家重点产业振兴和技术改造专项、国家中小企业技改专项、省新兴产业和重点行业发展专项、省重点节能技术产业化奖励等各类政策扶持，加大市级专项资金保障支持力度，累计落实各级扶持资金2.2亿元。

（济宁市经信委　田金辉）

5－10－2　2011年济宁市规模以上企业销售收入前100名企业名单

单位：亿元

序号	企业名称	销售收入		
		累计	同期	增幅
合计		3130.3	2488.5	25.8
1	兖矿集团有限公司	640.0	516.0	24.0
2	山东太阳纸业股份有限公司	253.1	216.7	16.8
3	华勤橡胶工业集团有限公司	226.4	152.1	48.8
4	山东如意科技集团有限公司	159.0	141.7	12.2
5	山推工程机械股份有限公司	148.0	132.9	11.4
6	山东荣信煤化有限责任公司	98.4		
7	山东电力集团济宁供电公司	92.9	74.3	25.1
8	齐鲁特钢有限公司	83.4	60.0	39.0
9	小松山推工程机械有限公司	65.3	106.0	-38.4

序号	企业名称	销售收入		
		累计	同期	增幅
10	济宁能源发展集团有限公司	61.3	41.5	47.6
11	润峰集团有限公司	50.8		
12	山东翔宇化纤纺织有限公司	50.6	33.6	50.6
13	华电国际电力股份有限公司邹县发电厂	49.6	46.8	5.9
14	华电邹县发电有限公司	40.2	42.2	-4.5
15	济宁碳素工业总公司	36.4	33.9	7.4
16	山东华金集团有限公司	34.6	30.0	15.4
17	菱花集团有限公司	32.0	29.2	9.4
18	山东裕隆矿业集团有限公司	31.9	22.8	40.2
19	枣庄矿业集团高庄煤业有限公司	30.9	25.8	19.5
20	山东唐口煤业有限公司	30.7	23.1	32.8
21	兖州市绿源食品有限公司	30.1	21.7	38.8
22	嘉祥县嘉冠油脂化工有限公司	30.0	20.5	46.4
23	山东雪花生物化工股份有限公司	25.5	25.0	1.9
24	枣庄矿业（集团）付村煤业有限公司	25.5	20.0	27.3
25	肥城矿业集团梁宝寺能源有限责任公司	24.6	19.4	26.4
26	山东鲁抗医药集团有限公司	23.4	21.8	7.5
27	山东东山古城煤矿有限公司	22.9	19.0	20.8
28	枣庄矿业集团新安煤业有限公司	22.6	13.6	66.3
29	山东济宁运河发电有限公司	21.7	23.5	-8.0
30	山东联诚集团有限公司	20.3	15.7	29.2
31	山东宏河矿业集团有限公司	20.0	13.1	52.7
32	淄博矿业集团有限责任公司许厂煤矿	18.5	17.8	3.9
33	益海嘉里（兖州）粮油工业有限公司	18.2	16.5	10.7
34	华能国际电力股份有限公司济宁电厂	17.0	17.2	-1.6
35	曲阜中联水泥有限公司	16.7	12.5	34.2
36	小松（山东）工程机械有限公司	16.2	15.8	2.7
37	山东鲁抗辰欣药业有限公司	15.3	13.0	17.4
38	中国重型汽车集团济宁商用车有限公司	15.2	22.5	-32.5
39	山东英克莱集团有限公司	14.3	12.4	16.0
40	淄博矿业集团有限责任公司岱庄煤矿	14.3	13.2	8.3

序号	企业名称	销售收入		
		累计	同期	增幅
41	青岛钢铁集团兖州市焦化厂	14.2	11.9	19.4
42	微山县同泰焦化有限公司	14.1	9.5	48.4
43	微山崔庄煤矿有限责任公司	13.9	11.0	26.2
44	山东山推机械有限公司	13.1	7.7	69.9
45	济宁方圆矿业有限公司	12.4	11.2	10.9
46	山东东岳专用汽车制造有限公司	12.1	10.1	20.2
47	大京机械（山东）有限公司	12.0	4.0	204.3
48	华能嘉祥发电有限公司	12.0	12.4	-3.4
49	济宁中银电化有限公司	11.8	10.3	14.1
50	山东里彦发电有限公司	11.8	11.5	2.2
51	山东省微山湖矿业集团有限公司	11.6	10.6	9.9
52	兖州市环宇车轮有限公司	10.8	7.2	50.1
53	山东山推欧亚陀机械有限公司	10.7	9.7	10.5
54	萨维奥（山东）纺织机械有限公司	10.5	6.0	74.2
55	山东圣阳电源股份有限公司	9.5	7.3	29.2
56	济宁辰光美博化工有限公司	9.4	0.0	0.0
57	山东润峰集团新能源科技有限公司	9.4	1.1	772.4
58	泰山玻璃纤维邹城有限公司	9.4	7.3	29.2
59	济宁鲁鑫油脂有限公司	9.0	9.0	0.0
60	泗水金益纸业有限公司	9.0	6.5	38.8
61	山东省七五生建煤矿	9.0	7.8	15.1
62	曲阜市东宏实业有限公司	9.0	5.8	53.1
63	山东源根石油化工有限公司	8.7	4.6	89.3
64	山东圣花实业有限公司	8.3	7.4	11.7
65	山东鲁王集团有限公司	8.2	7.3	11.5
66	曲阜圣城热电有限公司	8.1	0.0	0.0
67	山东东山王楼煤矿有限公司	8.1	6.4	26.9
68	大宇水泥（山东）有限公司	8.1	5.6	45.2
69	山东山推工程机械结构件有限公司	8.1	9.6	-15.7
70	嘉祥县供电公司	7.7	6.3	23.4
71	山东润峰集团有限公司	7.5	7.0	7.6

序号	企业名称	销售收入		
		累计	同期	增幅
72	邹城市供电公司	7.5	5.6	33.4
73	淄博矿业集团有限责任公司葛亭煤矿	7.3	6.9	5.2
74	山东山矿机械有限公司	7.0	6.8	3.7
75	山东白象食品有限公司	6.9	6.4	8.1
76	山东鲁强电缆（集团）股份有限公司	6.9	6.7	4.0
77	山东恩信特种车辆制造有限公司	6.9	5.9	17.7
78	山东省岱庄生建煤矿	6.8	6.9	–1.6
79	山东德源纱厂有限公司	6.8	6.7	1.3
80	山东省田庄煤矿	6.7	6.7	0.4
81	济宁如意印染有限公司	6.7	3.6	85.1
82	金乡县华光食品进出口有限公司	6.6	7.7	–13.7
83	梁山中集东岳车辆有限公司	6.6	6.0	10.9
84	微山县供电公司	6.6	5.2	27.1
85	山东好德国际能源发展有限公司	6.5	1.7	275.4
86	兖州希尔康泰药业有限公司	6.4	6.4	0.1
87	胜代机械（山东）有限公司	6.3	8.7	–27.6
88	山东樱花五金集团有限公司	6.2	6.2	0.5
89	山东英特力光通信开发有限公司	6.1	4.5	36.5
90	山东云天化国际化肥有限公司	6.0	6.2	–2.9
91	小松（中国）履带有限公司	6.0	6.4	–5.6
92	山东济宁盛发焦化有限公司	6.0	5.1	16.1
93	济宁辰光杰克特煤化有限公司	5.9	9.1	–34.7
94	山东梁山华宇集团汽车制造有限公司	5.9	5.9	–0.2
95	山东诺力新能源科技有限公司	5.8	6.0	–4.2
96	山推重工机械有限公司	5.7	7.8	–26.3
97	山东利发煤业集团有限公司	5.7	4.2	36.2
98	济宁海螺水泥有限责任公司	5.7	0.2	2764.7
99	山东彩桥驾驶室有限公司	5.6	14.0	–59.8
100	山东东山军城能源开发有限公司	5.5	0.0	0.0

（济宁市经信委　田金辉）

5－11　2011年泰安市经信工作概况

一、概况

2011年，全市规模以上工业企业工业增加值累计比上年增长14%，增幅居全省第10位。其中，东平县、宁阳县、高新区、泰山区及岱岳区增加值高于全市平均水平，肥城市及新泰市低于全市平均水平；轻工业增长13.16%，重工业增长14.25%。

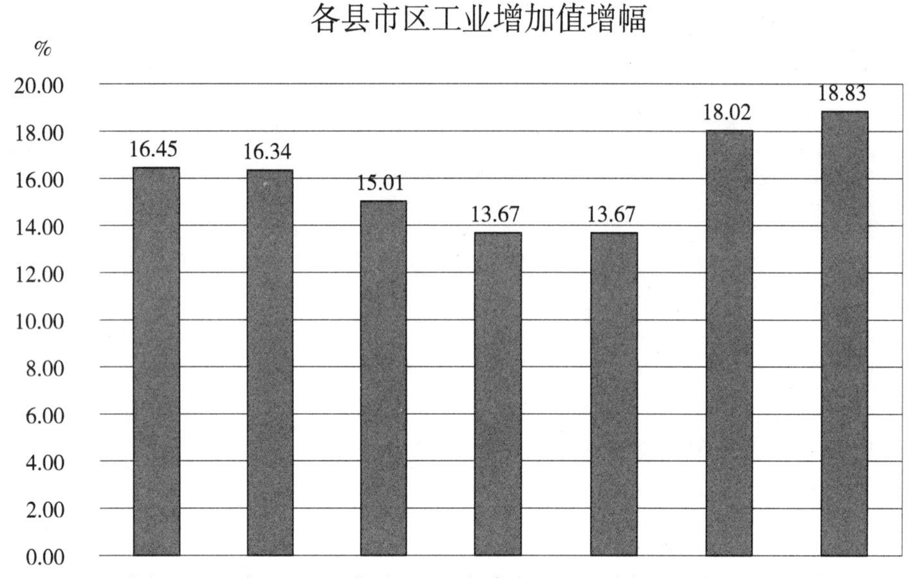

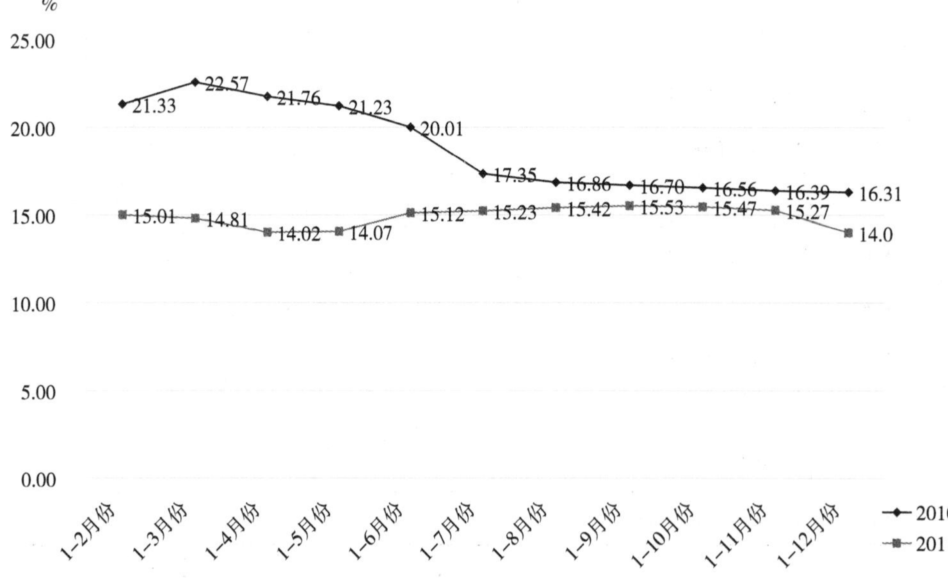

从工业用电量看，2011年全社会用电量累计完成148.54亿千瓦时，比上年增长7.89%；其中，工业用电量累计完成115.88亿千瓦时，比上年增长9.73%。从主要产品看，重点调度

的186种工业产品中，产量增长的有117种占62.9%，持平的10种占5.38%，下降的59种占31.72%。

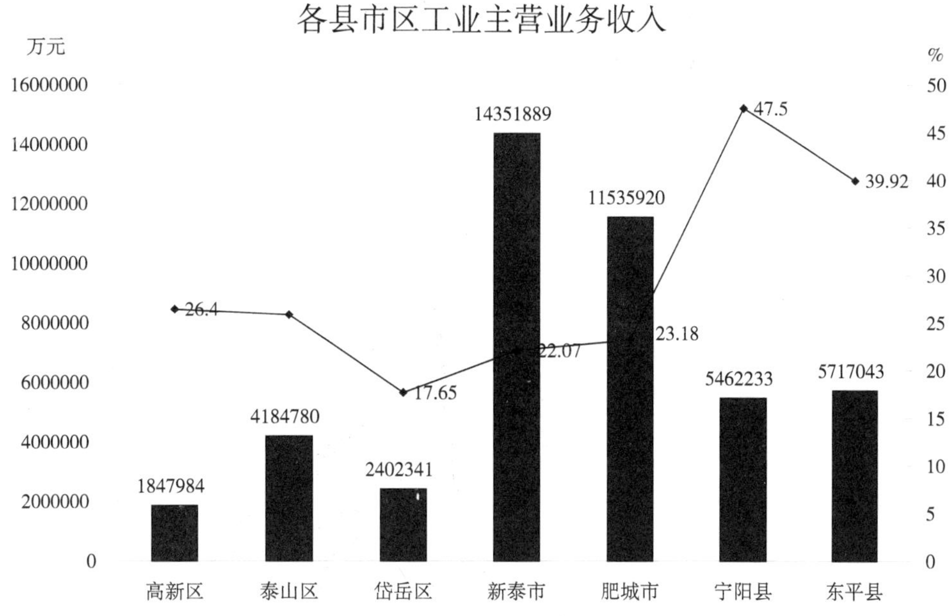

2011年，以制定和落实《泰安市工业发展“十二五”规划》为基础，大力实施传统产业改造升级、重点产业培植增强、新兴产业加快发展、产业集群和特色产业聚集壮大“四大工程”，努力培植十大产业和重点企业、项目、产品，实现了“十二五”良好开局。制定了“十二五”物流业规划，努力提高生产性服务业占比。作为市工业调整振兴指挥部、市节能减排领导小组、市节能减排和淘汰落后产能工作指挥部的办公室单位，坚持工作力度不放松，严格落实国家产业政策，严把市场准入关，强化工作协调和调度，充分发挥了各方面配合支持的合力。组织召开全市传统产业升级改造现场会、产业集群培植工作流动现场会，有力地推动了工业转方式调结构。全市轻重工业比例更趋合理，高新技术产业产值占工业总产值的比重进一步提高，节能环保产业得到快速发展。大力实施信息化带动工业化战略，着力推动信息技术在工业企业的应用，启动了“两化融合助企服务行动”、“数字企业万家行”，两化融合由导入期进入提升期。大力推动信息产业发展，信息产业主营业务收入、利润、利税增幅均接近40%，实现了高速发展。一大批企业自主研发了一批国内领先乃至国际先进的产品，实现了转型升级。新矿集团的“千万吨工作面”是全国唯一的自主装备，“以矸换煤”绿色开采技术，每年换回50万吨煤，得到国家发改委、财政部的重点支持。东平瑞星粉煤气化项目，技术全国首创，尿素生产成本大幅降低。康平纳公司转型生产高端纺织装备，实现了由单一传统纺织业向先进装备制造业转变。华鲁锻压公司大型数控船用卷板机属于世界最大规格。力博公司的带式输送系统获得发明专利4项，列入省首台套重点项目。硕力机械的船舶三维数控弯板机，突破了自动化加工关键技术，处于全国领先水平。航天特车的大吨位特种车、泰开电气的高压断路器、泰山玻纤的无碱玻纤及制品、泰山石膏的纸面石膏板均在行业内具有领先优势。尤洛卡、众诚矿山的矿用电器电子产品处于全国先进水平。泰邦生物的人血白蛋白技术国内领先。

二、工业经济运行情况

2011年，全市规模以上工业企业实现主营业务收入4550.22亿元，比上年增长

26.22%，增幅居全省第10位，其中宁阳县、东平县及高新区增幅高于全市平均水平，泰山区、肥城市、新泰市及岱岳区低于全市平均水平；累计实现利税579.45亿元，比上年增长26.63%，增幅居全省第8位；累计实现利润361.29亿元，比上年增长27.41%，增幅居全省第8位。

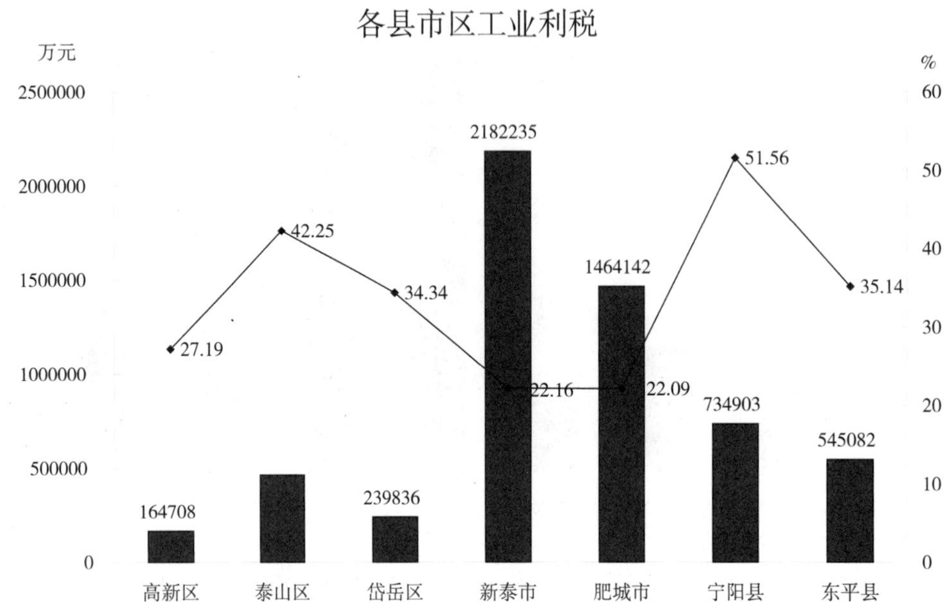

工业经济运行质量进一步提高。2011年，工业经济效益综合指数达到278.91%，比上年提高13.65个百分点，反映经济效益水平的7项主要指标有6项提高。具体来看，总资产贡献率为24.95%，提高0.76个百分点；资产保值增值率为124.74%，降低1.99百分点；资产负债率为59.3%，降低1.45个百分点；流动资产周转次数为3.78次，提高0.15次；成本费用利润率为9%，提高0.07个百分点；全员劳动生产率为196307元/人，增加17280元/人；产销率提高0.42个百分点。

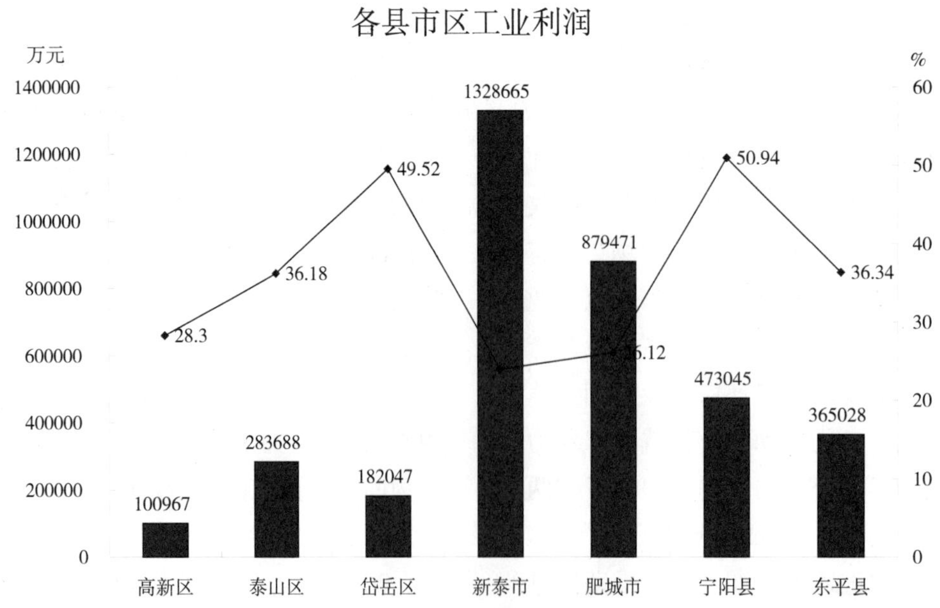

工业企业实交税金稳定增长。2011年，全市规模以上工业企业实交税金120.36亿元，比上年增长17.4%。实交税金过千万元的企业达到184户，比上年增加22户；其中过亿元的企业有12户，比上年增加5户。其中，肥城矿业集团有限公司实交税金128371万元，比上年增长7.66%；新汶矿业集团有限责任公司实交税金78386万元，比上年增长-4.47%；山东石横特钢集团有限公司实交税金58185万元，比上年增长15.98%；泰开电气集团有限公司实交税金57600万元，比上年增长13.05%；山东泰丰矿业集团有限公司实交税金25129万元，比上年增长77.78%；山东泰山生力源集团股份有限公司实交税金14889万元，比上年增长10.19%；泰山玻璃纤维有限公司实交税金13159万元，比上年增长37.86%；山东岱银纺织集团股份有限公司实交税金12506万元，比上年增长36.33%；山东泰邦生物制品有限公司实交税金11080万元，比上年增长12.4%。

重点工业企业运行平稳。2011年，重点调度的100户骨干企业实现主营业务收入2028.18亿元，比上年增长20.35%；实现利税288.52亿元，比上年增长27.26%；实现利润185.52亿元，比上年增长27.67%。其中，新汶矿业集团有限责任公司实现主营业务收入495.94亿元，比上年增长12.69%；山东石横特钢有限公司实现主营业务收入167.59亿元，比上年增长32.23%；山东泰丰矿业集团实现主营业务收入83.78亿元，比上年增长37.37%；山东明兴矿业集团有限公司实现主营业务收入61.17亿元，比上年增长31.8%；山东高佐矿业集团有限公司实现主营业务收入60.23亿元，比上年增长18.23%；泰开电气集团有限公司实现主营业务收入53.12亿元，比上年增长23.63%；肥城矿业集团有限公司实现主营业务收入45.07亿元，比上年增长-9.62%；山东瑞星化工有限公司实现主营业务收入34.92亿元，比上年增长50.21%；山东岱银纺织集团股份有限公司主营业务收入28.57亿元，比上年增长11.85%。

三、重点产业发展

传统产业进一步提升。煤炭工业：煤炭价格高位运行，产量稳定，新汶矿业集团、泰丰矿业集团及明兴矿业集团等大企业生产效益保持稳定增长。2011年煤炭工业累计实现主营业务收入889.51亿元、利税171.95亿元、利润105.86亿元，分别增长18.75%、27.64%和26.63%。化工工业：2011年尿素销售市场基本处于稳定状态，瑞星集团12月份尿素销售平均价格为2100元，比11月份上涨104元，比上年增长128元。2011年化工工业实现主营业务收入402.93亿元、利税43.27亿元、利润27.74亿元，分别增长28.78%、30.72%和33.79%。食品工业：受食品价格快速上涨的影响，食品工业快速发展。2011年食品工业实现主营业务收入412.69亿元、利税45.33亿元、利润27.86亿元，分别增长26.43%、20.89%和23.65%。纺织服装工业：2011年棉花棉价大幅波动给纺织行业造成较大影响，企业观望气氛浓重，影响行业信心，企业订单减少，去库存意向加大，开工率下降。2011年纺织服装行业实现主营业务收入306.06亿元、利税34.18亿元、利润19.6亿元，分别增长21.33%、21.89%和18.04%。钢铁工业：山东石横特钢有限公司运行较好，累计完成生铁产量266.34万吨，比上年提高38.06%，累计完成粗钢产量281.27万吨，比上年提高33.13%，累计完成钢材产量283.53万吨，比上年提高40.95%。在石横特钢的带动下，钢铁工业快速发展。2011年钢铁工业实现主营业务收入225.13亿元、利税18.37亿元、利润14亿元，分别增长35.26%、67.54%和71.41%。

优势产业加快发展。汽车工业：继续保持较快增长。2011年汽车工业实现主营业务收入367.93亿元、利税41.03亿元、利润25.21

亿元，分别增长 29.45%、24.7% 和 21.87%。输变电设备工业：行业景气度下降，行业内企业一般都采取了下调产品价格的方法来更好地开拓、占领市场。泰开电气集团累计新订货合同达到 70 亿元，比上年增长 46%。2011 年输变电设备工业实现主营业务收入 349.75 亿元、利税 35.74 亿元、利润 23.04 亿元，分别增长 24.14%、12.56% 和 10.14%。非金属材料工业：玻纤行业持续复苏，价格不断提升，2011 年泰山玻璃纤维有限公司产品销售量 23.15 万吨，比上年增长 5.75%，产品平均销售价格 6257 元，比上年增长 2.14%，经济效益快速增长。2011 年非金属材料工业实现主营业务收入 328.65 亿元、利税 49.86 亿元、利润 31.52 亿元，分别增长 22.54%、29.01% 和 33.03%。

电子信息产业快速增长。2011 年，全市信息产业（制造业、软件业）统计内规模以上企业 83 家，实现主营业务收入 158.18 亿元，比上年增长 34.76%；实现利润 10.37 亿元，比上年增长 32.11%；实现利税 15.53 亿元，比上年增长 33.17%。其中，电子信息制造业企业 62 家，比上年增加 12 家，实现主营业务收入 153.16 亿元，比上年增长 34.36%，实现利润 8.60 亿元，比上年增长 30.96%，实现利税 13.04 亿元，比上年增长 32.32%；软件业统计内规模以上企业 21 家，累计实现软件业务收入 5.02 亿元，比上年增长 48.24%，利润总额 1.78 亿元，比上年增长 37.96%，利税合计 2.49 亿元，比上年增长 37.81%。系统集成服务收入、软件外包服务收入和软件产品收入增势突出，分别增长 98.82%、66.88% 和 66.88%，对软件产业带动作用明显。

四、骨干企业培植取得新成效

认真组织实施市委九届十二次全体会议上提出的企业递进培植工程，既注重培植一批“顶天立地”的大企业，又注重培植一大批“铺天盖地”的中小企业，努力实现大、中、小企业协调发展。认真落实支持工业 30 强企业发展的意见等文件，大力实施“双百”企业培植工程，努力打造一批百年企业、百亿企业，重点工业企业快速发展。全市规模以上工业企业达到 1560 户，比上年增加 39 户。实现主营业务收入过亿元的工业企业达到 840 户，比上年增加 205 户，其中过 10 亿元的工业企业达到 66 户，比上年增加 17 户；利税过千万元的企业达到 917 户，比上年增加 194 户，其中 79 户企业实现利税过亿元，比上年增加 15 户。强化企业管理培训，大力推进企业家队伍建设。制定了《关于加强企业高级管理人才队伍建设的意见》，举办泰安企业家“走进北大”高级研修班 1 期，举办赴浙江大学“企业总裁研修班”2 期。表彰了 17 位“全市优秀创业企业家”和 16 位贤内助；3 位企业家获得“第十九届山东省优秀创业企业家”称号。四是强化企业管理和培训。召开了全市企业管理工作会议，强力推动企业管理创新。组织开展了第 25 届企业管理现代化创新及优秀应用成果审定推荐工作，共评审发布成果 75 项，推荐 16 家企业参加省级成果评选。广泛开展企业教育培训工作，举办各类培训班 15 期，参训人员 2600 人次，举办公益论坛 9 场，参加人员 1400 人次。市委主要领导两次对企业培训工作作出肯定性批示。

五、工业投资稳定增长

2011 年，全市的技改投资总体实现了平稳较快的增长，技改投资完成额及增幅分别居全省的第六位和第十位。全市工业在建技术改造项目 877 项，完成投资 512.3 亿元，比上年增长 18.7%，其中已竣工技术改造项目 225 项，累计完成投资 284.8 亿元，全部达产后，年可新增销售收入 617.6 亿元，利税 93.2 亿元。

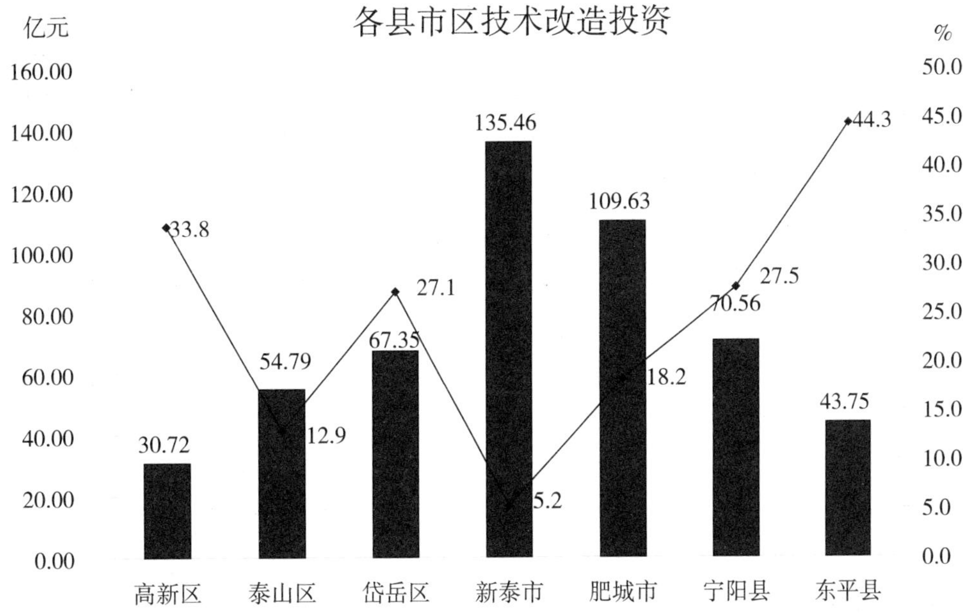

重点项目稳步推进。全市在建过亿元技术改造项目312项，全年完成投资380.5亿元，占全市完成投资的74.3%。100项重点工业大项目计划总投资421.8亿元，其中固定资产投资341.4亿元。全年完成投资144.4亿元，项目累计完成投资245.9亿元，占100项重点工业项目总投资的58.3%。做好“十二五”项目规划。配合省、市“十二五”规划的制定，精心凝炼储备项目，提出了“十二五”规划重点工业项目487项，总投资2190.4亿元。56个项目被列入山东省2011年转方式调结构1000个重点技术改造项目，其中结构调整项目24项。98个项目列入了省2011年重点技术改造导向项目计划，项目总投资181.96亿元，拟申请银行贷款78.81亿元。89个申请列入省2012年重点技术改造导向项目计划，项目总投资148亿元，拟申请银行贷款68亿元。做好项目管理。加强项目建设的调研、调度和分析，确保项目尽快达产见效。重点做好了100项重点工业项目调度、全市在建过千万元项目月调度、省调控资金项目调度、“三个一批”项目调度、双百项目调度、列入省千项项目调度、新增中央投资项目调度以及省、市规划项目双月调度等项目调度工作。配合国家、省相关部门对项目的审计、检查。对泰山玻璃纤维有限公司年产两万吨短切纤维技术改造项目等10项目办理了进口设备免税手续，可减免关税100万美元。做好项目推介，缓解项目建设资金难题。向金融机构推荐技术改造重点项目122项，组织相关金融机构到项目单位现场办公，加强银企沟通、交流。组织筛选技术含量高、产品有市场、经济效益好的建设项目，形成《泰安市2011年银企合作推介项目》材料，召开银企合作签约会议，泰开电气、泰山能源等215家企业与银行签订合作协议。

六、企业技术创新能力进一步提升

2011年，力博科技、鲁普耐特等10家企业技术中心被认定为省级企业技术中心，数量列全省第1位，实现大的突破。新增省级企业技术中心10家、省级工业设计中心2家、市创新型企业22家，市级技术中心24家。市以上企业技术中心总数达到了155家，其中，国家级企业技术中心达到4家，行业技术中心1家，省级52家，市级99家。列入国家、省、市立项计划412项。华鲁锻压等8家企业被省政府授予“产学研合作创新突出贡献单位”。组织上报山东优秀新产品、优秀成果110余项，优秀论文290余篇。列入省优秀成果、新产品、获奖论文数名列全省第一。推进产学研联合，组织多次大型展览。组织参加“第六届中国（山东）国际装备制造业博览会”、“第20届山东省产学研展洽会”、“中国西部制造业博览会”、“黑龙江国际新材料展览会”等大型展览，组织布展单位65家，展洽面积1850平米，展品600余件，发布技术难题100项、人才需求信息300条，签订总额3.5亿元的16项招商引资、合作项目。全市群众性全面质量管理成果丰硕。2011年，获得全省优秀成果31个，省级“信得过”班组5个，2项成果获国优。组织上报的省优秀成果、优秀新产品、优秀论文获得丰硕成果，我市企业获得2011年全省优秀成果一二三等奖89项、占全省获奖数的35.2%；优秀新产品一二三等奖19项，占全省获奖数的13.7%；优秀论文一二三等奖287项、占全省获奖数的58%。

七、煤电运生产要素保障

针对2011年冬季煤电等生产要素供应紧张形势，强化组织协调，确保经济社会平稳发展。精心组织煤炭生产和供应。在确保安全的前提下，督促各煤炭企业稳定生产经营，增加矿内煤炭储量，确保应急调运煤炭储备和社会供应安全；督促煤炭行业加强自律，服从统一调度，保持价格稳定。加强对煤炭质量和市场的监督检查，严厉查处非法经营、囤积居奇、掺假使假等不法行为，确保我市冬季企业生产和居民生活不受影响。加强热电企业的管理，积极协调解决供热和发电用煤供应问题。协调交通、公安交警部门继续实行电煤运输绿色通道，确保煤炭运输畅通无阻。重点督促石横电厂搞好电煤储备，协调石横电厂和石横特钢有限公司搞好铁路运煤专用线改造，确保电煤铁路运输形势稳定。努力搞好有序用电工作，确保电力可靠供应。制订应急预案，做好应急准备，做到最大限度地减轻恶劣天气对输电、供电造成的损失，确保重要设施、煤矿、居民生活等用电安全。着重突出“削峰填谷”，引导非连续生产的企业合理安排班次，避开高峰时段生产，让电于民。安排好企业轮休，做到均衡用电；核定办公、商业用户的基础负荷，实行高峰时段限电。优先保障城乡居民生活、党政机关、医院、学校等涉及公众利益单位、高危用户和市场好、效益高、对地方经济带动作用强的企业用电需求。结合企业生产用电特点，对企业进行逐户分析，共同排出有序用电、错峰、移峰的企业名单，将各项措施细化到行业、用户、班组和设备。

八、节能降耗

2011年，我市全面完成了省政府下达的节能降耗目标任务。一是不断完善节能预警调控，建立长效机制。建立了全市重点用能企业节能信息管理系统，全面实行预警调控与有序用电相结合的调控制度，认真做好重点行业和企业能耗、电耗情况的统计与分析，建立预警调控常态化机制。二是加快推进节能环保产业发展。大力推广合同能源管理机制，7家节能服务公司列入国家节能服务机构备案，7家企业入选山东省100家节能环保示范企业；3家首批省级节能环保产业基地通过考核。三是节能技术进步稳步推进。“生物质成型燃料压块技术成套设备”等12项节能技术列入省重大节能技术产业化奖励资金支持计划，3项技术被评为山东省优秀节能成果，“智能化微波烘干技术及设备”等12个节能项目全部项目实施后，可实现节能量55万吨标准煤。四是循环经济发展水平不断提高。在全市总结推广16个单位循环经济发展模式，新矿集团被确认为全国首批矿产资源综合利用示范基地，其循环经济模式被列为山东省十大循环经济模式。4家企业被评为山东省循环经济示范企业。石横特钢70万吨水渣微细粉、30万吨钢渣微细粉固体废弃物利用等11个项目实施后可新增收入40亿元。新矿集团、山东能源机械2家企业成为循环经济社会实践教育基地。69个企业完成清洁生产审核，实施清洁生产方案850个，总投资3亿元，年产生经济效益6.9亿元，节电3.85亿千瓦时，节约蒸汽4.3万吨，节水5.8万吨，节标准煤10.3万吨。五是加快淘汰落后产能。7家企业列入“工信部2011年工业行业淘汰落后产能目标任务”。我市分别淘汰完成钢铁落后产能50万吨，水泥落后产能72万吨，造纸落后产能25万吨，皮革落后产能15.3万标张。经全市各级经信部门和企业共同努力，2011年我市淘汰落后产能各项目标任务已全面完成，并全部通过省检查组验收。另外，主动淘汰的6家企业落后生产线或生产设备已完全拆除，并进行了验收。

九、信息化工作

成立了由市长任组长的信息化工作领导小组，加强对信息化工作的领导，大力推进重点领域信息化。大力发展新信息产业。紧紧抓住新信息产业新、特、优的特点，重点培育云计算、物联网、动漫等产业。投资4000万元建设了云计算中心。建成煤矿安全高效开采决策与实施管理信息中心，实现煤矿安全高效开采动态决策与实施管理的信息化、智能化、可视化。是物联网技术改造提升煤炭行业的成功案例。动画片《泰山》动画制作部分已经完成，衍生旅游纪念品已全面上市。“泰山石敢当”产品形象荣获“全国旅游商品设计大赛银奖”。做好信息产业项目建设工作。建立项目储备库，储备“十二五”电子产品制造业项目39个、软件和信息服务业项目41个，计划总投资30.5亿元。金港机械公司“ERP技术在消失模铸造节能减排中的应用”被推荐为国家两化融合促进节能减排重点推进项目，5个项目列入省两化融合先进实用技术和装备重点推广指导目录，12个项目列入省2011年度“四个一百”工程培育项目。强化认证工作。登记软件著作权20件，登记软件产品17件，认证“双软”企业2家。新申请专利175项，比上年同期增长24%。加快推进社会信息化建设。在工程建设领域开展信息公开和诚信体系建设，明确了信息公开的范围、主体和标准；制定了农业农村信息化行动计划，先后开展农村信息化应用培训100余次；加强电子政务建设，对政府网站进行全面评估，推进全市政务信息和网络资源共享；无线城市建设取得阶段性成果。加强信息安全管理。修订了《泰安市网络与信息安全应急预案》，完善信息安全应急支援平台建设，积极推行信息安全风险评估和等级保护，建立了全市信息安全应急救援中心和专家队伍，信息安全保障能力不断增强。

十、无线电管理

科学配置、有效利用无线电频谱资源。全市共有设置使用无线电台站的单位168个、占用无线电频率593个、使用各类无线电通信设备5523部。其中：公众移动通信网GSM基站2073个、CDMA基站407个、PHS基站1717个；WCDMA基站218个，TD-SCDMA基站455个；气象雷达1座，占用无线电频率1个；微波通信站74个，占用无线电频率6个；广播电视及差转台15个，占用无线电频率66个；短波电台1个，占用无线电频率2个；超短波电台170个，占用无线电频率74个；业余电台328个。强化频谱资源管理，严格行政审批程序，强化无线电台（站）的管理，及时掌握无线电频率使用情况，定期检查无线电设备各项技术指标。加强无线电监测，加强和完善重要业务专用频率保护长效机制。制定频段监测方案和重点频率监测任务安排计划，落实值班制度，做到分工负责，责任到人。对广播频段87-108MHz；电视频段43.5-84MHz、87-108MHz、167-223MHz、470-566MHz、606-798MHz；航空频段108-137MHz；对讲机频段137-167MHz、403-423.5MHz；综合业务频段450-470MHz；集群通信频段821-825MHz、866-870MHz、806-821MHz、851-866MHz；卫星无线导航频段1215-1260MHz；点对多点微波1400-1427MHz、1427-1525MHz；IMT补充频段1755-1785MHz、1850-1880MHz；IMT

主要频段 1880–1900MHz、1900–1920MHz 进行了监测。全面掌握并上报了上述频段的频率占用情况。全年监测频段二十一个，监测时间一万两千余小时，圆满完成了年度监测计划。及时查处干扰信号，眼里打击利用无线电设备进行考试作弊行为，发现并查处作弊频点 34 个。

十一、推进现代物流产业发展

制定了《物流业“十二五”发展规划》，确定物流园区、物流企业发展重点，大力发展纯第三方物流，合理调整我市物流业增加值占服务业的比重，明确在资金、税收、融资、土地等方面对现代物流业的支持力度。加大现代物流业项目引进的力度。先后引进总投资 19.84 亿元人民币的新加坡乐亨物流项目，和总投资 8 亿元人民币的中富宏泰物流项目；4 个项目列入省经信委转方式调结构现代物流项目扶持名单。一批集智能信息、仓储、运输中转、商贸一体的大项目的引进，有力地提升了我市现代物流发展的档次和水平。同时，在东平国际物流园区、肥城湖屯物流园区、岱岳区物流园区还将进一步加大招商力度，以园区服务项目，以项目支撑园区，逐步使物流业做大做强。

（泰安市经信委　韩念）

5 － 12 － 1　2011 年威海市经信工作简况

一、基本情况

2011 年，面对复杂多变的经济形势和不断加剧的欧洲主权债务危机，在市委、市政府的坚强领导下，全市经信系统主动抢抓机遇，积极破解难题，不断深化产业结构的战略性调整，加快推进经济发展方式转变，工业经济和信息化发展呈现出“两化”融合不断深化、经济结构持续升级、创新能力快速提升、节能降耗扎实推进、运行质量显著改善的良好态势。

——工业生产稳定增长，经济效益持续改善。全年全市规模以上工业增加值增长 13.62%，比去年同期加快 3.12 个百分点。实现主营业务收入 4998 亿元、利税 379 亿元、利润 247 亿元，分别增长 20.2%、17.1% 和 18.4%。全年完成发电量 136 亿千瓦时，同比增长 106.3%。全社会用电量达到 93.9 亿千瓦时，增长 8.9%；其中工业用电量 64.6 亿千瓦时，增长 10.8%。

——工业投资增速加快，重点项目稳步推进。全年全市在建工业项目 632 项，总投资 781.3 亿元，累计完成投资 635.4 亿元，当年完成投资 467.7 亿元，同比增长 13.8%，占全市固定资产投资的 34.9%。全年完成技改投资 375.8 亿元，同比增长 24.6%，占全市固定资产投资的 28%。百项重点工业投资项目完成投资 164.7 亿元，华力风力发电机组等 32 个项目已建成投产。

——创新能力不断提升，品牌战略成效显著。新认定了 8 家省级企业技术中心、10 家市级企业技术中心。截至目前，全市市级以上企业技术中心增加到 129 个，其中国家级 8 个，省级 52 个。推荐威高集团、广泰空港、芸祥绣品、成山集团 4 家企业为“2011 年山东省工业设计中心”，全市省级工业设计中心达到 5 家。新认定中国驰名商标 3 件、山东名牌产品 27 个、山东省著名商标 21 个。截至目前，全市共培植中国名牌产品 19 个、中国驰名商标 23 件；山东名牌产品 169 个、山东省著名商标 89 件。全年完成技术开发项目 1760 项。

——信息产业平稳增长，“两化融合”不断深入。全年电子信息产业实现主营业务收入 1200 亿元。完成软件著作权登记 23 个，认定软件产品44个。我市火炬高技术产业开发区被批准为“山东省物联网产业基地”，成为全省首批5家省级物联网产业基地之一。“无线城市服务平台”正式开通，中国地毯商务平台开通运行。建成威海市电子商务公共服务平台等一批重点业务网络和系统。

——节能降耗稳步推进，综合利用成效显著。全年万元GDP能耗下降3.7%，全面完成省政府下达给我市的2011年度节能目标任务。全市共认定市级以上资源综合利用企业67家，其中省级19家。67家省、市级资源综合利用企业综合利用工业固体废弃物245万吨，百家重点用能企业实现节能量折合28万吨标准煤。

二、主要工作

（一）实施项目带动战略，加快产业结构转型升级

一是突出抓好重点工业投资项目建设。组织实施100个投资规模大、科技含量高、辐射带动力强的重点工业投资项目，并通过领导分包、部门联系、科室调度等多种形式，协调解决重大问题，确保项目顺利实施。总投资535.4亿元的百项重点工业投资项目全部开工，完成投资164.7亿元。完工项目32个，威高集团医疗器械园区、三角集团高性能子午胎园区、华东重型数控机床工业园区等重点项目也进展顺利。加强对市区重点项目的调度和服务，成立了“四区”重点项目推进领导小组，对总投资264.4亿元的41项市区重点工业项目实行领导分包制，全程跟踪调度服务。全年市区重点工业项目完成投资72.4亿元。二是积极争取国家和省政策扶持。抓住国家实施产业调整振兴和大力发展战略性新兴产业的机遇，认真做好国家和省技改专项的申报和争取工作。推荐宏安集团接入网用蝶形引入光缆技改项目等7个项目列入国家重点产业振兴和技术改造专项；推荐67个项目列入山东省2011年工业转方式调结构千项重点项目，共争取技改专项扶持资金3634万元，争取资金额和项目个数列全省前列。做好重点技改项目进口设备免税确认转报工作，配合有关部门为20家企业办理了技术改造项目进口设备免税手续，为企业争取进口关税免税指标2895万元。三是积极实施“银企对接”工程。组织实施“百项重点银企互动”工程，组织上报了61个“山东省2011年企业技术改造导向计划项目”，总投资61.6亿元，项目贷款24.6亿元，由省经信委向全省金融机构进行了推介。与市金融办一起向金融机构推介百项工业重点技改项目，45个项目获得协议贷款额118亿元。四是积极开展淘汰落后产能工作。充分发挥淘汰落后产能领导小组办公室的作用，建立起与市发改、财政、环保、质监等19个职能部门的协调、联动机制，细化分解淘汰落后产能工作任务，建立月调度制度，提前完成淘汰落后水泥产能80万吨、落后纺织印染产能500万米的目标任务，为企业争取国家、省淘汰落后产能财政奖励资金918万元。五是加快推进新型特色产业示范基地建设。经过科学的规划引导，我市区域经济布局日趋合理，产业聚集度不断提高，造船产业被认定为国家首批船舶出口基地；荣成海洋产业、文登家用纺织品、文登机电工具被认定为山东省新型工业化产业示范基地；海产品、家纺、渔具三大优势产业核心聚散地已初具规模。

（二）着力完善创新体系，提升自主创新能力

一是不断完善创新体系。新认定了10个市级企业技术中心，8个省级企业技术中心、4家省级工业设计中心。截至目前，全市先后建立13个产学研战略联盟，8个产业技术创新战略联盟，建立省级以上技术中心、工程中心等各类研发机构132个，博士后科研工作站10个，山东省院士工作站企业11家；拥有省级行业技术中心3个，省级工业设计中心5个；建成国家工程实验室3个，省级重点实验室11个，覆盖重要领域、骨干企业和拳头产

品的全方位、多层次的创新体系初步形成。积极做好省重点技术中心创新能力建设项目申报工作，华东数控、迪沙药业通过省专家组评审。推荐我市骨干企业争创技术创新先进典型，新北洋集团被国家工信部认定为“国家技术创新示范企业”，威高集团获得首批“山东省新材料深加工示范企业”称号。二是大力实施“千项技术创新工程”。引导企业根据市场需求，加大科技投入和新产品开发力度，重点解决企业关键技术瓶颈及难题。培植了巨型工程子午胎、功能玻璃、碳纤维及制品、特种打印设备、重型数控机床、骨科材料等一批具有自主知识产权的技术和产品。推荐298个项目列入山东省2011年技术创新项目计划，入选项目数量位居全省前列。积极引导装备生产企业加强技术创新，促进技术装备生产企业产业化进程。我市光威精密机械的“1500℃高温碳化炉”、百圣源集团的“BQK1913/4单卡无卡一体旋切机”等5家企业的5个技术装备项目列入2011年度山东省重点领域首台（套）技术装备及企业名单，获得财政专项奖励资金145万元。积极协助华东数控“MKW5230A/3X160大型精密数控龙门导轨磨床”及天润曲轴“汽车曲轴生产线示范工程”2个项目分别争取2011年国家“高档数控机床与基础制造装备”科技重大专项，分获补助资金1313万元和1792万元。用好财政专项资金，加大对市级重点创新和节能项目的支持力度。对2010年结转的60个节能减排和技术创新项目，协调做好900万元资金拨付工作；为我市12户重点企业安排2011年市级节能减排和技术创新资金920万元。三是深入推进产学研合作。按照“不求所有，但求所用”的思路，积极开拓产学研合作新领域，探索产学研合作新模式，组织开展了广泛的对接洽谈活动。组织企业参加“2011年山东省产学研展洽会”，威海试验机厂与中国矿业大学（北京）、文登芸祥绣品与山东工艺美术学院分别签署了重大合作项目，威高集团“聚砜合成膜透析器”获得展洽会金奖。在全省产学研工作会议上，三角集团、威高集团等9家企业被省政府授予“全省产学研合作创新突出贡献单位”称号，市经信委被评为“山东省产学研合作创新突出贡献先进集体”。四是认真做好质量、品牌和标准化工作。积极推动质量诚信体系建设，维护消费者合法权益，会同发改、商务、海关、工商、质监等部门制定了《威海市加强工业产品质量信誉建设的实施意见》。联合省质协开展了“质量月”活动，邀请专家就大质量、卓越绩效模式、质量统计工具的应用、现场管理等课题免费为企业进行了培训，全市参训人员达360余人。

（三）实施可持续发展战略，全力抓好节能降耗

一是加强节能工作组织协调。加强节能规划指导，编制完成《威海市“十二五”节能减排和循环经济发展专项规划》，并启动了《威海蓝色经济区海洋循环经济发展规划》的起草编制工作。制定印发了《2011年威海市节能工作要点》，确定了包括强化节能目标责任评价考核、科学实施节能预警调控等8个方面的34项具体工作任务。健全节能预警调控机制，确定了年度能耗增量控制目标，分市区制定了节能预警调控方案。二是分解落实节能目标责任。下发了《关于印发各市区2011年万元GDP能耗降低目标的通知》，市政府与各市区政府（管委）签订了《2011年度节能目标责任书》，确保节能目标得到逐级分解落实。继续实施节能“双目标”责任考核，将节能目标责任落实到了发改、科技等20个市直部门。用市场机制推动节能降耗，进一步扩大了节能自愿协议试点范围，与荣成锻压机床、山花地毯集团等20家企业签订了节能自愿协议。三是积极开展节能项目申报推荐工作。组织31个重大节能项目争取上级政策扶持，山东华力电机集团股份有限公司的低压大功率高效节能电机等21个项目列入扶持计划，争取上级扶

持资金3310万元。组织三角集团、华能威海电厂等9家企业的461台（套）节能节水设备参加省里的确认并通过审核，为企业减免所得税520万元。推荐山东华力电机等3家企业的电机产品列入国家“节能产品惠民工程”高效电机推广目录（第二批），促进了全市节能环保产业发展。推荐荣成市人和镇院夼村等19个村（居）列入省第二批高效照明产品推广示范村名单。四是大力推进重点领域节能工作。对百户重点用能企业进行调整，把近年来新增重点用能企业纳入了调控盘子。积极推进节能管理信息化建设，建成了覆盖市、区两级的节能信息管理系统，将市、县两级节能管理、执法监察部门和年综合能耗5000吨标准煤以上的重点用能单位纳入节能信息化管理。加强对用电量的跟踪监控，对用电量增幅超过全市平均水平的市区，积极督促整改。五是依法开展能源审计、清洁生产和节能监察。完成西郊热电、乳山大洋硅胶等22家企业的能源审计工作，提出整改措施和合理化建议62条，为企业挖掘节能潜力4.1万吨标准煤。以电力、化工、造纸等行业为重点，加大清洁生产审核实施力度，完成了力久电机、长城水泥等51家企业的清洁生产审核验收，圆满完成了省经信委下达的年度清洁生产审核任务。六是广泛开展宣传教育活动。组织开展了2011年节能宣传周、“全国节能漫画大奖赛”、“全市节能信息系统填报培训会”等各类宣传和培训活动，在全社会普及节能知识，增强节能意识。

（四）加快信息技术推广应用，信息化建设成效显著

一是推进无线城市建设。将无线城市建设纳入威海市“十二五”国民经济和社会信息化发展规划，建立无线城市项目建设联席会议制度，定期调度项目进展。组织通信运营商积极开发基于无线城市的增值业务，开展业务推介专题活动服务7场。截至目前，无线城市一期工程已完成，我市成为省内第五个正式开通“无线城市”服务的地市。目前，全市移动3G基站数量超过2000个，WLAN（无线局域网络）热点区域超过1000个，在三市四区主城区以及石岛、俚岛、银滩实现了全覆盖。二是加快电子政务应用项目成果转化。“数字威海”空间框架建设项目通过国家验收，开发建成了数字威海地理信息公共平台，在服务政府决策、强化社会管理等方面发挥了重要作用。完成了我市电子政务平台重要节点核心交换设备的整体改造，通过升级部分重要网络设备、补充数据备份软件和硬件设备，确保我市电子政务平台的稳定运行。根据山东省关于加快电子政务外网建设工作的相关意见，制定了威海市电子政务外网二期扩展方案并通过专家论证。由我委牵头负责建设的“威海应急指挥系统”和文登市信息产业办公室申报的“基于虚拟化系统的电子监察、行政审批、应急指挥、安全生产融合系统工程”两个项目被省经信委评为山东省电子政务示范工程。三是促进政府网站健康发展。“中国威海”政府网站顺利实现改版升级，突出对公众参与功能的强化，进一步了提升政府网站网上办事能力。经过前期精心策划，“驻村论坛”专题网站顺利开通，成为宣传我市驻村干部典型、交流驻村工作经验、搭建干群沟通的桥梁。四是深入开展整治手机淫秽色情专项行动。积极协调、督促通信企业做好手机淫秽色情专项整治行动，打造绿色、健康手机信息网络。开展互联网接入市场的清理整顿和备案工作，加强互联网日常拨测检查和信息审核。五是开展网络安全保密检查。与市保密局、安全局、密码管理局等单位成立联合检查组，对市直36个部门和三市、四区91个部门进行了普查，共检查内网涉密计算机235台、互联网计算机635台、移动存储介质150个、互联网邮箱50个。六是健全全市通信保障应急管理机制。编制应急演练计划，组织联通公司在威海冶口水库大坝举行了应急救援演练。圆满完成了“华夏城杯”国际铁人三项赛、“威海—

青岛国际帆船拉力赛”、“海信.鸿建杯”亚洲HOBIE级帆船锦标赛的通信保障工作。

（五）发展电子信息产业，加快推进“两化”融合

一是统筹规划信息产业发展。结合国家及省有关政策，编制完成了《威海市国民经济和社会信息化十二五发展规划》、《威海电子信息产业“十二五”规划》、《威海物联网产业发展规划（2011–2015）》、《威海信息服务业发展规划》，统筹规划今后五年全市信息化建设和应用工作，引导新一代信息技术产业发展。二是积极推动信息产业自主创新。推动东兴电子省级LED工程技术中心、捷讯通信省级软件工程技术中心、科润信息技术公司省软件工程技术中心3个省级工程技术中心的认定工作。加强与国家电子标准化研究所、中国计量学院、华中科技大学、复旦大学等科研院所和高校的合作，促成了北洋集团与中国计量学院共建光纤传感工程实验室项目、签订了东兴电子与复旦大学合作研发高效节能灯具协议，全年电子信息产业共达成产学研合作协议12个。三是积极推进软件产业发展。完成软件著作权登记23个，认定软件产品44个。申报了2个软件企业和4个计算机信息系统集成资质，其中欣智信息科技有限公司和世通网络技术有限公司软件企业已获认定，惠光电子等2个系统集成资质企业通过审核。四是加快推进企业电子商务。邀请来自工信部、哈工大、威海信息港等方面的领导和专家讲课，为我市电子商务发展出谋划策。与阿里巴巴合作，在全市范围内完成10场电子商务应用专题培训，受训企业达1000家。完善电子商务公共服务平台，增加各类供求信息万余条，完成网上交易1000多笔，该项目荣获威海市科技进步二等奖。密切跟踪海洋商品国际交易中心建设动态，组织专家积极参与半岛蓝色经济区电子商务平台方案的制订、可行性论证、立项等工作。五是积极推进核心集散地建设。明确工作目标，落实责任分工，先后建成威海电子商务公共服务平台、中国地毯商务平台、文登家纺产业电子商务平台、海产品电子商务平台（海味轩）和渔具电子商务平台（海斯特）。其中海斯特电子商务平台年交易额达到2000万元，会员企业超过1万个。六是推进企业信息化改造。组织了两次企业信息化技术论坛，促成了我市30多家企业与IBM、东软、欧特克等著名信息技术厂商达成合作意向。24家规模以上工业企业实施了计算机辅助设计（CAD）、计算机辅助制造（CAM）、计算机辅助工程（CAE）、产品生命周期管理（PLM）等信息技术改造。

（六）推进管理创新，深化企业组织结构调整

一是切实加强企业管理。积极开展管理创新活动，在全市企业中推广六西格玛管理方法，并对我市应用六西格玛管理情况进行调查督导。推荐威高集团、金猴集团、成山集团参评全省第二届企业管理奖；推荐4户企业参评省级管理创新成果。加大对诚信企业的培训和宣传力度，组织我市22户首届全省诚信企业和19户第二届全省诚信企业分批到青岛、济南进行培训，进一步提升了企业的诚信意识和管理水平。二是积极推进非核心业务剥离。建立季调度制度，动态掌握企业加快非核心业务剥离的进展情况。目前，三角集团与第三方物流企业开展了深度合作；黄海造船有限公司对钢板前期处理业务进行了外包，华东数控、蓝星玻璃等企业将运输量较大的产品运输业务通过对外招标进行了社会化外包；金猴集团将大宗货物进口业务从主业中分离，成立独立核算的金猴控股有限公司。三是支持行业龙头企业兼并重组。积极宣传国家和省推进企业兼并重组相关政策，引导企业按照市场化原则，积极稳妥地开展兼并重组工作，成功推进了迪沙药业控股江西百盛药业、威海船厂与中国航空技术北京有限公司重组、广泰空港对北京中卓时代消防装备科技有限公司并购等7个并购重组项

目。四是积极推动骨干企业发展。以60户市级重点企业和40户高成长性企业为载体，组织实施“百企登峰攻坚计划”，鼓励引导企业通过兼并联合、内涵扩张、多元经营、整体引进、品牌运营等多种方式做大做强。积极推动我市企业与国内外知名企业的战略合作，涌现出成山轮胎与卢森堡安赛乐米塔尔合作生产钢帘线、威高集团牵手美国美敦力公司、威力工具与美国史丹利公司合作生产高档手动工具等一批战略合作项目。加快市区内企业的搬迁扩建步伐，高起点规划建设了一批现代化的企业园区。

（七）深化产业招商，推进区域交流合作

一是统筹推进产业招商。结合发展现状、发展优势、上下游配套产品等情况，编制了汽车、船舶、电子信息、装备制造和轻纺服装5个产业对外合作指引，明确了产业发展方向和招商合作重点领域。组织协调相关行业协会积极参与“南京船舶工业博览会”、“上海游艇展”、“2011年中日韩食品博览会”等10余次经贸展洽活动，搭建交流平台，进一步提高了我市企业和产品的知名度和影响力。加大电子信息产业招商工作，与积成电子股份有限公司、中国计量学院等企业和高校进行了洽谈，就在光纤传感领域合作研发、建设信息工程实验室等方面达成了意向。与浪潮集团签订合作框架协议，浪潮集团拟注册3000万设立威海分公司，并建设威海云计算中心，满足威海市信息化整体规划需求。另外，组织企业参加大连软件及服务外包博览会、中国（青岛）国际消费电子博览会、无锡物联网博览会等活动，加深了与国内外重要电子信息企业和软件企业的联系与合作。二是成功举办威海（哈尔滨）经贸合作活动周。6月15日至19日，市政府组团参加了第二十二届中国哈尔滨国际经济贸易洽谈会，我市参展企业37家，签订经销合同26个，贸易总金额达4.5亿元。借助哈洽会平台，举办了威海（哈尔滨）经贸合作活动周系列活动，推进了荣成锻压机床有限公司与哈工大联合建设研发中心、哈尔滨泰富电气有限公司在威建设总装车间等15个合作项目，总投资36.4亿元，拟引进资金16.8亿元，签订经销合同26个。三是组织参加了“威海（北京）蓝色经济区建设恳谈暨项目推介会”。积极邀请中国船舶工业行业协会、中信建投证券有限公司、航天产业投资基金管理有限公司等重点客户参会，并就我市企业加强与国内外知名企业的合作进行了交流与探讨。此外，积极协调省国防科工办、环翠区政府帮助威海广泰空港设备股份有限公司争取美国投资基金有限公司的直升机项目。

（八）加强组织协调，确保经济平稳运行

一是加强宏观经济运行监测分析。加强与统计、金融、财政、商务、中小企业等部门的沟通合作，拓宽数据采集渠道，提高对经济运行的综合分析能力，定期做好工业经济运行情况监测分析。强化对宏观调控政策的研究分析，准确把握宏观政策走势，及时就融资困难、用工不足、成本上升对工业企业的影响等热点、难点问题进行专题调研，及时、准确反映经济运行亮点和转方式、调结构工作成效，为领导决策提供第一手参考资料。二是强化煤电油运等要素保障工作。加强煤电油运综合协调，健全煤电油运应急监测网络和预警体系，实行煤电油市场运行日报、周报制度，及时掌控市场动态。科学安排各类机组发电量计划，加强电力需求侧管理，均衡电网负荷。今年以来，全市煤电油市场运行有序、供应充足。三是加强对重点企业的监测。定期对60户重点监测企业的生产、财务指标完成情况，36户省级重点企业的原材料和产品价格、订单情况进行调度监测，在第一时间掌握重点企业生产经营形势。推荐21家企业列为山东省战略新兴产业重点调度企业。四是加强应急管理。年初，对全市防汛、抗旱和抗震救灾等应急物资生产企业情况进行了调查摸底，建立了企业基本情况和产品生产能力基础档案。做好应急物资的生产和储备，完善应急机制，提高应急保障能力。配合有关部门妥善处理好春节期间乳山市和10月13日市区突发停电事件。

（九）加强铁路道口管理，推动制造业与物流业联动发展

一是积极推动物流业快速发展。组织编制了《威海市现代物流业“十二五”发展规划》，建立完善了物流及综合交通统计分析监测制度，组建了威海市现代物流行业协会，加强行业交流和信息沟通。组织物流园、交运等10家综合性物流企业，三角、黑豹等7家专业性物流企业申报省重点物流企业。帮助物流园、荣成中外运、文登运输公司等企业申报营业税差额纳税试点企业，年可为企业减免营业税30%。推进制造业与物流业联动发展。三角、成山被评选为全国制造业与物流业联动发展示范企业，北洋、金猴、艺达等9家企业被评选为省制造业与物流业联动发展示范企业，三角集团物流自动化立体仓库升级等4个项目列入2011年全省转方式调结构现代物流项目，争取财政专项资金80万元。二是全面开展铁路道口综合整治。开展“铁路道口综合整治年”活动，会同铁路部门定期进行道口安全检查，共排查非法土道口24处，警示标志缺损27处，需拆除合并的安全隐患道口6处。会同铁路部门对我市道口交通状况和设备运行情况进行调查摸底，研究制订了2011年铁路道口改造工程计划。经积极申报，“14项新上监护、8项增设预报警、3项增设道口信号”等项目已列入全省铁路道口“四个一批”工程计划，共争取扶持资金150余万元。三是建立完善治理公路“三乱”工作机制。与市纠风办、公安、交通等部门沟通协调，重新调整公布了我市治理公路“三乱”工作领导小组和办公室成员，建立了纠风部门牵头，经信部门协调推进，公安、交通、林业、畜牧等相关部门联动协作的工作机制。选择蓝星、成山、国际物流园等具有代表性的大企业建立实施了治理公路“三乱”大企业监督直报制度，拓宽了监督举报投诉渠道。

（十）科学谋划调度，扎实推进无线电管理

一是抓住工作重点，频率台站管理更加规范。坚持提升窗口审批服务质量、规范移动通信基站设置和抓好专项频台管理活动有机结合，进一步促进频率台站管理工作的规范化。做好150MHz、400MHz频段专用对讲机频率管理规定宣传工作，协助450-470MHz频段无线电台站办理改频手续，利用小灵通基站ID测试系统再次对小灵通基站数量进行核实。今年共完成行政许可93项，核发无线电台执照848个、指配频率53个、指配船舶呼号46个、核发销售备案证10个、办理无线电发射设备型号核准手续2起。二是严格标准要求，监测保障能力不断提升。加大对航空导航、广播电视、水上通信等重点频段的监测监听力度，认真排查可能存在的干扰信号，确保通信安全畅通。先后完成53个预指配频率监测、监听任务，为频率指配提供可靠的技术依据；今年累计监测监听达17300多个小时，辖区内未发生恶意干扰事件。圆满完成了普通高考、建造师执业资格考试等13类考试的无线电保障任务，对作弊信号及时进行压制，对无线电作弊工具进行没收，维护了考试公平。完成2011年“华夏城杯”国际铁人三项赛保障任务，赛事期间各类无线电设备通信畅通，未发生任何干扰事件。此次赛事无线电保障活动共出动车辆4台次、人员18人次、设备5台（套）。三是及早安排部署，检测测试任务圆满完成。自3月14日即开始着手进行三大运营商在用通信基站的检测工作，共检测各类基站106个。切实做好电磁环境测试工作，完成了市广播电视台拟在昆嵛山建设的广播电台和羊亭镇政府拟建的无线通信中转台的电磁环境测试，对气象局拟在荣成市建设的新一代天气雷达站站址变动

进行了重新审查论证。四是加大工作力度，执法监督检查持续深入。成立了行政执法工作小组，坚持日常检查与集中检查、全面检查与专项检查、执法检查与法规宣传有机结合，推动执法监督检查不断深入。共查处非法设置使用对讲机335部，远程无线电报警器1套、终端78个。

（十一）加强指导协调，行业管理全面加强

一是加强调研，完善行业监测体系。深入重点行业重点企业开展调研活动，完成了对我市海洋生物医药、船舶、食品、轻纺、轮胎等行业的调研工作，建立了行业情况档案并动态调整，及时掌握各行业发展态势。不断完善行业经济运行监测体系，建立行业运行数据台账，做好化工、医药、船舶、轻工等行业统计直报工作。二是做好部分行业准入、规范认证。结合我市实际，编制全市十二五煤炭经营企业发展规划，严格控制新增企业数量，逐步淘汰经营量小、经营不规范的企业。年初对126家煤炭经营企业和404家成品油经营企业进行了经营资格年审，撤销不符合经营条件的煤炭企业14家、成品油企业3家。根据国家工信部《水泥企业质量管理规程》要求，指导我市7家企业全部顺利通过省经信委的考核验收。根据国家、省禁化武办工作安排，对我市5家监控化学品企业2010年度生产监控化学品产量进行审核，按时完成2010年度禁化武数据宣布工作。三是做好国防科技工业管理工作。鼓励有实力的民营企业进入军工领域，推荐我市核电装备、航空航天和船舶工业11家企业共12个项目申报2011年度山东省军民结合产业发展专项资金扶持项目。配合省国防科工办做好民用爆炸物品生产企业危险作业场所监控系统完善和验收。做好威海三泰爆破器材有限公司废旧生产线销爆处理工作和新建乳化生产线改造工作，企业年生产能力由3000吨提高到10000吨。做好澳瑞凯（威海）爆破器材有限公司和文登销售公司新建炸药库验收工作并通过省国防科工办检查验收。四是切实加强企业安全生产工作。扎实开展“安全生产基层基础深化年活动”，配合安监部门全面开展安全大检查。对民爆企业、市直重点企业和工业新区开展督导检查21次，共检查重点企业56个，对检查中发现的问题提出了98条整改意见，相关企业按要求进行了认真整改。

（威海市经信委　赵明君）

5－12－2　威海市重点监测企业主要指标

单位：万元

企业名称	主营业务收入		利税合计		利润总额	
	本期	增长%	本期	增长%	本期	增长%
三角集团	1626122	25.1	73824	-10.8	47037	3.2
威高集团	1029982	21.3	172022	32.6	125778	24.2
三星电子	940577	18.7	72329	53.4	53770	24.0
成山集团	602423	50.6	70537	12.4	41348	15.2
迪尚集团	533699	33.7	12434	30.3	10545	35.3

企业名称	主营业务收入		利税合计		利润总额	
	本期	增长 %	本期	增长 %	本期	增长 %
黄海造船	360123	27.2	104333	71.9	94180	71.5
赤山集团	331304	2.2	35941	-10.3	28202	1.4
金猴集团	321098	51.9	16826	32.3	10192	30.7
恒大电机	290491	10.8	41618	2.0	5408	2.0
蓝星玻璃	226548	45.8	60074	190.9	44400	194.3
华夏集团	222762	-6.1	14705	-25.5	5467	-54.7
三进船业	218279	94.4	6594	45.7	4244	115.9
贝卡尔特	217317	50.7	57361	25.6	48858	30.2
魏桥科技	210449	4.2	10593	-28.7	9312	0.8
华力电机	201549	25.0	9798	18.4	7171	31.2
好当家	199044	-21.9	13160	-48.7	10285	-30.6
泰祥食品	170169	20.6	13281	37.2	8103	50.8
华泰汽车	168455	15.7	9866	-31.5	-2341	
东安黑豹	166601	16.3	5602	-26.9	3172	-20.9
北洋电气	165284	-0.9	24610	37.6	20313	45.6
迪沙药业	158125	57.6	16625	50.5	8664	42.5
新船重工	147736	-15.7	5659	-33.4	1939	-66.7
双力板簧	127965	10.3	7897	-17.9	5863	12.0
山东曲轴	116999	91.8	29791	73.5	25545	81.0
石岛集团	111334	15.7	8148	25.1	5862	19.1
宝隆专材	111024	10.4	5563	-4.7	3937	27.0
光威渔具	109815	-15.8	-2637	-138.1	-4890	-218.2
宏安集团	108167	-4.7	9246	-3.7	5628	-6.0
联桥国际	106786	67.5	2143	5.1	1653	3.2
威达机床	104795	52.2	16212	5.2	12430	21.0
双轮集团	104558	22.8	9048	71.2	4907	46.6
海马地毯	104286	19.6	2640	-59.0	450	-89.1
豪顿华	102606	-34.1	18889	-24.6	12627	-29.7
华东数控	100118	78.8	19068	31.0	15026	15.6
宣扬数码	99161	-9.4	1574	-63.6	50	-94.7
山花地毯	96984	18.9	14468	5.5	9583	15.4

企业名称	主营业务收入		利税合计		利润总额	
	本期	增长 %	本期	增长 %	本期	增长 %
华鹏玻璃	92585	39.3	7713	-16.0	7086	17.4
鑫山冶金	76817	30.3	11378	-30.1	1838	-74.3
乳山造船	74915	51.1	899	3.8	489	-2.1
威力工具	73857	43.2	9109	89.8	3518	68.2
威海卫酒业	68379	0.4	17725	10.2	2498	10.1
大宇电子	67882	-16.6	6	-95.6	6	-95.6
神飞造船	66261	-13.4	7583	540.6	5543	368.2
银兴线材	65316	12.0	4811	-20.4	2790	-21.2
世一电子	64952	23.2	4903	13.5	4903	13.5
鲁菱果汁	61195	-11.1	6904	-22.2	923	0.0
环球渔具	61062	29.3	7605	29.8	2001	41.4
三星重工	60119	15.5	2819	-19.1	1489	25.5
万丰奥威	58235	34.0	10630	96.3	10296	210.4
森鹿制革	54779	37.9	6247	33.9	2599	64.4
山东艺达	52176	14.8	1883	20.4	755	31.1
宇王水产	51000	14.6	3897	7.5	1566	12.3
金泓化工	50312	5.5	8066	12561.9	1035	1176.3
广泰空港	43719	12.4	9310	20.9	7469	19.0
达因制药	33814	17.6	20357	18.9	14745	22.1
安然纳米	31820	-19.0	2002	2.6	485	17.1
山海皮业	25748	24.8	-42	-103.5	-726	-212.2
金洲矿业	24785	-9.7	13847	-18.3	13263	-13.1
华隆食品	20572	-43.4	750	-40.1	349	-59.4
锻压机床	19860	34.4	2251	164.9	1422	1311.1

（威海市经信委　赵明君）

5－13－1　2011年日照市经信工作情况概述

2011年，日照市经信系统按照省、市战略部署，积极应对复杂多变的国内外形势，坚持增量存量“双调整”，着力转方式、调结构，保运行、促发展，各项经信工作进展顺利，工业经济和信息化建设全面进步，实现“十二五”良好开局。

一、强化运行调控，经济平稳较快增长

不断加强组织协调，预警监控、要素保障、调研指导等工作，促进了经济持续健康发展。全年全市规模以上工业完成增加值727.63亿元，同比增长16.1%；实现主营业务收入2516.05亿元，同比增长29.65%；实现利润136.44亿元、利税196.35亿元，同比分别增长5.14%和7.11%。重点调度的12个行业中，有10个行业主营业务收入实现增长。电子信息产品制造业统计内企业实现主营业务收入66.8亿元，同比增长29%；软件业统计内企业实现业务收入6.82亿元，同比增长103.2%。全市社会物流总额达到4842.5亿元，增加值达到115.3亿元；物流业增加值占GDP的比重为9.5%，占第三产业增加值的比重为26.1%。

二、壮大临港产业，产业体系日益完善

组织实施《日照市“十二五”制造业发展规划》《关于加快战略性新兴产业发展的实施意见》等规划，加快产业结构优化升级，现代工业产业体系日益完善。目前，全市已形成钢1200万吨、汽车75万辆（含低速车）、发动机40万台、浆纸170万吨、大豆油脂600万吨、油品加工990万吨、造船25万载重吨的主要产能，部分产业进入同行业先进行列。2011年，日照市被列为全省五个现代石化产业基地之一，日照高新区被列为山东省节能环保产业基地和首批山东省物联网五大产业基地之一，11家企业列入全省首批战略性新兴产业重点调度企业名单。省政府确定协调发展30个产业基地园区中，日照市也被明确为汽车整车及零部件生产基地、船舶和海洋工程装备制造基地和农业机械装备产业基地。

三、实施扶持引导，企业实力日益提升

认真落实《关于支持工业企业发展的意见》《日照市企业管理奖管理办法》，引导企业对外招商引资、挂靠联合，对内深挖潜力、降本增效，持续实施管理创新，企业步入新一轮快速成长期。全市规模以上工业企业达到744家，全年主营业务收入过亿元企业达到346家，过10亿元的33家，过50亿元的7家，过100亿元的3家，同比分别增加27家、1家、5家和1家。2011年，日钢、五征、日照港三家企业进入全省100强，金禾生化进入中国轻工业发酵行业十强，日钢挺进中国企业500强。有11家企业列入全省首批战略性新兴产业重点调度企业，2名企业家获得全省优秀企业家称号，1家企业被评为省管理创新十佳企业，日照港集团荣获省政府企业管理创新成果奖，日照港集团二公司荣获全国质量奖。

四、抓好项目支撑，发展后劲不断积聚

深入开展“大项目建设年”活动，以大项目支撑和引领发展。全年技改项目开工建设360项，完成投资231.6亿元，同比增长16%。百项重点项目开工率为84%，当年完成投资96.6亿元；八大行业调整振兴项目开工建设124项，累计完成投资309亿元，顺利完成三年规划目标；41个列入省1000项重点技改项目全部开工建设。岚桥集团年产200万吨沥青、现代派沃泰年产40万台变速箱、广信集团年产30万吨聚丙烯、中储粮日精炼1000吨豆油、凌云海日加工4000吨大豆等一批重大项目先后投产，金石沥青年产100万吨重交沥青、石大科技150万吨沥青改造等项目将于近期投产，总投资2.7亿美元的现代威亚三工厂项目已签约。战略性新兴产业方面，众山生物透明质酸钠、鲁圣集团干式变压器等17个项目已完工。

五、打造平台载体，创新能力明显增强

坚持以创新驱动发展，全年完成技术创新项目203项，同比增加23项；技术创新投入14亿元，同比增长19.7%；新产品销售收入占主营业务收入比率为26%。新增市级以上企业技术中心21家，累计达到79家，其中，国家级2家、省级27家、市级50家。目前，全市与高等院校科研单位合作项目93项，建有

5个研发平台；30余所高校在日照办学或建立研发基地，建有2个省级重点实验室。2011年，有5个项目获得省重点领域首台（套）技术装备发展专项资金，22家企业被认定为高新技术企业，全市高新技术产业产值达到401亿元。

六、发挥优势特色，现代物流长足发展

全市已规划建设物流园区和中心30个，物流企业600余家，其中，年主营业务收入过5000万元的150家，过亿元的50家，4A级物流企业1家、3A级1家、2A级2家，全国营业税税收试点物流企业6家，全省制造业与物流业联动发展示范企业4家。全年全市物流相关行业固定资产投资达到120亿元，占全省的5%；物流投资占全部投资的14%，比重位居全省前列。中瑞钢铁物流园、三运自动化立体仓库、山东嘉银钢贸城等项目稳步推进，中纺日照粮油加工与物流中心、中盛仓储设施、中铁联合物流基地等项目已开工建设。

七、夯实产业基础，信息化建设取得突破

一方面，信息产业支撑能力增强。目前，全市电子信息产业园区支撑体系基本形成，拥有省级电子信息产业园、软件产业园和服务外包示范基地各1个。软件业成为新亮点，全市取得双软认定的企业达到15家，通过计算机信息系统集成资质认证企业达到7家。市软件服务外包联盟通过分包合作，成功承接首批十二个美国软件外包项目。活点网络公司物联网浏览器和交换机具有自主知识产权，该公司已获国家备案的产业化示范基地，并被评为全国电子信息行业优秀企业。另一方面，各领域信息化水平提高。30余家重点企业成功实施ERP，众多中小企业广泛应用信息化技术。青日“一卡通”取得重大突破，实现与青岛“琴岛通”卡的互联互通，成为省内第一个实现城际间互联互通的项目。电子政务水平明显提高，市“人口信息资源共享平台”和五莲县“电子审批工程及企业服务直通车”被确定为省电子政务示范工程。

八、破解瓶颈制约，节能降耗扎实有效

进一步强化领导，细化目标，落实责任，突出工业、建筑、交通、农业、水利、电力等重点领域，积极实施开展节能降耗，完成省下达的节能降耗任务目标。对年耗能1000吨标煤或年用电200万KWh以上的22个技改项目、19个固定资产投资项目，实行了节能评估审查。列入淘汰计划的11台水泥磨机已全部拆除；对水泥、石材及新增高耗能行业适时采取了限电限产、停电停产措施。全市规模较大节能环保企业达到37家，4家企业被列为省节能环保示范企业；省、市认定的资源综合利用企业达到17家，年利用工业固体废弃物840万吨。64个重点节能项目进展顺利，全部竣工后年可实现企业节能量55.9万吨标煤、社会节能量184.5万吨标煤。重新确认52家年耗能5000吨标煤以上的重点耗能企业，29家企业列入省重点管理，20家企业开展了节能自愿协议工作。

（日照市经信委　王钧强）

5－13－2　2011年日照市重点培植的骨干工业企业名单

1. 日照钢铁控股集团有限公司
2. 山东五征集团有限公司
3. 山东晨曦集团有限公司
4. 威亚汽车发动机（山东）有限公司
5. 山东亚太森博浆纸有限公司
6. 中粮黄海粮油工业（山东）有限公司
7. 日照市凌云海糖业集团有限公司
8. 邦基三维油脂有限公司
9. 山东新良油脂有限公司
10. 山东金马工业集团股份有限公司

11．山东岚桥工贸集团有限公司
12．山东金石沥青股份有限公司
13．日照广信化工科技有限公司
14．现代派沃泰自动变速箱（山东）有限公司
15．日照中纺粮油有限公司
16．中储粮（日照）油脂有限公司
17．日照恒隆粮油有限公司
18．山东日照发电有限公司
19．山东日照焦电有限公司
20．日照兴业集团有限公司
21．山东泰森新昌食品有限公司日照分公司
22．日照金禾生化集团有限公司
23．日照东升地毯有限公司
24．海汇集团
25．浩宇物资集团有限公司
26．日照市建兴铁塔有限公司
27．山东华海船业有限公司
28．日照三木集团有限公司
29．日照铸福实业有限公司
30．日照三银纺织有限公司
31．鲁圣集团
32．日照裕鑫动力有限公司
33．山东阿掖山集团有限公司
34．日照金禾博源生化有限公司
35．山东美佳集团有限公司
36．山东荣信水产食品集团股份有限公司
37．日照华泰纸业有限公司
38．日照中联水泥有限公司
39．山东彼那尼荣安水泥有限公司
40．山东石大科技石化有限公司
41．山东华龙纺织有限公司
42．日照昌华海产食品有限公司
43．山东丰华食品有限公司
44．山东旭日汽车饰件集团有限公司
45．山东泰山民爆器材有限公司
46．日照海恩锯业有限公司
47．日照华浙钢棒有限公司
48．日照海通丝业有限公司
49．山东同泰集团股份有限公司
50．山东日照尧王酒业集团有限公司
51．日照佳食食品有限公司
52．日照海星针织服装有限公司
53．日照旭日电子有限公司
54．山东宝山矿业有限公司
55．山东万通液压机械有限公司
56．山东莲山水泥股份有限公司
57．浮来春酿酒集团
58．莒县东莒果菜有限公司
59．日照恒宝食品有限公司
60．日照迪莱特光电产业发展有限公司
61．山东众山生物科技有限公司
62．日照德霖木业有限公司
63．山东洁晶集团股份有限公司
64．青岛啤酒（日照）有限公司
65．日照双港机械电子有限公司
66．日照中大机械轻工有限公司

（日照市经信委　王钧强）

5－14－1　2011年莱芜市经信工作概况

2011年，莱芜市规模以上工业企业231家（按新统计口径，年主营业务收入过2000万元），全年产值过亿元的企业89家，过10亿元的21家，过100亿元的3家。按隶属关系分，有中央企业1家，省属企业6家，地方企业224家；按经济规模分，大中型企业53家，其中大型企业10家，中型企业43家。

一、主要特点

2011年，在市委、市政府的正确领导下，莱芜市经信系统坚持以科学发展观为指导，紧

抓国家宏观调控的政策机遇，积极应对经济形势的变化，努力克服各种不利因素影响，强力推进工业转方式、调结构，努力加快“两化”融合，莱芜市工业经济和信息化保持了平稳较快发展的良好态势。主要呈现“七大亮点”：

一是工业生产稳定增长。2011年，莱芜市规模以上工业企业实现工业增加值324.7亿元，同比增长13.5%。按隶属关系分：省以上工业实现138.1亿元，同比增长6.3%；地方工业完成186.6亿元，同比增长20.7%，快于省以上工业14.4个百分点。按在地统计分：莱城区完成154.9亿元，同比增长17.1%；钢城区完成129.4亿元，同比增长11.4%；高新区完成40亿元，同比增长31.8%。

二是经济效益逐步好转。2011年，莱芜市规模以上工业实现主营业务收入1507.83亿元，同比增长26.28%；实现利税64.91亿元，同比增长28.81%；实现利润38.12亿元，同比增长47.4%。

三是技改投入增长迅速。2011年莱芜市工业技改投资完成125亿元，同比增长23%。40个投资过5000万元的重点技改项目完成投资80亿元，其中莱钢磁悬浮轨排、义和科技电子PI膜、佑润生物饲料添加剂、温岭锻造桥箱齿轮等35个项目已建成投产。

四是技术创新步伐明显加快。2011年莱芜市共完成技术创新项目150项，占年度目标的107%，新产品销售比率达到27.5%，同比提高0.5个百分点。科虹线缆、郎进科技、金鼎电子、金雷风电、金石粉末5家企业获省级企业技术中心。

五是工业结构进一步优化。2011年，钢铁产业完成增加值180.9亿元，同比增长8.9%，占全部工业增加值的55.7%；实现主营业务收入958亿元、利税15.6亿元，分别增长25.4%和18.1%。非钢产业实现增加值143.8亿元，增长22.3%，占规模以上工业增加值的比重达到44%，同比提高6个百分点。其中能源、机械、纺织、食品等重点产业完成工业增加值108.8亿元，同比增长17.8%，占规模以上工业增加值的33.5%；实现主营业务收入343亿元、利税35亿元，分别增长34.2%和34.8%。

六是钢铁产业发展平稳。2011年莱芜市铁、钢、材产量分别达到1634万吨、1579.9万吨和1527.8万吨，分别增长7.4%、6.9%和3.5%。莱钢本部实现主营业务收入433.6亿元，增长13.3%，实现利税10.9亿元，同比下降8.3%；泰钢实现主营业务收入259.4亿元，同比增长16.7%，实现利税2.3亿元，同比扭亏转盈2.7亿元；九羊实现主营业务收入185.4亿元，增长59.5%，实现利税1.7亿元，增长3.2%。

七是节能降耗扎实推进。2011年莱芜市万元GDP综合能耗下降3.7%，顺利完成省政府下达的节能目标任务。

二、主要经验做法及工作措施

（一）着力强化产业升级，推动产业结构转型。一是培育发展新兴产业。结合莱芜产业发展基础，明确重点发展新材料、电子信息、新能源和节能环保、生物及医药和航空器材装备等五个新兴产业，编制完成了发展规划。生态洁环保、郎进科技、金雷风电等10家企业列入全省重点扶持战略性新兴产业企业。二是改造提升传统优势产业。在调研摸清全市传统产业发展现状的基础上，研究制定了《关于加快传统产业转型升级的实施意见》和千亿级精品钢、机械装备制造、汽车及零部件和食品加工等重点产业发展规划，规划启动了钢铁深加工产业园，明确发展重点，强化扶持政策，加快传统产业改造提升步伐。三是加快淘汰落后产能。严格按照国家产业政策，结合产业发展实际，明确重点，积极做好淘汰落后产能工作。2011年共淘汰19家企业的落后生产工艺和设备，其中包括冲天炉2座，淘汰炼铁产能9.2万吨，12吨电炉8台，淘汰炼钢产能40万吨，酒精蒸馏塔1座，淘汰落后酒精产能3万吨。

（二）着力推进项目建设，靠增量带动存量。把项目建设作为工业结构优化升级的首要任务来抓，重点支持，加快推进。一是抓好重点技改项目建设。围绕结构调整、节能减排等领域，筛选确定了泰钢炼铁高炉升级、九羊集团大口径复合管及轧辊生产、莱钢磁悬浮轨排、汇源工业园等40个投资过5000万元的重点技改项目，对这些项目明确建设目标，分解工作任务，实行市级领导包项目、部门分工负责制，定期调度，靠上服务加快推进项目建设。二是积极推进对外合作。抢抓五矿集团与鲁中矿业集团资产重组的机遇，积极靠上做工作，成功促成五矿集团在莱芜投资建设五矿重机项目，并于9月20日揭牌成立，项目总投资3.7亿元，在整合矿山机械业务的基础上，着力打造大型矿山机械企业，项目建成后，可实现年销售收入20亿元、利税3亿元。加快推进泰丰纺织重组泰山纸业步伐，针对重组新成立的百伦纸业，在税收政策、行政收费、信贷和服务等方面，制定优惠政策予以重点扶持，企业于6月份全面投产运营。

（三）着力提升技术创新，增强工业内生发展动力。一是抓创新平台建设。以省、市技术中心为重点，以“双百工程”为依托，坚持分类指导，重点推进，全面提高企业研发能力。加强企业技术中心建设，新认定省级企业技术中心5家，汇金公司被确认为省创新能力建设先进单位，泰丰纺织的工业设计中心被认定为“2011年山东省工业设计中心”，新艺粉末冶金入选“山东省新材料深加工示范企业”。二是抓创新项目实施。通过积极申报争取，莱芜市28个企业项目列入省技术创新项目计划，项目总投资2.6亿元，项目达成后年新增主营业务收入36亿元。三是抓产学研联合。组织泰钢集团、郎进科技等12家企业参加2011年省产学研展洽会，达成合作协议15个，成交金额8.75亿元。泰钢的不锈钢钢带、汇金的五十铃转向驱动桥获参展产品银奖；朗进科技、力创科技等5家企业被省政府授予“2011年山东省产学研合作创新突出贡献企业”。

（四）着力强化节能降耗，加快经济发展方式转变。把节能降耗作为工业转型升级的着力点和突破口，促进资源节约、集约利用。一是狠抓责任落实。实行节能降耗责任制，制定年度节能目标计划，层层分解落实，实行“双目标”责任考核机制，严格考核奖惩。对年综合能耗1000吨标准煤的新、改、扩建项目，进行严格的节能评估审查。2011年，全市通过能评审查的项目31个。二是积极实施节能技术示范和推广计划。今年，我市2个项目获节能技术创新项目，8个项目列入了全省重大节能技术产业化项目计划。三是大力发展循环经济。继续深化循环经济试点建设，对16家省级和市级园区、企业开展循环经济试点，并已形成“炼钢—钢渣—水泥（制砖）”等13条循环经济产业链条。积极开展资源综合利用，年底主要再生资源回收利用率将达到70%以上。

（五）着力加强监测调控，保障工业经济平稳运行。一是密切关注国家宏观调控政策对工业经济运行的影响，深入分析重点行业和重点企业产销形势、价格波动、生产和效益变化的情况及发展趋势，做到超前预测，及早把握，掌握工作的主动权。二是继续搞好40户重点工业企业月调度分析制度，加强对莱钢、泰钢、九羊3大钢厂的旬调度分析，准确掌握企业生产经营情况，科学决策，及时应对。三是加强对经济运行中热点和难点问题的调研分析，积极协调企业生产经营中的困难和问题，努力保持全市工业发展良好态势。

（六）着力抓好信息化建设，加快推广信息技术应用。加快推进城乡信息一体化建设，建立了市级网络服务平台、区级网络中枢、乡镇信息服务站和村户企业终端，形成市、区、乡镇、村四位一体的网络体系。实施了朗进科技公司的变频控制模块、盈华公司的农业信息综合服务平台与终端、金鼎公司的高性能阻燃型挠性覆铜板等一批信息技术改造传统产业项目。信息技术应用项目涉及了机械、化工、冶金等10多个行业，80%的机械、服装和建筑设计企业推广应用了全市计算机辅助设计（CAD）技术；75%的化工、建材、造纸、冶金等流程型生产企业推广应用了计算机监控技术；47.5%的规模以上企业实施了企业资源计划系统（ERP）。莱钢、泰钢、西煤机3家企业开展了计算机集成制造（CIMS）应用工程。

*（七）着力提高服务水平，不断优化企业发展环境。*牢固树立服务企业发展是工作职责根本的意识，不断推进作风转变，提升工作效能，为工业经济跨越发展提供有力保障。一是深入开展为企业排忧解难服务活动。创新服务方式，对企业所提困难和问题实行服务企业"挂销号"制度，针对企业存在困难问题，建立台账"挂号"督办，共为23家重点企业解决涉及土地、资金等方面问题51条，建立了服务企业发展的长效机制。二是突出解决企业资金难题。针对货币政策调整、企业资金紧张的实际，认真筛选需求资金项目，积极"牵线搭桥"搭建合作平台，不拘形式、不定期召开银企合作促进会、洽谈会，积极帮助解决融资难题。成功组织市政府与鲁信投资控股集团签订战略合作协议、组织召开中信银行青岛分行莱芜专场银企洽谈暨直接债务融资工具推介会，共签约金额24.36亿元。三是千方百计抓好生产要素供应。针对油价波动、"煤荒"、"电荒"等情况，加大协调力度，畅通绿色通道，制定电力迎峰度夏等相应措施，保障了煤电油等重要生产要素的供应。四是积极对上争取。紧抓国家、省政策机遇，帮助企业选项目、报项目、跑项目，最大限度地争取国家、省项目和资金支持。2011年有34个项目列入全省1000个转方式调结构重点项目。

（莱芜市经信委　杨世福）

5－14－2　2011年莱芜市重点工业企业名单

1. 莱芜钢铁集团有限公司
2. 鲁矿集团有限公司
3. 山东莱芜煤矿机械有限公司
4. 华能莱芜发电厂
5. 莱芜供电公司
6. 华电莱城发电厂
7. 新矿集团鄂庄煤矿
8. 莱钢集团莱芜矿业有限公司
9. 山东鲁碧建材有限公司
10. 莱芜市万祥矿业有限公司
11. 山东华泰矿业有限公司
12. 山东泰山钢铁集团有限公司
13. 山东泰山阳光集团有限公司
14. 山东九羊集团有限公司
15. 山东固德化工有限公司
16. 银河纺织集团有限公司
17. 隆泰钢结构有限公司
18. 山东慧通轮胎有限公司
19. 山东汇金股份有限公司
20. 山东省莱芜市汶河化工有限公司
21. 山东鲁中化工有限公司
22. 山东莱芜市全成集团有限公司
23. 莱芜市啤酒原料有限公司
24. 山东科虹线缆有限公司
25. 莱芜市中大纺织服饰有限公司
26. 莱芜万兴果菜食品加工有限公司
27. 莱芜锻压有限公司
28. 山东莱钢泰达车库有限公司
29. 莱芜市温岭锻造有限公司
30. 莱芜市京华焊管有限公司

31．莱钢集团粉末冶金有限公司
32．莱芜金鼎电子材料有限公司
33．山东中兴汽车零部件有限公司
34．莱芜金雷风电科技有限公司
35．泰丰纺织集团有限公司
36．鲁中汇源食品饮料有限公司
37．山东朗进科技股份有限公司
38．山东昊宇车辆有限公司
39．莱芜泰禾生化有限公司
40．山东丰润机械制造有限公司

（莱芜市经信委　杨世福）

5－15－1　2011年临沂市经信工作情况概述

一、概述

2011年，全市经信系统紧紧围绕市委、市政府“四三二一”总体思路，大力实施“新型工业强市”战略，强化政策支持，完善服务体系，优化发展环境，实现了“十二五”良好开局。

一是工业运行提速增效。全市规模以上工业企业达到3150家，完成工业增加值1230.7亿元，同比增长16.4%，居全省第2位；实现主营业务收入5717.2亿元、利税491.5亿元，分别增长32.1%、32.7%，提高2.9、1.4个百分点。

二是工业结构不断优化。七大传统产业完成增加值891.8亿元，增长18%，占规模以上工业的72.5%；“四新一高”产业完成增加值153.8亿元，占12.5%。信息产业稳步发展，全市规模以上电子信息制造企业共计42家，电子产品制造业完成主营业务收入65.5亿元，同比增长26.4%；利润2.9亿元，同比增长47.8%；利税5.3亿元，同比增长42.2%。年内主要开工建设项目19个，总投资15.5亿元。全市“双软”认定企业新增17家，总数达到30家。机械产业支撑发展，全市规模以上装备制造企业共337家，实现主营业务收入647.6亿元，同比增长37.9%；实现利税59.3亿元，同比增长44.5%，其中利润45.3亿元，同比增长44.3。装备制造行业利税过千万元企业112家，占全市利税过千万企业的11.5%。

三是骨干企业加快壮大。主营业务收入过亿元企业1237户，增加340户，其中华盛江泉、新程金锣、山东临工、临矿集团均过百亿元；实现利税过千万元企业941家，增加215家，其中过亿元45家，增加6家。

四是民营经济快速发展。民营经济实现增加值占GDP比重达到77%，提高0.5个百分点，实现税收占国地税总收入的78%以上；规模以上民营工业完成增加值1044.5亿元，增长16.5%。

二、强化技术改造

全市共实施工业技改项目1377个，完成技改投资598.4亿元，增长32.3%，居全省第1位；完工项目721个，其中投资过亿元项目109个、过5000万元项目121个。确定了全市百项重点技改项目，64个项目列入中央、省技改资金扶持，其中5个列入中央资金支持、59个列入省政府专项资金支持，享受扶持资金2677万元；23个技改项目列入市级技改专项资金，享受扶持资金700万元。我市工程机械、电动自行车、焙烤食品和淀粉糖被列为2011年度省级新型工业化示范基地。

三、强化技术创新

全市共有222个项目列入山东省技术创新项目计划，项目总投资12.55亿元，完工后预计新增年销售收入332.80亿元；有99项新产品通过省新产品鉴定验收，全年新产品销售收入达到328.8亿元；新认定省级企业技术中心5家，工业设计中心3家，市级企业技术中心 23 家；全年规模以上高新技术产业产值 1162.1 亿元，占规模以上工业比重 20.6%，比年初提高 1.1 个百分点。

四、强化企业管理

大力推广了六西格玛管理模式，临沂矿业集团有限公司《创新公司治理制度，推动企业跨越发展》、罗欣药业有限公司《以六西格玛管理模式为核心的现代企业管理体系》荣获省政府企业管理奖，评选表彰了 2011 年度十佳企业和十佳企业家。深入开展企业培训，组织“双 50”企业负责人赴清华学习培训，聘请国内知名专家学者来临沂讲座 4 次。开展了“市场营销年”活动，组织企业参加国家、省组织的各类展会 20 余个，达成协议、意向金额 65 亿元。其中，第六届中国（山东）国际装备制造业博览会，签订合作意向书 16 个，意向合作金额 27.6 亿元。

五、强化运行监管

加强经济运行调度分析，调整完善了工业调度监管系统，进一步提高了工业经济运行分析的及时性、准确性和超前性。强化要素保障，积极推进政银企合作，向金融机构推介了 300 余个流资和技改项目，贷款 270 多亿元。全年全社会用电完成 273.49 亿千瓦时，同比增长 13.49%，其中工业用电 211.77 亿千瓦时，增长 12.71%；全市全年共完成发电量 158.49 亿千瓦时。全市全社会物流总额达到 15065.2 亿元，物流总额居全省第三位，我市被中国交通运输协会授予“中国物流之都”称号。

六、强化淘汰落后

全市共有 5 家企业列入国家淘汰落后产能计划，当年底全部完成并通过验收。累计淘汰落后产能 168 万吨，其中钢铁行业淘汰产能 36 万吨，涉及 1 户企业；建材行业淘汰水泥产能 100 万吨，涉及 2 户企业；印染行业淘汰产能 4000 万米，涉及 2 户企业。共获国家财政补助资金 1015.4 万元。全市列入国家关闭小企业计划 3 家，涉及化工、水泥、皮革行业各 1 户企业；列入省关小计划 3 家，涉及机械行业 1 户企业、轻工行业 2 户企业。共获得中央、省财政奖励 679 万元。

（临沂市经信委　尹永军）

5 － 15 － 2　2011 年临沂市主营业务收入前 100 名企业名单

1. 华盛江泉集团有限公司
2. 临沂新程金锣集团有限公司
3. 临沂矿业集团有限责任公司
4. 山东临工工程机械有限公司
5. 山东新沂州水泥集团有限公司
6. 山东金正大生态工程股份有限公司
7. 临沂市三德特钢有限公司
8. 山东金升有色集团有限公司
9. 山东鑫海科技股份有限公司
10. 临沂盛泉油脂化工有限公司
11. 莱芜钢铁集团鲁南矿业有限公司
12. 史丹利化肥有限公司
13. 山东常林机械集团股份有限公司
14. 山东省鲁洲集团有限公司
15. 沂水大地玉米开发有限公司
16. 鲁南制药集团有限公司
17. 山东罗欣集团有限公司
18. 山东金象铝业有限公司
19. 临沂山松生物制品有限公司
20. 金沂蒙集团有限公司
21. 山东新港企业集团有限公司
22. 临沂恒昌焦化股份有限公司
23. 临沂瑞钢联管业有限公司
24. 山东翔龙实业集团有限公司
25. 国电费县发电有限公司
26. 山东华星工程机械有限公司

27．临沂宝达无缝钢管有限公司
28．山东华泉集团有限公司
29．山东阳煤恒通化工股份有限公司
30．临沂金马钢铁贸易有限公司
31．山东红日阿康化工股份有限公司
32．山重建机有限公司
33．施可丰化工股份有限公司
34．山东常林农业装备股份有限公司
35．山东三维油脂集团股份有限公司
36．山东金宝诚管业有限公司
37．山东新时代药业有限公司
38．临沂凯佳食品有限公司
39．临沂市盛源无缝钢管有限公司
40．华能临沂发电有限公司
41．临沂瑞源工贸有限公司
42．山东六和集团有限公司平邑冷藏厂
43．山东银光化工股份有限公司
44．山东金源管业有限公司
45．山东玉林油脂有限公司
46．临沂奥丰制管有限公司
47．苍山县金信皮革有限公司
48．山东华盛中天机械集团有限公司
49．临沂市利升铅业有限公司
50．山东蒙凌工程机械股份有限公司
51．费县沂州水泥有限公司
52．山东力士德机械有限公司
53．山东龙盛农牧集团有限公司
54．临沂久新能源有限公司
55．山东新银麦啤酒有限公司
56．山东六和集团有限公司临沂分公司
57．山东新光实业集团
58．山东绿润食品有限公司
59．六和饲料股份有限公司沂水分公司
60．临沂市德盛不锈钢制品有限公司（意尔康）
61．临沂金正阳管业有限公司
62．临沂合力钢材有限公司
63．山东阜丰发酵有限公司
64．青援食品有限公司
65．中化山东肥业有限公司
66．山东神氏食品集团有限公司
67．苍山县翔地制管有限公司
68．山东华宝钢管有限公司
69．山东太合食品有限公司
70．久泰能源科技有限公司
71．临沂三元管业有限公司
72．临沂市太合食品有限公司
73．临沭县金盛源铸造有限公司
74．临沂承禹无缝钢管有限公司
75．六和饲料股份有限公司平邑饲料厂
76．山东海龙沂星化纤有限公司
77．山东黄金归来庄矿业有限公司
78．山东金汇集团有限公司
79．山东天威煤业有限公司
80．山东兴盛矿业集团有限公司
81．山东亨井电子有限公司
82．山东蒙山铝业有限公司
83．山东临沂临工汽车桥箱有限公司
84．山东金凯润石化有限公司
85．临沂华太电池有限公司
86．费县淇凯纺织有限公司
87．山东光华纸业集团有限公司
88．临沂六和配合饲料有限公司
89．山东省舜天化工集团有限公司
90．临沂市奥达建陶有限公司
91．临沂市永利木业有限公司
92．临沂市海峰木业有限公司
93．山东泓达生物科技有限公司
94．临沂太合中慧饲料有限公司
95．临沂海信电子有限公司
96．临沂美鑫管业有限公司
97．临沂市社会福利工程机械配件加工厂
98．临沂山威球墨铸管有限公司
99．临沂蒙凌铸钢有限公司
100．山东三方化工集团有限公司

（临沂市经信委　尹永军）

5－16 2011年德州市经信发展情况概述

2011年是“十二五”开局之年，也是我市转方式调结构，全力构建现代产业体系的关键之年。市委、市政府坚持“工业强市”第一战略，紧紧围绕构建现代产业体系，一手抓存量做大做强，一手抓增量招大引强，狠抓自主创新和节能降耗，全市工业经济呈现出发展提速、效益提高、结构提质的良好态势，顺利实现了“十二五”良好开局。全市规模以上工业增加值完成990亿元，工业总资产突破2500亿元，主营业务收入突破5000亿元，主营业务收入、利税、利润均增长35%以上，三项指标增幅分别位列全省第2名、第3名和第4名。

一、工业运行

（一）工业经济超额完成全年增长目标。2011年，规模以上工业企业累计完成工业增加值1001.35亿元，同比增长15.8%，高于全省1.77个百分点，居全省第6位。其中12月份当月完成增加值91.28亿元，同比增长17.9%，高于全省5.98个百分点，位居全省第2位。

（二）经济效益明显提高。2011年，全市规模以上工业企业实现主营业务收入5189.72亿元,同比增长34.26%。实现利税596.45亿元，同比增长33.76%，利润327.82亿元，同比增长34.91%。整体资产负债率为41.28%，较去年同期下降1.6个百分点。规模以上工业企业中,利税过5000万企业173户,同比增加54户，其中过亿元的企业69户，同比增加19户。过2亿元的企业33户，增加10户。过3亿元的企业18户,增加4户。过5亿元的企业10户，增加6户。

（三）重点企业培植成效显著。2011年，全市百户重点企业累计实现主营业务收入1472.27亿元，同比增长34.77%；利税152.15亿元，增长33.07%；利润86亿元，增长35.77%。其中15户大企业累计实现主营业务收入718.09亿元，同比增长39.43%；利税70.31亿元，增长21.72%；利润38.73亿元，增长21.2%。主营业务收入过50亿元的企业达到7家，比去年同期增加2家，其中收入过100亿元的企业达到2家，同比增加1家。

二、技术改造

（一）技改投资保持稳定增长。2011年，全市在建技改项目605个，项目计划总投资1363.4亿元，本年累计完成投资462亿元，同比增长17.6%。全市共有山东禹王制药有限公司高纯度多不饱和脂肪酸甘油三酯产业化项目等304个项目竣工投产，累计完成投资330.4亿元。

（二）技改投资构成趋于优化。2011年，装备制造业、化学工业、纺织服装业和农产品加工业四大优势产业在建技改项目328个，完成投资280.9亿元，占全市完成技改投资额的60.8%。新能源、新材料、生物技术和文体用品四大新兴产业在建技改项目205个，完成投资162.2亿元，占全市完成投资额的35.1%。

（三）骨干企业培植和重点项目建设卓有成效。2011年，15家大企业在建项目53个，完成投资79.2亿元，自开工累计完成投资123.1亿元。市政府确定的62个重点工业项目，总投资1035.5亿元，完成投资287.5亿元，自开工累计完成投资352.2亿元。百家工业企业180个重点技改项目完成投资228.2亿元，自开工累计完成投资364.4亿元。

（四）积极开展对外合作。2011年，我委加大招商引资力度，围绕现代产业体系建设积极开展招商引资活动。德州实华化工公司搬迁项目、德州齿轮公司变速器项目、山东谛爱生物技术股份公司产业园项目、德药制药搬迁扩建项目、华鲁恒升混合丙烯基醇项目等9个项目到位资金6.83亿元，超额完成2011年度分配我委6000万元的招商引资任务。

三、技术创新

大力实施以企业为主体、市场为导向、产学研相结合的技术创新体系建设，全年争取省级企业技术中心9家，截至年底，我市市级以上企业技术中心达到102家。其中，国家级企业技术中心4家，省级企业技术中心40家，同时，拥有2家行业技术中心，4家省级工业设计中心。国家、省、市三级技术创新体系得到进一步完善，省级以上企业技术中心企业与近200余所大专院校科研单位建立长期合作关系，实施省以上科技创新项目178项，其中达到国内先进以上水平136项，占总数的76.3%。大力实施品牌带动战略，全市已经培育形成了29个中国驰名商标、20个中国名牌产品、124个山东省著名商标、89个山东名牌产品的品牌体系，品牌数量居全省上游。

四、企业管理

（一）开展大企业调研活动。制定调研方案，组成调研组分赴20家大企业，发放调查问卷与实地调研相结合，重点调研各企业发展及规划，就如何发挥自身优势、借力我市政策做大做强汇总思路和意见，研究打造现代产业体系的推进措施。

（二）评选表彰功勋、优秀企业家。对“十一五”期间开拓创新、诚信经营、业绩显著的10名企业家授予工业发展功勋企业家称号，在全市工业大会上隆重表彰奖励；对12名董事长（总经理）授予2011年度德州市优秀企业家称号；2人荣获山东省优秀企业家称号。

（三）开展管理创新活动，不断提高企业管理水平。进行企业管理奖评选表彰，按照《德州市企业管理奖和技术创新奖管理办法》，对评选出的5家企业和10项管理创新成果，在全市工业大会上表彰奖励。

（四）组织开展首届德州公益与社会责任榜活动。在县市区推荐、个人自荐的基础上，通过新闻媒体宣传候选人的公益事迹，以评委投票与群众投票相结合的方式确定了十大最具公益与社会责任企业家、十大公益风尚人物与社会责任企业。

五、节能管理

（一）强化重点企业能源管理。狠抓钢铁、水泥、电力、焦炭、烧碱5个重点行业和重点用能企业，组织我市54家企业积极参加国家万家企业低碳行动，承诺“十二五”期间节能113万吨标准煤，组织63家重点用能企业填报能源利用状况报告，摸清重点用能企业用能情况，完成242家企业的节能监察工作，下达《限期整改通知书》127份，并督促整改落实，加强能源审计工作，通过能源审计，发现节能潜力49305余吨标准煤。为全市重点用能企业培训能源管理师100人，有效促进用能单位能源利用效率和能源管理水平的提升。

（二）加强建筑领域节能。墙材革新工作向纵深发展，全市县城以上城市规划区基本实现“禁实”，新建建筑新墙材应用率达95.48%。全市发展新型墙材生产企业114家，年设计生产能力51亿块标砖，新型墙材产量达15.6亿块标砖。新建建筑节能基本实现全覆盖，2011年全市开工面积310.2万平方米，竣工面积125.47万平方米，节能率99.64%，其中市区新建建筑节能率更达100%。

（三）积极推广节能产品与服务。大力发展节能服务产业，切实加大专业化节能服务公司的培育力度，全市已有三家节能服务公司通过了国家发改委备案，节能技术服务能力不断增强，德州六顺电气自动化设备有限公司实施的合同能源管理项目获中央财政奖励资金48万元。大力发展节能环保产业，陵县成为我市第二家节能环保产业基地，景津压滤机集团有限公司等6家企业被认定为山东省节能环保示范企业。积极推广太阳能集热系统，促进太阳能产业发展。组织实施了19个太阳能集热系统财政补贴项目，日产热水能力 405 吨，获省财政补助资金 295.65 万元。

六、信息产业运行情况

（一）总体增长迅速，经济效益明显提高。我市共有规模以上电子信息产品制造企业 84 家，2011 年我市电子信息制造业实现主营业务收入 204.1 亿元，同比增长 50.85%；利润 12.7 亿元，同比增长 47.58%；利税 23.05 亿元，同比增长 51.98%。

（二）传统产品规模不断壮大。电子产品制造业生产的主要产品有：行输出变压器、小规模集成电路、电线电缆、可充电电池、手机配件、高频头、数字接收机、卫星电视天线、数字电视机顶盒、金融器材、监控设备等。其中三和电器有限公司从日本松下公司引进的彩电回扫变压器生产线，制造技术和质量保证体系，年生产回扫变压器 2500 万只、D C—A C 电源逆变器 10 万台、PDP、LCD 电源 300 万套、贴片式变压器、滤波器 300 万套、汽车 HID 灯系统 5 万套。

（三）电子制造产品结构不断优化。我市电子产品制造业，在传统产品稳步发展的同时，不断加大新产品的开发力度，涌现出一批光伏生产企业，成为我市电子信息产业新的经济增长点。旭光光电公司新建 10 万多平方米厂房，投资 7 亿元兴建太阳能光电利用项目，新上太阳能电池板纳米表面制绒技术、LED 封装、LED 照明系列产品、光伏电站等四条生产线，年产 35 万套太阳能 LED 路灯、600 兆瓦太阳能光伏电池板、50000 套新农村建设光伏电站。德州晶威特电子有限公司主导产品太阳能电池用 5.5-8 英寸单晶硅，年生产能力 140 吨。

（四）部分产品技术水平较高。天合微电子的单晶铜键合引线、恒达电器有限公司的船用控制器、山东晶威特电子科技有限公司的太阳能电池用 5.5-8 英寸的单晶硅锭等产品，居国内先进水平。

七、两化融合进展情况

（一）两化融合基础设施逐步完善。全市通信光缆总长度达到 2.87 万芯公里，开通 WLAN 热点 2000 余个，3G 无线网络实现全覆盖，电话用户总数达到 481.59 万户，互联网用户达 50 万户。在国家宽带普及提速工程实施项目的带动下，两化融合的基础设施进一步完善。

（二）信息化与工业化深度融合。重点加强禹城市省级两化融合试验区培育，集中生物等优势产业率先突破。围绕增加效益、节能减排、技术创新、安全生产等环节，推进信息技术在产品研发设计、生产过程、企业管理、市场营销、物流配送等环节的集成应用。全市制造业中计算机辅助设计（CAD）应用率已经达到了 80% 以上，30% 以上的重点企业实施了企业资源计划（ERP），流程型企业集散控制系统（DCS）应用达到 45% 以上，信息化对企业效益增长贡献率已超过 20%。

（三）积极上报两化融合重点项目。积极争取 5 个项目获得省信息化与工业化融合“四个一百”工程项目。禹城市被工信部批复为全国唯一的国家级现代农业信息化建设试点。积极推进我市首家以动漫影视创意为主题的华莘动漫影视创意园项目建设，该项目填补了我市动漫影视创意产业的空白，将成为我市软件和信息服务业新的增长点。

（德州市经信委 王亮）

5 － 17 － 1　2011 年聊城市经信工作概况

2011 年，在市委、市政府的坚强领导下，全市经信战线认真贯彻落实科学发展观，加大工业投入，推进结构调整，强化技术进步，狠抓节能降耗，创新企业管理，推进“两化”融合，实现了全市工业经济和信息化建设平稳较快发展。

一、工业生产保持较快增长，经济效益同步提高

2011年，全市规模以上（主营业务收入2000万元以上）工业企业户数为2053户，累计完成工业增加值1399亿元，比上年增长16.21%，增幅高于全省平均水平2.18个百分点，居全省第3位。实现主营业务收入5294亿元，比上年增长33.05%，总量居全省第7位、增幅居全省第4位，实现利税504亿元，增长33.62%，总量居全省第10位、增幅居全省第4位；实现利润348亿元，增长34.84%，总量居全省第7位、增幅居全省第6位。工业经济效益综合指数创历史最好水平，达到363.61%。

二、工业投资进一步优化，重点项目建设顺利

全年完成工业投入718.5亿元，比上年增长33.4%，占全市固定资产投资的69%。其中，技术改造完成投资436亿元，增长31.7%，占固定资产投资的比重达到了41.9%。高新技术产业投资增速较快，2011年，全市高新技术产业完成投资77.96亿元，比上年增长34.2%，高于工业投资增幅0.8个百分点。重点调度的120个重点项目已全部开工建设，共完成投资260亿元。尤其重点抓好了投资过亿元的项目、战略性支柱产业项目和战略性新兴产业项目，有效促进了产业升级。信发集团的年处理100万吨赤泥、临清雪驰集团的1000万套服装、时风集团的8万吨高性能子午胎尼龙帘子布、祥光铜业的阴极铜二期、维斯德尔铝业的7.5万吨铝合金建筑型材和三信铝业的汽车消失模等项目已完工投入生产。随着这些项目陆续达产达效，将为全市工业经济的又好又快发展提供强有力的支撑。

三、工业出口完成良好，利用外资实现突破

全年工业完成出口18.78亿美元，比上年增长45.5%，纺织、机械、化工分列出口商品前3位。50户重点企业出口9.89亿美元，增长17.05%，其出口额占全市出口总额的52.69%,出口1000万美元以上的企业有17家，其中临清三和纺织集团出口26384万美元，山东凤祥集团出口12975万美元，冠县冠洲集团出口12636万美元，分别居全市企业出口前三位。全年合同利用外资1.73亿美元，增长近4倍，外商直接投资1.14亿美元，增长12.8%。

四、技术中心建设成效显著，管理创新取得新成果

围绕“4455”工程建设，筛选一批科技水平高、创新氛围浓厚的企业纳入企业技术中心队伍，鼓励企业加强技术中心升级进档。2011年，我市新增省级企业技术中心9家、市级中心25家，其中省级中心新增数量居全省第二位。目前，我市共有省级以上企业技术中心44家,市级中心61家,覆盖全市各县（市、区）、各行业的技术创新体系不断完善。在2011年山东省第二届“山东省企业管理奖”获奖企业和管理创新成果名单上，我市三家企业榜上有名。山东泉林纸业有限责任公司荣获企业奖，鲁西化工集团股份有限公司的《“368”营销操作法促鲁西化工实现再次飞跃》、山东东阿阿胶股份有限公司的《基于系统平衡的企业管理模式探索与实践》荣获管理创新成果奖。

五、节能降耗水平再提升，循环经济取得较大发展

2011年，为实现“十二五”良好开局，我市继续完善政策措施，加大节能降耗工作力度，各项工作取得积极进展，万元GDP能耗比2010年降低3.75%，超额完成省政府下达的年度节能目标。突出抓好了重点企业和重点领域节能工作。完善了节能预警调控机制，出台了加快推进合同能源管理方式促进节能降耗工作的意见，8 家节能服务公司通过国家发改委备案。在“十一五”期间实施“2320”工程基础上，扩大范围，提升层次，大力发展循环经济，积极推行清洁生产，在“十一五”总结 16 个循环经济发展模式的基础上，又进一步汇总完善了农业循环经济发展模式。全市资源综合利用企业达到 43 户，进一步扩大资源综合利用的范围，使循环经济链条不断延伸，主要工业固体废弃物利用达到 92% 以上。新增清洁生产审核企业 35 家，全面完成国家和省下达的淘汰落后产能目标。

六、“两化融合”迈出新步伐，信息技术进一步推广应用

积极开展了“两化融合”工作，对全市两千家重点企业进行了数据调研、实地考察和专业评审，遴选出山东东阿阿胶股份有限公司等十家企业为“2011 年两化融合示范企业”，山东昌华造纸机械有限公司等十家企业为“重点培育企业。结合我市示范企业的调研和认定工作情况，有步骤地开展大范围的信息化培训工作，受众逾 1200 人次，达到良好的推广效果。2011 年，全市电子信息产品制造业实现主营业务收入 125 亿元，比上年增长 20%。市政府与浪潮集团战略合作伙伴关系的确立及云计算中心的建设，对打造聊城城市信息技术科技高地，推动战略新兴产业的快速发展具有重要意义。“中国聊城”政府门户网站在 2011 年第十届中国政府网站绩效排名中位列第 42 位。

（聊城市经信委　李峰）

5 - 17 - 2　2011 年聊城市 50 户工业重点企业名单

1. 信发集团
2. 山东时风(集团)有限责任公司
3. 鲁西化工集团股份有限公司
4. 中通汽车工业集团有限责任公司
5. 山东省东阿阿胶股份有限公司
6. 山东泉林纸业有限责任公司
7. 山东（临清）银河纸业集团
8. 山东奥博特铜铝业有限公司
9. 山东凤祥（集团）有限责任公司
10. 阳谷祥光铜业有限公司
11. 山东冠洲集团总公司
12. 冠县冠星纺织集团总公司
13. 山东临清迅力机械集团
14. 山东阳谷电缆集团有限公司
15. 中华发电有限公司聊城发电厂
16. 华能聊城热电有限责任公司
17. 临清三和纺织集团有限公司
18. 临清市卫河酒业有限责任公司
19. 东阿东昌水泥有限公司
20. 希杰(聊城)生物科技有限公司
21. 山东润源实业有限公司
22. 山东金号织业有限公司
23. 山东省高唐蓝山集团总公司
24. 山东东阿钢球集团有限公司
25. 山东奥克特化工有限公司
26. 山东吉地尔(集团)有限公司
27. 山东鑫亚工业股份有限公司
28. 山东光岳转向节总厂
29. 山东聊城华润纺织有限公司
30. 山东华鲁制药有限公司
31. 昌裕集团公司
32. 山东中奥毯业有限公司
33. 临清联创实业有限公司
34. 山东哈鲁轴承股份有限公司
35. 临清市鸿基集团有限公司
36. 山东中兴粮油有限公司
37. 山东福临机械制造有限公司
38. 临清市中远精铸有限责任公司

39．山东三山集团有限公司
40．山东超越纺织有限公司
41．山东齐鲁味精食品集团有限公司
42．山东信乐味精有限公司
43．茌平恒信铝业有限公司
44．聊城鑫鹏源金属制造公司
45．山东景阳岗酒业有限公司
46．山东东鼎轧钢有限公司
47．高唐县热电厂
48．高唐双龙养殖设备有限公司
49．山东谷丰源化肥有限公司
50．山东智德纺织有限公司

（聊城市经信委　李峰）

5－18－1　2011年滨州市经信工作概况

2011年，全市加快转变经济发展方式，努力提质增效，推进结构调整，工业经济保持了平稳较快增长的良好势头，主要经济指标均完成计划任务目标，实现了“十二五”的良好开局。

一、全市工业经济实现平稳协调较快发展

一是工业生产实现平稳增长。2011年，全市规模以上工业完成增加值同比增长15.92%，高出全省平均水平1.89个百分点，增幅列全省第5位。从产销情况看，全市规模以上工业实现销售产值4856.54亿元，同比增长33.60%；产销率达102.01%，同比提高1.09个百分点。据对百户重点企业统计，钢材、汽油、电解铝、除草剂、农用化肥等产品产量增幅在20%以上。全市工业用电150.89亿千瓦时，同比增长9.95%。

二是运行质量稳步提高。2011年，全市规模以上工业企业实现主营业务收入4978.04亿元，同比增长32.80%，增幅列全省第5位；利税362.80亿元，增长17.34%，列第11位；实现利润238.55亿元，增长18.52%，列第12位。全市工业经济效益综合指数达272.35%，同比提高14.58个百分点。全市规模以上企业实交税金143.16亿元。

三是骨干企业规模不断壮大。2011年，全市百户重点企业累计实现主营业务收入4239.00亿元，同比增长37.09%，占全市总量的85.15%；实现利税317.29亿元，增长15.89%，占87.46%；实现利润211.09亿元，增长18.26%，占88.49%。主营业务收入过百亿元的10户，同比增加1户，其中魏桥创业突破1600亿，达到1610亿元；过10亿元的48户，增加9户；利税过亿元的32户，增加7户；利润过3000万元的44户，增加3户。

四是信息产业势头良好。2011年，电子信息制造业实现主营业务收入158.45亿元，同比增长19.45%；利税8亿元，增长3%；利润6亿元，增长7%。全市通信业务收入共完成15.81亿元，增长7.11%；地方税金及附加0.51亿元，增长19.67%；移动电话用户347.39万户，固定电话用户（含小灵通）80.87万户，互联网宽带接入用户达40.54万户。

二、技改投入力度不断加大

市经信委编制完成了《全市工业和信息化“十二五”发展规划》，明确了全市工业产业结构调整的方向和重点。深入实施“项目建设年”活动，有55个项目列入全省工业转方式调结构技术改造重点项目。联合市人民银行、银监局筛选了189个重点技术改造项目，向全市各金融机构进行推介，申请银行贷款238亿元。举办了国际资本对接滨州新兴产业系列活动，有27家投资机构与我市41家企业进行了对接，有7个项目与投资机构达成投资意向21.5亿元，加快推进了新材料等六大新兴产业发展。

全年累计完成工业技改投资405.6亿元，同比增长24.8%，占全社会固定资产投资的比重超过40%。

三、技术创新迈出新步伐

2011年，新增省级企业技术中心8家，认定市级企业技术中心26家，目前市级以上企业技术中心已达144家。依托愉悦家纺等骨干企业建立了家纺服装、装备制造、新材料、新能源等4个行业技术创新联盟。邹平、沾化被认定为山东省高端装备制造产业园区，亚光毛巾、齐星铁塔2企业获得省工业设计中心认定，有5个重点领域首台（套）技术创新项目通过省认定，有3家企业获得省军民结合产业专项资金扶持。大高通用航空城被列入山东省航空产业重点园区，哲人新能源被列入省新能源汽车产业重点支持企业并获专项资金支持。

四、中小企业蓬勃发展

2011年，全市中小企业实现总产值6973.13亿元，同比增长22.98%；实交税金147.28亿元，其中国税99.42亿元，增长11.45%，地税47.86亿元，增长85.8%；固定资产投入1219.26亿元，增长20.37%。出台了《关于鼓励支持发展中小企业信用担保机构的意见》，成立了滨州市担保行业协会，新增担保公司8家，全市注册的担保机构已达77家，全年完成贷款担保额76亿元，同比增长27%。培训各类中小企业经营管理人才6000人次。滨州市纺织产业集群公共服务平台、博兴钢板产业集群公共服务平台、市中小企业综合服务平台列入国家扶持计划，建成了好生家居网、博达钢板网、沾化枣制品电子商务网站。邹平家居产业集群和沾化县盐化工产业集群得到省级重点产业集群专项支持，争取到省级扶持资金1000万元。着力破解中小企业融资难，邹平、博兴2支中小企业集合票据、邹平1支集合信托发行成功，共为企业融资4.8亿元。

五、信息化进程进一步加快

抓住我市列入全省两化融合试验区的机遇，印发了《两化融合试验区建设实施方案》和《关于加快无线城市建设的指导意见》，重点实施了65个“两化”融合项目，认定市级信息化示范企业12家，信息技术推广应用中心4家，有5家企业列入第一批省两化融合“四个100”工程，17项列入第二批培育范围，有3家企业被认定为首批“省电子商务企业”，7个项目获得两化融合试验区重点项目专项资金支持。滨软软件通过双软企业认定，我市双软认定工作实现了零的突破。

六、无线电管理工作成效显著

2011年，通过积极争取，获得省无线电管理办公室资金1000多万元，用于我市无线电管理技术设施建设，实现了对东、西城区的无缝隙监测覆盖。全年共查处重大无线电干扰案件16起，维护了设台单位的切身利益。圆满完成各类重要考试期间无线电安全保障任务，查处利用无线电技术手段作弊的案件21起，维护了社会公平正义。出台了《滨州市无线电发射设备销售备案管理办法》，进一步规范了无线电管理的行业管理。自主研发的《电磁干扰动态侦测与应急指挥一体化网络平台及应用》荣获“山东省计算机应用优秀成果二等奖”，《新一代区域性无线频谱智能监测管理协同系统及应用》荣获“滨州市科技进步三等奖”。在2011年度山东省无线电管理系统综合评议考核中，获得“优秀等次”。

七、节能降耗工作扎实推进

2011年，全市工业累计用电量和六大耗能行业累计用电量均低于全省平均水平。对9个项目实施了节能评估，对16个项目进行了节能评价，有力遏制了高耗能项目的上马建设。加快淘汰落后产能，实施节能技改项目，督促传洋集团淘汰两座380立方米高炉，引导建材、纺织、机械、轻工、化工5个行业的9户企业淘汰落后生产工艺设备，共淘汰生产设备686台套。积极引导企业、单位提报、建设重点节能项目，有2个项目获得中央预算内投资

1260万元，11个项目获得省奖励资金270万元，12处学校获得太阳能集热系统推广应用补贴180余万元。完成了21家企业的清洁生产审核工作，对66家企业进行了高耗能行业和单位能耗限额专项检查，对6家企业下达了限期整改通知书。引导和鼓励企业加快循环发展，实现资源综合利用。节能降耗圆满完成省政府下达我市的年度目标任务。

八、第九届中国（滨州）国际家纺文化节成功举办

2011年9月23—25日，第九届中国(滨州)国际家纺文化节暨第二届中国国际服饰文化博览会在滨州国际会展中心成功举办。本届节会共吸引了国内外参展参赛家纺企业880余家，与会专业客商300余家。联合国副秘书长沙祖康专门发来贺信，对节会的隆重召开表示祝贺。中国纺织工业协会副会长王天凯，全国人大农业与农村委员会委员、中国服饰文化委员会主席、原国防大学副政委李殿仁中将，山东省人民政府省长助理陈光，中国国际文化传播中心秘书长戴述高将军，中国纺织工业协会副会长、中国家用纺织品行业协会名誉会长杨东辉，中国家用纺织品行业协会会长杨兆华等领导以及国内外知名家纺企业的专家学者汇聚滨州出席开幕式并考察指导。本届节会以展示为主干，以赛事为亮点，以销售为辅助，以采购洽谈为重点，"展、赛、销、谈"相结合，把产业的展示交易与行业的技能竞赛结合起来，把政府主导与市场运作结合起来，实现了节会模式的创新和办会理念的突破。节会期间，举办了"愉悦杯"第六届中国家纺时尚产品大赛、"华纺杯"第六届中国家纺时尚产品设计大赛和"亚光杯"第六届中国家纺手工精品创意大赛，国内外知名家纺服装服饰企业纷纷拿出精品参展参赛，代表了当前家纺服饰行业的顶级水平。同时，国内各家纺产业集群都组团与会洽谈合作，有12个招商引资重点项目进行了集中签约，合同金额达140亿元人民币。

九、家纺服装、生态化工、先进装备制造、绿色食品深加工四大行业发展势头良好

家纺服装行业：实现主营业务收入1844.95亿元，增长33.37%，占规模以上企业的37.06%；利润104.15亿元，增长14.22%；利税151.22亿元，增长15.45%。

生态化工行业：实现主营业务收入833.71亿元，增长33.71%，占规模以上企业的16.75%；利润38.91亿元，增长9.11%；利税77.85亿元，增长8.35%。

先进装备制造业：实现主营业务收入681.39亿元，增长43.05%，占规模以上企业的13.69%；利润32.59亿元，增长11.7%；利税41.32亿元，增长14.33%。

绿色食品深加工行业：实现主营业务收入741.12亿元，增长25.64%，占规模以上企业的14.89%；利润32.69亿元，增长38.51%；利税45.67亿元，增长34.71%。

（滨州市经信委　雷灿）

5－18－2　2011年滨州市100户重点工业企业名单

1. 山东魏桥创业集团有限公司
2. 滨化集团
3. 山东西王集团有限公司
4. 山东京博石油化工有限公司
5. 山东创新金属科技有限公司
6. 山东长星集团有限公司
7. 邹平齐星集团有限公司
8. 山东香驰粮油有限公司
9. 滨阳燃化有限公司
10. 山东华兴机械股份有限公司

11. 山东渤海油脂工业有限公司
12. 山东广富集团有限公司
13. 山东铁雄冶金科技有限公司
14. 山东亚光毛巾有限公司
15. 山东鲁北海生生物有限公司
16. 山东三星油脂集团有限公司
17. 山东天宏新能源化工有限公司
18. 无棣鑫岳化工有限公司
19. 邹平传洋金属材料有限公司
20. 山东九环机械有限公司
21. 山东侨昌化学公司
22. 山东滨农科技有限公司
23. 无棣星一皮革有限公司
24. 沾化炜烨新能源集团有限公司
25. 山东科瑞钢板有限公司
26. 愉悦家纺
27. 滨州金汇玉米开发有限公司
28. 滨州泰裕麦业有限公司
29. 沾化庆翔金属材料有限公司
30. 山东远大板业科技有限公司
31. 华纺集团
32. 山东基德生态科技有限公司
33. 山东滨州渤海活塞股份有限公司
34. 山东天顺药业股份有限公司
35. 邹平县天地缘有限公司
36. 大唐鲁北发电有限责任公司
37. 山东基德医药化工科技有限公司
38. 博兴县瑞丰铝板有限公司
39. 山东新鑫海粮油工业有限公司
40. 山东华义玉米科技有限公司
41. 山东永鑫化工有限公司
42. 山东鲁丰铝箔股份有限公司
43. 华润油脂化学有限公司
44. 邹平恩贝集团有限公司
45. 山东德利集团有限公司
46. 滨州隆达食品有限公司
47. 山东华康食品有限公司
48. 山东邹平宏诚集团有限公司
49. 邹平县三利纺织有限公司
50. 山东天禧牧业有限公司
51. 邹平县金光焦化有限公司
52. 山东顺天纺织有限公司
53. 滨州海洋化工有限公司
54. 山东惠民中天食品有限公司
55. 长威电子有限公司
56. 山东龙福生态科技有限公司
57. 山东亚圣集团有限公司
58. 埕口盐化
59. 山东汇金彩钢有限公司
60. 华能沾化热电有限公司
61. 山东京博农化有限公司
62. 山东先达化工有限公司
63. 邹平齐明集团有限公司
64. 邹平县天兴化工有限公司
65. 山东沾化陆源化工有限公司
66. 山东华韵新材料有限公司
67. 滨州华隆生物工程有限公司
68. 山东梁邹东升集团有限公司
69. 滨州山水水泥有限公司
70. 无棣六和信阳食品有限公司
71. 山东海明化工有限公司
72. 山东开泰工业科技有限公司
73. 邹平福海科技发展有限公司
74. 华润集团
75. 山东沾化健源食品有限公司
76. 山东益仁纸业有限公司恒丰分公司
77. 惠民县宇东面粉有限公司
78. 瑞鑫集团有限公司
79. 梁邹矿业集团有限公司
80. 东方地毯有限公司
81. 欧亚木器有限公司
82. 山东惠民县华润纺织有限公司
83. 滨州惠民六和饲料集团
84. 山东新日钢板有限公司
85. 山东盛达涂层材料有限公司
86. 山东益仁纸业有限公司

87. 滨州鑫辉毛纺有限公司
88. 山东新安凯动力科技有限公司
89. 山东盛和热能有限公司
90. 东进（阳信）餐具有限公司
91. 山东省博兴县欧华特种纸业有限公司
92. 滨州海得曲轴有限责任公司
93. 山东海韵生态纸业有限公司
94. 山东豪盛集团有限公司
95. 山东万事达钢结构有限公司
96. 邹平双桥化工有限公司
97. 金源纺织
98. 山东滨州泰和印染有限公司
99. 山东六和农牧科技园有限公司
100. 滨州市瑞恒染织有限公司

（滨州市经信委　雷灿）

5 － 19 － 1　　2011 年菏泽市经信工作概述

2011 年，面对复杂多变的国内外经济形势，全市经信战线认真贯彻落实市委、市政府决策部署，坚持以“转方式、调结构、增效益、上水平”为主线，以培育主导产业和骨干企业为重点，创新机制抓运行，突出重点促调整，全力以赴保增长，工业和信息化保持快速健康发展良好态势，实现了“十二五”良好开局。2011 年，全市规模以上工业企业达到 2119 家，比年初增加 118 家；工业增加值同比增长 22.6%，高于全省平均增幅 8.6 个百分点，增速在全省排第一位。规模以上工业企业实现主营业务收入 3397.36 亿元，同比增长 37.6%，高于全省平均增幅 11.2 个百分点，增速在全省排第 2 位；实现利税 457.24 亿元，同比增长 49.30%，高于全省平均增幅 24 个百分点，增速在全省排第一位；实现利润 287.52 亿元，同比增长 50.7%, 高于全省平均增幅 23.5 个百分点，增速在全省排第一位；工业经济效益综合指数达到 357.41%，比去年同期提高了 34.92 个百分点。

一、工业运行

紧紧围绕抓运行、保增长，坚持以培育主导产业和骨干企业为重点，以加强运行监测和调度服务为手段，以破解发展难题和制约瓶颈为突破口，加大工业经济运行组织力度。继续坚持工业经济运行指挥部工作机制，每月召开一次调度会，研究解决影响工业发展、企业运行的突出问题。按照早研究、早安排、早部署的要求，对春节、“五一”、“三夏”和“十一”期间工业经济运行提前做出安排，采用分类指导和现场督导相结合的办法，组织指导企业合理安排生产,确保了关键时期工业生产的稳定。突出抓好“1655”企业发展。制定了推动“1655”企业发展工作方案，落实了包项目、包企业责任制，形成一级抓一级的工作机制。全市 557 户“1655 企业”累计完成工业总产值 2120.04 亿元，占规模以上总量的 62.41%，同比增长 49%；实现主营业务收入 2113.05 亿元，占规模以上总量的 62.53%，同比增长 51%；实现利税 286.8 亿元，占规模以上总量的 63.83%，同比增长 71%；实现利润 191.1 亿元，占规模以上总量的 66.9%，同比增长 68%。建立了经济运行重大问题报告制度和应急处理机制、投资亿元以上工业大项目投产核查通报制度；加强主要产品和原材料监测分析，按月调度重点项目投产情况，按周收集发布 15 种主要原材料和 21 种产品价格变动信息，对全社会用电量、工业用电量实行了日调度、日通报；创新融资服务，开通了“菏泽市银企合作信息网”，开展了网上贷款申报和银企对接，为 413 户企业办理了网上贷款业务。组织开展了“银行信贷服务企业行”活动，为 174 户企业现场制定了融资方案，开展了融资理财服务，累计发放贷款 53.54 亿元；利用 2 亿元还贷周转金，帮助 59 户资金困难企业归还到期贷款 3.4 亿元。2011 年，全市社会用电量达到 126.59 亿千瓦时，同比增长 13.80%；工业用电量达到 73.10 亿千瓦时，同比增长 6.49%，工业用电量占全社会用电量比重达到 57.75%。全市 60 户重点工业企业实现增加值 249 亿元，占规模以上工业的 29.9%，增长 30.4%，高于全部规模以上 7.9 个百分点；实现主营业务收入 1004.5 亿元，占规模以上工业的 29.6%，增长 41.5%，高于全部规模以上 3.9 个百分点；实现利税 156.6 亿元，占规模以上工业的 34.2%，增长 58.3%，高于全部规模以上 7 个百分点；实现利润 100.8 亿元，占规模以上工业的 35.1%，增长 53%，高于全部规模以上 2.3 个百分点。

二、技术改造

按照市委、市政府转方式、调结构、增效益、上水平的总体部署，以加快传统产业改造升级和战略性新兴产业发展培育为突破口，加大工业结构调整力度，取得明显成效。2011 年全市工业企业完成技改投资 167.8 亿元，同比增长 27%，增幅居全省第二位，占全市工业固定资产投资的 62.9%，占全社会固定资产投资的 31.4%。实施重点技改项目 442 个，其中投资额过 5000 万元的项目 359 个，投资额过亿元的项目 206 个。玉皇化工 10 吨稀土顺丁橡胶、湖西王集团精密主轴轴承等 151 个重点项目竣工。东明石化 300 万吨 / 年重质油综合利用、玉皇化工 30 万吨异丁烷脱氢等一批投资过亿元的项目进展顺利。加快轻工、纺织、机械、化工、建材等传统产业改造，化工、医药、装备制造等产业发展迅速。2011 年，全市化工产业实现主营业务收入 875 亿元，增长 56.4%，占规模以上工业企业主营业务收入的 25.8%；实现利税 101.5 亿元，增长 90.1%，占 22%。医药产业实现主营业务收入 241 亿元，增长 44.7%，占规模以上工业企业主营业务收入的 7.1%；实现利税 45 亿元，增长 43.7%，占 9.8%。装备制造业实现主营业务收入 339 亿元，增长 67.7%，占规模以上工业企业主营业务收入的 9.9%；实现利税 38.9 亿元，增长 70.7%，占 8.5%。在加快传统产业改造升级的同时，大力培育战略性新兴产业，突出发展新能源、新医药、新材料、高端机电制造等“三新一高”产业，重点建设了硫氰酸红霉素、750KV 级高等级变压器、5 万吨 / 年稀土顺丁橡胶等一批具有较强影响力的新兴产业项目，推动了战略新兴产业快速发展。2011 年，全市战略性新兴产业基地企业发展到 326 家，实现主营业务收入 1044 亿元，占规模以上工业的 31%；实现利税 140.1 亿元，利润 96.9 亿元，增长都在 10 倍以上。在步长制药、睿鹰制药和方明制药等龙头企业带动下，新医药产业发展迅速，2011 年实现主营业务收入 260 亿元，比上年增长 86%，其中省生物医药高技术产业基地核心区（牡丹区）被认定为山东省省级医药产业集群，医药企业发展到 40 家，医药产业主营业务收入达到 150 亿元。

三、自主创新

坚持技术创新引领结构调整，推动工业发展，从搭建创新平台、完善创新体系、扩大科技投入入手，着力抓好前 200 家规模企业技术中心建设和产学研结合，增强企业自主创新能力。2011 年，菏泽华信制药、晨农生物、俱进化工、华驰电气、柏斯莱特 5 家企业技术中心完成省级认定，全市市级以上企业技术中心发展到 161 家，其中省级以上技术中心 32 家，国家级技术中心 1 家；天翔毛纺织有限公司工业设计中心被认定为省级工业设计中心。2011 年，全市工业企业共开发新产品、新技术 812 项，其中达到国内先进水平以上 289 项，投产 674 项，投产率达到 83%。取得重要科技成果 236 项，16 项列入山东省科技成果重点推广计划，14 项获得省以上科技奖励，玉皇化工、洪业化工、睿鹰制药、达驰电气、步长制药 5

家企业被山东省政府授予产学研合作创新突出贡献奖企业。菏泽步长制药的“丹红注射液的研究与开发”获山东省科技进步一等奖，“一种治疗心脑血管疾病药物组合物及制备方法”获得中国第12届专利金奖。2011年，全市高新技术产业企业发展到295家，实现高新技术产业产值799.1亿元，同比增长52.23%，占规模以上工业的比重达到23.5%，比去年提高3.06个百分点。

四、节能降耗

围绕完成2011年万元GDP能耗下降3.7%的节能目标，完善了节能预警调控机制。菏泽市政府制定下发了《关于加强节能预警调控工作的意见》，加大了预警调控力度，强化了能源消耗强度和能源消费总量双目标控制。强化综合能耗5000吨标煤以上55户重点用能企业日常监察，推动重点用能企业节能措施落实。深入开展了能效对标活动，组织全市106户年综合能耗2000吨标煤以上的重点用能企业开展能效对标活动，对照国际、国内先进水平和能耗限额标准，制定目标，强化措施，逐户签订《能耗达标承诺书》，实现了万元工业总产值能耗同比下降的有90户，产品单耗同比下降的有86户，有能耗限额标准的37户企业中有35户企业的产品单耗低于限额标准，东明洪业化工、东明玉皇化工、菏泽发电厂等17户企业的产品单耗达到了国内同行业先进水平。强化了技术节能，组织实施国家重点节能技改示范项目11个，总投资4.53亿元，年可实现节能量19.67万吨标煤。组织企业申报节能技改及核心技术项目13个，争取省节能奖励资金200多万元。强化了重点领域节能。投资2000多万元新购的60辆LNG公交车已投入运行，投资1000万元新建的全省第一座L-CNG/LNG示范加气站已启用；新建建筑执行建筑节能标准面积达150万m^2，同比增加89.9%；完成太阳能光热系统建筑应用项目25个，建筑面积达到85.9万m^2，同比增加84.3%；完成民用建筑外墙保温和供热计量改造面积16.1万m^2，公用建筑节能改造面积达到3万m^2。大力发展循环经济，组织实施循环经济项目23个，总投资14.7亿元，新增销售收入28.6亿元，年节约标煤2.97万吨。全市资源综合利用企业（电厂）已发展到40家，实现产值17亿元，实现营业收入16亿元。加大了淘汰落后产能力度，纳入国家计划的14户企业全部完成了淘汰落后产能任务，共淘汰铁合金5万吨/年、焦炭1.2万吨/年、造纸19.02万吨/年、皮革3万张/年、味精4.2万吨/年，年实现节能量10万吨标准煤。淘汰老旧锅炉、电机、变压器等落后设备1500台套，年实现节能量8万吨标煤。

五、食品工业

2011年，全市食品工业坚持以“转方式、调结构、增效益”为主线，精心组织食品企业运行，加快结构调整转方式，克服原料价格上涨、资金供应紧张等诸多困难和不利因素，继续保持了较快发展的良好势头。截止2011年底，全市共有规模以上食品工业企业288家，比上年增加44家；经济效益稳步提高，2011年，实现主营业务收入410.54亿元，同比增长19.19%，占全市规模以上工业企业的比重为12.08%。实现利税46.67亿元，同比增长33.89%，占全市规模以上工业企业的比重为10.20%。实现利润29.16亿元，同比增长35.02%，占规模以上工业企业的比重为10.14%。重点企业快速发展，在全市调度的重点企业中，食品工业企业有6家，分别是山东花冠酒业集团有限公司、青岛啤酒（菏泽）有限公司、山东鲁花农香花生油有限公司、山东佳美食品工业有限公司、成武大地玉米开发有限公司和中粮艾地盟粮油工业（菏泽）有限公司。2011年6户重点企业实现工业增加值13.30亿元，同比增长64.71%；完成主营业务收入56.32亿元，同比增长40.46%，占全市食品工业企业的9.75%；实现利税5.55

亿元，同比增长 19.80%，占全市食品工业企业的 10.53%；实现利润 3.79 亿元，同比增长 19.15%，占全市食品工业企业的 11.48%。一批食品企业快速成长。2011 年，山东鸿方缘食品有限公司实现主营业务收入 0.94 亿元，同比增长 63.23%；实现利税 0.10 亿元，同比增长 76.62%；实现利润 0.09 亿元，同比增长 81.29%。山东银香大地乳业有限公司实现主营业务收入 1.77 亿元，同比增长 12.7%；实现利税 0.15 亿元，同比增长 153.7%；实现利润 0.08 亿元，同比增长 174.8%。山东沙土食品工业有限公司实现主营业务收入 2.78 亿元，同比增长 96.53%；实现利税 0.21 亿元，同比增长 64.48%；实现利润 0.11 亿元，同比增长 43.92%。

六、能源工业

2011 年，全市能源工业不仅在总量上迅速发展，在产品结构、技术结构、投资结构等方面也都得到了大幅度的优化提升，以煤炭、电力、新能源为重点行业的能源工业初具规模。截止到 2011 年底，全市能源工业共有规模以上工业企业 48 家，其中，煤炭企业 17 家，电力、热力生产和供应企业 19 家，新能源企业 11 家，燃气供应企业 1 家。实现主营业务收入 194.69 亿元，同比增长 29.82%，占全市规模以上工业企业主营业务收入的 5.73%；实现利税 586.07 亿元，同比增长 51.79%，占全市规模以上工业企业实现利税的 12.82%；实现利润 39.27 亿元，同比增长 56.10%，占全市规模以上工业企业实现利润的 13.66%。主营业务收入过 10 亿元企业达到 7 家，占全市主营业务收入过 10 亿元总量的 21.88%。

七、医药工业

全市医药工业坚持以科技创新为动力，以提高整体素质和经济效益为中心，不断优化产品结构和企业结构，已成为全市发展最快的行业之一。截止到 2011 年底，全市共有医药生产企业 38 家，其中制药企业 32 家，药包材生产企业 6 家；医疗器械生产企业 45 家，其中一次性注射器、输液器企业 2 家，医用羊肠线企业 4 家，卫生材料企业 23 家，物理治疗类产品企业 6 家，医用耗材企业 10 家；共有药品批准文号 547 个，化学原料药及制剂 352 个，占 64.4%，中药 192 个，占 35.1%，医用氧及辅料 3 个，占 0.5%。2011 年，全市规模以上医药工业完成销售收入 241 亿元，同比增长 44.71%；增幅在全省排第二位；实现利税 45 亿元，同比增长 43.67%，增幅全省排第一位；实现利润 33 亿元，同比增长 48.64%，增幅全省排第二位。

八、两化融合

我市把推进信息化建设，加快管理创新，提高管理水平，作为推进两化融合，促进企业健康发展的战略任务。加强领导，强化措施，信息产业发展强劲，全市 33 户信息产品生产企业，全年实现主营业务收入 128 亿元，同比增长 3 倍；利税 15 亿元，同比增长 3 倍；其中利润 13 亿元，同比增长 7 倍；实交税金 1.2 亿元，同比增长 85%；其中，纳入全市“通信设备、计算机及其它电子设备制造业”统计体系的 7 户工业企业，全年主营业务收入 8.5 亿元，同比增长 60%；利税总额 7311 万元，同比增长 30%；其中利润 5054 万元，同比增长 30%。两化融合明显提高，2011 年共组织申报和策划储备信息化项目 64 个，投资总额 46.02 亿元,项目总量和质量创历史最高水平。其中，申报全省“四个一百”工程项目 11 个，投资总额 18.52 亿元，全部列入 2011 年全省培育计划；申报国家两化融合安全生产推进项目 5 个，投资总额 4095 万元，其中方明化工安全生产管理与应急救援指挥平台列入国家重点项目，填补了我市的空白；申报国家两化融合促进节能减排推进项目 2 个，投资总额 285 万元；申报国家物联网财政资金项目 2 个，投资总额 4800 万元；申报山东省两化融合储备项目 41 个，投资总额 26.58 亿元。信息技术应用领域进一步扩大，县区以上重点企业70%的拥有门户网站，计算机和网络技术应用普及率达到75%；50%的重点企业建设了涉及生产、销售、仓储、财务、人力资源、安全生产等领域的信息平台；计算机辅助设计和制造集成应用率30%；电子商务和电子银行应用率分别为33%、56%。

（菏泽市经信委　张洪亮）

5－19－2　2011年菏泽市60户重点企业名单

1. 菏泽步长制药有限公司
2. 青岛啤酒（菏泽）有限公司
3. 菏泽睿鹰先锋制药集团有限公司
4. 菏泽广源铜带股份有限公司
5. 山东佳美食品工业有限公司
6. 菏泽中石油昆仑燃气有限公司
7. 山东华信制药集团股份有限公司
8. 菏泽金正大生态工程有限公司
9. 华鹏玻璃（菏泽）有限公司
10. 中粮艾地盟粮油工业（菏泽）有限公司
11. 山东洋丰肥业有限公司
12. 菏泽中联水泥有限公司
13. 山东凯雷圣奥化工有限公司
14. 山东省曹普工艺有限公司
15. 曹县供电公司
16. 曹县百隆纺织有限公司
17. 曹县普连集镇鲁艺草柳编织厂
18. 山东省三利轮胎制造有限公司
19. 山东省曹县中远毛纺有限公司
20. 山东力邦化工有限公司
21. 定陶县供电公司
22. 山东艺达家纺有限公司
23. 山东鲁花浓香花生油有限公司
24. 山东省呈祥电工电气有限公司
25. 山东达驰电气有限公司
26. 成武县供电公司
27. 成武大地玉米开发有限公司
28. 山东省单县化工有限公司
29. 单县供电公司
30. 山东省单县天元纸业有限公司
31. 山东四君子集团有限公司
32. 国能单县生物发电有限公司
33. 山东湖西王集团公司
34. 山东泰信纺织有限公司
35. 山东巨润建材有限公司
36. 花冠集团酿酒有限公司
37. 巨野县供电公司
38. 山东铁雄新沙能源有限公司
39. 巨野县佳农果蔬有限公司
40. 巨野山水水泥有限公司
41. 山东新巨龙能源有限责任公司
42. 山东鲁能菏泽煤电开发有限公司
43. 兖煤菏泽能化有限公司
44. 郓城县供电公司
45. 郓城县恒基工程机械有限公司
46. 郓城县华亿达纺织有限公司
47. 山东省郓城县华灵集团有限公司
48. 山东沃蓝生物集团有限公司
49. 菏泽华意化工有限公司
50. 鄄城县供电公司
51. 山东东明石化集团有限公司
52. 山东洪业化工集团股份有限公司
53. 山东玉皇化工有限公司
54. 东明县供电公司
55. 山东明胜纺织有限公司
56. 山东菏泽发电厂
57. 山东电力集团公司菏泽供电公司
58. 菏泽交通集团总公司
59. 山东菏泽华星油泵油嘴有限公司
60. 菏泽银河纺织有限责任公司

（菏泽市经信委　张洪亮）

第六篇

附　录

6－1 2012年财富世界500强

2012排名	2011排名	公司名称（中英文）	营业收入（百万美元）	利润（百万美元）	国家
1	2	荷兰皇家壳牌石油公司 (ROYAL DUTCH SHELL)	484489.0	30918.0	荷兰
2	3	埃克森美孚 (EXXON MOBIL)	452926.0	41060.0	美国
3	1	沃尔玛 (WAL-MART STORES)	446950.0	15699.0	美国
4	4	英国石油公司 (BP)	386463.0	25700.0	英国
5	5	中国石油化工集团公司 (SINOPEC GROUP)	375214.0	9452.9	中国
6	6	中国石油天然气集团公司 (CHINA NATIONAL PETROLEUM)	352338.0	16317.0	中国
7	7	国家电网公司 (STATE GRID)	259141.8	5678.1	中国
8	10	雪佛龙 (CHEVRON)	245621.0	26895.0	美国
9	12	康菲石油公司 (CONOCOPHILLIPS)	237272.0	12436.0	美国
10	8	丰田汽车公司 (TOYOTA MOTOR)	235364.0	3591.3	日本
11	11	道达尔公司 (TOTAL)	231579.8	17069.2	法国
12	13	大众公司 (VOLKSWAGEN)	221550.5	21425.5	德国
13	9	日本邮政控股公司 (JAPAN POST HOLDINGS)	211018.9	5938.8	日本
14	18	嘉能可国际 (GLENCORE INTERNATIONAL)	186152.0	4048.0	瑞士
15	35	俄罗斯天然气工业股份公司 (GAZPROM)	157830.5	44459.6	俄罗斯
16	29	意昂集团 (E.ON)	157057.1	-3085.4	德国
17	23	埃尼石油公司 (ENI)	153675.5	9538.5	意大利
18	17	荷兰国际集团 (ING GROUP)	150570.7	6590.7	荷兰
19	20	通用汽车公司 (GENERAL MOTORS)	150276.0	9190.0	美国
20	22	三星电子 (SAMSUNG ELECTRONICS)	148944.4	12059.1	韩国
21	24	戴姆勒股份公司 (DAIMLER)	148138.8	7879.7	德国
22	16	通用电气公司 (GENERAL ELECTRIC)	147616.0	14151.0	美国
23	34	巴西国家石油公司 (PETROBRAS)	145915.0	20121.0	巴西
24	19	伯克希尔—哈撒韦公司 (BERKSHIRE HATHAWAY)	143688.0	10254.0	美国
25	14	安盛 (AXA)	142711.8	6012.3	法国
26	15	房利美 (FANNIE MAE)	137451.0	-16855.0	美国
27	25	福特汽车公司 (FORD MOTOR)	136264.0	20213.0	美国
28	27	安联保险集团 (ALLIANZ)	134167.5	3538.7	德国
29	31	日本电报电话公司 (NIPPON TELEGRAPH & TELEPHONE)	133076.9	5923.5	日本

续表：1

2012排名	2011排名	公司名称（中英文）	营业收入（百万美元）	利润（百万美元）	国家
30	26	法国巴黎银行 (BNP PARIBAS)	127460.0	8412.2	法国
31	28	惠普 (HEWLETT-PACKARD)	127245.0	7074.0	美国
32	30	美国电话电报公司 (AT&T)	126723.0	3944.0	美国
33	38	苏伊士集团 (GDF SUEZ)	126076.5	5566.0	法国
34	49	墨西哥石油公司 (PEMEX)	125344.1	-7358.0	墨西哥
35	70	瓦莱罗能源公司 (VALERO ENERGY)	125095.0	2090.0	美国
36	66	委内瑞拉国家石油公司 (PDVSA)	124754.0	2640.0	委内瑞拉
37	37	麦克森公司 (MCKESSON)	122734.0	1403.0	美国
38	40	日立 (HITACHI)	122419.4	4397.1	日本
39	32	家乐福 (CARREFOUR)	121734.1	515.9	法国
40	67	挪威国家石油公司 (STATOIL)	119560.5	14055.1	挪威
41	58	JX 控股公司 (JX HOLDINGS)	119258.1	2160.6	日本
42	48	日产汽车 (NISSAN MOTOR)	119166.3	4324.3	日本
43	60	鸿海精密工业股份有限公司 (HON HAI PRECISION INDUSTRY)	117514.4	2777.0	中国
44	51	西班牙国家银行 (BANCO SANTANDER)	117408.4	7440.3	西班牙
45	83	EXOR 集团 (EXOR GROUP)	117297.1	700.8	意大利
46	21	美国银行 (BANK OF AMERICA CORP)	115074.0	1446.0	美国
47	47	西门子 (SIEMENS)	113348.9	8561.9	德国
48	33	意大利忠利保险公司 (ASSICURAZIONI GENERALI)	112627.6	1190.4	意大利
49	69	卢克石油公司 (LUKOIL)	111433.0	10357.0	俄罗斯
50	41	威瑞森电信 (VERIZON COMMUNICATIONS)	110875.0	2404.0	美国
51	36	摩根大通 (J.P. MORGAN CHASE & CO)	110838.0	18976.0	美国
52	56	意大利国家电力公司 (ENEL)	110560.4	5767.6	意大利
53	46	汇丰银行控股公司 (HSBC HOLDINGS)	110141.0	16797.0	英国
54	77	中国工商银行 (INDUSTRIAL & COMMERCIAL BANK OF CHINA)	109039.6	32214.1	中国
55	111	苹果公司 (APPLE)	108249.0	25922.0	美国
56	57	CVS Caremark 公司 (CVS CAREMARK)	107750.0	3461.0	美国
57	52	国际商业机器公司 (INTERNATIONAL BUSINESS MACHINES)	106916.0	15855.0	美国
58	43	法国农业信贷银行 (CRéDIT AGRICOLE)	105155.7	-2044.0	法国
59	61	乐购 (TESCO)	103839.3	4484.4	英国

续表：2

2012排名	2011排名	公司名称（中英文）	营业收入（百万美元）	利润（百万美元）	国家
60	39	花旗集团 (CITIGROUP)	102939.0	11067.0	美国
61	53	康德乐 (CARDINAL HEALTH)	102644.2	959.0	美国
62	71	巴斯夫公司 (BASF)	102194.1	8604.1	德国
63	62	联合健康集团 (UNITEDHEALTH GROUP)	101862.0	5142.0	美国
64	45	本田汽车 (HONDA MOTOR)	100663.5	2678.4	日本
65	82	SK 集团 (SK HOLDINGS)	100394.4	1510.3	韩国
66	50	松下 (PANASONIC)	99373.2	-9779.6	日本
67	72	法国兴业银行 (SOCI é T é G é N é RALE)	98463.5	3316.2	法国
68	86	马来西亚国家石油公司 (PETRONAS)	97355.4	21915.3	马来西亚
69	79	宝马 (BMW)	95692.3	6786.8	德国
70	74	安赛乐米塔尔 (ARCELORMITTAL)	94444.0	2263.0	卢森堡
71	42	雀巢公司 (NESTL é)	94405.4	10691.5	瑞士
72	65	麦德龙 (METRO)	92745.9	877.4	德国
73	68	法国电力公司 (é LECTRICIT é DE FRANCE)	90806.2	4185.3	法国
74	81	日本生命保险公司 (NIPPON LIFE INSURANCE)	90782.5	2848.4	日本
75	76	克罗格 (KROGER)	90374.0	602.0	美国
76	88	慕尼黑再保险公司 (MUNICH RE GROUP)	90137.4	976.1	德国
77	108	中国建设银行 (CHINA CONSTRUCTION BANK)	89648.2	26180.6	中国
78	85	好市多 (COSTCO WHOLESALE)	88915.0	1462.0	美国
79	54	房地美 (FREDDIE MAC)	88262.0	-5266.0	美国
80	63	美国富国银行 (WELLS FARGO)	87597.0	15869.0	美国
81	87	中国移动通信集团公司 (CHINA MOBILE COMMUNICATIONS)	87543.7	11702.5	中国
82	78	西班牙电话公司 (TELEF ó NICA)	87371.8	7512.6	西班牙
83	98	印度石油公司 (INDIAN OIL)	86015.7	882.0	印度
84	127	中国农业银行 (AGRICULTURAL BANK OF CHINA)	84802.7	18859.5	中国
85	90	标致 (PEUGEOT)	83304.8	817.6	法国
86	80	宝洁公司 (PROCTER & GAMBLE)	82559.0	11797.0	美国
87	73	索尼 (SONY)	82237.2	-5783.6	日本
88	117	巴西银行 (BANCO DO BRASIL)	81886.7	7577.0	巴西
89	75	德国电信 (DEUTSCHE TELEKOM)	81554.2	774.5	德国

续表：3

2012排名	2011排名	公司名称（中英文）	营业收入（百万美元）	利润（百万美元）	国家
90	94	雷普索尔 YPF 公司 (REPSOL YPF)	81121.8	3049.3	西班牙
91	139	来宝集团 (NOBLE GROUP)	80732.1	431.3	中国
92	122	ADM 公司 (ARCHER DANIELS MIDLAND)	80676.0	2036.0	美国
93	132	中国银行 (BANK OF CHINA)	80230.4	19208.3	中国
94	84	美源伯根公司 (AMERISOURCEBERGEN)	80217.6	706.6	美国
95	128	泰国国家石油有限公司 (PTT)	79689.6	3455.7	泰国
96	141	日本明治安田生命保险公司 (MEIJI YASUDA LIFE INSURANCE)	77463.4	2187.8	日本
97	89	东芝 (TOSHIBA)	77260.5	933.5	日本
98	93	德国邮政 (DEUTSCHE POST)	76306.6	1617.1	德国
99	134	信实工业公司 (RELIANCE INDUSTRIES)	76119.0	4116.8	印度
100	--	中国建筑工程总公司 (CHINA STATE CONSTRUCTION ENGINEERING CORPORATION)	76023.6	1108.0	中国
101	162	中国海洋石油总公司	75513.8	8836	中国
102	176	国际资产控股公司	75497.6	37.3	美国
103	97	法国 BPCE 银行集团	75081.6	3733.4	法国
104	146	德意志银行	74425.3	5745.3	德国
105	92	沃达丰集团	74051	11098.8	英国
106	0	马拉松原油公司	73645	2389	美国
107	104	沃尔格林公司	72184	2714	美国
108	159	必和必拓	71739	23648	澳大利亚
109	44	美国国际集团	71730	17798	美国
110	119	博世公司	71599.9	2427.7	德国
111	0	中国铁道建筑总公司	71443.4	489.3	中国
112	95	中国中铁股份有限公司	71263.4	1034.8	中国
113	168	中国中化集团公司	70990.1	1177.5	中国
114	160	大都会人寿	70641	6981	美国
115	125	三菱商事株式会社	70491.9	5748	日本
116	101	家得宝	70395	3883	美国
117	55	现代汽车	70226.9	6910.8	韩国
118	110	美可保健公司	70063.3	1455.7	美国
119	120	微软	69943	23150	美国

续表：4

2012 排名	2011 排名	公司名称（中英文）	营业收入（百万美元）	利润（百万美元）	国家
120	106	塔吉特公司	69865	2929	美国
121	115	巴克莱	68949.5	4820.9	英国
122	138	蒂森克虏伯	68790.7	-1798.8	德国
123	114	波音	68735	4018	美国
124	107	莱茵集团	68344.9	2511.2	德国
125	126	欧洲宇航防务集团	68310.1	1436.3	荷兰
126	103	辉瑞制药有限公司	67932	10009	美国
127	118	东京电力公司	67751.3	-9899.6	日本
128	464	德国巴登－符腾堡州银行	67431.4	122.4	德国
129	113	中国人寿保险（集团）公司	67274	1048.3	中国
130	0	上海汽车集团股份有限公司	67254.8	3127.9	中国
131	59	英国劳埃德银行集团	67048.1	-723.1	英国
132	148	三井物产株式会社	66512.1	5503	日本
133	137	百事公司	66504	6443	美国
134	133	日本永旺集团	65989.1	846.1	日本
135	109	美国邮政	65711	-5067	美国
136	156	巴西布拉德斯科银行	65136.7	6547.1	巴西
137	179	俄罗斯石油公司	65093	12452	俄罗斯
138	123	强生	65030	9672	美国
139	136	联合利华	64610.1	5912.2	英国／荷兰
140	116	州立农业保险公司	64305.1	845	美国
141	121	法国电信	62955.5	5415.8	法国
142	145	东风汽车集团	62910.8	1321.1	中国
143	100	苏格兰皇家银行集团	62797.9	-3201.6	英国
144	157	三菱日联金融集团	62706.1	12428.7	日本
145	153	日本第一生命保险	62461.5	257.8	日本
146	161	韩国浦项制铁公司	62229.9	3293.1	韩国
147	124	戴尔	62071	3492	美国
148	64	英杰华集团	61754.3	360.7	英国
149	142	欧尚集团	61698.5	1126.3	法国
150	135	Wellpoint 公司	60710.7	2646.7	美国

续表：5

2012 排名	2011 排名	公司名称 （中英文）	营业收入 （百万美元）	利润 （百万美元）	国家
151	131	Seven & I 控股公司	60668.2	1645.7	日本
152	149	中国南方电网有限责任公司	60538.3	755.4	中国
153	140	力拓集团	60537	5826	英国
154	144	马士基集团	60193.6	2834.8	丹麦
155	202	卡特彼勒	60138	4928	美国
156	152	陶氏化学	59985	2742	美国
157	164	诺华公司	59375	9113	瑞士
158	163	雷诺	59272.2	2908.8	法国
159	186	巴西淡水河谷公司	58990	22885	巴西
160	182	邦吉公司	58743	942	美国
161	155	圣戈班集团	58560.3	1785.3	法国
162	91	英国保诚集团	58527	2388.8	英国
163	150	联合技术公司	58190	4979	美国
164	154	联合信贷集团	57213.1	−12801.1	意大利
165	197	中国第一汽车集团公司	57002.9	2297.4	中国
166	158	富士通	56582.3	540.9	日本
167	228	美国康卡斯特电信公司	55842	4160	美国
168	199	丸红株式会社	55604.3	2180	日本
169	229	中国五矿集团公司	54509.1	753.7	中国
170	167	卡夫食品	54365	3527	美国
171	183	西农	54146.7	1896.5	澳大利亚
172	201	日本伊藤忠商事株式会社	54093.3	3805.9	日本
173	195	英特尔公司	53999	12942	美国
174	143	诺基亚	53753.5	−1618.5	芬兰
175	184	澳大利亚伍尔沃斯公司	53559.1	2095.8	澳大利亚
176	172	美洲电信	53510.1	6663.9	墨西哥
177	166	联合包裹速递服务公司	53105	3804	美国
178	102	苏黎世保险集团	52983	3766	瑞士
179	185	德国联邦铁路公司	52808	1834	德国
180	173	新日本制铁株式会社	51812.1	740.5	日本
181	240	宏利金融	51547.8	220.4	加拿大

续表：6

2012排名	2011排名	公司名称（中英文）	营业收入（百万美元）	利润（百万美元）	国家
182	130	法国国家人寿保险公司	51521.1	1212.3	法国
183	192	万喜集团	51385.4	2647.8	法国
184	165	百思买	51116	-1231	美国
185	207	利安德巴塞尔工业公司	51035	2147	荷兰
186	196	西班牙对外银行	51021.2	4176.9	西班牙
187	178	拜耳集团	50790.4	3434.4	德国
188	210	沙特基础工业公司	50638.8	7797.7	沙特阿拉伯
189	193	南苏格兰电力	50610.5	315.6	英国
190	169	美国劳氏公司	50208	1839	美国
191	189	日本三井住友金融集团	49967.4	6567.3	日本
192	174	瑞士罗氏公司	49713.6	10529.2	瑞士
193	191	意大利联合圣保罗银行	49472.3	-11387.8	意大利
194	221	中国中信集团有限公司	49338.7	5648.2	中国
195	223	保德信金融集团	49045	3666	美国
196	171	LG 电子	48976.5	-423.9	韩国
197	212	宝钢集团有限公司	48916.3	1866.7	中国
198	235	俄罗斯秋明英国石油控股公司	48909	8981	俄罗斯
199	233	日本出光兴产株式会社	48828.1	815.3	日本
200	217	法切莱公司	48747.9	-13.9	法国
201	187	赛诺菲	48746.5	7915.8	法国
202	175	法国威立雅环境集团	48485.9	-681	法国
203	220	韩国现代重工集团	48484.7	2310	韩国
204	170	瑞士信贷	48227.1	2201	瑞士
205	250	中国兵器工业集团公司	48153.9	597.8	中国
206	270	亚马逊	48077	631	美国
207	180	默沙东	48047	6272	美国
208	237	沃尔沃集团	47813.7	2734.6	瑞典
209	216	MS&AD 保险集团控股有限公司	47684	-2146.3	日本
210	312	奥地利石油天然气集团	47349.3	1478.7	奥地利
211	177	洛克希德－马丁	46692	2655	美国
212	256	可口可乐公司	46542	8572	美国

续表：7

2012排名	2011排名	公司名称（中英文）	营业收入（百万美元）	利润（百万美元）	国家
213	188	美国快捷药方控股公司	46128.3	1275.8	美国
214	203	三菱电机股份有限公司	46094.3	1419.3	日本
215	190	瑞士联合银行	45977.7	4687	瑞士
216	211	中国交通建设股份有限公司	45958.7	1220.6	中国
217	252	美国太阳石油公司	45765	-1684	美国
218	206	法国布伊格集团	45669.4	1487.8	法国
219	209	法国国营铁路公司	45587.4	173.8	法国
220	214	日本 KDDI 电信公司	45241	3021.9	日本
221	222	中国电信集团公司	45169.8	556.9	中国
222	248	KOC 集团	45097.6	1265	土耳其
223	317	丰益国际	44710	1600.8	新加坡
224	204	佳能	44630.8	3119.3	日本
225	272	巴拉特石油公司	44581.7	163	印度
226	275	ENTERPRISE PRODUCTS PARTNERS 公司	44313	2046.9	美国
227	249	澳洲联邦银行	44306	6309.1	澳大利亚
228	112	荷兰全球保险集团	44196.9	1208.3	荷兰
229	254	西太平洋银行	44112.3	7169.3	澳大利亚
230	213	Iberdrola 公司	44005.1	3899.6	西班牙
231	194	英国葛兰素史克公司	43907.3	8434.5	英国
232	208	美国西夫韦公司	43630.2	516.7	美国
233	346	中国华润总公司	43439.5	1881.7	中国
234	293	神华集团	43355.9	5671.7	中国
235	0	GS 加德士	43280.3	1121	韩国
236	224	东京海上日动火灾保险公司	43263.8	76	日本
237	215	思科公司	43218	6490	美国
238	227	中国南方工业集团公司	43159.5	176.1	中国
239	200	住友生命保险公司	43085.9	1367.8	日本
240	451	西班牙 ACS 集团	42654.9	1337.6	西班牙
241	265	德国大陆集团	42415.6	1727.2	德国
242	328	中国平安保险（集团）股份有限公司	42110.3	3012.4	中国
243	219	荷兰皇家阿霍德集团	42090.4	1414.1	荷兰

续表：8

2012排名	2011排名	公司名称（中英文）	营业收入（百万美元）	利润（百万美元）	国家
244	236	意大利电信	42069.5	-6571.3	意大利
245	198	西尔斯控股	41567	-3140	美国
246	276	中国华能集团公司	41480.6	25.5	中国
247	244	住友商事	41300.9	3174.7	日本
248	245	汉莎集团	41219.9	-18.1	德国
249	226	华特迪士尼公司	40893	4807	美国
250	311	中国航空工业集团公司	40834.9	930.4	中国
251	267	江森自控有限公司	40833	1624	美国
252	234	三菱化学控股	40631.8	449.4	日本
253	257	软银	40559.2	3973.7	日本
254	266	澳大利亚国民银行	40520.9	5352.1	澳大利亚
255	268	森科能源公司	40230.8	4351.7	加拿大
256	231	日本钢铁工程控股公司	40104.2	-464	日本
257	225	法国维旺迪集团	40063.1	3727.8	法国
258	343	中国邮政集团公司	40023.3	3084.7	中国
259	239	电装公司	39953.7	1131	日本
260	351	斯伦贝谢公司	39540	4997	美国
261	218	摩根士丹利	39376	4110	美国
262	232	西斯科公司	39323.5	1152	美国
263	261	联邦快递	39304	1452	美国
264	271	韩国电力公司	39295.9	-3042.5	韩国
265	243	安海斯 - 布希英博	39046	5855	比利时
266	0	起亚汽车	38987.8	3083.2	韩国
267	336	印度斯坦石油公司	38885.4	36.5	印度
268	255	雅培公司	38851.3	4728.4	美国
269	279	河北钢铁集团	38722.4	198.3	中国
270	285	杜邦公司	38719	3474	美国
271	241	日本电气公司	38461.9	-1396.5	日本
272	242	弗朗茨海涅尔公司	38023.3	292	德国
273	304	瑞士 ABB 集团	37990	3168	瑞士
274	300	联合博姿	37977.1	877.4	瑞士

续表：9

2012排名	2011排名	公司名称（中英文）	营业收入（百万美元）	利润（百万美元）	国家
275	320	怡和集团	37967	3449	中国
276	287	普利司通	37942.9	1291.8	日本
277	325	谷歌	37905	9737	美国
278	263	美国阿美拉达赫斯公司	37871	1703	美国
279	247	广达电脑	37770.3	784.6	中国
280	297	中国冶金科工集团有限公司	37612.6	-399.6	中国
281	286	荷兰合作银行	37577	3544.3	荷兰
282	262	加拿大皇家银行	37233	4917.5	加拿大
283	417	美国联合大陆控股有限公司	37110	840	美国
284	280	霍尼韦尔国际公司	37059	2067	美国
285	292	印度国家银行	36950.2	3202.4	印度
286	307	巴西 JBS 公司	36921.4	-45.2	巴西
287	384	CHS 公司	36915.8	961.4	美国
288	251	英国森特理克集团	36859.5	675	英国
289	274	哈门那公司	36832	1419	美国
290	181	高盛	36793	4442	美国
291	338	澳新银行集团	36730.6	5491.6	澳大利亚
292	289	中国人民保险集团股份有限公司	36549.1	802	中国
293	327	贺利氏控股集团	36405.9	429	德国
294	264	美国英格雷姆麦克罗公司	36328.7	244.2	美国
295	326	首钢集团	36117.1	212.8	中国
296	230	美国超价商店公司	36100	-1040	美国
297	347	波兰国营石油公司	36099.6	797.6	波兰
298	331	中国铝业公司	35839.2	76.4	中国
299	273	日本三菱重工业股份有限公司	35727.4	310.8	日本
300	364	甲骨文公司	35622	8547	美国
301	295	关西电力	35607	-3068.2	日本
302	283	森宝利	35566.6	954	英国
303	445	哥伦比亚国家石油公司	35520.3	8347.6	哥伦比亚
304	298	俄罗斯联邦储蓄银行	35501.6	10755.7	俄罗斯
305	0	国际石油投资公司	35495.4	-140.2	阿拉伯联合酋长国

续表：10

2012 排名	2011 排名	公司名称 （中英文）	营业收入 （百万美元）	利润 （百万美元）	国家
306	314	日本 NKSJ 控股	35342.7	-1168.5	日本
307	277	皇家飞利浦电子公司	35152	-1800.6	荷兰
308	302	达美航空	35115	854	美国
309	339	爱立信	34958.4	1878.6	瑞典
310	309	Medipal 控股公司	34832	147.5	日本
311	360	巴西伊塔乌投资银行	34701.4	2889.9	巴西
312	282	美国利宝互助保险集团	34671	365	美国
313	507	全球燃料服务公司	34622.9	194	美国
314	359	印度塔塔汽车公司	34575.4	2821.2	印度
315	342	俄罗斯 Sistema 公司	34516.6	218	俄罗斯
316	303	日本瑞穗金融集团	34394.3	6136.5	日本
317	258	美国纽约人寿保险公司	34393.5	557.3	美国
318	431	中国航空油料集团公司	34352.4	170.5	中国
319	376	Plains All American Pipeline 公司	34275	966	美国
320	306	法国邮政	34267.7	664.6	法国
321	341	武汉钢铁（集团）公司	34259.5	664.4	中国
322	344	迪奥	34244.1	1778.4	法国
323	296	美国教师退休基金会	34079	2388.4	美国
324	308	法国航空—荷兰皇家航空集团	34001.4	-1114.1	法国
325	315	斯特拉塔	33877	5713	瑞士
326	398	交通银行	33871.6	7847.6	中国
327	269	安泰保险	33779.8	1985.7	美国
328	290	斯普林特 Nextel 公司	33679	-2890	美国
329	358	科斯莫石油	33671.8	-115	日本
330	458	冀中能源集团	33660.8	132.1	中国
331	281	阿斯利康	33591	9983	英国
332	284	新闻集团	33405	2739	美国
333	371	中国联合网络通信股份有限公司	33336.1	218.4	中国
334	278	德国中央合作银行	33279.1	535.3	德国
335	299	加拿大鲍尔集团	33276.6	1128.4	加拿大
336	318	英力士集团控股有限公司	33159.8	523.4	卢森堡

续表：11

2012 排名	2011 排名	公司名称 （中英文）	营业收入 （百万美元）	利润 （百万美元）	国家
337	350	台湾中油股份有限公司	32768.9	-1104.5	中国
338	310	加拿大乔治威斯顿公司	32734.7	642	加拿大
339	291	通用动力	32677	2526	美国
340	305	好事达	32654	788	美国
341	405	中国国电集团公司	32580	-91.5	中国
342	324	德国艾德卡公司	32530.7	195.9	德国
343	313	HCA 公司	32506	2465	美国
344	319	美国运通公司	32282	4935	美国
345	337	泰森食品	32266	750	美国
346	367	江苏沙钢集团	32096.8	483.7	中国
347	323	东日本旅客铁道株式会社	32070.2	1377.2	日本
348	372	迪尔公司	32012.5	2799.9	美国
349	430	中国铁路物资股份有限公司	31991.1	155.5	中国
350	316	铃木汽车	31817.1	682.5	日本
351	352	华为投资控股有限公司	31543.4	1815.3	中国
352	415	墨菲石油公司	31446.3	872.7	美国
353	374	施耐德电气	31128	2530.6	法国
354	253	夏普	31103.6	-4763	日本
355	356	菲利普—莫里斯国际公司	31097	8591	美国
356	355	日本中部电力	31020.4	-1167.7	日本
357	361	印度石油天然气公司	30745.8	5874.1	印度
358	301	英国电信集团	30734.3	3193.9	英国
359	481	美国全国保险公司	30697.8	-793.1	美国
360	345	英美资源集团	30580	6169	英国
361	329	意大利邮政集团	30163.7	1176.9	意大利
362	362	和记黄埔有限公司	30022.9	7196.6	中国
363	335	PHOENIX PHARMAHANDEL 公司	30022.7	306.8	德国
364	531	Coop 集团	30022.2	486.8	瑞士
365	485	中国建筑材料集团有限公司	30021.9	656.5	中国
366	482	Tesoro 公司	29927	546	美国
367	435	中国机械工业集团有限公司	29846.3	630.6	中国

续表：12

2012排名	2011排名	公司名称（中英文）	营业收入（百万美元）	利润（百万美元）	国家
368	365	3M 公司	29611	4283	美国
369	375	中国大唐集团公司	29603.2	-132.5	中国
370	450	联想集团	29574.4	473	中国
371	381	阿弗瑞萨控股公司	29550.9	83.6	日本
372	334	伟创力	29470.3	488.8	新加坡
373	129	英国法通保险公司	29366.1	1163.9	英国
374	349	德尔海兹集团	29365	660.5	比利时
375	397	荷兰 GasTerra 能源公司	29331.6	50.1	荷兰
376	373	西班牙天然气公司	29305.2	1842.3	西班牙
377	294	德国商业银行	29235.6	887.1	德国
378	395	曼弗雷集团	29223.6	1338.9	西班牙
379	368	爱信精机	29182.5	702.9	日本
380	400	Ultrapar 控股公司	29073.4	507.1	巴西
381	363	时代华纳	28974	2886	美国
382	411	米其林公司	28808.8	2032.8	法国
383	541	S-OIL 公司	28808.1	1075.1	韩国
384	399	中国远洋运输（集团）总公司	28796.5	-651.8	中国
385	401	麦格纳国际	28748	1018	加拿大
386	288	BAE 系统公司	28623.8	1988	英国
387	391	德科集团	28566.8	721.6	瑞士
388	96	德克夏银行集团	28540.4	-16183.5	比利时
389	499	昭和壳牌石油公司	28496.7	289.9	日本
390	0	中国电力建设集团有限公司	28288.6	354.4	中国
391	378	欧莱雅	28286.1	3390.5	法国
392	382	威廉莫里森超市连锁公司	28276.4	1104.6	英国
393	366	中粮集团有限公司	28189.7	728.5	中国
394	332	瑞士再保险股份有限公司	28083	2626	瑞士
395	260	美国诺斯洛普格拉曼公司	28058	2118	美国
396	404	Migros 集团	28014.9	744.5	瑞士
397	446	河南煤业化工集团有限责任公司	27919.2	223.4	中国
398	322	Vattenfall 公司	27890.2	1707.4	瑞典

续表：13

2012排名	2011排名	公司名称（中英文）	营业收入（百万美元）	利润（百万美元）	国家
399	530	Brazilian Distribution 公司	27838.6	429.1	巴西
400	377	富士胶片控股株式会社	27803.6	554.2	日本
401	370	塔塔钢铁	27738.8	1125	印度
402	475	中国化工集团公司	27706.7	100.1	中国
403	393	多伦多道明银行	27589.5	5968.5	加拿大
404	348	阿尔斯通	27417.3	1006.8	法国
405	422	埃森哲	27352.9	2277.7	爱尔兰
406	401	DirecTV 公司	27226	2609	美国
407	383	大众超级市场公司	27178.8	1492	美国
408	410	台塑石化股份有限公司	27178.6	765.8	中国
409	425	加拿大丰业银行	27090.9	5244.9	加拿大
410	403	麦当劳	27006	5503.1	美国
411	433	达能	26860.8	2323.4	法国
412	469	匈牙利油气公司	26698.2	764.3	匈牙利
413	416	T&D 控股	26648.7	339	日本
414	505	安富利公司	26534.4	669.1	美国
415	396	Tech Data 公司	26488.1	206.4	美国
416	508	天津市物资集团总公司	26410.9	25.4	中国
417	390	梅西百货	26405	1256	美国
418	407	株式会社 Maruhan	26333	314.9	日本
419	412	Onex 公司	26168	1327	加拿大
420	418	巴登－符滕堡州能源公司	26126.2	-1205.9	德国
421	385	来德爱	26121.2	-368.6	美国
422	409	住友电工	26081.8	745.5	日本
423	394	KBC 集团	26057.1	18.1	比利时
424	387	国际纸业	26034	1341	美国
425	408	中国电子信息产业集团有限公司	26022.5	203	中国
426	484	浙江物产集团	25833.1	96.1	中国
427	426	日本烟草	25758.6	4064	日本
428	357	马自达汽车株式会社	25748.9	-1364.5	日本
429	498	韩国天然气公司	25720.8	157.7	韩国

续表：14

2012排名	2011排名	公司名称（中英文）	营业收入（百万美元）	利润（百万美元）	国家
430	496	Surgutneftegas 公司	25662.8	7931.1	俄罗斯
431	389	Travelers Cos。公司	25446	1426	美国
432	432	金巴斯集团	25417.6	1168.7	英国
433	504	中国华电集团公司	25270	-21.6	中国
434	463	中国船舶重工集团公司	25144.5	836.7	中国
435	428	CRH 公司	25140.8	820.4	爱尔兰
436	453	小松集团	25099.2	2115.6	日本
437	392	史泰博	25022.2	984.7	美国
438	441	澳大利亚电信	24968.2	3188.1	澳大利亚
439	465	美铝公司	24951	611	美国
440	0	山东魏桥创业集团有限公司	24905.5	1127.6	中国
441	414	西北互助人寿保险公司	24861	645.1	美国
442	386	雷神公司	24857	1866	美国
443	380	芬梅卡尼卡	24848.8	-3260.6	意大利
444	537	哈里伯顿公司	24829	2839	美国
445	424	英美烟草集团	24687.9	4962	英国
446	419	住友化学	24670.2	70.8	日本
447	0	山西煤炭运销集团有限公司	24533.4	224.2	中国
448	456	渣打集团	24488	4849	英国
449	617	韩国友利金融控股公司	24435.3	1928.9	韩国
450	467	中国太平洋保险（集团）股份有限公司	24429	1285.8	中国
451	519	中国电力投资集团公司	24399.8	-118.8	中国
452	413	帝国烟草公司	24378.9	2883.2	英国
453	439	途易	24355.6	33.3	德国
454	423	美国礼来公司	24286.5	4347.7	美国
455	571	Marquard & Bahls 公司	24258.4	40.3	德国
456	443	艾默生电气	24234	2480	美国
457	379	万通互惠理财	24226.4	877.4	美国
458	491	西方石油公司	24216	6771	美国
459	460	荷兰 SHV 公司	24141.4	1087.9	荷兰
460	0	山东能源集团有限公司	24131.3	1558.5	中国

续表：15

2012排名	2011排名	公司名称（中英文）	营业收入（百万美元）	利润（百万美元）	国家
461	429	理光集团	24107.7	-564.4	日本
462	0	鞍钢集团公司	24089	247.3	中国
463	438	美国航空	23979	-1979	美国
464	448	喜力控股公司	23897.7	997	荷兰
465	506	现代摩比斯公司	23735.7	2728.8	韩国
466	548	赫斯基能源公司	23622.8	2248.6	加拿大
467	447	神钢集团	23616.5	-180.5	日本
468	340	仁宝电脑	23591	374.9	中国
469	478	Suzuken 公司	23556	102	日本
470	483	CFE 公司	23480.6	-1380.9	墨西哥
471	584	野村控股	23452.7	146.7	日本
472	495	大和房建	23415.2	420.5	日本
473	468	福陆公司	23381.4	593.7	美国
474	471	霍尔希姆公司	23377.7	309.9	瑞士
475	688	浙江吉利控股集团	23355.7	90	中国
476	503	北欧联合银行	23258.1	3652.7	瑞典
477	388	山田电机	23246.2	737.6	日本
478	442	TJX 公司	23191.5	1496.1	美国
479	462	费森尤斯集团	22973	959.4	德国
480	455	拉法基集团	22970.3	824.5	法国
481	434	日本邮船	22896.2	-922.3	日本
482	457	三菱汽车	22889.6	303.1	日本
483	0	绿地控股集团有限公司	22872.9	965.8	中国
484	0	新兴际华集团	22832.3	242.6	中国
485	406	加拿大永明金融集团	22831.2	-202.2	加拿大
486	560	加德士澳大利亚	22810.2	-736.3	澳大利亚
487	516	美国固特异轮胎橡胶有限公司	22767	343	美国
488	449	施乐公司	22626	1295	美国
489	517	任仕达控股公司	22559.9	248.6	荷兰
490	0	开滦集团	22519.3	107.2	中国
491	497	德国复兴信贷银行	22496.1	2875.5	德国

续表：16

2012 排名	2011 排名	公司名称 （中英文）	营业收入 （百万美元）	利润 （百万美元）	国家
492	444	贝塔斯曼集团	22426.6	646.6	德国
493	500	纬创集团	22408	308.5	中国
494	641	国际航空集团	22390.4	742.5	英国
495	470	索迪斯	22262.4	625.7	法国
496	540	东京煤气公司	22217.9	583.4	日本
497	473	美国家庭人寿保险公司	22171	1964	美国
498	0	招商银行	22093.8	5588.4	中国
499	437	英国国家电网	22066.8	3248.1	英国
500	514	万宝盛华	22006	251.6	美国

6－2　2011中国500强企业名单

名次	企业名称	营业收入（万元）
1	中国石油化工集团公司	196904221
2	中国石油天然气集团公司	172088519
3	国家电网公司	152880849
4	中国工商银行股份有限公司	54500200
5	中国移动通信集团公司	51901596
6	中国中铁股份有限公司	47366265
7	中国铁建股份有限公司	47015879
8	中国建设银行股份有限公司	45408700
9	中国人寿保险（集团）公司	43752296
10	中国农业银行股份有限公司	40794200
11	中国银行股份有限公司	40024770
12	中国建筑股份有限公司	37041753
13	东风汽车公司	36883383
14	中国南方电网有限责任公司	36857369
15	上海汽车工业（集团）总公司	36727716
16	中国海洋石油总公司	35476183

续表：1

名次	企业名称	营业收入（万元）
17	中国中化集团公司	33532680
18	中国第一汽车集团公司	29401552
19	中国交通建设股份有限公司	27357150
20	宝钢集团有限公司	27298409
21	中国中信集团公司	26389387
22	中国电信集团公司	26040613
23	中国兵器装备集团公司	25720490
24	中国五矿集团公司	25421754
25	中国人民保险集团股份有限公司	24431400
26	中国兵器工业集团公司	24118198
27	中国华能集团公司	22799419
28	河北钢铁集团有限公司	22709711
29	神华集团有限责任公司	21963390
30	中国冶金科工集团有限公司	21713056
31	中国航空工业集团公司	20988800
32	首钢总公司	19753446
33	百联集团有限公司	19644457
34	中国平安保险（集团）股份有限公司	19553413
35	中国铝业公司	19543309
36	武汉钢铁（集团）公司	19069111
37	中国邮政集团公司	19017095
38	华润（集团）有限公司	18805269
39	华为技术有限公司	18507600
40	中国中钢集团公司	18456624
41	中粮集团有限公司	17917250
42	江苏沙钢集团有限公司	17862398
43	中国联合网络通信集团有限公司	17681154
44	中国大唐集团公司	17542649
45	中国远洋运输（集团）总公司	16415080
46	交通银行股份有限公司	16374112
47	中国国电集团公司	16242588

续表：2

名次	企业名称	营业收入（万元）
48	广州汽车工业集团有限公司	16224204
49	中国电子信息产业集团有限公司	16084475
50	北京汽车集团有限公司	15769729
51	苏宁电器集团有限公司	15622292
52	国美电器有限公司	15490000
53	中国铁路物资股份有限公司	15319125
54	中国航空油料集团公司	15318726
55	中国机械工业集团有限公司	15221844
56	鞍钢集团公司	15157209
57	天津市物资集团总公司	14862736
58	河南煤业化工集团有限责任公司	14699085
59	联想控股有限公司	14669743
60	冀中能源集团有限责任公司	14385863
61	中国船舶重工集团公司	14252440
62	中国太平洋保险（集团）股份有限公司	14166200
63	海尔集团公司	14053629
64	中国化工集团公司	14022404
65	浙江省物产集团公司	13539303
66	中国建筑材料集团有限公司	13535530
67	中国华电集团公司	13015252
68	中国电力投资集团公司	12704010
69	山东魏桥创业集团有限公司	11845598
70	美的集团有限公司	11671971
71	太原钢铁（集团）有限公司	11654838
72	山西煤炭运销集团有限公司	11588080
73	山东钢铁集团有限公司	10976027
74	中国平煤神马能源化工集团有限责任公司	10662320
75	山东能源集团有限公司	10598960
76	山西焦煤集团有限责任公司	10572891
77	光明食品（集团）有限公司	10417152
78	陕西延长石油（集团）有限责任公司	10207104

续表：3

名次	企业名称	营业收入（万元）
79	黑龙江北大荒农垦集团总公司	10160000
80	中国水利水电建设集团公司	10148156
81	上海电气（集团）总公司	9942011
82	天津冶金集团有限公司	9852214
83	中国供销集团有限公司	9693017
84	天津汽车工业（集团）有限公司	9665895
85	中国中煤能源集团有限公司	9601682
86	天津中环电子信息集团有限公司	9480707
87	上海绿地（集团）有限公司	9478176
88	中国外运长航集团有限公司	9465135
89	中国通用技术（集团）控股有限责任公司	9383848
90	新华人寿保险股份有限公司	9364308
91	开滦（集团）有限责任公司	9326836
92	金川集团有限公司	9233633
93	潍柴控股集团有限公司	9113760
94	中国航天科工集团公司	9043872
95	中国医药集团总公司	8817424
96	江西铜业集团公司	8634538
97	大连大商集团有限公司	8615769
98	上海建工（集团）总公司	8585000
99	天津钢管集团股份有限公司	8515615
100	山西潞安矿业（集团）有限责任公司	8500830
101	天津天钢集团有限公司	8300015
102	中国航空集团公司	8248441
103	中国重型汽车集团有限公司	8119180
104	新兴际华集团有限公司	8035667
105	中国东方航空集团公司	8010875
106	中国南方航空集团公司	7824707
107	泰康人寿保险股份有限公司	7744119
108	阳泉煤业（集团）有限责任公司	7555878
109	上海烟草集团有限责任公司	7282682

续表：4

名次	企业名称	营业收入（万元）
110	招商银行股份有限公司	7137700
111	天津天铁冶金集团有限公司	7130832
112	中兴通讯股份有限公司	7026387
113	本钢集团有限公司	6902791
114	山西晋城无烟煤矿业集团有限责任公司	6854486
115	浙江吉利控股集团有限公司	6827951
116	马钢（集团）控股有限公司	6805958
117	华晨汽车集团控股有限公司	6793178
118	正威国际集团有限公司	6781763
119	厦门建发集团有限公司	6770462
120	中国南车集团公司	6680286
121	铜陵有色金属集团控股有限公司	6654485
122	万向集团公司	6613800
123	徐州工程机械集团有限公司	6602645
124	湖南华菱钢铁集团有限责任公司	6578713
125	中国北方机车车辆工业集团公司	6482579
126	中国海运（集团）总公司	6481092
127	新疆广汇实业投资（集团）有限责任公司	6475589
128	雨润控股集团有限公司	6475546
129	海航集团有限公司	6466806
130	杭州钢铁集团公司	6436295
131	海信集团有限公司	6374092
132	红塔烟草（集团）有限责任公司	6325981
133	江苏悦达集团有限公司	6232144
134	国家开发投资公司	6143153
135	南京钢铁集团有限公司	6098646
136	珠海振戎公司	6098492
137	珠海格力电器股份有限公司	6080724
138	广厦控股创业投资有限公司	6035959
139	兖矿集团有限公司	6032548
140	湖南中烟工业有限责任公司	5888856

续表：5

名次	企业名称	营业收入（万元）
141	四川长虹电子集团有限公司	5859688
142	福建联合石油化工有限公司	5857077
143	广东物资集团公司	5831123
144	酒泉钢铁（集团）有限责任公司	5694581
145	新希望集团有限公司	5595767
146	广东省广新控股集团有限公司	5579451
147	红云红河烟草（集团）有限责任公司	5499012
148	杭州娃哈哈集团有限公司	5487355
149	中国民生银行股份有限公司	5476800
150	绿城房地产集团有限公司	5420000
151	安徽海螺集团有限责任公司	5389400
152	庞大汽贸集团股份有限公司	5377439
153	海亮集团有限公司	5258400
154	北大方正集团有限公司	5214299
155	武汉商联（集团）股份有限公司	5212909
156	TCL 集团股份有限公司	5183357
157	中国国际海运集装箱（集团）股份有限公司	5176832
158	陕西煤业化工集团有限责任公司	5156645
159	淮南矿业（集团）有限责任公司	5150679
160	北京建龙重工集团有限公司	5126817
161	江苏华西集团公司	5125876
162	中国黄金集团公司	5122864
163	南山集团有限公司	5120064
164	长沙中联重工科技发展股份有限公司	5085768
165	山东六和集团有限公司	5068613
166	河南省漯河市双汇实业集团有限责任公司	5066989
167	三一集团有限公司	5020000
168	中天钢铁集团有限公司	5016965
169	中国中材集团有限公司	5010701
170	天津市一轻集团（控股）有限公司	5000300
171	上海浦东发展银行股份有限公司	4985585

续表：6

名次	企业名称	营业收入（万元）
172	中国港中旅集团公司	4837930
173	广州铁路（集团）公司	4818250
174	厦门国贸控股有限公司	4809649
175	包头钢铁（集团）有限责任公司	4797643
176	内蒙古电力（集团）有限责任公司	4774013
177	浙江省能源集团有限公司	4702046
178	中国诚通控股集团有限公司	4674979
179	比亚迪股份有限公司	4668535
180	陕西有色金属控股集团有限责任公司	4622904
181	山东大王集团有限公司	4592139
182	浙江省兴合集团公司	4580663
183	恒大地产集团	4580140
184	上海复星高科技（集团）有限公司	4569219
185	天津渤海化工集团公司	4559695
186	中国有色矿业集团有限公司	4547986
187	无锡产业发展集团有限公司	4505925
188	中国核工业集团公司	4454545
189	日照钢铁控股集团有限公司	4412783
190	安徽省徽商集团有限公司	4379994
191	天津荣程联合钢铁集团有限公司	4376256
192	安阳钢铁集团有限责任公司	4372115
193	兴业银行股份有限公司	4345591
194	大连万达集团股份有限公司	4339652
195	江苏新长江实业集团有限公司	4329266
196	北京城建集团有限责任公司	4321296
197	广东省粤电集团有限公司	4299980
198	中国烟草总公司湖南省公司	4294715
199	大秦铁路股份有限公司	4201380
200	上海世博（集团）有限公司	4122641
201	湖北宜化集团有限责任公司	4108935
202	山西煤炭进出口集团有限公司	4062147

续表：7

名次	企业名称	营业收入（万元）
203	上海城建（集团）公司	4060000
204	四川省宜宾五粮液集团有限公司	4029684
205	三胞集团有限公司	3980819
206	厦门海翼集团有限公司	3951373
207	北京建工集团有限责任公司	3933412
208	新余钢铁集团有限公司	3866655
209	东方电气股份有限公司	3808011
210	河北津西钢铁集团股份有限公司	3775850
211	云天化集团有限责任公司	3766624
212	物美控股集团有限公司	3750456
213	上海医药集团股份有限公司	3741107
214	广东格兰仕集团有限公司	3722894
215	广西玉柴机器集团有限公司	3704602
216	中国葛洲坝集团公司	3704335
217	山东省商业集团有限公司	3702662
218	上海华谊（集团）公司	3699916
219	新华联合冶金投资集团有限公司	3690620
220	上海纺织控股（集团）公司	3634705
221	浙江恒逸集团有限公司	3607627
222	天津百利机电控股集团有限公司	3582315
223	大连西太平洋石油化工有限公司	3570378
224	黑龙江龙煤矿业控股集团有限责任公司	3563681
225	浙江中烟工业有限责任公司	3542970
226	奇瑞汽车股份有限公司	3537921
227	内蒙古伊泰集团有限公司	3525971
228	江苏汇鸿国际集团有限公司	3511668
229	山东黄金集团有限公司	3493835
230	浙江省国际贸易集团有限公司	3491306
231	青岛钢铁控股集团有限责任公司	3485576
232	安徽江淮汽车集团有限公司	3471074
233	华侨城集团公司	3442354

续表：8

名次	企业名称	营业收入（万元）
234	河北敬业企业集团有限责任公司	3438118
235	临沂新程金锣肉制品集团有限公司	3423996
236	广发银行股份有限公司	3408515
237	雅戈尔集团股份有限公司	3348136
238	广东省交通集团有限公司	3308711
239	大冶有色金属集团控股有限公司	3264918
240	中国化学工程股份有限公司	3258320
241	恒力集团有限公司	3250480
242	哈尔滨电气集团公司	3225505
243	淮北矿业（集团）有限责任公司	3223792
244	重庆商社（集团）有限公司	3215632
245	太平人寿保险有限公司	3200626
246	江苏三房巷集团有限公司	3177616
247	北京首都旅游集团有限责任公司	3169904
248	浙江省商业集团有限公司	3161013
249	江西萍钢实业股份有限公司	3149313
250	陕西汽车集团有限责任公司	3137042
251	北京控股集团有限公司	3118499
252	浙江省建设投资集团有限公司	3101645
253	中国中纺集团公司	3087432
254	金东纸业（江苏）股份有限公司	3075301
255	北京金隅集团有限责任公司	3073125
256	湖北中烟工业有限责任公司	3071298
257	通威集团有限公司	3063896
258	浪潮集团有限公司	3053517
259	宁波金田投资控股有限公司	3036011
260	内蒙古蒙牛乳业（集团）股份有限公司	3026541
261	内蒙古伊利实业集团股份有限公司	2966498
262	江苏苏宁环球集团有限公司	2952000
263	重庆建工集团股份有限公司	2923386
264	长城汽车股份有限公司	2897189

续表：9

名次	企业名称	营业收入（万元）
265	江苏西城三联控股集团有限公司	2867590
266	江苏阳光集团有限公司	2866095
267	天狮集团有限公司	2856380
268	紫金矿业集团股份有限公司	2853958
269	中国工艺（集团）公司	2838134
270	红豆集团有限公司	2818600
271	广东省丝绸纺织集团有限公司	2773446
272	南方石化集团有限公司	2752872
273	广州医药集团有限公司	2752645
274	杭州汽轮动力集团有限公司	2745835
275	中天发展控股集团有限公司	2734295
276	江铃汽车集团公司	2719540
277	湖南省建筑工程集团总公司	2714049
278	海南大印集团有限公司	2713098
279	河南中烟工业有限责任公司	2682846
280	晶龙实业集团有限公司	2672924
281	四川华西集团有限公司	2671700
282	天津一商集团有限公司	2660644
283	新华联控股有限公司	2623299
284	奥克斯集团有限公司	2621103
285	成都建筑工程集团总公司	2619663
286	浙江荣盛控股集团有限公司	2604134
287	山东泰山钢铁集团有限公司	2604107
288	江苏申特钢铁有限公司	2602279
289	唐山港陆钢铁有限公司	2598080
290	碧桂园控股有限公司	2580411
291	厦门象屿集团有限公司	2576816
292	中国盐业总公司	2568624
293	滨化集团公司	2546193
294	山东招金集团有限公司	2536421
295	四川宏达（集团）有限公司	2536014

续表：10

名次	企业名称	营业收入（万元）
296	申能（集团）有限公司	2534147
297	四川省川威集团有限公司	2519760
298	扬子江药业集团有限公司	2501626
299	海澜集团有限公司	2501357
300	合肥百货大楼集团股份有限公司	2490000
301	正泰集团有限公司	2488000
302	人民电器集团有限公司	2485721
303	北京银行	2483461
304	江阴澄星实业集团有限公司	2452410
305	北京市政路桥建设控股（集团）有限公司	2451385
306	华夏银行股份有限公司	2447889
307	阳光保险集团股份有限公司	2446216
308	广州市建筑集团有限公司	2428809
309	百兴集团有限公司	2421253
310	南京医药产业（集团）有限责任公司	2415239
311	重庆机电控股（集团）公司	2412418
312	中国恒天集团有限公司	2405347
313	世纪金源投资集团有限公司	2402798
314	海城市西洋镁矿有限公司	2400325
315	江苏高力集团有限公司	2393521
316	广东省广晟资产经营有限公司	2368231
317	山东时风（集团）有限责任公司	2363926
318	广西建工集团有限责任公司	2346788
319	浙江省交通投资集团有限公司	2337958
320	唐山瑞丰钢铁（集团）有限公司	2337512
321	云南建工集团有限公司	2333215
322	天津友发钢管集团有限公司	2330848
323	金龙精密铜管集团股份有限公司	2329025
324	河北文丰钢铁有限公司	2324345
325	山东鲁北企业集团总公司	2324123
326	陕西东岭工贸集团股份有限公司	2322147

续表：11

名次	企业名称	营业收入（万元）
327	陕西建工集团总公司	2312286
328	福佳集团有限公司	2301336
329	江苏扬子江船业集团公司	2266895
330	上海华冶钢铁集团有限公司	2258908
331	杭州橡胶（集团）公司	2249364
332	中国煤炭科工集团有限公司	2236925
333	青建集团股份公司	2228763
334	广西投资集团有限公司	2221897
335	福建省三钢（集团）有限责任公司	2220311
336	中国国际技术智力合作公司	2220298
337	上海人民企业（集团）有限公司	2207688
338	重庆钢铁（集团）有限责任公司	2198712
339	义马煤业集团股份有限公司	2196755
340	江西赛维 LDK 太阳能高科技有限公司	2196582
341	山东太阳纸业股份有限公司	2196542
342	华盛江泉集团有限公司	2193973
343	万基控股集团有限公司	2190828
344	东方国际（集团）有限公司	2187347
345	上海市糖业烟酒（集团）有限公司	2180001
346	河南神火集团有限公司	2175477
347	南金兆集团有限公司	2175187
348	广东省建筑工程集团有限公司	2129624
349	九州通医药集团股份有限公司	2125177
350	远大物产集团有限公司	2121081
351	山东中烟工业有限责任公司	2118738
352	徐州矿务集团有限公司	2109802
353	重庆化医控股（集团）公司	2105643
354	青山控股集团有限公司	2100000
355	桐昆集团股份有限公司	2099222
356	山东京博控股股份有限公司	2084451
357	山东金诚石化集团有限公司	2082155

续表：12

名次	企业名称	营业收入（万元）
358	云南煤化工集团有限公司	2082031
359	贵州中烟工业有限责任公司	2074708
360	吉林亚泰（集团）股份有限公司	2069831
361	德力西集团有限公司	2069467
362	新世纪控股集团有限公司	2064319
363	安徽省皖北煤电集团有限责任公司	2062864
364	江苏南通三建集团有限公司	2058000
365	天津二轻集团（控股）有限公司	2056793
366	新疆特变电工集团有限公司	2053899
367	江苏国泰国际集团有限公司	2053783
368	雅居乐地产控股有限公司	2052019
369	昆明钢铁控股有限公司	2050435
370	深圳市天音通信发展有限公司	2038253
371	盾安控股集团有限公司	2035269
372	江苏南通二建集团有限公司	2034806
373	旭阳控股有限公司	2033958
374	郑州煤炭工业（集团）有限责任公司	2032412
375	陕西龙门钢铁（集团）有限责任公司	2028705
376	山东如意科技集团有限公司	2020289
377	亚邦投资控股集团有限公司	2014886
378	沈阳煤业（集团）有限责任公司	2009407
379	上海外高桥造船有限公司	2008777
380	天正集团有限公司	2003138
381	青岛啤酒股份有限公司	1989783
382	北京京城机电控股有限责任公司	1982564
383	重庆市能源投资集团公司	1980039
384	西王集团有限公司	1974421
385	东北特殊钢集团有限责任公司	1967419
386	腾讯控股有限公司	1964603
387	河南豫联能源集团有限责任公司	1962774
388	尚德电力控股有限公司	1960379

续表：13

名次	企业名称	营业收入（万元）
389	金地（集团）股份有限公司	1959250
390	中金再生资源（中国）投资有限公司	1957180
391	浙江前程投资股份有限公司	1952596
392	江苏省丝绸集团有限公司	1941494
393	丰立集团有限公司	1928819
394	沈阳远大企业集团	1920049
395	上海国际港务（集团）股份有限公司	1910545
396	中国广东核电集团有限公司	1906885
397	西部矿业集团有限公司	1899157
398	天津市医药集团有限公司	1897284
399	山东高速集团有限公司	1872435
400	山东晨鸣纸业集团股份有限公司	1866196
401	伊川电力集团总公司	1853812
402	春风实业集团有限责任公司	1852903
403	浙江中成控股集团有限公司	1837328
404	中储发展股份有限公司	1834723
405	同方股份有限公司	1825751
406	中南控股集团有限公司	1825268
407	华泰集团有限公司	1808503
408	北京外企服务集团有限责任公司	1801715
409	哈药集团有限公司	1800000
410	上海永达控股（集团）有限公司	1785615
411	河北普阳钢铁有限公司	1785275
412	广州万宝集团有限公司	1771204
413	万达控股集团有限公司	1760489
414	新疆金风科技股份有限公司	1759550
415	天津港（集团）有限公司	1751557
416	沂州集团有限公司	1749998
417	西林钢铁集团有限公司	1735829
418	广西柳工集团有限公司	1723390
419	江苏省苏中建设集团股份有限公司	1720446

续表：14

名次	企业名称	营业收入（万元）
420	内蒙古鄂尔多斯羊绒集团有限责任公司	1716680
421	北京能源投资（集团）有限公司	1714195
422	新华锦集团有限公司	1709406
423	云南冶金集团股份有限公司	1707230
424	苏州创元投资发展（集团）有限公司	1693208
425	利群集团股份有限公司	1693036
426	盛虹集团有限公司	1689406
427	利华益集团股份有限公司	1681632
428	江苏法尔胜泓昇集团有限公司	1663644
429	东营方圆有色金属有限公司	1655967
430	山东东明石化集团有限公司	1654831
431	河北省物流产业集团有限公司	1653285
432	江苏金浦集团有限公司	1652418
433	安徽建工集团有限公司	1651463
434	中国轻工业品进出口总公司	1650754
435	安徽国贸集团控股有限公司	1648284
436	江苏新世纪造船（集团）有限公司	1644184
437	云南锡业集团（控股）有限责任公司	1643841
438	四川公路桥梁建设集团有限公司	1643166
439	大连机床集团有限责任公司	1642154
440	亨通集团有限公司	1641979
441	北京首都创业集团有限公司	1637597
442	三角集团有限公司	1626122
443	江苏双良集团有限公司	1625919
444	江苏金辉集团公司	1620772
445	郑州宇通集团有限公司	1620560
446	河北建工集团有限责任公司	1620000
447	石家庄北国人百集团有限责任公司	1619223
448	江苏华厦融创置地集团有限公司	1615860
449	宁波银亿集团有限公司	1615030
450	重庆力帆控股有限公司	1605513

续表：15

名次	企业名称	营业收入（万元）
451	山东石横特钢集团有限公司	1592328
452	湖南晟通科技集团有限公司	1590499
453	山东西水橡胶集团有限公司	1590462
454	中国西电集团公司	1588152
455	波司登股份有限公司	1580011
456	山东淄博傅山企业集团有限公司	1578594
457	新疆天业（集团）有限公司	1575338
458	天津城建集团有限公司	1565900
459	山西省国新能源发展集团有限公司	1557374
460	深圳市中金岭南有色金属股份有限公司	1552235
461	精功集团有限公司	1551021
462	中国贵州茅台酒厂有限责任公司	1550241
463	黑龙江省建设集团有限公司	1534629
464	宁波富邦控股集团有限公司	1530145
465	白银有色集团股份有限公司	1529410
466	福建省能源集团有限责任公司	1528110
467	重庆轻纺控股（集团）公司	1527488
468	中太建设集团股份有限公司	1527046
469	华勤橡胶工业集团	1521231
470	浙江宝业建设集团有限公司	1518836
471	维维集团股份有限公司	1516718
472	天津市津能投资公司	1514162
473	北京住总集团有限责任公司	1510600
474	龙湖地产有限公司	1509312
475	玲珑集团有限公司	1508721
476	山东博汇集团有限公司	1507067
477	浙江昆仑控股集团有限公司	1504480
478	三河汇福粮油集团有限公司	1503658
479	凌源钢铁集团有限责任公司	1493466
480	隆鑫控股有限公司	1485079
481	山东科达集团有限公司	1480177

续表：16

名次	企业名称	营业收入（万元）
482	武安市裕华钢铁有限公司	1474151
483	海城市后英经贸集团有限公司	1469641
484	许继集团有限公司	1469260
485	青岛港（集团）有限公司	1464587
486	浙江元立金属制品集团有限公司	1461790
487	河南豫光金铅集团有限责任公司	1458460
488	传化集团有限公司	1457968
489	远东控股集团有限公司	1453368
490	河北新金钢铁有限公司	1445683
491	天津市建工集团（控股）有限公司	1443121
492	北京燕京啤酒集团公司	1441961
493	沈阳机床（集团）有限责任公司	1435268
494	老凤祥股份有限公司	1431090
495	浙江八达建设集团有限公司	1428656
496	辽宁铁法能源有限责任公司	1428348
497	杉杉控股有限公司	1428080
498	天津纺织集团（控股）有限公司	1423337
499	浙江龙盛控股有限公司	1421638
500	福田雷沃国际重工股份有限公司	1419873

6－3　2011年中国民营企业500强

500强	企业名称	所属行业	省、自治区、直辖市	营业收入总额（万元）
1	华为技术有限公司	通信设备、计算机及其他电子设备制造业	广东省	18,517,600
2	江苏沙钢集团有限公司	黑色金属冶炼及压延加工业	江苏省	17,862,398
3	苏宁电器集团	批发和零售业	江苏省	15,622,292
4	联想控股有限公司	通信设备、计算机及其他电子设备制造业	北京市	14,669,743
5	大连万达集团股份有限公司	房地产业	辽宁省	7,717,738
6	浙江吉利控股集团有限公司	交通运输设备制造业	浙江省	6,827,951
7	海航集团有限公司	综合	海南省	6,486,303

续表：1

500强	企业名称	所属行业	省、自治区、直辖市	营业收入总额（万元）
8	新疆广汇实业投资（集团）有限责任公司	批发和零售业	新疆维吾尔自治区	6,475,589
9	雨润控股集团有限公司	食品加工与食品、饮料制造业	江苏省	6,475,546
10	广厦控股创业投资有限公司	建筑业	浙江省	6,035,959
11	新希望集团有限公司	农、林、牧、渔业	四川省	5,596,432
12	杭州娃哈哈集团有限公司	食品加工与食品、饮料制造业	浙江省	5,487,355
13	海亮集团有限公司	有色金属冶炼及压延加工业	浙江省	5,252,614
14	中天钢铁集团有限公司	黑色金属冶炼及压延加工业	江苏省	5,188,983
15	北京建龙重工集团有限公司	黑色金属冶炼及压延加工业	北京市	5,126,817
16	山东六和集团有限公司	农、林、牧、渔业	山东省	5,068,613
17	三一集团有限公司	通用设备和专用设备制造业	湖南省	5,020,000
18	比亚迪股份有限公司	交通运输设备制造业	广东省	4,844,842
19	东方希望集团有限公司	有色金属冶炼及压延加工业	上海市	4,831,000
20	恒大地产集团有限公司	房地产业	广东省	4,580,140
21	上海复星高科技（集团）有限公司	综合	上海市	4,569,219
22	天津荣程联合钢铁集团有限公司	黑色金属冶炼及压延加工业	天津市	4,376,257
23	江苏新长江实业集团有限公司	黑色金属冶炼及压延加工业	江苏省	4,329,266
24	三胞集团有限公司	批发和零售业	江苏省	3,980,819
25	西安迈科金属国际集团有限公司	批发和零售业	陕西省	3,875,168
26	物美控股集团有限公司	批发和零售业	北京市	3,750,456
27	浙江恒逸集团有限公司	化学纤维制造业	浙江省	3,607,627
28	内蒙古伊泰集团有限公司	采矿业	内蒙古自治区	3,525,971
29	雅戈尔集团股份有限公司	服装、鞋帽、皮革制造业	浙江省	3,348,136
30	恒力集团有限公司	化学纤维制造业	江苏省	3,251,252
31	江阴兴澄特种钢铁有限公司	黑色金属冶炼及压延加工业	江苏省	3,243,300
32	江苏三房巷集团有限公司	化学原料及化学制品制造业	江苏省	3,177,616
33	江苏永钢集团有限公司	黑色金属冶炼及压延加工业	江苏省	3,172,146
34	江西萍钢实业股份有限公司	黑色金属冶炼及压延加工业	江西省	3,097,464
35	通威集团有限公司	农、林、牧、渔业	四川省	3,063,896
36	宁波金田投资控股有限公司	有色金属冶炼及压延加工业	浙江省	3,036,011
37	江苏苏宁环球集团	房地产业	江苏省	2,952,000
38	江苏西城三联控股集团	黑色金属冶炼及压延加工业	江苏省	2,867,590

续表：2

500 强	企业名称	所属行业	省、自治区、直辖市	营业收入总额（万元）
39	江苏阳光集团有限公司	纺织业	江苏省	2,866,095
40	天狮集团有限公司	医药制造业	天津市	2,856,380
41	红豆集团有限公司	服装、鞋帽、皮革制造业	江苏省	2,818,600
42	唐山国丰钢铁有限公司	黑色金属冶炼及压延加工业	河北省	2,766,441
43	中天发展控股集团有限公司	建筑业	浙江省	2,734,295
44	新华联控股有限公司	综合	湖南省	2,623,299
45	奥克斯集团有限公司	电气机械及器材、线缆制造及仪器仪表制造业	浙江省	2,621,103
46	浙江荣盛控股集团有限公司	化学纤维制造业	浙江省	2,604,134
47	山东泰山钢铁集团有限公司	黑色金属冶炼及压延加工业	山东省	2,604,107
48	江苏申特钢铁有限公司	黑色金属冶炼及压延加工业	江苏省	2,602,279
49	华芳集团有限公司	纺织业	江苏省	2,600,880
50	新奥集团股份有限公司	电力、热力、燃气及水的生产和供应业	河北省	2,600,000
51	四川宏达（集团）有限公司	有色金属冶炼及压延加工业	四川省	2,536,014
52	四川省川威集团有限公司	黑色金属冶炼及压延加工业	四川省	2,519,760
53	扬子江药业集团有限公司	医药制造业	江苏省	2,501,626
54	海澜集团有限公司	纺织业	江苏省	2,501,357
55	正泰集团股份有限公司	电气机械及器材、线缆制造及仪器仪表制造业	浙江省	2,488,000
56	人民电器集团有限公司	电气机械及器材、线缆制造及仪器仪表制造业	浙江省	2,485,721
57	广州富力地产股份有限公司	房地产业	广东省	2,464,182
58	碧桂园控股有限公司	房地产业	广东省	2,463,784
59	江阴澄星实业集团有限公司	化学原料及化学制品制造业	江苏省	2,452,610
60	百兴集团有限公司	批发和零售业	江苏省	2,421,253
61	江苏高力集团有限公司	租赁和商务服务业	江苏省	2,393,521
62	河北文丰钢铁有限公司	黑色金属冶炼及压延加工业	河北省	2,324,345
63	陕西东岭工贸集团股份有限公司	批发和零售业	陕西省	2,322,147
64	江苏扬子江船业集团公司	交通运输设备制造业	江苏省	2,266,895
65	上海华冶钢铁集团有限公司	黑色金属冶炼及压延加工业	上海市	2,258,908
66	上海人民企业（集团）有限公司	综合	上海市	2,207,688
67	山东太阳纸业股份有限公司	造纸及纸制品、印刷业、文教体育、办公用品制造业	山东省	2,196,542
68	华盛江泉集团有限公司	黑色金属冶炼及压延加工业	山东省	2,193,972

续表：3

500强	企业名称	所属行业	省、自治区、直辖市	营业收入总额（万元）
69	玖龙纸业（控股）有限公司	造纸及纸制品、印刷业、文教体育、办公用品制造业	广东省	2,186,094
70	九州通医药集团股份有限公司	批发和零售业	湖北省	2,125,177
71	远大物产集团有限公司	批发和零售业	浙江省	2,121,081
72	青山控股集团有限公司	黑色金属冶炼及压延加工业	浙江省	2,105,087
73	桐昆集团股份有限公司	化学纤维制造业	浙江省	2,099,221
74	山东金诚石化集团有限公司	石油加工、炼焦加工业	山东省	2,082,155
75	德力西集团有限公司	电气机械及器材、线缆制造及仪器仪表制造业	浙江省	2,069,467
76	新世纪控股集团有限公司	通信设备、计算机及其他电子设备制造业	浙江省	2,064,319
77	江苏南通三建集团有限公司	建筑业	江苏省	2,058,000
78	盾安控股集团有限公司	通用设备和专用设备制造业	浙江省	2,035,269
79	南通二建集团有限公司	建筑业	江苏省	2,034,720
80	亚邦投资控股集团有限公司	化学原料及化学制品制造业	江苏省	2,014,886
81	天正集团有限公司	电气机械及器材、线缆制造及仪器仪表制造业	浙江省	2,003,138
82	中国金属再生资源（控股）有限公司	废弃资源和废旧材料回收加工业	上海市	1,935,860
83	丰立集团有限公司	黑色金属冶炼及压延加工业	江苏省	1,928,818
84	科创集团	医药制造业	四川省	1,900,341
85	兴华富集团有限公司	批发和零售业	河北省	1,848,290
86	浙江中成控股集团有限公司	建筑业	浙江省	1,837,328
87	香江集团	综合	广东省	1,832,102
88	中南控股集团有限公司	房地产业	江苏省	1,825,268
89	重庆龙湖企业拓展有限公司	房地产业	重庆市	1,820,921
90	江苏文峰集团有限公司	批发和零售业	江苏省	1,820,800
91	华泰集团有限公司	造纸及纸制品、印刷业、文教体育、办公用品制造业	山东省	1,808,503
92	新疆特变电工股份有限公司	电气机械及器材、线缆制造及仪器仪表制造业	新疆维吾尔自治区	1,777,029
93	亿利资源集团有限公司	综合	内蒙古自治区	1,763,255
94	万达控股集团有限公司	电气机械及器材、线缆制造及仪器仪表制造业	山东省	1,760,489
95	沂州集团有限公司	石油加工、炼焦加工业	山东省	1,749,998
96	四川德胜集团钢铁有限公司	黑色金属冶炼及压延加工业	四川省	1,749,365
97	西林钢铁集团有限公司	黑色金属冶炼及压延加工业	黑龙江省	1,735,829
98	内蒙古鄂尔多斯投资控股集团有限责任公司	纺织业	内蒙古自治区	1,716,680

续表：4

500强	企业名称	所属行业	省、自治区、直辖市	营业收入总额（万元）
99	修正药业集团	医药制造业	吉林省	1,710,368
100	新华锦集团	批发和零售业	山东省	1,709,406
101	全威（铜陵）铜业科技有限公司	有色金属冶炼及压延加工业	安徽省	1,702,695
102	盛虹集团有限公司	化学纤维制造业	江苏省	1,689,406
103	四川金广实业（集团）股份有限公司	黑色金属冶炼及压延加工业	四川省	1,678,110
104	江苏法尔胜鸿昇集团有限公司	金属制品业	江苏省	1,663,644
105	东营方圆有色金属有限公司	有色金属冶炼及压延加工业	山东省	1,655,967
106	江苏金浦集团有限公司	化学原料及化学制品制造业	江苏省	1,652,418
107	江苏新世纪造船（集团）有限公司	交通运输设备制造业	江苏省	1,644,148
108	亨通集团有限公司	电气机械及器材、线缆制造及仪器仪表制造业	江苏省	1,641,979
109	江苏金辉集团公司	有色金属冶炼及压延加工业	江苏省	1,620,772
110	南通四建集团有限公司	建筑业	江苏省	1,620,216
111	宁波银亿集团有限公司	综合	浙江省	1,615,030
112	重庆力帆控股有限公司	交通运输设备制造业	重庆市	1,605,513
113	山东石横特钢集团有限公司	黑色金属冶炼及压延加工业	山东省	1,592,328
114	山东西水橡胶集团有限公司	橡胶制品、塑料制品业	山东省	1,590,462
115	利华益集团股份有限公司	石油加工、炼焦加工业	山东省	1,581,632
116	波司登股份有限公司	服装、鞋帽、皮革制造业	江苏省	1,580,011
117	南京丰盛产业控股集团有限公司	建筑业	江苏省	1,533,538
118	宁波富邦控股集团有限公司	综合	浙江省	1,530,145
119	中太建设集团股份有限公司	建筑业	河北省	1,527,046
120	浙江宝业建设集团有限公司	建筑业	浙江省	1,518,836
121	维维集团股份有限公司	食品加工与食品、饮料制造业	江苏省	1,516,718
122	精功集团有限公司	金属制品业	浙江省	1,505,352
123	浙江昆仑控股集团有限公司	综合	浙江省	1,504,480
124	浙江新湖集团股份有限公司	综合	浙江省	1,488,019
125	河北普阳钢铁有限公司	黑色金属冶炼及压延加工业	河北省	1,485,275
126	武安市裕华钢铁有限公司	黑色金属冶炼及压延加工业	河北省	1,474,151
127	江苏华厦融创置地集团有限公司	房地产业	江苏省	1,469,791
128	武安市明芳钢铁有限公司	黑色金属冶炼及压延加工业	河北省	1,468,906
129	长城电器集团有限公司	电气机械及器材、线缆制造及仪器仪表制造业	浙江省	1,463,280

续表：5

500强	企业名称	所属行业	省、自治区、直辖市	营业收入总额（万元）
130	浙江元立金属制品集团有限公司	金属制品业	浙江省	1,461,790
131	传化集团有限公司	化学原料及化学制品制造业	浙江省	1,457,968
132	远东控股集团有限公司	电气机械及器材、线缆制造及仪器仪表制造业	江苏省	1,455,252
133	河北新金钢铁有限公司	黑色金属冶炼及压延加工业	河北省	1,445,683
134	江苏双良集团有限公司	化学原料及化学制品制造业	江苏省	1,443,035
135	东方集团实业股份有限公司	综合	黑龙江省	1,431,363
136	江苏省苏中建设集团股份有限公司	建筑业	江苏省	1,428,975
137	浙江龙盛控股有限公司	化学原料及化学制品制造业	浙江省	1,421,638
138	山东九羊集团有限公司	黑色金属冶炼及压延加工业	山东省	1,418,360
139	澳洋集团有限公司	综合	江苏省	1,407,507
140	新城控股集团有限公司	房地产业	江苏省	1,405,391
141	重庆市金科实业（集团）有限公司	房地产业	重庆市	1,401,565
142	攀枝花钢城集团有限公司	综合	四川省	1,378,189
143	江苏三木集团有限公司	化学原料及化学制品制造业	江苏省	1,373,494
144	隆鑫控股有限公司	交通运输设备制造业	重庆市	1,367,000
145	山东大海集团有限公司	纺织业	山东省	1,351,126
146	华立集团股份有限公司	医药制造业	浙江省	1,350,255
147	杭州富春江冶炼有限公司	有色金属冶炼及压延加工业	浙江省	1,343,612
148	深圳海王集团股份有限公司	医药制造业	广东省	1,331,200
149	四川科伦实业集团有限公司	医药制造业	四川省	1,315,563
150	天瑞集团有限公司	非金属矿物制品业（含水泥、玻璃、陶瓷、耐火材料等）	河南省	1,315,527
151	四川省达州钢铁集团有限责任公司	黑色金属冶炼及压延加工业	四川省	1,314,340
152	深圳市庆鹏实业集团有限公司	房地产业	广东省	1,312,568
153	河南济源钢铁（集团）有限公司	黑色金属冶炼及压延加工业	河南省	1,304,354
154	宗申产业集团有限公司	交通运输设备制造业	重庆市	1,301,734
155	环宇集团有限公司	电气机械及器材、线缆制造及仪器仪表制造业	浙江省	1,298,659
156	嘉晨集团有限公司	非金属矿物制品业（含水泥、玻璃、陶瓷、耐火材料等）	辽宁省	1,291,377
157	金鼎重工股份有限公司	黑色金属冶炼及压延加工业	河北省	1,270,000
158	江苏熔盛重工有限公司	交通运输设备制造业	江苏省	1,266,500
159	河南龙成集团有限公司	黑色金属冶炼及压延加工业	河南省	1,266,000
160	南京金鹰国际集团有限公司	批发和零售业	江苏省	1,254,835

续表：6

500强	企业名称	所属行业	省、自治区、直辖市	营业收入总额（万元）
161	广西南华糖业集团有限公司	食品加工与食品、饮料制造业	广西壮族自治区	1,240,027
162	江西赛维LDK太阳能高科技有限公司	电气机械及器材、线缆制造及仪器仪表制造业	江西省	1,237,913
163	内蒙古伊东煤炭集团有限责任公司	采矿业	内蒙古自治区	1,222,448
164	武安市文安钢铁有限公司	黑色金属冶炼及压延加工业	河北省	1,222,053
165	山西安泰控股集团有限公司	黑色金属冶炼及压延加工业	山西省	1,221,132
166	西子联合控股有限公司	通用设备和专用设备制造业	浙江省	1,220,000
167	大汉物流股份有限公司	批发和零售业	湖南省	1,212,737
168	银泰百货（集团）有限公司	批发和零售业	浙江省	1,196,235
169	福建达利集团	食品加工与食品、饮料制造业	福建省	1,191,268
170	浙江东宸建设控股集团有限公司	建筑业	浙江省	1,180,145
171	山东科达集团有限公司	建筑业	山东省	1,172,988
172	上海均瑶（集团）有限公司	综合	上海市	1,166,132
173	山西通达（集团）有限公司	交通运输设备制造业	山西省	1,161,063
174	南通化工轻工股份有限公司	批发和零售业	江苏省	1,156,183
175	福建恒安集团有限公司	造纸及纸制品、印刷业、文教体育、办公用品制造业	福建省	1,155,124
176	金海重工股份有限公司	交通运输设备制造业	浙江省	1,144,045
177	山东晨曦集团有限公司	石油加工、炼焦加工业	山东省	1,141,526
178	辽宁曙光汽车集团股份有限公司	交通运输设备制造业	辽宁省	1,123,270
179	华峰集团有限公司	橡胶制品、塑料制品业	浙江省	1,112,154
180	杭州滨江房产集团股份有限公司	房地产业	浙江省	1,108,193
181	大华（集团）有限公司	房地产业	上海市	1,099,336
182	深圳市中汽南方投资集团有限公司	批发和零售业	广东省	1,099,049
183	中电电气集团有限公司	电气机械及器材、线缆制造及仪器仪表制造业	江苏省	1,094,802
184	永鼎集团有限公司	电气机械及器材、线缆制造及仪器仪表制造业	江苏省	1,094,111
185	春风实业集团有限责任公司	金属制品业	河北省	1,092,903
186	金花企业集团	综合	陕西省	1,089,281
187	常州天合光能有限公司	电气机械及器材、线缆制造及仪器仪表制造业	江苏省	1,087,904
188	和润集团有限公司	食品加工与食品、饮料制造业	浙江省	1,083,359
189	浙江大东南集团有限公司	橡胶制品、塑料制品业	浙江省	1,081,528
190	江苏天地龙集团有限公司	有色金属冶炼及压延加工业	江苏省	1,080,000

续表：7

500强	企业名称	所属行业	省、自治区、直辖市	营业收入总额（万元）
191	内蒙古汇能煤电集团有限公司	采矿业	内蒙古自治区	1,079,203
192	升华集团控股有限公司	化学原料及化学制品制造业	浙江省	1,070,816
193	大亚科技集团有限公司	木材加工及木、竹、藤、棕、草制品、家具制造业	江苏省	1,066,557
194	天津天士力集团有限公司	医药制造业	天津市	1,066,506
195	天能电池集团有限公司	电气机械及器材、线缆制造及仪器仪表制造业	浙江省	1,065,609
196	江苏华宏实业集团有限公司	化学纤维制造业	江苏省	1,064,980
197	浙江广天日月集团股份有限公司	建筑业	浙江省	1,062,316
198	江苏常发实业集团有限公司	通用设备和专用设备制造业	江苏省	1,060,443
199	沈阳远大企业集团	建筑业	辽宁省	1,053,213
200	江苏南通六建建设集团有限公司	建筑业	江苏省	1,053,031
201	辽宁忠旺集团有限公司	金属制品业	辽宁省	1,052,194
202	山东金岭集团有限公司	化学原料及化学制品制造业	山东省	1,051,213
203	吉林省长春皓月清真肉业股份有限公司	食品加工与食品、饮料制造业	吉林省	1,050,293
204	苏州市相城区江南化纤集团有限公司	化学纤维制造业	江苏省	1,045,288
205	山东长星集团有限公司	通用设备和专用设备制造业	山东省	1,044,471
206	宁波神化化学品经营有限责任公司	批发和零售业	浙江省	1,042,225
207	中发实业（集团）有限公司	金融、保险业	北京市	1,030,534
208	唐山瑞丰钢铁（集团）有限公司	黑色金属冶炼及压延加工业	河北省	1,028,887
209	世纪华丰控股有限公司	建筑业	浙江省	1,027,625
210	福星集团控股有限公司	综合	湖北省	1,025,200
211	山东五征集团	交通运输设备制造业	山东省	1,023,479
212	大全集团有限公司	电气机械及器材、线缆制造及仪器仪表制造业	江苏省	1,021,856
213	上海奥盛投资控股（集团）有限公司	金属制品业	上海市	1,020,257
214	海马投资集团股份有限公司	交通运输设备制造业	海南省	1,018,464
215	江苏沃得机电集团有限公司	通用设备和专用设备制造业	江苏省	1,018,138
216	上海胜华电缆（集团）有限公司	电气机械及器材、线缆制造及仪器仪表制造业	上海市	1,013,966
217	人人乐连锁商业集团股份有限公司	批发和零售业	广东省	1,004,130
218	浙江东南网架集团有限公司	建筑业	浙江省	1,000,294
219	杭州锦江集团有限公司	有色金属冶炼及压延加工业	浙江省	1,000,290
220	江苏飞达集团	黑色金属冶炼及压延加工业	江苏省	1,000,206

续表：8

500强	企业名称	所属行业	省、自治区、直辖市	营业收入总额（万元）
221	浙江天圣控股集团有限公司	纺织业	浙江省	998,537
222	广州立白企业集团有限公司	化学原料及化学制品制造业	广东省	990,354
223	浙江百诚集团股份有限公司	批发和零售业	浙江省	986,709
224	冷水江钢铁有限责任公司	黑色金属冶炼及压延加工业	湖南省	984,983
225	龙元建设集团股份有限公司	建筑业	浙江省	984,429
226	上海舜业钢铁集团有限公司	批发和零售业	上海市	979,449
227	苏州阿特斯阳光电力科技有限公司	电气机械及器材、线缆制造及仪器仪表制造业	江苏省	978,418
228	红楼集团有限公司	批发和零售业	浙江省	977,555
229	兴乐集团有限公司	电气机械及器材、线缆制造及仪器仪表制造业	浙江省	968,306
230	海天塑机集团有限公司	通用设备和专用设备制造业	浙江省	957,371
231	江苏新华发集团有限公司	批发和零售业	江苏省	955,424
232	通鼎集团有限公司	电气机械及器材、线缆制造及仪器仪表制造业	江苏省	952,325
233	河北省武安市元宝山工业集团有限公司	黑色金属冶炼及压延加工业	河北省	950,444
234	内蒙古源通煤化集团有限责任公司	采矿业	内蒙古自治区	949,467
235	江苏华尔润集团有限公司	非金属矿物制品业（含水泥、玻璃、陶瓷、耐火材料等）	江苏省	939,769
236	营口市青花集团	非金属矿物制品业（含水泥、玻璃、陶瓷、耐火材料等）	辽宁省	937,800
237	浙江华成控股集团有限公司	建筑业	浙江省	935,374
238	洛阳紫金银辉黄金冶炼有限公司	有色金属冶炼及压延加工业	河南省	934,731
239	卧龙控股集团有限公司	电气机械及器材、线缆制造及仪器仪表制造业	浙江省	917,282
240	浙江康桥汽车工贸集团股份有限公司	批发和零售业	浙江省	915,003
241	江苏江都建设集团有限公司	建筑业	江苏省	910,918
242	重庆小康汽车集团有限公司	交通运输设备制造业	重庆市	905,266
243	东方建设集团有限公司	建筑业	浙江省	900,182
244	唐山长城钢铁集团松汀钢铁有限公司	黑色金属冶炼及压延加工业	河北省	888,049
245	潍坊特钢集团有限公司	黑色金属冶炼及压延加工业	山东省	885,673
246	上海西本钢铁贸易发展有限公司	批发和零售业	上海市	884,278
247	江苏天工集团有限公司	黑色金属冶炼及压延加工业	江苏省	880,662
248	海外海集团有限公司	租赁和商务服务业	浙江省	880,300
249	浙江富春江通信集团有限公司	电气机械及器材、线缆制造及仪器仪表制造业	浙江省	877,823
250	上海美特斯邦威服饰股份有限公司	服装、鞋帽、皮革制造业	上海市	877,556

续表：9

500强	企业名称	所属行业	省、自治区、直辖市	营业收入总额（万元）
251	美锦能源集团有限公司	石油加工、炼焦加工业	山西省	870,797
252	诸城外贸有限责任公司	食品加工与食品、饮料制造业	山东省	866,213
253	常州东方特钢有限公司	黑色金属冶炼及压延加工业	江苏省	865,813
254	内蒙古满世煤炭集团有限责任公司	采矿业	内蒙古自治区	861,500
255	长业建设集团有限公司	建筑业	浙江省	858,498
256	四川西南不锈钢有限责任公司	黑色金属冶炼及压延加工业	四川省	857,020
257	山东鲁花集团有限公司	食品加工与食品、饮料制造业	山东省	856,256
258	天津现代集团有限公司	房地产业	天津市	855,487
259	福耀玻璃工业集团股份有限公司	非金属矿物制品业（含水泥、玻璃、陶瓷、耐火材料等）	福建省	850,803
260	利时集团股份有限公司	综合	浙江省	849,680
261	森马集团有限公司	服装、鞋帽、皮革制造业	浙江省	845,000
262	天津立业钢铁集团有限公司	批发和零售业	天津市	844,098
263	上海浦东电线电缆（集团）有限公司	电气机械及器材、线缆制造及仪器仪表制造业	上海市	843,120
264	河北前进钢铁集团有限公司	黑色金属冶炼及压延加工业	河北省	835,792
265	中天科技集团有限公司	电气机械及器材、线缆制造及仪器仪表制造业	江苏省	831,105
266	五洋建设集团股份有限公司	建筑业	浙江省	830,274
267	天津宝迪农业科技股份有限公司	食品加工与食品、饮料制造业	天津市	826,068
268	群升集团有限公司	房地产业	浙江省	825,105
269	江苏上上电缆集团有限公司	电气机械及器材、线缆制造及仪器仪表制造业	江苏省	819,782
270	韩华新能源（启东）有限公司	电气机械及器材、线缆制造及仪器仪表制造业	江苏省	819,292
271	中设建工集团有限公司	建筑业	浙江省	816,579
272	中球冠集团有限公司	批发和零售业	浙江省	816,548
273	富通集团有限公司	电气机械及器材、线缆制造及仪器仪表制造业	浙江省	815,430
274	河北天柱钢铁集团有限公司	黑色金属冶炼及压延加工业	河北省	814,683
275	红太阳集团有限公司	化学原料及化学制品制造业	江苏省	808,221
276	宁夏宝塔石化集团有限公司	石油加工、炼焦加工业	宁夏回族自治区	806,959
277	浙江栋梁新材股份有限公司	有色金属冶炼及压延加工业	浙江省	805,371
278	孚日集团股份有限公司	纺织业	山东省	805,259
279	鄂尔多斯乌兰煤炭集团有限责任公司	采矿业	内蒙古自治区	803,977
280	亚厦控股有限公司	建筑业	浙江省	798,712

续表：10

500强	企业名称	所属行业	省、自治区、直辖市	营业收入总额（万元）
281	铜陵精达铜材（集团）有限责任公司	有色金属冶炼及压延加工业	安徽省	796,657
282	东辰控股集团有限公司	化学原料及化学制品制造业	山东省	787,653
283	浙江翔盛集团有限公司	化学纤维制造业	浙江省	781,422
284	山东胜通集团股份有限公司	金属制品业	山东省	776,514
285	星星集团有限公司	电气机械及器材、线缆制造及仪器仪表制造业	浙江省	775,671
286	胜达集团有限公司	造纸及纸制品、印刷业、文教体育、办公用品制造业	浙江省	769,218
287	佳杰科技（上海）有限公司	批发和零售业	上海市	768,765
288	广东志高空调有限公司	电气机械及器材、线缆制造及仪器仪表制造业	广东省	767,961
289	攀华集团有限公司	黑色金属冶炼及压延加工业	江苏省	764,323
290	青年汽车集团有限公司	交通运输设备制造业	浙江省	763,573
291	江苏金峰水泥集团有限公司	非金属矿物制品业（含水泥、玻璃、陶瓷、耐火材料等）	江苏省	761,078
292	江苏恒达城建开发集团有限公司	房地产业	江苏省	760,000
293	曙光控股集团有限公司	建筑业	浙江省	757,857
294	山东万通石油化工集团有限公司	石油加工、炼焦加工业	山东省	757,353
295	祐康食品集团有限公司	食品加工与食品、饮料制造业	浙江省	754,813
296	江苏大明金属制品有限公司	有色金属冶炼及压延加工业	江苏省	753,522
297	山西建邦集团有限公司	黑色金属冶炼及压延加工业	山西省	750,565
298	绿都控股集团有限公司	房地产业	浙江省	750,035
299	南通建工集团股份有限公司	建筑业	江苏省	747,187
300	杭州华三通信技术有限公司	通信设备、计算机及其他电子设备制造业	浙江省	744,614
301	重庆华宇物业（集团）有限公司	房地产业	重庆市	741,263
302	超威电源有限公司	电气机械及器材、线缆制造及仪器仪表制造业	浙江省	740,440
303	内蒙古兴泰置业集团有限公司	建筑业	内蒙古自治区	740,000
304	湖北稻花香集团	食品加工与食品、饮料制造业	湖北省	731,661
305	卓尔控股有限公司	房地产业	湖北省	726,447
306	中厦建设集团有限公司	建筑业	浙江省	724,131
307	福中集团有限公司	通信设备、计算机及其他电子设备制造业	江苏省	721,000
308	四川蓝光实业集团有限公司	房地产业	四川省	714,128
309	万事利集团有限公司	纺织业	浙江省	712,458
310	杭叉集团股份有限公司	通用设备和专用设备制造业	浙江省	711,031

续表：11

500强	企业名称	所属行业	省、自治区、直辖市	营业收入总额（万元）
311	三花控股集团有限公司	电气机械及器材、线缆制造及仪器仪表制造业	浙江省	710,649
312	开氏集团有限公司	化学纤维制造业	浙江省	707,917
313	润华集团股份有限公司	批发和零售业	山东省	707,472
314	力诺集团股份有限公司	电气机械及器材、线缆制造及仪器仪表制造业	山东省	705,140
315	江苏骏马集团有限公司	纺织业	江苏省	701,187
316	江阴市双达钢业有限公司	黑色金属冶炼及压延加工业	江苏省	700,000
317	日林建设集团有限公司	综合	辽宁省	699,169
318	武汉人和集团有限公司	批发和零售业	湖北省	694,171
319	天津市丽兴京津钢铁贸易有限公司	批发和零售业	天津市	693,511
320	方远建设集团股份有限公司	建筑业	浙江省	692,695
321	江苏综艺集团	通信设备、计算机及其他电子设备制造业	江苏省	689,599
322	江苏华地国际控股集团有限公司	批发和零售业	江苏省	685,265
323	震雄铜业集团有限公司	有色金属冶炼及压延加工业	江苏省	681,721
324	万丰奥特控股集团有限公司	交通运输、仓储业和邮政业	浙江省	681,700
325	宜华企业（集团）有限公司	木材加工及木、竹、藤、棕、草制品、家具制造业	广东省	680,020
326	浙江国泰建设集团有限公司	建筑业	浙江省	678,152
327	苏州金螳螂企业集团有限公司	建筑业	江苏省	677,160
328	步步高商业连锁股份有限公司	批发和零售业	湖南省	677,027
329	重庆中汽西南汽车有限公司	批发和零售业	重庆市	676,968
330	重庆市博赛矿业（集团）股份有限公司	有色金属冶炼及压延加工业	重庆市	676,556
331	通州建总集团有限公司	建筑业	江苏省	675,839
332	安徽楚江投资集团有限公司	有色金属冶炼及压延加工业	安徽省	673,754
333	宁波申洲针织有限公司	服装、鞋帽、皮革制造业	浙江省	673,555
334	富海集团有限公司	石油加工、炼焦加工业	山东省	670,292
335	四川濠吉食品（集团）有限责任公司	食品加工与食品、饮料制造业	四川省	670,000
336	鲁丽集团有限公司	木材加工及木、竹、藤、棕、草制品、家具制造业	山东省	669,634
337	扬州大洋造船有限公司	交通运输设备制造业	江苏省	664,177
338	富丽达集团控股有限公司	化学纤维制造业	浙江省	661,655
339	温州中城建设集团有限公司	建筑业	浙江省	661,036
340	苏州二建建筑集团有限公司	建筑业	江苏省	659,916

续表：12

500强	企业名称	所属行业	省、自治区、直辖市	营业收入总额（万元）
341	新凤鸣集团股份有限公司	化学纤维制造业	浙江省	659,482
342	浙江中南建设集团有限公司	建筑业	浙江省	657,323
343	卓越置业集团有限公司	房地产业	广东省	657,256
344	江苏吴中集团有限公司	综合	江苏省	657,000
345	云南南磷集团股份有限公司	化学原料及化学制品制造业	云南省	656,738
346	河南鑫集团有限责任公司"	综合	河南省	656,732
347	润东汽车集团有限公司	批发和零售业	江苏省	656,000
348	新龙药业集团	批发和零售业	湖北省	654,074
349	浙江万达建设集团有限公司	建筑业	浙江省	652,317
350	云南力帆骏马车辆有限公司	交通运输设备制造业	云南省	652,217
351	江苏邗建集团有限公司	建筑业	江苏省	652,162
352	湖北新洋丰肥业股份有限公司	化学原料及化学制品制造业	湖北省	651,773
353	上海致达科技集团股份有限公司	通用设备和专用设备制造业	上海市	650,000
354	江苏兴达钢帘线股份有限公司	金属制品业	江苏省	649,563
355	江阴江东集团公司	通用设备和专用设备制造业	江苏省	648,218
356	浙江昱辉阳光能源有限公司	非金属矿物制品业（含水泥、玻璃、陶瓷、耐火材料等）	浙江省	647,238
357	十堰荣华东风汽车专营有限公司	批发和零售业	湖北省	647,000
358	无锡兴达泡塑新材料股份有限公司	化学原料及化学制品制造业	江苏省	645,295
359	泰通（泰州）工业有限公司	电气机械及器材、线缆制造及仪器仪表制造业	江苏省	643,478
360	山东创新金属科技股份有限公司	有色金属冶炼及压延加工业	山东省	642,089
361	深圳市鹏峰汽车（集团）有限公司	批发和零售业	广东省	639,829
362	江苏隆力奇集团有限公司	化学原料及化学制品制造业	江苏省	638,839
363	浙江航民实业集团有限公司	综合	浙江省	638,377
364	龙达集团有限公司	化学纤维制造业	浙江省	634,604
365	研祥高科技控股集团有限公司	通信设备、计算机及其他电子设备制造业	广东省	633,072
366	云南玉溪仙福钢铁（集团）有限公司	黑色金属冶炼及压延加工业	云南省	625,083
367	浙江巨星控股集团	建筑业	浙江省	624,684
368	内蒙古小肥羊餐饮连锁有限公司	住宿、餐饮业	内蒙古自治区	622,800
369	亿达集团有限公司	房地产业	辽宁省	622,608
370	陕西黄河矿业（集团）有限责任公司	石油加工、炼焦加工业	陕西省	622,600

续表：13

500 强	企业名称	所属行业	省、自治区、直辖市	营业收入总额（万元）
371	九鼎建设集团股份有限公司	建筑业	浙江省	621,060
372	富阳申能固废环保再生有限公司	有色金属冶炼及压延加工业	浙江省	620,931
373	兴惠化纤集团有限公司	化学纤维制造业	浙江省	619,462
374	常熟市龙腾特种钢有限公司	黑色金属冶炼及压延加工业	江苏省	619,281
375	北京京奥港集团	批发和零售业	北京市	619,105
376	浙江凯喜雅国际股份有限公司	批发和零售业	浙江省	617,196
377	承德兆丰钢铁集团有限公司	黑色金属冶炼及压延加工业	河北省	616,884
378	浙江中富建筑集团股份有限公司	建筑业	浙江省	614,782
379	四川南骏汽车集团有限公司	交通运输设备制造业	四川省	613,624
380	虎牌控股集团有限公司	电气机械及器材、线缆制造及仪器仪表制造业	浙江省	613,500
381	中博建设集团有限公司	建筑业	浙江省	612,774
382	山东金升有色集团有限公司	有色金属冶炼及压延加工业	山东省	608,325
383	四川四海集团	食品加工与食品、饮料制造业	四川省	605,580
384	浙江明日控股集团股份有限公司	批发和零售业	浙江省	605,006
385	南通新正大特钢有限公司	黑色金属冶炼及压延加工业	江苏省	604,653
386	宏润建设集团股份有限公司	建筑业	浙江省	604,497
387	新誉集团有限公司	交通运输设备制造业	江苏省	603,376
388	保亿集团股份有限公司	房地产业	浙江省	602,818
389	华太建设集团有限公司	建筑业	浙江省	602,707
390	胜利油田高原石油装备有限责任公司	通用设备和专用设备制造业	山东省	601,400
391	苏泊尔集团有限公司	电气机械及器材、线缆制造及仪器仪表制造业	浙江省	600,448
392	飞尚实业集团有限公司	综合	广东省	600,207
393	华锐风电科技（江苏）有限公司	电气机械及器材、线缆制造及仪器仪表制造业	江苏省	600,000
394	常州市盛洲铜业有限公司	有色金属冶炼及压延加工业	江苏省	600,000
395	泰州口岸船舶有限公司	交通运输设备制造业	江苏省	599,495
396	辅仁药业集团有限公司	医药制造业	河南省	597,499
397	杭州诺贝尔集团有限公司	非金属矿物制品业（含水泥、玻璃、陶瓷、耐火材料等）	浙江省	596,700
398	无锡市兆顺不锈中板有限公司	黑色金属冶炼及压延加工业	江苏省	595,906
399	中鑫建设集团有限公司	建筑业	浙江省	595,658
400	山西沁新能源集团股份有限公司	采矿业	山西省	595,100

续表：14

500 强	企业名称	所属行业	省、自治区、直辖市	营业收入总额（万元）
401	华通机电集团有限公司	电气机械及器材、线缆制造及仪器仪表制造业	浙江省	594,425
402	天津恒兴钢业有限公司	黑色金属冶炼及压延加工业	天津市	594,086
403	天洁集团有限公司	通用设备和专用设备制造业	浙江省	590,389
404	湖北联谊实业有限公司	批发和零售业	湖北省	587,606
405	浙江鸿翔建设集团有限公司	建筑业	浙江省	585,500
406	江苏新海石化有限公司	石油加工、炼焦加工业	江苏省	584,400
407	日照兴业集团有限公司	批发和零售业	山东省	584,022
408	唐山市德龙钢铁有限公司	黑色金属冶炼及压延加工业	河北省	582,333
409	杭州鼎胜实业集团有限公司	有色金属冶炼及压延加工业	浙江省	579,719
410	中利科技集团股份有限公司	电气机械及器材、线缆制造及仪器仪表制造业	江苏省	578,667
411	宝胜科技创新股份有限公司	电气机械及器材、线缆制造及仪器仪表制造业	江苏省	576,587
412	宜昌三峡全通涂镀板股份有限公司	黑色金属冶炼及压延加工业	湖北省	574,931
413	新八建设集团有限公司	建筑业	湖北省	574,587
414	内蒙古庆华集团有限公司	采矿业	内蒙古自治区	574,549
415	挺宇集团有限公司	通用设备和专用设备制造业	浙江省	573,200
416	山东润峰集团有限公司	综合	山东省	571,847
417	江苏鹰翔化纤股份有限公司	化学纤维制造业	江苏省	570,754
418	华升建设集团有限公司	建筑业	浙江省	568,440
419	浙江赐富化纤集团有限公司	化学纤维制造业	浙江省	567,757
420	山西潞宝集团	石油加工、炼焦加工业	山西省	565,000
421	辽宁禾丰牧业股份有限公司	农、林、牧、渔业	辽宁省	564,342
422	河南蓝天集团有限公司	电力、热力、燃气及水的生产和供应业	河南省	562,651
423	江苏江中集团有限公司	建筑业	江苏省	562,316
424	武汉工贸有限公司	批发和零售业	湖北省	560,378
425	浙江造船有限公司	交通运输设备制造业	浙江省	560,290
426	山东广富集团有限公司	黑色金属冶炼及压延加工业	山东省	560,108
427	广业控股有限公司	批发和零售业	浙江省	555,409
428	广东联塑科技实业有限公司	橡胶制品、塑料制品业	广东省	554,951
429	宝业湖北建工集团有限公司	建筑业	湖北省	554,856
430	浙大网新科技股份有限公司	信息传输、计算机服务和软件业	浙江省	554,805
431	永兴特种不锈钢股份有限公司	黑色金属冶炼及压延加工业	浙江省	554,280

续表：15

500强	企业名称	所属行业	省、自治区、直辖市	营业收入总额（万元）
432	弘业国际投资集团股份有限公司	采矿业	内蒙古自治区	554,117
433	华翔集团股份有限公司	交通运输设备制造业	浙江省	554,034
434	锦联投资集团有限公司	交通运输、仓储业和邮政业	辽宁省	553,462
435	凯翔集团有限公司	建筑业	浙江省	552,633
436	上海百营钢铁集团有限公司	批发和零售业	上海市	552,578
437	南京高速齿轮制造有限公司	通用设备和专用设备制造业	江苏省	552,044
438	江苏江南实业集团有限公司	金属制品业	江苏省	551,668
439	南通五建建设工程有限公司	建筑业	江苏省	551,477
440	浙江中强建工集团有限公司	建筑业	浙江省	551,068
441	福建凯西钢铁集团有限公司	黑色金属冶炼及压延加工业	福建省	550,696
442	厦门银鹭食品集团有限公司	食品加工与食品、饮料制造业	福建省	550,478
443	公元塑业集团有限公司	橡胶制品、塑料制品业	浙江省	550,311
444	浙江红剑集团有限公司	化学纤维制造业	浙江省	550,271
445	唐山贝氏体钢铁（集团）有限公司	黑色金属冶炼及压延加工业	河北省	550,000
446	徐龙食品集团有限公司	食品加工与食品、饮料制造业	浙江省	549,398
447	江苏申久化纤有限公司	化学纤维制造业	江苏省	548,657
448	山东金正大生态工程股份有限公司	化学原料及化学制品制造业	山东省	547,932
449	冠县冠星纺织集团总公司	纺织业	山东省	546,647
450	林州市林丰铝电有限责任公司	有色金属冶炼及压延加工业	河南省	545,016
451	泰州三福船舶工程有限公司	交通运输设备制造业	江苏省	544,009
452	湖北汇通工贸集团有限公司	批发和零售业	湖北省	542,085
453	海南金海浆纸业有限公司	造纸及纸制品、印刷业、文教体育、办公用品制造业	海南省	540,924
454	上海亚龙投资（集团）有限公司	电气机械及器材、线缆制造及仪器仪表制造业	上海市	538,055
455	重庆东银实业（集团）有限公司	通用设备和专用设备制造业	重庆市	536,344
456	济南圣泉集团股份有限公司	化学原料及化学制品制造业	山东省	536,300
457	温州开元集团有限公司	批发和零售业	浙江省	535,860
458	浙江大东吴集团有限公司	综合	浙江省	535,087
459	珠海秦发贸易有限公司	批发和零售业	广东省	534,296
460	太平鸟集团有限公司	服装、鞋帽、皮革制造业	浙江省	533,730
461	山东冠洲股份有限公司	黑色金属冶炼及压延加工业	山东省	532,434
462	成都红旗连锁股份有限公司	批发和零售业	四川省	531,331

续表：16

500强	企业名称	所属行业	省、自治区、直辖市	营业收入总额（万元）
463	江苏海达科技集团有限公司	金属制品业	江苏省	531,290
464	山东华夏集团有限公司	通用设备和专用设备制造业	山东省	530,000
465	贝因美集团有限公司	食品加工与食品、饮料制造业	浙江省	529,173
466	欧美投资集团有限公司	批发和零售业	山东省	528,406
467	伟星集团有限公司	综合	浙江省	528,393
468	龙信建设集团有限公司	建筑业	江苏省	527,026
469	江苏顺通建设集团有限公司	建筑业	江苏省	525,268
470	农夫山泉股份有限公司	食品加工与食品、饮料制造业	浙江省	523,953
471	青岛九联集团股份有限公司	食品加工与食品、饮料制造业	山东省	523,645
472	济源市万洋冶炼（集团）有限公司	有色金属冶炼及压延加工业	河南省	522,130
473	浙江盈都集团有限公司	综合	浙江省	521,915
474	扬帆集团股份有限公司	交通运输设备制造业	浙江省	520,565
475	湖北枝江酒业集团	食品加工与食品、饮料制造业	湖北省	520,092
476	启东建筑集团有限公司	建筑业	江苏省	519,948
477	青特集团有限公司	交通运输设备制造业	山东省	519,559
478	百步亭集团有限公司	综合	湖北省	519,088
479	中捷控股集团有限公司	交通运输、仓储业和邮政业	浙江省	519,001
480	九星控股集团有限公司	有色金属冶炼及压延加工业	辽宁省	518,846
481	江苏省镔鑫特钢材料有限公司	黑色金属冶炼及压延加工业	江苏省	518,800
482	内蒙古德晟实业集团有限公司	采矿业	内蒙古自治区	516,544
483	汇源集团	电气机械及器材、线缆制造及仪器仪表制造业	四川省	514,856
484	湖南高岭建设集团股份有限公司	建筑业	湖南省	514,674
485	天津市金桥焊材集团有限公司	金属制品业	天津市	513,874
486	金澳科技（湖北）化工有限公司	石油加工、炼焦加工业	湖北省	512,900
487	江苏华机集团	造纸及纸制品、印刷业、文教体育、办公用品制造业	江苏省	512,000
488	三六一度（中国）有限公司	服装、鞋帽、皮革制造业	福建省	511,083
489	广州大优煤炭销售有限公司	批发和零售业	广东省	511,006
490	雅鹿集团股份有限公司	服装、鞋帽、皮革制造业	江苏省	510,771
491	德华集团控股股份有限公司	木材加工及木、竹、藤、棕、草制品、家具制造业	浙江省	510,722
492	临沂三德特钢有限公司	黑色金属冶炼及压延加工业	山东省	510,677
493	文水海威钢铁有限公司	黑色金属冶炼及压延加工业	山西省	509,690

续表：17

500强	企业名称	所属行业	省、自治区、直辖市	营业收入总额（万元）
494	浙江暨阳建设集团有限公司	建筑业	浙江省	508,996
495	汇宇控股集团	综合	浙江省	508,775
496	富阳市永正废旧物资有限公司	废弃资源和废旧材料回收加工业	浙江省	506,764
497	浙江华瑞集团有限公司	交通运输、仓储业和邮政业	浙江省	506,525
498	华仪电器集团有限公司	电气机械及器材、线缆制造及仪器仪表制造业	浙江省	506,470
499	华迪钢业集团有限公司	黑色金属冶炼及压延加工业	浙江省	506,065
500	成都华西希望集团有限公司	农、林、牧、渔业	四川省	505,984

6－4　2011年度山东省纳税百强

中国石油化工股份有限公司胜利油田分公司
山东中烟工业有限责任公司
山东电力集团公司
中国石油化工股份有限公司齐鲁分公司
中国烟草总公司山东省公司
中国石化青岛炼油化工有限责任公司
兖矿集团有限公司
枣庄矿业（集团）有限责任公司
中国石油化工股份有限公司济南分公司
新汶矿业集团有限责任公司
中国移动通信集团山东有限公司
中国石化集团青岛石油化工有限责任公司
莱芜钢铁集团有限公司
青岛海尔集团
山东魏桥创业集团有限公司
中国石化集团胜利石油管理局
中海沥青股份有限公司
青岛啤酒股份有限公司
淄博矿业集团有限责任公司
青岛海信集团
山东高速集团有限公司
潍柴控股集团有限公司
日照钢铁控股集团有限公司
山东海化集团有限公司
山东省商业集团有限公司
中国工商银行股份有限公司山东省分行
烟台张裕集团有限公司
山东山水水泥集团有限公司
中国重型汽车集团有限公司
临沂矿业集团有限责任公司
南山集团有限公司
上海通用东岳汽车有限公司
中国农业银行股份有限公司山东省分行
华电国际电力股份有限公司
山东东岳化工有限公司
上汽通用五菱汽车股份有限公司青岛分公司
中国建设银行股份有限公司山东省分行
中国银行股份有限公司山东省分行
青岛港（集团）有限公司
肥城矿业集团有限责任公司
济钢集团有限公司
信发集团有限公司
山东鲁能集团有限公司
胜利油田东胜精攻石油开发集团股份有限公司
中国石油化工股份有限公司山东石油分公司
南车青岛四方机车车辆股份有限公司

国电山东电力有限公司
恒丰银行股份有限公司
中国联合网络通信有限公司山东省分公司
山东石大科技集团有限公司
山东招金集团有限公司
威高集团有限公司
西王集团有限公司
山东博汇集团有限公司
山东航空集团有限公司
日照京华新型建材有限公司
山东晨鸣纸业集团股份有限公司
山东步长制药有限公司
上海通用东岳动力总成有限公司
济宁矿业集团有限公司
山东石横特钢集团有限公司
日照港（集团）有限公司
山东金岭铁矿
泰开电气集团有限公司
山东京博控股股份有限公司
山东中矿集团有限公司
华能山东发电有限公司
国家开发银行股份有限公司山东省分行
胜利油田鲁明油气勘探开发有限公司
山东寿光巨能控股集团有限公司
龙口矿业集团有限责任公司
山东太阳纸业股份有限公司
青岛四方庞巴迪铁路运输设备有限公司
滨化集团股份有限公司
华能国际电力股份有限公司山东分公司
山东东明石化集团有限公司
山东丰源煤电股份有限公司
富士康集团公司
浪潮集团有限公司
山东金诚石化集团有限公司
齐鲁制药有限公司
正和集团股份有限公司
山东金岭集团有限公司
华泰集团有限公司
山东东阿阿胶股份有限公司
胜利油田鲁胜石油开发有限责任公司
青岛钢铁控股集团有限责任公司
华鲁控股集团有限公司
烟台市振华百货集团股份有限公司
东营华联石油化工厂有限公司
青岛银行股份有限公司
山东临工工程机械有限公司
山推工程机械股份有限公司
斗山工程机械（中国）有限公司
山东裕隆矿业集团有限公司
烟台万华合成革集团有限公司
山东鲁泰煤业有限公司
潍坊特钢集团有限公司
鲁南制药集团股份有限公司
山东昌邑石化有限公司

山东省国税局　山东省地税局
二〇一二年三月三十日

6－5　第二十届山东省优秀企业家

（以姓氏笔画为序）

卜昌森　山东能源集团有限公司董事长
于同国　山东泰山民爆器材有限公司董事长
尤学军　山东华轮实业有限公司董事长
王乃鹏　青岛安装建设股份有限公司董事长
王力民　华纺股份有限公司总经理
王化冰　山东高速公路股份有限公司总经理

王文宗　华能山东发电有限公司总经理
王乐智　山东同大海岛新材料股份有限公司总经理
王永成　伽师县铜辉矿业有限责任公司总经理
王玉明　淄博热电集团公司董事长
王如伟　山东电力集团公司烟台供电公司总经理
王守业　利华益集团股份有限公司总经理
王汝勇　章丘华明水泥有限公司董事长
王君庭　青岛钢铁控股集团有限责任公司董事长
王建军　济南港华燃气有限公司董事长
王建辉　青岛国信发展（集团）有限责任公司总经理
王承海　山东日照尧王酒业集团有限公司董事长
王明波　中铁十四局集团第一工程发展有限公司总经理
王春生　招金矿业股份有限公司夏甸金矿矿长
王洪波　山东省东阿县供电公司经理
王富强　中材淄博重型机械有限公司总经理
王智福　青岛市市政工程集团有限公司总经理
王　琳　玲珑集团有限公司总裁
车　轼　山东东方海洋集团有限公司董事长
付希泉　山东海化股份有限公司总经理
卢　伟　山东德普化工科技有限公司董事长
卢　刚　山东电力集团公司检修公司总经理
卢均平　山东荣成农村商业银行股份有限公司董事长
史庆苓　山东京博控股股份有限公司总裁
司相芳　山东恒信集团焦化有限公司董事长
任成武　山东圣龙钢结构有限公司董事长
任　浩　山钢集团莱芜钢铁集团有限公司董事长
刘曰兴　愉悦家纺有限公司董事长
刘克军　华电青岛发电有限公司总经理
刘志光　阳谷祥光铜业有限公司总经理
刘建峰　济宁市邮政局局长
刘　健　山东华鲁制药有限公司董事长
刘　新　兖矿国泰化工有限公司董事长
刘翠英　山东大海新能源发展有限公司总经理
孙公准　中国烟草总公司山东省公司总经理
孙忠军　山东百年电力发展股份有限公司总经理
孙　勇　德州中联大坝水泥有限公司总经理
孙晓燕　中国移动通信集团山东有限公司淄博分公司总经理
安　霞　莒县海通茧丝绸有限公司董事长
曲光伟　山东俚岛海洋科技股份有限公司董事长
曲国庆　青岛交运集团温馨巴士有限公司总经理
朱墨群　山东长星集团有限公司总经理
闫吉太　兖矿集团电铝分公司总经理
闫茂田　山东王晁煤电集团有限公司总经理
宋修义　青岛青建地产集团有限公司董事长
张兴起　澳柯玛股份有限公司总经理
张安兴　山东能源枣矿集团蒋庄煤矿矿长
张怀国　山东茌平信力达木业有限公司董事长
张良千　山东省博兴县永鑫化工有限公司董事长
张运宪　山东鲁泰煤业有限公司鹿洼煤矿矿长
张建华　青岛海通车桥有限公司董事长
张海斌　山东东辰生物工程股份有限公司总经理
张绵慧　山东招金金银精炼有限公司总经理
张　超　金沂蒙集团有限公司董事长
张新汶　新泰市市中第一建筑工程公司总经理
李正义　山东光岳转向节有限责任公司董事长
李安喜　中国石油化工集团公司齐鲁石化公司总经理
李学强　招金矿业股份有限公司金翅岭金矿矿长
李欣泽　山东雪花生物化工股份有限公司总经理
李政华　山东永固钢结构集团有限公司董事长
李悦明　青岛琅琊台集团股份有限公司董事长
李　鲁　济宁供水集团总公司总经理
杜丕隆　烟台交运集团有限责任公司总经理
杨玉明　武城县电业公司经理
杨　华　山东万泰创业投资有限公司董事长
杨晓宏　山东海科化工集团董事长
杨福安　山东福胶集团有限公司总经理
邱伟方　青岛公交集团有限责任公司董事长
陈会文　山东省天河企业有限公司董事长
陈洪海　中国航空油料有限责任公司青岛分公司总经理

孟祥军 兖州煤业股份有限公司东滩煤矿矿长
尚卫国 淄博鑫亚工贸有限责任公司总经理
尚建立 山东万达宝通轮胎有限公司董事长
庞玉坤 临沂市政工程有限公司董事长
郎光辉 索通发展股份有限公司董事长
郑 岩 济南热力有限公司总经理
侯宇岷 山东华民钢球股份有限公司董事长
侯成桥 山东黄金有色矿业集团有限公司董事长
姜言泉 山东高速青岛公路有限公司总经理
姜国骏 昌乐县供电公司经理
胡广敏 山东华兴纺织集团有限公司董事长
胡凤东 山东东奥生物科技集团有限公司董事长
赵建国 山东鲁珠集团有限公司董事长
赵金菊 山东中矿集团有限公司董事长
郝凡森 威海银兴预应力线材有限公司董事长
夏书强 山东淄建集团董事长
徐海波 青岛美赫尔国际贸易有限公司董事长
袁广振 山东银宝食品有限公司董事长
高向阳 莱州市金岳汽车拨叉有限公司董事长
寇光智 日照金禾生化集团股份有限公司董事长
崔瑞福 瑞福油脂股份有限公司董事长
渠 青 山东中煤工矿物资有限公司董事长
龚景仁 核工业烟台同兴实业有限公司董事长
温洪涛 济南裕兴化工有限责任公司总经理
程广辉 华鲁控股集团有限公司董事长
董廷之 山东省南郊集团聊城三庆置业有限公司董事长
韩志忠 山东青岛烟草有限公司总经理
韩其利 正和集团股份有限公司总经理
韩 林 山东中烟工业有限责任公司总经理
解居志 海尔集团公司顾客服务经营公司总经理
管印贵 山东格瑞德集团有限公司董事长
蔡 升 山东石大科技集团有限公司总经理
蔡成佩 枣庄联创实业有限责任公司董事长
蔡依超 辰信矿业集团有限公司董事长
滕春竹 山东朱旺港务有限公司董事长
滕滨强 山东垦利石化集团有限公司董事长
虢洪增 济宁能源发展集团董事长
颜景明 山东聊城中钢联金属制造有限公司董事长

山东省企业联合会
山东省企业家协会
山东省质量管理协会
山东省工业经济联合会
山东省设备管理协会
山东省企联企业管理科学基金会
2012年6月28日

6－6　2011山东企业100强名单

排序	公司名称	营业收入（万元）
1	山东电力集团公司	14416519
2	海尔集团公司	14053629
3	山东魏桥创业集团有限公司	11845598
4	山东钢铁集团有限公司	10976027
5	山东能源集团有限公司	10598960
6	潍柴控股集团有限公司	9113760
7	中国重型汽车集团有限公司	8119180
8	海信集团有限公司	6374092
9	中国烟草总公司山东省公司	6176695
10	兖矿集团有限公司	6032548
11	南山集团有限公司	5120064
12	山东六和集团有限公司	5068613
13	山东大王集团有限公司	4592139
14	华电国际电力股份有限公司	4544878
15	中国石化青岛炼油化工有限责任公司	4536502
16	日照钢铁控股集团有限公司	4412783
17	山东省商业集团有限公司	3702662
18	山东黄金集团有限公司	3493835
19	青岛钢铁控股集团有限责任公司	3485576
20	临沂新程金锣肉制品集团有限公司	3423996
21	中国移动通信集团山东有限公司	3176744
22	浪潮集团有限公司	3053517
23	中国银行股份有限公司山东省分行	2932753
24	山东泰山钢铁集团有限公司	2604107
25	一汽解放青岛汽车厂	2574802
26	滨化集团公司	2546193
27	山东招金集团有限公司	2536421

续表：1

排序	公司名称	营业收入（万元）
28	中铁十局集团有限公司	2478124
29	中铁十四局集团有限公司	2456153
30	山东时风（集团）有限责任公司	2363926
31	山东鲁北企业集团总公司	2324123
32	青建集团股份有限公司	2228763
33	山东晨鸣纸业集团股份有限公司	2211359
34	山东太阳纸业股份有限公司	2196542
35	华盛江泉集团有限公司	2193973
36	南金兆集团有限公司	2175187
37	山东中烟工业有限责任公司	2118738
38	北汽福田汽车股份有限公司诸城汽车厂	2103814
39	山东京博控股股份有限公司	2084451
40	山东金诚石化集团有限公司	2082155
41	山东如意科技集团有限公司	2020289
42	青岛啤酒股份有限公司	1989783
43	西王集团有限公司	1974421
44	山东高速集团有限公司	1872435
45	中国联合网络通信有限公司山东省分公司	1823947
46	华泰集团有限公司	1808503
47	万达控股集团有限公司	1760489
48	沂州集团有限公司	1749998
49	中国石化青岛石油化工有限责任公司	1733253
50	新华锦集团	1709406
51	利群集团股份有限公司	1693036
52	利华益集团股份有限公司	1681632
53	南车青岛四方机车车辆股份有限公司	1658463
54	东营方圆有色金属有限公司	1655967
55	山东东明石化集团有限公司	1654831
56	三角集团有限公司	1626122

续表：2

排序	公司名称	营业收入（万元）
57	上汽通用五菱汽车股份有限公司青岛分公司	1602012
58	山东石横特钢集团有限公司	1592328
59	山东西水橡胶集团有限公司	1590462
60	山东淄博傅山企业集团有限公司	1578594
61	华勤橡胶工业集团	1521231
62	玲珑集团股份有限公司	1508721
63	山东博汇集团有限公司	1507067
64	山东科达集团有限公司	1480177
65	国电山东电力有限公司	1478374
66	青岛港（集团）有限公司	1464587
67	福田雷沃国际重工股份有限公司	1419873
68	富海集团有限公司	1361940
69	山东大海集团有限公司	1351126
70	山推工程机械股份有限公司	1339907
71	山东渤海实业股份有限公司	1319533
72	东营市天信纺织有限责任公司	1286069
73	双星集团有限责任公司	1245405
74	山东垦利石化有限责任公司	1192470
75	山东海科化工集团有限公司	1159820
76	正和集团股份有限公司	1151925
77	淄博商厦股份有限公司	1138214
78	天元建设集团有限公司	1073360
79	山东华星石油化工集团有限公司	1055106
80	华鲁控股集团有限公司	1052175
81	山东金岭集团有限公司	1051213
82	烟台张裕集团有限公司	1032689
83	山东五征集团	1023479
84	山东聊城鲁西化工集团有限责任公司	988579
85	诸城外贸有限责任公司	966299

续表：3

排序	公司名称	营业收入（万元）
86	山东远通汽车贸易集团有限公司	939356
87	日照港集团有限公司	930624
88	青岛澳柯玛股份有限公司	900065
89	潍坊特钢集团有限公司	885673
90	山东泉林纸业有限责任公司	880862
91	山东联盟化工集团有限公司	876266
92	山东鲁花集团有限公司	856255
93	青岛丽东化工有限公司	847379
94	山东神驰化工有限公司	810571
95	孚日集团股份有限公司	805259
96	中交一航局第二工程有限公司	801237
97	山东澳亚纺织有限公司	791352
98	东辰控股集团有限公司	787653
99	山东万通石油化工集团有限公司	757353
100	山东航空集团有限公司	752439

中国统计出版社最新图书简目

(仅供参考,以最后出书为准)

统计资料

中国统计年鉴-2012	中国统计摘要-2012	国际统计年鉴-2012
2012中国发展报告	中国第三产业统计年鉴-2012	中国区域经济统计年鉴-2012
中国劳动统计年鉴-2012	中国社会统计年鉴-2012	中国城市统计年鉴-2009
中国建筑业统计年鉴-2012	中国人口和就业统计年鉴-2012	中国工业经济统计年鉴-2012
中国商品交易市场统计年鉴-2012	中国房地产统计年鉴-2012	中国能源统计年鉴-2012
中国民政统计年鉴-2012	中国贸易外经统计年鉴-2012	2012中国地区经济监测报告
中国科技统计年鉴-2012	中国农村统计年鉴-2012	中国农产品价格调查年鉴-2012
中国高技术产业统计年鉴-2012	中国教育经费统计年鉴-2010	中国农村贫困监测报告-2012
全国农产品成本收益资料汇编-2012	中国科学技术协会统计年鉴-2012	工业企业科技活动资料-2012
大中型批发零售和住宿餐饮企业统计年鉴-2012		中国城市(镇)生活与价格年鉴-2012
中国县(市)社会经济统计年鉴-2012	中国农村住户调查年鉴-2012(中、英文)	中国农村全面建设小康监测报告-2012
第二次全国R&D资源清查资料汇编—综合卷	第二次全国R&D资源清查资料汇编—工业企业卷	中国零售和餐饮连锁企业统计年鉴-2012
	中国民族统计年鉴2011、2012	2010年中国第六次人口普查公报

2012年省级综合统计年鉴系列

北京 天津 河北 山西 内蒙古	辽宁 吉林 黑龙江 上海 江苏	浙江 安徽 福建 江西 山东
河南 湖北 湖南 广东 广西	海南 重庆 四川 贵州 云南	西藏 陕西 甘肃 青海 宁夏
		新疆 新疆生产建设兵团

2012年市(县)级综合统计年鉴系列

天津滨海新区	石家庄 唐山 邯郸 太原 大同	长治 阳泉 晋城 朔州 晋中
运城 忻州 临汾 呼和浩特	包头 沈阳 大连 长春 吉林市	四平 哈尔滨 黑龙江垦区
上海浦东新区	苏州 无锡 常州 徐州 南通	盐城 镇江 江阴 丹阳
杭州 宁波 绍兴 台州 温州	金华 嘉兴 衢州	福州 福州经济技术开发区
厦门经济特区 南昌 上饶	济南 青岛 潍坊 郑州	洛阳 三门峡 南阳 武汉 宜昌
十堰 荆州 咸宁 长沙 广州	东莞 惠州 深圳 桂林 南宁	柳州 来宾 河池 海口 成都 绵阳
	贵阳 昆明 庆阳 西安	兰州 银川 乌鲁木齐

2010年人口普查资料系列

中国2010年人口普查资料	北京 天津 河北 山西 内蒙古	辽宁 吉林 黑龙江 上海 江苏
浙江 安徽 福建 江西 山东	河南 湖北 湖南 广东 广西	海南 重庆 四川 贵州 云南
西藏 陕西 甘肃 青海 宁夏	新疆 新疆生产建设兵团	河南省各市2010年人口普查资料丛书
中国分县2010年人口普查资料	中国分乡镇、街道2010年人口普查资料	中国分民族2010年人口普查资料

"十一五"规划教材

非参数统计 医学统计学	概率论与数理统计 统计学	现代金融投资统计分析
多元统计分析 经济计量学教程	应用时间序列分析	统计指数理论及应用
统计数据处理概论	质量管理统计方法 社会统计学	多元统计分析实验
企业经营管理统计	市场调查与预测	统计学原理(非统计专业使用)
统计学:从数据到结论	国民经济核算教程(国民经济统计学)	概率论与数理统计(经济、管理类专业使用)

重点图书

挑大学选专业2012—高考志愿填报指南　　挑大学选专业2012—考研择校指南

欲购以上图书请与中国统计出版社发行部联系

电话:(010)63376907,63376908　同椁行书店电话:68783171,68783172

通讯地址:北京市西城区三里河月坛南街57号　邮政编码:100826

网址:http://csp.stats.gov.cn

山东能源龙口矿业集团有限公司

山东能源龙口矿业集团有限公司（简称山东能源龙矿集团）前身为龙口矿务局，始建于 1968 年 10 月。1980 年 1 月成立山东省龙口矿区煤炭生产建设指挥部。1987 年 5 月成立龙口矿务局。2003 年 3 月改制为“龙口矿业集团有限公司”。原为山东省国资委直管的 23 家大型国有企业之一，2011 年成为山东能源集团旗下的六家公司之一。

公司是全国唯一的现代化海滨煤炭企业，也是国内唯一实施海域采煤的煤炭企业，拥有自主知识产权的海下采煤、软岩支护技术和油母页岩反采及炼油技术填补了国内空白，是山东省政府确定的全省第一家省级煤炭储备配送基地。

近年来，山东能源龙矿集团坚持以科学发展为主题，在转方式、调结构中实现跨越发展，成为一家以煤炭生产为基础，以热电联产、油页岩综合利用、煤炭储备物流为主业，集建工建材、机械加工维修、房地产开发为一体的跨产业、跨区域、跨所有制的大型现代化企业集团，打造了清晰而独具特色的“煤电油运”循环经济产业链，经营区域分布在鲁、晋两省的六个地市。其中，煤炭支撑产业，拥有 8 对生产或基建矿井，原煤生产能力合计达到 1300 万吨；油电支柱产业，油页岩综合利用产业达到了年处理油页岩 120 万吨、产油 12 万吨、半焦 90 万吨、尾气发电 12MW 的总体规模，并在中小颗粒油页岩炼油方面居国内领先

①省委副书记、省长姜大明（左二）在龙矿集团董事长、党委书记王勇（左一）陪同下，看望在潍坊参加抢险救援的龙矿集团救护大队队员
②龙矿集团公司领导班子成员合影
③山东能源集团董事长、总经理卜昌森（右二）到龙矿集团视察工作
④龙矿集团总经理、党委副书记袁景安（右）在生产矿井检查安全工作
⑤山东能源龙口矿业集团有限公司外景
⑥山东龙海煤炭配送有限公司
⑦梁家煤矿主井工广
⑧山东龙福油页岩综合利用有限公司

地位；拥有热电厂 4 座，总装机容量 147MW，年消化内部低热值煤 200 万吨，有效维护了龙口本地煤炭市场的稳定；煤炭物流支持产业，是山东省政府主导建立的全省 4 家省级煤炭储备基地之一，已形成 1600 万吨的储运能力。目前，集团公司权属企业 26 个，从业人员近 2 万人。

2011 年，公司各项主要指标创历史新高。其中，原煤产量突破 1200 万吨，同比增长 30.83%；销售收入突破 160 亿元，同比增长 31.92%；利润总额达到 6.19 亿元，同比增长 40.68%；资产总额 95.77 亿元，较年初增长 40.71%；人均收入突破 6 万元，同比增幅 22%；全年杜绝重大人身和非人身事故，实现安全生产年。企业综合实力跃至全国煤炭企业 100 强的第 36 位，进入全国煤炭产量 50 强之列。

近年来，企业先后荣获“全国厂务公开工作先进单位”、“全国企业文化优秀单位”、“中国煤炭工业科技进步十佳企业”、“中国信息化典型示范企业”、“全国信息化企业 500 强”、“中国煤炭工业信息化示范企业”、山东省“文明单位”、“企业文化建设十佳单位”、“山东省富民兴鲁劳动奖状”、“山东省首批企业管理创新示范基地”、“思想政治工作优秀企业”、“平安建设先进单位”、“纪检监察工作先进集体”以及“信用 AAA 级企业”、“纳税信誉 A 级企业”、“中国守合同、重质量、讲诚信典范企业”等荣誉称号。

山东能源龙口矿业集团有限公司
地址：山东省龙口市龙口经济开发区振兴南路 369 号
邮编：265700
电话：0535-8658222（总机）
传真：0535-8811984
网址：http://www.lkjt.net

WEGO威高

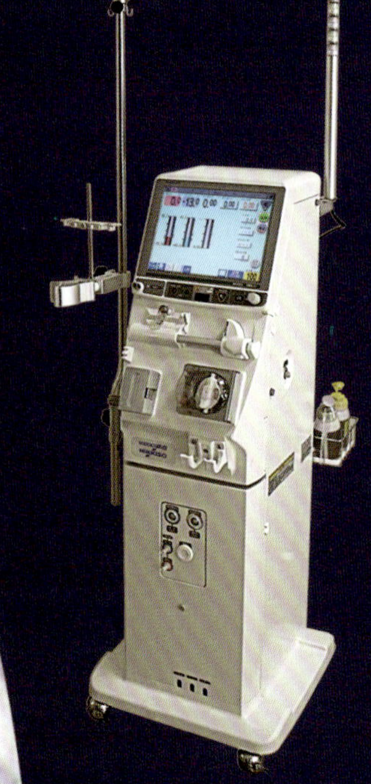

国家工程实验室
National Engineering Laboratory
国家发展和改革委员会

国家认定
企业技术中心
国家发展改革委　科　技　部
财政部　海关总署　国家税务总局

山东省工业设计中心
Shandong Industrial Design Center
山东省经济和信息化委员会
二〇一一年五月

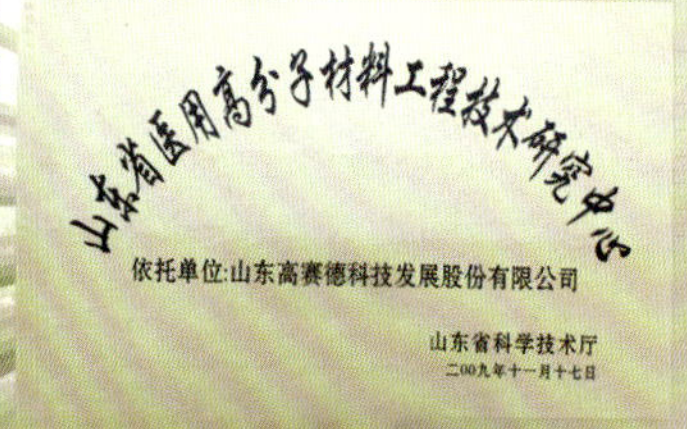

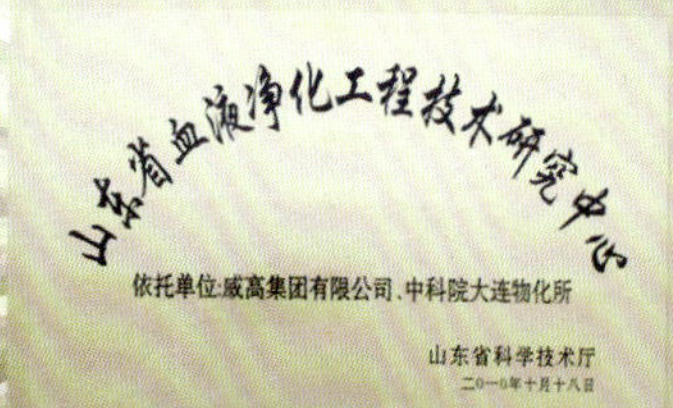

山东省医药行业“十一五”
突出贡献企业
山东省经济和信息化委员会
山东省医药行业协会
二〇一一年四月

威高集团有限公司
院士工作站
（2009年-2012年）
山东省科学技术厅
二〇〇九年七月

2010年度全省经信系统技术改造工作
先进集体
山东省经济和信息化委员会
二〇一一年一月

山东省产学研合作创新
突出贡献企业
山东省人民政府
二〇一一年五月

青岛市烟草专卖局

国家局姜成康局长（右一）在省局（公司）局长（总经理）孙公准陪同下调研指导工作

2010年11月16日，省局（公司）孙公准局长来青岛市局（公司）新办公楼视察工作

2012年2月6日，山东省委常委、青岛市委书记李群到青岛市局（公司）物流配送中心检查指导工作

青岛市烟草专卖局成立于1984年2月，成立后即与青岛烟草分公司、青岛卷烟厂三位一体。1998年8月，青岛市烟草专卖局与烟草公司合署，与青岛卷烟厂及颐中集团体制分开。2000年7月，青岛烟草分公司改制为具有独立法人资格的“两烟”经营实体，同时更名为山东青岛烟草有限公司，与青岛市烟草专卖局合称“青岛市烟草专卖局（有限公司）”。2005年，青岛市局（公司）按照开展“三统一”（统一管理、统一经营、统一核算）工作，有限公司的经营主体地位得到进一步巩固和突出。目前，青岛市局（公司）内设办公室（外事办公室）、人事劳资处等18个处（室、中心），下辖市南、市北、四方、李沧、崂山、黄岛、城阳、胶州、胶南、平度、莱西、即墨12个区（市）局（营销部、分公司），现有员工1313人，辖区卷烟零售户3.3万户，烟叶种植户355户。

青岛市烟草专卖局（公司）主要履行烟草专卖行政管理（卷烟零售许可证管理、行政执法）和“两烟”（卷烟销售及烟叶生产）生产经营双重职能。近年来，在青岛市委市政府和行业上级的领导下，积极践行“国家利益至上、消费者利益至上”价值观和《烟草专卖法》宗旨，依法对辖区内烟草机械、烟纸、烟丝等生产经营企业进行监管，对辖区内的卷烟生产、调拨、批发、零售、储运，以及烟叶的种植、收购和调拨进行专卖管理，致力于“净化市场环境、满足社会消费、促进经济发展”，严厉打击制售假冒伪劣卷烟、非法走私卷烟等损害消费者利益的行为。

2012年2月22日，青岛市副市长张元福同志到青岛市局（公司）物流中心检查指导工作

2011年9月6日，青岛市烟草专卖局（公司）党委书记、局长、总经理韩志忠同志（中）参加市行风在线栏目解答广大市民提问

山东青岛烟草有限公司

近年来，青岛市局（公司）大力实施“卷烟零售户致富工程”、“品牌培育工程”，推行烟叶生产生态村富民工程，利用先进的电话订货、现代物流、电子结算模式，满足全市3.3万余卷烟零售户的货源需求和广大消费者的品牌消费，稳步提升全市零售户盈利水平，企业经营规模和利税总额进入快速发展通道。

“十一五”时期，青岛市局（公司）累计实现销售收入222.42亿元，年均增长19.76%。实现利税57.12亿元，年均增长22.36%。销售卷烟163.50万箱，年均增长4.86%。累计收购烟叶12.38万担。2011年销售卷烟35.1万箱，同比增长1.8%；实现销售收入69.83亿元，增长22.23%；实现利税18.3亿元，增长26.74%；收购烟叶17246.61担。

青岛市局（公司）按照“传承、创新、发展”和“责任、诚信、惠民”的指导思想，着力打造“慧众”服务品牌，为青岛烟草推进“卷烟上水平”提供了强大的文化支撑。近年来，先后被授予“山东省精神文明单位”、“山东省思想政治工作优秀企业”、“青岛市十大流通企业”、“青岛市商品流通十大突出贡献企业”、商贸行业首批“诚信企业”、“纳税信用A级企业”、“劳动关系和谐企业”、“民生在线优秀上线单位”、省级“守合同重信用”单位等荣誉称号，卷烟零售户致富工程被评为青岛市“十佳惠民实事”之一。

地址：青岛市市北区南京路202号　邮编：266071
电话：0532-85808987　传真：0532-85808915

青岛市局（公司）军事化训练，打造专卖利剑

营销人员登门拜访，对生活困难零售户进行经营指导和帮扶

烟叶技术员深入田间地头，指导烟农做好烟叶培育工作

2011年9月8日，全省卷烟零售户致富工程现场会在青岛召开，山东省烟草专卖局（公司）局长（总经理）孙公准（左七）、青岛市委常委、市政府党组成员胡绍军（左八）出席会议

青岛市烟草专卖局（公司）与青岛莱西市河头店镇小店东村结成帮扶对子，图为2012年5月7日，向该村捐献物资和现金

山东玉皇化工有限公司

Shandong Yuhuang Chemical Co.,Ltd

董事长　王金书

山东玉皇化工有限公司坐落于黄河岸边、牡丹之乡、庄周故里，是一家集化工研发、生产、销售、物流运输、机械制造、房地产开发、进出口贸易为一体的民营股份制大型综合精细化工企业。

公司始建于1986年，现有员工3500余人，拥有总资产78亿元。下辖山东玉皇化工有限公司、山东武胜天然气化工有限公司、东明玉皇金宇化工有限公司、山东玉皇贸易有限公司、山东菏泽玉皇化工有限公司、山东玉皇盛世化工股份有限公司、山东菏泽华昌机械科技有限公司、山东华盛物流有限公司、山东菏泽玉皇房地产开发有限公司、香港胜伟贸易有限公司、华宇橡胶有限责任公司等企业。2010年实现销售收入76亿元，实现利税10亿元。预计2011年实现销售收入120亿元，利税15亿元。

公司主导产品有碳五系列产品如异戊二烯、间戊二烯、双环戊二烯、精细碳五等，市场占有率68%以上。聚烯烃产品如顺丁橡胶、稀土顺丁橡胶、异戊橡胶、聚丙烯、间戊树脂、C5/C9共聚石油树脂、聚苯乙烯等。碳四系列产品如异丁烯、丁二烯、乙烯、丙烯、液化气等基础化工原料。其他有机合成化工产品如二甲醚、MTBE、苯、甲苯、二甲苯、苯乙烯、环氧乙烷等。

目前产品畅销全国二十几个省市，还远销欧洲、美国、印度、韩国、南非、荷兰、加拿大、日本、台湾等多个国家和地区。

主要生产装置有：8万吨/年顺丁橡胶装置、8万吨/年稀土顺丁橡胶装置、20万吨/年碳五深加工装置、12万吨/年液化气裂解制烯烃装置、10万吨/年聚丙烯装置、3万吨/年间戊树脂装置、12万吨/年气体分离装置、20万吨/年二甲醚装置、20万吨/年MTBE装置、20万吨/年苯乙烯装置、10万吨/年苯加氢装置、6万吨/年环氧乙烷装置、80万吨/年MCC装置、40万吨/年芳构化装置等。正在建设的生产装置有30万吨/年异丁烷脱氢装置、5万吨/年乙丙橡胶装置、20万吨/年丙烯装置等。

山东玉皇化工有限公司是山东省唯一一家同时具有省级认定企业技术中心、省碳五工程技术研究中心的省级高新技术企业。2007年公司通过了ISO9001:2000国际质量体系认证、GB/T24001环境管理体系和GB/28001职业健康管理体系认证。2009年公司被评为省创新型试点企业、省知识产权试点单位、省专利创造能力培育单位，2010年被认定为省科技兴贸出口创新基地及公共技术研发服务平台企业。2007年–2010年连续被评为中国化工企业500强、中国化工企业经济效益500强。

公司把“立百年老店、创一流企业”作为企业目标，始终奉行“以人为本，奉献社会，充分挖掘员工潜能，实现自身价值，谋求员工、企业和社会共同进步”的经营理念，始终奉行“高科技、专业化、集团化、国际化”的管理理念，始终坚持“崇德、重才、敬业、务实、创新”的企业精神，始终坚持以“讲忠诚、讲责任、讲贡献”为行为准则的企业行为理念，突出创新文化，坚持走创新之路，保持了持续、健康、快速发展的强劲态势。

十二五期间，公司将继续坚持高科技精细化工发展战略，以跨入“中国企业500强”、销售收入过500亿元为新目标，坚持科学发展观，加快企业创新和科技研发，推动企业又好又快的发展。

董事长王金书及总经理王胜伟携全体员工感谢社会各界对公司的大力支持，并竭诚欢迎各界朋友莅临公司，共谋发展，共创辉煌！

地址：山东省东明县武胜开发区　邮编:274500　电话:0530-7601666　传真:0530-7602888　网址：www.yuhuanghuagong.com

聊城市公路工程总公司

总经理　刘德峰

聊城市公路工程总公司于 1994 年 5 月 16 日成立，隶属聊城市公路管理局。是具有公路工程施工总承包一级资质、公路路基、公路路面、桥梁工程专业承包一级资质和交通安全设施资质的大型公路施工企业之一。经营范围包括路基、路面、桥涵、隧道、水利、市政、房屋建筑、铁路路基及交通设施施工。

聊城市公路工程总公司 2003 年被授予省级守合同重信用企业称号，2003 年 8 月，成为聊城市第一家、山东省公路施工企业第一家通过 ISO9001 质量管理体系、ISO14001 环境管理体系、OHSAS18001 职业健康安全管理体系认证的公路施工企业。

公司现有职工 969 人。其中具有中、高级职称专业技术人员有 200 余人；具有一级注册建造师 26 人、造价工程师、试验工程师、安全工程师等执业人员 60 余人。

公司机械设备力量雄厚，各种施工机械 400 余台（套）。其中包括从意大利、德国等国家购置的多套玛连尼 4000#、玛连尼 3000# 沥青砼拌和站、派克 3000# 沥青砼拌和站，多台 ABG 和 DYNAPAC 沥青砼摊铺机，另有宝马压路机、铣刨机、装载机、压路机、吊车、自卸车等施工机械设备若干。

从 1994 年成立至今，公司承建了多条国家重点公路，是山东省的一支公路工程施工铁军。施工项目主要有青莱高速马站至莱芜第七合同段、津汕高速冀鲁界至大高第六合同段、京承高速京冀界至承德段第 4 合同段、山西高平至新乡高速第 L6 合同段等二十几条省内外高速公路。同时参建了大量的国、省道改建、新建、养护及市政、水利等工程，获得了良好的社会效益和经济效益。目前在建的高速公路项目有高唐至邢台公路高唐至临清段第三、四标段、四川巴中至南充高速公路项目路基桥隧工程 D3 合同段、广东惠澳高速公路第八合同段等工程项目。

公司自成立以来，工程质量、安全生产是永恒的追求，始终坚持“竞争进取求生存，真诚合作求信誉，科学管理求效益”的原则，多次被山东省交通厅公路局、聊城市委市政府评为加快公路建设先进单位，获得过山东省公路改建全优工程奖、重点工程优胜杯等荣誉。

聊城市公路工程总公司将一直坚持“质量第一，诚信至上”的企业宗旨，以质量为生命，以效益为中心，以管理为基础，以安全为保证，本着“开拓创新、诚实守信、艰苦创业、勇于拼搏”的企业精神，为广大客户服务。不断提高企业整体素质和市场竞争力，提高企业经济效益，为国家建设优质工程，为百姓打造民心工程。

地址：山东省聊城市东昌府区东昌西路 60 号
邮编：252000
电话：0635-8229951
传真：0635-8205991

中共清泉寨党委副书记、山东清泉集团有限公司董事局主席
烟台清泉实业有限公司党总支书记、董事长
张恒佳

烟台清泉实业有限公司
YANTAI QINGQUAN INDUSTRY CO.,LTD

地址：烟台市莱山区滨海工业园海霸路 66 号
电话：0535-5521674
传真：0535-5521674
网址：www.qingquanshiye.com
中文域名：清泉实业 .com
电子邮箱：qingquansy@yahoo.com.cn

清泉实业

烟台清泉实业有限公司隶属于山东清泉集团有限公司，成立于 2005 年 9 月 8 日。公司注册资金 1 亿元人民币，现有职工 638 人，总投资 6 亿元人民币，占地 18 万平方米。是一个集热电冷联产联供、城市供水、建材生产、水电暖工程设计与安装、商业贸易、地产开发于一体的大型城市基础设施建设企业。

六年多的创新发展，形成了年发电量 3 亿度，总供热汽量 300T/ 小时，年供热能力建筑面积 400 万平方米，供冷面积 100 万平方米，城市供水总规模 8 万吨 / 天，年产粉煤灰硅酸盐水泥 60 万吨，商品混凝土 50 万立方，加气砌块砖 15 万立方，利用尾矿石生产石子 40 万方、水洗砂 10 万方的生产经营能力，形成了一条牢固而科学的循环经济产业链条。年产值从 2005 年的 3334 万元，增长到 2011 年末的 41337.79 万元，利润达到了 3989.59 万元，全员劳动生产率达到了 64.79 万元。为建设资源节约、能源低碳、环境友好的和谐烟台做出了积极的贡献。

清泉实业公司一贯坚持“以人为本，求真务实，科学经营，巩固发展”的经营理念，始终把体现清泉特色作为企业发展之本，把资源综合利用，实现可持续发展作为企业立足之本，把坚持与时俱进，学习创新作为企业管理之本，充分调动全体员工的积极性，高质量的做好各项工作，高标准的完成各项任务，高水平的实现各项目标。2008 年 8 月，在全省城市基础设施建设行业中，率先通过了 GB/T19001-2000 质量管理体系认证、GB/T24001-2004 环境管理体系认证、GB/T28001-2001 职业健康安全管理体系认证；2011 年 10 月，顺利通过了“山东省标准化良好行为 AAA 企业”确认，全方位提高了企业基础管理水平。成为山东省“能源计量标杆企业”、“能源计量示范单位”、“循环经济示范企业”、“电力安全生产先进单位”、“山东十佳创新企业”、“山东十大品牌”、全国“节能减排先锋榜上榜企业”，入典中央文献出版社出版的《国家形象》。

公司以振兴民族产业为己任，积极服务于大众，回报于社会，致力于国家和民族的振兴与富强。

努力打造21世纪
国际标准品牌企业

热电联产■集中供热■城市供水■建材生产

山东齐鲁华信实业股份有限公司

公司董事长、党委书记　明曰信

公司总部办公大楼

山东齐鲁华信实业股份有限公司于2004年3月30日注册成立，注册资本5202万元，企业性质为民营。

2007年，由山东齐鲁华信实业股份有限公司投资1.2亿元新建具有独立法人资格的全资子公司山东齐鲁华信高科有限公司，注册资本3000万元，占地55000平方米。生产新型分子筛系列产品．

2012年，公司投资1.1亿元人民币，在原有新型分子筛生产装置的基础上，新建一套以汽车尾气新材料、环保助剂为主的环保催化新材料项目。项目占地约30亩，建筑面积9587平方米。新装置建成后，公司在环保催化新材料的生产经营中又迈出了新的一步。项目预计六月底土建完工，七至十月份设备安装，十一月试运行，十二月正式投产。项目全部达产后，将实现年销售收入3亿元，上缴税金3000万元。

公司先后取得了德国南德认证公司“ISO9001质量认证”、“ISO14001环境认证”和“ISO28001职业健康安全认证”。获得了“山东省高新技术企业”、“山东省诚信企业”称号；被评为淄博市三十家“创新成长型企业”之一；荣获“2010年金蜜蜂企业社会责任中国榜”上榜企业。

山东齐鲁华信实业股份有限公司秉承“团结奉献、创新发展、诚信经营、追求卓越”的企业精神，始终坚持“企业要建立以人为本、技术进步、健康安全、保护环境、回报社会、造福人类的理念，不断创新、不断提高，赢得社会认可和赞誉”的企业社会责任指导方针。靠创新的思路、扎实的管理、优良的产品、优质的服务，把企业做大做强，赢得社会的认可。

新建的华信高科公司

生产装置

中国企业社会责任上榜企业

精密的化验分析仪器

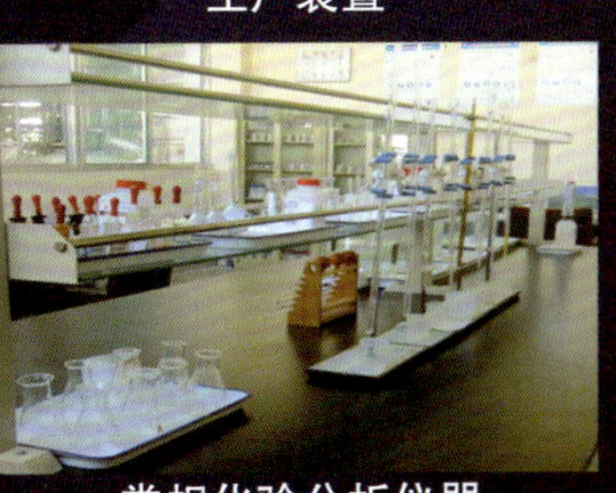
常规化验分析仪器

地址：淄博市周村区体育场路1号　邮编：255300　电话:0533-6860466　传真：0553-6800898

淄博柴油机总公司

淄博柴油机总公司，始建于1970年，是我国大功率中速发动机专业化制造骨干企业，总部下设全资子公司南通淄柴船舶机械公司和控股公司青岛淄柴博洋柴油机股份有限公司、淄博淄柴新能源有限公司。拥有Z150、Z170、210、L250、300、N330等八大系列柴油机及以此为原动机的柴油/气体发电机组，产品品种达400多个，具备年产350万千瓦的生产能力。

2011年，公司通过对面临的竞争环境和内部产业结构分析，结合公司下一时期的发展，提出了“创新引领发展，变革成就未来”的理念，坚持调结构、转方式的总体思路，加快产业布局，以企业整体搬迁及产品升级技改为契机，在淄博本部建设我国新型中高速柴油机及关键零部件生产重要基地；在青岛淄柴博洋公司以已有机型为技术基础，加快大功率V型、直列型产品的创新研发进程；将淄博淄柴新能源公司建设成为我国新能源装备制造与技术开发的创新基地；在南通淄柴公司逐步转型发展为陆用气体发电机组和有潜力的陆用特种设备生产基地。2011年，在国际国内海运与船舶市场持续低迷的情况下，公司抢市场、抓机遇，千方百计保稳定，一心一意谋发展，保持了企业在行业中较快的发展速度和较高的市场份额。

企业发展，科技为先。2011年，公司自主研发的16V170柴油机技术输出至东南亚国家，实现了我国大功率柴油机技术输出国外的重要突破；通过自主研发9330和9340型柴油机，为公司自主研发大缸径、高功率柴油机做了很好的技术储备，并为我国大功率柴油机一直为国外专利许可生产的局面拓展了国有自主品牌发展空间；根据我国节能环保总体发展要求及船舶配套发展趋势，公司与高校加快船用双燃料发动机合作开发步伐，此项目已被列为山东省第二批战略性新兴产业项目计划；“小功率船用中速双燃料发动机关键技术研究”项目被列入国家高技术船舶科研项目正式实施。

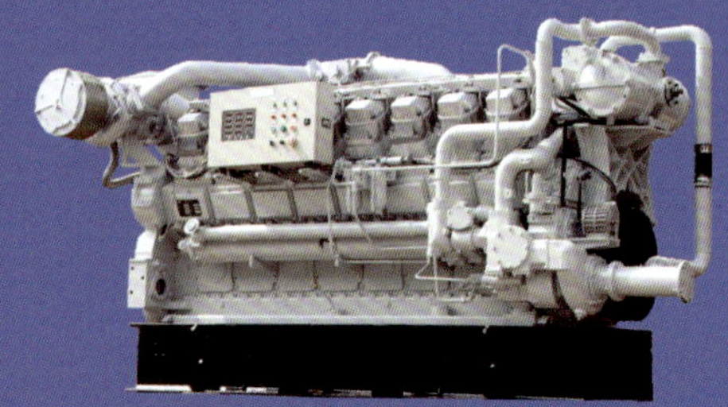

16V170型柴油机

2011年，依托于淄柴的“山东省船用发动机性能研究重点实验室”获得山东省科技厅批准正式筹建，为淄柴加快船用发动机技术创新步伐提供了更高的平台；公司被山东省科技厅列为山东省第四批创新型企业试点企业；淄柴新能源公司被评为“高新技术企业”，并依靠自身优势，成为农业部农村可再生能源开发利用重点实验室参与者，作为北方科学观测实验站依托单位，将建设我国北方地区唯一一家科学观测实验站；与中国工程院院士成立了“生物质发电与联产技术研究院士工作站”。

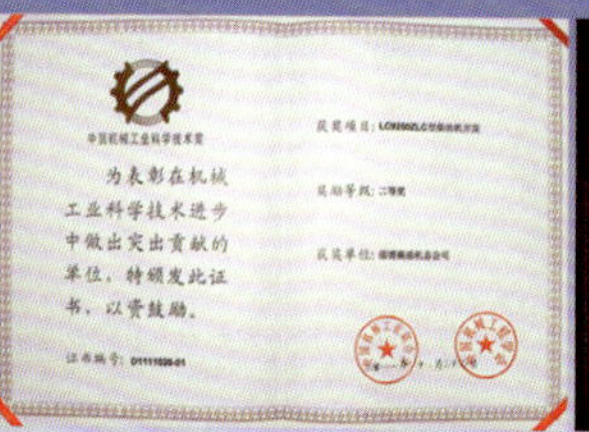

办公地址：淄博市开发区中润大道113号傅山大厦8楼　邮编：255086
厂　址：淄博市张店区湖田镇湖光路28号　邮编：255077
电话：0533-2063362　传真：0533-2068064　网址：www.zichai.com

大唐黄岛发电有限责任公司

大唐黄岛发电有限责任公司，坐落于青岛经济技术开发区境内，属国有特大型发电企业，是大唐山东发电有限公司在山东地区最大的火力发电厂，承担着青岛地区主要的供电任务，负责黄岛区工业供汽及居民采暖供热任务。目前4台在役机组总装机容量为179万千瓦，包括二期两台22.5万千瓦氢冷发电机组和三期两台67万千瓦超临界燃煤发电机组。一期两台14万千万机组按照国家"上大压小"政策已拆除。

2011年，黄岛发电公司在大唐集团公司、大唐山东发电公司的领导下，始终坚持以"打造负责任央企"为己任，以服务地方为宗旨，面对电煤价格持续高位运行的严峻经营形势，公司全体干部职工坚定信心，攻坚克难，大力拓展以电为主，多元发展模式，为践行青岛市"环湾保护，拥湾发展"战略做出了突出贡献。

安全生产保持良性发展态势

2011年，公司未发生人身伤亡、重大和恶性设备损坏事故，连续安全生产达到5990天，深入开展了"重大危险源普查"、"四查一改"、"五抓一创"等活动；积极开展降非停、降缺陷行动，达到了本质安全指标达标要求；顺利完成机组年度检修任务；积极开展合同能源管理及设备综合治理改造，加大节能降耗力度，公司安全生产形势保持良性发展态势。

彰显央企责任，提供可靠电力保障

长期以来，公司不断强化社会形象建设，勇于承担社会责任，圆满完成了两节、两会、迎峰度夏、迎峰度冬等保电供热任务。近年来，"电煤价格倒挂"成为制约企业发展的瓶颈，面对严峻经营形势，公司千方百计找市场、多措并举挖潜力，全面实施扭亏增盈行动计划，卓有成效地开展了电量营销、燃料管理、安全生产、节能减排、成本控制、体制机制建设、精神文明建设等各项工作，为公司的盈利能力闯出了一条新道路，为青岛市的经济发展提供了源源不断的电力供应。2011年完成发电量96.82亿千瓦时，供电煤耗完成314.36克/千瓦时，同比降低0.62克/千瓦时，综合厂用电率完成6.5%，同比降低0.6%。公司入选2011年度青岛市百强企业。

节能减排效果突出，两型企业建设成效显著

公司始终坚持"清洁生产，绿色生活"的环保理念，在为青岛市经济发展和人民生活提供优质可靠电力供应的同时，始终把节能减排放在企业可持续发展的战略位置，不断加大资金、技术和人力投入，坚定不移地走低碳、绿色、环保、循环经济发展之路。公司发电机组全部安装了高效环保设备，成为山东省首家配备脱硝装置的火力发电厂，发电用水全部采用公司生产的海水淡化水。2011年以来，以青岛市西海岸经济新区建设为契机，充分发挥区域资源优势，积极推进资源优化整合，积极打造特色能源走廊，实现了淡水、蒸汽、电力、热能等能源的有效利用，保证了企业健康可持续发展，为青岛市又快又好发展发挥着重要作用。

创先争优活动深入开展，精神文明建设喜结硕果

公司紧紧围绕企业中心工作，公司充分发挥党支部战斗堡垒作用和党员先锋模范作用，扎实开展公开承诺活动，全面推进创先争优活动及双文明建设工作。积极探索新形势下构建和谐企业新思路，以文化强企为基本方略不断提升企业凝聚力和向心力，为完成各项工作目标提供强大动力。2011年，荣获中国大唐集团公司2011年度"两型企业"、"文明单位"、"安全生产先进单位"、"配煤掺烧先进单位"；连续八年被评为"全国'安康杯'竞赛优胜企业"称号，被授予"全国模范职工之家"、"山东省设备管理先进单位"等一系列荣誉称号。

地址：青岛市黄岛区崇明岛东路76号　邮编：266500　电话：0532—86906666　传真：0532—86852021

大唐鲁北发电有限责任公司

大唐鲁北发电有限责任公司于2009年3月25日注册成立，注册资本金5.4亿元，由大唐山东发电有限公司与山东鲁北企业集团总公司分别按70%和30%的投资比例共同组建，2009年6月11日公司正式挂牌成立。

大唐鲁北发电有限责任公司位于山东省滨州市无棣县北部，地处黄河三角洲开发区和环渤海经济圈建设腹地，距在建的黄大铁路11公里，距黄骅港、朔黄铁路20公里，公路、铁路和港口运输交通极为便利，区域发展优势明显。两台330MW燃煤热电联产机组分别于2009年9月21日和12月20日投产发电，成功实现"一年双投"，分别为集团公司发电装机规模"翻两番"和"突破一亿千瓦"作出了积极贡献。三大主机分别为哈尔滨锅炉有限责任公司生产的亚临界中间再热自然循环汽包炉；北京汽轮电机有限责任公司生产的亚临界一次中间再热、单轴、三缸双排汽、抽汽式汽轮机；北京汽轮电机有限责任公司生产的水氢氢冷、机端自并励发电机。

公司成立以来，在2009年度分别荣获"2008-2009年度工程建设先进单位"、"集团公司新投产机组生产准备培训工作示范单位"、"教育培训和人才评价工作先进单位"；在2010年度分别荣获中国大唐集团公司"文明单位"、"工程建设先进单位"、"新投产机组生产准备培训工作示范单位"；在2011年度分别荣获中国大唐集团公司"文明单位"和"两型企业"、山东省总工会"模范职工之家"。

在未来的规划发展中，大唐鲁北发电有限责任公司将立足鲁北，按照大唐山东发电有限公司的发展战略部署，牢固树立和落实科学发展观，秉承"务实和谐，同心跨越"的企业精神，以务实高效的"大唐效率"和"大唐速度"，紧紧抓住国家开发建设黄河三角洲的良好机遇，全面推进公司的发展，着力打造国内一流的绿色生态电源基地，为地方经济社会发展和环渤海经济圈建设提供坚强的电力支撑和稳定的热源保证，努力实现多方共赢、科学发展，以优异的运营业绩真诚回报股东方和社会各界，积极树立"大唐山东"在滨州的良好品牌形象，为大唐山东公司的事业发展、为中国大唐集团公司的美好未来作出应有的积极贡献！

公司首届职工运动会　　公司夜景

地址：山东省无棣县埕口镇　邮编：251909　电话：0543-5075018　传真：0543-5075777

瑞阳制药有限公司是一家集研发、生产、销售于一体的现代化、综合性制药企业。公司占地 56 万平方米，现有总资产 40 亿余元，员工 4000 余人，设有国家级企业技术中心、山东省头孢类原料药工程技术研究中心和国家博士后科研工作站，是国家高新技术企业、国家生物医药产业化骨干企业、全国守合同重信用企业、中国专利山东省明星企业、2011 山东新兴产业创新示范企业。瑞阳商标被认定为中国驰名商标。2010 年公司销售收入位居全国医药工业企业第 21 位。

公司年产粉针（冻干）制剂 25 亿瓶、小容量注射剂 2 亿支、固体制剂 100 亿片（粒）、合成无菌原料药 2000 吨。拥有 10 大类近 400 个品种规格的产品，产品涵盖生物基因工程药物、抗菌药物和天然药物等领域。目前公司的粉针（冻干）制剂生产能力位居全国前五，拥有全国最大的单车间粉针和冻干粉针生产线、最先进的分装设备；年产 1000 吨头孢原料药，是国内最大的头孢原料生产基地之一。

公司具有国内领先的质量控制体系，在历年国家、省、市各级药监（检）部门的质量检查中，各类产品抽检一次合格率均达到 100%。公司主持起草了美洛西林钠、瓦松栓、厚朴排气合剂、葛根汤颗粒的国家标准，参与起草了注射用葛根素、注射用单硝酸异山梨酯等 40 多个新药的质量标准，被国家药典委员会授予《中国药典》2010 版质量标准研究先进单位。

公司非常注重科技创新，分别在总部、美国、上海和济南设立了研发中心，不断提高公司研发水平，先后获得国家科技进步二等奖一项、承担国家新药创新重大专项两项，国家级火炬计划项目三项，被授予 70 余项专利，获得 60 多个新药证书。目前，公司正加大研发投入，重点对小分子化学合成靶向抗癌类药物、生物疫苗、蛋白质类药物、高血压、糖尿病等领域的药物进行研究，现在有 6 个国家 1 类新药已经完成立项，正在研究中。

公司坚定不移的走国际化、全球化的经营路线，拥有一支 1000 余人的专业营销队伍，160 多个办事处遍布全国各大中城市，产品覆盖全国，并远销德、法、韩等 30 多个国家，为品牌的成长和企业的发展奠定了雄厚的市场根基。

公司将一如既往的以“瑞阳制药、造福四方”为目标，以人类健康为己任，凭借高度的社会责任感与前瞻性的思维，通过持续的技术创新，打造一流的制药企业，不断为社会提供高品质安全有效的药物，为人类健康事业做出新的更大的贡献。

公司地址：山东省沂源县城瑞阳大道 1 号
邮政编码：256100
服务热线：4006-123458
传真电话：0533-3244471
公司网址：www.reyoung.cn

追求卓越 永无止境

企业简介

山东省天河消防车辆装备有限公司（原山东省临沂消防器材总厂）成立于1951年，1977年开始生产消防车，现拥有主要生产设备500余台，固定资产1.5亿元，年销售收入4.0亿元。

公司是国内唯一一家实现流程化生产的消防车制造企业，2006年投资4500余万元实行了两期技术改造，形成了年产1000辆消防车的生产能力，连续5年消防车产量全国第一，是我国最大的消防产品生产基地之一。

公司设有全国唯一一家省级消防装备技术中心，产品注册商标“天河”牌，荣获山东省名牌产品称号。

公司是中国消防协会团体会员，中国石油和石油化工设备工业协会会员单位。1999年在全国消防车行业中率先通过了ISO9001国际标准质量体系认证，2002年顺利通过ISO9001-2000国际标准质量体系认证和GJB9001A-2001国军标准体系认证，为军用产品定点生产企业。2011年荣获中国消防协会评定的AAA级信用企业称号。

主要业绩

- 1997年，生产的“天河”牌消防车同驻港部队一同进驻香港
- 多功能野战运水车每年批量装备中国人民武装警察部队
- 自1992年迄今，每年批量装备中国人民解放军军用消防车
- 2002年10月，引进德国施密茨公司技术，开发出具有世界一流水平的化学事故救援洗消车；
- 2003年12月，生产的“天河”牌重型消防车首次装备联合国维和部队
- 2004年，采用泰安航天特种车有限公司生产的军用重型越野汽车底盘研制开发了载水重量35吨、满载重量达64吨、国内迄今为止载重量最大的水罐消防车
- 2005年7月，在山西省消防总队消防装备招标采购中，我厂一次中标58台消防车
- 2006年，再次为驻港部队装备消防车
- 2007年12月，批量装备北京消防总队
- 2008年5月，两批次支援四川地震灾区消防车及运水车
- 2008年6月，批量装备内蒙古消防总队、天津消防总队、大庆油田消防支队
- 2008年8月，批量装备山西省消防总队
- 2010-2011年，装备中国人民解放军军用机场主力泡沫车80辆
- 2011年，批量装备新疆消防总队
- 2011年，批量装备中石化

奔驰泡沫(水罐)消防车

25米举高喷射消防车

涡喷消防车

增压车

水带敷设车

吸水车

水陆两用车

斯堪尼亚化学事故救援消防车

地址：山东省临沂市工业大道57号 电话：0539-8354752
传真：0539-8354753
客服中心：0539-8333329 Http://www.linyi-fire.com

鲁银投资集团股份有限公司

鲁银投资集团新办公楼

鲁银投资集团股份有限公司是1993年3月经山东省人民政府批准以定向募集方式设立的股份有限公司。公司于1996年12月公开发行A股，并在上海证券交易所挂牌交易。公司注册资本49661.3746万元。截止2011年末，公司资产总额34.58亿元，实现年销售收入56.92亿元，年利润总额35465万元。

鲁银投资集团股份有限公司拥有山东省鲁邦房地产开发有限公司、禹城羊绒纺织有限公司、山东毛绒制品有限公司、禹城粉末冶金制品有限公司、粉末冶金有限公司、青岛豪杰矿业有限公司、济南鲁邦置业有限公司、山东弘德物业管理有限公司、山东鲁银文化艺术品有限公司等19家全资或控股子公司。公司的经营范围：股权投资、经营与管理；投资于高新材料、生物医药、网络技术等高科技产业；高科技项目的开发、转让；机械、电子设备的销售；批准范围内的进出口业务；热轧带钢产品的生产、销售；羊绒制品的生产、销售。

带钢生产线

鲁银集团带钢分公司拥有620mm热轧带钢生产线一条，生产能力已由当初设计的年产30万吨达到目前的110万吨，在全国重点大中型钢铁企业同类产品产量的排序中居第二位。

粉末冶金公司拥有年产7.5万吨钢铁粉末的生产能力，具有钢铁粉末生产技术自主知识产权，是目前国内规模最大、品种齐全、质量前茅且唯一拥有还原制粉和雾化制粉两种生产工艺的钢铁粉末生产企业。粉末冶金公司是国家高技术研究发展计划（863计划）成果产业化基地，承担的国家科技支撑计划“高性能钢铁粉末冶金材料关键技术研究与应用”等4个项目通过国家科技部的专家论证和项目评审，公司被评定为国家级高新技术企业。

粉末冶金

鲁银集团羊绒产业是全国最大的半精纺羊绒纱生产基地之一，年生产能力毛纱1500吨、毛衫35万件。羊绒产业为国家半精纺行业标准起草单位，被中国纺织工程学会授予“改革开放三十年推动中国纺织产业升级重大技术进步奖”，荣获中国纺织工业协会组织评选的“产品开发贡献奖”。

鲁银集团房地产业呈济南、青岛、莱芜三地并行发展格局，目前在建项目面积76万平方米。公司近年来先后开发了“悦海豪庭”、“鲁邦新天地”、“鲁邦广场”、“能源大厦”等多个房地产项目。其中，悦海豪庭项目在中国（深圳）住交会上以前三名优异成绩高票入选“中国名盘”；济南能源大厦项目荣获中国房地产协会评选的“中国城市魅力经典楼盘奖”。

鲁邦广场项目

禹城粉末冶金制品公司是大型精密机械零件加工企业，具备年产汽车同步器齿毂100万套及其他铁基粉末冶金件1000吨的生产能力。公司被评定为国家级高新技术企业，荣获省级科技成果3项，市级科技成果2项。公司产品广泛应用于汽车变速箱、发动机、减震器及家用电器、仪表等领域，与国内多家知名的汽车同步器、变速箱、发动机制造厂家及多家欧美企业亚洲采购商建立了配套关系。

青岛豪杰矿业公司已探明铁矿石储量484.5万吨，设计产能为年产50万吨铁精粉，目前公司已形成年产20万吨铁精粉的生产能力。

山东鲁银文化艺术品有限公司主要从事艺术品拍卖、收藏、鉴赏、投资、交易及文化艺术类研讨运营，经营范围为绘画、雕塑类工艺品生产、销售；首饰、玉器的销售；代理艺术家作品及承办艺术品展览。

豪杰矿业

羊绒生产线

粉末制品

地址：山东省济南市经十路10777号 邮编:250014 电话:0531-82024169 传真:0531-82024179 网址：www.luyin.cn

山东华新房地产开发有限公司

董事长、党委书记　闫复华

经理　刘文立

山东华新房地产开发有限公司成立于1998年，系山东能源新矿集团下属子公司，国家一级开发资质，注册资金3亿元，是一家以房地产开发为主，新型建材、物业服务、新能源产业协同发展的综合房地产开发企业。先后建设了泰安奥林匹克花园、天乐城、青岛海逸天成等200万平方米的中高档住宅，开发足迹遍布山东（济南、青岛、泰安）、新疆（伊犁）、宁夏（银川）和内蒙古（乌拉盖）四省六市。企业致力于新型建材与新能源的研发与应用，研发生产了CL新型墙材、LED节能灯具、太阳能光电、地源热泵等一系列绿色环保产品。同时打造了一支五星级物业服务队伍，为广大业主营造了一个舒适、便捷、丰富多彩的生活氛围。截至2012年6月底公司在建项目17个，在建面积105万平方米，储备土地6300余亩，储备开发面积近600万平方米，为企业发展提供了广阔的发展空间。

地址：山东省泰安市龙潭路华新中天运动商务中心
电话：0538-8596990　8596980　传真：0538-6629200

山东能源新矿集团泰兴物业有限责任公司

董事长、总经理　史连池

山东能源新矿集团泰兴物业有限责任公司始建于1999年12月，2007年6月改制为具有独立法人资格的有限责任公司，国家物业管理一级资质，全国物业企业100强，年经营总额2亿元。并通过ISO9001、ISO14001国际质量、环境管理体系认证，山东省“守合同、重信用”企业，中国物业管理行业承担社会责任优秀企业，中国物业管理协会常务理事单位。公司管理服务范围辐射泰安、济南、菏泽、德州、新疆、内蒙等地；服务项目涉及水电暖供应维修、卫生保洁、绿化美化、秩序维护、种植养殖、建筑安装、住宿餐饮、学前教育等八大类，服务类型涵盖居住物业、工业园物业、商业物业、医院物业、写字楼物业等多个领域，管理服务面积460余万平方米，从业员工1800余人，拥有注册物业师18人，建设部认证物业管理企业经理86人，经、会、统、工程、机电等技术人员160余人，管理服务的多个物业项目先后被山东省建设厅、国家建设部评为“山东省物业管理优秀住宅小区”、“省级花园式小区”、“山东省物业管理优秀大厦”、“全国物业管理示范大厦”。

近年来，公司始终遵循“内强管理、外拓市场、品牌引领、服务创新”的发展战略，以真情服务创造和谐、以专业全面推行“标准化、精细化、信息化”服务，不断增强企业综合竞争力，努力将公司打造成为全国一流物业服务企业。

地址：泰安市新泰市蒙馆路中段　邮编：271219　电话：0538-7830401　7830402　传真：0538-7830401　网址：www.xwky.cn/wuye

PICC 中国人民财产保险股份有限公司
PICC PROPERTY AND CASUALTY COMPANY LIMITED

山东省分公司

中国人民财产保险股份有限公司（PICCP&C，简称“中国人保财险”）是经国务院同意、中国保监会批准，于2003年7月由中国人民保险集团公司发起设立的、目前中国内地最大的非寿险公司，注册资本111.418亿元。其前身是1949年10月20日经政务院批准成立的中国人民保险公司。凭借综合实力，公司相继成为北京2008年奥运会、2010年上海世博会、2010年广州亚运会合作伙伴，为北京奥运会、上海世博会、广州亚运会提供全面的保险保障服务。山东省分公司隶属于中国人保财险，公司实力雄厚，人才荟萃，在全省16个市（不含青岛）设有246个分支机构，员工队伍近7000人，是全省规模较大的财产保险公司。

在六十二年的卓越历程里，人保财险山东省分公司以“人民保险、服务人民”为使命，秉承“以人为本、诚信服务、价值至上、永续经营”的经营理念，弘扬“求实、诚信、拼搏、创新”的企业精神，充分发挥品牌、人才、产品、技术和服务等优势，为促进改革、保障经济、稳定社会、造福人民提供强大的保险保障。公司目前主要经营企业财产保险、机动车辆保险及第三者责任保险、船舶保险、货物运输保险、建筑安装工程保险、石油保险、政策性农业保险和各种信用保险，以及人身意外伤害保险、短期健康险等。2011年，公司实现保费收入93.67亿元，承担风险责任198.07万亿元；全年处理各类赔案84.3万件，支付各类赔款49.32亿元。上缴营业税金5.45亿元，服务经济社会全局的能力进一步增强。市场份额为33.16%。

近年来，人保财险山东省分公司先后荣获“全国守合同重信用企业”、“山东企业100强”、“百姓口碑最佳荣誉单位”、“十大鲁商诚信单位”、“改革开放三十年山东省优秀企业”、“山东省管理创新优秀企业”、“60年服务山东功勋品牌”、“山东省金融创新奖”等一系列荣誉称号。站在新的历史起点，人保财险山东省分公司将以科学发展观为指引，以锐意进取的改革精神和求真务实的科学态度，与时俱进，整合创新，实现公司新的创业和跨越式发展，为全面建设小康社会和构建社会主义和谐社会提供更加优质的保险保障服务。

地址：山东省济南市泺源大街88号　全国统一客服热线：95518　电话投保专线：4001234567　邮编：250011

国家电网公司
STATE GRID
CORPORATION OF CHINA

国家一流县供电企业

昌乐县供电公司

昌乐县供电公司是国家中一型趸售县供电企业，拥有总资产4.8亿元，现有职工573人，农电工410人，设有11个职能部室和4个二级机构、11处供电所。目前，境内拥有220千伏变电站2座，公司所属110千伏变电站7座，35千伏变电站11座，主变总容量66.45万千伏安，输电线路348.64公里，配电线路1731.62公里。2011年，完成网供电量12.73亿千瓦时，主副业实现销售收入11.38亿元、利税1.05亿元，综合营业线损率完成4.09%。

领导班子超前谋划电网发展规划

近年来，在各级党委、政府和上级业务部门的正确领导下，昌乐县供电公司坚持走创新发展之路，企业整体实力不断发展壮大：围绕建设“一强三优”现代公司发展目标，坚持“科技兴电”发展战略，不断加强学习型企业建设，企业核心竞争力进一步增强；积极应用新技术、新设备，广泛应用GIS设备，开发应用了输电线路状态在线监测等信息化系统，智能变电站和智能配电台区建设走在了同行前列，电网科技含量进一步提高；不断创新服务手段，优化服务流程，在潍坊供电系统率先建成了用电信息采集系统，成立了流动服务队，开展了客户预警服务和VIP服务，不断完善银联卡缴费、无线POS机售电等收费方式，为广大电力客户提供了优质、高效、快捷、方便的电力服务；认真贯彻落实国家电网公司“三新”农电发展战略，积极服务于新农村建设工作大局，在社会上树立了良好的国有企业形象。先后被国家电网公司授予“一流管理县供电企业”、“新农村电气化建设先进单位”，被省经信委授予“新农村电气化县”，被省总工会授予“富民兴鲁劳动奖状”，被省集团公司命名为“无违章县供电企业”、“农电技术进步示范单位”、“综合管理标杆单位”，被省安监局授予“安康杯”竞赛优胜单位。先后被潍坊市委、市政府授予“先进基层党组织”和“工业百强企业”称号，被潍坊供电公司授予“农电系统先进企业”，被潍坊市消费者协会授予“消费者满意单位”称号，连续16年保持了省级文明单位称号，连续12年获得全县行风评议第一名。

地址：山东省昌乐县县城孤山街183号　邮编：262400　电话：0536-6292039

青岛造船厂有限公司
青岛扬帆船舶制造有限公司

青岛造船厂有限公司和青岛扬帆船舶制造有限公司系国营青岛造船厂改制重组而来，青岛造船厂有限公司主要承接军用舰船，青岛扬帆船舶制造有限公司主要承接民用运输船舶和海工产品。

公司总占地面积 79 万平方米，按现代造船模式规划设计，采用国际先进的 U 型工艺布置，拥有 30 万吨级船坞和 2 万吨级船坞各一座，舾装码头 1090 米，年钢材加工能力 20 万吨，配备 600 吨龙门吊、150 吨龙门吊、平面分段流水线等各类造船设备设施 2000 余台（套），项目完全达产后具备 150 万载重吨的年生产能力。

主要产品定位为：大中型军用舰船系列、20.5 万吨为代表的散货船系列、海洋工程支持船系列。

公司具有 60 多年造船辉煌历史，是山东省造船骨干企业，驻有总装备部和海军装备部两个军事代表室，是唯一一家获得国防科工委颁发的全国武器装备科研生产一类许可证的地方企业和国家军工产品定点生产企业。公司通过了质量管理和职业健康安全管理体系认证，是二级保密单位，为国内外客户建造过军用水面战斗舰艇及辅助船舶、海洋工程支持船、散货船、多用途船等 500 余艘。

重视技术创新，2002 年通过青岛市企业技术中心认定，2005 年通过山东省企业技术中心认定，是青岛市高新技术企业。现有工程技术人员 160 余人，专职技术开发人员 100 余人，外聘造船专家 6 人。公司积极推行设计、工艺、管理一体化以及壳、舾、涂一体化的设计原则，引进东欣及 TRIBON 船舶设计软件，积极推行现代集成制造 CIMS 系统，采用数字化造船技术。与上海船舶设计研究院、中船 708 所、701 所、长江船舶设计研究院、上海佳豪船舶设计工程有限公司等知名院所联合开发了 20.5 万吨散货船、8000HP、5000HP、4000HP 等海洋工程支持系列船、军用舰船及辅助船等船舶，形成了完善的技术创新研发体系。

公司全体员工秉承“只争第一、点滴做起”的企业精神，开拓进取，不断创新，在未来 3—5 年将公司建设成为核心产品特色鲜明、品质卓越、效率一流的现代化造船企业。

地址：青岛即墨田横岛旅游度假区山南村　邮编：266209
电话：0532-68969068　传真：0532-68969099　网址：www.qdshipyard.com

益和电气集团股份有限公司

益和电气集团公司始建于 1985 年，公司以持续创新的理念和开放的精神，日益发展成为山东省电力电气成套设备制造行业的龙头企业，全国高压开关行业 50 强，山东省开关类行业前三名，青岛市民营 50 强企业，青岛开发区重点扶持和发展的 30 户企业之一。

经过创业者十多年的努力，公司规模获得了突飞猛进的发展，不断提升产品的技术与品质，使“益和”产品始终选用优质材料生产并保持一贯的高技术水平，取得国内广大客户的赞誉和一定的市场份额，并先后与一些国际著名电气公司建立了技术合作与项目研发关系。

公司现有在职员工 700 余人，产品涵盖了 220kV 及以下电压等级的高压组合电器，中低压开关柜、（干式、油浸式）电力变压器、真空断路器、箱式变电站和电力调度综合自动化、直流电源等。

公司自股份制改制以来一直坚守主业，大力进行产品开发和技术改造，积极改进产品质量和售后服务，扩大市场销售网络和营销力度，经营状况得到持续改善和稳步提高。同时加大技术引进的力度，提高了益和电气公司的整体素质和市场竞争能力。

公司正以现有系列产品为主导，继续开发高压和配套元件类产品，巩固提高全国销售网络和子公司运营业绩，以企业知名品牌的竞争优势创建新的经济增长点。始终不渝地坚持“质量第一管理规范求变创新永续经营”的经营方针，秉承“益于发展和谐共存服务社会创造生活”的经营宗旨，追求卓越，精益求精，积极进取，勇于开拓。

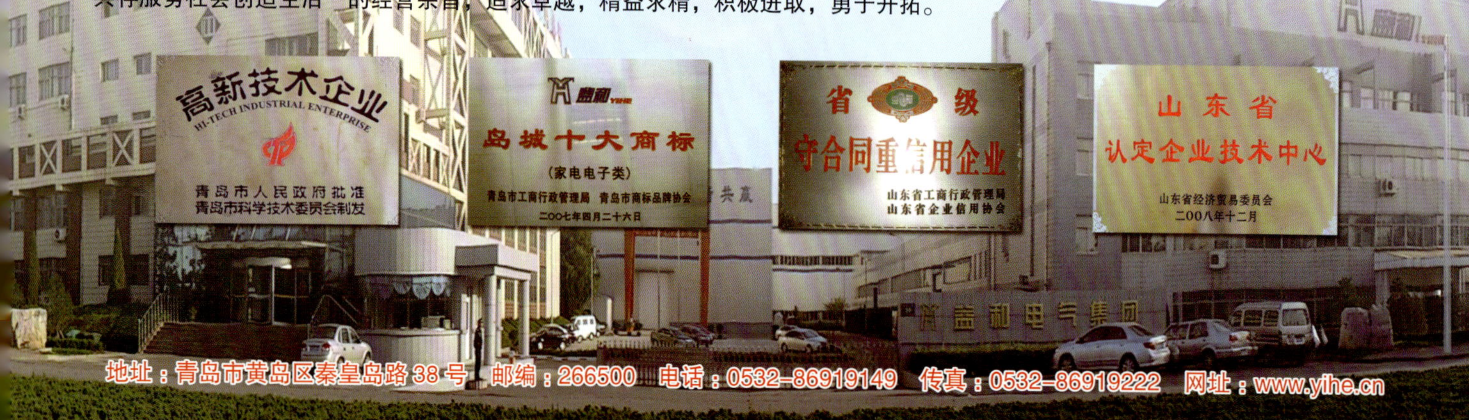

地址：青岛市黄岛区秦皇岛路 38 号　邮编：266500　电话：0532-86919149　传真：0532-86919222　网址：www.yihe.cn

潍坊鲁元建材有限公司

潍坊鲁元建材有限公司是潍坊市重点水泥、建材生产企业，现有职工 908 人，资产 2.68 亿元。主导产品为 42.5R 普通硅酸盐水泥，42.5、32.5 矿渣硅酸盐水泥，42.5、32.5R 复合硅酸盐水泥和 42.5、32.5 高（中）抗硫酸盐硅酸盐水泥。现有新型干法高标号回转窑生产线 3 条、年产 30 万吨区外粉磨站 1 座，目前已形成年产系列水泥 180 万吨的生产能力，工艺装备和产品质量属国内领先水平。

自公司成立以来，依靠先进的管理理念和对设备的更新换代求得产品质量的稳定提高，从而保证了产品的各项质量指标均优于国家标准，适合各类高层建筑、桥梁、公路工程、盐碱地区及港口、码头、海水工程使用。我公司生产的“鲁元”牌系列水泥获得了“国家生产许可证”，企业达到了 GB/T19001-2008/ISO9001:2008、GB/T24001—2004/ISO14001:2004 和 GB/T28001-2001 标准要求，并顺利通过了质量管理体系、环境管理体系和职业健康安全管理体系认证，取得了山东省质量技术监督局颁发的“采用国际标准认可证书”。

公司生产的“鲁元”牌水泥出厂合格率连续二十多年保持 100%。公司荣获“山东省水泥质量管理先进单位”、“山东省建材工业十大自主创新品牌企业”、“环渤海地区建材行业 AAA 级诚信企业”、“市级诚信民营企业”、“五星级消费者满意单位”、“守合同重信用企业”等称号，“鲁元”牌水泥被评为环渤海地区建材行业“知名品牌”。产品在潍坊、青岛及其周边地区保持着较高的市场占有率。

地址：潍坊市坊子区荆山洼镇 邮编：261208
网址：www.luyuanshuini.com
销售热线：0536-7631251
传真：0536-7631066

瑞福油脂股份有限公司

崔 瑞福 CUIRUIFU

董事长 崔瑞福

崔瑞福，男，1963 年 10 月出生，研究生，中共党员。2004 年被评为“全国食品行业质量管理优秀领导者”、2005 年被评为“全国企业文化建设工作先进个人”、2006 年被授予“潍坊市优秀共产党员荣誉称号”、2006 年被授予“第五届潍坊市青年科技奖荣誉称号”；2009 年被评为“山东省农业产业化风云人物”；2010 年崔瑞福被评为“山东省乡村之星”、“2011 年山东省企业文化建设十大模范”等荣誉称号。

瑞福油脂股份有限公司，前身为潍坊香油厂，成立于 1984 年，是专业生产销售白、黑芝麻油、芝麻酱、芝麻盐、芝麻粉、水洗、脱皮芝麻的全国最大的芝麻制品公司。公司为省农业产业化重点龙头企业，致力于芝麻产业的经营和发展，全面导入 ISO9001 质量管理体系、ISO14001 环境管理体系、OHSAS18000 职业健康安全管理体系、HACCP 认证及 SS 现场管理、CCS 企业文化系统。凭借传统的小磨香油生产技术和成熟的专业水平，瑞福油脂的产品生产、开发能力执行业领域之牛耳。

公司主导产品崔字牌小磨香油，承袭 600 多年历史的传统小磨香油生产工艺，在业界享有盛誉，为小磨香油第一品牌，是中华老字号、绿色食品、中国驰名商标。经中国食品工业协会调查，市场占有率第一，质量指标达到国际领先水平，在家庭生活、食品生产、特殊工业市场一直保持领导地位。

公司引进世界最先进的芝麻成分测定仪、气相色谱等高科技仪器，与几所知名大学联手研发了芝麻精选机、色选机、芝麻油冷冻处理设备，并采用纯净水洗瓶、全封闭灌装、全自动贴标等最先进的设备，保证了崔字牌小磨香油无与伦比的品质。

经多年发展，公司已在全国 70 多个大中城市、近 3 万个分销点和代理商组成了营销服务网络，形成了覆盖全国提供 24 小时服务支持的格局，并在日本、韩国、加拿大、南非有了相对稳定的市场。公司建立了一支集营销、家庭膳食营养服务于一体的专家型销售队伍，为消费者提供全天候服务。

地址：潍坊市东风西街 8999 号 邮编：261057 服务热线：0536-8169568 网址：www.cuizi.com 邮箱：cui-zi@tom.com

山东圣阳电源股份有限公司

山东圣阳电源股份有限公司（简称圣阳股份，股票代码：002580）是国家高新技术企业，圣阳商标为中国驰名商标。公司创建于 1991 年 1 月，2011 年 5 月 6 日在深交所中小板上市。公司是国内最早研发、制造阀控式密封铅酸蓄电池的企业之一，是中国铅酸蓄电池行业首家通过出口免验审核的企业。公司是国际 ALABC 组织成员，是中国电池工业协会和中国化学与物理电源行业协会常务理事、中国电器工业协会铅酸蓄电池分会和中国自行车协会理事，是中国汽车工程学会电动汽车分会、中国通信标准化协会、中国电源学会、太阳能和风能储能电池标准起草委员会会员。

公司先后通过了 ISO9000 质量管理体系、ISO14000 环境管理体系、OHSAS18000 职业健康安全管理体系、SA8000 社会责任管理体系认证；荣获"国家免检产品"、"山东省名牌"、"山东省著名商标"、"山东省清洁生产达标单位"、"山东省危险废物规范化管理达标单位"、"山东省管理创新优秀企业"、行业"AAA 级信誉企业"等多项荣誉。公司倡导绿色运营，高度重视危险废物的回收再利用，2010 年，获得"危险废物经营许可证"，成为行业内为数不多的具有危险废物经营资质的企业之一。

地址：山东省曲阜市圣阳路 1 号　邮编：273100　电话：0537-4438666　传真：0537-4411980　网址：www.sacredsun.cn

山东佛都半导体照明有限公司

山东佛都半导体照明有限公司是济宁能源发展集团有限公司为了实践科学发展观，走可持续发展道路，投资建设的高新技术企业。

公司成立于 2009 年 11 月 16 日，注册资金 5000 万元，占地 186 亩，主要产品有：各类光源、矿灯、井下巷道灯、景观照明灯、路灯、室内照明灯等。项目分三期进行，现已完成一期工程，实现投资 1.1 亿元，建成了一万五千米的厂房，安装了 4 条国际先进的 LED 封装生产线和 10 条 LED 照明应用产品生产线，建成了国际先进的研发中心和产品试验室，公司已取得了 ISO9001 质量管理体系认证及 CE 认证、ROSH 认证。年可生产光源 3 万千瓦，矿灯 50 万盏，井下巷道灯 20 万盏，路灯 5 万盏，照明灯 5 万盏，可实现产值 3.8 亿元，可实现利润 5800 万元。

为了抓住当前 LED 行业发展的有利机遇，占领核心技术领域，现正在进行二期工程的筹建工作，计划投资 124315.34 万元，装配 20 条外延片及芯片生产线。项目建成后，可年产 LED 外延片 106 万片，芯片 234 亿粒，实现销售收入 42 亿元，利税 8 亿元，利润 4.8 亿元。

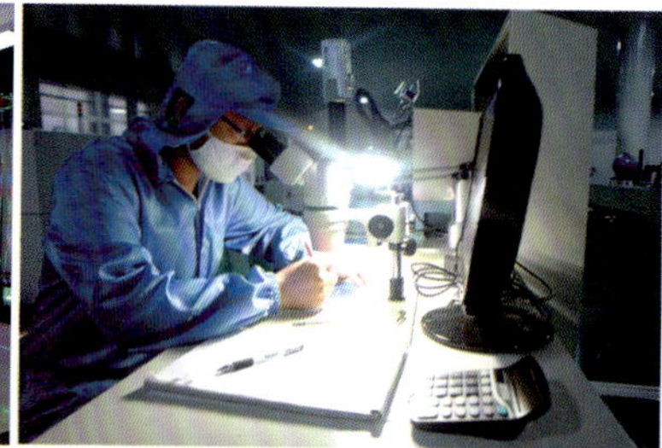

地址：山东省济宁市汶上县经济开发区光明路 1 号　邮编：272500
电话：0537-3100966　传真：0537-3100966　网址：www.sdfdled.com　邮箱：sdfdled@126.com

菏泽交通集团总公司

菏泽交通集团总公司是集运、工、商、贸于一体的国有综合性企业集团，下属 43 个全资子（分）公司和 3 家合营企业，其中包括 9 个汽车客运分公司、15 个汽车站、9 个货运物流分公司、20 余个工商贸单位，分布于全市九县（区）及济宁、临沂、商丘、北京等地。企业经营范围以公路客运、货运物流为主，兼营汽车销售维修及服务；专业批发市场和职业教育培训；连续泡沫镍、密度板、热电及包装印刷生产与销售；工程建筑、设备安装及房地产开发与销售；典当行、小额贷款、进出口贸易及企业咨询服务等。是山东省政府确认的大型交通运输企业，全国道路客运、货运一级企业。公司创建的“爱心互动，真情交通”、“鲁之翼物流”及“天宇牌连续泡沫镍”、“国花牌扑克”等品牌分别被评为山东省服务名牌和名牌产品。

党委书记、总经理史崇亮

近几年来，公司始终坚持以科学发展观为指导，以转方式调结构为主线，通过大力实施“一业为主，多种经营”战略，实现了企业规模快速膨胀、运营质量显著提高、发展后劲不断增强、劳动关系更加和谐的可喜成绩，营业收入和实现利税两项经济指标增幅一直保持在 30% 以上。其中，2011 年完成营业收入 28.5 亿元，实现利税 2.2 亿元，其他两个文明建设也取得了长足进步，并得到了上级领导及社会各界的广泛认可与好评，公司曾多次荣获：全国交通系统先进集体、全国守合同重信用企业、全国模范劳动关系和谐企业、山东省服务业先进单位、山东省文明诚信百佳企业、山东省两个文明建设先进单位、山东省交通系统先进单位、菏泽市重点企业发展奖、菏泽市重点企业贡献奖等一大批荣誉称号。

当前，菏泽交通集团总公司正处在跨越发展的关键时期，随着“五大经营网络，两大发展重点”战略规划的实施，拉开了企业新一轮发展的大序幕，“兴企富工”的美好愿景必将激励着开拓进取的菏泽交运人不断走向前进……

地址：山东省菏泽市黄河东路 1566 号 邮编：274032 电话：0530-3968022 网址：www.lhjtjt.com

山东万博科技股份有限公司成立于2003年8月，注册资本4050万元，总部座落于济南国家信息通信国际创新园(CIIIC)。公司现有员工2500余人，下设26个分支机构，主要致力于信息化建设、网络支撑和工程建设等ICT综合服务，服务领域涵盖通信、交通、电力、能源、金融、广电、公、检、法等政府和行业客户，业务遍及全国并延伸至海外。

公司拥有《通信信息网络系统集成甲级资质》、《通信网络基站维护甲级资质》等十多项经营许可和资质证书，是高新技术企业、国家规划布局内重点软件企业，通过了ISO9001质量管理体系认证和CMMIML3级国际认证。现为中国软件与信息服务外包产业联盟理事单位、山东省软件行业协会理事单位。

成立仅八年时间，公司便实现了超常规、跨越式发展，先后被评为“中国服务外包成长型百强企业”、“中国科技创新型中小企业100强”、“中国软件和信息服务业突出贡献企业”、“山东省重点服务业企业”、“济南市软件十强企业”等，成为业内的标杆企业之一。

公司倡导积极向上的企业文化，秉承“开拓、创新、求实、卓越”的企业精神，以“成就客户、回报股东、造福社会、提升员工”为己任，不断开拓创新、锐意进取，着力打造ICT综合服务一流品牌。

地址：济南市高新区舜华路1号齐鲁软件园创业广场B座二层　邮编：250101
电话：0531-82311666　传真：0531-82311688　网址:www.sdwanbo.com

茌平县宏大家电有限责任公司

茌平县宏大家电有限责任公司成立于1996年元月，2003年注册“宏大”商标，并制定公司章程，实现由人治到法治的转变，依托丰厚的企业文化底蕴，始终以“修身明智、谦逊创新”的宏大精神作指导，以“做诚信企业，树恒久宏大”、“经营名优商品，铸就美誉商店”、“不求声势一时夺人风流，但求为您服务天长地久”、“卖名牌、做好人，天地良心做生意、真诚服务到永远”、“让员工充满激情让顾客体验感动让企业永葆健康”、“挑战服务极限，提供解决方案，专心专卖专注，稳固团队伙伴”为经营理念，以“保障名优价廉商品、提供真诚周到服务、传承时尚文明消费”为己任，以“在茌平家电行业消灭家电商品质量、服务投诉现象，让茌平人民无忧无虑享用家用电器”为目标，坚持公司化运作，服务品牌建设，现已发展成为员工百余人，年销售收入近亿元，囊括家电、数码、手机、电脑、太阳能、生活小家电、监控及办公自动化设备等各大品类，具备购、销、存、物流配送、售后服务、信息沟通等完整经营体系的家电专营企业，领军聊城县域家电行业。

公司先后荣获“中国商业名牌企业”、“全国信用等级AAA级信用企业”、“全国公平交易（诚信）十佳企业”、“全国商业顾客满意企业”、“全国售后服务行业十佳单位”、“全国最具市场潜力企业”、“文明诚信企业”、“山东省商业诚信企业”、“省级守合同重信用企业”、“省级消费者满意单位”、“生活消费行业文明服务单位”、“山东省五星级家电服务商”、“先进私营企业”、“山东省商业名牌企业”、“山东省商业服务业先进企业”、“山东省质量服务双优企业”等多项殊荣。

地址：茌平县中心街东工业公司办公楼下　邮编：252100　电话：0635-4273958

山东新阳能源有限公司

经理　任立民

山东新阳能源有限公司位于济南市的北大门——济阳县崔寨镇，是山东煤炭工业“十一五”规划开发的黄河北煤田之一。公司由新汶矿业集团有限责任公司出资建设，总投资为8.1亿元人民币。矿井开采井田属黄河北煤田，采矿权面积49.5平方公里，共有8个可采煤层，煤层平均厚度为1.2米，属薄煤层矿井，地质储量3.1亿吨，可采储量8800万吨。矿井设计生产能力为每年45万吨，服务年限约87年；改造后年产量可达100万吨以上。

新阳能源公司始建于2005年元月，2007年7月竣工投入试生产，2008年8月份正式投产，是新矿集团建企50年来自行设计、自行施工、自行建设的第一对矿井，公司现有员工1700人。2011年，矿井实现销售收入5.5亿元，利税1.3亿元。保持了连续七年安全生产的记录。矿井建设工程被中国煤炭建设协会和煤炭工业建设工程质量监督总站评为煤炭行业优质工程和“太阳杯”工程，被省国资委命名为省级文明单位、“齐鲁创业先锋党组织”；被省煤炭工业局命名为“安全质量标准化一级矿井”、“瓦斯治理示范矿井”称号。被山东省煤矿安全监察局评为“煤矿安全程度评估AAA级矿井”。省工会评为“山东省先进工会”，被省卫生厅命名为“职业健康防治”示范企业。

新阳能源公司自投产以来，按照循环经济发展模式和建设生态型矿井的总体思路，坚持以科学发展观和安全发展观为指导，以“经济开采、科学发展、和谐发展”为目标，按照节能减排、循环发展的思路，着力打造资源节约型、安全高效型、生态环保型现代化矿井。按照循环经济的思路，配套建设投运了装机容量30MW的济阳热电厂和年产1.2亿块标准砖的新阳广厦矸石砖厂，形成了"煤－电－建"产业链，推动了资源循环利用，节能减排，集约发展。目前，新阳能源公司按照低碳经济发展模式，转方式、调结构，以管理创新和技术创新为动力，倾力打造资源节约型、安全高效型和生态环保型现代化矿井。

地址：济南市济阳县崔寨镇　邮编：251401　电话：0531-84585147　传真：0531-84586999　网址：www.xwky.com

山东金阳矿业集团有限公司

董事长、总经理　郝桂明

山东金阳矿业集团有限公司注册资本7580万元，资产总额4.6亿元。现有员工2348人，各类工程技术人员360多人，是一家以煤炭生产为主，多种经营、综合发展的大型企业集团。下属金阳矿业、伏山矿业、南宁矿业，宏达置业有限公司、安泰经贸有限公司、金阳新型建材有限公司、金利农业科技有限公司七个子公司（煤矿）。其中，三个煤矿井田总面积10km^2，年核定生产能力54万吨；金阳新型建材有限公司年产新型环保墙体材料3000万块标砖；宏达置业有限公司开发住宅面积达20万平方米。

近年来，集团紧紧抓住企业实施整合重组的有利时机，根据“科学管理，内固外拓，稳步推进，持续发展”的战略思想，按照“集团化建设、多元化经营、精细化管理、规模化发展”的模式，坚持内固外拓，依靠科技创新，强化内部管理，提升整体素质，实行了人员统调、财务统管、物资统供、煤炭统销的“四统一”集约化管理，已安全生产4000多天，集团发展势头良好。

企业先后获得“全国煤炭质量管理先进单位”、“山东省安全文化建设示范企业”、“山东省安全生产先进单位”、“山东省安全生产‘双基’建设先进单位”、“山东省煤矿瓦斯治理示范矿井”、“山东省安全评估6A级矿井”、“山东省文明单位”、“山东省守合同重信用企业”、“山东省花园式单位”、“泰安市百强煤炭企业”、“泰安市安全生产先进单位”、“泰安市煤炭经营先进企业”、“泰安市安全质量标准化先进企业”、“泰安市管理创新十佳企业”、“泰安市发展非煤产业先进单位”等荣誉称号。

地址：泰安市宁阳县城东　邮编：271417　电话：0538-5525066　传真：0538-5525066　网址：www.sdjyjt.com